明治前期の災害対策法令

第一巻（一八六八－一八七〇）

井上洋　著

論創社

目次

（三）収載法令に関する他の分類法と収載件数　95
（四）本資料のねらいと見通し　96

注解　99

【一八六八年】（慶応三年一二月七日から明治元年一一月一八日まで）　101
一、「三職分課職制ヲ定ム」（明治元戊辰年正月一七日、第三六）　102
二、「徳川氏ノ采地及賊徒ノ所領ヲ検覈シ窮民撫育ノ朝旨ヲ告諭セシム」（明治元戊辰年二月、第一二五）　114
三、「諸国私領寺社領ノ村高帳ヲ進致セシメ諸藩預所幷代官支配所等ヨリ村高帳其他帳簿ヲ進致セシム」（明治元戊辰年四月七日、第二二〇）　116
四、「土砂留役人廻村廃止」（明治元戊辰年四月二七日、第二六八）　119
五、「政体ヲ定ム」（明治元戊辰年閏四月二一日、第三三一）　122
六、「軍資以下費用莫大ニ付土木其他諸事ヲ省略セシム」（明治元戊辰年五月一七日、第三九五）　130
七、「江戸鎮台ヲ置キ三奉行ヲ廃シ社寺市政民政ノ三裁判所ヲ設ケ職員ヲ定ム」（明治元戊辰年五月一九日、第四〇二）　131
八、「洪水暴溢ニ付会計官出張賑恤ヲ施行セシム」（明治元戊辰年五月二四日、第四一九）　134
九、「洪水ニ付秧苗ノ埋没十三日ニ過ル者ハ本年ノ田租ヲ蠲ク」（明治元戊辰年六月八日、第四五〇）　137
一〇、「天災兵害ノ余ニ付府藩県ヲシテ便宜賑恤ヲ施行セシム」（明治元戊辰年六月二二日、第五〇二）　140
一一、「当分米穀輸出ヲ止ム」（明治元戊辰年六月、第五二一）　147
一二、「鎮将府及東京府ヲ置キ職制ヲ定ム」（明治元戊辰年七月一七日、第五五八）　149
一三、「春来気候不順ニ付賑恤ノ予図ヲ為サシム」（明治元戊辰年七月一八日、第五六三）　153

一四、「京都府規則ヲ府藩県ニ頒示シ意見ヲ上陳セシム」（明治元戊辰年八月五日、第六一〇）156

一五、「税法ハ姑ク旧貫ニ仍リ且旧幕府旗下采邑没収ノ者ハ隣近府藩県ヲシテ之ヲ管轄セシム」（明治元戊辰年八月七日、第六一二）169

一六、「江戸ヲ改テ東京ト称シ鎮将府ヲ置キ民政裁判所ヲ会計局ト改称ヲ布告ス」（明治元戊辰年八月八日、第六一四）172

一七、「米価騰貴ニ付本年醸酒高三分ノ一ニ減セシム」（明治元戊辰年八月十三日、第六二三）176

一八、「越後国兵燹水災ニ罹ル者今年ノ租税ヲ蠲ク」（明治元戊辰年八月二十四日、第六六三）177

一九、「東京　行幸ニ付沿道府藩県心得方ヲ定ム」（明治元戊辰年八月二十八日、第六八五）182

二〇、「関東川々堤防国役金ヲ徴集ス」（明治元戊辰年八月、第七〇九）183

二五、「御東幸沿道水害ノ橋梁ヲ再造シ又ハ修復ノ意見ヲ開申セシム」（明治元戊辰年十月十三日、第八四二）206

二六、「関東諸県ヲシテ村鑑帳ヲ進致セシム」（明治元戊辰年十月、第八四三）213

二七、「会計局ヲ会計官出張所ト改定ス」（明治元戊辰年十月十八日、第八五八）214

二八、「官軍ニ臨時金穀ヲ調達セシ藩々ハ査点書ヲ会計官ニ進致セシム」（明治元戊辰年十月二十二日、第八六一）215

二九、「御東幸褒賞養老賑恤ノ典ヲ府藩県一般ニ施行セシム」（明治元戊辰年十月二十五日、第八八一）217

三〇、「治河使ヲ置ク」（明治元戊辰年十月二十八日、第九〇四）219

三一、「兵燹水災ニ罹リ難渋ノ者ヲ査点録上区々ナカラシム」（明治元戊辰年十月、第九二三）240

三二、「治河使被設ニ付府藩県ヲシテ水利ノ道ヲ起サシム」（明治元戊辰年十一月六日、第九三九）241

三三、「関東諸県ヲシテ取箇目録ヲ進致セシム」（明治元戊辰年一一月九日、第九四四）　246
三四、「治河使ヲ置カレ府藩県水利興起ノ布告ヲ改ム」（明治元戊辰年一一月一五日、第九六〇）　249
【一八六九年】（明治元年一一月一九日から明治二年一一月二九日まで）　251
一、「褒賞賑恤ノ典御挙行ノ趣旨ヲ体シ府藩県ヲシテ窮民ヲ撫育セシム」（明治元戊辰年一一月二五日、第九八九）　252
二、「治河使旗章ヲ定ム」（明治元戊辰年一二月二日、第一〇二一）　253
三、「諸国川々国役金上納ヲ須ヒス既納ノ者ハ之ヲ還付ス」（明治元戊辰年一二月九日、第一〇六一）　259
四、「取箇帳幷村方渡米金取調帳様式ヲ定ム」（明治元戊辰年一二月一八日、第一一〇〇）　262
五、「諸藩取締奥羽各県当分規則」（明治元戊辰年一二月二三日、第一一二五）　268
六、「定免切替伺其他租税取計及諸帳簿進致ノ方ヲ定ム」（明治元戊辰年一二月二四日、第一一四四）　284
七、「御賑恤金下賜ノ例則ヲ定メ府県ヲシテ準依施行セシム」（明治元戊辰年一二月、第一一六三）　293
八、「治河及諸普請等ニ刑法官監察ヲシテ出張セシム」（明治二己巳年二月二日、第九七）　296
九、「府県施政順序ヲ定ム」（明治二己巳年二月五日、第一一七）　301
一〇、「郷帳大積明細帳村鑑帳等ヲ進致セシム」（明治二己巳年二月二三日、第一九八）　312
一一a、「甲州川々普請ヲ会計官ニ委任ス」（明治二己巳年二月二五日、第二〇九）　314
一一b、「甲州川々普請ニ付刑法官監察司ヲシテ出張セシム」（明治二己巳年二月二五日、第二一〇）　315
一二、「葛飾県以下七県新ニ工事ヲ興ス者ハ姑ク他日ヲ待タシム」（明治二己巳年三月一七日、第二九二）　316
一三a、「民部官ヲ置キ神祇官以下六官ニ定メ従来弁事ヘ差出ノ願伺等六官ニ進致セシム」（明治二己巳年四月八日、第三四六）　318
一三b、「民部官職掌ヲ定ム」（明治二己巳年四月八日、第三四八）　329
一四、「府県及預所アル諸藩ヲシテ平均租税額並諸費用等ヲ録上セシム」（明治二己巳年四月二七日、第三九八）　332

一五、「諸川通船筏下ノ節堤防ヲ衝突スルヲ戒ム」（明治二己巳年四月、第四一〇） 335
一六、「会計官職制章程ヲ定ム」（明治二己巳年五月八日、第四二五） 336
一七、「外国交際及理財ノ儀御下問書」（明治二己巳年五月二四日、第四七四） 344
一八、「民部官職制ヲ定ム」（明治二己巳年六月四日、第五〇三） 350
一九、「越後国ニ領地アル者外国船ヲ以テ囲米廻漕ノ節ハ越後府ノ免許ヲ請ケシム」（明治二己巳年六月二三日、第五六〇） 356
二〇、「気候不順ヲ以テ奉幣使ヲ氷川神社外二社ニ発ス」（明治二己巳年七月朔日、第六〇三） 360
二一a、「従来ノ百官並受領ヲ廃シ位階ヲ称シ神職僧官ハ旧ニ仍ラシム」（明治二己巳年七月八日、第六二〇） 365
二一b、「職員令並官位相当表」（明治二己巳年七月八日、第六二二） 367
二二、「夫食種籾農具等貸下ノ措置ヲ定ム」（明治二己巳年七月一四日、第六五二） 381
二三、「民部省規則」（明治二己巳年七月二七日、第六七四） 399
二四、「府県奉職規則」（明治二己巳年七月二七日、第六七五） 403
二五、「県官人員幷常備金規則」（明治二己巳年七月二七日、第六七六） 414
二六、「治河使ヲ廃シ土木司ヲシテ水利ヲ管轄セシム」（明治二己巳年七月二七日、第六八一） 423
二七a、「租税監督通商鉱山ノ四司ヲ民部省ニ管セシム」（明治二己巳年八月一一日、第七二三） 442
二七b、「租税監督通商鉱山ノ四司ヲ民部省ニ属セシム」（明治二己巳年八月一一日、第七二四） 448
二八a、「府県川々官普請ノ箇所ヲ録上セシム」（明治二己巳年八月一三日、第七三一） 459
二八b、「川々堤防等官普請自普請ノ区別ヲ録上セシム」（明治二己巳年八月一三日、第七三二） 461
二九a、「淫雨ニ付節倹ノ詔ヲ発シ官禄ノ内ヲ以テ救恤ニ充テシム」（明治二己巳年八月二五日、第八〇一） 464
二九b、「東京京都二府ニ救助米ヲ下付ス」（明治二己巳年八月二八日、第八一五） 479
三〇、「堤防橋梁道路修繕事務ヲ府藩県ニ委スルヲ以テ土木司出張ノ者ヲ退去セシム」（明治二己巳年八月、第八三六） 481

【一八七〇年】（明治二年一一月三〇日から明治三年一一月一〇日まで） 561
561

二、「川々国役金ヲ諸藩ニ徴収ス」（明治二己巳年一二月二日、第一一一二）
562

三、「水火災ノ節窮民救助ノ措置ヲ定ム」（明治二己巳年一二月三日、第一一一七）
565

四、「川除悪水路目論見帳ヲ進致セシム」（明治二己巳年一二月八日、第一一三〇）
567

五、「畑方貢米引方ハ禀候処置セシム」（明治三庚午年正月二八日、第六二一）
576

viii

小括 929

凡例

1　**災害対策法令一覧表**の各法令には配列の順番を示す番号をつけ、題目のあとに発布年月日と法令番号を括弧に入れて示した。発布年月日に干支が付記されている明治五年までは太陰暦の日付であり、この部分についてはポイントを落として別括弧のなかに発布年月日の太陽暦表示を入れた。尚慶応から明治への改元は一八六八年一〇月二三日（明治元年九月八日）であるが、一八六八年の法令の発布年月日は改元以前の分も含めてすべて〈明治元戊辰年〇月〇日〉と表記した（これは『法令全書』の目録の記載に従ったものである）。これにともない注解の地の文においても、改元以前の日付の記載についてそれを慶応四年〇月〇日とはせず、明治元年の表記を用いている（尚、**序説**および**小括**における扱いも同様である）。

2　法令の題目に続く法令番号の数字は、見やすさを考慮して、第三百四十五を第三四五のように表記した。ただし、法令の本文および頭注における表記は原文通り（たとえば第三百四十五）である。注解文のなかでは原文の十六条を一六条のように表わした。

3　各項目のなかに【付録】として掲出した法令がある場合、その法令番号の後に付した頁数は『法令全書』の所載箇所を示す。

4　法令の収録に際しては、できる限り原本の形式を残すように努めた。しかし、若干の加工を施したところもある。たとえば、見やすくするために活字を大きくしたり、ゴチック体を用いたりしたところがある。

5　法令の原文で小さい活字が用いてあるものについては、原則として、ポイントを落とし、傍線を付した。また、法令の原文において小さい活字の並列表記になっているところで、それを表わすために／を用いた場合がある。

6　法令や規則の名称は原則としてこれを括弧に入れて表示した（たとえば「府県奉職規則」）が、煩瑣を避けるなどの理由から括弧を省略したところもある。

7 注解や注の部分における諸資料からの引用のなかの〔 〕内は筆者による補記である。

8 注解や注のなかでまとまった分量の文章を引用する際、その部分を括弧に入れた場合もあるが、一般には引用箇所を二文字分空白にすることでこれを示した。

9 注記文献の書誌については、初出箇所に完全なものを載せ、以後は適宜略記した。

10 外国人の人名の後のアルファベット表記は、初出箇所にのみ付した。

11 漢字の字体表記は新字体を基本とした。欠画は通常表記に、俗字、同字は正字に直してある（ただし固有名詞において一部例外がある）。仮名についても、変体仮名は平仮名に、合字は通常表記に直した。

12 法令の原文および引用文中の傍線、傍点、ルビは、とくに注意書きがない限り、筆者による。

13 注解の数が複数で、注解本文が五頁を超える項目（二三件）については、各注解に見出しを付け、注解の構成を示すものとして見出しの一覧を注解本文の前に置いた。

14 凡例に書き切れない指示・説明は当該箇所に注記した。

15 注に記した文献のほかに、以下のものを適宜参照した。日本史籍協会（編）『百官履歴 一』（東京大学出版会、一九七三年七月、覆刻版、原本の刊行は一九二七年一〇月）、日本史籍協会（編）『百官履歴 二』（東京大学出版会、一九七三年七月、覆刻版、原本の刊行は一九二八年二月）、内閣記録局（編）『明治職官沿革表 職官部』（国書刊行会、一九七四年五月、複製版、原本の刊行は一八八六年）、内閣記録局（編）『明治職官沿革表 官廨部』（国書刊行会、一九七四年六月、複製版、原版の刊行は一八八六年）、国史大辞典編集委員会（編）『国史大辞典』（全一五巻）（吉川弘文館、一九七九年三月－一九九七年四月）、朝倉治彦（編）『明治初期官員録・職員録集成 第一期全二巻（第一巻：慶応四年五月～明治元年十二月、第二巻：明治二年一月～明治二年十二月）』（柏書房、一九八一年九月）、日本歴史学会（編）『明治維新人名辞典』（吉川弘文館、一九八一年九月）、大久保利謙（監修）『明治大正日本国勢沿革資料総覧』（全四巻）（柏書房、一九八三年一〇月）、岩波書店編集部（編）『近代日本総合年表』（第二版）（岩波書店、一九八四年五月）、木村礎・藤野保・村上直（編）『藩史大事典』（全八巻）（雄山閣出版、一九八八年七月－一九九〇年六月）、『日本史大事典』（全七巻）（平凡社、一九九二年一一月－一九九四年五月）。

災害対策法令一覧表（発布順）

※配列は基本的に発布年月日順である。発布日の記載がなく、月にとどまるものは、その月の晦日の次に配列した（ただし番号により前後が確定できる場合には番号のならびによった）。
※『法令全書』においては独立した別々の法令として掲載されているものでも、一連の関連した法令として表示した方が便宜な場合は、一つの番号の下にまとめ、a、b、cとアルファベットを振った。
※『法令全書』慶応三年の項目第一（「徳川内府大政返上ノ請ヲ允シ諸藩ヲシテ上京セシム」）の発出は慶応三年一〇月一五日（一八六七年一一月一〇日）であるが、一八六七年分（慶応三年一〇月一五日から同一二月六日）については本資料への抽出がない。よって本資料は一八六八年から始まる。
※発布年月日の太陽暦表示のあとに付された頁数は『法令全書』の所載箇所を示す。

【一八六八年】（慶応三年一二月七日から明治元年一一月一八日まで）

一、「三職分課職制ヲ定ム」
（明治元戊辰年正月一七日、第三六）（二月一〇日）（一五－一七頁）
【災害予防】【災害復旧】【組織職掌】

二、「徳川氏ノ采地及賊徒ノ所領ヲ検覈シ窮民撫育ノ朝旨ヲ告諭セシム」
（明治元戊辰年二月、第一二五）（二月二三日から三月二三日）（五四頁）

【罹災者救援】
三、「諸国私領寺社領ノ村高帳ヲ進致セシメ諸藩預所幷代官支配所等ヨリ村高帳其他帳簿ヲ進致セシム」
（明治元戊辰年四月七日、第二二〇）（四月二九日）（八六頁）
【災害予防】【災害復旧】【経費事務】
四、「土砂留役人廻村廃止」
（明治元戊辰年四月二七日、第二六八）（五月一九日）（一〇四頁）
【災害予防】【災害復旧】
五、「政体ヲ定ム」（明治元戊辰年閏四月二一日、第三三一）
（六月一一日）（一三七－一四六頁）
【災害予防】【罹災者救援】【災害復旧】【組織職掌】
六、「軍資以下費用莫大ニ付土木其他諸事ヲ省略セシム」
（明治元戊辰年五月一七日、第三九五）（七月六日）（一六三頁）
【その他①】
七、「江戸鎮台ヲ置キ三奉行ヲ廃シ社寺市政民政ノ三裁判所ヲ設ケ職員ヲ定ム」
（明治元戊辰年五月一九日、第四〇二）（七月八日）（一六四－一六五頁）
【災害予防】【災害復旧】【組織職掌】
八、「洪水暴溢ニ付会計官出張賑恤ヲ施行セシム」
（明治元戊辰年五月二四日、第四一九）（七月一三日）（一六九－一七〇頁）
【応急対応】【罹災者救援】

九、「洪水ニ付秧苗ノ埋没十三日ニ過ル者ハ本年ノ田租ヲ蠲ク」
(明治元戊辰年六月八日、第四五〇)(七月二七日)(一八四頁)
【罹災者救援】

一〇、「天災兵害ノ余ニ付府藩県ヲシテ便宜賑恤ヲ施行セシム」
(明治元戊辰年六月二二日、第五〇二)(八月一〇日)(二〇二－二〇三頁)
【応急対応】【罹災者救援】【災害復旧】

一一、「当分米穀輸出ヲ止ム」
(明治元戊辰年六月、第五二一)(七月二〇日から八月一七日)(二〇七頁)
【その他②】

一二、「鎮将府及東京府ヲ置キ職制ヲ定ム」
(明治元戊辰年七月一七日、第五五八)(九月三日)(二二三－二二四頁)
【災害予防】【災害復旧】【組織職掌】

一三、「春来気候不順ニ付賑恤ノ予図ヲ為サシム」
(明治元戊辰年七月一八日、第五六三)(九月四日)(二二五－二二六頁)
【罹災者救援への備え】【その他②】

一四、「京都府規則ヲ府藩県ニ頒示シ意見ヲ上陳セシム」
(明治元戊辰年八月五日、第六一〇)(九月二〇日)(二四三－二五一頁)
【組織職掌】

一五、「税法ハ姑ク旧貫ニ仍リ且旧幕府旗下采邑没収ノ者ハ隣近府藩県ヲシテ之ヲ管轄セシム」

一六、「江戸ヲ改テ東京ト称シ鎮将府ヲ置キ民政裁判所ヲ会計局ト改称ヲ布告ス」

（明治元戊辰年八月七日、第六一二）（九月二一日）（二五一－二五二頁）

【その他①】

一七、「米価騰貴ニ付本年醸酒高三分ノ一ニ減セシム」

【罹災者救援】

二〇、「関東川々堤防国役金ヲ徴集ス」

（明治元戊辰年八月二八日、第六八五）（一〇月一三日）（二七五－二七六頁）

【罹災者救援】

二一、「駅逓規則」

（明治元戊辰年八月、第七〇九）（九月一六日から一〇月一五日）（二八四頁）

【災害予防】【経費事務】

　　　（明治元戊辰年九月一二日、第七三五）（一〇月二七日）（二九一頁）

【災害復旧】【経費事務】

xvii

【応急対応】

二二、「関東諸県租税ノ徴収旧政府引付ヲ以テ査点セシム」
（明治元戊辰年九月二八日、第七九六）（一一月一二日）（三〇八頁）
【罹災者救援】

二三、「韮山県及関東諸県ヲシテ旧旗下上知村々本年貢租ヲ徴収セシム」
（明治元戊辰年九月二九日、第七九八）（一一月一三日）（三〇八－三〇九頁）
【罹災者救援】

二四、「御東幸沿道七十歳以上ノ者幷孝子義僕等ヲ査点録上セシム」
（明治元戊辰年九月、第七九九）（一〇月一六日から一一月一三日）（三〇九頁）
【罹災者救援】

二五、「御東幸沿道水害ノ橋梁ヲ再造シ又ハ修復ノ意見ヲ開申セシム」
（明治元戊辰年一〇月一三日、第八四二）（一一月二六日）（三二三頁）
【災害復旧】

二六、「関東諸県ヲシテ村鑑帳ヲ進致セシム」
（明治元戊辰年一〇月、第八五八）（一一月一四日から一二月一三日）（三二七頁）
【災害予防】

二七、「会計局ヲ会計官出張所ト改定ス」
（明治元戊辰年一〇月一八日、第八六一）（一二月一日）（三二八頁）
【災害予防】【災害復旧】【組織職掌】

二八、「官軍ニ臨時金穀ヲ調達セシ藩々ハ査点書ヲ会計官ニ進致セシム」
（明治元戊辰年一〇月二二日、第八八一）（一二月五日）（三三二頁）
【罹災者救援】
二九、「御東幸褒賞養老賑恤ノ典ヲ府藩県一般ニ施行セシム」
（明治元戊辰年一〇月二五日、第八九二）（一二月八日）（三三六頁）
【罹災者救援】
三〇、「治河使ヲ置ク」
（明治元戊辰年一〇月二八日、第九〇四）（一二月一一日）（三三八頁）
【災害予防】【災害復旧】【組織職掌】
三一、「兵燹水災ニ罹リ難渋ノ者ヲ査点録上区々ナカラシム」
（明治元戊辰年一〇月、第九二三）（一一月一四日から一二月一三日）（三四五頁）
【罹災者救援】
三二、「治河使被設ニ付府藩県ヲシテ水利ノ道ヲ起サシム」
（明治元戊辰年一一月六日、第九三九）（一二月一九日）（三五〇頁）
【災害予防】【災害復旧】
三三、「関東諸県ヲシテ取箇目録ヲ進致セシム」
（明治元戊辰年一一月九日、第九四四）（一二月二二日）（三五二頁）
【災害復旧】【経費事務】
三四、「治河使ヲ置カレ府藩県水利興起ノ布告ヲ改ム」

（明治元戊辰年一一月一五日、第九六〇）（一二月二八日）（三五五頁）
【災害予防】【災害復旧】

【一八六九年】（明治元年一一月一九日から明治二年一一月二九日まで）

一、「褒賞賑恤ノ典御挙行ノ趣旨ヲ体シ府藩県ヲシテ窮民ヲ撫育セシム」
（明治元戊辰年一一月二五日、第九八九）（一月七日）（三六三頁）
【罹災者救援】

二、「治河使旗章ヲ定ム」
（明治元戊辰年一二月二日、第一〇二一）（一月一四日）（三七二－三七三頁）
【災害予防】【災害復旧】

三、「諸国川々国役金上納ヲ須ヒス既納ノ者ハ之ヲ還付ス」
（明治元戊辰年一二月九日、第一〇六一）（一月二一日）（三八八頁）
【災害予防】【災害復旧】【経費事務】

四、「取箇帳幷村方渡米金取調帳様式ヲ定ム」
（明治元戊辰年一二月一八日、第一一〇〇）（一月三〇日）（四〇五－四〇九頁）
【災害予防】【罹災者救援】【災害復旧】【経費事務】

五、「諸藩取締奥羽各県当分規則」
（明治元戊辰年一二月二三日、第一一二五）（二月四日）（四一六－四一八頁）

【罹災者救援】

六、「定免切替伺其他租税取計及諸帳簿進致ノ方ヲ定ム」

（明治元戊辰年一二月二四日、第一一四四）（一二月五日）（四二四－四二六頁）

【災害予防】【罹災者救援】【災害復旧】【経費事務】

七、「御賑恤金下賜ノ例則ヲ定メ府県ヲシテ準依施行セシム」

（明治元戊辰年一二月、第一一六三）（一月一三日から二月一〇日）（四三三－四三五頁）

【罹災者救援】

八、「治河及諸普請等ニ刑法官監察ヲシテ出張セシム」

（明治二己巳年二月二日、第九七）（三月一四日）（四八頁）

【災害予防】【災害復旧】【組織職掌】

九、「府県施政順序ヲ定ム」

（明治二己巳年二月五日、第一一七）（三月一七日）（五八－六二頁）

【罹災者救援への備え】【罹災者救援】【組織職掌】

一〇、「郷帳大積明細帳村鑑帳等ヲ進致セシム」

（明治二己巳年二月二三日、第一九八）（四月四日）（九五頁）

【災害予防】【罹災者救援】【災害復旧】【経費事務】

一一a、「甲州川々普請ヲ会計官ニ委任ス」

（明治二己巳年二月二五日、第二〇九）（四月六日）（一〇〇頁）

【災害予防】【災害復旧】

一一b、「甲州川々普請ニ付刑法官監察司ヲシテ出張セシム」（明治二己巳年二月二五日、第二一〇）（四月六日）（一〇〇頁）
【災害予防】【災害復旧】

一二、「葛飾県以下七県新ニ工事ヲ興ス者ハ姑ク他日ヲ待タシム」（明治二己巳年三月一七日、第二九二）（四月二八日）（一二八頁）
【災害予防】【災害復旧】

一三a、「民部官ヲ置キ神祇官以下六官ニ定メ従来弁事へ差出ノ願伺等六官ニ進致セシム」（明治二己巳年四月八日、第三四六）（五月一九日）（一四三頁）
【災害予防】【罹災者救援】【災害復旧】【組織職掌】

一三b、「民部官職掌ヲ定ム」（明治二己巳年四月八日、第三四八）（五月一九日）（一四三頁）
【災害予防】【罹災者救援】【災害復旧】【組織職掌】

一四、「府県及預所アル諸藩ヲシテ平均租税額並諸費用等ヲ録上セシム」（明治二己巳年四月二七日、第三九八）（六月七日）（一五八－一六〇頁）
【災害予防】【災害復旧】

一五、「諸川通船筏下ノ節堤防ヲ衝突スルヲ戒ム」（明治二己巳年四月、第四一〇）（五月一二日から六月九日）（一六二頁）
【災害予防】

一六、「会計官職制章程ヲ定ム」

（明治二己巳年五月八日、第四二五）（六月一七日）（一六七－一六八頁）
【罹災者救援】【災害復旧】【組織職掌】【経費事務】

一七、「外国交際及理財ノ儀御下問書」
（明治二己巳年五月二四日、第四七四）（七月三日）（一八六－一九〇頁）
【罹災者救援への備え】【罹災者救援】

一八、「民部官職制ヲ定ム」
（明治二己巳年六月四日、第五〇三）（七月一二日）（一九九－二〇二頁）
【災害予防】【罹災者救援】【災害復旧】【組織職掌】

一九、「越後国ニ領地アル者外国船ヲ以テ囲米廻漕ノ節ハ越後府ノ免許ヲ請ケシム」
（明治二己巳年六月二三日、第五六〇）（七月三一日）（二三四頁）
【その他②】

二〇、「気候不順ヲ以テ奉幣使ヲ氷川神社外二社ニ発ス」
（明治二己巳年七月朔日、第六〇三）（八月八日）（二四六頁）
【直前予防】

二一ａ、「従来ノ百官並受領ヲ廃シ位階ヲ称シ神職僧官ハ旧ニ仍ラシム」
（明治二己巳年七月八日、第六二〇）（八月一五日）（二四九頁）
【組織職掌】

二一ｂ、「職員令並官位相当表」
（明治二己巳年七月八日、第六二二）（八月一五日）（二四九－二六四頁）

【災害予防】【罹災者救援】【災害復旧】【組織職掌】

二二、「夫食種籾農具等貸下ノ措置ヲ定ム」
（明治二己巳年七月一四日、第六五二）（八月二一日）（二七二－二七三頁）
【罹災者救援】

二三、「民部省規則」
（明治二己巳年七月二七日、第六七四）（九月三日）（二七九－二八一頁）
【災害予防】【罹災者救援への備え】【罹災者救援】【災害復旧】【組織職掌】

二四、「府県奉職規則」
（明治二己巳年七月二七日、第六七五）（九月三日）（二八一－二八四頁）
【災害予防】【罹災者救援への備え】【応急対応】【罹災者救援】【災害復旧】【組織職掌】

二五、「県官人員幷常備金規則」
（明治二己巳年七月二七日、第六七六）（九月三日）（二八四－二八五頁）
【災害予防】【応急対応】【罹災者救援】【災害復旧】【組織職掌】【経費事務】

二六、「治河使ヲ廃シ土木司ヲシテ水利ヲ管轄セシム」
（明治二己巳年七月二七日、第六八一）（九月三日）（二八六頁）
【災害予防】【災害復旧】【組織職掌】

二七a、「租税監督通商鉱山ノ四司ヲ民部省ニ管セシム」
（明治二己巳年八月一一日、第七二三）（九月一六日）（二九六頁）
【罹災者救援】【組織職掌】

二七ｂ、「租税監督通商鉱山ノ四司ヲ民部省ニ属セシム」
（明治二己巳年八月一一日、第七二四）（九月一六日）（二九六頁）
【罹災者救援】【組織職掌】

二八ａ、「府県川々官普請ノ箇所ヲ録上セシム」
（明治二己巳年八月一三日、第七三一）（九月一八日）（二九七頁）
【災害予防】【災害復旧】

二八ｂ、「川々堤防等官普請自普請ノ区別ヲ録上セシム」
（明治二己巳年八月一三日、第七三二）（九月一八日）（二九七頁）
【災害予防】【災害復旧】【経費事務】

二九ａ、「淫雨ニ付節倹ノ詔ヲ発シ官禄ノ内ヲ以テ救恤ニ充テシム」
（明治二己巳年八月二五日、第八〇一）（九月三〇日）（三二八－三二九頁）
【罹災者救援】【その他②】

二九ｂ、「東京京都二府ニ救助米ヲ下付ス」
（明治二己巳年八月二八日、第八一五）（一〇月三日）（三三一頁）
【罹災者救援】【その他②】

三〇、「堤防橋梁道路修繕事務ヲ府藩県ニ委スルヲ以テ土木司出張ノ者ヲ退去セシム」
（明治二己巳年八月、第八三六）（九月六日から一〇月四日）（三三五－三三六頁）
【災害予防】【災害復旧】【組織職掌】

三一、「諸街道駅々ニ附属村々自村継場並水旱損高等ヲ録上セシム」

（明治二己巳年九月一四日、第八七五）（一〇月一八日）（三六一頁）
【罹災者救援】

三二、「浦高札」
（明治二己巳年九月一八日、第八九一）（一〇月二二日）（三六四－三六六頁）
【応急対応（応急救助）】

三三、「宮華族中大夫以下社寺領等ニ係ル諸入費割渡ニ付府県管轄高姓名寺号等ヲ録上セシム」
（明治二己巳年九月二三日、第九二五）（一〇月二七日）（三七六頁）
【災害予防】【災害復旧】【経費事務】

三四、「関東府県川々急破普請村役差出方及人足賃米相場ヲ定ム」
（明治二己巳年九月、第九五三）（一〇月五日から一一月三日）（三九三頁）
【災害復旧】【経費事務】

三五、「府県幷預所アル諸藩ヲシテ郷帳村鑑帳御林帳高国郡村名帳高反別取米永一村限帳ヲ進致セシム」
（明治二己巳年一〇月二九日、第一〇一九）（一二月二日）（四二三－四二五頁）
【災害予防】【罹災者救援】【災害復旧】【経費事務】

三六、「諸県川々普請等自己ノ意見ヲ以テ料理シ或ハ稟候中縦ニ着手スルヲ禁ス」
（明治二己巳年一〇月、第一〇二四）（一一月四日から一二月二日）（四二七頁）
【災害予防】【災害復旧】

三七、「諸国凶歉ニ付酒造免許高ノ三分一ヲ造ラシム」
（明治二己巳年一一月三日、第一〇三七）（一二月五日）（四三〇－四三一頁）

【その他②】

三八、「御取箇帳様式ヲ定ム」
（明治二己巳年一一月一七日、第一〇六一）（一二月一九日）（四四一－四七三頁）
【罹災者救援】【災害復旧】【経費事務】

三九、「淀川通船規則ヲ定ム」
（明治二己巳年一一月二三日、第一〇七八）（一二月二五日）（四七七－四八二頁）
【直前予防】

四〇a、「諸県川々国役金ヲ徴収ス」
（明治二己巳年一一月、第一〇八六）（一八六九年一二月三日から一八七〇年一月一日）（四八三頁）
【災害予防】【災害復旧】【経費事務】

四〇b、「諸県川々国役金上納書式ヲ定ム」
（明治二己巳年一一月二八日、第一〇八七）（一二月三〇日）（四八三－四八五頁）
【経費事務】

【一八七〇年】（明治二年一一月三〇日から明治三年一一月一〇日まで）

一、「府県常備金規則説明」
（明治二己巳年一二月二日、第一一一二）（一月三日）（四九五頁）
【災害予防】【応急対応】【罹災者救援】【災害復旧】【組織職掌】【経費事務】

二、「川々国役金ヲ諸藩ニ徴収ス」（明治二己巳年一二月三日、第一一一七）（一月四日）（四九八－四九九頁）

【災害予防】【災害復旧】【経費事務】

三、「水火災ノ節窮民救助ノ措置ヲ定ム」（明治二己巳年一二月八日、第一一三〇）（一月九日）（五〇三－五〇四頁）

【応急対応】【罹災者救援】

四、「川除悪水路目論見帳ヲ進致セシム」（明治二己巳年一二月、第一二一四）（一月二日から一月三一日）（五二六－五二七頁）

【災害予防】【災害復旧】

五、「畑方貢米引方ハ稟候処置セシム」（明治三庚午年正月二八日、第六二）（二月二八日）（三六頁）

【罹災者救援】

六、「堤防等目下難閣廉々措置ヲ定ム」（明治三庚午年正月、第六九）（二月一日から三月一日）（三七－三八頁）

【災害予防】【災害応急対応への備え】【応急対応】【災害復旧】

七、「無水岡田開闢法ヲ配布ス」（明治三庚午年正月、第七一）（二月一日から三月一日）（三八－三九頁）

【災害予防】

八、「夫食種籾類焼農具代等貸渡方ヲ定ム」

九、「不開港場規則難破船救助心得方条目」
（明治三庚午年二月二九日、第一四八）（三月三〇日）（五七―六三頁）
【応急対応（応急救助）】

一〇、「勘定帳記載方ヲ定ム」
（明治三庚午年三月七日、第一七九）（四月七日）（八七―一〇七頁）
【罹災者救援への備え】【罹災者救援】【災害復旧】【経費事務】

一一、「府藩県川々往来船筏定税ヲ録上セシム」
（明治三庚午年三月一四日、第二〇四）（四月一四日）（一二三―一二四頁）

（明治三庚午年二月五日、第八九）（三月六日）（四一頁）
【罹災者救援】

xxix

【災害予防】【罹災者救援】【災害復旧】【経費事務】

一五、「府藩県交互管轄ノ堤防用悪水路修繕費用ノ賦課ヲ公平ナラシム」（明治三庚午年五月、第三八二）（五月三〇日から六月二八日）（二二八頁）

【災害予防】【災害復旧】【経費事務】

一六a、「信濃川分水路鑿割費用高役出金納方ヲ定ム（新発田以下七藩ニ達）」（明治三庚午年六月一二日、第三九九）（七月一〇日）（二三四頁）

【災害予防】【経費事務】

一六b、「信濃川分水路鑿割費用高役出金納方ヲ定ム（高田藩以下七藩ニ達）」（明治三庚午年六月一二日、第四〇〇）（七月一〇日）（二三四頁）

【災害予防】【経費事務】

一七、「農民貯蓄ノ穀物窮民ニ貸付ノ方ヲ定ム」（明治三庚午年六月一四日、第四〇七）（七月一二日）（二四一頁）

【罹災者救援】

一八、「治河規則ニ違犯ノ者無カラシム」（明治三庚午年六月一五日、第四〇八）（七月一三日）（二四一頁）

【災害予防】

一九a、「御国絵図改正ニ付府藩県ヲシテ地図ヲ進致セシム」（明治三庚午年六月、第四三〇）（六月二九日から七月二七日）（二五四頁）

【災害予防】

一九b、「御国絵図改正ニ付各藩支配地ノ内飛地ヲモ査点セシム」
（明治三庚午年六月、第四三一）（六月二九日から七月二七日）（二五四－二五五頁）
【災害予防】
二〇、「諸藩預所中旧幕府ヨリ夫食種籾農具代等借請未納ノ村々上納ヲ須ヒサラシム」
（明治三庚午年七月五日、第四四七）（八月一日）（二五九頁）
【罹災者救援】
二一、「民部省大蔵省分省セシム」
（明治三庚午年七月一〇日、第四五七）（八月六日）（二六一頁）
【災害予防】【罹災者救援】【災害復旧】【組織職掌】
二二、「田方検見規則ヲ定ム」
（明治三庚午年七月、第五〇五）（七月二八日から八月二六日）（二八六－二九四頁）
【罹災者救援】
二三、「民部大蔵両省管轄ノ寮司諸掛及事務条件ヲ区別ス」
（明治三庚午年八月九日、第五二〇）（九月四日）（二九八－三〇一頁）
【災害予防】【罹災者救援】【災害復旧】【組織職掌】
二四、「東京府下ノ家税ヲ徴ス」
（明治三庚午年九月三日、第五五七）（九月二七日）（三二六－三二八頁）
【災害応急対応への備え】【経費事務】
二五、「府県歳入歳出差引表編制例則分類略解ヲ頒ツ」

（明治三庚午年九月一二日、第五八七）（一〇月六日）（三四一－三五一頁）
【災害予防】【罹災者救援への備え】【罹災者救援】【災害復旧】【経費事務】

二六、「府藩県管内開墾地規則ヲ定ム」
（明治三庚午年九月二七日、第六三〇）（一〇月二一日）（三六五－三六六頁）
【災害予防】

二七、「諸藩ニ歳入歳出明細書及歳入歳出差引総計表編制例則分類略解ヲ頒ツ」
（明治三庚午年一〇月九日、第六五九）（一一月二日）（三八一－四〇一頁）
【災害予防】【罹災者救援への備え】【罹災者救援】【災害復旧】【経費事務】

二八、「民部省中寮司ヲ定ム」
（明治三庚午年閏一〇月二〇日、第七五四）（一二月一二日）（四五九頁）
【災害予防】【罹災者救援】【災害復旧】【組織職掌】

明治前期の災害対策法令　第一巻

序説

本書は、一八六八年から一八七〇年までの三年間について、『法令全書』[*1]から災害対策に関係する法令（以下、災害対策法令）[*2]をすべて抜き出し、[*3]発布順に配列して注解を付したものである。筆者はこの形式の資料を一八八五（明治一八）年まで編むことを企図しており、本書はその第一巻に当たる。以下、なぜ筆者は明治前期[*4]についてこのような資料をつくることを志したのか（一）、またその第一巻たる本書を編むことから得られた知見は何か——その主要なもののうち若干を述べる——（二）（三）、そして最後に本書の方法と構成（四）について記し、序説とすることにしたい。

＊1　内閣官報局（編）『法令全書』（自慶応三年一〇月至明治元年一二月より、明治一八年までの各年版）。明治一七年までについては復刻版（原書房、一九七四－一九七六年、原本の刊行は一八八七－一八九一年）を使用した。

＊2　本書において〈法令〉とは、『法令全書』所載の全項目を指す（但し明治元年附録第四「自嘉永七年至慶応三年各国条約書」を除く）。また、災害の語は、異常《アンユージュアル》な自然現象に因る被害を指してこれを用いている。通常言われる自然災害の謂である。

＊3　本書は災害対策としてあるいは災害に関連して政府が為そうとしたことが書かれている法令（通常の意味での災害対策法令）を中心に編集されているが、収録されているのはそれにとどまらない。本書には、上のほかに、災害対策を所管した組織に関する法令も収録されている。さらに、発布時に政府がその狙いとして災害対策の意味を込めていたかどうか（災害対策に関わる内容を含む法令と認識していたかどうか）は確認できないけれども、今、内容から見て、災害対策に関係する政府の行動を定めたと解釈できる法令（災害対策法令と解釈できる法令）についても、これを広く収載している。たとえば、「諸国私領寺社領ノ村高帳ヲ進致セシメ諸藩預所幷代官支配所等ヨリ村高帳其他帳簿ヲ進致セシム」（明治元戊辰年四月七日、第二二〇）（六八－二二）や「御国絵図改正ニ付府藩県ヲシテ地図ヲ進致セシム」（明治三庚午年六月、第四三〇）（七〇－一九a）などがこれに当たる。

ところで、上の（六八－二二）、（七〇－一九a）という括弧に入れた数字と記号であるが、これは、法令「諸国私領寺社領ノ村高帳ヲ進致セシメ諸藩預所幷代官支配所等ヨリ村高帳其他帳簿ヲ進致セシム」（明治元戊辰年四月七日、第二二〇）と法令

「御国絵図改正ニ付府藩県ヲシテ地図ヲ進致セシム」（明治三庚午年六月、第四三〇）を本書に収めた際それぞれに付した番号（収録番号）である。一八六八年の第三番、一八七〇年の第一九番のaという意味である。以下、法令のあとに括弧に入れた番号が表示されている場合にはそれは同様の扱いである。**注解**におけるその番号の項を参照されたい。

＊4　本書で明治前期とは一八八五年まで、すなわち太政官制の時代を指す。

一、災害対策基本法から明治前期の災害対策法令へ

(一) はじめに

今から一〇年ほど前、ちょうど五〇歳になろうとする頃に、筆者は一九世紀のイギリス行政の研究を離れ、日本の災害対策行政の歴史的研究に転じた。五〇の手習いで先学の著作を読み進めながら、[*1] 筆者はまず戦後の災害対策行政の通史を書こうと志を立てた。しかし、それはすぐに浅学の手に余る仕事であることが分かった。災害を自然災害と捉えてそれを数え上げてみようとしたとたん、その対象領域の広さと、記述、分析のために必要とされる知識の大きさに圧倒されてしまったのである。そこでいったん記述の対象を戦後の地震災害対策と狭めて、それを阪神・淡路大震災後の二〇〇〇年代の初めまでひととおり書いてみることにした。[*2] だが、出来上がったものを読み返してみると、やはり対象の表面を撫でているだけという感が否めなかった。敗戦直後に立ち戻り、そこから時期を区切って通史叙述の柱となるべき主題を選んで研究し、その研究を繋げていく――当たり前のことではあるが、改めてこのような着実な方法を採る必要性を痛感した。

災害対策史を書くという関心のもと一九四〇年代後半から六〇年代前半までを見渡したとき、まず目に入ったのは台風災害の連続を受けて始まった「災害防止国土保全法」制定の動きであった。災害対策に関する議論は

一九四七年のカスリーン台風災害以来衆議院水害地対策特別委員会などで積み重ねられていたが、一九四九年にはデラ台風、ジュディス台風、キティ台風と台風が相次いで来襲し、それらが各地に大きな被害を与えたこともあり、災害防止に関する根本対策を策定しようという機運が盛り上がった。それが同年一一月に衆議院本会議での「災害防止国土保全に関する決議」となり、[*3] 翌年にかけて「災害防止国土保全法」制定への動きが展開することになった。[*4] 筆者はここを災害対策に関する戦後第一期の出発点と考えた。そしてここから、昭和二八（一九五三）年災害——西日本（九州北部）水害（六月）、南紀豪雨災害（七月）、台風一三号災害（九月）などを総称する——、伊勢湾台風災害を挟んで、一九六一年一〇月の災害対策基本法制定までの時期をひとくくりに捉え、その戦後第一期の区切りとしての災害対策基本法の制定の過程を、第一期中の災害対策の動向全体を踏まえ、また災害予防・災害復旧・災害対策機関の新設・財源の手配など災害対策の各分野に目を配りながら論じようと考えた。[*5] 災害対策基本法の制定を敗戦後約一五年間の災害対策をめぐる議論の流れの中に位置づけるとともに、伊勢湾台風災害後の直接の制定論議を精査するという研究方針を立てたわけである。こうして筆者は災害対策基本法制定に関する研究に入っていった。

＊1　その道々の先学の研究にふれる際にはおひとりおひとりへの敬意を抑えがたいところであるけれども、序説、本論とも敬称を略してそのお名前を記す。

＊2　井上洋「地震防災政策形成のための視点——戦後の災害対策行政を振り返って——」（所収、総合政策研究フォーラム（編）『総合政策論のフロンティア』、南山大学総合政策学部、二〇〇六年三月）。

＊3　決議の案文は衆議院災害地対策特別委員会で作成され、本会議ではそれが民主自由党、民主党野党派、日本社会党、日本共産党、新政治協議会の全会派一致で可決された。決議文は、次の通り（『第六回国会衆議院会議録　第一三号』（『官報号外』、一九四九年一一月二〇日）、一六七頁。傍点は原文。尚、序説における引用文中の傍点と傍線は、とくに断り書きの無い限り、

筆者によるものである)。

「災害防止国土保全に関する決議

近時わが国においては、国土の荒廃はなはだしく、台風その他災害による被害は、財政ひっ迫に基く復旧事業の不完全と相まって、逐年累増せられる状況にある。

よって政府は、社会不安を除き、資源を確保し、国民の経済力を充実せしめ、民生の安定を期するため、左記の諸方針に従い、速やかに災害の復旧ならびに予防の対策を講じ、もって国土を保全すべきである。

一　災害に際しては、速やかに応急措置を講ずるとともに、その実情と原因とを調査研究し、植林、砂防、農業、土木、河川、道路、港湾等の工事を通じ、将来の国土開発事業との関連において、総合的にその応急の復旧ならびに恒久の予防対策を樹て、国土保全に努めること。

二　災害における応急措置とその復旧事業とに対しては、全額国庫負担をもって、急速且つ適切にその実施を図るとともに、恒久的な予防対策は、国庫の負担、補助の下に、中央、地方ともに協力して完成せしめること。

三　災害復旧費及び予防費は、一般公共事業費に優先してこれを確保し、失業救済の事業としても有効なるようその実施に遺憾なからしめること。

四　本事業の特殊性にかんがみ、その経費に備えるために、相当額を国土保全積立金として積み立てるとともに、起債、富くじその他の財源をも併せ確保し、あるいは地方に低利長期の融資をなすこと。

五　災害の復旧ならびに予防の国土保全事業については、総合的企画と統一的実施を期するために特別の機関を設けること。

右決議する。」

この決議において、発生した個々の災害に対する復旧とは区別されたものとして総合的で恒久的な災害予防対策の確立という視点が鮮明に打ち出された。これは災害対策基本法の制定論議(一九五九-六一年)のなかで再び顔を見せる。

*4　衆議院災害地対策特別委員会に災害防止国土保全法案起草小委員会が設けられ、同小委員会は翌一九五〇年の五月に災害防止国土保全法案の趣旨および内容の骨子を災害地対策特別委員会に報告した。そこでは、総理府の外局として「国土保全委員会」を設置すること、国土保全計画実施の財源として「災害防止国土保全基金制度」の新設などが提案された(『第七回国会衆

議院災害地対策特別委員会議録 第七号（一九五〇年五月一日）』、一―三頁）。「災害防止国土保全に関する決議」やそこから出発した法律案の骨子は上に挙げたような画期的な内容を含むものであったが、引き続く審議の過程で、国土総合開発法（一九五〇年五月公布）との関係や、現行行政機構との関係、災害防止国土保全基金と財政法規との関係などについて問題点が指摘されたために、恒久的な災害予防策の樹立、「国土保全委員会」の設置、「災害防止国土保全基金制度」の新設といった主要な柱が次々と脱落し、一一月に起草小委員会から出された提案（「災害復旧基本法案要綱」）は災害復旧とそのための財源の手配を中身とするものに変質してしまっていた（『第八回国会衆議院災害地対策特別委員会議録 第一〇号（一九五〇年一一月一八日）』、四―六、九―一〇頁）。そしてこの「災害復旧基本法案要綱」も、法律としては日の目を見ずに終わった。

＊5　「災害防止国土保全法」制定の動きそれ自体は結局尻すぼみになってしまったが、この時期には、ほかにも、災害対策に関して注目すべき提言および法律制定が多多なされた。まず、提言について言えば、早くも一九四七年一一月に全国町村会政務調査会が①治山治水関係の行政機構の一元化、②治山治水に関する法規の統合調整、③治山治水および食糧増産関係諸政策相互の矛盾の排除と運用の調整を内容とする「治山治水の根本対策意見」を提出していたが、一九五〇年前後には、各省庁に分属する治山治水関係業務の統合一元化の提言・要望がいくつも出された。全国町村会は一九四九年一〇月に「大国土省」設置を要望した。一九五〇年四、五月には行政制度審議会と日本学術会議が相次いで答申や報告を発表して、前者は「建設省その他各省の関係部局の治山治水関係の事務を統合し、これを一元的に掌理する省としての国土省」の設置を提案し、後者は「防災に関する強力な総合調整機関を設置し、有効適切な措置を講じる」よう要望を提出した。この種の提案は爾後も全国町村会や政令諮問委員会などにより続けられ、一九五〇年代には治山治水を総括する省としての国土省、あるいは国土の保全と開発および地方行政を中央において総括する省としての内政省の構想が折にふれて浮上した（「行政機構の全面的改革に関する答申（行政制度審議会）（昭和二五年四月二一日）」、所収、『行政機構改革に関する各種審議会の答申及び閣議決定』、行政管理庁行政管理局、一九五九年一二月、六一頁、「政令改正諮問のための委員会報告書（行政制度の改革に関する答申）（昭和二六年八月二一日）」、所収、同上、七〇頁、「内政省設置法案（昭和三二年四月一九日閣議決定）」、所収、同上、一二二―一四八頁。尚、高辻正巳「行政機構の改革」、『時の法令』、第三九九号、一九六一年九月、三五頁も参照のこと）。一方、全国知事会は、一九五二年三月の十勝沖地震災害のあと、「非常災害対策要綱」と「災害金融公庫法要綱」を発表した。災害復旧事業費の負担

問題をめぐっては一九四九年九月に出されたシャウプ勧告が地方自治擁護の観点から全額国庫負担を掲げた（『税制の改革シャウプ勧告全文』、日本経済新聞社、一九四九年九月、三四頁参照）。この、防災に関する強力な総合調整機関の設置問題と、災害復旧事業費の負担区分問題は、以下で紹介する災害対策基本法の制定の過程でも中心的な議題として取り上げられたものである。また、法律制定という点では、シャウプ勧告にもとづいて災害復旧事業費の全額国庫負担を規定した「昭和二五年度における災害復旧事業費国庫負担の特例に関する法律」（昭和二五年法律一八九号）、その翌年に地方自治を理由として全額国庫負担を撤回した「公共土木施設災害復旧事業費国庫負担法」（昭和二六年法律第九七号）、さらには昭和二八年災害ののち前法（昭和二六年法律第九七号）の規定にもかかわらず国庫負担率の特例（嵩上げ）を定めた「昭和二八年六月及び七月の大水害による公共土木施設等についての災害の復旧等に関する特別措置法」（昭和二八年法律第二五六号）などが災害対策基本法との関係で重要である。計画としては昭和二八年災害を受けて作成された「治山治水基本対策要綱」（一九五三年一〇月）が押さえられねばならない。

（二）伊勢湾台風災害と岸内閣

災害対策基本法制定の動きは直接的には伊勢湾台風災害をきっかけに始まった。[*6] 一九五九（昭和三四）年九月二一日サイパン島の東に発生した台風一五号（のちに伊勢湾台風と命名される）は、二三日にはマリアナ諸島北方で中心気圧が八九四ヘクトパスカルにまで発達し、超大型台風となった。この台風一五号は強い勢力を維持したまま北上し、二六日一八時過ぎに潮岬の西方に上陸した（このときの中心気圧は九二九・五ヘクトパスカルで、これは本土襲来の台風の場合に陸上で観測された最低気圧の当時の第三位であった）。台風は上陸したあと、奈良和歌山県境から奈良県中部を通り、二一時には三重県亀山市北西方に達し（この時点でも尚、中心気圧九四五ヘクトパスカルの強さであった）、二七日〇時に富山市付近を通過して日本海へ抜けた。台風が名古屋西方を南から北へ縦断する際、台風の東側の志摩半島東部より伊勢湾にかけて舌状に強風域が伸び、名古屋では三七・〇m/s、津で三六・八m/sの最大風速を観測した。この強風のために伊勢湾に記録的な高潮が発生した（名古屋港で平均海面上三・八九m）。高潮は各所で海岸堤防を乗り越え、またこれを破壊し、名古屋市南部から西へ木曽川まで、さらに木曽川右岸の桑名市一帯に及ぶ広大な地域を長期にわたって水没させた。[*7] 台風一五号による被害は四国から北海道にかけての広範囲に及んだが、わけても愛知・三重・岐阜の中部三県の被害が甚大であった。死者・行方不明者は五、〇九八人を記録し、全壊および流失家屋数は約四万棟、物的損害は七、〇〇〇億円を超えた。これが伊勢湾台風災害である。[*8]

伊勢湾台風災害が発生したとき、内閣は岸信介を首相とする自由民主党の内閣であった。岸内閣は日米安全保障条約の改定と長期経済計画（国民所得倍増計画）の策定を最重要課題に掲げていたが、ちょうどこの時期は前者については党内調整と対米協議が大詰めを迎えていたところであり、後者についても党と政府の双方において計画の基本構想が決定される段階であった。[*9] 岸もその側近で内閣官房長官であった椎名悦三郎も災害対策にはあまり熱意をもたず、そのせいもあって政府は伊勢湾台風災害への初動体制の構築にもたついた。[*10] 岸首相の被災地視察は災害発生から一週間が過ぎた一〇月三日まで行われなかった。伊勢湾台風災害を受けての岸内閣の対応（応急対策）は基本的に昭和二八年災害時の手法を踏襲したものであり、それは現地災害対策本部の設置、自衛隊の大規模派遣、そして災害特別法の制定の三つを柱とするものであった。[*11]

（1）中部日本災害対策本部の設置

九月二九日、政府は、伊勢湾台風災害に対しその緊急対策（救助、応急復旧等）を現地において機動的に実施するために、中部日本災害対策本部を名古屋市に置き、本部長に益谷秀次副総理、本部長代理に石原幹市郎自治庁長官を当てることを決定した。中部日本災害対策本部は本部長および本部長代理のもと、副本部長に大野市郎農林政務次官、内藤隆厚生政務次官、柴田達夫建設事務次官の三人を当て、実際に現地で活動する部員には、内閣官房および大蔵、文部、厚生、農林、通産、運輸、郵政、労働、建設の各省ならびに警察、自治、防衛の各庁から部局長クラスが派遣された。部員には、そのほか、被災地自治体である愛知県、三重県、岐阜県、名古屋市、さらには国鉄や中部電力、名古屋港管理組合などからも職員が出された。[*12] この構成からもわかるように、中部日本災害対策本部は、災害応急対策事務に関する省庁間調整だけではなく、中央‐地方間、政府‐公益事業者間の連絡調整の役割も担った。益谷本部長の来名は一〇月二日夕方と遅れたが、中部日本災害対策本部それ自体は、九月三〇日の朝に初めての打合せを行ない、その活動を開始した。[*13] 政府は、応急対策上の重点として、破壊された海岸堤防の閉め切りと排水、罹災者の救助（集団避難の手配やその実施、給食・給水や防疫、罹災者用の応急仮設住宅の建設など）、そして治安の確保を挙げたが、中部日本災害対策本部は、同本部のもとに締切排水連絡小委員会（一〇月五日設置）、住宅対策連絡小委員会（一〇月七日設置）、災害救助連絡小委員会（同前）を置き、専門的・技術的な面からの検討も加えつつ上記施策の実施に当たった。[*14] 中部日本災害対策本部は、破堤箇所の仮締切りがほぼ終了した一二月九日まで二か月余の間、現地での応急の救援復旧事務の実施調整の任に当たった。

（2）自衛隊の災害出動

自衛隊は、台風来襲の当日から救助のために愛知県守山市の第一〇混成団第二大隊が名古屋市内などに出動していたが、二八日午前自民党の災害対策特別委員会が「復旧には自衛隊の全力をあげて行うこと」を決定し、また同日午後防衛庁陸上幕僚監部第三部長の和田陸将補が守山に到着して大規模な救助隊の編成を決定するや、陸・海・空の大部隊を災害地に投入することになった。[*15] 二九日、赤城宗徳防衛庁長官は、自衛隊の各部隊に対して、「従来よりも長期間にわたって災害地に駐留し、復旧、人命救助などの作業に従事するよう指示し」た。それを受けて三〇日午後には、陸海空の各自衛隊の統合運用を図るため、中部地区災害派遣部隊統合本部の設置が決定された（一〇月一日第一〇混成団本部内に設置、本部長大森寛陸将）。[*16] 赤城防衛庁長官はさらに一〇月三日に、第一〇混成団に対し「長期にわたる行動を予期し、増援各種部隊を指揮し、全力をあげて災害派遣を続行する」よう行動命令を発するとともに、五千人の増援を決めた。これにより自衛隊員一万人の出動態勢が取られることとなった。[*17] 自衛隊の活動は当初は人命救助、遺体収容、救援物資の配給、道路の啓開などを中心としたが、自衛隊は徐々に活動の重心を海岸堤防の仮締め切りの作業に移していった。この作業には、隊員の士気を鼓舞するために、「尾西作戦」、「海南作戦」、「南陽作戦」などの作戦名が付けられ、トラック、クレーン、ブルドーザーなど機械力が動員された。その結果一一月末には自衛隊が担当した破堤箇所の仮締め切りが終了し、一二月上旬にすべての部隊が撤収した。出動から撤収までの二か月余で、延べ六三万人の自衛隊員が活動した。用いられた車両数は延べで九万五千両、舟艇は延べ八、四〇〇隻、航空機は延べ八〇〇機であった。自衛隊創設以来最も大規模な救援活動が展開されたのである。[*18]

（3）災害特別法の制定

台風一五号（伊勢湾台風）は、東海三県を中心に、堤防・橋梁・道路などの公共土木施設、農地や用水路等の農業用施設を始めとする各種施設に対して甚大な被害をもたらした。[*19] 被害に遭ったこれらの対象物のなかにはその復旧に当たってそれぞれ法律の定めるところにより復旧費に対して国庫補助が提供される制度が設けられているものがあった。たとえば、公共土木施設（「公共土木施設災害復旧事業費国庫負担法」、昭和二六年法律第九七号）、農林水産業施設（「農林水産業施設災害復旧事業費国庫補助の暫定措置に関する法律」、昭和二五年法律第一六九号）などである。伊勢湾台風災害以前から、大災害があるたびに、これら既存の法律の規定を適用するのでは不十分であるとして国庫補助率の引き上げや補助対象範囲の拡大などの特例を法定すべきとする主張が、主に被災県、被災市町村、およびそれら地元の意向を受けた与野党議員などによって提出された。これが災害特別法の制定を求める動きである。[*20]

台風一五号（伊勢湾台風）災害の発生に際しては、まず与党組織から、災害特別法の制定を求める声が上がった。早くも九月二九日、自民党愛知県連本部は緊急役員会を開き、政府に対する要求項目として「一五号台風特別措置法の制定により、国庫補助率の増額実現」を決議した。[*21] また、同じく二九日の夜、来名した大野伴睦自民党副総裁は、臨時国会を開いて災害特別法の制定を行なう方針であることを表明した。[*22] 一〇月に入ると、省庁ごとの被害状況調査も進み、省の単位で災害特別法の立法方針を決定するところが出てきた（文部省、通商産業省など）。[*23] ほぼ同時期に、被災自治体である愛知・三重・岐阜三県の知事や名古屋市も相次いで災害特別法の制定を要求した。[*24] 一〇月一四日に開かれた全国知事会議では、自民党の船田中政務調査会長が党としての伊勢湾台風災害対策を説明し、「二八年災害に準ずるという復旧の基本方針を決定」したと述べた。知事会側はこれに対して「二八年災害時以上の特別法を要望」した。[*25] 社会党も同じ日に国会対策委員会を開き、「災害対策のため約一千億円近い補正予算を要求する」こと、「被災者援護法など二八件の新法律案法律改正案を出し恒久かつ抜本的災害対策を確立する」ことを内容とする臨時国会闘争方針を決定した。[*26] 一〇月二一日に開かれた災害対策都道府県協議会では各省がそれぞれ用意しているところの特別法の内容を説明したが、どの省も昭和二八年災害時の特別措置を引きあいに出した説明を行なった。ここに来て、政府も、与党も、野党社会党も、被災自治体もすべて、昭和二八年災害時に採られた措置を基準に今次災害に対する特別法を論じるようになっていた（対策の基準としての昭和二八年災害）。これ以後災害特別法をめぐる論議は二八年を超えるかそれとも下回るかという論法でなされていくことになる。[*27]

一〇月二六日、第三三回国会（臨時会）が召集され、衆議院に災害地対策特別委員会、参議院に風水害対策特別委員会が設置された。第三三回国会は〝災害対策国会〟と銘打たれ、二七本の災害特別法案と、それに予算の裏付けを与える総額六一四億円、災害対策費三四三億円の補正予算案が提出された。二九日参議院風水害対策特別委員会は「二八年災害に実施した諸方策以上の線を確保すること」を申し合わせたが、災害復旧公共事業費の拡大で景気が過熱することを恐れた大蔵省は財源難を主張し、各省が用意した災害特別法案に対して抑制的な態度で臨んだ。国会冒頭の政府演説に対する代表質問の様子を報じた中部日本新聞は、「参院では代表質問の第一陣として社会党の成瀬幡治氏が立って災害対策を中心に政府のやり方を手ぬるいとして激しく追及した。これに対する政府側の岸首相、村上建設相、佐藤蔵相らの答弁は、これまで述べられたところと変らなかった」、「政府側は岸首相以下ほとんどの閣僚が答弁に立ったものの積極的な意欲がみられず、（中略）抜本的な施策はとくに考えていないことが確認された」と失望を表明した。[*28]争点は当初は災害特別法の数と種目であったが、それが確定すると争点は災害特別法が規定する補助率と法律の適用範囲（地域指定）の問題に移った。大蔵省は名（災害特別法の数）を捨てて実（抑制的な補助率と厳格な地域指定基準）を採る作戦に出た。そのため、とくに適用範囲（地域指定）の問題が重要となった。すなわち、災害特別法それ自体が制定されても、指定基準が厳しければ、結果として実質的な補助額は昭和二八年災害時を下回りかねないことになるからである。かくて適用範囲（地域指定）の問題をめぐり与党議員も野党議員もともに立ち上がって揉めに揉める事態となった。大蔵省が財源難を言うほど〝戦闘機二〇〇機を配備するよりも水のもれない堤防を作れ〟という意見が出てくることになり、[*29]ついには衆議院の予算委員会で与党自民党の議員からも軍事費ではなく治山治水費の増額を求める意見が出される状況となった。[*30]安保改定と防衛力増強を掲げる岸内閣にとって、災害対策費の調達問題が防衛費（軍事費）の削減の主張と結びつく情勢は悩ましいものであった。[*31] 結局決着は幹部折衝にもちこまれることになり、一一月一一日から一二日にかけて佐藤蔵相と自民党七役とが会合を繰り返し、一二日に自民党七役会議および総務会で災害激甚地指定基準を了承し、岸内閣はようやく災害特別法の制定まで漕ぎつけたのである。[*32] 第三三回国会では、「昭和三四年七月及び八月の水害又は同年八月及び九月の風水害を受けた公共土木施設等の災害復旧等に関する特別措置法」（昭和三四年法律第一七一号）など、全部で二七件の災害特別法が成立した。[*33]

＊6　筆者は伊勢湾台風災害からそれに続く災害対策基本法制定までの時期について、台風災害と災害対策基本法制定の動きに焦点を当てて、『朝日新聞』と『中部日本新聞』（現、中日新聞）の記事の悉皆調査を行なった。本項以下第一節の叙述の基礎は、この調査によって得られた知見が置かれている。尚、この調査には縮刷版を用いた。参照、『朝日新聞縮刷版』（自昭和三四年九月至昭和三七年九月）（第四五九号～第四九五号）（朝日新聞社、一九五九年一〇月－一九六二年一〇月）、『伊勢湾台風記録 中部日本新聞縮刷版 上（自昭和三四年九月二六日至昭和三四年一〇月二六日）』（中部日本新聞社、一九五九年一一月）、『伊勢湾台風記録 中部日本新聞縮刷版 下（自昭和三四年一〇月二六日至昭和三四年一一月二六日）』（中部日本新聞社、一九五九年一二月）。

＊7　愛知県の浸水面積は約三五〇㎢、うち二三七㎢は台風通過後も長く水没した。海岸堤防の閉め切り工事は難航し、最終的にすべての破堤箇所を締め切るのに半年以上かかった。

＊8　『気象庁技術報告 第七号 伊勢湾台風調査報告』（気象庁、一九六一年三月）、第一章および第五章、参照。伊勢湾台風災害での死者・行方不明者五、〇九八人は、この時点での戦後最大である。この数字を超える災害は一九九五年一月の阪神・淡路大震災（死者・行方不明者六、四三六人）までなかった。

＊9　一〇月一六日、自民党は経済調査会総会において、長期経済計画の基本構想をまとめたものである「国民所得倍増の構想」を決定した（『朝日新聞』、一九五九年一〇月一七日付）。また、政府側でも一〇月一九日に経済企画庁が、国民所得倍増計画の

基本構想の政府原案（趣旨は自民党案と同じ）を決定した（『中部日本新聞』、一九五九年一〇月二〇日付）。尚、この時期（一九六〇年前後）の通史としては、柴垣和夫『昭和の歴史 第九巻 講和から高度成長へ』（小学館、一九八三年六月）を参照のこと。

＊10　それを象徴的に示したのが中央災害救助対策協議会の開催をめぐる動きである。同協議会は災害救助法第三条にもとづく機関で、非常災害発生時に「救助その他緊急措置の適切円滑な実施を図るため」に設置されるものであった（会長は内閣総理大臣）。伊勢湾台風災害の発生を受けて関係各省は被害状況の調査を進め、九月二七日午後、内閣官房に向けて、二八日にも中央災害救助対策協議会を開くよう申し入れた。ところがこの日内閣官房長官の椎名悦三郎は夫人同伴で外出しており、内閣官房は長官への連絡がつかなかった。二七日夜になってようやく中央災害救助対策協議会を二八日に開催する手はずが整えられたが、伊勢湾台風災害対策の初動における政府内部の連絡には混乱がみられた（『朝日新聞』、一九五九年九月二八日付）。また中央災害救助対策協議会開催当日の二八日、岸首相は朝からゴルフに出かける予定にしてあり、自らが会長である同協議会出席の意図をもっていなかった。最終的には側近の諫言により協議会に出たが、新聞に「ゴルフが悪いというわけではないが、首相としての立場をよく考えてからにすべきだと批判の声が高い」と書かれる有様であった（『中部日本新聞』、一九五九年九月二九日付）。こののちも岸首相を始めとする閣僚および自民党議員の災害対策問題への熱の無さを指摘する報道は跡を絶たなかった。

＊11　昭和二八（一九五三）年六月末の西日本水害（九州北部水害）（主な被災地は福岡、長崎、佐賀、熊本、大分、山口の六県）の際、政府（首相吉田茂の自由党内閣）はこれを「三〇年前の関東大震火災に次ぐ災害」（緒方竹虎副総理）と捉えて大野伴睦国務大臣を本部長とする「西日本水害対策本部」を福岡県庁に設置した（『第一六回国会衆議院水害地緊急対策特別委員会議録第六号（一九五三年七月八日）』、三頁）。同時に、政府は、各県知事の要請に応じて、保安隊第四管区総監部管下の福岡、久留米、熊本、大村などの諸部隊、愛知県豊川の建設部隊、三重県久居の施設部隊等を、六月二五日から七月八日まで応急救助と応急復旧のために被災地に出動させた（永島寛一「九州水害その後」、『世界』、第九六号、一九五三年一二月、一二六頁）。保安隊の出動人員は延べ二三万人に及んだ。また、第一六回国会（会期は一九五九年五月一八日から八月一〇日まで）および第一七回国会（会期は一九五九年一〇月二九日から一一月七日まで）において、「昭和二八年六月及び七月の大水害による公共土

木施設等についての災害の復旧等に関する特別措置法」など、災害復旧事業費に係る国庫補助率の引上げと補助対象範囲の拡大等の特例を定めた二六本の特例法、特別措置法が議員立法で制定された（鹿野義夫（編）『公共事業――戦後の予算と事業の全貌――』、港出版合作社、一九五五年三月、四九三－四九四頁）。

昭和二八年災害時に採られたこれら三つの手法は、評価という点で、好評のもの（保安隊出動）と不評のもの（現地災害対策本部の設置、災害特別法の制定）とに分かれた。当時朝日新聞西部本社論説委員であった永島寛一は、保安隊の活動について、「災害直後の救難作業から、救援物資の輸送、炊出し、給水、さらに道路、橋、堤防、用水路、住宅、電信電話などの補修、構築などに、とにかく『目覚しい』活躍をつゞけた」、「保安隊の活躍に対する感謝の声は到るところで大なり小なりに聞かれた」、「保安隊がおこなった作業そのものに対する批判や非難は余り聞いていない」、「数的にみると、賛美或は感謝の声は圧倒的に多い」と述べた（永島寛一、前掲「九州水害その後」、一二六頁）。それに対して、永島は、西日本水害対策本部については「上に乗っている頭が国務大臣ではあったが、出先機関はやはり出先機関で、伴睦老をもってしても『速戦即決』の着任第一声通りにはゆかなかった」と、否定的に記している（同上、一二五頁）。災害特別法についても、「本格的治山治水や災害復旧対策を検討するのでなく、工事箇所を細分し資本投下の効率化を妨げて」、水害地に地盤をもつ議員が自分の選挙区に補助を持ってくる体のものと厳しい評価が出された（杉山隆夫「〝救農〟災害予算」、『世界』、第九六号、一九五三年一二月、一二二頁）。

*12 『中部日本新聞』（一九五九年一〇月一日付夕刊）、および『伊勢湾台風災害誌』（建設省、一九六二年三月）、六二一－六六四、六九一頁。

*13 『中部日本新聞』（一九五九年一〇月一日付）。

*14 たとえば災害救助連絡小委員会には、文部、厚生の両省、愛知、三重、岐阜の三県、名古屋市の関係者が常時出席した。また必要に応じて大蔵省、防衛庁、海上保安庁、警察庁の職員の出席も求め、同小委員会は一〇月八日の第一回会議から一二月一日までの間に、計二九回の会合を持った（『伊勢湾台風災害誌』、六三－六五頁）。

*15 『中部日本新聞』（一九五九年九月二七日付夕刊）、同（一九五九年九月二八日付）、同（一九五九年九月二八日付夕刊）、同（一九五九年九月二九日付）、『朝日新聞』（一九五九年九月二九日付）。自衛隊に対する災害派遣の要請は、九月二六日に愛知県

知事と岐阜県知事から、二七日に三重県知事からそれぞれ第一〇混成団及び関係駐屯地司令に対してなされた（名古屋市総務局調査課（編）『伊勢湾台風災害誌』、名古屋市、一九六一年三月、二五二頁）。

＊16 『朝日新聞』（一九五九年九月二九日付夕刊）、『中部日本新聞』（一九五九年一〇月一日付）。

＊17 『中部日本新聞』（一九五九年一〇月三日付夕刊）。

＊18 名古屋市総務局調査課（編）『伊勢湾台風災害誌』、二五一－二五四頁。こうした自衛隊の活動について、地元紙である中部日本新聞はこれを連日写真入りで大きく扱い、好意的な報道を行なった（たとえば九月三〇日付夕刊、一〇月一日付夕刊、一〇月三日付夕刊）。同紙は一〇月九日付紙面に社説「天災時における自衛隊の任務」を載せ、そのなかで「自衛隊が要請をまつことなく総力をふるって自主的に出動す」べきことを主張し、「自衛隊法第三条、第八三条などを改正して、災害出動を国土防衛と同様の主任務として規定すべきである」と論じた。中部日本新聞には、自衛隊の活動に対してこれに感謝する趣旨の投書も、数多く載せられた。もちろん「軍事費よりも治山治水費を」と主張する意見も掲載されたけれども、昭和二八年災害当時保安隊の活動に対して好意的な評価がなされたのと同様に、このたびの自衛隊の活動に対しても好意的な意見が広くみられた。伊勢湾台風災害時の出動により自衛隊に対する社会的認知と評価が高まったことは明らかであった。一例を挙げれば、一〇月一七日に社会党に対して決別声明を出し同党を離党した人びとがつくった社会クラブは、「災害に大きな役割りをはたした自衛隊は必要だ」との立場を表明した（『中部日本新聞』、一九五九年一一月五日付）。こうしたなかで社会党が明らかにした「自衛隊を改編して『平和国土建設隊』を設け、国土建設と災害救援に専心させる」という自衛隊政策は注目に値するものであった（『朝日新聞』、一九五九年一〇月八日付）。自衛隊の災害救援活動の有効性は各方面の認めるところとなったが（だから社会党も「自衛隊を改編して『平和国土建設隊』を設け、国土建設と災害救援に専心させる」としたのである）、自衛隊から見れば災害出動は本務ではなくあくまで「人気取り」（江崎真澄防衛庁長官、『朝日新聞』、一九六〇年七月二三日付）であり、その本質が軍事組織にあることは動かし難いものであった（だから社会党は「自衛隊を改編して『平和国土建設隊』を設け［る］」と言ったのである）。災害出動を機に自衛隊の存在をそのまま受け入れていく論調が強まるなかで、社会党はあくまでも自衛隊の本質を見据えた議論を立てていたのである（自衛隊の平和国土建設隊への改編の主張）。

＊19 被害概況については、名古屋市総務局調査課（編）『伊勢湾台風災害誌』、三九－四七頁を参照せよ。

＊20　「公共土木施設災害復旧事業費国庫負担法」制定の翌年の一九五二年から一〇年間で一三二の災害特別法が制定された（小滝晃「災害対策基本法、激甚災害法等の災害復旧制度の歴史」、『河川』、第六七巻、第一一号、二〇一一年一一月、一九頁）。この災害特別法の最初の例が、一九五二年三月の十勝沖地震のあと第一三回国会に議員立法のかたちで提出され成立した「十勝沖地震による漁業災害の復旧資金の融通に関する特別措置法」（昭和二七年法律第八九号）である。

＊21　『中部日本新聞』（一九五九年九月三〇日付）。

＊22　『中部日本新聞』（一九五九年九月三〇日付夕刊）。

＊23　文部省は、一〇月九日、省議を開き、「伊勢湾台風による学校災害を早急に復旧するため、特別措置法案要綱を臨時国会に提出する」方針を決めて、《伊勢湾台風による公立の教育施設の災害復旧に要する経費についての国の負担および補助に関する特別措置法案要綱》を発表した（『中部日本新聞』、一九五九年一〇月一〇日付夕刊）。

＊24　一〇月一一日、一四日に開かれる予定の全国知事会議において伊勢湾台風の災害復旧対策について政府に対し要望を行なうために、愛知・三重・岐阜の三県知事が会議を開いて要望事項を確認した。重点要望事項は、①「土木対策として海岸堤防等の特別立法（公共土木施設災害復旧事業費国庫負担法の特例に関する法律）を制定して事業費国庫負担率を引きあげるとともに、海岸、堤防や、河川堤防などについて将来の災害を防ぐための改良工事を災害復旧に準じて国庫補助を行う。ことに現行法による国庫負担対象額の限度である県工事一五万円、市町村工事一〇万円をそれぞれ五万円、三万円に引き下げるよう措置する」、②「中小企業者に対する金融の拡大と利子補給を行うための特別措置を講ずる」、③「災害公営住宅の増設と、これに対する国庫補助率の引上げを行う」、④「公立学校や社会教育施設の災害復旧費の補助率を引上げるため特別立法を行う」、⑤「災害による地方税の減収や災害対策のための経費の増大による地方財政の危機を救うため災害の大きかった公共団体に特例債を認める」の五項目であった。参照、『中部日本新聞』（一九五九年一〇月一一日付夕刊）。

＊25　『中部日本新聞』（一九五九年一〇月一四日付夕刊）、および同（一九五九年一〇月一五日付）。船田自民党政調会長は、全国知事会議の席上、予定している災害特別法について、「二八年の時は二六の臨時立法が出たが、いずれも議員立法であり十分徹底できぬうらみがあったので、今回は政府提案の運びとする」と述べた（『中部日本新聞』、一九五九年一〇月一四日付夕刊）。伊勢湾台風災害時には、昭和二八年災害の時と違って、災害特別法の制定に対して政府側、とくに大蔵省がそれを立案の段階

から統制しようとし、そのための動きが前面に出た。

＊26　『中部日本新聞』（一九五九年一〇月一四日付夕刊）。地元紙である中部日本新聞は、一〇月一八日付紙面において、政府与党側提案の災害特別法案と社会党提案のそれを論評して、「両党のこのたくさんの法案のほとんど全部は、二八年の一三号台風の時国会を通った一連の特別措置法案と同じものか、あるいは内容を幾分強めた程度のものばかりだ」と冷淡に評価した。

＊27　『中部日本新聞』（一九五九年一〇月二一日付夕刊）。たとえば、佐藤栄作蔵相は、一〇月二五日に自民党の船田政調会長と会談した際、「大蔵案で一四件に圧縮した災害特別立法は二二件まで復活する。この取扱いにより〝二八年災害に準ずる〟ことになる」と述べた（『中部日本新聞』、一九五九年一〇月二六日付）。社会クラブもまた、「災害特別立法としては昭和二八年度災害に準ずる臨時措置法を要求する」としていた（同上）。野党もまた〝基準としての二八年災害〟を共有していたのである。こうして災害後の応急対応に関する立法措置が災害特別法の議論に矮小化され、しかもそれを議論する際の枠組みが昭和二八年災害を基準に設定されていくこととなった。これにより補助率や実質の補助額の細かな数字に注目が集まるようになってしまった。現在から見ると、こうした補助率の上げ下げの議論よりも、災害救援の本質にかかわる問題での議論が重要であり、それがなされるべきであった（社会党は、被災者援護法案において、被災者の救援を産業政策の観点から考える政府与党の立場――政府の援助により産業が立ち直ればそこで働く人びとの生活も自動的に立ち直るという意見――に対し、被災者の生活を直接的に支援することを考えるという立場を対置しており、議論の芽は出ていたのである）。しかしながらこの側面での議論は深まらなかった。社会党は、被災者援護法案など政府与党の災害対策に対抗する政策の潜在的な軸をもちながら、それを意識的に展開できず、災害政策において体系的なものを用意できなかった。被災者援護法案に含まれていた被災者に対する直接的援護という論点が社会の表面に出てくるのにはこれ以後三〇数年を要した。それが社会の表面に浮かび上がったのは一九九〇年の雲仙普賢岳噴火災害、一九九五年の阪神・淡路大震災、二〇〇〇年の鳥取県西部地震災害が起こってからのことである。

＊28　『中部日本新聞』（一九五九年一〇月二九日付夕刊）。

＊29　たとえば、『中部日本新聞』（一九五九年一一月一一日付夕刊）の「発言」欄。

＊30　一一月九日の衆議院予算委員会での川崎秀二議員（自民党）の質疑。参照、『第三三回国会衆議院予算委員会議録 第五号

（一九五九年一一月九日）』。

＊31　『エコノミスト』誌はこの時期の政治情勢について、伊勢湾台風災害後の臨時国会での議論と、伊勢湾台風災害をひとつのきっかけとする大衆運動の波の高まりに注目しながら、次のように論じている。「第三三臨時国会が開かれた。この国会は四年来の『二大政党』制が破産して初の国会であり、国際的には緊張緩和の大きい流れが誰の目にも明らかになってから、最初に迎える国会である。／国会論議の焦点はいうまでもなく、安保改定、南ベトナム賠償、台風被災対策、炭鉱『合理化』対策である。安保改定の本質――軍事同盟の強化――が次第に国民の間にしみ通り、台風被害、炭鉱不況の犠牲者の救援が国民の関心をとらえるにつれて、政治に対する国民の発言が急速に拡大しているところに、今の局面の大きい特徴がある。／政府は補正予算六一四億円のうち四五四億円、財政投融資増五〇一億円のうち約四〇〇億円を災害復旧にふりむけるという。これは従来の政策のワク内では、政府のいう通り〝財布の底をはたいた〟ものだろう。が、この程度の対策で根本的な災害防止をやり、犠牲者の生活を安定させることができるか、大いに疑問である。思い切った水害対策、炭鉱離職者対策を立てられないところに、岸さんの弱点がある。」「（略）国際情勢の変化とこれに『逆行』する岸内閣の外交政策、伊勢湾台風によって大衆運動の波は再び高まってきている。首相の国際情勢判断はいつも新聞でたたかれ、安保改定は急ぐなというのが新聞社説の基調である。中間層の動向を反映し、これに影響力を与える文化人、知識人の動きも活発化してきた。／台風被災者や炭鉱失業者の組織もできはじめた。母親や原爆被害者の代表は国会開幕早々に、安保改定反対、原爆被害者救護法の制定を、政府・国会に要請した。いろいろの階層に属する人たちが、共通あるいは独自の要求を掲げて国会に対する集団陳情、請願運動を起そうとしていることは、この国会の一つの特色である。」「『防衛費を削って台風、炭鉱犠牲者を救え』というスローガンが、各階層の要求を安保改定阻止に結びつけるカギになろうとしている。」（「《政局みどころ》臨時国会の気圧配置」、『エコノミスト』、第三七年、第四五号、一九五九年一一月一〇日、二七頁。／は改行を表わす。）

＊32　『中部日本新聞』（一九五九年一一月三日付）、同（一九五九年一一月一一日付）、同（一九五九年一一月一一日付夕刊）、同（一九五九年一一月一二日付）、同（一九五九年一一月一二日付夕刊）。災害激甚地指定基準については、『朝日新聞』（一九五九年一一月一三日付）を参照せよ。災害特別法の国会審議を振り返った座談会形式の記事において、中部日本新聞は、大蔵省が進めた〝激甚地〟概念の導入による特別法の適用地域の限定に対して、「ごまかしが多いよ。二八年災害と同じだと思ったら、

大間違いだ」と不信感を表明した（『中部日本新聞』、一九五九年一一月一六日付）。社会党は災害特別法の取り扱いについて自民党との間で調整を行ない、金額等に不満を表明しつつも成立させる立場に回った。補正予算についても社会党は初めて政府案に賛成した。その事情を社会党は、補正予算案衆議院通過後の声明において、「災害対策は急を要するものであり、政府案には、反動的な諸経費は含まれていないことを考え、金額に不満はあっても、災害復旧の促進、被災者救済のため、賛成した」と説明した（『朝日新聞』、一九五九年一一月一五日付）。

＊33　名古屋市総務局調査課（編）『伊勢湾台風災害誌』、三六四－三六九頁。

（三）災害対策基本法の制定

被害の甚大さとこれは「政災」だと憤る声の高まりを前にして、[*34] また伊勢湾台風災害の発生が「『防衛費を削って台風、炭鉱犠牲者を救え』というスローガン」を呼び出し、それが安保改定阻止の世論と結びつく気配を見せるなかで、岸首相と各閣僚は、ひとまず応急対策を行なったのちに災害についての恒久対策を実施する、と発言するようになった。このような発言は一〇月半ばから記者会見などで少しずつ出されるようになっていたが、同月末に臨時国会が始まると、政府演説において、また質疑の場で社会党議員からの質問に答えるかたちで、繰り返し表明された。そのとき岸首相の口から出た災害恒久対策とは、ひとつは根本的な治山治水対策の実施であり、もうひとつは災害基本法[*35]の制定であった。[*36]

(1) 根本的な治山治水対策の実施

一五号台風による被害の大きさを目の当たりにして、また水害が毎年繰り返されることを顧みて、新聞は「恒久的な治山治水対策の確立を」、「抜本的な風水害対策を確立、遂行しなければならない」と訴えた。*37 また、野党社会党も政府に対し根本的な治山治水対策の構想を示せと迫るとともに、自らは「災害発生を根本的に克服し、国土総合開発を進めるため、治山治水促進の基本法を制定する」と宣言した。*38 しかし、新聞社も、社会党も、根本的な治山治水対策について自前の案をもっていたわけではなかった。一方、岸内閣は、世論対策の必要から根本的な治山治水対策の実施を言い出したこともあり、何よりも早期にそれをかたちとして提示することを優先させる姿勢をとった（根本的な治山治水対策の次期通常国会への提出）。かたちを急いで示さなければならないとすれば、それはすでにある治山治水計画を何程か補訂して提出するよりほかなかった。こうして《根本的な治山治水対策》をめぐる議論は、一〇月の半ばには、建設省と林野庁が立てていた治水計画・治山計画の拡充と、それへの財源的手当てのための特別会計の設置の問題にその焦点が絞られる気配を見せるようになった。このころ自民党は昭和三五年度予算編成の準備に取りかかった。そしてそのなかで、「予算編成にあたっては、とくに治山治水、災害対策に重点を置き〝災害克服予算〟といった性格のものにする」という方針が明らかにされ、治山治水特別会計の新設が打ち出されるや、*39 議論は一気にこの方向に流れて行った。「恒久的な治山治水対策の確立を」と叫んではみたものの、誰もそれについてよく考え抜かれた案をもっておらず、結局建設省の治水計画、林野庁の治山計画の拡充・法定と、それへの財源的手当てのための特別会計の設置の問題がさしたる議論もなく〝根本対策〟の位置に座ったのである。これは災害の発生が従来の治山治水政策（とくに建設省の治水政策）の妥当性を問う議論へと向かった昭和二八年災害の時とは大きく異なる展開であった。伊勢湾台風災害後の治山治水対策をめぐる議論のこの特異性を明らかにするために、少し回り道になるが、次段落で、昭和二八年災害後に起こった建設省の治水政策の是非を問う議論について、これを見ておきたい。

　昭和二八年災害の後、政府内部の二つの部門から、そしてこの二つの部門が連携するかたちで、建設省の治水政策の妥当性が問題にされ、その検討のなかから建設省の治水政策（治水思想）とは異なる別の治水政策（治水思想）が打ち出された。その二つの部門とは総理府資源調査会と大蔵省である。資源調査会は一九四七年の末に経済安定本部の附属機関として設置された（当初の名称は資源委員会）もので、その設置目的は「経済復興と国民生活安定の基礎となる国内資源の開発・利用・保全のあり方を、科学技術の立場から徹底的に再検討し、その計画的かつ総合的な利用を提起すべきだ」ということであった。*40 しかし、発足後早い時期から「資源利用の消極面、すなわち災害防止の問題もとりあげるべきだ」という意見が出て、調査会はこの問題にも取り組み、数々の勧告、報告、資料を公表してきた（一九四八年二月には調査会の中に「防災部会」が設けられた）。*41 昭和二八年災害の後政府は治山治水対策協議会を設け、同協議会は同年一〇月一六日に「治山治水基本対策要綱」を決定した。これは「国土保全に関しては戦後初めて正式に部外に公表された長期計画」であり、「二九年度以降三五年の治水事業十箇年計画決定までの間、常に建設省の予算要求の根幹」となったものであった。*42 「治山治水基本対策要綱」は、河川事業に関しては「各水系ごとに砂防施設、治水ダム及び河川改修等の諸事業を総合した治水計画を樹立」するとし、その当初決定額は一兆一、六九一億円であった（治山事業六、九五九億円とあわせて総計は一兆八、六五〇億円）。こうした事態を大蔵省は災害復旧費、治山治水費の膨張と捉え、これに対する財政上の関心から、自ら建設省の治水政策の詳細な検討を開始するとともに、資源調査会に対して建設省が行なっている治水投資の妥当性の検証を要請した。*43 資源調査会の小出博らは、水害原因に関する建設省の〝公式の哲学〟である「山林濫伐説」や「戦争荒廃説」を斥け、*44 戦後における水害発生、とくに利根川や筑後川などの大河川で見られた洪水について、次のような説明を行なった。すなわち、利根川や筑後川などの大河川の水害は、社会経済の発展にともない流域全体が変貌し、それが川へ集まる流れの機構を変えたこと、また、どのような洪水も一滴もこぼさずに海に流すという思想のもと、河口から順次上流に向かって、本川にも支川にも連続堤防を築くという治水法式が取られたために、洪水流が河道に短時間に集中し、洪水の出足が早くなるとともに、その流量も増大し、とくに中下流部での洪水流量負担が増大したこと、これらに起因する、と。これは水害原因の「砂防及び河川改修工事起因説」であり、明治時代以来の内務省－建設省の治水政策を批判するもの――それ自体が水害の原因であるとする意見――であった。こうした理解にもとづいて小出らは、水害防備林の整備と活用を中心とする別様の治水政策（治水思想）を提示した。[*45] 大蔵省においても、主計局の官僚たちが建設省が進める方式での河川改修に疑問を示し、採られるべき治水策として「遊水池及び計画溢流方式」という小出らの考えに近いものを主張した。主計局の官僚たちの意見はこうである。「人命の保護、精神的効果を度外視して論ずることは当を得ないが、余りにもその額の巨大なるが故に、治山治水事業の限界を経済効果の面より見極めることが、今後に残された大きな課題である。」「家屋、鉄道、ポンプ等の施設を除いた耕地は静水による冠水の被害は少い。」「堤防決壊による、土砂を含んだ濁流が田畑を流失し、埋没し、家屋、橋梁を押し流すのでなければ、また人畜、家屋、財産等の退避さえ完全であれば、洪水の被害もまた恐るるに足りない。」「ここに我々は、現在の、果しなく嵩上げまたは引堤を続けている堤防工事に対し、それに代るべき治水方式として、現在の遊水池方式を更に拡大した次のような制度を提案する。（1）都市村落等の人家の密集地又は重要施設のある地域を除き、河川堤防の適当な箇所に溢流堤を設けるか或は霞堤によって、洪水を静かに低地に流入せしめる。（中略）（2）河川の堤防は一〇年に一回起る程度の高水を防ぐに足るものとして、それ以上の高水は全て上記遊水池に貯溜して氾濫を防ぐ。」[*46]

ふたたび伊勢湾台風災害後に戻る。伊勢湾台風来襲直後、〝治山治水の根本計画を確立せよ〟、〝抜本的な風水害対策を遂行せよ〟という大きな声が上がったが、その声は瞬く間に建設省と林野庁が立てていた治水計画・治山計画の拡充と、それへの財源的手当てのための特別会計の設置の問題に置き換えられてしまった。[*47] 昭和二八年災害の後に起こったような建設省の治水政策の是非を問う議論は起こらず、あるいは起こす間もなく、議論の焦点は治山治水の長期計画に法律的な根拠を与えることと、その長期計画に財源的な支えを提供すべく治山治水特別会計を設置することに移っていったのである。社会党もこの問題でのよく考えられた対抗案をもたなかったから、治山治水長期計画の法定化と特別会計設置問題は国会での争点にならなかった。岸内閣が第三四回通常国会に〝災害克服予算〟を提出すると言ったとき、災害対策を掲げて民生重視の姿勢を示し、これによって安保改定問題での世論の反発を幾分なりとも緩和しようという意図があったはずであるが、それは空振りに終わった。〝災害克服予算〟も災害恒久対策も国会論議の焦点にならなかったからである。根本的な治山治水対策の実施は多分に世論対策の必要からもちだされたものであったが、それを早期にかたちとして提示しようとしたため、問題が建設省と林野庁が立てていた治水計画・治山計画の拡充と、それへの財源的手当てのための特別会計の設置如何に吸収されてしまい、皮肉なことに災害恒久対策問題は世論の注目を集めることなく展開していった。年度末の一九六〇年三月三一日、治山と治水の長期計画に法律の根拠を与えるための「治山治水緊急措置法（昭和三五年法律第二一号）」と、特別会計を設置することを趣旨とした「国有林野事業特別会計法を一部改正する法律（昭和三五年法律第三九号）」（国有林野事業特別会計に治山勘定を設ける）、「治水特別会計法（昭和三五年法律第四〇号）」が次々と成立し、年末の一二月二七日には治山治水緊急措置法にもとづいて「治水事業一〇ヵ年計画」と「治山事業一〇ヵ年計画」が閣議決定された。[*48]

(2) 災害基本法の制定 (1) ――伊勢湾台風災害発生から一九五九年末まで――

災害基本法の制定は誰の発案によるものなのか、あるいはどの機関に発する動きなのか、これについて確定的なことはわからない。ただ言えることは伊勢湾台風災害発生からあまり時間を置かずにいくつかの機関(あるいは人)がほぼ同時に災害基本法の制定に向けて動き出したということである。ここでは一九五九年九月二六日の伊勢湾台風災害発生から同年末までの間の災害基本法制定の動きを、政府(内閣)・自民党、自治庁、内閣法制局長官林修三のそれぞれに分けて記述する。*49

① 政府(内閣)・自民党

政府(岸内閣)において災害基本法に関する最初の動きが見られたのは、一〇月一二日の閣議のときである。『中部日本新聞』は、これについて翌日の朝刊で、「村上建設、福田農林の両相は一三日の閣議で、伊勢湾台風の災害にかんがみ、[『]このさい災害発生と同時に救助作業、予備金の支出など敏速な緊急措置がとれるよう災害対策基本法を作ってはどうか』と発言、岸首相もこれに同意したので政府としては通常国会提出を目標に関係各省間で立法化の検討を進めることに決めた」と報じている。『中部日本新聞』の記事はこの件について、上の見出し文に続けてさらに詳しく次のように書いた。「災害基本法については衆参両院の建設、農林委員会でも与野党議員の間から立法化の意見が出ておりまた石原自治庁長官も自民党災害対策小委員会で同様趣旨の発言をしている。閣議で明らかにされた福田農林、村上建設両相の考えは①災害応急措置のための予備金の支出が各省ばらばらでは敏速な措置がとれないので災害用の予備金を準備し首相の命令で一斉に支出できるようにする②自衛隊も敏速に出動できるようにする③建設省は災害発生に備えた人員をつねに用意する④退避命令など統一のとれた予防措置を講ずることができるようにするなどである。」[*50]政府における災害基本法に関する最初の動きが、建設相と農林相という災害防除（予防）にかかわる治山治水事務所管の事業官庁から出てきたこと、これが興味深い点である。というのは建設省、農林省ともに、爾後の災害基本法の制定過程では前面に出ることなく、どちらかというと引いた対応に終始したからである。新聞の報道から見る限り、村上建設、福田農林の両相の言う災害基本法のイメージは、《災害発生後の救助や財政措置を敏速、円滑にするための基本法》といったもので、まもなくその方向が共有されることになる《（災害予防と災害復旧を含まない）災害が起こった場合の対応の基本について定めた法》というイメージを先取りしたもののように見える。ではどうして治山治水事務所管の事業官庁が《（災害予防と災害復旧を含まない）災害が起こった場合の対応の基本について定めた法》というイメージの法――災害予防と災害復旧こそ治山治水事務所管の事業官庁の守備範囲であるはずである――の制定を主張したのか。それはよくわからない。しかし、村上建設相の閣議での発議のきっかけとなった一〇月八日の衆議院建設委員会での質疑を覗くと、その事情の一端が垣間見える。

一〇月八日の衆議院建設委員会で災害基本法制定の議論をもちだしたのは社会党の山中吾郎議員であった。山中はこう言った。「国土安全基本法というふうな、思想を統一する根本法というものが必要なのじゃないかと思う」、「国土安全基本法というような、思想をはっきり統一したものがない限りにおいては、悪循環が繰り返されてくるのではないか。」[*51]山中のいう「国土安全基本法」のイメージは次のようであった。「基本法というのは、治山治水の思想というものを確立することなんですから、これについて当然に法律の内容の中に、国の責任を明らかにする条項も含まれ、それから年々歳々国会に災害の報告があり、その報告に基いて、年度ごとに何％ずつ災害を減少せしめるというふうな義務づけが入る、あるいは国土安全委員会というふうなものがこの法律に盛られて、その委員会の決定によって、自衛隊に出動の指示をするとか、国土建設のため、治山治水のためにそういう工事を指示することによって義務づけられるような内容が、当然そういう基本法に入ると思います。」[*52] これは《災害予防に重点を置いた基本法》のイメージである。災害予防に関する国の責任の明定と、治山治水を念頭に置いた災害予防工事を統括する行政機関としての国土安全委員会の設置、工事への自衛隊の動員などが語られている。村上建設相は山中の議論にはこれを観念的として取り合う姿勢を見せなかったが、そのあと質問に立った自民党の久野忠治議員の質問には反応して彼が抱く災害基本法のイメージについて語った。まず久野の質問から。「なるほど今日海岸保全あるいは河川法、港湾法その他によりまして、それぞれ公共事業を遂行するための法的措置は講ぜられております。しかしながら、今次の災害を通観いたしてみますと、その命令系統、あるいは行政措置がばらばらであって、そのために罹災民の救助に大きな支障を来たしたという面がたくさんあろうかと私は思うのでありまして、何としても今日は国土保全並びに開発のための基本的な法的措置を講ずる必要があろうかと思うのでございます」、こう久野は述べ、建設大臣としてではなく国務大臣としての村上の所感を尋ねた。村上はこれに次のように答えた。「ただいまの久野委員の御意見のように、これが災害対策等について各省ばらばらの対策を講ずるようなことがあっては、統一がとれないので、非常に被害者に対しても被害地に対しても不便を来たすことがあるじゃないか、この際総合的な保全基本法というものを作って、その施策の上にも、そういう一朝有事の際に、そういう方法を統一した見解によって事に当っていくことがいいじゃないかというような点につきましては、私も同感であります。」[*53] 久野と村上は発災後の応急対応における統一的措置の導入についても語っているが、制定すべき法律については「国土保全並びに開発のための基本的な法的措置」（久野）あるいは「総合的な保全基本法」（村上）という先に紹介した山中吾郎のイメージに近いものを示した。つまり、村上建設相の発議——これが政府における災害基本法に関する動きを導き出すきっかけとなったのであるが——の背後にあった衆議院建設委員会筋、建設省筋の災害基本法の議論で語られていたのは、《（災害予防と災害復旧を含まない）災害が起こった場合の対応の基本について定めた法》ではなく、《災害予防に重点を置いた基本法》であったのである。ともかく災害基本法に関する最初の議論はこうした広がりを含むものとしてもちだされた。[*54]

一方、自民党は、伊勢湾台風災害発生の翌日の九月二七日に党本部に「災害対策本部」（本部長大野伴睦副総裁）を設け、そこに「災害対策小委員会」（委員長野田卯一）を付設して「災害の恒久的対策を立法化する問題」について検討を始めた。[*55] 一〇月、政府と自民党は、恒久的な災害対策を網羅する「災害基本法」を制定することで合意した。その際両者は、「災害基本法」制定の作業は内閣審議室を中心に各省庁の総力を結集して行なうこと、「災害基本法」案は翌一九六〇年の通常国会に政府から提出すること、「与党は不断の援護と助言を与え、政府与党の完全に合意した法案とすること」の三点を確認した。[*56] そして、一〇月二九日には、内閣審議室主催で災害対策に関する基本法作成のための会議が開催された（各省官房長クラスが出席し、この場で「福山メモ」（福山芳次内閣審議官起草）が提出された）。[*57] 一二月二一日には内閣審議室主催の会議（一〇月二九日開催）で各省から出された意見を取りまとめた一五項目の資料が作成され、翌日これが各省に提示された。[*58]

② 自治庁

一〇月、自治庁は、消防法を中心にして災害に関する制度を検討する作業を「内閣審議室と別系統」で開始し、その検討結果を一二月に「災害対策基本法案要綱」としてとりまとめた。これは、「一　目的　二　災害対策業務の責任区分　三　災害対策組織　四　災害調査及び非常災害に関する基本計画　五　災害警報の発令及び伝達　六　災害非常態勢　七　避難命令　八　応急公用負担　九　費用負担及び補助　一〇　他の法令の整備」の一〇項目からなるもので、構成という点では、のちに成立する災害対策基本法の骨格をほぼ先取りするものであった。[*59]

③ 内閣法制局長官林修三

当時内閣法制局長官だった林修三は、法律雑誌『ジュリスト』の一九五九年一二月一五日号に、「災害立法整備の問題点」と題する論文を寄稿した。*60 これは、林が伊勢湾台風災害直後にその時点での災害応急対策法制（林の言葉では「災害応急関係法制」）の整備状況についてサーベイし、そのサーベイにもとづき今後制定さるべき災害基本法において整備される必要のあるポイント（論点）を整理、指摘したものである。すなわち林の論文では、伊勢湾台風災害直後の時点での災害応急対策法制の総括が試みられ、それにもとづいて災害基本法の向かうべき方向が提示されている、と言える。*61

この論文で語られているところを前もって簡潔にまとめておく。この論文で語られているのは、ひとことで言えば、非常災害発生時における、その災害応急対応の局面での、集権的な災害対応機構の確立の必要性である。林の言葉で述べると、「国の中央機関に臨機応急の措置の実施責任とこれに必要な権限を与え」、「国の機関の手足として、都道府県知事、市町村長を働かす」という構想である。これが詳述され、その実現が強調されている。国の中央機関に臨機応急の措置の実施責任とこれに必要な権限を与えるとともに、国→都道府県→市町村という指揮関係を確立し、上からの強力な指揮・統制のもと、臨機応急の災害対策を総合的に実施していく（応急対応の最前線において諸々の実施機関の活動を総合的に調整し、把握する機構の確立も必要だが、諸法間の＝省庁間の基本的な調整は権限強化された頂点機関内部で行なわれる）、というのが林のモチーフである。

以下林修三の論をその展開に従ってみていくことにする。まず林は、伊勢湾台風災害の経験に照らし現行の「災害応急関係法制」の見直しを求める声があり、その声が災害基本法制定の問題に繋がっていると、次のように述べる。「これら［「災害応急関係法制」］については、今度の臨時国会には、災害救助を行った地方公共団体に対する国庫負担の特例の法案が出ているだけであるが、それは、現行の法制ですべて十分だというわけではなく、すでに起ったことだからいまからでは間に合わない、今後十分研究しようということで今度の国会では、手がつけられていないのである。むしろ、現在のところこういう点に関して定めた法律としては、災害救助法、水防法、消防法、警察法、警察官職務執行法、自衛隊法、土地収用法、電波法など集めてみればいろいろのものがあるが、いま述べたように、今回の伊勢湾台風の経験に徴し、こういう面における法制になお不備の点があるのではないか、そういう点を考えて法制の整備をすべきではないかという声が出ている。いわゆる災害基本法制定の問題なども、構想はまだ必ずしもよくかたまらない点があり、各人各様のアイディアが星雲状態でただよっているようであるが、主としては、こういう災害応急関係法制の不備を整備しようという面からとりあげられているようである」[*62]。そのうえで、林は、「現在、こういう方面に関する法制［「災害応急関係法制」］としては、大体どういう内容のものがあるか、それについて将来考えるべき点としてどんな問題があるかということなどについて概括的に考察してみる」ことにすると、論文の課題を設定した[*63]。

この課題設定のもと、林修三は、災害発生時の応急的な救助措置を系統的に定めた法律の第一番として災害救助法の規定を詳細に検討し、ついで、災害救助法以外の法律で、災害がまさに発生し、又は発生した場合の臨機応急の措置を定めたものとして、水防法、消防法、警察官職務執行法第四条、自衛隊法第八三条、電波法第七四条、地方自治法第一六〇条、土地収用法第一二二条などを、さらには警察法第六章を検討した。そうして、林は、現行法制下における災害時の臨機、応急の措置に関する規定について次のような評価を下した。すなわち、「これらのいろいろの法律の規定を通観してみると、現行法制の下でも、実は災害時の臨機、応急の措置に関する規定は、相当程度そろっていることがわかる。特に、災害が起ったあとの救助措置については、災害救助法が一応体系的な規定を設けており、これと、自衛隊法の自衛隊の災害派遣に関する規定、さらに非常災害から治安の問題にまで発展した場合における警察法の緊急事態に関する規定などをあわせれば、警察官職務執行法、水防法、消防法、電波法、土地収用法などに散在する関係規定と相まって、災害に対する応急の措置としては、一応のことができることになっているといえるように思われる」[*64]。林は、現行法制下における災害時の臨機、応急の措置に関する規定に対して、「相当程度そろっている」、「一応のことができることになっている」という評価を下したのであった。

こうした評価に立って、林修三は、残る問題、すなわち現行の「災害応急関係法制」の問題点を三つ指摘する。ひとつは、「いろいろな法律に分散している各規定を総合的に調整し、実施運用する体制に欠ける」という点、ふたつめは、現行の「災害応急関係法制」が与える権限の幅で欠けている点として避難の強制（避難指示）の問題、みっつめは、金融財政上の応急的な規定の欠如という問題である。[*65]

これら三点の問題点の摘出から、林修三は、「災害応急関係法制」整備に当たって考究すべき課題を指摘する。「第一は、災害が発生しようとし、又は発生した場合の臨機の措置及び災害発生後における応急措置などについての実施、運用の機構とか、その総合調整のやり方を、中央、地方を通じて整備するという問題である。」[*66]すなわち、林は、中央－地方を通じた、災害応急対応の実施機構、およびそこにおける総合調整の整備を第一の課題に挙げたのである。これについては、現行の災害救助対策協議会が強力な総合調整、あるいは実施推進の機関として機能しておらず、「むしろ、現実の各種臨機、応急の施策の総合調整及び実施推進の役割は、大災害ごとに内閣に関係行政機関の代表者を集めて設けられる事実上の機構である災害対策本部などの方が有効に果している状況である」ことから、「機構の点からいえば、中央にはこれまでの災害対策本部式の、内閣を中心とし内閣制度を活用したものを考え、機能の面でも、もっと拡大した行政全面にわたるようなものを作ること」が事宜にかなっているとする。[*67]また、中央と地方との連絡体制については、「現行災害救助法は、災害救助の実施機関を都道府県知事とし、中央と地方との連絡については、中央災害救助対策協議会から地方災害救助対策協議会を通じて都道府県災害救助対策協議会への指示という妙に廻りくどいやり方をとっている」ので、そして、「災害という非常な事態においては、形式的にも、実質的にも、国がその対策の第一線に乗り出すのが当然であるし、また、必要であ」るから、「国の機関の手足として、都道府県知事、市町村長等を働かす」ために、「国の中央機関に臨機応急の措置の実施責任とこれに必要な権限を与えることを遠慮する必要はないと考えられる」とした。[*68] 中央と地方の連絡体制（災害応急対応時における中央－地方関係）について、林は、《災害救助法が新憲法制定直後戦後改革期に制定されたところから、中央の地方に対する統制権限の増大に抑制がかかり、現災害救助法では中央と地方との連絡体制がストレートではなくまわりくどいやり方になっている。しかし、災害という非常な事態においては、形式的にも、実質的にも、国がその対策の第一線に乗り出すのが当然であるし、また、必要でもある。このこと［災害という非常な事態においては、形式的にも、実質的にも、国がその対策の第一線に乗り出すべきこと］は、地方公共団体の長が公選制であるだけに緊要である》という認識を示したのである。林が主張したのは、非常災害発生時、その災害応急対応の局面での、集権的な災害応急対応機構確立であった。[*69]

林修三が挙げた課題の第二は、地方において災害応急対策の実施を「総合的に調整し、把握する機構」の確立である。[*70] 第三の問題、現行の「災害応急関係法制」に欠ける権限の幅については、「集団的避難の措置、非常金融措置等を加える等のことで十分」とした。[*71]

以上に述べた災害法制整備についての林修三のモチーフは、具体的には自治庁（省）案に依りながら進められた災害基本法整備にその基調を提供するものとなった。

（3）災害基本法の制定（2）――一九六〇年一月以降――

災害基本法制定の動きは、伊勢湾台風災害後まもなくに始まり、いくつかのルートでその検討が進められたが、そのいずれの場合においても、一九五九年末には、《（災害予防と災害復旧を含まない）災害が起こった場合の対応の基本について定めた法》というイメージで災害基本法が論じられるようになっていた。このように制定されるべき災害基本法のイメージと方向性は早期に定まったが、関係する各省庁間の権限が錯綜していてその調整が難航したこと、中央官庁と地方公共団体との間の関係も複雑でこれの調整に手間取ったこと、さらには激甚災害発生時の特別の財政援助措置を主張する自民党側とそれに消極的な大蔵省が対立したことなどにより、実際の制定プロセスは紆余曲折に富んだものとなった。一九六〇年一月には災害基本法の第一次案である「災害対策の整備に関する法律案」（全一六ヵ条）（内閣審議室案）が出来上がったが、各省から修正を求める意見が殺到して閣議への付議は延期された。内閣審議室案は修正を重ね、政府側では五月に第五次案（「災害対策の整備及び促進に関する法律案」、全一七ヵ条）で決着したが、これは自民党側の了解を得られず、また日米安全保障条約（新条約）の承認をめぐる国会の混乱もあり、国会に提出されることなく没になった。このあと岸首相が退陣し、池田勇人の内閣に替わった（七月一九日）。池田新総裁の下、自民党は、八月に、政務調査会中に災害対策特別委員会を設置した（委員長野田卯一。伊勢湾台風災害後に設けられた自民党の災害対策本部災害対策委員会は廃止され、その仕事は新設の災害対策特別委員会に引き継がれた）。災害対策特別委員会は、九月八日に会議を開き、災害基本法案を一〇月の臨時国会に提出することは見送り、新たに党内に災害基本法制定のための小委員会を設けてそこで党としての基本法案を作成することを決定した。こうして、災害基本法案の作成の主導権が内閣審議室を中心とした政府から自民党側に移ったのである。

　九月二一日、政務調査会のなかに災害基本法制定準備小委員会が設置され、委員長に野田卯一が就いた。翌二二日には国会内で自民・社会・民主社会の災害対策特別委員長会談が開かれ、災害基本法の取り扱いについて次期通常国会に政府提案のかたちで法案を出すことに合意した。ここから自民党災害基本法制定準備小委員会での法案作成作業が本格化していく。同小委員会は翌一九六一年の一月に、前年中に作成されていた自治省作成の法律案(「防災基本法案」)を小委員会の原案として採用し、二月からは法文化作業に入って関係各省庁及び自民党との折衝を繰り返した。調整が難航していた激甚災害の場合の特別の財政援助については、大蔵省との間で、災害対策基本法とは別の法律で定めることとして災害対策基本法案には原則的規定(災害対策基本法の第九七条がこれに当たる)のみを置くことで合意が成立した。四月二八日、自民党災害基本法制定準備小委員会はようやく法案の小委員会案を決定した。同小委員会は五月四日に法案の小委員会案(「防災基本法案」)を政務調査会長に報告し、該「防災基本法案」は一六日の政務調査会と総務会で了承され、自民党はこれを通常国会に政府提案として提出することを決めた。五月二三日「防災基本法案」は「災害対策基本法案」の名称で閣議決定され、これは二六日に第三八回国会へ提出された。しかし政治的暴力行為防止法案をめぐり国会は紛糾し、災害対策基本法案は審議未了で廃案となった。

災害対策基本法案は、九月二七日に第三九回国会(臨時会)に再提出された。国会審議は第八章災害緊急事態の扱いをめぐって紛糾したが、これについて政府側が題目のみを残して条文はすべて削除するという対応をとったため(法案の部分修正)、社会党、民主社会党も政府案に賛成し、一〇月二七日に衆議院を通過し、三一日に参議院でも可決され成立した(一九六一年法律第二二三号)。こののち、条文が削除され題目のみ存在する第八章については、翌一九六二年の第四〇回国会(常会)に「災害対策基本法等の一部を改正する法律案」として提出し直されこれも可決をみた(一九六二年法律第一〇九号)。また激甚災害の場合の特別の財政援助については、「激甚災害に対処するための特別の財政援助等に関する法律」が一九六二年八月の第四一回国会(臨時会)で成立した(一九六二年法律第一五〇号)。

以上が災害対策基本法制定のあらましである。伊勢湾台風災害から二年半余り、紆余曲折の末、災害対策基本法

は第一章 総則、第二章 防災に関する組織、第三章 防災計画、第四章 災害予防、第五章 災害応急対策、第六章 災害復旧、第七章 財政金融措置、第八章 災害緊急事態、第九章 雑則、第一〇章 罰則の全一〇章一一六条からなる姿を現わした。視野をもう少し広くとれば、伊勢湾台風災害を受けた災害恒久対策論議は、「治山治水緊急措置法」、「国有林野事業特別会計法を一部改正する法律」、「治水特別会計法」、そして「災害対策基本法」と「激甚災害に対処するための特別の財政援助等に関する法律」の五つの法律を生み落してその幕を閉じたというふうに見ることができる。[*72]

＊34 「政災」とは昭和二八年災害の時に評論家の大宅壮一が作った言葉で、〝水害（災害）は根本的には国土建設に対する政治の貧困に起因する〟というほどの意味である（参照、中野好夫・大宅壮一・臼井吉見「政災日本に蔓延す」、『改造』、第三四巻、第一一号、一九五三年九月、一五六頁）。この言葉は、当時、災害についての政治（政府）の責任を追及する際に使われた。「政災」という言葉は使っていないが、伊勢湾台風災害について、政府の責任――すなわち、災害発生時の初動における〝気のゆるみ、手抜かり〟と、それまで採られてきた治水対策それ自体の問題性――を指摘した典型的論調の記事として、「あとの祭り台風禍／災害立法をたてなおせ」（『中部日本新聞』、一九五九年一〇月四日付）を参照せよ。

＊35 「災害基本法」の呼称のほかに「防災基本法」、「災害対策基本法」などとも言われ、制定されるべき法律の呼び名は一定しなかった。呼び名は一定しなかったが、傍点部でわかるとおり、災害に関する何らかの基本法を制定するということでは共通していた。つまり、「災害基本法」がもちだされた当初においては、制定すべき中身ではなく（何を定めるべきか中身ははっきりしなかった）、制定する姿勢（部分的あるいは応急的なものでなくとにかく基本法を制定する）が重視、強調されたということである。「災害対策基本法」という名称が確定するのは一九六一年五月の法案の閣議決定の時である。本項では、「災害対策基本法」という名称が確定するまでの時期において、《災害（対策）に関する何らかの内容の基本法》を制定しようとする動きについてこれを一般的に記述する場合、その法律の呼び名として災害基本法を用いる。

＊36 災害についての恒久対策を実施すると言い出した時の岸首相のこの問題に対する認識はどの程度のものであったか、それを

よく表わすのが、一一月七日に衆議院災害地対策特別委員会で社会党の横山利秋議員に「総理が、本委員会で、一つ考えて次期の国会に基本的なものを提案したいとおっしゃった意味は、どの程度のことでありましょうか」、「あなたのおっしゃる基本的な法律なり、あるいは根本的に予算を組みたいという構想はどういうものでありましょうか」と尋ねられた際の岸の答えである。それは次のようなものであった。「日本は、御指摘のように、年々歳々台風の非常に大きな被害を受けております。こういうことを年々歳々繰り返しているということは、これは国土の保全の意味から申しましても、あるいは産業、経済の上からいっても、あるいは民生の上からいってもゆゆしいことでありますから、これに対する対策を根本的に考えなきゃならぬということは、何人も考えておるところであります。一五号台風に対する応急の措置及びその後の復旧対策、いわゆる現実の今日こうむっておる災害対策はもちろんのことでありますが、日本全土を考えてみまするというと、これはどうしても全体にわたっての災害防止の根本的な計画を立てていかなければならぬ、こう考えられるのであります。もちろん、財政の見地も考えなければなりませんし、あるいはまた、現実の工事量であるとか、いろいろな施設等の性格も考えなければなりませんし、あるいは緊急度に応じての緩急の問題も考えなければなりません。いずれにしても、この治山治水の問題及び海岸堤防の問題を含めた全体を総合的に災害対策として検討をし、一つの計画を立てて、年次計画に基づいて、これに必要な予算の裏づけをしていく必要があると思います。／もう一つは、今御指摘になりましたように、こういう今回の経験に徴しましても、いろいろな応急的な――あの災害の発生した際、（中略）この場合に動くべき法律、制度なり、そういうことに対する救助の方法なりに関して、何か基本的な法制を作って、そしてそういうものが自動的に動き得るようにしておく必要があることを考えるのであります。いろいろ地方公共団体の関係であるとか、各役所の関係であるとかいうような、また法律が別々に分かれておって、その目的も明確でないというようなことのために、緊急に措置しなければならぬことが万一に多少でもおくれるというために、人命が失われるという場合も少なくないのであります。そういう点に関する法制の整備についても、同時に考えるべき問題である、まあかように存じておるのでありまして、法律、制度、またそういう場合におけるところの活動する機関なり、各方面の協力についての基本的な体制というような法律、制度の問題と、また全国についての総合的な、しかも、恒久的な科学的な見地も取り入れた恒久策について、それを裏づけるような予算の面もあわせ考えたものを、実は通常国会に提案いたしたい、かように考えまして、関係省を督励して、これが立案をさせておるのであります。」（『第三三回国会衆議院災害地対策特別委員

研究者索引

【あ行】

【か行】

【さ行】

井上　洋（いのうえ・ひろし）
1957年栃木県生まれ（塩谷郡氏家町）。1985年名古屋大学大学院法学研究科（政治学専攻）単位取得満期退学。群馬大学講師、同助教授、名古屋学院大学助教授を経て、現在南山大学教授。
専攻：災害対策法制研究。行政史（日本、イギリス）。
主要論文：
「ヘンリ・テイラー『政治家』（1836年）と19世紀イギリス行政史研究（1）（2・完）」（群馬大学『教育学部紀要（人文・社会科学編）』、第41、42巻、1992-1993年）。
「公務員制度改革の歴史的文脈― 19世紀イギリスの場合―」（群馬大学『教育学部紀要（人文・社会科学編）』、第49巻、2000年）。

明治前期の災害対策法令　第一巻
（一八六八－一八七〇）

2018年３月20日　　初版第１刷印刷
2018年３月30日　　初版第１刷発行

著　者　　井上　洋
発行者　　森下紀夫
発行所　　論 創 社
東京都千代田区神田神保町2-23　北井ビル
tel. 03（3264）5254　fax. 03（3264）5232
振替口座00160-1-155266
http://www.ronso.co.jp/
装　幀　　宗利淳一
印刷・製本　中央精版印刷

ISBN978-4-8460-1685-2

事項索引

【あ】

【い】

【う】

【え】

【お】

【か】

【き】

【く】

【け】

【こ】

【さ】

【し】

【す】

【せ】

【そ】

【た】

【ち】

【つ】

【て】

【と】

【な】

【れ】

人名索引

【あ行】

【か行】

【さ行】

【た行】

【な行】

【は行】

【ま行】

【や行】

【ら行】

【わ】

会議録 第六号（一九五九年一一月七日）』、一三－一四頁。／は改行を表わす。）

岸が上で述べていることを整理すると、《根本的な治山治水対策》とは、海岸堤防を含む治山治水に関して総合的で長期の計画を立て、これに必要な予算の裏づけを与えたうえで毎年次実施に移す、というものである。また、《災害基本法》については、《災害が起こった場合の対応の基本について定めた法》いう漠然としたイメージで語られている。前者についてはこのあとすぐに（イ）において詳しく述べる。後者についても（ロ）以下で詳述するが、そこに行く前にここであらかじめひとつ指摘しておきたいことがある。それは何かと言うと、岸がこの答弁において示した災害基本法のイメージのなかに、本来の意味での《災害予防》と《災害復旧》の二つの局面が含まれていないという点である。本来の意味での《災害予防》とは、災害を起さないための、あるいは災害を軽減するための、国土政策（国土計画）・都市政策（都市計画／建築基準）などのレベルでなされる予防的な施策のことである。また、本来の意味での《災害復旧》とは、応急復旧の局面のあとに出てくる新たなコミュニティの建設のための施策である。一一月七日になされた横山利秋に対する岸の答弁のなかでは、本来の意味での《災害予防》の一部は、治山治水の総合的な計画として災害基本法からは切り離されて取り扱われている。一九五九年一一月という早い段階で岸が語った災害基本法のこのイメージは重要である。後述するように災害基本法の制定については紆余曲折があったけれども、災害基本法は基本的にはこの路線の法律として作られていくからである。このことは災害基本法の制定が岸の指導性のもとに進められたことを決して意味しない。しかしながら岸の答弁は、伊勢湾台風災害後かなり早い段階で、災害基本法に関する上のようなイメージ——すなわち本来の意味での《災害予防》と《災害復旧》を含まない、《災害が起こった場合の対応の基本について定めた法》というイメージ——が出来上がっていたことを窺わせる。

＊37 たとえば、「応急対策に全力をあげよ」（『中部日本新聞』、一九五九年九月二八日付社説）、「抜本的な風水害対策を進めよ」（同、一九五九年一〇月三日付社説）。

＊38 『朝日新聞』（一九五九年一〇月八日付）、同（一九五九年一〇月三一日付）。

＊39 『中部日本新聞』（一九五九年一〇月一二日付）。

＊40 資源調査会の発足の経緯とその活動については、科学技術庁資源調査会三十年史編集委員会（編）『資源調査会三十年史』（資源協会、一九七八年六月）、一－六、一八三－一九二頁、石井素介「戦後初期の資源調査会における〈資源論〉確立への模索

――当時の一事務局スタッフの眼からみた回想――」（寺尾忠能（編）『経済開発過程における環境資源保全政策の形成』、アジア経済研究所、二〇〇九年三月、所収）などを参照せよ。資源調査会の活動の意義については、大来佐武郎「現代日本の行政と科学」（『思想』、第三三四号、一九五二年四月）、六七頁を見よ。大来は、資源調査会の設立に尽力し、この論文の執筆当時は経済安定本部調査課長の職にあった。大来は、この論文のなかで、「行政と科学とを結びつけようとする戦後のいくつかの具体的努力」のひとつとして、「資源の総合的、科学的利用に関する調査と企画を目的とする資源調査会の設立」をあげ、その活動を評価している。

＊41　その背景には敗戦直後の大水害の頻発という事情があった。経済安定本部資源調査会事務局長で東京大学教授（土木工学）であった安芸皎一は、一九四五（昭和二〇）年以降の水害による被害額の大きいことを次のように叙述している。「[昭和二〇年から二五年まで]毎年平均凡そ一、五〇〇億円の災害があり、災害を受けた公共施設の復旧費は毎年凡そ一、〇〇〇億円に達している。一、五〇〇億円といえば少ない金額ではない。われわれがあれほど輸出々々といいながら、輸出した金額が昭和二五年には凡そ八億二千万ドルであって、[一、五〇〇億円は、]ほぼ[昭和二五年の]輸出額の六三％に相当しており、食糧の輸入額が凡そ三億六千万ドルであるからこれをずっと超えている。」（安芸皎一「災害と科学」、『思想』、第三三四号、一九五二年四月、六九頁。）

＊42　西川喬『治水長期計画の歴史』（水利科学研究所、一九六九年一一月）、一二二頁。

＊43　高橋裕「資源調査会水資源部会、治山治水部会における論争話」（社団法人資源協会五〇年史編集委員会（編）『社団法人資源協会五〇年史』、社団法人資源協会、二〇〇四年一一月、所収）、一六－一七頁、同「水資源からの資源調査会」（『資源テクノロジー』、第二九六号、二〇〇五年一月）、三〇－三一頁。自らも資源調査会治山治水特別部会の活動にかかわった高橋裕によれば、「治山治水特別部会の専門委員には土木工学者、建設省関係者は少なく、治山治水調査の経験豊富な各分野の識者が任命されていた。地理学の泰斗多田文男、東京大学生産技術研究所（東大生研）の井口昌平、応用地質学の小出博、栗原東洋、農業水利の新沢嘉芽統（中略）の諸先生方であった。これら先生方は専門委員就任以前から、戦後の大水害連続に関する調査報告、あるいは論評を発表しており、その中には治水当局である建設省の河川行政への批判、注文もあり、建設省では警戒を深めていた。」（高橋裕「資源調査会水資源部会、治山治水部会における論争話」、一六頁。）

＊44 「山林濫伐説」は、「戦争の要請から、或はまた輸入材の杜絶から、森林の過伐、濫伐をうけ、山地は荒廃の極に達しており、戦後に至るもその過伐はなお続けられている」ことが水害の原因であるとする意見である。また、「戦争荒廃説」は、「戦時中及び終戦直後においては、河川改修、砂防、治山等の治山治水事業が充分に行われていなかった」、「しかも施行されたそれらの工事も、資材の不足から不完全なものであった」ことが水害の原因であるとする意見である。参照、鹿野義夫（編）『公共事業――戦後の予算と事業の全貌――』、四八四頁。

＊45 小出らの見解については、小出博（報告）・新沢嘉芽統・佐藤武夫・栗原東洋・鈴木尚夫・甲斐原一朗「治山・治水の盲点を衝く」（『グリーン・エージ』、第三巻、第一二号、一九五三年一二月）、小出博（編）『日本の水害――天災か人災か――』（東洋経済新報社、一九五四年九月）などを参照。小出自身の論文としては、小出博「治山治水の盲点」（『グリーン・エージ』、第三巻、第九号、一九五三年九月）、同「国土の保全と水害防備林（その1）」（総理府資源調査会『資源』、第一六号、一九五四年四月）、同「国土の保全と水害防備林（2）」（総理府資源調査会『資源』、第一七号、一九五四年五月）、同「北九州水害の語るもの（Ⅰ）――水害問題をめぐる科学と政治――」（『自然』、第九巻、第六号、一九五四年六月）、同「北九州水害の語るもの（Ⅱ）――水害問題をめぐる科学と政治（2）――」（『自然』、第九巻、第七号、一九五四年七月）、同「水害防備林（Ⅰ）――水害問題をめぐる科学と政治（3）――」（『自然』、第九巻、第九号、一九五四年九月）、同「水害防備林（Ⅱ）――水害問題をめぐる科学と政治（4）――」（『自然』、第九巻、第一〇号、一九五四年一〇月）、同「水害問題の核心――水害をめぐる科学と政治（3）――」（『自然』、第九巻、第一一号、一九五四年一一月）を参照せよ。また、高橋裕「資源調査会の歩みと水資源の展望」（『資源テクノロジー』、第二七〇号、一九九八年七月）、一六－一七頁も参照のこと。

＊46 鹿野義夫（編）『公共事業――戦後の予算と事業の全貌――』、一三九頁。

＊47 松本博一「台風に便乗した治水会計」（『エコノミスト』、第三七年、第四九号、一九五九年一二月八日）、参照。

＊48 林野庁や建設省の治山治水政策の是非を問う議論が起きないとすれば、あとは投資量（投資規模）の問題だけである。これ以降治山治水長期計画における問題はもっぱら投資量（投資規模）をめぐる財務当局と事業官庁との駆け引きにしぼられることとなった。治水について言えば、治水ダムを多目的ダムに置き換えたうえで、これと渓流砂防、堤防工事を主たる構成要素とする治水政策が、長期経済計画の中で、公共投資の投資量（投資規模）の問題として扱われていくことになる。伊勢湾台風

災害の応急対策に追われていた一九五九年一〇月一六日、自民党の経済調査会は「国民所得倍増一〇ヵ年計画」をまとめた。そのなかで、自民党は、《新しい国づくり》の第三項目に、「災害を未然に防ぎ、国土保全施設の整備対策を進める」と謳った（『中部日本新聞』、一九五九年一〇月一七日付）。「災害を未然に防ぎ」とはいうものの一九六〇年代、〝治水〟は災害の防除ではなく、水資源の開発と利用〈の見地から／に重点を移して〉進められて行くのである（井上義光「治水対策について」、『地方自治』、第一四九号、一九六〇年五月、二一-三頁）。

＊49 災害基本法の制定をめぐる以下の叙述においては、前に述べた『朝日新聞』と『中部日本新聞』の記事の悉皆調査による知見にもとづくほか、野田卯一『災害対策基本法：沿革と解説――付・激甚災害特別財政援助法――』（全国防災協会、一九六三年九月）と、消防庁防災課（監修）・防災法研究会（編）『災害対策基本法解説』（全国加除法令出版、一九七七年六月）の記述も適宜参照している。

＊50 『中部日本新聞』（一九五九年一〇月一三日付夕刊）。

＊51 『第三二回国会衆議院建設委員会議録 第八号（閉会中審査）（一九五九年一〇月八日）』、一一頁。

＊52 同上。

＊53 同上、一七頁。

＊54 しかし程なく災害基本法をめぐる議論は《（災害予防と災害復旧を含まない）災害が起こった場合の対応の基本について定めた法》のイメージで語られるようになり（一一月七日の衆議院災害地対策特別委員会での岸首相の答弁［前述］参照）、それにともなって建設・農林のふたつの事業官庁の災害基本法への関心は後景に退くようになる。というよりも一〇月一三日に建設・農林両相が閣議に災害基本法の話題を出した時点で早くも《災害予防に重点を置いた基本法》のイメージからの変質が見られた。ともあれ、災害基本法の議論のきっかけがこのふたつの事業官庁界隈にあり、そこでは災害基本法は《災害予防に重点を置いた基本法》のイメージのもと「国土安全基本法」／「総合的な保全基本法」として語られていたことは、とくに爾後の展開を引照するならばなおさらのこと、記録されておいてよい。

＊55 野田卯一、前掲書、四九頁。

＊56 同上。

*57 同上、五〇頁。上に述べた政府と自民党との災害基本法制定をめぐる合意が一〇月何日だったのかはわからない。野田の叙述から、一〇月二九日の内閣審議室主催の災害基本法作成のための会議より前だったと判断した。

*58 同上。政府関係の動きではそのほかに、一二月一〇日に行政管理庁が行政審議会に対して、「行政運営の改善を図り、わが国の実情にふさわしい行政機構の確立を期するため、現行の行政制度について検討されたい」という文面で行政機構改革に関する諮問をしたことが記録されるべきである（「諮問」、行管甲第一五〇号、昭和三四年一二月一〇日）。行政審議会はこれに対して一九六〇年一一月三〇日付で、「防災関係行政の改善について（答申）」を提出した（『行政管理年報』、第九巻、一九六一年七月、三三七頁）。この答申では、総理府に防災会議を置くことが提案されている。

*59 消防庁防災課（監修）・防災法研究会（編）、前掲書、七－八頁、川合武「災害対策基本法案について」（『地方自治』、第一六二号、一九六一年六月）、二六頁。この「災害対策基本法案要綱」の中には、消防団と水防団を一本化した防災団の設置や防災庁の設置といった災害対策基本法には盛り込まれなかった提案もあった。自治庁のラインでは、早くも一九五九年一二月の時点で、《災害予防と災害復旧を含まない）災害が起こった場合の対応の基本について定めた法》が、イメージではなく法案要綱の段階まで固められていたのである。尚、自治庁は、一九六〇年七月一日に、自治省に昇格した。この際、国家消防本部が総理府から移管され、消防庁の名称で自治省の外局となった。以後、文中では、文脈に応じて、適宜自治庁、自治庁（省）、自治省の表記を使い分ける。

*60 林修三「災害立法整備の問題点」（『ジュリスト』、第一九二号、一九五九年一二月一五日）。『時の法令』の第三三五号（一九五九年一二月）にも、PQR名で「伊勢湾台風による災害立法と災害法制」というこれとほぼ同趣旨の論文が載っている。『ジュリスト』誌掲載の論文と『時の法令』誌掲載のPQR名の論文とを注意して比べてみると、『ジュリスト』誌掲載の論文の方は、『時の法令』誌掲載のものよりも、全体の分量が増え、叙述もかなり詳しくなっていることがわかる。しかし、論の構成、問題を取り上げる視角、基本的な論点については、『ジュリスト』誌掲載の論文は『時の法令』誌掲載のPQR名の論文と同一である（ここから、『時の法令』誌掲載のPQR名の論文は林修三が書いたと考えて問題ないと思われる）。参照、PQR「伊勢湾台風による災害立法と災害法制」（『時の法令』、第三三五号、一九五九年一二月）。

*61 林修三の検討の対象（視野）は初めから「災害応急関係法制」に限定されている。林が言う「災害応急関係法制」とは、「災

害がまさに起ろうとした場合又は起った場合における人命、財産等の救助又はこれに関連して必要となる各種の臨機応急の措置、あるいはこういう災害によって生じた治安上の問題に対する措置等を定める」法の謂いである（林修三「災害立法整備の問題点」、二頁）。つまり、林は災害立法整備の範囲（方向性）をあらかじめ《（災害予防と災害復旧を含まない）災害が起こった場合の対応の基本について定めた法》の線に設定して既存の災害法制の検討作業を行なったということである。

＊62 ＊63　同上。

＊64　同上、四頁。

＊65　同上、四－五頁。以下、ここでは、三つの問題点のうち最も重要なものである第一の点についてのみ、林の文章を紹介する。「ここで問題となるのは、これらのいろいろな法律に分散している各規定を総合的に調整し、実施運用する体制に欠けるところがあるのではないか、各行政機関や地方公共団体がバラバラにそれぞれの所管の法律を実施するために、折角、災害救助法などには、前掲したとおり相当強力な規定が定められているにもかかわらず、それが規定されたとおりの実効をあげ得ないうらみがあるのではないかということである。こういう点が、今度の伊勢湾台風の経験に徴し、いろいろと問題になっているようである。」（同上、四頁。）

＊66 ＊67　同上、五頁。

＊68　林修三はこうも述べた。「その意味で［国の中央機関に臨機応急の措置の実施責任とこれに必要な権限を与えることを遠慮する必要はないという意味で］、内閣、あるいはさっき述べたような災害対策本部式の機構及びこれらを構成する関係各大臣や、関係機関の長の地方に対する指揮監督権をもっと強化するとともに、場合によっては代執行権等をも与えることも是認されることではなかろうか。中央と地方との連絡の不円滑、不十分ということは、今回の伊勢湾台風の場合でも経験ずみのところであり、さらに関東大震災のような大きい災害を想定すれば、その必要性［地方に対する中央の指揮監督権の強化の必要性］はいよいよ増大するといわなければならない。この点［臨機応急の措置］に関し、中央の実施責任とその権限を拡大強化しても、地方自治の本旨に反するということはなかろう。また、こうすることによって［臨機応急の措置に関して国＝中央の実施責任を明確化するとともに、その権限を拡大強化することによって］、災害救助法に規定されている各種の強力な権限規定の空文化も防止され、それが生きて働いてくるであろうし、災害救助法と他の臨機・応急の措置を定めた諸法律との間の総合調整、総

合的実施ということも可能なことになるであろうと思われるのである。」（同上。）

＊69　林修三のモチーフは、国の中央機関に臨機応急の措置の実施責任とこれに必要な権限を与えることによって、つまり上からの強力な指揮・統制の機構を通じて、臨機・応急の災害対策を総合的に実施していこう、というものである。集権化された頂点機関内部での総合調整、そしてその指揮統制下で中央機関が地方機関を動かしつつ災害応急対策を総合的に実施する、というイメージである。これは、制定された災害対策基本法においては、自治省消防庁を事務機関（の一部）とする中央防災会議（会長は内閣総理大臣）－都道府県防災会議－市町村防災会議のラインに機構化された。このラインは現実には林が思い描いたようには動かなかったが、このように動き得るものとして組み立てられていたということは確認しておく必要がある。これは、抽象的には災害対策行政を介して旧内務省の流れを汲む自治省が諸省間の総合調整の要の位置に立つとともに、中央－地方間の集権的指揮命令関係を掌握する構想（仕組み）であった。災害対策基本法の制定直後に雑誌『自治研究』に載った一自治官僚――彼は災害対策基本法案の作成事務の中心に座っていた人物のひとりである――執筆の次の一文は、災害対策基本法が自治官僚から見れば上に述べたような意義をもつ法律であったことをよく示している。文中の〝われわれ〟を〝自治官僚〟と置き換えて読まれたい。「われわれは、数多い災害対策関係法律に対して、本法［災害対策基本法］がいわば『災害憲法』とでもいうような作用を営むことを期待している。二五〇に上る災害対策関係法律は、現行の縦わりの行政組織に密着したものがあり、個々の法制間の総合調整への配慮がなされていない。われわれは、この法律［災害対策基本法］制定の趣旨にそってこれらの［二五〇に上る災害対策関係］法制の整備又は整理を行ない、一日も早く総合的な防災態勢を確立したいと考えている。」（今井実「災害対策基本法について（二）」、『自治研究』、第三七巻、第一二号、一九六一年一二月、八七頁。）これは単なる建前以上の、自治官僚としての意気込みを表現したものと、読むべきであろう。

＊70　これは、一九六一年災害対策基本法においては、直上に示したラインにおける都道府県防災会議、市町村防災会議として具体化された。

＊71　「集団的避難の措置」については災害対策基本法では第六〇条（市町村長の避難の指示等）が、「非常金融措置」については第一〇四条にそれに関する規定が盛り込まれた。災害対策基本法第六〇条の避難指示の規定は、これを制定の動機から見るならば、災害の発生の予防という観点からではなく（むろんその観点もあるにはあったであろうが）、「集団避難」という言葉で

この事柄が取り扱われていたことからも推し量られるとおり、災害応急救助行政上の便宜から出たものと解すのが至当である。伊勢湾台風災害の水没地帯では災害後も多くの住民が水没した自宅を離れず、水の達していない二階や屋根の上、近くの堤防の上などで暮らしていた。彼らは水賊により自宅が荒らされることを警戒していたのである。これを行政当局側から見れば、各所に点在する住宅や堤防上に給食・給水を舟などを使って行わねばならないということであり、それは非常な難事であった。中部日本災害対策本部を始め関係行政機関は「集団避難」の方針を打ちだし、避難施設（水没していない地域の小学校等）に誘導しようとしたが、説得は困難を極めた。かくして、「集団避難」を強制しうる権限の問題が出てきたのである。

*72

「治山治水緊急措置法」は建設省と農林省（林野庁）にとって、「治水特別会計法」は建設省にとって、さらにまた「国有林野事業特別会計法を一部改正する法律」は農林省（林野庁）にとって、「災害対策基本法」は自治省にとって、「激甚災害に対処するための特別の財政援助等に関する法律」は大蔵省にとって、抱えていた懸案の一部を解決するものであった。この意味で伊勢湾台風災害に始まる災害恒久対策論議はこれらの省にそれなりの獲得物をもたらしたと言える。建設省と農林省（林野庁）はそれぞれ治水と治山に関する長期計画の法認と特別会計制度を、自治省は抽象的にではあったが災害対策行政を介して自治省が諸省間の総合調整の要の位置に立つとともに、中央－地方間の集権的指揮命令関係を掌握する仕組みを、大蔵省は災害特別法を封じ災害応急復旧における財政的統制をより行きわたらせる制度を、手にしたのである。

(四)　災害対策基本法から明治前期の災害対策法令へ

(1)　一九六一年災害対策基本法とはどんな法律か（1）——その総合性の欠如について——

出来上がった災害対策基本法について、法案作成作業にかかわった自治官僚の今井実は、次のように書いた。

「従来から災害対策の欠陥としてあげられている主要なものには、①災害対策に関する個々の法規は一応整備されているが（災害救助法、消防法、水防法など）、それらの間の脈絡がついていないこと、②行政組織がたて割りであるため、法規の個別性と相まって、総合的な災害対策が行なわれにくいこと、③計画性が乏しいため、円滑かつ効果的な災害対策が行なわれず、いったん災害にみまわれた場合には避難命令の伝達さえ満足に行なわれないこと、④災害復旧の実施にあたって、これを重点的、効果的に行ない、将来の再度災害を防止するための改良復旧に努める配慮が欠けていることなどがある。／昭和三六年一一月一五日、法律第二二三号をもって公布された災害対策基本法は、このような欠陥を是正し、二五〇に上る災害対策関連法律を横断的にとらえ、総合的、計画的な災害対策の基本を定めたものである。」*73 今井は別のところでは災害対策基本法を「災害憲法」と呼んでいる。このように災害対策関連法規の間に脈絡をつけ、災害対策に総合性と計画性を導入したと強調される災害対策基本法であるが、それは基本法と言いながら、〝災害〟についても、〝対策〟についても、そのすべてを網羅して事に対そうという構えを欠くものであった。

まず〝災害〟についてみると、問題を自然災害に限るけれども、法律として制定される直前まで、災害対策基本法のなかに冷害、干害、雪害は含まれていなかった。法制定にかかわった自治官僚は災害を「因果関係がいわば直接的なもののみ」に限って考えていたのである。*74 また、因果関係が直接的なものであっても、災害対策基本法が念頭に置いている災害は風水害で、それよりも発生頻度は低いが大規模な被害を生じさせる地震災害は不十分にしか考慮されていないという指摘は有名である。これは災害対策基本法の問題点として、地震防災サイドから繰り返し指摘されてきたものである。典型的な主張としては、一九七五年の日本土地法学会のシンポジウムでの中野尊正（地理学者／東京都立大学教授）と大貫浩良（東京都総務局災害対策部企画課長）の報告をあげることができる。*75 中野はシンポジウムのなかで、「災害対策基本法の問題について、……やはり災害対策基本法というものは日常的な災害とかあるいは風水害が中心になっていて、とても震災対策には耐えられる可能性はない部面がたくさんあります」と述べて「震災サイドから見た災害対策基本法の物足りなさ」を指摘し、「現在の災害対策基本法が風水害中心のものだという点についてもう一度、地震サイドから見直してみる必要がある」と主張している。[*76] 中野や大貫の意見は、対応しうる災害の種類という点から見た災害対策基本法の総合性（あるいは包括性、一般性＝comprehensiveness）の欠如を指摘したものである。たしかに法文上「地震」の文字はある。しかし現実に対応し得るかどうかを考えてみると、「とても震災対策には耐えられる可能性はない部面がたくさんあ」るのである。中野らは、対応しうる災害の種類という面から見て、災害対策基本法は総合的《コンプリヘンシヴ》な災害対策を規定した法律とは言い得ないと主張した。

また〝対策〟という面でも、災害対策基本法は総合性（あるいは包括性、一般性）を欠く。これは本書においても、災害対策基本法は《（災害予防と災害復旧を含まない）災害が起こった場合の対応の基本について定めた法》として策定が進められてきたと述べたところである。この、災害対策基本法が〝対策〟という面でも重大な欠落をもつという論点を最もわかりやすく説明するのが災害予防の分野である。そこで、以下では、これを例にとって災害対策基本法は〝対策〟という面でも重大な欠落をもつことを論じたい。

一九六一年の冬から春にかけて防災基本法案（災害対策基本法案と名称変更される前の法案名）の立案に参画した一団の公務員のひとり、当時建設省河川局水政課長だった井上義光は、一九六一年四月刊の論文で、災害対策基本法と〝災害の防止あるいは軽減のための根本的対策〟（＝本来の意味における災害予防／〝広義の〟災害予防）との関係について、次のように述べている。すなわち、「災害を予防し［、］或いは防禦する行為或いは施策の範囲を如何にするかであるが、およそ災害を防止軽減するためには、平素からの治山治水等国土保全施設の整備、建物の不燃堅牢化はもちろん、都市計画、産業立地計画の確立等の根本的対策も必須ではあるが、これ等の施策と災害が発生せんとし又は既に発生した場合における予警報の発令、伝達、応急救助、災害復旧等とを同一の法体系の下に律することは適切でないと共に、前者については夫々の法律に基く計画等が概ね確立されており、災害基本法制定の必要性は後者に関する法律の整備にあるので、国土保全事業等の推進は、基本法における防災対策との関連において国、地方公共団体を通じて充分配意すべき事項として採り上げられ［るにとどまり］、特にこの法律で律するものとはされていない」。[*77] 井上義光は、このように、防災基本法（＝災害対策基本法）が、〝広義の〟災害予防（防災）（の領域／局面）を切ったものであることを明快に述べた。防災基本法（＝災害対策基本法）で律するのは、「災害が発生せんとし又は既に発生した場合における予警報の発令、伝達、応急救助、災害復旧等」であって、「平素からの治山治水等国土保全施設の整備、建物の不燃堅牢化……、都市計画、産業立地計画の確立等の根本的対策」は、それが律する対象から外れている、と、明言したのである。井上義光のこの文章は、〝広義の〟災害予防の軽視／欠落という防災基本法（＝災害対策基本法）の構造を非常によく説明している。[*78]

災害対策基本法が〝広義の〟災害予防の軽視／欠落という構造をもっていることに関しては、川合武の説くところも参照しなければならない。川合は、自治省官房調査官として本法の立案の中心に位置していた人物である。彼は、一九六二年に発表した論文において、災害対策基本法における「災害予防」の取扱いについて、次のように述べた。[*79] すなわち、「本法［災害対策基本法］は、防災組織の整備、防災訓練、物資および資材の備蓄、施設および設備の整備点検等、まず所謂狭義の予防について規定し、予防の一章を設けた。」「本法は、予防の章のほか、総則で国の施策における防災上の配慮として、災害の予警報の改善、気象観測網の充実および台風に対する人為的調節についての国際的協力を挙げ、災害防あつの科学研究への意欲を示し、さらに、国土の保全、都市の不燃化促進と防災建築街区の整備、災害危険区域の指定等人災の防除を図り、所謂広義の予防を力説し、それらが、いずれもすみやかに中央防災会議の議題となり、防災基本計画から防災業務計画へと具現化することを期待し、かつ要請する。」災害対策基本法で一章を設けて規定されているのは、〝狭義の災害予防〟である。まずこれが法案起草にかかわった川合武の見解である。〝狭義の災害予防〟が一章を設けて「規定」されているのに対して、〝広義の災害予防〟は、災害予防の章（第四章）とは別のところ（第一章 総則）で必要性が「力説」され、具現化が「期待」され「要請」されるにとどまった。つまり、訓示的規定としての〝広義の災害予防〟、ということである。実際、災害対策基本法第八条（施策における防災上の配慮等）第二項は、「国及び地方公共団体は、災害の発生を予防し、又は災害の拡大を防止するため、特に次の各号に掲げる事項の実施に努めなければならない。」となっており、「治山、治水その他の国土の保全に関する事項」や「建物の不燃堅牢化その他都市の防災構造の改善に関する事項」の実施など〝広義の災害予防〟が、国および地方公共団体の努力義務（実施に努めなければならないもの）として扱われている。

災害対策基本法における〝災害の防止あるいは軽減のための根本的対策〟（＝本来の意味における災害予防／〝広義の〟災害予防）の軽視／欠落は、災害対策基本法の施行後、同法のもとで防災行政に携わった多くの者により問題点として指摘されることになった。この点の証言として、とりあえず、一九九九年から二〇〇三年まで東京都で防災等担当の副知事を務めた青山佾の文章をあげておく。「この法律［災害対策基本法］は、『災害予防』を『組織、訓練、物資及び資材の備蓄、整備及び点検、施設及び設備の整備及び点検』（法第四六条）ととらえている。自治体でふつう、『災害の予防』といえば、『水害を防ぐために堤防を強化する』とか『崖崩れを防止するために砂防工事を実施する』、あるいは『大火を防止するため、延焼遮断帯としての公園や広場、道路を建設する』などという抜本策のことを『災害予防』というが、この法律では『災害予防』を、そういう『災害に強いまちづくり』のことではなく、直接的な災害予防に限定している。／［この点から、］災害対策基本法に基づく地域防災計画は、直接的な災害対策のレベルを全国的に水準を揃えるために極めて重要な計画だが、自治体の災害対策の計画として、それで十分というわけにはいかない」。*80*81

（2）一九六一年災害対策基本法とはどんな法律か（2）——そこでいう責任の問題について——

災害対策基本法は、第一条（目的）で、「この法律は、……防災に関し、国、地方公共団体及びその他の公共機関を通じて必要な体制を確立し、責任の所在を明確にする……ことを目的とする」と謳っている。また、本法を所管（共管）することになった消防庁の総務課が編集した解説書でも、「本法は、従来の防災体制の欠陥を衝いて、総合的かつ計画的な防災行政の整備及び推進を図るものであ［り］、そのため、（一）国及び地方を通ずる必要な体制の確立（二）責任の所在の明確化……を行ない」と、災害対策基本法により防災に関する責任の所在が明確化されることが強調されている。[*82]

さて、このように明確化されるといわれた防災に関する国の責任であるが、条文（第三条第一項）では、「国は、……組織及び機能のすべてをあげて防災に関し万全の措置を講ずる責務を有する」と表現され、〝責務〟という言葉が用いられた。この〝責務〟という言葉の意義について、「防災責任」を論じた自治官僚西田猛は、次のように解説している。

「災対法第三条第一項、第四条第一項及び第五条第一項は、それぞれ、国・都道府県及び市町村の責務について定めている。

これらの規定は、各々の行政主体の防災に関する施策上の指針についての政治的責務を定めたものである。

例えば、災対法第三条第二項では、国は、『災害予防、災害応急対策及び災害復旧の基本となるべき計画を作成し、及び法令に基づきこれを実施するとともに、地方公共団体、指定公共機関、指定地方公共機関等が処理する防災に関する事務又は業務の実施の推進とその総合調整を行ない、及び災害に係る経費負担の適正化を図らなければならない』とされているが、国は、これ等の事項について、可能な限りの努力をしていれば、それらの措置について、当不当の問題は生じても、法律上の責任を問われることは生じ得ない。

災対法第三条第一項、第四条第一項及び第五条第一項は、それぞれの行政主体が、国民又は住民全体に対して負うべき、抽象的な責務を定めたものであり、具体的な災害の発生について、国・都道府県及び市町村の行為の責任を追及する根拠とはなり得ないものである。」[*83]

このように、災害対策基本法の立案の中心に座り、施行後はそれを所管（共管）した自治省にあっては、防災はどこまでも努力目標であって、法的責任を問われうるものとは受け止められていなかったのである。これが災害対策基本法が明定した「責任」の実際である。[*84] 防災に関する国の責任についてこうした解釈に立つからこそ、自治官僚たちは〝災害対策基本法の規定の多くは訓示的なそれである〟と言い放つことが出来るのである。[*85][*86]

（3）災害対策基本法体制の問題点

かくて、災害対策基本法は、基本法と言いながら、〝災害〟についても、〝対策〟についても、そのすべてを網羅して事に対そうとする構えを欠き、国も、都道府県も、市町村も防災に関する法的責任を問われない（防災に関し実質上無責任の構造を許す）というものであった。

ここで、災害対策基本法（一九六一年）－防災基本計画（一九六三年）の体系について小括を試みる。この体系の一番の問題は、防災の視点から政府が行なう諸事業、諸政策をスクリーンにかける仕組みをもたなかったことである。この体系には、種々の開発計画、国土交通計画、都市計画などを事前に（さらには事業実施中にも）スクリーンにかけ、防災の視点からそれらをチェックし、調整する（問題があれば修正、停止させる）実質的に機能する仕組みがなかった。「中央防災会議は、内閣総理大臣を会長とし、関係大臣が委員となり、事務局を置いて、治山治水、都市の防災構造の改善をはじめ、あらゆる施策を防災の見地から吟味し、防災基本計画を作成する」[*87]、「中央防災会議には事務局がおかれることとされているので、防災行政の運営に関しては、この事務局が中心的な役割を果たすこととなろう」[*88]と中央防災会議とその事務局の活動が期待されたが、中央防災会議もその事務局も実際にはそのように機能しはしなかった。中央防災会議は形式的な存在に止まって、政府の施策全体を防災の視点からチェックするという機能を果たさなかった。中央防災会議の活動が不活発でその存在が形式的なものに止まったことについてはいろいろと関係者の証言もあるが、何より会議の開催回数に明らかである。中央防災会議が持ち回りによるのではなく実際に開かれたのは、一九六二年に設置されて以来一九九三年度末までの三一年間で、わずか一一回であった。[*89] また事務局も、「防災行政の運営の中心」として機能しはしなかった。この点は、たとえば、行政管理庁行政監察局『大都市における震災対策に関する行政監察結果報告書』（行政管理庁行政監察局、一九七四年八月）を見るとわかる。この報告書は、大都市における震災対策に関するものであるが、そのなかで中央防災会議の事務担当部局の活動に触れ、事務局が本来果たすべき各省庁間の総合調整や施策推進という点で不十分な状態であることを指摘している。[*90]

国土保全や都市の防災構造化対策など〝広義の〟災害予防に関する個々の分野の事業計画を積極的に調整し、総合化するメカニズムを欠いていたために、個別法に規定された〝広義の〟災害予防に関する個別の事業計画（たとえば治山治水緊急措置法にもとづく「治水事業一〇ヵ年計画」や「治山事業一〇ヵ年計画」）は、所管官庁を離れて防災の観点からチェックされる（チェックし直される）ことがなく、それらは所管官庁で策定されるとそのままのかたちで生きつづけ、一方で災害対策基本法がそれらの事業の推進に配意することを謳ったため、それらの個別の事業の（チェックと総合化を欠いたままでの）規模拡大が災害対策基本法により正統化されることになった。防災基本計画*[91]もすでに存在していた個別法にもとづく個別計画を寄せ集めて列挙したものにすぎなかった（第三章第一節、第二節の国土保全、都市の防災構造化対策の項目を見よ）。個別法とそれにもとづく個別の事業計画がそのままとされたこと、さらにそのばらばらの状態で個別の事業の推進が謳われたこと、これらにより、各省各局のセクショナリズム（縄張り）が維持され、事業計画間の調整は脇に置いたまま個別事業の規模拡大が目指されることになった。

（4）災害対策基本法から明治前期の災害対策法令へ

このように見てくると、一九六一年制定の災害対策基本法は、わが国の災害対策法制の問題点を解決したものではなく、むしろそれを象徴的に表現したものであることがわかる。災害対策基本法がありながら災害対策の分野ごとに〝基本法〟があるという災害対策基本法の構造、災害対策基本法と言いながら実質的には災害応急対策の分野しかカバーしない災害対策基本法の歪み――これらはどちらも日本における官僚制の構造とそこに存在する歪みに正確に対応している。災害関係法制の問題性を理解しようと思えば、それを所管している日本の省庁官僚制のあり方をも問わなければならないのである。そしてそれは、災害関係法制と省庁官僚制をその成立と展開の過程に即して検討することを要求する。そこで筆者はまず災害対策の各分野でその分野の法令の起点と言われているものに遡り、そこから法制の展開を辿ろうと考えた。災害予防（治水）分野の法令の起点としては一八九六（明治二九）年の河川法、災害救助分野では一八八〇（明治一三）年の備荒儲蓄法である。ところが、一八九六（明治二九）年の河川法まで遡ってみると、その前がある。それは一八七三（明治六）年の河港道路修築規則である。河川法を歴史に位置づけるためにはそこまでさらに遡らなければならない。河港道路修築規則まで行ってみると、さらにその前がある。改定水理堤防条目（明治四年一二月二日）である。そして遡る作業はそこで行き止まりではなかった。災害救助分野でも事情は同じである。備荒儲蓄法まで行けば一八七五（明治八）年の窮民一時救助規則の存在に気づく。そして、明治八年の窮民一時救助規則の前には明治四年の県治条例中窮民一時救助規則があり、これまたそこで行き止まらない。いずれの分野においても起点とされる法令にはより前のものがあり、それを辿っていくと明治初期に行きつく。そして、行きついた先で周りを見回してみると、今度は周りすなわちその時期の災害対策の他の分野の法令がどうなっているのか、それらは相互にどう関係しているのか、それがよくわからないのである。これまでは個々の分野に関する研究はあってもこうした観点での仕事はなかったのである。

このような事情に直面して、筆者は、日本の災害対策法令を遡るのではなく、これを明治政府（維新政府）の立ち上がりの時点から発生史的にしかも網羅的に記述していく必要性を感じた。そうすることによって災害対策の各分野の法令の変遷、系譜を辿ることができ、また、その時期、その年代における災害対策法令の全体（そして法令相互の関係）も掴めるだろうと考えたからである。こうして始めた仕事の最初の部分（一八六八年から一八七〇年までの部分）が本書である。本書にはこの期間の災害対策法令が全部で一一一件収載されている。以下、次節と次々節では、本書を編むことから得られた知見のうち主要なものの若干を述べる。

＊73　今井実「災害対策基本法と地方公共団体」（『地方自治』、第一七〇号、一九六二年二月）、五四－五五頁。／は、改行を表わす。同様の解説は他の自治官僚も行なっている。参照、川合武「災害対策基本法案の要点」（『自治時報』、第一四巻、第九号、一九六一年九月）、一四－一五頁、安藤哲郎「災害対策基本法の施行について」（『地方自治』、第一七八号、一九六二年一〇月）、四七頁。

＊74　参照、「『災害対策基本法』はどんな法律か?」（『科学読売』、第一三巻、第一〇号、一九六一年九月）。『科学読売』誌記者のインタビューに対する川合武自治大臣官房調査官の話。成案ができ制定直前であった一九六一年夏の時点でこのような考えであった。法案作成作業中の〝災害〟の概念がいかに狭いものであったかが窺われる。尚、一九六一年一〇月に制定された法文

には雪害は書き込まれている。冷害と干害は条文中の「その他の異常な自然現象」のなかに含まれるという解釈になった（消防庁総務課（編）『災害対策基本法の解説――激甚災害特別援助法詳解付――』、全国加除法令出版、一九六三年一月、一二二頁）。

＊75　中野尊正「大都市の震災の特徴」、大貫浩良「東京都震災予防条例と震災対策上の諸問題」。いずれも、日本土地法学会（編）『土地問題双書 五 住宅政策・防災と法理論』（有斐閣、一九七六年四月）に収められている。

＊76　日本土地法学会（編）『土地問題双書 五 住宅政策・防災と法理論』、一三二―一三四頁。

＊77　井上義光「防災基本法（仮称）について」（『季刊「防災」』、第二〇号、一九六一年四月）、四頁。

＊78　〝狭義の〟災害予防、〝広義の〟災害予防という表現は、すぐあとに引く川合武のものである。

＊79　川合武「災害対策基本法について」（『都市問題研究』、第一四巻、第五号、一九六二年五月）、二〇―二一頁。

＊80　青山佾「セミナー・自治体計画論 第一六章 防災計画」（『地方自治職員研修』、第五一四号、二〇〇四年七月）、六一―六二頁。尚、／は改行を表わす。

＊81　この点、すなわち災害対策基本法における〝災害の防止あるいは軽減のための根本的対策〟（＝本来の意味における災害予防／〝広義の〟災害予防）の軽視／欠落をずばり指摘したものとして、他に、寺田一彦（国立防災科学技術センター所長）と四柳修（国土庁長官官房審議官）の発言があることもあげておく。寺田の発言は、寺田一彦・成田頼明・我妻栄・鈴木竹雄「《ジュリストの目》災害と法律（一）」（『ジュリスト』、第四三七号、一九六九年一一月）、一五頁。四柳の発言は、原田昇左右・浅田敏・四柳修・末広重二・柴田鉄治「《座談会》地震は完全に予知できる」（『月刊 自由民主』、第二六七号、一九七八年四月）、一五五頁。四柳修――彼は当時国土庁において官房審議官として防災行政の中心にあった――はこの座談会において、「今の災害対策基本法では発生した災害が中心」と言い切っている。このように、災害対策基本法は、災害〝対策〟の総合化を謳いはしたものの、災害対策過程のなかで同法が対象とする局面に重大な偏り／欠落があり、その総合化は最初から綻んでいたと言わなければならない。

＊82　消防庁総務課（編）『災害対策基本法の解説――激甚災害特別援助法詳解付――』、一〇頁。

＊83　西田猛「災害対策基本法と関連防災体制」（所収、今井実・長谷川義明・楢崎泰道（編）『都市防災（新時代の都市政策 第八巻）』、ぎょうせい、一九八三年二月）、六一―六二頁。西田は、消防庁防災課を経て、本稿執筆時は自治省行政局勤務。

＊84 もちろんこうした解釈には繰り返し異議が申し立てられている。このことは西田も認めている。同上、五八頁、参照。

＊85 消防庁防災課（監修）・防災法研究会（編）、前掲書、一七七頁。

＊86 条文のほとんどが訓示的規定でありながら、災害応急対策（第五章）と災害緊急事態（第八章）が実効的規定となっていることは、日米安全保障条約（新条約）の強行採決や政治的暴力行為防止法案の衆議院での採決強行を目の当たりにしてきた市民のなかに、災害対策基本法の本質は治安立法であるという警戒感を広く生みだすことになった。この点に関しては、とりあえず、「災害復旧を返上した村」（『世界』、第一九一号、一九六一年一一月）、二〇二頁、「《主張》災害から人民を守るために」（『アカハタ』、一九六三年七月一一日付）、星野安三郎「災害対策基本法」（『法律時報』、第四五巻、第七号、一九七三年六月）などを見よ。事実この時期、自衛隊と警察は大震災対策の研究を行ない、そのなかで大震災発生時の「思想的背景をもつ群衆犯罪」や「大衆の集団的不法行為」に対する警戒と抑止の視点を提示していた。一例として、警視庁警備部・陸上自衛隊東部方面総監部（編）『大震災対策研究資料』（警視庁警備部・陸上自衛隊東部方面総監部、一九六二年三月）、二三四頁以下を挙げておく。『大震災対策研究資料』は、東京での大震災を想定した災害警備と自衛隊の災害派遣の問題点に関する、警視庁警備部と陸上自衛隊東部方面総監部との共同研究を取りまとめたものである。この研究は、ちょうど災害対策基本法の国会審議と同時期、一九六一年春から秋にかけて、行なわれた。検討内容の具体的イメージを掴むために、ここでは「思想的背景をもつ群衆犯罪」の項を引用しておく。「大震災が発生した場合は、一般的には政治、経済上の混乱を生ずるとともに治安機関も手薄となることが考えられる。また、り災者も不安動揺するであろうこのような混乱に乗じて思想的な背景をもつ特定団体等が大衆を動員して、国会、政府機関、東京都その他に請願、陳情等の挙にでることも予想され、勢いの赴くところ集団的不法行為をなすことも予測され、治安上最も重要視しなければならない問題である。／　このような事態は、自然発生的ないし偶発的に生ずるものではなく、目にみえない民心の動向があり、特定分子の指導せん動が介在し、次第に伸張して特定の目標に向かってある行動を企図し、計画され実行に移されるのが常道であるから、視察内偵を十分に行なうことによってこれを洞察することができるし、その企図を未然に防止することも可能であるが、混乱の中における警察の諸活動も著しい制約をうけることは必然であり、関係機関や都民の協力がこの場合においてとくに要請されるところであり、問題は深いものがある。」（同上、二三九頁。）ここにはっきりと見られるように、政府側には、災害対策を社会運動の抑圧の視点と絡ませて捉える向きが存した。

＊87 川合武「災害対策基本法案の要点」、一八頁。
＊88 今井実「災害対策基本法と地方公共団体」、五六頁。
＊89 国土庁（編）『国土庁二十年史』（ぎょうせい、一九九四年六月）、四四六頁。
＊90 行政管理庁行政監察局『大都市における震災対策に関する行政監察結果報告書』（行政管理庁行政監察局、一九七四年八月）、一八五頁。
＊91 防災基本計画それ自体もきわめて形式的なものであった。それはその修正履歴を見れば瞭然である。防災基本計画（一九六三年策定）は、一九七一年に「大都市震災対策推進要綱」の作成にともない一部修正された。けれども、一九九五年に阪神・淡路大震災が発生するまで、全面的な見直しはなされなかった（一部修正も一九七一年の一回のみ）。実に三〇年以上もそのままで放置されたのである。その三〇余年の間には高度経済成長があり、それが日本社会を大きく変えた。にもかかわらず、防災基本計画を臨機に改定しようという動きは一度も起こらなかった。

二、官僚制の創出を媒介した災害対策を巡る明治初年の政治的闘争

明治初年、災害対策は民政の中心であった。それは災害対策が租税制度と深くかかわっていたからである。維新政府は明治元年八月に「税法ハ姑ク旧貫ニ仍リ且旧幕府旗下采邑没収ノ者ハ隣近府藩県ヲシテ之ヲ管轄セシム」（明治元戊辰年八月七日、第六一二）（六八－一五）[*1][*2]を発出し、租税の徴収についてはこれをとりあえず旧幕時代の徴租法に依るとした。そのため、結果的に、維新政府は、旧幕時代の徴租法のなかに含まれていた災害時の租税の減免制度を引き継ぐことになったのである（六九－三八）[*3]。この災害減（免）租の運用方（および賑救の実施方）が、被災地で罹災農民の困窮に直面し彼らの救済を重視する地方官（直轄府県官員）と、政府財政の確立を最優先させる中央の大蔵省との間に、深刻な対立を引き起こした（六九－二四）（七〇－五）[*4]。これは、中央政府内で、民部官－民部省に拠り地方官の主張を支持する大久保利通・広沢真臣らと、大蔵省幹部（大隈重信・伊藤博文）および彼らを支持する木戸孝允らとの対立へ発展し、一方では民部官廃止案の提示（明治二年六月）、民部省の設置（明治二年七月）、民部省と大蔵省の合併（明治二年八月）といったかたちで中央政府において災害対策事務を所管する部門の争奪を現出させ、他方では深刻な政府危機をもたらした（六九－二一b）（六九－二七b）（七〇－一二）[*5]。この政府危機はひとまず明治三年七月の民部省と大蔵省の分離によって収拾されるが、この対立と収拾の過程で、とりわけ災害減税事務の担当部門たる租税司の帰属をめぐる争いのなかで、大蔵省内に、整備された官僚機構を出現させたのである（七〇－一二三）[*6]。

＊1　繰り返しの注となるが、（六八－一五）というのは本書において法令「税法ハ姑ク旧貫ニ仍リ且旧幕府旗下采邑没収ノ者ハ隣近府藩県ヲシテ之ヲ管轄セシム」（明治元戊辰年八月七日、第六一二）に付した番号である。一八六八年の第一五番という意味である。また、文章のあとに括弧に入れた番号が表示されているときは、**注解**におけるその番号の項を参照せよという意味である。

＊2　序説の二、三では、参照文献の注記を省略してある。これについて詳細はそれぞれの項（括弧内に番号で示したもの）を当たられたい。

＊3　「御取箇帳様式ヲ定ム」（明治二己巳年一一月一七日、第一〇六一）。

＊4　「府県奉職規則」（明治二己巳年七月二七日、第六七五）（六九－二四）、「畑方貢米引方ハ稟候処置セシム」（明治三庚午年正月二八日、第六二）（七〇－五）。

＊5　「職員令並官位相当表」（明治二己巳年七月八日、第六二二）（六九－二一b）、「租税監督通商鉱山ノ四司ヲ民部省ニ属セシム」（明治二己巳年八月一一日、第七二四）（六九－二七b）、「民部省大蔵省分省セシム」（明治三庚午年七月一〇日、第四五七）（七〇－二一）。

＊6　「民部大蔵両省管轄ノ寮司諸掛及事務条件ヲ区別ス」（明治三庚午年八月九日、第五二〇）（七〇－二三）。

（一）災害の続発

明治元年は各地で大きな水害が発生した年であった。閏四月から五月（一八六八年五月下旬から七月中旬）にかけて四国と北海道を除く全国が霖雨に見舞われ、各所で洪水が発生した。四月二一日には筑後川が増水し、五月八日には関東地方で出水があった。五月九日には木曽川、長良川が氾濫し（愛知で死者九四一名）、五月一四日から一六日にかけては佐賀・熊本で被害が生じ、そして五月三〇日信濃川洪水（新潟）があった。維新政府の膝元の畿内でも水害が発生し、大きな被害を発生させた。すなわち、五月四日から五日にかけては琵琶湖が増水し、加茂川、桂川で出水をみた。また、五月一二日から一四日にかけては淀川・大和川の堤防が決壊している（これは「大阪明治三大出水」の第一号とされるものである）。

明治元年五月三〇日の信濃川の洪水について、水原県知事壬生基修は翌年の明治二年九月に水害防除のために信濃川分水工事の必要性を政府に訴えた上表のなかで、「去年の夏河水は暴漲し、堤防の潰決すること数十里、内復た青草無し、是れに於いて民は生を聊さず」と惨状を描写している（七〇－一六a）。[*7] また、明治元年九月から一二月にかけての天皇東幸に供奉として随行した木戸孝允は、道中天竜川水害の跡を目にし、その日記（明治元年一〇月三日の条）に、被害のありさまとそれを見て民政の重要性を認識したことについて次のように記している（六八－二五）。[*8]「御発輦今日御供奉なり当夏連雨天竜川満水暴漲終に里許の堤防を崩し水平田に溢れ浜松天竜の間田園十に七八は尽沙原となる／御通輦に付天竜川へ舟橋をかくる河原中へ道を新に造る是他日漲水の時一の妨をなす必也河原中只／御通輦中御さわりなき丈けにいたし此新道を造り大に人力を費し候ものを堤防崩破の処へ用るときは大に農民の一助となるものあらん新道を造るも又民力を尽さゝるを得す是彼の損益又不少民政に心を用ゆるもの雖小事如此処にあり」。

明治二年には長雨と冷夏のため広い範囲で深刻な農業災害が起こった。七月一二日から一三日（西暦では八月一九日から二〇日）にかけては台風が来襲して、近畿・東海・関東・東北の各地に大きな被害を与えた。この台風により上州では天明以来の大洪水が発生した。長雨と低温による冷害と台風による風水害は、広い範囲で飢饉を発生させた（「巳年の困窮」）。農村では「当年諸道不実就中奥羽ノ諸国殆皆無」という状況を呈し、年末になるとその影響が都市部にも現われて「米価追々沸騰」、「下民難渋」となった。そしてついには政府財政の見通しさえ立たない窮境が出現した（「当節歳入総計ニテ百万石余之御不足」、「会計ノ目的難相立」）（六九－一二九ａ）[*9]。

＊7　「信濃川分水路鑿割費用高役出金納方ヲ定ム（新発田以下七藩ニ達）」（明治三庚午年六月一二日、第三九九）（七〇－一一六ａ）。

＊8　「御東幸沿道水害ノ橋梁ヲ再造シ又ハ修復ノ意見ヲ開申セシム」（明治元戊辰年一〇月一三日、第八四二）（六八－一二五）。

＊9　「気候不順ヲ以テ奉幣使ヲ氷川神社外二社ニ発ス」（明治二己巳年七月朔日、第六〇三）（六九－一二〇）、「淫雨ニ付節倹ノ詔ヲ発シ官禄ノ内ヲ以テ救恤ニ充テシム」（明治二己巳年八月二五日、第八〇一）（六九－一二九ａ）。

（二）財政統制制度の敷設

明治元年、そして二年と全国的に災害が発生し農村の疲弊は甚だしかった。とくに越後や東北地方では戊辰戦争の戦禍も相俟って農民は困窮を極めた。一方、この時期、政府財政の確立を目指す大蔵省は、地方の窮状を顧慮することなく、直轄府県に対して財政的な統制を進める法令を次々と発布し、貢租収奪の強化と罹災者に対する賑恤の抑制に努めた（六九－一一六）（六九－一二四）[*10]。明治二年七月の府県奉職規則は「私ニ租税ノ定額ヲ改革シ又ハ蠲除スル等厳禁トス」と宣して、府県が専断で租税の減免を行なうことを禁止した（第八条）。また同規則は、窮民への賑済および天災発生時の緊急の救助を府県の事務とする一方で、それらの事務の施行に対する民部、大蔵両省の統制を規定した（第五条）。

災害と凶荒が続く中各地で直轄府県や藩に対して救済を求める農民の運動が澎湃として起こった。そのような状況下、大蔵省による貢租増徴賑恤抑制政策は農民の反発を呼び、処処に農民騒擾が発生した。しかし大蔵省はあくまで貢租の厳格な取り立てを追求し、また罹災民の救助に官倉を開くことを禁じた。農民の困窮に直面し、また困窮した農民が一揆を結ぶことを恐れていた地方官たちは、こうして農民と大蔵省との間で難しい立場に追い込まれることになった。そのようななか越後では新潟県知事三条西公允が専断で賑恤を施し、謹慎処分を受けた。同じく新潟県の大参事名和緩も大蔵省の地方政策に抗議して罷免された。当時九州の日田県知事だった松方正義は、明治三年四月七日付の大久保利通宛書簡において、大蔵省の政策を〝民心不察の収斂〟と批判しつつ、知事としてその困難な立場を次のように綴っている。「素より支配之日田郡其外は窮民別而多ク殆三万人計ニ及二月中旬より救方ニ而当分最中ニ有之候、追々御届等も申上候通餓莩之憂眼前ニ差迫候為体小生も廻村如樵夫奔走現ニ其屋内ニ踏込見候処実以憫然難忍次第依而官倉ヲ開キ救助ニ取掛候得は無訳事ニ候得共御見聞通大蔵は一点も救助は禁物」。府県支出の抑制と貢租収奪の強化を指向する中央政府（大蔵省）と、罹災した民衆の運動の圧力に直接対峙していた府県官との間に、災害救援の仕法と規模をめぐって対立を孕む難しい問題が発生したのである（七〇－三）（七〇－五）[*11]。

＊10　「会計官職制章程ヲ定ム」（明治二己巳年五月八日、第四二五）（六九－一六）、「府県奉職規則」（明治二己巳年七月二七日、第六七五）（六九－二四）。

＊11　「水火災ノ節窮民救助ノ措置ヲ定ム」（明治二己巳年一二月八日、第一一三〇）（七〇－三）、「畑方貢米引方ハ稟候処置セシム」（明治三庚午年正月二八日、第六二）（七〇－五）。

（三）政府危機の発生

明治二年七月八日、政府は、「従来ノ百官並受領ヲ廃シ位階ヲ称シ神職僧官ハ旧ニ仍ラシム」（明治二己巳年七月八日、第六二〇）（六九－一二a）と「職員令並官位相当表」（明治二己巳年七月八日、第六二二）（六九－一二b）を公布して、「政体」に替わる新しい官制を立てた。新官制では、それまで内政担当官庁として災害対策事務にかかわってきた民部官、会計官が廃止され、代わりに民部省と大蔵省が設置された。ところが、そのひと月後の八月一二日、七月に設けられたばかりの民部省と大蔵省が合併されてしまった（民蔵合併）。この合併を推進したのは、大隈重信や伊藤博文、井上馨ら大蔵省系の人びと（大隈派）で、その狙いは民政の重視を掲げて凶作下での仁政－救恤を強調した地方官らを抑え、「殖産興業・富国強兵費を中心とする対外経費の確保」の観点から「貢租収奪の確保・強化及び貢租収奪の中央集中で財政窮迫打開－財政基礎確立」を実現することであった（民政に対する財政統制の強化の路線）。大隈は民部大輔兼大蔵大輔、伊藤博文は大蔵少輔兼民部少輔となり、大隈派はここに民政＝財政の両権をその掌中に収めることとなった。『伊藤博文伝』は、民蔵合併後の大隈・伊藤の権勢を、「民部省と大蔵省とは事実上合同の形にて、長官伊達宗城を始め大輔大隈重信、少輔たる公［伊藤博文］も皆な両省兼任となり、大隈と公は民政と財政との両方面に渉り熾んに積極政策を実行しつゝありしかば、行政の全権は、殆ど両人の掌裏に帰したるが如き観を呈し」たと、伝えている。

このような大隈派（大蔵省）の権勢に対して、政府部内にあって民心収攬の地方政策を指向していた大久保利通や広沢真臣はそれを苦々しい思いで見つめていた。広沢はその憤懣を前原一誠に宛てて次のように綴っている（明治二年八月二四日付）。「大権大蔵省ある之勢に相成り、政府あれ共なきか如き姿に而、今日之勢なれは、不日政府之評議は真の下評議にして其決を大蔵に取る様立至り候は必然、一日々々政府に罷出候共実に不快」。一二月になると、民蔵行政に対する批判は、地方官からばかりでなく、政府内部からも提起されるようになった。すなわち、弾正台が明治二年一二月の上申において、民部大蔵合省後の民政を「聚斂ノ多キヲ以テ治法ノ第一ト称シ徳政日ニ廃」するものと非難し、両省の分離を建言したのである。弾正台は、「育民ノ御趣意ヲ失」い、「聚斂」を治法の第一に置く民蔵行政のもとで、民心の離反が進み「天下瓦解」の形勢がすでに顕われていると警告し、速やかに民部大蔵両省を引き分けて、「育民ノ徳政」を進めることを提言した。同台は、厳しい貢租収奪を進める民蔵両省の治法が民心離反を導き、維新政府の統治それ自体の危機を招来しているという認識を示したのである。明治三年の春から夏にかけて維新政府は政府危機に揺れたが、地方政策（災害対策）をめぐる中央政府内での大隈・伊藤・木戸と大久保・広沢との対立はその主要な構成要素のひとつであった（七〇－一二）。[*12]

*12　「民部省大蔵省分省セシム」（明治三庚午年七月一〇日、第四五七）。

(四) 大蔵省内における組織規程の整備

官僚制を政府における組織と職員（人事管理）に関する制度と捉えるならば、その組織という側面での制度化の起点は明治二年七月の職員令の発布である（六九－一二一b）。[*13] 職員令において初めて政府内に基幹的な行政組織として省がその外局たる寮・司をともなって設けられたのである。省には、長官としての卿以下、輔（大・少）、丞（大・少）、録（大・少）といった職が順に置かれ、それぞれに職掌が定められた。また、寮には長官としての頭以下、助、允、属（大・少）が、司には長官として正、以下佑（大・少）、令史（大・少）が置かれた。

さて、(三)で述べた政府危機はひとまず民部省と大蔵省の分離というかたちでその収拾が図られた（明治三年七月一〇日）。分離後民部省には卿を置かず、岩倉具視・大久保利通・広沢真臣が御用掛としてこれを担当することとなり、一方大蔵省は卿伊達宗城、大輔大隈重信、少輔伊藤博文という態勢となった。民蔵分離は、明治元年、同二年の凶作・災害がもたらした農民困窮と財政窮迫の深化のなかで、「財政窮迫打開、さらには殖産興業・富国強兵費を中心とする対外経費の確保［の必要］から貢租の収奪と集中の地方政策の強硬な推進を企図した」大隈重信ら民蔵省幹部と、「民心掌握［の立場］から凶作対策を最重点課題として減免と救恤の地方政策の展開を企図する」大久保利通・広沢真臣らが地方政策をめぐって対立したことをその背景としていた。民蔵分離は、この二つの路線が並立する体制を作ったもので、決して政府内で路線の統一がなされたわけではなかった。それゆえ、分離後早くも七月中から、双方が互いに相手方の路線展開に先んじようとして、それぞれの方向に向って走り出していった。

ところで、人心収攬の仁政を布くにしても、租税徴収を厳格化するにしても、いずれにしろ租税事務の担当部門たる租税司をその管下に置くことが必須であった。かくして民蔵分離と同時に租税司の帰属をめぐって民部省と大蔵省との間で争いが起こることとなった（七〇－一二三）。*14 民部省御用掛となった大久保や民部少輔吉井友実らが租税司の民部省への移管を求めて、大納言岩倉具視に再三再四はたらきかけを行なった。彼らの租税司民部省移管論は、政府（太政官）が財政政策の決定権を握り、減租と救恤の地方政策を実施する、そして大蔵省は単なる金穀の出納機関の扱いとするというもので、政府基礎の確立（＝仁政の施行）策の基幹に据えられるべきもの（その制度的表現）であった。そしてその実現のために、大久保は、地方官の意見表出の場を設け、彼らの実地の論の力によって木戸・大隈らの反対を抑えようとした。これに対して大蔵省側は、租税司についていち早く組織規程（租税司職制・租税司職員・租税司処務条例）を整備し（明治三年九月三日）、その所属を確固たるものにしようとした。租税司職制は、租税司の大蔵省所属、掌管事務と権限、大蔵本省との関係、掌管事務の執行手続き、さらに事務の細目などを規定した。租税司職員は租税司の職員規定で、各職位の職責と権限を定め、租税司処務条例は、司が執り行なうべき事務、事務の種類ごとの事務処理手続き、司中の文書処理の手続き、司中における文書管理規則、司中官員の勤務規則などを定めた。大蔵省は、租税司のほかにも、明治三年秋から明治四年春にかけて、大蔵本省、監督司、出納司、通商司などで、組織規程の整備を進めた。こうした一連の組織規程整備により、大蔵省では、本省組織の中、外局組織の中、そして本省と外局との間に、指揮命令－報告の関係が明定されることになった。地方官や他省からの文書の処理手続き、省内における文書の授受と決裁の手続きが規程としてはっきり定められたのである。*15

本項冒頭に述べた論を引き継ぐならば、官僚制のうち組織（職の編成）の側面における整備が該期に災害対策事務の担当部門の管轄争いを触媒として進んだと言える。中央政府における階統制的な組織の基本形がここに出現したのであった。*16

*13 「職員令並官位相当表」（明治二己巳年七月八日、第六二二）（六九－二二b）。

*14 「民部大蔵両省管轄ノ寮司諸掛及事務条件ヲ区別ス」（明治三庚午年八月九日、第五二〇）（七〇－二三）。

*15 大蔵省は、この時期、大蔵本省および同省管下の諸寮司双方において内部組織を官僚制的に編成するための規程整備を行なったが、それにとどまらず、規程整備を省外にも及ぼそうとした。すなわち大蔵省は、該期に、同省を含む政府全体の官僚制的規律化を図る動きも見せたのである。この点、詳しくは、「民部大蔵両省管轄ノ寮司諸掛及事務条件ヲ区別ス」（明治三庚午年八月九日、第五二〇）（七〇－二三）の項を参照せよ。

*16 本書には、災害対策を命じる実体的規定を含む法令のほか、災害対策を職掌とする組織に関する法令も広く収めた。明治前期において災害対策は内政の大きな部分を占めたから、それを担当する組織の流れを追うことは、つまり本書を組織という面に注目して読めば、それはそのまま近代日本における中央－地方の官僚制の形成過程（ただし組織という側面でのそれ）を辿ることになる。

三、災害と危機管理

（一）臨時行政調査会と「大規模地震等防災行政体制の整備」論

一九九〇年代半ばごろから、大規模自然災害も、社会的・国際的な大事件、大事故も、ひとくくりに「（重大）緊急事態」と呼び、それに対応するための権限と情報の集中を図る動き——「危機管理」のための体制整備と称される——が顕著になってきた。[*1] このような動きの直接の起源はそれを一九八〇年代の行政改革論議のなかに求めることができる。

臨時行政調査会（以下臨調と略す）に主導された一九八〇年代の行政改革論議において、内閣の総合調整機能の強化、内閣総理大臣の指導性の確立と、そのための補佐機構の整備は、一貫して主要な題目であり続けた。そして「大規模地震等防災行政体制の整備」は、何よりもこの文脈で、すなわち災害対策行政独自の文脈ではなく内閣の総合調整機能の強化の項目のなかで、取り上げられてきたのである。[*2] 臨調は一九八二年七月の第三次答申において内閣機能の強化の節を立て、「行政の多様化、膨大化、国際化に伴い政府の行政施策の整合性、総合性の確保と行政課題に対する迅速な対応が極めて重要となっている」という認識の下、「行政の整合性、総合性の確保等のために、とりわけ強く要請されるのは行政運営の最終責任を負う内閣及び内閣総理大臣の指導性の強化であ」るとして、内閣総理大臣に対する補佐・助言機能の強化、内閣の総合調整機能の強化、内閣官房の充実強化、内閣総理大臣官邸機能の近代化などを打ち出した。[*3] この流れを受けて第五次答申（最終答申）で「大規模地震等防災行政体制の整備」が出てきた。ここで臨調は「我が国は、その自然的条件のため、災害の多発国となっており、災害から国土を保全し、国民の安全を守ることは、国の基本的な責務である」との立場を示し、「大規模地震等防災行政体制の整備」の必要性を説いた。すなわち、「大都市地域で大地震等の大規模な災害が発生した場合、その人的・物的被害は測り知れず、ひいては我が国の存立基盤そのものに大きな影響を及ぼすことが予想されるので、その防災体策は国政の最重要課題の一つとして緊急かつ重点的に推進されなければならない」、と。[*4] 具体的に提言されたのは、①「大都市地域における大規模地震等の発生に備え、的確な被害想定を行い、各種の防災対策が有機的かつ総合的に実施できるような応急活動システムの策定」、②「緊急災害対策本部の設置の手続、緊急災害対策本部長としての内閣総理大臣の指揮命令系統の明確化」、③防災無線等各種情報通信系の防災性の高度化、④国土庁の体制整備などである。[*5] 臨調（国土庁）がこうした提言を行なったとき、その念頭にあったのは、南関東地域地震（首都直下地震）であった。[*6]

臨調の第五次（最終）答申を受けて一九八四年七月に国土庁の組織改編が行なわれ、防災局が設置された。[*7] 一九八八年六月には中央防災会議の専門委員会が南関東地域直下でM（マグニチュード）七程度の地震の発生が切迫していると報告し、この報告に対応して中央防災会議は南関東地域について震災対策を決定した。すなわち、同会議は、一九八八年一二月に「南関東地域震災対策活動要領」を、一九九二年八月には「南関東地域直下の震災対策に関する大綱」を、決定したのである。[*8][*9][*10]

*1　そうした集権化の理由付けに用いられてきたのが阪神・淡路大震災などの大規模自然災害である。早くも、阪神・淡路大震

災の発生直後に出版された雑誌『世界』一九九五年四月号の巻頭言には、「先日の阪神大震災をきっかけとして、『危機管理』ということばが、しばしば使われるようになった」という指摘が見られる。雑誌『世界』の巻頭言は、「危機管理」という言葉に対し「いかがわしさを感ずる」と率直な違和感を述べ、この言葉が一部では「民主主義否定」に結びつけて使われていることに読者の注意を促している（参照、KOT「『危機管理』論の危うさ」、『世界』、第六〇七号、一九九五年四月、一七頁）。「重大緊急事態」に対応する「危機管理」は基本的人権を侵害する高い危険性をはらむ。このことは、自由民主党がその「日本国憲法改正草案」（二〇一二年四月二七日決定）第九八条に「緊急事態」の規定を設け、この問題について二〇一三年三月一〇日に石破茂幹事長（当時）が「大規模災害などが発生した場合に、政府が国民の権利を一時的に制限する条項を、憲法を改正して盛り込むべきだ」（『読売新聞（電子版）』、二〇一三年三月一一日八時五分）と述べたことからも明らかである。自由民主党の「日本国憲法改正草案」の第九八条には、緊急事態の類型として「我が国に対する外部からの武力攻撃」、「内乱等による社会秩序の混乱」、「地震等による大規模な自然災害」の三つが挙げられているが、石破幹事長の発言ではこのうち三番目の「地震等による大規模な自然災害」が取り上げられてそこから前二者にも適用可能な憲法上の緊急事態条項の必要性が説かれている。また石破幹事長の上の発言は、東日本大震災が発生して二年を迎えようとする二〇一三年三月一〇日に、同震災の被災地である仙台市での講演でなされたものであることにも注意が払われねばならない。このような論の立て方や事情からもまた、市民ひとりひとりの尊厳の保持・擁護という点から問題の多い汎用性のある「危機管理制度」を、災害対策を切り口に立ち上げようとする動きがあることがわかる（そして汎用性のある「危機管理制度」はすでに少しずつその姿を現わしつつあることに注意しなければならない）。

＊2　「行政改革に関する第五次答申――最終答申――（昭和五八年三月一四日）」（所収、臨調・行革審OB会（監修）『臨調 行革審――行政改革二〇〇〇日の記録――』、行政管理研究センター、一九八七年一月、二七二－二七三頁）。

＊3　「行政改革に関する第三次答申――基本答申――（昭和五七年七月三〇日）」（所収、同上、一九二－一九三頁）。

＊4　同上、二七二頁。

＊5　国土庁の体制整備に関しては「大規模地震対策等についての内閣総理大臣の指導性の強化を図る観点から、その補佐機構である国土庁が大規模地震対策に関する国、地方公共団体等の調整事務を一元的に処理することとする」と述べられている（同

上、二七三頁）。これは、大規模地震対策を切り口とした、災害対策基本法が規定する、自治省－消防庁のラインによる災害対策事務（とくに災害応急対応）に関する国、地方公共団体等の調整の一元的把握の路線（第一節において既述）に対する、国土庁側からの挑戦である。国土庁のこの動きは、災害対策基本法の性格と同法にもとづく災害対策行政制度の意義の考察において興味深い論点に繋がるものであるが、ここでは立ち入らない。

＊6　臨調第五次（最終）答申は、国土庁に、「南関東地域地震防災計画」の早急な作成を求めている（同上）。

＊7　防災局は、それまで長官官房に置かれていた防災企画課、震災対策課、防災業務課に、防災調整課及び防災企画官（四人）を加えた構成であった。

＊8　一九八〇年代には南関東地域における大地震発生の切迫性の指摘をよそに、東京一極集中が激しい勢いで進行した。臨調の提言下政府のスローガンとなった規制緩和、民間活力の導入はこの流れを助長するはたらきをした。国土庁内の動きを見ても、臨調答申後災害対策関係部門の組織整備、大規模地震対策が進められたが、国土政策・都市政策のレベルでは東京湾の臨海部開発など地震に対する都市の潜在的危険性を増大させるような開発プロジェクトが推進された。臨調の提言は、内閣総理大臣の指導性強化の文脈では南関東地域地震対策の切迫性を強調しながら、他方具体的な都市政策のレベルでは、同地域の対地震脆弱性を強めるような施策の推進を強力に後押ししたのである。つまり防災の総合化はそれを口にする端から破綻していたと言わなければならない。

＊9　地震学者の石橋克彦は、一九九〇年に発表した論文において、南関東地域直下で発生する大地震（これを石橋は「首都圏直下型大地震」と呼んでいる）の活動の消長をプレート運動によって解釈し、それの発生の規則性について「非常に定性的ではあるが具体的なモデル」を提出した（石橋克彦「首都圏直下の大地震活動の消長と東海・関東巨大地震」、『地質ニュース』、第四三二号、一九九〇年八月）。石橋は、このモデルをもとに、「首都圏直下型大地震」について、「その活動期は東海巨大地震によってもたらされ、関東巨大地震（主な余震を含む）で終息する」という作業仮説を示し、東海地震の近い将来の発生が懸念されていることからすれば、「首都圏直下型大地震も近い将来に活動期になる可能性が強いと言える」と述べた（同前、二七頁、三〇頁）。石橋は「首都圏直下型大地震」を始めとする大規模地震に対しては「技術的防災」ではなく、社会経済システムの変革（「私たちの暮らし方の根本的転換」）で対応すべきことを唱えた（石橋のこの考えは同『大地動乱の時代――地震学者は警

告する――』、岩波書店、一九九四年八月、一九七―二三二頁において体系的に論述されている）。だが、これとは逆に、「技術的防災」のより一層の推進によって将来の大地震の発生に備えるべきである、という主張を行なったものもあった。この例として「『十年後』地震予告と遷都論」（『東京新聞』、一九八八年五月二七日付）がある。東京新聞は、この社説のなかで、〝南関東地域（首都圏）でM七前後の局地的な大被害をもたらす直下型地震の発生がある程度の切迫性を有している〟という中央防災会議地震防災対策強化地域指定専門委員会の発表（一九八八年五月二四日）を取り上げ、予想される地震発生までの時間的余裕の無さ（「ある程度の切迫性」とは「十年か二十年先」に起こる可能性があるとのことであるとの補足説明が二四日の発表時の記者会見でなされた）を考えれば、遷都や首都機能の分散など国土計画レベルでの対応は現実的でなく、「通信衛星などハイテク型情報網」の整備をはじめとする「技術的防災」の推進によって事態に対応すべきである、と論じた。尚、一九八八年五月二四日の中央防災会議地震防災対策強化地域指定専門委員会の発表内容については、『中日新聞』、一九八八年五月二五日付を参照のこと。また、「ある程度の切迫性」という文言の理解については、浅田敏「《インタヴュー》この人と一時間：地震予知に予算をケチるな」（『エコノミスト』、第六六巻、第三八号、一九八八年八月三〇日）、二二頁も参照せよ（浅田は当時中央防災会議地震防災対策強化地域指定専門委員会委員で、地震予知連絡会会長でもあった）。

石橋克彦の言う社会経済システムの転換による防災はその姿が見えないが、他方後者の「技術的防災」路線の方はそれの軍事との結び付きを強めながら着々と実施に移されてきた。二〇〇三年に打ち上げが開始された情報収集衛星がその例である。二〇一一年三月一一日の東日本大震災の直後、日本共産党の吉井英勝議員は大規模災害時の情報収集衛星の利用実態が明らかにされていない問題を取り上げて質問主意書を提出した（「大規模災害時における情報収集衛星の活用に関する質問主意書」（吉井英勝）、質問提出二〇一一年六月三〇日、答弁受領七月八日、内閣衆質一七七第二八六号）。そのなかで吉井は「外交・防衛等の安全保障及び大規模災害等への対応等の危機管理のために必要な情報の収集」（傍点筆者、以下同様）を目的として打ち上げられた情報収集衛星の運用実態について次のように政府を批判している。「二〇〇三年の一号機の打ち上げ以来、『大規模災害等への対応』については、何をいつ撮影し、どう活用したのか、その目的を果たしているのか、国民の前にいっさい明らかにしたことがない。東日本大震災は、東北地方を中心に甚大な被害を及ぼしたが、この未曾有の被害をもたらした地震と津波に対してさえも、これまで同様に『安全保障上の制約からどのように運用したかは明らかにできない』と活用の実態を明らかにしていない。」「きわめて大規模で深刻な被害をもたらしている東日本大震災の被災状況ですら、『情報収集活動に支障を及ぼす』という理由で情報収集衛星の画像を公にしない実態は、情報収集衛星の目的である『大規模災害等への対応』という文言が単なる『方便』に過ぎないことを意味しているのではないか。」

石橋の論と後者（ここで挙げた事例では『東京新聞』の論）を対比してみると、「技術的防災」論の保守的性格は歴然としている。「技術的防災」論は軍事と繋がりやすい面をもつだけでなく、大規模公共事業の実施とも親和的である（東日本大震災後東北地方の港湾部に建設された巨大防潮堤を見よ）。そしてこれは、直上に述べたようなかたちで既存の政治的経済的権力を強めつつ、他方それの見直しによる防災（社会経済システムの転換による防災）の方向に人びとの注意が向かうことを妨げるはたらきもしているのである。

＊10 南関東地域地震の日本経済および世界経済への影響の予測としては、東海総合研究所が「南関東地域地震被害想定調査の結果」（一九八八年一二月六日中央防災会議発表）にもとづいて実施した、南関東地域地震による経済的被害の推計とそれの日本および世界経済への影響の分析がある（織田薫「南関東地域地震と日本経済」、東海銀行『調査月報』、第四九八号、一九八九年一月）。このレポートは、一九二三年の関東大地震（M七・九）と同じものが一九八八年九月一日に発生したと想定（すなわち「南関東地域地震被害想定調査」におけるケース三を想定）し、それによる経済的被害を推計したものである。これによれば、南関東地域地震による物的被害額は約八〇兆円（一九八七年度価格）である。この約八〇兆円という数字は、一九八七年度の日本のGNPの約二三%に当たる。レポート筆者の織田薫は、南関東地域地震の日本経済への影響について、工業製品の供給は被害にあわなかった既存設備を一〇〇%稼動させることでカバーでき、また金融恐慌の発生も回避しうる可能性が高いとしつつも、手形交換の八割強が東京手形交換所に集中するなどの東京一極集中の状況から、経済・金融の混乱は全国に波及して、一時的に日本全体の経済活動がストップすると予測している。織田は、さらに、中期的な予測として、復興需要が収束した後は景気が急速に冷え込む、災害復旧による歳出拡大などのために毎年約二〇兆円ずつ財政赤字が降り積もっていくなどと述べている。また、世界経済への影響については、震災により、日本において、①工業製品の輸出減少が起こり経常収支の黒字幅が縮小する、②復興のための資金需要が発生する、③生命保険会社などに保険金支払いが発生するなどのことから、日本から海外への資金の流出が減り、それがアメリカの国債と株式の暴落、金利上昇を引き起こし、アメリカ経済を不況に落と

しいれ、世界全体の経済成長率を大きく低下させるとした。尚、「南関東地域地震被害想定調査の結果」については、防災局震災対策課（椋周二）「南関東地域地震被害想定調査」（『人と国土』、第八八号、一九八九年三月）、田村秀「南関東地域地震被害想定調査について」（『都市問題』、第八〇巻、第五号、一九八九年五月）、五六－六三頁を、参照せよ。

（二）一九九〇年代における「危機管理」論の登場

臨調の第五次（最終）答申の段階では、大規模地震対策は、内閣の総合調整機能強化、災害発生時の対応における内閣総理大臣の指導性の強化、の文脈で取り上げられていたとはいえ、まだ大規模地震対策として独立した項目（用語）で語られており、軍事や治安部門の出動と強い繋がりを有する「（重大）緊急事態」という言葉のなかに流し込まれることはなかった。転機となったのは、一九九五年一月一七日に発生した兵庫県南部地震による災害、阪神・淡路大震災である。

阪神・淡路大震災は戦後災害対策行政に大きな転換をもたらした。一九六一年に制定された災害対策基本法が実質的な改正を経験したのもこのときが初めてであったし、一九六三年に策定されて以来三二年間事実上ほったらかしにされてきた防災基本計画が改訂されたのもこのときであった。阪神・淡路大震災後には災害対策関係行政機関の整備が種々行なわれたが、ここでは本節の主題との関連で、内閣情報集約センターの設置（一九九六年五月）、内閣危機管理監の設置および内閣安全保障室の内閣安全保障・危機管理室への改組（一九九八年四月）に注目したい。

兵庫県南部地震発生の際、政府は、首相官邸への情報伝達の遅れから初動体制の構築に手間取り、結果的に被害の拡大を招いた、と批判された。この批判を受けるかたちで、一九九六年五月に、大規模災害や重大事故等の緊急事態に備えて、二四時間体制で国内外の情報を収集、集約し、緊急事態発生の場合にはそれを速やかに官邸関係者に報告することを目的として、内閣情報集約センターが設置された。情報収集班員は、消防庁、警察庁、防衛庁等からの出向者らで構成された。ところで、内閣情報集約センターが備える「緊急事態」が大規模自然災害に限られないことに注意を要する。その意味で内閣情報集約センターは純粋な意味での災害対策機関とはいえず、その設置は、大規模自然災害も、社会的・国際的な大事件、大事故も、ひとくくりに「(重大)緊急事態」と呼び、それに対応するための権限と情報の集中を図る動き(=危機管理体制の構築)の出発点となった。

一九九六年一一月に設置された行政改革会議は、大規模自然災害、重大事故、事件などが発生した場合の政府の危機管理機能の強化を議題として取り上げた。同会議は、一九九七年五月に「内閣の危機管理機能の強化に関する意見集約」を出し、内閣官房に「危機管理を専門的に担当する内閣官房副長官に準ずるクラスの職」を設置すること、この職を補佐するために危機管理に関する事務体制を整備することを、提言した。この提言を受けて、内閣官房における危機管理機能の強化が具体的に検討され、その結果、一九九八年一〇月に、内閣危機管理監の設置、および内閣安全保障室の内閣安全保障・危機管理室への改組が行なわれた。内閣危機管理監は、「内閣官房長官及び内閣官房副長官を助け、内閣官房の事務のうち危機管理に関するもの(国の防衛に関するものを除く。)を統理する」とされた。内閣危機管理監は、〝危機〟に際し、「内閣として必要な措置について第一次的に判断し、初動措置について関係省庁に適宜連絡・指示を行い、事務レベルにおける実質的に最終的な総合調整を行う」位置を与えられた。一方、内閣官房内閣安全保障室の内閣安全保障・危機管理室への改組においては、同室の所掌事務のレベルで安全保障と大規模自然災害への対処をその内に含む危機管理とが結びつけられることになった。*11 一九九五年三月に発生した地下鉄サリン事件、一九九六年一二月発生の在ペルー日本国大使公邸占拠事件、一九九七年一月のナホトカ号遭難事故なども、内閣の危機管理機能強化への動きを促す方向にはたらいた。こうして一九九〇年代終盤には、安全保障上の重大事件と大規模自然災害とをともに「(重大)緊急事態」(=危機)という言葉で捉えそれらへの対応を掲げる汎用性のある危機管理制度が姿を現わすことになったのである。

*11　内閣危機管理監が統理する危機管理からは「国の防衛に関するものを除く」とされたが、内閣危機管理監の事務機構たる内閣官房内閣安全保障・危機管理室の所掌事務のレベルで安全保障に関する事務と大規模自然災害への対処を含む危機管理に関する事務が結びつけられた。

(三)　二〇一一・三・一一原発震災の危機

大規模自然災害を危機(=「(重大)緊急事態」)と(いう言葉で)捉え、それを管理せんとする論には局面を異にする二つのものがある。ひとつは異常な自然現象それ自体を人為によって管理しようとするものである。*12　もうひとつは発災後に有効な活動を組織化して被害を小さくとどめようとするものである。*13　異常な自然現象それ自体を人為によって管理する(管理できる)とするのは自然への畏敬の念を失った傲慢な考えである。一九五〇年代には原子爆弾を用いて台風の進路を制御するという論があった。*14　また、今から五五年前一九六二年の四月から五月に東京が極度の水不足に襲われたとき("水キキン")、政治問題化しつつあった水不足に対して今から思えば荒唐無稽な策がいくつも妙案として政府筋から提案されたのだが(富士川の水を富士五湖を経由して東京に流し込むという案や、三島湧水の水を箱根超えで東京にもってくるという案など)、そんななかに人工降雨による水不足解消という案があった。これも異常な自然現象それ自体を人為によって管理するという発想である。唱えたのは東京都水道局と科学技術庁であった。*[15] これらは我々のなすべきことではない。災害に対して我々がなすべきことは（そして我々にできること）は自然への畏敬の念をもち、我々の領分である社会を強くすることである。我々の社会（国家や国土ではない）を強くするとは、我々ひとりひとりが自然の摂理と社会のあり方について知識と考察を深めることであり、そのようなひとりひとりの間の繋がりを多様かつ堅実なものにしていくということである。発災後についても我々ができるのは、そしてなすべきなのは、社会の側の仕事、すなわち災害に対する応急対応（救助など）であり、これは危機（緊急事態）管理と呼ぶ必要はなく、災害応急対応とありのままに捉えるのがよい。*[16]

ところで、異常《アンユージュアル》な自然現象に起因する事態で、破局的な被害をもたらす危険性をもつけれどもそれが実現するまでに一定の時間を要し、その間に人為による被害の回避または低減措置を講じる余地のある（つまり〝危機管理〟という言葉を用いて事態を把握するのが有効である）ものがひとつある。原子力発電所の事故である。原子力発電所の事故は機器の劣化や人為的な失敗によっても起こるが、大地震など異常《アンユージュアル》な自然現象によっても発生し、その大地震に起因する原子力発電所の過酷事故を我々は現に経験している。二〇一一年三月一一日発生の東京電力福島第一原子力発電所事故がそれである（以下東京電力福島第一原子力発電所についてはこれを福島第一原発と略す）。*[17] この事故はまさに「原発震災」*[18]と呼ぶべき被害を発生させ、それは今も続いている。

フクシマ原発震災*[19]は「東京電力福島第一原発一～四号機が地震によって損傷し、津波により非常用電源が喪失し冷却機能が失われ、核燃料のメルトダウン（溶融）と水素爆発をつぎつぎひき起こし、多量の放射性物質が放出され、広範囲に飛散する」というものであったが、そのとき官邸で原子力災害対策本部長として対応に当たった内閣総理大臣菅直人は、東京電力本店に乗り込んで政府と東京電力（以下東電と略す）との事故対策統合本部を発足させた際（三月一五日五時三〇分過ぎ*[20]）、その場でこう訴えたという（内閣総理大臣秘書官のメモにもとづく）。「今回の事の重大性は皆さんがいちばん分かっていると思う。政府と東電がリアルタイムで対策を打つ必要がある。私が本部長、海江田大臣と清水社長が副本部長ということになった。これは二号機だけの話ではない。二号機を放棄すれば、一号機、三号機、四号機から六号機、さらには福島第二のサイト、これらはどうなってしまうのか。／これらを放棄した場合、何カ月か後には全ての原発、核廃棄物が崩壊して放射能を発することになる。チェルノブイリの二倍から三倍のものが一〇基、二〇基と合わさる。／日本の国が成立しなくなる。何としても、命懸けで、この状況を抑え込まない限りは。撤退して黙って見過ごすことはできない。そんなことをすれば、外国が『自分たちがやる』と言い出しかねない。／　皆さんは当事者です。命を懸けて下さい。逃げても逃げ切れない。情報伝達が遅いし、不正確だ。しかも間違っている。皆さん、萎縮しないでくれ。必要な情報を上げてくれ。目の前のことと共に、五時間先、一〇時間先、一日先、一週間先を読み、行動することが大事だ。／　金がいくら掛かっても構わない。東電がやるしかない。日本が潰れるかもしれない時に、撤退はあり得ない。会長、社長も覚悟を決めてくれ。六〇歳以上が現地に行けばいい。自分はその覚悟でやる。」[*21] 菅総理が東電本店に乗り込んだ少しあと、二〇一一年三月一五日午前、福島市に設けられた「緊急被ばく医療調整本部」では、福島第一原発四号機の使用済み核燃料プールで水素爆発が起きたとのニュースを受けて対策が話し合われた。[*22] そこでは、「四号機が爆発したら、一〇〇人を超える死者が出ることもありえる」との想定の下、福島県立医科大学病院の使用許可を得て、「運ばれてきた患者は、学生用の体育館で治療する。遺体は屋内プールに安置する」などの方針が決められた。[*23] 菅や福島県立医科大学で被曝患者への対応準備に当たった医師らにとって、直面していると意識された〝危機〟とは何であったか。それぞれの行間から読み取れる限りでは、何よりもそれは、福島第一原発の原子力発電施設の損傷、爆発が進みそのために同施設の原子炉の統御ができなくなること、それによって多量の放射性物質が放出されて広範囲に飛散し、多くの人の健康と生活を破壊するおそれが差し迫っていること、であったろう（これを《危機の捉え方①》と呼ぶことにする）。[*24] 直面する〝危機〟をこのように理解したからこそ、官邸中枢部は首都圏避難のシナリオをも検討の視野に入れて、そのための内閣総理大臣談話の草案まで用意したのである。*[25] その草案では、原子力発電行政を所管する経済産業省や事故を起こした福島第一原子力発電所を所有する東京電力に対する責任追及が約束されていた。

一方、同じ時間、すなわち二〇一一年三月一一日以降、たとえば経済産業省原子力安全・保安院（以下保安院と略す）や経済産業省本省などでは、《危機の捉え方①》に立ち対応をとっているとは考えられない別の危機認識にもとづくと思われる動きが見られた。たとえば、起きている事態の深刻さの保安院による評価の問題（事態の深刻さを過小に評価してそれを発表したという問題）である。三月一二日〇時三〇分、保安院は、福島第一原発の事故について、事故やトラブルの深刻さを示す国際原子力事象評価尺度（ＩＮＥＳ）でレベル3と暫定評価した。レベル3は、事故ではなく、それに至らない「事象」のレベルに属する。三月一一日一五時四二分に福島第一原発では全交流電源が失われていた。原子炉の冷却が非常に困難になっていたのである。同日一九時三分には、原子力災害対策特別措置法にもとづき「原子力緊急事態宣言」が発令され、原子力災害対策本部（原子力緊急事態への対応を担う。本部長菅直人内閣総理大臣、事務局長寺坂信昭経済産業省原子力安全・保安院長）、および原子力災害現地対策本部が設置された。そして、二一時一五分には東京電力から保安院に福島第一原発二号機についての第二報が届き、二号機の炉心損傷開始予想時刻は二二時二〇分ごろと知らされた。この報告にもとづいて、二二時、保安院自身、福島第一原発二号機について、《炉心露出は二二時五〇分、燃料被覆管破損は二三時五〇分、燃料溶融は二四時五〇分、原子炉格納容器設計最高圧到達（五二七・六ｋPa）は二七時二〇分、その場合原子炉格納容器ベントが必要になる》*[26]と予測していた。にもかかわらず、一二日〇時三〇分、同院は、これは事故ではなく、それに至らない「事象」であるとの評価を下したのである。保安院は、当初、公式には「事故」と捉えていなかった。保安院がＩＮＥＳで「事故」のレベルにあたるレベル4（「施設外への大きなリスクをともなわない事故」）の評価をしたのは三月一二日夜、一号機の水素爆発が起こったあとである。さらに、同院が米国スリーマイル島原発事故に相当するレベル5と評価を訂正したのは三月一八日、チェルノブイリ原発事故と同じレベル7に引き上げたのは四月一二日のことであった。また、保安院は、炉心溶融をめぐりいったんそれに言及しておきながら（上に述べたように保安院は一一日深夜の時点で福島第一原発二号機の炉心溶融を予測していた）、記者会見において徐々にそれについての認識と表現を後退させた。すなわち、三月一二日一四時一五分の記者会見で、原子力安全・保安院審議官（広報担当）の中村幸一郎は、「福島第一原発一号機で炉心溶融でしか考えられないことが起きている」と語り、政府機関として初めて炉心溶融が起きている可能性に言及した。しかし、以後、事態は深刻化していたにもかかわらず、保安院の記者会見では、「炉心溶融」についての踏み込んだ表現が次第に後退していった。三月一二日二一時の記者会見。会見者、原子力安全・保安院主席統括安全審査官野口哲男。「どの程度起きているのか現時点で承知していない」。三月一三日五時の記者会見。会見者、経済産業省原子力安全・保安院審議官（原子力安全担当、核燃料サイクル担当）根井寿規。「燃料破損の可能性は否定できない」（炉心溶融という言葉は回避されている）。三月一四日九時二五分からの記者会見。会見者、経済産業省大臣官房審議官（通商政策局担当）西山英彦。「一号機は安定、三号機は炉心溶融の段階にはなく、被覆材の損傷というのが適切な表現だ」。この過程で広報担当者も原子力安全問題を専門とする者から遠ざかる方向で短期に替わり、結局原子力を全く専門にしない西山が公衆への説明を担当することで落ち着いた。

SPEEDI（緊急時迅速放射能影響予測システム）の問題も同様である。SPEEDIは今回の事故に当たってその当初からほぼ正確な予測を出し続けていたが、その情報は住民避難のためには使われなかった。SPEEDI情報は、SPEEDIを所管する文部科学省からも、文部科学省からデータを受け取って独自に分析していた保安院からも、官邸中枢には伝達されなかったからである。菅総理や枝野幸男官房長官らは、SPEEDI情報が一番必要だった初動時に、SPEEDIの存在すら知らなかった。一方、SPEEDI情報は官邸には知らされなかったが、在日米軍には送られていた。SPEEDIデータは官僚と米軍だけが知っていたのである。《危機の捉え方①》に立って対応をとっていたとは考えられない別の危機認識にもとづくと思われる動きは、事故発生後のとくに各省庁の動きを注意深く見るならば、枚挙に暇がない。[*27] では、別の危機認識とは何か。木村英昭の本などを読むと関係者は一様に口を閉ざして何も語らないが、一連の動きから推察するならば、それは国策として進められてきた原子力政策の破綻が現実化するかもしれない、原子力政策の推進をめぐって形作られてきた官産政学の利益共同体が維持できなくなるかもしれないというものではなかっただろうか《危機の捉え方②》。このような立場からは、多量の放射性物質が放出されて広範囲に飛散し、多くの人の健康と生活を破壊するおそれが差し迫っていることへの対処（健康／生活被害発生の回避と対処）よりも、別のもの、従来の原子力政策とそれをめぐる利益共同体の可及的維持こそが優先的な課題となる。

つまり、「東京電力福島第一原発一～四号機が地震によって損傷し、津波により非常用電源が喪失し冷却機能が失われ、核燃料のメルトダウン（溶融）と水素爆発をつぎつぎひき起こし、多量の放射性物質が放出され、広範囲に飛散する」という事態を見て、そこにどんな内容の危機を読みとるかは必ずしも自明ではないということである。法に管理すべき危機とは「国民の生命、身体又は財産に重大な被害が生じ、又は生じるおそれがある緊急の事態への対処及び当該事態の発生」であると書かれていても、異常《アンユージュアル》な自然現象が発生し、被害が生じ、または生じるおそれが出たときに、政府部内が法の文言どおりの危機認識で揃うわけではない。このことをフクシマ原発震災発生後の政府部内の動きは教えている。発生した事態により何が危険にさらされつつあると捉えるか――それには表明されたもの、暗黙のもの、双方を含めて幾通りかの捉え方があり、その捉え方にもとづいてとられる行動（危機管理の方策）の向きや効果が正反対となる場合もありうるのである。そしてこのこと、すなわち災害発生という事態を受けて立ち上がる（政府部内の）危機認識は一様であり得ず、立ち上がったいくつかの危機認識には対立が孕まれる（可能性がある）ということをよく示していたのが明治初年の経験である。以下、次節において、これについて述べる。

＊12　この発想は一九六三年の防災基本計画のなかに見られる。災害対策基本法にもとづき策定された防災基本計画には、「災害を防除するには、災害発生原因の制御と耐災環境の整備の二方法があり」とか、「災害発生原因の制御を含む防災に必要な科学技術の研究計画」という文言が出てくる。この、災害防除のための二方法のうちの一とされる、「災害発生原因の制御」とは、「耐災環境の整備」と分けて並べて記されていることからもわかるように、社会的対応による災害素因の防除（異常《アンユージュアル》な自然現象を受ける社会の側にある、被害を生じさせる要因の、防除）ではなく、科学技術の応用により災害をもたらす自然現象それ自体を制御することを指している。すなわち、「異常《アンユージュアル》な自然現象それ自体を人為によって管理しようとする」発想である。

＊13　内閣法第一五条第二項は、危機管理を、「国民の生命、身体又は財産に重大な被害が生じ、又は生じるおそれがある緊急の事態への対処及び当該事態の発生の防止をいう」としている。異常《アンユージュアル》な自然現象に起因する「国民の生命、身体又は財産に重大な被害が生じ、又は生じるおそれがある緊急の事態への対処」を言ったのが上の第二の局面についての論である。異常《アンユージュアル》な自然現象について「当該［緊急の］事態の発生の防止」を言ったのが上の第一の局面についての論である。

＊14　福田信之『原爆・水爆とビキニ死の灰まで——図解原子物理学——』（ラジオ科学社、一九五四年八月）、一八二－一八三頁。福田は理論物理学者で当時東京教育大学助教授。「台風の事前処理」については、伊勢湾台風災害直後の国会でも、衆議院予算委員会において、自民党の田中伊三次議員と中曽根康弘科学技術庁長官との間で次のようなやりとりがあった（『第三三回国会衆議院予算委員会議録 第二号（一九五九年一一月四日）』、一－二頁）。すなわち、田中が「第一に私がお尋ねをしたいのは、わが国の科学技術を動員して、台風をはるか洋上において撃滅をするか、（笑声）それはできないにいたしましても、分散をさすことができないか［ということである］」と質問したのに対し、中曽根科学技術庁長官は「台風の事前処理につきましては、外国の研究及びわが国における気象庁の係の博士の方々にいろいろ聞いてみましたが、必ずしも夢物語りではないようであります。（中略）台風が発生するのは大体マリアナ群島ということにきまっているらしいのですが、その辺の卵のうちにその下へ油をまいたらどうだ、それによって水蒸気が上がるエネルギーを防いだらどうだという構想もございます。しかしこれらはま

だ実験したことはございませんので、そういう幾つかの確実と思われるアイデアを実施いたしまして、確実な方法を発見していくということが重大であろうと思うし、また可能性もあると私は思います」と前向きに答弁したのである。人為による台風の発生や針路の管理というこの問題は、当時、上のやり取り以外にも国会での質疑で幾度も取り上げられた。それだけでなく雑誌や新聞の紙上でもよく話題にされた。そして、これは、災害対策基本法のなかにも書き込まれた。すなわち、災害対策基本法第八条（施策における防災上の配慮等）第二項（「国及び地方公共団体は、災害の発生を予防し、又は災害の拡大を防止するため、特に次の各号に掲げる事項の実施に努めなければならない」）の第七号に、「台風に対する人為的調節」についての国際的協力が挙げられているのである。一九六〇年前後、人為による台風の発生や進路の管理は、空想的な物語としてではなく、実現すべき政策として語られていた（災害対策基本法の「台風に対する人為的調節」についての国際的協力の規定は削除されることなく現在もそのまま残されているから、日本政府は依然として異常《アンユージュアル》な自然現象それ自体を人為によって管理しようとする姿勢をもち続けているということになる）。

＊
15

実際に一九六二年六月、東京都水道局と科学技術庁は運輸省や防衛庁を巻き込んで、小河内ダム上流で人工降雨実験を行なう計画を立てた。そのとき、実験に協力を要請された科学者は、こう言った。「ドライアイスを飛行機からまいても効果はない。」「ドライアイスをまく実験は外国でも十年前にすでにやめた方法だ。」「実際に効果をねらうなら飛行機を百機くらい飛ばさなくてはダメだ。」つまり、「水キキンの弁解に実験が利用されるのはゴメンだ」と言ったのである（『朝日新聞』一九六二年六月五日付、同日付夕刊）。彼らは、計画されている実験が水不足をもたらした失政から国民の目をそらすためのアリバイ的なものであることを見抜いて、それに抗議したのであった。当時気象庁気象研究所応用気象研究部長だった伊藤彊自はこの問題について新聞に投稿して見解を述べた（伊藤彊自「人工雨では解消できない　水キキン対策――間に合わせでなく」、『朝日新聞』、一九六二年六月五日付夕刊）。「東京都と科学技術庁では多くの学者たちの批判にかかわらずなるべく早い時期に、小河内上流の丹波川流域上空で人工雨の実験を行なう予定だという。」「しかし、人工雨の飛行機実験を実施すれば、水キキンは解消する、という考えから出発しているとすれば問題である。あるいは、水キキンを解消するような印象を与えるのがねらいならば、ぜひ考えなおしてもらいたいものがある。」「現在のところ、青空から雨を降らせるすべはない。」「いま、にわかに東京都の水道事情が重症だからといって、人工雨の霊験を期待しようとしても、雲がなければ雨は降らない。」「昭和三五、六年は異常な渇水といっているが、年一、四一七ミリ降り、［一、二二九ミリの］設計基準を上回っている。それを水キキンにしたものは、一日の使用量が一四五万トンとふくれ上がっているところにある［小河内ダムは、三七年前、一日の使用量九〇万トンの想定で設計された］。」だから、「水キキンの責任を設計者に持ちこんだり、天災ときめつけてしまうのは、まさにおかど違いである。」伊藤は、人工降雨実験が失政から国民の目をそらすためにおこなわれるものであること、それは水問題に関して失敗を重ねてきた政治家と官僚たちの放つ目くらましであること、このことを穏やかな言葉で指摘したのである。そして伊藤は、こうも言った。「水の行政がどうあろうとも、自然の水そのものは正直である。小河内の水を計画以上に使えば、残りはへるし、そのあとの水を補給しなければ底も見えてくる。水の正直をごまかすわけにはいかない。」

＊16　伊勢湾台風災害直後に災害法制の総括を行なった当時の内閣法制局長官林修三は、その論文に、「これらのいろいろの法律の規定を通観してみると、現行法制の下でも、実は災害時の臨機、応急の措置に関する規定は、相当程度そろっていることがわかる」、「特に、災害が起ったあとの救助措置については、災害救助法が一応体系的な規定を設けており、これと、自衛隊法の自衛隊の災害派遣に関する規定、さらに非常災害から治安の問題にまで発展した場合における警察法の緊急事態に関する規定などをあわせれば、警察官職務執行法、水防法、消防法、電波法、土地収用法などに散在する関係規定と相まって、災害に対する応急の措置としては、一応のことができることになっている」と書いた（第一章において既述）（林修三「災害立法整備の問題点」、四頁）。災害応急対応の局面での集権的な災害対応機構の確立の必要性を説く彼の立場からしても、権限の幅としては当時すでに法制上十分なものがあったのであり、憲法を改正して緊急事態条項を設けねばならない必然性は存在しなかった。

＊17　事故の概要についてはここでは述べない。これについては、とりあえず、『国会事故調 東京電力福島原子力発電所事故調査委員会 報告書【本編】』（国会、二〇一二年六月）、二四－二五頁を参照せよ。事故の展開については、田中三彦「原発で何が起きたのか」（所収、石橋克彦（編）『原発を終わらせる』、岩波書店、二〇一一年七月）、東京新聞原発事故取材班『レベル7――福島原発事故、隠された真実――』（幻冬舎、二〇一二年三月）、朝日新聞特別報道部『プロメテウスの罠――明かされなかった福島原発事故の真実――』（学研パブリッシング、二〇一二年三月）、木村英昭『検証 福島原発事故 官邸の一〇〇時間』（岩波書店、二〇一二年八月）が必須である。事故の展開と各当事者の対応に関する本項中の叙述は基本的に以上に拠っている（特別の場合を除き頁数の注記は省いた）。

＊18　「原発震災」というのは、地震学者石橋克彦が、阪神・淡路大震災後に、日本において発生する危険性の高い地震災害の特徴を論じるとき、「広域複合大震災」という用語とともに用いている言葉である。参照、石橋克彦「原発震災──破滅を避けるために──」（『科学』、第六七巻、第一〇号、一九九七年一〇月）、石橋克彦・村田光平「《対談》迫り来る原発震災の恐怖」（『世界』、第七四一号、二〇〇五年七月）。石橋がいう「原発震災」とは、「地震によって原発の大事故と大量の放射能放出が生じて、通常の震災と放射能災害が複合・増幅し合う破局的災害」の意味である（石橋克彦「まさに『原発震災』だ──『根拠なき自己過信』の果てに──」、『世界』、第八一七号、二〇一一年五月、一二八頁）。また、「広域複合大震災」とは、「激しい揺れ、巨大津波、土砂崩れ、住宅・コンビナート火災、長周期強震動などによる大被害が非常に広い範囲で同時多発する」震災のことである（石橋克彦「首都圏直下地震、東海・東南海・南海巨大地震の促進も否定できない」、『中央公論』、第一二六年、第五号、二〇一一年五月、一〇二頁）。

＊19　フクシマ原発震災については、科学史家山本義隆が次のような簡にして要を得た記述を行なっている。本文における引用と一部重複するが、以下にその部分を引く。「東京電力福島第一原発一～四号機が地震によって損傷し、津波により非常用電源が喪失し冷却機能が失われ、核燃料のメルトダウン（溶融）と水素爆発をつぎつぎひき起こし、多量の放射性物質が放出され、広範囲に飛散するという大事故が発生した。それにともなって十万に近い数の人たちが、ほとんど着の身着のままの状態で生まれ育った故郷と住み慣れた家を後にし、生活の基盤を奪われ、いつ帰れるとの展望もなく長期にわたる避難生活──難民化──を余儀なくされ、さらに多くの人たちが被曝の恐怖のうちに生活している。子供たちに将来放射線障害が現れるのではないかという危惧はこの先何年も払拭されることはない。何世代にもわたって大切に受けつがれ営々として維持されていた田畑は汚染され、放置されている。事故現場では、多くの作業員が劣悪な条件下で、ときには命がけにも近い状態で、懸命に努力しているが、いまなお終息の展望が見えない。」（山本義隆『福島の原発事故をめぐって──いくつか学び考えたこと──』、みすず書房、二〇一一年八月、二－三頁。）

＊20　本項中の時間表示は二四時間制で表示してある。

＊21　木村英昭『検証 福島原発事故 官邸の一〇〇時間』、二四五－二四六頁。

＊22　四号機の使用済み核燃料プールで水素爆発が起きたのは六時一二分である。

＊23 「プロメテウスの罠 医師、前線へ 七／涙流し抱きつかれる」（『朝日新聞』、二〇一三年一〇月二五日付）。このとき「緊急被ばく医療調整本部」に詰めていた広島大学教授の細井義夫は、「最低でもチェルノブイリ級だ。南東北はだめになるかも」と考えたことをのちに明かしている（同上）。

＊24 菅の危機認識については、菅直人『東電福島原発事故 総理大臣として考えたこと』（幻冬舎、二〇一二年一〇月）、一三－四二頁も参照のこと。

＊25 『中日新聞』、二〇一六年二月二〇日付。

＊26 ベントとは、「格納容器圧力の異常上昇を防止し、格納容器を保護するため、放射性物質を含む格納容器内の気体（ほとんどが窒素）を一部外部環境に放出し、圧力を降下させる措置をいう」（『国会事故調報告書』、五九三頁）。

＊27 この点で注意を引かれるのは、早くも、事故発生直後の二〇一一年四月に、経済産業省資源エネルギー庁の幹部たちによって「原発維持のシナリオ」が作成されていたこと、そしてそのシナリオの根幹部分に大津波原因説が置かれていたことである（「プロメテウスの罠 原発維持せよ一／シナリオを書いた男」、『朝日新聞』、二〇一三年四月一三日付、「プロメテウスの罠 原発維持せよ二／「対外秘」のペーパー」、『朝日新聞』、二〇一三年四月一四日付、「プロメテウスの罠 原発維持せよ三／ムードで止めるな」、『朝日新聞』、二〇一三年四月一六日付）。経済産業省幹部らによって唱えられた、この大津波原因説は、事故原因の検証を経て打ち出されたものではない。シナリオは、事故原因の検証がなされるどころか、事故がまだ展開中で収拾の目途もおぼつかない段階で書かれたものだった。

事故の開始時点をどこにとるか。この点でふたつの見解がある。ひとつは東電、経済産業省などの立場で、大津波により非常用ディーゼル発電機が機能を失い、すべての交流電源が失われた（SBO）――ここから事故が始まったとする説である。もうひとつは、津波によりSBOが生じる前に、地震の揺れによって配管の破断が生じ、冷却材の喪失が生じていたのではないかとする説である。こちらは、田中三彦ら国会事故調の立場である（そのほかに元東芝の原子炉格納容器設計技術者で、東京電力福島第一原発三号機、五号機などの設計に携わった、沼津工業高等専門学校特任教授の渡辺敦雄も配管破断を指摘している。この点、田中三彦「原発で何が起きたのか」、一一八－一二九頁、参照）。事故をもたらしたものを、大津波だけにとるか、地震による大きな揺れも加えるか。これは、これから日本において原発をどうするかという議論の根幹部分にかかわる。前者の立場に立てば、耐震性は実証されたのだからあとは津波対策を取ればよい、という主張に繋がっていくし、後者の立場に立てば、津波対策はもちろんのこと、まず何よりも地震動について根本的に対策を見直すべきであるということになる（耐震脆弱性の存在を認めるかどうかということが論点である）。これは、原発の再稼働の是非、原発の存続の是非にかかわる重要なポイントである。経済産業省幹部の手になる「原発維持のシナリオ」が大津波原因説に立って書かれていたことにはこうした意味がある。

事故の開始の時点をどこに求めるかという大事な問題の考察に当たり、東電や政府（経済産業省）の立場にはある疑念がぬぐい切れない。それはどういうものかというと、彼らの見解は、事実に即して事態の推移（事故の展開）を理解するというのではなく、まずシナリオが書かれて、それに沿うかたちで事実が都合よく取捨選択されているのではないか、事態の進行が前もって作成されたシナリオにもとづいて説明されているのではないか、という疑念である。上に書いたように、早くも事故発生直後の二〇一一年四月に、経済産業省資源エネルギー庁の幹部たちによって「原発維持のシナリオ」が作成されていたこともそうであるし、また、地震による主要機器損傷仮説に基づく国会事故調の現地調査を東京電力が虚偽説明を駆使してまで妨害したこと（「東電、国会事故調に虚偽／福島第一入り阻む」、『朝日新聞』、二〇一三年二月七日付、「東電、危険強調一時間／『真っ暗』『道に迷えば高線量地域』／国会事故調に虚偽説明」、『朝日新聞』、二〇一三年二月七日付）を考え合わせると、なおさらのこと、この疑念を捨て去ることはできない。

(四) 明治初年の危機

第二節で述べたように、明治元年には各地で大きな水害が発生し、明治二年には長雨と冷夏のため広い範囲で深刻な農業災害が起こった。この連年の災害の発生は、クーデターにより立ち上がったばかりの維新政権には重大な危機と受けとめられた。しかし、政府内部において危機の捉え方は一様ではなく、そこには大づかみに言って二とおりの捉え方があった。[*28]

ひとつは中央では大久保利通や広沢真臣、そして地方官たちの立場で、餓死が危惧されるほどの農民の深刻な困窮と、困窮に陥った農民たちが一揆を結んで蜂起する恐れとを危機の内容とするものである。もうひとつは中央政府内の大蔵省に拠る大隈重信や伊藤博文らの立場で、連年の災害が租税収入を減少させ、政府財政が立ちいかなくなる恐れを危機の第一義と捉えるものである。危機への対応（危機を管理するための方策）として、前者からは租税の減免と賑恤の実施が主張され、後者からは租税徴収の厳格化と救済の抑制が述べ立てられた。もちろん罹災農民からみれば事態は生存と生活存続の危機であったから、後者の政策は彼らにとっての危機の深刻化を意味し、各地で農民騒擾が頻発した。こうした農民騒擾の拡大は前者の立場をとる者たちからは危機の深刻化と捉えられたが、後者からはそれは軍事力で鎮圧すればよく、なによりも貢租増徴とそれの中央廻漕が急がれた。明治元年から明治三、四年にかけての時期の政府内部の対立は、こうした災害が引き起こした危機についての認識の異なりに由来していた。[*29]

災害発生という事態を受けて立ち上がる（政府内部での）危機認識は必ずしも一様ではあり得ず、立ち上がったいくつかの危機認識には対立が孕まれる（可能性がある）——これを明治初年の経験は我々に教えている。[*30] 災害がもたらす危機（緊急事態）に政府の総力を挙げて対処するというが、危機（緊急事態）が政府内部でどういうものとして捉えられているのか（とくに二〇一一年三月一一日発生の福島第一原発事故に即して言うとそれが何に対する危機なのか）が自明でない以上、危機管理といったあいまいな言葉を使うのはよくなく、ことがらをより明瞭に表現した災害応急対応と呼び、その限りで行動すべきなのである。

*28 「水火災ノ節窮民救助ノ措置ヲ定ム」（明治二己巳年一二月八日、第一一三〇）（七〇－三）、「畑方貢米引方ハ稟候処置セシ

ム」（明治三庚午年正月二八日、第六二）（七〇－五）、「民部大蔵両省管轄ノ寮司諸掛及事務条件ヲ区別ス」（明治三庚午年八月九日、第五二〇）（七〇－二三）などの諸項を参照せよ。

＊29　双方ともに維新政権の維持存続を大前提にしていたことは言うまでもない。そのうえで維新政権が直面している危機の中身をどう捉えるか（危機認識）という点で異なりがあったということである。

＊30　明治前期の災害対策法令の研究は、我々が今日の災害対策問題を考察する上で用いるべき数々の補助線を提供してくれる、ということである。

四、本書の方法と構成

（一）本書の方法と構成

本書は、一八六八年から一八七〇年までの三年間について、『法令全書』から災害対策法令をすべて抜き出し、発布順に配列して注解を付したものである。筆者はこの形式の資料を一八八五年まで編むことを企図しており、本書はその第一巻に当たる。

本書の構成であるが、まず該期の災害対策法令の目録を掲げ、法令ひとつひとつに一ないしは複数のラベルを貼る（**災害対策法令一覧表**（**発布順**）、既掲）。続いて、年次ごと発布順に法令の全文（もしくは抜粋）を載せ、注解を付す（**注解**）。これが本書の基本的な仕様である。[*1]

＊1　ラベルをたどることでその分野の法令の流れが、網羅的に収集することでその年、その時期の災害対策法令の全体（とその傾向）がわかるような仕様となっている。

(二) ラベル

ラベルはその法令がどのような性格（種類）のものであるかを示す。ラベルは全部で一〇ある。[*2] ①災害予防に関係する法令（【災害予防】）[*3]、②災害応急対応または罹災者救援への備えに関係する法令（【災害応急対応への備え】【罹災者救援への備え】もしくは【災害応急対応および罹災者救援への備え】）、③災害直前予防（主に水防）に関係する法令（【直前予防（水防）】）、④発災後の応急対応／応急救助に関係する法令（【応急対応】）、⑤罹災者の救援に関係する法令（【罹災者救援】）、⑥災害復旧に関係する法令（【災害復旧】）。ここまでは災害対応過程における論理的順序に従った活動の区分を示す。これらに対して、次のふたつは異なる類型に属する。そのひとつは、⑦災害対策の実施に大きな影響をもつ法令（【その他①】）である。具体的な例で示すと、「軍資以下費用莫大ニ付土木其他諸事ヲ省略セシム」（明治元戊辰年五月一七日、第三九五）（六八－六）が挙げられる。これは軍資に費用が掛かるため土木事業を抑制するという内容の達である。これ自体には直接災害対策への言及はない。けれども、その規定が土木事業の抑制を求めていることから間接的に災害対策の実施（たとえば堤防修繕）に大きな影響をもつものになっている。このようなものを⑦に分類した。もうひとつは、⑧災害による社会的混乱の防止を目的とする法令（【その他②】）である。これは災害（異常《アンユージュアル》な自然現象に因る被害）そのものではなく、災害を受けての社会の動揺を対象とする法令群である。この点が①から⑥までと異なり、また①から⑥を組織や行政手続きの面で支える⑨⑩（後述）、さらに①から⑥の実施に影響を及ぼすというかたちで①から⑥に関係する⑦とも区別される、類型⑧に独特な点である。これは一九六二年七月一〇日施行の災害対策基本法（昭和三六年法律第二二三号）の第八章 災害緊急事態、とくにそのなかの緊急措置（第一〇九条）に連なる法令の類型である。九番目は⑨災害対策を所掌する組織に関する法令ての法令（【経費事務】）である。[*5]

（【組織職掌】）[*4]、一〇番目は⑩災害対策に関係する経費の調達、負担区分や租税事務・会計事務の処理手続きについ

＊2　xiv頁からの**災害対策法令一覧表**の各項目の【】内がラベルである。

＊3　本書では堤防の建設・補修に関係する規定を含むものにはすべて「災害予防」のラベルを貼った。しかし、実質的な意味を考えると、堤防の建設や補修を無条件に災害予防効果をもつものと考えてよいかどうかは議論の存するところである。これは、戦後一九五〇年代に資源調査会に拠って建設省の築堤政策に異を唱えた小出博や高橋裕らの論を読めば明らかである（この点前述。小出らの見解については、とりあえず次のものを参照せよ。小出博（編）『日本の水害——天災か人災か——』、同「水害問題の核心——水害をめぐる科学と政治（4）——」、高橋裕『国土の変貌と水害』、岩波書店、一九七一年七月）。彼らは戦後の大河川の破堤と大水害の発生を明治後期に始まる築堤（高水工事）に起因するとした。しかしながら本書への法令の収載に当たっては、堤防の建設・補修に関係する法令はすべて災害予防の効果をねらって（災害の予防を意図して）制定されたものと捉え、「災害予防」のラベルを貼った（つまり、この場合、収載に当たっては法令に込められた意図で判断し、実際の効果は問題にしなかったということである）。

＊4　災害対策の実務を担う府県の組織に関する法令にも【組織職掌】のラベルを貼った。

＊5　災害対策関係経費の帳簿等への記載方（あるいは会計処理の仕法）を指示した法令には、まず【経費事務】のラベルを貼ったが、その帳簿（あるいは歳入歳出差引総計表）等から当該時期の府（藩）県の災害対策の活動（災害予防や罹災者救援など）の態様が窺い知れるものに関しては、それに加えて適宜【災害予防】、【罹災者救援】等災害対策の活動項目を表わすラベルも貼った。すなわち、それ自体は実体的な災害対策の活動を命じる法令ではない場合でも、その法令で作成が指示されている帳簿などから当該時期の府（藩）県の災害対策の活動の実態が確認／一覧できるような場合には、そこで確認／一覧できる活動態様のラベルもあわせて貼ってあるということである。「御取箇帳様式ヲ定ム」（明治二己巳年一一月一七日、第一〇六一）（六九－三八）、「勘定帳記載方ヲ定ム」（明治三庚午年三月七日、第一七九）（七〇－一〇）などがその例である。

(三) 収載法令に関する他の分類法と収載件数

収載する法令をラベルとは別の角度から、すなわち、災害対策それ自体を目的に発された法令と、他の目的で発された法令でそのなかに災害対策に関係する規定を含むもののふたつに分けることもできる。前者はたとえば「堤防等目下難閣廉々措置ヲ定ム」(明治三庚午年正月、第六九)(七〇－六)のような法令で、「地租改正条例」(明治六年七月二八日、太政官第二七二号)などは後者に属する。本書では収載を前者に限ることなく、後者に当たるものも広く収めている。

また、災害対策に関係した規定の不在に意味を認めて収載する場合もある。「行政警察規則ヲ定メ捕亡吏取締組番人等ノ称ヲ廃シ邏卒ト改称」(明治八年三月七日、太政官第二九号達)はこの例である。該行政警察規則の場合は、戦後に制定された警察官職務執行法(昭和二三年法律第一三六号)第四条(避難等の措置)との対比で、災害が発生しまたは発生するおそれがある場合の応急の措置の定めがないことに注目した。

収載の件数を記すと、一八六八年は三四件である。これは『法令全書(自慶応三年一〇月至明治元年一二月)』収録の一八六八年分の法令の全項目一、〇一一件の三・四%に当たる。一八六九年は四七件(三・六%)、一八七〇年は三〇件(三・〇%)である。

(四) 本資料のねらいと見通し

筆者はこの作業をさしあたり一八八五(明治一八)年まで仕上げようとするものであるが、可能ならばさらに一八九七(明治三〇)年(砂防法、森林法が制定され、前年制定の河川法とあわせていわゆる治水三法が出揃った年)まで作業を延伸し、明治中期までの災害対策法令の網羅的な記述を目指したいと考えている。そうすることによって明治前期から中期にかけての災害対策法令の構造と特徴の分析のための基礎的な資料を提出する、これが筆者のねらいである。

また、筆者は、本資料を完結させたのち、収載したすべての項目をラベルごとに立てたコラムに配列して、一枚の年表を作成したいと考えている。この表を作成できれば、明治中期までの全災害対策法令が分野ごとに分けて表示され、法令の(分野別のまたは時期的な)疎密、法令の展開、さらには法令間の位置関係などが一望できることになるだろう。本資料はその表の実体部分を構成する。

最後に、本資料の意義と限界についてあらかじめ述べておく。本資料は、『法令全書』を用いて災害対策に関する政府の行為のある側面を網羅的に記述しようとするものである。そのある側面とは、災害対策に関して政府が何を為そうとしたかという側面である。本資料は明治前期の政府が、災害対策に関して何を為そうとしたか(あるいは何は為そうとしなかったか)を明らかにするための基礎資料を提供しようとするものである。この意味で、災害対策に関する政府の行為の分析に対して本資料が貢献するところは、部分的、限定的なものである。本資料は、政府がなぜその行為を為そうとしたのか、どのような議論を経てそれが決定されたのか、いったいそれはどこまで実施されたのか、そしてその効果はどんなだったか、これらについては、注釈が加えられているとはいえ、十分には語らないからである。だから、筆者は、本資料の提示をもって明治前期の災害対策に関する政府の活動を解明しきれるとは考えていない。それでも、本資料はこれを明らかにするために欠くことのできない基礎の一部を提供するだろう。

筆者は以上のような意図と望みをもって本資料の編集を始めた。出来上がったものがどこまで有用な作品であるかまったく自信はないが、読者、利用者諸氏の忌憚のないご意見、ご批判をいただければ幸いである。

注解

【一八六八年】（慶応三年一二月七日から明治元年一一月一八日まで）

一、「三職分課職制ヲ定ム」（明治元戊辰年正月一七日、第三六）

第三十六　正月十七日

第七十二ニ依リ消滅[*1]

三職分課

総裁　宮

万機ヲ総裁シ一切ノ事務ヲ決ス

議定　宮　公卿　諸侯

事務各課ヲ分督シ議事ヲ定決ス

神祇事務総督職制欠ク第卌七職員参看

内国事務総督

京畿庶務及諸国水陸運輸駅路関市都城港口鎮台市尹ノ事ヲ督ス

外国事務総督

外国交際条約貿易拓地育民ノ事ヲ督ス

海陸軍務総督

海軍陸軍練兵守衛緩急軍務ノ事ヲ督ス

会計事務総督

戸口賦役金穀用度貢献営繕秩禄倉庫ノ事ヲ督ス

刑法事務総督
監察弾糺捕亡断獄諸刑律ノ事ヲ督ス
制度寮総督
官職制度名分儀制撰叙考課諸規則ノ事ヲ督ス
参与
事務ヲ参議シ各課ヲ分務ス
内国事務掛
外国事務掛
海陸軍務掛
会計事務掛
刑法事務掛
制度寮掛
徴士　無定員
諸藩士及ヒ都鄙有才ノ者撰挙抜擢参与職ニ任ス下ノ議事所ニ在リ則議事官タリ又分課ニ因テ其課ノ掛トナル者其事ヲ専務ス
撰挙ノ法公議ヲ執リ抜擢セラル則徴士ト命ス在職四年ニシテ退ク広ク賢才ニ譲ルヲ要トス若其人当器尚退クヘカラサル者ハ又四年ヲ延ヘ在職八年トス衆議ニ執ルヘシ
貢士　大藩　三員　中藩　二員　小藩　一員
諸藩士其主ノ撰ニ任セ下ノ議事所ヘ差出者ヲ貢士トス則議事ニ与リ輿論公議ヲ執ルヲ旨トス貢士定員有テ年限

ナシ其主ノ進退スル所ニ任ス又其人ノ才能ニ因テ徴士ニ撰挙スヘシ

諸侯議定職徴士参与職共ニ改テ今年正月ヲ以テ受命ノ月トナシ以後年限ノ見付且月給ノ次第之ヲ以テ定ムヘシ下参与徴士ノ命ヲ受ケサル者ハ改テ貢士トナスヘシ且新ニ大中小藩ノ定員ヲ以テ貢士ヲ置クヘシ

大藩　四十万石以上

中藩　十万石以上三十九万石ニ至ル

小藩　一万石以上九万石ニ至ル

【注解一】　三職七科の制

【注解二】　「三職分課職員ヲ定ム」

【注解三】　会計事務掛による公共土木事務の管轄

【注解四】　政府中央における災害対策事務の所管官庁の変遷（三職七科から内務・大蔵両省の並立に至るまで）

【注解五】　土木費の国庫支出額、および歳出全体のなかでの土木費の割合

【注解六】　三職八局の制

【注解一】　慶応三年一二月九日（一八六八年一月三日）の王政復古のクーデター後、新政権は政府組織の設立と人材の登用を急いだ。クーデター直後に出された「徳川内府大政返上将軍辞職ノ請ヲ允シ摂関幕府ヲ廃シ仮ニ総裁議定参与ノ三職ヲ置ク（宮堂上ニ諭告）／内覧勅問御人数国事御用掛議奏伝奏守護職所司代ヲ廃ス／太政官以下漸次再興ス／摂籙門流ヲ止ム／言路ヲ開キ人材ヲ登庸ス／智謀遠識ノモノヲシテ救弊ノ策ヲ建議セシム／和宮御還京ヲ促ス」（慶応三丁卯年一二月九日、第一三）により、新政権は、摂政・関白、幕府などに代わる仮の機構として総裁・議定・参与の三職を置いたが、[*2]鳥羽・伏見の戦いの勝利を受けて発された本件は、行政機構の組織化を本格的に進

める内容のもので、三職の職掌を定め、*3そのもとに神祇事務、内国事務、外国事務、海陸軍務、会計事務、刑法事務、制度寮の行政七科を設けた（三職七科の制）。*4本件と同日に出された「三職分課職員ヲ定ム」（明治元戊辰年正月一七日、第三七）により、各事務科には総督（二名から四名、制度寮総督のみ一名）と掛（二名から六名）が置かれた。

【注解二】「三職分課職制ヲ定ム」と同日の布告「三職分課職員ヲ定ム」によって、三職分課の職員が任命された（慶応三年一二月九日任命の三職職員の改任）。総裁は有栖川宮熾仁親王で変わらず、副総裁は三条前中納言（三条実美、外国事務総督兼任）と岩倉具視（海陸軍務および会計事務総督兼務）であった。災害対策事務と関係していくことになる（**【注解四参照】**）内国事務総督、内国事務掛、会計事務総督、会計事務掛について見ると、内国事務総督は正親町三条実愛、徳大寺中納言（徳大寺実則）、松平慶永、山内豊信の四人、内国事務掛は辻将曹（辻維嶽、広島藩士）、大久保市蔵（大久保利通、鹿児島藩士）、田宮如雲（名古屋藩士）、広沢兵助（広沢真臣、山口藩士）、神山左多衛（神山郡廉、高知藩士）、中根雪江（福井藩士）の六人であった。また、会計事務総督は中御門経之、岩倉具視、浅野長勲、西四辻大夫（西四辻公業）の四人、会計事務掛には三岡八郎（由利公正、福井藩士、制度掛兼務）と小原仁兵衛（小原是水、大垣藩士）が任じられた。このうち会計事務総督の中御門経之は、明治元年一〇月に、治河使設置にともない治河掛となった。また、内国事務掛の広沢兵助（真臣）は明治二年四月の民部官の設置に中心的な役割を果たし、爾後も民部行政に深くかかわった。*5

【注解三】三職七科の制（明治元年正月一七日）のもとで河川工事を含む公共土木事務を所管したのは、会計事務総督の下の会計事務掛であった。*6会計事務総督の職掌は「戸口賦役金穀用度貢献営繕秩禄倉庫ノ事ヲ督ス」というものであったが、このうち「営繕」に河川事業が含まれた。半月後の明治元年二月三日に官制が改革され、三職八局の制となった。*7ここでは、「営繕」事務は、会計事務掛の後継機関である会計事務局が担当した。会計事務局の職掌規定は、「戸口賦税金穀用度貢献営繕秩禄倉庫及商法ノ事ヲ督ス」であった。*8

ところで、ここで少しばかり、「営繕」という言葉の用い方に注意しておきたい。のちに「営繕」と「土木」は区別されるが、明治元年当時は「営繕」は広く「土木」を含む言葉として用いられていた。たとえば、明治元年七月に出された京都府規則書中京都府職制には「営繕司」の名が見られるが、その職掌は「部内庁舎倉庫堤防橋梁道路ノ修繕及ヒ水利開墾総テ山野河海ノ事ヲ掌ル」であり、土木事務（「堤防橋梁道路ノ修繕」）を含んでいたのである。*9

【注解四】　明治前期、政府の災害対策は、公共土木工事（河川の改修、堤防の修築等）の実施、罹災者に対する一時的救助の実施、さらに被災農地の租税の減免や罹災者への金穀の貸し付けなどがその主なものであった。これらの活動を中央政府において所管したのは、基本的に、会計事務総督を出発点とし大蔵省に至る流れと、内国事務総督を出発点とした民部官－民部省－内務省のラインである。三職七科以降、内務・大蔵両省の並立に至るまでのこの二つの流れの変遷を、とくに公共土木事務の担当部局に注目しながら図で示すと、次のようになる。

一八六八・二・一〇（明治元年正月一七日）
三職七科の制　　内国事務総督　　会計事務総督
「三職分課職制ヲ定ム」（明治元戊辰年正月一七日、第三六）

一八六八・二・二五（明治元年二月三日）
三職八局の制　　内国事務局（民政掛）　　会計事務局
「三職八局職制幷ニ職員ヲ定ム」（明治元戊辰年二月三日、第七三）

【1868年】（慶応３年12月７日から明治元年11月18日まで）

一八六八・六・一一（明治元年閏四月二一日）

八官の制　　→　　会計官（営繕司）

「政体ヲ定ム」（明治元戊辰年閏四月二一日、第三三一）

一八六八・一二・一（明治元年一〇月一八日）

鎮将府の廃止にともない鎮将府会計局、会計官出張所となる（東国の治水事務が会計官の所管の下に置かれる）。[*10]

「会計局ヲ会計官出張所ト改定ス」（明治元戊辰年一〇月一八日、第八六一）

一八六九・五・一九（明治二年四月八日）

民部官創設　　民部官（土木司）　←　　会計官

「民部官ヲ置キ神祇官以下六官ニ定メ従来弁事ヘ差出ノ願伺等六官ニ進致セシム」（明治二己巳年四月八日、第三四六）

一八六九・八・一五（明治二年七月八日）

二官六省の制　　民部省（土木司）　　大蔵省

「従来ノ百官並受領ヲ廃シ位階ヲ称シ神職僧官ハ旧ニ仍ラシム」（明治二己巳年七月八日、第六二〇）

「職員令並官位相当表」（明治二己巳年七月八日、第六二二）

一八六九・九・三（明治二年七月二七日）

治河使[*11]（明治元年一〇月二八日設置）が廃止され同使が所管していた水利に関する事務が民部省土木司の管轄となる

（河川関係事務の民部省土木司への一本化）

「治河使ヲ廃シ土木司ヲシテ水利ヲ管轄セシム」（明治二己巳年七月二七日、第六八一）

一八六九・九・一六（明治二年八月一一日）

租税、監督、通商、鉱山四司の、大蔵省から民部省への転属

「租税監督通商鉱山ノ四司ヲ民部省ニ管セシム」（明治二己巳年八月一一日、第七二三）

「租税監督通商鉱山ノ四司ヲ民部省ニ属セシム」（明治二己巳年八月一一日、第七二四）

一八六九・九・一七（明治二年八月一二日）

民部省・大蔵省合併

「十二日、本省民部省ト併合ス。蓋シ両省管理ノ事務タル常ニ彼此ニ交渉ス、若シ衙門ヲ隔離スレハ則チ不便多シ、故ニ此ノ令アリ、而シテ十八日ニ至リ衙門ヲ併移ス。民部卿松平慶永大蔵卿ニ、民部大輔大隈八太郎大蔵大輔ニ、大蔵少輔伊藤俊介民部少輔ニ兼任ス。」*[12]

一八七〇・八・六（明治三年七月一〇日）

民部省・大蔵省分省　民部省（土木司）　大蔵省

「民部省大蔵省分省セシム」（明治三庚午年七月一〇日、第四五七）

一八七一・九・一一（明治四年七月二七日）

民部省廃止　↓　←

「民部省ヲ廃ス」（明治四辛未年七月二七日、太政官第三七五）

民部省中土木司は工部省へ

「旧民部省土木司ノ事務ヲ工部省ニ属ス」（明治四辛未年七月二八日、太政官第三八二）

土木司以外の民部省の事務は大蔵省へ移管

「土木司ヲ除クノ外民部省事務ヲ大蔵省ヘ引渡サシム」（明治四辛未年七月二七日、太政官第三七六）

一八七一・九・二八（明治四年八月一四日）

工部省土木司、工部省土木寮となる　←　←

「工部省中寮司ヲ置キ等級ヲ定ム」（明治四辛未年八月一四日、太政官第四〇七）

一八七一・一一・一一（明治四年九月二九日）

工部省土木寮中橋梁事務、大蔵省営繕寮へ移管　↓　←

「工部省土木寮橋梁事務ヲ大蔵省営繕寮ニ交割セシム」（明治四辛未年九月二九日、太政官第五〇三）

「工部省土木寮橋梁事務ヲ大蔵省営繕寮ニ取扱ハシム」（明治四辛未年九月二九日、太政官第五〇四）

一八七一・一一・二〇（明治四年一〇月八日）

工部省中土木寮の大蔵省への移管　↓　←

「大蔵省中営繕寮ヲ廃シ土木寮ニ併ス」（明治四辛未年一〇月八日、太政官第五二七）

「工部省中土木寮ヲ大蔵省ニ管セシム」（明治四辛未年一〇月八日、太政官第五二八）

一八七三・一一・一〇（明治六年一一月一〇日）

内務省設置　　　　内務省　　←

「内務省ヲ置ク」（明治六年一一月一〇日、太政官第三七五号）

一八七四・一・九（明治七年一月九日）

内務省中に土木寮を置く　　←　　↑　　←

「内務省中寮司ヲ置ク」（明治七年一月九日、太政官第一号布告）

大蔵省から戸籍・土木・駅逓の三寮と、大蔵省租税寮中地理と勧農の事務が内務省に移される

「大蔵省中戸籍、土木、駅逓ノ三寮及租税寮中地理、勧農ノ事務ヲ内務省ニ交割セシム」（明治七年一月九日、太政官達）

一八七七・一・一九（明治一〇年一月一九日）

内務省中土木局設置　　←　　←

「各省中諸寮ヲ廃シ局ヲ設ケシム／各省中大少丞以下ヲ廃シ書記官属官等給ヲ定ム／勅任官以上禄税ニ割ヲ徴ス」（明治一〇年一月一一日、太政官第三号達）

「内務省中局課廃置並改称」（明治一〇年一月一九日、内務省乙第二号達）　　←　　←

【注解五】 松浦茂樹と藤井三樹夫に拠り、慶応三（一八六七）年一二月に始まる第一期会計年度から明治一〇（一八七七）年度までの土木費の国庫支出額、および歳出全体のなかでの土木費の割合を示しておく。*13

第一期	（慶応三年一二月から明治元年一二月）	四八八、〇八〇円	（一・六〇％）
第二期	（明治二年一月から同年九月）	八七五、三一三円	（四・二一％）
第三期	（明治二年一〇月から三年九月）	四八一、七五九円	（二・四〇％）
第四期	（明治三年一〇月から四年九月）	四九〇、六〇四円	（二・五五％）
第五期	（明治四年一〇月から五年一二月二日）	一、一五一、九三六円	（二・〇〇％）
第六期	（明治六年一月から同年一二月）	一、三一二、二四五円	（二・〇九％）
第七期	（明治七年一月から同年一二月）	一、七一七、五八二円	（二・〇九％）
第八期	（明治八年一月から同年六月）	一、一〇五、六三五円	（一・六七％）
明治八年度	（明治八年七月から九年六月）	一、四三三、九二一円	（二・〇七％）
明治九年度	（明治九年七月から一〇年六月）	一、三九九、九九四円	（二・三六％）
明治一〇年度	（明治一〇年七月から一一年六月）	一、三八三、五三八円	（二・八六％）

【注解六】 三職七科の発令から半月後の明治元年二月三日、三職七科は三職（総裁職、議定職、参与職）八局（総裁局、神祇事務局、内国事務局、外国事務局、軍防事務局、会計事務局、刑法事務局、制度事務局）に改められた（三職八局の制）。*14 三職七科のもとでの事務科はここに事務局と改定され、局内の職が督－輔（権輔）－判事（権判事）というかたちで階統制的に編成された。三職七科のときとは違って各局の長官である督は一名で、独任制の行政部局の体裁がとられた。すなわち、輔、権輔は長官である督を補佐し、そのもとに実務を担当する判事、権判事が置かれ

るという体裁である。判事には薩摩藩・長州藩・越前藩・土佐藩・肥後藩などから徴士として登用された藩士層が就いた。[*15]

また、三職八局では総裁のもとに総裁局が置かれ、これが副総裁、輔弼、顧問、弁事、史官からなる総計一八名の最も大きな部局を成した。総裁は有栖川宮熾仁親王であったが彼は東征大総督として出陣していたので、岩倉具視・三条実美両副総裁のもと顧問職の小松清廉（薩摩）、後藤象二郎（土佐）、木戸孝允（長州）らが新政府の舵取りを行ない得る体制となった。[*16]

〔注〕

＊1　「三職八局職制幷ニ職員ヲ定ム」（明治元戊辰年二月三日、第七三）。

＊2　慶応三年一二月九日に三職に就いたのは、次の者たちであった。総裁は有栖川帥宮（有栖川宮熾仁親王）、議定には皇族から仁和寺宮（嘉彰親王）と山階宮（晃親王）、公家からは中山前大納言（中山忠能）、正親町三条前大納言（正親町三条実愛）、中御門中納言（中御門経之）、諸侯からはクーデターに参加した五藩より尾張大納言（徳川慶勝）、越前宰相（松平慶永）、安芸少将（浅野長勲）、土佐前少将（山内豊信）、薩摩少将（島津茂久）が就いた。参与には大原宰相（大原重徳）、岩倉前中将（岩倉具視）ら公家のほか、尾張藩・越前藩・芸州藩・土佐藩・薩摩藩からそれぞれ三人を登用するとした。慶応三年中の三職の官員の一覧については、松尾正人『維新政権』（吉川弘文館、一九九五年九月）、二〇頁を参照せよ。

＊3　総裁の職掌は「万機ヲ総裁シ一切ノ事務ヲ決ス」、議定は「事務各課ヲ分督シ議事ヲ定決ス」、参与は「事務ヲ参議シ各課ヲ分務ス」とされた。

＊4　三職七科の制に始まる政府の組織化の過程については、ひとまず、松尾正人「維新官僚の形成と太政官制」（所収、近代日本研究会（編）『年報・近代日本研究－八――官僚制の形成と展開――』、山川出版社、一九八六年一一月）および同『維新政権』、四二－四五頁を参照せよ。

＊5　「民部官ヲ置キ神祇官以下六官ニ定メ従来弁事ヘ差出ノ願伺等六官ニ進致セシム」（明治二己巳年四月八日、第三四六）の項

（六九－一三ａ）を参照せよ。

＊6　松浦茂樹・藤井三樹夫「明治初頭の河川行政」（『土木史研究』、第一三号、一九九三年六月）、一五〇頁。ただし少なくとも京畿に関しては内国事務総督（－内国事務掛）が災害予防事務に関与した。続いて三職八局の制では会計事務局のほかに内国事務局（－民政掛→民政役所）も災害予防事務に当たった（参照、「諸国私領寺社領ノ村高帳ヲ進致セシメ諸藩預所幷代官支配所等ヨリ村高帳其他帳簿ヲ進致セシム」、明治元戊辰年四月七日、第二二〇（六八－一三）、「土砂留役人廻村廃止」、明治元戊辰年四月二七日、第二六八（六八－四））。

＊7　「三職八局職制幷ニ職員ヲ定ム」（明治元戊辰年二月三日、第七三）。

＊8　同上。三職七科の制および三職八局の制の制度の解説については、刑法事務科－刑法事務局を中心としたものであるが、菊山正明「明治初年の司法改革――司法省創設前史――」（早稲田大学『早稲田法学』、第六一巻、第二号、一九八六年一〇月）、一七六－一八〇頁が簡潔でわかりやすい。

＊9　参照、「京都府規則ヲ府藩県ニ頒示シ意見ヲ上陳セシム」（明治元戊辰年八月五日、第六一〇）（六八－一四）。「営繕」の用語法については、同項において再論している。また、「営繕」のこの用語法は律令の営繕令に由来するものと見られるとのご教示を、森田悌先生よりいただいた。記してお礼を申し上げる。

＊10　東国の治水事務の担当部局の変遷については、後掲の「江戸ヲ改テ東京ト称シ鎮将府ヲ置キ民政裁判所ヲ会計局ト改称ヲ布告ス」（明治元戊辰年八月八日、第六一四）の項（六八－一六）を参照のこと。

＊11　治河使については、後掲の「治河使ヲ置ク」（明治元戊辰年一〇月二八日、第九〇四）の項（六八－三〇）を参照せよ。

＊12　大蔵省記録局（編）『大蔵省沿革志（上巻）』（所収、大内兵衛・土屋喬雄（編）『明治前期財政経済史料集成　第二巻』、原書房、一九七八年一二月、復刻版、原版の史料集成改造社版は一九三二年六月刊）、六九頁。尚、大霞会（編）『内務省史　第一巻』（地方財務協会、一九七一年三月）は、合併の日付を八月一一日としている（四二頁）。民部省と大蔵省の合併問題に関しては、「租税監督通商鉱山ノ四司ヲ民部省ニ管セシム」（明治二己巳年八月一一日、第七二三）の項（六九－二七ａ）に詳しい注記を施した。参照されたい。

＊13　松浦茂樹・藤井三樹夫、前掲論文、一四九、一五〇頁。ただし、言うまでもないことであるが、土木費がすべて災害対策関係

のものであるわけではない。この数字を示すのは、災害対策関係費を含む土木費の総額とそれの歳出全体における比率をとりあえず把握しておきたいという意図からである。

*14 「三職八局職制幷ニ職員ヲ定ム」（明治元戊辰年二月三日、第七三）。

*15 三職八局の制において徴士（無定員）は、「諸藩士及都鄙有才ノ者公議ニ執リ抜擢セラル則徴士ト命ス参与職各局ノ判事ニ任ス」とされ、各局の事務の中心を担うこととされた。この点について松尾正人は、「全国政権としての円滑な行政事務を遂行するために、各局の長官の責任を明確にし、参与・判事を容易に登用できるように徴士制度を改正して、まさに維新官僚制の整備を推進した」と述べている（松尾正人『維新政権』、四三－四五頁）。徴士は「薩摩・長州両藩をはじめとする倒幕派の下級藩士層で、かれらは天皇のもとの『朝臣』と位置づけられ」、「出身藩を代表するが、徴士として新政府の行政事務をにない、政治の実質的な主導権をとっ」た（同上、四五頁）。新政府は徴士に独自に俸禄を与え、また位階を付与し、「しだいに旧藩から自立した存在に改めてい」った。かくして「徴士制度の拡大は、諸藩出身者を『朝臣』に改め、まさに維新官僚を形成する基盤となった」（松尾正人）のである（同上、四六頁）。

*16 同上、四三頁、参照。

二、「徳川氏ノ采地及賊徒ノ所領ヲ検覈シ窮民撫育ノ朝旨ヲ告諭セシム」（明治元戊辰年二月、第一二五）

第二百二十*1参看

第百二十五　二月

今般　王政御一新ニ付是迄天領ト称シ来候徳川之采地及賊徒之所領等念入取調可致右ハ従前苛政ニ苦ミ居候哉之趣モ相聞患難疾病相救之道モ相立兼候ニ付先無告之貧民天災ニ罹リ困難之者ヘハ夫々御取糺之上御救助モ可有之候間右之旨申諭億兆人民　王化ニ服シ候様精々尽力可仕　御沙汰候事

但代官支配地所石数人数帳絵図面等携早々上京可致候若代官立去候地所ハ最寄之国主当分御預尤石高図面等早々可差出事

【注解】 旧幕府の所領についてその石高、人口等に関し新政府が入念な調査を行なう旨を告げた達である。災害対策の観点からは、この達のなかに、「無告之貧民天災ニ罹リ困難之者へハ夫々御取糺之上御救助モ可有之候」との文言があることが注目される。これは、新政府が災害罹災者への救援を打ち出した最初の例である。*2 災害罹災者への救援を打ち出したといっても、本達は、実際的な罹災者救援の動きを示すものというよりも、天皇による仁政の強調の道具立てとして罹災者救援をもちだしたという色彩が強いものである。それは、本達において罹災者の救援が〝徳川の苛政〟と〝王政御一新後の仁政〟の対比の文脈で語られていることに象徴的に現われている。*3

罹災者の救援を〝王政御一新後の仁政〟の強調の文脈に位置づけて提示するという路線は、このあと、実際に発生した災害に対する救助の局面でも貫かれた。これは、後掲の「洪水暴溢ニ付会計官出張賑恤ヲ施行セシム」（明治元戊辰年五月二四日、第四一九）（六八－八）や「天災兵害ノ余ニ付府藩県ヲシテ便宜賑恤ヲ施行セシム」（明治元戊辰年六月二二日、第五〇二）（六八－一〇）などを見れば明らかである。この路線は、数年を待たずして後景に退くが、政府が災害対策を語る際の姿勢として、明治最初年の特徴である。*4

2. 尚、本達の主題である旧幕府所領の調査についてであるが、これに関しては、明治元年四月七日に、太政官から達「諸国私領寺社領ノ村高帳ヲ進致セシメ諸藩預所幷代官支配所等ヨリ村高帳其他帳簿ヲ進致セシム」（明治元戊辰年四月七日、第二三〇）が発出され（次掲）、預所のある諸藩ならびに「元郡代元代官支配所」の取り締まりを命じられた諸藩に対して、寄託地、取締地の村高帳、昨卯年取箇帳、昨卯年郷帳、村鑑帳の四帳の提出が求められた。

〔注〕

＊1 「諸国私領寺社領ノ村高帳ヲ進致セシメ諸藩預所并代官支配所等ヨリ村高帳其他帳簿ヲ進致セシム」（明治元戊辰年四月七日、第二二〇）（六八－三）。

＊2 『法令全書』収載の法令における最初の例という意味である。

＊3 〝仁政〟とは、「治者と被治者との間に恩恵と恭順の関係を成立させて治政を行う」という統治のあり方を意味する（山中永之佑「明治初期官僚制の形成と堺県知事小河一敏」、所収、宮本又次（編）『大阪の研究――機関研究「近代大阪の歴史的研究」報告――』、清文堂出版、一九六七年六月、一〇一頁、参照）。

＊4 この論点に関しては、「天災兵害ノ余ニ付府藩県ヲシテ便宜賑恤ヲ施行セシム」（明治元戊辰年六月二二日、第五〇二）の項（六八－一〇）も参照せよ。

三、「諸国私領寺社領ノ村高帳ヲ進致セシメ諸藩預所并代官支配所等ヨリ村高帳其他帳簿ヲ進致セシム」

（明治元戊辰年四月七日、第二二〇）

第二百二十　四月七日（太政官）

一諸国万石以上以下私領并寺社領共是迄幕府へ差出候振合ヲ以村高帳写相添急速民政役所へ可差出事[＊1]

一諸国之内元幕府ヨリ預所并元郡代元代官支配所[＊2]藩々へ取締被　仰付置候向共左之帳類相添急速民政役所へ可差出事

但御預所無之向ハ其旨可申出事

村高帳　昨卯年取箇帳

昨卯年郷帳　　　　　　　村鑑帳

但帳類美濃紙ニ可相認事

右ノ通被　仰出候間不洩様可相達事

【注解一】 大小諸藩ならびに寺社に対してその所領の村高帳を民政役所に提出するよう求めた、太政官の達である。また預所のある諸藩、ならびに元郡代・元代官の支配所の管理を委任されている諸藩には、これらの領地（旧幕府からの預所ならびに元郡代・元代官の支配所）についても、昨卯年取箇帳、昨卯年郷帳、村鑑帳を添えて、村高帳を急ぎ民政役所に提出することを求めている。その政治支配を全国に確立しようとしていた新政府にとって、課税台帳の整備、収税状況の調査、藩勢・村勢の把握は喫緊の課題であった。本達はこの課題の達成を目的とするものである。

2. 本達中、預所ならびに元郡代・元代官の支配所の村勢を把握することを目的として、村鑑帳の提出が求められている。村鑑帳は「水田、陸田ノ段数、石額、用水、戸数、人口、牛馬及ヒ地方ノ盛衰土質ノ沃瘠等ヲ鮮明ニ登載スル帳簿」[*3]であり、新政府にとって取箇帳などと並んで支配体制構築のために揃えるべき必須の帳簿のひとつであった。[*4]そのため、新政府は、本達を発出したあとも、「関東諸県ヲシテ村鑑帳ヲ進致セシム」（明治元戊辰年一〇月、第八五八）（六八－一二六）や、「定免切替伺其他租税取計及諸帳簿進致ノ方ヲ定ム」（明治元戊辰年一二月二四日、第一一四四）（六九－六）などいくつもの達を出し、府県に対して繰り返し繰り返し村鑑帳の作成と提出を促したのである。そのような達のなかのひとつ、「郷帳大積明細帳村鑑帳等ヲ進致セシム」（明治二己巳年二月二三日、第一九八）（六九－一〇）は、提出されるべき村鑑帳の内容について、次のように記した。すなわち、「是［村鑑帳］ハ高村名家数人別男女牛馬数山林堤防川除堰樋類溜池養水路道橋等御普請所自普請男女余稼有無其他土地ノ様子等記シタル者也」、と。つまり、村鑑帳の提出は、堤防や川除など災害対策関係の公共土木工事の実施状況（実施箇所と実施主体）調査としての意味をもつものであったのである。この点が、災害対策の観点から見て、村鑑帳の提出指示が注目される理由である。本件は村鑑帳の提出を求めた達の最初期のものである。

【注解二】 ちなみに『大蔵省沿革志』には本件について次のような記述がある。*5 各帳簿の説明に注意されたい。

［四月］七日、令シテ諸藩ノ封地及ヒ旧幕ノ寄託地ニ関スル諸帳簿ヲ上呈セシム。

太政官宣達ニ曰ク、其一、大小諸藩従前旧幕府ニ上呈セシ例規ニ沿リ其封地ニ関スル村高帳各村田地ノ石額ヲ記載スル帳簿ニ副本ヲ具シ速ニ民政役所ニ上呈ス可シ、其二、旧幕府ノ預地預地トハ旧幕府直隷ノ土地ヲ諸藩ニ寄託シ民政税務ヲ提理セシムル者ヲ言フ及ヒ旧郡代、代官共ニ旧幕府地方官吏ノ職名ノ所轄地ヲ管理セシムル諸藩ハ村高帳、客歳丁卯取箇帳取箇トハ額ヲ言フ、丁卯郷帳郷帳ニハ郷村ノ水陸ニ田ノ収穫額賦租額及ヒ雑租雑税ヲ登載ス、村鑑帳村鑑帳ハ水田、陸田ノ段数、石額、用水、戸数、人口、牛馬及ヒ地方ノ盛衰土質ノ沃瘠等ヲ鮮明ニ登載スル帳簿ニ各副本ヲ具シ速ニ民政役所ニ上呈ス可シ。

〔注〕

＊1　民政役所は内国事務局に置かれた民政掛が改称したものである（明治元年三月一二日）。参照、『太政類典』、第一編（慶応三年～明治四年）、第一二三巻（官制・官庁制置一）、三〇「内国事務課ノ民政掛ヲ町奉行西役所ニ移シ之ヲ民政役所ト称セシム」（明治元年三月一二日）。ところで民政役所設置の日付については、『太政類典』の記述と『大蔵省沿革志』の記事とで異なる。すなわち、『太政類典』の明治元年三月一二日という記述に対して、大蔵省記録局（編）『大蔵省沿革志（上巻）』はこの件に関し、「本年二月十二日内国事務局中ニ民政役所ヲ設ケ」と書き（一七頁）、異同を見せる。内閣記録局編集の『明治職官沿革表官廨部』（二頁）および『法規分類大全』を見ると、こちらは三月一二日としており、この件については『大蔵省沿革志』の記述の方が誤りと判断される（参照、内閣記録局（編）『法規分類大全 第一編 官職門 七至九 官制 神祇省教部省民部省内務省』、

［内閣記録局］、一八八九年一二月、二七頁）。尚、『明治職官沿革表 官廨部』には、民政役所について、「民政役所ハ内国事務局ノ民政掛ヲ移シテ改称スル所閏四月廿一日廃ス」との注記がある（二頁）。

＊2　大蔵省記録局（編）『大蔵省沿革志（上巻）』は、預地（預所）について、「預地トハ旧幕府直隷ノ土地ヲ諸藩ニ寄託シ民政税務ヲ提理セシムル者ヲ言フ」と説明している（九頁）。

＊3　大蔵省記録局（編）『大蔵省沿革志（上巻）』、九頁。

＊4　政府は、村鑑帳を、「村高並其村ノ産業ハ勿論民家数員牛馬ノ数ニ至ル迄相認候土地ノ大概帳」、「速ニ取調差出可申肝要ノ品」と呼んでいる（参照、「関東諸県ヲシテ村鑑帳ヲ進致セシム」、明治元戊辰年一〇月、第八五八（六八－一二六））。

＊5　大蔵省記録局（編）『大蔵省沿革志（上巻）』、九頁。傍線を引いたところは割注の部分である。

四、「土砂留役人廻村廃止」（明治元戊辰年四月二七日、第二六八）

第二百六十八　　四月二十七日（民政役所）

藤堂和泉守
柳沢甲斐守
植村駿河守

是迄近国村々へ土砂留役人ト唱令廻村候儀被廃止候条向後家来差出ニ不及候事

【注解一】民政役所が伊勢安濃津藩主藤堂和泉守（藤堂高猷）、大和郡山藩主柳沢甲斐守（柳沢保申）、大和高取藩主植村駿河守（植村家保）に宛てて発した、土砂留役人の廻村廃止を命じる達である。

《土砂留》とは、「洪水の原因となり河川交通の障害ともなる水源山地の土砂流出を防止すること」、またはそのための種々の手立て――「植林、草木掘取り停止といった長期的措置から、杭柵留・石垣留等の直接的なものまで」――を指す。また、《土砂留役人》とは、「貞享元（一六八四）年より制度化された、淀川・大和川筋土砂留管理のための巡回役人」のことである。貞享元年幕府は老中より淀川・大和川筋の砂防強化に関する「覚」を発し、伊勢安濃津藩藤堂氏、大和郡山藩松平氏、大和高取藩植村氏など畿内・近国の一一名の大名に、山城・大和・近江・摂津・河内五か国内四一郡を対象として土砂留役人を巡検させることを命じた（郡を単位に各藩の分担区域を設定）。各藩の土砂留役人たちは、京都・大坂町奉行所の支配のもと、それぞれ指定された地域の山々谷々を見分して普請必要箇所を指定し、村方に対して必要に応じ普請についての指示を与え、さらに普請箇所を定期的に巡回した。土砂留普請の経費は村方が負った（村方自普請）。[*1] 本達「土砂留役人廻村廃止」は、江戸幕府が設定し約二〇〇年にわたって継続してきたこのような淀川・大和川筋の土砂留管理制度の廃止を告げるものであった。[*2]

【注解二】 淀川・大和川筋の土砂留管理制度については、『維新史料綱要』のなかに、次のような記事があることが注目される。すなわち、「初メ、旧幕府、高槻藩主永井直諒ニ命ジテ淀川上流沿岸諸山ノ土砂崩壊防止ノ事ヲ掌ラシム。是ニ至リ、直諒、其進止ヲ請フ。令シテ其旧ニ仍ラシム。是日［明治元年二月九日］、同藩老臣鈴木治三郎、其防止区域ヲ稟ス。[*3]」これは、高槻藩主永井直諒から政府に対し、旧幕以来の淀川筋の土砂留管理についてその進止の伺いが出され、政府はこれまで通りの処置を命じた、そしてその命令にもとづき高槻藩老臣の鈴木治三郎が二月九日に高槻藩担当の土砂留区域を政府に報告したという内容のものである。この記事から推すに、淀川・大和川筋の土砂留管理制度の継続／廃止問題は、まず担当藩（高槻藩）からの進止伺により提起されたと判断される。政府はひとまず旧慣の通りと令したが、二か月後制度廃止の達を発出したというわけである。

【注解三】 本達などにより淀川・大和川流域における土砂留役人の巡検は廃止されたが、政府はその後継策としてこの地域における土砂の溢漏防止のために民部省土木司の職員を巡回させることとし、明治四年正月、五畿内並びに伊賀国管轄府藩県に対してこれを通達した。[*4] 政府はこの達（明治四年民部省第二）において、五畿内並びに伊賀国における土砂留に関し、田畑からの土砂の溢漏防止を申し付けるとともに、山林の下草刈り取りについては土木司職員が巡回して許可を与えること、川沿いの山々の木々の伐採には官許が必要であることなどを定めた。

〔注〕

＊1　淀川・大和川筋の土砂留管理制度についての以上の叙述は、水本邦彦「土砂留役人と農民――淀川・大和川流域における――」（『史林』、第六四巻、第五号、一九八一年九月）、三、六－七、一〇－一一、一七－一九、三六頁、および水本邦彦「近世の奉行と領主――畿内・近国土砂留制度における――」（所収、同『近世の郷村自治と行政』、東京大学出版会、一九九三年一一月）、二二五－二四〇頁に拠る。土砂留管理担当大名は、制度発足当初は上に述べたとおり畿内・近国の一一大名であったが、後に高槻、岸和田、尼崎、淀、膳所、大和郡山、大和高取、伊勢安濃津の八藩となった（水本『史林』論文、四六頁）。一八世紀後半には、この淀川・大和川筋の土砂留管理制度に関して、土砂留担当大名の権限を制限し、幕府の出先機関である京都・大坂町奉行所の関与を強める方向での制度転回が見られた（水本「近世の奉行と領主」論文、二五二－二六〇頁）。それでも土砂留役人の廻村制度自体は生き残り、新政府による本達の発出まで存続した。尚、上掲の水本『史林』論文は、この土砂留役人の廻村制度について、砂防の観点からの実効性は乏しかったと指摘している（同上、三八－四四頁）。淀川・大和川筋の土砂留管理制度に関しては、他に、日本工学会・啓明会『明治工業史 土木篇』（日本工学会明治工業史発行所、再版、一九三一年四月、初版は一九二九年七月刊）、三二八－三三四頁、水本邦彦「土砂災害と土砂留」（所収、同『草山の語る近世』、山川出版社、二〇〇三年七月）も、参照せよ。

＊2　『日本砂防史』には、明治元年四月五日、大阪裁判所が摂津尼崎藩主松平遠江守（松平忠興）に対し、「是迄山城摂津河内国村々江土砂留役人ト唱令回村候儀被廃候」との達を発したという記事がある（『日本砂防史』、全国治水砂防協会、一九八一年六月、一三二頁）。同書は、本件「土砂留役人廻村廃止」とこの尼崎藩主松平遠江守宛ての達を挙げて、明治元年四月に、旧幕

以来の畿内諸河川流域における土砂留管理制度は廃止されたとしている（同上。『明治工業史 土木篇』も、同様の見解をその三二二頁に載せている）。本件「土砂留役人廻村廃止」と上に挙げた尼崎藩主松平遠江守宛ての達とは、発出官庁は異なるものの、文面も出された時期もほぼ同一である。この点から見て、『日本砂防史』が指摘する通り、明治元年四月ごろ、旧幕以来の淀川・大和川筋の土砂留管理制度について、維新政府内部においてその廃止の決定がなされた、と判断してよいように思われる。

＊3 東京大学史料編纂所（蔵版）『維新史料綱要 巻八』（東京大学出版会、一九六六年一二月、覆刻版、原本の刊行は一九三八年二月）、一八四頁。

＊4 「山々開拓ニ付土砂ノ溢漏ヲ防キ其他兀山及川添山々等樹木下草伐採方ヲ定ム」（明治四辛未年正月、民部省第二）（本書第二巻に収録予定）。

五、「政体ヲ定ム」（明治元戊辰年閏四月二一日、第三三一）

第七百六十＊1参看二年第四百四十三＊2第六百廿二＊3ヲ以テ改正廃止

第三百三十一　閏四月二十一日（太政官二十七日頒行）

去冬　皇政維新纔ニ三職ヲ置キ続テ八局ヲ設ケ事務ヲ分課スト雖モ兵馬倉卒之間事業未タ恢弘セス故ニ今般　御誓文ヲ以テ目的トシ政体職制被相改候ハ徒ニ変更ヲ好ムニアラス従前未定之制度規律次第ニ相立候訳ニテ更ニ前後異趣ニ無之候間内外百官此旨ヲ奉体シ確定守持根拠スル所有テ疑惑スルナク各其職掌ヲ尽シ万民保全之道開成永続センヲ要スルナリ

慶応四年戊辰閏四月　　太政官

政体

一大ニ斯国是ヲ定メ制度規律ヲ建ツルハ　御誓文ヲ以テ目的トス
一広ク会議ヲ興シ万機公論ニ決ス可シ
一上下心ヲ一ニシテ盛ニ経綸ヲ行フヘシ
一官武一途庶民ニ至ルマテ各其志ヲ遂ケ人心ヲシテ倦マサラシメンコトヲ要ス
一旧来ノ陋習ヲ破リ天地ノ公道ニ基ク可シ
一智識ヲ世界ニ求メ大ニ　皇基ヲ振起ス可シ
右　御誓文ノ条件相行ハレ不悖ヲ以テ旨趣トセリ
一天下ノ権力総テコレヲ太政官ニ帰ス則チ政令二途ニ出ルノ患無カラシム太政官ノ権力ヲ分ツテ立法行法司法ノ三権トス則偏重ノ患無ラシムルナリ
一立法官ハ行法官ヲ兼ヌルヲ得ス行法官ハ立法官ヲ兼ヌルヲ得ス但シ臨時都府巡察ト外国応接トノ如キ猶立法官得管之
（以下八項目省略。）

一官職
太政官分為七官
○議政官　分上下二局管一司曰日誌司
上局

議定　以親王諸王公卿諸侯充之内二人兼輔相
　掌創立政体造作法制決定機務銓衡三等官以上及明賞罰定条約宣和戦
参与　以公卿諸侯大夫士庶人充之
　掌同議定
史官四人　以大夫士庶人充之余史官倣之
　掌勘署文案受事上抄及造日誌
筆生
　下局
議長二人　弁事兼之
議員　貢士
　議員承上局命所議条件如左
（条件一三項目省略。）
右一官執立法之権

○行政官
　輔相二人　議定兼之
　　掌輔佐　天皇奏宣議事督国内事務総判　宮中庶務
弁事十人　以公卿諸侯大夫士庶人充之権弁事亦倣之
　掌受付内外庶事糺判　宮中庶務

【1868年】（慶応３年12月７日から明治元年11月18日まで）

権弁事

掌同本官　余権官准此

史官六人

掌勘　詔奏勘署文案検出稽失

筆生

右一官執行法之権

○神祇官

（省略。）

○会計官　管七司曰出納司曰用度司曰駅逓司曰営繕司曰税銀司曰貨幣司曰民政司

知官事一人

掌総判田宅租税賦役用度金穀貢献秩禄倉庫営繕運輸駅逓工作税銀

副知官事一人

判官事二人

権判官事

書記

筆生

○軍務官　管二局四司曰海軍局曰陸軍局曰築造司曰兵船司曰兵器司曰馬政司

（省略。）

○外国官

（省略。）

右四官分執行法之権

○刑法官　管三司曰監察司曰鞫獄司曰捕亡司

（省略。）

右一官執司法之権

地方官分為三官

○府

知府事一人

掌繁育人民富殖生産敦教化収租税督賦役知賞刑兼監府兵

判府事二人

○藩

諸侯

○県

知県事

掌繁育人民富殖生産敦教化収租税督賦役知刑賞制郷兵

判県事

（以下、省略。）

【注解一】 上にも抜粋したところであるが、明治元年閏四月二一日（一八六八年六月一一日）の政体書は、「天下ノ権力総テコレヲ太政官ニ帰ス」と書き、太政官をしてすべての国家権力を掌握せしめた。いわゆる太政官制の樹立である。太政官に集中された「天下ノ権力」は、「太政官ノ権力ヲ分ツテ立法行法司法ノ三権トス」というように、太政官のもとで機能的に分担された。そのうち行法の権は行政官に委ねられた。行政官の下には、さらに神祇・会計・軍務・外国の四官が置かれ、行法の権を分担執行する仕組みとされた。この改組のなかで、三職八局の制において置かれていた内国事務局はその姿を消し、会計官のなかに吸収された。会計官の職掌は「掌総判田宅租税賦役用度金穀貢献秩禄倉庫営繕運輸駅逓工作税銀」と規定された。この会計官に営繕司が置かれ、災害対策関係を含む河川事業を所管した。[*4][*5]

ところで、政府機関（中央政府レベル）の職掌規定のなかに災害対策を示す用語が明瞭な形で姿を現わすのは、明治二年の民部官設置のときである。明治二年四月八日、「民部官ヲ置キ神祇官以下六官ニ定メ従来弁事へ差出ノ願伺等六官ニ進致セシム」（明治二己巳年四月八日、第三四六）（六九－一三a）により民部官が設置され（「今度太政官中民部官ヲ被置」）、その民部官中に土木司が設けられた。[*6] 同日付の「民部官職掌ヲ定ム」（明治二己巳年四月八日、第三四八）（六九－一三b）には、民部官の職掌が「掌総判府県事務管督戸籍駅逓橋道水利開墾物産済貧養老等事」と定められた。こうして橋道水利（公共土木工事）の管督が民部官の職掌とされたのである。この約二か月後の六月四日、「民部官職制ヲ定ム」（明治二己巳年六月四日、第五〇三）（六九－一八）が発出され、このなかで土木司知司事の職掌が「道路橋梁堤防等営作ノ事ヲ専管スルヲ掌ル」と規定された。災害予防目的の公共土木工事を意味する語（堤防の営作）がここにはじめて法令上明記されたのである。[*7]

【注解二】 新政権は、旧幕領地および旧朝敵藩領地を接収して直轄地を形成し、それを政権の財政的基礎とした。[*8]

直轄地の形成過程を大づかみに捉えると、旧幕領地の掌握と直轄地の設置は戊辰戦争の戦場の推移に対応して、西から東へと順次なされていったといえる。直轄地の設置形態も最初は鎮台・裁判所・諸藩仮管理（諸藩預所）などであったが、本件「政体書」において直轄地としての府県の設置が規定されると、以後これが次々に設置されていく。[*9]「政体書」の発布後明治元年八月までに、日田（豊後）、富高（日向）、長崎、天草、倉敷、京都、大阪、堺、大津、奈良、久美浜（但馬）、度会（伊勢）、兵庫、三河、笠松（美濃）、飛騨、伊那、越後、柏崎、真岡（下野）、岩鼻（上野）、韮山（伊豆）、神奈川、東京、箱館の各府県が置かれた。以後、東北占領地などへの新県の設置や、既設置の府県の統廃合を経て、明治四年七月の廃藩置県に至る。

新政府にとってこのような直轄府県こそが主要な財政基盤であった。この点を松尾正人は次のように概述している。「明治初年の新政府の主要な財政基盤が、金札（太政官札）の発行と、直轄県からの封建貢租であったことは周知の事実である。とりわけ、明治二（一八六九）年五月二八日の金札発行中止と製造機械焼燬以降は、いわゆる府藩県三治制下の八〇〇万石余直轄県からの貢租が、ほとんど唯一の財源とされ、新政府の諸政策の基底となった。また、府藩県が併置されたなかで、府県は、新政府の地方政策の基軸としての役割をもった。廃藩置県に前後する明治三年一〇月から同四年九月までの第四期の歳入は、直轄県からの一一三四万〇九八三円余の地税が、新政府の『通常歳入』の七三・九パーセント、民部省札発行等の『例外収入』を含めた総歳入の五一・二パーセントを占める。『内以テ億兆ヲ保全シ外以テ万国ト対峙セント欲』する新政府は、かかる『地税』を主とした歳入から、同時期に四〇四万七七六六円余を賞典禄・家禄とし、同時に三一九万五一五五円余の陸海軍費、および鉄道建設費・勧業貸付金等の多額な殖産興業諸費を捻出したのである。[*10]」

〔注〕

＊1 「姑ク議政官ヲ廃シ議参両職以下ヲ行政官ニ併セ議事ノ体裁取調局ヲ設ク」（明治元戊辰年九月一九日、第七六〇）。

＊2 「公選法ヲ設ルノ詔書並政体改刪」（明治二己巳年五月一三日、第四四三）。

＊3 「職員令並官位相当表」（明治二己巳年七月八日、第六二二）（六九－一二一 b）。

＊4 松浦茂樹・藤井三樹夫「明治初頭の河川行政」、一五〇頁。また、「甲州川々普請ヲ会計官ニ委任ス」（明治二己巳年二月二五日、第二〇九）（六九－一一 a）も見よ。これは会計官に対して発された沙汰書であるが、ここには「今般甲州川々普請被　仰付候間営繕司出張速ニ成功可有之」と書かれていて、会計官営繕司が普請＝河川事業を担当していたことを確認できる。

＊5 会計官知事は権中納言万里小路博房、副知事は置かれず、小原二兵衛（大垣藩士）と池辺藤左衛門（柳川藩士）が判事であった（東京大学史料編纂所（蔵版）『維新史料綱要 巻八』、六〇九頁）。また、民政司は開局しなかった（内閣記録局（編）『明治職官沿革表 官廨部』、三頁）。

＊6 『太政類典』第一編第一八巻三〇。

＊7 これは『法令全書』において確認できる職掌規定上ではじめて、という意味である。ただし地方に関するものを除く。

＊8 明治初年における政府直轄地の形成については、千田稔・松尾正人『明治維新研究序説――維新政権の直轄地――』（開明書院、一九七七年一〇月）を参照。本注ではとくに同書の三－一八、二六九、二七八－二九一頁を参照している。

＊9 「政体書」の発布（明治元年閏四月）の段階では、「府県には藩同様の包括的支配権が認められていた。だが、太政官中行政官の隷下には入っていた。」（山中永之佑「明治初期官僚制の形成と堺県知事小河一敏」、八七頁）。府県の設置の経緯については、松尾正人『廃藩置県の研究』（吉川弘文館、二〇〇一年一月）、八八－九〇頁を参照せよ。

＊10 松尾正人「維新政権の直轄県政――東北県政を中心として――」（所収、千田稔・松尾正人『明治維新研究序説――維新政権の直轄地――』、開明書院、一九七七年一〇月）、四五頁。

六、「軍資以下費用莫大ニ付土木其他諸事ヲ省略セシム」（明治元戊辰年五月一七日、第三九五）

第三百九十五　　五月十七日（布）

国家多事之折柄軍資ヲ始メ総テ莫大之御費用ニ付土木之功ハ勿論　朝廷御用費ヲ始メ諸事御省略被　仰出候事
二年第六十三参看[*1]
但大宮御所之儀ハ[*2]　女御　御入内御殿御差支ニ付急速御造営被為在候事

【注解一】戊辰戦争が戦われている状況下、軍資をはじめとして出費が莫大であることから、土木工事など諸事を省略し、経費の節減を図るよう命じた布告である。財政の基礎が未確立の状況であることを背景に、多額の費用を要する土木工事――堤防の建設・補修等災害予防のための河川工事もここに含まれる――の抑制が求められている。

【注解二】本布告発出の九日前、政府（太政官）は「経費不貲ヲ以テ大ニ金穀ヲ募集ス」（明治元戊辰年五月八日、第三七六）により、「朝廷無所入シテ出ル処ノ御費用不一方」「今般御用途御切迫」と財政不如意を訴え、金穀の権力的募集を始めた。この五月八日の達（明治元年第三七六）曰く、「皇道新ニ復シ国是漸ニ定リ万機　御親裁ニ出テ百事将ニ備ラントス是時ニ当テ独備ラサルモノハ金穀ナリ」、「頃日征討ノ兵士家ヲ棄身ヲ殺シ一途報国ノ折柄万一軍費不給兵食足ラサル時ハ奮進勦絶ノ鋭気ヲ挫キ　皇威是カ為ニ弛ミ平治ノ功業速ニ立サル時ハ億兆ノ黎庶久シク塗炭ノ苦ヲ受ン」、「銘々一人ノ私ヲ捨テ天下ノ大事ヲ考ヘ有余不足ヲ補フノ天理ニ基キ各其分ニ応シ金穀御用相勤メ御奉公筋ヲ遂テコソ即チ兵士ノ身ヲ殺シテ　朝廷ニ尽スト同シク下タル者ノ定分ニ候間此旨篤ト可相心得者也」。「右［金穀調達］ハ今日　皇基ノ立不立ニ係リ至急ノ重件ニ候」、「斯マテノ御時態ヲ拝承シナカラ其財アリテ其力

ヲ　朝廷ニ尽サヽル者ハ御国恩ヲ不相弁不忠ノ筋ニ相当リ候故夫是御取計向モ可有之候間此段為御心得申達候事」、と。これは本布告発出の文脈をよく説明している。

〔注〕

＊1　「来月十一日　大宮新殿御移徒行啓ヲ令ス」（明治二己巳年正月二二日、第六三）。

＊2　京都大宮御所の造営の件。英照皇太后（孝明天皇女御）のために造営された。

七、「江戸鎮台ヲ置キ三奉行ヲ廃シ社寺市政民政ノ三裁判所ヲ設ケ職員ヲ定ム」

（明治元戊辰年五月一九日、第四〇二）

第四百二　　五月十九日（布）（大総督府）

今般江戸鎮台被差置候ニ付寺社町勘定三奉行被為廃別紙之通被　仰出候条諸事是迄之通可相心得事

第五百五十九ヲ以テ鎮台ノ称ヲ廃ス[*1]

七月十七日社寺市政両裁判所ヲ廃ス

第六百十四ヲ以テ民政裁判所改称[*2]

（別紙）

但寺社奉行所ハ社寺裁判所町奉行所ハ市政裁判所勘定奉行所ハ民政裁判所ト相唱可申事

右之通被　仰出候間不洩様可相触事

第四百四十六ヲ以テ職員改正[*3]

鎮台　有栖川大総督宮

輔　社寺掛橋本少将
町　掛大原前侍従
勘定掛西四辻大夫

判事　新田三郎
小笠原唯八
江藤新平
土方大一郎

加勢　北島千太郎
西尾遠江介
横川源蔵

右之通被　仰出候間町中家持借家等之者へ可相触事

（以下省略。）

【注解】 軍政機関として江戸鎮台を置き、それまで暫定的に行政事務を委任していた旧幕府の三奉行所（寺社奉行所、町奉行所、勘定奉行所）を廃止して、替わりにそれぞれ社寺裁判所、市政裁判所、民政裁判所を設置するとした、東征大総督府（大総督有栖川宮熾仁親王）の布告である。

京都の中央政府で治水関係の事務を所掌したのは会計官であったが、関東で治水事務を担当したのは上の民政裁判所中の御取箇方であった。[*4] 中央の会計官に対して関東では、軍政機関たる江戸鎮台の中に置かれた民政裁判所が治水業務を所管したのである。江戸鎮台府設置時民政裁判所総督の任に就いたのは、鎮台輔の西四辻大夫（公業）であった。*5 六月五日に職員の入れ替えがあり、西四辻は民政裁判所総督を退任した。*6 替わって民政兼会計営繕を担当したのは江藤新平である。*7 六月二八日には、江戸鎮台の管轄国が決められ、駿河、甲斐、伊豆、相模、武蔵、安房、上総、下総、常陸、上野、下野、陸奥、出羽の一三か国がその支配下に置かれた。*8*9

〔注〕

＊1 「大総督宮鎮台ヲ免シ鎮台府ノ称ヲ廃ス」（明治元戊辰年七月、第五五九）。
＊2 「江戸ヲ改テ東京ト称シ鎮将府ヲ置キ民政裁判所ヲ会計局ト改称ヲ布告ス」（明治元戊辰年八月八日、第六一四）（六八－一六）。
＊3 「江戸鎮台職員ヲ改ム」（明治元戊辰年六月五日、第四四六）。
＊4 松浦茂樹・藤井三樹夫「明治初頭の河川行政」、一五二頁。
＊5 日本史籍協会（編）『百官履歴　二』、二四〇－二四一頁。
＊6 『百官履歴　二』における退任の日付は六月六日。
＊7 「江戸鎮台職員ヲ改ム」（明治元戊辰年六月五日、第四四六）。
＊8 「江戸鎮台府管轄諸国ヲ定ム」（明治元戊辰年六月二八日、第五一四）。
＊9 江戸鎮台設置の経緯に関しては、次も参照せよ。東京都公文書館（編）『都史紀要一　江戸から東京への展開――東京奠都の経済史的意義――』（東京都情報連絡室都政情報センター管理部センター管理室、一九九一年一二月、初版は一九五三年三月刊）、八〇－八二、八五－八六頁。同（編）『都史紀要六　東京府の前身 市政裁判所始末』（東京都情報連絡室都政情報センター管理部センター管理室、一九九一年一二月、初版は一九五九年三月刊）、一－三頁。

八、「洪水暴溢ニ付会計官出張賑恤ヲ施行セシム」（明治元戊辰年五月二四日、第四一九）

第四百十九　　五月二十四日（弁事官）　　京都府 大阪府 大津県 奈良県 兵庫県

今般洪水暴溢ニ付処々人家漂流庶民之困厄不一形急速御救助不被為在候テハ　御仁恤之御趣意貫徹難仕候間近畿之諸府県へ当官ヨリ出張格別賑救施行仕度候事

会計官

右会計官申立之通被　仰付候間出張之者へ可申談候事

【注解一】 近畿地方で発生した洪水被害について出張して特別に賑救を行いたいとする会計官の申し立てを伝えつつ、申し立て通りに会計官の出張が命じられたので、被災者の救助に関しては出張した同官に相談せよと命じる、弁事官から京都府など二府三県に宛てられた達である。急いで救助を行わなければならない理由を会計官は、そうしなければ政府の〝民を慈しみ憐れむ〟という施政の趣旨が貫徹されないことになってしまうからだ、と述べている。これは、災害救助が「御仁恤之御趣意」を体現するものとして扱われていたことを示す（仁政の顕現としての救助）。ただし、この達には、賑救の具体的な中身に関しては何も書かれていない。*1

『大蔵省沿革志』本省の部明治元年五月二四日条は、本件に関して、次のような記事を載せている。*2

近畿府県ノ水害ニ罹ル窮民ヲ賑恤ス可キヲ太政官ニ稟議シ裁可ス。

本官［会計官］稟議ニ曰ク、頃日近畿府県洪水暴溢シテ人家ヲ漂没シ庶民困厄ス、宜ク速ニ我官ヨリ委員ヲ派差シテ之ヲ賑済スヘシ。

太政官裁可ス。

また、『新修 大阪市史』は、明治元年の近畿地方での水害の際に行われた会計官の出張賑恤について、次のような評価を記している。「政府は、水害の激しかった近畿の諸府県に会計官を出張させて救恤に当たらせた。しかし東北地方で戦争を継続中の政府は、維新動乱の戦禍と洪水の被害に苦しむ畿内の民衆に十分な措置を採ることができなかった。[*3]」

【注解二】 星為蔵「明治気象災害年表」には、明治元年五月四日から五日にかけて琵琶湖増水、加茂川・桂川出水、五月一二日から一四日にかけて淀川・大和川の堤防決壊の記事が載せられている。[*4] 後者は「大阪明治三大出水」の第一号とされるものである。[*5]

【注解三】 明治元年の洪水により決壊した淀川・大和川等諸川堤防の復旧工事は、大阪府管内に関しては、同府北司農局（局長陸奥陽之助）が担当した。[*6] これについて『新修 大阪市史』は次のように記している。

淀・神崎・中津・大和・十三間の五河川堤防の復旧工事は北司農局が担当し、今市村浅田藤右衛門・江口村田中田左衛門・野田村熊田兵藏・野里村勝重次郎・津守新田江上田米介・中喜連村佐々木才三郎ら地元の有力者一一人が堤防修繕御用掛に任命された。工事は沿岸の村民を雇用して行われたが、不足分は南司農局の了解を得て茨田・讃良両郡からも募集され、［明治元年］一〇月には主要な個所の修復を完了した。工費は一八万五四七九両余りであった。[*7]

〔注〕

*1 『維新史料綱要』明治元年五月二二日条には、本件に関して次のような記事が掲載されている。「尋デ二十四日会計官ヲ近畿ノ府・県ニ派遣シ、其被害ヲ調査・賑恤セシメ、其甚シキモノハ特ニ本年ノ田租ヲ免ズ。」（東京大学史料編纂所（蔵版）『維新

史料綱要 巻九』、東京大学出版会、一九六七年一月、覆刻版、原本の刊行は一九三八年八月、七九頁。傍線は割注の部分であることを示す。）賑恤の中身は本記事によっても不明であるが、本記事からは会計官の出張時に災害地の田租の免除が行われた例があることが知られ、この点が注目される。災害時における年貢（租税）免除を告げた達として『法令全書』で確認できる最初のものは、次に掲げる「洪水ニ付秋苗ノ埋没十三日ニ過ル者ハ本年ノ田租ヲ蠲ク」（明治元戊辰年六月八日、第四五〇）であるが、本記事によれば、それよりも前に田租の免除実施の事例があったことになる。

＊2　大蔵省記録局（編）『大蔵省沿革志（上巻）』、一九頁。

＊3　新修大阪市史編纂委員会（編）『新修 大阪市史 第五巻』（大阪市、一九九一年三月）、三八六頁。

＊4　星為蔵「明治気象災害年表」（『測候時報』、第四二巻、第一一号、一九七五年一一月）、三七三頁。明治元年五月四日から五日は、西暦では、一八六八年六月二三日から二四日に当たる。また、五月一二日から一四日は、西暦では同年七月一日から三日に当たる。明治元年の淀川・大和川の水害については、新修大阪市史編纂委員会（編）『新修 大阪市史 第五巻』、三八五－三八六頁の記述も参照せよ。

＊5　星為蔵「明治気象災害年表」、三七三頁。

＊6　司農局は、郡村を管轄することを目的として、明治元年六月八日に大阪府庁内に設置された機関である。同年七月八日南北に分けられ、南司農局は河内国一円を、北司農局は摂津国川辺郡以東八郡を管轄した。南司農局の局長は大阪府判事税所篤が、北司農局の局長は大阪府権判事の陸奥陽之助がそれぞれ兼務した。明治二年一月、南司農局、北司農局に替わって河内県、摂津県が置かれ、陸奥陽之助は摂津県知事となった（新修大阪市史編纂委員会（編）『新修 大阪市史 第五巻』、一八－一九、三八八頁）。

＊7　同上、三八七頁。

九、「洪水ニ付秧苗ノ埋没十三日ニ過ル者ハ本年ノ田租ヲ蠲ク」（明治元戊辰年六月八日、第四五〇）

第五百二参看[*1]

第四百五十

此度洪水ニ付秧苗之埋没十三日ヲ過キ猶水底ニ沈ム所ハ当年之年貢　御免被　仰出候但十日前後水退之分ハ巡検之上追テ可被　仰出候間此旨可相心得事

六月八日

【注解一】今回の洪水で稲苗の水没が一三日間を超えたところに関しては今年の年貢を免除する、ただし一〇日前後で水が退いたところについては巡検の上で処置を決定しこれを通知するという内容の達である。災害時における年貢（租税）の免除を告げた達としては、これが『法令全書』で確認できる最初のものである。

2. 本文中の「此度洪水」がどこの何を指すのかについては不明である（達中に明記なし）。

ちなみに、本達前後の水害被害者への賑恤および／あるいは減租の例としては、本資料に収録した『法令全書』所載のもの[*2]のほかに、甲斐鎮撫府の事例がある。『維新史料綱要』明治元年六月一五日条には「甲斐鎮撫府、巨摩郡ノ水害罹災者ヲ賑恤ス」の記事が、同六月一六日条には「甲斐鎮撫府、管内ニ令シテ本年田租ノ三分ヲ減ジ、逋租スルコト勿ラシム」の記事がある。[*3] この賑恤の内容については何も書かれておらず、また六月一六日条の記事では減租理由に水害が明記されていないなど実態によくわからないところはあるが、当時甲斐鎮撫府が水害罹災者に対して何らかの賑恤と減租を行なったことは確実といえよう。

星為蔵の「明治気象災害年表」によれば、明治元年閏四月から五月（一八六八年五月下旬から七月中旬）にかけて四国と北海道を除く全国が霖雨に見舞われ、各所で洪水の発生を見た。近畿地方の水害の状況については、前項に[*4]記した。星に依り近畿地方以外の水害・出水を列挙すると、次のようである。[*5]すなわち、明治元年四月二一日筑後川増水、五月八日東京・神奈川・千葉出水、五月九日木曽川・長良川氾濫（愛知で死者九四一名）、[*6]五月一四日から一六日佐賀・熊本で被害、五月三〇日信濃川洪水（新潟）である。

【注解二】 年末になると、いくつかの藩が当年の水害の発生状況を政府に報告している（飯田藩、松代藩、郡山藩、志筑藩）。また、水害罹災民を救済するために、政府に対して、資金の貸し付けを要請したり、金札発行の承認を求めたりした藩もある（姫路藩、松本藩）。これらから明治元年における水害の発生の広がりを幾分か知ることができる。以下に、『維新史料綱要』から関連の項目を抜き出し、列挙する。[*7]

①飯田藩

「飯田藩老臣淡路藤橋、書ヲ上リ、今年五月及八月ノ封内洪水ノ被害ニ就テ具ニ稟申ス。」（明治元年一一月二二日条）

②姫路藩

「姫路藩老臣籠谷杢左衛門、書ヲ上リ、当夏洪水ノ罹災民救恤ノ為、金札十万両ヲ貸与セラレンコトヲ請フ。尋デ十七日之ヲ聴ス。」（明治元年一二月一〇日条）

③松本藩

「松本藩老臣関杢右衛門、書ヲ上リ、封内水害ノ為疲弊セル状ヲ具シ、金札ヲ発行シテ通用セシメンコトヲ請フ。」（明治元年一二月一三日条）

④松代藩・郡山藩

「松代藩老臣北沢幟之助及郡山藩老臣新井弥左衛門、本年夏以来ノ水害状況ヲ上申ス。」（明治元年一二月二七日条）

⑤志筑藩（常陸）

「志筑藩、本年夏以来ノ洪水被害情況ヲ上申ス。」（明治元年一二月二八日条）

〔注〕

＊1　「天災兵害ノ余ニ付府藩県ヲシテ便宜賑恤ヲ施行セシム」（明治元戊辰年六月二二日、第五〇二）（次掲）。

＊2　「洪水暴溢ニ付会計官出張賑恤ヲ施行セシム」（明治元戊辰年五月二四日、第四一九）（六八－八）、「天災兵害ノ余ニ付府藩県ヲシテ便宜賑恤ヲ施行セシム」（明治元戊辰年六月二二日、第五〇二）（六八－一〇）、「越後国兵燹水災ニ罹ル者今年ノ租税ヲ蠲ク」（明治元戊辰年八月二四日、第六六三）（六八－一八）。

＊3　東京大学史料編纂所（蔵版）『維新史料綱要 巻九』、一四八、一四九頁。

＊4　「洪水暴溢ニ付会計官出張賑恤ヲ施行セシム」（明治元戊辰年五月二四日、第四一九）（六八－八）。

＊5　星為蔵「明治気象災害年表」、三七三頁。

＊6　明治元年五月の美濃の水害については、『維新史料綱要』明治元年五月二二日条と六月一七日条に記事が掲載されている。すなわち、「諸国大水アリ。是日［五月二二日］、刑法官知事大原重徳権中納言ニ命ジテ、笠松県美濃ヲ巡視セシム」（東京大学史料編纂所（蔵版）『維新史料綱要 巻九』、七九頁。傍線は小活字が用いられている部分であることを示す）。「［六月十七日］大垣藩兵ノ戦労ヲ賞シ、且其領内水患アルヲ以テ、藩主戸田氏共采女正ニ内帑金一万五千両ヲ下賜ス」（同上、一五一頁。傍線についても上に同じ）。刑法官知事による巡視とは一種の行政監察であろうか。また、当地の治水に関しては、明治元年一二月三日に、笠松県知事長谷部恕連が、木曽三川の治水工事に関する建白を、会計官を通じて太政官に提出したことが注目される（これについては、後掲の「治河使旗章ヲ定ム」、明治元戊辰年一二月二日、第一〇二二（六九－二）のところで詳しい紹介を行なった）。

＊7　東京大学史料編纂所（蔵版）『維新史料綱要 巻九』、六一六、六四四、六四八、六六九および六七一頁。

一〇、「天災兵害ノ余ニ付府藩県ヲシテ便宜賑恤ヲ施行セシム」（明治元戊辰年六月二二日、第五〇二）

第五百二　　六月二十二日（布）　　諸道府県

方今　王化天下ニ治カラント欲ス此時ニ当リ無辜之生民兵燹之災ニ罹リ加之洪水暴張惨毒之至近畿最甚シ且東北諸路賊徒平定ニ至ラス生民之塗炭一端ニアラス　皇上深ク難被為忍救恤阜財之道被為尽度　勅旨痛切ニ被　仰出候付テハ至仁之　聖意ヲ体認シ其民ヲシテ安堵セシムルハ今日府県之責ナリ即今創建之初救荒之典未夕立スト雖モ一日斯民ニ莅ム者即一日此道ヲ講セスンハアラス況ヤ今日眼前ノ窮厄ヲヤ故ニ賑救ノ急務左ニ記ス

一兵燹之厄洪水之害窮民流離路頭ニ立者一村ニ幾人且其破産蕩家等一々細詳ニ査点シ救助其宜ヲ得ヘシ若兵厄水害ヲ被ムル地ト雖モ捜択其宜ヲ得ス徒ニ金穀ヲ給スレハ却テ蠹弊ヲ生シ下民ノ怨望ヲ起シ宜シカラサル事

一没田之民ハ全ク其租賦ヲ免シ其他漲溢ノ田畑ハ荒敗ノ軽重ヲ量リ蠲免其宜ヲ得ヘキ事

一堤防橋梁之破壊急々修理可致事

但普請等私利ヲ営マサル廉吏ヲ択ヒ水理ニ精キ者ニ任シ人夫等ハ其地ノ窮民ニ賃シテ相用ヘキ事

一厄害ノ等ヲ弁シ救恤ノ道ヲ立ツ今日ノ事ハ奏可ヲ待タス府県ヘ専任ス宜ク可得其道事

【注解一】 本件は太政官が諸道の府県に宛てた、災害救助および災害復旧に関する布告である。前掲の「洪水暴溢ニ付会計官出張賑恤ヲ施行セシム」（明治元戊辰年五月二四日、第四一九）（六八－八）や「洪水ニ付秧苗ノ埋没十三日ニ過ル者ハ本年ノ田租ヲ蠲ク」（明治元戊辰年六月八日、第四五〇）（六八－九）に比べて、より一般性の高い内容のものとなっている。

2. 本布告発出の起点に位置するのは、明治元年六月に岩倉具視が大久保利通および木戸孝允に宛てて送った意見書である。[*1] 岩倉は、当時、「春来霖雨屢降リ諸国洪水アリ又時令序ヲ失テ稲苗生長セス」という状況に鑑み、凶荒の発生を予期して、それに備える必要を感じとっていた。そこで彼は策をまとめてこれを大久保と木戸に示し、ふたりの意見を求めたのであった。意見書のなかで述べられている岩倉の策は、まず府県に命じて穀物の便宜流通の確保措置を講じる（出津厳禁の令や買占めの排除）、それでも尚不足が生じるような場合には支那印度から米を輸入するというものであった。[*2]

この意見書を送られた大久保と木戸もまた、「本年ハ凶荒ナラン」という懸念を共有しており、「救荒ノ典」を作成し、これを速やかに発令することを求めた。[*3] そこで岩倉がこの件（「救荒ノ典」を立てること）を上奏し、六月二二日に発布されたのが本布告である。[*4] この日、本布告が府県に令される前、天皇が「救荒ノ典ヲ興サンコト」を議定・参与に親諭した際の勅旨は、次のようであった。[*5]

曩者徳川慶喜兵ヲ挙ケテ闕ヲ犯サントスルヤ伏見淀等ノ民家ヲ焚焼シ朕カ赤子ヲ蹂躙ス故朕大ニ軍旅ヲ発シ之ヲ追伐ス而テ軍務繁劇費用夥多今日ニ至ル迄未タ災ニ遇フノ民ヲ賑恤スルコト能ハス朕宵旰之ヲ念フテ殷痛衷ニ切ナリ嗚呼朕祖宗ノ霊ニ頼リ億兆ニ君臨シ茲ノ畿甸ノ民スラ猶斯ノ如シ而ルヲ況ヤ東方諸州ノ新ニ荼毒ニ罹ル者其レ何ヲ以テ能ク救助セン是朕カ実ニ万機ヲ攬ルニ不堪深ク自ラ愧チ自ラ哀ム所ナリ庶幾クハ主者其レ朕カ慈意ヲ体シ詳議審論以テ賑恤救助スル所ノ者アランコトヲ図レ

【注解二】 やはり本件においても、災害救助に当たって仁政（天皇の徳、慈しみ）が強調されている。天災により発生した窮民の救済は仁政の顕現として位置づけられている（「皇上深ク難被為忍救恤㒵財之道被為尽度　勅旨痛切ニ被仰出候付テハ至仁之　聖意ヲ体認シ其民ヲシテ安堵セシムルハ今日府県之責ナリ」）。

2. 窮民の救済を仁政の顕現として位置づけるという点では、本件のあとに出された布告「兵乱ノ余ニ付諸軍ヲシテ流離ノ窮民ヲ撫恤セシム」（明治元戊辰年七月一六日、第五五五）に、「忝クモ　至尊新ニ万民ノ父母ト被為成普天率土一夫其所ヲ不得モ尚難被為忍」「世乱流離ノ窮民深ク御不便ニ被　思召候」、「出先ニ於テモ御主意奉体認小民ヲ憫ミ附順之志ヲ安堵セシメ候様厚ク可心得」とあるのが注目される。こちらでは、窮民の撫恤が天皇の家父長としての温情の発現であるとはっきり述べられている。家父長たる天皇の温情としての窮民の撫恤という図式がここに確認できる。この図式は後掲の「春来気候不順ニ付賑恤ノ予図ヲ為サシム」（明治元戊辰年七月一八日、第五六二）（六八一一三）においても見られる。

3. 「即今創建之初救荒之典未タ立ス」と賑恤救荒に関する通則の欠如を認めている。本件は、「洪水暴漲惨毒之至」という状況を前にした緊急の布告との位置づけである。

【注解三】次に、本布告の内容を項目に沿って見ていく。[*6]

第一条は、災害調査（被害状況調査）を行なったうえでの適切な救助の実施を府県に命じるものである。《窮民の救助を実施すべし。ただしその際には、事情をよく調査し、救助対象者の選定を適切に行わねばならない。きちんとした調査を行わずに無益に金や食糧を支給してはならない。むやみに金や食糧を支給するならば、木喰い虫のような、聖意を食い破る輩が出てきて、下々の民の怨みを生み、かえって弊害が生じる》と述べている。救助の内容は金や食糧の支給である。

第二条は被災田畑の租賦の免除に関する規定である。没田については租賦を免ずとし、「其他漲溢ノ田畑」については被害の軽重を調べたうえで「蠲免其宜ヲ得ヘ［シ］」とする。

第三条は洪水等によって破壊された堤防や橋梁の迅速な修理を命じる。工事の実施に当たっては、私利を営むことのない廉直な官吏を担当者に選び、水理に詳しい者に工事を任せ、人夫などにはその地の被災民を用いること（工事は被災民の賃仕事とすること）を求めている。第三条但書の「人夫等ハ其地ノ窮民ニ賃シテ相用ヘキ事」という規定は、災害復旧事業を災害救援の手立てとしても位置づけるということである。この、災害救援の意味をもたせた災害復旧（あるいは災害予防）の土木事業の実施（被災民への賃仕事の提供）というのは、ずっと後まで見られる仕法である。たとえば、災害対策基本法制定のきっかけとなった伊勢湾台風災害（一九五九年）の復旧時においても、この仕法は広く見られた。[*7]

第四条は災害救援の実施責任とその手続きに関するもので、水害・旱害・風害・虫害・疾疫などの災害それぞれについて被害の窮民を賑救する方法を立てるのは府県の責任であるとし、また目下の賑恤の実施については上奏し裁可を待つ必要はなく、これを府県に任せると述べている。

2. 本布告は、発生した災害への対応策として、適切な救助（金や食糧の支給）の実施、被災田畑の租賦の免除、破壊された堤防や橋梁の迅速な修理を規定している。これは新政府の災害（応急）対応の基本形を提示するものである。

【注解四】 小川政亮は、かつて、その論文「恤救規則の成立」のなかで本件にふれ、次のように書いた。すなわち、「まず戊辰戦争（元年一月－九月）のさなか元年六月二二日、政府は府県へ洪水及び兵燹に罹災した窮民賑救の方法について達したが、政権の基礎のまだ不安定な新政府として一刻も速かに人心を掌握することの必要に迫られて発したものとみえて、『厄害ノ等ヲ弁シ救恤ノ道ヲ立ツ今日ノ事ハ奏可ヲ待タス府県へ専任ス』として、白紙委任に近い程に大幅な救恤専行権を地方官に認め、救恤の要件、種類、程度、方法等については、『救助其宜ヲ得ヘシ』とする他は殆んど何らの規定も設けていない」[*8]、と。この引用からわかるように、小川は、本布告の特徴を、「白紙委任に近い程に大幅な救恤専行権を地方官に認め」た点に見ている。小川に倣って、本件が罹災窮民救助に関して「白紙委任に近い程に大幅な救恤専行権」を地方官に認めていることに注目するならば、それは翌明治二年七月の「民部省規則」、「府県奉職規則」以降の民政部門への財政統制の実効化の流れ（地方官に対する民部＝大蔵省の統制強化の流れ）と顕著な対照をなす。政府は「新政権確立途上における民心収攬」の必要から罹災者救援を急ぐべく、その実施を地方官の専権に委ねた――小川の指摘を踏まえれば、これが元年に発された本布告「天災兵害ノ余ニ付府藩県ヲシテ便宜賑恤ヲ施行セシム」の特徴ということになる。しかるに、戊辰戦争終結後の二年七月になると、事情は変わり、政府の（地方官の、ではない）罹災者救援政策において、人心収攬よりも「濫救」防止の視点が前面に出てくるのである。*9

【注解五】 本布告を受けた府県の動きの実例が広沢真臣の「第一備忘録」明治元年七月朔日条に載っている。*10 広沢は当時参与職のほかに京都府御用掛を兼勤していたが、*11 その京都府御用掛の仕事として、六月二八日から七月一日まで、宇治川堤防破損所見分および窮民救助のため、伏見に出張したのであった。広沢の「第一備忘録」から関係の部分を抜粋すると、次のようである。*12「〇六月廿八日　陰　／　一早朝より　御用有之伏水え出張長谷卿及松田正人青山小三郎一同なり　同所役所へ出勤大山彦八其外在勤す」。「〇七月朔日　陰　（二行略）／　一早朝より槙島宇治川堤防当夏破損所見分として長谷卿其外一同罷越す／其他窮民御救助等一切御用相済夕七ツ時伏水発し帰京す」。この記述から、京都府御用掛の広沢のほか、京都府知事、同判事、同権判事がそろって伏見に出張して、宇治川堤防破損箇所を見分し、また同地で窮民の救恤を行なったことが知られる。

〔注〕

＊1　多田好問（編）『岩倉公実記（中巻）』（原書房、一九六八年一一月）、四八六－四八七頁。この意見書については、その全文を、後掲の「春来気候不順ニ付賑恤ノ予図ヲ為サシム」（明治元戊辰年七月一八日、第五六三）の項（六八一－一一三）に載せてある。参照されたい。

＊2　岩倉具視の意見書は、内容的には凶荒予備策というべきもので、そこには本布告に見られるような災害救助策は含まれてい

ない。

＊3　多田好問（編）『岩倉公実記（中巻）』、四八七頁。

＊4　同上。本布告の起点となった岩倉具視の意見書と、本布告それ自体との間には、内容的にズレがある。意見書は、上にも述べたように、凶荒予備策を内容とするもので、そこに災害救助策は含まれていない。ところが、本布告の方はといえば、これは災害救助策を専らとし、凶荒予備策を欠いているのである。このズレをどう理解したらよいか。このズレを理解するひとつの糸口は、本布告内の「救荒之典未タ立スト雖モ一日斯民ニ莅ム者即一日此道ヲ講セスンハアラス況ヤ今日眼前ノ窮厄ヲヤ」である。すなわち、「救荒之典未タ立ス」というわけであるから、凶荒予備策の必要性は理解されていても、それを規則として立てるまでには詰められていないということである。しかし「眼前ノ窮厄」に対する賑救はそれこそ急務であるから、「救荒之典」の成立を待つことなく、まず災害救助策を提示する、それが本布告である――意見書と本布告との内容的なズレに関しては、ひとまずこのように理解できよう。つまり、岩倉は凶荒予備策の必要性の認識から問題を持ちだしたが、途中で災害救助策の急務（「眼前ノ窮厄」に対する賑救）という論点が持ちだされ、後者が優先的に発出されたということである。尚、本布告の起点となった岩倉具視の意見書の凶荒予備策は、七月一八日に、府県宛ての訓諭というかたちで発表された（「春来気候不順ニ付賑恤ノ予図ヲ為サシム」、明治元戊辰年七月一八日、第五六三）（六八－一二）。

＊5　多田好問（編）『岩倉公実記（中巻）』、四八七－四八八頁。引用に当たって返り点は省略した。勅旨の内容も、凶荒発生に備えよというものではなく、「天災及兵害ニ罹ル者ヲ賑恤」すること（眼前の罹災者の救助）であった。

＊6　条文の解釈に当たっては、大蔵省記録局（編）『大蔵省沿革志（上巻）』、二〇－二一頁も、参照している。

＊7　明治初年の実施例としては、明治二年の堺県がある。堺県では、県知事小河一敏が、専断で、災害を受けた窮民の救助策と位置づけて堤防修築工事を行なった。ただし、この場合、〝専断で〟というところからわかるように、本布告と異なり、明治二年末から三年にかけての政府（民部＝大蔵省）は、窮民救助策と位置づけた堤防修築工事を認めない立場であった。参照、山中永之佑「明治初期官僚制の形成と堺県知事小河一敏」、九二－九七頁。

尚一言すれば、災害救援の意味をもたせた災害予防／復旧事業の実施（災害予防／復旧事業というかたちでの被災民への賃仕事の提供）というのは、明治政府の創案になるものではない。これは「御救普請」としてすでに江戸時代に見られたものである。参照、上田藤十郎『近世の荒政――饑饉及び食糧問題とその対策――』（大雅堂、一九四七年一〇月）、五二七頁。

*8 小川政亮「恤救規則の成立――明治絶対主義救貧法の形成過程――」（所収、福島正夫（編）『戸籍制度と「家」制度――「家」制度の研究――』、東京大学出版会、一九五九年六月）、二六三頁。

*9 小川政亮は、本布告中「兵燹之厄洪水之害窮民流離路頭ニ立者一村ニ幾人且其破産蕩家等一々細詳ニ査点シ救助其宜ヲ得ヘシ」とあるのは、「濫救」防止のためというよりは、「其宜ヲ得ス徒ニ金穀ヲ給スレハ却テ蠧弊ヲ生シ下民ノ怨望ヲ起シ宜シカラサル」とある如く、「不公平がもたらす人心不穏をおそれたためである」であるとしている（同上、二六七頁）。小川のこの指摘は、元年時点での政府の罹災者救援政策においては何よりも人心収攬の論理が優越していた、と説くものである。

また、青木虹二は、災害発生による救済の場合を明示的・限定的に指すのではなく、より一般的な文脈においてであるが、成立直後の新政府が採った、「年貢の半減」など「積年の苛政をゆるめ」る措置について、「ことは戦争を有利に展開するための策略で、そのため客観的な現実が変ってくると、新政府は、『積年の苛政をゆるめ』ることを公然と放棄するにいたる」と述べた（青木虹二「明治維新期の農民一揆」、『思想』、第五一一号、一九六七年一月、一〇三頁）。青木のこの指摘もまた、この時期の政府の人民救援策（租税の減免）が人心収攬の論理によるものであったことを指摘するものである。

なお、罹災者救援政策と人心収攬というこの論点については、後掲の「越後国兵燹水災ニ罹ル者今年ノ租税ヲ蠲ク」（明治元戊辰年八月二四日、第六六三）の項（六八―一八）も見られたい。

*10 日本史籍協会（編）『広沢真臣日記』（東京大学出版会、一九七三年一一月、覆刻版、原本の刊行は一九三一年一一月）、一〇八頁。

*11 広沢真臣が京都府御用掛を命じられたのは明治元年五月二三日であるが、当日の日記には、「当官を以京都府御用掛被　仰付候段輔相卿被　命候猶口達日々彼府出勤民政屹度相挙候様可令尽力旨被　仰聞候事」と記されており、民政の分野での広沢の活躍が輔相から期待されていたことを伝えている（同上、九八頁）。広沢はその経歴を、内国事務掛から始めて民部官副知事、民部大輔と、主に民政畑において進めていくが、そのなかで京都府御用掛としての府県事務の担当経験は彼にとって大きな意味をもったと考えられる。広沢真臣が府県事務の統轄官庁たる民部官の中心人物としての役割を果たしたことについて、後掲の「民部官ヲ置キ神祇官以下六官ニ定メ従来弁事ヘ差出ノ願伺等六官ニ進致セシム」（明治二己巳年四月八日、第三四六）の項

（六九－一三a）を見よ。

*12　同上、一〇七－一〇八頁。／は行がかわることを表わす。長谷卿（長谷信篤）は京都府知事、松田正人（松田道之）は京都府権判事、青山小三郎（青山貞）は京都府判事。

一一、「当分米穀輸出ヲ止ム」（明治元戊辰年六月、第五二一）

第七百六参看[*1]

第五百二十一　　六月

御国内水害甚敷米穀不足之程難量就テハ各所開港ヨリ当分輸出被差留候旨　御沙汰候事

【注解二】 国内の水害がはなはだしく米穀不足が懸念されるから、当分の間米穀の輸出を差し止めるとの沙汰である。この沙汰から、政府が、当時、①水害が激甚であるとの認識をもっていたこと、②激甚な水害、あるいは長雨・陰冷などにより、米穀不足が生じる懸念が強いと考えていたこと、[*2]そのうえで、③米穀不足の発生に備えて（米穀不足の発生による社会的混乱を防止するために）当分の間米穀の輸出を差し止めるという判断を下したことがわかる。水害が米穀不足を介して社会的混乱に繋がることを未然に防止（あるいは抑制）しようとする政府の姿勢がここに見られる。

2. 本件については、『維新史料綱要』明治元年六月一八日条に、「諸国水害ノ為米穀不作ニ因リ、其海外輸出ヲ禁止ス。尋デ、各国使臣ノ抗議ニ対シ、神奈川府知事東久世通禧ヲシテ折衝ニ当ラシム」という記事がある。[*3]この記事により、本沙汰による米穀輸出当分禁止の措置に対して各国使臣から抗議があったこと、これに対し政府は神奈川府知事東久世通禧に命じて各国使臣との折衝に当たらせたことが知られる。上に述べた、「七月二十五日ヨリ本月十六日マテ米穀輸出ヲ許ス」（明治元戊辰年八月、第七〇六）は、その文中に「神奈川府ヨリ申立之儀モ有之[云々]」とあるところから、神奈川府知事東久世通禧と各国使臣との折衝を経て採られた妥協策と解せられる。

【注解二】 本件の主題にかかわるものとして、他に、八月一三日に行政官から出された酒造の仕込み高の規制（造石制限）の布告がある。これは、戦争および風水害による米価沸騰とこれによる人民の難渋を理由に、酒造の仕込み高を減らす方向での規制を行なうという内容のものである。*4

〔注〕

*1　「七月二十五日ヨリ本月十六日マテ米穀輸出ヲ許ス」（明治元戊辰年八月、第七〇六）。「諸開港ニ於テ当分米穀津出被差留置候処神奈川府ヨリ申立之儀モ有之七月二十五日ヨリ当月十六日マテ再ヒ津出被差免其以後従前之通可心得旨　御沙汰候事」。《六月に当分の間米穀の輸出を禁止すると達したところであるが、神奈川府からの申し立てがあったことでもあり、七月二五日より当月一六日まで再び米穀の輸出を許すこととする。ただし、それ以後は従前の布告どおり当分の間米穀の輸出は禁止と心得るべし》というのが大意である。

*2　『大蔵省沿革志』租税寮の部明治元年七月二七日条には、鎮将府民政裁判所の認識として、「本年ノ如キ霖雨、陰冷、洪水ノ災害有リテ年穀不登、民食不足ノ憂患有ラントスル」との記述がある（大蔵省記録局（編）『大蔵省沿革志（上巻）』、二一一頁）。明治元年の大雨や長雨、さらには洪水の発生状況については、星為蔵「明治気象災害年表」のほか、千田稔「維新政権の地方財行政政策」（『史学雑誌』、第八五編、第九号、一九七六年九月）、四四頁の表を参照のこと。

*3　東京大学史料編纂所（蔵版）『維新史料綱要 巻九』、一五五頁。

*4　参照、「米価騰貴ニ付本年醸酒高三分ノ一ニ減セシム」（明治元戊辰年八月一三日、第六二三）（六八一一七）。

一二、「鎮将府及東京府ヲ置キ職制ヲ定ム」（明治元戊辰年七月一七日、第五五八）

第五百五十八　　七月十七日（布）

東京在勤

第八百六十*1ヲ以テ鎮将府廃止

一鎮将

右東国事務ヲ総裁ス

一議定

一参与

右立法之権ヲ執リ議政官之体ニ法ルヘシ

一判事分課

諸侯　軍務　社寺　刑法　会計

一弁事

右行法之権ヲ執リ行政官ノ体ニ法ルヘシ

一史官　筆生

右鎮将被差置東国政務御委任被　仰付候ニ付駿河甲斐伊豆相模武蔵安房上総下総常陸上野下野陸奥出羽十三国管轄致シ諸侯之事件ニ至ル迄総テ取扱可致事尤大事件ハ時々奏聞ヲ遂ケ候様被　仰付候事

四年太政官第五百九十四*2ヲ以テ東京府改置

一東京府
　知府事　掌府内事務
　判府事
　権判府事

京摂ハ申ニ不及諸府県ニ至ル迄政務一定之規則被為立候御趣意ニ付彼是齟齬不致様被　仰出候事
　但諸藩々於テモ御趣意ヲ奉体認右政体ニ法リ追々改革終ニ天下一定之規則相立候様之心懸可為肝要候事
　〔〔参照〕の部分は省略する。〕

【注解一】明治元年七月一七日（一八六八年九月三日）、江戸を東京と改称する旨の詔書が出された。[*3] 同日、江戸鎮台（府）が廃されて、替わりに鎮将府および東京府が設けられ、鎮将には三条実美、東京府知事には烏丸光徳が任ぜられた。[*4] こうして、東国において軍政から民政への移行が図られたのである。新設の鎮将府は太政官の制度に則る体裁を取り、鎮将には駿河以東一三か国の政務一切が委任された。[*5] 災害対策関係の組織について言えば、江戸鎮台府の下で関東の治水事務を担当した民政裁判所は鎮将府設置後も引き続き置かれ、それ以前と同様治水事務を所管した。[*6]

【注解二】「東京府史提要」[*7] は、東京府における行政機構の編成の経緯について、具体的に次のように記している。[*8]

十七日〇七月。　東京府設置、今上天皇〇明治。明治元年七月十七日詔シテ江戸ヲ以テ東京ト為シ、始メテ東京府ヲ置ク。旧郡山藩邸幸橋内ヲ以テ府庁ト為ス。鎮台輔烏丸光徳知府事ニ、判事西尾為忠判府事ニ任ズ。是日南北市政裁判所ヲ廃シ、事務ヲ本府ニ属ス。井関盛良斎右衛門〇鹿児島藩士寺島宗則陶蔵〇鹿児島藩士等鎮台府会計ヲ以テ旧市政裁判事務ヲ摂理ス是日鎮台ヲ廃シ、鎮将府ヲ置キ駿河以東十三国ヲ管ス、乃チ輔相三条実美ヲ以テ鎮将ヲ兼シメ大総督ハ専ラ軍務ヲ掌ル、又社寺裁判所ヲ廃シ、十三国ノ社寺ヲ地方官ニ属ス。

……

是月〇七月。（五行略。）〇府下洪水、街九十余町ヲ浸ス。本所深川最モ甚シ。本府為メニ巨費ヲ捐テ遭難窮民ヲ賑救ス。窮民二万九千四百五十三人ニ各米三升ヲ給ス。蓋シ費用ハ町会所儲蓄金ニ取ル。

……

二日〇九月。始テ府庁ヲ開キ、事務ヲ施行ス。庁中事務ヲ二局ニ分チ、市政、郡政ト為ス。市政局中分テ庶務、出納、聴訟、断獄、社寺、記録、捕亡、匠作ノ八部ト為シ、郡政局中又分テ租税、庶務、営繕、駅逓、記録ノ五部トス。知事一人判事二人庶政ヲ総括ス。権判事二人市政郡政ノ局長タリ、各課（部）ニ頭取、調役、下調役等ヲ置キ、規約七章ヲ定ム。（以下略。）

……

是月〇十月。郡政局出張所ヲ麹町ニ設ケ、権判事一人頭取三人調役六人記録方六人捕亡方三人ヲ置ク。（以下略。）

……

二十八日〇十一月。麹町郡政局出張所ヲ本庁内ニ移シ、従前分掌、聴訟、断獄、社寺、会計、捕亡五課及ビ盗賊欠落久離ノ事務ハ本庁吏員ヲシテ之ヲ摂セシム。租税、庶務二課及ビ堤防、橋梁、道路、修繕、水利、開墾ノ事務ハ専ラ之ヲ郡政局ニ管理セシム。又市中《ママ》政局中検視見分等事務ハ本庁吏員之ヲ兼ス。

ここに記述されている東京府の機構と職務分担――これは明治元年九月二日から一一月二八日にかけて定められた――は、後に紹介する京都府職制と内容的にほぼ同一である。*9 庁中事務が市政局と郡政局の二局に分けられて権判事がそれぞれの局長に就くこと、また両局中の分課の課目、さらに郡政局の職掌中に営繕が置かれ、郡政局が堤防、橋梁、道路等の管轄をまかされたことなど、いずれも京都府職制の範型に倣っている。ここでは災害対策関係の事務は郡政局の担当とされ、災害予防事務に位置づけられる堤防事務がその職掌中に明記されている。

〔注〕

＊1 「鎮将府ヲ廃ス」（明治元戊辰年一〇月一八日、第八六〇）。

＊2 「足柄県外一府九県ヲ置キ管地ヲ定ム」（明治四辛未年一一月一四日、太政官第五九四）。

＊3 「江戸ヲ称シテ東京ト為スノ詔書」（明治元戊辰年七月一七日、第五五七）。

＊4 江戸鎮台府の下に置かれていた市政裁判所と社寺裁判所は廃止された。これについては、「大総督宮鎮台ヲ免シ鎮台府ノ称ヲ廃ス」（明治元戊辰年七月、第五五九）も参照せよ。

＊5 「鎮将府ヲ東京ニ置キ駿河以東十三国ヲ管ス」（明治元戊辰年七月一九日、第五六六）。また、前掲の、東京都公文書館（編）『都史紀要一　江戸から東京への展開』、八五－八八頁、および同（編）『都史紀要六　東京府の前身 市政裁判所始末』、七二－七四、二二五頁も参照のこと。

＊6 松浦茂樹・藤井三樹夫「明治初頭の河川行政」、一五二頁。

＊7 明治初年東京府にあって史料の編纂に従事した小宮山綏介によって編まれたものとされる。新政府が江戸を手中におさめて以降、東京府の開設とその最初期の活動を編日的に記したもの。

＊8 東京府の行政機構の成り立ちとそのなかでの災害対策担当部門の位置づけに注目しながら、以下これを抜粋する（東京都公文書館（編）『都史紀要六　東京府の前身 市政裁判所始末』、二一九－二三八頁）。日付の表記は和暦、年号は明治元年である。

＊9 京都府職制については、後掲の「京都府規則ヲ府藩県ニ頒示シ意見ヲ上陳セシム」（明治元戊辰年八月五日、第六一〇）（六八－一一四）を見よ。

一三、「春来気候不順ニ付賑恤ノ予図ヲ為サシム」（明治元戊辰年七月一八日、第五六三）

第五百六十三　　七月十八日　　諸府県

古人ノ説ニ大乱ノ後必ス飢饉アリトイヘリ且洪水大旱ハ古来聖明ノ世ト雖トモ免レサル処ナリ春来霖雨滂沱水災農民ノ患ヲナシ気候不順既ニ苗蝗ノ害アリ此上七八月ノ末ニ至リ万一大風有之トキハ米価倍々騰貴シ諸藩ハ鎖津ヲ致シ奸商ハ買占等ヲ専ニセハ窮民ノ難渋ハ申ニ及ハス鰥寡孤独何ヲ以テ餓死ヲ免レン民ノ上タルモノ予メ策ラスンハアラス況ンヤ　皇政一新億兆ノ民ハ再ヒ父母ヲ得ルノ念ヲ生スル時ニ当リ賑恤ノ典一日モ怠ルヘカラサルヲヤ依之府県ノ諸役人此事ニノミ心ヲ尽シ其支配所民口ノ多少ニ応シ予メ米穀ノ流通ヲ謀リ鎖津買占等ノ所業ヲ禁シ或ハ彼地ヨリ此地ニ輸シ此地ヨリ彼地ニ送リ互ニ有無相助ケ今日ヨリ其目算ヲ立ヘシ其上不足ノ見込ナレハ機会ニ応シ非常ノ取計アルヘケレハ府県ノ諸役人能々相考ヘ早々言上致スヘシ

【注解一】太政官が、春来の天候不順と水害発生を踏まえて、飢饉および、米穀不足による都市部における社会的混乱を予期し、こうした事態の発生に備えてあらかじめ為しうる対応・必要な準備を行なっておくよう府県に求めた達である。春来長雨や豪雨など天候不順が続き、さらに水害も発生し、虫害も出ていて米の不作が予想されるので、あらかじめ米穀の流通を促し、また、不足分の手配をするなどして、支配下の人民に飢餓が生じないよう取り計らうことを府県に求めている。*1

【注解二】この達の元になったのは、下に掲げる岩倉具視の意見書である。これは岩倉が明治元年六月に大久保利通および木戸孝允に宛てて送ったものである。岩倉は、当時、「春来霖雨屢降リ諸国洪水アリ又時令序ヲ失テ稲苗生長セス」という状況に鑑み、凶荒の発生を予期して、それに備える必要を感じとっていた。そこで彼は策をまとめてこれを大久保と木戸に示し、ふたりの意見を求めたのである。以下、『岩倉公実記』から意見書の全文を引く。*2

古人云大乱ノ後饑饉必ス臻ルト洪水大旱ハ聖明ノ世モ亦免ル、コト能ハサルナリ春来兵革俄ニ起リ気候不順ニシテ霖雨屢降リ洪水氾濫シテ且苗蝗ノ患アリ若シ七八月之交ニ及ンテ加フルニ烈風ノ災ヲ以テセハ五穀登ラス来年全国食物ノ不足必ス算ス可カラス是時ニ方リ諸藩出津ノ令ヲ厳ニシ姦商買占ノ利ヲ専ラニセハ老幼道ニ泣キ餓孚野ニ填タン民ニシテ食物ナキトキハ何ヲ以テ生ヲ仰カン政府俄ニ救荒ノ事ヲ講究スルモ豈ニ奇策ノ出ツル有ンヤ実ニ如何トモスルコト能ハサルナリ斯ル皇政一新億兆ノ赤子父母ヲ得テ再生ノ念ヲ生スルノ時ニ当リ政府ハ一日片時モ賑恤ノ典ヲ忽諸ニ附ス可カラス故ニ今日先ツ議ヲ府県ニ下シ出津買占ノ弊ヲ除キ譬ハ河東ノ粟ヲ河内ニ移シ河内ノ粟ヲ河東ニ移スカ如ク有無相通スルノ便ヲ開キ緩急相助クルコトニ注意セシムヘシ此ノ如ク為スモ尚或ハ其レ不足スル所アラン之ヲ補填救済スルハ具視ニ於テ已ムコト無キニ出ツルノ策一アリ支那印度ニ於テ若干万石ノ米ヲ購買スル是ナリ或ハ一時ノ急ヲ救フニ足ルヘシト雖抑亦本ヲ忘テ末ニ趨ルノ窮策タルニ過キス廟堂ノ諸賢必ス深慮アラン敢テ高評ヲ乞フ

岩倉の策は、まず府県に命じて穀物の便宜流通の確保措置を講じること（出津厳禁の令や買占めの排除）、それでも尚不足が生じるような場合には支那印度から米を輸入するというものであった。『岩倉公実記』によれば、大久保・木戸とも、凶荒予備策（および災害救助策へ）の着手に同意したようである。*3

七月一八日付で発された府県宛ての訓諭（本件）は、テクストから明らかなように、穀物の便宜流通の確保措置を講じることをその指示内容としている。本件において支那印度からの米の輸入への言及がないのは、本件が府県宛ての訓諭であるという性格上当然のことと解せられるが、それでは岩倉の提案のなかの後段（緊急策としての支那印度からの米の輸入）はどう取り扱われたのか、議論のレベルで却下されたのか、議論のレベルでは同意された

けれども実際には採られなかったということなのか（あるいは採られたのか）、この点はわからない。[*4]

〔注〕

＊1　本件に関しては、大蔵省記録局（編）『大蔵省沿革志（上巻）』、二二頁も参照せよ。また、明治元年閏四月から五月にかけてほぼ全国が霖雨洪水に見舞われたことについては、星為蔵「明治気象災害年表」、三七三頁を参照のこと。この期間の水害の発生状況は、「洪水ニ付秋苗ノ埋没十三日ニ過ル者ハ本年ノ田租ヲ蠲ク」（明治元戊辰年六月八日、第四五〇）の項（六八－九）にまとめてある。

＊2　多田好問（編）『岩倉公実記（中巻）』、四八六－四八七頁。

＊3　同上、四八七頁。ただし、凶荒予備策について、大久保と木戸の同意の範囲がどこまでのものだったのか、これはわからない（災害救助策についての同意、すなわち彼ら三人の間での合意の中身は、「天災兵害ノ余ニ付府藩県ヲシテ便宜賑恤ヲ施行セシム」、明治元戊辰年六月二二日、第五〇二（六八－一〇）に示されている）。凶荒予備策を講じることに大久保と木戸が一般的に同意したことは明らかであるが、具体的な政策の面で見た場合、彼らの同意が府県に命じて穀物の便宜流通の確保措置を講じるというレベルにとどまるのか、あるいは支那印度からの米の輸入という緊急措置の発出のレベルまでを含むのか、この点は不明である。

＊4　これに関して興味深いのは、明治二年の凶作の際、救荒のために大量の南京米が輸入されたことである（松尾正人「維新政権の直轄県政――東北県政を中心として――」、九四頁）。ちなみに、松尾正人の紹介するところによれば、明治元年にも金額にして一三二万ドル余の米が輸入されている（同上）。

一四、「京都府規則ヲ府藩県ニ頒示シ意見ヲ上陳セシム」（明治元戊辰年八月五日、第六一〇）

二年第六百二十二ヲ以テ官制改正第六百七十五ヲ以テ府県奉職規則ヲ定ム*1

第六百十　　八月五日

府藩県一定之御規則不相立候テハ御政令多岐ニ渉リ弊害不少候就テハ差当リ京都府ニ於テ相定候規則書遍ク御示シ相成候若其土地民俗ニヨリ難被行条件且別ニ良法心附等之儀ハ一々詳論太政官へ可申出追テ御斟酌永世一定之御規則可被為立旨被　仰出候事

但見込存付之儀ハ八月中ニ差出可申事

規則書

京都府職制

知府事一人

所部ノ人民ヲ繁育シ生産ヲ富殖シ教化ヲ敦クシ租税ヲ収メ賦役ヲ督シ賞刑ヲ知リ府兵ヲ監スル等ヲ総判スルヲ掌ル

判府事

知府事ヲ輔ケ部内庶事ヲ判断シ尤モ民政ヲ専務トシ聴訟断獄ノ事ヲ主裁ス

権判府事

内

一人

伏見役所ヘ在勤シ其支配スル市中郡村ノ庶事ヲ判断ス尤モ重大ノ事務ハ決ヲ本府ニ取ルヘシ

一人

郡政局ノ頭取トシ部内郡村ノ庶事ヲ判断ス尤モ重大ノ事務ハ本官ト商議スヘシ

市政局

聴訟方　頭取 何人　聴訟方 何人　下調方 何人

部内訴訟ヲ聴断スルヲ掌ル

断獄方　頭取　断獄方　下調方

部内鞠獄ノ事ヲ掌リ及ヒ人民ノ賞罰ヲ判断スルヲ兼務ス

庶務方　頭取　庶務方　下調方

部内市政ノ諸事ヲ掌ル

社寺方　頭取　社寺方　下調方

部内神社寺院ノ事ヲ掌ル

会計方　会計方　下調方

部内所費ノ金穀出納ヲ掌ル当官ハ日用少キヲ以テ庶務方ヲ兼ヌヘシ

書記

事ヲ受テ上抄シ文案ヲ勘署シ部内布告掲示等ノ事ヲ掌ル

筆生

捕亡方　下目付 何人　下用掛 何人

捕縛禁囚及ヒ牢獄ノ取締ヲ管ス尤モ当官ハ断獄方ノ附属タルヲ以テ其差配ヲ請クヘシ

営繕方
駅逓方
　以上二官ハ郡政局ヨリ兼務スヘシ
郡政局
租税方　頭取　租税方　下調方
　部内郡村ノ租税ノ取建ヲ掌ル尤モ郡村ヲ部分シ租税方一人宛其一部分ヲ司ルヘシ
庶務方　頭取　庶務方　下調方
　部内郡政ノ諸事ヲ掌ル
営繕方　頭取　営繕方　下調方
　部内庁舎倉庫堤防橋梁道路ノ修繕及ヒ水利開墾総テ山野河海ノ事ヲ掌ル
駅逓方　駅逓方　下調方
　部内賦役ヲ督シ助郷割増賃銭等ヲ吟味スルヲ掌ル当官ハ日用少キヲ以テ庶務方ヲ兼ヌヘシ
聴訟方
断獄方
社寺方
会計方
書記
筆生
捕亡方

【1868年】（慶応３年12月７日から明治元年11月18日まで）

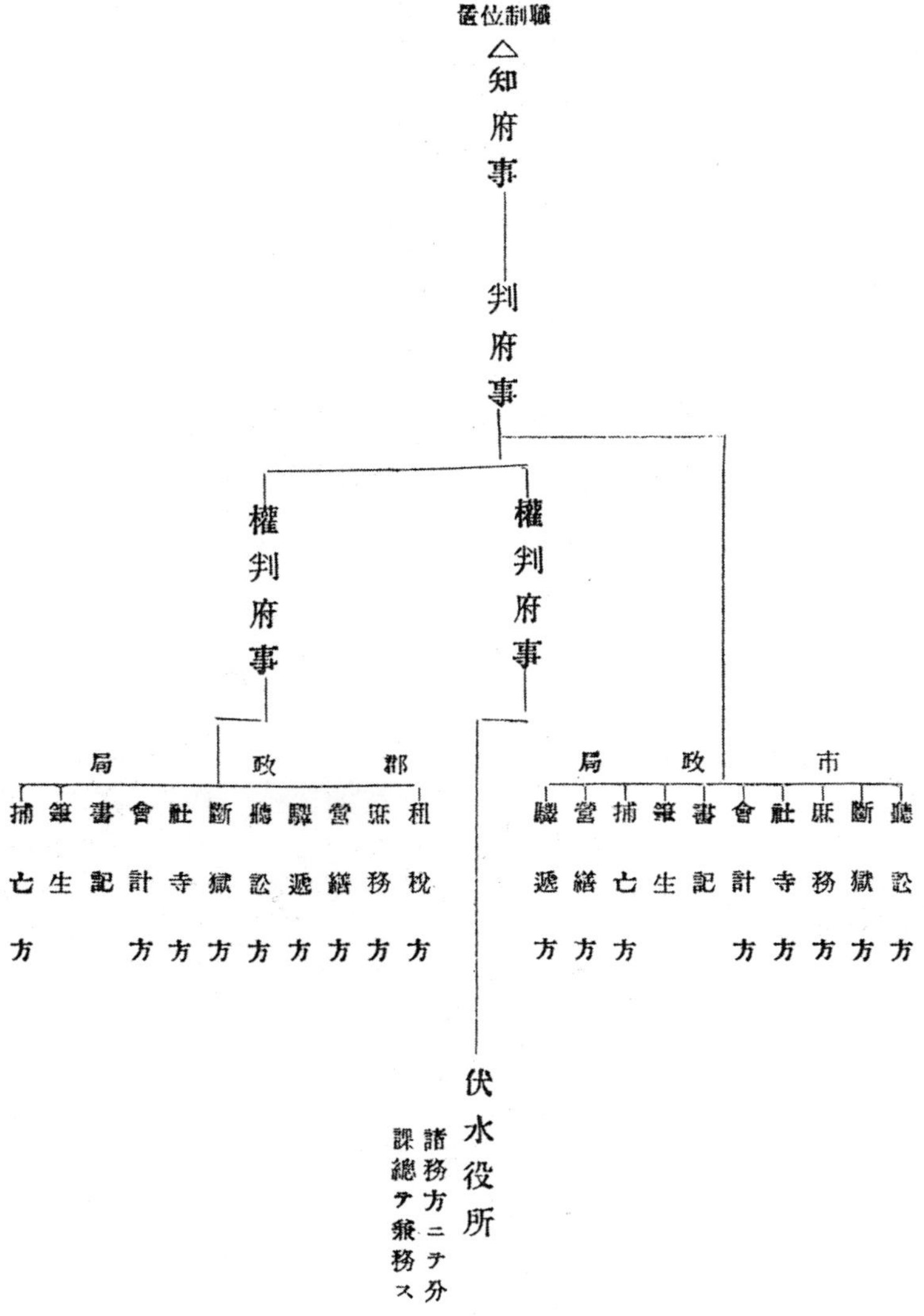

以上七官ハ市政局ヨリ兼務スヘシ

伏水役所　頭取　庶務方　下調方　筆生

其支配スル市中郡村ノ庶事ヲ掌ル本府ニ準シ聴訟断獄租税等ノ分課総テ兼務スヘシ

員外

執次

使丁

門番

右被相定候条諸有司宜ク一体分課ノ意ヲ体シ本末ヲ弁ヘ職掌ヲ審ニシ以テ相輔助勉励シ事務ヲ挙ケ行フヲ要ス総テ小権ヲ以テ大権ヲ犯シ己ノ務ヲ措テ人ノ務ヲ問フヲ戒シム若シ事ニ臨テ便ナラス或ハ別ニ良制アル等ノ事ハ商議ヲ経テ太政官へ建言スヘキ事

仕法書

（省略。）

告　諭

（省略。）

【注解一】 達「京都府規則ヲ府藩県ニ頒示シ意見ヲ上陳セシム」
【注解二】 府県の組織と権限に関する規則制定の流れ（災害対策についての規定に注目しつつ）
【注解三】「営繕」という言葉の用い方

【注解一】 本達は、地方に関する統一的な規則定立の必要性を指摘するとともに、その定立に至る手続きを示す。まず、本文中「府藩県一定之御規則不相立候テハ御政令多岐ニ渉リ弊害不少候」の部分は、府藩県に一定の規則を立てることの必要性（政治上の命令を地方において統一的に施行する制度を定立する必要性）と、それが現在は欠けていることを述べる。制度定立が必要な理由は、現状では、政治上の命令を発しても、それが一にならずいくつにも分かれてしまい、少なからぬ弊害が発生しているためである。続いて、「就テハ差当リ京都府ニ於テ相定候規則書遍ク御示シ相成候若其土地民俗ニヨリ難被行条件且別ニ良法心附等之儀ハ一々詳論太政官へ可申出追テ御斟酌永世一定之御規則可被為立」の部分で、府藩県に一定の規則を立てる（政治上の命令を地方において統一的に施行する制度を定立する）に当たっての手続きを示している。その手続きとは、①明治元年七月に京都府において定めた規則書[*2]を亀鑑として広く頒示する。次に、②各府県においてそれを吟味せしめ、京都府規則書の規定のなかにその土地の事情により施行し難い条項があれば、あるいは京都府規則よりよい別の方法等があれば、それらを太政官に上申させる。そのうえで、③太政官において諸府県からの提案、意見をも含めて総合的に検討し、「永世一定之御規則」を定立するというものである。[*3]

【注解二】 府県の組織と権限に関する規則制定の流れについて、定立されたそれぞれの規則における災害対策に関する規定に注目しつつ、以下にその概略を示す。[*4]

一八六八・八－九（明治元年七月）[*5]

京都府規則書

「京都府規則ヲ府藩県ニ頒示シ意見ヲ上陳セシム」（明治元戊辰年八月五日、第六一〇）（本項）、所載。

京都府規則書は、「京都府職制」（府の組織・編制に関する規定と事務・権限に関する規定）と「仕法書」（大組・小組など末端の統治組織の編成と区画、そこにおける役職とその職掌、さらに五人組の結成など京都府管轄下の地域の統治の細目を定めたもの）、「告諭」（「仕法書」による町組・五人組の組方や諸役の改正の旨趣を述べ、これに従って速やかに町組・五人組の組替えを行なうよう諭したもの）から成る。京都府規則書は、地方に関する統一的な行政機構定立の出発点である。上述したように、規則書中「京都府職制」において、府の組織・編制に関する規定と職務・権限に関する規定を置く。[*6]「仕法書」「告諭」の部分は、京都府規則書に独特のものである。「府県職制並事務章程」に至る以後の諸規則のなかに、これらに相当する部分は見当たらない。災害対策に関しては、規則書中「京都府職制」により、「部内庁舎倉庫堤防橋梁道路ノ修繕及ヒ水利開墾総テ山野河海ノ事ヲ掌ル」営繕司を市政、郡政両局に置く（ただし両局兼務）。これは、地方制度定立の出発点から、堤防の修繕などの災害予防あるいは災害復旧の活動が府の職務とされていたことを示す。

一八六八・九・二〇（明治元年八月五日）

地方に関する統一的な規則定立を目的として京都府規則書を頒示し、それについての意見を上陳せしめる旨の布達を発する。

「京都府規則ヲ府藩県ニ頒示シ意見ヲ上陳セシム」（明治元戊辰年八月五日、第六一〇）（本項）

一八六九・三・一七（明治二年二月五日）

府県施政順序

「府県施政順序ヲ定ム」（明治二己巳年二月五日、第一一七）（六九－九）

行政官が府県（地方官）に対して、府県が差し当たって取り組むべき課題（知府県事の職掌）を「施政大綱」のかたちで示したものである（全一三款）。これに、施政に当たっての心構えを記した項目が四つ付加されている。府県の組織に関する規定は無い。「府県施政順序」第一款は、まず、「地方ノ官府藩県ノ三治ニ帰ス三治ノ政一途ナルヘキ様厳重ニ御布告アルト雖モ未タ一定規則ノ法トス可キナキ故府県スラ猶動モスレハ政令一ナラス」と述べて、府藩県が分立し、地方官を規律する統一的な規則も欠如している実情を述べ、その弊（「下民疑惑ヲ生スルニ至ル」）を指摘する。そして、「宜シク早ク令ヲ布キ一途ナラシムヘシ是ヲ即今ノ大急務トス」と速やかな政令一途達成の必要性を強調し、そのために知府県事の職掌の大綱を示すとした。この第一款を受け第二款以降で知府県事の職掌が列挙される。災害対策に関しては、「施政大綱」（知府県事の職掌に関する規定）中に、「凶荒預防ノ事」の項目があり、「常社倉等ノ制ニ傚ヒ其部内ノ人口ヲ量凶年非常救助ニ備ル様漸次ニ取立ルヲ要ス」と定める（罹災者救援への備えに関する規定）。

一八六九・九・三（明治二年七月二七日）

府県奉職規則

「府県奉職規則」（明治二己巳年七月二七日、第六七五）（六九－二四）

県官人員並常備金規則

「県官人員幷常備金規則」（明治二己巳年七月二七日、第六七六）（六九－二五）

「府県奉職規則」であるが、これは、地方官（府県官吏）の服務規程であり、全部で一二条から成る。「府県奉職規則」は、まず、府県勤務の根本原則を示し（第一条）、次いで、職務執行に当たっての心得を説き（第二条）、それから各種事務に関する服務規程が並ぶ。そのなかで、府県官の職務執行手続きにおける中央政府の関与・統制の仕方も規定されている（府県の事務・権限に関する規定）。「県官人員並常備金規則」は、県における官員の編制と定員、および常備金（県財政）に関する規則を定める。災害対策に関しては、「府県奉職規則」の第五条に窮民・罹災者に対する救助、および救助のための備えに関する一般的規定がある。また、第六条には、災害予防工事に関する規定（「堤防橋梁道路ノ修繕怠ルヘカラス」）と災害復旧工事に関する規定がある。さらに、第八条に天災発生時の租税の減免に関する規定がある。「県官人員並常備金規則」における災害対策関係の規定については、説明がやや煩瑣に渡るので、ここでは略す。当該項目（「県官人員幷常備金規則」、明治二己巳年七月二七日、第六七六）の注記を参照せよ。

一八七一・八・二九（明治四年七月一四日）

廃藩置県（三府三〇二県）

「廃藩置県ノ詔書」（明治四辛未年七月一四日、太政官第三五〇）

「藩ヲ廃シ県ヲ置ク」（明治四辛未年七月一四日、太政官第三五三）

一八七一・一二・一〇（明治四年一〇月二八日）

府県官制

「府県官制ヲ定ム」（明治四辛未年一〇月二八日、太政官第五六〇）

府県における官員の編制に関する規定

一八七一・一二・一〇－一八七二・一・二（明治四年一〇月二八日～一一月二二日）

全国の県を改廃（三府七二県）

「上野国諸県ヲ廃シ群馬県ヲ置キ管地ヲ定ム」（明治四辛未年一〇月二八日、太政官第五五九）

「姫路豊岡二県ヲ置キ管地ヲ定ム」（明治四辛未年一一月二日、太政官第五六五）

「平県以下十一県ヲ置キ管地ヲ定ム」（明治四辛未年一一月二日、太政官第五六六）

「足柄県外一府九県ヲ置キ管地ヲ定ム」（明治四辛未年一一月一四日、太政官第五九四）

「小倉県以下十一県ヲ置キ管地ヲ定ム」（明治四辛未年一一月一四日、太政官第五九五）

「名東県以下五県ヲ置キ管地ヲ定ム」（明治四辛未年一一月一五日、太政官第六〇〇）

「鳥取県以下八県ヲ置キ管地ヲ定ム」（明治四辛未年一一月一五日、太政官第六〇一）

「静岡県以下三県ヲ置キ管地ヲ定ム」（明治四辛未年一一月一五日、太政官第六〇二）

「敦賀県以下十一県ヲ置キ管地ヲ定ム」（明治四辛未年一一月二〇日、太政官第六〇八）

「大阪府兵庫県ヲ置キ管地ヲ定ム」（明治四辛未年一一月二〇日、太政官第六〇九）

「京都府外九県ヲ置キ管地ヲ定ム」（明治四辛未年一一月二二日、太政官第六一四）

一八七二・一・七（明治四年一一月二七日）

県治条例

「県治条例」（明治四辛未年一一月二七日、太政官第六二三）

「県治条例」はそのなかに、「県治職制」（組織規定、県における官員の編制と各官の職掌・権限を規定）と「県治事務章程」（県の所掌事務に関する規定、上款三一条、下款一六条）を備える。さらに、「県治官員並常備金規則」（定員と常備金に関する規則）および具体的な行政執行法規としての「窮民一時救助規則」を加える。災害対策に関しては、まず「県治職制」により、「山林堤防営繕社倉等ノ事ヲ掌ル」分課として県庁内部に租税課が置かれている。次いで、「県治事務章程」では、県の所掌事務として「凶年饑歳除租減税ヲ定ムル事」（上款第五条）、「堤防橋梁ヲ修築シ或ハ官舎ヲ営繕スル事」（上款第一二条）、「定額アル救助ノ事」（下款第四条）などが挙げられ、「県治官員並常備金規則」には「第二常備金ハ管下堤防橋梁道路等難捨置急破普請等ノ入費ニ可充事」との規定がある。「窮民一時救助規則」は災害発生時の罹災者救済に関する定則である。

一八七二・一・二八（明治四年一二月一九日）

府県奉職規則取り消し

「府県奉職規則ヲ取消ス」（明治四辛未年一二月一九日、太政官第六六一）

一八七五・七・一二（明治八年七月一二日）

県治条例中窮民一時救助規則廃止

「県治条例中窮民一時救助規則ヲ廃シ更ニ同規則ヲ定ム」（明治八年七月一二日、太政官第一二二号達）

「県治条例中窮民一時救助規則」を廃止し、新たに同名の「窮民一時救助規則」を県治条例から独立したものとして設ける。

一八七五・一一・三〇（明治八年一一月三〇日）

府県職制並府県事務章程

「県治条例ヲ廃シ府県職制並事務章程ヲ定ム」（明治八年一一月三〇日、太政官第二〇三号達）

「県治条例」を廃止して、替わりに「府県職制並府県事務章程」を定める。「府県職制」は組織規定で、府県における組織編制と各官の職掌・権限を規定し、「府県事務章程」は府県の所掌事務（上款三九条、下款五二条）を定める。災害対策に関しては、「府県事務章程」中に救助（上款第二条、下款第六条）、災害時の地租の減軽（上款第二一条）、河川改修（上款第三一条）、築堤（上款第三二条）、砂防（上款第三三条）など多くの規定がある。

以上、府県の組織と権限に関する規則制定の流れを、明治八年の「府県職制並府県事務章程」まで整理した。そのなかでの災害対策関係の規定について簡単にまとめておくと、組織に関しては、府県において災害対策を担当する分課として営繕司（京都府職制）、租税課（県治職制）などの設置規定を確認できる。災害対策関係の事務に関しては、災害予防（築堤、堤防の修繕など）から罹災者救援（罹災者への食糧の提供や、種籾・農具代の貸し付けなど）、災害復旧（急破した堤防の修理など）に至るまで、府県の事務としてその規定が徐々に整備されてきたことが確認できる。

【注解三】 最後に、京都府規則書における「営繕」という言葉の用い方に注目しておきたい。「京都府職制」では「営繕」は、「部内庁舎倉庫堤防橋梁道路ノ修繕及ヒ水利開墾総テ山野河海ノ事」と規定されていて、災害対策（堤防の修繕など）を含む公共土木工事全般を包含する言葉として使われている。のちには、「営繕」と「土木」が区別されるようになる。*7 しかし、明治元年のこの段階では、「営繕」は広く「土木」の意味を含む言葉として用いられていたのである。*8

〔注〕

＊1 「職員令並官位相当表」（明治二己巳年七月八日、第六二二）（六九－一二一b）、「府県奉職規則」（明治二己巳年七月二七日、第六七五）（六九－一二四）。

＊2 京都府規則書の作成の中心にあったのは、参与兼京都府御用掛であった広沢真臣である。京都府は明治元年閏四月二九日に設置されたが、「京都府政が順調に展開するか否かは、京都が新政権の基盤の地である直轄地であるだけに、新政府の威信にかかわり、従って今後、新政権の全国統治のあり方に大きな影響を及ぼすものであった」から、政府は長州藩蔵元役等民政面での実務経験が豊富であった広沢を京都府御用掛に任命し、京都府政の確立と行政一般の基本方針の樹立に当たらせたのであった（佐々木克「維新政権の官僚と政治――広沢真臣について――」、京都大学人文科学研究所『人文学報』、第四七号、一九七九年三月、一一七－一一八頁）。京都府規則書の作成、頒示以後、「地方行政機構は大久保派の広沢を中心に民心掌握政策の推進下に創出されてゆく」ことになる（千田稔「維新政権の地方財行政政策」、五五頁）。

＊3 ただし、明治二年七月の「県官人員並常備金規則」以前においては、「京都府方式の採用は東京など一部府県を除けば必ずしも徹底され」ず、「各府県の固有な事情に対応した即自的・総花的な『未た条理あら』ざる職制分化が看取される」という状態であった（同上、五八頁）。「県官人員並常備金規則」も、県官についてはその定員を規定したが、県庁の組織については規定を置かなかった。しかし、明治二年七月以降、「府県庁分課定例」の上奏（明治三年四月）、三陸会議における「府県庁分課定例」の採用（明治三年一一月）など、府県庁に主要部局（財政・司法・行政）を三から五設けることにより画一的な行政機構を創出せんとする試みが、徐々に現われるようになった（同上、五七、五八頁、参照）。

＊4 明治八年一一月三〇日の「府県職制並府県事務章程」まで。各規則における災害対策関係規定の詳細については、それぞれの項目を見よ。

＊5 明治元年七月は、西暦では一八六八年八月一八日から九月一五日に当たる。

＊6 佐々木克によれば、京都府の行政機構は因州藩のそれに酷似しており、また、行政機構以外にも京都府の制度や組織において因州藩との関連が見られた。これについては因州藩出身の京都府権判事松田正人の存在が大きかった（参照、佐々木克「維新政権の官僚と政治――広沢真臣について――」、一二二頁）。

＊7　たとえば明治三年八月には営繕司が大蔵省に、土木司が民部省に置かれた。またさらに、明治四年八月には、営繕寮が大蔵省に、土木寮が工部省に置かれた。参照、「民部大蔵両省管轄ノ寮司諸掛及事務条件ヲ区別ス」（明治三庚午年八月九日、第五二〇）（七〇－一二三）、「工部省中寮司ヲ置キ等級ヲ定ム」（明治四辛未年八月一四日、太政官第四〇七）、「大蔵省職制事務章程ヲ定ム」（明治四辛未年八月一九日、太政官第四二三）。

＊8　明治元年から二年の時期の府県職制において「営繕」の名の掛を置いていたところとしては、京都、東京以外に、若松（明治二年五月）、大津（明治二年正月）、笠松（詳細年次不詳）がある。ほかに公共土木事務を意味する言葉を冠した府県の掛として「普請［掛］」（長崎、明治元年一一月）があり、甲府には農地災害復旧事務を意味する「荒地起返」の掛があった。参照、千田稔「維新政権の地方財行政政策」、五七頁。

一五、「税法ハ姑ク旧貫ニ仍リ且旧幕府旗下采邑没収ノ者ハ隣近府藩県ヲシテ之ヲ管轄セシム」

（明治元戊辰年八月七日、第六一二）

二年第六百七十五第八項参看[＊1]

第六百十二　　八月七日（布）

一諸国税法之儀其土風ヲ篤ト不相弁新法相立候テハ却テ人情ニ戻リ候間先一両年ハ旧貫ニ仍リ可申若苛法弊習又ハ無余儀事件等有之候ハヽ一応会計官へ伺之上処置可有之事

（第二条、第三条省略。）

二年九百五十一[＊2]四年太政官第百八十二[＊3]参看

一諸府県月給其外諸入用凡積ヲ以テ租税之内ニテ金穀儲へ置夫々取計致シ皆納之節会計官へ明細勘定帳差出候様可致事

（第五条、第六条省略。）

右之通被　仰出候事

【注解一】本件第一条の「諸国税法之儀其土風ヲ篤ト不相弁新法相立候テハ却テ人情ニ戻リ候間先一両年ハ旧貫ニ仍［ル］」という規定は、明治政府の最初期の災害対策を理解するうえで、重要な意味をもつものである。新政府は明治二年冬から三年にかけて、「御取箇帳様式ヲ定ム」（明治二己巳年一一月一七日、第一〇六一）（六九–三八）、「郷帳案ヲ定ム」（明治三庚午年五月晦日、第三八〇）（七〇–一四）などにより、徴租台帳の様式を定め、これを府県に達示した。これらの布達を見ると、そのなかに、「引」とか「破免」といった災害対策法（災害時の租税の減免法）が取り入れられていることがわかる。つまり、明治政府は、その出発点から、災害発生時（あるいは災害発生後）の罹災者対策として租税減免の制度を備えていたのである。しかし、こうした租税の減免制度は新政府が新しく作り出したものではなかった。新政府は本件第一条の規定をもって徴租法をとりあえず旧幕時代のそれに依るとして出発したために[*4]、結果として旧幕時代の徴租法のなかに含まれていた災害時の租税の減免制度も引き継いだのである。[*5]

本件の第一条は、諸国の税法について、その土地の風俗習慣を念入りに調べたうえで新法を立てるのでなければ、かえって人情に悖ることになりかねない、それゆえ、とりあえず一両年中は旧慣に依るものとする、と規定した。繰り返しになるが、この旧慣のなかに災害時の租税の減免法も含まれており、明治政府はそれを徴租法の定式化のなかでも引き継いだのである。たとえば、明治二年一一月の「御取箇帳様式ヲ定ム」（明治二己巳年一一月一七日、第一〇六一）は、民部省が取箇帳（取箇目録書）を録製する体式を府県及び各藩寄託地に頒示したものであるが、頒示された帳簿の体式には、御手当定免、破免、高内引などの、災害時（災害後）の租税減免の仕法が組み込まれている。「郷帳案ヲ定ム」（明治三庚午年五月晦日、第三八〇）の場合も同様である。示された郷帳（徴租台帳）案には、各村の反別とその高を記した後に、引高の項目が立てられ、そこには「前々何々引」（「此廉連々可起返引高之分」）、「当支何々引」（「山崩川欠等ノ類引高相成候初発一ヶ年ハ此振合ニ認翌年ヨリ前書連々可起返引高之内エ可組入」）といった項目立てとその説明書きが見られる。[*6] 取箇帳（取箇目録書）の体式や郷帳案に書かれているのは、災害発生時（災害発生後）、江戸時代以来の制度である「引」や「破免」を適用することによって、罹災農民の当面の負担を減らすとともに、農地の復旧を促す、という仕法である。このように江戸時代以来の災害対策仕法が継承された背景には、諸国の税法に関してはしばらく旧慣に依るとした本件の規定があったのである。

【注解二】 本件の主題にかかわるものとして、明治元年第七九六「関東諸県租税ノ徴収旧政府引付ヲ以テ査点セシム」（明治元戊辰年九月二八日）（六八－二一二）も参照せよ。これは東国一円の政務を委任された鎮将府（会計局）が関東諸県に対して発した達であるが、ここには本辰年（明治元年）の徴租（租税収納）方針が示されている。その方針を見ると、そこに「定免村ニテモ水旱損等天災ニテ取米三分以上ノ損毛ニ相当候得ハ破免引方相立候儀ニ有之」との記述を確認できる。旧政府以来の災害時の租税減免法（「破免」）が採りいれられているのである。

【注解三】 また、本件第二条は、諸府県における経費の支出手続きを定める。諸府県の入用については、それをおよそ見積もったうえでその分を租税の内から取り分けておき支出する、その支出に関しては租税皆納の際明細勘定帳を会計官に提出する、と規定された。府県が支出する災害救援費（賑恤費）や復旧土木費もこの手続きに依ることとされたのである。

〔注〕

＊1 「府県奉職規則」（明治二己巳年七月二七日、第六七五）（六九－二一四）。

＊2　「府県収支ノ帳簿及正租目録大積明細帳進致期限ヲ定ム」（明治二己巳年九月、第九五一）。

＊3　「府県置米金其他請払等改正条項」（明治四辛未年四月一〇日、太政官第一八二）。

＊4　「明治元年一月ヨリ八年六月ニ至ル歳入出決算報告書」（明治一三年二月一三日、太政官達）に収められた「明治元年一月ヨリ八年六月ニ至ル歳入出決算報告書附録備考」には、「抑モ明治元年二年ノ間ハ百事草創ニシテ出納ノ法規固ヨリ周密ヲ欠キ唯幕府ノ慣例ヲ襲フニ過キス」と書かれている（『法令全書（明治一三年ノ一）』、七八四頁）。維新政府の租税政策が旧租法の継承とそれの整備（帳簿書式の統一など）から出発したことに関しては、参照、千田稔「維新政権の租税政策」（所収、千田稔・松尾正人『明治維新研究序説——維新政権の直轄地——』）。

＊5　明治初年の災害時の租税の減免制度について詳しくは、後掲の「御取箇帳様式ヲ定ム」（明治二己巳年一一月一七日、第一〇六一）の項（六九一三八）を参照のこと。

＊6　これは、江戸時代以来の免租法のひとつである連々引の存在を示すものである。すなわち、山崩れ・洪水などにより耕作不能となった田畑を復旧までの間免租地とするという災害対策法が存したということである。

一六、「江戸ヲ改テ東京ト称シ鎮将府ヲ置キ民政裁判所ヲ会計局ト改称ヲ布告ス」

（明治元戊辰年八月八日、第六一四）

第八百六十十[＊1]ヲ以テ鎮将府廃止第八百六十一[＊2]ヲ以テ会計局廃止

第六百十四　　八月八日（布）（鎮将府）

今般改江戸称東京是迄之江戸城へ鎮将府ヲ被置民政裁判所ヲ会計局ト被改候間此段相達候事

【注解一】　江戸鎮台府設置[＊3]以来東国の治水事務を担当してきた民政裁判所が廃止され、これが鎮将府会計局となったことを知らせる布告である。

以下に東国における治水事務の担当機関の変遷を整理して示す。

一八六八・七・八（明治元年五月一九日）

江戸鎮台（府）設置される。

「江戸鎮台ヲ置キ三奉行ヲ廃シ社寺市政民政ノ三裁判所ヲ設ケ職員ヲ定ム」（明治元戊辰年五月一九日、第四〇二）（六八－七）

江戸鎮台府　民政裁判所　御取箇方

一八六八・九・三（明治元年七月一七日）

鎮台府廃され、鎮将府設置される。

「鎮将府及東京府ヲ置キ職制ヲ定ム」（明治元戊辰年七月一七日、第五五八）（六八－一二）

「大総督宮鎮台ヲ免シ鎮台府ノ称ヲ廃ス」（明治元戊辰年七月、第五五九）

鎮将府　民政裁判所

一八六八・九・二三（明治元年八月八日）

民政裁判所、会計局と改称される（民政裁判所廃止）。

「江戸ヲ改テ東京ト称シ鎮将府ヲ置キ民政裁判所ヲ会計局ト改称ヲ布告ス」（明治元戊辰年八月八日、第六一四）（六八－一六）

鎮将府　会計局

一八六八・一二・一（明治元年一〇月一八日）

鎮将府廃止される。鎮将府廃止にともない、会計局は会計官出張所と改められる（東国の治水事務が会計官の所管に吸収される）。

「鎮将府ヲ廃ス」（明治元戊辰年一〇月一八日、第八六〇）

「会計局ヲ会計官出張所ト改定ス」（明治元戊辰年一〇月一八日、第八六一）（六八－一二七）

会計官　会計官出張所

【注解二】 新設の鎮将府会計局は、さっそく関東諸県に対して堤防普請のための国役金の徴収を達した。[*4] また同局は、関東諸県に対して、九月二八日に本辰年（明治元年）の徴租（租税収納）方針を示し、[*5] 一〇月には村鑑帳の提出を求めた。[*6][*7][*8]

〔注〕

＊1　「鎮将府ヲ廃ス」（明治元戊辰年一〇月一八日、第八六〇）。

＊2　「会計局ヲ会計官出張所ト改定ス」（明治元戊辰年一〇月一八日、第八六一）（六八－一二七）。

＊3　江戸鎮台府設置以前の東国における治水事務の処理に関する記事を『維新史料綱要』から拾い集めると、以下のようである。

①「田安家主徳川慶頼、大総督府ニ関東地方ノ治水灌漑ニ関スル前例ヲ陳ジテ其措置ヲ稟請ス。令シテ姑ク旧慣ニ仍ラシム。尋デ二十七日更令シテ之ヲ停ム。」（明治元年閏四月七日）（東京大学史料編纂所（蔵版）『維新史料綱要 巻八』、五五〇頁。傍線は割注の部分である。）

②「忍藩老臣高木九郎右衛門、書ヲ東山道先鋒総督府ニ上リ、旁近諸川ノ治水灌漑ノ事ヲ管センコトヲ請フ。是日、督府、之ヲ聴ス。」（明治元年閏四月八日）（東京大学史料編纂所（蔵版）『維新史料綱要 巻八』、五五五頁。）

③「東山道先鋒総督府、館林藩ニ命ジテ、館林領内灌漑ノ事ヲ管セシメ、且同藩地旁近未ダ鎮定セザルヲ以テ、其防備ヲ厳ニセシム。」（明治元年閏四月一二日）（東京大学史料編纂所（蔵版）『維新史料綱要 巻八』、五七一頁。）

④「東山道先鋒総督府上野巡察使大音龍太郎厚龍〇彦根藩士高崎・前橋・沼田・安中・小幡・七日市・吉井・伊勢崎八藩ニ命ジテ、上野国内旧幕府領治水ノ事ヲ管セシム。」（明治元年五月三日）（東京大学史料編纂所（蔵版）『維新史料綱要 巻九』、一三頁。傍線は割注の部分である。）

①は、田安家主の徳川慶頼が大総督府（東征大総督有栖川宮熾仁親王）に関東地方の治水灌漑に関する前例を陳べて、それの対処方の指示を乞うた（明治元年閏四月七日）ことに関する記事である。大総督府は一旦旧慣に仍ると令したが、後日（閏四月二七日）これを撤回している。

②と③は、武蔵忍藩（松平氏）と上野館林藩（秋元氏）に対して、東山道先鋒総督府（東山道先鋒総督兼鎮撫使岩倉具定）が領内あるいは傍近の治水・灌漑の管理を命じたことを伝える記事である。④は、東山道先鋒総督府上野巡察使が高崎・前橋など八藩に対して上野国内の旧幕領地の治水事務の管理を指示したものである。これらを見ると、北関東に入った東山道先鋒総督府は、進軍する先々で、その地の藩当局に対して、治水や灌漑の管理を委ねる旨の令を発していったようである。いずれにしても、江戸鎮台府設置以前においては、東征軍当局が関東地方の治水灌漑事務について必要な指示や承認を与えていたといえる。

＊4 「関東川々堤防国役金ヲ徴集ス」（明治元戊辰年八月、第七〇九）（六八－二〇）。

＊5 「関東諸県租税ノ徴収旧政府引付ヲ以テ査点セシム」（明治元戊辰年九月二八日、第七九六）（六八－二二）。

＊6 「関東諸県ヲシテ村鑑帳ヲ進致セシム」（明治元戊辰年一〇月、第八五八）（六八－二六）。

＊7 これら三件について、詳しくは、後掲のそれぞれの項目を参照せよ。

＊8 鎮将府は、また、水害罹災による困弊を理由に挙げて伊豆・相模地方の人民に対する貸金返済の督責を禁じる布令も行なっている（九月一九日）。これも一種の災害救助策と見られよう。参照、東京大学史料編纂所（蔵版）『維新史料綱要 巻九』、四六二頁。

一七、「米価騰貴ニ付本年醸酒高三分ノ一ニ減セシム」（明治元戊辰年八月一三日、第六二三）

第七百十八[*1]参看

第六百二十三　　八月十三日（布）（行政官）

当辰年之儀国ニ寄戦争又ハ風水之災等モ有之米価沸騰諸民難渋之趣相聞候依之当年酒造之儀元高之三分一仕込可申万一心得違過造等致候者ハ厳重御咎可被　仰付候条此段向々ヨリ酒造人共へ可相達候事

【注解】明治元年八月一三日に行政官から出された、酒造の仕込み高の規制（造石制限）の布告である。これは、戦争および風水害による米価沸騰とこれに由来する人民の難渋を理由に、酒造の仕込み高を元高の三分の一に減らす規制を行なうという内容のものである。

造石制限に関しては、「醸酒免許ノ鑑札ヲ改正シ幷納税金額ヲ定ム」（明治元戊辰年五月二七日、第四二一）の第三条に「凶年ニハ分割ヲ以テ減造可致事」との規定がある。当布告はこれを発動したかたちのものである。[*2][*3]

〔注〕

＊1　「酒造高百石未満ノ分百石マテ増額ヲ許ス」（明治元戊辰年九月四日、第七一八）。

＊2　凶荒時あるいは凶荒への備えを理由とした造石規制は、新政府の創案ではなく、江戸時代由来のものである。参照、上田藤十郎『近世の荒政』、一一、二八頁。

＊3　明治二年も長雨、水害、冷夏のため凶作となり、「免許高ノ三分一造」が達された（「酒造ノ儀ニ付テハ前々モ相触候趣モ有

之候処当年ノ儀ハ諸国一般不作米価追々沸騰及ヒ下民難渋タルヘク候間向後及沙汰候迄ハ免許高ノ三分一造ト相心得可申」）。この件については、「諸国凶歉ニ付酒造免許高ノ三分一ヲ造ラシム」（明治二己巳年一一月三日、第一〇三七）の項（六九一―三七）を参照せよ。

一八、「越後国兵燹水災ニ罹ル者今年ノ租税ヲ蠲ク」（明治元戊辰年八月二四日、第六六三）

第六百六十三

八月二十四日（越後口総督）

民政局へ

今般賊ノ為メ兵火ニ罹リ或ハ水災ニ逢候者共ハ当秋年貢都テ被免候条不洩様可相達事

別紙之通リ被　仰出候間早々諸方民政局へ可相達者也

【注解一】本件は、越後口総督（仁和寺宮嘉彰親王）[*1]が越後各地の民政局に[*2*3]宛てて発した達で、その内容は、越後の国について、兵火にかかった者、水害に遭った者の今秋の年貢をすべて免除するというものである。ただしこの年貢全免令は九月二六日（一八六八年一一月一〇日）付で撤回された。[*4]撤回の達は『法令全書』には採録されていない。

北越戊辰戦争の激戦地越後では、戦闘終結地域の民心掌握のため、すでに六月一日（一八六八年七月二〇日）に北陸道鎮撫総督府会議所より越後府を通じて年貢半減令が出されていた。[*5*6*7]本達（年貢全免令）が撤回されたのは、すでに半減令を布告していた小千谷民政局からの異議によるという。[*8]北陸道鎮撫総督府の副総督で、越後府知事代行でもあった四条隆平は、六月一日発出の年貢半減令について、それは、民心の不穏が治まらない状況の下、征服地が再び『賊軍』に奪還されないように越後の民心を安定させるための手段であると述べている。[*9]「兵燹水災ニ罹ル者」の租税の免除は、災害救援のためというよりも（もちろんその意味をもつが）、当時の緊迫した情勢のなかで民衆の不穏を抑え、人夫や物資調達など戦争への協力を得る目的で打ち出されたものであった。*10

2. 民政局という名称の地方統治機関は、新政府自身の手によっても、戊辰戦争の兵火を被った旧会津藩領、旧庄内藩領などに設置された。*11「明治元年一月ヨリ八年六月ニ至ル歳入出決算報告書」（明治一三年二月一三日、太政官達）には、民政局について「〔民政局〕ハ戦乱ノ余人心ヲ安撫シ流民ヲ保護スルカ為メ磐城平、若松、酒田ニ該局ヲ設ケシ」との説明がある。*12「自慶応三年十二月至明治元年十二月第一期歳入出決算表」によれば、該期において民政局費用として六六、〇〇〇円の支出が記録されている。*13 この数字は該期の歳出合計の約〇・二%にあたる。同様に第二期（明治二年一月から同年九月まで）には五六四、九八六円（二・七%）支出の数字があり、「〔民政局ノ〕費額大ニ増加セシハ磐城平、若松、酒田ノ民政局ニ於テ乱離ノ民人ヲ救助保護スルノ費用甚タ多キニ由レリ」との説明が付されている。*14

【注解二】 明治元年の越後水害であるが、星為蔵「明治気象災害年表」には、同年五月三〇日の項に「信濃川稀有の洪水（新潟）」と記されている。*15 明治元年の越後水害について詳しくは、後掲の「越後国ニ領地アル者外国船ヲ以テ囲米廻漕ノ節ハ越後府ノ免許ヲ請ケシム」（明治二己巳年六月二三日、第五六〇）（六九－一九）、「治河使ヲ廃シ土木司ヲシテ水利ヲ管轄セシム」（明治二己巳年七月二七日、第六八一）（六九－一二六）の項を参照せよ。

〔注〕

＊1 越後口総督（会津征討越後口総督）は新政府が明治元年六月一四日（一八六八年八月二日）に、会津征討を目的として設置した機関である（「同年［明治元年］六月十四日　当官［仁和寺宮嘉彰親王］ヲ以会津征討被仰付越後口総督被仰出候事」、日本史籍協会（編）『百官履歴 一』、一二頁）。越後口の政府軍を率いる総督の名称は、当初（正月九日）は「北陸道鎮撫総督」

（高倉永祜）であり、その後二月六日に「北陸道鎮撫先鋒総督兼鎮撫使」（高倉）、四月一九日に「北陸道鎮撫総督兼会津征討総督」（高倉）と改められ、五月一九日には「奥羽征討越後口総督」（高倉）となった（『石川県史 第弐編』、石川県、一九二八年三月、一二六五、一二六七、一二七七、一三〇〇頁。本稿では煩瑣を厭い、会津征討越後口総督よりも前については、北陸道鎮撫総督の呼称で統一している）。尚、奥羽征討越後口総督高倉永祜は六月二七日にその職を辞している（六月二九日病没）（滝沢繁「民政局支配の成立――小千谷民政局を中心として――」、『新潟史学』、第一二号、一九七九年一一月、九八頁、『石川県史第弐編』、一三〇七頁）。

＊2 民政局は、北陸道鎮撫総督府会議所（戦地参謀が詰める機関／「官軍本陣」）の意向を受け、明治元年五月から九月にかけて、越後府権判事小笠原弥右衛門らにより、柏崎、小千谷、長岡、三条、水原、新潟、村上、川浦、出雲崎の越後各地計九か所に設けられた新政府の地方統治のための出先機関である。越後府は各民政局に権判事を派遣し、そこで事務に当たらせた。平定地における民心の掌握と、進撃する政府軍のための人足の確保や物資の調達などが、民政局に課せられた主な役割であった。民政局の地方官は、民生安堵の布告を出し、戦火や水災により生じた窮民の救助、孝子節婦の褒賞を実施して（「民政軍事混乱ノ折柄、第一民生安堵ノ布告ヲ為シ、民情一新ノ方向ヲ定メ、水災焼亡ノ窮民ヲ救ヒ、孝子節婦憤死正議《ママ》ノ徒ヲ褒賞シ金穀ヲ与フル」）新政府への支持調達を図った（上の「」内は越後府権判事杉本行蔵から越後府知事代行四条隆平宛ての書簡。滝沢繁「越後における民政局の成立と解体」、『新潟県史研究』、第五号、一九七九年三月、三八頁による。新潟県（編）『新潟県史 通史編六 近代一』、新潟県、一九八七年三月、九八－一〇〇頁も、あわせて参照せよ）。民政局は明治二年九月まで存続し、同月末に県の出先機関としての「出張所」に組み替えるかたちで廃止された。民政局廃止の背景には、明治二年七月の官制改革による民部省、大蔵省の設置や、「府県奉職規則」、「県官人員並常備金規則」の制定といった、政府の府県統制強化の動きがあった（滝沢繁「越後における民政局の成立と解体」、五〇－五二頁）。

また越後府は、明治元年五月二九日（一八六八年七月一八日）、越後国内の政府直轄地支配のために新潟裁判所に替わって設置された地方統治機関である（第一次越後府）（「新潟裁判所ヲ改テ越後府ト為ス」、明治元戊辰年五月二九日、第四二九）。当初知事は任命されず、北陸道鎮撫副総督の四条隆平が知事職を代行した（四条が越後府知事に任ぜられたのは九月八日のことである）。設置当初の越後府は、平定地域の治安維持と人心収攬、政府軍への物資調達などを主たる役割とした（新潟県（編）

『新潟県史 通史編六 近代一』、一一三頁）。

＊3　民政局の活動の具体相については、滝沢繁「民政局支配の成立」、一〇一－一〇七頁を参照せよ。

＊4　新潟県（編）『新潟県史 通史編六 近代一』、一〇一頁。「［年貢全免令は、］九月二十六日に総督府より全免取消しと各民政局によって処置がまかされるということに後退」した（滝沢繁「越後における民政局の成立と解体」、三七頁）。

＊5　「六月初めの年貢半減令は、平定された旧桑名・会津領の柏崎・魚沼地方に早々政府の許可もなく布告された。」（滝沢繁「越後における民政局の成立と解体」、三七頁。）この年貢半減令については、北陸道鎮撫副総督兼越後府知事代行の四条隆平が六月七日付書簡で、布告の事情を次のように政府に説明している（滝沢繁「民政局支配の成立」、九九頁より重引、中略は滝沢）。

抑越後国風ハ人気悪敷土情ニ御座候間、今般戦争跡之地方、手広之ケ所多、右人民撫育之儀ハ金穀ニ無之候テハ行届兼候、（中略）、何分奥羽両国反復之由ニテ、会津、上杉其外強勢、追々襲来由ニ付テハ、良モスレハ土地人民反復之気勢相見へ、鎮定方六ケ敷ニ付、寸刻モ早ク万民為安堵、賊領之分半税申付候

＊6　「奇兵隊戊辰役日載」明治元年六月朔日条に、この件に関する記事がある。すなわち、「昨夜柏崎ヨリ民政局小笠原弥右衛門来陣、先般ヨリ申談シ候賊徒旧領ノ民ハ半租ヲ賜ヒ候義、取行ヒ可申ニ決シ、案文ヲ草シ与フ、直様布告致候」（新潟県（編）『新潟県史 資料編一三 近代一 明治維新編Ⅰ』、新潟県、一九八〇年三月、九〇頁。）「奇兵隊戊辰役日載」は、越後での戦闘に参加した長州藩奇兵隊の記録で、書記役長三州の筆になるものである（同上、五頁）。「越後とくに中越地方での戦闘が展開される［明治元年］五月以降、政府軍『会議所』は、前進基地にあたる小千谷・関原・長岡におかれた『会議所』と、後背地の柏崎におかれた『会議所』の二つがあり、参謀山県狂助（有朋）がいた前進基地の『会議所』が、軍事面だけでなく政治面及び民政面にも大きな発言力をもっていた。」（滝沢繁「越後における民政局の成立と解体」、三六頁。）「奇兵隊戊辰役日載」は、「関原・長岡の前進基地の奇兵隊の記録」である（同上、五二頁）。

＊7　六月初めに出されたものと同じ内容の年貢半減令が、八月にも、「官軍中軍」などから、六月以降新たに平定された地域を対象に、発出された（参照、滝沢繁「民政局支配の成立」、一〇〇頁）。明治元年八月当時、地方における年貢減免の動きについて、中央では容認する者（たとえば岩倉具視）と反対する者（たとえば大久保利通）に見解が分かれていたという（同上、一〇〇－一〇一頁）。

＊8　滝沢繁「越後における民政局の成立と解体」、三七頁、新潟県（編）『新潟県史 通史編六 近代一』、一〇一頁。

＊9　新潟県（編）『新潟県史 通史編六 近代一』、一〇一頁。さらに、上に滝沢繁「民政局支配の成立」、九九頁より重引した、越後府知事代行四条隆平の六月七日付書簡を、参照のこと。

＊10　参照、滝沢繁「民政局支配の成立」、九九－一〇〇頁。

＊11　「元年八月八日　民政局ヲ磐城国磐前郡平ニ置キ又羽前国村山郡柴橋岩代国会津郡若松羽後国飽海郡酒田ノ三所ニ置ク」（『太政類典』第一編第二三巻七三）。これらは設置主体という点で越後各地に設けられた民政局と異なる。ただし、その機能においてはかなりの共通性をもつ。

＊12　『法令全書（明治一三年ノ一）』、六八五頁。奥羽地方における民政局の設置の経緯と、その機能――とくに若松民政局と酒田民政局のそれ――に関しては、松尾正人「維新政権の直轄県政――東北県政を中心として――」、五三、五六－五七、五九頁を参照せよ。また、民政局が行なった貧民救済の実態については、森田武「直轄県における明治政府の経済政策――福島・白河地方の場合――」（『歴史学研究』、第三五九号、一九七〇年四月、松尾正人（編）『幕末維新論集 六 維新政権の成立』、吉川弘文館、二〇〇一年四月に再録）、二〇三－二〇六頁を参照せよ（頁数は二〇〇一年再録版のそれである。以下同様）。森田は、この論文において、磐城平民政局を取り上げ、そこでの貧民救済は、救済とは名ばかりで、実質は当局による「『救済』を名とした財源確保であるとさえ言え」るものであった、と指摘している（同上、二〇五頁）。

＊13　『法令全書（明治一三年ノ一）』、六七八頁。

＊14　同上、六八九、六九五頁。尚、本項の記述と関連するものとして、新政府の東北統治の方針、及びそのなかでの水害罹災者に対する租税の減免の位置づけに関し、「諸藩取締奥羽各県当分規則」（明治元戊辰年一二月二三日、第一一二五）の項（六九－五）に詳しく述べた。参照されたい。

＊15　星為蔵「明治気象災害年表」、三七三頁。

一九、「東京　行幸ニ付沿道府藩県心得方ヲ定ム」（明治元戊辰年八月二八日、第六八五）

第六百八十五　八月二十八日（御道調弁事）　府藩県

一沿道筋近在近郷ヨリ拝ミニ罷出候儀勝手次第ニ被差免候事

但御布令有之候得共尚御先道調之指揮ニ従ヒ宿端又ハ広場ニテ混雑不致様拝礼可致事

雨露ヲ凌キ候丈ケニ勝手ニ仮建致候事不苦尤其辺之取締ハ引請引請ノ諸侯ヨリ精々混雑不致様可致事

（三項目省略。）

一兵火水災之為ニ流離致候者所之府藩県ニテ取調置供奉之弁事へ可申出事

（五項目省略。）

第七百九十九[*1]第八百九十二[*2]第九百八十九[*3]参看

一七拾歳以上孝子義僕職業出精之者取調置当日弁事へ可差出事

（一項目省略。）

一御道調之節為御用弁府藩県ニ於テ営繕監察駅逓用度等之御用承リ候者申付置通行之節差出其役々可承合候事

【注解】 東京行幸御道筋御先著の五辻弾正大弼（五辻安仲）と戸田大和守（戸田忠至）が、東京行幸（明治元年九月二〇日京都出発）の沿道に当たる府藩県に対して、通輦の際の心得等を達した文書の一部である。四項目めに、通輦の際賑恤を施すのでその対象者として戦災水災の罹災者をあらかじめ調べ置くこと、そして供奉の弁事がその地に到着したら調べ置いたものを提出すること、これらが指示されている。[*4]

2. 松尾正人は、東幸は天皇を万民の前に明らかにし、「億兆の父母」とするための演出が施された一大デモンストレーションであったとしているが、[*5] 本件の一項目めはそのことをよく表わすものである。戦災水災の罹災者への賑恤は演出の道具立てとして用いられたのである。[*6]

〔注〕

＊1 「御東幸沿道七十歳以上ノ者并孝子義僕等ヲ査点録上セシム」（明治元戊辰年九月、第七九九）（六八－二四）。

＊2 「御東幸褒賞養老賑恤ノ典ヲ府藩県一般ニ施行セシム」（明治元戊辰年一〇月二五日、第八九二）（六八－二九）。

＊3 「褒賞賑恤ノ典御挙行ノ趣旨ヲ体シ府藩県ヲシテ窮民ヲ撫育セシム」（明治元戊辰年一一月二五日、第九八九）（六九－一）。

＊4 東京行幸道中の水災罹災者への賑恤について、詳しくは、「御東幸沿道七十歳以上ノ者并孝子義僕等ヲ査点録上セシム」「御東幸沿道水害ノ橋梁ヲ再造シ又ハ修復ノ意見ヲ開申セシム」（明治元戊辰年九月、第七九九）の項（六八－二四）を参照せよ。また、東京行幸の経緯とその意義については、「御東幸沿道水害ノ橋梁ヲ再造シ又ハ修復ノ意見ヲ開申セシム」（明治元戊辰年一〇月一三日、第八四二）の項（六八－二五）を見よ。

＊5 松尾正人『維新政権』、七四－七五頁。

＊6 この点については、「御東幸沿道七十歳以上ノ者并孝子義僕等ヲ査点録上セシム」（明治元戊辰年九月、第七九九）の項と、「御東幸沿道水害ノ橋梁ヲ再造シ又ハ修復ノ意見ヲ開申セシム」（明治元戊辰年一〇月一三日、第八四二）の項で論じられている。参照されたい。

二〇、「関東川々堤防国役金ヲ徴集ス」（明治元戊辰年八月、第七〇九）

第千六十一[*1]ニ依リ消滅

第七百九　八月（会計局）　関東諸県

昨卯年川々普請国役金取集方之儀当年ハ其方共引請取集候積ニ付別紙之通最寄引分候条私領寺社領共高百石ニ付銀二十九匁九分ツ、都テ其村々右高ヘ掛候筈ニ付銘々支配所ハ勿論最寄私領社寺領共不洩様相触万石以上其余ハ家来ヘ相達万石以下社寺領ノ儀ハ御料所ノ振合ヲ以取集十一月晦日迄会計局ヘ相納可申候且旧幕ノ節由緒有之高掛免除ノ村々ヘモ以来前々ノ通高掛被　仰付候ニ付差支ノ筋モ有之候ハヽ取調相伺一郡内引分支配イタシ候分ハ申合差支無之様銘々取扱高役金掛ノ高并御金納方等ノ儀ハ時々会計局ヘ相届荒所其外免除可相成分ハ取調可被相伺候（別紙欠ク）

【注解一】 これは、鎮将府会計局から関東諸県に宛てて発せられた、堤防普請のための国役金徴収の達である。ここでは、

①鎮将府会計局が昨卯年の諸川堤防普請のための国役金の徴収を引き受ける。具体的には関東諸県をしてこれを課収せしめる。*2

②国役金は、私領、寺社領を含めて、高一〇〇石につき銀二九匁九分の割合で村々の石高に掛ける。

③一万石以上の所領については各県がその領地の家臣に国役金納付を命達し、また一万石以下の所領、社寺領については各県がそれぞれの領地の割当額を取り集めて、すべて一一月晦日までに会計局に納める。

④旧幕時代には理由があって高掛が免除されていた村々にも、これからは高掛の納入が義務づけられる。この件に関し、もし何か問題がある場合には、事情を取り調べ、処置方について会計局に問い合わせる。

⑤ひとつの郡内の支配が分れている場合には、それぞれが負担すべき国役金の金額について問題の無いように申し

合わせる。この場合に申し合わせた銘々の国役金の負担額を会計局へ届ける。また、国役金納付の段取りなどについてもそのつど会計局へ届ける。

⑥荒廃地など国役金を免除すべき土地については、詳しく調査した上でその処置について問い合わせる。

以上が指示されている。

災害対策という視点から注目すべきは、国役普請[*3]という江戸時代以来の普請形式を新政権が引き継いだことである。[*4]

【注解二】『大蔵省沿革志』営繕寮明治元年八月条は、「是月東海・関東諸国ノ本年ノ堤防国役金ハ郡村石額毎一百石ニ銀二十九匁余ヲ課徴ス可キヲ立議ス」と書き、議案を載せる。この議案中の「国役金派課定額」が本達（明治元年第七〇九）末尾にある「別紙欠ク」の別紙に当たるのではないかと考えられる。以下に議案の内容を紹介する。[*5]

まず、該議案は次のように、国役金の仕組みとその近年の運営状況について述べる。

議案ニ曰ク旧幕府施政ノ日諸国各川堤防ノ修築費用ニ充ル国役金ハ、前年ノ修築費用額ヲ計査シ官府其ノ十分ノ一ヲ発給シ、九ハ之ヲ郡村ノ石額ニ派課シ、翌年八九月ヲ以テ代官所ニ徴収セリ、其ノ準率タル東海道各川ノ国役金ハ伊勢・参河・遠江・駿河・相模・伊豆・信濃ノ七国及ヒ甲斐国郡内領ノ石額二百四十九万七千四百七十二石ニ派課シ、関東諸国各川ノ国役金ハ武蔵・安房・上総・下総・常陸・上野六国ノ石額三百六十九万〇一百五十八石ニ派課シ、特ニ下野国各川ノ国役金ハ其ノ石額七十五万〇七百一十三石ニ派課シ、越後・出羽二国各川ノ国役金ハ其ノ石額二百〇六万九千六百四十六石余ニ派課セリ。又夕昔時ハ歳歳水害ノ為メニ田地ヲ損亡スル有レハ査点ヲ経テ国役金ノ派課ヲ減殺セリト雖モ、大抵石額一百石ニ銀一十五六匁許ヲ以テ準率ト為シタリ、然ルニ爾後修築費用漸次ニ増加シ石額一百石ニ銀三十匁ヲ以テ準率ト為シ、近年ニ迨テハ頻頻ニ決溢ノ患害ヲ被リ且ツ物価騰貴セル為メニ修築費用随テ増加シ、復夕常課ノ国役金ヲ以テ周弁スルニ足ラス官府ノ那移支弁スル者亦夕多シ、見ニ前年丁卯ノ如キハ石額一百石ニ銀五十二匁ヲ徴収スルニ至レリ。

水害の増加と物価の騰貴にともない年々国役金の賦課準率が上昇していることがここに指摘されている。ついで鎮将府会計局の国役金派課方針と派課準率が述べられる。

即今東京鎮将府ノ管轄スル諸国ハ武蔵・相模・上総・下総・上野・下野・安房・常陸・駿河・伊豆・甲斐・出羽ノ十二国ト為ス、此ノ十二国ニ派課スル国役金ハ本年ノミ姑ク前例ニ依リ石額一百石ニ銀二十九匁余ヲ徴収シ、明年以後ハ前年ノ修築費用額ヲ計査シテ之ヲ派課セン、但タ出羽国ハ未タ全ク平定ニ至ラサルヲ以テ姑ク之ヲ除ク可ク、其ノ他ノ十一国ハ旧幕府ノ原簿ニ簽記セル派課額ニ照シテ之ヲ徴収セン。

本年のみ前例に倣い高百石当り銀二九匁余の準率で出羽を除く管轄一一国に派課する、来年からは前年の修築費用額を調査集計してその額を派課する――これが、鎮将府会計局が示した国役金派課の方針であった。

そして最後に、国役金の徴集事務の処理方と、ひとこと、非常の洪水に罹った年には「官府特ニ修築費用ヲ発給セン」という会計局の立場が述べられる。

果シテ然ラハ会計局其ノ課徴ヲ申令ス可キモ、今マ方サニ旧幕府臣僚ノ帰順セル者ノ采地ヲ査点ス、故ニ未タ之ヲ申令スルニ遑アラス、宜ク本年ハ各県知事ヲシテ管轄内ニ普告シ課金ヲ徴収シテ以テ会計局ニ納致セシムヘシ、若シ夫レ非常ノ洪水ニ罹リ多ク堤防ヲ決潰セル歳年ニハ官府特ニ修築費用ヲ発給セン。

すなわち、本来は会計局が申令して国役金の徴収に当たるべきであるが、目下旧幕臣で帰順した者の領地の検査に忙しく、これが叶わないので、本年は国役金の徴収事務を各県知事に委任する、また非常の洪水が多発し堤防が数多く決壊するというような年には政府が特別に修築費用を発給するというのである。この末尾の一文で述べられた非常災害多発時の堤防修築費用の政府発給という見解は注意して記録に留めておきたい。

以上が議案の本文である。本達（明治元年第七〇九）中にある〈別紙〉に当たると考えられる「国役金派課定額」は次のとおりである。

国役金派課定額

東海道ノ各川ニ係ル国役金ハ駿河・伊豆及ヒ甲斐郡内領ノ石額合計三十五万六千二百七十八石余ニ派課ス、但夕相模ハ関東ニ計入シ、伊勢・参河・遠江・信濃ハ東京ノ管国ニ非サルヲ以テ之ヲ除ク、関東諸国ノ各川ニ係ル者ハ武蔵・相模・安房・上総・下総・常陸・上野・下野ノ石額合計四百七十二万七千五百九十石余ニ派課ス、但夕越後ハ東京ノ管国ニ非サルヲ以テ之ヲ除ク、出羽モ亦夕目今姑ク之ヲ除ク、以上石額総計五百〇八万三千八百六十八石余、派課国役金通計銀一千五百二十〇貫〇七十六匁五分三厘二毛即チ石額一百石ニ銀二十九匁九分ノ比例ト為ス、之ヲ金ニ換算スレハ金二万五千三百三十四両二分・永一百〇八文九分即チ金一両ニ銀六十匁ノ比例ト為ス。

【注解三】 国役普請とは、「江戸時代の治水制度の一つで、大規模河川の普請に際して当該河川を含む諸国を対象にして、その幕領・私領一円の農民から平均に国役を徴収し、幕府の主導の下にこれを遂行する形態のものをいう。[*6]」「幕府は一七二〇年（享保五）に国役普請令を発布して国役普請を恒常的制度として広域的に設定した。すなわち、関東、東海、越後、美濃、畿内の河川普請について、一国一円を領有するものや二〇万石以上の大名はこれまでどおり自［力］普請を行うこととし、それ以下の大名・旗本・寺社の所領および幕領内の普請は、幕府が総費用の一〇分の一を負担して遂行し、残額は国役金として幕領・私領の区別なく高割りをしてその農民より徴収するというものである。例えば［本件が問題にしている］関東地域では利根川、荒川、鬼怒川など七川が国役普請対象河川となり、ある年度に幕府普請方役人団の手で幕府の立替支出〈取替金〉をもって普請した後、その年度中の普請総額の一割を幕府の純支出とし、残余の九割をこの地方の武蔵、下総、常陸、上野、安房、上総の六ヵ国二八八万石余に高割りし、農民より国役金として幕府立替支出分を回収するという形をと」った。[*7]

2. 一方、大谷貞夫は江戸時代の川普請を、公儀普請、大名手伝普請、国役普請、領主普請、自普請の五つの方式に区分したうえで、これらについて次のように説明を加えている。すなわち、川普請の五つの方式は、大きくは普請と自普請に区別される。「普請は幕藩領主側の行うもので、公儀・大名手伝・国役・領主の四つで、自普請は農民が自ら諸色人足を負担して行うもの」である。また、川普請を大災害発生時の臨時的なものと通常のものという点から区別すると、「大きな災害が生じた時復旧のため臨時に行われたのが公儀普請・大名手伝普請・国役普請であ」り、これに対し、領主普請と自普請が通常の普請形態である。「領主普請は幕府が幕府領に、藩が藩領に、旗本が旗本領に対し行った普請であり、[領主普請とはいえ、]堤川除普請にしても、用悪水の普請にしても、支配者が普請費全額の負担をするのは極めて少く、多くの場合が村方で調達できない板類や鉄物の支給、過重な人足に対する一定の補助を行ったものである。（中略。）一方、自普請は村方の負担で行う普請であって、役そのものである。[*8]」大谷の整理はやや静態的に見えるが、江戸時代の普請制度全体を見渡すうえで便宜である。

〔注〕

＊1　「諸国川々国役金上納ヲ須ヒス既納ノ者ハ之ヲ還付ス」（明治元戊辰年一二月九日、第一〇六一）（六九－三）。

＊2　「会計局申達ニ曰ク、客歳丁卯額ノ各川堤防修繕国役金タル本年ハ各県ヲシテ之ヲ徴収セシム」（大蔵省記録局（編）『大蔵省沿革志（上巻）』、二一五頁）。

＊3　国役普請制度については、本項【注解三】（後掲）を参照。

＊4　国役普請という江戸時代以来の普請形式を明治政府が引き継いだことには、いかなる意味が見出せるか。この点に関する考察は、「諸県川々国役金ヲ徴収ス」（明治二己巳年一一月、第一〇八六）の項（六九－四〇a）に譲る。

＊5　大蔵省記録局（編）『大蔵省沿革志（下巻）』、三〇二－三〇三頁。

＊6　笠谷和比古「国役普請」（所収、『世界大百科事典 第八巻』、平凡社、一九八八年三月）、一四二頁。国役については、笠谷和比古「国役」（所収、同上、一四一－一四二頁）を参照せよ。笠谷和比古は、その論文「国役普請の実働過程について」におい

て、国役普請制度には三つの類型が存することを指摘し、それを次のように説明している。すなわち、第一の類型は、「幕府が幕領の普請を国役割を以って行うもの（本来的な国役普請）」である。第二の類型は、「私領主の出願に基いて私領の普請を国役割を以って行うもの（私領願国役普請）」であり、第三の類型は、「私領主の出願によらないで幕府が発意的に私領の普請を国役割を以って行うもの（幕府発動型の国役普請）」で、「この第三番目のものは通常、幕府主導の下に幕領・私領の一円を対象とする〝一統御普請〟として現われてくる。」（笠谷和比古「国役普請の実働過程について」、所収、京大近世史研究会『論集近世史研究』、京都大学近世史研究会、一九七六年一一月、一三一頁。）国役普請制度については、ほかに、笠谷和比古「近世国役普請の政治史的位置」（『史林』、第五九巻、第四号、一九七六年七月）も参照のこと。笠谷『史林』論文は、国役普請制度の成立と展開を、社会経済史的背景および政治史的背景との連関のなかで論じた非常にダイナミックな構成のものである（この点は、後掲の「諸県川々国役金ヲ徴収ス」、明治二己巳年一一月、第一〇八六の項（六九－四〇ａ）で詳しく検討している。参照されたい）。

＊7　笠谷和比古「国役普請」、一四二頁。自［力］普請の［］内は、「村方の負担で行う普請」という意味での〝自普請〟と区別する意味で筆者が挿入した。笠谷自身もここでの「自普請」と同じ意味で「自力普請」という言い方を用いている（たとえば、笠谷和比古「近世国役普請の政治史的位置」、三四頁）。

＊8　大谷貞夫『近世日本治水史の研究』（雄山閣出版、一九八六年九月）、九一頁。

二二、「駅逓規則」（明治元戊辰年九月一二日、第七三五）

同上［五年太政官第二百四号ヲ以テ伝馬所及助郷廃止］＊1

第七百三十五　九月十二日（布）（駅逓司）

駅逓規則

一駅逓之法則ハ総テ駅逓司ニテ確定シ府藩県其法則ヲ守リ遠近諸道一般ニ取締可申事

（第二条から第五条まで省略。）

一駅々廃置道替等ヲ初往来ニ関係致候事件ハ総テ駅逓司へ相達取計可申事

附出火出水並道中筋異変有之往来ニ差支候節ハ駅々伝馬所取締役ヨリ逐一駅逓司へ可届出事

【注解】 明治元年九月一二日発布の駅逓規則である。注目するのは駅逓規則中第六条である。第六条は、本文にて「駅々廃置道替等ヲ初往来ニ関係致候事件ハ総テ駅逓司へ相達取計可申事」と定め、往来に関係する事件全般について、まず駅逓司に上申し、その決定を仰いでからこれを施行すべしと府藩県に達した。そのあと、同条はとくに附則を設け、そこで「出火出水並道中筋異変有之往来ニ差支候節ハ駅々伝馬所取締役ヨリ逐一駅逓司へ可届出事」と規定した。*2 これは、出火や出水、ならびに道中の異変により往来に支障が生じた場合には、駅々の伝馬所取締役はそれに関して逐一駅逓司に報告を行なわなければならないという趣旨である。道中の異変ということでは山崩れなどによる往来の不通も想定されるが、とりあえず条文に明示されている出水の部分に焦点を当てるならば、該附則は、伝馬所取締役に対して、駅逓司への出水報告（災害発生報告）を課した規定として理解できる。

2. 駅逓規則第六条附則は、災害の発生を受け、伝馬所取締役という行政機関がどう対応すべきか、その対応方を規定しているのである。その対応というのが、上級機関である中央の駅逓司に対する災害発生報告（出水報告）であった。伝馬所取締役も駅逓司も災害そのものに対する応急の働きかけ（水防、救助などの活動）を直接担当する機関ではない。そのような災害対策機関ではない機関が災害発生に際し、自らの所掌事務の遂行にかかわって応急的にいかなる対応をするか、それがここに規定されているのである。災害応急対応というとき、まず思い浮かべるのは被害の拡大防止や救助の活動であるが、本件にはもうひとつ別の類型の災害応急対応が見られる。*3

〔注〕

＊1　「諸道伝馬所廃止人馬相対ヲ以継立シム」（明治五壬申年七月二〇日、太政官第二〇四号）。

＊2　『大蔵省沿革志』駅逓寮の部明治元年九月二二日条には、この部分に付き、「水火災其ノ他ノ変故ノ為メニ行人ノ経行ニ阻碍スル有ラハ、各駅站ノ伝馬所取締役（職目）之ヲ駅逓司ニ申報ス」と書かれている。こちらでは報告すべき非常事態の第一番目として「水災」の文字がはっきりと見られる。（大蔵省記録局（編）『大蔵省沿革志（下巻）』、所収、大内兵衛・土屋喬雄（編）『明治前期財政経済史料集成　第三巻』、原書房、一九七八年一二月、復刻版、原版の史料集成改造社版は一九三四年五月刊、一八四頁。尚、原文の小活字の部分は括弧に入れて表わした。）

＊3　尚、伝馬所および助郷は、「諸道伝馬所廃止人馬相対ヲ以継立シム」（明治五壬申年七月二〇日、太政官第二〇四号）によって廃止された。

二二、「関東諸県租税ノ徴収旧政府引付ヲ以テ査点セシム」（明治元戊辰年九月二八日、第七九六）

関東諸県

第七百九十六　　九月二十八日（会計局）

御料所国々物成ノ儀旧政府ニテ検見取並年季ヲ以定免ニ申付年季明ニ付場所ハ地味厚薄ニ寄増米吟味ノ上継年季申付定免村ニテモ水旱損等天災ニテ取米三分以上ノ損毛ニ相当候得ハ破免引方相立候儀ニ有之当辰年ノ儀モ先ツ右ノ振合ヲ以検見破免村々共百姓痛ニ不相成様勘弁御取箇附致シ可被相伺尤定免年季明之分ハ御取箇時節ニ差懸リ候間別段不相伺去卯取米辻ニ相応ノ増米致シ御取箇ニ組入可被申立其余小物成諸運上等ノ納物モ先ツ旧政府引付ノ通取調候様可被致候

【注解一】 鎮将府会計局が関東諸県に宛てて発した達である。当辰年の徴租に当たっての方針を示している。その方針というのは、

①旧政府のもとで検見取であったところ並びに年季を定めて定免を申し付けた場所で年季明けとなるところでは、地味の厚薄をよく調べ取箇の増米を検討した上で継年季を申し付けることとする。

②定免の村においても、水害や旱魃などの天災によって収穫米に三〇％以上の損毛が認められる場合には、破免や引方の処置を講じる。

③当辰年については、検見村および破免となった村々ともに百姓が損にならぬように租税額を決定して伺いを立てる。（ただし、定免の年季明けの分については、ちょうど租税の収納の時節でもあるので特別に伺いを立てる必要はなく、昨卯年の貢租米の総計にそれ相応の増米をした上でそれを取箇とすることを申し立てればよい。）

④その他小物成やさまざまな運上などの納物についても、まずは旧政府の引付の通りに処理するように致すべし、というものであった。

明治元年第六一二「税法ハ姑ク旧貫ニ仍リ且旧幕府旗下采邑没収ノ者ハ隣近府藩県ヲシテ之ヲ管轄セシム」（明治元戊辰年八月七日）（六八－一五）において、諸国の税法の件については、「その土地の風俗習慣を念入りに調べたうえで新法を立てるのでなければ、かえって人情に悖ることになりかねない、それゆえ、とりあえず一両年中は旧慣に依るものとする」との基本的な考え方が示されたが、鎮将府会計局が関東諸県に提示した辰年の徴税の方針（本件）はまさにこれを具体化したものといえる。そこには、「定免村ニテモ水旱損等天災ニテ取米三分以上ノ損毛ニ相当候得ハ破免引方相立候儀ニ有之」と、旧政府以来の災害時の租税減免法が採り入れられていたのであった。

また、本件には、「検見破免村々共百姓痛ニ不相成様勘弁御取箇附致シ」と、政府側の、農民を恐れる姿勢、農民

に対する高飛車ではない姿勢が見られる。これは、後掲の「凶歳租税延納規則」（明治一〇年九月一日、太政官第

六二号布告）に見られる、強くそして恩恵的な姿勢と対照されるべきものである。

【注解二】『大蔵省沿革志』本省の部明治元年九月一九日条には、「関東諸国官領地ノ定免、破免、荒地起返等ヲ処[*1]
理スル方法ヲ議決ス」の記事がある。この議決が本達のもとになったものである。同書租税寮の部明治元年九月
二八日条には、一九日に議決された議案が見られる〈関東諸国各県ヲシテ官領地ノ定免、破免、荒地起返等ヲ処理セ[*2]
シム〉。その議案は次のとおりである。

議案ニ曰ク、官領郡村定免定免トハ田畝ノ租額ヲ毎歳ニ増減セスシテ一定ノ等則有ルヲ言フ年期ヲ満了スル者ノ継続
年期ノ申請ヲ審査シ及ヒ破免破免トハ凶歉ニ遭ヒ定免ヲ保スル能ハス、更ニ検稲ヲ請ヒ租額ヲ改賦スルヲ言フノ申請、
荒地起返荒地起返トハ水災等ニ罹リ荒蕪スル田畝ヲ復墾スルヲ言フノ開報ヲ検覈シ、下免下免トハ租額ノ低少ナルヲ言
―フノ田地ハ増免ヲ計量スル等検稲ノ期節以前ニ県官之ヲ稟候スルハ蓋シ旧幕府ノ例制ト為ス、然ルニ維新ノ今
日ニ会フ、宜ク官領郡村唯タ本年ノミ旧慣ニ仍リ定免年期中ニ係ル者ハ之ヲ改正セス、年期満了スル田地ハ検
稲賦収ノ方法ヲ施行シ、破免ハ事由ヲ本局ニ稟候シ、荒地起返及ヒ増免等ハ総テ詳細ニ整理ス可キヲ各知県事
ニ達知セン、本月［九月］十九日。

災害対策という観点から、議案の案文と達とを比べてみると、達では、①被災農地の破免・減租についての規定
が明瞭かつ具体的になっていること（「定免ニ係ル村里ト雖モ水潦、旱魃ノ災厄ニ罹リ収穫米十分ノ三以上ノ損減ニ当ル
者ハ破免減租ヲ聴許ス」）、②破免村を含めて徴租に当たって農民に臨む姿勢に〈配慮〉が見られること（「然ルニ本
年ノ如キハ前規ニ準シ、検稲及ヒ破免ノ村里共ニ農民ノ痛苦ヲ生セサルヲ主トシ租額ヲ賦定シテ稟候ス可シ」）が注目され
る。また、③被災農地の復旧を意味する〈荒地起返〉について、議決文では「荒地起返……ハ総テ詳細ニ整理ス可[*3]
キヲ各知県事ニ達知セン」とされているにもかかわらず、これに関する記述が達の文面からは消えて無くなってい

ることも注目される。

〔注〕

＊1　大蔵省記録局（編）『大蔵省沿革志（上巻）』、二一七頁。

＊2　大蔵省記録局（編）『大蔵省沿革志（上巻）』、二一八頁。傍線部は、割注であることを示す。

＊3　①②の括弧内は達文の引用であるが、引用は、文意の明瞭さを考慮して、『大蔵省沿革志（上巻）』、二一八頁掲載のテクストから行なった。そのため、字句および文章において『法令全書』版テクストと異なるところがある。

二三、「韮山県及関東諸県ヲシテ旧旗下上知村々本年貢租ヲ徴収セシム」

（明治元戊辰年九月二九日、第七九八）

第七百九十八　　九月二十九日（会計局）　　韮山県　関東府県

第九百十四[*1]参看

旗下上知ノ分当秋御収納ノ儀ハ先納或ハ先々納等夫々困窮ノ地頭ヨリ申付候村々モ不少事ニ可有之候得共今度　王政御一新ニ付テハ前領ノ廉合申立私ノ都合ヲ以　天朝ヘノ貢不相立候テハ御初政ノ御廉無之ニ付右上知ノ分一般ニ当年ノ分不残　朝廷ヘ貢献ノ事

但水損ノ場所ハ知県事ニテ撿見ノ上相当ノ年貢可取上事

一是迄地頭ヘ先納ノ分確証ヲ以悉帳面ニ取調差出可申下民難渋ニ陥リ不申様必御所置可有之事

但徳川家ヘ奉職ノ者ハ村方ヘ返済方同家ヘ取調可申達事

脱走等ノ向ハ政府ニテ取調割合ヲ以年賦下渡候事

一納米俵入ノ儀是迄地頭ヘ相納候先々ノ定法ヲ以米仕立念入外劣無之様厳重相改申候従来不宜風習ハ悉相改御一新御初政ノ御廉相立候様可有之此度御料地ト相成候上是迄旗下領ノ所置ニ泥ミ自然等閑ニ心得候村方モ有之候ハ、厳重　御沙汰可有之事

【注解一】 旗本還納地のこの秋の租税収納の処理方について会計局が関東府県および韮山県に宛てて発した達である。先納*2を口実に使って租税の納付を免れようとする向きがあることに注意を促しつつ、旗本還納地について当秋の租税をすべて朝廷に納めるという原則を確認し、そのうえで、先納、先々納について確実な証拠を提出できるものについては、農民が困苦に陥らないように手当を施すと述べている。

租税徴収に関して先納の証拠を提出できる村方には配慮すると言いつつも、本達において政府は、農民に対して警戒的な、あるいは猜疑の眼を向けている。それは、先納を口実として租税納付を回避する動きがあると警戒しているところや、貢納米の俵詰めに厳重な注意を向けるよう指示しているところなどに現われている。

災害対策という点から本達を眺めると、当秋の租税の朝廷への全部納付の原則を示した条の但書に、水害に罹った村については知県事の検見を経て相当の年貢を取り上げるとしたところが注目される。これは、被災農地に関する租税の減免規定（知県事の検見を経たうえで水損分の税の減免を行なうとするもの）と解することができ、その意味で罹災者救援策のひとつと位置づけられよう。*3

【注解二】 本件にはその前段として「関東、陸羽諸国ノ官領地ノ租税及ヒ未タ帰順セサル旧幕府臣僚ノ采邑地ノ租税ヲ整理スル方法ヲ議定ス」（会計局議決、明治元年九月二八日）がある。これは、関東、陸羽諸国の還納地および未帰順の幕臣の領地の当秋の租税徴収に関する一般方針を示したものである（二か条）。この一般方針を受けるか

たちで、まず関東諸国の還納地について当秋の租税の徴収方法について整理したものが本件である。尚、九月二八日付会計局議決の「其二」は、「関東諸県租税ノ徴収旧政府引付ヲ以テ査点セシム」（明治元戊辰年九月二八日、第七九六）（六八－二二）の内容を踏まえたものである（ほぼ同一）。

水害罹災者に対する（被災農地に関する）租税上の措置という点では、「関東諸県租税ノ徴収旧政府引付ヲ以テ査点セシム」（明治元戊辰年九月二八日、第七九六）、九月二九日付会計局議決の「其一」、九月二九日付会計局申達（本件）と、内容的にはほぼ同一である。水害罹災者に対する（被災農地に関する）破免減租は、この時期の政府（会計局）の方針として定まったものであったといえる。

今、本達発出の経緯とその内容理解の便宜ために、『大蔵省沿革志』から、前段に当たる会計局議決と会計局申達（本件）をあわせて抜き出す。*4

関東、陸羽諸国ノ官領地ノ租税及ヒ未タ帰順セサル旧幕府臣僚ノ采邑地ノ租税ヲ整理スル方法ヲ議定ス。［九月二十八日。］

議案ニ曰ク、其一、官領地ノ租税ニシテ旧幕府検稲賦収法ヲ施行シ、或ハ年期定免法ヲ施行シ而シテ目今定免年期中ニ在ル者ハ、旧額ニ照シテ之ヲ収入シ、年期ノ満了スル者ハ田地ノ肥瘠ニ応シ相当ニ増免シテ継続年期ヲ聴許シ、水潦旱魃ノ災厄ニ罹リ破免ヲ申請セハ検稲法ヲ施行シテ収穫額十分ノ三以上ノ荒歉ニ係レハ破免ヲ聴許ス、旧制ニ荒地起返ハ増免ノ検査ヲ必要セリト雖モ、本年ノ貢納ハ悉皆前年ニ比較シ、各種ノ雑税ニ至ルマテ一ニ旧制ニ仍テ之ヲ処分ス、其二、旧幕府臣僚ノ未タ帰順セサル者ノ采邑ヲ没収セル土地ハ、原地頭ヨリ郷村石高帳村里田圃ノ石額ヲ記載スル者、物成帳収入スル一切ノ租税ヲ登記スル者等ノ憑証ニ供ス可キ帳簿ヲ上進セシムルニ由シ無キヲ以テ、直チニ村民ニ命シ明詳ナル帳簿文書ヲ上申セシメ而シテ之ヲ整査セント欲ス、然リ而モ原地頭或ハ収入米ヲ抵当ト為シテ村吏ニ家計ヲ委掌セシムル如キ者有リテ大ニ租税収入ノ計算ヲ混乱ス、此ノ如キノ類ハ総テ側近ノ官領地ニ比較シテ貢納ヲ為サシメ、且ツ租税ヲ先納采邑ノ租税ヲ一年前ニ予納セシムルヲ先納ト謂フセル者ニ再ヒ貢租ヲ賦収スル如キハ頗ル重斂ニ渉ル、宜ク貢租額内ヨリ先納額ヲ還付スヘシ、又タ旧ト采邑ヲ領有スル者ニシ日今廩米ノ扶助ヲ仰ク者ハ、先納額ヲ算取シ扶助米ノ多少ニ応シテ之ヲ償納セシム可シ、因テ先ツ関東各県ニ照会シ官領地ト還納地トノ総額ヲ整理セシメン。会計局可決ス。

二十九日、関東諸国ノ各県ヲシテ本年以後旧幕府臣僚ノ原采邑ニ係ル納地郡村ノ貢租ヲ徴収セシム。会計局申達ニ曰ク、其一、旧幕府臣僚等ノ還納セル原采地ニ係ル村里ハ、従前地頭ノ課徴ニ応シ租米ヲ先納セル者モ間マ多シ、然ルニ今ヤ朝政維新ノ日納地村里ノ農民等其ノ先納セルヲ口実ト為シテ之ヲ哀訴シ政府ニ納致ス可キ貢租ヲ逋缺スルハ大ニ維新ノ朝旨ニ抵触ス、是ヲ以テ納地村里ハ一切ニ本年ノ租額ヲ納致セシム、若シ水害ニ罹ル村里ハ知県事之ヲ検省シ相当ノ租額ヲ減蠲ス可シ、其二、原地頭ニ租税ヲ先納セル村里ハ、其ノ証券ヲ簿冊ニ作リテ之ヲ具上セヘ農民ヲシテ困苦ニ陥ラシメサルノ処分ヲ施ス有ル可シ、但タ見今徳川氏ニ奉仕シ而シテ原采邑ノ村里ニ負債有ル者ハ、之ヲ償還セシム可キヲ徳川氏ニ下令セリ、又タ原地頭ノ抗命逃脱セル者ニ係ル負債ハ当ニ年賦法ヲ以テ官府ヨリ弁償スヘシ、其三、貢租米苞ノ容実ハ従前地頭ニ納致セル例規ニ照依シ之ヲ缺減スル無カラシメ、務テ従来ノ弊害ヲ革正シ、維新初政ノ官旨ヲ承体ス可シ、若シ旧習ニ慣レ怠慢ニ委スル村里ハ厳ニ督責ヲ加ヘン。

〔注〕

＊1　「旧旗下上知先納先先納ノ村方租税収納ノ措置ヲ定ム」（明治元戊辰年一〇月二九日、第九一四）。

＊2　「先納」の定義については、【注解二】に掲げた『大蔵省沿革志』記事中の割注を見よ。

＊3　ただし、本件では早くも〝減免〟よりも〝相応の取り上げ〟に強調点を置くという力点の移動が見られることに、注意しなければならない。「洪水ニ付秋苗ノ埋没十三日ニ過ル者ハ本年ノ田租ヲ蠲ク」（明治元戊辰年六月八日、第四五〇）（六八－九）や「天災兵害ノ余ニ付府藩県ヲシテ便宜賑恤ヲ施行セシム」（明治元戊辰年六月二二日、第五〇二）（六八－一〇）で見られたような罹災者救援の視点がその分退いているのである。

＊4　達文は『法令全書』のものと『大蔵省沿革志』のものとでは文章が異なる。文意は『大蔵省沿革志』のものの方が明解である。尚、抜粋は大蔵省記録局（編）『大蔵省沿革志（上巻）』、二一八－二一九頁より行なった。傍線を引いた箇所は割注の部分である。

二四、「御東幸沿道七十歳以上ノ者并孝子義僕等ヲ査点録上セシム」（明治元戊辰年九月、第七九九）

第八百九十二[＊1]第九百八十九[＊2]参看

第七百九十九　　九月

御東幸御道筋七拾歳以上ノ者并孝子義僕或ハ職業出精ノ者水害火災ニ逢ヒ候者等細密取調　御通輦御当日弁事ヘ差出候様其府藩県ヘ兼テ五辻弾正大弼[＊3]戸田大和守[＊4]ヨリ達置候処[＊5]猶精々都合致シ置右御用掛山中静逸[＊6]到着達ノ上早々同人旅宿ヘ差出可申様可相心得事

【注解一】達「御東幸沿道七十歳以上ノ者并孝子義僕等ヲ査点録上セシム」と、それが述べる賑恤方式
【注解二】水害罹災者への賑恤と仁政の強調
【注解三】東幸中の賑恤実施事例一覧

【注解一】 本件は、東幸の道筋で七〇歳以上の者ならびに孝子、義僕、あるいはその職業に精励している者、水害や火災に遭った者などを詳しく調べ置き、御東幸御用掛の山中静逸がその地に到着したら早々に同人（山中静逸）の旅宿まで調査結果を提出するよう、府藩県に申し付けた達である。前掲の、「東京　行幸ニ付沿道府藩県心得方ヲ定ム」（明治元戊辰年八月二八日、第六八五）の、「通輦の際賑恤を施すのでその対象者としての水災罹災者をあらかじめ調べ置くこと、そして供奉の弁事がその地に到着したら調べ置いたものを提出すること」という指示に、対応する。

本件以前にも水害罹災者に対する賑恤に当たって天皇の仁政（慈しみの情、徳）が強調されていたが、実際の賑恤の行為は会計官や府藩県に委任されていた。[*7] しかるに、本件が述べる賑恤方式は、東幸に際し天皇の一行が到着するごとにその地でそれを実施するというものである。水害罹災者への天皇の賑恤が天皇と賑恤を受ける者との関係においてより近く直接的なものとなっている点に、この方式の特徴がある。災害被害者への賑恤の実施を天皇の行幸と結びつけ、その地で天皇が直にそれを施すというこの方式は、賑恤の実質よりも、その象徴的機能に重きを置くものといえる。[*8]

【注解二】 「東巡日誌」（明治元年九月二〇日に発輦し、一〇月一三日に東京城に到着するまでの間の日誌）第一号の冒頭には、東幸に際し、沿道の「水火災害ニ罹ルモノ」に賑恤を施し、同じく「年老及ヒ孝子義僕ノ類家業出精等ノ者」には褒賞を与える旨の、次のような布告が掲げられている。[*9]

先般　御親詔被　仰出候通億兆　御綏撫被遊度深キ　聖旨ヲ以テ東京へ　行幸被為成沿道水火災害ニ罹ルモノ厚ク御賑恤被遊年老及ヒ孝子義僕ノ類家業出精等ノ者広ク　御恵賜御褒賞被為行洵ニ曠世ノ盛挙左ニ記シ徧ク天下ニ布告ス

この布告から、水害罹災者への賑恤は天皇の仁政の強調、その顕現の文脈に置かれていたことがわかる。しかも、その賑恤の行為は、かくの如く日誌という媒体を通じて広く市中に伝えられたのであった。「東巡日誌」は京都の御用御書物所村上勘兵衛・井上治兵衛から官版として刊行された。また、この京都板とは別に東京板（須原屋・和泉屋刊）もある。*10 つまり、天皇の賑恤は政府によって広く宣伝されたのである。上に東幸時の水害被災者への賑恤は〈賑恤の実質よりもその象徴的機能に重きを置く形式の採用〉であると書いたが、象徴的機能が有効に発揮されるためには日誌の刊行による市中への伝達が欠かせなかったのである。*11

【注解三】「東巡日誌」から水害および山崩れの被害に遭った者に対する賑恤の事例をすべて抜き出すと、以下の六件である。賑恤金を下賜された人数および軒数は合わせて四、七四九人、三九軒である。また、下賜された金額は、⑤の事例のみ「潰レ家二軒ノ者共」に対して「金五百疋ツヽ」であるが、ほかはいずれも「金若干ツヽ」である。金額から見ると、救済金というよりは、見舞金とでもいうべきものであるように思われる。*12

①（「東巡日誌 第三」、明治紀元戊辰秋九月、朝倉治彦（編）『太政官日誌 別巻四』、七三頁）。

一　　近江国大津県支配所志賀郡水害之村々

極難渋人	二百四十人
中難渋人	七百六十一人
潰レ家	七軒
半潰レ家	五軒

一　　同国同郡松本村

極難渋人	百三十五人
中難渋人	二十五人

潰レ家　三軒
半潰レ家　六軒
一　同国同郡馬場村
極難渋人　百二十四人
中難渋人　四十四人
一　同国甲賀郡平松村
極難渋人　三十三人
中難渋人　三十三人
潰レ家　十六軒
右へ御渡シ之文
其方共不慮之水害ヲ蒙リ難渋致候段不愍之事ニ候依之金若干下賜事
明治元年戊辰九月
弁官事　印

②（「東巡日誌 第六」、明治紀元戊辰秋九月、朝倉治彦（編）『太政官日誌 別巻四』、九一頁）。

一　三河国三河県支配所御油宿
直　八
家内五人
茂　八

家内三人
佐右衛門
家内八人
彦　八
家内四人

其方共不慮之水害ヲ蒙リ不愍之事ニ候依之人別ニ金若干ツ、下賜事

明治元年戊辰十月

弁官事　印

③（「東巡日誌 第六」、明治紀元戊辰秋九月、朝倉治彦（編）『太政官日誌 別巻四』、九二ー九三頁）。

一　遠江国松平筑後守知行所　安間村同新田

二百六十五人

同国高木義太郎知行所　豊田郡茅場村下万能村

七人

同国大竹庫三郎元支配所　中野丁村河越島村

百十三人

同国井上河内守領　村々

二千六百九十六人

右之者共不慮之水害ニ罹リ不愍之事ニ候依之人別ニ金若干ツ、下賜事

明治元年戊辰十月

弁官事　印

④（「東巡日誌 第七」、明治紀元戊辰秋九月、朝倉治彦（編）『太政官日誌 別巻四』、九五頁）。

一　同〔遠江〕国山名郡大竹庫三郎元支配三ヶ野村

水害ノ者共二百四十五人へ

其方共儀不慮之水害ヲ蒙リ不慜之事ニ候依之金若干ツ、下賜事

明治元年戊辰十月

弁官事　印

⑤（「東巡日誌 第七」、明治紀元戊辰秋九月、朝倉治彦（編）『太政官日誌 別巻四』、九九頁）。

一　同〔駿河〕国同〔志太〕郡同〔徳川亀之助〕領鬼島村

潰レ家二軒ノ者共へ

其方共儀不慮之水害ヲ蒙リ不慜之事ニ候依之金五百疋ツ、下賜事

明治元年戊辰十月

弁官事　印

⑥（「東巡日誌 第八」、明治紀元戊辰冬十月、朝倉治彦（編）『太政官日誌 別巻四』、一〇四－一〇五頁）。

一　駿河国庵原郡大〇沢村（一字不明、滝カ）

儀兵衛

忠吉

惣右衛門

忠兵衛

其方共不慮之山崩ニ出逢難渋之趣不便之事ニ候依之金若干ツヽ下賜事

弁官事　印

明治元年戊辰十月

〔注〕

＊1　「御東幸褒賞養老賑恤ノ典ヲ府藩県一般ニ施行セシム」（明治元戊辰年一〇月二五日、第八九二）（六八－二九）。

＊2　「褒賞賑恤ノ典御挙行ノ趣旨ヲ体シ府藩県ヲシテ窮民ヲ撫育セシム」（明治元戊辰年一一月二五日、第九八九）（六九－一）。

＊3　五辻安仲。明治元年閏四月二一日、権弁事。同年八月、東京行幸御道筋御先著に任ぜられる。（日本史籍協会（編）『百官履歴 一』、三七四－三七五頁。）

＊4　戸田忠至。明治元年二月二〇日、参与職会計事務局判事。同年五月二四日、権弁事。（『百官履歴 一』、三五九－三六〇頁。）

＊5　前掲、「東京　行幸ニ付沿道府藩県心得方ヲ定ム」（明治元戊辰年八月二八日、第六八五）（六八－一九）。

＊6　山中献。明治元年閏四月、会計官駅逓司知事（同年七月まで）。同年九月一〇日、御東幸御用掛に任ぜられる。同年一〇月二三日、権弁事、一一月二五日、奥羽府県取調、一二月二四日、弁官事。（『百官履歴 一』、三三四－三三五頁。）

＊7　たとえば、「洪水暴溢ニ付会計官出張賑恤ヲ施行セシム」（明治元戊辰年五月二四日、第四一九）（六八－八）、「天災兵害ノ余ニ付府藩県ヲシテ便宜賑恤ヲ施行セシム」（明治元戊辰年六月二二日、第五〇二）（六八－一〇）など。

＊8　尚、明治元年秋の東幸それ自体については、「御東幸沿道水害ノ橋梁ヲ再造シ又ハ修復ノ意見ヲ開申セシム」（明治元戊辰年

一〇月一三日、第八四二）の項（次掲）を見よ。

＊9 「東巡日誌 第一」、明治紀元戊辰秋九月、所収、朝倉治彦（編）『太政官日誌 別巻四』（東京堂出版、一九八五年一二月）、五五頁。

＊10 上掲、『太政官日誌 別巻四』、三二六頁。

＊11 日誌の刊行による「御政道筋」の伝達とそれによる正統性の調達とは、新政府成立後の早い時期から意識的に行なわれていた。明治元年四月五日に政府が出した布告「太政官日誌ヲ発刊シ天下ニ布告セシム」（明治元戊辰年四月五日、第二一七）には、この事情をよく説明する次のような一節が見られる。「近来太政官ニテ日誌ヲ出版シ広ク天下ニ御布告被遊候儀ハ上下貴賤トナク御政道筋ヲ敬承セシメ一意ニ方嚮スル所ヲ知リ其条理上ヲ践行セシメント之御仁慮ニ被為在候ニ付諸道鎮撫使諸藩留守居等ヘ御渡ニ相成事ニ候間大切ニ取計ヒ邊邑辺陬末々ニ至ル迄不洩様速ニ相達シ右ノ御趣旨貫徹候様屹度可相心得候事」。かくして、「御政道筋」の伝達とそれによる正統性の調達に向けて『太政官日誌』が発刊されることになったのである。ところで、明治元年夏から秋にかけての同誌をみて印象的なのは、誌面のほとんどが戊辰戦争の戦況報告記事――政府軍に出兵した各藩から政府に提出された戦況報告の転載という形式をとる――で埋められていることである（参照、石井良助（編）『太政官日誌 第一巻』、東京堂出版、一九八〇年三月、同（編）『太政官日誌 第二巻』、東京堂出版、一九八〇年六月）。これらの記事は具体的で臨場感に富み、読んでいるとあたかも目前で活劇が繰り広げられているかのような錯覚に襲われるほどである。官軍が「賊」を討伐するという事態の見方が、読み手の感情移入を誘う筆致で提示され、それが日誌として頒布されていたのである。

＊12 松尾正人は、この東幸時の賑恤と褒賞の実施について、「天皇は『民ノ父母』として演出し（ママ）、沿道の庶民に『蒼生御綏撫』を行ない、高齢者・孝子・節婦を賞し、奉幣・賑恤などを実施した」と書き、東幸時の賑恤に際し天皇を「民ノ父母」とする演出が行なわれたことを指摘している（松尾正人「倒幕と統一国家の形成」、所収、田中彰（編）『近代日本の軌跡 一 明治維新』、吉川弘文館、一九九四年四月、一二四－一二五頁）。この論点については、前掲の「天災兵害ノ余ニ付府藩県ヲシテ便宜賑恤ヲ施行セシム」（明治元戊辰年六月二二日、第五〇二）の項（六八－一〇）、またすぐあとの「御東幸沿道水害ノ橋梁ヲ再造シ又ハ修復ノ意見ヲ開申セシム」（明治元戊辰年一〇月一三日、第八四二）の項をあわせて参照せよ。

二五、「御東幸沿道水害ノ橋梁ヲ再造シ又ハ修復ノ意見ヲ開申セシム」

（明治元戊辰年一〇月一三日、第八四二）

第八百四十二　　十月十三日（弁官事）

沿道府藩県へ

御東巡御道筋是迄水害ニテ破損ニ及ヒ候橋々　天覧被為遊往来之者共迷惑之趣被為　知食就テハ再造又ハ修覆等之儀御為筋見込之廉巨細可及建言且入費等凡積ヲ以テ早々取調可申出様被　仰出候間此段相達候事

但官橋之外領主自分普請之向モ本文之　御趣旨ヲ体認シ取計可致事

【注解一】 天皇が東幸中に目撃した、洪水による橋梁の破損について、その再建または修復に関しての意見を広く求める旨の達である。

天皇の東幸であるが、天皇は、明治元年九月二〇日（一八六八年一一月四日）に京都を出発し、東海道を通り、一〇月一三日（一一月二六日）に東京に到着した。江戸城を東京城と改めて東幸中の皇居とし、一二月七日（一八六九年一月一九日）まで東京に滞在した（一二月八日に京都に向けて出発）。*1

東京までの道中、天皇の一行は天竜川で洪水被害の跡を目のあたりに見ている。東京行幸供奉を拝命し道中随行した参与木戸孝允は、このときのさまを次のように日記に記している（明治元年一〇月三日の条）。「御発輦今日御供奉なり当夏連雨天竜川満水暴漲終に里許の堤防を崩し水平田に溢れ浜松天竜の間田園十に七八は尽沙原となる／御通輦に付天竜川へ舟橋をかくる河原中へ道を新に造る」。*2 木戸は天竜川の水害と普請（これは浜松藩に命じられた、詳しくは後述）から民政の重要さを改めて認識したとして、上に引用した箇所のあとに、次のような述懐を記している。*3

「［河原中へ道を新に造る］是他日張水の時一の妨をなす必也河原中只御通輦中御さわりなき丈けにいたし此新道を造り大に人力を費し候ものを堤防崩破の処へ用るときは大に農民の一助となるものあらん新道を造るも又民力を尽さゝるを得す是彼の損益又不少民政に心を用ゆるもの雖小事如此処にあり且御親恤の思食を奉体するも是等の事なり天竜川を渡り府県の事心に関するもの多し」

本件提案の背景には、上に引いた木戸の述懐に見られるような供奉たちの意見があったと推測される。

【注解二】東幸以前、早くも夏五月には、天皇の仁政を強調し、その顕現として水害被害者への賑救を実施する旨の達が発されていた。*4 また東幸に際しては、その通り道になった東海道沿いの水害被害者に対する賑恤が触れられ、そして実施された。*5 東幸の道筋での水害被害者らに対する賑恤金の下賜は、天皇一行の東京到着後に発された次の達、「御東幸褒賞養老賑恤ノ典ヲ府藩県一般ニ施行セシム」（明治元戊辰年一〇月二五日、第八九二）（六八－二九）、「褒賞賑恤ノ典御挙行ノ趣旨ヲ体シ府藩県ヲシテ窮民ヲ撫育セシム」（明治元戊辰年一一月二五日、第九八九）（六九－一）、「御賑恤金下賜ノ例則ヲ定メ府県ヲシテ準依施行セシム」（明治元戊辰年一二月、第一一六三）（六九－七）によって全国に拡大されていく。このような流れを踏まえ、さらに発出日が天皇一行の東京到着のその日であったことも併せ考えると、本達も、その実効性とは別に、仁政を布かんとする天皇の姿勢を強調する、象徴的な意味を持たされたものと解される。

【注解三】上に述べた天竜川普請については、『大蔵省沿革志』営繕寮の部明治元年八月二二日条に、次のような記事が載っている。*6

八月二十二日浜松藩ニ委任セル天竜川水防ノ工事ハ会計官ニ協議シテ之ヲ料理セシム可キヲ太政官ニ稟議シ、裁可令達ス。

本官［会計官］稟議ニ曰ク、聞ク天竜川沿岸水害ニ罹レル処所ノ堤防ヲ修築スル工事ヲ浜松藩ニ委任スト、然ルニ本官未タ与カリ知ラサルナリ、抑モ土木ノ事務タル本官ノ専任ニ属ス、故ニ頃日会計官権判事岡本健三郎ニ命シ営繕司ノ僚属ヲ率ヒ天竜川沿岸ノ地方ニ差遣セリ、或ハ恐ル浜松藩ノ区処スル者ト牴牾スル有ルヲ、敢テ請フ浜松藩ニ令シテ健三郎ト商議シ工事ニ従ハシメヨ本月十五日。

太政官裁可シ、浜松藩ニ追令シテ曰ク、天竜川堤防修築ノ工事ハ素ヨリ其藩ニ委任スルモ、今者更ニ会計官権判事岡本健三郎ヲ差遣シ営繕司官員ヲ率ヒテ其工事ヲ董督セシム、宜ク之ト協議シテ以テ料理スヘシ。

この記事からわかることは、①太政官が天竜川の水防工事（堤防修築工事）を会計官に話を通すことなく浜松藩に委任したこと、*7 ②これを聞き知った会計官は「土木ノ事務」の専任を主張して、権判事岡本健三郎一行を天竜川の工事現場へ派遣するとともに、太政官に対して会計官へ無断で天竜川普請を浜松藩に委任したことに付き抗議を行なったこと、③さらに、会計官は、同官が派遣した岡本健三郎一行と浜松藩の工事担当者との間でトラブルが発生することを恐れ、太政官から浜松藩に岡本との協議を命ずる達を発出するよう求めたこと、である。会計官（営繕司）の「土木ノ事務タル本官ノ専任ニ属ス」という自覚と天竜川水防工事を董督せんとする強い姿勢が見られて興味深い資料である。

上に引いた『大蔵省沿革志』営繕寮の部明治元年八月二二日条の後半部分、すなわち太政官から浜松藩主井上河内守（正直）に宛てられた達は、文章が多少異なるけれども、「太政官日誌 第六十三 慶応四年戊辰秋八月」にも収録されている。*8

八月廿二日浜松藩へ御達書写

井上河内守

天竜川水害普請ノ儀其藩へ兼テ御委任被　仰付置候得共今般会計官権判事岡本健太郎《ママ》営繕司役人召連令出張候

間万端申合不都合無之様可致旨　御沙汰候事

本項の＊２に載せた井上河内守と岡本健三郎宛ての二通の沙汰書をみると、両者のあいだに牴牾が生ずることはなく、工事は順調に進められたようである。

【注解四】 天竜川水害の罹災者の救助については、「太政官日誌 第百六十七 明治紀元戊辰冬十二月」に、明治元年一二月一〇日付の沙汰書として、次の二通が掲載されている。[*9]

〇

同日［明治元年一二月一〇日］御沙汰書写

各通　井上河内守
太田備中守
田沼玄蕃頭
西尾隠岐守

今般遠江国徳川亀之助へ被下置候得共未夕引渡之場合ニモ不立到候処水損之窮民眼前無依所兼テ被　仰出候
朝廷御賑恤之　御趣意不致徹底候ニ付於会計官差向キ御救助被成下候御評議ニ候間其藩ニ於テモ故領之儀厚ク
相心得引渡相済候迄精々尽力可致　御沙汰候事

〇

徳川新三位中将

今般石高拝借被　仰出候上ハ其藩七拾万石七拾万両拝借被　仰付筈ニ候処遠江国天竜川近傍当年之水害ヲ被リ
窮民無依所眼前難捨置趣ニ相聞候ニ付其藩引渡相済候迄之処於会計官右窮民為救助金四万両御立替ニ相成候間
此段相心得候様　御沙汰候事

十二月

この二通の沙汰書のうち一通目は、遠江浜松藩主井上河内守（井上正直、徳川家達への駿河遠江下賜にともない上総国鶴舞に転封）、同掛川藩主太田備中守（太田資美、同じく上総国柴山に転封）、同相良藩主田沼玄蕃頭（田沼意尊、同じく上総国小久保へ転封）、同横須賀藩主西尾隠岐守（西尾忠篤、同じく安房国花房へ転封）の四名に宛てられたものである。二通目は、明治元年五月、駿河国府中（静岡）藩主七〇万石に封じられた徳川亀之助（徳川家達）――駿河一円および遠江、三河を領地とした――に宛てられたものである。

上の沙汰書はどちらも『法令全書』には採録されていないが、『大蔵省沿革志』出納寮の部明治元年一二月一〇日条には次のような記載がある。*10

十日、徳川家達ニ下令シテ遠江国天竜沿川水災ヲ被ル窮民ヲ賑済セシメ、石額派貸楮幣四万両ヲ交付シテ其ノ費用ニ充テシム。

太政官令達ニ曰ク、諸藩石額派貸楮幣ハ汝家達ノ藩封石額七十万石ニ照算シ七十万両ヲ貸付セントス、然ルニ目下遠江国天竜川沿岸ノ地方洪水被害ノ窮民常産ヲ亡失シ、其ノ艱楚ノ情状タル之ヲ不問ニ付ス可カラス、因テ汝ノ移封スルニ至ルマテ姑ク金四万両ヲ交付ス、其レ宜ク此ノ官旨ヲ奉承シテ窮民ヲ賑済スヘシト、乃チ本官ニ下令シテ之ヲ交付セシム。

又タ浜松、掛川、相良、横須賀ノ四藩ニ令達シテ曰ク、今回遠江国ヲ以テ徳川家達ニ封賜スト雖モ未タ之ヲシテ封地ニ就カシムルニ迫ハス、然ルニ水害ヲ被フル窮民目下憑ル可キ無キヲ以テ会計官ニ命シ速ニ救済ノ方法ヲ講セシム、各藩宜ク厚ク此ノ官意ヲ承体シテ力ヲ斯ニ尽スヘシ。

以上の『太政官日誌』と『大蔵省沿革志』の記事から、①天竜川水害による窮民の救助を太政官が府中（静岡）藩主徳川家達に命じたこと、②その救助費用に充てるため府中（静岡）藩への石高貸付七〇万両のうち楮幣四万両を会計官を通じて取り急ぎ交付するとしたこと、[*11] ③浜松藩以下遠江の四藩に対しても徳川家達に領地を引渡すまでの間天竜川水害被災民の賑救に当たるよう指示が出されたことが知られる。政府は天竜川水害の罹災民救助に積極的に動いたのであった。

〔注〕

＊1　天皇の東幸の企画は江戸開城直後の明治元年五月に遡る。当時戊辰戦争の最終的な勝利と東国支配の確立が維新政府にとっての重要な課題であったが、参与大久保利通は議定兼輔相の岩倉具視に対して、これらの課題の達成へ向け、関東への天皇の親征を提起したのである（松尾正人『維新政権』、七一頁、参照）。大久保の提起以降、東幸の実現へ向けては岩倉や木戸らが力を尽した。彼らの尽力により反対する宮廷勢力を抑えて九月二〇日の出輦となった。ところで、大久保や木戸、岩倉らが東幸実現に奔走した背景には、上に記した当面の課題の解決を超えた、深い狙いがあった。すなわち、彼らは東幸を実施することで天皇を京都から切り離し、最終的にはこれを遷都に結びつけようとしていたのである。東幸は「天皇を維新官僚の手中に握」らんとする試みのなかの一歩であった（同上、七二頁）。

東幸に当たっては「奉幣・旌賞・養老・賑恤の典を実施」するなど、「天皇を万民の前に明らかにし、『億兆の父母』とする崇高な演出が進められ」た（同上、七四－七五頁）。褒賞された孝子・節婦は一五二人、賑恤を受けた七〇歳以上の高齢者は一万三九八人、同じく賑恤を受けた罹災者は一万一、八〇七人であったという。東幸は「維新官僚に掌握された絶対君主を作りあげるために［行なわれた］、二四日間にわたる恰好の一大デモンストレーションだった」のである（同上、七五頁）。この点、前掲「御東幸沿道七十歳以上ノ者幷孝子義僕等ヲ査点録上セシム」（明治元戊辰年九月、第七九九）（六八－二四）、および本項の【注解二】も参照。

＊2　日本史籍協会（編）『木戸孝允日記 一』（東京大学出版会、一九六七年一月、覆刻版、原本の刊行は一九三二年一二月）、一一三頁（改行は／で表記した。傍線は原文でポイントが落ちている部分であることを示す）。天竜川普請については、「東巡日誌」に、竣工を称え、普請を担当した井上河内守と岡本健三郎（岡本はのちに治河使に任ぜられた）に宛てて発された沙汰

天竜川普請之儀兼テ　御沙汰相成居候処其方始士民共　御趣意ヲ重シ格別致尽力右川筋幷近傍御道筋土功不日落成候条神妙ニ被思食候此旨申達候事

十月

井上河内守

天竜川幷ニ近傍御道筋普請之儀ニ付格別尽力致候者共へ御酒下賜候間夫々へ分配候様可取計事

十月

岡本健三郎

御沙汰書写

書が書き写されている（「東巡日誌 第六」、前掲『太政官日誌 別巻四』、九一－九二頁）。

＊3 妻木忠太（編纂）『木戸孝允日記 第一』、一一三頁。

＊4 「洪水暴溢ニ付会計官出張賑恤ヲ施行セシム」（明治元戊辰年五月二四日、第四一九）（六八－八）。

＊5 「御東幸沿道七十歳以上ノ者幷孝子義僕等ヲ査点録上セシム」（明治元戊辰年九月、第七九九）、および前掲「東巡日誌」。

＊6 大蔵省記録局（編）『大蔵省沿革志（下巻）』、三〇二頁。傍線は割注の部分であることを示す。

＊7 『維新史料綱要』明治元年七月一〇日条を見ると、そこに次のような記事があることに気づく。すなわち、「浜松藩主井上正直河内守天竜川汎濫ノ状ヲ具シ、治水ノ旧例ニ依リ、之ヲ修築センコトヲ請フ三日　是日、之ヲ聴シ、其工事ヲ督セシム」（東京大学史料編纂所（蔵版）『維新史料綱要 巻九』、二二一頁。前注と同様、傍線は割注部分を示す）。つまり、天竜川の堤防修築工事は、七月三日に浜松藩側から旧例に則り着手に関する伺いが出され、それを政府（太政官）が聴するかたちで始められていたのである。このような手続きを踏んで工事が委任されていたにもかかわらず、それを会計官が「与カリ知ラサル」と言い立てたのは不思議といえば不思議なことである。

＊8 石井良助（編）『太政官日誌 第一巻』、三三二頁。ただし、この達は『法令全書』には収められていない。

＊9 石井良助（編）『太政官日誌 第二巻』、四九一頁。

＊10 大蔵省記録局（編）『大蔵省沿革志（上巻）』、四七一頁。

＊11　石高貸付については、吉川秀造「明治政府の貸附金(二)」（京都大学『経済論叢』、第二九巻、第五号、一九二九年一一月）、一一九－一二三頁を参照のこと。

二六、「関東諸県ヲシテ村鑑帳ヲ進致セシム」（明治元戊辰年一〇月、第八五八）

第八百五十八　十月（会計局）

関東諸県

支配所郷村村鑑帳ノ儀村高並其村々ノ産業ハ勿論民家数員牛馬ノ数ニ至ル迄相認候土地ノ大概帳ニ付今般御一新後銘々支配所相定リ候上ハ速ニ取調差出可申肝要ノ品ニ付早々組立可差立事

【注解】鎮将府会計局が所管の関東諸県に宛てて発した達である。関東諸県に対して村鑑帳の作成とその提出を求めている。災害対策という点から見て村鑑帳の提出指示が注目される理由については、「諸国私領寺社領ノ村高帳ヲ進致セシメ諸藩預所幷代官支配所等ヨリ村高帳其他帳簿ヲ進致セシム」（明治元戊辰年四月七日、第二二〇）の項（六八－三）においてすでに述べたので、そちらを参照されたい。また、本件と合わせて、「郷帳大積明細帳村鑑帳等ヲ進致セシム」（明治二己巳年二月二三日、第一九八）の項（六九－一〇）も、見よ。

二七、「会計局ヲ会計官出張所ト改定ス」（明治元戊辰年一〇月一八日、第八六一）

二年三月晦日東京会計官ヲ以テ本衙ト為ス

第八百六十一　　十月十八日（沙）

今般鎮将府被廃候ニ付会計局被相止会計官出張所ニ被　仰出候事

　但与頭以下諸役人ハ是迄之通相心得可申（以下、略。）

会計局

【注解】明治元年九月二〇日、天皇は東幸のため京都を出発した。輔相岩倉具視、議定中山忠能ら供奉二、〇〇〇人を超える一行は、日数二三日をかけて一〇月一三日東京に到着した（以上、前述）。そして江戸城を東幸中の皇居としてこれを東京城と改称し、さらに一〇月一八日には天皇親裁を掲げて鎮将府を廃止した（「今般　御東臨被為遊候ニ付テハ万機　宸断ヲ以テ被　仰出候御儀ニ付自今鎮将府被廃候事」）。[*1] 鎮将府廃止にともない、それまで東国の治水事務を所掌していた会計局は会計官出張所と改められた。これは、東国の治水事務も中央政府の会計官の下に置かれたことを意味する。

〔注〕

＊1　「鎮将府ヲ廃ス」（明治元戊辰年一〇月一八日、第八六〇）。東京都公文書館（編）『都史紀要一　江戸から東京への展開』、一〇五－一一三頁も、参照せよ。

二八、「官軍ニ臨時金穀ヲ調達セシ藩々ハ査点書ヲ会計官ニ進致セシム」

（明治元戊辰年一〇月二二日、第八八一）

第八百八十一　　十月二十二日（布）（行政官）

東海道　中仙道　北陸道　附江州西街道

右三道春来　官軍出張ニ付沿道之藩々ヨリ臨時金穀調達之向ハ明細取調書取ヲ以会計官へ可差出事

但人馬賃銭等宿駅ニテ引負ニ相成候分モ其向々ニテ取調可申出事

【注解】 本達は、行政官が東海道、中山道、北陸道、ならびに江州西街道の沿道の諸藩と宿駅に対して発したもので、諸藩に対しては官軍への調達金穀の数額を取り調べて書類を会計官に提出するように指示し、宿駅に対してはその宿駅に人馬の賃銭等で官軍側に負債ある場合これについて調査のうえ政府に上申するよう求めている。官軍が行軍した諸道の諸藩および宿駅に対して官軍のために調達した金穀や官軍が負った債務について調査・報告を指示した達といえる。

一見してわかるように、本達には災害対策にかかわる内容のものは書かれていない。にもかかわらず本資料にこれを採録したのは、本達のもとになった会計官提出の議案（太政官裁可）のなかに、発出された達には盛り込まれなかったけれども、災害対策にかかわって注目すべき内容の項目があるからである。

まず、以下に、明治元年一〇月二二日に会計官が稟議し、太政官が裁可した議案の全文を載せる。*1

二十二日、東海、東山、北陸三道ノ諸藩ヲシテ軍須、租税及ヒ救恤等ニ関スル事宜ヲ措置セシム可キヲ太政官ニ稟議シ、裁可施行ス。

本官稟議ニ曰ク、其一、目下戦地ノ雑費ハ官費ヲ以テ之ヲ弁給ス、其二、東海、東山、北陸沿道ノ諸藩ニ徴募セシ金穀ハ其ノ数額ヲ査計シテ録上ス可シ、其三、行軍ノ為メニ点役セル郵丁、駄馬ノ其ノ賃銭ヲ交付セス、駅站ニ対シテ官債ト為ル者ハ各駅站ヲシテ之ヲ開申セシム可シ、其四、出羽、越後二国内ニ在ル官領地ノ租税ハ便近諸藩之ヲ括収シ計簿ヲ租税司ニ上申ス可シ、其五、兵燹水害等ニ罹ル窮民ノ救済ハ楮幣ヲ以テ之ヲ料理ス可ク、決シテ濫ニ租米ヲ蠲除スルヲ許サス、但タ其兵燹水害ノ為メニ悉ク田実ヲ亡フ者ノ如キハ特議ノ処分ニ付ス。

太政官裁可シ、第二、第三ノ二項ヲ宣達ス。

災害対策にかかわるのは、項目〈其五〉である。〈其五〉は、東海・東山・北陸諸道における戦災・水災の罹災民に対する救済方針を示したもので、〈兵火や水害に罹った窮民の救済は紙幣（太政官札）をもってこれを処理すべきであり、決して軽率に租税の減免を行なってはならない〉、〈ただし兵火や水害により収穫皆無に陥った者については特別に議論しその処分を行なう〉と述べる。租米の蠲除に慎重な姿勢を見せ、兵火・水害罹災者の救済は紙幣（太政官札）をもってこれを処理すべしというのは、ひと月前の九月二八、二九日に議決された《関東・陸羽諸国の還納地および未帰順の幕臣の領地の当秋の租税徴収に関する一般方針》および《この一般方針を受けるかたちでまず関東諸国の還納地について整理された当秋の租税の徴収方法》において示された水害被災農地に対する処理規定——被災農地に関する（すなわち水害罹災者に対する）破免減租を基本的な対処の仕法とする方針——と比べると、兵災・水災罹災者の救済方針と租税収納の処理方針という性格の違いがあるにせよ、罹災者救援という観点から見るならば、そこにかなりの温度差が存すると見ざるを得ない。*2 とくに、〈兵火・水害罹災者の救済は紙幣（太政官札）をもってこれを処理すべし〉という救済方針（救済方法）を打ち出したことは、上記一〇月二二日付の稟議裁可文の特徴である。

〔注〕

＊1　大蔵省記録局（編）『大蔵省沿革志（上巻）』、二九－三〇頁。

＊2　九月二八、二九日の議決については、前掲の、「関東諸県租税ノ徴収旧政府引付ヲ以テ査点セシム」（明治元戊辰年九月二八日、第七九六）（六八－二二）および「韮山県及関東諸県ヲシテ旧旗下上知村々本年貢租ヲ徴収セシム」（明治元戊辰年九月二九日、第七九八）（六八－二三）を、参照せよ。

二九、「御東幸褒賞養老賑恤ノ典ヲ府藩県一般ニ施行セシム」（明治元戊辰年一〇月二五日、第八九二）

第九百八十九[*1]参看

第八百九十二　　十月二十五日（布）（行政官）

今般　御東巡御道筋之孝子義僕職業出精之者御褒賞七十歳以上之者且火災水難ニ罹リ候者共御賑恤被　仰出候依テハ　皇国中無遠邇前件之通リ御拡行被為遊度深キ　叡慮ニ付府藩県ニ於テモ　御主意ヲ奉体認其支配所領速ニ褒賞賑恤之道ヲ施シ窮民撫育等精々行届候様可取計旨　御沙汰候事

【注解一】前述したように、東幸の道筋での水害被害者らに対する賑恤金の下賜は、天皇一行の東京到着後に発された一連の達、すなわち「御東幸褒賞養老賑恤ノ典ヲ府藩県一般ニ施行セシム」（明治元戊辰年一〇月二五日、第八九二）（六八－二九）、「褒賞賑恤ノ典御挙行ノ趣旨ヲ体シ府藩県ヲシテ窮民ヲ撫育セシム」（明治元戊辰年一一月二五日、第九八九）（六九－一）、「御賑恤金下賜ノ例則ヲ定メ府県ヲシテ準依施行セシム」（明治元戊辰年一二月、第一一六三）（六九－七）によって全国に拡大されていく。本件はこの流れに位置する。

本達では、東幸の道中で行ったのと同様に、罹災者らに対する賑恤を国中遠い近いに関係なく拡張して行ないたいという天皇の意向が表明され、さらに、府藩県に対しこの天皇の意を奉体して賑恤を実施するよう指示がなされている（「皇国中無遠邇前件之通リ御拡行被為遊度深キ　叡慮ニ付府藩県ニ於テモ　御主意ヲ奉体認其支配所領速ニ褒賞賑恤之道ヲ施シ窮民撫育等精々行届候様可取計旨　御沙汰候事」）。本達のこの部分から東幸時の天皇一行による賑恤の実施を眺めると、それは、国全体の家父長としての天皇が府藩県に対して賑恤の範を示したもの、と解釈できる。ただし、この達では、府藩県が行なうべき賑恤の具体的な中身については何も書かれていない。[*2]

【注解二】行政官の広報誌であった「東京城日誌」は、本布告をその第一号で載せた。[*3] 第二号では、本布告の方針に則り、実際に政府が賑恤を施したことが報じられている。[*4] このうち、水害罹災者を対象とした賑恤の実施は一件で、武蔵国足立郡下戸田村の二一〇人に対し「人別金若干宛」を下賜したというものであった。[*5]

〔注〕

＊1　「褒賞賑恤ノ典御挙行ノ趣旨ヲ体シ府藩県ヲシテ窮民ヲ撫育セシム」（明治元戊辰年一一月二五日、第九八九）。

＊2　賑恤（救済）の具体的な中身については、「御賑恤金下賜ノ例則ヲ定メ府県ヲシテ準依施行セシム」（明治元戊辰年一二月、第一一六三）の項を参照のこと。

＊3　「東京城日誌 第一」、明治元年戊辰十月、所収、朝倉治彦（編）『太政官日誌 別巻二』（東京堂出版、一九八四年五月）、二一一頁。

＊4　「東京城日誌 第二」、明治元年戊辰十月、所収、朝倉治彦（編）『太政官日誌 別巻二』、二一四－二一六頁。

＊5　同上、二一六頁。

三〇、「治河使ヲ置ク」（明治元戊辰年一〇月二八日、第九〇四）

第九百卌九[*1]第九百六十[*2]参看二年第六百八十一[*3]ヲ以テ治河使ヲ廃シ其事務ヲ土木司ニ属ス

第九百四　十月二十八日（沙）（行政官）

岡本健三郎

当官ヲ以テ治河使被　仰付候事（治河使ヲ置クノ令他ニ見ル所ナシ姑ク之ヲ存ス）

【注解一】岡本健三郎の治河使への任命
【注解二】治河使・治河掛の任命と治河使設置の事情
【注解三】治河使の人事・組織・活動
【注解四】治河掛の事務統括者中御門経之の日記から
【注解五】治河使・治河掛の設置直後の活動
【注解六】治河使設置のより広い文脈

【注解一】行政官が岡本健三郎（会計官権判事）に宛てて発した、治河使に任命するとの辞令である（兼勤）。岡本は土佐藩士で、治河使に任ぜられる前には天皇の東幸に際しその道筋の整備のために天竜川普請に当たった経歴をもつ。[*4] 岡本は明治二年五月二四日まで治河使の職を務めた（同日解任、尚、治河使それ自体の廃止は七月二七日）。その後岡本は民部権少丞兼大蔵権少丞に任ぜられ（明治二年八月二八日）、明治三年一月一九日には民部少丞兼大蔵少丞に昇進、そして同年八月二四日に大蔵権大丞になっている。さらに岡本は翌明治四年六月二六日に工部省御用兼勤を命ぜられ、同年八月一〇日に営繕頭、同月一五日には土木頭に任ぜられた。[*5]

【注解二】『太政類典』、第一編、第二三巻（官制・官庁制置一）、七四には、「元年十月二十八日　治河使ヲ置キ其衙署ヲ開ク　衙門ヲ山城国八幡高坊及ヒ大坂府下網島幷ニ島町第一街旧幕府代官ノ邸舎ニ設ク」の記事がある。また、同じく『太政類典』の、第一編、第一八巻（官制・文官職制四）、三〇にも、治河使関係の記事（「元年十月廿八日治河使ヲ設ク」）があり、そこには「治河使ヲ置キ会計官権判事岡本義方健三郎土佐藩士ヲ以テ之ヲ兼シメ議定兼会計官知事中御門経之参与兼大坂府知事後藤元燁ニ治河掛ヲ命ス尋テ経之ニ命シテ其事務ヲ統管セシム又水利ノ要ヲ布告ス」と書かれている（傍線部分は割注であることを示す）。つまり、治河使として岡本健三郎、治河掛に中御門経之と後藤元燁（象二郎）を任命し、中御門に治河掛の事務を統管させたのである。[*6] それとともに「水利ノ要」を布告した。これは、「治河使被設ニ付府藩県ヲシテ水利ノ道ヲ起サシム」（明治元戊辰年一一月六日、第九三九）（六八一―三二）のことである。

2. 岡本、中御門、後藤の他に、治河副使に宮川小源太が、治河掛には長谷川嘉道、山田五次郎、馬場蒼心、上野右内、波多幸之進、陸奥陽之助、西尾伝次郎、三岡公正、山田秀典、松島和助らが、さらに治河掛附属には江口純三郎、石黒万右衛門が任命された。[*7]

3. 治河使設置の事情については、『日本砂防史』に次のような記述がある。「明治元年（一八六八）の夏、戊辰戦争の最中に畿内一帯が大洪水におそわれ、とくに淀川支川木津川の被害が一番ひどく、淀川本流と合流する八幡（山城国綴喜郡）付近のごときは、暴流猛威によって堤防の崩れ壊れることおよそ一里、岸に沿う数百町歩の田畑は見渡す限り渺茫落漠たる砂原と化するみじめな有様であった。この惨害に直面して、治水の必要を痛感した明治政府は、明治元年（一八六八）一〇月二八日会計官（後の大蔵省）所管の下に、『治河使』（明治元年一〇月二八日御沙汰第九〇四号）を設け、正使・副使以下の吏員を任命して、その出張所を八幡高町に置き、木津川下流付替工事を開始した。こうして、この工事は、罹災民救助の意味から、山城、河内の付近村民を多く使用した。これと同時に、大阪府網島および島町にも治河使出張所を置いて、京と浪花の間を上り下りの昼船・夜船、淀の川瀬の通い船路を一層よりよくしようと努めた。*8」つまり、治河使設置の背景には、明治元年の淀川・木津川の大洪水があったということである。また、この洪水の前から、淀川は「流路に土砂停滞し、舟航愈々困難なりし」*9という状態であったから、ここに治河使を任命して、木津川の流路変更工事と淀川の浚渫に当たらせたのである。

【注解三】以下に、治河使設置からその職務が民部省土木司に移されるまでの、その人事・組織・工事等に関する諸事項を整理して示す。

一八六八・一二・三（明治元年一〇月二〇日）
参与（大阪府知事兼勤）後藤象二郎、治河掛に任ぜられる。

一八六八・一二・一一（明治元年一〇月二八日）
岡本健三郎が治河使に、宮川小源太が治河副使に、中御門経之、長谷川嘉道が治河掛に任ぜらる（治河使設置）。衙門を山城国八幡高坊、大阪府下網島ならびに島町第一街旧幕府代官邸舎に置く。近畿地方（主に淀川）における水運の便の増進および堤防の修築による水害の防除を担当する主任の官として、治河使が置かれる。
「治河使ヲ置ク」（明治元戊辰年一〇月二八日、第九〇四）（本項）

一八六八・一二・一六（明治元年一一月三日）
治河使岡本健三郎、治河副使宮川小源太に宛てて、「御用中別段ノ訳ヲ以御用筋ノ儀ハ輔相議定其外知府事等へモ直ニ可申出事」との達が発される。

一八六八・一二・一八（明治元年一一月五日）
中御門経之、「今度治河掛被仰付候ニ付テハ全権御委任相成候事」と治河掛の全権を委任される。

一八六八・一二・一九（明治元年一一月六日）
「水利ノ要」、布告される。

「治河使被設ニ付府藩県ヲシテ水利ノ道ヲ起サシム」（明治元戊辰年一一月六日、第九三九）（六八－三二）

一八六八・一二・二〇（明治元年一一月七日）
治河掛後藤象二郎に対して、天保山新港の開鑿工事に尽力するよう命が下る。

一八六八・一二・二八（明治元年一一月一五日）
「水利ノ要」、改めて布告される。

「治河使ヲ置カレ府藩県水利興起ノ布告ヲ改ム」（明治元戊辰年一一月一五日、第九六〇）（六八－三四）

一八六九・一・九（明治元年一一月二七日）
山田五次郎、馬場蒼心、治河掛に任ぜらる。

一八六九・一・一〇（明治元年一一月二八日）

和歌山・岡山二藩および倉敷県に対して、天保山新港の開鑿および淀川筋の堤防修理のために、木材・石材の供出が命ぜられる。

「今般大坂ニ於テ新港開鑿幷淀川筋堤防修理被仰出候ニ付右入用之石類其藩領内ヨリ可差出旨　御沙汰候事　／　但運輸方手続等大坂治河役所へ可承合尤相当之代金御下渡有之候事」（岡山藩への御沙汰書）*[10]

江口純三郎、石黒万右衛門、治河掛附属に任ぜらる。

一八六九・一・一二（明治元年一一月晦日）

上野右内、波多幸之進、治河掛に任ぜらる。

一八六九・一・一四（明治元年一二月二日）

大阪府権判事（北司農局長）陸奥陽之助、西尾伝次郎、治河掛を命ぜられる（陸奥は兼勤）。

一八六九・三・一七（明治二年二月五日）

大阪府知事御用取扱三岡公正、治河掛兼勤を命ぜらる。*[11]

一八六九・三・二九（明治二年二月一七日）

三岡公正、「会計御用並大坂府知事御用取扱治河造幣掛等兼勤総テ被免候事」と、治河掛を含めすべての職を免ぜられる。

一八六九・四・六（明治二年二月二五日）

後藤象二郎、治河掛を免ぜられる。

一八六九・四・一五（明治二年三月四日）

松島和助、治河掛に任ぜらる。

一八六九・六・五（明治二年四月二五日）

土居卓造（任命日不明）、治河掛を免ぜられ、兵庫県出仕となる。

一八六九・七・三（明治二年五月二四日）

岡本健三郎、治河使を免ぜられる。

一八六九・八・一一（明治二年七月四日）

宮川小源太、治河副使を免ぜられる。

一八六九・八・三一（明治二年七月二四日）

中御門経之、治河掛罷免の受否を打診され、受ける旨を返答する。

一八六九・九・三（明治二年七月二七日）

治河使が廃止され、同使が所管していた水利に関する事務が民部省土木司の管轄となる（河川関係事務の民部省土木司への一本化）

「治河使ヲ廃シ土木司ヲシテ水利ヲ管轄セシム」（明治二己巳年七月二七日、第六八一）（六九－二六）

【注解四】 治河掛の事務を統括するよう命じられた中御門経之の日記を見ると[*12]、合計一八件の治河掛に関する記事を確認することができる。それらを内容別に分類すると次のようになる。

治河掛の人事に関する件……正月二二日（一〇頁）、二月四日（二八、二九頁）、同一七日（四二頁）、同二四日（四七頁）、七月二三日（七六頁）、同二四日（七七頁）

工事人足手配請負に関する件……正月二三日（一三頁）、同二七日（二二頁）

木津川工事用資材調達の件……正月二五日（一八－一九頁）

木津川工事に関し外国人を雇う件……二月四日（二七頁）

木津川分水見込申立の取り調べの件……二月一〇日（三四頁）

治河掛事務に関する件（書付受取、一覧等、但し内容不明）……二月七日（三二頁）

京都府郡政局営繕方人事に関する承認の件……二月一〇日（三三頁）

宇治川筋通船に関する申立の取り調べの件……二月一〇日（三四頁）、同二四日（四七頁）

丹州川筋願書類取り扱いの件……二月二三日（四六頁）

治河使廃止に伴う残務に関する件……七月二四日（七八頁）、同二五日（八〇頁）

日記の記述が項目的、断片的なため内容を確定し難いところもあるが、上記一八件の記事から、治河掛の人選には中御門のほか山田五次郎、馬場蒼心らが関与していたこと、工事人足の手配に在阪の塩物問屋（三軒）がかかわっていたこと、木津川普請用の石材を同川沿いの津藩領ならびに柳生藩領から、同じく木材は淀藩領から調達しようとしていたこと、京都府郡政局営繕方（その職掌は「部内庁舎倉庫堤防橋梁道路ノ修繕及ヒ水利開墾総テ山野河海ノ事ヲ掌ル」[*13]）の人事に関しても中御門が承認権をもっていたこと、治河掛は淀川・宇治川・木津川だけでなく、丹州の川筋に関する事務も取り扱っていたことなどがわかる。

【注解五】　治河使／治河掛（治河役所）の（とくにその設置直後の）活動を知らせる史料として、そのほかに、「大阪府日誌 第一」（明治二年己巳春二月）がある。[*14][*15]「大阪府日誌 第一」より、治河および治河使関係の記事を書き抜くと、以下のようである。[*16]

a．（五二頁。）

此度淀川筋其余川々浚治并天保山新港開鑿之義被
仰出候に付安治川筋近在へ掛役人時々出張可致間兼而其旨相心得申達次第案内之者差出不都合無之様可致候右に付是迄堤防方役所を当分治河役所に定右にて御用取扱候間是又申達可置もの也

十一月

大阪府

北司農局

aは、大阪府北司農局が明治元年一一月に発した布告である。淀川筋ならびにその他の河川の浚治、さらには天保山新港開鑿の実施を告知し、その関係で安治川筋に掛りの役人が出張すること、その際には案内の者を出して不都合のないようにすべきこと、また、これまでの堤防方役所を当分治河役所として事務を取扱うこと、これらを併せて達している。尚、司農局は、郡村を管轄することを目的として、明治元年六月八日に大阪府庁内に設置された機関である。同年七月八日南北に分けられ、南司農局は河内国一円を、北司農局は摂津国川辺郡以東八郡を管轄した。北司農局の局長は大阪府権判事の陸奥陽之助が兼務した。明治二年一月、南司農局、北司農局に替わって河内県、摂津県が置かれ、陸奥陽之助は摂津県知事となった。*17

b.（五二頁。）

此度布告におよひ候川浚之義に付建言いたし候に付尚尋問之筋有之候間疾姓名可申出候尤為目印本書切抜張置もの也

十一月

大阪府

bは、aの布告にある河川の浚渫を匿名で建言した者がいることを知らせる。建言について尋問したいので、姓名を申し出るようにとの達である。

c.（五二－五三頁。）

安治川筋枠ヶ鼻下南新田地より嶋屋新田地内海手迄巾一丁程に新規堀割候立方人足請負望之もの有之候はヽ廿五日迄島町筋谷町治河役所へ可申出もの也

十一月十八日

大坂府

ｃは、安治川筋の新規堀割工事の人足請負の募集告知である。一一月一八日付の告知であるが、七日後の同月二五日までに島町の治河役所まで申し出ることとされている。この告示により治河使設置から約半月後には治河役所が実際に活動を始めたことが知られる。尚、本項と併せて項目ｅも参照せよ。

ｄ.（五三頁。）

治河掛幟幷提灯印*[18]別紙之通に候間三郷町中不洩様早々可相触もの也

十一月十八日

大坂府

幟幷提灯印（省略）

ｄは、治河掛の幟と提灯の印を町中に触れた達である。これもまた、治河掛（治河役所）がこの時期から活動に入っていったことを知らせるものである。

ｅ.（五四頁。）

安治川筋枠ヶ鼻下手南新田地内より島屋新田地内海手迄新規堀割拾六丁程両側石垣築立幷島屋新田地先より目標山向迄波戸七百間程石垣築立候石工請負望之者有之候得は来晦日迄に島町筋谷町治河役所へ可申出もの也

十一月廿日

大阪府

eは、安治川筋の新規堀割ならびに波止における石垣建設のための石工請負の募集告知である（項目c参照）。

f.（五五－五六頁。）

「水利ノ要」（「治河之儀」）に関する、明治元年一一月一五日付の行政官布告。*[19]（省略）

g.（五六頁。）

大坂者御国之要港内外舟船之集る処諸国物産之湊する所にして実以海内枢機之地に有之候所津口之浅狭により運送の便を妨け其障害不可言候今于此大小新港を開らき候得者其利害得失如何計に可有之哉就て者今般莫大之御失費をも不被為厭別紙之通治河之議被*[20]仰出候は上淀川之堤防を修理し大に水利を起し新に大港を開らき運輸之便を極め市井繁殖之大基本を相建候様之御趣意に而不日御取掛りに相成候就而者右御沙汰之程厚く相心得存付等之議於有之者可申出もの也

右之通三郷町中へ不洩様早々可相触者也

gは、「治河之議」（上淀川堤防の修理と新港の開鑿*[21]）について布告が発されたことを（三郷町中に）知らせ、併せて治河について意見・提案を町中に募る内容の達である。*[22]

達を現代語に直すと、次のようである。

〝大坂は御国の要港で、内外の舟船、諸国の物産が集まり、実にもって枢要の地というべきところである。しかるに、現在大坂港の港口は浅く狭いため、これが運送の便を妨げている。ここに、今、大小の新港を開鑿すれば、その利害得失はどのようになるであろうか。きっと大きな利益が得られることであろう。そこで、今般、莫大な出費を厭わせられず、別紙の通り治河の計画を仰せ出だされた。この治河の計画は、上淀川の堤防を修理し、また新たに大港を開くというものである。これにより、運輸の便を極め、市井繁殖の大基本を建てるというのが御趣意である。日を置かず工事に着手せられる予定である。右のように御沙汰があったので、これを厚く心得、治河の議について思い付いたところがある者は、これを申し出るべきこと。

以上三郷町中に洩らさぬように早々に触れるべき事〟

治河使の設置において、堤防の修理による災害防除の意義はもちろん掲げられていたけれども、この達からも知られるように、当時それよりも堤防の修理および新港の開鑿による運輸の便の増進、市井繁殖の大基本の建設という意義が強調される向きが強かった。この向きが本達からも知られる。

h.（五六頁。）

後藤象二郎

今般治河掛被仰付就而者其地天保山新港開鑿別而尽力可有之被仰出候事

十一月

hは、治河掛後藤象二郎（参与、大阪府知事兼勤）に対して天保山新港の開鑿工事に尽力するよう命じた沙汰である。後藤の治河掛任命は、一〇月二〇日。本記事には日の記載がないが、後藤宛沙汰書の発布は一一月七日である。

i．（五六－五七頁。）

摂泉地界之儀に付行政官へ伺ひの事

今般府県之制度被取建大阪府者摂州八郡河内一円を管轄し堺県に於ては泉州一円を管轄すへきの大令有之候所元来摂泉国境者堺市街之中央大小路に候得共徳川氏之砌河水は堺奉行に属し堤防ハ代官に属し候を以一新之後に到候ても川床は自ら堺県に属し堤防は当府に支配いたし有之候中今夏水害以来北岸堤防築造方に付全河を支配不致而者水勢不都合之次第も有之且前条摂河者当府より支配いたし候様被仰付居候て右大和川は摂州地上を流れ居候事故旁以川床とも当府より支配いたし候様相成不申ては不弁に有之候に付先達て橋本基之助を以彼県へ旨趣及問談候所知事被申聞候に者根元摂泉之境者古書旧図等にても前件之通堺市街之中央大小路と申所に有之仍ては当県役所共悉く摂州土上に属し候得は必摂之疆域を分時者役所を南へ遷し堺の市井を中分致し候之外致方有之間舗乍併左候ては堺一行之街を両所より支配いたす様相成万事不便に有之は必然に付有来之儘堺役所は摂州地上に有つて旧幕府之砌支配いたし来候通大和川者当県より請持之方便利可有之と被申聞候然に封疆之儀者至重之事件にも有之且河水者彼県に属し却而水南之村を当府より支配いたし候てハ事務相混し自ら民情にも関係不少候得ハ今般断然大和川中央を以て支配境とし以南之村々堺県へ引渡候様内議相済彼県よりも右之段可申出候間御確議之上右様御沙汰有之度候事

大阪府印

行政官

御下紙

双方之便利分明なる上は申出之通可致事

ｉは、大阪府と堺県との境界の変更に関し両者の間で協議が整ったので行政官に対してその承認を求めた大阪府よりの申請書と、その境界変更申請を承認する旨の行政官の下げ紙である。変更の内容は、大阪府と堺県との境界を摂泉国境から大和川中央に移すというものである。

本件が災害対策の観点から見て興味深いのは、治河工事（堤防修築工事）上の不都合から、大和川の河水（川床）と堤防の管轄の分離が問題にされ、これの解消および、大阪府と堺県との境界変更問題が取り上げられているという点である。すなわち、明治元年の大和川水害に伴う堤防修築工事を担ったのは同川の堤防を管轄していた大阪府であったが、大和川の河水（川床）の管轄が旧幕時代からの遺制を引き継ぎ堺県に置かれていたため、大阪府は堤防工事実施に不便があると認識し、河水（川床）の管轄を大阪府に移して河水（川床）と堤防双方の管轄を一致させることを堺県に協議したのであった。この協議中、論点は大阪府と堺県との境界変更問題へと移行し、*23 結局大和川の中央をもって国境とすることに合意したのである。

ｊ．（五八頁。）

陸奥陽之助

当官を以て治河掛被

仰付候事

十二月

ｊは、大阪府権判事（北司農局長）の陸奥陽之助（陸奥宗光）を治河掛に任ずる内容の沙汰である。「大阪府日誌」掲載の文面は「十二月」とだけ書かれているが、陸奥が治河掛に任ぜられたのは一二月二日である。ｈの後藤象二郎宛沙汰書および本件により、大阪府知事、大阪府権判事といった府の要職に就く者があいついで治河掛に任ぜられたことが触れられたわけである。当時「治河之議」（上淀川堤防の修理と新港の開鑿）が大阪府を挙げての事業に位置づけられていたことが窺われる。

以上、「大阪府日誌 第二」の治河および治河使関係の記事より、治河使／治河掛（治河役所）が大阪府と一体になって、早々に淀川堤防の修理と安治川新港の開鑿に動き出していたことがわかる。

【注解六】 早稲田大学社会科学研究所（編）『中御門家文書 下巻』は〔時務建言書〕（明治元年一〇月－一二年）と題する史料を載せ、それに次のような解説を加えている。「戊辰戦争は会津落城（九月二二日）をもって一応の終りをつげた。このとき、岩倉〔具視〕は内政充実の緊要なことをとなえ、議定・参与を各部局に配置して新政の整備をはかるべしとし、議事・国体・兵制・会計・治河・公法・暦法等につき意見を草してこれを議定・参与に示し、かつ彼らの意見を徴することとした。この史料の最初の部分がすなわち岩倉意見であ」る。*24

この〔時務建言書〕のなかで、岩倉意見の部分は以下のとおりである。*25

岩倉右兵衛督ヨリ議参一統え被見且存意可申出旨数ヶ条之内写也

議政官

議定

参与

右創立政体造作法制スルヲ以テ職掌ノ主トス則今日征討奏功兵事稍遏ムノ時ニ当テ諸件体裁ヲ挙ケ制度其備一新不抜ノ業ヲ立ザルベカラズ然ラハ議参両職ノ者諸件体裁取調ヲ分課シ各其局ヲ開キ又其件ニ所長ノ人ヲ

挙ケ大ニ其業ヲ興スベシ凡其諸件次第如左
一諸件体裁和漢西洋今古ヲ斟酌シ先其取調ノ因拠大意ヲ定ムベシ但因拠ノ大意輔相議定参与総議シテ決定スベシ其因拠譬ヘバ　国体ノ体裁ハ府県ヲ立テ我皇朝ノ古ニ復シ道国郡郷ヲ以テ地理統轄スルノ制ニ依準スト云ガ如シ
議事ノ体裁ハ米国ノ聯邦衆議ヲ執ルヲ主トスルト英国ノ三局中上院ニテ刑法ヲ執リ下院ニテ財利ヲ執ルノ制トヲ参酌スルト云カ如シ
会計ノ体裁ハ平均法ヲ以テ歳入歳出ヲ計リ非常ノ費ハ国債ノ制ヲ立ツルコト英国ノ制ニ拠ルト云カ如シ
一諸件課目凡其大件ヲ挙ルコト左ノ如シ

議事
　刑律
学校
教法　仏門諸宗一致僧侶ヲ以テ教師トス
国体　府県
都城　宮殿／官舎
兵制　海陸軍／府県兵
会計　国債
　税法
　貨幣
鉱山

治河　港津／蒸気舟車
　川運
　開拓
公法　皇国外国ト交際ノ権
暦法
　時計
右ノ外位階秩禄衣冠公式服忌等ノ制アリ其次第ニ依リ大件ノ中ニ分属スベシ猶其大件小件分局配合等ノ儀ハ宜キヲ詳議スベシ
一大件課目ニ依テ其局ヲ開キ議定一員其局ヲ総裁シ参与一二員輔之但当時決定機務銓衡賞罰等ノ議政ハ議参二三員諸件取調ニ不与シテ之ヲ執ルベシ
一諸件取調ヲ執ル今日機務ヲ執ルモ各其大事ハ之ヲ総議シテ決定スヘシ唯各件共ニ聯絡一貫センコトヲ要トスベシ
一会計之事
天下平均ノ法ヲ以テ歳入歳出ノ算計ヲ定メ非常ノ所費国債ノ制ヲ立ル事
但此平均国債ノ計算ヲ為シ出納スル者ハ則会計官ナリ財利流通商法等ハ下民ニ在リ官ノ事ニアラズ其民生ヲ遂ケ職業ヲ励サシムル者ハ府藩県ナリ総テ之ヲ経綸スル者ハ太政官ナリ此次第ヲ以テ挙ル時ハ天下ノ会計立ツベシ
右会計大体之主旨確定有之度段東京え御掛合ニ相成候事

上の岩倉意見中、それを基準として「其局ヲ開キ議定一員其局ヲ総裁シ参与二員輔之」とされた大件課目のひとつに《治河》が置かれている。ただし、ここでの《治河》は、災害対策の意味合いよりも、舟運振興、産業振興の意味合いが強いものであった。これには注意が必要である。それでも、《治河》という以上単なる舟運振興、産業振興ではありえず、事柄の必然として災害対策の意味を含む。ここではそのような《治河》が岩倉の政府部局構想のなかの一に挙げられていたことに注目したい。

政府構想に関する岩倉意見が出されたのは、治河使設置（一〇月二八日）の直前のことである。「今日征討奏功兵事稍遏ムノ時」、《治河》を一局として立てるという発想が出てきたことを、この岩倉意見において確認することができる。結局、岩倉意見にもかかわらず、《治河》は一局としては立てられず、治河使は通常の官僚制組織の系列中ではなく、〝使〟という名称からもわかる通り、臨時的な意味合いの職として置かれるにとどまった。[*26] けれども、上に掲げた岩倉意見、すなわち「今日征討奏功兵事稍遏ムノ時」《治河》を一局として立てるという発想が、治河使設置につながる一番広い流れを構成したことは間違いないことであろう。

〔注〕

＊1　「治河使被設ニ付府藩県ヲシテ水利ノ道ヲ起サシム」（明治元戊辰年一一月六日、第九三九）（六八－三二）。

＊2　「治河使ヲ置カレ府藩県水利興起ノ布告ヲ改ム」（明治元戊辰年一一月一五日、第九六〇）（六八－三四）。

＊3　「治河使ヲ廃シ土木司ヲシテ水利ヲ管轄セシム」（明治二己巳年七月二七日、第六八一）（六九－二六）。

＊4　「太政官日誌 第六十三」、慶応四年戊辰秋八月、所収、石井良助（編）『太政官日誌 第一巻』、三二二頁、「東巡日誌 第六」、所収、朝倉治彦（編）『太政官日誌 別巻四』、九一－九二頁。

＊5　日本史籍協会（編）『百官履歴 二』、二九〇－二九一頁、および、『太政類典』、第一編、第一八巻（官制・文官職制四）、三〇。

＊6　中御門経之への全権委任（「今度治河掛被仰付候ニ付テハ全権御委任相成候事」）の達の日付は、一一月五日である（日本史籍協会（編）『百官履歴 二』、一七〇－一七一頁）。これより前、一一月三日に、治河使岡本健三郎、治河副使宮川小源太に宛てて、「御用中別段ノ訳ヲ以御用筋ノ儀ハ輔相議定其外知府事等ヘモ直ニ可申出事」との達が発された。また参与（大阪府知事兼勤）の治河掛後藤象二郎には、一一月七日付で「今般治河掛被　仰付候就テハ其地天保山新港開鑿別テ尽力可有之被　仰出候事」との沙汰が下されている（「太政官日誌 第百卅五」、明治紀元戊辰冬十一月、所収、石井良助（編）『太政官日誌 第二巻』、三一一頁）。

＊7　宮川小源太は、熊本藩士。明治元年一〇月二八日治河副使任命、二年七月四日免職。同年七月会計官御用掛、同年九月二四日民部省土木正心得、同年一二月一七日民部省土木権正。長谷川嘉道は、元年一〇月二八日任命。元会計官営繕司調役、のちに民部省土木少佑。山田五次郎は、熊本藩士、会計官権判事。元年一一月二七日任命。上野右内、波多幸之進はともに元年一一月晦日任命（このうち波多は、『官員録 全（明治二年七月改）』に会計官出納司判司事（在京治河掛）としてその名が記されている）（『官員録 全（明治二年七月改）』（御用官板所和泉屋市兵衛、須原屋茂兵衛）は、国立公文書館のデジタルアーカイブ収録のものを用いた）。陸奥陽之助（陸奥宗光）は、元年六月二二日大阪府権判事、同一二月二日治河掛。西尾伝次郎は、元年一二月二日任命。三岡公正（由利公正）は、二年二月四日大阪府知事御用取扱、同月五日治河掛兼勤。山田秀典は、熊本藩士。二年二月七日治河掛、同三月一五日治河隊長。同七月二九日民部省治河掛、同一二月一七日民部省土木少佑、三年二月二七日民部省土木権大佑、同八月一二日大蔵省営繕権大佑、同九月八日大蔵省営繕大佑、四年正月九日大蔵省営繕大佑を免じ、大蔵省出仕（「西京大蔵省事務総テ取扱可申事」）。四年一〇月二〇日大蔵省土木権頭、五年正月二二日「越後国信濃川分水堀割御用ニ付出張被仰付候事」。松島和助は、二年三月四日任命。江口純三郎は、熊本藩士。元年一一月二八日任命。石黒万右衛門も、元年一一月二八日任命。（以上に付き、参照、『太政類典』、第一編、第一八巻、三〇。尚、宮川小源太については、早稲田大学社会科学研究所（編）『中御門家文書 上巻』、早稲田大学社会科学研究所、一九六四年七月、七八頁、および細川家編纂所（編）『改訂 肥後藩国事史料 第十巻』、国書刊行会、一九七四年四月、五三－五四、七三－七四、二七三、二七四、三〇三－三〇四頁も参照した。宮川の会計官御用掛への任用は、明治二年七月一三日に熊本藩へ伝えられている。山田秀典については、日本史籍協会（編）『百官履歴 二』、一五一－一五三頁、細川家編纂所（編）『改訂 肥後藩国

事史料 第十巻』、三〇三－三〇四、四〇一、六二一－六二二、七六九頁を参照した。）尚、上に明らかなように、治河掛への登用には、熊本藩士が目立つ。また、大坂府知事後藤元燁、同権判事陸奥陽之助、大阪府知事御用取扱三岡公正が治河掛兼勤を命ぜられており、人事的に治河使（治河掛）と大坂府との密接な関係が窺い知れる。

＊8 『日本砂防史』、三一四頁。

＊9 日本工学会・啓明会『明治工業史 土木篇』、三三五頁。

＊10 「太政官日誌 第百五十九」、明治紀元戊辰冬十一月、所収、石井良助（編）『太政官日誌 第二巻』、四四六頁。引用中、行の改まりは／で示した。また、大蔵省記録局（編）『大蔵省沿革志（下巻）』、三〇四頁も参照。

＊11 『維新史料綱要』を見ると、三岡公正が治河掛を命ぜられたことについての記事は、次のようになっている。「［明治二年二月四日］参与三岡八郎公正○後由利○福井藩士ニ大坂府知事後藤象二郎元燁○参与○高知藩士ノ東下中、其職務ヲ摂行セシム。明日、八郎ニ治河掛ヲ兼ネシム」（東京大学史料編纂所（蔵版）『維新史料綱要 巻十』、東京大学出版会、一九六七年二月、覆刻版、原本の刊行は一九三九年二月、三三一頁。傍線は割注部分であることを示す）。すなわち、三岡公正の治河掛任命は、大坂府知事後藤象二郎の東下にともなって三岡が大坂府知事御用取扱となったことに連動する措置であった。上に治河使（治河掛）と大坂府とは人事的に密接な関係にあったことを指摘したが、どうやら大坂府知事は治河掛を兼ねるという関係にあったようである。尚、三岡公正は治河掛兼勤直後の二月一七日に、「会計御用並大坂府知事御用取扱治河造幣掛等兼勤総テ被免候事」とすべての職を免じられている（参照、日本史籍協会（編）『百官履歴 一』、三六五頁）。

＊12 「明治二年覚」（明治二年正月一八日～二月二四日）、「東京著日誌」（［明治二年］六月二一日～七月二七日）。ともに、早稲田大学社会科学研究所（編）『中御門家文書 上巻』に収録されている。尚、下記の頁数はいずれも同書中のものである。

＊13 「京都府規則ヲ府藩県ニ頒示シ意見ヲ上陳セシム」（明治元戊辰年八月五日、第六一〇）所載の「京都府職制」を参照せよ。

＊14 「大阪府日誌 第一」（明治二年己巳春二月）（所収、朝倉治彦（編）『太政官日誌 別巻三』、東京堂出版、一九八五年九月）。「大阪府日誌」は、官許民間委託のかたちで出版された大阪府の公報である（印行は大坂の河内屋正助と京都の山城屋勘助）（朝倉治彦（編）『太政官日誌 別巻四』、三一一頁、参照）。大阪府は、明治元年一月二二日に置かれた摂泉管轄の軍政機関である大阪鎮台に起源をもつもので、これが一月二七日に大阪裁判所、さらに五月二日に大阪府と改称したのである（知事は醍醐忠順）。

＊15 「大阪府日誌 第一」は、明治元年一一月から明治二年正月までの、大阪府の布告、告示および達などを載せる。今これを見ると、全記事二九件中一〇件が治河または治河役所関係のものである。すなわち、治河関係の記事が誌面全体の三分の一の多きを占めているということである。

＊16 書き抜きに当たっては、返り点および振り仮名は省略した。番号の次に、当該資料の『太政官日誌 別巻三』収録頁を記した。

＊17 新修大阪市史編纂委員会（編）『新修 大阪市史 第五巻』、一八－一九、三八八頁。

＊18 治河使／治河掛関係の標識としては、これのほかに、明治元年一二月二日付で軍務官が布告「治河使旗章ヲ定ム」をもって淀川筋の警守に当たっていた柳沢甲斐守（大和郡山藩主柳沢保申）らに示した治河使旗章がある。軍務官布告の治河使旗章は、大阪府が触れた幟の印とは〝治河〟の書体が違うものの、その他の意匠は同じである（ただし軍務官が示した旗章の方には旗章中三角の部分の布地の色は朱、そこに書かれる文字は白と色の指定があるのに対し、大阪府布達の幟の色の染め分けは不明である。実体的にこれら二つが同じものであったかどうかはわからない。また、軍務官布告の方には提灯の図案はない）。軍務官が淀川筋の警守を担当していた諸藩主に示した治河使旗章については、「治河使旗章ヲ定ム」（明治元戊辰年一二月二日、第一〇二一）の項（六九－一二）を参照せよ。

＊19 「治河使ヲ置カレ府藩県水利興起ノ布告ヲ改ム」（明治元戊辰年一一月一五日、第九六〇）（六八－三四）。

＊20 別紙、欠く。

＊21 淀川堤防の修理と新港の開鑿というのは、治河使の設置目的そのものである。参照、「治河使被設ニ付府藩県ヲシテ水利ノ道ヲ起サシム」（明治元戊辰年一一月六日、第九三九）（六八－三二）。この一一月六日付の行政官布告には、「今般新ニ治河使被設天下ノ水利大ニ御処置可有之候ニ付テハ差掛リ近畿ノ地ニ於テハ澱河堤防等十分ニ修覆致シ以後水害ヲ除キ民利ヲ起シ候ハ勿論且又浪華ヨリノ運送等モ是マテノ三十石通船ニテハ徒ニ人力ヲ費シ実以不便利故今日ノ　御偉業ニハ不相副候間是非共蒸気船ニテモ仕掛ケ利用可有之候」と書かれている。

＊22 日付および発布者（発布当局）の記載なし。

＊23 変更合意前の大阪府と堺県の境界は摂泉国境とされていたため（「今般府県之制度被取建大阪府者摂州八郡河内一円を管轄し堺県に於ては泉州一円を管轄すへきの大令有之候」）、具体的には堺市中大小路が府県境界となり、堺市街が大阪府と堺県に分

断される弊を有した。

＊24　早稲田大学社会科学研究所（編）『中御門家文書 下巻』（早稲田大学社会科学研究所、一九六五年七月）、三九七頁。

＊25　同上、一〇五－一〇六頁。傍点は筆者が付けた。また、並列記述されている部分は／で表示した。

＊26　上に掲げた岩倉意見、およびそれへの「議参衆中」からの意見などを踏まえて、一〇月二一日に朝議に提出された岩倉具視の《制度に関する意見》では、《治河》に関する項目は落されている。参照、「具視制度ニ関シ意見書ヲ朝議ニ附スル事」、所収、多田好問（編）『岩倉公実記（中巻）』、六〇二－六〇八頁。

三一、「兵燹水災ニ罹リ難渋ノ者ヲ査点録上区々ナカラシム」（明治元戊辰年一〇月、第九二三）

第九百二十三　　十月（会計官）　　諸　県

当春以来兵火水災ヲ請候村々難渋ノ者共名前持高家内人別等マテ巨細取調支配所ハ勿論社寺領並旧旗下上知ノ分共取調方相違置候処調方区々相成殊ニ追々及延引以ノ外ノ事ニ候間一同篤ト打合不都合無之様早々取調可差出事

【注解】本達は、本年春以降に兵火や水災を受け、窮迫している人民について、その名前、持ち高、家族の構成まで詳しく調査する件についてのもので、会計官から諸県に宛てられている。本達において、会計官は、調査の仕方が県によってまちまちであること、また調査報告を次々に追加したり、報告が延び遅れたりしている事例があることを挙げ、これらについてはもってのほかであると諸県に対して苦言を呈している。そのうえで、会計官は、調査に当たる一同でよく打ち合わせて調査と報告に不都合が無いようにし、速やかに調査報告を提出すべしと、諸県を督励している。

2. この達から、当時政府は兵火や水災に遭って難渋している人民（窮民）に関する詳細な調査の実施を諸県に命じていたことがわかる（調査範囲は諸県の管轄地・諸県管轄の社寺領と旧旗本還納地である）。これは一種の被害状況調査と見られ、『法令全書』で確認できる限りでの、新政権による（報告を中央で集約するかたちでの）災害調査の嚆矢である。*2

〔注〕

*1　明治元年の水害の状況については、星為蔵「明治気象災害年表」、三七三頁を見よ。

*2　「新政権による（報告を中央で集約するかたちでの）災害調査の嚆矢」と書いたが、報告を集約しない、現地での施策の実施に供する目的での災害調査／被害状況調査の規定は、本件よりも先に、「天災兵害ノ余ニ付府藩県ヲシテ便宜賑恤ヲ施行セシム」（明治元戊辰年六月二二日、第五〇二）（六八－一〇）において見られる。また、ここでいう災害調査は、税務関係の諸調査のなかに災害調査に当たる項目が入れ込まれたものは除き、〝災害調査（被災状況調査）それ自体を直接の目的として明示したもの〟のことである。〝税務関係の諸調査のなかに災害調査に当たる項目が入れ込まれたもの〟については、たとえば、「諸国私領寺社領ノ村高帳ヲ進致セシメ諸藩預所幷代官支配所等ヨリ村高帳其他帳簿ヲ進致セシム」（明治元戊辰年四月七日、第二二〇）の項（六八－三）を見よ。

三二、「治河使被設ニ付府藩県ヲシテ水利ノ道ヲ起サシム」（明治元戊辰年一一月六日、第九三九）

第九百三十九　　十一月六日（布）（行政官）　　府藩県へ

第九百六十ヲ以テ更正*1

天下一新ノ御政体被為立第一民庶ヲ綏シ各其所ヲ得テ倦サラシムル御趣意ノ処倉卒兵馬ノ事起リ不被為得已次第モ候ヘトモ今日ニ至候上ハ弥国本ヲ強クシ　皇基ヲ培植被為在候ニ付今般新ニ治河使被設天下ノ水利大ニ御処置可有之候ニ付テハ差掛リ近畿ノ地ニ於テハ澱河堤防等十分ニ修覆致シ以後水害ヲ除キ民利ヲ起シ候ハ勿論且又浪華ヨリノ運送等モ是マテノ三十石通船ニテハ徒ニ人力ヲ費シ実以不便利故今日ノ　御偉業ニハ不相副候間是非共蒸気船ニテモ仕掛ケ利用可有之候処何分春来騒擾ノ折柄纔右澱川ノ堤防サヘモ御行届兼候ヘトモ東北征討略平蕩ノ功ヲ奏候上ハ追追右等ノ儀モ御詮議被為在大ニ天下水利ノ道ヲ起シ民庶ノ福ヲ生シ候様被　仰出候間府藩県ニ於テモ此旨相心得上下同揆其地方最寄ニ就テ夫々利害得失相考勉励可致旨　御沙汰候事

【注解一】 本件は行政官が府藩県に宛てて発した布告である。府藩県に対し「大ニ天下水利ノ道ヲ起シ民庶ノ福ヲ生」ぜしめることを求めている。

この布告の論の運びは次のようである。まず、布告は、天下一新の現在、「第一民庶ヲ綏シ各其所ヲ得テ倦サラシ［メ］」、かくして「国本ヲ強クシ　皇基ヲ培植」することが何よりも肝要であると、水利振興の根本目標を述べる。次いで、そのために今般治河使が置かれたと治河使設置を水利振興による国力増強の文脈に位置づける。そして治河使の任務は差し当たり、近畿地方において淀川堤防の修復を行ない将来にわたってこの地の水害を防除すること、さらに「水利ノ道ヲ起シ」蒸気船なども運航させ淀川水運の便を増進させることであるとする。最後に、政府においてもかくの如く水利の増進に取り組み始めたところであるので、また、東北の征討も「略平蕩ノ功ヲ奏候」という状況になったことでもあるから、府藩県においても「大ニ天下水利ノ道ヲ起シ民庶ノ福ヲ生」ぜしめるよう勉励すべきであると、府藩県を督励している。

以上の整理からわかるように、「国本ヲ強クシ　皇基ヲ培植」するために「大ニ天下水利ノ道ヲ起［ス］」、これが治河使設置の主要な目的であった。[*2] そしてその文脈のなかに、淀川堤防の修復を行ない水害を防除するという災害復旧と災害予防にかかわる公共土木工事の実施も位置づけられていた。

【注解二】 治河使は、近畿地方における水運の便の増進および堤防の修築による水害の防除を担当する主任の官として設置され、天保山新港の開鑿工事や淀川筋の堤防の補修などの指揮・監督に当たったが、それ自体としては工事の実施組織を持っていなかった。そのため実際に工事を進めるに当たっては人員（土木事務担当者）を府県に頼らざるを得なかった。そのことをよく示すのが、治河使が摂津県と結んだ約定である。それは以下のようなものである。[*3]

一水行ノ利害ヲ察シ、決泼ノ方ヲ定メ、堤防ノ堅危ヲ量リ、修築ノ功ヲ起ス等、其指揮皆ナ治河ノ権ニアリ。故ニ府藩県ヨリ出務シ、其指揮ヲ受、以テ各其事ヲ施スヘシ。

一治河に定局ナシ。治河使其所ノ指揮ヲ定メ総判其場所ヲ総督シ、府藩県ノ諸出務ヲ差配シテ其事業ヲ施ス。其集会スル処則チ治河局ナリ。成功ノ後チ府藩県出務ノ人、各其本官ニ復スヘシ。

一府藩県ニ営繕或ハ堤防掛等ノ役アリ、其人ヲ分賦シ、治河ノ指揮ニ従フテ其事ヲナスヘシト雖トモ、其職務ノ人ニテ不足ノ時ハ、何官タリトモ其任ニ堪タル人ヲ撰出スヘシ。治河勤中観察スル所ノ才否勉惰ハ、其本任ノ重官ヘ治河使ヨリ詳カニ相達シ、其賞罰ハ重官ノ意ニ有ルヘシ。

一府藩県管轄ニハ界域アリト雖トモ、治河ニハ分界ナシ。故ニ出務ノ役ニモ一時治河ノ官タレハ、各其意ヲ体スヘシ。

この約定から、治河使は河川工事の方針決定と工事の指揮の任に当たり（「水行ノ利害ヲ察シ、決泼ノ方ヲ定メ、堤防ノ堅危ヲ量リ、修築ノ功ヲ起ス等、其指揮皆ナ治河ノ権ニアリ」）、その指揮監督の下で府藩県から出務してきた土木事務担当者が工事を行なう（「府藩県ニ営繕或ハ堤防掛等ノ役アリ、其人ヲ分賦シ、治河ノ指揮ニ従フテ其事ヲナスヘシ」）という図式が看取される。

【注解三】 治河使設置からひと月余り後の明治元年一二月、会計官は太政官に「水利ニ練熟セル者ヲ登庸シ以テ堤防ノ事務ヲ料理セシム可キ」を稟議している。今ここに『大蔵省沿革志』本省の部明治元年一二月条により、その全文を載せる。*4

東京支衙稟議ニ曰ク、水利堤防ノ工事ハ最モ堅牢ナラサル可カラス、然ルニ旧来ノ弊習タルヤ常ニ苟且ノ修補ニ止マルヲ以テ、鉅額ノ経費ヲ消糜スルモ尚ホ歳歳数百千頃ノ田畝ヲ流没シ、租入ノ多寡ニ関渉ス、日後当サニ治水ノ一局ヲ開設スヘシト雖モ、目下利根川等大水暴漲シテ堤防破壊シ明年ノ農事ヲ妨碍スルヲ以テ其ノ修繕ヲ哀請スル者独リ一方ニ止マラス、故ニ前日官員ヲ差遣シ之ヲ巡察セシムルニ工費ノ概計金一十八万両ニ上ル、因テ務テ冗費ヲ省約シ且ツ工事ノ堅実ナルヲ欲シ、水利ニ熟達スル者ヲ撰択シテ以テ之ヲ料理セシメントス、聞ク熊本、山口、岡山、久留米ノ各藩並ニ旧幕府臣僚中ニ其ノ任ニ適スル者有リト、請フ之ヲ登庸シテ堤防ノ事務ヲ管理セシムルヲ。

会計官（東京支衙）の稟議内容を摘約すると、①既存の堤防工事は当座の間に合わせが多く堅牢ならざること、②故に堤防の補修に多額の経費を用いても尚毎年水害が絶えないこと、③本年も利根川を始めとして各地に大洪水が発生し来年の農事にも支障を生ぜしめていること、④本年の水害発生地に官員を派遣して補修工事に必要な経費を見積もらせたところそれは一八万両にも及ぶことが判明したこと、⑤このような状況であるので冗費を節約し堅牢な堤防を工事することが肝要であるがそのためには堤防工事に熟達した者の登用が必要であること、⑥聞くところによると、熊本ほかの各藩、旧幕府の臣僚のなかに適任の者がいるとのことである、これを登用して堤防事務の管理に当たらせることを要望する、となる。①から⑤のように問題を整理して、しかも「水利ニ熟練セル者」の所在をも示して、適任者の登用を提議したのである。だが、この稟議について太政官の裁可はなかったようである

（『大蔵省沿革志』はその採否を記していない）。

この稟議書においては、（イ）将来治水担当部局（「治水ノ一局」）を開設することが必要であるとの認識が示されていること、（ロ）「水利ニ練熟セル者」（いわば土木技術官僚）の人材を広く各藩に、さらに旧幕臣にまで求めていることが注目される。（イ）に関しては、明治二年四月八日民部官が創設されたときにその一司として土木司が置かれたことによりその実現を見る。*5（ロ）については、松浦茂樹と藤井三樹夫が明治初頭の土木実務の担当者は旧幕府時代の経験者によって占められていたことを指摘している点が想起されるが、*6 上引の資料にはっきりと見られるとおり、会計官においては土木に関する人材不足（技術官僚の不足）が認識されており、その調達先として各藩および旧幕府に勤務していた実務者が注目されていたのである。西洋の科学技術を基にした教育機関（東京大学理学部、工部大学校）から卒業生が輩出されるようになるのは、明治一〇年代のことである。のちに技術官僚として指導的役割を果たす古市公威や沖野忠雄がフランス留学から帰国するのは明治一三、一四年（一八八〇、一八八一年）である。*7 本稟議書はそれ以前における技術者・実務者の調達先、出身を示すものとして興味深い。

〔注〕

＊1　「治河使ヲ置カレ府藩県水利興起ノ布告ヲ改ム」（明治元戊辰年一一月一五日、第九六〇）（六八－二四）。

＊2　治河使の設置については、前掲の「治河使ヲ置ク」（明治元戊辰年一〇月二八日、第九〇四）の項（六八－三〇）を参照のこと。

＊3　新修大阪市史編纂委員会（編）『新修 大阪市史 第五巻』（大阪市、一九九一年三月）、三八九頁。

＊4　大蔵省記録局（編）『大蔵省沿革志（上巻）』、三八頁。

＊5　「民部官ヲ置キ神祇官以下六官ニ定メ従来弁事ヘ差出ノ願伺等六官ニ進致セシム」（明治二己巳年四月八日、第三四六）（六九－一三a）。また、「民部官職制ヲ定ム」（明治二己巳年六月四日、第五〇三）（六九－一八）も見よ。さらに、この件については、「三職分課職制ヲ定ム」（明治元戊辰年正月一七日、第三六）（六八－一）および「政体ヲ定ム」（明治元戊辰年閏四月二一

日、第三三二）（六八－五）に付した注も参照せよ。

＊6　松浦茂樹・藤井三樹夫「明治初頭の河川行政」、一五七－一五八頁。

＊7　同上、一五八頁。河川工事の領域では明治初期まずオランダの技術が導入されるが、このオランダの治水技術をもたらした主要人物であるファン・ドールンCornelis Johannes van Doornの来日は明治五年二月、デ・レイケJohannes De Rijkeの来日は明治六年九月であった（参照、栗原東洋『治山治水行政史研究の一試論』、総理府資源調査会地域計画部会、一九五五年二月、はしがき、第一章および第二章）。

三三、「関東諸県ヲシテ取箇目録ヲ進致セシム」（明治元戊辰年一一月九日、第九四四）

二年第千六十一[＊1]ヲ以テ様式ヲ定ム

第九百四十四　十一月九日（会計官）

関東諸県

会計官へ可差出御取箇目録ノ儀旧幕府ニテハ三十三ヶ年差引取調其外減一村限帳損地届書起返届書等相添差出来候処以来ノ儀ハ前年ヨリ差引ノミニテ右様数年差引取調候ニ不及其余可差出書類ノ儀モ銘々役所ヘ取置御沙汰候節差出候儀ト可相心得候事

【注解】会計官（出張所）が関東諸県に対して取箇目録（租額を記載した帳簿）の提出の仕方を指示した達である。[＊2]

本達には、旧幕府時代に提出が求められていた損地届書と起返届書の取扱について指示が書かれている。すなわち、これらの書類は通常は県庁に備え置き、指示があった場合に会計官に提出するものとするというのである。村々から政府への損地届書と起返届書の提出それ自体は継続していた。損地届書というのは異常《アンユージュアル》な自然現象によって被害を受けた農地などを記録した書類である。いわば被災報告書である。それに対して起返届書というのは被災農地の復旧を記したものである。災害（損地）と復旧（起返）の把握が政府にとって大きな関心事であったことが知られる。明治二年一一月に定められた取箇目録（取箇帳）の様式をみると、このことがよりいっそうよく分かる。[*3] 取箇帳の様式を、たとえば定免村について見ると、まず村高を記し、そこからの引高、引高を引いた残高、残高から収納される取米何程という順序で記述するようになっている。引高の欄では内訳として年々引、連々引について記すことになっており、取米の欄では増分の内訳として、本免入増、免上増、起返増、破免立戻増などの記載欄が置かれている。これらの項目はそれぞれ災害の度合いと災害からの復旧の度合いを示すものである。本達や本達を引き継ぐ達（明治二年第一〇六一）から見えることは、政府が災害に強い関心を寄せるのは、救済と社会秩序の維持という観点をひとまず置けば、何よりも収税の観点から、災害（損地）とその復旧（起返）が収税に与える影響の把握からだということである。[*4]

2. 収税（財政）の観点からの災害への関心という政府の態度をはっきりと示すものに、「維新後ノ軍費幷金穀租税等ノ数額ヲ査点シ会計ノ予図ヲ立定セシム」（明治元戊辰年一一月一三日、第九五五）がある。『大蔵省沿革志』は、この達について次のように記している。「太政官令達ニ曰ク、前途ニ於ケル理財ノ基本ヲ定立スル為メニ其官［会計官］ノ意見ヲ諮詢ス、其一、維新以後東北ノ軍事ニ論無ク凡ソ政府ノ費用ニシテ本年度支セル金額及ヒ米額ノ概算、其二、上項米金ノ出納及ヒ処分ノ実況、其三、全国租税ノ数額、本項ハ東国幾許、西国幾許、且ツ本年ハ兵乱水害ノ為メニ幾許ヲ減ス可キノ予図ヲ対稟ス可シ」。[*5] 明治元年第九五五「維新後ノ軍費幷金穀租税等ノ数額ヲ査点シ会計ノ予図ヲ立定セシム」は、兵災・水災による租税の減損額の推計を会計官に求めているが、これは何よりも「前途ニ於ケル理財ノ基本ヲ定立スル為メ」であった。

この時期政府（会計官）は諸県に対して、災害調査（被害状況調査）の実施指示のほか、繰り返し取箇目録の提出指示――これも災害調査（被害額調査）の性格を含みもつ――を行なっている。[*6] その目的は租税の〝適正〟収納の確保による理財の基本の定立であった。一連の災害調査および災害調査の性格を含みもつ諸調査は、「会計ノ予図ヲ立定［スル］」、「理財ノ基本ヲ定立［スル］」という目的のもとに集約される構造となっていたのである。

〔注〕

＊1 「御取箇帳様式ヲ定ム」（明治二己巳年一一月一七日、第一〇六一）（六九－三八）。

＊2 明治元年一〇月一八日の鎮将府会計局廃止により、同局に替わって会計官（出張所）が関東諸県に対し収税に関する指示を行なうことになった。この点、前掲の「会計局ヲ会計官出張所ト改定ス」（明治元戊辰年一〇月一八日、第八六一）の項（六八－二七）を参照せよ。

＊3 「御取箇帳様式ヲ定ム」（明治二己巳年一一月一七日、第一〇六一）。

＊4 罹災者の救済による社会秩序の維持（人心の収攬）と、災害（損地）とその復旧（起返）が収税に与える影響の把握（それによる租税の〝適正〟収納の確保）という、政府が災害に関心を向ける際のこの二つの観点は調和的なものではなく、そこには矛盾が存した。その矛盾を最も鋭く感じ取っていたのは罹災農民と直接対峙する立場にあった地方官たちである。租税の〝適正〟収納を督励する政府に対して地方官たちがしばしば災害減税を申請し、時には中央政府の指示を無視して専断で賑貸（救助貸）を行なったことは、この矛盾をよく表わしている。この論点については、本資料中各所でふれるが、とりあえず、「府県奉職規則」（明治二己巳年七月二七日、第六七五）の項（六九－二四）を参照せよ。

＊5 大蔵省記録局（編）『大蔵省沿革志（上巻）』、三二頁。

＊6 災害調査／被害状況調査としては、「兵燹水災ニ罹リ難渋ノ者ヲ査点録上区々ナカラシム」（明治元戊辰年一〇月、第九二三）（六八－三二）、取箇調査／被害額調査としては、本件のほかに、「取箇帳并村方渡米金取調帳様式ヲ定ム」（明治元戊辰年一二月一八日、第一一〇〇）（六九－四）などがある。

三四、「治河使ヲ置カレ府藩県水利興起ノ布告ヲ改ム」（明治元戊辰年一一月一五日、第九六〇）

第九百六十　　十一月十五日（布）（行政官）

天下一新更始之　御政体被為立第一兆民生ヲ安シ業ヲ楽ミ人心ヲシテ倦サラシムル　御趣意之折柄倉卒戎馬之事起リシヨリ不被為得已次第ニ可有之候得共今日戡定之功ヲ奏シ稍平穏ニ赴候上ハ愈国本ヲ強クシ　皇基ヲ振起スヘキ御良図可有之処既ニ畿内之地ニシテ澱河及諸川水溢暴漲沿河之民其害ヲ蒙リ殆ト流離ニ至リ候エ共未タ其堤防ヲ修シ田宅ヲ復スルコト能ハス天災之所致不得已ト雖モ其実ハ旧習ニ慣レ偸安怠惰ノ罪ナリ且又浪華港ヨリシテ澱河ノ運送ハ一日モ不可欠儀ニ付益其道ヲ拡張シ蒸気船ヲモ仕掛候ニ至ルヘキニ纔ニ浚築ヲ加ヘ一時ノ災害ヲ防キ或ハ従来遡通ノ三十石ト唱ヘ候運船ヲ而已頼ミ居候等実ニ狭小之陋習ニテ今日維新之　御偉業ニ不相副候況ヤ眼前ノ民苦ヲモ不顧シテハ決テ不被為済次第ニ付太政諸官及府藩県共ニ同心戮力深ク　御趣意ヲ体認スヘク且其主者ヲ立今般新ニ治河使ヲ被置候ニ付速ニ沿襲ノ陋弊ヲ一洗シ民害ヲ除キ水利ヲ興シ天下之人心ヲシテ倦サラシムルノ要務専ラ勉励可有之旨　御沙汰候事

二年第六百八十一ヲ以テ治河使ヲ廃シ其事務ヲ土木司ニ属ス[*1]

但治河之儀ニ付過日相達候エ共右之通更ニ被　仰出候事

【注解】本件は、明治元年一一月六日に発された布告、「治河使被設ニ付府藩県ヲシテ水利ノ道ヲ起サシム」（明治元戊辰年一一月六日、第九三九）（六八－三二）を改めたものである。ただし、趣旨に大きな変化はない。

2．以下に、一一月六日付の布告（明治元年第九三九）と比較して、本件（一一月一五日付布告、明治元年第九六〇）

の特徴を述べる。

第一。一一月六日付の布告と比べて、この一五日付布告では、近畿地方の水害（洪水による被害）がより具体的かつ強調的に述べられている（「既ニ畿内之地ニシテ澱河及諸川水溢暴張沿河之民其害ヲ蒙リ殆ト流離ニ至リ候エ共未タ其堤防ヲ修シ田宅ヲ復スルコト能ハス」）。

第二。本布告では、水害（淀川水害）について「其実ハ旧習ニ慣レ偸安怠惰ノ罪ナリ」と述べ、水害原因として旧来の陋習を挙げ、これを強く非難している（すなわち本布告は淀川水害を単純に天災と片づけることはできないという立場をとっている）。

第三。本布告では、布告の宛先が書かれておらず（六日付の布告の宛先は府藩県となっていた）、水利興起の督励が府藩県だけでなく太政諸官へも向けられたものとなっている（「太政諸官及府藩県共ニ同心戮力深ク　御趣意ヲ体認スヘク」）。*2

本件（一一月一五日付布告、明治元年第九六〇）は、一一月六日付の布告と比較すると、水害原因としての陋習の打破の必要性を指摘し、政府全体として水利興起（災害防除を含む）に取り組む姿勢を強調した点に、その特徴があると言えよう。

〔注〕

＊1　「治河使ヲ廃シ土木司ヲシテ水利ヲ管轄セシム」（明治二己巳年七月二七日、第六八一）（六九一二六）。

＊2　これに対して、六日付の布告は、行政官が府藩県を一方的に督励するという体裁をとっていた。

【一八六九年】（明治元年一一月一九日から明治二年一一月二九日まで）

一、「褒賞賑恤ノ典御挙行ノ趣旨ヲ体シ府藩県ヲシテ窮民ヲ撫育セシム」
（明治元戊辰年一一月二五日、第九八九）

第九百八十九　　十一月二十五日（布）（行政官）

今般　御東巡御道筋之孝子義僕職業出精之者へ御褒賞七十歳以上之者且火災水難ニ罹リ候者共　御賑恤被　仰出候ニ依テハ　皇国中無遠邇前件之通御拡行被為遊度深キ　叡慮ニ付府藩県ニ於テモ　御主意奉体認其支配領所共速ニ褒賞賑恤之道ヲ施シ窮民撫育等精々行届候様可取計旨　御沙汰候事

但八十八歳以上之者共へハ既ニ養老之典ヲ以テ御扶持下賜候得ハ此度被下ニ不及候事[*1]（東京城日誌但書ヲ欠ク）

【注解】本布告は、前掲の明治元年第八九二（「御東幸褒賞養老賑恤ノ典ヲ府藩県一般ニ施行セシム」、明治元年一〇月二五日）（六八－二九）と内容的には同一である。文章上に細かな異同はあるが、実質的に同文と見て差し支えない。[*2]ただし、明治元年第八九二の方には、本布告にある但書が欠けている。

2. 明治元年第八九二（前掲）、第九八九（本布告）、第一一六二（「御賑恤金下賜ノ例則ヲ定メ府県ヲシテ準依施行セシム」、明治元戊辰年一二月）（後掲、六九－七）など府藩県に賑恤実施を指示する一連の達・布告は、その中身に罹災者への賑恤を含むけれども、賑恤金の額からみて、罹災者の救援それ自体を目的としたものというより、新政府への人民の支持（帰順）が不確定な状況のもとで、天皇の仁政を強調し、それによる人民の慰撫と統合をねらったもの（「賑恤」はそのための道具立てのひとつ）と評価されるべきものである。[*3]

〔注〕

＊1　「府県ヲシテ養老ノ典ヲ挙行セシム」（明治元戊辰年七月六日、第五三三）、「宮堂上幷諸藩中下大夫上士ヲシテ養老ノ典ヲ挙行セシム」（明治元戊辰年七月六日、第五三四）。前者は次のような文面である（後者も内容は同一）。「今般養老之典被為挙八十八以上之者ヘハ毎年二人扶持百歳以上ハ三人扶持下賜候依テ夫々府県ニテモ一々取調右之通可執行旨被　仰出候事」。

＊2　本布告の考察については、明治元年第八九二の項（六八－二九）も参照されたい。

＊3　この論点については、前掲の、「御東幸沿道七十歳以上ノ者幷孝子義僕等ヲ査点録上セシム」、明治元戊辰年九月、第七九九の項（六八－二四）の注を参照。また、明治初年、新政府が、その政治的正統性の未確立と権力的不安定という状況のなかで、みずからの立場を権威づけ正統化するために「至高の権威＝権力としての天皇」を前面に押し出したことについては、安丸良夫『神々の明治維新――神仏分離と廃仏毀釈――』（岩波書店、一九七九年一一月）、二－一五、四八－四九頁を参照。

二、「治河使旗章ヲ定ム」（明治元戊辰年一二月二日、第一〇二一）

二年第六百八十一[*1]ヲ以テ治河使廃止

第千二十一　　十二月二日（軍務官）

橋本関門　　柳沢甲斐守
山崎関門　　稲葉美濃守
大阪安治川口　京極佐渡守
天保山　　酒井直之助
大阪木津川口　奥平美作守

今般淀川筋御普請ニ付治河御用之者右川筋通行之節別紙之旗印相用候間此旨為心得相達候事

大阪蘆辺橋　　松浦肥前守

（別紙）

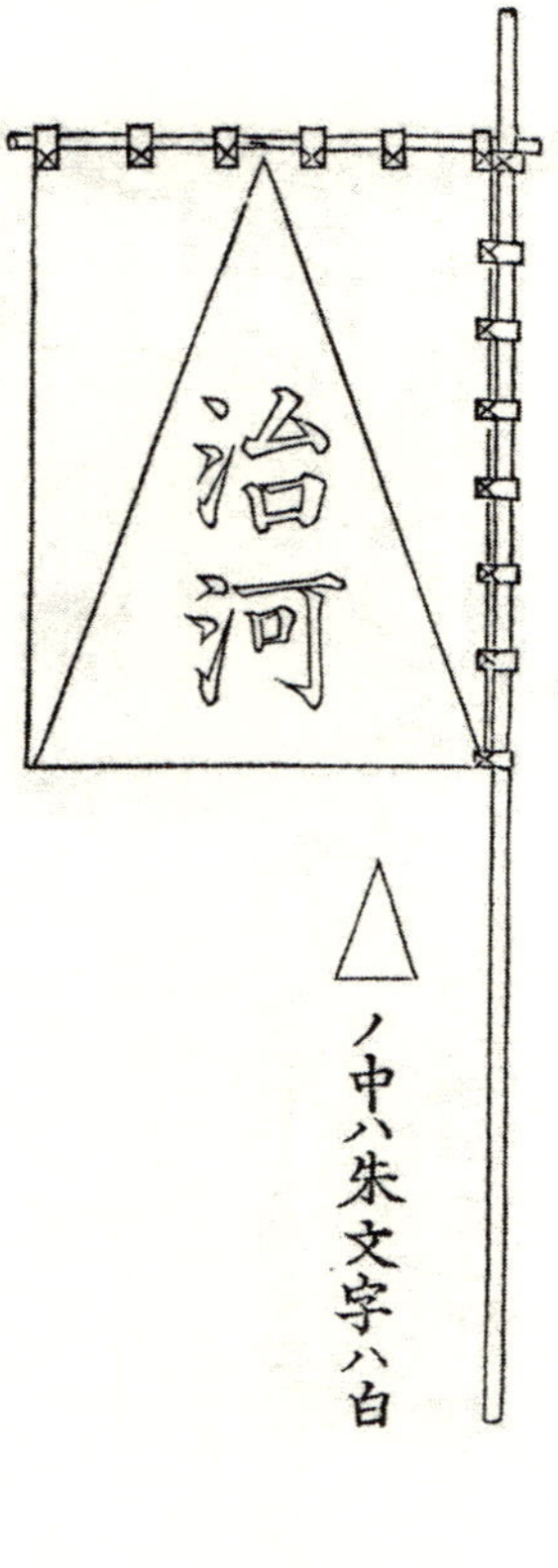

【注解一】 軍務官が、それぞれ藩兵を出して淀川筋の警守に当たっていた柳沢甲斐守（大和郡山藩主柳沢保申）、稲葉美濃守（山城淀藩主稲葉正邦）、京極佐渡守（讃岐丸亀藩主京極朗徹）、酒井直之助（播磨姫路藩主酒井忠邦）、奥平美作守（豊前中津藩主奥平昌邁）、松浦肥前守（肥前平戸藩主松浦詮）に宛てて発した布告である。本布告は、淀川筋の普請に当たって治河使が川筋を通行する際に用いる旗章を定め、それを関係者に令達したものである。

政府は明治元年一〇月二八日、治河使を置いて淀川の普請に乗り出した。普請の内容は天保山新港の開鑿と淀川筋の堤防修理であった。本布告から、治河使が設置されてすぐに普請に取りかかる動きを見せていたことがわかる（「今般淀川筋御普請ニ付治河御用之者右川筋通行」）。*2

【注解二】 本達が発出された翌日の明治元年一二月三日、岐阜笠松県知事長谷部恕連による木曽三川の治水工事に関する建白が会計官を通じて太政官に提出された（「十二月三日笠松県建白セル美濃国内ノ各川ヲ疏導シ以テ水害ヲ捍防スル方図ヲ太政官ニ稟上［ス］」）。*3 太政官はこれを審議したうえで裁可し、名古屋・大垣・加納・高須の四藩に対して長谷部の建白書にもとづく治水工事（木曽川派川の佐屋川の疏水工事）に取り掛かるよう令達した。*4 木曽三川の治水工事を指令したこの明治元年一二月三日付の達は『法令全書』には採録されていない。そこで今、『大蔵省沿革志』営繕寮の部明治元年一二月三日条に依り、長谷部の建白とそれにもとづく木曽三川治水に関する達の内容を紹介することにしたい。*5

2. 長谷部恕連は、建白書において、木曽川下流部における水害の概況を述べたうえで、（イ）水害原因の分析、（ロ）水害原因の分析を踏まえた、これまでの治水策の失敗の確認と、採られるべき新たな方策の提示、（ハ）具体的な工事実施の提案、これらを順に行なった。まず長谷部は、美濃南部木曽三川地帯における水害の概況を次のように述べる。

美濃国内木曽・長良・伊尾ノ三大川ノ水害ヲ為スヤ蓋シ久シ、沿川ノ郡村力ヲ勠セ資ヲ捐テ堤防ヲ築造シ聊カ以テ耕田ノ保存ヲ謀ルト雖モ、亦タ徒ラニ雨潦ノ豬水ヲ堤内ニ湛蓄セシムルニ過キス、積雨暴漲洪水横流スルニ遭ヘハ堤防ヲ衝決シテ田圃ニ氾濫シ、沃土ヲ変シテ砂磧ト為ラシム、是ニ於テカ堤防・堰閘等ヲ補修スル経費逐年ニ増加シ、歳入ノ租税ヲ傾竭スルモ殆ント弁給セサルニ至ル。

ここでは、水害と治水の概況として、①美濃の国内では木曽・長良・揖斐の三大川の水害が繰り返し起こってきたこと、②その対策として堤防の築造が行なわれたがこれは日常的には堤内に雨水を湛蓄せしめてこれの排水を困難にし、また豪雨による洪水時にはあえなく決壊して田を河原と化してきただけであること、そして、③この効果のない堤防等の補修のために費用がかさみ、ほとんど租税をもってしては弁給しえざるまでになっていること、これらが指摘されている。

次に、長谷部の建白は、水害の原因の分析に移る。長谷部はこの地の水害の原因についてこう述べる。すなわち、「抑モ此ノ三大川ノ水害タルヤ漸次水底ニ淤泥ヲ停蓄シ疏導其ノ方ヲ失シ、遂ニ潴水ヲ田畝ニ汎溢セシムルニ由ル」。三大川の水害の原因は河道内における土砂の堆積に起因するというのが長谷部の見立てである。河道内に土砂が多く堆積してしまっているため、河道が一定せず乱流しやすくなり、氾濫が頻発しているというのである。もう少し詳しくこの点に関する長谷部の論を見る。

水害ノ原由ヲ推求スルニ、是レ全ク淤泥ノ塡塞スルニ在ルモ佐屋川ノ関渉スル所ヲ最モ大ナリトス、夫レ佐屋川ノ水脈ハ木曽川ヲ承ケ滔滔南下シテ大海ニ注入ス、（中略）而シテ伊尾川其ノ北ニ在リ、南ニ流レテ斜ニ東シ以テ海ニ入ル、此ノ二川ノ中間ニ流ルル者ヲ長良川ト為ス、亦タ南ニ注キ西ニ折レテ油島ニ抵リ伊尾川ト合シテ海ニ入ル、蓋シ木曽川ノ流勢ノ迅激ナル佐屋海口ノ壅塞ニ衝逆セラレ西ニ溢レ、曲折盤旋シテ長良川ニ湊合シ、二川ノ合流スル其ノ勢ヒ弥ヨ暴ナリ、而シテ長良ノ水勢之ト盪激シテ佐屋川ノ水路ヲ圧迫シ、是カ為メニ川尾ノ海口ニ沙石ヲ堆塞シ、積ム久シテ隆然タル一洲嶼ヲ為シ、数万頃ノ墾田ヲ得ルニ至ル、是ニ於テ木曽川ノ全流長良川ニ傾瀉シ、水勢為メニ暴溢シ、近年既ニ成戸ノ堤防ヲ衝決シ堤下ノ村落及ヒ百輪ノ居民殆ト化シテ魚鼈ト為ントス、其ノ困苦今ニ至テ尚ホ未タ息マス、其ノ末流ハ油島ニ至リ伊尾川ト翻闘シテ奔溢逆盪ス、寛延宝暦ノ間巨害ニ罹ルヤ諸藩相謀リ長堤ヲ築キ、幕府モ亦タ土功ヲ興シ頗ル力ヲ防禦ニ尽セシモ、平時スラ伊尾川ノ逆流ヲ扞止スル能ハス、何ヲ以テ暴雨霖澇ノ漲溢氾濫ヲ防遏スルヲ得ンヤ。

長谷部は、木曽三川地帯の水害の最も大きな要因は木曽川派川佐屋川河口の土砂の堆塞であるとした。佐屋川河口に土砂が堆塞したため木曽川の流れが西に曲折盤旋して長良川と合し、この二川の合一により水勢がますます激しくなるとともに、長良川の水勢が佐屋川の流れを圧迫し、ために佐屋川河口の土砂の堆塞がより進んで、結果的に木曽川の流れは佐屋川に派さず、その全流が長良川と合することになった。さらにこの流れは油島に至って揖斐川と激しくぶつかり、これは平時においても揖斐川の逆流を生み、暴雨霖湧の際には張溢氾濫を恣にしている。これが長谷部の木曽三川地帯における水害発生の原因分析である。かくして、次のような結論が得られる。

是ニ由テ之ヲ観レハ徒ニ堤防ヲ修築シテ下流ノ淤塞ヲ疏瀹セサルハ乃チ其ノ失策タルヲ知ル可キナリ、若カス海口ノ壅塞ヲ疏瀹シ木曽川ノ巨流ヲシテ佐屋川ニ開放シ以テ長良川ニ激注スル無ラシメンニハ。（中略）自今以後風濤ニ盪齧セラレ随テ荒蕪ニ属スル田地ハ再墾スルヲ厳禁シ沙洲ノ未タ開墾セサル者ハ蘆荻ヲ芟刈シテ砂石ヲ決浚シ務メテ佐屋川ノ壅塞ヲ疏通シ、因テ以テ水勢ノ自然ニ従テ木曽川ノ全流ヲ順導セハ、則チ自カラ衝決逆流ノ禍害ヲ遏絶スルヲ得ン

下流に堆塞した土砂を取り除き河流を開放せずして、いたずらに堤防の築造・修復に進むのは失策である。この地帯の水害を除くためには、佐屋川河口の壅塞を疏瀹して木曽川の流れを佐屋川に導き入れ、木曽川と長良川の流れが激しくぶつかり合うことを治めなければならない。——これが長谷部の結論であり、提案であった。

長谷部はこの考察に基づいてそれまでの治水担当者の無策を批判し、また上述の提言を実施に移すために具体的な工事命令をも提案した。すなわち、「治水ノ方策ヲ挙施セス、水害有ルニ遭フ毎トニ未タ人力ヲ尽サスシテ徒ラニ之ヲ天災ニ委シテ已ム、豈ニ治土ノ官其ノ責ヲ免ルヲ得ンヤ」、「本議疏水工事ヲ興スニ至テハ、名護屋・大垣・加納・高須ノ各藩ノ如キモ久ク水害ニ苦メルヲ以テ、一令ヲ下セハ必ス悦ンテ奔走役ニ就ク可キナリ」、と。

以上が笠松県知事長谷部恕連の建白である。会計官はこれを太政官に提出し、稟議を求めた（「本官稟議ニ曰ク、笠松県建白セル佐屋川ヲ疏鑿シ水勢ヲ順導シテ海口ニ注流シ、洲磧田畝ノ再墾ヲ禁シ以テ水勢ヲ利スル等総テ治水ノ要ヲ得タリ、宜ク四藩ニ下令シ勠力シテ成功ヲ奏セシムヘシ」）。太政官はこれを裁可し、名古屋・大垣・加納・高須の四藩に、笠松県と協力して疏水工事を実施するよう令達したのであった。

3. この木曽三川の治水工事に関する太政官の令達を、前掲の天竜川の治水工事の事例と並べてみると[*6]、明治初年

の政府がとっていた治水工事の具体的方法（のひとつ）――すなわち、政府は当該治水工事に関する方針を示す（あるいは会計官の役人を監督者として現場に派遣する）、しかしみずからは工事を行なわず、工事の実施は当該河川に関係する諸藩に委ねるという仕法――が浮かび上がる。[*7]

【注解三】「明治元年一月ヨリ八年六月ニ至ル歳入出決算報告書」（明治一三年二月一三日、太政官達）中の「自慶応三年十二月至明治元年十二月第一期歳入出決算表」によれば、該期において、《堤防、道路、橋梁修築費》として四八八、〇七九円七三銭九厘の支出が記録されている。[*8] この数字は該期の歳出合計の約一・六％に当たる。「第一期歳入出ノ決算」の「歳出ノ部」第七款には、該期の《堤防、道路、橋梁修築費》について、「〔堤防、道路、橋梁修築費〕ハ一般ノ該費用ニシテ本期其重要ナルモノヲ挙レハ安治川新港ノ開鑿及ヒ是等ニ用フル開鑿器械ノ購入又天竜、木津、桂、鴨等諸川ノ疎通並ニ其堤防ニ属スル諸費ナリ」（〔〕内、原文）との説明がある。[*9] 安治川新港（天保山新港）の開鑿と淀川筋の河川工事は治河使の担当になるものであり、天竜川の河川工事は前述のように岡本健三郎[*10]ら会計官営繕司の役人が派遣されてかかわったものであった。

〔注〕

＊1 「治河使ヲ廃シ土木司ヲシテ水利ヲ管轄セシム」（明治二己巳年七月二七日、第六八一）（六九‐二六）。

＊2 治河使とその活動については、「治河使ヲ置ク」（明治元戊辰年一〇月二八日、第九〇四）の項（六八‐三〇）を参照せよ。「治河使ヲ置ク」の項には、とくに治河使／治河掛の標識に関して、大阪府が明治元年一一月一八日に町触れした治河掛の幟と提灯に関する注記が、載せてある。

＊3 大蔵省記録局（編）『大蔵省沿革志（下巻）』、三〇四頁。

＊4 同上、三〇五頁。

＊5 同上、三〇四‐三〇五頁。長谷部恕連の建白とそれにもとづく達は、明治初年の政府の治水に対する関心と治水工事実施の

手法とを示す資料として注目されるべきものである。

＊6　「御東幸沿道水害ノ橋梁ヲ再造シ又ハ修復ノ意見ヲ開申セシム」（明治元戊辰年一〇月一三日、第八四二）の項（六八一二五）、参照。

＊7　治河使による工事（淀川筋）についても、工事実施の仕法、すなわち政府自体は工事の実施組織をもっておらずこれを府県に頼らざるを得なかったという点に関しては、上に述べた二例（木曽三川の工事と天竜川普請）とさほど大きな違いはなかったようである。この点につき、「治河使被設ニ付府藩県ヲシテ水利ノ道ヲ起サシム」（明治元戊辰年一一月六日、第九三九）の項（六八一三二）を参照。

＊8　『法令全書（明治一三年ノ一）』、六七七頁。

＊9　同上、六八四頁。

＊10　「御東幸沿道水害ノ橋梁ヲ再造シ又ハ修復ノ意見ヲ開申セシム」（明治元戊辰年一〇月一三日、第八四二）の項（六八一二五）を参照せよ。

三、「諸国川々国役金上納ヲ須ヒス既納ノ者ハ之ヲ還付ス」（明治元戊辰年一二月九日、第一〇六一）

二年第千八十六ヲ以テ再ヒ国役金ヲ徴収ス[*1]

第千六十一　十二月九日（会計官）

関東府県

諸国川々国役金ノ儀ハ取調ノ上追テ相達候迄上納ニ不及是迄納済ノ分ハ一ト先下戻候間割返方可被取計候事

【注解一】 会計官が関東府県宛に発した、諸国諸川の堤防築造補修等のための国役金徴収に関する達である。会計官の前に東国の治水事務を所管していた鎮将府会計局が八月に発した、国役金徴収の達*2を取り消す内容のものである。すなわち、本達は、国役金徴収に関して、〝この件については詳しく調査してから追って通達することとするので、それまでは上納に及ばない。すでに上納済みの分についてはひとまず下し戻すから、取り集め先に割り返すこと〟と述べ、関東府県に対して、堤防普請のための国役金徴収の一時取りやめと既納分の下戻を告知し、あわせて既納分の取り集め先への割返しを指示している。頭注にもあるように、国役金の徴収は、「諸県川々国役金ヲ徴収ス」（明治二己巳年二月、第一〇八六）（六九－四〇a）により再開された。*3

【注解二】「明治元年一月ヨリ八年六月ニ至ル歳入出決算報告書」（明治一三年二月一三日、太政官達）中「自慶応三年十二月至明治元年十二月第一期歳入出決算表」の「歳入ノ部」には、《川々国役金》の項目に九一八円五九銭一厘の数字が記録されている。*4 これは該期の歳入合計の約〇・〇〇三％に当たる。また、「第一期歳入出ノ決算」の「歳入ノ部」第三款には、該期の《川々国役金》について、「〔川々国役金〕ハ旧幕ノ遺制ニシテ参河已東海沿道及ヒ関東ノ諸州並ニ信越等ニ流通スル諸川ノ堤防費ニ供スル為メ該諸国ニ在ル旧幕及ヒ旗下、社寺ノ領地ニ課賦徴収スルモノナリ而シテ本期該収入ノ僅少ナルハ各地ノ騒擾ニ際シ之ヲ納入スルニ至ラサルヲ以テナリ」（〔〕内、原文）との説明がある。*5

【注解三】上記のように会計官は堤防普請のための国役金徴収の一時取りやめと既納分の下戻を告知したが、堤防普請それ自体は猶予を許さぬ喫緊の事業であった。幕末の動乱のもとで十分な河川工事ができず河床の土砂堆積がおびただしかったこともあり、明治元年には各所で洪水による水害に見舞われた。*6 こうしたなかで堤防工事の費用について政府が村方に対してこれを下給（「御普請御金下ヶ割渡」）した例が見られる。たとえば、江戸川沿岸諸村が明治元年の水害による堤防の破損を翌二年の春に補修した際に、政府は御下ヶ金を各村に割り渡しているのである。*7『松戸市史』の記述によると、この措置は民情安定をねらってなされた。*8

〔注〕

＊1　「諸県川々国役金ヲ徴収ス」（明治二己巳年一一月、第一〇八六）（六九－四〇ａ）。

＊2　「関東川々堤防国役金ヲ徴集ス」（明治元戊辰年八月、第七〇九）（六八－二〇）。

＊3　諸川堤防普請のための国役金に関しては、「関東川々堤防国役金ヲ徴集ス」（明治元戊辰年八月、第七〇九）の項を参照せよ。また、後掲の「諸県川々国役金ヲ徴収ス」（明治二己巳年一一月、第一〇八六）の項も見よ。

＊4　『法令全書（明治一三年ノ一）』、六七六頁。

＊5　同上、六八一頁。

＊6　「洪水暴溢ニ付会計官出張賑恤ヲ施行セシム」（明治元戊辰年五月二四日、第四一九）（六八－八）、「洪水ニ付秩苗ノ埋没十三日ニ過ル者ハ本年ノ田租ヲ蠲ク」（明治元戊辰年六月八日、第四五〇）（六八－九）の二項を参照せよ。

＊7　『松戸市史』掲載の「明治二年三月御普請御金下ヶ割渡帳」にもとづく《明治元年の江戸川水害による普請下給金額》によれば、江戸川沿川諸村に対して次のような御下ヶ金の割り渡しが行なわれている。松戸宿、一八五両永三九文七分。小山村、四四四両三分永五二文三分。古ヶ崎村、五八一両一分永六文三分。伝兵衛新田、三三七両二分永一二四文二分。流山村、八両一分永二一〇文。上矢切村、七〇両二分永一〇五文九分。下矢切村、八七両永二一三文一分。栗山村、六八両三分永一〇〇文。大根本村、二六両三分永一九六文。平方村、六両永六九六文。中野久喜村、四二両永三九〇文。下花輪村、二五四両永二三文七分。北村／小屋村立会、六四両永六四文。七右衛門新田、六両一分永二四八文。主水新田、一八両永一九二文。木村、永一五貫九四八文。（松戸市誌編さん委員会（編）『松戸市史 下巻（一）明治編』、松戸市役所、一九六四年五月、三八二、三八三頁。）

＊8　同上、三八二頁。

四、「取箇帳幷村方渡米金取調帳様式ヲ定ム」（明治元戊辰年一二月一八日、第一一〇〇）

第千百　十二月十八日（会計官）　関東諸県

御収納高取調ニ付支配所村々並旗下知行ノ分共追テハ御取箇帳郷帳ニ組仕上可被申候得共差向別紙案ノ振合ニ取調早々可被差出候

（別紙）*1

何国何郡
何　村

高何程
内何程　小物成高入
同断　何箇年高入新田

亥年（文久三年）*2
米何程
此物成　永何程

子年（元治元年）
米何程
此物成　永何程

【1869年】（明治元年11月19日から明治２年11月29日まで）

丑年（慶応元年）
此物成　同上
寅年（慶応二年）
此物成　同上
卯年（慶応三年）
此物成　同上
去亥ヨリ卯迄五ヶ年平均
此物成　米何程
永何程

同所新田
一高何程
亥年（文久三年）
此物成　米何程
永何程
子年（元治元年）
此物成　同上
丑年（慶応元年）
此物成　同上

寅年（慶応二年）
此物成　同上
卯年（慶応三年）
此物成　同上
去亥ヨリ卯迄五箇年平均
此物成　米何程　永何程
外
田何程　流作場
此取何程
米何程　何代
永何程　何代
金何程　何年貢
銭何程　何銭
但金一両ニ付銭何程
鐚何程　何役
但金一両ニ付鐚何程
永何程　夫永

米何程　　口米
永何程　　口米
銭何程　　口銭
但金一両ニ付銭何程
鐚何程　　口鐚
但金一両ニ付鐚何程
往還並木長何程　何ヶ所

右之通御座候以上
年号　月　　何ノ誰　印
会計官

何国何郡之内村方渡米金取調帳

一高　　何国何郡何村
米／金　困窮ニ付御手当
米／金　本途米金同様五箇年分書出可申五箇年同員数ニ候共其段断書イタシ一箇年分認メ可申事
米／金　堤川除用悪水路破損場所並樋橋普請入用渡
何年分

内

米／金　井筋潰地代渡

同　溜井敷地代渡

同　堤敷代渡

同　名主給渡

同　何々諸賃渡

同　樋守給渡

同　林守給渡

右ノ外川普請金ノ外共村方渡ノ積リ兼テ取極有之分五箇年ノ内渡方致シ候儀無之候ハ、其名目並其訳巨細ニ認メ都テ定式臨時共不洩様認メ出可申事*3

右之通御座候以上

年号　月　　何ノ誰　印

会計官

【注解二】会計官が関東諸県に宛てて発した、諸県管轄地の収納高調査と「村方渡米金取調」に関する達である。前者、すなわち諸県管轄地の収納高については、それを調査し行く行くは取箇帳や郷帳といった帳簿にまとめ上げる方針であるけれども、これはすぐには叶わないため、当面は暫定的な様式で調査を行ない、その結果のすみやかな提出を求める、という内容である。尚、上に「御収納高取調（中略）追テハ御取箇帳郷帳ニ組仕上可被申」と書かれている点であるが、取箇帳については明治二年一一月一七日に「御取箇帳様式ヲ定ム」（明治二己巳年一一月一七日、第一〇六一）（六九－三八）が、郷帳については明治三年五月晦日に「郷帳案ヲ定ム」（明治三庚午年五月晦日、第三八〇）（七〇－一四）がそれぞれ発出されて、帳簿の様式が定められるとともに、その提出方が指示された。

【注解二】 後者は「村方渡米金取調」である。上と同じく会計官が関東諸県に対して調査・報告を指示したものである。ここで求められているのは幕府治政最末期の五か年間の数字であるが、新政府はその直轄地支配にあたってまずは旧慣に則る仕方で臨んだので、上記の「村方渡米金取調帳」に書かれている村方への渡方は明治の初年においても県と村方との間で行なわれたものと理解してよい。*4 かくして、この帳簿雛形から明治初年の県から村方への渡方の内容が知られることになる。県は村方のどのような活動、どのような費用に対して米金を交付したか、本達はこれを示している。そのなかで、災害対策という点からは、「困窮ニ付御手当」、「堤川除用悪水路破損場所並樋橋普請入用渡」、「堤敷代渡」などの項目が注目される。まず「困窮ニ付御手当」であるが、これは窮民に対する米金の交付を示す（罹災者に対する救助）。人民の困窮の理由は罹災のみではないが、当然罹災による困窮もここに入ろう。続いて「堤川除用悪水路破損場所並樋橋普請入用」の項目から、堤防や川除けなどの災害防除を目的とする土木施設の修繕に対して、米金が交付されていたことが知られる（災害予防／災害復旧）。

〔注〕

＊1　活字の大小、行の配置は概ね本文に依り、さらに見やすさにも配慮した。米／金と、／を用いたところは、米と金が小さい活字で並列表記されていることを示す。

＊2　（）内の年号表示は、筆者による。

＊3　この部分は、「右に列記したもののほか、また川普請金のほかのもので、村方に渡すことがかねてより取り決められている分について、そのうち過去五年の間に渡した実績がないものがある場合には、その名目ならびにその［すなわち過去五年間に渡方の実績がないことの］理由を巨細に認め、定式のものも、臨時のものも、すべて洩らさぬよう書き記し、提出すること」という意味である。この調査が村方渡米金に関する悉皆的な調査であったことが分かる。

＊4　この点を例証する文書としては、「租税並ニ出納勘定仕上規則改正」（明治四辛未年正月一三日、太政官第一七）がある。

五、「諸藩取締奥羽各県当分規則」（明治元戊辰年一二月二三日、第一一二五）

二年第百九[＊1]参看同第七百四十九[＊2]ヨリ第七百七十四[＊3]ニ至ルヲ以テ消滅

第千百二十五　　十二月二十三日（仰）

諸藩取締奥羽各県当分御規則

一租税収納之儀ハ米金共今年之処ハ先従来之通相心得更ニ上地ニ相成候分ハ是迄之私領引付ヲ以取計水害兵災ニ罹リ候分等ハ半納或ハ無納夫々至当之見込ヲ以可伺出事

一取締地所高ニ応シ金札御下ケ渡ニ相成候間会計官ヘ承合セ撫恤之道行届候様取計可申事

一月給ハ御規定之通毎月会計官ニテ御渡ニ相成候事

一知県事之見込ヲ以申付候小吏之月給其他年中御用途之失費等ハ高一万石ニ付凡二百両之見込ヲ以租税金之内知県事預リ置夫々支払勘定書翌年正月中会計官ヘ差出可申事

十万石以上支配県官員

御政体*4ニ基キ諸務ヲ掌ル

諸務ヲ裁判シ決ヲ知事ニ取リ調役以下ヲ指揮ス

五等官
権知県事
一人

六等官下
権判県事
二人

七等下
調役三人

八等上
書記兼調役補四人

八等下
筆生二人

九等上
捕亡十人

東京詰
調役一人

書記一人

右東京詰ハ前書官員ノ内ニテ交代ス

右之官員可被　仰付候間各藩ニテ人撰名前早々可届出事

其他門番牢番小使等ハ知県事之見込ヲ以召抱人数幷月給共可相届事

十万石以下之支配県官員

六等官上

権知県事

一人

七等官上

権判県事

二人

八等上

調役三人

八等下

書記兼調役補四人

九等上

捕亡十人

東京詰

調役書記之内一人

右東京詰ハ前書官員之内ニテ交代

其他門番牢番小使等ハ知県事之見込ヲ以召抱人数幷月給共可相届事

【注解一】「諸藩取締奥羽各県当分規則」と奥羽民政取締任命の経緯

【注解二】「諸藩取締奥羽各県規則再達」

【注解三】奥羽民政取締任命による「旧朝敵藩領地」の支配

【注解四】奥羽（越）統治と「撫恤之道」の強調

【注解一】「諸藩取締奥羽各県当分規則」は、奥羽民政取締（旧「朝敵藩」領に設置することとした新県の取締に当たる職）に任じられた諸藩に対して、明治元年一二月二三日に、新県統治の施政および組織の基本方針として交付されたものである。*5

まず、奥羽民政取締任命の経緯について整理する。政府は、明治元年一二月七日に、「奥羽両国ヲ七国ニ分チ国郡石高ヲ定ム」（明治元戊辰年一二月七日、第一〇三八）を発して、陸奥国を磐城、岩代、陸前、陸中、陸奥の五国に分割し、また出羽国を羽前、羽後の二国に分国することを達した。その際、政府は、奥羽両国について状況調査を行なったうえでそこに府県を設置するという東北統治の方針を示した（「今般両国御取調之上府県被設置広ク教化ヲ施シ風俗移易人民撫育之道厚ク御手ヲ被為尽度思食」）。*6 同日、政府は、戊辰東北戦争を最後まで敵として戦った諸藩（「朝敵藩」）の藩主、すなわち仙台藩主伊達慶邦、盛岡藩主南部利剛、庄内藩主酒井忠篤、長岡藩主牧野忠訓、棚倉藩主阿部正静、二本松藩主丹羽長国を東京謹慎とし、その藩領地を没収した。*7 そして、秋田（久保田）藩主佐竹右京大夫（佐竹義尭）ら一一名を奥羽民政取締に任じ、暫定的に没収地の統治に当たらせるとした。*8 奥羽両国の

「朝敵藩」藩領地の民心の掌握とその地における安定的統治の構築へ向けての地ならしが、奥羽民政取締に期待された役割であった。任命の沙汰書は、朝廷の御政体にもとづいて人民の撫育に厚く心を用い、御一新の趣意をあまねく貫き通すよう取り計らうべしと任務遂行上の注意を述べたうえで、かねてより民政に心得のある家来を選りすぐって奥羽御領に出張させよと各藩主に申し付けている。奥羽民政取締に任命されたのは、戊辰戦争において政府側に付いた関東・信越・陸奥の諸藩であった。*9*10

次に、「諸藩取締奥羽各県当分規則」（本件）について述べる。明治元年一二月二三日、政府は、奥羽民政取締諸藩に提理を任せた「陸羽地方ノ官領地」（旧「朝敵藩」領地）に新県を設置するとし、*11 取締諸藩に対して「治務ノ規程」を頒示した。*12 この「治務ノ規程」が「諸藩取締奥羽各県当分規則」である。「諸藩取締奥羽各県当分規則」は、施政の基本方針と組織および人事に関する規定から成る。全四則のうち、第一則と第二則が施政の基本方針である。*13 第一則は租税徴収の基本方針を述べたもので、第二則は石高貸により交付される紙幣を用いた人民の撫恤の指示である。この第一則、すなわち租税徴収の基本方針のなかに、水害地の租税収納について半納あるいは無納という減免方針（災害減租）が打ち出されている。また、第二則では、金札を使った撫恤が指示されている。租税の減免と紙幣（太政官札）を用いた救済、これが陸羽地方の水害罹災者に対する政府の基本方針であった。*14*15

2. 奥羽民政取締に関連する諸達*16においては、「人民撫育ニ厚ク心ヲ用ヒ［ル］」ことが繰り返し強調されている。ここから、民政取締の基本方針にある水害地の租税の減免は、新政府による「撫恤之道」の具体化と位置づけられていたことが理解される。そして、「撫恤之道」の実行は、「岩代国巡察使へ委任状」の第一条末尾に「撫育ノ道懇切ニ其力ヲ尽シ能ク民心ヲ得上下ノ情ヲ貫徹セシムヘキ事」*17と書かれているように、民心獲得の手段としての意味が大きいものであった。水害罹災者の救済は戊辰戦争の敵方であった奥羽諸藩領の王化の文脈に位置づけられ、そこでは水害と兵災が（あたかも双方ともに天災であるかのように）「水害兵災」、「兵燹水災」と並べられて、それらに罹って苦しんでいる人民をひとくくりに撫恤するという論法で語られた。水害罹災者の救済をこのような論法で語るのは、明治最初年に見られた独特のものである。

【注解二】 明治二年二月四日、政府は奥羽民政取締諸藩に対して「諸藩取締奥羽各県規則再達」（明治二己巳年二月四日、第一〇九）を発出した。前述したように、明治元年一二月二三日に発された「諸藩取締奥羽各県当分規則」は、奥羽民政取締に任じられた取締諸藩に対して、取締地における施政の方針として交付されたものであった。この「諸藩取締奥羽各県規則再達」（以下「再達」と略記）はそれの再達である。しかし再達といっても、前回と同じものをもう一度出したとか、あるいは前回のものを取り消して全く新しいものを達したというのではなかった。これは、「諸藩取締奥羽各県当分規則」に内容上の補足、追加を行なうという性格の達であった。したがって、「再達」には前回のものにあった水害罹災者の租税上の救済規定や人民の撫恤に関する規定が無いけれども、これらについては前回の規定が生きていると解すべきである。

さて、以上の前提的な指摘を踏まえて「再達」を見てみると、「再達」では、二つの点が注目される。すなわち、第一に、取締地の士民に対する仁恕をもった取り計らいが述べられていること（第一則）であり、[*18] 第二に、収税の基礎となる村高の正確な調査と報告（第二則）、新田や鉱山などの開発可能性の調査と報告（第三則）といった、地方統治の実務上の重要事項の調査と報告が指示されていることである。士民に対する仁恕をもった取り計らいが指示される一方で、取締地の租額の把握と産業の開発可能性の把握が目指されたということである。

【注解三】 奥羽民政取締による「旧朝敵藩領地」の支配のその後について、以下、簡単にまとめておきたい。明治二年八月一八日、「若松以下十県ヲ置ク」（明治二己巳年八月一八日、第七四八）が発布されて、岩代国に若松県、福島県、白石県、磐城国に白河県、陸前国に石巻県、登米県、陸中国に胆沢県、江刺県、九戸県、そして羽後国に酒田県が設置された。[*19] そして同日、「久保田新発田二藩取締地ヲ酒田県ニ支配セシム」（明治二己巳年八月一八日、第七四九)、「久保田新発田二藩取締地ヲ酒田県ニ引渡サシム」(明治二己巳年八月一八日、第七五〇)などあわせて二六件の達(第七四九から第七七四)が発され、奥羽民政取締諸藩の取締地の若松県以下十県への引き渡し(若松県以下十県による諸藩取締地の受け取り)が命ぜられた。ここに八か月余りにわたった奥羽民政取締諸藩による取締地(「旧朝敵藩領地」)の支配が終わったのである。

【注解四】 ここで、さらに、奥羽(越)統治のより大きな流れ——奥羽民政取締の任命から若松以下一〇県の設置までもそこに包含される——についても、整理しておくこととしたい。前もって述べておくならば、この奥羽(越)統治のより大きな流れにおいても、奥羽民政取締のところで指摘したのと同様の姿勢が政府側に見られた。すなわち、施政の基本方針としての「撫恤之道」の強調(窮民救助の強調)である。ただし、前にも述べたように、これに関しては「撫恤之道」(窮民救助)それ自体が目的とされたというよりも、「撫恤之道」(窮民救助)の強調による民心の獲得が根本的な目的であった(人心収攬の手段としての撫恤)。また、奥羽(越)統治のより大きな流れにおいては、[*20]「諸藩取締奥羽各県当分規則」で見られたような水害罹災者への特別の言及はなく、水害罹災者の存在は窮民一般のなかに流し込まれてしまっていることもあわせて指摘しておきたい。

奥羽(越)統治について、まず、中央での管轄という点を見る。この点では、明治元年一二月二五日、駿河以東一三州の府県の管轄が会計官から行政官に移された(「是迄駿州以東十三州府県之儀会計官ニ於テ取扱来候処以後行政官可為管轄旨被 仰出候」[*21])。次いで、明治二年正月晦日に「東京会計官ヲシテ若松民政ヲ提理セシム」(明治二己巳年正月晦日、第八八)が発され、岩代国若松の民政が東京会計官に委ねられた。[*22]

次いで巡察使の派遣について述べる。明治二年五月一八日には、若松を含む岩代国への巡察使の派遣が達された。[*23][*24]この岩代国巡察使に任ぜられたのは、新潟裁判所総督兼北陸道鎮撫副総督や越後国柏崎県知事などを務めた経験を持つ、侍従の四条隆平[*25]であった。その辞令には「民部官副知事之心得ヲ以岩代国巡察使被 仰付候事」と書かれ、また「岩代国巡察使へ委任状」の第一条に、「民政ハ治国之大本至重ノ事トス御一新以来専ラ億兆其所ヲ得テ生業勉励候様トノ御趣意ノ所陸前岩代等ノ地ニ至テハ去年兵革打続平定ノ今日ニ至リ　御仁恤之　御趣意未タ貫徹セス万民相危疑シテ物情騒然タリ実ニ大政ノ隆替ニ関渉シ不相済事ニ付今般巡察使トシテ被遣候ニ付テハ地方官及ヒ出張諸有司ト戮力協心専ニ　御趣意ヲ奉体シ風土民俗ヲ熟察シ撫育ノ道懇切ニ其力ヲ尽シ能ク民心ヲ得上下ノ情ヲ貫徹セシムヘキ事」とあったことからもわかるように、巡察使派遣の第一の目的は、地方官との協力にもとづく「撫恤之道」（窮民救助）の実行とそれによる民心の獲得であった。そのほかに、巡察使には次のような任務と指示が与えられた。*[26] ①現在地方官の職にある者から有能な人物を精選することによって、全体としての地方官の員数を削減すること。②まずは旧慣に従うという方針で収税に当たること。③臨時の賑恤と、産業の振興にもとづく貧困の漸次的解消という、二段構えの方針で窮民を救助すること。④刑罰の執行に際しては、軽率を避け慎重を期すること。⑤官員の規律を維持し、腐敗を防止すること。

岩代国巡察使設置から一か月後の明治二年六月一四日、岩代国巡察使とほぼ同様の設置趣旨と任務にて、*[27] 坊城左少弁（坊城俊章）*[28]が三陸巡察使に任ぜられた。*[29] さらに四日後の六月一八日には、三陸巡察使に磐城国の巡察も併せて行うよう達されている。*[30]

2. 明治二年七月八日に行なわれた官制改革により、地方行政監察機関として按察使が設けられ（「掌按察府藩県政績」）、*[31] 八月五日には岩代国白石に三陸両羽磐城按察府が置かれた*[32]（按察次官坊城俊章）。これによって三陸巡察使は消滅した。さらに八月二五日には岩代国巡察使が廃止された。*[33]*[34] 九月二日には按察使の地方行政監察の職務が明定された（「今般按察使トシテ被遣候付而ハ藩県ノ政績ヲ熟察シ地方官ト戮力協心専ラ　御趣意ヲ奉体シ政教治化其道ヲ尽シ上下之情ヲ貫通セシム可ク候事」*[35]）。東北地方では、八月一八日の若松県以下十県の設置と相前後して、三陸と岩代国の二つの巡察使が廃止され、替わって同じく地方行政監察機能を担うものとして新たに三陸両羽磐城按察府が置かれたのである。

一一月二四日、「按察使藩県按察ノ措置ヲ定ム」（明治二己巳年一一月二四日、第一〇八〇）が発された。これにより、按察使の任務が、「藩県ノ情状ヲ審案シ民政ノ得失ヲ督察シ且時宜ニヨリ官吏ノ非違ヲ糺シ具状可及奏聞事」、「非常警戒ノ事アラハ管内藩兵ヲ以テ臨機ノ処置シ迅速兵部省ヘ可報知事」と、具体的に示された。上を見てわかるように、按察使では、「民部官副知事之心得ヲ以」「撫育ノ道懇切ニ其力ヲ尽シ能ク民心ヲ得上下ノ情ヲ貫徹セシムヘキ事」と規定された巡察使とは異なり、同じく地方行政監察機能をもつ職とはいえ、「撫育ノ道」はやや後景に退いて、その分藩県に対する行政監察機能と非常時における警戒機能が前面に出た。[36][37]明治三年二月二〇日に按察使の管轄は若松県にまで広がったが（「若松県自今七州諸県同様管轄ニ被　仰付候事」[38]）、同年九月二八日をもって按察使は廃止された。[39]尚、按察使は、明治二年一〇月二〇日から同三年六月二〇日まで、越後にも置かれた。[40]

〔注〕

＊1　「諸藩取締奥羽各県規則再達」（明治二己巳年二月四日、第一〇九）。

＊2　「久保田新発田二藩取締地ヲ酒田県ニ支配セシム」（明治二己巳年八月一八日、第七四九）。

＊3　「土浦藩取締地ヲ登米県ニ手配セシム」（明治二己巳年八月一八日、第七七四）。

＊4　参照、「政体ヲ定ム」（明治元戊辰年閏四月二一日、第三三一）（六八一五）。

＊5　奥羽諸藩の維新時の動向と戊辰東北戦争の経緯、ならびに奥羽越列藩同盟に加盟し新政府に抵抗した諸藩の処分の概要については、三浦忠司「奥羽諸藩の動向と没収地取締藩の考察」（『青森県立三本木高等学校誌』、一九七七年三月）、六一—一〇頁を参照せよ。また、明治新政府にとっての、奥羽越列藩同盟諸藩の処分と占領地経営（総括的に言えば東北統治）の重要性については、松尾正人「維新政権の直轄県政——東北県政を中心として——」を見よ。

＊6　「府県制というのは、中央集権的国家体制を指向する新政府が旧来の藩制を解体すべく、地方の直轄地に設置した地方行政機

関であり、新政府の地方的権力基盤であった」（三浦忠司「奥羽諸藩の動向と没収地取締藩の考察」、一〇頁）。

＊7　「朝敵藩」の藩領地の没収に関しては、以下を参照のこと。「伊達慶邦ノ家名ヲ立テ更ニ二十八万石ヲ賜フ」（明治元戊辰年一二月七日、第一〇四六）、「南部利剛ノ家名ヲ立テ更ニ十三万石ヲ賜フ」（明治元戊辰年一二月七日、第一〇四七）、「酒井忠篤ノ家名ヲ立テ更ニ十二万石ヲ賜フ」（明治元戊辰年一二月七日、第一〇四八）、「牧野忠訓ノ家名ヲ立テ更ニ二万四千石ヲ賜フ」（明治元戊辰年一二月七日、第一〇四九）、「阿部正静ノ家名ヲ立テ更ニ六万石ヲ賜フ」（明治元戊辰年一二月七日、第一〇五〇）、「丹羽長国ノ家名ヲ立テ更ニ五万石ヲ賜フ」（明治元戊辰年一二月七日、第一〇五一）。「領土に関する処分を受けた諸藩の没収地を総計すると、八九万四八〇〇石にのぼり、それは、奥羽諸藩総石高二六二万二七二一石中の実に三四％にあたる膨大な地域である」（三浦忠司「奥羽諸藩の動向と没収地取締藩の考察」、一〇頁）。

＊8　「久保田、弘前、松代、中村、新発田、高崎、三春、館林、土浦、笠間、守山ノ十一藩ニ命シテ仮ニ陸羽地方ノ官領地ヲ提理セシム」（大蔵省記録局（編）『大蔵省沿革志（上巻）』、三五頁）。

＊9　佐竹義尭らの奥羽民政取締への任命に関しては、「佐竹右京大夫以下十一名ニ奥羽御領民政取締ヲ命ス」（明治元戊辰年一二月七日、第一〇四五）を見よ。尚、奥羽民政取締には、一二月二三日に、新庄藩主戸沢中務大輔（戸沢正実）ら四名が追加された。これについては「戸沢中務大輔以下四名ニ奥羽民政取締ヲ命ス」（明治元戊辰年一二月二三日、第一一二九）を参照のこと。「明治元年のこの段階における新政府は、未だ自らの力で地方を支配しうるだけの権力機構を確立していなかった。政府直属の地方官を派遣するにしても、派遣しうるほどの人事権も掌握していなかったし、地方行政の具体的内容も地方統治の具体的な方法も明確なものはもちあわせていなかったのである。従って、没収地を支配し、政府直轄府県を樹立するためには、旧来の藩権力に頼らざるをえず、その力を利用して地方支配を確保しようとしたのである」（三浦忠司「奥羽諸藩の動向と没収地取締藩の考察」、一〇頁）。奥羽民政取締に任命された諸藩の概要とそれら諸藩の戊辰戦争における戦功賞典、さらにそれら諸藩がそれぞれ指定された取締地については、三浦忠司「奥羽諸藩の動向と没収地取締藩の考察」に掲載された表《奥羽没収地取締藩一覧》を参照せよ（同上、一二頁）。

＊10　明治元年一二月七日および一二月二三日に奥羽民政取締に任命された計一五名（藩）のうち、津軽越中守（津軽承昭）（弘前藩）と土岐隼人正（土岐頼知）（沼田藩）の二名（二藩）はそれぞれ下野黒羽藩主大関美作守（大関増勤）（黒羽藩）と上野前

橋藩主松平大和守（松平朝矩）（前橋藩）に交代した。このうち弘前藩は、取締地に指定された旧盛岡藩領三郡（北郡、三戸郡、二戸郡）に起こった「津軽排斥運動」のため、取締地に出向く以前に政府に対して辞退を申し入れ、奥羽民政取締の職を免じられた（弘前藩、沼田藩二藩の交代については、「津軽越中守ノ南部彦太郎旧領取締ヲ免ス」、明治二己巳年二月八日、第一三八、「大関美作守ヲシテ南部彦太郎旧領ヲ提理セシム」、明治二己巳年二月八日、第一三九、「松平大和守ヲシテ伊達亀三郎旧領ヲ提理セシム」、明治二己巳年二月晦日、第二三二、「土岐隼人正ノ伊達亀三郎旧領取締ヲ免ス」、明治二己巳年二月晦日、第二三四を見よ。弘前藩の奥羽民政取締罷免の経緯については、三浦忠司「弘前藩の南部領取締の経緯」、弘前大学『国史研究』、第六七号、一九七八年四月を参照せよ）。

*11　ただし、新県の設置に関して正式の発令は見られなかった。たとえば、旧盛岡藩領北・三戸・二戸三郡の民政取締を命じられた黒羽藩（権知県事として村上一学を派遣）は三戸県を称したが、これに正式の発令はなかった。同様に旧盛岡・仙台・一関藩領陸中国胆沢・東磐井・西磐井の三郡では同地の民政取締（前橋藩）が伊沢県を、旧盛岡・仙台藩領陸中国紫波・稗貫・和賀・上閉伊・江刺・気仙の六郡では同地の民政取締（松本藩）が花巻県を、旧盛岡藩領陸中国岩手・鹿角・九戸・紫波・稗貫・上閉伊・下閉伊の七郡では同地の民政取締（松代藩）が盛岡県を、旧仙台藩領陸前国栗原郡では同地の民政取締（宇都宮藩）が栗原県を称するなどしたが、いずれもその新県設置について正式な発令は行なわれなかった。この点に付き、参照、松尾正人「維新政権の直轄県政――東北県政を中心として――」、五四－五五、五八－五九頁。

*12　「二十三日、各藩ニ命シテ管理セシムル陸羽ノ地方ニ新県ヲ布置シ、治務ノ規程ヲ設定ス」（大蔵省記録局（編）『大蔵省沿革志（上巻）』、三六頁）。

*13　大意は次のとおり。第一則、租税収納の件。これに関しては、今年のところは米金ともまず従来の通りに収納するものと相心得るべし。上地になった分の租税収納は、これまでの引付にもとづいてこれを取り計らうべし。水害や兵災を被ったところなどについては、半納あるいは無納にするものと心得、その土地土地についてどちらの取り扱いが適当であるか案を添えて伺いを立てること。第二則、取締地所の高に応じて金札を下付するので、この件に付き会計官に問い合わせること。そしてこの金札を用いて撫恤の道が行き届くように取り計らい申すべし。

*14　水害罹災者の救済に石高貸により交付される楮幣（太政官札）を当てるというやり方は、本件のほかに、天竜川水害におけ

る罹災者救助の事例（府中藩主徳川家達への救助指示の下令）においても見られる（この点、「御東幸沿道水害ノ橋梁ヲ再造シ又ハ修復ノ意見ヲ開申セシム」、明治元戊辰年一〇月一三日、第八四二の項（六八－一二五）を、参照せよ）。また、水害罹災者の救助や堤防工事の資金として楮幣（太政官札）を用いる場合には、その価値下落が問題になった。この点に関し、『大蔵省沿革志』は次のように伝えている（出納寮の部明治二年三月二〇日条、大蔵省記録局（編）『大蔵省沿革志（上巻）』、四八二頁）。

諸項ノ収入及ヒ支出ハ自今金貨一百両ヲ楮幣一百二十両ニ当ルノ間差ヲ衡定スルヲ公布セリ、然ルニ東京府下近日楮幣ノ時価殊ニ低下［ス］（中略）、堤防営繕等ノ如キハ前日ハ金貨ヲ以テ予算シ、今日ハ楮幣ノ定価ヲ以テ発支ス、人民是カ為メニ損失ヲ被フル少小ナラス、（中略）今日ノ楮幣ノ時価ハ二割即チ十分ノ二或ハ二割五分ヲ低減スルニ由リ人民困苦頗ル甚シ（後略）

会計官出納司は対策として「既定ニ係ル堤防営繕ノ費用ニ楮幣ヲ支出スルハ姑ク民間ノ時価ニ照算ス可キヲ太政官ニ稟議シ」、その裁可を得た（同上、四九－五〇、四八二頁）。

＊15　諸藩による民政取締の実際については、松尾正人「維新政権の直轄県政——東北県政を中心として——」、五三－五七頁を参照せよ。諸藩による民政取締の進展状況は一様ではなく、「郷村疲弊を背景とする『世直し一揆』の激化や戦乱・贋金蔓延の事態に直面した旧会津藩領等の各地」ではそれはほとんど機能しなかった。旧会津・庄内両藩領では、諸藩による民政取締に代わって民政局による直接統治が行なわれた。

＊16　すなわち、「奥羽両国ヲ七国ニ分チ国郡石高ヲ定ム」（明治元戊辰年一二月七日、第一一三八）、「佐竹右京大夫以下十一名ニ奥羽御領民政取締ヲ命ス」（明治元戊辰年一二月七日、第一〇四五）、「戸沢中務大輔以下四名ニ奥羽民政取締ヲ命ス」（明治元戊辰年一二月二三日、第一一二九）。

＊17　「岩代国巡察使ヲ置ク」（明治二己巳年五月一八日、第四六二）。

＊18　「奥羽諸藩之刑典出格至仁之御所置ハ士女衆人所ヲ失ヒ候儀深ク　御憂慮被為在候　御趣意ニ付其旨ヲ奉体シ土着之士移住等之儀可成丈仁恕ヲ以取計可申事」。

＊19　明治二年八月に設置された東北地方の新県、とくにその行政機構の整備と租税の収納状況については、松尾正人「維新政権の直轄県政——東北県政を中心として——」、七三－八八頁を参照せよ。

＊20　以下に述べる、奥羽（越）統治の輪郭をつくった諸法令においては、の意である。

＊21　「会計官所轄駿河以東十三州府県ヲ行政官ニ属ス」（明治元戊辰年一二月二五日、第一一五〇）。

＊22　若松の民政に関しては、松尾正人が次のように述べている。「旧会津藩領では、当初は新荘《ママ》藩等の民政取締と旧庄内藩転封の決定をみたが、その民政取締は形式的なものとなっている。同地方では、戊辰戦争の際に設置された民政局が、鎮将府や会計官の指揮のもとに諸藩の民政取締に代わって直接支配を行ったのである。それは、戦火による郷村の疲弊や『世直し一揆』の激発、および贋悪貨幣横行等にみられる民政混乱が極度であったことによる。」（松尾正人「維新政権の直轄県政――東北県政を中心として――」、五六頁。）

＊23　奥羽地方の民政巡察のための官員派遣命令の発出はこれが初めてではなかった。岩代国への巡察使派遣が命じられるよりも前の明治二年三月一四日、権弁事新五郎（元鳥取藩士）が奥羽民政の巡察を命じられている（参照、東京大学史料編纂所（蔵版）『維新史料綱要 巻十』、六三頁）。また、岩代国巡察使についても、四条隆平の任命よりも前に、一度、五月四日に、弁事の平松時厚に対し辞令が下っている。平松が病気を理由にこれを辞退したため、五月一八日の四条任命となったのである（この経緯については、参照、日本史籍協会（編）『百官履歴　二』、四五四頁、東京大学史料編纂所（蔵版）『維新史料綱要 巻十』、一〇三、一一九頁）。東北地方への巡察使の派遣一覧については、松尾正人「明治初年の政情と地方支配――『民蔵分離』問題前後――」（『土地制度史学』、第九一号、一九八一年四月）、四五頁参照。

＊24　「岩代国巡察使ヲ置ク」（明治二己巳年五月一八日、第四六三）。松尾正人によれば、巡察使は、「直轄県開設の前提として官吏の任免・年貢の調査・窮民の救恤・兵災の救助等の実施を職掌とし」、「東北統治の困難に対処せんとするものであった」（松尾正人「維新政権の直轄県政――東北県政を中心として――」、六二頁）。松尾は、巡察使を、「南部・庄内両藩の転封遷延や、諸藩民政取締の混乱に対処して設置されたもの」と捉えている（同上、六三頁）。

＊25　四条隆平。明治元年正月一〇日、北陸道鎮撫副総督。二月七日、参与。四月一九日、新潟裁判所総督兼北陸道鎮撫副総督。七月二七日、これまでの職務を免ぜられ、新たに越後国柏崎県知事に任ぜられる（九月八日まで）。九月八日、越後府知事（一〇月二八日まで）。九月一四日、侍従。明治二年五月一八日、岩代国巡察使（八月二五日まで。同日岩代国巡察使廃使）。九月三日、若松県知事。（以上、日本史籍協会（編）『百官履歴　二』、三一五－三一六頁。）四条は、五月二九日に任地に向けて

出発した（日本史籍協会（編）『広沢真臣日記』、二一三頁）。

＊26 「岩代国巡察使へ委任状」、「岩代国巡察使ヲ置ク」（明治二己巳年五月一八日、第四六二）に付載。

＊27 〝ほぼ〟と書いたのは、三陸巡察使の場合、その委任状のなかに、「岩代国巡察使へ委任状」には無かった「万民危疑物情騒然加之各藩ニ於テモ頗ル紛紜一定セサル所モ有之由」、「地方官及ヒ出張諸有司ト戮力協心専ラ　御趣意ヲ奉体シ風土民俗ヲ熟察シ撫育之道厚ク其力ヲ尽シ能ク民心ヲ収メ上下ノ情ヲ貫徹セシメ且時宜ニ依リ其城邑ニ臨ミ其情状ヲ検査シ懇切ニ教導人心ヲ一定セシムヘキ事」という表現があって、巡察使による各藩の統治の検査、その教導の面が特記されているからである（傍線部が三陸巡察使の場合に加えられた記述）。

＊28 坊城俊章。明治元年二月二〇日、参与。同日、弁事加勢。三月一日、弁事。四月五日、外国事務局権輔。八月、摂泉防禦総督。九月一四日、左少弁。明治二年六月一四日、三陸巡察使。六月一八日、磐城国巡察兼務。八月、三陸巡察使を免ぜられ、三陸磐城両羽按察使となる（八月五日、三陸磐城両羽按察次官）。明治三年九月二四日、山形県知事。（日本史籍協会（編）『百官履歴 一』、一八二－一八四頁。）

＊29 「三陸巡察使ヲ置ク」（明治二己巳年六月一四日、第五三六）。ところで、巡察使設置に関しては、『維新史料綱要』明治二年六月一〇日条に次のような記事がある。「三等陸軍将久我通久権大納言ニ三陸巡察使ヲ、同坊城俊章左少弁ニ両羽巡察使ヲ兼ネシム。尋デ十二日通久ヲ罷メ、権大納言醍醐忠順ヲ以テ之ニ代フ。後十四日又忠順ヲ罷メ、俊章ヲシテ之ヲモ兼ネシム」（東京大学史料編纂所（蔵版）『維新史料綱要 巻十』、一三六頁。傍線は小さな活字が用いられている部分であることを示す）。この記事によれば、①政府は、六月一〇日時点で、三陸と両羽双方に巡察使を置く構想をもっていた、②坊城俊章はこの時点では三陸巡察使ではなく、両羽巡察使に任ぜられた、③六月一〇日に三陸巡察使に任命されたのは久我通久であった、④久我が免ぜられ、次いで任命された醍醐忠順も三陸巡察使の職を免ぜられたことにより、坊城が両羽巡察使のほかに三陸巡察使をも兼ねることになった（六月一四日）、ということになる。しかし、『法令全書』では六月一〇日の坊城俊章の両羽巡察使任命は確認できない（『百官履歴』の坊城の項目においても確認できない）。また、坊城が三陸巡察使に任ぜられた「三陸巡察使ヲ置ク」（明治二己巳年六月一四日、第五三六）においても、両羽巡察のことには何の言及もない。一方、『岩倉具視関係文書』に収録されている「明治二年六月一四日付三条実美等宛岩倉具視書簡」には、「福島出張の人体久我御断りこれは庄内出張重畳可

然替りの儀弥醍醐に被仰付候哉万一差問候は、坊城息頻りに内願出格奮発勉励心得のよし条公へも内願の旨傍御心得に申入置候」の一条がある（日本史籍協会（編）『岩倉具視関係文書 四』、東京大学出版会、一九六八年二月、覆刻版、原本の刊行は一九三〇年一二月、二七七－二七八頁、傍線は割注部分であることを示す）が、これも、久我と醍醐の巡察使辞退（あるいは辞退可能性）は伝えるものの、坊城俊章の六月一〇日両羽巡察使任命、六月一四日両羽巡察使三陸巡察使兼勤については何も述べていない。というわけで坊城俊章の六月一〇日両羽巡察使任命、六月一四日両羽巡察使三陸巡察使兼勤に関しては、今のところ、『維新史料綱要』のほかには、それを伝える資料が見つからない状況である。それゆえ、坊城俊章の六月一〇日両羽巡察使任命、六月一四日両羽巡察使三陸巡察使兼勤については、ひとまずこれを擱く。さりながら、五月一八日に岩代国に巡察使を置いたこと、同じく六月一四日には三陸に巡察使を置いたこと、また六月一八日に三陸巡察使に対して磐城国の巡察も命じたこと、これら一連の措置を踏まえて考えるならば、当時政府が両羽にも巡察使を置こうとしていたと見ることに不都合はない。明治二年五月から六月にかけて政府は東北地方全域に巡察使を派遣する構想をもっていた、このように考えることは十分に合理的である。

＊30 「三陸巡察使ヲシテ磐城国ヲ巡察セシム」（明治二己巳年六月一八日、第五四六）。巡察使の任免、派遣の実際に関しては、松尾正人「維新政権の直轄県政──東北県政を中心として──」、六三頁掲載の表を参照せよ。

＊31 「職員令並官位相当表」（明治二己巳年七月八日、第六二二）（六九－二一b）。

＊32 「按察府ヲ岩代国白石ニ置ク」（明治二己巳年八月五日、第七一〇）。按察使が新政府の東北統治において果たした役割、さらに按察府官員の構成などについては、松尾正人「維新政権の直轄県政──東北県政を中心として──」、六三－七二頁を参照せよ。

＊33 「岩代国巡察使ヲ廃ス」（明治二己巳年八月二五日、第八〇九）。岩代国巡察使四条隆平は、八月二五日に同職を免じられたあと、九月三日に若松県知事兼若松城守となった。

＊34 明治二年八月二五日若松県治に係る岩代国巡察使が廃止された。若松県は白石に置かれた三陸両羽磐城按察府（八月五日設置）の管轄外にあったため、岩代国巡察使廃止によりしばらくの間（明治三年二月二〇日まで）中央の行政監察機関による監察からはずれることになった（参照、内閣記録局（編）『明治職官沿革表 職官部』、三四－三五頁、「按察使ヲシテ若松県ヲ管

轄セシム」、明治三庚午年二月二〇日、第一一四。尚、『明治職官沿革表 職官部』記載の巡察使や按察使の設置の日付は、『法令全書』収載の、これら機関の設置を令した諸法令の日付と、一部異なるところがある。本資料では、日付はすべて『法令全書』に拠った）。

＊35 「按察使ヲシテ藩県ノ政績ヲ熟察セシム」（明治二己巳年九月二日、第八三九）。

＊36 按察使（按察府）は、明治三年三月に設置された民部省石巻出張所とともに、「東北地方における統一・集権的な支配の強化を指向した」民部＝大蔵省の急進的な政策の実施拠点とされた（松尾正人「維新政権の直轄県政――東北県政を中心として――」、一〇三－一〇六頁）。

＊37 そうは言っても、按察使が人民の撫恤と無縁であったわけではない。戊辰戦争の兵火と連年の水害、そして何よりも明治二年の凶作によって農民の疲弊が甚だしかった東北にあっては、藩県が行なう救済にかかわる統制・調整・指示が按察使の重要な職務たらざるを得なかったのである（この点については、松尾正人「明治二年の東北地方凶作と新政権」、『日本歴史』、第三四五号、一九七七年二月、七二－七九頁を参照のこと）。

＊38 「按察使ヲシテ若松県ヲ管轄セシム」（明治三庚午年二月二〇日、第一一四）。

＊39 「按察使ヲ廃ス」（明治三庚午年九月二八日、第六三四）。按察使廃止の政治的背景については、松尾正人「維新政権の直轄県政――東北県政を中心として――」、一〇三－一〇九頁、を参照せよ。松尾によれば、按察使廃止の背景には、「民部・大蔵省が推進した按察府や［民部省］石巻出張所による集権的支配の強化策」に対する地方官――たとえば酒田県知事大原重実など――の反発があった（尚、大原重実の民蔵行政、すなわち按察使、民部省監督司の県官への指示、県政への介入に対する批判については、後掲の「民部省大蔵省分省セシム」、明治三庚午年七月一〇日、第四五七、の項を見よ。地方官による民蔵行政批判として大原の論は注目すべきものである）。

按察使の廃止後、政府は、藩県の錯綜の是正（九月二八日山形県の新設）と中央政府の意向に沿う県官の配置（按察次官坊城俊章の山形県知事への任命、按察権判官菱田重禮の福島県権知事への任命、民部監督大佑岩男俊貞の山形県大参事への任命など）をその内容とする、新たな東北経営策を打ち出した。これにより、政府は、東北地方における、諸藩県行政の統制・整備と、中央集権的な地方支配の確立を、ねらったのである（松尾正人「明治二年の東北地方凶作と新政権」、八一－八二頁）。

＊40　日本史籍協会（編）『百官履歴 二』、三〇三頁。越後国按察使には水原県知事三条西公允が任命された（兼勤）。さらに、参照、「越後按察使ヲシテ地方官ト戮力布政施治ノ道ヲ尽サシム」（明治二己巳年一二月五日、第一一一九）、「越後按察使ヲ廃ス」（明治三庚午年六月二〇日、第四一五）。

六、「定免切替伺其他租税取計及諸帳簿進致ノ方ヲ定ム」（明治元戊辰年一二月二四日、第一一四四）

第千百四十四　十二月二十四日（会計官）

関東府県

三年第四十八参看[＊1]

一定免切替伺並新規定免願

是ハ相当ノ年季ヲ以支配ノ分限リ承届其段会計官へ可被相届候

三年第三百八十参看[＊2]

一草永草銭其外都テ地所ニ付候小物成ノ類年季切替並新規取立物

是ハ右同断尤新規ノ分ハ前ニ見合無之廉ハ伺之上可被取計候

二年第三十五参看[＊3]

一諸運上冥加永

是ハ追テ及沙汰候迄取立ニ不及候事

三年第二百五十四参看[＊4]

一御林木風損立枯

是ハ相当ノ直段ヲ以手限御払取計右代金御勘定元ニ組候様可被致無難ノ立木伐木ノ儀ハ会計官ヘ伺ノ上可取計候

三年第二百三十六参看[*5]

一御勘定元ニ組入候廉々

是ハ逸々伺ニ不及手限リ吟味イタシ御勘定帳突合ノ節ハ米金納札差出可申事

同上

一御金蔵納渡並御収納ノ内ヨリ都テ払ニ相立候廉々

是ハ其時々会計官ヨリ伺ノ上取計御勘定仕上ノ節右伺書突合トシテ可差出事

二年第六百五十二参看[*6]

一夫食種籾農具等諸拝借其外御救筋

是ハ旧幕中米金等口々借請未納有之村々ハ都テ被下切ノ積リ此後拝借等願出候分年季借ノ儀ハ相止メ精々吟味ノ上被下切ノ積リ取調可被相伺候

二年第百七十七[*7]、三年第六百三十[*8]参看

一新開並金銀山問堀ノ類

是ハ会計官ヘ伺ノ上可被取計候

三年第四百二十八[*9]第五百六[*10]参看

一御回米難船吟味ノ事

是ハ御取締専一ニ相心得可成丈ケ手限吟味ノ取計御損失可相成廉重キ御処置等可被　仰付廉会計官ヘ伺ノ上可被取計候

二年第六百七十六*[11]参看

一附属下吏人員並身分進退

是ハ伺ノ上可被取計候事

二年第八百九十七*[12]参看

一御取箇郷帳

一御勘定帳

三年第百七十九*[13]参看

四年太政官第十七*[14]参看

一皆済目録

是ハ年々取調突合物相添可被差出候事

二年第百九十八*[15]参看

一村鑑帳

是ハ手繰次第取調先ツ一ト通リ可被差出候事

二年第七十七*[16]参看

一四季相場書

是ハ正四七十中旬差出可被置候事

一高国郡村名帳

是ハ最初一ト通リ差出置入狂無之候ハヽ、年々差出ニ不及候事

三年第二百五十四*[4]参看

一御林帳
是ハ手繰次第取調差出置増減有之候ハヽ、其節々可被届候事
一勤方明細書
一八ヶ条書付
是ハ旧幕中年々差出来候趣ニ候得共以来差出ニ不及候事
右ハ関東筋並伊豆国御料ノ儀追々御委任ノ御規則モ可相立候得共支配支配郡村相接候場所ニテ区区ノ取計相成候テハ不都合ニ付当分前書ノ通可被相心得候事

【注解二】 上は、明治元年一二月二四日に、会計官（東京支衙）が仮設し、関東諸国府県に示達した「施治条規」[*17]である。定免切替伺や新規定免願の取り扱い方を始めとする租税・会計関係の事務についての指示、また諸帳簿類の提出に関する指示などがその主たる内容である。これらの諸件に関しては追々規則が立てられるはずであるが、未だ定則はないため、支配地が接している郡村において支配地ごとに取計いがまちまちでは不都合が生じる、それゆえ、当分はこの「施治条規」に依って諸事を処分すべしというのである。

災害対策という点から注目されるのは、七番目にある「夫食種籾農具等諸拝借其外御救筋」である（罹災者救援関係）[*18]。これは、内容的に前段と後段二つに分かれている。まず前段では、旧幕府時代に村々が夫食種籾農具代等として借り受けた米金の未済分につき、その棄捐が宣せられている（「旧幕中米金等口々借請未納有之村々ハ都テ被下切ノ積リ」）。一方、後段では、「夫食種籾農具等諸拝借其外御救筋」についての政府の方針として、今後これらに関しては年季を定めて貸し付けることはせず、念入りに調査を行なったうえで渡し切りの方針を採ることが述べられている（「此後拝借等願出候分年季借ノ儀ハ相止メ精々吟味ノ上被下切ノ積リ取調可被相伺候」）。政府は関東府県に対

して、夫食・種籾・農具代について、実質的には給付（「被下切」）の方針をもって臨むべきことを指示したのである。*19

本件の前にも、実際に発生した災害（水害）に対する救助の指示の例はあるが、*20 罹災者に対する食糧、住居、農具等の手当ての方面で一般的な方針が示されたのは、これが最初である。本件以降、この方面での罹災者救援策は、災害直後の緊急の救援（炊出し、仮小屋の提供など）と、それに引き続く時期の食糧や種籾、農具代等の貸し付け（救助貸）（罹災後の生活支援）とに分節されながら展開を見せていくことになる。*21

【注解二】 七番目の項目の前段、すなわち旧幕府が行なった災害救援目的での貸付金の回収（取立）の問題であるが、これは直接には明治政府の災害対策（罹災者救援政策）にかかわる題目ではないけれども、明治政府によって同政府の罹災者救援政策（夫食・種籾・農具代等の取り扱いの問題）と一緒に取り上げられた問題であるので、こちらについても簡潔にその経緯をまとめておきたい。*22

まず、政府は、明治元年正月一七日（三職七科の制を敷いたその日）に達「徳川執政中市在ニ貸与セシ金銀ヲ還納セシム」（明治元戊辰年正月一七日、第三八）を発出して、二月末日までに旧幕府貸付金を返納するよう命じた。このとき、百姓町人に返納を促すために、政府は、返納金の用途に、政府費用と並んで、とくに「御救助御手当」を挙げた。救助目的にも使うのだから返納すべし（返納しないならば新たな救助のための資金が不足する、だから返納すべし）という理屈を用いたのである。*23 利息については一切上納を求めない（「利銀ノ儀ハ一切不及上納」）とした。

さらに、政府（会計事務裁判所）*24 は、二月一三日に、「徳川貸下金年賦上納ヲ許サス」（明治元戊辰年二月一三日、第九六）を出し、改めて旧幕府貸付金の即時返納を求め、年賦返納の願い出は基本的に認めないと宣言した。ところで、この達において、旧幕府貸付金の即時返納を命じる背景には、それを戊辰戦争の軍資に充てる意図があることが明かされている（「今度　御親征ニ付徳川貸下金之分早々上納可致候様被　仰出候」「差向之御用途ニ付（中略）年賦上納等之儀ハ御取揚無之事」）。

2. 本達において関東府県の「夫食種籾農具等諸拝借其外御救筋」についてその棄捐が宣せられて以降については、次のようである。明治三年七月五日、民部省より、預所ある諸藩に対して、「諸藩預所中旧幕府ヨリ夫食種籾農具代等借請未納ノ村々上納ヲ須ヒサラシム」（明治三庚午年七月五日、第四四七）（七〇－二〇）が発され、預所について、旧幕府が貸し付けた夫食・種籾・農具代その他救助筋の米金の棄捐が、宣せられた。このときあわせて、今後夫食・種籾・農具代その他救助筋の米金の拝借の願い出があった場合の対応方についても指示がなされ、願い出があった場合には願い出た者との間で返納に関してしかるべき期限を取り決めたうえでその件の伺いを民部省に提出せよとされた。そして明治五年に至り、「旧幕府中馬喰町並日光上野等貸附金棄捐」（明治五壬申年五月二二日、太政官第一六四号）によって、旧幕府貸付金の一切棄捐が布告された（「旧幕府ノ節馬喰町或ハ町年寄役所ヲ始大阪銅座及各地方奉行所又ハ代官所等ニ於テ旧諸藩ヲ始士民ヘ融通ノ為ニ貸付置候金銀米並日光上野府庫金諸料物金年番金宿坊金等ノ類御詮議ノ次第有之自今一切棄捐被　仰付候事」[*25]）。

【注解三】 本「施治条規」中、他に災害対策にかかわる規定として解釈できるのは、項目第一一の取箇郷帳の提出、項目第一四の村鑑帳の提出、項目第一九の八ヶ条書付の廃止である。取箇郷帳の提出は水旱災による被害高の調査の意味合いをもつ。村鑑帳はその記載項目のなかに堤防補修工事の実施箇所などを含み、この点で村鑑帳の提出は災害対策目的での公共土木工事の実施状況報告としての機能をもつ。

項目第一九の八ヶ条書付の廃止であるが、これについては『大蔵省沿革志』租税寮の部明治元年一一月二四日条が次のように記している。[*26]

勤務明細帳並ニ八事条規八条トハ第一水田、白田ノ再墾及ヒ新田、新林等ニ租税ヲ賦課スルノ有無、第二、水田、白田荒蕪ノ有無、第三、営繕工事ノ有無、第四、租税定額計外ノ増収ノ有無、第五、堤防、田井、道路、橋梁ノ新造補理ノ有無、第六、農間ノ余業ヲ開創セシムルノ有無、第七、水旱災ニ因ル減租ノ有無、第八、以上七事ノ外務テ百姓ノ冗費ヲ省減シ而シテ公納ノ租税ヲ減少セシメサルノ方法、此ノ八事ヲ毎年ニ開申スルヲ言フハ自今之ヲ上進スルヲ須ヒス、本款ハ蓋シ毎歳代官、郡代等ヨリ幕府ニ上進スルノ旧制ナリ。

八ヶ条書付は幕府時代の旧制なるが故にこれを廃すというのである。八ヶ条書付の提出は上の抜粋文の二重傍線部が示すように、災害対策目的での公共土木工事の実施状況報告、水旱災による減租の報告の機能をもつものであったが、これは村鑑帳および取箇郷帳の提出によって代替されることになった。

〔注〕

＊1 「新規定免同運上冥加並年季切換等伺届方ヲ定ム」（明治三庚午年正月二三日、第四八）。
＊2 「郷帳案ヲ定ム」（明治三庚午年五月晦日、第三八〇）（七〇－一四）。
＊3 「関東諸県諸運上冥加永当分徴収ヲ須ヒス」（明治二己巳年正月一二日、第三五）。
＊4 「御林帳様式ヲ頒チ録上セシム」（明治三庚午年三月、第二五四）。
＊5 「辰年租税勘定帳ニ対照ノ書類ヲ進致セシム」（明治三庚午年三月二五日、第二三六）。
＊6 「夫食種籾農具等貸下ノ措置ヲ定ム」（明治二己巳年七月一四日、第六五二）（六九－一三二）。
＊7 「鉱山開採ヲ許シ府藩県管内鉱山ノ採出額ヲ録上セシム」（明治二己巳年二月二〇日、第一七七）。
＊8 「府藩県管内開墾地規則ヲ定ム」（明治三庚午年九月二七日、第六三〇）（七〇－二六）。
＊9 「貢米廻送船難破漂着ノ節取扱方ヲ定ム」（明治三庚午年六月、第四二八）。
＊10 「貢米廻漕船難破之節運賃渡方規則」（明治三庚午年七月、第五〇六）。
＊11 「県官人員幷常備金規則」（明治二己巳年七月二七日、第六七六）（六九－二五）。
＊12 「御取箇郷帳ヲ進致セシム」（明治二己巳年九月一八日、第八九七）。
＊13 「勘定帳記載方ヲ定ム」（明治三庚午年三月七日、第一七九）（七〇－一〇）。

＊14　「租税並ニ出納勘定仕上規則改正」（明治四辛未年正月一三日、太政官第一七）（本書第二巻に収録の予定）。

＊15　「郷帳大積明細帳村鑑帳等ヲ進致セシム」（明治二己巳年二月二三日、第一九八）（六九－一〇）。

＊16　四季相場書に関して『法令全書』の頭注に付された参照法令は、「二年第七十七」である。しかるに、「二年第七十七」は、「大宮新殿御移徒行啓ニ付宮堂上諸侯並ニ五等官以上徴士ヲシテ参賀セシム」（明治二己巳年正月二五日、第七七）であり、内容的に該当しない。頭注の付け誤りと判断される。

＊17　参照、大蔵省記録局（編）『大蔵省沿革志（上巻）』、二二三－二二四頁。

＊18　『大蔵省沿革志』掲載の「施治条規」の該当部分は、次のようである。「夫食夫食トハ官ヨリ農民ニ貸与スル糧米ヲ言フ、稲種、農具等ヲ貸与シ及ヒ賑済スル方法タル旧幕府ヨリ各村窮民ニ貸与シテ其ノ未タ償納ヲ完了セサル者ハ総テ之ヲ蠲捐シ、今後貸与ヲ申請スル者ハ年賦償還ノ方法ヲ廃止シ全額賑給ノ方法ヲ稟決ス可シ。」（同上。傍線は割注部分であることを示す。）

＊19　ただし半年後、この方針は《無利息貸し渡し、年賦で返納》という方向に転換される。参照、「夫食種籾農具等貸下ノ措置ヲ定ム」（明治二己巳年七月一四日、第六五二）（六九－一二）。

＊20　たとえば、「洪水暴溢ニ付会計官出張賑恤ヲ施行セシム」（明治元戊辰年五月二四日、第四一九）（六八－八）、「天災兵害ノ余ニ付府藩県ヲシテ便宜賑恤ヲ施行セシム」（明治元戊辰年六月二二日、第五〇二）（六八－一〇）。

＊21　明治一三（一八八〇）年備荒儲蓄法（明治一三年六月一五日、太政官布告第三一号）に至るまでのこの分野の法令の展開を整理したものを、後掲の「夫食種籾農具等貸下ノ措置ヲ定ム」（明治二己巳年七月一四日、第六五二）（六九－一二）の注記に載せる。参照されたい。

　備荒儲蓄法は、現在の制度の起点を求めるという発想から日本における罹災者救援政策の歴史を見るとき、しばしばその出発点としての位置づけを与えられる法令である。備荒儲蓄法のこのような取り扱いは、たとえば、災害対策制度研究会（編）『新日本の災害対策』（ぎょうせい、二〇〇二年四月）において確認できる（二二頁）。備荒儲蓄法について詳しくは同法の項目（後掲）において注記するが、取りあえずここでは、救助貸政策の流れのなかでの同法の位置について吉川秀造の文章を引いておくことにしたい。吉川は、上に挙げた災害対策制度研究会の遡及的接近法とは異なる接近法、すなわち救助貸政策の史的展開という視点から備荒儲蓄法に接近して、救助貸政策の流れにおいて同法がひとつの区切りをなすことを述べている。

「〔政府は、〕明治一三年六月に至り備荒儲蓄法を制定し、各府県に於て土地所有者より地租に応じて一定額を公儲せしむると共に政府より毎年一二〇万円の補助を与へ、此等の基金に依り各府県をして災害に罹れる窮民に食料・小屋掛料・農具代・種籾料を支給したり、罹災の為に地租を納むる能はざる者に補助又は貸附を為す事とし、之と同時に前記の窮民一時救助規則〔(明治八年七月一二日、太政官第一二二号達)〕を廃止した。斯の如くにして窮民救助に関する事務は全然府県の管掌に移され、政府は明治一三年度下半期以後（即ち明治一四年一月以降）救助貸附金の支出を廃止した。即ち明治政府の貸附金としての救助貸は此時を以て終ったのである。而して明治元年以降一三年末の廃止に至る間に支出された救助貸附金の総額は約七〇〇万円に達したのである。」（前掲、吉川秀造「明治政府の貸附金（二）」、一一八―一一九頁。引用文中の窮民一時救助規則については、後掲の「夫食種籾農具等貸下ノ措置ヲ定ム」、明治二己巳年七月一四日、第六五二の項に載せる展開図を参照されたい。）

＊22　この件については、吉川秀造、前掲論文、一一〇―一一一頁も参照せよ。

＊23　「徳川執政中役所金ノ旨市在町人百姓共へ貸下ケニ相成有之候金銀共今般各可致返納旨被　仰出右ハ御用途並窮民御救助御手当ニ相成候間来ル二月中金穀御役所へ持参可有之候事」。

＊24　会計事務裁判所――達のなかでは会計裁判所と表記されている――は明治元年正月一九日に金穀出納所内に設けられた附属署衙である（「会計ニ関スルコトハ会計事務裁判所ニ申白セシム」、明治元戊辰年正月一九日、第四二、さらに、松下俊夫「明治初期財政制度雑考」、兵庫農科大学『研究報告（人文科学編）』、第二巻、第二号、一九五六年一二月、八二頁も見よ）。金穀出納所は、慶応三年一二月二七日に京都学習院内に設けられた明治政府最初期の金穀出納機関である――ただし職制上に定められた機関ではなかった――（「金穀出納所ヲ置ク」、慶応三丁卯年一二月二七日、第三三、および、大蔵省百年史編集室（編）『大蔵省百年史 上巻』、大蔵財務協会、一九六九年一〇月、一三頁）。

＊25　旧幕府貸付金の回収額であるが、これについては、吉川秀造が前掲論文に、「明治四年九月迄に返納された額は僅に二万七一〇八円余であった。……旧幕府貸附金の総額が幾何であったかは今に於て之を知る由もないが、回収せられた二万七千余円は其の極めて一小部分に過ぎなかったものと思われる」と書いている（一一一頁）。

＊26　大蔵省記録局（編）『大蔵省沿革志（上巻）』、二二四頁。傍線部は割注部分である。そのうち、二重傍線部は内容が災害対策に関係していることを表わす。

七、「御賑恤金下賜ノ例則ヲ定メ府県ヲシテ準依施行セシム」（明治元戊辰年十二月、第一一六三）

第千百六十三　十二月

今般御東巡之節左之通御賑恤被下候間府県共右之振合ヲ以宜可取計候事

七十歳以上　金二百匹宛

八十歳以上　金三百匹宛

九十歳以上　金五百匹宛

孝養之聞へ有之者へ　金千匹宛

又ハ　二千匹

二百匹モ有之

忠孝兼備之者へ　金二千匹

又ハ　千匹

貞操ヲ守孝養ヲ尽之者へ

金二千匹
奉公誠実
金三百匹
同五百匹
同千匹
同二千匹
年来実行ノ聞ヘ有之農業出精之者ヘ
金三百匹
又ハ　五百匹
平日心得方厚ク正直商売致シ常ニ難渋ノ者ヘ憐ミ深キ者ヘ
金五百匹
又ハ　三百匹
千匹モ有之
極難渋人中難渋人水害潰レ家等ヘハ
金若干ツ、
下賜候事
右

【注解】明治元年第八九二（「御東幸褒賞養老賑恤ノ典ヲ府藩県一般ニ施行セシム」）（六八－二九）、第九八九（「褒賞賑恤ノ典御挙行ノ趣旨ヲ体シ府藩県ヲシテ窮民ヲ撫育セシム」）（六九－一）により、天皇が東幸に際して行った賑恤に倣い、府藩県も管轄下の人民を賑恤するよう、指示がなされた。本達は、府藩県が賑恤を行なう際に準拠すべき、賑恤金の具体的な配分割合表——東幸の際の賑恤金の配分実績を表わしたもの——である。府藩県に賑恤を指示した達（明治元年第八九二および同第九八九）においては、賑恤（救済）の具体的な中身について何も書かれていなかったが、本件を見ると、それが賑恤金の下賜であったことがわかる。

2. この下賜金の釣合表のなかに、明治政府が形成しようとしていた秩序——明治政府の秩序意識——がよく表現されている。東幸に際しての賑恤金の下賜は、国家が徳目を選定し、その徳目の実行者たちに褒賞を与えるというかたちで、一定の秩序意識を人民のなかに注入しようとしたものと見なしうる。この秩序のなかでは、「孝養之聞へ有之者」、「忠孝兼備之者」、「貞操ヲ守孝養ヲ尽之者」、「奉公誠実」などの《天皇の権威のもとタテの秩序に人民を統合する儒教的徳目》が優位に置かれ、金額的に上位の扱いを受けている。

3. このような性格をもつ賑恤金下賜の体系のなかで、水害被害者への賑恤は、付け加え程度で、あまり重視されていないことが、金額からわかる。これは、水害被害者への賑恤が人民への恩恵の附与（仁政の顕示）ではあっても、忠孝観念にもとづく秩序の形成という点では受動的な契機しかもたないせいである。

4. 上の2と3の考察から、水害被害者への賑恤金の下賜は、災害救援としての実をもつものではなかったこと、それは秩序形成戦略の一環（仁政の顕示）として理解されるべきものであったことがわかる。

八、「治河及諸普請等ニ刑法官監察ヲシテ出張セシム」（明治二己巳年二月二日、第九七）

五月廿二日監察司ヲ廃シ八月十七日京都監察司ヲ廃ス

第九十七　二月二日（沙）　刑法官

治河ヲ始諸普請等以来会計官へ被　仰付候節其官ヨリ監察出張可致旨　御沙汰候事

但小普請之節ハ不及其儀候事

【注解一】 行政監察を担当していた刑法官監察司に対して発せられた沙汰である。今後会計官が治水工事などを命じられた折りには、刑法官監察司は当該工事の監察のために出張すべきことというのがその内容である。[*1] 会計官営繕司が命じられた治水工事等の監察のために刑法官監察司が出張を指示された例として確認できるものには、利根川堤防の修繕工事[*2]と甲州での河川工事[*3]の二つがある。

【注解二】 本件は会計官営繕司が行なう治水工事に関する工事監察（行政監察）の実施を定めたものであるが、この工事監察が指示される直前の明治二年一月には工事経費の渡し方についての手続きが決められている。

会計官は明治二年一月に、会計官出納司東京支署の処務規則を制定した（「出納司ノ職務タル金穀ノ出納ヲ提管ス、因テ其ノ条規ヲ立定シテ以テ之ヲ履行ス」）が、その第一三条と第一四条が、営繕司が行なう建築あるいは土木工事に関する費用の取り扱いに関するものであった。今、以下にこれを引く。[*4]

第十三、営繕司ノ建築若クハ修繕ニ関スル費用ハ本官［会計官］判事議決セハ捺印セル簿書ヲ本司［出納司］ニ回致シ、其ノ金額ノ多少ニ応シ十分ノ八以下ヲ準率ト為シテ之ヲ仮支シ、残額ノ二分ハ清算帳ヲ回致スルヲ待テ之ヲ完交ス、清算ノ定期ハ工事竣功ノ本日ヨリ三十日ヲ以テ限ト為ス、少小ノ破壊ヲ修繕スル如キハ官司ノ零細物件ヲ採買スル例規ニ取準シ各月ヲ限リ清算セシメテ以テ費金ヲ交付ス、但夕経営ノ予算等ハ宜ク営繕司ノ照査スヘキ者ナルヲ以テ本司復夕之ヲ再査セス、然リト雖モ其ノ工事ニ比照シテ費額過当ナリト看認スルヤ必ス之ヲ査覈シ差謬有ルヲ覚知スレハ則チ営繕司ニ牒報ス。第十四、営繕司要急ノ建造工事ニシテ経費額ヲ予算スルニ暇マ無キ者有レハ則チ知官事ニ取決シテ特ニ其ノ経費金ヲ仮交ス。

第一三条は、営繕司が行なう建築あるいは土木工事に関する、通常の費用交付手続きを、定める。すなわち、①営繕司が行なう建築あるいは土木工事に関する費用は、会計官判事がこれを議決したら簿書に捺印し、それを出納司に回す。②出納司は工事費の多少に応じて一〇分の八以下を営繕司に仮渡しする。工事費の残りの一〇分の二は、工事が完了し、清算帳が提出されてから渡すものとする。清算の期限は工事竣功の日より三〇日以内とする。③小規模の修繕工事については、営繕司に毎月それを清算せしめて、その都度当該費額を交付する。④事業の予算等の照査は営繕司が行なうべきものであるから出納司がこれを再査することはしない。しかしながら、出納司が、その工事に照らして費額が過当であると認めた場合には、工事会計を検査し、もし差謬があることが確認されたらその旨営繕司に通報する。以上が、通常の費用交付手続きである。これに対して、第一四条は、緊急の建造工事の場合についての規定である。工事が緊急の性格を有するものであって、営繕司の方で予算を立てるいとまのない場合には、当該案件に関し営繕司と会計官知官事との間で取り決めを結べば、特別に経費金を仮り渡しするというものである。

以上から、この時期、会計官営繕司が行なう治水工事等に関して、工事経費の交付手続きの決定、工事監察の実施の指示という順で、具体的な行政手続きが整備されていったことがわかる。

【注解三】 刑法官監察司による行政監察に関しては、より一般的な規定として、刑法官監察司に諸官および府県の随時監察を命じた、明治二年二月九日付の布告がある。[*5] それは、次のようなものである。

自今従刑法官監察トシテ諸官府県へ見廻リ被　仰付候尤臨時無案内ニテ可罷越間此段兼テ可相心得旨　御沙汰候事

但御用向相尋候節ハ無伏蔵可申談勿論御用書類検閲致度申出候ハ、可任其意事

発布の日時は前後しているけれども、文脈としては、本件（「治河及諸普請等ニ刑法官監察ヲシテ出張セシム」）は、刑法官監察司に諸官および府県の随時監察を命じた布告（刑法官による行政監察に関する一般的規定）の流れのなかに位置するものである。一般的規定よりも先に治水工事等の監察のための刑法官監察司出張が命じられたことは、当時この問題が行政監察上の主題の一つであったことを示している。

2．また、災害対策関係事務の実施機関である府県に対する中央政府の統制という観点から、刑法官監察司による諸官および府県の随時監察の布令を見ると、これは、二月五日発布の「府県施政順序」[*6] と並んで、この年の夏以降に本格的に展開する、政府による府県行政の組織的財政的統制の実施、そしてその強化の、先駆けをなすもの、と位置づけられる。[*7][*8]

〔注〕

＊1　本件に関して、『大蔵省沿革志』営繕寮の部明治二年二月二日条は、「刑法官ニ令シ監査官員ヲ差撥シテ治河営繕等ノ工事ヲ監視セシメ、細小ノ営繕ハ本官［会計官］東京支衙之ヲ管理ス」と記す（大蔵省記録局（編）『大蔵省沿革志（下巻）』、三〇五頁）。本件において示されているのは、「治河営繕等ノ工事」は会計官がその実施を委任され、それを刑法官監察司が監視（行政監察）するという構図である。ただし、小規模の工事については会計官自身が管理することとされた。

＊2　「［明治二年正月］二十日令シテ利根川堤防ノ修繕工事ヲ本官［会計官］東京支衙ニ専委シ、更ニ刑法官ヲシテ監察官員ヲ差

遣セシム」（同上）。これは、日付としては、本沙汰より前のものである（明治二年一月二〇日）。この利根川堤防の事例は、本件発布以前に、すでに、会計官が命じられた治水工事に対し、刑法官監察司が工事監察のため出張するという手続きが存在していたことを示す。

＊3　「甲州川々普請ヲ会計官ニ委任ス」（明治二己巳年二月二五日、第二〇九）（六九－一一a）、「甲州川々普請ニ付刑法官監察司ヲシテ出張セシム」（明治二己巳年二月二五日、第二一〇）（六九－一一b）。

＊4　大蔵省記録局（編）『大蔵省沿革志（上巻）』、四七七頁。

＊5　「刑法官ヲシテ諸官府県ヲ監察セシムルヲ予知セシム」（明治二己巳年二月九日、第一四一）。これに関しては、「太政官日誌」、明治己巳第十五号、自二月七日至九日、所収、石井良助（編）『太政官日誌 第三巻』（東京堂出版、一九八〇年九月）、八四頁、および、東京大学史料編纂所（蔵版）『維新史料綱要 巻十』（東京大学出版会、一九六七年二月、覆刻版、原本の刊行は一九三九年二月）、三五－三六頁も見よ。

＊6　「府県施政順序ヲ定ム」（明治二己巳年二月五日、第一一七）（次掲）。

＊7　刑法官監察司は明治二年五月二二日に廃止され、京都監察司も同じく八月一七日に廃止された（『法令全書（明治二年）』、四八頁）。こののち、刑法官監察司が担っていた行政監察機能は弾正台と大蔵省（→民部省）監督司に引き継がれていくことになる。ただし、弾正台と大蔵省（→民部省）監督司とでは、同じく行政監察機能をもったと言っても、その発動の方向はほぼ正反対のものであった。

監督司は、明治二年夏以降に本格的に展開する大隈重信指揮下の民部＝大蔵行政において、地方官に対する民部＝大蔵本省の財政統制の尖兵として活動した。災害対策の関係でいえば、監督司は賑救（罹災者救援）策の実質的決定に携わり、経費節減を掲げて厳しい方針を打ち出した（大隈指揮下の民蔵行政における監督司の位置と機能については、「租税監督通商鉱山ノ四司ヲ民部省ニ管セシム」（明治二己巳年八月一一日、第七二三）の項（六九－二七a）を参照せよ）。

これに対し、弾正台は、上のような大隈派の地方政策を非難する立場から活動を行った。弾正台は、行政監察権のほかに訴追権と司法警察権をもつ機関として、刑法官監察司の廃止の当日、これに代って設置された（「弾正台ヲ置キ官員ヲ定ム」、明治二己巳年五月二二日、第四七〇、板垣哲夫「弾正台（明治二・五～四・七）における政治動向」、『日本歴史』、第三五六号、一九七八年一月、九五頁、菊山正明「明治初年の司法改革――司法省創設前史――」、二〇一―二〇二頁）が、同台には守旧派が集まり、その訴追は「開明派官僚を中心とする木戸派」などに向けられたのである（板垣哲夫、前掲論文、九六―九八、一〇五、一〇六、一〇八頁、菊山正明、前掲論文、二〇三―二〇四頁）。弾正台は、明治二年一二月の上申において、民部大蔵合省後の大隈主導下の民政を「聚斂ノ多キヲ以テ治法ノ第一ト称シ徳政日ニ廃」するものと批判し、両省の分離を建言した（内閣記録局（編）『法規分類大全 第一編 官職門 七至九 官制 神祇省教部省民部省内務省』、三七頁）。これは弾正台の行政監察の向きをよく示すものである（この件については、「民部省大蔵省分省セシム」、明治三庚午年七月一〇日、第四五七の項（七〇―二一）において、詳しく論じている）。

＊8　刑法官監察司は明治二年五月二二日に廃止されるが、その廃止にともない「監察司を拡張、独立させたもの」として弾正台が設けられた（＊7参照）。今、その設立の経緯を板垣哲夫の研究に拠って整理すると、次のようである。明治元年閏四月二一日の政体書官制の下設置された刑法官は「権限の小さい官職として軽視され」る向きがあったが、明治元年一二月一二日の佐々木高行（高知藩士）、同二年一月二二日の海江田信義（鹿児島藩士）の判事就任以降、とくに監察司を中心として急速にその官員数および権限を拡大させていった（「治河及諸普請等ニ刑法官監察ヲシテ出張セシム」ことを定めた本達もちょうどこの文脈に位置する）（板垣哲夫、前掲論文、九六―九七頁。佐々木と海江田の刑法官判事就任の日付は日本史籍協会（編）『百官履歴 一』、一四三、二三〇頁、参照）。刑法官官員の中で佐々木（東京在勤）、海江田（京都在勤）両名は、それぞれ東京在勤者、京都在勤者の中心となり派閥を形成した。佐々木系には「実務能力に富む非有力藩出身者」が多かったのに対して、海江田系は「監察司在任者が多く、攘夷主義的、守旧的傾向が濃厚」であった（板垣哲夫、前掲論文、九六頁）。明治二年二月二四日東京刑法官が本官とされ、京都刑法官が留守官にされてから、「東京刑法官が本官として次第に京都刑法官に対する優位を確立していき」、「佐々木が明治二・五・一五副知事に就任するとともに、佐々木系の海江田系に対する優位は明瞭になった」（同上、九六―九八頁）。「このような状況において海江田系は弾正台創設を強力に推進し、実現し、新たに弾正台京都支台を自派の拠点にしていった」のである（同上、九八頁）（尚、弾正台京都支台の設置は、京都監察司が廃された明治二年八月一七日のことである）。弾正台設置の経緯を眺めてみると、その推進勢力は海江田信義を中心とする京都刑法官で、出発点から「反開明派的、守旧的」志向を強くもっていたことがわかる。

九、「府県施政順序ヲ定ム」（明治二己巳年二月五日、第一一七）

第六百七十五参看*[1]

第百十七　二月五日（行政官）

諸府県施政順序別紙ノ通被　仰出候猶条件ニヨリ追々　御沙汰ノ旨モ可有之候へ共先大綱ノ旨趣篤ト相心得可致施行候旨被　仰出候事

但別紙ノ通被　仰出候へ共猶於諸府県別段良法モ有之候ハ無腹臓可申出事

（別紙）

府県施政順序*[2]

一知府県事職掌ノ大規則ヲ示ス事

地方ノ官府藩県ノ三治ニ帰ス三治ノ政一途ナルヘキ様厳重ニ御布告アルト雖モ未タ一定規則ノ法トス可キナキ故府県スラ猶動モスレハ政令一ナラス下民疑惑ヲ生スルニ至ル亦宜ヘナリ実ニ大政隆替ノ関係スル所宜シク早ク令ヲ布キ一途ナラシムヘシ是ヲ即今ノ大急務トス

一平年租税ノ高ヲ量リ其府県常費ヲ定ムル事

会計官ノ大急務量入為出ノ基本トス

一議事ノ法ヲ立ル事

従前ノ規則ヲ改正シ又ハ新ニ法制ヲ造作スル等総テ衆議ヲ采択シ公正ノ論ニ帰着スヘシ宜シク衆庶ノ情ニ悖戻セス民心ヲシテ安堵セシムルヲ要ス

一戸籍ヲ編制戸伍組立ノ事
戸口ノ多寡ヲ知ルハ人民繁育ノ基戸伍ヲ相組ハ衆庶協和ノ本タリ宜シク京都府ニテ編立スル所ノ制度*[3]ニ傚フヘシ
一地図ヲ精覈スル事
郡村市街ノ境界ヲ正スハ生産ヲ富殖スル基ナリ亦忽ニスヘカラサルノ要件トス
一凶荒預防ノ事
常社倉等ノ制ニ傚ヒ其部内ノ人口ヲ量凶年非常救助ニ備ル様漸次ニ取立ルヲ要ス*[4]
一賞典ヲ挙ル事
忠孝節義篤行ノ者ヲ旌表シ幷養老ノ典ヲ行ヒ風俗ヲ敦クセンコトヲ要ス
一窮民ヲ救フ事
貧民ニ差等アリ救助ノ道随テ一ナラス宜シク三等ヲ分チ以テ救助ノ制ヲ立漸次窮民減少スルニ至ルヲ要スヘシ
貧院養院病院等其所費部内設ル所ノ市街郡村ノ戸口ニ割賦シ多ハ公金ヲ費サヽルヘシ其設施ノ法ニ至テハ最審慮熟計スヘシ
一制度ヲ立風俗ヲ正スル事
善ヲ勧メ悪ヲ懲シ華美奢侈ヲ禁シ倹素質朴ヲ尚ヒ人民ヲシテ各其所ヲ得其業ヲ勉メシムルヲ要ス是繁育ノ基トス
一小学校ヲ設ル事
専ラ書学素読算術ヲ習ハシメ願書書翰記牒算勘等其用ヲ闕サラシムヘシ又時々講談ヲ以国体時勢ヲ弁ヘ忠孝ノ道ヲ知ルヘキ様教諭シ風俗ヲ敦クスルヲ要ス最才気衆ニ秀テ学業進達ノ者ハ其志ス所ヲ遂ケシムヘシ

一地力ヲ興シ富国ノ道ヲ開ク事
　開墾水利運輸種樹牛馬繁畜等生産ヲ富殖スルヲ講究シ総テ眼ヲ高遠ニ著ケ著実ニ施行スルヲ要ス

一商法ヲ盛ニシ漸次商税ヲ取建ル事
　上下利ヲ争フノ弊ヲ戒シメ人民撫育ニ著眼シ其利ヲ与ヘ漸次税法ヲ定メ大成スルヲ要ス敢テ近小ノ利ニ馳セ速功ヲ得ン為メ苛政アルヲ厳禁トス

一租税ノ制度改正スヘキ事
　地高ノ儀土地ニ不相当ノ分有之縦令ヘハ前日肥土タルモ今日瘠土トナリ前日瘠土タルモ今日肥土トナルアリテ古来ノ定額ヲ以テ其租税ヲ論スレハ大ニ幸不幸当不当アリ此カ為ニ貧村ハ弥窮民多ク人口年月ニ減ス富村ハ弥繁育シテ人口年月ニ増ス窮民ノ情状可憐ノ至ナリ然レトモ其改正容易ニ手ヲ下ス可ラス詳細撿地石盛ノ吟味ヲ尽シ以テ其宜ニ処スヘシ敢テ官府ニ利スルニ非ス其貧富得失ヲ平均スルノ法ナリ能ク詳カニ講究センコトヲ要ス

右施政大綱タリ其条目ニ至テハ詳細詮議スヘシ令ヲ布クハ易ク事ヲ挙ルハ難シ着実手ヲ下スヲ要ス故ニ一件施行シ稍其事ノ挙ルヲ見テ又次件ニ及ヘシ一時卒易ニ施行スルヲ禁ス最其土地風俗ニ因リ各其宜ヲ異ニス必ス順序ニ拘泥ス可カラス終ニ全備スルヲ要ス

一施政ノ始切ニ戒ム可キハ聚歛《ママ》〔斂〕ナリ民心未定ニ租税ヲ議スレハ忽チ疑惑ヲ生ス故ニ租税ノ事ハ最モ後ニ手ヲ下スヘシ大綱第二件ニ租税ノ高ヲ量ルト記スハ旧貫ノ歳入ヲ知テ費用ヲ節スルヲ旨トス敢テ入費ヲ計テ租税ヲ高低スルニハ非ルナリ末ニ改正ノ事ヲ出スヲ以テ知ル可シ

一衆庶ト共ニ議事スルハ衆論中至当ノ議ヲ采択スルヲ要ス若シ議論ノ多ニ随ヒ少ヲ捨ントセハ紛擾ノ害ヲ生シ施政ノ日ハアル可カラス故ニ大綱ニ議事ヲ起スト云ハスシテ議事法ヲ立ルト云此裡多般ノ説諭ヲ要ス

一賞罰ハ政ノ大柄ニシテ偏廃ス可カラス大綱ニ賞典ヲ挙ルトアリテ刑典ノコトニ及ハサルハ寛仁ノ叡旨ヲ奉シ賞ヲ先ニシ罰ヲ後ニシ務メテ教化ヲ布キ刑ス可キノ民ナカランコトヲ希フナリ然レトモ一悪ヲ罰シ万人ヲ懲戒シ衆庶ノ為ニ害ヲ除クコトハ政治ニ於テ不可闕ノ要務ナリ故ニ懲悪ノコトハ下ノ制度ヲ立ル件ノ内ニ含蓄ス

一租税ノ制度改正ノ時ニ臨ンテ物論紛起スルコトアル可シ多クハ富民ノ貧民ヲ煽揺スルニ出ツ何トナレハ貧民ハ田畠ナシ必ス富民ノ有ヲ借ル今低石ヲ高石ニ改レハ必ス貧民ヨリ富民ニ輸ス処ノ租税ヲ増ス又高石ヲ低石ニ改ルニ至テハ更ニ富民ノ貧民ニ取ル処租税ヲ減スルコト無キニヨルヘシ此等ノ情実精細ニ探索シ勇決果断センコトヲ要ス

右ノ件々大綱ニ追加スルハ施政ノ下令必ス其始ヲ慎ム可キヲ要スルナリ

【注解一】「府県施政順序」の内容と災害対策
【注解二】「府県施政順序」に現われた、施政に臨んでの政府の態度
【注解三】「府県施政順序」と版籍奉還
【注解四】広沢真臣と《府県行政を律する基本方針》

【注解一】「府県施政順序」*5は、明治二年二月五日に、行政官が知府県事（地方官）に向けて発出した文書である。これは、知府県事（地方官）が差し当たって取り組むべき課題を「施政大綱」のかたちで示したものである（全一三款）*6。さらに、「施政大綱」部分に加えて、施政に当たっての心構えを記した項目が四つ、列記されている。府県の組織に関する規定は無い。

「府県施政順序」第一款は、まず、「地方ノ官府藩県ノ三治ニ帰ス三治ノ政一途ナルヘキ様厳重ニ御布告アルト雖モ未タ一定規則ノ法トス可キナキ故府県スラ猶動モスレハ政令一ナラス下民疑惑ヲ生スルニ至ル亦宜ヘナリ」と記

す。すなわち、府藩県が分立し、地方官を規律する統一的な規則が欠如している実情に注目し、その弊を指摘したのである。そして、「宜シク早ク令ヲ布キ一途ナラシムヘシ是ヲ即今ノ大急務トス」と述べる。速やかな政令一途の達成の必要を強調し、そのために知府県事の職掌の大綱（「職掌ノ大規則」）と施政の方針が示されねばならないことを指摘したのである。この第一款を受けて、第二款以降、知府県事の職掌が列挙される。すなわち、平年の租税の高を把握して府県の常費を定めること（第二款）、議事の法則を立定すること（第三款）、戸籍の編制と戸伍の組立（第四款）、郡村市街の境界の改正（第五款）、凶年や非常の際の救助に備えること（第六款）、賞典の挙行（第七款）、貧民の賑恤（第八款）、風俗の匡正（第九款）、小学校の開設（第一〇款）、殖産興業（「開墾水利運輸種樹牛馬繁畜等生産ヲ富殖スルヲ講究」すること）（第一一款）、商業を盛んにして商税を徴収すること（第一二款）、租税の制度を改正すること（第一三款）である。

災害対策に関しては、第六款に「凶荒預防ノ事」の項目があり、社倉などの制度に倣い、府県内の人口を調べて凶年や非常の際の救助に備える方法を漸次立定すべきことを定める（「常社倉等ノ制ニ倣ヒ其部内ノ人口ヲ量凶年非常救助ニ備ル様漸次ニ取立ルヲ要ス」）。これは罹災者救援への備えに関する規定である。また、第七款には窮民救助の制度を立てることが挙げられている（罹災者救援に関する規定）。しかし、堤防の建造・修築等災害の予防や復旧を目的とする公共土木工事は、この「府県施政順序」には明示的には入れられていない。*7

【注解二】「府県施政順序」には、この時点での、施政に臨んでの政府の態度、考え方がよく現われている。「民心未だ定まらず」といった政府側の情勢認識も注目される。本件において、政府は総じて人民に対して警戒的であり、そこから地方官に対し、権力の行使よりも教化を先にすべきことが説かれている。*8 前に「諸藩取締奥羽各県当分規則」（明治元戊辰年一二月二三日、第一一二五）の項（六九－五）で、政府の東北統治の方針において民心掌握のために人民の撫恤が強調されていること――そして、水害罹災者の救援もこの文脈に置かれていたこと――にふれたが、本件すなわち「府県施政順序」でも、同じように、政府の、人民に対する慎重な姿勢が、見て取れる。それは、「従前ノ規則ヲ改正シ又ハ新ニ法制ヲ造作スル等（中略）宜シク衆庶ノ情ニ悖戻セス民心ヲシテ安堵セシムルヲ要ス」（第三款）、「令ヲ布クハ易ク事ヲ挙ルハ難シ着実手ヲ下スヲ要ス故ニ一件施行シ稍其事ノ挙ルヲ見テ又次件ニ及ヘシ一時卒易ニ施行スルヲ禁ス最其土地風俗ニ因リ各其宜ヲ異ニス必ス順序ニ拘泥ス可カラス終ニ全備スルヲ要ス」（施政大綱末文）、「施政ノ始切ニ戒ム可キハ聚歛《ママ》ナリ」（追補第一項）[*9]といった箇所にはっきりと現われている。[*10]

【注解三】「府県施政順序」は、また、版籍奉還との関連でも位置づけられねばならない。つまり、「府県施政順序」は、維新政府が目指した地方行政の画一化の大きな流れのなかに置いて捉えられねばならないということである。版籍奉還はこの年の六月一七日のことであるが、[*11]「府県施政順序」が出される直前にこれへ向けての大きな動きがあった。すなわち、明治二年一月一四日の薩・長・土三藩代表の集会（「土地人民返上一条会議」）と、それに引き続く薩・長・土・肥四藩主連署による版籍奉還上表である。前者は薩・長・土三藩の間で版籍奉還に関する合意がなされたものであり、後者は薩長両藩のヘゲモニーによる一般諸藩の朝廷＝政府への統合（薩長両藩のヘゲモニーによる中央集権統一体制への方向づけ）を確認する〈儀式〉であった。[*12]佐々木克は、「府県施政順序」と版籍奉還との関係を、「府県施政順序」の作成の中心人物であった広沢真臣の制度構想に焦点を当てて、次のように整理している。[*13]「王政復古・鳥羽伏見戦争後の統治形態は、維新政権の直轄地には府・県を置き、藩は従来のまま領国を支配する、いわば『郡県』と『封建』の二つの統治形態が並存していた『府・藩・県三治制』であった。そこで、特に広沢真臣の地方行政面における努力の方向は、『郡県』と『封建』の二重構造たる『府・藩・県三治制』を『郡県』に漸次方向づけることであった。」「広沢は政府直轄地＝京都そして藩＝長州と、異なる行政単位における地方行政の政治指導の経験のなかで、漸進主義の思考を着実に培養してゆき、いま府県施政のための大綱［「府県施政順序」］においてその漸進主義を体系化し具体化して明らかにしたのであった。」「薩長土肥四藩主の版籍奉還上表は、（中略）彼［広沢真臣］が目指す地方行政画一化のため、つまり府県政と藩政の均質化のために『着実』になされる『一件』の一つに位置づけられるべき性格のものであって、（中略）『府県施政順序』と同列に、今なすべき漸進主義にもとづく内政綱領の文脈の中に位置づけられる」ところのものである。「府県施政順序」は、版籍奉還から郡県制樹立による統一的支配体制の構築（「個別領有権の否定－領有制解体－集権化の完成」）を展望するなかで、当面府県統治のためになされるべき施政の順序を示すことによって、まずは維新政権の最も拠るべき所である直轄府県の統治の標準化を図らんとするものであった。

【注解四】 広沢真臣が考えていた、府県行政を律する基本方針を示す資料に、明治元年八月起草の「規則」と題する文書がある。この文書は、「府県施政順序」から「府県奉職規則」に続く、維新政権初期の地方政策の基調を提示したという点で、「民政下手要旨書」（広沢が明治元年五月二五日京都府へ提出した文書）とともに、ぜひとも参照されるべき重要な資料である。よって、以下にこれを紹介し、若干の評言を付す。

規　則*[14]

一、政体ニ法リ其府県上下心ヲ一ニシテ万民撫恤ノ聖旨ヲ奉体シ総テ旧弊ヲ一洗シ人民繁育スルヲ専務トス

一、下情ヲ詳察シ賞罰ヲ明ニシ窮民ヲ憫ミ兇年飢歳ノ救助ヲ手当シ以テ万民ヲ保全スルヲ要ス

一、開墾等総テ山野河海ノ利ヲ起シ生産ヲ富殖スルヲ要ス

一、租税ハ先ツ旧慣ニ因テ収納スヘシ若シ土地不当ノ貢等従前苛政コレアリ休石免石及ヒ新墾石盛等ニ至テハ詳細吟味ヲ尽シ会計官ヘ窺ヒ其決ヲ取ルヘシ私ニ租税ヲ免除スル尤モ厳禁トス

一、租税ハ総テ会計官ヘ収納シ部内所費ノ金穀ハ更ニ同官ヨリ請取ルヘシ遠境ニアッテハ此例ニ非ス部内租税ヲ以テ出納セサルヲ得スト雖トモ府県ニ於テ金穀ヲ私有スルヲ厳禁ス

但租税ノ収納金穀ノ所費等ハ当八月ヨリ翌年八月ヲ一限トシ其年十二月迄ニ勘定録ヲ会計官ヘ出スヘシ

一、庁舎倉庫堤防橋梁道路ノ修繕ハ勿論水利開墾等詳細吟味シ千金余ノ入費ハ絵図ニ前積ヲ添ヘ会計官ヘ窺ヒ其決ヲ取リ其府県ニ専任スヘシ

但天災非常ノ破損等一日モ差延シ難ク至急修繕スヘキハ制外タルヘシ尤モ追テ会計官ヘ達スヘシ

一、駅逓夫役助郷割増賃銭等ハ詳細吟味ノ上会計官ヘ窺ヒ其決ヲ取ルヘシ

一、苗字帯刀ヲ免許スル等出格之大賞ハ詳ニ吟味ノ上其功労ヲ記シ行政官ヘ窺ヒ其決ヲ取ルヘシ

一、流死ノ大刑ハ其（破）ヲ以テ刑法官ヘ窺ヒ其決ヲ取ルヘシ笞挫以下ノ小罰ハ刑典ノ通其府県ニ専任スヘシ

右朝廷御一新之秋ニ当リ府県ニ於テ政令一途ニ不出候テハ御改正ノ旨趣不相立ノミナラス万民相疑惑シ御大政ノ隆替ニ関渉致シ候コトニ付前条規律被相定候宜シク確守失ハサルヘシ若シ改革セント欲スルノ事件アラハ大会議ヲ経テ決スヘシ私ニ規律ヲ改ムルコト堅ク被禁候事

「規則」に見られる、広沢の、府県行政を律する基本方針は、政体書に則って、「万民撫恤ノ聖旨ヲ奉体シ総テ旧弊ヲ一洗シ人民繁育スル」ことを大目的とし、窮民・罹災民の救助を強調しつつ、実際の行政に当たっては、府県を「会計官、行政官、刑法官等政府諸機関の指導力」により統率する、というものであった。この基本方針は、「府県施政順序」の基調をなしただけでなく、そこから明治二年七月の「民部省規則」*15および「府県奉職規則」*16へと繋がるものである。これらの文書にある民政（府県行政）の目的規定（各規則第一条）を並べてみると、「民部省規則」の第一条は、「民政ハ治国ノ大本最モ至重ノ事トス謹而　御誓文ニ基キ至仁ノ　御趣意ヲ奉体シ府藩県ト戮力協心教化ヲ広クシ風俗ヲ敦クシ生業ヲ奨勧シ撫育ノ術ヲ尽シ賑済ノ備ヲ設ケ上下ノ情ヲ貫通シ以テ衆庶ヲシテ可令安堵事」であり、「府県奉職規則」の第一条は、「民政ハ経国ノ大本最モ至重ノ事トス謹テ　御誓文ノ旨ヲ奉体シ

追々ノ　御沙汰筋ヲ確守シ常ニ下情ヲ詳察シ教化ヲ広クシ風俗ヲ敦クシ以テ万民安堵ニ至ラシムルニ在リ総テ下ニ臨着実ヲ旨トシ民心不失ヲ緊要トスヘシ」である。これらは、ともに、内容的に「規則」第一条をそのまままとったものである。「規則」に示された基本方針はこうして「民部省規則」、「府県奉職規則」に引き継がれたのであり、この意味で、広沢が起草した「規則」は、明治初年の維新政権の地方政策を基礎づけた文書と位置づけられる。また、広沢は、明治二年初夏以降、会計官＝大蔵省に拠る大隈重信らの急進的地方政策に対抗することになるが、[*17]「規則」はその対抗における広沢の立場（漸進主義、撫恤救助、民心不失の強調等）をよく表わすものでもある。

災害対策の観点から見ると、「規則」はその第二条において罹災者の救助を規定し、第六条で堤防の修繕等の災害復旧策について規定を置いている。「規則」第二条は「府県奉職規則」第五条、同じく「規則」第六条は「府県奉職規則」第六条の基になったものと捉えられる。

〔注〕

＊1　「府県奉職規則」（明治二己巳年七月二七日、第六七五）（六九－二四）。

＊2　『大蔵省沿革志』本省の部明治二年二月五日条に「府県施政順序ヲ制定シテ之ヲ頒示ス」の記事があり、同書に「府県施政順序」が掲載されている（大蔵省記録局（編）『大蔵省沿革志（上巻）』、四三－四四頁）。『法令全書』掲載のものとテクストに異同があるが、『大蔵省沿革志』の本文の方が説明的で理解に便宜である。上記『法令全書』版テクストと合わせて参照されるべきである。

＊3　「京都府規則ヲ府藩県ニ頒示シ意見ヲ上陳セシム」（明治元戊辰年八月五日、第六一〇）（六八－一四）、参照。

＊4　『大蔵省沿革志』の方では第六款は次のように書かれている。「第六、凶荒ニ予備ス、常平倉等ノ遺法ニ倣ヒ部内ノ人口ヲ計量シ漸次ニ凶荒ヲ済フノ予備法ヲ立定ス」（大蔵省記録局（編）『大蔵省沿革志（上巻）』、四三頁）。

＊5　「府県施政順序」を作成したのは、広沢真臣である。「明治二年一月付岩倉具視宛三条実美書簡」には、「府県規則広沢献言ノ

通治定、猶注則書同人作進申付候」とある（立教大学日本史研究会（編）『大久保利通関係文書 四』、吉川弘文館、一九七〇年三月、一五三頁）。広沢は明治二年四月に設置された民部官の運営に当たっても中心的な役割を果たした。尚、「府県施政順序」の広沢真臣自筆草稿（国立国会図書館憲政資料室『広沢真臣関係文書』、七五の三一）が、佐々木克「版籍奉還の思想——広沢真臣を中心に——」（所収、小西四郎・遠山茂樹（編）『明治国家の権力と思想』、吉川弘文館、一九七九年一一月）、八〇－八五頁に収められている。参照されたい。佐々木は、広沢の草案と「府県施政順序」の成文とを比較して、①全体として広沢の草案は成文に近いこと、②成文は法令文として「草案よりもはるかに冷厳な調子の文体に改められ」ていること、③その文体の書き替えにより、広沢草案が広沢真臣個人の思考と感性を強くにじませたものであったのに対し、成文の方は「個性を殺した、あくまでも政府＝機関の人民統治のための施政の一方的な声明」となっていることを指摘している（佐々木克「版籍奉還の思想——広沢真臣を中心に——」、八六頁）。

＊6　佐々木克も、「府県施政順序」について、これは、「まぎれもなく維新政権の最も拠るべき所である直轄府県の統治のためになされるべき施政の順序を示したもの」（同上、傍点は佐々木）であると、述べている。

＊7　半年後の明治二年七月二七日発布の「府県奉職規則」になると、災害予防あるいは災害復旧工事に関する規定（「堤防橋梁道路ノ修繕怠ルヘカラス」）が府県の職掌中に入る。参照、「府県奉職規則」（明治二己巳年七月二七日、第六七五）（六九－二四）。

＊8　千田稔も、この点に関して、「この［「府県施政順序」の］内容は、大半の項目が民心掌握で貫かれていた事・項目の順序が民心掌握を基準になされている事・追補が民心掌握に留意するべく設けられている事など、民心掌握の民政につきていた」と述べている（千田稔「維新政権の地方財行政政策」、五六頁）。

「府県施政順序」の作成に当たった広沢真臣は、京都府御用掛を務めていた明治元年五月二五日に京都府に提出した「民政下手要旨書」において、「王政之基本は早く民心を収め王化を宣布するにあり」としたうえで、京都府行政（施政）の方向を次のように示した。「王化を宣布するに当つては其基本第一人選を以て民政方を置き下情を審察し鰥寡孤独廃疾等窮民を憫み天災其他非常饑餓之救助を手当し各其所を得家業勉励之様ニ致を専務とす（中略）且山川海野之損益利害を研窮し全地を富饒せしむるも平常之尽力ニあり皆民政第一之職務なり」（「宍戸璣関係文書」、書類五二の一、国立国会図書館憲政資料室。佐々木克「維新政権の官僚と政治——広沢真臣について——」、一一九頁より重引）。ここに示されている広沢の姿勢、すなわち、救恤や罹災者の救助および家業奨励と繁育による万民保全を民政の基本とするという姿勢は、民心掌握を民政の要諦とする本件に受け継がれている。また、広沢にあっては、「天災其他非常饑餓之救助」、すなわち災害救助は、「民政第一之職務」を構成するものであった。災害対策問題を扱う本稿の立場からは、この点にとくに注目しておきたい。尚、広沢真臣の京都府御用掛としての実績については、佐々木克「維新政権の官僚と政治――広沢真臣について――」、一二一－一二二頁を参照のこと。

＊9　佐々木克は、「府県施政順序」における租税制度の改革の位置について、「租税の制度の改革は、『順序』第三条以下の民心安定のための施政をなしたあと、その施政の実績如何によって『最モ後ニ手ヲ下ス』ものであるべき」とされていたことに、われわれの注意を促している。「広沢を始めとするこの『府県施政順序』の作成者たちは、少なくともこの時点では『収歛《ママ》』を戒め、農村における地主・小作関係の展開、農民層分解による農村の窮乏化の現状を反省しつつ、民心とのかねあいのもとに税制改革を意図し、府県経費を決めようとする配慮の姿勢があったのである。」（佐々木克「版籍奉還の思想――広沢真臣を中心に――」、八七頁。）このような人民に対する慎重な姿勢は、半年後、明治二年夏ごろから始まる、大隈重信らによる貢租増徴政策と、著しい対照をなす。大隈らが主導した民部＝大蔵省の貢租増徴政策については、後掲の「御取箇帳様式ヲ定ム」（明治二己巳年一一月一七日、第一〇六一）（六九－三八）、「畑方貢米引方ハ稟候処置セシム」（明治三庚午年正月二八日、第六二）（七〇－五）などの項を参照せよ。

＊10　一方、『内務省史』は、「府県施政順序」について、「東北戦争終了後における平時内政の開始を宣言した明治政府最初の内政綱領というべきもの」で、「富国強兵の内政プログラムがほぼ打ち出されて」おり、「この点において、後の内務省内政の先駆をここに見出すことができる」と評している（大霞会（編）『内務省史 第一巻』、三〇－三一頁）。『内務省史』の記述においては、「府県施政順序」の条文中に見られる人民への慎重な姿勢がその視野から消え去ってしまっているように見える。

＊11　「諸藩版籍奉還ノ請ヲ聴ス」（明治二己巳年六月一七日、第五四三）、「版籍奉還ヲ請ハサル諸藩ニ奉還ヲ命ス」（明治二己巳年六月一七日、第五四四）。

＊12　佐々木克「版籍奉還の思想――広沢真臣を中心に――」、六七－七七頁。

＊13　同上、八八、九一、一〇六頁。

＊14　「宍戸璣関係文書」、書類五二の四、国立国会図書館憲政資料室。佐々木克「維新政権の官僚と政治――広沢真臣について

――」、一二三頁より重引。括弧内は佐々木克による。

*15 「民部省規則」（明治二己巳年七月二七日、第六七四）（六九－一二三）。

*16 「府県奉職規則」（明治二己巳年七月二七日、第六七五）（六九－一二四）。

*17 広沢真臣と大隈重信らとの地方政策をめぐる対抗については、後掲の「民部省大蔵省分省セシム」（明治三庚午年七月一〇日、第四五七）（七〇－一二一）の項を参照せよ。

一〇、「郷帳大積明細帳村鑑帳等ヲ進致セシム」（明治二己巳年二月二三日、第一九八）

第百九十八　　二月二十三日（会計官）

従前旧幕府中年々差出候郷帳ト唱其年々一村限租税納高取調候品有之候右郷帳振合ヲ以去辰年米金租税高取調来ル五月中無延遅差出可申候

但先前調来候五ヶ年平均取米厘廻等ノ廉相省候而可然候且其県々ニヲヒテ自然前帳振合無之候者年々支配ヨリ村々へ相渡候免状ニ依去辰年租税取調候而可然候

一右同断大積明細帳ト唱租税総括米金仕訳書有之候間右振合ニ準シ去辰年租税高ノ内米納又ハ石代金納其他諸渡方等ノ廉々巨細取調帳面ニ仕立至急差出可申候

但先日去辰年租税米金納高訳書付ニ致シ至急可差出旨相達候ニ付本文通ニ取調差出候ハ、此達ニ付別段差出ニ不及候

一村鑑帳

是ハ高村名家数人別男女牛馬数山林堤防川除堰樋類溜池養水路道橋等御普請所自普請男女余稼有無其他土地ノ

様子等記シタル者也
右至急差出可申候自然村鑑帳無之候ハヽ村差出明細帳ト唱候モノ有之候間右取揃差出可申候
右ノ通相達候事

【注解】会計官発出の達である。*1 ①従前の郷帳の様式で昨辰年の米金租税高を調べて記帳したもの、②これまた従前の大積明細帳の様式で、昨辰年の租税高のうちの米納と石代金納の仕分けや、諸渡方（諸支出）などを調べて帳簿に仕立てたもの、③さらに村鑑帳――高、村名、家数、男女の人別、牛馬の数、山林、堤防・川除け・堰樋類・溜池・用水路・道・橋などについて領主普請の場所、自普請の場所、さらに男女別に農間余業の有無、その他土地の様子などを記した帳簿――の提出を求めている。

災害対策の観点からは、村鑑帳の記載項目の中に、「堤防川除堰樋類溜池養水路道橋等御普請所自普請」とあるのが注目される。堤防・川除け・堰樋類・溜池・用水路・道・橋などについて、領主普請の場所／村方自普請の場所をそれぞれ査録して提出せよというのである。これは一種の公共土木工事調査（実施箇所と実施主体の調査）と捉えられる。また、記載項目のなかに明示的に堤防と川除けの工事が含まれていることから、より特定的に、村鑑帳の提出指示が災害予防の公共土木工事に関する調査（実施箇所と実施主体、費用の負担区分などに関する調査）になっているともいえる。

〔注〕
＊1　宛名は記載されていないが、府県対象の調査である。参照、「定免切替伺其他租税取計及諸帳簿進致ノ方ヲ定ム」（明治元戊辰年一二月二四日、第一一四四）（六九－六）。尚、本件に関しては、『大蔵省沿革志』租税寮の部明治二年二月二三日条に「府

県ヲシテ郷帳、大積明細帳及ヒ村鑑帳ヲ録上セシム」との記事がある。あわせて参照されたい（大蔵省記録局（編）『大蔵省沿革志（上巻）』、二二七頁）。

一一a、「甲州川々普請ヲ会計官ニ委任ス」（明治二己巳年二月二五日、第二〇九）

第二百九　　二月二十五日（沙）　　　　　会計官

今般甲州川々普請被　仰付候間営繕司出張速ニ成功可有之旨　御沙汰候事

但出張之監察司並甲斐府役々打合取扱可致事

【注解】甲斐国の諸河川工事（堤防修繕工事）の実施を会計官に命じた、太政官の沙汰書である。会計官に対し、営繕司を出張させて工事を実施し、速やかな完成を図るよう命じている。[*1]

2．この沙汰書から、河川工事（堤防修繕工事）における会計官営繕司官員の役割が、地元府県の工事担当者や刑法官監察司官員と協議しながら当該工事を監督することであったことがわかる。[*2] これは前に紹介した天竜川普請（明治元年）の例でも確認される点である。[*3]

〔注〕

＊1　『大蔵省沿革志』営繕寮の部明治二年二月二五日条には本件に関し、次のような記述がある（大蔵省記録局（編）『大蔵省沿革志（下巻）』、三〇五頁）。

二十五日本司〔営繕司〕官員ヲ差遣シ甲斐国諸川堤防ノ修繕工事ヲ董督セシム。

太政官令達ニ曰ク、営繕司ノ官員ヲ発差シ甲斐国諸川ノ堤防ヲ修理スル工役ヲ董督シ、監察司派遣官員及ヒ甲斐府主任官員ニ商議シテ料理セシメヨ。

＊2　これは、河川工事実施における政府官員と府藩県担当者との関係に関して、政府官員の役割は工事の方針決定および指揮監督にあり、工事の実施事務は府藩県からの出務者に頼るという構図である。この構図は、治河使の場合にも見られた（「治河使被設ニ付府藩県ヲシテ水利ノ道ヲ起サシム」、明治元戊辰年一一月六日、第九三九の項（六八－三二）を参照せよ）。

＊3　天竜川普請については、「御東幸沿道水害ノ橋梁ヲ再造シ又ハ修復ノ意見ヲ開申セシム」（明治元戊辰年一〇月一三日、第八四二）の項（六八－二五）を見よ。

一一b、「甲州川々普請ニ付刑法官監察司ヲシテ出張セシム」（明治二己巳年二月二五日、第二一〇）

第二百十　　二月二十五日（沙）

刑法官

今般甲州川々普請会計官営繕司へ被　仰付候間監察司出張可有之旨　御沙汰候事

【注解】太政官が刑法官に宛てた沙汰書である。会計官営繕司が実施を命じられた甲州諸川の堤防修繕工事について、刑法官監察司に、監察のための出張を命じている。会計官営繕司が治水工事などを命じられた折りに、行政監察を担当する機関である刑法官監察司が当該工事の監察のため出張すべきことは、明治二年二月二日に発された達「治河及諸普請等ニ刑法官監察ヲシテ出張セシム」（明治二己巳年二月二日、第九七）（六九－八）によって指示されていた。本件はこの具体例に当たる。

一二、「葛飾県以下七県新ニ工事ヲ興ス者ハ姑ク他日ヲ待タシム」（明治二己巳年三月一七日、第二九二）

第六百七十六*1参看

第二百九十二　　三月十七日（民部官）

葛飾県　品川県
日光県　小菅県
大宮県　若森県
宮谷県

諸県御普請新規取建方ノ儀ハ御趣意モ有之候間追テ及沙汰候迄見合可申候事

【注解一】 民部官が葛飾県以下関東地方の七県（日光県は下野国、ほかはいずれも関東地方東南部の諸国――武蔵、下総、上総、安房、常陸――に置かれた県）に宛てて発した、新規普請（新たに始められる堤防橋梁道路などの建設および修繕の公共土木工事）の取り扱いに関する達である。新規の普請に関しては政府の方で対応を検討中であるので追って指示があるまでこれを見合わせるようにという内容である。

さて、本達中にある「追テ及沙汰候迄」の沙汰であるが、『法令全書』の本項目の頭注では「県官人員幷常備金規則」（明治二己巳年七月二七日、第六七六）（六九一―二五）の参照が求められているから、これは県官人員並常備金規則を指していると解される。県官人員並常備金規則は本件発出の約三か月後、明治二年七月二七日に達されたもので、県の官員の編制および常備金の額と使途などを定めた。県官人員並常備金規則について詳しくは同項目のところで注記する。ここでは、本達にかかわるところのみ簡単に記しておく。県官人員並常備金規則における普請の取り扱いに関する規定であるが、それは第二常備金――これは一万石に付き金四〇〇両という計算で設定される――の条項に見られる。すなわち、県官人員並常備金規則中常備金規則において、第二常備金は「支配地ノ堤防橋梁道路等難捨置急破普請所ノ営繕ニ引充遣払候ハ、其度々目論見帳ヲ以可相届」と規定され、この部分が「追テ及沙汰候迄」の《沙汰》に当たる。*2

本達と県官人員並常備金規則を関連づけて考察すると、以下のようになる。まず本達では、政府（民部官）は関東地方の七県に対し、追って指示があるまで新規普請を見合わせるよう命じている。そして三か月後に発した県官人員並常備金規則では、上にも引いたように、「支配地ノ堤防橋梁道路等難捨置急破普請所ノ営繕ニ引充」と規定した。*3 つまり、政府は関東地方七県に対して、新規普請への乗り出しを差し止めたうえで、一般的に県が行なうべき普請はまず「難捨置急破普請所ノ営繕」であるとの指示を出したわけである。このように整理すると、政府は、「県官人員并常備金規則」と「府県常備金規則説明」の二つの達により、県に対して、普請の取扱方に関し、新規ではなく破損個所の緊急の修繕をまずもって重視せよという方向性を示した、と解せよう。これを災害対策関係土木工事としての堤防工事に引き付けていえば、災害予防のための新規築堤ではなく、破堤個所の応急の修繕（応急対応、災害復旧）を重視する方針を提示したということになる。

県官人員並常備金規則は、急破箇所の修繕の重視という普請方針を指示しただけでなく、「遣払候ハ、其度々目論見帳ヲ以可相届」として、工事内容と工事費用の届け出義務も県に課している。政府は常備金制度の設立を介して各県の普請（公共土木工事）のあり方をその統制下に置こうとしていたのである。以上が本達からの連なりで県官人員並常備金規則を見た場合の留意点である。

【注解二】 本達について、ひとつ、つじつまが合わない点があるので、それを指摘しておく。

本達は明治二年三月一七日に民部官が発出したと、『法令全書』には書かれている。しかし、民部官の設置は明治二年四月八日であるから、[*4]これはつじつまが合わない。三月一七日という日付が誤っているか、それとも民部官発出という発出主体の記載が誤っているか、[*5]どちらかであろう。

〔注〕

＊1 「県官人員幷常備金規則」（明治二己巳年七月二七日、第六七六）（六九－一二五）。

＊2 参照、「県官人員幷常備金規則」（明治二己巳年七月二七日、第六七六）、および「府県常備金規則説明」（明治二己巳年一二月二日、第一一一二）（七〇－一）。

＊3 この規定につき、とくに「府県常備金規則説明」（明治二己巳年一二月二日、第一一一二）を参照。

＊4 「民部官ヲ置キ神祇官以下六官ニ定メ従来弁事ヘ差出ノ願伺等六官ニ進致セシム」（明治二己巳年四月八日、第三四六）（次掲）。

＊5 発出主体の記載が誤っている場合には、正しくは会計官発出ということになろう。

一三a、「民部官ヲ置キ神祇官以下六官ニ定メ従来弁事ヘ差出ノ願伺等六官ニ進致セシム」

（明治二己巳年四月八日、第三四六）

第六百二十二ニ依リ消滅[*1]

第三百四十六　四月八日（布）（行政官）

今度太政官中民部官ヲ被置神祇官以下六官ニ被定候旨被　仰出候事

三年第七百二十一ヲ以テ改ム[*2]

但従来諸願伺等総テ弁事へ差出来候処向後六官ニ関係致シ候事件ハ其官々へ向ケ可差出候事

【注解一】民部官設置の布告である。*3『大蔵省沿革志』本省の部明治二年四月八日条は、民部官設置、駅逓司の会計官から民部官への転属、およびこれらと同日に行なわれた稟請・稟議等の文書の処理方の変更について、次のように記す。*4

八日、民部官ヲ置ク。

職制ハ他ノ五官神祇、会計、軍務、外国、刑法ニ同シ。

聴訟、庶務、駅逓、土木、物産ノ五司ヲ統管ス、*5司ノ職制モ亦タ他ノ五官ノ各司ニ同シ。

駅逓司ヲ民部官ニ転属ス。*6

令シテ稟請、稟議等ノ文書ヲ処理スル権限ヲ区判ス。

太政官宣達ニ曰ク、今者太政官中ニ民部官ヲ置キ、五官ニ加ヘテ六官ト為ス、凡ソ稟請、稟議、稟報等従前弁事ニ上呈セル者ノ中ニ就テ六官ニ専関スル事項ハ自今其ノ官衙ニ上呈ス可シ。

又タ六官ニ令達シテ曰ク、別款ノ宣達ニ照シ通常ノ事項ハ専管官衙ノ意見ヲ以テ之ヲ処置シ、若シ事件ノ他衙他庁ニ関渉スル者ハ之ヲ其ノ衙庁ニ商議ス可シ、或ハ事件ノ重大ナル者若クハ専決審断シ難キ者ハ之ヲ輔相ニ稟議スルヲ要ス、府藩県ニ申達スル文書ノ如キハ総テ弁事ニ牒申ス可シ。

次掲の「民部官職掌ヲ定ム」（明治二己巳年四月八日、第三四八）にあるように、民部官は府県事務すなわち地方行政を主管するものとされた。*7 民部官知事には議定の蜂須賀茂韶が、同副知事には参与の広沢真臣が任命された。新設された民部官を実質的に主宰したのは副知事広沢真臣であった。*8*9

災害対策という点から民部官の創設が注目される理由は、まず、民部官が罹災民の救援や、堤防等災害防除施設の建造・補修を実地で担当していた府県の事務を総判するとされた点にある。ふたつめには、民部官が土木司を統管下に置き、災害予防・災害復旧のための公共土木工事をその所管としたことによる。[*10]

【注解二】 明治二年四月八日設置の民部官は、四月一〇日までの間に、規則書（民部官における事務処理の手続きを定めたもの）を作成し、行政官に提出している。[*11]「民部官規則」と題されたこの規則書は、行政官が神祇・会計・軍務・外国・刑法の五官に対しそれぞれの官における規則書の作成を指示した折り、作成すべき規則書の例として示された。[*12]

民部官規則

一従前之規則ヲ改正シ又ハ新ニ法制ヲ造為スル等総テ重大之事件ハ当官決議ノ上更ニ輔相ノ裁断ヲ受ヘシ

一前条ノ外府藩県ヨリ伺出ル所ノ小事件ハ裁判ノ上速ニ下知スヘシ追而月括リ両度朔日ヨリ十五日ヲ一括リ十六日ヨリ晦日ニ至ル一括リ其大旨趣ヲ輔相ニ達スヘシ

　但シ重キ事件ハ速ニ達スルコト勿論タルヘシ

一諸届ハ当官限リ聞置ヘシ重キ事件ハ前条ニ準ス

一奏聞ヲ経テ布令スヘキ事件被　仰出　御沙汰ト認ムヘキ等ノ部ハ弁事ヘ出シ布告ヲ請ヘシ

一前条ノ外総テ当官ヨリ布令スヘシ

一官員黜陟ハ　朝廷ニ在リト雖モ当官ハ民政ヲ総括スル所ニテ地方官員ノ平居勤惰及ヒ其材ノ適否関リ知ル所ナルヲ以テ其黜陟ノ議ニ於テハ当官ヨリ預参スヘシ

　但地方官枢要ノ人員ハ年限中容易ニ進退ナキヲ要ス

一輔相ヘ伺出等ハ知事副知事ノ専務タリ尤二人共病気其他参仕ナキトキハ判事ノ取計格別タルヘシ総テ職務ノ煩雑ナキヲ要ス

上に載せた「民部官規則」の精髄を三か条に仕立てて各官に垂示したものが「理務規程綱領」である。行政官は四月一〇日に神祇官など五官に規則書（その官における事務処理の手続きを定めたもの）の作成を指示したが、改めて四月二〇日に「理務規程綱領」を垂示して各官に理務規程の草定、上稟を求めた。[*13] 行政官を構成する六官の事務処理手続きの統一化の起点あるいは梃子として使われたのが「民部官規則」であった。

【注解三】 民部官設置前後の政府について、田中彰は、「維新政府自体は、この時点ではなお何らその基礎を確立してはいなかった」と述べ、それが当時置かれていた問題状況を次のように整理している。すなわち、「［維新政府の］経済的基礎は、幕藩体制下の貢租収奪体系の延長であり、全国石高三、〇〇〇万石中の幕府からの引つぎ八〇〇万石が基本であ」って、「形態の面からいえば、確かに維新政府は、『国内的にはたんに旧幕領を領有する一領主にすぎぬという実体』を示しており、『他方対外的にはわが国唯一の主権者であるという側面』をもち、その矛盾の中で苦悩する存在であった。」「一方、政府の官制は度々改革されながらも、それは試行錯誤の域を出てはいなかった。数ヵ月を経ずして変る機構改革にもまして、それを担う人びとの移《ママ》動は激しいものがあった。一日その職について明日は次の職に転ずるということも稀ではなかった。政府部内の『一致協力』は覚束なかった」、と。[*14] このような状況の中で、輔相三条実美は政府瓦解の危機切迫を感じ取り、それを慨嘆した。三条は、「東京ノ形情危急ナルヲ以テ［岩倉］具視ニ速ニ東上シテ匡救ノ計ヲ協議センコトヲ請フ」[*15] 内容の、明治二年四月六日付岩倉具視宛書簡において、当時の政府の危機的状況を次のように書いたのである。[*16]

当地［東京］形勢東下之後見聞仕候処内外実以不容易之情態ニ面殆《ママ》ト瓦解之色相顕れ此体ニ而は不日大壊乱ニも可至誠以危急存亡之秋と唯々焦思苦慮仕浩歎ニ不堪候（中略）内ニしては政府五官一として一致協力規律法度被相立候処無之各疑惑を懐き其職を担当して任するの気無く瓦解土崩難保之情態なり右之如くニ内外之憂患眼前ニ迫り四方人心旧政府を慕ふの心弥相生し新政府之失体を軽侮之勢にて恐多事なから朝廷之威権は已に地

に墜皇風不振其危累卵之如く嗚呼其責誰にか在る（後略）

政府部内の統制・統一は取れず（「政府五官一として一致協力規律法度被相立候処無之」）、人心が新政府から離れる中（「四方人心旧政府を慕ふの心弥相生し新政府之失体を軽侮之勢」）、三条の危機感は、「内外実以不容易之情態ニ面《ママ》殆ト瓦解之色相顕れ此体ニ而は不日大壊乱ニも可至誠以危急存亡之秋」という深刻なものであった[*17][*18]。

明治二年四月初め、政府危機の憂いの濃いなかで、それの昂進を防ぎ、政府の基礎を確立するための手立てが講じられた。それを広沢真臣の日記でたどると、「御政体御改正諸官人選議事有之」（四月四日）、「休暇の処此度諸官御改正人選等の議有之議政官計参仕に付朝八時参　朝夕四字下宿」（四月六日）という具合である[*19]。再幸（三月二八日東京著御）により太政官の本体を東京に移したのを機として、さまざまな確執があるなかではあったが、官制改革、人事の刷新による政府危機克服が試みられたのである。民部官の設置、広沢の民部官副知事への任命は、まさにこの流れのなかでなされた[*20]。内政専務省としての民部官の設置は一連の政府基礎の建て直し策のひとつであり[*21]、またその最初の一歩に位置づけられるものであった[*22]。

〔注〕

＊1　「職員令並官位相当表」（明治二己巳年七月八日、第六二二）（六九－二一b）。

＊2　「諸願伺届等官省関係ノ事件十一月ヨリ総テ弁官ニ進致セシム」（明治三庚午年閏一〇月七日、第七二一）。

＊3　内閣記録局編集の『明治職官沿革表 職官部』には、民部官設置の経緯について、次のような説明がある。「［明治元年］閏四月内国事務局ヲ廃シテヨリ内治民政ニ関スル専務ノ庁ナシ去月［明治二年三月］二十日議定東久世通禧参与後藤元燁大隈重信ヲシテ民政取調掛ヲ兼子シメ此ニ至リテ民部官ヲ置ク」（内閣記録局（編）『明治職官沿革表 職官部』、一五頁）。

＊4　大蔵省記録局（編）『大蔵省沿革志（上巻）』、五〇－五一頁。傍線を引いたところは、割注の部分である。

＊5　参照、「民部官職制ヲ定ム」（明治二己巳年六月四日、第五〇三）（六九－一八）。

＊6　参照、「会計官駅逓司ヲ民部官ニ属セシム」（明治二己巳年四月二九日、第四〇七）、「会計官駅逓司ヲ民部官ニ属ス」（明治二己巳年四月二九日、第四〇八）。

＊7　佐々木克は、「明治二年四月八日の民部官の設置は、直轄地の拡大とそれに伴う、行政事務の増加から、専管機関の設置が必然的に要求され、実現をみたものである」と記している（佐々木克「『民・蔵分離問題』についての一考察」、『史苑』、第二九巻、第三号、一九六九年三月、二九頁）。府県事務すなわち地方行政を専管する機関は、民部官が設置されるまで存在しなかった。その理由を、松尾正人は、政体書官制のもとで府県が置かれたが府県を統轄する方途に関しては新政府内に各版の対立があったためだとしている（松尾正人「明治初年の政情と地方支配――『民蔵分離』問題前後――」、四三頁）。明治元年正月一七日の三職七科制で設けられた内国事務総督－内国事務掛、それが二月三日に改められてできた内国事務局－民政掛は、閏四月二一日の政体書官制では廃止され、代わって会計官の権限が強化されて民政はその下に置かれた。しかし、府県の施政が進展するにともない、「民政を専管する機構の確立」を求める意見が出、また一方では会計官の「紛雑」とした実態が批判される（「会計官属吏凡千人余有之甚紛雑ヲ極メ基則不相立勘定奉行ヨリノ形行ヲ以其儘被行来リ候間是非変革無之候ては不相済」（「明治元年一一月付岩倉具視宛大久保利通書簡」、所収、日本史籍協会（編）『大久保利通文書二』、東京大学出版会、一九六七年一〇月、覆刻版、原本の刊行は一九二七年一二月、四七六頁）、大久保利通らにより会計官からの民政部門の分離が主張されることとなった。明治二年四月の民部官の設置は、「地方支配をこの会計官の管轄から分離した改革」（松尾正人）であった。

＊8　広沢真臣は、明治元年正月一九日に内国事務掛、二月二〇日に徴士参与職内国事務局判事、五月二三日に京都府御用掛（兼勤）となり、さらには明治二年二月五日発出の「府県施政順序」の起草に当たるなど、新政府内における内政畑の中心人物であった。『内務省史』は、「民部官設置はまさしく内政専務省の創設であった」とし、同官設置に当たっての中心人物を広沢真臣に見ている（同上、三四－三六頁。括弧内は三四頁）。広沢については、佐々木克も、「民部官新設の推進者」と推定している（佐々木克「版籍奉還の思想――広沢真臣を中心に――」、九六頁）。

ところで、広沢真臣は民部官設置の中心人物としてだけでなく、民部官草創期の中心人物としても注目されなければならない。これは、広沢を、設置された民部官の運営を中心的に担い、役所としてのその活動を軌道に乗せた人物と捉えるということである。尚、民部官副知事としての広沢の活躍ぶりに関しては、日本史籍協会（編）『広沢真臣日記』、一九五－二二一頁を参照のこと。また、この時期にとどまらない、維新政権の官僚としての広沢真臣の仕事については、佐々木克「維新政権の官僚と政治——広沢真臣について——」および同「版籍奉還の思想——広沢真臣を中心に——」が参照されるべきである。さらに、本資料中、広沢真臣については、「府県施政順序ヲ定ム」（明治二己巳年二月五日、第一一七）の項（六九－九）も参照せよ。

＊9 松尾正人は、民部官の創設とそのもとでの維新政権の地方政策について、「府県を統轄する機関として民部官が創設され、京都府政を担当した広沢が民部官副知事に就任し、『牧民論』的な姿勢を反映させたその施政が、維新政権の地方政策の根幹に位置したことが理解できる」と述べている（松尾正人「直轄府県政と維新政権」、所収、歴史学研究会（編）『民衆の生活・文化と変革主体——一九八二年度歴史学研究会大会報告——（歴史学研究 別冊特集）』、青木書店、一九八二年一一月、一二二頁）。尚、《「牧民論」的な姿勢》の意義については、同所を参照のこと。

＊10 『内務省史』は、二点目に関し、「〔明治政府は〕明治二年四月には太政官に民部官を設置し、民部官に五司を定めて、道路・橋梁・堤防等の事務は、その中の土木司が掌ることとなった」と述べている（大霞会（編）『内務省史 第三巻』、地方財務協会、一九七一年六月、六頁）。尚、人事の面では、五月二二日に会計官営繕司知事の安永又吉（弥行）が、民部官土木司知事に転任している（大蔵省記録局（編）『大蔵省沿革志（下巻）』、三〇六頁）。民部官の所掌事務に関しては、次掲の「民部官職掌ヲ定ム」（明治二己巳年四月八日、第三四八）（六九－一三b）も見よ。

＊11 広沢真臣が「民部官規則」の草案を作成した（佐々木克「版籍奉還の思想——広沢真臣を中心に——」、九六頁）。

＊12 「別紙之通民部官ヨリ規則書差出シ候ニ付於其官モ規則取極メ書取ヲ以可申出旨　御沙汰候事」。参照、「神祇外四官ヲシテ規則ヲ取極メ開申セシム」（明治二己巳年四月一〇日、第三五二）。「民部官規則」において傍線の部分は割注である。

＊13 大蔵省記録局（編）『大蔵省沿革志（上巻）』、五二頁。この部分を以下に引く。上の「民部官規則」と比較せよ。

各官ニ理務規程ノ綱領ヲ垂示シ以テ其ノ細目ヲ草定シテ之ヲ上稟セシム。

理務規程綱領、其一、成例ヲ改正シ新制ヲ設立スル等ノ重大事項ハ凡テ其官ノ決議ヲ経テ之ヲ輔相ニ稟申シ以テ簡裁ヲ仰ク可シ。其二、府藩県ヨリ稟候スル軽小事項ハ其官速ニ判決シテ之レニ指揮シ、月半月尾ノ両次ニ総括シテ其ノ大旨ヲ輔相ニ稟申ス可シ、其ノ重大事項ハ立刻ニ稟申スルヲ要ス。其三、諸般ノ申報ハ其官之ヲ専聴シ、重大事項ハ第二項ニ準ス。以上ノ三項ハ各官理務規程ノ綱領ヲ提示スル者ナリ、其ノ細目ニ至テハ各自ニ草定シテ以テ稟決ス可シ。

尚、「理務規程綱領」は、『法令全書』には「諸官規則大綱」として掲載されている。多少文章に異同はあるが、同趣旨である。参照、「諸官規則」（明治二己巳年四月二〇日、第三七二）。

＊14 田中彰「明治藩政改革と維新官僚――とくに山口藩をめぐっての覚書――」（所収、稲田正次（編）『明治国家成立の政治過程』、御茶の水書房、一九六六年三月）、一一六、一一七頁。

＊15 多田好問（編）『岩倉公実記（中巻）』、七〇五頁。

＊16 同上、七〇六頁。引用に際しては返り点を省略した。

＊17 この危機感は天皇の東京城着輦（再幸）直後に御前にて開かれた会議（四月二日）においても披瀝され、そのうえで政府危機への対応が議され決定されている。広沢真臣の日記は、これを次のように書き留めている。すなわち、「御政府御威権兎角地に陥ち終には瓦解の基を醸出難計に付屹度御政府の御基礎被為締候儀御至急に付御評議有之落着相成候事」（日本史籍協会（編）『広沢真臣日記』、一九一頁）。

明治二年冬から四月にかけての政府危機については、松尾正人『維新政権』がそのあらましを論じている（九三―一〇三頁）。それによれば、明治元年一二月の還幸後政府内の結束が不十分な状況（ともに輔相であった岩倉具視と三条実美との間に確執が生じたこと、「薩摩・長州両藩出身の下級藩士を中心とする維新政権の改革に対し、諸藩とりわけ薩摩・長州両藩をはじめとする有力藩の協力は必ずしも十分でな」かったことなど）の中で、政府内における「守旧的な公家や公議政体派的な諸侯の台頭が顕著になっていた」ことが政府危機の背景を構成した。三月二八日の再幸後、岩倉・大久保・木戸不在の東京では、議定東久世通禧と参与後藤象二郎が行政官機務取扱となり、政府の実権を握った。後藤らは議政官を復活するなどして、「かつての土佐藩が主張した公議政体路線を再現するような」方策を進めた。これに対し維新政権（天皇をいただく集権的な国家を指向する路線）の強化に専心してきた大久保・木戸・岩倉らが提携して対抗した。大久保・岩倉らは四月末に東京に戻ったあと、後藤らの路線に対して反撃に出、五月一三日に官吏の公選を行なうことで宮廷と諸侯の勢力を後退させ、政府における主導権を奪還した。

＊18 明治二年四月、出府を命じられて東京に着いた（四月二一日）議定松平慶永は、在京都の会計官知事中御門経之に宛てて、政府＝太政官の危機的様相を次のように書き送った。少し長い引用になるが、政府内部のばらばらな状況がよく描写されてい

るので、以下に紹介する。「（前略）本月九日弊国発足、廿一日未ノ剋常盤橋本邸へ到着。翌日参 ／ 朝直ニ ／ 御対面畏入候。御吹聴も早速可申入候処、彼是厄敷用にて遅引恐入候。於京都御約束申入候通り、日々之事件書記可差上之処、誠ニ〳〵意外之形勢、愕然之外無之候。乍大略申上候。当時官中議参一同不平ヲ生シ居、実ニツンボニ御座候。八景之間もツンボニ候へ共、中々ソンナ訳ナモノニテハナシ、一切今日之布令其外とも、議定へハ不懸候。誠ニ偶一通か二通ハかゝり候事もアリ、終日坐禅アクビタバコ之外用は無之候。先議政行政官トワカリ申候白書院上段、輔相公［三条実美］、鍋島中納言［鍋島直正］、東久世中将［東久世通禧］居り申候。東久世は岩卿［岩倉具視］被参候迄ノヨシナリ。鍋、東久は、機務取扱之議定ニ御座候。参与は後藤象［二郎］、板垣退介二人ニ御座候。其余ハ追々分配相成候。徳卿［徳大寺実則］は内廷職知事被仰付候。尤当官兼勤也。（中略。）阿州［蜂須賀茂韶］ハ民部官知事、広沢［真臣］は同副知事、刑法知事池田少将［池田章政］、副知事神山［郡廉］、何レも当官兼勤也。宇和島［伊達宗城］ハ外国知事、［山内］容堂ハ制度寮惣裁被仰付候。阿州、宇和島、大隈四位［大隈重信］丈ケハ白書院下段へ被居申候。右様之次第故、中々分り不申、方向薄々之形勢聊も相分り不申。右は先日小子東著前御評議有之、段々徳大卿も存意被述、岩卿大久保［利通］木戸［孝允］等参り候迄ハ先此儘ニ被成置、追て大基礎被相立候節大変革被成可然、夫迄之所此儘御居置候方宜クと丁寧陳啓中々通り不申、終ニ今日之形勢ニ立至り、徳卿も実ニ〳〵歎息之仕合にて、先々只今彼是黙候之方可然と徳正三［正親町三条実愛］等へ申合居申候。同心脇《ママ》力ハ扨置アキレハテ候次第、遠路之御考にてナゼニ尽力出来ヌト被思召候歟も難計候得共、中々夫ドコ之話ニてハ無之候。徳卿も実々ハ被忌候故、内庭へ以当官被仰付、其余神山広沢も同様、何分後藤之勢東久之勢両雄可驚事と奉存候。議定もアツテナシ、鍋黄門も機務掛りにハ候へ共十二八九ハ不知候由、阿州も鍋も矢張不腹之趣也。池田黄門［池田慶徳］も不慮之事ニシテ、浪士取扱不都合ナルコトアリトテ、当時内々所労引従輔相卿被命引居申候、池黄門余程尽力感腹之所、聊之行違ヲ鳴シ候て、後象抔論弁、終ニ議定ヲ免シ謹慎かヨロシクト輔公ニ迫ル、鍋黄門ヤツト岩卿之東著迄トイヒテ所置ヲ延ス。決て行違ニテもナク、何か訳アリ、徳正三阿州鍋小子一同不腹、何分池黄門ヲ救候覚悟、万一黄門被免候てハ ／ 御失徳、御政体ニ関係シ、重職ヲ冤罪ニ陥ル不忍事也。コレ黄門ヲヒイキスルニ非ス。 ／ 上之御為也。徳正三其余黄門の事ヲイフ者ハ被忌、可申直言も不出来、甚以困り入候次第也。」（「明治二年四月二七日付中御門経之宛松平慶永書簡」、所収、早稲田大学社会科学研究所（編）『中御門家文書 上巻』、早稲田大学社会科学研究所、一九六四年七月、二六〇－二六一頁。引用に際して、句読点等を付けた。また、傍線部は割注、あるいは一人称の人代名詞等、小活字で記されている部分であることを示す。ママは原文で、／は行が改まることを示す。）佐々木克は、上に引いた松平慶永の書簡に言及しながら、当時の政府危機を、大久保利通・岩倉具視・木戸孝允不在のなか「東久世、後藤らの専行独断と、一般議定・参与層の政務からの遊離」という事態であったと捉えている（佐々木克『版籍奉還の思想――広沢真臣を中心に――』、九四－九五頁）。こうしたなかで、四月八日に、改革の第一弾として、本件、「民部官ヲ置キ神祇官以下六官ニ定メ従来弁事へ差出ノ願伺等六官ニ進致セシム」（明治二己巳年四月八日、第三四六）が発されて、民部官の設置と願伺等の提出先の変更が沙汰されたのであるが、後者の願伺等の提出先の変更について、佐々木は、「官の一定度の、政府［＝太政官］から自立する方向」を認めるものであり、「政府［＝太政官］の混乱が、官庁の行政に直接影響を及ぼすことの弊害を、緩和させる意味合い」をもつものであったとしている（同上、九六頁）。

ところで、上に掲げた松平慶永の書簡中、「後藤之勢東久之勢両雄可驚」と描出された後藤象二郎と東久世通禧が、明治二年三月二〇日に、大隈重信（明治二年正月一二日会計官出仕、同三月晦日会計官副知事）とともに「民政取扱」職に任じられている点が興味の引かれるところである。彼らの「勢」と彼らが「民政取扱」職に就いたこととは無関係ではなかろう。また、明治元年閏四月に京都府御用掛を奉じて以降、一貫して政府の民政畑を歩き、その分野の政策を主導してきた広沢真臣が、「民政取扱」職には任命されず、松平によれば後藤・東久世らから忌まれていたという点も注目される。広沢は四月八日に、政府改革の第一弾として設置された民部官の副知事に就任するが、後日問題化する、民政の路線をめぐる民部と大蔵の対立は、すでにこのとき芽立っていたのかもしれない。

＊19　日本史籍協会（編）『広沢真臣日記』、一九二頁。

＊20　民部官の設置、それの開府、さらに職制の制定と人事の執行について、広沢は次のように記す。「此度民部官被置神祇官以下と六官にして従前窺願等総て弁事へ差出来候所向後諸官え関係の事件は其官々に向け可差出段被　仰出一官の事大概其知事へ御委任被　仰付候段今日御発令」、「阿州侯民部官知事本官より御兼勤同様被　仰出其他諸官人選等段々被仰出候事」（以上四月八日）、「民部官当分　西城内是迄弁事府県懸り役所へ相立候事」（四月九日）、「民部官明朝より大名小路元閣老屋敷相開候段決議す」（四月二二日）、「朝第七時参　朝民部官職制幷官員精選の議書面を以て輔相卿へ言上検印を請け候事」（五月二三日）、「民部官員大進退今日相行ひ候事」（五月二四日）（同上、一九三－一九四、一九九、二一一頁）。

＊21 三条実美が「政府五官一として一致協力規律法度被相立候処無之」と嘆いた状況に対しては、上述の「理務規程綱領」が示され事務処理手続きの統一化が図られるとともに、諸官正副知事からなる行政官政務会議の定例化（「毎月五・十ノ日ノ六次」）が定められた（「諸官知事ヲシテ五十ノ日行政官ニ会議セシム」、明治二己巳年四月一八日、第三六五、東京大学史料編纂所（蔵版）『維新史料綱要 巻十』、九〇頁）（ただし、行政官会議は五月一二日に取り消された。参照、松尾正人「明治初年の政情と地方支配――『民蔵分離』問題前後――」、四四頁）。また、政府の組織的基礎を固める法令として、「民部官職掌ヲ定ム」（明治二己巳年四月八日、第三四八）（次掲）、「会計官職制章程ヲ定ム」（明治二己巳年五月八日、第四二五）（六九－一六）、「民部官職制ヲ定ム」（明治二己巳年六月四日、第五〇三）（六九－一八）が相次いで発され、その流れは七月の官制改革（「職員令並官位相当表」、明治二己巳年七月八日、第六二二（六九－二一b）、参照）、さらに「民部省規則」（明治二己巳年七月二七日、第六七四）（六九－二三）、「府県奉職規則」（明治二己巳年七月二七日、第六七五）（六九－二四）、「県官人員并常備金規則」（明治二己巳年七月二七日、第六七六）（六九－二五）へと続いた。

＊22 民部官は、さっそく東京府判事・葛飾知県事を呼び出して小金原開墾問題について打ち合わせを行ない（四月二二日）、また府県の知事判事等を集めて会議を開く（四月二八日、五月三日、六月三日）など、府県事務の総轄官庁として実質的な仕事を始めて行った（日本史籍協会（編）『広沢真臣日記』、一九九、二〇一、二〇二－二〇三、二一四頁）。下総国小金原等開墾については、内閣記録局（編）『法規分類大全 第一編 官職門 七至九 官制 神祇省教部省民部省内務省』、二九－三〇頁、および農林大臣官房総務課（編）『農林行政史 第一巻』（農林協会、一九五七年三月）、六五二－六五三頁を参照せよ。政府は、「窮民授産制度にもとづき、千葉県印旛郡小金原、香取郡佐倉原の旧幕府の両牧地一万三千余町歩に東京府下の窮民男女一万余人を土着せしめ、一戸当り三町歩を割当て、三ヵ年にて開墾を成功せしめ［ることとし］、その授産費として一戸当り三〇両を六ヵ年賦返済の方法にて貸付け、自作農家の扶殖と新農村建設」を図った（農林大臣官房総務課（編）『農林行政史 第一巻』、六五二頁）。これが小金原等開墾である。小金原等開墾は当初は東京府所管の事業とされたが（「東京府ヲシテ無産ノ徒ヲ小金原ノ開墾ニ使役セシム」、明治二己巳年三月一〇日、第二六九）（明治二年三月東京府に開墾役所設置）、五月三日に民部官内に開墾局が設けられたことにともなって同局にその事務が移された（「下総国小金原其外開墾之儀兼テ其府［東京府］へ取扱被 仰付置候処今度開墾局ヲ被置民部官へ付属被 仰付候間此旨相達候事」）（「開墾局ヲ置キ民部官ニ属ス」、明治二己巳年五月三日、第四一六、

「東京府管轄小金原開墾事務ヲ民部官ニ属ス」、明治二己巳年五月三日、第四一七。括弧内引用の達文は後者からのものである）。尚、『明治職官沿革表 職官部』明治二年五月三日条には「置開墾局知事」の項があり、「開墾局ヲ民部官ニ置キ東京府所轄小金原等開墾ノ事ヲ管シ東京府判事北島秀朝ヲ以テ知事ヲ兼シム」と記されている（内閣記録局（編）『明治職官沿革表 職官部』、一五頁）。

民部官が府県の知事判事を集めて開いた会議については、松尾正人「明治初年の政情と地方支配――『民蔵分離』問題前後――」、四四頁を参照。民部官副知事広沢真臣は、民部官の方針（「集権的な府県政の確立と租税確保」、「『実地』の施政と民心掌握」）を府県に周知徹底する方途として、府県会議の開催と巡察使の派遣を重視していた（同上、四四－四五頁）。また、明治二年冬から初夏にかけての時期の府県政の整備の進行についてその概観と、明治二年末の府県一覧について、前出の松尾正人『維新政権』、一〇六－一一〇頁を参照せよ。

さらに設置直後の民部官は、聴訟の制度確立の部面でも活発な動きを見せた。その中心に位置したのは聴訟司知司事となった玉野東平（世履）である。この点に関しては、藤原明久「明治初年における東京府裁判法の展開――民事裁判をめぐって――」（『神戸法学雑誌』、第三五巻、第四号、一九八六年三月）、および橋本誠一「明治初年における聴訟事務――民部官・民部省を中心に――」（静岡大学『法政研究』、第一五巻、第二・三・四号、二〇一一年二月）を見よ。

一三b、「民部官職掌ヲ定ム」（明治二己巳年四月八日、第三四八）

第五百二ヲ以テ職制改定*1

第三百四十八　四月八日（沙）（行政官）

民部官

掌総判府県事務管督戸籍駅逓橋道水利開墾物産済貧養老等事

右之通リ被　仰出候事

【注解】 民部官の職掌を定めた沙汰書である。これにより、民部官は、府県事務を総判し、戸籍、駅逓、橋道・水利（土木）、開墾・物産（産業）、済貧（救恤）、養老等の事務を掌ることとされた。『内務省史』は、民部官の所掌事務に府県事務を総判するとあることについて、これは「従来会計官が所管していた府県事務、すなわち地方民政関係を分割して独立せしめることであった」とし、「民部官設置はまさしく内政専務省の創設であった」と述べている。[*2] この点、民部官自身も、太政官に提出した「民部官規則」（前掲）のなかで、「当官ハ民政ヲ総括スル所」と称している。[*3]

災害対策との関係で述べると、民部官は、堤防等の建造や補修を通じて災害予防事務・災害復旧事務に関与し、また府県を介して罹災者救援事務にかかわるものであった。

2. ところで、民部官の新設は、それ以前に内政・財務を包括的に担当していた会計官との間で、権限の交錯を生み出すことになった。そこで、両者の間の権限紛争を未然に防ぐために、会計官と民部官との掌管権限の区定が両官連名で太政官に稟申された（明治二年四月一三日）。それは次のようなものである。[*4]

十三日、本官［会計官］ト民部官トノ掌管権限ヲ区定スルヲ太政官ニ稟申ス。

本官、民部官連署稟申シテ曰ク、今回民部官ヲ新置シ駅逓、水利、訴訟、物産、牧畜等ノ諸務ヲ管掌シ、而シテ会計官ハ租税、出納、営繕、用度ノ諸務ヲ管掌ス、因テ今後諸藩ノ転封及ヒ土地租税等ニ関スル事項ハ一一会計官ニ下議シテ之ヲ施行スルヲ要ス、但タ鉱山ハ本ト土地ニ属シ其ノ鉱物ハ物産ニ属スル者ニシテ宜ク民部官ノ管掌スヘキ所ナリト雖モ、開採ノ経費頗ル巨額ナルヲ以テ会計官暫ク之ヲ管掌ス。

この稟申に関して『内務省史』は、「これでみると、民部官の『府県事務』独立策に対して、会計官は従前からの権限をなるべく温存しようとしていたことがわかる。してみると、民部・大蔵両省間の紛糾もすでにこの辺りからきざしていたのである」と述べている。*5 会計官（大蔵省）と民部官（民部省、内務省）との掌管権限の交錯を、災害対策の分野でよく示すものは、明治八年七月制定の「窮民一時救助規則」*6である。罹災者への緊急の食糧提供、仮小屋建設のための貸付、災害により農具を失った者に対する農具購入代金の貸付等々の規定において、財務（金銭出納）を所管する前者と府県事務（地方行政）の監督官庁である後者との間で権限の交錯が見られる。

〔注〕

*1 「民部官職制ヲ定ム」（明治二己巳年六月四日、第五〇三）（六九－一一八）。

*2 大霞会（編）『内務省史 第一巻』、三四頁。民部官設置が内政専務省の創設を意味するという点に関しては、前掲の「民部官ヲ置キ神祇官以下六官ニ定メ従来弁事へ差出ノ願伺等六官ニ進致セシム」（明治二己巳年四月八日、第三四六）（六九－一一三a）の*3に引いた、内閣記録局編集の『明治職官沿革表 職官部』における民部官設置の経緯の説明も、参照せよ。『内務省史』はまた、「民部官は最初の内政省であり、その意味から、内務省の前身であり、その［内務省の］起源はこの民部官に求むべき」であるとも記し、民部官を内務省の起源と位置づけている（大霞会（編）『内務省史 第一巻』、三六頁）。

*3 「神祇外四官ヲシテ規則ヲ取極メ開申セシム」（明治二己巳年四月一〇日、第三五二）、参照。

*4 大蔵省記録局（編）『大蔵省沿革志（上巻）』、五一－五二頁。

*5 大霞会（編）『内務省史 第一巻』、三五頁。

*6 「県治条例中窮民一時救助規則ヲ廃シ更ニ同規則ヲ定ム」（明治八年七月一二日、太政官第一二二号達）。明治八年七月一二日の「窮民一時救助規則」については、「夫食種籾農具等貸下ノ措置ヲ定ム」（明治二己巳年七月一四日、第六五二）（六九－二二）の【注解四】のなかの「《府県支出による罹災者の生活支援策》に関する法令の展開」を参照せよ。

一四、「府県及預所アル諸藩ヲシテ平均租税額並諸費用等ヲ録上セシム」

（明治二己巳年四月二七日、第三九八）

第三百九十八　四月二十七日（会計官）

府県
預所アル諸藩[*1]

出納ノ目的相立候ニ付管轄所平均租税其外諸入費共別紙雛形ノ通取調美濃紙竪帳ニ仕立早々御差出可有之候事

別紙雛形

一管轄高何程

此取　米
　　　永

但子（元治元年）ヨリ辰（明治元年）迄五ヶ年平均[*2]

一諸運上冥加小物成

此　米
　　永

但前同断

一右ノ外都テ上納相成候品不洩様

但前同断

合
米
永

外

丑（慶応元年）ヨリ当巳（明治二年）春迄五箇年平均

堤防治水ノ入費　　但手限場ノ分*[3]

此
米
永

養老扶持　　但当巳一箇年分見積

此
米
永

右ノ外当巳一箇年臨時入用見積可認出候

小
以
米
永

右ノ通御座候以上

月　日　　府／藩／県*[4]

一府県官員月給或ハ御扶持米高
一土着ノ者へ御扶持米被下高
一府県官庁入費総計
外
一物産ノ事
但村々ニテ一箇年分目当高ヲ管轄中惣括ニシテ申立候事
右ハ別冊ニイタシ可申事

【注解】 会計官が府県及び預所のある諸藩に宛てて発した達である。出納の見積りを立てるために、府県ならびに預所ある諸藩に対して、管轄所の過去五か年間の平均租税額と諸入費などを調査して報告するように求めたものである。その調査報告の雛形中、諸入費の部に「堤防治水ノ入費」（但し手限場の分）という項目が見える。会計官は、府県等管轄当局が自身の判断、権限でできる堤防および治水工事場所（手限場）に関する過去五か年間の平均支出額を調査したのである。

明治元年秋から明治二年秋にかけて、政府は種々の調査のなかで、府県の堤防治水費額、普請箇所、官普請自普請の別などを把握しようと試みている。*5 本達もこの流れに位置づけられる。これらの調査は、全国を網羅するものでもなく、調査様式に統一性があるわけでもない。しかし、府県の出納調査、普請状況調査、村方の村勢調査など種々の調査のなかに、折り重なるように災害対策に関する調査項目が入れ込まれている。一見ばらばらに見える調査の積み重ねのなかで堤防工事、治水工事の状況把握が目指されているのである。そしてこれらの調査の背景に、民政部門への財政統制の実効化（土木部門への財政統制の実効化、土木費の抑制・削減）の意図があったことは明らかである。[*6]

〔注〕

＊1　預所（預地）については、「諸国私領寺社領ノ村高帳ヲ進致セシメ諸藩預所幷代官支配所等ヨリ村高帳其他帳簿ヲ進致セシム」（明治元戊辰年四月七日、第二二〇）の項（六八－二）を参照せよ。

＊2　別紙雛形中括弧内の年号は筆者による。

＊3　手限場とは、府県等管轄当局が自身の判断、権限でできる普請場所のことである。

＊4　並列表記を／で表現した。

＊5　「関東諸県ヲシテ村鑑帳ヲ進致セシム」（明治元戊辰年一〇月、第八五八）（六八－二六）、「取箇帳幷村方渡米金取調帳様式ヲ定ム」（明治元戊辰年一二月一八日、第一一〇〇）（六九－四）、「郷帳大積明細帳村鑑帳等ヲ進致セシム」（明治二己巳年二月二三日、第一九八）（六九－一〇）、「府県川々官普請ノ箇所ヲ録上セシム」（明治二己巳年八月一三日、第七三二）（六九－二八a）、「川々堤防等官普請自普請ノ区別ヲ録上セシム」（明治二己巳年八月一三日、第七三二）（六九－二八b）。

＊6　この論点に関し、とくに、「府県川々官普請ノ箇所ヲ録上セシム」（明治二己巳年八月一三日、第七三二）（六九－二八a）および「川々堤防等官普請自普請ノ区別ヲ録上セシム」（明治二己巳年八月一三日、第七三二）（六九－二八b）の二項を参照せよ。

一五、「諸川通船筏下ノ節堤防ヲ衝突スルヲ戒ム」（明治二己巳年四月、第四一〇）

第四百十　四月（民部官）

諸川通船筏下ケ等ノ節水主共心得違ヲ以無作法相働川除類へ突当御普請所破損致候儀間々有之候間以来右様ノ者有之候ヘハ屹度相糺候間兼テ右渡世ノ者へ可被申渡置候事

【注解】 民部官発出の達である。《諸川において通船や筏流し等を行なう際、水主たちが心得違いをして無作法を働き、川除類（堤防や蛇籠など、治水のために、川岸、河中に設けられた施設）に勢いよく衝突し、普請箇所を壊してしまう事態がときどき見られる。今後このようなことをはたらく者がいた場合には厳重に追及するので、あらかじめ水主を生業とする者たちへこの旨を申し渡しておくこと》という内容である。これは、通船や筏流しによる治水施設（堤防や蛇籠などの川除類）の破壊を防ぐための、河川警察的な内容の達と解せられる。

災害予防目的の河川警察的な規則としては、このあと、堤外地に勝手に作付したり住宅・土蔵などを立てたりすることを禁じた「堤防等目下難閣廉々措置ヲ定ム」（明治三庚午年正月、第六九）（七〇‐六）（治河規則）、治河規則の遵守を求める内容の「治河規則ニ違犯ノ者無カラシム」（明治三庚午年六月一五日、第四〇八）（七〇‐一八）が続き、そして明治四年二月の治水条目に至る。[*1] 治水条目は九条からなる規則で、そのすべてが河川警察的規定というわけではないが、明治初年のこの分野の規則のなかではもっともまとまったものである。

〔注〕

＊1 「治水条目ヲ定ム」（明治四辛未年二月二二日、太政官第八八）（本書第二巻に収録予定）。

一六、「会計官職制章程ヲ定ム」（明治二己巳年五月八日、第四二五）

第六百二十二[*1]ニ依リ消滅

第四百二十五　五月八日（沙）（輔相実美）

会計官

掌総判租税用度秩禄貢献金銀貨幣倉庫検地営繕鉱山等

管一局六司

造幣局　監督司

租税司　出納司

用度司　営繕司

鉱山司

条令

一国家ノ財政治マラサル時ハ知事副知事其責ニ任スヘシ

一節倹ハ財政ノ要義ニシテ殊更方今ノ急務ナリ　叡旨ニ出ルコトト雖モ忌諱ヲ憚ラス諫争シ力メテ省約ニ従フヘシ

一諸官ノ経費幷諸官員ノ月給俸米旅費等都テ常額ヲ照シテ支給スヘシ

一例外ノ出費ニ至テハ軍用ノ急務等既ニ決議ヲ経ル者ト雖モ覆聞シテ止ムルコトアルヘシ

一各官府県共例外金穀ニ係ル事件ハ会計官承諾ノ上ナラテハ施行スルコトヲ許サス

一各官幷府県へ不時ニ属吏ヲ遣シ以テ出納ヲ監視シ簿書ヲ点検セシムヘシ

一官中要務刑法官監察司ノ監察ヲ受ヘシ

一租税章程ヲ創立シ或ハ変更シ或ハ例外一時増減スルコトアル時ハ　上裁ヲ経ルニ非サレハ施行スルコトヲ得ス

一府県ヨリ達出ル租税ノ休免石高等宜ク年ノ豊凶ヲ察シ免除ノ事ヲ決スルヲ得ヘシ

一検地ノ事　上裁ヲ経ルニ非ラサレハ施行スヘカラス

一凡事ノ定則ナキ者ハ法案ヲ作リ　上裁ヲ経ルニ非ラサレハ規則トスル事ヲ得ス
一毎歳時日ヲ定メ国債ノ多寡及前年ノ歳入歳費ヲ総計シ計簿ヲ鏤鋟シ公示スヘシ
一新旧貨幣幷紙幣ノ増減等モ亦鋟行計簿ノ内ニ載スヘシ
右奉　勅確定ス屹度可相守者也

【注解二】 輔相（三条実美）[*2]が会計官に宛てて発した沙汰書である。本件は、会計官の職掌と処務条規（「条令」）[*3]を定める。会計官の職掌は、「租税用度秩禄貢献金銀貨幣倉庫検地営繕鉱山等」を総判し、造幣局、監督司、租税司、出納司、用度司、営繕司、鉱山司の一局六司を統管することと規定された。これを一年前の「政体ヲ定ム」（明治元戊辰年閏四月二一日、第三三一）（六八‐五）における同官の職掌規定と比べてみると、「政体ヲ定ム」における規定から田宅、賦役、金穀、運輸、駅逓、工作、税銀の語がなくなり、代わりに金銀、貨幣、検地、鉱山が入ったことに気づく。駅逓は新設の民部官に移された。統管する局司については、一年前の「政体ヲ定ム」における七司（出納司、用度司、駅逓司、営繕司、税銀司、貨幣司、民政司）から、駅逓司（民部官へ転属）、税銀司、貨幣司（明治二年二月廃止）、民政司がなくなり、他方造幣局（明治二年二月太政官中に設置、四月に会計官に転属）と監督司、租税司（元年五月設置）、鉱山司（明治元年七月より統管）が加わった。筆頭司は監督司である。

一方、処務条規（「条令」）を見ると、第一条に会計官知官事、副知官事の、財政に関する政治責任の規定を置き、第二条では財政運営の基本理念を「節倹」と定めている。そして、第三条以下には会計官あるいは太政官が厳格な財政統制を実施するための規定を並べている。すなわち、諸官の経費金・官員の俸給等の定額支給制（第三条）、例外出費に関する覆審検査の実施（第四条）、各官府県の例外支出に関する会計官の認可の制度（第五条）、会計官による各官府県の出納帳簿の随時検査（第六条）、租税法規の創立、その変更または租税の一時減額措置に対する、太政官の承認制度（第八条）、府県より申請される凶作時・災害時の租税免除の決定権限は会計官がもつこと（第九条）等々である。ここに明らかなように、会計官処務条規の基調は厳格な財政統制による節倹の実施であった。財政を規則に乗せること（規則・上裁によらない支出の排除）、租税の徴収と金穀の出納を監査と公示のまなざしの下に置くこと、そしてこれらにより節倹を実現することが目指されたのである。*4*5*6

2. 災害対策の観点から会計官処務条規を見ると、第五条、第六条、第九条の規定が注目される。第五条「各官府県共例外金穀ニ係ル事件ハ会計官承諾ノ上ナラテハ施行スルコトヲ許サス」、第六条「各官幷府県へ不時ニ属吏ヲ遣シ以テ出納ヲ監視シ簿書ヲ点検セシムヘシ」は、会計官の、府県に対する財政的統制を定めたものである。当然のことながら、この統制は、内容的に、府県が罹災者救援策として実施していた夫食・種籾・農具代等の貸渡しに及ぶ。また、第九条「府県ヨリ達出ル租税ノ休免石高等宜ク年ノ豊凶ヲ察シ免除ノ事ヲ決スルヲ得ヘシ」は、凶荒・災害時の租税の減免に関する規定である。第九条により、凶作時、災害時の租税の減免に関する決定は会計官が行なうということが定められた（府県からの減免申請にもとづき会計官が決定する）。これは凶作時、災害時に府県が独自の判断で租税の減免を行なうことを禁じたものである。

【注解二】 本沙汰書において会計官は、本省部分のほかに一局六司を統管すると規定されている。職員令官制公布直前の会計官の編成と職員を『官員録 全（明治二年七月改）』に拠って見ると、*7 本省部分は知官事万里小路中納言（万里小路博房）・副知官事大隈四位（大隈重信）以下判官事四（兼任一名を含む）、権判官事五、書記六、筆生六の二三名、*8 造幣局は知事井上聞多（馨）以下四名、監督司は筆頭司であったが知司事田中顕助（光顕）一名のみ、租税司は知司事吉川栄左衛門以下二三名、出納司は三原政右衛門・岩男助之丞（俊貞）・林又七郎・西川一平の四名の知司事を始めとして全員で三〇名、以下用度司一一名、営繕司八名、鉱山司は知司事のみ三名となっている。本省局司合わせて一〇三名である。これは同官員録における民部官の総員四七名の倍の規模である。*9 職員組織という点から見て民部官との大きな違いは本省部分に匹敵する規模の人員をもつ二司（租税司・出納司）が存在することである。民部官では筆頭司である聴訟司で四名、最も大きな庶務司でさえ八名であったから、当時租税・出納の二司の大きさが際立っていたことは明らかである。つまり、本沙汰書中の処務条規（「条令」）に盛られた強い権限を行使する主体が、組織として姿を現わしていたのである。

職員令官制施行後の明治二年八月、会計官の後継組織たる大蔵省と、同じく民部官の後継の民部省が合併され、会計官の主要司であった租税司は監督司などとともに形式上民部省に移管された。*10 民部大輔兼大蔵大輔の大隈重信指揮下の民部＝大蔵省においては監督司が筆頭司となり、もうひとつの中心司、租税司とともに、組織（職員数）を急速に拡大した。合併後四か月の明治二年一二月の職員録でこれを確認すると、監督司は総員六一名、租税司は実に一〇〇名を数えた。*11 半年前の官員録は、監督司は知司事一名のみ、租税司は二三名と記していたのであるから、その組織の急速な整備には驚くべきものがある。租税司は半年前すでに組織としてそれなりの実体をもっていたが、明治二年一二月にはそれを四倍強に膨張させているのである。民部省・大蔵省設置後約一年の明治三年六月の職員録では、監督司は正四名（安藤就高・田中光顕・吉井正澄・平岡温煕）、権正四名（岩男俊貞・北代正臣・松井清蔭・則竹正副）以下九二名、租税司は正渋沢栄一のもと七五名を擁している。*12 このように職員令官制下で職員の急速な膨張があったことを確認してみると、そこに省や司の組織規程整備が求められてくる背景を理解することができる。明治三年ころから改正掛や制度取調御用掛方面で省や司の組織規程の整備を図る動きが顕著となるが、*13 省・司内の分課や指揮命令系統の確立を必然化せしめるだけの組織の実体が明治二年末には現われていたのである。

2. 災害対策の観点から『官員録 全（明治二年七月改）』を見ると、会計官出納司判司事の欄に「在京治河掛 波多幸之進」、「大坂在勤治河掛 山口秋七郎」とあるのが注目される。この時期京阪には、淀川・大和川筋の治水工事を担当する官として治河使が置かれていたが、*14 会計官出納司の筋でも在京、大坂在勤の治河担当者を配置していたのである（波多は治河使治河掛としてもその名が出てくる）。

〔注〕

＊1　「職員令並官位相当表」（明治二己巳年七月八日、第六二二）（六九－二一ｂ）。

＊2　輔相（二人、議定兼任）は、「政体」（明治元年閏四月二一日制定）において、行法の権を担当する行政官の長の位置に立てられた職である。その職掌は「掌輔佐　天皇奏宣議事督国内事務総判　宮中庶務」であった。参照、「政体ヲ定ム」（明治元戊辰年閏四月二一日、第三三一）（六八－五）。

＊3　行政官は明治二年四月一〇日に神祇官など五官に規則書（その官における事務処理の手続きを定めたもの）の作成を指示し、四月二〇日には「理務規程綱領」を垂示して各官に理務規程の草定、上稟を求めた（この点、「民部官ヲ置キ神祇官以下六官ニ定メ従来弁事へ差出ノ願伺等六官ニ進致セシム」、明治二己巳年四月八日、第三四六の項（六九－一三ａ）を参照）。会計官処務条規はこの求めに応じて作成され、行政官により認可されたものである。

＊4　この部分の記述については、大蔵省記録局（編）『大蔵省沿革志（上巻）』、五四－五五頁、大隈侯八十五年史会（編）『大隈侯八十五年史 第一巻』（原書房、一九七〇年六月、復刻版、原本の発行は一九二六年）、三〇九－三一一頁を参照した。『大隈侯八十五年史』によれば、この「会計官職制章程」を立案したのは同官副知事大隈重信であった。すなわち、同書には、「従来の会計官は、唯漫然出納、用度、営繕、租税、鉱山等の諸司を監督する丈で、その章程は未だ明確に規定せず、唯、前例を踏襲して当面の事務を処理するに過ぎなかったが、君［大隈］は就任匆々、直ぐに［章程を］立案してこれを太政官に提議し、その制定を促した。（中略。）君はこれによってわが幣制の統一及び会計監督の実績を挙げることに勉めた」（大隈侯八十五年史会（編）『大隈侯八十五年史 第一巻』、三〇九頁）と書かれている。大隈重信は、明治元年三月一七日に徴士参与職外国事務局判事に任じられて以降外務畑の要職を歴任してきたが、明治二年正月一二日に会計官出仕を命ぜられ、三月晦日には会計官副知事に就いた（外国官副知事兼勤）。その後、大隈は、四月一七日に外国官副知事の兼職を解かれ、その勤務の重心を会計畑の仕事に移した。これ以降会計官（→大蔵省）は大隈を筆頭とする「開明派官僚」の拠点となる。政府内部における大隈重信ら「開明派官僚」の台頭の背景については、山中永之佑「明治初期官僚制の形成と堺県知事小河一敏」、八一頁の説明をぜひ参照せよ。

＊5　上に書いたように、「会計官職制章程」は、「節倹」を「財政ノ要義」とし、各官府県に対する財務当局の統制を強く打ち出した。この基本姿勢は、明治二年七月八日の官制改革によって会計官に替わり設けられた大蔵省に引き継がれた。会計官－大蔵省と続く財政的統制に強勢を置く態度は、とくに、府県官の「濫施の弊政」に対して厳しく向けられた（『大隈侯八十五年史第一巻』、三一一頁）。後述する信濃川分水工事着工運動は、まさに、会計官－大蔵省のこの姿勢と衝突したのである（参照、「治河使ヲ廃シ土木司ヲシテ水利ヲ管轄セシム」、明治二己巳年七月二七日、第六八一の項（六九－一二六））。

ここで、千田稔の記述を借りて、会計官－大蔵省と受け継がれる財政的統制の制度化の流れを整理しておきたい。すなわち、第一・二期（慶応三年一二月から明治二年九月）には「府県費消貢租が中央納付貢租を上廻って」おり、「［中央財政の］量入為出の実現には、府県貢租高の把握と官省及び府県の歳出高の規制という集権的な地方財政の樹立が不可欠だった。」このような状況の下で「大隈は二年正月に会計官出仕となると、（中略）、幣制改革と共に、官省経費の定額化・監査による削減、府県経費の定額化・監査による府県貢租の中央集中を企図した。」「大隈は、二年四月に監督司設置を建議して裁可を得る。」「五月八日、大隈らは会計官条規［本件「会計官職制章程」］を制定して、節倹・定額制と例外出費抑制・各官府県の出納・簿書の臨時監査などが成文化され、同日に監督司が設置された。」「二年七月、府県奉職規則で定額外の貢租の中央集中が徹底され、府県常備金規則で経費の内容と石高比例の算定方法が詳細に定められた。」「以上、二年七月頃には、府県経費の定額化・監査及び納付ルートの整備を通して、府県財政の集権的規制による収奪貢租の中央集中の制度が整備されたと言える。」（千田稔「維新政権の地方財行政策」、六〇－六一頁。）尚、「収奪貢租の中央集中の制度」の整備という点に関し、直轄県における貢金徴収機構の確立を論じたものとして、森田武「直轄県における明治政府の経済政策──福島・白河地方の場合──」がある。ぜひ参照されたい（二一二－二一五頁。ただし頁数は二〇〇一年再録版のもの）。森田は、ここで、「廃藩置県前の直轄県において政府の『大蔵省為替方』を頂点とする貢金徴収機構が出来上った」ことを指摘し、その機構においては直轄県に置かれた生産方、生産会社が「単に勧業資金融資機関としてのみならず、政府の徴税機構の下部組織として極めて有効な役割を果した」ことを確認している（同上、二一四頁）。

＊6　明治初年の政府の財政状況については、ひとまず、松尾正人「維新政権の直轄県政──東北県政を中心として──」、四五頁の記述、および千田稔「廃藩置県の必然性（一）──廃藩置県以前の財政窮迫──」（『一橋論叢』、第六九巻、第三号、

一九七三年三月）を参照せよ。

＊7　『官員録 全（明治二年七月改）』（御用官板所和泉屋市兵衛、須原屋茂兵衛）（国立公文書館デジタルアーカイブ）による。

＊8　会計官の本省部分には権判官事に伊藤俊介（博文）と郷純造（濬）の名が見える。彼らは井上聞多（馨）、岩男助之丞（俊貞）らとともに、こののち大隈指揮下の民部＝大蔵省の中心として活躍する。いわゆる「大隈派」の主要人物がすでに会計官中に顔を揃えていたわけである。大隈指揮下の民部＝大蔵省の行政／地方政策は当時の災害対策に深くかかわることから、本書において主題のひとつに位置づけられている。これについてはさまざまな項目で論じられているが、とりあえず、「租税監督通商鉱山ノ四司ヲ民部省ニ属セシム」（明治二己巳年八月一一日、第七二三）（六九－一七ａ）、「租税監督通商鉱山ノ四司ヲ民部省ニ管セシム」（明治二己巳年八月一一日、第七二四）（六九－一七ｂ）、「民部省大蔵省分省セシム」（明治三庚午年七月一〇日、第四五七）（七〇－一一）の諸項を参照されたい。

＊9　職員令官制公布直前の民部官の編成と職員の分析については、「民部官職制ヲ定ム」（明治二己巳年六月四日、第五〇三）の項（六九－一八）を参照せよ。

＊10　上の＊8に挙げた諸項を参照のこと。

＊11　『職員録（明治二年一二月改）』（御用官板所和泉屋市兵衛、須原屋茂兵衛）（国立公文書館デジタルアーカイブ）による。

＊12　『職員録（明治三年六月［一五日］改）』（国立公文書館デジタルアーカイブ）による。

＊13　「［民部省］庶務司伺（［明治］三年九月一九日付）」（所収、内閣記録局（編）『法規分類大全 第一編 官職門 七至九 官制 神祇省教部省民部省内務省』、四一頁）、「明治四辛未歳制度取調御用兼務中　官省制置改正草稿　杉浦扣本」（所収、土屋喬雄（編集代表）『杉浦譲全集 第三巻』、杉浦譲全集刊行会、一九七八年一〇月、三二一 - 三六〇頁）。租税司始め大蔵省内各司における職制・職員令等組織規程の制定に関し、「民部大蔵両省管轄ノ寮司諸掛及事務条件ヲ区別ス」（明治三庚午年八月九日、第五二〇）の項（七〇 - 二三）を参照せよ。

＊14　治河使については、「治河使ヲ置ク」（明治元戊辰年一〇月二八日、第九〇四）の項（六八－三〇）を見よ。

一七、「外国交際及理財ノ儀御下問書」（明治二己巳年五月二十四日、第四七四）

第四百七十四　　五月二十四日（御下問書）

（第一問［外国交際に関する勅問］、省略。）

理財ノ道ハ経国ノ要務ニシテ人心ノ離合風俗ノ厚薄ニ関係シ至重ノ事ニ候嚮キニ幕府ノ衰ル理財其道ヲ失ヒ用度不節新貨屢製シテ府庫愈空シク外ハ各国ノ債ヲ負ヒ内ハ私鋳ノ弊ヲ生シ殆ント矯救スヘカラサルニ至ル一旦朝廷其疲弊ノ甚ヲ受ケ続テ東北ノ軍費莫大ニ及ヒ楮幣御発弘相成候ヘトモ国債私鋳ノ害上下ノ困迫此極ニ至リ量入為出ノ御目的スラ未相立然ルニ外国交際日ニ開ケ貿易月ニ盛ニ此時ニ膺リ会計ノ基礎不相立候テハ皇国御維持ノ儀如何可有之哉ト深ク御憂慮被為在今度上下同体政令帰一ノ　思召ヲ以テ偏ニ全国ノ力ヲ合セ従来ノ弊害ヲ矯救シ富国強兵ノ本ヲ被為開度就テハ条目ヲ以テ御下問被為在候間各意見可申出候事

一悪金銀ノ事

右私鋳厳禁ノ法幷贋金通用停止ノ始末

一内外国債ノ事

右利息ノ法幷返済ノ始末

一歳入歳出ノ事

右別紙ノ通不足ヲ補ヒ幷凶荒ヲ救ヒ不虞ニ備ルノ始末

（別紙）

歳入

凡総高七百九十二万五千石余
此免凡二分五厘ニシテ
米百九十八万千三百五十石余
内

歳出
一禁中
一皇太后宮
一後宮
凡現米十五万石
一神社営繕
凡現米三万石
一行政神祇外国刑法四官弾正台公議所待詔局共
凡現米十二万石
一民部官水利橋梁駅逓牧牛馬物産其外入費
凡現米十五万石
一会計官造幣鉱山営繕百官旅費其外用度
凡現米十三万石
一軍務官海陸軍用費
凡現米三十万石

一学校及開成所
　凡現米五万石
一病院貧院
　凡現米六万石
一製鉄所
　凡現米七万石
一諸官月金
　凡現米廿二万石
一京都東京大坂三府
　凡現米十万石
一諸県月金諸費養廉
　凡現米十五万石
一宮公卿及中下大夫其外俸禄
　凡現米十七万石
一降伏人及貧民等御扶助
　凡現米十二万石
一内債元債三百五十万両一ヶ年一割利分*1
一外債元債六百万両一ヶ年一割利分
　凡現米八万石

凡現米十三万石
一現米六十六万六千六百六十石余内外債三千万両十ヶ年済
一賞典
高百万石此現米廿五万石
一非常予備
一臨時入費
凡現米三十万石
合現米三百廿四万六千六百六十石余
出入差引不足
現米百廿六万五千三百十石余
別ニ諸税アリト雖トモ未タ其実ヲ審ニセス今此ニ略ス（在府諸侯中下大夫諸官人上士総代ヘハ二十五日御下問但シ右ノ外二十二日ニアル知藩事被任ノ件ヲ加フ）

【注解】 明治二年五月二四日、行政官および六官の五等官以上の官員が東京城に召会され、彼らに対し外国交際と内国会計の二件につき垂問があった。官員たちには勅問書が頒付されて、五月二八日までに奏対することとされた。[*2] 上に抜粋したのは、このうちの第二問、内国会計に関する勅問である。

勅問はまず前文で、理財は経国の要務であることを確認し（「理財ノ道ハ経国ノ要務ニシテ人心ノ離合風俗ノ厚薄ニ関係シ至重ノ事」）、次いで徳川幕府末期の財政運営の混乱と、その破綻について述べる。そのうえで、新たに立った明治政府も、幕府時代からの財政的混乱と悪貨の患害の影響を受け、また東北戦争の軍費支出などもあり、非常に困難な財政運営を強いられていることを強調している（「朝廷其疲弊ノ甚ヲ受ケ続テ東北ノ軍費莫大ニ及ヒ楮幣御発弘相成候ヘトモ国債私鋳ノ害上下ノ困迫此極ニ至リ量入為出ノ御目的スラ未相立」）。このような現状認識を示したのち、弊害を除去して富国強兵の基を築くためには、内国会計に関し百官群僚の忌憚のない意見を聞く必要があるとして、以下の三点の垂問がなされた。すなわち、

一贋悪貨幣の件、
私鋳を禁止し、贋悪貨幣の流通停止のための措置如何、
一内外国債の件、
内外国債の利子如何。および国債返済のための措置如何、
一歳入歳出の件、
歳入歳出の現状は別紙のとおりであるので、歳入の不足を補う措置、ならびに凶荒を救い、不測の災いに備えるための措置如何、

である。

災害対策という観点から注目されるのは、第三条の後半部分、すなわち、財政不如意の状況下でいかに凶荒を救い、不測の災いに備えるか、そのための措置を問うた部分である。凶荒とは、一般に、長雨・低温・日照不足・少雨・洪水・暴風・火山の噴火といった異常《アンユージュアル》な自然現象により農作物が不作となり（農業災害の発生）、その結果食糧不足が生じることを言うから、垂問のこの部分は異常《アンユージュアル》な自然現象に因る農作物被害（農業災害）に由来する、食糧不足、窮民の発生に手当てする方策（罹災者救援策）を尋ねたものと解することができる。また、「不虞ニ備ルノ始末」の部分は、〝不虞（予期せぬ災い）〟という言葉が抽象的であるが、異常《アンユージュアル》な自然現象の発生による被害の生起がそこに含まれることは確実であるので、自然災害による罹災者の発生に備えた救済物資の予備策などを指すも

のと考えられる（罹災者救援への備え）。これらの策を講じることにより、凶荒に起因する社会の混乱の防除・極小化がねらわれているのである。政府は、財政確立の見通しが立たない状況のなかであったが、「凶荒ヲ救ヒ不虞ニ備ルノ始末」を、社会的混乱の防除・極小化の視点から重要課題として認識していたのである。[*3][*4]

〔注〕

＊1　小さい活字が用いてある部分に見やすさを考慮して傍線を引いた。

＊2　大蔵省記録局（編）『大蔵省沿革志（上巻）』、五六頁。政府は、五月一三日、岩倉具視の建白に基いて議政官を廃し上下二議局を開いたが、これは、五月二一日に開かれたものに続く二回目の上局会議である（松尾正人『維新政権』、一〇三－一〇五頁）。大久保利通ら維新官僚は「みずからの権力の正統性を裏づける『公議』を標榜しつつも、それが公議政体路線への復帰につながることを否定」するため、「[五月一三日の] 官吏公選によって政府の中枢を掌握し、上局会議の開催にのぞんだのである。」上局会議において天皇からの諮問を受けたのは、「行政官をはじめとする六官や府県などの五等官以上の官員、および親王・堂上・麝香間祗候」であった。彼らに対して外国交際と内国会計の二件につき諮詢が行なわれた。上局会議は意見を交わす場ではなく、維新政権が必要とした「至当の公議」を調達する場として利用されたのである（同上、一〇五頁）。この時期の政局の動きについては、「民部官ヲ置キ神祇官以下六官ニ定メ従来弁事ヘ差出ノ願伺等六官ニ進致セシム」（明治二己巳年四月八日、第三四六）の項の【注解三】も参照せよ。

＊3　この点、「府県奉職規則」（明治二己巳年七月二七日、第六七五）の項（六九－二一四）を参照せよ。

＊4　本勅問書に付された歳入歳出概計書を見ると、災害予防の公共土木工事にかかわる内容をその内に含む「民部官水利橋梁駅逓牧牛馬物産其外入費」はおよそ現米一二万石で歳出全体の四・六％である。また、罹災者救助に関係する「降伏人及貧民等御扶助」、「非常予備」・「臨時入費」は、合わせるとおよそ現米四二万石で一三・二％となる（もちろん、これらの費目の歳出額すべてが堤防入費や罹災者救助に使われたわけではない）。「民部官水利橋梁駅逓牧牛馬物産其外入費」および「降伏人及貧民等御扶助」、「非常予備」・「臨時入費」が歳出全体の二割弱を占めるというのはかなり大きな数字に見える。ここで「明治元年一

月ヨリ八年六月ニ至ル歳入出決算報告書」（明治一三年二月一三日、太政官達）中の「自慶応三年十二月至明治元年十二月第一期歳入出決算表」を見ると、該期には《堤防、道路、橋梁修築費》として四八八、〇七九円七三銭九厘の支出が記録されている（『法令全書（明治一三年ノ一）』、六七七頁）。この数字は該期の歳出合計の約一・六％にあたる。また、「一般ノ賞賜、恩賜、養老金及ヒ水火風災等ニ罹ル者ノ賑恤、救助或ハ其貸金等ヲ集計」（同上、六三五頁）した項目である《恩賞、養老、賑恤金》は、二〇六、六六〇円六六銭九厘であった（同上、六七七頁）。この数字は該期の歳出合計の〇・七％にあたる。ほかに「降伏人及貧民等御扶助」に関係する項目としては、《民政局》があり、これは六六、〇〇〇円（〇・二％）であった（同上、六七八頁）。「明治元年一月ヨリ八年六月ニ至ル歳入出決算報告書」に掲げられている上記の数字の方が当時の行政実態に近いものといえよう。

一八、「民部官職制ヲ定ム」（明治二己巳年六月四日、第五〇三）

第六百二三依リ消滅*1

第五百三　　六月四日

民部官職制管五司

一等官

知官事

府県ノ事務ヲ総判シ戸籍駅逓橋道水利開墾物産済貧養老等ノ事ヲ監督スルヲ掌ル

二等官

副知官事

掌知官事ニ同シ

【1869年】（明治元年11月19日から明治２年11月29日まで）

三等官

判官事

官事ヲ糺判スルヲ掌ル

四等官

権判官事

掌判官事ニ同シ

○聴訟司

五等官

知司事

府藩県ニ於テ土地人民之儀ニ付裁判シ難キ訴訟ヲ聴断スルヲ掌ル尤決ヲ本官判事以上ニ受クヘシ余四司准之

六等官

判司事

司事ヲ糺判スルヲ掌ル余四司准之

七等官

権判司事

掌判司事ニ同シ余四司准之

○庶務司

知司事

聴訟司以下分司外ノ諸事ヲ専管スルヲ掌ル

判司事
　権判司事
　判司事権判司事ヲ以テ分課如左
　何人
　　戸籍地図掛
　何人
　　済貧養老賞典掛
　何人
　　金穀出納其他雑事掛
○駅逓司
知司事
　人馬制度諸賃銭増減助郷等ノ諸務ヲ専管スルヲ掌ル
判司事
権判司事
○土木司
知司事
　道路橋梁堤防等営作ノ事ヲ専管スルヲ掌ル
判司事
権判司事

○物産司
知司事
物産ヲ繁殖スル事ヲ専管スルヲ掌ル
判司事
権判司事
七等官
書記
事ヲ受上抄シ文案ヲ勘署シ及ヒ布令諸官府県ヘ往復書等ノ事ヲ掌ル
八等官
筆生
員外
官掌
給仕
使部
門番
右諸有司此規則ヲ守リ宜ク一体分支ノ意ヲ体シ本末ヲ弁ヘ職掌ヲ審ニシテ以テ協心戮力相勉励シ事務ヲ挙ケ行フヲ要ス総テ小権ヲ以テ大権ヲ犯シ己ノ務ヲ措テ人ノ務ヲ問フヲ戒シム若事ニ臨テ便ナラス或ハ別ニ良制アラハ更ニ商議ヲ経テ改革スヘシ

【注解一】 本件は、明治二年四月八日に設置された民部官の職制を定めたものである。[*2] 民部官知官事の職掌規定は、「府県ノ事務ヲ総判シ戸籍駅逓橋道水利開墾物産済貧養老等ノ事ヲ監督スルヲ掌ル」と定められた。[*3] この職掌規定は、応急救助や罹災者への貸付など各種の災害対策事務をその重要な構成部分とする府県事務の総体が民部官の所管となったことを示す。さらに、民部官設置にともない土木司が置かれ、土木司知司事の職掌が「道路橋梁堤防等営作ノ事ヲ専管スルヲ掌ル」と規定された。この土木司知司事の職掌規定は、『法令全書』収載の各種政府機関の職掌規定において、災害予防および復旧に係る公共土木工事である「堤防」「ノ営作」」が明記された初めての例である。

【注解二】 職員令官制公布直前の民部官の編成と職員を『官員録 全（明治二年七月改）』に拠って見ると、[*4] 本省部分は知官事松平中納言（松平慶永）・副知官事広沢四位（広沢真臣）以下、権判官事四、判官事試補二、書記六、筆生六、官掌七の二七名（判官事は零）、管下の司の部分は筆頭司である聴訟司が知司事玉乃東平（世履）と判司事三名、庶務司は知司事沢村脩蔵以下八名、駅逓司は知司事成田八九郎以下四名、土木司は知司事安永又吉（弥行）以下三名、物産司は判司事一名のみで、本省局司合わせて四七名である。民部官は職員数という点では会計官の約半分の大きさであったが、ただ単に規模が半分というのでなく、本省部分について見ると総員こそ二七名と会計官を上回るものの、知官事・副知官事に次ぐ判官事が零である一方、書記以下の下級官員が一九名とそのほとんどを占めるバランスの悪い構成であった。司の部分についても、庶務司（八名）を除けばいずれも一名から四名であり、職員組織としての実態は不十分のものであった。

民部官は職員令（明治二年七月八日公布）の官制下で民部省となり、八月にはこれが実質的に大蔵省に合併されてしまうが、民部官に置かれていた司で継続して存置された駅逓司と土木司はともに急速に組織（職員数）を肥大化させた。それはとくに、災害対策関係の公共土木事務をその職掌に含む土木司において顕著に見られた。職員令公布半年後明治二年一二月改の職員録で土木司は、安永弥行土木正のもと大佑一、権大佑四、少佑二、権少佑五、大令史一九、少令史四二、合計七四名という姿を見せている。[*5] 実に半年前の二五倍である。大令史、少令史の数の多いことがその特徴である。[*6] そして明治三年三月改の職員録では、土木司は一四四名の職員（兼任の者一名を含む）を擁する大組織となっていた。[*7]

〔注〕

＊1　「第六百二三依リ消滅」とあるが、第六百二は「租税司ヲシテ旧商法司ノ事務ヲ料理セシム」であるので、これは誤りである（『法令全書（明治二年）』、目録三五頁、本文二四六頁）。「民部官ヲ置キ神祇官以下六官ニ定メ従来弁事ヘ差出ノ願伺等六官ニ進致セシム」（明治二己巳年四月八日、第三四六）（六九－一三a）の頭注にある通り、「第六百二十二ニ依リ消滅」が正しい。

＊2　「民部官職制」の草案は同官副知事広沢真臣が作成した（佐々木克「版籍奉還の思想――広沢真臣を中心に――」、九六頁）。

＊3　これは「民部官職掌ヲ定ム」（明治二己巳年四月八日、第三四八）（六九－一三b）の規定と同文である。

＊4　『官員録全（明治二年七月改）』（御用官板所和泉屋市兵衛、須原屋茂兵衛）（国立公文書館デジタルアーカイブ）による。

＊5　『職員録（明治二年一二月改）』（御用官板所和泉屋市兵衛、須原屋茂兵衛）（国立公文書館デジタルアーカイブ）による。このとき駅逓司の職員は半年前の五倍に当たる二〇名であった。

＊6　民部＝大蔵省の中心司であった監督司や租税司が約半数あるいはそれ以上を権少佑以上から構成していたのと対照的である。

＊7　『職員録（明治三年三月［三日］改）』（官板、御用書物師和泉屋市兵衛、須原屋茂兵衛）（国立公文書館デジタルアーカイブ）による。

一九、「越後国ニ領地アル者外国船ヲ以テ囲米廻漕ノ節ハ越後府ノ免許ヲ請ケシム」

（明治二己巳年六月二三日、第五六〇）

第五百六十　　六月二十三日（達）

越後国所領有之面々囲米廻漕之為メ外国船相雇ヒ新潟入港致候処追々農商之米穀買込輸出致候輩有之甚以下方之難儀ヲ醸シ候趣右国中ハ昨夏大ニ水害ヲ蒙リ当秋迄ノ民食取続無覚束ニ付国中限リ売買可致旨兼テ布告モ有之通旁以向後囲米ニテモ外国船ヲ以テ廻送致シ候節ハ同府へ届出免許之上可取扱総而私ニ積出之儀堅ク被差止候事

【注解一】太政官が越後国に所領を有する各藩に向けて発した達である。内容は次の通り。[*1] すなわち、儲穀を漕輸する目的で外国船を雇い、それを新潟港に入港させる藩があるが、そのなかには農民や商人からも米穀を買い込んで他の地方に輸漕する例があると聞く。これは昨夏の水害のためにこの秋まで食糧が取り続くかどうか覚束ない状態の当地の下民たちをいっそうの難渋に追いやる行為であり、断じて認められない。先に越後府において米穀の売買は越後国内に限ると令したところである。このような次第であるので、今後はたとえ各藩の儲穀であっても外国船を使ってこれを廻漕する場合は、越後府[*2]にその旨を届け出、同府の許可を得てからとり行なうべし。決して密かに米穀を越後国外に積み出してはならない。

この達から、明治元年の水害[*3]を受けて、①明治二年六月にはすでに、越後府は、越後国内の食糧不足対策として、米穀売買の規制措置を講じていたこと（「昨夏大ニ水害ヲ蒙リ当秋迄ノ民食取続無覚束ニ付国中限リ売買可致旨兼テ布告モ有之」[*4]）、②規制措置実施下であるにもかかわらず、囲米廻漕の名目で外国船を雇い、藩の囲米だけでなく農民や商人からも米穀を買い込んでそれを漕輸する者が出たことを受け、政府（太政官）は、越後国内の米穀の流通規制を強化する方針を打ち出したこと（「向後囲米ニテモ外国船ヲ以テ廻送致シ候節ハ同府ヘ届出免許之上可取扱総而私ニ積出之儀堅ク被差止候事」）が知られる。信濃川の氾濫による大水害が越後国内に深刻な食糧不足を引き起こしている状況の下で、政府は、同国内の食糧不足への対応策として、米穀の流通規制の一層の強化に乗り出したのである。

【注解二】『大蔵省沿革志』本省の部明治二年一二月条は、本件に関係する事案として、「越後国饑荒セルヲ以テ各外国公使ニ報告シ新潟港ヨリ米穀ヲ搭載シテ他ノ開港場ニ輸漕スルヲ停止ス」と題する記事を掲載している。[*5] これは、「前年以来兵燹ノ災ニ罹リ、加之ノミナラス洪水ノ災害ニ遭ヒ、嗣テ今年五穀登ラス、来歳ノ秋稔ニ至ルマテ人民ノ食糧スラ給足スル能ハサラントス」という越後の窮状を踏まえ、この月、政府はまた新たに新潟港からの米穀の輸漕を禁じる措置（外国人が米穀を新潟港から他の開港場に輸漕することの禁止）を決定したこと（そしてこの決定を各外国公使に報牘したこと）を伝える。六月の達（本件）に続く新たな米穀の流通規制措置の発出である。以下に、この、新潟港からの米穀漕輸禁止を伝える外務省報牘を、載せる。[*6]

外務省報牘ニ曰ク、越後国ハ本ト米穀ヲ多産スルノ地方ナリ、然ルニ前年以来兵燹ノ災ニ罹リ、加之ノミナラス洪水ノ災害ニ遭ヒ、嗣テ今年五穀登ラス、来歳ノ秋稔ニ至ルマテ人民ノ食糧スラ給足スル能ハサラントス、因テ詳細ニ民口ヲ点検シテ貯米ヲ計量シ官府之ヲ賑救スルニ非サレハ則チ数万人民ノ生命ニ関係セントス、故ヲ以テ客歳七月本官副知事東久世通禧ノ各位ニ面晤セル日ニ結約セシ旨趣ニ照シ、今者新潟港ヨリ米穀ヲ搭載漕運スルヲ停止セント欲ス、故ニ此ノ簡牘ノ新潟港ニ逓到シテ在留貴国商民ニ布告スル本日ヨリ二月ヲ満過セハ搭載漕運ヲ禁遏ス可シ、因テ請フ各位ヨリ此ノ旨趣ヲ在留貴国人民ニ布告スルヲ。

これに対して英国公使パークス Sir Harry Smith Parkes は、次のような承諾の回答を寄せた。[*7]

英吉利国公使「ハルリー、エス、パークス」之レニ回答シテ曰ク、越後国内米粟過少ナルニ由リ其ノ輸出ヲ禁止シ、禁止ヲ発令スル本日ヨリ二月ヲ満過セハ始テ輸出ヲ停遏スルノ来旨ヲ承諾ス、然リト雖モ禁止ス可キノ事故ヲ済完セハ、即チ其ノ禁止ヲ解クヲ要ス、且ツ其ノ禁止ハ日本人ト外国人トヲ論セサル者ナル可ク、又タ禁止ノ期間ハ輸出免許証ヲ交付セサルハ日本人ト外国人トヲ論セサルナル可シ、即チ之ヲ新潟港在留領事ニ指令セリ。

〔注〕

＊1　『大蔵省沿革志』通商司の部明治二年六月二三日条は、「越後国内ニ封地ヲ有スル各藩ノ外国船舶ヲ以テ米穀ヲ漕輸スルハ、縦令ヒ私儲ニ係ル者ナルモ必ス越後府ノ認許ヲ取ラシム」と題し、本達を載せている（ただしテクストに異同がある）。本達の理解に便宜であるので、以下にこちらも引いておく（大蔵省記録局（編）『大蔵省沿革志（下巻）』、二五九頁）。

太政官宣達ニ曰ク、越後国内ニ封地ヲ有スル各藩其ノ儲穀ヲ運輸スル為メニ外国船舶ヲ新潟港ニ雇漕セシモ、聞ク近来併セテ農商ノ貯米ヲ収買シテ他方ニ運輸シ、細民甚タ困苦スト。蓋シ越後国ハ去年夏月大ヒニ水害ヲ被フリ、年穀登ラス民食匱乏ス、故ニ前キニ其ノ国内ヲ限リ米穀ヲ売買シ以テ有無相通ス可キヲ下令セリ、是ヲ以テ今後封地ニ蔵儲スル米穀ト雖モ外国船舶ヲ以テ輸漕スルニハ必ス越後府ニ申白シテ認許ヲ得可ク、厳ニ自私ニ輸漕スルヲ禁ス。

＊2　越後府は、越後国内の政府直轄地の統一的支配を目的として、明治二年二月八日に設置（再置）された機関である（「再ヒ越後府ヲ置ク」、明治二己巳年二月八日、第一三七）。ただし存続期間は半年ほどと短かった（七月二七日越後府は廃され、水原県に改められた）。また越後府廃止の同日、開港場の新潟に置かれていた新潟県も廃され、これまた水原県に合併された（「越後府ヲ廃シテ水原県ト為ス」、明治二己巳年七月二七日、第六七九、「新潟県ヲ廃シテ水原県ニ併ス」、明治二己巳年七月二七日、第六八〇）。この改置・合併を期に政府は水原県による越後直轄地の統一的支配を目指したのである。しかし、開港地新潟を抱えた水原県は、外交と内政の一元化問題のこじれなどから安定せず、結局明治三年三月七日に廃され、替わって新潟県が置かれることになった（「新潟県ヲ復シ水原県ヲ同県ニ移ス」、明治三庚午年三月七日、第一七七）。以上の、越後の政府直轄地統治機関の改廃の経緯については、新潟県（編）『新潟県史 通史編六 近代一』、一一三－一一三頁を参照せよ。

＊3　明治元年の越後水害については、とりあえず、新潟県（編）『新潟県史 通史編六 近代一』、八一－八二、一二四－一二五頁を

見よ。同年五月初めから雨が降り続いて信濃川が増水し、五月九日に三条で破堤し、一〇日には長岡から見附にかけて洪水に襲われた。水害は下流の蒲原地方にも及び、越後平野の広い地域が被災した。上掲書は、明治元年の越後水害の様子を、「戊辰戦争さなかの明治元（一八六八）年五月、越後は未曽有の大洪水に見舞われた。長岡より下流の信濃川流域では二〇数か所で破堤し、流れ込んだ濁流が平野一面を海のように変え、青草一本さえも見えないという惨状を呈した。しかし戦争中のため、領主も治水策にまでは手が回らず、夫人足や物資の徴発で困窮を極めていた農民たちの中には、餓死寸前にまで陥る者もあった」と記している（新潟県（編）『新潟県史 通史編六 近代一』、一二四－一二五頁、割注部分は省略）。また、同時代の史料である「明治二年九月十七日　新潟県用弁掛願書　治河会議所宛」には、明治元年の水災について、「流亡数万之諸民絶命之際ニ差臨、困苦之体難忍見」と書かれており（新潟県（編）『新潟県史 資料編一三 近代一 明治維新編Ⅰ』、八六四頁）、被害の甚大さが窺われる。尚、星為蔵の「明治気象災害年表」には、明治元年五月三〇日（一八六八年七月一九日）の項に「信濃川稀有の洪水（新潟）」の記載がある（星為蔵「明治気象災害年表」、三七三頁）。

＊4　「備荒令条制定と他邦への糶出禁止」（越後府発布、明治二年五月一〇日）。以下、『新潟県史 資料編一三 近代一 明治維新編Ⅰ』の《新潟県等の法令・布達》の部より、この布達中の関係部分を引く（同上、四三七頁）。

五月十日、昨年以来ノ兵火水害ニテ、本年ニ至リ、本国米穀既ニ乏匱スト云、此ニ於テ、越後府ニ於テ、備荒ノ令条ヲ設ケ、先ツ他邦ヘノ糶出ヲ禁シ、次ニ儲穀点検等ノコトヲ以テ、本国諸藩及ヒ其他各分局ヘ達シ、厳ニ周急ノ意ヲ遵守セシム、

当国ノ儀、去辰年、不容易水害ヲ受ケ、米穀闕乏、加之兵馬倥偬、付テハ国内ノ潰レ米不少、今日ニ至リ食料平均候ハヽ、決テ余米ハ有之間敷候、然ルニ、当年万一水旱ノ為メ、凶作等有之候ハヽ、小民ノ飢渇賑救ノ道尽果可申哉ト、深憂慮此事ニ候、仍テ左ニヶ条ノ通、備荒ノ令条相違候間、仁恤ノ趣意不取違、厚ク御取計可有之候也、

一、各藩各局支配中、百姓町人持合儲穀有之分ハ、総テ湊出並他国者ヘ売渡候儀、堅差留候事、

一、他国境又ハ湊続通、川端ニ番人申付、穀船相改メ、無印鑑ノ分、左ニ雛形ノ通仕立、国内通用売買聞届ケ候分ハ、相渡シ可申事（以下、印鑑雛形は省略。）

＊5　大蔵省記録局（編）『大蔵省沿革志（上巻）』、七六－七七頁。

＊6　同上。この外務省報牘は『法令全書』には見当たらない。

＊7　大蔵省記録局（編）『大蔵省沿革志（上巻）』、七七頁。括弧内は原文。

二〇、「気候不順ヲ以テ奉幣使ヲ氷川神社外二社ニ発ス」（明治二己巳年七月朔日、第六〇三）

第六百八[＊1]第六百九[＊2]参看

第六百三　七月朔日（行政官）

四五月来頻霖雨気候不順ニ付五穀成熟ノ程深　御煩慮被　思食候依テ此度一宮氷川神社幷府内神明宮日枝神社於三社一七ヶ日ノ間風雨順時五穀成熟ノ御祈被　仰付御祈中ハ奉幣使被差立候段被仰出候事
但来ル三日ヨリ執行ノ事

【注解一】本件は行政官発出の達である。その内容は、四、五月来の霖雨、気候不順のため凶作が強く懸念されるので、このたび武蔵国一宮氷川神社ならびに府内芝神明宮、山王日枝神社の三社に、一七日間の、風雨順時五穀成熟の祈祷が命ぜられた、尚、祈祷中は政府から奉幣使が遣わされる、というものである。

本項末尾の【付録一】、【付録二】は、それぞれ大宮県（氷川神社の所在地）、東京府（神明宮と日枝神社の所在地）に宛てられたもので、奉幣使出立の日取りとともに、事前の検分のために神祇官官員が神社に派遣されることを伝えている。

本件を災害直前予防の項目に採録することは、災害直前予防――異常《アンユージュアル》な自然現象が発生するおそれがあり、または発生して、災害が予期される場合に、その災害を防ぐ、あるいは極小化するために採られる行動・措置――の近代的概念から見ると、奇異または不当に感じられるかもしれない。しかし、現に異常《アンユージュアル》な自然現象が発生し、継続し（この場合は霖雨・気候不順）[*3]、それが被害をもたらす蓋然性が高いと認識されたときに、その被害の発生を食い止めるために採られた行動という点では、これ（三社における風雨順時五穀成熟の祈祷の実施命令の発出と奉幣使の派遣）はまぎれもなく災害直前予防の行動である。本件は、神に祈るという伝統的な災害直前予防の行動が明治政府によって採られていたことを示す。[*4]

【注解二】だが、祈祷の効果は無く、四月（西暦では五月中旬）以来の長雨と冷夏により、全国的に農作物被害が発生した（農業災害の発生）。また、七月一二日から一三日（西暦では八月一九日から二〇日）にかけては台風が来襲して、近畿・東海・関東・東北の各地方に大きな被害を与えた。この台風により上州では天明以来の大洪水が発生した。[*5] 長雨と低温による冷害は、広い範囲で飢饉を発生させた。[*6][*7]

政府は、八月二五日、「淫雨ニ付節倹ノ詔ヲ発シ官禄ノ内ヲ以テ救恤ニ充テシム」（明治二己巳年八月二五日、第八〇二）（六九―二九a）を発して広く節倹を呼びかけるとともに、二官六省の官員に官禄の一部を返上させて救恤に充てる措置を採った。さらに八月二八日には、東京府に米三、〇〇〇石、京都府に米七〇〇石を、窮民の救助目的でしばらくの間毎月下賜すると達した。[*8] 年末になると、「諸国一般不作米価追々沸騰」、「下民難渋」、「当節歳入総計ニテ百万石余之御不足」、「会計ノ目的難相立」という状況が現われた。こうした事態を受けて、政府は、「諸県官員官禄ノ幾分ヲ返上シ以テ救助ニ充テシム」以下一連の達を発出し、財政の苦境を訴えつつ、①官禄の返上を諸県の官員にまで拡大し、②よりいっそうの節倹を指示し、③官禄の現米渡しを一部取りやめ、さらに、④府県が予備米金を儲蓄することを禁じて、徴収した租税の全額を大蔵省に納付することを命じたのであった。[*9]

【付録一】「氷川神社ニ奉幣使参向日限」（明治二己巳年七月二日、第六〇八）（二四七頁。）

第六百八　七月二日（達）　大宮県

一宮氷川神社へ奉幣使来ル五日東京出立差向相成候其前神祇官官員為検分可罷越候間此旨為心得相達候事＊10

【付録二】「神明宮日枝神社ニ奉幣使参向日限」（明治二己巳年七月二日、第六〇九）（二四七頁。）

第六百九　七月二日（達）　東京府

神明宮日枝神社へ奉幣使来ル五日差向相成候其前神祇官官員為検分可罷越候間此旨為心得相達候事

〔注〕

＊1　「氷川神社ニ奉幣使参向日限」（明治二己巳年七月二日、第六〇八）。

＊2　「神明宮日枝神社ニ奉幣使参向日限」（明治二己巳年七月二日、第六〇九）。

＊3　長雨（霖雨）・冷夏などの異常性《アンユージュアリティ》については気象学者木村耕三の言を引いておきたい。すなわち、「干ばつ・冷夏・長雨など［は］、一日一日をとれば、それほど特異な状態ではない現象ながら、長期間それが続くことによって、異常なことになるという現象」である（木村耕三『災害は進化する――あすの危険の総点検――』、講談社、一九七一年五月、一〇〇－一〇一頁）。

＊4　本件における氷川神社等三社への風雨順時五穀成熟の祈祷の命令と奉幣使の派遣は、毎年一定の時期に行なう定例化された儀礼ではなく、現に発生している気象異常（霖雨）への対応である点に注目している。

＊5　星為蔵「明治気象災害年表」、三七三頁。

＊6　これは「巳年の困窮」と呼ばれた。明治二年の凶作については、千田稔「維新政権の地方財行政政策」、四四頁の表、および、松尾正人「明治二年の東北地方凶作と新政権」、六七－六八頁、同「維新政権の直轄県政――東北県政を中心として――」、八九－九二頁を参照せよ。千田は、上掲の論文の中で、明治二年の凶作の実態について、「［明治］元・二両年は九州を除いて全国的に風雨・洪水の被害にみまわれ、特に二年の凶作は冷害が加わって非常に深刻で、低生産力の東北は『飢饉とも可申申凶作』（損毛率平均七割以上）、関東は『稀成違作』（損毛率平均五割）、中部や近畿も『未曽有の凶作』」になったと記している

（千田稔「維新政権の地方財行政政策」、四三頁）。

下総国葛飾県では打ち続く世情不安と不作（農業災害）のため、明治二年六月には管内に端境期の夫食に事欠く者が現われた。このため葛飾県は飢民一人につき四升五合の御救米を下給している（松戸市誌編さん委員会（編）『松戸市史 下巻（一）明治編』、一二八頁）。この時期に葛飾県が行なった救済と、県に救済を求める農民の動きについて、『松戸市史』は次のように伝えている。「中金杉村（高二一五石六升三合）の例によると、飢民八戸、うち男二一人、女二一人計四二人で、壱石八斗九升の御救夫食米をうけた。また東平賀村の百姓たち十一名は、葛飾県に金札救恤金を三か年無利息で借用方を出願している。八ヶ崎村では同じく葛飾県に対し、向う二十年間年貢を減免されるよう歎願している。」（同上。）農民の窮迫に直面した葛飾県は、明治二年冬、旧幕時代の備荒法にならって「義倉穀」の設置を図った。この葛飾県の「義倉穀」は、県が主導し、県の制度として設けられた。すなわち葛飾県は、「義倉穀」を立てるに当たり官員を各村に出張させて制度設置の趣旨を村方に説明し、そのうえで村役人に対して出穀高ならびに人名などの書上げを命じた。運営についても県官（勧農方義倉掛）が中心となり、彼らが村方に置かれた義倉穀掛を指揮した（葛飾県の義倉穀について詳しくは、同上、一二八－一三三頁を参照せよ）。葛飾県の「義倉穀」は、府県奉職規則第五条（「常ニ凶年饑歳ノ慮ヲナシ予メ民患賑済ノ備ヲ設クヘシ（中略）附救荒ノ制相立ハ民部省へ伺出其決ヲ受クヘシ」）に対応した取り組みである（府県奉職規則については、「府県奉職規則」、明治二己巳年七月二七日、第六七五（六九－二四）を参照のこと）。

＊7　気象庁編集の『気象百年史』は、【災害被災都道府県個数】という表を載せている（気象庁（編）『気象百年史』、日本気象学会、一九七五年三月、再版、一九七五年一〇月、五〇三頁）。これは、「都道府県及び地方気象台発行の災害史及び『気象要覧』により、各年ごとの被災都道府県個数を求めて表にした」（同上、五〇二頁）ものである。本来、「災害の変遷を見るには、明治それぞれの種類の災害について、被害高（数量及び面積など）及び発生件数の経年変化を取り扱えばよい」（同上）のだが、明治の初年に遡ってのこの種の統計資料の作成は困難であるため、災害の歴史的変遷をたどる便法として、このような手法がとられたのである。こうした事情から【表：災害被災都道府県個数】は資料としての限界をもつが、それでも災害発生の広がり（規模）をおおまかに把握する手掛かりになりうる。そこでこの表に拠って、明治元年から二年、三年に至る時期の災害の発生状況（災害発生の地域数）を見ておくことにしたい。まず、明治元年は、大火六、暴風雨・風害一、水害二五、凶作二である。

元年は水害が発生した都道府県個数が二五と多い。この二五という数は明治年間で第六位の多さであり、明治期における平均水害被災都道府県個数一二・八の倍の数字である。明治二年は、大火六、暴風雨・風害一一、水害三、海難一、凶作一二である。凶作一二という数字が目立つ。これは明治年間で第二位の数字であり、この年が「巳年の困窮」と特記される事態であったことを頷かせるものである。明治三年は大火三、暴風雨・風害三二、水害九である。明治三年は暴風雨・風害が三二と大きな数字を示している。この明治元年から三年の時期には、災害の発生が農民の困窮を生み、農民騒擾が多発した。【表：災害被災都道府県個数】には、元年の水害発生都道府県個数一一（明治年間で第六位の多さ）、二年の凶作発生都道府県個数一二（同第二位）、三年の暴風雨・風害発生都道府県個数三二（同第二位）という数字が記されており、該期の災害の広がり（規模）の大きさを表わしている。尚、該期における農民の困窮と騒擾発生については、青木虹二「明治初期農民一揆年表（明治一〜一〇）」（『歴史学研究』、第三一八号、一九六六年一一月）、同『明治農民騒擾の年次的研究』（新生社、一九六七年二月）のほか、「民部省大蔵省分省セシム」（明治三庚午年七月一〇日、第四五七）の項（七〇－二二）も参照のこと。

＊8　「東京京都二府ニ救助米ヲ下付ス」（明治二己巳年八月二八日、第八一五）（六九－二九b）。

＊9　「諸県官員官禄ノ幾分ヲ返上シ以テ救助ニ充テシム」（明治二己巳年一二月二六日、第一一九四）、「諸道不実ニ付務テ節倹セシム」（明治二己巳年一二月二七日、第一一九五）、「官禄一石八両ノ宛ヲ以テ給付セシム」（明治二己巳年一二月二七日、第一一九六）、「諸道不実ニ付府県ノ予備ヲ止メ悉ク収納ノ金穀ヲ納入セシム」（明治二己巳年一二月二七日、第一一九八）。明治二年一二月二七日の達「諸道不実ニ付府県ノ予備ヲ止メ悉ク収納ノ金穀ヲ納入セシム」については、大蔵省記録局（編）『大蔵省沿革志（上巻）』、二五五頁も参照せよ。

＊10　氷川神社は、天皇の江戸城入城の四日後明治元年一〇月一七日に、祭政一致の復興を掲げた勅書をもって武蔵国鎮守、奉幣使派遣勅祭社に定められた（「祭政一致ノ道　御興復氷川神社　御親祭ノ詔書幷当月下旬行幸ヲ令ス」、明治元戊辰年一〇月一七日、第八五三）。今般の奉幣使派遣はこれを踏まえる。当時武蔵国は慶応二年六月の武州一揆の余波が静まらないなかにあり、それに加えて明治元年、二年と気象異常が続き、疲弊した民衆には不穏な動きが見られた。明治二年七月の氷川神社での風雨順時五穀成熟の祈祷はそうした状況下でなされたものであることに注意する必要がある。つまり、この祈祷および奉幣使の派遣は形式的あるいは儀礼的な性格のものではなく、切迫した状況認識のもとで行なわれたと見られるのである。（本注に記

した内容については森田悌先生からご教示を得た。記してお礼を申し上げる。）

二一a、「従来ノ百官並受領ヲ廃シ位階ヲ称シ神職僧官ハ旧ニ仍ラシム」

（明治二己巳年七月八日、第六二〇）

第六百二十　七月八日（達）（行政官）

三年第九百五十ヲ以テ非役有位ノ輩ハ位苗字実名ヲ署セシム*[1]

今般官位御改正ニ付従来之百官幷受領被廃候事

但位階四位ヨリ初位ニ至ル迄上下之称被廃候事

三年第八百四十五ヲ以テ旧官人諸大夫侍等ノ位階廃止*[2]

一是迄拝叙之位階ハ可為其儘尤無官之輩華族ヨリ諸官人末々ニ至ル迄位階ヲ以テ可称事

但正従ヲ以テ可称事

十七年七月七日宮内省達華族令参看

一華族之面々叙爵年限加級中置之儀ハ追テ　御沙汰可有之事

四年太政官第二百三十五ヲ以テ職員ヲ改正シ叙爵ヲ止ム*[3]

一神職之輩職号是迄之通無職之輩ハ位階ヲ以テ可称事

五年太政官第二百二十七号ヲ以テ廃止*[4]

一僧官是迄之通可相心得事

【注解】 明治二年七月八日、政府は本達を発出して「従来ノ百官並受領」を廃止し、[*5] また「職員令並官位相当表」を公布して「政体」に替わる新しい官制を建てた（二官六省の制）。これにより、政体書官制のもとで内政担当官庁として災害対策事務に携わってきた民部官、会計官は廃止され、代わりに民部省と大蔵省が建てられた。[*6]

『大蔵省沿革志』本省の部は、明治二年七月八日条にて、当日付の官制改革について次のように記している。[*7]

八日、官制位階ヲ改正シ、会計官ヲ廃シ、大蔵省ヲ建テ一寮六司ヲ管シ、卿舗《ママ》以下ノ職員ヲ置ク。

会計官知事万里小路博房宮内卿ニ転任シ、会計官副知事大隈八太郎大蔵大輔ニ改任ス、衙門ハ旧ニ仍ル。

是日行政官ヲ廃シテ太政官ニ併セ、民部官、会計官、軍務官、外国官、刑法官、内廷職、ヲ廃シ、神祇官、民部省、大蔵省、兵部省、刑部省、宮内省、外務省、待詔院、集議院、大学校、弾正台、皇太后宮職、皇后宮職、春宮坊、海軍、陸軍、留守官、宣教使、開拓使、按察使ヲ建ツ、位階十八ヲ設ケ、官位相ヒ当ル一位ヨリ八位ニ至ル各正従有リ、初位ニ大少ト曰フ、大蔵卿正三位ニ相当シ、寮頭ハ従四位ニ、司正ハ従五位ニ相当ス、大蔵省一寮六司ヲ統管ス、曰ク造幣寮、曰ク出納司、曰ク租税司、曰ク監督司、曰ク通商司、曰ク鉱山司、曰ク用度司。

〔注〕

＊1 「在官及非役有位ノ輩署名式ヲ定ム」（明治三庚午年一二月二二日、第九五〇）。

＊2 「旧官人元諸大夫侍並元中大夫等ノ位階ヲ廃シ国名並旧官名ヲ以テ通称ト為スヲ禁ス」（明治三庚午年一一月一九日、第八四五）。

＊3 「官社以下定額及神官職員規則ヲ定メ神官従来ノ叙爵ヲ止メ地方貫属支配ト為シ士民ノ内ヘ適宜編籍セシム」（明治四辛未年

五月一四日、太政官第二三五）。

＊4　「従前ノ僧官ヲ廃ス」（明治五壬申年八月一七日、太政官第二二七号）。

＊5　本達発出の政治的意義については、次掲の「職員令並官位相当表」（明治二己巳年七月八日、第六二二）の項の【注解二】を参照せよ。

＊6　内閣記録局編集の『明治職官沿革表 職官部』は、明治二年七月八日条に「定官制」の項を置き、次のように記している（傍線は筆者による）（内閣記録局（編）『明治職官沿革表 職官部』、二〇頁）。

官位ヲ改定シ二官六省以下ノ諸庁ヲ置キ旧制ノ百官及受領ヲ廃ス但神職僧官ハ旧ニ仍ル位階ハ旧制四位以下各上下アリ総テ三十階此ニ至テ上下ノ称及ヒ九位ヲ廃シテ十八階トナシ官位相当ノ制ヲ復ス八月廿日ニ至リ正従九位ヲ設ケ二十階トナス是ヨリ先六月廿四日ノ下問ニ云大宝以降官名沿襲ノ久シキ有名無実ノモノ少カラス昨春更始ノ際専ラ実用ニ基キ職制ヲ設クト雖モ未タ其名ヲ正スニ暇アラス依テ今般旧官ノ名ニ拠リ更始ノ実ヲ取リ斟酌潤飾別紙ノ如ク定メ更ニ衆議ヲ聞食サレ職制一定名実相適セシムルノ叡旨ナリト所謂ル別紙ナルモノハ即チ職員令ニシテ（以下、省略。）

新たな官制において民部省は諸省の筆頭に置かれ、民部卿には松平慶永、民部大輔には広沢真臣が任ぜられた（任命の日付はいずれも七月八日）。一方、大蔵省であるが、七月八日の時点では大蔵卿は空席で、大蔵大輔には大隈重信が任命された（参照、大蔵省百年史編集室（編）『大蔵省百年史 上巻』、一五頁）。

＊7　大蔵省記録局（編）『大蔵省沿革志（上巻）』、六二頁。傍線、二重線は筆者による。傍線は注意のために引いた。二重線はそこが割注の部分であることを表わす。

第六百二十二　七月八日

二一b、「職員令並官位相当表」（明治二己巳年七月八日、第六二二）

職員令*1

神祇官　（省略。）

三年第八百二*2ヲ以テ舎人雅楽二局ヲ置キ四年太政官第三百五十六*3ヲ以テ弁官ヲ廃シ同第四百*4ヲ以テ官制改定

太政官*5

左大臣　一人

右大臣　一人

掌輔佐　天皇。統理大政。総判官事。

大納言　三人

掌参預大政。献替可否。敷奏宣旨。

参議　三人

掌同大納言。

大弁　三人　中弁　五人

少弁　六人

掌受付内外庶務。

大史　権大史

掌勘　詔奏。造日誌。勘署文案。検出稽失。

少史　権少史

掌受事記録。

主記

掌同余史生。
官掌
使部
四年太政官第三百七十五*6ヲ以テ廃止
○民部省
卿　一人
掌総判戸籍。租税。駅逓。鉱山。済貧。養老等事。
大輔　一人　少輔　一人
掌同卿。余五省准此。
大丞　二人　権大丞
少丞　三人　権少丞
掌糺判省事。余五省准此。
大録　権大録　少録　権少録
掌勘署文案。撿出稽失。余五省准此。
史生
省掌
使部
四年太政官第四百*4ヲ以テ官制改定
○大蔵省

卿　一人

掌総判金穀出納。秩禄。造幣。営繕。用度等事。

大輔　一人　少輔　一人

大丞　二人　権大丞

少丞　三人　権少丞

大録　権大録　少録　権少録

史生

省掌

使部

○兵部省（省略。）

第千三十九*7ヲ以テ逮部司ヲ置キ四年太政官第三百三十六*8ヲ以テ廃省

○刑部省

卿　一人

掌鞫獄定刑名決疑讞。

大輔　一人　少輔　一人

大丞　二人　権大丞

少丞　三人　権少丞

大録　権大録　少録　権少録

大判事　二人　中判事　三人

少判事　四人
掌案覆鞫状。断定刑名。及判諸争訟。
大解部　中解部　少解部
掌問窮争訟。
逮部長　同助長　逮部
掌捕亡
史生
省掌
使部
○宮内省（省略。）
○外務省（省略。）
○寮
頭　一人　権頭
助　権助
允　権允
大属　権大属　少属　権少属
使部
○司
正　一人　権正

【1869年】（明治元年11月19日から明治２年11月29日まで）

大佑　権大佑　少佑　権少佑
大令史　少令史
使部
○待詔院（省略。）
○集議院（省略。）
○大学校（省略。）
三年第三百二十*[9]ヲ以テ大少巡察ノ権官ヲ置キ四年太政官第三十八*[10]ヲ以テ大少疏ノ権官ヲ置キ同第三百三十六*[8]ヲ以テ廃止
○弾正台
尹　一人
掌執法守律。糾弾内外非違。
大弼　一人　少弼　一人
掌同尹。
大忠　三人　権大忠
少忠　三人　権少忠
掌巡察宮中府中。糾弾非違。
大疏　少疏
掌同余大小《ママ》録。大少主典。
大巡察　少巡察　巡察属
掌巡察府藩県。糾弾非違。

史生
台掌
使部
○皇太后宮職（省略。）
○皇后宮職（省略。）
○春宮坊（省略。）
第千百二十五*[11]ヲ以テ正権典事ヲ置キ三年第五百八十八*[12]ヲ以テ庁掌ヲ置キ四年太政官第五百二十*[13]ヲ以テ開港場ニ訳官ヲ置キ第五百六十*[14]ヲ以テ官制改定
○府
知事　一人
掌知府内社祠。戸口名籍。字養百姓。布教化。敦風俗。収租税。督賦役。判賞刑。知僧尼名籍。但府内有互市場。則兼知貿易事務。
大参事　権大参事
掌参判府内事務。藩県大参事准此。
少参事　権少参事
掌参判府内小事。
大属　権大属　少属　権少属
史生
三年第五百七十九*[15]ヲ以テ藩制改定四年太政官第三百五十三*[16]ヲ以テ廃藩

○藩 分為大中小三藩
知事　一人
掌知藩内社祠。戸口名籍。字養士民。布教化。敦風俗。収租税。督賦役。判賞刑。知僧尼名籍。兼管藩兵。
大参事　権大参事
少参事　権少参事
三年第五百八十八[*12]ヲ以テ庁掌ヲ置キ四年太政官第三十七[*17]ヲ以テ権大参事ヲ置キ第五百二十[*13]ヲ以テ開港場ニ訳官ヲ置キ第五百六十[*14]ヲ以テ官制改定
○県
知事　一人　権知事
掌知県内社祠。戸口名籍。字養百姓。布教化。敦風俗。収租税。督賦役。判賞刑。知僧尼名籍。但県内有互市場。則兼知貿易事務。
大参事　少参事
大属　権大属　少属　権少属
史生
○海軍（省略。）
○陸軍（省略。）
○留守官（省略。）
○宣教使（省略。）
三年第二百六十六[*18]ヲ以テ正権監事ヲ置キ五年太政官第二百三十四号[*19]ヲ以テ官制改定

○開拓使
長官　一人
　掌総判諸地開拓。
次官　一人
判官　権判官
大主典　権大主典
少主典　権少主典
史生
三年第六百三十四[*20]ヲ以テ廃止
○按察使　官員同開拓使
　掌按察府藩県政績。
四年太政官第四百[*4]ヲ以テ官位相当ヲ廃ス

官位相当表（省略。）

【注解二】 前述したように、明治二年七月八日、政府は、達「従来ノ百官並受領ヲ廃シ位階ヲ称シ神職僧官ハ旧ニ仍ラシム」（明治二己巳年七月八日、第六二〇）（六九－二一ａ）を発出し、また「職員令並官位相当表」（本件）を公布して、「政体」に替わる新しい官制を建てた（二官六省の制）。このとき、災害対策関係事務を所管する内政担当官庁としては民部省と大蔵省が設置され、また地方当局として府、藩、県が置かれた。[*21] この官制において、災害予防および災害復旧土木事務を担当する土木司は民部省の下に、罹災者救援（災害減免租）事務を所管する租税司（および財務全般の統制をうけもつ監督司）は大蔵省にそれぞれ配置された。

【注解二】 明治二年七月八日の官制改革の意義については、『内務省史』が次のように記している。*22「版籍奉還を決行した直後の七月八日、［政府は、］太政官達をもって新官制『職員令』と『官位相当表』を公布した。これは、前年来の『政体書』体制を全面的に改め、公議政体を標榜する三権分立的形態を払拭して、形を往古の律令官制に則ったものである。（中略。）戊辰戦争を完遂し、版籍奉還を強行した政府として、公議政体はもはや意味がなく、これを捨てて有司専制へと大きく転回するに当たって、このような集権的官制の制定を行なったことは、むしろ当然なことであった。すなわち、この改正は、（中略）、形は復古であるが、その目途とするところは中央集権による行政権の強化であって、これを復古の名において行なったまでである。したがって、この点は『政体書』より遥かに現実政治に即応するものであった。*23」また、松尾正人は、版籍奉還から職員令並官位相当表の制定に至る改革の政治的意義を、次のようにまとめている。すなわち、「この職員令における旧来の百官の廃止と新たな官位相当の制定は、身分によるそれまでの制約を大きく取り除いた点で、諸侯や宮廷勢力の後退をよぎなくさせた」、「各省の実務は大輔以下の鹿児島・山口・高知・佐賀藩出身の士族に握られ、［親王・公家出身者は］宮内省を除いてその実権を喪失し」た、「諸侯も、松平慶永とその後任となった伊達宗城を除き、すべて排除された」、「版籍奉還の結果、諸侯と公卿はいづれも華族とされ、旧藩主は知藩事に任じられ、宮廷勢力は華族として天皇制の外面をかざる立場に限定された。版籍奉還断行と職員令制定を通じて、諸侯を天皇の『藩屛』と位置づけ、実権を有力藩出身の下級士族層が掌握するという維新政権の権力編成が進展したのである」、と。*24

2. 「中央集権による行政権の強化」を目指すこの官制改革において、内政を担当する省としては民部省と大蔵省の二つが置かれた。ただし、この二省の設置をめぐっては複雑ないきさつがあった。そしてそこには以後に展開する両省の対立の萌芽がすでに現われていたといえる。ここに、明治二年七月の官制改革における民部、大蔵二省設置のいきさつをまとめると、次のようである。[*25] すなわち、明治二年六月半ば、官制改革をめぐる論議のなかで、政府中枢では、民部官廃止の方向で議論が進められていた。議定岩倉具視、輔相三条実美らはこの方向であった。[*26] 具体的な官制改革案たる職員令草案の作成には、主に副島種臣があたった。草案ができあがり、政府は六月二三日にこれを部内五等官以上と無職の華族に公表して、彼らに意見を求めた。[*27] この六月二三日の草案では、神祇・太政の二官と式部・大蔵・兵部・外国・刑部の五省という構成であり、そこに民部省は無かった。府県事務を総判する内政担当省として四月八日に設置された民部官を廃止し、民部官の所掌事務は大蔵省が吸収するというのが、六月二三日提示の草案の内容であった。『内務省史』によれば、このような民部官廃止案が作成された背景には、「民部・会計両官間の不和―両官の権限紛争」があった。この民部官廃止案に対して、民部官副知事広沢真臣が三条輔相に抗議し、[*28] 七月三日には民部省が復活、八日の職員令となった。[*29] 新官制において、民部省は諸省の筆頭に置かれ、地理・土木・駅逓の三司を管した。

〔注〕

＊1　ここに掲出した職員令（『法令全書』に掲載されている職員令）は明治二年八月二〇日の改正を経たものである。すなわち、『法令全書』掲載の職員令は七月八日制定の職員令とは異なるということである。この点に付き、参照、稲田正次『明治憲法成立史 上巻』（有斐閣、一九六〇年四月）、六三頁、松尾正人『廃藩置県の研究』、一〇九頁。八月二〇日の改正において変更された主要な点については、稲田正次『明治憲法成立史 上巻』、六三―六四頁を見よ。七月八日制定の職員令と八月二〇日改正後の職員令とを比べた場合の相違点として、本書の主題にかかわるものには、民部卿と大蔵卿の職掌規定がある（同上、六三頁）。七月八日制定の職員令では民部卿の職掌が「掌物判戸籍駅逓橋道水利開墾物産済貧養老等事」となっており、これは民部官知官事の職掌規定とほぼ同じで、八月二〇日改正後の職員令の規定とはかなり異なる。また、七月八日の職員令制定時の大

蔵卿の職掌は「掌惣判租税貢献秩禄用度金銀貨幣倉庫営繕鉱山等事」であり、こちらも「会計官職制章程ヲ定ム」（明治二己巳年五月八日、第四二五）における会計官の職掌規定に近く、八月二〇日改正後の職員令の規定とは異なっている。

＊2 「太政官中ニ舎人局雅楽局宮内省中ニ次侍従内舎人局御厩局ヲ置ク」（明治三庚午年一一月七日、第八〇二）。

＊3 「弁官ヲ廃ス」（明治四辛未年七月一四日、太政官第三五六）。

＊4 「官制等級ヲ改定ス」（明治四辛未年八月一〇日、太政官第四〇〇）。

＊5 原文に付されている振り仮名はすべて省略した。

＊6 「民部省ヲ廃ス」（明治四辛未年七月二七日、太政官第三七五）。

＊7 「刑部省中逮部司ヲ置ク」（明治二己巳年一一月五日、第一〇三九）。

＊8 「刑部省弾正台ヲ廃シ司法省ヲ置ク」（明治四辛未年七月九日、太政官第三三六）。

＊9 「大少巡察ノ権官ヲ置ク」（明治三庚午年四月二九日、第三二〇）。

＊10 「弾正台中ニ大少疏ノ権官ヲ置ク」（明治四辛未年正月二三日、太政官第三八）。

＊11 「府ノ職員中ニ正権典事ヲ置ク」（明治二己巳年一二月八日、第一一二五）。

＊12 「府県ニ庁掌ヲ置ク」（明治三庚午年九月一三日、第五八八）。

＊13 「開港開市場ノ府県ニ訳官ヲ置ク」（明治四辛未年一〇月七日、太政官第五二〇）。

＊14 「府県官制ヲ定ム」（明治四辛未年一〇月二八日、太政官第五六〇）。

＊15 「藩制」（明治三庚午年九月一〇日、第五七九）。

＊16 「藩ヲ廃シ県ヲ置ク」（明治四辛未年七月一四日、太政官第三五三）。

＊17 「県官定員中ニ権大参事ヲ置ク」（明治四辛未年正月二二日、太政官第三七）。

＊18 「開拓使ニ監事権監事ヲ置ク」（明治三庚午年四月五日、第二六六）。

＊19 「開拓使官等表ヲ定ム」（明治五壬申年八月二四日、太政官第二三四号）。

＊20 「按察使ヲ廃ス」（明治三庚午年九月二八日、第六三四）。

＊21 地方当局としての府、藩、県は、民部・大蔵両省の監督のもと災害対策関係事務にあたる実施機関と位置づけられる。

＊22　大霞会（編）『内務省史 第一巻』、三六－三七頁。

＊23　版籍奉還の決行は、明治二年六月一七日であった。参照、「諸藩版籍奉還ノ請ヲ聴ス」（明治二己巳年六月一七日、第五四三）、「版籍奉還ヲ請ハサル諸藩ニ奉還ヲ命ス」（明治二己巳年六月一七日、第五四四）。『内務省史』は、七月八日の官制改革の前段に置かれた版籍奉還の意義についても次のように述べている。すなわち、「版籍奉還後の地方制度が、府藩県三治制であることは『政体書』体制となんら変わらないが（中略）、諸侯が版すなわち領地と、籍すなわち領民とを政府へ奉還したので、藩そのものは基本的に変質した。これは長年の徳川封建に終止符を打つものとなった。これで藩は事実上、中央政府の地方行政区となり、その意味では府県と変わらないものとなって、地方三治は事実上地方一治と化したのである。（中略。）府県と藩の所轄事項は法規上の差異はほとんどなく、制度上における府県対藩の同質化がより徹底されている。しかし、これはあくまで法規上のことで藩政の旧態が依然として残されていたことはいうまでもない。」（同上、四〇頁。）

＊24　松尾正人『廃藩置県の研究』、一〇六－一〇七頁。

＊25　稲田正次『明治憲法成立史 上巻』、六五－六六頁、大霞会（編）『内務省史 第一巻』、三七－三九頁、松尾正人『廃藩置県の研究』、一〇一－一〇四頁、参照。職員令の発布直後からその動きが表面化していく民部省と大蔵省の合併問題については、後掲の「租税監督通商鉱山ノ四司ヲ民部省ニ属セシム」（明治二己巳年八月一一日、第七二四）の項（六九－二七b）を見よ。

＊26　六月一四日付の三条宛岩倉具視の書簡には、次のような一節が見られる。「昨日御評議の通知県事愈大に被遊民部御廃し等の儀、今日木戸え篤と御談し其上広沢え篤と々々御申談無之ては、万々不相済事と存候。同人にも出格尽力府県の規律相立掛け候処、又奥羽所置に至り候ても全く尽力にて方向相立候処に付、呉々御大事と存候。尤総ての規則相立候上被廃候事と存候。」（明治二年六月一四日付三条実美宛岩倉具視書簡」、所収、日本史籍協会（編）『岩倉具視関係文書 四』、二七九頁。引用に際し、句読点を付した。）岩倉としても、民部官副知事としての広沢の仕事ぶりは大きく評価するところであって、それだけに民部官の廃止には彼の同意を得つつ慎重にこれを進めることが肝要であるとの意向がここに示されている。

＊27　「太政官日誌」、明治己巳第六十七号、自六月二十日至二十五日（所収、石井良助（編）『太政官日誌 第三巻』、三四七－三四八頁）。

＊28　民部官知事松平慶永も、「御深謀被為在候義と奉拝察候得は、御廃興の可否は不申上」としながらも「被廃官候儀はいかにも

重大の儀にて候」と述べ、民部官の廃官ではなく、知事らの人事の交代で対処できないものかと、岩倉らに訴えている。「已に民部官被廃候哉にも有之、右に付ては相当官は私始一同如何相成候哉、甚以心配仕候。不被廃官、知事始御人撰に不適候義に候は丶、御取替可相成義と奉存候。右御人撰替相成候義に候は丶、御至当の義にて候。」（「明治二年六月三〇日付岩倉具視徳大寺実則宛松平慶永書簡」、所収、日本史籍協会（編）『岩倉具視関係文書 四』、二八六－二八七頁。引用に際し、句読点を付した。）また、熊本藩知事細川韶邦も六月二三日の下問に対する奉答の中で民部省を式部省の次に加えることを主張している（稲田正次『明治憲法成立史 上巻』、六六頁）。

＊29　明治二年六月から七月初頭にかけての、民部官（民部省）と会計官（大蔵省）の合併問題の複雑な動きを、民部官副知事広沢真臣の日記で追うと、次のようになる（抜粋文中の／は、行が替わることを示す）。「早朝輔相公え参殿会計民部隔絶紛紜の情実御相談有之於　／　朝廷岩倉卿御相談も同断なり」（六月一三日）。「今般官制名実相適候様御改正被遊度旨御下問被　仰出知官事参　朝にて奉命す」（六月二三日）。「朝第九時知官事越公［民部官知事松平慶永］え行判事知司中集会官制御改正一件に付　／　勅答書相調幷民部官可被廃に付見込申上旁直様知官事公一同輔相公え参殿折柄板垣参与も参り合委曲及言上夜四時帰寓」（六月二七日）。「民部官の儀過日職制御改正御下問に付ては可被廃哉の所弥従前の通被差置候段知官事え輔相公より　御沙汰有之候事」（七月三日）。「別御用有之民部官知事一同輔相より今般職制御改正弥御決定明日御発表の段御内定達奉畏候事」（七月七日）。「今日第二字参　朝輔相卿より左の通被　仰出奉畏候事　／　広沢従四位　／　任民部大輔」（七月八日）。「津田橘次郎中村幹之助民部大丞林栄次郎渡辺清同権え昨日任官の事」（七月一二日）。広沢の日記の記述によりこの問題を見ると、①六月半ばまでには民部会計合併案が輔相三条実美、議定岩倉具視のもとに提出され、②この案について三条と岩倉はそれぞれ民部官副知事の広沢に意見を求め［広沢、民部官存置の意見を述べる］（六月一三日）、③しかし広沢の民部官存置の意見は通らず六月二三日に民部官廃止の官制改革案が示され、④それに対して民部官知事松平慶永および広沢らが抗議し（六月二七日）、⑤結局民部官は存続となり、輔相三条がその旨を広沢らに伝えた（七月三日）、という展開になる（日本史籍協会（編）『広沢真臣日記』、二一六、二一八、二一九、二二〇、二二一－二二二、二二三頁。日記本文への注記部分は省略した）。

二二八、「夫食種籾農具等貸下ノ措置ヲ定ム」（明治二己巳年七月一四日、第六五二）

三年第三百七十八*[1]四年太政官第二百七十五*[2]参看

第六百五十二　　七月十四日（大蔵省）

関東伊豆国奥羽七州　府　県

関東筋並伊豆国御料村々租税其外取扱方当分心得方ノ儀箇条ヲ以去辰十二月中相達置候内*[3]夫食種籾農具等諸拝借其外御救助ノ儀旧幕中米金等口々貸渡置候分ハ被下切此後拝借等願出候分精々吟味ノ上以来被下切ノ積取調可被相伺旨相達置候処御料郡村ハ広大ノ儀ニ付総括イタシ候得ハ不容易御出方ニ相成候儀ニ付願立ノ員数格別ニ減少イタシ可被相伺筋ノ処左候テハ一時ノ凌方差支候場合モ可有之哉ニ付先ツ旧慣ニ仍リ相当ノ割合ヲ以拝借ニ被　仰付候方当座ノ甘キ出来却テ御救助ニモ相当リ候間向後急夫食其外相続類焼種籾農具等ノ諸拝借願出候ハ、都テ無利足ヲ以御貸渡年賦返納ノ積可相成候間右ノ心得ヲ以精々遂吟味相伺候様可被致尤臨時非常ノ御救助ハ別段御評議可被　仰付儀モ可有之此段更ニ相達候事

【注解一】　達「夫食種籾農具等貸下ノ措置ヲ定ム」の要点
【注解二】　罹災後の生活支援策に関する方針の転換
【注解三】　救助方針転換の論理
【注解四】　《府県支出による罹災者の生活支援策》に関する法令の展開

【注解一】　大蔵省が関東伊豆国奥羽七州の府県に宛てて発した達で、これらの府県管内の村々の、夫食、種籾、農具代等の貸し渡し、その他救助の件について令したものである。*[4]要点は、以下の三点である。①昨年一二月、関東

筋並びに伊豆国の御料の村々の租税その他の取り扱い方に関する当分の心得を、箇条書きの形式で達し置いたところであるが、そのなかで、夫食、種籾、農具代等の貸し渡し、その他救助の件については、旧幕中に貸し渡した米や金などは渡し切りとして返納を求めない、これから後の貸し渡しの願い出についてはよく吟味したうえで渡し切りにするつもりで取り調べてその処置に関して伺いを立てよ、と指示を行なった。しかるに、御料の郡村は広大であるため、夫食、種籾、農具代等に充てる渡し切り米金の量をまとめると容易ならぬものとなろう。そのため願い出の人数を減らして伺いを立てるようにするというのが筋であるけれども、このような取扱いをしたのでは、一時の窮状を凌ぐことができない者が出てくることも考えられる。そこでまず、夫食、種籾、農具代等の拝借の願い出があった場合には、旧慣にしたがい貸し渡しを行なうことを方針とする。②今後緊急の夫食貸しその他、また火災の発生により種籾代や農具代等の拝借の願い出が出された場合には、すべて無利息で貸し渡し、年賦で返納させるものとする。そのように心得て申請を精細に吟味し、その処理につき大蔵省に伺いを立てること。③臨時非常の救助（災害発生時の応急救助）については、別途評議に付す。

①は、今後、夫食、種籾、農具代等に関し拝借の願い出があった場合には、旧慣に則り貸し渡すという方針を示したものである（「賑貸」、「救助貸」）。②は、貸し渡しの際の条件を規定したもので、無利息、年賦返納がその条件とされた。③は「賑貸」とは別の件、非常の災害が発生し応急の救助が必要になった場合の対応についてで、これに関しては別途評議に付すとした。

【注解二】 本達発出の半年前、政府は、関東府県に宛てて達「定免切替伺其他租税取計及諸帳簿進致ノ方ヲ定ム」（明治元戊辰年一二月二四日、第一一四四）（六九－六）を出した。これは、新政府としての、罹災後の生活支援策に関する一般的な方針提示の嚆矢であったが、そこで示された姿勢は、夫食、種籾、農具代については年季を定めて貸し付けることはせず、念入りに調査を行なった上で渡し切りの方針を採るというものであった（これは実質的には給付の方針をもって臨むということである）。この明治元年一二月の達「定免切替伺其他租税取計及諸帳簿進致ノ方ヲ定ム」と本達を照し合わせてみると、本達において、夫食、種籾、農具代等に関する救助について、渡し切り（被下切）から貸し渡し（御貸渡）へと方針の転換がなされていることが知られる。

この転換の論理は次のようであった。すなわち、①昨（明治元）年一二月二四日に、今後夫食、種籾、農具代の拝借要求が出た場合の対応方として、念入りに調査した上で渡し切りとして処置するという方針を出した。②しかるに、この方針では莫大な出費が想定される。③だからといって救助の対象を狭くとる（減らす）のも得策ではない。そこで、④（②③のような認識の下で）夫食種籾農具代等の救助は旧慣に則り貸し渡すという方針を採るものとする（給付から貸渡への方針転換）。この方針転換によって、新政府の、罹災者に対する生活支援策、とくに食糧、種籾、農具等の手当ての方面での救助政策は、ひとまず、幕府時代以来の旧慣（夫食種貸）に則ったかたちのものとなったのである。

【注解三】 本達の二か月前に定められた「会計官職制章程」においては、節倹こそが財政の要義にして方今の急務であると緊縮が強調され（「節倹ハ財政ノ要義ニシテ殊更方今ノ急務ナリ　叡旨ニ出ルコトト雖モ忌諱ヲ憚ラス諫争シ力メテ省約ニ従フヘシ」）、また、「例外ノ出費ニ至テハ軍用ノ急務等既ニ決議ヲ経ル者ト雖モ覆聞シテ止ムルコトアルヘシ」とするなど、財政的窮迫への危機意識が前面に出されていた。*5 しかるに本達では、「先ツ旧慣ニ仍リ相当ノ割合ヲ以拝借ニ被　仰付候」と、一見緊縮方向を緩めるかのような救助方針が示されている。この両者をつなげて理解するための鍵はどこにあるだろうか。それは、上述の渡し切り（被下切）から貸し渡し（御貸渡）への方針転換にある。すなわち、緊縮の必要性は高いが、それを理由とした救助の締め付けは農民の反発を招く恐れがあるから行なわない。代わりに救助の内容を渡し切りから貸し渡しに替える。これにより当面一時的には救助実施のために財政支出が増大するかもしれないが、中期的には貸渡金の返済により一時的に増大した支出は補填される。しかもこの貸渡金によって窮民は急場を凌ぐことができ、それにより社会的安定という利益も得られる。本達の内容（救助方針の転換）はこのように理解されるべきものである。[*6] ここには、政府の、農民を恐れる姿勢が垣間見られる、と言うべきであろう。[*7][*8]

【注解四】 府県の支出に係る罹災者の生活支援策は、このあと、災害直後の緊急の救援（炊出し、仮小屋の提供など）と、それに引き続く時期の食糧や種籾、農具代等の貸し付け（賑貸、救助貸）（罹災後の生活支援）とに分節されながら展開を見せていくことになる。明治一三（一八八〇）年備荒儲蓄法（明治一三年六月一五日太政官布告第三一号）に至るまでのこの分野の法令の展開を整理して、以下に掲げる。[*9]

《府県支出による罹災者の生活支援策》に関する法令の展開

一八六九・二・五

「定免切替伺其他租税取計及諸帳簿進致ノ方ヲ定ム」（明治元戊辰年一二月二四日、第一一四四）（六九－六）（会計官。関東府県宛）

一夫食種籾農具等諸拝借其外御救筋

是ハ（中略）此後拝借等願出候分年季借ノ儀ハ相止メ精々吟味ノ上被下切ノ積リ取調可被相伺候

夫食、種籾、農具代などの拝借、その他御救助筋の件。今後人民が夫食、種籾、農具代などの拝借を願い出て来たときには、年季を定めてこれらを貸し付けることはせず、念入りに調査を行なったうえで渡し切りの方針で書類を調え、伺いを立てるものとする、と令した。つまり、政府は、夫食、種籾、農具代については、貸し付けではなく、実質的には給付（被下切）の方針を採ったということである。

一八六九・八・二一

「夫食種籾農具等貸下ノ措置ヲ定ム」（明治二己巳年七月一四日、第六五二）（本項）（大蔵省。関東伊豆国奥羽七州府県宛）

（前略）夫食種籾農具等諸拝借其外御救助ノ儀（中略）先ツ旧慣ニ仍リ相当ノ割合ヲ以拝借ニ被　仰付候（中略）向後急夫食其外相続類焼種籾農具等ノ諸拝借願出候ハ、都テ無利足ヲ以御貸渡年賦返納ノ積可相成候間右ノ心得ヲ以精々遂吟味相伺候様可被致尤臨時非常ノ御救助ハ別段御評議可被　仰付儀モ可有之

夫食、種籾、農具代等に関する救助の取り扱いについて。これらに関しては、旧慣に則り貸し渡しを行なうこととする。すなわち渡し切り（被下切）から貸し渡し（御貸渡）へ救助方針の転換を行なったのである。貸し渡しの条件は、無利息、年賦返納である。申請があったら府県でそれを精細に吟味したのち大蔵省に伺いを立て、その承認を得たうえで貸し渡す。非常の災害が発生し応急の救助が必要になった場合については、別途評議に付す。

一八六九・九・三

「府県奉職規則」（明治二己巳年七月二七日、第六七五）（六九－二四）（輔相）

一常ニ凶年饑歳ノ慮ヲナシ予メ民患賑済ノ備ヲ設クヘシ

附鰥寡孤独廃疾無告ノ窮民ハ常ニ僉議ヲ尽シ速ニ救助スヘシ総テ一時ノ賑恤ニ非ス年月ヲ経ル救助ハ其仕法ヲ記シ民部省ヘ伺出其決ヲ受クヘシ唯漸次産業ニ基キ貧民減少ナラシムルヲ要ス尤天災禍乱ニテ一日モ遷延シ難キ賑恤ハ此法ニ不拘速ニ施行ノ後民部大蔵両省ヘ届出ツヘシ

附救荒ノ制相立ハ民部省ヘ伺出其決ヲ受クヘシ

常に凶作の発生を考慮に入れ、人民の災難を救助するための備えをしておくこと、これを府県の職務として規定した（凶荒への備えに関する一般的規定）。

年老いて連れ合いを亡くした窮民、身寄りのない窮民、不治の疾病におかされた窮民、頼りにする宛てのない窮民、このような窮民については、常に評議を尽くしたうえで速やかに救助すること。一時的な救助ではなく、長期にわたる救助を行なう場合には、その仕法を詳しく記載した伺いを民部省に提出し、民部省の承認を得なければならない。ただ、貧民対策としては、漸次産業を興して、貧民を減らしていくことが肝要であるので、これを忘れてはならない。もっとも、天災や戦乱のために一日たりとも先送りできない賑恤については、本法の規定にかかわらず、まず速やかにこれを施行したうえで、後日民部、大蔵両省へ届け出ること（天災発生時の緊急の罹災者救助に関する規定）。

飢饉の際の救助の制度を設けるときは、その旨民部省に伺いを出し、承認を得なければならない。

一八七〇・一・九

「水火災ノ節窮民救助ノ措置ヲ定ム」（明治二己巳年一二月八日、第一一三〇）（七〇－三）（民部省。府県宛）

（前略）水火ノ両災ヲ受候者共ハ急夫食等時日ヲ移シ人命ニモ拘リ候様ノ儀有之候テハ不容易儀ニ付得ト遂吟味其急ヲ救ヒ候ハ尤至当ノ所置ニ候処各地方ニテ区々ノ取計モ有之候テハ不都合ニ付譬ハ洪水ニテ堤切入人家押流シ又ハ数日家居床上迄水湛或ハ火災ノ節夫食諸道具可持退猶予無之皆焼失イタシ凍餒目下ニ迫リ難捨置分等凡日数十五日ヲ限一日男ハ米三合女ハ二合ノ当リヲ以速ニ施行イタシ其段相届可申其上ニモ取続難相成諸拝借等相願候分ハ事宜得ト遂吟味兼テ御布令ノ通心得取調相伺候儀ト心得区々不相成様可取計候事

①水災に罹った者たち、火災に罹った者たち、この者たちについては、緊急の食糧提供等に時間がかかり人命にかかわるようなことがあっては重大である。事情をよく調べたうえでその切迫した状況の窮民を救うことは、妥当な処置である。（水災、火災の場合に緊急の窮民救助を行なうべきことの確認）

②しかるに、この件に関しては、地方ごとに区々の取り計らいがなされたのでは不都合である。それゆえ、たとえば洪水に

よって堤防が切れ、水が人家を押し流し、または、数日間住宅が床上まで水に浸かったような場合、あるいはまた、火災により食糧や家財がすべて焼失してしまったような場合、これらの場合で、被災した人民が飢えや凍えに苦しむ状況に陥り、それを捨て置くことができないような窮状を呈したときには、すべて等しく一五日間以内と日数を限って一日男米三合女二合の割合で速やかに救助するものとする。そして、救助を行なったうえで、その旨を民部省に報告するものとする。（応急救助に関する統一的な救助内容の提示）

③さらに、その後も窮状が続き、諸々の物についてその貸し渡しを願い出てきたときには、事情が適当であるかどうかをよく吟味し、かねて布令してある通りに取り調べたうえで処置について問い合わせることとする。この点についても対応がまちまちにならないように取り計らうべきこと。（賑貸、救助貸の願い出に対する対応についての指示。この件でも対応の統一化の必要を強調している）

一八七〇・三・六

「夫食種籾類焼農具代等貸渡方ヲ定ム」（明治三庚午年二月五日、第八九）（七〇－八）（民部省。五畿内其外関西諸国府県宛）

夫食種籾類焼農具代等諸拝借ノ儀願出候ハヽ、都テ無利足ヲ以御貸渡年賦返納ノ積可相成候間右ノ心得ヲ以精々遂吟味相伺候様可致尤臨時非常ノ御救助ハ別段御評議可被　仰付儀モ可有之

民部省が五畿内（大和・山城・河内・和泉・摂津の五ヵ国）ほか関西諸国（近江・伊賀および山陰・山陽・南海・西海の諸道）の府県に宛てて発した達である。食糧、種籾、類焼農具代などの貸し渡しの件について規定している。内容は、前年七月に大蔵省が関東伊豆国奥羽七州府県宛に発したものと同一である（文章もほぼ同一）。

一八七〇・六・二八

「諸県窮民類焼ノ節諸拝借稟候所分ヲ定ム」（明治三庚午年五月晦日、第三七八）（民部省。諸県宛）

「類焼ノ窮民諸拝借」に関する規定。

一八七〇・八・一

「諸藩預所中旧幕府ヨリ夫食種籾農具代等借請未納ノ村々上納ヲ須ヒサラシム」（七〇－二〇）（明治三庚午年七月五日、第四四七）（民部省。預所ある諸藩宛）

旧幕府中夫食種籾農具代其外救助筋米金口口借請未納有之村々ハ都テ不及上納尤爾来拝借等願出候ハ、返納ノ義相当ノ期限取極可伺出候事

預所ある諸藩に対し、今後夫食種籾農具代その他救助筋の米金の拝借（賑貸、救助貸）の願い出があった場合その対応方について指示したもの。返納に関してしかるべき期限を取り決めたうえで、その件の伺いを民部省に提出せよ、と指示している。

一八七一・七・二二

「府県管下救荒夫食種籾等貸渡方ヲ改ム」（明治四辛未年六月五日、太政官第二七五）（太政官。府県宛）

府県管下救荒夫食種籾其外正米ニテ貸下ケ候儀ハ自今相止前月中最寄市相場上中下平均直段ヲ以テ石代ニテ相渡右金高ヲ以テ返納取計是迄正米ニテ貸渡有之分ハ年々返納ノ節ノ相場ヲ以テ右同様平均石代ニテ取立上納可致事

「救荒夫食種籾等貸渡」に関して、①正米にての貸し渡しは止める、②貸し渡しは最寄り市の前月中の相場での上米、中米、下米値段の平均を用いて算出した石代にて行なう、③これまで正米にて貸し渡していた分の取立（返納）も同様の方式をもっ

て石代で行なう、と規定したもの。

一八七二・一・七

「県治条例」（明治四辛未年一一月二七日、太政官第六二三）（太政官）

県治事務章程

下款

第四条　定額アル救助ノ事

但別紙ノ規則ニ照準スル事

以上各款令参事専任処置スルヲ得ヘシ而シテコレヲ行フノ後其旨趣ヲ主務ノ省ヘ達スヘシ最大蔵省ヘハ所轄外ノ事件トイヘトモ届出スヘシ

県治官員並常備金規則

第二常備金ハ管下堤防橋梁道路等難捨置急破普請等ノ入費ニ可充事

第二常備金ハ本文之通急破普請ノ入費ニ充テ其度々日論《ママ》見帳ヲ以可届出其他窮民一時ノ救助等都テ事ノ緩急ニ依テ遣払其年十月ヨリ翌年九月ヲ限リ仕訳書差出残金有之候ハ、新帳ノ元ニ組込不足相立候ハ、可伺出

窮民一時救助規則

一水火ノ難ニ逢ヒ家屋蕩尽シ目下凍餒ニ迫ル者ハ男一人一日米三合麦ハ六合雑穀ハ九合女一人一日米二合ノ麦ハ四合雑穀ハ六合但六十歳以上十五歳以下ハ女ノ部ニ入ル積リヲ以テ十五日分速ニ救助スヘシ但身元可ナリニテ自存スル者ハ此例ニ入ルヲ許サス＊10

一同断家屋自ラ営ム能ハサル者ハ一軒金五両充五ヶ年賦返納ノ積ニテ貸渡スヘシ六月以前ハ其年ヨリ七月以後

ハ翌年ヨリ返納ノ積リ其災一等軽キハ一軒金三両充前同様貸渡スヘシ若他ニ異ル事情アラハ其処置見込取調伺出ツヘシ

一類焼致シ農具差支ノ者ヘハ鍬鎌鋤馬鍬稲扱肥桶等其土地相当ノ価取調代金貸渡スコト前条ノ例ノ如クスヘシ

以上ノ諸件ハ伺出ニ不及第二常備金ノ内ヲ以テ速ニ施行スヘシ但一ヶ月毎ニ届出ツヘシ

一水旱非常ノ天災ニテ夫食種籾貸渡之儀ハ其節々可伺出事

県治事務章程下款第四条は「定額アル救助ノ事」を県の事務とし、これについては窮民一時救助規則に則って県令が専任処置するとした（大蔵省へは事後報告）。その窮民一時救助規則であるが、これは、①水火災により家屋が破れ窮迫した被災者への食糧の提供（一五日間、男一人一日米三合、女一人一日米二合を支給）、②被災者が家屋を修築したり、仮小屋を建てたりするための資金の貸付け（一軒当たり金五両を五年返済にて貸し渡す）。被害が軽いものへは、一軒当たり金三両。同じく五年返済にて貸し渡す）、③もらい火によって農具を焼失した者に対する、農具購入のための資金の貸付け（貸付けの条件は前条に同じ）、④水害や旱害といった非常の天災での食糧や種籾の貸し渡し、の四点を規定した。この四点のうち、①から③の支出に関しては大蔵省に伺い出る必要はなく、第二常備金の内から速やかに施行すべきであるとされた（但し一か月ごとに大蔵省に届け出なければならなかった。尚、県治官員並常備金規則も参照のこと）。④についてはその都度大蔵省に伺いを出すこととされた。

一八七二・六・二七

「県治条例中常備金規則以下ヲ更定ス」（明治五壬申年五月二二日、太政官）（太政官）

常備金規則

第二　管下堤防道路橋梁ノ急破修繕並臨時軽賞水火災救助等暫時モ難閣急務ニ供ス尤臨時払出候共速ニ清算帳又ハ目論見帳若金穀貸渡候節ハ明細書ヲ以申立右払出ノ金高別段大蔵省ヨリ受取償戻シ将来ノ急務ニ充ヘシ

窮民一時救助規則

一水火ノ難ニ逢ヒ家屋蕩尽**流失**シ目下凍餒ニ迫ル者ハ男一人一日米三合麦ハ六合雑穀ハ九合女一人一日米二合ノ麦ハ四合雑穀ハ六合但六十歳以上十五歳以下ハ女ノ部ニ入ル積リヲ以テ十五日分速ニ救助スヘシ但身元可ナリニテ自存スル者ハ此例ニ入ルヲ許サス

一同断家屋自ラ営ム能ハサル者ハ一軒金五両充五ヶ年賦返納ノ積ニテ貸渡スヘシ六月以前ハ其年ヨリ七月以後ハ翌年ヨリ返納ノ積リ其災一等軽キハ一軒金三両充前同様貸渡スヘシ若他ニ異ル事情アラハ其処置見込取調伺出［ツ］ヘシ

一類焼致シ農具差支ノ者ヘハ鍬鎌鋤馬鍬稲扱肥桶等其土地相当ノ価取調代金貸渡スコト前条ノ例ノ如クスヘシ

以上ノ諸件ハ伺出ニ不及第二常備金ノ内ヲ以テ速ニ施行**シ明細書ヲ以テ受取ノ儀可申立事**[*11]

一水旱非常ノ天災ニテ夫食種籾貸渡之儀ハ其節々可伺出事

県治条例中常備金規則以下の改正の達である。第二常備金について、本件（「(更定) 常備金規則」）では次のように規定された。すなわち、管下の堤防、道路、橋梁の急破の修繕（災害復旧）ならびに臨時の褒賞、水害や火災発生の際の救助など、速やかに対応しなければならない緊急の事務に充てる。第二常備金を臨時に支出した時には、すみやかに清算帳または目論見帳を添えて、もしくは金穀を貸し渡した場合は明細書を添えて大蔵省に上申し、支出した金額を同省より受け取って第二常備金を補充し、将来の急務に備えるものとする。すなわち、災害発生後の緊急対応に対する支出について、明治四年の県治条例中県治官員並常備金規則では、「第二常備金ハ本文之通急破普請ノ入費ニ充テ其度々日論《ママ》見帳ヲ以可届出其他窮民一時ノ救助等都テ事ノ緩急ニ依テ遣払其年十月ヨリ翌年九月ヲ限リ仕訳書差出残金有之候ハ、新帳ノ元ニ組込不足相立候ハ、可伺出」とされていたのが、本件明治五年の更定常備金規則では「臨時払出候共速ニ清算帳又ハ目論見帳若金穀貸渡候節ハ明細書ヲ以申立右払出ノ金高別段大蔵省ヨリ受取償戻シ将来ノ急務ニ充ヘシ」とされ、緊急支出分に関する明細書の提出による当該支出分の支給（第二常備金の補充）申請の規程が設けられたのである（明治四年の規則では年度末に決算し大蔵省に仕訳書を提出する、その際第二常備金に不足が生じた場合にはその旨大蔵省に伺い出るとなっていた）。

尚、救助の内容自体には実質的な変更はない。

一八七五・六・二八

「貸下米石代相場立方」（明治八年六月二八日、大蔵省乙第九〇号達）（大蔵省。府県宛）

救助夫食種籾其外貸下米石代ノ儀是迄最寄市相場上中下米平均ヲ以相渡来候処向後種籾ニ限リ其場所前月上米平均相場ヲ以石代相渡其余貸下米ハ悉皆其場所前月下米平均相場ヲ以石代可相渡候条拝借願出候節ハ右ニ照準シ石代取調相場書相添可差出且返納ノ節モ右夫々貸下ノ石代金高ヲ以取立候儀ト可相心得候尤従前正米ニ而貸下有之分ハ租税未納米貸下ニ引直シ候分并種籾夫食其外共前月下米平均相場ヲ以石代取立返納可致

大意は、次の通り。救助のための夫食、種籾その他貸し下げ米の石代（価格設定）の件、これまで最寄り市の米相場の上中下米平均をもって金額を算出し渡してきたが、今後は種籾代に限り最寄り市の前月の上米の平均相場をもって石代として渡し、その他の貸し下げ米はすべて最寄り市の前月の下米の平均相場をもって金額を計算し貸し渡すべし。それゆえ、拝借を願い出るときには、右に照らして石代を調査し、相場書きを添えて拝借願いを提出すること。尚、返納の場合も右のそれぞれの貸し下げ金額（石代金高）を取り立てるものと心得るべし。従前正米にて貸し下げた分については、租税未納米を貸し下げ米に引き直した分、種籾代、夫食代その他を正米で貸し下げた分とも、その地の最寄り市の前月下米平均相場をもって石代を計算して取り立て返納致すべし。

大蔵省が府県に宛てて発した達（内務卿連署）である。貸し下げ米を石代で渡す際の相場の立て方（救助などのための貸し下げ米を石代で渡すときの金額の決定の仕方）に関するものである。この達では、救助のための種籾代だけ相場の立て方が別にされている（最寄市の前月の上米の平均相場、他の場合は下米の平均相場）。下米相場で計算するということは、貸し下げ金額を低く抑えるという効果をもつ。種籾代だけは上米相場での計算なので、金額という点で下米相場で立てた場合よりも多く貸し下げることとなる。つまり、救援のうち、直接生産に繋がる救援（種籾代）と消費に係る救援（夫食代）その他を区別し、取り扱いに差をつけたということである。前者についてはより多くの金額を貸し下げ、後者については金額をより切り詰める方向での計算基準が立てられた。

一八七五・七・一二

「県治条例中窮民一時救助規則ヲ廃シ更ニ同規則ヲ定ム」（明治八年七月一二日、太政官第一二二号達）（太政官。府県宛）

県治条例中窮民一時救助規則ノ儀本年八月十日ヨリ廃シ候条同日ヨリ左ノ規則ニ拠リ処分可致此旨相達候事

窮民一時救助規則

第一条

一水火**風震**ノ難ニ逢ヒ**家産**蕩尽流失シ目下凍餒ニ迫ル者ハ男一人一日**玄米**三合麦ハ六合雑穀九合但**七十歳**以上十五歳以下ハ女ノ**割合ヲ以テ給ス**女一人一日**玄米**二合ノ麦ハ四合雑穀ハ六合積リヲ以テ十五日分速ニ救助スヘシ但身元可ナリノ者ハ此例ニ入ルヲ許サス[*12]

第二条

一同断自ラ**小屋掛ケ**ヲ営ム能ハサル者一戸金五円充五ヶ年賦返納ノ積ニテ貸渡スヘシ仮令ハ明治八年七月一日ヨリ十二月三十一日迄ハ其年明治八年七月ヨリ同九年六月迄ヲ云同九年一月一日ヨリ六月三十日迄ハ翌年同九年七月ヨリ同十年六月迄ヲ云ヨリ返納ノ積其災一等軽キハ一戸金三円充前同様貸渡スヘシ**尤借家住居或ハ同居ノ者ハ此限ニ非ス**

第三条

一**同断**農具差支ノ者ヘハ**鍬鎌馬鍬稲扱肥桶等**其土地相当ノ価取調代金貸渡スコト前条ノ例ノ如クスヘシ**但多キモ一戸十円ヲ踰ユ可カラス**

第四条

一**流行病ニ罹リ目下飢餓ニ迫ル者アラハ第一条ノ例ニ処シテ後其事情ヲ具シ速ニ内務省ヘ届出ヘシ**

第五条

一**連村連市一時ニ暴災ニ罹リ目下窮困ニ迫ル者十日以内ハ焚出米ヲ給与シ其災害ノ景況ニ因リ仮ニ小屋掛ヲ営ミ一時ノ急ヲ救フコト適宜タルヘシタトヘハ洪水ニテ数村一面水湛ヘ家屋ハ流亡シ人畜ハ死傷スル等ノ如キ暴災ニハ仮ニ小屋掛ヲ営ミ焚出米ヲ与フルノ類**[*13]

以上ノ諸件ハ伺出ニ不及予備金ノ内ヲ以テ速ニ施行シ**其時々詳悉内務省ヘ可届出ハ勿論罹災ノ月日金員等無遺漏可記載但金員受取方ノ儀ハ兼テ布達ノ通三ヶ月分宛取束大蔵省ヘ申出ヘシ**

第六条

一**天災地変**ニテ夫食種籾貸渡ノ事

第七条

一**耕牛馬非常ノ災変ニ斃レ代価拝借ノ事**

以上ノ二件ハ其時々事状ヲ審具シ**内務省へ**経伺ノ上施行スヘシ

県治条例中窮民一時救助規則を廃止し、新しく同名の窮民一時救助規則を定めたものである。新しい窮民一時救助規則の内容を整理すると、次のようになる。まず規定は七条からなり、うち第一条、第二条、第三条、第六条は、明治五年規則の条項を引き継いだ内容のものである（規定の細部には修正が施されているが、趣旨はほぼ同一）。第一条は、災害直後の罹災者への食糧の提供に関する規定である。第二条は、仮小屋（小屋掛け）の建設等のための罹災者への貸付けに関する規定である。第三条は、災害により農具を失った者に対する農具購入のための資金の貸し付けの規定である。そして、第六条は、災害に遭った者に対する食糧や種籾の貸し渡し（賑貸、救助貸）に関する規定である。*[14]

明治八年の窮民一時救助規則には、明治五年のそれにはなかった新しい規定がある。第四条、第五条、第七条である。第四条は、伝染病に罹患し飢餓に瀕した者に対する救済（食糧の提供）の規定である。この条項により、明治八年の窮民一時救助規則における救済対象がいわゆる天災火災による窮民に限られず、そこから拡大していたことがわかる。第五条は、非常災害（暴災）時の救援の規定である。罹災者に対し焚き出し米を給与する（十日以内）ほか、状況によっては急場をしのぐための仮小屋（小屋掛け）を建設して提供することなどをその内容とする。第七条は、災害によって耕作用の牛馬が死んでしまったために替わりの牛馬を購入する場合その代金を貸し渡す件に関する規定である。

第一条から第五条までについては実施に当たって伺いを立てる必要はなく、速やかに施行したうえでその都度内務省に届け出るものとされた（事後的な届け出）。それに対して第六条と第七条の場合は、事案発生のそのたびごとに事情を詳細に書き記して内務省に伺いを立て、その承認の上で施行するものとされた。

一八七五・一一・三〇

「県治条例ヲ廃シ府県職制並事務章程ヲ定ム」（明治八年一一月三〇日、太政官第二〇三号達）（太政官。府県宛）

府県事務章程

府県掌管ノ事務主務ノ各省ヘ稟議シテ処分スヘキ者アリ上裁ヲ経テ施行スヘキ者及ヒ諸官省等ニ通議スヘキ者ハ其主務ノ省ヨリ之ヲ上請通議スヘシ専任施行スヘキ者アリ分テ上下両款トナシ以テ章程ヲ明ニス其節目左ノ如シ

上款

第二条　例規ナキ救助ヲ執行スル事

第十六条　諸拝借金返納ノ期限ヲ伸縮シ或ハ諸拝借金ヲ棄捐スル事

以上其主務ノ省ニ稟議シ許可ノ後施行スヘシ

下款

第六条　例規アル救助ヲ執行スル事

以上専決スルヲ得ルト雖トモ処分済ノ上ハ主務ノ省ヘ其顛末ヲ具申ス可シ*15

県治条例が廃止され、それに替わって制定された府県事務章程には、府県が掌管する罹災者救助関係の事務として、上の各条が掲げられた。規定されているのは、災害直後の罹災者救助と罹災者への貸し付け（これらに関する例規として窮民一時救助規則がある）（上款二条、下款六条）、災害時の救助目的での貸渡金の返納期限の延長、あるいは貸渡金の棄捐（上款一六条）である。

一八八〇・六・一五

「備荒儲蓄法制定窮民一時救助規則及凶歳租税延納規則廃止」（明治一三年六月一五日、太政官第三一号布告）（太政官）

〔注〕

＊1 「諸県窮民類焼ノ節諸拝借稟候所分ヲ定ム」（明治三庚午年五月晦日、第三七八）。

＊2 「府県管下救荒夫食種籾等貸渡方ヲ改ム」（明治四辛未年六月五日、太政官第二七五）。

＊3 「定免切替伺其他租税取計及諸帳簿進致ノ方ヲ定ム」（明治元戊辰年一二月二四日、第一一四四）（六九－六）。

＊4 本件は「賑貸方規」とも称される。参照、大蔵省記録局（編）『大蔵省沿革志（上巻）』、二三七－二三八頁。

＊5 「会計官職制章程ヲ定ム」（明治二己巳年五月八日、第四二五）（六九－一六）。

＊6 この点、本達の元になった議案は次のように述べる（『大蔵省沿革志』租税寮の部明治二年七月一四日条）。「凡テ済恤ノ米金ハ貸付ノ名義ヲ以テシ、相当ノ年数ニ派賦シテ之ヲ還納セシムル方法ヲ復施セハ、則チ実際ニ於テハ却テ済恤ノ趣旨ニ称フヲ得ン、蓋シ此ノ方法ヲ復施セハ、一時官帑ノ発付ヲ増多スルニ似タリト雖モ、後日逐次ニ還填スルヲ得テ窮民モ亦タ能ク一旦ノ急厄ヲ済スルヲ得可シ」（大蔵省記録局（編）『大蔵省沿革志（上巻）』、二三八頁）。

＊7 政府の、農民を恐れる姿勢が、垣間見られる、と書いたが、より正確には、当時、政府は、民心収攬の必要（賑恤、災害減税の実施）と財政基盤の確立の要請（「濫施の弊政」の是正と租税収納の適正化）との間で板挟みの状態にあったというべきであろう。この点、詳しくは後述。「民部省大蔵省分省セシム」（明治三庚午年七月一〇日、第四五七）の項（七〇－二一）などを見よ。

＊8 「明治元年一月ヨリ八年六月ニ至ル歳入出決算報告書」（明治一三年二月一三日、太政官達）を使って実際の貸付額を見ると、次のようである。慶応三年一二月より明治元年一二月に至る第一期について、「一般ノ賞賜、恩賜、養老金及ヒ水火風災等ニ罹ル者ノ賑恤、救助或ハ其貸金等ヲ集計」（六三五頁）した項目である《恩賞、養老、賑恤金》は、二〇六、六六〇円六六銭九厘であった（六七七頁）。この数字は該期の歳出合計の〇・七％にあたる。ほかに「降伏人及貧民等御扶助」に関係する項目として《民政局》があり、これは六六、〇〇〇円（〇・二％）であった（六七八頁）。明治二年一月より同年九月に至る第二期については、《恩賞、養老、賑恤金》が四六、三〇五円五銭七厘（〇・二％）、《民政局》が五六四、九八六円八四銭一厘（二・七％）であった（六八八、六八九頁）。同じく明治二年一〇月より同三年九月に至る第三期については、《恩賞、養老、賑恤金》が三九五、〇〇四円三銭六厘（二・〇％）、《民政局》の後継機関である《按察府》が二七、九七九円六銭一厘（〇・一％）であった

（六九八頁）。尚、ここでの頁数はすべて、『法令全書（明治一三年ノ一）』のものである。

＊9　表中各項目の構成は、法令発出日（西暦）、法令名、本書における収録番号、発出機関と宛名、条文（関係の部分の抜粋）、解説の順である。尚、明治初年（廃藩置県前）の罹災者救援制度について、その一覧および性格規定を、「租税並ニ出納勘定仕上規則改正」（明治四辛未年正月一三日、太政官第一七）の項（本書第二巻掲載予定）において行なっている。そちらも参照されたい。

＊10　本項目（県治条例中窮民一時救助規則）中の傍線部は割注を意味する。

＊11　太字ゴチック部分はこの更定で付加された部分である（「明細書ヲ以テ」云々の部分は、常備金規則の改正と内容的に対応するものである）。同じく［］内はこの更定で削除された部分を表わす。また、本項目において傍線部は割注を意味する。

＊12　本項目中傍線部は割注を意味する。また、二重線は割注中の割注などさらに一段小さいポイントの活字部分であることを示す。条文中太字ゴチック部分は、県治条例中窮民一時救助規則（明治五年に改正されたもの）から今回の更定で変更もしくは付加されたところである（ただし、内容上に変更はなく単なる表記上の変更にとどまるもの、あるいは説明がより詳しくなっているに過ぎない部分は、除いてある）。

＊13　応急救助に関して、「水火風震ノ難ニ逢ヒ家産蕩尽流失シ」た場合（第一条）と、「連村連市一時ニ暴災ニ罹」った場合（第五条）と災害の程度を二つに分け、災害の激甚さに応じて異なる対応を規定している。これはここまでなかったことである。

＊14　罹災者への応急的な食糧の支給、仮小屋（小屋掛け）の建設等のための資金の貸し付け、農具購入のための資金の貸し付け、食糧や種籾の貸し渡し、これらに災害時の租税の減免措置を加えたものが、日本における災害救援の原型である。それは、被災者に対し、当座の食糧を給与し、住居の再建に関する資金的援助を行ない、租税を減免し、農業生産の再開に向けた資金貸付を行なうという内容のものと整理される。

＊15　府県事務章程中災害救助に関係する部分のみ抜粋した。本項目中傍線部は割注を意味する。

二三、「民部省規則」（明治二己巳年七月二十七日、第六七四）

四年太政官第三百七十五[*1]ニ依リ消滅

第六百七十四　　七月二十七日

民部省規則

一民政ハ治国ノ大本最モ至重ノ事トス謹而　御誓文ニ基キ至仁ノ　御趣意ヲ奉体シ府藩県ト戮力協心教化ヲ広クシ風俗ヲ敦クシ生業ヲ奨勧シ撫育ノ術ヲ尽シ賑済ノ備ヲ設ケ上下ノ情ヲ貫通シ以テ衆庶ヲシテ可令安堵事

一在職ノ面々懇切ニ相輔助勉励シ長官ノ指揮違背スヘカラス尤官等ノ高下ヲ論セス所存ノ事件ハ無忌憚公正ニ商議スヘシ其下ニ号令スル必ス始ヲ慎ミ聊カ民ニ信ヲ失ハサルヲ緊要トス故ニ永世ノ規則ヲ創立シ或ハ従前ノ法制ヲ改正スルハ審ニ風土民情ヲ察シ篤ク利害得失ヲ考ヘ其地方ノ衆議ヲ尽シ御発令ニ可相成事ト雖モ民心ニ関係スヘキ儀ハ無伏蔵可言上事

一賞罰ヲ明ニシ勧懲ノ道ヲ立ルハ地方官ノ要務タリト雖モ其伺ヒ出ル所ハ宜シク事実ヲ詳ニシ煩濫ナカラシムヘキ事

一節義篤行最モ衆庶ノ模範ト成ヘキ者ハ本省ニ於テ之ヲ賞シ其事蹟ヲ旌表ス可キ事

一郡国ノ地図戸口名籍ヲ詳明ニシ兼テ租税ノ多寡ヲ知ルヘキ事

一府藩県ニ於テ断シ難キ訟ハ審ニ其事実ヲ糺シ能ク其情状ヲ吐露セシメ毫モ壅蔽冤枉ナキ様公平ニ裁断ス可キ事

一堤防橋梁道路等土木ノ事怠ル可ラス府藩県管轄地所修繕ノ儀伺出候ハヽ可否詮議ノ上府藩県ニ委任施行ス可シ掘割分水等新ニ水利ヲ起シ又ハ利根澱信濃天竜等ノ大河管轄交互スル治河等ハ時宜ニ因リ役員ヲ遣シ其地方官ト戮

力施行スヘキ事

一駅逓人馬ノ制度賃銭増減等総テ其駅村ノ貧富戸口ノ多寡等ヲ熟知シ当時ノ米価ヲ比較シテ公平ニ相定ムヘシ府藩県ニ指揮スルハ本省ノ任ニシテ之ヲ受テ施行スルハ府藩県ノ職務タリ総テ下民ノ疾苦ヲ厭ヒ旅人ノ通行ヲ便ナラシムヘキ事

一田畑ヲ培養シ山野河海ノ利ヲ興シ種樹牧牛馬等総テ生産ヲ繁殖シ以テ富国ノ道ヲ開成スヘキ事

一重大ノ事件ハ本省決議ノ上更ニ　天裁ヲ　仰ク可シ其余御委任ノ事件ハ卿輔ニテ決定スヘキ事

一奏聞ヲ経テ可施行事件ハ太政官ノ布告ヲ請フ可シ其他ハ本省ニ於テ布令スヘキ事

一太政官ヘ伺出等ハ卿輔ノ専務トス病気或ハ不参等ノ節ハ丞ノ取計格別タルヘキ事

一丞ハ省事ヲ糺判スル定例ノ外重事件ハ決ヲ卿輔ニ取ルヘシ正ハ司中委任スル定例ノ外重事件ハ決ヲ丞以上ニ取ルヘシ尤定例中ノ事ト雖モ重大ノ事件ハ卿輔ニ達ス可シ且正病気不参ノ節ハ司ノ庶務決ヲ本省ノ丞ニ取ル可キ事

一第十字参仕第十二字マテ前日調置ノ事務ヲ決断シ第十二字ヨリ第二字退出ニ至ルマテ当日ノ事務ヲ取調ヘ置ヘシ当省ハ諸府藩県ノ民政ヲ総判シ遠路往復ノ事ニ付必凝滞ナキヲ要ス尤モ至重ノ事件ハ時日定限ニ非サル事

一諸有司音物贈答最モ厳禁トス毫モ依怙偏頗ノ処置有ルヘカラス且府藩県ヘ出張ノ節総テ尊大ノ弊ヲ除キ軽装ヲ主トシ宿料賃銭等払ヒ遣シ下民ノ疾苦トナラサル様致スヘシ御用筋ニ依リ道案内一両人ハ格別所役人ニ送迎セシメ権威ヲ振ヒ或ハ賄賂ヲ受ル等ノ事一切厳禁タルヘシ陪従ニ至ル迄厳密ニ心ヲ着ク可キ事

一同僚中如何敷所業見聞ノ節ハ相互ニ忠告シ甚キニ至テハ長官ヘ訟出可キ事

右ノ条々可相守者也

【注解一】 明治二年七月八日、政府は職員令を公布して、「政体」に替わる新しい官制を建てた。このとき、戸籍・

租税・駅逓・鉱山・済貧・養老等を所管する内政担当官庁として置かれたのが民部省である。民部省は地理・土木・駅逓の三司を管した。本規則はその民部省の責務、民部省職員の服務に際しての心得、事務章程（事務処理の規則・各職位の職責・司と本省間の権限関係など）を定めたものである。

まず第一条は民部省の責務を規定する。〝民政は国を治める大本であり、最も重要なことがらである。謹んで御誓文に基づき至仁の御趣意を奉り、府藩県と力を合わせ、心を一にして、広く人民を教化し、世間の道義を厚くし、生業を勧奨し、撫育の方法を尽くし、賑済への備えを設け、上下の情が通じ合うようにして、衆庶をして安堵せしむべきこと〟というのがその大意である。のちに「内務省の牧民主義」と言われるものの祖型がここに見られる。*2 第二条は、民部省職員の心得を定める。ここには、人民に号令するに当たっての慎重な姿勢が見られる（「其下ニ号令スル必ス始ヲ慎ミ聊カ民ニ信ヲ失ハサルヲ緊要トス」）。政府が人民の支持（信）を得られているかどうかについて、それを強く気にする姿勢のあることが窺われる。本条に見られるのは少なくとも一方的強圧的に命令を押しつけるという態度ではない。民政の実施にあたっては、民心の動向を探りながら進むべしというのが本条の述べるところである。*3 第三条から第九条までは、所掌事務ごとに職責、心得、事務の執行手続きなどを定める。そして、第一〇条以下は事務章程である。第一〇条は重大事件と卿輔が処理を委任されている事件とそれぞれについて処分方を定め、第一一条は布告・布令の区別とその発し方、第一二条は太政官への伺出等の手続き、第一三条は丞・正の職掌、省内における事務処理手続き、および司と本省との権限関係を定める。第一五、一六条は、職務倫理に関する規定である。*4

【注解二】 民部省規則のなかで災害対策にかかわる条目は、第一条と第七条である。第一条には、「賑済ノ備ヲ設ケ」とある。賑済とは金品をほどこして被災者や困窮者を救うことの意であり、その備えを設け、衆庶をして安堵せしむべしとされている。これは罹災者救援のための備えをなすべきことが民部省の責務規定中に書き込まれているということである。それから第七条であるが、これは「堤防橋梁道路等土木ノ事」を規定する。第七条は、まず、堤防、橋梁、道路など土木の工事をおろそかにしてはならないと戒めを置いたうえで、《府藩県がその管轄している地所の堤防、橋梁、道路などの土木施設について修繕工事の伺いを出して来たときには、よく調べたうえでその伺いの可否を決め、可の決定を下した場合には府藩県に工事を委任し実施せしめる》と定める。これは堤防・橋梁・道路等公共土木工事に関する事務の決定、執行の手続きを規定したものである（この公共土木工事のなかに災害防除施設の工事も含まれる）。また掘割や分水など新たに水利施設を建設する場合、さらに利根川、淀川、信濃川、天竜川などの大河川に関する工事で管轄が交錯する場所で行なわれるような場合は、民部省から官員を派遣し、その地の地方官と協力して工事を施行するものとするとしている。

〔注〕

＊1　「民部省ヲ廃ス」（明治四辛未年七月二七日、太政官第三七五）。

＊2　大霞会（編）『内務省史 第一巻』、四一頁。

＊3　すぐあとに掲げる「府県奉職規則」の第三条にも同様の規定が見られる。

＊4　山中永之佑は、民部省規則第一〇条以下を、「その管轄事務の拡大化の傾向に照応して法令の制定公布の順序、事務順序、政策の立案決定の手順、事務の能率化の方法、官紀粛正方法等の制度化［を進めたもの］」と捉え、そこに「［明治初期］官僚制形成への方向を看取」している（山中永之佑「明治初期官僚制の形成と堺県知事小河一敏」、八四－八六頁）。山中のいう「明治初期官僚制」は、「日本近代国家形成の起点となった諸政策推進の中枢勢力であった民部・大蔵（会計官）・工部・内務官僚のヒエラルヒッシュ（階統的）な服従関係を基礎とした官吏制度のこと」を指し、それは《一八八七（明治二〇）年七月の文官試験試補及見習規則以降に形成されていく近代官僚制の前段階にあって、一八八〇年代後半以降のものとは区別して観念されるべき過渡的性格の官僚制》とされる（同上、七五、七八頁）。

二四、「府県奉職規則」（明治二己巳年七月二七日、第六七五）

四年太政官第六百六十一[*1]ヲ以テ取消

第六百七十五　七月二十七日（輔相）

府県奉職規則[*2]

一民政ハ経国ノ大本最モ至重ノ事トス謹テ　御誓文ノ旨ヲ奉体シ追々ノ　御沙汰筋ヲ確守シ常ニ下情ヲ詳察シ教化ヲ広クシ風俗ヲ敦クシ以テ万民安堵ニ至ラシムルニ在リ総テ下ニ臨着実ヲ旨トシ民心不失ヲ緊要トスヘシ

一在職ノ面々懇切ニ相補助勉励シ官長ノ指図聊違背スヘカラス尤官等ノ高下ヲ不論気附筋ハ忌憚ナク商議シ公正ノ所ヲ以テ挙行スヘシ

附在官各其力ヲ職務ニ尽スヲ要ス知県事ハ大参事ニ委シ大参事ハ少参事ニ託スル等決テ不可有之自然枢要ノ権下ニ移リ下情壅蔽シ遂ニ依怙偏頗ノ弊ヲ生シ万民危疑不服ノ基ヲ致スコトニ付常ニ官長タル者能ク心ヲ用フヘシ

一号令必ス其始メニ慎ミ聊民心ヲ失フヘカラス賞罰必ス事情ヲ審ニシテ僭濫アルヘカラス

附永世ノ規則ヲ創立シ或ハ従前ノ法制ヲ改正セント欲セハ土地民俗ヲ熟知シ先ツ部内ノ衆議ヲ尽シ公正ノ論ヲ採リ其筋ヘ伺出其決ヲ受クヘシ私ニ法ヲ立制ヲ改ルコトヲ禁ス尤政令ヲ承順シ瑣々タル小法則ヲ立ルハ此法ニ拘ラス施行ノ後届出ツヘシ

三年第八百五[*3]第千二十六[*4]参看

附忠孝節義篤行ノ賞典養老ノ典等ハ常ニ僉議ヲ尽シ速ニ挙行スヘシ尤永代及ヒ其身一代苗字帯刀ヲ免許スル等

重賞ハ詳ニ其人ノ功労ヲ記シ民部省ヘ伺ヒ出其決ヲ請ヘシ勤役中苗字帯刀ヲ免許シ其他金穀等ヲ与ル等軽賞ハ其府県ニ委任スヘシ

三年第六百二十二[*5]ヲ以テ改ム

附死流ノ重刑ハ罪案ヲ以テ刑部省ヘ伺出其決ヲ請ヘシ其以下府県ヘ委任ノ軽罰タリトモ猥リニ取行フトキハ必懲悪ノ道ヲ失フノミナラス民心ノ向背ニ関係ス詳細検覈スルヲ要ス

一古田畑ヲ不怠培養シ又ハ土地ヲ開墾シ山野河海ノ利ヲ興シ生産ヲ富殖シ庶民職業ヲ勉励繁盛ナサシムヘシ

附農ハ田畑永代売ヲ停止スル旧制ニ法リ貧民ニテモ田畑ニ離レヌ様良制ヲ立又ハ漸次質地譲リ帰シ等ノ処分ヲ著ケ生産ニ基様熟慮スヘシ

附土地ヲ開墾シ水理ヲ変更スル等総テ地形ノ変スルコトハ絵図并入費積リ書ヲ以テ民部省ヘ伺出其決ヲ受クヘシ

一常ニ凶年饑歳ノ慮ヲナシ予メ民患賑済ノ備ヲ設クヘシ

附鰥寡孤独廃疾無告ノ窮民ハ常ニ僉議ヲ尽シ速ニ救助スヘシ総テ一時ノ賑恤ニ非ス年月ヲ経ル救助ハ其仕法ヲ記シ民部省ヘ伺出其決ヲ受クヘシ唯漸次産業ニ基キ貧民減少ナラシムルヲ要ス尤天災禍乱ニテ一日モ遷延シ難キ賑恤ハ此法ニ不拘速ニ施行ノ後民部大蔵両省ヘ届出ツヘシ

附救荒ノ制相立ハ民部省ヘ伺出其決ヲ受クヘシ

一堤防橋梁道路ノ修繕怠ルヘカラス常ニ其得失ヲ検査シ絵図並積リ書ヲ以テ民部省ヘ伺出其決ヲ受ケ於施行ハ府県ノ任トス尤堀割分水新タニ水利ヲ興シ又ハ管轄所交互スル治河等ハ時宜ニヨリ当省ヨリ出張其地方官ト戮力施行スヘキ事

但天災非常ノ破損一日モ遷延シ難キハ此例ニ非ス其以下瑣少ノ修繕等ハ総テ其府県ニ委任ス追テ届出ヘシ

一駅逓人馬制度諸賃銭増減等実地差支ノ筋ハ詳細吟味ノ上民部省へ伺出其決ヲ受クヘシ下民ノ疾苦ヲ厭ヒ旅人ノ通行便ナラシムヘシ

一私ニ租税ノ定額ヲ改革シ又ハ蠲除スル等厳禁トス但シ旧貫不当ノ事或ハ天災禍乱ノ事アラハ詳細事実ヲ記シ大蔵省へ伺出其決ヲ受クヘシ

　但シ検見ハ従前ノ習弊ヲ改正シ公平適宜ノ所ヲ以テ処置スヘシ

一歳入租税ハ部内費用定額ノ外ハ一切収納ノ節速ニ大蔵省へ納ムヘシ私ニ金穀ヲ蓄ルヲ厳禁トス

一私ニ兵隊ヲ取建ヲ厳禁トス総テ塁壁砲台ヲ築造廃毀等ハ兵部省へ伺出其決ヲ受クヘシ

　但急変防禦ハ此例ニ非ス臨機ノ所置タルヘシ

一邪宗門ハ勿論怪異ノ教法一切厳禁タリ部内不怠穿鑿シ民心ノ惑ヲ解キ政教一途ニ出ル所ニ注意シ宜ク其処分スヘシ

　附社寺ヲ廃毀シ或ハ新建スル等ハ其筋へ伺出其決ヲ受クヘシ

一諸有司音物贈答最モ厳禁トス且部内巡見ノ節ハ総テ尊大ノ弊習ヲ一洗シ軽装ヲ主トシ旅籠賃銭等共下民迷惑ナキ様払ヒ遣スヘシ御用筋ニ依リ道案内一両人ハ格別権威ヲ振ヒ或ハ諸賄等決テ受クヘカラス陪従ニ至ル迄不心得無之様厳密ニ心ヲ付ケ可申総テ如何ノ所業見聞ノ節ハ可申立事

右条々無違背宜相守者也

【注解一】「府県奉職規則」の内容

【注解二】「府県奉職規則」中災害対策に関係する条款

【注解三】災害発生時の緊急救助、罹災窮民への賑済実施および災害減免租をめぐる対立の発生

【注解四】「府県奉職規則」と広沢真臣

【注解二】「府県奉職規則」である。[*6] これは、全部で一二条から成る地方官（府県官吏）の服務規程である。内容および条文の構成ともに前掲の「民部省規則」を踏まえる。[*7] 以下、条文の並びの順に内容を摘記する。

第一条は、府県運営に当たっての心構え（原則）を記したものである。誓文の旨趣を奉体し、各般の布令を恪守し、下情を観察し民庶を綏撫して民心を獲得することが、地方官の要務とされている。第二条も府県勤務に当たっての心構えを定めたものである。在職の官員相互の補助勉励が説かれるとともに、官長の指揮命令に違背してはならないことが強調されている。また附則においては、とくに府県実務における下僚への権限委任の弊害が指摘され、官長に対しその職務への専念が要請されている。第三条は、規則制定事務および賞典刑罰事務に関して定める。規則の制定および改正を行なう際には、地方庁部内で議論を尽したうえで公正な案を作成し、これを政府に稟申することが求められている。また、規則の発布についても賞罰の実施についても慎重な姿勢を取るべきことが指示され、民心不失が強調されている。第四条は、生産富殖事務（産業とくに農業の振興）に関する規定である。ここでは開墾・水利事業などの実施手続き（民部省へ伺いを立て、その承認を得べしとするもの）が定められている。第五条は賑済事務に関する規定である。凶荒に備え、救済の方策を予設することが求められている。この部分は民部省規則第一条（そこでは「賑済ノ備ヲ設ケ」とだけ書かれている）よりもかなり詳細な規定となっている。第六条は堤防橋梁道路等の土木事務に関する規定であり、第七条は駅逓事務に関する規定である。第八条は収税事務に関するもので、そのなかに天災発生時の租税減免の取り計らい方が規定されている。すなわち、災害減租（免租）に当たっては大蔵省に伺い出てその承認を得るべきことと明定され、地方官の裁量による減租（免租）処分の実施が禁じられている。[*8] 第九条は大蔵省への租税納入に関する規定であり、「部内費用定額ノ外ハ一切収納」が強調されている。第一〇条は府県がひそかに兵隊を取り立てることを禁止する。さらに、塁壁砲台の築造または廃毀の事務手続き、急変防禦に際しての臨機の処置の義務づけなどについても定める（軍事事務に関する規定）。第一一条は邪教異宗の禁止など宗教事務に関する規定である。第一二条は府県官員の職務倫理を規定したものである。賄賂を受け取ることを禁止し、また下民に対して尊大にふるまうことのないよう戒めが置かれている。

以上の簡単な内容紹介からもわかるように、「府県奉職規則」全一二条のうち、第五条、第六条、第八条の三つの箇条が災害対策にかかわる。条文を一覧してわかることは、災害対策に関する事務が当時府県事務の中心にあったということである。

【注解二】「府県奉職規則」中災害対策に関係する条款は、第五条、第六条、第八条の三つである。以下ではこの三つの条文についてやや詳しく見ておくことにする。

まず第五条であるが、これは賑済事務に関する服務規定である。第五条本文（「常ニ凶年饑歳ノ慮ヲナシ予メ民患賑済ノ備ヲ設クヘシ」）は、災害や飢饉による窮民の発生に備えて救助の手立てを予め講じておくよう府県に指示する。また附則は、天災や戦乱のために窮民が発生し、彼らへの救助が一日たりとも先送りできないような深刻な場合、まず速やかに賑恤を施行し、そのうえでそれを後日民部、大蔵両省へ届け出ることと定めている。窮民への賑済および天災発生時の緊急の救助を府県の事務とする一方で、それらの事務の施行に対する民部、大蔵両省の統制が規定されているのである。*9

第六条は堤防橋梁道路等の土木事務に関する服務規定である。本条のポイントは三つある。ひとつ目は堤防橋梁道路等の修繕工事の手続きと、その施行責任に関するものである。手続きについては、まず日ごろから修繕工事を行なうことの得失を調べておき、実際に修繕を実施する際には絵図ならびに費用概算書を取り揃えて民部省に伺いを出し、その承認を得べきこととされている。また、工事の施行責任に関しては、これを府県の責任とすると定めた。ポイントの二つ目は、堀割や分水など新たに水利施設を建設する場合、または大河川の治水工事で管轄が入り混じる場合の規定を置いたことである。これらの場合については、民部省から担当官を現地に派遣するので、地方官は民部省からの出張官員と協力して当該の工事を施行すべしとした。三つ目は災害発生時の緊急の復旧工事に関する定めを置いたことである。すなわち、「天災非常ノ破損一日モ遷延シ難キハ此例ニ非ス」と規定し、上記の手続きに拘らない緊急工事の実施が可能とされた。さらに、小規模の修繕工事については、これを府県に委任するとし、この場合は工事を行なってから日を置かずに民部省に届け出るものとされた。

第八条は災害発生時の租税の減免にかかわる。そもそも第八条の主文は「私ニ租税ノ定額ヲ改革シ又ハ蠲除スル等厳禁トス」と宣したもので、府県が専断で租税の減免を行なうことを一般的に禁止する主旨のものである。この限りでは字句上直接には災害対策との関係はない。ところが当時この規定の運用上の焦点は、府県が災害時に専断により租税の減免をなすことを禁じることに当てられていたのである。[*10] とは言っても、第八条は災害時の租税の減免それ自体を否定しているわけではない。第八条は但書において、天災発生時には「詳細事実ヲ記シ大蔵省へ伺出其決ヲ受クヘシ」と定め、災害時の租税の減免に道は開いていた。

このように「府県奉職規則」は、災害発生時の救助および賑済事務、災害対策関係の土木事務、災害発生時の租税の減免事務のそれぞれについて、詳細な規定を置いた。そうすることによって「府県奉職規則」はそれらの事務が民政の中心であることを示した。これが「府県奉職規則」の第一の特徴である。同時に「府県奉職規則」はこれらの事務のすべてにおいて中央統制の強化を打ち出している。これもまた本規則の特徴である。

【注解三】 直上で指摘したように、「府県奉職規則」第五条は、窮民への賑済の実施と災害発生時の緊急救助を府県の事務と定める一方で、これらの事務の施行に対する中央政府（民部省・大蔵省）の統制を規定した。また第八条は府県の専断で災害時に租税の減免を行なうことを禁止した。これらの規定は、財政難の折柄支出を極力抑え貢租収入の増加を図ろうとする中央政府（民部＝大蔵省）と、夫食米貸与や貢租軽減を求める民衆の運動に直接対面していた府県（地方官）との間に、ときに対立を孕む難しい問題を発生させた。[*11] 以下、越後を例にこの問題を見ておきたい。*[12]

越後国では、明治元年の信濃川水害、そして翌年の「巳年の困窮」と、連年にわたり災害や飢饉が発生した。こうした状況下越後各地では、府藩県に対して救済を求める民衆の運動が澎湃として沸き起こった。そしてそれは二つの形態をとった。ひとつは租税の軽減を要求する運動である。もうひとつは救済（救助）そのものを要求する運動である。前者は、「（1）凶作状況調査としての破免・検見願、（2）年貢の金納願、（3）金納の際の米値段を低くする安石代願、（4）年貢の延納願など」のかたちをとった。後者は夫食米拝借要求や夫食米購入のための拝借金要求となって現われた。たとえば、柏崎県管轄の妻有最寄七か村（現在の中魚沼郡津南町に当たる地域）は、明治二年五月、小千谷民政局に対して、夫食米として米三五〇俵を買い請けたいと要求した（これについては七月に二五〇俵が許可される）。妻有最寄七か村は八月にも、柏崎や加茂からの米の買い付けと年貢減免のための検見を要求し、九月に検見の実施を勝ち取った。*[13] 租税減免を求める運動に直面した水原県は、明治二年一二月に、運動側の要求を容れて、この年に限り夫食米確保のため年貢の半金・半米納を認めた。

「府県奉職規則」が賑恤実施と租税減免に関する中央統制の強化を打ち出したのは、まさにこのような情勢のなかにおいてであった。「府県奉職規則」により、民衆の要求に直接対峙しなければならなかった地方当局は、難しい立場に立たされることになった。『新潟県史』はこの点を次のように記述している。「民衆の救済要求を直接受ける府県にとって、政府の許可する賑恤だけでは民衆を抑えきれない状況にあった。明治二・三年の新潟県の賑恤［のなかに］……県の『専断』で貸し渡されたものがあるのはそれを物語っている。そのため三条西公允元水原県知事（兼按察使・後新潟県知事）は責任を問われ、三年一〇月一四日に『在勤中不都合之儀有之』として謹慎処分となった。しかも、同月一七日『演舌書』を提出して抗議した名和緩大参事も翌月罷免された。名和は『演舌書』の中で『一途県庁を怨慕の外』に手段のない民衆を無視できぬとし、前掲の規則［府県奉職規則］を振りかざす政府の態度と正反対であるのも、窮民の要求を直接受ける県官が民衆運動の力を一番よく感じていたからであろう。*14」

新潟県は、明治三年に、「専断」での夫食貸し渡しを、六件八〇〇石余行なっている。*15

【注解四】「府県施政順序」*16の発出（明治二年二月五日）の直後の二月一三日、これの起草に当たった広沢真臣は、議定岩倉具視に宛てて書簡を送った。*17そのなかで広沢は「府県施政順序」は「少々半途に有之」とし、自らが抱く府県政（地方政策）に関する意見の大要を次のように提示した。*18「第一、／　御誓文を目的とし、政体に法り、追々之　御沙汰筋宜相守。第二、勤仕之面々等級上下を不論御為筋は無腹臓申試、総而懇切相輔助勉励して庶務凝滞なきを要す。第三、万民撫恤の　聖旨を奉体し、総而旧弊を一洗し、教化を敦くし□を繁□するを要す。第四、地力を尽し、生産を富殖し、人民をして職業を勉励なさしむるを要す。第五、下情を常に詳察し、敢而濫賞罰なきを戒む。第六、救凶手当。第七、租税収納方其他歳入を会計官に□□上納し、又は其府県賞費引当之額又は臨時大金之費用は行政官え窺出免許を請可取掛、又は歳入を私有するを厳禁抔之条目に而、大体其府県私権を不奮、大事件は皆決を行政官に取ると申様なる心得に候得は、一本万枝一気脈に出、全面平均之良政被相行、則ち諸官諸有司同心戮力、一定不抜之御基礎相立訳歟と奉存候。官府県共銘々区々之政治を施し、只一面を見て愉快を極め候様に而は、会計も諸政も相整都は有御座間布哉に奉存候。*19」広沢が岩倉宛ての書簡において展開した府県施政の大要は、内容的に、箇条の部分も、理念の部分も、本件「府県奉職規則」にぴったり対応している。この点から「府県奉職規則」が広沢の手になるものであることが知られる。*20

〔注〕

*1　「府県奉職規則ヲ取消ス」（明治四辛未年一二月一九日、太政官第六六一）。

*2　『大蔵省沿革志』本省の部明治二年七月二七日条も、「二十七日、府県官吏ノ定員、職務ノ章程及ヒ常備金ノ規則ヲ頒示ス」

として、本規則を掲げる。ただしこちらでは名称が「府県職務章程」とされており、また大意に変わりはないものの文章には異同が見られる（参照、大蔵省記録局（編）『大蔵省沿革志（上巻）』、六六―六七頁）。

＊3 「府県奉職規則中賞誉委任稟候ノ区域ヲ定ム」（明治三庚午年一一月八日、第八〇五）。

＊4 「府県委任ノ軽賞急迫ニ非ル者ハ稟候処置セシム」（明治三庚午年一二月、第一〇二六）。

＊5 「死流二刑従来刑部省ニ稟候セシモノ自今流以下各庁ニ於テ専断セシム」（明治三庚午年九月二四日、第六二二）。

＊6 「府県奉職規則」は、次掲の「県官人員並常備金規則」ともども、民部官副知事広沢真臣により作成された（この点について詳しくは本項の【注解四】を見よ。また、参照、千田稔「維新政権の地方財行政政策」、五六頁、および、佐々木克「版籍奉還の思想――広沢真臣を中心に――」、一〇七頁）。ただし、「県官人員並常備金規則」に関しては会計官副知事大隈重信の関与した跡がある（「明治二年七月一七日付大隈重信宛広沢真臣書簡」、所収、日本史籍協会（編）『大隈重信関係文書 一』、東京大学出版会、一九七〇年一月、覆刻版、原本の刊行は一九三四年七月、一一〇頁、参照）。

＊7 『内務省史』もこの点を認め、「『府県奉職規則』は、［『民部省規則』と］同じ原理に立って府県官の奉職原則を定めたものであり、「まさしく最初の地方官服務紀律である」と述べている（大霞会（編）『内務省史 第一巻』、四一頁）。『内務省史』はまた、政府は「府県奉職規則」により「地方行政に対する中央の統制体制の確立をはかった」とも論じている。この点については、千田稔も、「府県奉職規則は、民心掌握を重視しつつも、府県知事の広汎な権限に対して稟候取決・禁止事項の制約を加え、政体書の地方分権的な府県を集権的に規制しようとした所に特徴がある」と述べている（千田稔「維新政権の地方財行政政策」、五六頁）。

＊8 第九条が規定する仕組みは、各府県の管轄石高を基準として常備金（府県官の月給など定額の支出に充てる第一常備金と臨時の支出に充てる第二常備金からなる）の定額を定め、租税のうち定額を超える分についてこれを速やかに大蔵省に納付させるというものである（参照、「県官人員幷常備金規則」、明治二己巳年七月二七日、第六七六（次掲）、および、「府県常備金規則説明」、明治二己巳年一二月二日、第一一一二（七〇一―一））。『大蔵省百年史』は、この仕組みを、「府県が収納した租税米金を現地においたまま、この中から府県の経費を支出させ、その残余を政府に納付させることとしたものであった」と説明している（大蔵省百年史編集室（編）『大蔵省百年史 上巻』、四六頁）。『大蔵省百年史』はまた、この仕組みの効果についても書い

ている。すなわち、当時は「まだ府県の租税額も必要経費も明らかでなく、定額金［常備金の定額］も単に経費の総額を見積っただけのものであったから、これによって国庫の収入を確保することは困難であった」（同上）、と。

＊9 小川政亮は、その論文「郷倉制から備荒儲蓄法へ」のなかで、「府県奉職規則を起点として、その後、罹災窮民救助法体制が、一般救貧法に先んじて、まず展開されてくる」と述べている。小川は、罹災窮民救助法体制の制度化が一般救貧法に先んじた理由を、「災害罹災者応急救助は、その保護事務の性質上、地方官に救助実施の裁量権を付与するほかないが、応急救助の内容が地方区々であるなら人民の不満を誘発し治安上の問題ともなるものであるから、応急救助の対象となる災害の種類・規模・救助の要件・種類・範囲・程度・方法・期間などについて全国的統一的な方針を速かに示すことが必要」であったからであるとし、「かくて『各地方区々ノ取扱有之テハ不都合ニ付』として、まず同年（明治二）一二月九日、大蔵・民部両省より『水火災ニ罹ル者日数十五日ヲ限リ給与ノ米額ヲ定ム』る布達が発せられた」と罹災窮民救助法制の展開について論じた（小川政亮「郷倉制から備荒儲蓄法へ」、所収、東畑精一・安田誠三（監修）／農林省農林経済局農業災害補償制度史編纂室（編）『農業災害補償制度史 第一巻 本編（上）』、農林省、一九六三年二月、九〇頁）。罹災窮民救助法体制の制度化の起点は、より厳密に考えれば、「夫食種籾農具等貸下ノ措置ヲ定ム」（明治二己巳年七月一四日、第六五二）であろうが、これは関東伊豆国奥羽七州府県宛の達であったので、罹災窮民救助法体制の統一的制度化の起点を「府県奉職規則」に置くのは妥当である。尚、明治元年一二月より明治一三（一八八〇）年備荒儲蓄法（明治一三年六月一五日、太政官布告第三一号）に至るまでの《罹災者に対する食糧、住居、農具等の手当ての方面での災害救助》に関する法令の展開を、「夫食種籾農具等貸下ノ措置ヲ定ム」（明治二己巳年七月一四日、第六五二）の項（六九－一二二）のなかで**《府県支出による罹災者の生活支援策》に関する法令の展開**と題する年表形式の解説にまとめてある。こちらも合わせて参照されたい。

＊10 「御取箇帳様式ヲ定ム」（明治二己巳年一一月一七日、第一〇六一）の項（六九－三八）および「畑方貢米引方ハ稟候処置セシム」（明治三庚午年正月二八日、第六二）の項（七〇－五）を参照のこと。

＊11 「府県奉職規則」や「県官人員並常備金規則」などによって地方行政機構（府県の組織の整備）と集権的中央地方関係が創出されたが、これは広沢真臣ら「民心掌握の民政－仁政」を標榜する大久保派の尽力によるものであった。ところが、明治二年八月の民蔵合併以後、その機構と仕組みは財政統制による経費節減（「濫救」の廃止）と貢租増徴を掲げる大隈派の手に落ち、

同派による財行政政策の実施のために利用されることとなった。これを、千田稔は、次のように書いている。「広沢が中心となって、政令一途の下での民心掌握を企図して、府県の上層・下層行政機構が集権的に創出されていった。大久保派では、かかる集権的地方機構の下で民心掌握の民政－仁政を展開しようとし」たのである。しかし、「木戸らの挽回工作で大蔵省への民部省の合併が決定」され、「大隈らは、この民蔵合併を一応の拠として、広沢が中心に構築した集権的行政機構に依拠して、仁政ではなく、収奪と集中の地方政策を推進する政治的前提を確保した」、と（千田稔「維新政権の地方財行政政策」、五九頁。また同論文の六五頁も参照のこと）。大隈派が集権的行政機構を掌握した結果、府県支出の抑制と貢租収奪の強化を指向する中央政府（民部＝大蔵省）と、罹災した民衆の運動の圧力に直接対峙していた府県官との間に、災害救援の仕法と規模をめぐって対立を孕む難しい問題が発生することになったのである。尚、〝大隈派〟の呼称は明治二年から同三年にかけての民部省－大蔵省の合併／分離問題をめぐる大隈重信・伊藤博文・木戸孝允らと大久保利通・広沢真臣らとの対抗における前者を指す。後者の呼称が〝大久保派〟である。後述するように、民蔵合併／分離問題の焦点は災害減租や賑救の運用等の問題（地方政策）にあった。民蔵合併／分離問題については、「租税監督通商鉱山ノ四司ヲ民部省ニ属セシム」（明治二己巳年八月一一日、第七二四）（六九－二七b）、「民部省大蔵省分省セシム」（明治三庚午年七月一〇日、第四五七）（七〇－二一）、「民部大蔵両省管轄ノ寮司諸掛及事務条件ヲ区別ス」（明治三庚午年八月九日、第五二〇）（七〇－二三）の諸項を参照せよ。

＊12 以下の叙述に当たっては、新潟県（編）『新潟県史 通史編六 近代一』、一五三－一五七頁を参照した。

＊13 このような要求訴願の運動は藩領たると政府直轄領たるとを問わず起こっており、『新潟県史』はこれらの運動を「明治初年の民衆運動の根幹をなすもの」と評している（同上、一五四頁）。

＊14 同上、一五六頁。引用に当たり割注は省略した。

＊15 同上、一五五頁。

＊16 「府県施政順序ヲ定ム」（明治二己巳年二月五日、第一一七）の項（六九－九）を参照のこと。

＊17 「明治二年二月一三日付岩倉具視宛広沢真臣書簡」（所収、日本史籍協会（編）『岩倉具視関係文書 四』、二二一－二二三頁）。

＊18 「此内被　仰聞候京都府に而追々施政之書類別紙附置之通差送申候。府県大綱規則書［府県施政順序］は少々半途に有之、此度間に相不申其旨趣は［云々］」（同上、二二一頁。引用に際して句読点を付した。以下、日本史籍協会（編）『岩倉具視関係文

書四』からの引用に付き、この点同様である)。〔云々〕のところに本文中に引用した文章が入る。

＊19　同上、二二二頁。／は改行を表わす。□は欠損不明であることを示す。

＊20　参照、松尾正人「明治初年の政情と地方支配――『民蔵分離』問題前後――」、四六頁。松尾正人は広沢が作成した「新県仮規則」と「県職制・規則」が「府県奉職規則」と「県官人員並常備金規則」のもとになったとして、その経緯を次のように記す。「広沢が作成した『新県仮規則』と『県職制・規則』は、二年五月三日・八日の府県会議で『新県規則』『県職制』として討議されている。『新県規則』は改編されて『府県奉職規則按』となり、六月初旬に岩倉・徳大寺に提出されたが、結局その布告は七月二七日まで持ちこされた。『県職制』は大隈などの回覧をへて『県官人員並常備金規則』として布告された」(同上、四八頁)、と。松尾はさらに、上引の岩倉宛の書簡に言及しながら、広沢の府県政構想を、「集権的な施政を推進し、同時に『牧民』政策、とりわけ啓蒙的な『政教並行』を重視するものであった」と整理している(同上、四四頁)。松尾のこの整理は、広沢は「集権的地方機構の下で民心掌握の民政－仁政を展開しよう」としたという前述の千田稔の広沢理解と重なるものと評し得る(前掲＊11、参照)。

二五、「県官人員幷常備金規則」(明治二己巳年七月二七日、第六七六)

第六百七十六　七月二十七日(太政官)

四年太政官第六百二十三[＊1]二依リ消滅

県官人員並常備金規則

一官員

知県事　一人

四年太政官第三十七[＊2]ヲ以テ権大参事ヲ置ク

参事　一人
但大小ノ官階ハ人材ニ従テ之ヲ定ム
第八百三十三*3ヲ以テ改正
大属　内三人権　四人
少属　内二人権　四人
史生　三人
捕亡　五人
総十八人
右十万石高目安
一官員ヲ定ムル高五万石マテハ万石ニ付二人トス六万石余ヨリ十万石ニ至ルマテハ更ニ万石ニ付一人五分加入ス乃チ高十万石ナレハ五万石官員十人ヘ合シ総計十八人トス十一万石以上二十万石マテハ更ニ万石ニ付一人ヲ加入ス前ノ十八人ニ合シテ二十八員トス総シテ官員ノ増減ハ前文目安ニ依テ属捕亡ヲ以テ相当コレヲ定ムヘシ
県掌　二人
使部　二人
一県掌使部ハ石ノ多寡ニ不拘定員ノ通タルヘシ尤モ出張所アレハ格別ニ置ク不苦候事
一総官員中十万石迄ハ参事一人タルヘシ十一万石余二十万石迄ハ大参事一人少参事一人ヲ置ヘシ廿一万石余三十万石迄ハ大参事一人少参事二人ヲ置クヘシ三十一万石余ハ大参事二人少参事二人ヲ置クヘシ尤開港所管轄ハ石ノ多寡ニ不拘参事一人ヲ加入シ外国ノ事務ヲ専勤スヘシ其他開港事件ニ関係スル官員ハ別ニ加入スヘキ事

一常備金

第千百十二参看[*4]

金六百両　　一万石ニ付金百二十両宛

金二千両　　一万石ニ付金四百両宛

総二千六百両

右五万石高目安

一県舎ノ諸費其他諸官員巡案ノ入費幷県掌以下ノ月給等遣払ハ高五万石マテハ一万石ニ付金百廿両乃チ六百両トス六万石以上十万石迄ハ万石ニ付百両ツヽ十一万石以上ハ万石ニ付五十両廿万石ナレハ前ニ合シテ千六百両トス総テ目安ヲ以テ照準スヘキ事

一県中年々常費五万石迄ハ一万石ニ付金四百両乃チ二千両トス六万石ヨリ十万石マテハ万石ニ付二百両十一万石ヨリ廿一万石マテハ万石ニ付百五十両前ニ合シテ四千五百両トス総シテ目安ニ依リ兼テ県舎ニ備置キ其事ノ緩急ニ従テ取計済ノ上明細書ヲ以テ可相達但シ制外ノ事件ハ其時々民部大蔵両省へ可伺出事[*5]

一県舎官員居宅幷牢屋創立等臨時費用ハ常備ノ例ニ非ス三分ノ一ヲ官給シ自余ハ管轄ノ石高ニ分課スヘシ尤官員ノ居宅取繕等ハ可為自費事

右之通被定候ニ付此旨相達候事

【注解一】「県官人員並常備金規則」中常備金規則の内容

【注解二】「民部省規則」・「府県奉職規則」・「県官人員並常備金規則」の内容的連関（災害対策に関する規定を中心に）

【注解三】「府県庁分課定例」

【注解一】「県官人員並常備金規則」は、県官の定員、常備金の種類とその算定方法、常備金の費途と支出手続き、臨時費用（「県舎官員居宅幷牢屋創立等」）の取り扱いなどについて定める。「常備金規則」中第一常備金の廉を見ると、その費途は「県舎ノ諸費其他諸官員巡案ノ入費幷県掌以下ノ月給等」と規定されている。すなわち、これは県庁事務費、巡視用旅費、下級官員の月給などに支出されるのである。第二常備金については「県中年々常費」とあるだけで、「県官人員並常備金規則」本文には費途について具体的な記載がない。たとえば、のちの「県治条例中県治官員並常備金規則」にあるような、「管下堤防橋梁道路等難捨置急破普請等ノ入費ニ可充事」、「窮民一時ノ救助等都テ事ノ緩急ニ依テ遣払」といった記述は、本規則にはないのである。[*6] ただし、支出手続きについては、本規則は次のようにやや詳しい規定を置いている。すなわち、総じて目安（額）にもとづいて前もって金員を県舎に備え置き、①規定にある事務に関しては、事態の発生に際し緩急を判断して第二常備金から金員を支出し、そのうえで後日明細書を作成し民部・大蔵両省に報告する、②規定外の事件が発生した場合には、その都度、第二常備金からの支出の可否に関し、民部・大蔵両省へ伺いを立てるものとする、と。

県舎、官員居宅ならびに牢屋の建設など臨時費用の扱いは、常備金とは異なる。これらについては、本規則は、「三分の一を官費から支給し、残りは石高に応じて管轄地内に分課すべし」としている。

【注解二】「県官人員幷常備金規則」（明治二己巳年七月二七日、第六七六）（本件）は、同日付で発布された「民部省規則」（明治二己巳年七月二七日、第六七四）（六九－一二三）、「府県奉職規則」（明治二己巳年七月二七日、第六七五）（前項）に内容的に連なるものである（法令番号も連番である）。「県官人員並常備金規則」の内容を補足的に説明した「府県常備金規則説明」（明治二己巳年一二月二日、第一一一二）（七〇－一）をも参照し、災害対策に関する規定に注目しつつ上記三つの規則の内容的連関を整理すると、次のようになる。[*7]

水火災発生直後の応急救助や、洪水などにより堤防や道路、橋梁などが破損した際の修繕について、「民部省規

則」には、

一民政ハ治国ノ大本最モ至重ノ事トス謹而　御誓文ニ基キ至仁ノ　御趣意ヲ奉体シ府藩県ト戮力協心教化ヲ広クシ風俗ヲ敦クシ生業ヲ奨勧シ撫育ノ術ヲ尽シ賑済ノ備ヲ設ケ上下ノ情ヲ貫通シ以テ衆庶ヲシテ可令安堵事

一堤防橋梁道路等土木ノ事怠ル可ラス府藩県管轄地所修繕ノ儀伺出候ハ、可否詮議ノ上府藩県ニ委任施行ス可シ

とあり、

「府県奉職規則」では、

一常ニ凶年饑歳ノ慮ヲナシ予メ民患賑済ノ備ヲ設クヘシ

附鰥寡孤独廃疾無告ノ窮民ハ常ニ僉議ヲ尽シ速ニ救助スヘシ総テ一時ノ賑恤ニ非ス年月ヲ経ル救助ハ其仕法ヲ記シ民部省ヘ伺出其決ヲ受クヘシ唯漸次産業ニ基キ貧民減少ナラシムルヲ要ス尤天災禍乱ニテ一日モ遷延シ難キ賑恤ハ此法ニ不拘速ニ施行ノ後民部大蔵両省ヘ届出ツヘシ

附救荒ノ制相立ハ民部省ヘ伺出其決ヲ受クヘシ

一堤防橋梁道路ノ修繕怠ルヘカラス常ニ其得失ヲ検査シ絵図並積リ書ヲ以テ民部省ヘ伺出其決ヲ受ケ於施行ハ府県ノ任トス尤堀割分水新タニ水利ヲ興シ又ハ管轄所交互スル治河等ハ時宜ニヨリ当省ヨリ出張其地方官ト戮力施行スヘキ事

但天災非常ノ破損一日モ遷延シ難キハ此例ニ非ス其以下瑣少ノ修繕等ハ総テ其府県ニ委任ス追テ届出ヘシ

と規定されている。

これらを受けて、「県官人員並常備金規則」では、第二常備金について「支配地ノ堤防橋梁道路等難捨置急破普請所ノ営繕ニ引充遣払」、「其他都テ其事ノ緩急ニ従テ遣払」という規定が置かれているのである。

すなわち「民部省規則」は、災害関係の土木事務および災害救助事務を民政の柱に挙げた上で（両事務の重要性の確認）、これらの事務の実施を府県に委任している。それを受けて「府県奉職規則」は、災害関係の土木事務および災害救助事務の執行を府県の役割として確認し、民部省・大蔵省との関係を中心に両事務の具体的な執行手続きを規定する。そして「県官人員並常備金規則」ではこれら災害対策事務に関する支出の手続きを定めているのである。

【注解三】「県官人員並常備金規則」は県官についてその定員を規定するも、県庁組織の編成については規定を置いていない。府県庁の組織を定める動きとしては、本規則発出の七か月後明治三年四月に民部＝大蔵省が府県庁の組織の画一的編成をねらって「府県庁分課定例」を作成し、これを太政官に上奏して審議を求めたことが注目される。[*8] 以下、『大蔵所沿革志』本省の部明治三年四月一二日条に拠りながら、これの内容を紹介したい。

明治三年四月一二日、大蔵省は民部省と連名で、「府県庁ノ分課ノ定制ヲ画一ニ帰セシム可キヲ太政官ニ稟議」した。その稟議書中に「府県庁ノ分課ノ称呼各自殊異ニシテ此紛淆ス、宜ク一定ノ制ヲ立ツヘク、且ツ職員ノ増減官禄ノ多寡ヲ検閲スルニ便スル為メニ総計表ノ式様ヲ頒示シテ欄内ニ嵌記シ、民部、大蔵両省ニ送致セシメ［ン］」とあるように、民部＝大蔵省は府県庁の組織の編成とその職員の増減および官禄の多寡について統制と掌握を試みようとしたのである。すなわち、府県庁の組織については定則を提示しそれにもとづいた編成を強制することで画一を導入しようとし、また、職員の増減と官禄の多寡については総計表による毎月の報告を企てた。民部＝大蔵省は、明治二年末から明治三年夏にかけてのこの時期、「田方検見坪刈春法ノ順序御取箇附ノ次第等ヲ録上セシム」（明治三庚午年正月二三日、第四七）、「畑方貢米引方ハ稟候処置セシム」（明治三庚午年正月二八日、第六二）（七〇－五）に始まる一連の達を発して、[*9] 災害減租事務の〝適正〟化政策――民政部門への財政的統制の強化と租税徴収の確実を図ることによる財政の確立を指向する民部＝大蔵省の政策の一環――を進めていた。これを府県庁の行政内容（行政運営）に対する統制と捉えるならば、四月一二日の太政官への稟議は府県庁を組織の面から統制せんとする動きと捉えられる。この時期、民部＝大蔵省は、行政内容（行政運営）と府県庁組織の編成の両面から府県庁（地方官）に対する統制を強めようとしていたのであった。

四月一二日の太政官への稟議書に添付されていた「府県庁分課定例」は、次のようなものであった。*[10]

府県庁分課定例

府庁ハ審理、租税、出納、営繕、府兵ノ五課ニ分ツ。

県庁ハ審理、租税、出納、営繕ノ四課ニ分ツ。

府庁ノ分課事務ヲ区別スル左ノ如シ、県庁モ亦タ之ニ準ス、唯タ府兵ノ一課ヲ置カサルノミ。

審理課、中小二学ノ開導、褒賞ノ挙行、工業ノ勧奨、監察ノ提轄、訟獄ノ審讞、請願ノ処理、神社、仏寺、海関ノ事務ノ幹弁並ニ之ニ関スル簿冊ノ点検、文書ノ記録等本課中ニ各掛ヲ置キテ分掌セシム。

租税課、戸籍、人口、租税、勧農、開墾、鉱業、牧蓄、山林、養蚕ノ事務ノ幹弁（以下同文に付き省略。）

出納課、出納、計算、用度、官禄、商業、倉廩ノ事務ノ幹弁（同上。）

営繕課、雇工傭役、造築修治、製造興作、堤防、橋梁、道路、駅逓ノ事務ノ幹弁（同上。）

府兵課ハ警衛巡邏ノ事務、貫属士卒ノ管理並ニ之ニ関スル事務等本課中ニ各掛ヲ置キテ分掌セシム。

以上一分課中ノ各掛ノ名号ヲ指定シ人員ヲ派当シ、或ハ之ヲ併合シ、或ハ之ヲ廃置スル如キ共ニ府県長官適宜ニ区処スルヲ得セシム、故ニ今マ其ノ概例ヲ挙示スルノミ、但タ濫ニ定制ノ課名ヲ変易スルヲ許サス。

県は審理、租税、出納、営繕の四課編成である（府にはこれに府兵課が加わる）。災害対策にかかわる事務は、災害減税を含む租税事務が租税課、堤防事務が営繕課に割り振られている。罹災者救援事務を含む賑恤の言葉はこの編成表には見えない。*[11]

〔注〕

＊1　「県治条例」（明治四辛未年一一月二七日、太政官第六二三）。

＊2　「県官定員中ニ権大参事ヲ置ク」（明治四辛未年正月二二日、太政官第三七）。

＊3　「県官規則ノ内官名変成大属以下ヲ改ム」（明治二己巳年八月、第八三三）。

＊4　「府県常備金規則説明」（明治二己巳年一二月二日、第一一一二）（七〇－一）。

＊5　この部分は『法令全書』版のテクストよりも、『大蔵省沿革志』掲載のテクストの方が文意明瞭である。以下に『大蔵省沿革志』版のテクストを載せる（大蔵省記録局（編）『大蔵省沿革志（上巻）』、六八頁）。

常額歳費ハ管轄石額五万石以下ハ毎一万石ニ金四百両、即チ五万石ニ満レハ金二千両ト為ス、六万石以上一十万石以下ハ毎一万石ニ金二百両、一十一万石以上二十万石以下ハ毎一万石ニ金一百五十両、即チ二十万石ニ満レハ金四千五百両ト為ス、之ヲ県庁ニ貯蔵シ以テ緩急ノ用ニ応シ之ヲ度支セシ以後ニ明注書ヲ具申シ、若シ其ノ事ノ例外ニ在ル者ハ毎次ニ民部、大蔵両省ニ稟候取決ス。

＊6　第二常備金の費途については、「府県常備金規則説明」（明治二己巳年一二月二日、第一一一二）の項（七〇－一）を参照せよ。こちらには、第二常備金は洪水などにより府県の支配地の堤防、橋梁、道路などが急破し放置できないような場合にその急破箇所の修繕に充てるものであるとの規定がある。

＊7　災害対策事務の側面からの「県官人員並常備金規則」の分析については、「葛飾県以下七県新ニ工事ヲ興ス者ハ姑ク他日ヲ待タシム」（明治二己巳年三月一七日、第二九二）の項（六九－一二）の記述も参照せよ。

＊8　大蔵省記録局（編）『大蔵省沿革志（上巻）』、八六－八七頁。尚、この議案の採否であるが、『大蔵省沿革志』には何も書かれていない。千田稔によれば、この議案は不裁可となった（千田稔「維新政権の地方財行政策」、六四－六五頁）。

＊9　一連の達とは、「荒地及起返取下場総寄仕訳書様式ヲ頒チ査点録上セシム」（明治三庚午年三月二五日、第二三五）（七〇－一二）、「凶荒引方並地所変換ノ節稟候ヲ経テ取箇帳ニ編入セシム」（明治三庚午年五月二日、第三二八）（七〇－一三）、「田方検見規則ヲ定ム」（明治三庚午年七月、第五〇五）（七〇－一二）を指す。

＊10 大蔵省記録局（編）『大蔵省沿革志（上巻）』、八六－八七頁。

＊11 明治元年七月に定められた京都府職制――これは地方庁の組織に関する統一的な規則定立の出発点に位置するものである――では、府庁に市政、郡政の二局を置き、市政局には聴訟方、断獄方、庶務方、社寺方、会計方、捕亡方、営繕方、駅逓方、書記、筆生を、郡政局には租税方、庶務方、営繕方、駅逓方、聴訟方、断獄方、社寺方、会計方、捕亡方、書記、筆生を置くという編成であった（市政局中の営繕方、駅逓方は郡政局より兼務扱い）（参照、「京都府規則ヲ府藩県ニ頒示シ意見ヲ上陳セシム」、明治元戊辰年八月五日、第六一〇（六八－一四））。また、同じく明治元年の九月に規定された東京府の職制は、「庁中事務ヲ二局ニ分チ、市政、郡政ト為ス。市政局中分テ庶務、出納、聴訟、断獄、社寺、記録、捕込、匠作ノ八部トナシ、郡政局中又分テ租税、庶務、営繕、駅逓、記録ノ五部トス」というものであった（東京都公文書館（編）『都史紀要六　東京府の前身市政裁判所始末』、二二九頁）。明治元年に定められたこれら二つの職制と比べると、「府県庁分課定例」は、府県の組織について、市政・郡政の二局制を廃し、分課を整理して五（県は四）課としたことがその特徴である。また、府県の事務の内容に関して言うと、「府県庁分課定例」では、産業関係の事務が大きく展開していることが注目される。下って明治四年一一月に定められた「県治条例中県治職制」では、県庁組織は庶務、聴訟、租税、出納の四課編成とされた（「県治条例」、明治四辛未年一一月二七日、太政官第六二三）。課の名称と事務の配分に異なりはあるが、四課編成は「府県庁分課定例」と同じである。千田稔は「府県庁分課定例」を評して、「廃藩直後の四課制は既にこの頃から準備されていたとも言える」と述べている（千田稔「維新政権の直轄地――研究史の整理・検討を中心に――」、所収、千田稔・松尾正人『明治維新研究序説――維新政権の直轄地――』、開明書院、一九七七年一〇月、二二頁）。千田は、また、「府県庁分課定例」に始まる四課編成を、「中央政府にとり地方官庁は農民を統治・収奪して貢租を納付する事を基本的機能としていればよいのであり、それを補強する様な形で府県職制を構築してゆく方向」のものであったと捉えている（同上）。

二六、「治河使ヲ廃シ土木司ヲシテ水利ヲ管轄セシム」（明治二己巳年七月二七日、第六八一）

四年太政官第三百八十二[*1]ヲ以テ土木司ノ事務ヲ工部省ニ属ス

第六百八十一　　七月二十七日（達）　　民部省

今度治河使被止候ニ付水利之儀自今其省土木司管轄被　仰付候間此旨相達候事

【注解一】治河使の廃止
【注解二】信濃川疏浚工事着工問題
【注解三】治水工事費用の調達問題と国債制度の提唱

【注解一】治河使を廃止し、水利に関する事務を民部省土木司の管轄とするとした民部省宛の達である。これにより、治河使が所管していた淀川等畿内諸川の水利の増進と水害の防除に関する事務も含めて、治水関係の事務（水利の増進と水害の防禦に関する事務）が民部省土木司のもとに一本化された。[*2][*3]

2. 本達より前、明治二年七月四日に、治河副使宮川小源太がその職を免ぜられた。その際、行政官から宮川に発された免職通知は次のような文面であった。すなわち、「勤仕中各別励精之段神妙之事ニ候今度官員御減省ニ付徴士幷是迄之職務被免候事」。[*4]これを見ると、宮川の免職は、宮川の方に問題があってのことではなく、「官員御減省」に由来するものであったことがわかる。[*5]すなわち、明治二年七月の治河使廃止は官員の削減をその理由の一つにもつものであった。明治二年五月の「会計官職制章程ヲ定ム」（明治二己巳年五月八日、第四二五）（六九－一六）発出の頃より顕然化する財政緊縮政策のなかで土木費や救恤費の削減が図られていった。治河使廃止はこうした政策潮流の組織レベルでの表現と見做される。治河使を廃止し治水土木担当部局を土木司に統一するという措置は、行政における統一的組織形成の側面からだけではなく、その組織的統一が経費削減政策によって導かれたものである点でも注目されなければならない。[*6]

【注解二】 本達発出のその日、太政官は、越後水原県に宛てて信濃川疏浚工事着工差し止めの令達を発した。この達は『法令全書』には収録されていないので『大蔵省沿革志』により全文を紹介し[*7]、注釈を施す。[*8]

［明治二年七月］二十七日、官帑匱乏ナルヲ以テ信濃川ヲ疏浚スル工事ヲ閣停ス可キヲ太政官ヨリ水原県ニ令達ス。

其ノ疏浚工費一百五十万両ニ超過スルノ鉅額ニ属スルヲ以テ、仮ニ姑ク就工ヲ停輟スルナリ。

2. さて、上の令達に注釈を加えるに当たっては、明治初年の信濃川分水問題についてこれを詳しく語ることから始めなければならない。注解としては幾分長くなるが、『白根郷治水史』、『信濃川大河津分水誌』、『信濃川百年史』、『新潟県史』[*9]などに拠りこれの経緯を整理して以下に示す。

もともと信濃川は氾濫を繰り返す暴れ川で、江戸時代には洪水の発生した年が通算で八四か年もあった。[*10] ほぼ三年に一度の頻度である。信濃川の水害解消策としては享保年間（一七一六‐三六）以来しばしば分流工事が企画されたが、幕府はこれを許可しなかった。[*11] 明治元年五月、信濃川の氾濫により越後地方は未曽有の水災を被った。長岡より下流で二〇数か所もの破堤があり、濁流が平野を一面海のように変えたという（「当夏［明治元年夏］中之洪水ニてハ、右両川［信濃川及びその分水中ノ口川］縁堤通り数十ヶ所押切、水下タ数百ヶ村、田園家居之差別無之、一円数十日之内水底ニ相成、流失家等不少、野ニは青草無之」）。[*12]

明治元年八月に北越戊辰戦争が終結すると、「人民塗炭ノ苦ヲ救フ」ことを標榜する新政府に対して信濃川分水工事の実施を求める運動が起こり、それが瞬く間に広がった。八月二七日、白根郷、西川流域の庄屋一四人が新潟民政局へ大河津分水工事の着工を求める嘆願書を提出した。*13 次いで九月一五日には味方村（西蒲原郡）に藩領、政府直轄領の区別を超えて流域三八か村の村役人が集まり、信濃川分水工事実現のための団結と工事費用の支出を政府に願い出ることを申し合わせた。*14 一〇月に入ると新潟民政局や新発田藩郡役所への嘆願が繰り返し行なわれるようになった。その一方で、田沢与左衛門（前出、新発田藩領古川村名主）・市島謙之助（同神屋村名主）ら有志の者たちは、村松藩領別所村庄屋高岡栄蔵のとりなしを得て代表を京都、大阪に送り、公卿筋ならびに大阪鉱山局の吉田信太郎に対して大河津分水についての嘆願書を提出する動きを見せた。*15

明治元年の夏以来村役人および農民層の大河津分水工事着工を求める動きが活発化したが、藩県の方でこの動きに真っ先に応答的な対応を示したのは、水害地を領地とする新発田藩であった。新発田藩は一一月、大参事窪田平兵衛、小参事富樫万吉を長岡に遣わし、新潟府知事四条隆平に信濃川分水工事着工の嘆願書を提出した。*16 新発田藩はさらに与板・村松・高崎・三日市・三根山・長岡・村上の七藩と協議し、明治二年一月、長岡と村上を除く六藩連名で新潟府に分水工事着工を建白した。*18 しかし、当時の直轄新潟府政は知事や判事の人事問題で揺れており、信濃川分水問題に取り組む余裕がなかった。新潟府は繰り返される嘆願に対し、事好みの里正が村民を煽動しているとして、工事着工を求める運動を抑制する方向で動いたのである。

こうしたなか「関屋掘割騒動」が発生した。「関屋掘割騒動」は、明治二年一月二〇日、信濃川最下流域の農民たち（一万人とも一万五千人とも言われる）が示し合せて集まり「関屋分水」*19 を実現（自力掘削）しようとした直接行動である。信濃川最下流部の亀田郷では、そもそも大河津分水が実現する可能性は低く、仮に実現したとしてもそれは最下流部で低湿地の亀田郷の湛水排除には効果をもたないと考えられていた。亀田郷の農民たちは同地の湛水排除には大河津分水ではなく「関屋分水」こそが必要であると判断していたのである。かくして、彼らは明治元年秋以降その掘削を求める嘆願書をそれぞれの支配所に提出する行動に出た。しかし、これは受け入れられなかった。

そのような折、西川郷の農民四人が郷内の村々を廻り、「関屋堀割順序之願ニてハ、容易ニ成就不致候間、依之水腐郷村百姓共戮力、来る二月朔日頃打寄、一昼夜之中ニて堀抜申度、何れ定日ハ追て申合ニ及へし」と触れ回ったのである（一月二一日）[*20]。水腐郷村百姓の力を合わせて一昼夜のうちに「関屋分水」を掘り抜いてしまおうというのであった。この話は亀田郷内諸村にも伝えられた。そしてついに一月一八日、発願村々より関屋堀割掘り抜きへの参加を呼び掛ける廻状が亀田郷内の村々に廻されたのである。それは次のようなものであった。

兼て相企置候関屋地内堀割之義、明後廿日鍬寄仕候間、隣村貝鐘之相図ニ御繰出被下度奉頼上候、尤此度一揆同党之義ニ付、田方高低益不益ニ不拘、村々十五歳より六十歳迄御繰出被下度奉頼上候[*21]

二〇日当日は村々にほら貝と鐘の音が響き渡り、六〇か村余からおよそ一万人が「水流隊」「困窮隊」など思い思いの旗をひるがえしながら繰り出し、分水路を掘り始めた。その有様は次のようだったという。

廿日払暁より、村々貝鐘之音致、郷内六拾ヶ村余之人足、大凡壱万人程繰出シ、思ひ思ひのはたを靡シ、分て上早通ハ小荷駄方抔と唱ひ、身元之者より飯米・薪・酒・釜迄も持参、又医者も召連レ、其道すからハ軍事之行軍ニ等ク、笛・太鼓・貝之拍子ニて繰出シ、誠前代未聞之事之由、庄屋名主ハ鳥屋野渡り場ニて引留、利解申入候得共、更ニ聞入不申、終ニ川を越シ、関屋団九郎茶屋前ニて相揃、（中略）世話頭長左衛門（鍋潟新田）・勝右衛門（長潟村）・武助（上早通村）・重左衛門（下早通村）、其外村々より才判差図ニて、鯨波之声を揚掘始、村々之ばた印ヲ靡シ、実ニ戦争ニも等しき由[*22]

農民たちのこの直接行動に対し、新潟府は急拠新潟駐在の大聖寺藩兵約三〇〇人を派遣して大砲や小銃で威嚇し、また新発田藩は沼垂奉行高久六左衛門を遣わして農民たちの説得に当たらせた。そこで農民たちはひとまず作業を止め、出来嶋から大嶋に宿を取り、世話頭たちは沼垂に詰めて対応を協議した。結局二三日になって「関屋分水」については手順を踏んで嘆願することと決し、農民たちは村々に引上げた。これが「関屋掘割騒動」と呼ばれる一件である。

「関屋掘割騒動」は新潟府には大きな衝撃を与え、信濃川分水を求める村方層には大きな刺激を与えた。新潟府は当時知事不在、かつ府政の中心を担っていた権判事二名のうち高須梅三郎は上京中、進美禰人は罷免というありさまで、府としての体制が全く整わない状況であった。そこに「関屋掘割騒動」が起こったわけである。「騒動」中の一月二二日、一六日に着任したばかりの権判事楠田十左衛門と、新潟開港のために派遣されていた外国官権判事水野千波、三沢揆一郎は連名で政府に書状を送り（参与宛て）、当地の危機状況を次のように伝えた。

当地義、昨年来戦争以後、別て事務紛擾之際、諸般等閑姑息ニ打過、民情紛々方向を失し候景況、眼前ニ相見、最早此まゝ打過候ハヽ、不日余烟又燃、土蜂再起、沛然不可防ニ至るへし、加之、已ニ昨今、当府近傍関屋村外三百ヶ村之人民壱万五千人程蜂起、信濃川ニ分水堀割等相企候一条ニても其有様顕然、旁以深杞憂罷在候（以下略）[*23]

楠田らは早急に越後における統一的支配機構の整備強化を行ない、信濃川分水問題や新潟開港問題等の難問に当たることを求めたのであった。これが二月八日の越後府の再置に繋がる（「再ヒ越後府ヲ置ク」、明治二己巳年二月八日、第一二七）。

一方民衆の側では、「関屋掘割騒動」後、大河津分水工事着工を目指す動きが活発化した。二月上旬には、三条近在の村々で大河津分水の掘り抜きを企てる小前農民層の動きがあった。[*24] また大河津分水の実現を目指す村役人たちは京都と東京に代表を送り、再度政府機関への直接嘆願を試みた。京都へは田沢与左衛門らが上り、二月一九日に高岡栄蔵の仲介で会計官知事兼治河掛の大納言中御門経之に面会し、越後水害の実情を述べて大河津分水工事の着工を嘆願した。[*25] 中御門は嘆願の意をくみ、越後府知事壬生基修宛ての直書を田沢らに渡した。[*26] 田沢らは帰国して越後府知事の壬生にこの中御門の直書を提出した。[*27] 東京方面へは新発田藩領小須戸町名主吉沢源蔵らが出向き、関係各方面に嘆願した。嘆願を受けた政府は係官を派遣し、信濃川水害の実情調査を行なった。[*28]

大河津分水をめぐるこのような各藩および村方の動きを受けて、二月八日に再置された越後府は、三月九日に新発田・与板・高崎・村松・三日市・三根山の六藩に対し、大河津分水に関する実地調査を行ないその利害得失を報告するよう命じた。六藩は、四月一一日付で、大河津分水の至急の着工を嘆願する内容の、「信濃川分水路堀り割りの儀に付き、測量其の外取調べの節御達に付き申し上げ書」を提出した。[*29]

四月一七日、越後府は、六藩提出の上申書を踏まえて大河津分水工事を全額官費で着工する旨を、各藩に達示した。[*30] その工事計画を見ると、分水路延長四、九九七間三尺（約九キロメートル）、人足（分流掘り割りの分）合計五三七万六千人余であり、総工費は七四万八、〇九六両二朱永二〇文であった。[*31] 越後府は、五月一九日に、工事事務所として寺泊に信濃川分水役所（のちに治河会議所と改称）を設置した。信濃川分水役所の総括には平岡兵部（越後府権判事）が就任し、[*32] 御用掛には高岡栄蔵（前出、中御門経之との仲介役）が、また用弁掛には田沢与左衛門をはじめとする大河津分水工事着工に奔走した名主・庄屋層が任命された。[*33] 五月中旬からは分水路予定地の測量が開始された。ところが、越後府から分水工事費用として七〇万両の支出を要請された政府は、財政上の理由を挙げて越後府に対し工事着工の見合わせを指示した。[*34] 越後府は、政府からの出金がない場合を想定し関係諸藩や分水役所用弁掛に資金調達を命じる一方、測量を終えた七月には、政府に対して、「分水工事は信濃川河畔の損害を除きて衆望に協ひ、大に地利を起して越後に於ける民政施設の第一要務」であると主張し「速に評議を遂げて治河の命を下さんこと」を請うとした建白書を提出した。[*35][*36] この建白書に対する政府の答えが信濃川疏浚工事着工停止を命じた本達である。前越後府判事の参議前原一誠や治河会議所総括平岡兵部らは尚も大河津分水工事実施を政府に対してはたらきかけたが受け入れられず、[*37][*38] 結局水原県[*39]（七月二七日越後府の跡を受けて設置）は九月一七日に分水工事の暫時延期を関係者に通達するの余儀なきに至った。[*40]

3. 以上に述べた明治初年の信濃川分水問題の経緯から、①治水工事（信濃川分水工事）着工をめぐって横に繋がった農民層のラディカルな動きがあったこと（「関屋掘割騒動」など）、②その農民層の動きが越後府など政府の地方統治機関にとって大きな圧力となり、結果的に差し止められたとはいえいったんは運動の要求を容れた決定（大河津分水工事官費着工の決定）がなされたこと、これらが明らかである。治水工事の実施／不実施は農民の生産・生活に直結する重要な問題であったから、農民たちはこの問題に真剣に取り組んだ。そして、治水工事（この場合は信濃川分水工事）を求める農民の活発な動きは、政府には〝脅威〟と受けとられた。とくに地方官はこの〝脅威〟に直接対峙していたわけで、それだけ治水や災害後の救済に神経をとがらせることになったのである。明治初年の政府の租税徴収方針や東北統治指針のなかに見られる農民を恐れる姿勢の背景にはこうした運動があり、その存在は政府にとって無視すべからざるものであった。

【注解三】 上掲の信濃川分水の件で問題となったのは治水工事費用をどのように手当てするかという点であったが、これに関し同時期に公議所[*41]に提出された議案のなかに国債をもって治水の費用に充てるべしとの提案が見られるので、以下に採録しておきたい。[*42]

治水ノ議

古河議員　来次伝四郎

今ヤ
皇国内ノ河江概子大ニ壅塞シ、水行自ラ凝滞シ、国人災害ヲ受ルコト、一年一年ヨリ甚ダシク、河底ノ高キ、坊堤ヲ隔テ舟船ヲ見ルニ至ル。今
皇政普施シ、既ニ治河局ヲ開カセラレ、淀河ノ水道ヲ疏瀹セラル、ト承ル、沿河ノ民
聖恩ヲ蒙ル無窮ナリ。然レトモ未ダ天下ニ及ボサルベキヲ聞ス。願クハ

皇国中ニ及ボサレ、大河小川トナク、尽ク之ヲ疏瀹セラレナハ、水害立ロニ減セン。啻下民ノ幸福ノミナラズ、実ニ天下ノ美事ナリ。尤其御費用莫大ニテ、御多事ノ折柄、届カセラレ間敷カ、依テ彼ノ国債法ヲ以テ、[*43]先ヅ治水ノ課ニ被為充、至急御施行被為在度、奉存候敬白。

「治水ノ議」と題するこの議案で、提案者の来次伝四郎は、水害対策上河道の浚渫が急務であることを論じ、[*44]国債の制度を設けてそのための財源とすることを主張している。[*45]

〔注〕

*1　「旧民部省土木司ノ事務ヲ工部省ニ属ス」（明治四辛未年七月二八日、太政官第三八二）。

*2　治河使の設置とその活動の軌跡については、前掲の四つの項目、すなわち「治河使ヲ置ク」（明治元戊辰年一〇月二八日、第九〇四）（六八－三〇）、「治河使被設ニ付府藩県ヲシテ水利ノ道ヲ起サシム」（明治元戊辰年一一月六日、第九三九）（六八－三二）、「治河使ヲ置カレ府藩県水利興起ノ布告ヲ改ム」（明治元戊辰年一一月一五日、第九六〇）（六八－三四）、「治河使旗章ヲ定ム」（明治元戊辰年一二月二日、第一〇二一）（六九－一）を参照せよ。

*3　治河使の所掌事務を吸収した直後の明治二年八月、民部省土木司は、大蔵省営繕司の事務も併管することとなった。「［明治二年］八月本司［大蔵省営繕司］ヲ廃シ其ノ事務ヲ民部省土木司ニ併属ス」（大蔵省記録局（編）『大蔵省沿革志（下巻）』、三〇六頁）。大蔵省営繕司の前身会計官営繕司は、明治二年四月の民部官土木司設置まで堤防工事など河川事務をその管轄中に置いていた。治河使および大蔵省営繕司の廃止とそれらが管轄していた事務の民部省土木司への統合は、明治二年七月の官制改革の直後に土木・建設関係の事務の担当組織が統一されたことを意味する。

治河使廃止に言及した関係者の記述としては、『世外井上公伝 第一巻』のなかで紹介されている、明治二年七月一一日付の大隈重信宛井上馨書簡がある。当時井上は大坂府在勤であったが、その書簡中に次のような一節が見える。すなわち、「何分会計ト民政合シ不申候而は実ニ込リ申シ、且亦当地［大阪］治河抔ハ定て民政より致シ候事相見へ、何致居候やら、他［多カ］人数之人足を集め、夫々治河相調候得ばよろしく候得共、工作振抔ハ不得其意事ニ候。別ニ当地も治河とて、役所等不立候ても、当府より致シ候歟、又ハ会計よりにても致し候方手順にて、入費も少しにて相済候事歟と奉存候」（井上馨侯伝記編纂会（編）『世外井上公伝 第一巻』、マツノ書店、二〇一三年七月、復刻版（原本は一九三三年一一月に内外書籍から刊行された）、四一一頁。引用に際して、返り点、割注は省略し、原文にある注記は適宜［］に入れた）。井上、大隈ともに、民部省大蔵省合併推進論者であった。その井上が、八月一二日の民蔵合併直前に、民政会計合併論を述べるなかで治河使廃止に言及しているのである。ここから推せることは、治河使廃止、その事務の民部省土木司への統合は、民部省と大蔵省の合併（実質的には大蔵省による民部省の吸収）を視野に入れたうえでなされた、少なくともその文脈でなされた、ということである。すなわち、治河使廃止とその事務の民部省土木司への統合は、単なる組織の一本化措置ではなかったのである。それは、治水担当組織を一本化するにとどまらず、さらにその先、すなわち一本化された組織を財政当局の管轄下に置き、財政当局が治水事業を統制することまでをねらって行われたものだった。治河使廃止はこのように見られるべきものであろう。ちなみに、井上馨がこの書簡中治河使廃止を主張すべき理由として述べるところは、上引のとおり、①治河使管轄下の治水工事が思うように進捗していないこと、②治河使を立てずとも治水の事務は大坂府もしくは会計官（大蔵省）監督下で節約的に実施しうるということであった。

＊4　「七月四日本藩宮川小源太徴士幷治河営繕司知事を免せらる」（所収、細川家編纂所（編）『改訂 肥後藩国事史料 第十巻』、五三－五四頁）。

＊5　治河使岡本健三郎の免職理由も同様である（岡本の免職は明治二年五月二四日付）。参照、『太政類典』、第一編、第一八巻（官制・文官職制四）、三〇。

＊6　この点、本項目中の＊3（前掲）も併せて参照せよ。

＊7　大蔵省記録局（編）『大蔵省沿革志（上巻）』、四九三頁。

＊8　治河使とのかかわりで信濃川疏浚工事着工の一件を見ると、明治二年二月に信濃川下流域の村役人の代表が治河使（治河掛中御門経之）に対して信濃川疏浚工事の早期着工を求めた嘆願書を提出するという事件があったことが注目される（参照、新潟県（編）『新潟県史 通史編六 近代一』、一二五－一二六頁。この点後述）。治河使は近畿地方（主に淀川筋）における水運の便の増進と堤防の修築による水害の防除（「新港開鑿幷淀川筋堤防修理」）を担当する主任の官として置かれたが、布告「治河

使被設ニ付府藩県ヲシテ水利ノ道ヲ起サシム」（明治元戊辰年一一月六日、第九三九）（六八－三二）に接した地方民衆からは政府の意図を超えて治河全般を総括する官と受けとめられ、治水に関する訴願を提出すべき対象と見られたのである。

＊9　『白根郷治水史』（白根郷普通水利組合、一九四五年七月）、四五七－四七七頁、『信濃川大河津分水誌 第一集』（建設省北陸地方建設局長岡工事事務所、一九六八年三月）、四〇－八七頁、建設省北陸地方建設局（編）『信濃川百年史』（北陸建設弘済会、一九七九年三月）、五七三－五八七頁、新潟県（編）『新潟県史 通史編六 近代一』、一二三－一三一、二四七－二四九頁。

＊10　うち、四八か年については破堤が記録されている。『信濃川大河津分水誌 第一集』、一九－二五頁。

＊11　『白根郷治水史』、四五七頁、『信濃川大河津分水誌 第一集』、四〇－六八頁。信濃川分流工事とは、「信濃川が最も日本海に接近し、かつ中ノ口川・西川の分岐点に近い大川津（西蒲原郡分水町）地内から寺泊までの約九キロメートルを掘削し、分流水路を作る」というものである。この信濃川分流工事については、幕末の慶応元年、同二年にも、新発田領内古川村名主田沢与左衛門らを中心として、信濃川沿岸二四一か村を巻き込んだ激しい請願運動があった（『白根郷治水史』、四五八－四六一頁）。

＊12　「信濃川過水吐御進達書写大河津堀割件（明治元辰年十一月）」（所収、新潟県（編）『新潟県史 資料編一三 近代一 明治維新編Ⅰ』、八五八頁）。

＊13　「乍恐以書付奉歎願候（慶応四辰年八月）」（同上、八五四－八五五頁）。

越後国信濃川と申大川、（中略）右川筋之内、長岡より新潟迄、凡水路拾七里余ニ有之候、右川縁村々、年毎耕地田畑川欠出来、雪代其外夏中大雨之節、満水堤押破、諸作水損難遁、就中蒲原郡之義ハ、是迄諸領々入交窪地勝ニ御座候処、諸家様よりも堤御普請、多分之御物入被下置、村々ニても水防手宛のみ心配尽力仕候得共、何分前条諸国稀成大川、満水之節ハ迚も尽力難及儀候処、三島郡大河津村地内より寺泊下海岸迄、西北之方凡弐里余之場所、新川堀割、信濃川分水仕候ハヽ、長岡より以下新潟迄、右川両縁十七里之耕地ハ勿論、枝川縁共水害相免、万民鼓腹之基を開キ候（中略）［当慶応四年］夏中以来之降雨続ニて、長岡より以下ハ一面之水災、諸作取失、家流失、或ハ潰破損等逸々難申上、困窮ニ陥候次第ハ追々御見聞被遊候通、右ハ其儘罷在候てハ、不遠越後半石亡所退転仕候ハ顕然ニ付、恐多御事ニハ奉存候得とも　天兵当国御打入、御新路之御手始メ、数百万之人民為御救、前書大川津村より寺泊下へ、信濃川分水御堀割御普請之儀、速ニ被　仰付被成下置度奉願上候（以下省略）

*14 「申合席書之事（慶応四辰年九月）」（同上、八五五－八五六頁）。

当国信濃川、累年水災ニて、万民困窮ニ陥り、此儘ニてハ不遠亡村ニ可及体、不忍見ニ候処、今般　王政御一新之折柄、兼て国中懇願いたし居候信濃川分水御普請之儀、失此機候てハ、永世成就之場ハ有之間敷ニ付、同志村々申合条々、左之通、

一、天朝莫太之御益筋、下モ方数万之生霊塗炭ヲ相救候義ニ付、同志之者ハ利潤私欲等ニ不拘、兄弟之如ク相交り、不依何義ニ、己之我意ヲ不募、衆議之宜ニ任セ可申事、

一、御普請入用之儀ハ、迚も手分ニ不行届候間、御上へ願立可申、人足之儀ハ銘々協力ヲ情々差出シ、万一力尽果候ハヽ、其節ニ至御救願可致事、

（以下省略）

*15 『白根郷治水史』、四六八－四七二頁、『信濃川大河津分水誌 第一集』、七五－七七頁、建設省北陸地方建設局（編）『信濃川百年史』、五八一－五八二頁。

*16 新潟府は、明治元年九月二一日にそれまでの越後府を改称してできた、越後国内の政府直轄地の統治機関である（「越後府ヲ新潟府ト改称ス」、明治元戊辰年九月二一日、第七七七）。越後における政府直轄地の統治機関は、新潟裁判所（明治元年四月一九日設置）→越後府（五月二一日）→新潟府→越後府（明治二年二月八日再置）→水原県（同年七月二七日）と変遷した。

*17 「信濃川過水吐御進達書写大河津堀割件（明治元辰年十一月）」（所収、新潟県（編）『新潟県史 資料編一三 近代一 明治維新編Ｉ』、八五八－八六一頁）。さらに、『信濃川大河津分水誌 第一集』、六八－七二頁も参照のこと。新発田藩は、幕末の慶応元年にも、大河津分水の件で幕府に対し建白書を提出していた（『白根郷治水史』、四六一－四六四頁）。

*18 『信濃川大河津分水誌 第一集』、七二－七三頁。

*19 「関屋分水」とは、信濃川と西川合流点下の関屋から日本海に向けて分水路を開鑿せんとするもので、もともとは元治年間（一八六四－六五）に会津藩が計画した工事である。

*20 新潟県（編）『新潟県史 資料編一三 近代一 明治維新編Ｉ』、八七二頁。

*21 同上。

【1869年】（明治元年11月19日から明治２年11月29日まで）

＊22 同上。括弧内の村名は、新潟県（編）『新潟県史 通史編六 近代一』、一二九頁に拠る。

＊23 新潟県（編）『新潟県史 資料編一三 近代一 明治維新編Ⅰ』、一〇五七頁。

＊24 「三条付近大河津堀割ニつき不穏」（所収、新潟県（編）『新潟県史 資料編一三 近代一 明治維新編Ⅰ』、八六三－八六四頁）。

＊25 『白根郷治水史』、四七二－四七五頁、『信濃川大河津分水誌 第一集』、七七－七八頁。『白根郷治水史』、『信濃川大河津分水誌』および『新潟県史』では中御門について「治河総督」の呼称が用いられている。中御門に提出された嘆願書（「中御門殿江御直歎願書」）は、田沢与左衛門、市島謙之助ら一二名の「越後国水損村々惣代庄屋」が越後府宛てに認めた嘆願書に中御門宛ての直訴状が付された形式となっている。中御門宛て嘆願書の本体部分、すなわち一二名の「越後国水損村々惣代庄屋」が越後府宛てに認めた嘆願書の部分は、前年八月二七日に、白根郷、西川流域の庄屋一四人が新潟民政局へ提出したものとほぼ同趣旨のものである。ただ、違うのは、その後の六藩連名の越後府への建白書提出（明治二年正月）を踏まえて、これの評議を速やかに行ない、六藩連名の建白を採用するよう求めている点である（この点のほかにもうひとつ違いを挙げるとするならば、それは、工事着工が遅れた場合「心得違いの蜂起」が起こるやもしれぬと警告している点である）。一方、中御門宛て書状の方は、大河津分水工事着工を直訴する内容のものであった。

＊26 中御門の直書は、「片時も速に水害防禦の方法を講じ、万民撫育の大御心に添へ奉るやうに致すべし」という旨趣のものであったという（『白根郷治水史』、四七五頁）。

＊27 『信濃川大河津分水誌 第一集』、七九頁。

＊28 同上。

＊29 『信濃川大河津分水誌 第一集』、七三－七五頁。

＊30 『信濃川大河津分水誌』によれば達示は次のとおりである。「累年信濃川は洪水の為め、人民の困苦少なからず、御一新の今日は御多忙の折柄に候え共、衆庶を子の如く思し召され候御仁愛を以って、大河津より海岸の須走迄の過水吐きを御堀り割り、即今御手を為し下せられ候条、小民に至る迄御趣意を戴き奉り候様、布令有るべき候也」（『信濃川大河津分水誌 第一集』、七九頁）。ただし、これは政府の許可を得た上で発されたものではなく、越後府の専断により発出されたものであった（建設省北陸地方建設局（編）『信濃川百年史』、一三〇頁）。

＊31 『信濃川大河津分水誌 第一集』、七九－八三頁。
＊32 越後府権判事で信濃川分水役所（治河会議所）総括の平岡兵部（通義）は、長州藩出身。明治元年六月干城隊参謀として同隊副督の前原一誠とともに、長州藩から北越に派遣された（妻木忠太『前原一誠伝』、マツノ書店、一九八五年六月、復刻版、原版の積文館版は一九三四年一〇月刊、八五頁）。
＊33 『白根郷治水史』、四七五－四七七頁、新潟県（編）『新潟県史 通史編六 近代一』、二四七－二四八頁。また、『信濃川大河津分水誌 第一集』、八三頁。
＊34 この時政府（会計官－大蔵省）は「厳格な財政統制による節倹の実施」を掲げていた。この点については、前掲の「会計官職制章程ヲ定ム」（明治二己巳年五月八日、第四二五）の項（六九－一一六）を参照せよ。
＊35 この建白書を起草したのは前原一誠である（妻木忠太『前原一誠伝』、七二八頁）。『前原一誠伝』、七三〇頁には、前原が書いた建白書の原稿が収録されている。以下、『前原一誠伝』に拠りこの建白書（「信濃川治水建白」）の全文を示す（『前原一誠伝』、七二八－七二九頁、ただし返り点は省略した）。

越後国信濃川之水害、越後第一之民害に有之候付、堀割分水之儀に付而は、旧幕府以来諸民屢及歎願候由に候得共、旧幕府因循、加之旧幕吏為要賄賂欺農商致遷延居候内、去年之水害殊に甚敷候処、幸

大政御一新に付而は、民情頗切迫に致歎願、且諸藩領に於ても、其害を受候地多く有之候間、従諸藩も屢致歎願候付、右堀割場所地理研究水路測量方差出、且右分水被仰付候、付而従来為除水害令尽力候者とも、右場所出張明細に地理研究候様相達、尋て追々致測量候処、大凡之算頭に而、御費用百六拾万両は屹度御手当無之候而落成難相成候、然処右測量方差出候以後、民心大に致鎮定、且民心之方向も定候間、莫大之御入費には有之候得共、治河之議断然御決定可被仰付候様御尽力可被下候、右金会計官より御操出し御目途無之候は丶、越後府全入税五ヶ年越後府え御委任被仰付候は、豊凶平均にして、分水御入費及諸入費とも相調可申候哉に被相考候、右様被仰付候は丶、落成之上過不足明細録を以、差引可申候、猶余計も有之候節は可致上納、不足之節は至其節御詮議相願可申候、尤四ヶ年目諸官員交代、被

仰付候御制度之儀に付、其節は毛頭も無相違、後官へ付譲可申候、右分水之一事、除民害塞民望起地利候、越後民政之第

一に而、且思永図是よりも善は無之、猶且王政之民を救に急なる処をも、深可奉感戴候間、速に御評議治河之御沙汰可被仰付下候、万一不被遂御詮議候節は、測量も一時之権謀を以、致鎮撫民心候に相渉候間、知事及判事等各有罪、相当之被処罰

朝廷之公明致貫徹候様、御所置被仰付可被下候也、

七月　　　　　　　　越後府

＊36　大河津分水工事をめぐる越後府と政府との対抗を見るうえで、治水工事をめぐる府県と中央政府（民部官、民部省）との権限関係を整理しておくことが便宜である。そこで、これについて簡単な整理を試みる。明治二年六月四日の「民部官職制」において民部官知官事の職掌が「府県ノ事務ヲ総判シ戸籍駅逓橋道水利開墾物産済貧養老等ノ事ヲ監督スルヲ掌ル」と定められた（「民部官職制ヲ定ム」、明治二己巳年六月四日、第五〇三（六九－一八））。これは府県事務総体、またとくに災害対策そのものである堤防事務が民部官の所管であることを示すものである。「民部官職制」では、同官設置にともない新たに置かれた土木司の知司事についても、その職掌が「道路橋梁堤防等営作ノ事ヲ専管スルヲ掌ル」と規定された。「民部官職制」の規定はそれ以前の「政体」（明治元年閏四月二一日）における会計官の営繕事務に関する一般的な所掌規定から一歩前に出たものである。すなわち、明治二年六月四日の「民部官職制」によって信濃川分水工事のような治水土木事業に対する中央政府（民部省）の管轄と統制の権限が明定されたと認められる。さらに、信濃川疏浚工事着工差し止めの令達と同日に発布された「民部省規則」（第七条）、「府県奉職規則」（第六条）では、堤防橋梁道路等の修繕工事を実施する際には府県は絵図ならびに費用概算書を取り揃えて民部省に伺いを出しその承認を得べし、堀割や分水など新たに水利施設を建設する場合または大河川で管轄が交錯する治水工事の場合には民部省から担当官を現地に派遣するので地方官は民部省からの出張官員と協力のうえ当該工事の実施に当たるべしと定められた。七月二七日の「民部省規則」および「府県奉職規則」により治水事務に対する民部省の認可権限がよりはっきりと規定され、地方独自の判断でこれらの事業を実施することに対して、法規上明確な歯止めが設けられたのである。越後府は四月一七日に大河津分水工事に関しこれを全額官費負担で着工する旨達示したが、当該工事について費用の面での政府（会計官、大蔵省）承認のほかに、仮に政府からの出金なしで工事を始める場合であっても工事そのものに対する

政府（民部官、民部省）の承認が必要とされる事情にあったのである。

＊37 前原一誠の信濃川大河津分水工事への関与について、木戸孝允は、伊藤博文に宛てた書簡のなかで次のように難じている（「明治二年七月七日付伊藤博文宛木戸孝允書簡」、所収、日本史籍協会（編）『木戸孝允文書 三』、東京大学出版会、一九七一年二月、覆刻版、原本の刊行は一九三〇年四月、三八九－三九〇頁。関係部分のみ引用。広沢兵助は民部官設立の中心人物広沢真臣（長派）のこと。）。

前の字［前原］なども広［広沢兵助］氏の説にて承り候得は例の一流義にて於越ても堀割の事を独断し百万金の入費に相か、はり候処余程失策の由にて此決末如何と甚痛心いたし居府県にて如此事を長人より仕出し候に付ては弥此始末を立不申ては諸方の知県事等何を以可被制哉

ここに見られるのは、財政を立てる見通しがつかないなか、この点の考慮なしに、工事費百万両の堀割事業を政府の許可も取らずに独断で進めようとするとは何事か、という憤りと嘆きの入り混じった調子である。上引の文章からわかるように、明治二年当時、信濃川分水工事着工をめぐって前原および平岡ら越後の地方官と政府内の財政統制派である木戸－大隈－伊藤のライン（大蔵省）との間には厳しい対立があった。信濃川分水工事着工問題において顕在化したこの対立は、より一般的には、農民層の諸要求・諸運動に直面し地方統治のためには彼らの要求を容れざるを得ないとする――すなわち災害対策の局面で言えば災害や凶荒を理由として租税減免や賑貸（救助貸）の実施を求める――地方官とそうした動きを抑え込もうとする大蔵省との対立の問題として、捉えられるものである（大隈侯八十五年史会（編）『大隈侯八十五年史 第一巻』、三〇九－三一一、三二五－三三二頁、新潟県（編）『新潟県史 通史編六 近代一』、一五五－一五七頁）。

＊38 前原一誠の越後（新潟）府在勤時代の活動／事績については、妻木忠太『前原一誠伝』、七一七－七四八頁に詳しい。以下、ここでは、同書の年譜（八四－九八頁）と『百官履歴 一』の前原一誠の項（五四－五五頁）から、前原の、越後での民政関係の活動／事績に関するものをそのまま抜き出し、表としてまとめる。項目の末尾に付けた（百官履歴）は、『百官履歴 一』から採ったものであることを示す。その他はすべて妻木忠太『前原一誠伝』の年譜から採ったものである。また、『前原一誠伝』の年譜に載せられた、前原の活動の背景を説明する関連事項についても、最小限のものを採録した。傍線はすべて筆者による。

《前原一誠の越後民政関係の活動／事績》

明治元年

六月四日　藩政府君［前原一誠を指す、以下同様］を干城隊副督となし北越に出張せしむ
六月一四日　朝廷軍務官知事嘉彰親王を会津征討越後口総督となし給ふ三等陸軍将西園寺公望壬生基修参謀となる
六月二三日　筑前藩環瀛丸萩小畑津に来る君は干城隊副督を以て総督毛利親信及び参謀平岡通義等と共に同乗して解纜し
　二十六日柏崎に着す
六月二八日　君、長岡の陣営に赴き始めて戦地を視察す
七月六日　北越官軍参謀山県有朋罷め君之に代はる
七月二七日　前中将四辻公賀越後知事（ママ）となり君徴士越後府判事となる
八月八日　君、新潟附近に民政局を置かんとし之を吉井友実に謀る是日友実之れを賛し二十四日総督府之を置く
九月二一日　改越後府称新潟府（百官履歴）
一〇月二七日　君、越後国貢租の半減北越民心収攬の急要等の意見を木戸孝允に開陳す
一〇月二八日　新潟府知事四条隆平罷め越後口総督府参謀西園寺公望之に代り君之を補佐す

明治二年

正月二四日　新潟府判事被仰付置候通早々府政取計可致旨重テ御沙汰候事（百官履歴）
正月　新発田長岡村松村上等の八藩大河津分水の議を建白す
二月四日　新潟府知事西園寺公望京都に帰り即日罷めらる
二月四日　君、平野屋嘉兵衛を東京に遣はし信濃川分水工事の急要を木戸孝允に説かしむ十八日嘉兵衛孝允に之を陳述す
二月八日　朝廷再び越後府を置き三等陸軍将壬生基修を知事とし給ふ
二月八日　越後府判事被仰付候事（百官履歴）
二月一二日　朝廷君に命じて東京に出でしめ給ふ
二月二三日　木戸孝允、君の信濃川分水工事の趣意を当局に通達せんとし是日之を告ぐ
三月　越後府信濃川分水事業の起工を決す

五月一七日　是日君越後を発しついで東京に出で長藩神田邸に入る
六月六日　君、輔相三条実美に面謁し北越の事情及び信濃川分水の急要を進言す
六月二〇日　越後府知事壬生基修坂田潔を東京に遣はし君と共に信濃川分水の趣意を貫徹せしめんとし是日之を告ぐ
七月五日　三条実美岩倉具視、君を登庸せんとし其の人物実情等を参与木戸孝允広沢真臣に問ふ
七月八日　朝廷官制を改定し給ふ君参議に任じ従四位に叙せらる
七月九日　君、未だ参議を拝せず待詔院学士大久保利通之を憂ひ是日弾正大忠吉井友実をして拝命を慫慂せしむ
七月一九日　右大臣三条実美、君の寓居を訪ひて参議就任を勧む君乃ち拝命を決す
七月二〇日　君、東京を発して越後に赴く八月四日越後を発して東京に帰る
七月二七日　朝廷越後府を水原県とし之に新潟県を合し壬生基修を知事に任じ且つ信濃川分水工事の後命を待たしめ給ふ
七月　越後府知事壬生基修信濃川分水工事の朝許を建白す蓋し建白書は君の草する所なり
九月一七日　水原県知事壬生基修信濃川分水工事を中止し二十四日辞表を出だす
一〇月三日　朝廷水原県知事壬生基修を東京府知事に任じ侍従三条西公允を水原県知事となし給ふ君が基修と画策したる信濃川分水工事の開始頓挫す

上の表から越後府判事在任時の前原一誠の民政関係の活動を見ると、その柱は信濃川分水工事の着工に置かれていたことが分かる。北越における民心収攬の急要を唱えた前原は、壬生基修や平岡通義とともに、信濃川分水工事実現に向けて奔走した。前原は越後府における、信濃川分水工事推進の中心人物のひとりであったのである。

＊39　平岡兵部は、八月一三日、前民部大輔で参議の広沢真臣を訪ね、広沢に越後の国情を詳しく説明している（日本史籍協会（編）『広沢真臣日記』、二三四頁）。平岡が説明し、広沢が「越後の情実具に承知す」と日記に記した話の中身には、当然大河津分水工事の一件が入っていたはずである。

＊40　水原県が分水工事の暫時延期について発した達の文面は次のようなものであった。すなわち、「大河津疏鑿は入費莫大の処、大蔵省に於いて差支えこれ有り、暫く工事を引延す、尤も国民の危急を救い、上下の利益相備わる急務に候え共、拠無き次第に付き上下煽動致さざるよう説諭に及べき」（『信濃川大河津分水誌 第一集』、八三頁）。尚、大河津分水工事のその後について

は、「信濃川分水路鑿割費用高役出金納方ヲ定ム（新発田以下七藩ニ達）」（明治三庚午年六月一二日、第三九九）の項（七〇一一六a）に詳述してある。そちらを参照されたい。

＊41 公議所は、「明治二年三月七日に開院せられ、同年七月一〇《ママ》［八］日に集議院と改称せられた我国最初の議院」（藤井甚太郎）である。

＊42 「官板議案録 第三 明治二年夏四月」（これは、『明治文化全集 第一巻 憲政篇』に収められている『官板議案録附決議録』から引いた。明治文化研究会（編）『明治文化全集 第一巻 憲政篇』、第三版、日本評論社、一九六七年一二月、初版は一九二八年七月刊、一四七頁）。『官板議案録附決議録』は、「明治二年三月四月に亘って、七冊だけ発刊せられたもので、内容は公議所に提案せられた議案六六案を収録」したものである（藤井甚太郎「『官板議案録附決議録』解題」、所収、『明治文化全集 第一巻 憲政篇』、六頁）。

＊43 「彼ノ国債法」とは、公議所において明治二年三月一二日に配布、同一七日に評議にかけられた第二号議案「御用金ヲ可廃ノ議」を指す。この議案の内容と票決の結果を簡潔に記せば、以下のようである。

まず、議案の内容から記す。「御用金ヲ可廃ノ議」は次のようなものであった（「公議所日誌 第三 明治二年己巳三月」、所収、『明治文化全集 第一巻 憲政篇』、一九頁）。

従前国家大費用アレハ、豪農富商ニ令シ、其分ニ応シ政府ニ献金セシム、之ヲ御用金ト号ス。夫レ農商ノ生ヲ遂ルハ、固ヨリ政府ノ保護ニヨルト雖モ、終歳孜々トシテ貯蓄スル所、一旦献金ノ令アレハ庸人ノ情自然割愛ニ忍ヒ難キ者アリ。是レ農商ヲシテ、其私有ノ産ヲ保護スル能ハサルニ至ル、其弊ヤ豪奪兼併ト相去ル遠カラズ。窃ニ聞ク西洋各国ニテ国用不足時ハ、一時融通ノ為メ政府ヨリ手形ヲ出シ、金ヲ国人ニ借リ、毎年政府ニテ其利息ヲ払ヒ、時トシテハ元金ヲモ返ス事アリ。尤利息ハ大抵一年ニ三分ヨリ三分半ノ割合トカ申事ニテ、之ヲ国債ト名ヅク。西洋各国大抵国債ノ無キ者ハ稀ナリ。（中略。）方今　御維新ノ際、従前ノ陋習ヲ一洗シ、西洋国債ノ法ヲ御斟酌アリ、良法御設ケニ相成、断然御用金御廃ノ方可然奉存候。

この議案は三月二二日に票決に付され、可決された（投票結果を詳しく記すと、可とする者一二三人、否とする者三〇人、御用金廃止を可とし国債法を否とする者三二人、御用金廃止を否とし国債法を可とする者一人であった。「可トスル者五分三ニ過ルコト十人、依テ是ヲ可ト決シ候」）（「公議所日誌 第四 明治二年己巳四月」、同上書、二五－二六頁）。議案可決を受けて、次のような上奏文が作成され、これが天裁を求めて提出された（「公議所日誌 第八下 明治二年己巳四月」、同上書、五一頁）。

第二号、御用金可廃ノ議、御採用相成可然旨、衆議一定仕候ニ付、奉伺

御用金ヲ廃シ、国債法御設ノ儀、決議相成候ニ付以来不得已ノ費用有之節ハ、国債法ヲ以御借リ入レニ相成、且御一新以来、今日ニ至ル迄、農商等へ御申付相成候御用金ハ、即今之ヲ国債ト致シ、其者共申立次第、国債法割合ノ利息、御払ニ相成候様仕度奉存候。

（中略。）

上の建議に対する上裁は「第二号、御用金ヲ廃シ、国債法可相用ノ建議、可然候得共、当時会計ノ基本取調中ニ付。《ママ》追而御沙汰、可有之旨、被　仰出候事」というものであった。つまり、御用金を廃止し代わりに国債法を建てるべしという建議の趣旨はもっともであるが、今は会計制度の基本を取り調べ中であるため、この件については追って沙汰があるまで待つようにというのである。かくしてこの時点での国債法の制定は見送られた（「公議所日誌 第十一 明治二年己巳四月」、同上書、六三頁）。

＊44　この議案や信濃川分水運動、さらには木曽三川の治水工事に関する長谷部恕連の建白（明治元年一二月）などから、当時水害の頻発という事態を踏まえて水害を減じるための方策として河道や河口の浚渫、分水路の開鑿、築堤（堤防の修築）などが必要であるという認識が広く共有されていた様子が窺われる（しかも、注目すべきは、河道や河口の浚渫、分水路の開鑿が、築堤よりもより根本的な水害対策として考えられていたことである。これは上の来次伝四郎の議案からも窺われるが、よりはっきりとこの点を述べたものとして、やや時は下るけれども、明治三年一一月二七日付の安永又吉（弥行）土木正の民部省宛建議が参照されるべきである（大蔵省記録局（編）『大蔵省沿革志（下巻）』、三〇八頁。安永の建議については、「治水条目ヲ定ム」、明治四辛未年二月二二日、太政官第八八の項（本書第二巻収録予定）において精細に分析した）。尚、木曽三川の治水工事に関する建白（明治元年一二月）に関しては、「治河使旗章ヲ定ム」（明治元戊辰年一二月二日、第一〇二一）の項（六九一－二）で詳しく述べた。そちらを参照されたい。

＊45　「非常ノ費」に充てるために「国債ノ制ヲ立ツルコト」は、すでに、明治元年一〇月の岩倉具視意見書のなかでその検討が提案されていた（早稲田大学社会科学研究所（編）『中御門家文書 下巻』、一〇五－一〇六頁）。

二七a、「租税監督通商鉱山ノ四司ヲ民部省ニ管セシム」（明治二己巳年八月一一日、第七二三）

三年第五百二十ヲ以テ改ム[*1]

第七百二十三　八月十一日（達）

租税監督通商鉱山之四司自今其省管轄被　仰付候事

民部省

【注解一】達「租税監督通商鉱山ノ四司ヲ民部省ニ管セシム」

【注解二】監督司の設置とその民部省への転属

【注解一】太政官が民部省に宛てて発した達である。内容は、大蔵省管轄下にあった租税・監督・通商・鉱山の四司を自今民部省に管轄させるというものである。

【注解二】『大蔵省沿革志』検査寮の部の冒頭（監督司の沿革について記述した部分）と同明治二年八月一一日条は、監督司の設置とその民部省への転属について、次のような興味深い記事を載せている。

初メニ二年七月大蔵省ヲ建ルヤ、監督司ヲ置キ専ラ金穀ノ出納及ヒ百般ノ計会ヲ監督セシメ、八月転シテ民部省ニ属［ス］[*2]

［八月］十一日、本司［監督司］ヲ民部省ニ転属ス。

本司ノ職任タル会計出納ノ当否ヲ監督スルヲ専務ト為ス、然ルニ権限漸次ニ拡張シテ大ヒニ民政ニ関渉スルニ至ル、因テ更ニ民部省ニ隷属シテ以テ民政、会計ノ二事ヲ監督セシム。[*3]

監督司は「専ラ金穀ノ出納及ヒ百般ノ計会ヲ監督」する部署として大蔵省に設置されたが、「権限漸次ニ拡張シテ大ヒニ民政ニ関渉スルニ至」ったので民部省に転属せしめ、「民政、会計ノ二事ヲ監督」させることにしたというのである。*4 元来会計検査機関であった監督司が民政に対する監督にも権限を拡張していったがゆえにこれを民部省に転属せしめたとするこの『大蔵省沿革志』の記事は、明治二年八月に行なわれた民蔵合併*5が内政機関に対する財政部門の統制の実効化を狙ってなされた措置であることを証し立てるものである。また合併後には民部＝大蔵省に管属する寮司の班次が発表され、ここで監督司は筆頭司の地位に置かれた。*6 このこともまた、民蔵合併の狙いを象徴的に示すものとして意味深い。というのも、監督司が筆頭司に置かれたことは、民政と会計双方に対する検査監督機能をもつ監督司がこの機能を背景にその二つの部門を統合する要の地位に立ったことを示すものであったからである。*7

2. 会計検査の専務機関として出発した監督司は、徐々にその権限を拡張し、民政領域への政策的統制をも行なうようになっていった（上述）。以下に示す、長雨や水害に起因する陸羽七国藩県の凶歉に対する救済策（按察使府提出）の採否の件は、監督司の民政領域への政策的統制のありようを示すものとして興味深い事例である。

明治二年一二月五日、太政官は、按察使府から建議のあった陸羽七国藩県の救荒案の事宜を民部省、大蔵省に垂問した。これに対議したのが民部省監督司であった。*8

この件について、順を追って説明する。まず、按察使府の建議とは、次のようなものであった。*9

按察使建議ニ曰ク、磐城国藩棚倉藩ノ管轄地ハ多クハ山谷ニ係リ其ノ土地磽确ナリ、故ニ従来羽前国最上、保原及ヒ信濃国中ニ在ル封地ノ米粟ニ頼リテ以テ一藩ノ用ニ供セシニ、客歳以来隔絶スル封地ハ悉皆官府ニ還納シ、嗣テ今年ノ荒歉ニ遇ヒ飢餓殆ト旦夕ニ迫ル、見ニ今マ六万石ノ列藩ニ在リト雖モ、復タ士族ヲ養ヒ庶民ヲ御スルノ資力有ル無シ、三春藩ハ土地薄瘠ニシテ米穀ノ荒歉棚倉藩ヨリモ甚シトス、八戸藩、七戸藩ハ共ニ荒歉ニ罹レリト雖モ、七戸藩ハ盛岡藩ノ糶米ヲ仰キテ目下僅ニ飢餓ヲ免カル、八戸藩ノ如キハ素ト盛岡藩ト相ヒ善ラス、故ニ客歳盛岡藩ノ反謀ニ与ミセス義ヲ守テ独リ僻地ニ孤立シタルニ由リ、為メニ軍須ヲ費ス無ク、又タ船載米ヲ収買シ糧食匱乏ノ急ヲ告ケス、且ツ三戸県モ亦タ荒饑ノ景況ニ在リト雖モ前日已ニ金二万両ヲ下付セシヲ以テ即今共ニ賑救スルヲ須ヒス、之ヲ要スルニ陸羽七国悉皆荒饑ニ罹ルヲ以テ其ノ藩県一トシテ賑済救貸ヲ哀訴セサル無シ、然リ而モ其ノ実ハ或ハ此ノ如ク其レ甚シカラサル者無キニ非ス、故ニ本使ノ管轄スル各県ノ今年ノ租税ヲ挙テ之ヲ本使ニ委付スルヲ許サハ、即チ実状ヲ審検シテ其ノ説諭ス可キ者ハ之ヲ説諭シ、其ノ賑救ス可キ者ハ之ヲ賑救シ以テ均公ニ区処セントス。

陸羽七国はいずれも凶歉であり、「其ノ藩県一トシテ賑済救貸ヲ哀訴セサル無シ」であるが、実情をよく見てみるならば、飢餓に迫る深刻さの度合いは各藩各県によりかなり異なる。それゆえ、陸羽諸国の凶歉救済は画一的なものであってはならず、それぞれの実情に即した適切な対応が取られなければならない。按察使府はそう述べて、「本使ノ管轄スル各県ノ今年ノ租税ヲ挙テ之ヲ本使ニ委付スルヲ許サハ、即チ実状ヲ審検シテ其ノ説諭ス可キ者ハ之ヲ説諭シ、其ノ賑救ス可キ者ハ之ヲ賑救シ以テ均公ニ区処セン」と建議したのである。

この建議を受けた太政官は、民部省と大蔵省に対して、按察使府案の採否を垂問した。その垂問への対議は民部省からなされたが、それを立案したのは監督司であった。*10 監督司の作成した回答は以下である。*11

民部省対議本司［監督司］立案ニ曰ク、按察判官ノ救荒事宜ニ関スル建議ヲ審按スルニ是レ宜ク糶糴ノ措置ヲ傍近藩県ニ下令スヘキ者ト為スト雖モ本年ノ如キハ非常ノ荒歉ニシテ米価極メテ騰貴ス、縦令ヒ糧米ヲ収買セント欲スルモ恐クハ其ノ資金ヲ欠カン、果シテ然ラハ之レニ資金ヲ貸付セサルヲ得サル可ク、而シテ按察使ノ申請セル如ク管轄各県ノ租税ヲ挙テ之ニ委付セハ、則チ必ス能ク有無ヲ通シ賑恤ヲ施スノ方法ヲ画立スル有ル可シ、然リト雖モ七国ノ租税ヲ挙テ以テ七国ノ人民ヲ救フハ蓋シ細故ニ非ス、故ニ七国ノ租税ハ相当ニ賦課シテ之ヲ納致セシメ、而シテ窘窮ヲ哀訴スル藩県ハ其ノ実況ヲ確査シ、特ニ窮民ノミヲ賑救スルノ方図ヲ立定シテ賑救金穀ノ多少ヲ稟決シ以テ之ヲ処分ス可キヲ按察使ニ指令シテ可ナラン。

按察使府の言うとおり陸羽七国の今年の租税を同使に委付して賑救に当たらせれば、それはそれで事情に即した賑恤の実施が可能であろうが、陸羽七国の今年の租税の全額を同地の人民の救済に費消するというのは小さいことがらではない。それゆえ、陸羽七国の租税はしかるべく賦課してこれを納付せしめ、その一方で救済を哀訴する藩県についてはその実況を審査し、とくに窮民のみに限って救済する方図を策定して賑救金穀の額を申請させ、もって救済の処分を行なうのが適当である――これが民部省監督司の作成した回答であった。そこでは、租税を相当に賦課してこれを納致せしめるとともに、賑救対象者を厳格に区切った救済法を策定し、そのうえで賑救金穀額を申請させて救済処分を行なうという、中央の税収確保と政府の統制のもとでの救済の実施が主張されていた。

権限を拡大して民政方面にも関渉するようになった監督司は、この事例に見られるように、賑救（罹災者救援）策の実質的決定にも携わった。そしてその決定は民部＝大蔵省の財政統制派の意向を強く反映したものであったのである。

3. 『大蔵省沿革志』出納寮の部明治三年六月八日条は、「八日、本司［出納司］大坂支署米金度支及ヒ事務処理ノ方規ヲ設定ス」と記し、同方規（全一三条）を載せる。[*12] そのうち、第六、第七、第一三の各条が、監督司支署官員の職務執行についてこれを規定するものとなっている。また、第八条には、監督司とは異なるが、災害対策に関係するものとして、土木司支署官員の職務執行にかかわる規定が置かれている。以下、これらを紹介し、若干の評言を付す。[*13]

其六、監督司支署官員ハ臨時ニ各所ノ土木工場ヲ巡視シ、帳簿ヲ査点シ職工ノ勤惰ヲ監督ス、其七、見有米金ハ監督司支署官員之レニ緘封ス、其八、土木司支署及ヒ用度司支署ハ月首ニ見有金額ヲ概収シ、月尾ニ括算簿ヲ出納司支署ニ送致ス、其ノ際ニ残存額有ラハ翌月ノ領収額内ニ算入ス、（中略）、其十三、廩米ヲ出納シ及ヒ発羅スルノ日射票ヲ析披スルニハ監督司支署官員之ニ莅監ス。

「出納司大坂支署米金度支及ヒ事務処理ノ方規」に記されている監督司支署官員の職務執行に関する規定は、①その時々の事情に応じた、土木工事現場や工場の巡視、およびそこにおける会計や職工らの勤務状況の検査監督（第六条）、また、②現米現金の緘封（第七条）、③倉米の出納、および出荷に際して出荷伝票を切る場の立会い監督（第一三条）の三点である。①は行政監察の側面での職務、②と③は「会計出納ノ当否ヲ監督」する職務と分類されよう。

災害対策との関連から同方規を見れば、第六条に、監督司支署官員による臨機の土木工事現場の巡視と、そこにおける会計や人足等の勤務状況の検査監督が規定されている点が注目される。これは、監督司支署官員による公共土木工事に対する行政監察である。また、第八条には、土木司支署における金銭の取り扱いについての規定がある。土木司支署は月首に現金を概算で受け取り、月尾に括算簿を出納司支署に送致する、その際残金がある場合には翌月の受取額に算入するというものである。土木司支署の側から以上の規定を整理すると、工事の現場については監督司支署の監察（行政監察）を受け、金銭出納については毎月尾帳簿を提出することにより出納司の検査（会計検査）を受けるということである。治水工事を始めとする公共土木工事の実施に対する大蔵省監督司および出納司の統制の実際がここによく見える。大蔵省は土木事務に対して施行状況と会計処理の両側面から厳しい統制のまなざしを向けていたのである。

〔注〕

＊1　「民部大蔵両省管轄ノ寮司諸掛及事務条件ヲ区別ス」（明治三庚午年八月九日、第五二〇）（七〇一－一一三）。

＊2　大蔵省記録局（編）『大蔵省沿革志（上巻）』、三七〇頁。前後を省略し関係部分のみ掲げた。

＊3　同上、三七一頁。

＊4　この点を、『会計検査院史』は、次のように書いている。「監督司ノ創立ハ明治二年五月八日ニ在リ。而シテ廃止ハ乃チ四年七月二十七日ナリ。其間上衙四タヒ易レリ。新置ノ時会計官ノ所管タリ、二月ヲ踰テ大蔵省ニ属シ翌月民部省ニ転シ後一年［明治三年八月］復タ大蔵省ニ属シ以テ廃止ニ至レリ。（中略。）而シテ其職権ハ前後自カラ一ナラス。会計官及大蔵省ニ属スルノ時ニ方リテハ収支ヲ査閲シ、決算ヲ検査シ、営築ヲ監督シ、金庫ニ臨検シ、会計法規ノ立按及査閲ヲ掌リ、恩賜・貸与・貨幣等ノ事ヲ議ス。民部省ニ転属スルニ及ヒ更ニ戸籍・警保・備荒儲蓄・官有地・庁舎位置及建築・開墾・物産・各司官吏黜陟等ノ事加ハレリ。」（会計検査院（編）『会計検査院史』（一八九六年三月刊）、所収、大内兵衛・土屋喬雄（編）『明治前期財政経済史料集成　第十七巻』、原書房、一九七九年八月、復刻版、原版の史料集成改造社版は一九三一年九月刊、五一三頁）。災害対策の観点より上記の職務規定を見ると、監督司は、会計官・大蔵省に属していたときから災害減租および賑済貸の監査・承認事務にかかわり、民部省転属後はこれらに備荒儲蓄に関する事務が加わったと知られる。監督司は政府における災害対策事務の統制の中心にあったといっても過言ではない。

＊5　民蔵合併については、次項「租税監督通商鉱山ノ四司ヲ民部省ニ属セシム」（明治二己巳年八月一一日、第七二四）において詳論した。

＊6　大蔵省記録局（編）『大蔵省沿革志（上巻）』、七〇頁。

＊7　ところで、明治三年暮れに大蔵省において組織規程整備がなされたが、その際、監督司は、政府全体に係る政策および会計の監督と、大蔵省内の組織管理を担当する、管理行政機関として位置づけられた。明治三年暮れの時点では民部省と大蔵省は分離されていたけれども、そういう状況の下でも尚大蔵省は監督司をして民政への統制を担わしめようとしていたのである。この点に関しては後掲の「民部大蔵両省管轄ノ寮司諸掛及事務条件ヲ区別ス」（明治三庚午年八月九日、第五二〇）の項（七〇一二三）で詳しく述べた。ぜひそちらを参照されたい。

＊8　大蔵省記録局（編）『大蔵省沿革志（上巻）』、七五、三七四頁。

＊9　同上、三七四頁。

＊10　同上。

＊11 同上。
＊12 大蔵省記録局（編）『大蔵省沿革志（上巻）』、五一五－五一六頁。
＊13 同上、五一六頁。引用は上記の四つの条項に限り、その他については省略する。

二七b、「租税監督通商鉱山ノ四司ヲ民部省ニ属セシム」（明治二己巳年八月一一日、第七二四）

同上＊1

第七百二十四　八月十一日（達）　大蔵省

租税監督通商鉱山之四司自今民部省管轄被　仰付候ニ付此旨相達候事

【注解一】職員令官制の制定と達「租税監督通商鉱山ノ四司ヲ民部省ニ属セシム」
【注解二】民部省と大蔵省の合併（民蔵合併）

【注解一】太政官が大蔵省に宛てて発出した達である。大蔵省管轄下の租税・監督・通商・鉱山の四司を自今民部省に管轄させるというのがその内容である。

明治二年七月八日、「従来ノ百官並受領ヲ廃シ位階ヲ称シ神職僧官ハ旧ニ仍ラシム」（明治二己巳年七月八日、第六二〇）（六九－一二一a）と「職員令並官位相当表」（明治二己巳年七月八日、第六二二）（六九－一二一b）が発せられ、「政体」に替わる新しい官制が建てられた（二官六省の制）。このとき、災害対策をその重要な部分として含む民政の担当機関として民部省が、財政の担当機関として大蔵省――こちらも災害減租など災害対策事務にかかわる――が設置された。このとき、民部省の長官である民部卿の職掌は、「掌物判戸籍駅逓橋道水利開墾物産済貧養老等事」と定められた。一方、大蔵省の長官である大蔵卿の職掌は「掌物判租税貢献秩禄用度金銀貨幣倉庫営繕鉱山等事」であり、また大蔵省は一寮六司を統管することとされた（「大蔵省一寮六司ヲ統管ス、曰ク造幣寮、曰ク出納司、曰ク租税司、曰ク監督司、曰ク通商司、曰ク鉱山司、曰ク用度司」）。*2 本件「租税監督通商鉱山ノ四司ヲ民部省ニ属セシム」（明治二己巳年八月一一日、第七二四）および前件「租税監督通商鉱山ノ四司ヲ民部省ニ管セシム」（明治二己巳年八月一一日、第七二三）は、大蔵省管下の租税・監督・通商・鉱山の四司を民部省の管轄とするという内容の令である。ここに民部省、大蔵省双方においてその職掌規定と統管する司のあいだに明らかな齟齬が発生することになったが、これは八月二〇日の職員令の改正で民部卿の職掌が「掌総判戸籍。租税。駅逓。鉱山。済貧。養老等事」、大蔵卿の職掌が「掌総判金穀出納。秩禄。造幣。営繕。用度等事」と直されることにより解消された。

【注解二】 本件および前件は、形式面では大蔵省から民部省への租税司以下四司の移管を令するものであったが、実質的な意味はそこにとどまるものではなかった。本件および前件は、より広い文脈、すなわち民部省と大蔵省の合併（民蔵合併）という文脈に位置づけられるものであったのである。以下、この点について詳述する。

七月八日の新官制において民部省と大蔵省は両省並立とされたが、そのわずかひと月後の八月一二日*3に両省は合併された。*4 この合併は、のちの大蔵省による民部省の吸収（明治四年七月）とは違って、「両省は制度的にはそれぞれ独立の省のままで、人的に卿と大少輔をそれぞれ両省兼任とし、同時に庁舎をも合同する形をとった」*5ものであった。したがって、「表向きは両省合併というような達はでていない」*6。そこで民蔵合併を理解するためには、そこに至る人事・組織の動き、そして合併直後の人事・組織の動きについて、これを精細に検討してみなければならない。以下、『大蔵省沿革志』を資料として、この動きを時系列で整理してみることにしたい。*7

七月

八日、官制位階ヲ改正シ、会計官ヲ廃シ、大蔵省ヲ建テ一寮六司ヲ管シ、卿舗《ママ》以下ノ職員ヲ置ク。会計官知事万里小路博房宮内卿ニ転任シ、会計官副知事大隈八太郎大蔵大輔ニ改任ス、衙門ハ旧ニ仍ル。是日行政官ヲ廃シテ太政官ニ併セ、民部官、会計官、軍務官、外国官、刑法官、内廷職、ヲ廃シ、神祇官、民部省、大蔵省、兵部省、刑部省、宮内省、外務省、待詔院、集議院、大学校、弾正台、皇太后宮職、皇后宮職、春宮坊、海軍、陸軍、留守官、宣教使、開拓使、按察使ヲ建ツ、位階十八ヲ設ケ、官位相ヒ当ル一位ヨリ八位ニ至ル各正従有リ、初位ニ大少ト曰フ、大蔵卿正三位ニ相当シ、寮頭ハ従四位ニ、司正ハ従五位ニ相当ス、大蔵省一寮六司ヲ統管ス、曰ク造幣寮、曰ク出納司、曰ク租税司、曰ク監督司、曰ク通商司、曰ク鉱山司、曰ク用度司。

［民部官副知事広沢真臣民部大輔ニ改任ス。*8］

二十二日、大蔵大輔大隈八太郎民部大輔ニ転任［ス］。

［二十三日、広沢真臣民部大輔ヲ罷メ、参議ニ任ス。*8］

八月

十一日、租税、監督、通商、鉱山ノ四司ヲ民部省ニ転属ス。

十二日、本省民部省ト併合ス。

蓋シ両省管理ノ事務タル常ニ彼此ニ交渉ス、若シ衙門ヲ隔離スレハ則チ不便多シ、故ニ此ノ令有リ、而シテ十八日ニ至リ衙門ヲ併移ス。

民部卿松平慶永大蔵卿ニ、民部大輔大隈八太郎大蔵大輔ニ、大蔵少輔伊藤俊介民部少輔ニ兼任ス。

十四日、会計官判事加賀権作大蔵大丞ニ改任シ、旧会計官判事兼造幣局知事心得井田五蔵生野県権知事ニ転任ス。

十七日、民部大丞中村禎助後ニ弘毅ト改ム大蔵大丞ニ、民部権大丞林栄次郎後ニ厚徳ト改ム大蔵権大丞ニ、民部少丞玉乃東平大蔵少丞ニ、大蔵少丞中村荘助、坂本三郎、郷純造共ニ民部少丞ニ兼任ス。

二十二日、民部、大蔵両省併合スルヲ以テ両省管属スル寮司ノ序次ヲ班定ス。

寮司班次

造幣寮　監督司　租税司　出納司　土木司　用度司　駅逓司　鉱山司

民部大丞大蔵大丞兼中村禎助宮内大丞ニ転任ス。

二十四日、民部卿兼大蔵卿松平慶永大学別当兼侍読ニ転任ス。

二十八日、大蔵大丞加賀権作民部大丞ニ兼任シ、高知藩士岡本健三郎民部権少丞兼大蔵権少丞ニ任ス。

［失日］、本司［営繕司］ヲ廃シ其ノ事務ヲ民部省土木司ニ併属ス。*9

九月

十二日、従二位伊達宗城民部卿ニ任シ、大蔵卿ヲ兼ヌ。

以上からわかるように、民蔵合併の動きは、人事の観点より見ると、七月二二日に大蔵大輔大隈八太郎（重信）が大蔵大輔から民部大輔に転じ、翌二三日民部省設立に影響力を発揮した広沢真臣が民部大輔から参議に進んで民部省を離れたところから始まる。*10 大隈が広沢の後任として大蔵省から民部省に入ったわけである。そして八月一一日、大隈は兼任というかたちでふたたび大蔵大輔の職に就いた。八月一一日には大隈のほかに、大蔵少輔の伊藤俊輔（博文）にも民部少輔職の兼任が命じられている。さらに翌八月一二日には、民部卿の松平慶永が大蔵卿を兼任することとなった。こうして人事を通じて民蔵合併が行なわれた。その後九月一二日の伊達宗城の民部卿兼大蔵卿就任までに、八件の兼任人事が発令されている。*11

次に民蔵合併時の組織面での変化を記す。八月一一日、租税、監督、通商、鉱山の四司が大蔵省から民部省に移管された（翌日人事を通じて両省合併）。二二日には民部・大蔵両省に管属する一寮七司の序列が決められた。また、日付けはわからないが八月中に大蔵省営繕司が廃止され、その事務は民部省土木司に併合された。そして衙門は八月一八日に統合された。

民蔵合併の理由を、『大蔵省沿革志』は「蓋シ両省管理ノ事務タル常ニ彼此ニ交渉ス、若シ衙門ヲ隔離スレハ則チ不便多シ、故ニ此ノ令有リ」と記し、『大蔵省百年史』は「財政収入の大部分を、不換紙幣の発行によらなければならなかった地租改正以前の不安定な財政状態のもとでは、膨大な経費を必要とする内政を、財政機関から全く独立した機関にゆだねておくことに、多くの問題があったから」だと書いている。[*12] 民蔵合併は内政機関に対する財政統制の実効化が狙われての措置であったと見てよいであろう。そのことは、「この合併を策したのは、大隈重信・井上馨などの大蔵省系の人々であった」[*13] ことからも、裏付けられる。明治二年四月八日の民部官設置により誕生した内政専務省は、こうしてわずか数か月で財政部局に併合されてしまったのである。[*14] 先に紹介した信濃川分水工事着工差止の達[*15]が発されたのは、まさにこの合併の動きが進みつつあるなかであった（達は七月二七日付で発出）。水原県が九月一七日に分水工事の暫時延期を告げた達の文面（「大河津疏鑿は入費莫大の処、大蔵省に於いて差支えこれ有り、暫く工事を引延す、尤も国民の危急を救い、上下の利益相備わる急務に候え共、拠無き次第に付き（以下略）」[*16]）は、財政当局の民政に対する統制力をよく表わしたものといえる。

民蔵合併は大蔵省への行政機能の集中と同省の権限強化をもたらし、「両省の大輔を兼任することになった大隈重信の発言力は、強大なものとなった」。[*17][*18] 明治二年の秋以降このことが紛議を引き起こし、翌三年の民蔵分離に繋がっていくのである。[*19][*20][*21]

2　明治二年九月から翌三年六月までの職員録[*22]を調べていくと、明治二年暮れから三年の春までの間に、卿から省掌に至るまで二、三名を除くほぼ全員が民部・大蔵両省の同位の職を兼務する三〇名ほどの民部＝大蔵本省が形成されたことがわかる。これを明治三年三月改めの職員録にて示すと次のようになる。*23 卿（民部卿兼大蔵卿伊達宗城）、大輔（民部大輔兼大蔵大輔大隈重信）、少輔（大蔵少輔兼民部少輔伊藤博文）、大丞三（大蔵大丞兼民部大丞加賀伊忠、民部大丞兼大蔵大丞井上馨、民部大丞兼按察使判官渡辺清）、権大丞一（大蔵権大丞兼民部権大丞中村清行）、少丞四（大蔵少丞兼民部少丞坂本政均、同郷濬、民部少丞兼大蔵少丞玉乃世履、同岡本義方）、権少丞一（民部権少丞兼大蔵権少丞島惟精）、大録四（全員民部大録兼大蔵大録）、権大録なし、少録三（一名のみ民部少録、二名は民部少録兼大蔵少録）、権少録三（全員民部権少録兼大蔵権少録）、史生四（一名のみ民部史生、他の三名は民部史生兼大蔵史生）、省掌六（全員民部省掌兼大蔵省掌）。総員三六名で、うち三名を除く三三名が民部・大蔵両省の同位の職を兼ねている。この本省部分に全体で五〇〇名前後の職員からなる八つの司が附属する。*24 明治三年三月の時点の民部＝大蔵省は、職員録から見ると、本省部分三六名、八つの司の職員が計四七六（一）名、実数で五一一名というものであった。

〔注〕

＊1　すなわち、前項と同様、「民部大蔵両省管轄ノ寮司諸掛及事務条件ヲ区別ス」（明治三庚午年八月九日、第五二〇）（七〇一―二三）により改正。

＊2　大蔵省記録局（編）『大蔵省沿革志（上巻）』、六二頁。

＊3　合併の日付であるが、大蔵省系の書物である『大蔵省沿革志』と『大蔵省百年史』、さらに内閣記録局編集の『明治職官沿革表 官廨部』はそれを八月一二日（民部卿松平慶永が大蔵卿兼任を命ぜられた日）としている（大蔵省記録局（編）『大蔵省沿革志（上巻）』、六九頁、大蔵省百年史編集室（編）『大蔵省百年史 上巻』、一六頁、内閣記録局（編）『明治職官沿革表 官廨部』、一一頁）。これに対し『内務省史』の記述は八月一一日（民部大輔大隈八太郎（重信）が大蔵大輔兼任を、大蔵少輔伊藤俊輔（博文）が民部少輔兼任を命ぜられた日）である（大霞会（編）『内務省史 第一巻』、四二頁）。民部・大蔵両省の幹部職が兼任されたことをもって民蔵合併とするという点では双方同じ立場であるが、焦点を民部卿松平慶永の大蔵卿兼任の日に置くか、

それとも民部大輔大隈八太郎の大蔵大輔兼任および大蔵少輔伊藤俊輔の民部少輔兼任の日に置くかで、記述が異なっているのである。本書では、合併は組織上の事であるから、形式的とはいえ、その組織の長の任命日をもって区切りとすべきと考えて、『大蔵省沿革志』などと同様に八月一二日とした（尚、松平慶永、大隈八太郎、伊藤俊輔の任命の日付に関しては、日本史籍協会（編）『百官履歴 一』、六六、九六、四三九頁をそれぞれ参照した）。ちなみに、岩波書店編集部（編）『近代日本総合年表』（第二版）は、八月一一日を採用している（四〇頁）。また、当時の関係者の日記を見ると、広沢真臣の日記の記述は八月一一日である。すなわち『広沢真臣日記』明治二年八月一一日条には、「民部大蔵両省合局被　仰出卿大輔え兼務　宣下の事」とある（日本史籍協会（編）『広沢真臣日記』、二三三頁）。合併の呼称も、『内務省史』では《民蔵合併》であるが、『大蔵省百年史』では《蔵民合併》である。本書では職員令における省の序列の順に民蔵合併と表記する。

＊4　職員令制定に至る過程においてすでに民部官廃止というかたちで「民蔵合併」が提起されていたことについては、前述した。「職員令並官位相当表」（明治二己巳年七月八日、第六二二）（六九－二一ｂ）の項を参照せよ。

＊5　大蔵省百年史編集室（編）『大蔵省百年史 上巻』、一六頁。

＊6　大霞会（編）『内務省史 第一巻』、四二頁。

＊7　大蔵省記録局（編）『大蔵省沿革志（上巻）』、六二－七一頁。ポイントが落ち、傍線が引いてある部分は、割注の箇所である。

＊8　これら二項目は、日本史籍協会（編）『百官履歴 一』、四七頁を参照して筆者が補充した。

＊9　この項目のみ、大蔵省記録局（編）『大蔵省沿革志（下巻）』、三〇六頁。

＊10　大霞会（編）『内務省史 第一巻』、三六、四二頁。『内務省史』は、「七月二二日広沢真臣が民部省を離れ、代わって大蔵大輔の大隈がその後任となった。これは民蔵合併の伏線のようである」と述べている（同上、四二頁）。松尾正人はこの点について、「広沢の参議への昇格は、一方で大隈が民部省を掌握することを意味した」と、『内務省史』よりもはっきりとした表現で書いている（松尾正人「明治初年の政情と地方支配――『民蔵分離』問題前後――」、四六頁）。尚、『内務省史』は「七月二二日広沢真臣が民部省を離れ」と書いているが、広沢の参議就任は七月二三日のことである（日本史籍協会（編）『百官履歴 一』、四七頁）。また広沢の日記によっても、広沢が七月二三日まで民部省に出仕していたことがわかる（日本史籍協会（編）『広沢真臣日記』、二二六－二二七頁）。参議拝命は、二三日の民部省での勤務を終えた後のことであった。

＊11　このなかで注目されるのは、治河使を務めた岡本健三郎が八月二八日に民部権少丞兼大蔵権少丞に任ぜられたことである。岡本は土佐藩士で、治河使に任命される前には、天皇の東幸に際してその道筋である天竜川の普請に当たった経歴ももつ（会計官営繕司からの派遣）。民部＝大蔵省入省後は、明治三年三月一九日に民部少丞兼大蔵少丞に昇進、同年八月二四日には大蔵権大丞になっている。さらに岡本は、翌明治四年六月二六日に工部省御用兼勤を命ぜられ、同年八月一〇日に営繕頭、同月一五日には土木頭に任ぜられた。この経歴からわかるように、岡本健三郎は、明治初年の土木（河川）行政において重きを為した人物であった（岡本健三郎については、前掲の「治河使ヲ置ク」、明治元戊辰年一〇月二八日、第九〇四の項も見よ）。

＊12　大蔵省記録局（編）『大蔵省沿革志（上巻）』、六九頁、大蔵省百年史編集室（編）『大蔵省百年史 上巻』、一六頁。

＊13　大霞会（編）『内務省史 第一巻』、四二頁。木戸と伊藤、大隈は民蔵合併案が浮上した明治二年六月に互いを訪問し合い、「会計の事」について議論を交わしていた。たとえば、木戸の日記の明治二年六月一二日条と二四日条には、この点が次のように書き記されている。「同十二日（略。）十二字後大隈余を尋て来り共に西洋食事を認む。大隈大に会計の事を論す。」「同廿四日（略。）芳梅［伊藤博文］と近事を論し、又大隈等の旨趣あり。余会計一維持の一策を尽す。」（日本史籍協会（編）『木戸孝允日記 一』、二三三、二三七－二三八頁。引用に際し、句読点を付した。）

また、明治二年七月二五日付伊藤博文宛木戸孝允書簡を見ても、民蔵合併が木戸－大隈－伊藤のラインから仕掛けられたものであることがわかる（春畝公追頌会（編）『伊藤博文伝 上巻』、原書房、一九七〇年九月、復刻版、原本の刊行は一九四三年、四六八頁。関係の部分のみ抜粋）。すなわち、

過日来民部大蔵一致の事も種々隠然手を尽し候得ども、当り障り多く、漸両三日前に至り負惜みは有之候得ども、大隈氏に両局相兼させ候位の処に片付

上引の文章からわかるように、木戸は、この合併が、両省を制度的にはそれぞれ独立の省のままに置き、人的に卿と大少輔を両省兼任とする形で行なわれたことに対して、不満であった。それは伊藤も同じで、そのことは、伊藤が八月一四日に木戸孝允宛に送った書簡中の、「大蔵、民部も此節漸合併、両名を存するの姑息に決し申候」という一節から読みとれる（同上、四八〇頁）。

明治二年八月の民蔵合併が木戸－大隈－伊藤のラインからのものであることについては、ほかに、大隈侯八十五年史会

（編）『大隈侯八十五年史 第一巻』、二八六頁も見よ。また、民蔵合併問題に関する研究として、佐々木克「『民・蔵分離問題』についての一考察」が必見である（今問題にしている点についてはとくに三〇－三二頁を参照せよ）。

＊14　明治二年から同三年にかけての民蔵合併分離問題を分析した佐々木克は、明治二年夏以降大隈、伊藤らにより進められた民蔵合併を目指す動きのなかで、六月末から七月初めにかけてひとまず内政専務省が廃止されることをくいとめたのは、松平慶永、広沢真臣らの反対であったとしている。彼らの反対により、八月に民部大蔵両省が合併される際も「形式上合併は民部・大蔵の並立とな」って、省務を司る卿・大輔以下の官吏は両省兼任となった。しかし、「［合併反対派の松平慶永は］一時民部兼大蔵卿となったものの、八月二日《ママ》には大学別当兼待《ママ》読となり省外に転じ、彼を支持した、津田［正臣、民部大丞→中弁］・中村［弘毅、民部大丞→宮内大丞］・林［厚徳、民部権大丞→少弁］も去った。かくて旧民部色が一掃され、実質的に旧民部が大蔵省に吸収されて、大蔵省主導下に民・蔵行政が実施されていった」（同上、三二頁）のである。

＊15　「治河使ヲ廃シ土木司ヲシテ水利ヲ管轄セシム」（明治二己巳年七月二七日、第六八一）の項（六九－二六）を参照せよ。

＊16　『信濃川大河津分水誌 第一集』、八三頁。

＊17　大蔵省百年史編集室（編）『大蔵省百年史 上巻』、一六頁。この点に付き、『大隈侯八十五年史』は次のように述べる（大隈侯八十五年史会（編）『大隈侯八十五年史 第一巻』、二八九頁）。

当時民蔵合併の結果、啻さへ権力過大を憂へられた大蔵省の勢力は、隆々各省を抜き、今日の内務、大蔵、逓信、農林、商工などの事務が、総てこの一省に委ねられた形であった。そして松平慶永は卿として、省の長官を勤めたが、元来華冑の出で推されて上位にゐるに過ぎぬ、実権は君［大隈］の手中に在った。加ふるに君は欧米の学術に親み宇内の大勢に順応して、百事急進を欲し、その下僚には伊藤井上等が居たので、所謂梁山泊から生れる改革意見が続々、建議となって現はれた。かうして君の才鋒愈々鋭く現はれるにつれ、益々衆の注視するところとなり、何時となく、大蔵の専権といふ事が唱へられるやうになった。

また、『世外井上公伝』は、同じことを、「民部省と大蔵省とは卿・大輔・少輔等が両省兼任して居たので、形の上には民政・財政二つに分れて二省であったが、事実は一省の如く事務を執ってゐた。従ってその卿・輔の勢力が強大と為って、往々内閣の統制が及ばぬ程であった」と伝えている（井上馨侯伝記編纂会（編）『世外井上公伝 第一巻』、四〇八頁）。

＊18　広沢真臣は、この点に関する憤懣を、前原一誠宛て八月二四日付の書簡で、次のように述べている（妻木忠太『前原一誠伝』、七四六頁より重引。返り点は省略した）。

（前略）小弟［広沢］彼是申立候得は、根元民部・会計不合之論を以て、相争ひ候姿に相当り、前途之事不堪杞憂次第、既に於御国得と承知する所に而、今日は尤其甚敷物に而、畢竟大隈はしめ其同気集合候より起り候事に而、前日も条・岩両卿え申立候得共、聊御覚りに候得共、其深意は御不移りに有之、不得止可堪を耐へ、可忍を忍ひ、孰れ政府はしめ、世世其弊害なる所、分明露顕之場合可有之、非其時而は不可救事と、独り黙々痛心いたし居候処、則至今日、政府一統知覚、於諸官も十に七八は不服、実に今日之憂は、此輩跋扈する所にありと、一統相憂候段相聞へ始而於政府弟口を開く之時に至り、残る参議も同論に而、只々弟存志、同様其時節を相待居候次第と申事に而、一同右府亜相卿え申入候処、近来世間之模様、稍御承知に而、彼此御煩念被為在候由に拝承、尤御当惑之至、畢竟其根元筆頭に難尽次第、兎角一事我意に不適事あれは、辞表と歟何と歟政府に迫り、其機嫌を取り万端其意通り被為行候故、万機御依頼之姿に相成、大権大蔵省ある之勢に相成り、政府あれ共なきか如き姿に而、今日之勢なれは、不日政府之評議は真の下評議にして其決を大蔵に取る様立至り候は必然、一日々々政府に罷出候共実に不快、（後略）

＊19　翌明治三年の民蔵分離については、「民部省大蔵省分省セシム」（明治三庚午年七月一〇日、第四五七）の項（七〇－一二一）を見よ。

＊20　千田稔は、民蔵合併分離問題を、地方財行政政策をめぐる政府部内の対立、すなわち「貢租収奪の確保・強化及び貢租収奪の中央集中で財政窮迫打開－財政基礎確立を実現」することを政策の基本とする大隈派——当面の最も深刻な危機を外圧に見て、それへの対処のため殖産興業・富国強兵政策の早期の実施を主張し、その財源確保の必要から貢租収奪の強化と貢租の中央への集中を図る立場、農民騒擾に対しては強硬な弾圧で対処し得るとし、農民からの仁恤要求を切り捨てる立場——と、「王政復古の意義を『万民塗炭の苦』の済救」に見出し、済救・仁恤による民心掌握を地方財行政政策の柱とする大久保派——当面の最も深刻な危機を農民騒擾に見、それへの対応の必要性から「凶作下での民心掌握策として減免と救恤を重視する」立場——の対立という点より説明している（千田稔「維新政権の地方財行政政策」、五二－五五頁）。すなわち、農民対策の必要から仁政による民心掌握を標榜し、「凶作が人心『離反』の最大の要因となりかねぬ」ため、減租と救恤という凶作対策を重視す

る後者が、そのような「自己の政策貫徹のために民部省（民部官）を大蔵省（会計官）とは別個の官庁として設置存続させてゆく事」を追求し、財政優先の立場から地方官による仁政施行を統御することを指向し「大蔵省が地方政策の推進を一手に掌握する事」を目ざした前者と対立した、というのである。千田が指摘する、大久保派の地方政策（民心掌握のために仁政実施を指向し、その方策としての減租と救恤を重視するもの）と大隈派のそれ（貢租収奪の強化と収奪貢租の中央への集中を図る立場から、地方官による減租や救恤の施行を統制、抑制しようとする立場）との違い、この違いを踏まえて両派の対立を考慮に入れることは、明治二、三年期の政府の災害対策の動向を理解する上での勘所である。大久保派の地方政策と大隈派の地方政策そのそれぞれの特徴と両派の対立が該期の災害対策法令にどのように刻印されているかについては、「水火災ノ節窮民救助ノ措置ヲ定ム」（明治二己巳年一二月八日、第一一三〇）の項（七〇－三）、および、「畑方貢米引方ハ稟候処置セシム」（明治三庚午年正月二八日、第六二）の項（七〇－五）を見よ（いずれも後掲）。尚、大隈派（「開明派［民蔵］官僚」）の主だった顔ぶれについては、山中永之佑「直轄府県政と維新政権」、八八頁を参照のこと。

＊21　松尾正人「明治初期官僚制の形成と堺県知事小河一敏」は、明治元年から同四年夏にかけての政府の地方政策の展開を、①維新政権発足当初の地方政策、②《「万国対峙」下の財政危機》――すなわち「［膨大な対外債務・贋悪貨幣横行による貿易と経済の混乱・攘夷主義者の外国人殺傷事件等に由来する］対外的な厳しい状況とそれに対する維新政権の財政基盤の脆弱さ」――のもとで、それの打開を掲げる大隈重信・伊藤博文らの会計・財政担当部門への進出、③彼らによってなされた会計官－大蔵省への権限の集中、④財政危機打開を第一義的課題とする会計官－大蔵省と「牧民論」的な姿勢による人心収攬を指向する民部官－民部省との対抗（両者の間での地方政策をめぐる対立の顕在化）、⑤前者による後者の吸収合併（明治二年八月）と民部＝大蔵省による租税確保重視（租税増徴）の地方政策の展開、⑥民部＝大蔵省の租税確保重視（租税増徴）路線への農民・地方官の反発と民蔵分離（明治三年七月）、⑦民蔵分離後の大蔵省による租税増徴の地方政策の貫徹という流れで説明している。災害減租にせよ、賑恤の実施、あるいは治水工事の施行にせよ、災害対策は政府の地方政策の中心の位置にあった。それゆえ、該期の災害対策の全体像を構想するうえで地方政策の展開に関する松尾の図式は有用である。ぜひ参照されたい。

＊22　『職員録（明治二年九月［四日］改）』、『職員録（明治二年一〇月［一三日］改）』（御用御書物所村上勘兵衛）、『職員録（明治二年一二月改）』、『職員録（明治三年三月［三日］改）』、『職員録（明治三年四月［一五日］改）』（官板、御用御書物師村上

勘兵衛、井上治兵衛）、『職員録（明治三年六月［一五日］改）』（いずれも国立公文書館デジタルアーカイブを利用）。

＊23 『職員録（明治三年三月［三日］改）』。尚、明治二年一〇月から明治四年六月に至る時期の民部省本省（明治三年六月までは民部＝大蔵本省）の権少録以上の名簿が橋本誠一「明治初年における聴訟事務――民部官・民部省を中心に――」、一一二頁に掲載されている。民部＝大蔵省から民蔵分離を経て民部省となる時期の本省幹部の変遷が一望できる。こちらもあわせて参照されたい。

＊24 これも明治三年三月改めの職員録にて示すと、民部省監督司七四名、同租税司七八名、同土木司一四四（一）名、同駅逓司二一名、同鉱山司二二名、同通商司四六名、大蔵省出納司六一名、同用度司三〇名である（同上）（括弧内の数字は省内兼任の者の数である）。民部省分の司の職員数の合計は三八五（一）名、大蔵省分が九一名、合わせて四七六（一）名である。

二八a、「府県川々官普請ノ箇所ヲ録上セシム」（明治二己巳年八月一三日、第七三一）

第七百三十一　　八月十三日（民部省）　　府県

府県支配所川々来春官普請可相成場所ハ早々取調来ル九月中目論見帳ヲ以可伺出候事

【注解一】民部省が府県に宛てて発した達である。府県支配所の諸川で来春官普請（官費支弁の河川工事）を予定している場所がある場合には、当該工事についてすみやかに調査をしたうえで、九月中に工事計画書[*1]（目論見帳）を提出し許可を求めること、というのが大意である。

当時民部省は河川工事を含む公共土木工事の所管官庁であった。民部省の所掌事務と事務執行手続きを定めた「民部省規則」（明治二己巳年七月二七日、第六七四）（六九－一二三）には、土木事務に関して、「堤防橋梁道路等土木ノ事怠ル可ラス府藩県管轄地所修繕ノ儀伺出候ハ、可否詮議ノ上府藩県ニ委任施行ス可シ掘割分水等新ニ水利ヲ起シ又ハ利根澱信濃天竜等ノ大河管轄交互スル治河等ハ時宜ニ因リ役員ヲ遣シ其地方官ト戮力施行スヘキ事」の規定があり（第七条）、本達は、これにもとづいて、民部省が府県に対し、来春の官費支弁の河川工事の予定場所（「来春官普請可相成場所」）について、工事伺い（許可申請）を提出するよう、促したものである。*2 本達は、府県が実施を予定している官費河川工事については民部省がこれを審査し、その可否を決定するという、「民部省規則」（および「府県奉職規則」）にもとづく河川工事の実施手続きに則るものであるとともに、この手続きの実行を通して民部省（政府）が府県実施の官費河川工事の実態を把握するという意味合い（河川工事調査の側面）ももつ。

【注解二】 ところで、上のような内容の達が、民蔵合併の翌日に、実質上大蔵省に併合された民部省から、その最初の仕事として発出されたということに、注意が向けられねばならない。民蔵合併の狙いが民政部門への財政統制の実効化にあったことを想えば、本達を「民部省規則」に則った単なる手続きとのみ見なすことはできないのである。試みに、松浦茂樹と藤井三樹夫に拠って、明治二年から三年にかけての土木費の国庫支出額、および歳出全体の中の土木費の割合を示すと、次のようである。*3

第一期（慶応三年一二月から明治元年一二月）	四八八、〇八〇円	（一・六〇％）
第二期（明治二年一月から同年九月）	八七五、三一三円	（四・二一％）
第三期（明治二年一〇月から三年九月）	四八一、七五九円	（二・四〇％）
第四期（明治三年一〇月から四年九月）	四九〇、六〇四円	（二・五五％）

上表から、本達の発出（すなわち「民部省規則」第七条の運用）を境に、土木費が額においても、歳出全体に占める割合においても大きく数字を減らしたことがわかる。莫大な経費を要する官費支弁の河川工事の全体を把握し（本達）、認可権限（「民部省規則」第七条）を使ってその規模を統制（抑制）せんとする政府の意向がここにはたら

いたことは歴然としている。本達は明らかに土木部門への財政統制の実効化（土木費の抑制・削減）を狙って発されたのであり、その効果は顕著なものであったというべきである。*4

〔注〕

*1 明治二年九月は、西暦では一八六九年一〇月五日から一一月三日までである。

*2 「府県奉職規則」（明治二己巳年七月二七日、第六七五）（六九－二四）には、「民部省規則」第七条に対応する規定として、第六条（「堤防橋梁道路ノ修繕怠ルヘカラス常ニ其得失ヲ検査シ絵図並積リ書ヲ以テ民部省ヘ伺出其決ヲ受ケ於施行ハ府県ノ任トス尤堀割分水新タニ水利ヲ興シ又ハ管轄所交互スル治河等ハ時宜ニヨリ当省ヨリ出張其地方官ト戮力施行スヘキ事」）が置かれている。この第六条中傍線部において、府県が実施を予定している官費河川工事については府県が民部省に伺いを立て、民部省がこれを審査しその可否を決定するという手続きを確認することができる。

*3 松浦茂樹・藤井三樹夫「明治初頭の河川行政」一、一四九、一五〇頁。

*4 『大隈侯八十五年史』には、民蔵合併直後の財政運営に関して、「土木費、営繕費等は、その急にすべきもののみを選んで僅にこれを許し、不急のものはすべて後廻しにする方針の下に、大節減を加へた」という条りがある（大隈侯八十五年史会（編）『大隈侯八十五年史 第一巻』、三一六頁）。これは、当時の民部＝大蔵省の土木事務に対する姿勢をよく表わしたものといえよう。

二八b、「川々堤防等官普請自普請ノ区別ヲ録上セシム」（明治二己巳年八月一三日、第七三二）

第七百三十二　　八月十三日（民部省）　　府県

川々堤防掘浚等官普請自普請ノ区別不分明ニ付今般取糺候間府県支配所川々是迄仕来ノ分早々取調可差出事

【注解】 これも民部省が府県に宛てて発した達である。大意は、《諸川の堤防工事や浚渫工事などについて、官普請（府県工事）と自普請（村方工事）の区別が明らかでないので、このたびこの点を取り糺すこととした。それぞれの支配所において諸川の工事がこれまでどのようになされてきたのか、すなわち堤防工事や浚渫工事が官普請として行なわれてきたのか、自普請で行なわれてきたのか、この点を急ぎ調べて報告すること》というものである。

本達から、①この時点（明治二年八月）で、政府（民部省）は、府県管轄下の諸川の堤防工事、浚渫工事などについて、官普請自普請の区別をはっきりとは把握していなかったこと、[*1] ②その区別（工事費用の負担区分、工事主体の別）を把握するために、民部省は府県に対して、それぞれの支配所の諸川の工事がこれまでどのようになされてきたのかに関し改めて調査を指示したこと、これらが知られる。これは、ひとまずは、河川工事の所轄官庁である民部省が工事の実態調査——費用の負担区分、工事主体の別についての調査——に乗り出したものと捉えられるけれども、前出の「府県川々官普請ノ箇所ヲ録上セシム」（明治二己巳年八月一三日、第七三一）（六九－二八ａ）と合わせて考えてみるならば（発出の日付が同日であることに注意）、単なる実態調査ではなく、その裏に河川工事費の抑制あるいは削減の意図を潜ませたものと理解される。[*2]

2. 河川工事の実施形態（費用負担）の問題に関して、当時地方官はどのように考えていたか。これを示すひとつの資料に、日田県知事松方正義が明治三年六月八日付で提出した建議書（「日田県下人民疾苦の状況及び租税徴収に関する建議」）がある。松方はこの建議書において該問題に触れて次のような意見を述べている。「田畑に関係いたし候諸御普請、是迄は御普請所、自普請所と区別有之たる由候得共、以来洪水等の天災にて大破に及候分は、御田地の事故、御普請所、自普請所無差別、篤と実地見分見賦の上、諸入費官より御出財至当に奉存候」。[*3] すなわち、洪水等天災にて大破した堤防などの普請は、従来御普請所であったか、自普請所であったかにかかわりなく、今後は実地見分を念入りに行なったうえで官費負担で実施すべきである、と主張したのである。松方はこの意見を、村方の難渋を訴えつつ、政府に対し苛政、収斂を戒め、仁政を説く文脈で述べた。この松方の建議は、当時地方官に多く見られた「仁政派」*4の堤防普請の費用負担問題での態度、これをよく表わしたものと言えよう。「仁政派」の地方官たる松方は、洪水で大破した堤防の修復工事についてそれを入念な実地調査のうえで官費負担とするよう主張したのであった。

〔注〕

＊1 明治元年秋から、政府は河川工事の実態を調査すべく種々の達を発し、それらにより府県の堤防治水費額、普請箇所、官普請自普請の別などを把握しようと試みてきた。本達はそれら一連の達による工事実態の把握が十分に進んでいなかったことを示す。明治元年秋以降河川工事の実態調査のために発された達については、とりあえず「郷帳大積明細帳村鑑帳等ヲ進致セシム」（明治二己巳年二月二三日、第一九八）の項（六九－一〇）と「府県及預所アル諸藩ヲシテ平均租税額並諸費用等ヲ録上セシム」（明治二己巳年四月二七日、第三九八）の項（六九－一四）を参照せよ。

＊2 堤防修繕費用の負担区分の決定問題については、明治四年二月五日に、民部大蔵両省合議の上で仮規則が設けられた。それは、旧例にとらわれず、現地視察を行なったうえで民部大蔵両省の丞官以上の協議にもとづき、官費民費の負担区分を決める、というものであった（大蔵省記録局（編）『大蔵省沿革志（上巻）』、一三〇－一三一頁）。これにつき、詳しくは、「治水条目ヲ定ム」（明治四辛未年二月二二日、太政官第八八）の項（本書第二巻に掲載の予定）を参照せよ。

＊3 徳富猪一郎（編述）『公爵松方正義伝 乾巻』（明治文献、一九七六年三月、原本の公爵松方正義伝記発行所版の刊行は一九三五年七月）、三三五頁。尚、引用に際し、返り点は省略した。

＊4 「仁政派」の地方官については、後掲の「畑方貢米引方ハ稟候処置セシム」（明治三庚午年正月二八日、第六二）の項（七〇－五）を参照せよ。尚、〝仁政〟の意義については、すでに、「徳川氏ノ采地及賊徒ノ所領ヲ検覈シ窮民撫育ノ朝旨ヲ告諭セシム」（明治元戊辰年二月、第一二五）の項（六八－二）において触れた。

二九a、「淫雨ニ付節倹ノ詔ヲ発シ官禄ノ内ヲ以テ救恤ニ充テシム」（明治二己巳年八月二五日、第八〇一）

第八百一　八月二十五日（布）（太政官）

詔書

朕登祚以降海内多難億兆未タ綏寧セス加之今歳淫雨農ヲ害シ民将ニ生ヲ遂ル所ナカラントス朕深ク忧惕ス依而躬カラ節倹スル所有テ以テ救恤ニ充ントス主者施行セヨ

明治二年己巳八月二十五日

詔書被　仰出候通兵馬之後庶民未タ安堵ニ至ラサル折柄当年諸道不作物価日増ニ騰貴無告之窮民ハ勿論一同之難渋差迫リ殊更東京ハ近来衰微之砌人口ハ従前之通莫大ニテ遊民最多ク漸次産業ニ基クヘキ御施法モ未タ行届カセラレサル中今日ノ姿ニ相成且又京都ニ於テハ即今御留守ト相成自然職業ヲ失ヒ困窮ニ立至リ候者モ不少全ク時勢之変遷無拠次第トハ申ナカラ必至難渋彼是以テ深被為悩　宸襟格別之御節倹被　遊既ニ餔饌供給ヲモ御減少被為　在窮民御扶助被　遊候就而ハ於諸官モ官禄ノ内ヲ以テ救恤ニ被充候様願出候段神妙ノ儀ニ被　聞食候右ハ　御不本意ニ被為　在候へ共願ノ趣至誠貫通セサルモ　御残念ニ被　思食当年之処夫々減少返上之儀御許容相成両京救荒ニ可宛行旨　御沙汰候事

三年第四十二[*1]ヲ以テ官禄献納ヲ停ム

但救荒ハ一時之変ニ処スル事ニテ総而遊手徒食之者無之様仕法立最可為急務事

【注解一】 布告「淫雨ニ付節倹ノ詔ヲ発シ官禄ノ内ヲ以テ救恤ニ充テシム」

【注解一】節倹の詔と、救恤のために官吏が俸禄の一部を返納することを許す旨を宣した布告である。まず、詔書と布告文の現代語訳を掲げる。

詔　書

私が即位してから国内は多難で、未だ億兆の民はやすらかな状態にない。これに加えて、今年は長雨があり、そのため農作物に被害が生じて、人民の生活はまさに困難に陥ろうとしている。これは私の深く悲しむところである。ゆえに私自身生活を質素にし、倹約した分をもって困窮者・罹災者の救助に充てようと考える。責任者はこれを実施せよ。

明治二年己巳八月二十五日

畏れ多くも詔書が仰せ出だされている通り、兵乱の後庶民の生活は未だ安堵の状態に至っていない。そのような折柄、今年は全国的に不作で、物価は日増しに高くなっている。寄る辺の無い窮民たちはもちろん、皆の難渋が差し迫っている。ことに東京は近頃衰微してきている。人口は従前どおり莫大であるが、遊民がたいへん多い。産業にもとづいて生活を立てるようにとの方策を漸次進めているが、未だ十分には行き届いていない。これが今日の状態である。また京都においては、陛下が御留守となったところであるので、おのずと職を失い困窮に立ち至る者も少なくないありさまである。まったく世の成り行きは致し方ないとは申すものの、今後難渋に陥る者たちが出てくることは必至である。彼是陛下は深くお心を悩ませあそばされ、格別の御節倹をなさっておられる。すでに召し上がるお食事の量をも減らし、その分を窮民のご扶助に向けておられる。このような状況を踏まえ、諸官に在る者たちも俸禄のうちから救恤を行なうことを陛下に願い出たところ、陛下は神妙にそれをお聞きになられた。右は陛下のご本意ではあらせられないけれども、陛下は願い出の趣旨が貫き通されないのも残念にお思いになり、今年については官に在る者がそれぞれ禄を返上することをお許しになられた。そして、返上された禄を東京と京都の窮民の救助に充てるようお命じになられた。

ただし、この救助は臨時的な措置であって、何もせずぶらぶらしている者たちをなくす手立てを講じることこそ、最も急がれねばならない事である。

【注解二】 本件は、長雨による不作で物価が高騰し、東京、京都の両京で窮民の難渋が発生しつつある折から、官禄の一部を献納して救助に充てる旨を宣した布告である。本布告では、天皇が節倹による救恤の範を示し、官に在る者たちがそれに倣うという論理になっている。官禄の一部を返上し、返上分を以て二都の窮民の救済に充てるというこの施策であるが、[*2] これについては、遅くとも七月下旬には、政府部内で検討が始められていたようである。

たとえば、七月二九日付の木戸孝允宛伊藤博文の書簡中にこの件への言及がみられる。[*3]

2. 次に、本布告発出をめぐる政府内部の動きについてこれを見ておきたい。

八月二一日、右大臣三条実美・大納言岩倉具視・同徳大寺実則が連名で、参議大久保利通らに救荒政策に関する提案を行なった。[*4] その内容は、救荒のために、「朝廷が率先して節倹を例示し天皇の食膳をも節して一五万石の朝廷費用を半減すること、さらに官員の減禄、薩長肥三藩の軍功賞典の半返納など［を実施すること］」であった。この提案を受けて、八月二五日に、「救荒ノ詔書」が発された。[*5] また、同日、鹿児島藩知事島津忠義と山口藩知事毛利広封の賞典禄半返納が、「即今諸道不登庶民凍餒之勢ニテ救荒目下之御急務ニ候処御用途必至御差迫」という事情に鑑みて許可され、返納分を救荒に充てることが告げられた。[*6] 次いで、八月二六日右大臣三条実美が「官禄ノ幾分ヲ納メテ救恤ニ加ヘンコトヲ諸官ニ商議」[7]して同意を得、かくして本布告の発布に至った。[8][9]

3. この布告が救済の対象としているのは、長雨によって作物に被害を受けた農耕者でも、水害の被害者でもなく、気象異常や水害による不作の結果、物価の高騰に苦しんでいる都市（東京と京都）の窮民たちである。その意味で、本布告は、災害の直接的被害（者）に対する救助ではなく、災害の間接的被害（者）に対する救助を定めたものということができる。それゆえ、これは、直接的な災害対策というより、都市の社会秩序の安定に配慮して採られた措置であったといえよう。本布告が求める法益は、災害により間接的に引き起こされる社会の動揺の未然防止、あるいはそれの抑制である。[10]

また、この布告には天皇の詔書が付されており、そこでは天災がもとで発生しつつある都市窮民の難渋を憐み、救助に向かわんとする天皇の姿勢が強調されている。これは、前年の「洪水暴溢ニ付会計官出張賑恤ヲ施行セシム」（明治元戊辰年五月二四日、第四一九）（六八－八）などでも見られたものである。すなわち、災害救助を天皇の仁政の顕現の機会として取り扱う姿勢である。

【注解三】 長雨などの気象異常は秋実荒歉をもたらした。九月に入ると、政府は、窮民の救恤や社会の動揺の未然防止のために新たな措置を講じざるをえない状況に追い込まれた。そこで採られた措置のひとつが催事の簡素化である。そしてもうひとつは米穀の流通促進を図る達の発出であった。

政府は、まず、九月四日に、「節朔参賀ノ祝酒ヲ廃ス」（明治二己巳年九月四日、第八四六）を発し、「百官群僚ニ酒饌ヲ賜フハ誕辰、歳首、歳暮ノ三節ニ限［ル］」[11]こととした。『大蔵省沿革志』出納寮の部明治二年九月四日条は、これを次のように伝えている。[12]

太政官宣達ニ曰ク、例ニ節朔ノ参賀ニ祝酒ヲ賜ヘリ、然ルニ年穀凶歉ナルニ遭ヒ、窮民ヲ救恤スル為メニ供御ヲ節減セリ、故ニ誕辰、歳首、歳暮ヲ除クノ外ハ、百僚ニ祝酒ヲ賜フヲ罷ム。

さらに、九月一八日には、上に酒饌がふるまわれる三節の一とされた誕辰（天長節）の御祝酒下賜についても、それを節減することが告げられた。すなわち、「窮民ノ賑済ヲ謀ル」ことを理由に、天長節にふるまわれる酒饌が「一人ニ付鯣一枚切昆布一枚冷酒弐合」に減らされたのである。*[13]『大蔵省沿革志』出納寮の部明治二年九月一八日条はこれについて次のように記している。*[14]

十八日、本年秋実荒歉ナルニ因リ天長節ニ百官群僚ニ賜フ酒饌ヲ減殺ス。

太政官宣達ニ曰ク、本月二十二日天長節ニ会ス、宜ク百官群僚ニ醋宴ヲ賜フヘキモ、本年秋実登ラス、是カ為メニ御膳ヲ節減シ方サニ窮民ノ賑済ヲ謀ルニ急ナリ、故ニ本年ハ唯夕其ノ儀式ヲ挙行スルニ止メ、酒饌ハ冷酒乾肴ヲ賜フニ限ル（以下、省略。）

これは災害発生時における催事の〝自粛〟の先例である。

2. また、九月にはもうひとつ、秋実荒歉に起因する都市部における米穀不足への対策として、米穀の流通促進を図る措置がとられた。達「諸藩米穀津留ヲ為スヲ禁ス」（明治二己巳年九月一九日、第九〇〇）の発出がこれである。曰く、

諸藩ニ於テ米穀勝手ニ津留致シ候テハ三都ヲ始メ庶民難渋不少候処近頃猥ニ輸出ヲ禁候向モ有之哉ニ相聞以之外之事ニ候以来海内一家遠邇同視之　御趣意ヲ奉体速ニ津留ヲ廃シ米穀不融通無之様可致旨被　仰出候事*[15]

政府は、都市部（三都）における糧食不足（都市窮民の難渋）をもたらすとして、諸藩の米穀津留政策（米穀の領外移出禁止措置）を批判し、これを禁じたのであった。

【注解四】 年末になると、「諸国一般不作米価追々沸騰」、「下民難渋」という状況がいよいよ現実のものとなり、*[16]政府（民部省）は官禄の返上を諸県の官員にまで拡大した。*[17]また、政府（太政官）は、「当年ハ気候不順米穀不熟殆皆無ニ属スル処モ有之御歳入別テ寡ク来年会計ノ目途不相立場合ニ立至候」として賞典禄の支給を一部翌年に繰り延

べたほか[*18]、各官府県に向けてよりいっそうの節倹を指示するなどした。[*19]

【注解五】 上にも紹介したように、明治二年暮れ、政府は、「当年ハ気候不順米穀不熟殆皆無ニ属スル処モ有之御歳入別テ寡ク来年会計ノ目途不相立」と告げざるを得ない状況に立ち至っていた。当時、長雨と水害による凶作のため、政府の財政は大きな困難に直面していたのである。ところで、『広沢真臣日記』収録の「公用備忘録」には、このときに計算されていた明治三年の会計の見通しが「来午年会計目的左之通」という見出しのもとに記録されている。[*20] 以下にこれを引く。財政逼迫のなかでの歳出項目の編成と額、とくに中央政府レベルでの災害対策関係の支出の位置に注意して一覧されたい。

一来午年会計目的左之通

一米	一五、〇〇〇石	宮内省
一同	九、三〇〇石	駿遠七藩転封被下
一同	九、七二〇石	兵部省
一同	二、二五〇石	同 伏見兵隊東下之分
一同	六、三〇八石	同 降伏人
一同	二、二五〇石	東京府 病院種痘梅毒芸園
一同	一八〇石	同 両藩無宿囚人
一同	四三石	同 上水屋敷改棟梁
一同	三六〇石	同 寄場
一同	一、五〇〇石	同 老養被下
一同	六〇〇石	同 牢舎人扶持

一同　一、〇〇〇石　同　浮浪之者扶助
一同　一八〇石　大蔵省　浅草御蔵小揚
一同　二七石　同　回米用達
一同　四五石　民部　聴訟白洲番
一同　九六石　水夫給米
一同　二二七、〇〇〇石　賞典
一同　三八、七三七石　府県所属朝臣本禄並御扶助共
一同　四三、八三二石　元堂上増禄
一同　一、四二〇石　東京府
一同　七、八九六石　同　官員年禄
一同　一八〇、〇〇〇石　二官六省其外諸官員年禄
一同　七〇、〇〇〇石　諸県官員年禄
一同　一一〇、八〇二石　弁官附兵部省附朝臣被下
一同　凡五〇、〇〇〇石　八十八歳以上老養被下
一同　一〇、〇〇〇石　蝦夷地開拓
一同　二、五〇〇石　招魂社料
一同　二九、一七二石　若松降伏人
一同　五、四〇〇石　同　高田藩預
一同　七、五九六石　同　東京在住

一同　二〇、〇〇〇石　京大坂二府

米　八、四〇〇石

同　三六、〇〇〇石　合　四四、四〇〇石　京都東京窮民救助

内

二六、七〇〇石　薩長並大久保広沢賞典半方献納

八、四二〇石　奏任以上年禄之内

差引

一米　九、二七九石　マ、[21]

一同　一、八六二石　兵部省薩長土徴兵

一同　五、〇〇〇石　同十津川郷士

一同　八、六八三石五斗　鶴田藩渡

一同　一一、一九三石三斗五升　香春藩渡

〆米　八八九、四九三石八斗五升

外　凡五、〇〇〇、〇〇〇石　元堂上増禄見込

○

一金　三六〇、〇〇〇両　宮内省

一同　二四、〇〇〇両　外務省

一同　一五、〇〇〇両　外国留学

一同　一、二〇〇両　神祇官

一同	一、二〇〇両	行政官
一同	一二、〇〇〇両	刑部省
一同	三、六〇〇両	弾正台
一同	二、五二〇両	学資料
一同	九、六〇〇両	昌平学校
一同	一八、〇〇〇両	開成所
一同	三六、〇〇〇両	医学所
一同	七二〇、〇〇〇両	兵部省
一同	七二、〇〇〇両	東下兵隊
一同	四〇〇、〇〇〇両	京都諸兵隊六大隊
一同	一二〇、〇〇〇両	若松酒田柏崎出兵
一同	一四四、〇〇〇両	薩長土三藩徴兵
一同	四八、〇〇〇両	薩州献艦二艘
一同	二四、〇〇〇両	長州同断
一弗	一六、三二〇枚	開成所雇入外国人
一同	九、六〇〇枚	同医学所
一金	一一三、四〇〇両	若松在住降伏人扶助
一同	九九、〇〇〇両	同東京在住
一同	七二、〇〇〇両	同若松之外

【1869年】（明治元年11月19日から明治２年11月29日まで）

一同	三〇〇、〇〇〇両	堤防
一同	一八、〇〇〇両	上水普請
一同	一二、〇〇〇両	駅逓
一同	二七、六〇〇両	用度
一同	一八〇、〇〇〇両	路費
一同	七二〇両	浅草御蔵
一同	五、四〇〇両	包座
一同	一、二〇〇両	回漕
一同	一、二〇〇両	民部省庶務
一同	八、四〇〇両	土木役局入費
一同	一二〇、〇〇〇両	営繕
一同	六〇、〇〇〇両	民部図籍
一同	一二一、四四八両	東京府
一同	八九、〇一八両	元堂上へ二季賜
一同	一七一、一五〇両	東京町人調達金下戻元利
一同	二〇〇、〇〇〇両	北海道開拓
一同	一〇〇、〇〇〇両	外国交際
一弗	五〇〇、〇〇〇枚	巳五月より午五月迄外国人払元利
一金	三六〇、〇〇〇両	燈明台

一同　五〇〇、〇〇〇両　造幣寮外国人九人雇料共
一弗　八四、〇〇〇枚　外国人雇料大坂長崎生野
一金　三六〇、〇〇〇両　製鉄所
一同　凡一、〇〇〇、〇〇〇両　悪金引換
一同　四〇〇、〇〇〇両　京大坂二府入費
一同　一二〇、〇〇〇両　勅祭下行
一同　三〇、〇〇〇両　按察府
一同　一〇〇、〇〇〇両　土地測量検地其外入費
一同　五〇、〇〇〇両　鉄路造築用意
一同　四〇〇、〇〇〇両　諸県入費
一同　六〇〇、〇〇〇両　外国借財利足
一同　三五〇、〇〇〇両　内国債利足
一同　七、五〇〇、〇〇〇両　楮幣引換三ヶ年割一ヶ年分
一同　一八〇、〇〇〇両　鉱山諸入費
〆金　一六、二三三二、一七六両

外

諸県定額之分臨時　同官舎創立
凶歳窮民御救助　水利堤防臨時
兵部省臨時　諸官省臨時

右等之御入用見込無之候事
一高　四、四三六、五六二石　此取米　一、一〇〇、九一四石
　　但免二ツ五分
一同　一、四七五、六〇二石　此取米　一四七、五六〇石
　　但免一ツ
二口〆米一、二四八、四七四石　外高一、七四八、二八二石
奥羽の内当巳年皆無の見込
　以上

この会計の見通しのなかで災害対策関係の支出と認められる（あるいはまた災害対策に関係すると見られる）のは、災害の間接的被害（者）に対する救助費（京都東京窮民救助）としての米九、二七九石（救助総額四四、四〇〇石のうちの政府支出分）、堤防入費三〇〇、〇〇〇両、土木役局入費八、四〇〇両のみである。[*22]「凶歳窮民御救助」、「水利堤防臨時」等の災害対策関係の臨時費目には、「右等之御入用見込無之候事」として額が計上されていない。京都東京窮民救助の米九、二七九石が歳出見通しの米の総高八八九、四九三石八斗五升に占める割合は一・〇％、堤防入費三〇〇、〇〇〇両、土木役局入費八、四〇〇両が歳出見通しの金の総額一六、二三二、一七六両に占める割合は一・九％である。これらの数字から推して、明治三年の会計見通しのなかでの災害対策関係への支出割合は一～二％程度であったと言ってよかろう。災害対策関係への支出は、賞典や官員の年禄、元堂上への増禄などに比べて、また軍事関係の費目に比してきわめて少額であった。

【付録二】「諸県官員官禄ノ幾分ヲ返上シ以テ救助ニ充テシムム」（明治二己巳年一二月二六日、第一一九四）[*23]（五二〇頁。）

三年第四十二ヲ以テ献納ヲ止ム[*24]

第千百九十四　十二月二十六日（民部省）

諸県

当八月　詔書ノ通窮民御救助被遊度被　仰出候ニ付テハ二官六省ヲ始メ諸官員官禄ノ内勅任官以上五分ノ一奏任官十分ノ一返上御救恤ニ御差加ヘ奉願候儀ニ付県々ニ於テモ返上相願候向ハ右ノ分県下窮民御救恤ニ差加ヘ救民ノ主法相立可申候

〔注〕

＊1　「官禄渡方ヲ定メ奏任官以上ノ官禄献納ヲ止ム」（明治三庚午年正月一九日、第四二）。

＊2　「官禄渡方ヲ定メ奏任官以上ノ官禄献納ヲ止ム」（明治三庚午年正月一九日、第四二）によると、官禄の献納は奏任官以上を対象としていた。また、「諸県官員官禄ノ幾分ヲ返上シ以テ救助ニ充テシム」（明治二己巳年一二月二六日、第一一九四）によれば、献納額は「官禄ノ内勅任官以上五分ノ一奏任官十分ノ一」であった。さらに、献納の具体的な方法は、官禄の交付に際して献納分を控除するというものであった。これらのことからして、献納とは言いつつも実質は一律の供出であったことがわかる。この措置はこの年限りの臨時的措置として導入された。『大蔵省沿革志』出納寮の部明治三年正月条は、「官禄交付方規ヲ更定シ、奏任官ノ其ノ官禄ヲ献納スル者ヲ停止ス」と題する記事を載せ、「官禄渡方ヲ定メ奏任官以上ノ官禄献納ヲ止ム」（明治三庚午年正月一九日、第四二）のもとになった大蔵省提出の議案（一月一二日付）を紹介している。そこには本件（「淫雨ニ付節倹ノ詔ヲ発シ官禄ノ内ヲ以テ救恤ニ充テシム」、明治二己巳年八月二五日、第八〇一）発出に関する事情と献納の方法、および献納の停止について、次のように書かれている。曰く、「客歳十等官以上ノ官員其ノ官禄額内ノ幾分ヲ還納シテ年穀凶荒ノ救恤ニ供充セント欲スルノ申請ヲ聴許シ、其ノ官禄ヲ交付スルニ際シテ還納額ヲ扣除セリ、然ルニ此ノ事タル特ニ客歳ヲ限レル者ニシテ、素ヨリ本年ニ及ホス可キニ非ス、故ニ本年正月ヨリ以後ハ之ヲ扣除ス可カラサルナリ、若シ本年モ亦タ還還《ママ》納セシム可クハ、請フ更ニ之ヲ令達スルヲ」（大蔵省記録局（編）『大蔵省沿革志（上巻）』、五一〇－五一一頁）。

＊3　春畝公追頌会（編）『伊藤博文伝 上巻』、四七〇頁。

＊4　松尾正人「明治二年の東北地方凶作と新政権」、七一頁。

＊5　「八月二十五日上大広間ニ出御、官、省、院、台、校、職、使等ノ職員ヲ召サセラレ救荒ノコトヲ勅シ給フ」（多田好問（編）『岩倉公実記（中巻）』、七七九頁）。

＊6　「太政官日誌」、明治己巳第九十二号、自八月廿二日至廿五日、所収、石井良助（編）『太政官日誌 第三巻』、四九一－四九二頁。佐賀藩知事鍋島直大の賞典禄半返納は八月二九日に許された（「太政官日誌」、明治己巳第九十四号、自八月二十八日至二十九日、所収、同上、四九七頁）。

＊7　「此度深厚之叡慮ヲ以テ救荒ノ儀被仰出誠以至仁之聖旨不堪感泣之至奉存候実美等不肖之身ヲ以重任ヲ奉シ過分之官禄ヲ賜リ尸位素餐実以恐懼無所措奉存候就而者実美等官禄五分之一ヲ返納致シ御救恤之一端ニモ被給至仁聖意ノ万一ヲモ奉裨補候様有之度不堪至願諸官各位ニ於テモ御同意之儀ニ候ハヽ、連署致出願度仍而申陳候也」（多田好問（編）『岩倉公実記（中巻）』、七八〇頁。引用に当たっては返り点を省略した。また、傍線は活字のポイントが落ちた部分であることを示す）。

＊8　本件（「淫雨ニ付節倹ノ詔ヲ発シ官禄ノ内ヲ以テ救恤ニ充テシム」）発出の日付けは、『法令全書』では「詔書」も布告もどちらも明治二年八月二五日となっているが、『岩倉公実記』によれば、「詔書」が発されたのが八月二五日で、布告発出の日付けは翌日の二六日である（同上、七七九－七八〇頁）。

＊9　千田稔によると、節倹の詔を出すのに力を尽くしたのは大久保利通であった（千田稔「維新政権の地方財行政政策」、五二頁）。一方、松尾正人の研究では、節倹の詔の発出とそれに続く救荒政策の実施については岩倉の主導するところ大であったとのことである（松尾正人「明治二年の東北地方凶作と新政権」、七一頁）。

＊10　一般に、災害救援――本布告および関連の法令中の文言でいえば、「窮民御扶助」、「窮民御救恤」――には、罹災者の生活を支援することのほかにもうひとつ、災害が引き金となって生じる社会の動揺を未然に防止するないしそれを鎮静化することも期待されている。すなわち、災害救援には社会的政治的秩序の維持機能が託されているのである。

＊11　大蔵省記録局（編）『大蔵省沿革志（上巻）』、四九九頁。

＊12　同上。

＊13　「天長節祝酒ハ代料ヲ以テ交付ス」（明治二己巳年九月一九日、第九〇四）。

＊14　大蔵省記録局（編）『大蔵省沿革志（上巻）』、五〇〇頁。

＊15　『法令全書（明治二年）』、三六八頁。

＊16　明治二年の凶作の物価（米価）への影響については、松尾正人「明治二年の東北地方凶作と新政権」、六八－六九頁を見よ。

＊17　下の【付録二】を参照せよ。

＊18　「本年米穀不熟ニ付賞典禄渡方ヲ減ス」（明治二己巳年一二月一七日、第一一六三）。大蔵省記録局（編）『大蔵省沿革志（上巻）』、五〇七頁も参照せよ。

＊19　この点、前述。「気候不順ヲ以テ奉幣使ヲ氷川神社外二社ニ発ス」（明治二己巳年七月朔日、第六〇三）の項（六九－一二〇）を見よ。明治二年の凶作に当たり、政府は、都市窮民に対する救助（本件）のほかに、損毛の甚だしかった東北諸県に対しての救荒政策実施も余儀なくされた。その実際については、松尾正人「明治二年の東北地方凶作と新政権」、七三－七九頁、同「維新政権の直轄県政――東北県政を中心として――」、九二－九六頁を参照せよ。松尾によれば、東北諸県における政府の救荒政策の柱は、貢米の払い下げと廻米、および南京米（輸入米）の廻漕であった。

＊20　これは明治二年一二月四日付の覚え書きである。日本史籍協会（編）『広沢真臣日記』、四三四－四四三頁。

＊21　差引は計算上は九、二八〇石になるはずである。マ、は原文。

＊22　諸府県入費には災害対策関係の費目への支出が含まれると考えられるが、上表のかぎりでは府県入費中災害対策関係分の費用支出の有無およびその費額が明確でないので、ここでは除いた。当時の府県が災害対策としてどのような活動を行っていたのか、当時の直轄府県の災害対策関係の活動のカタログについては、「勘定帳記載方ヲ定ム」（明治三庚午年三月七日、第一七九）（七〇－一一〇）、「府県歳入歳出差引表編制例則分類略解ヲ頒ツ」（明治三庚午年九月一二日、第五八七）（七〇－一二五）の二項を参照せよ。

＊23　民部省が諸県の官員に宛てた達である。八月の詔書の趣旨を奉体して官禄の一部を返上し、それをもって県下の窮民の救助に充てることを県官に求めている。八月の詔書の時点では、中央（二官六省）の官員の官禄一部返上とそれの救助への充当が布告されていたが、それから四か月が経ち、「諸道不実奥羽諸国殆皆無」という状況が確定した時点で、さまざまな節倹策とともに、諸県官員の官禄の一部返上（返上分での救助の実施）が指示されたのである。

*24 「官禄渡方ヲ定メ奏任官以上ノ官禄献納ヲ止ム」（明治三庚午年正月一九日、第四二）。

二九b、「東京京都二府ニ救助米ヲ下付ス」（明治二己巳年八月二八日、第八一五）

十二箇月ニシテ止ム

第八百十五　八月二十八日（沙）

東京府
京都府

米三千石
米七百石

右窮民救助トシテ月々大蔵省ヨリ相渡候条施行可致事

【注解】 窮民救助用として大蔵省より、月々米三、〇〇〇石を東京府に、米七〇〇石を京都府に下付するとの沙汰書である。

本件は、前掲の布告「淫雨ニ付節倹ノ詔ヲ発シ官禄ノ内ヲ以テ救恤ニ充テシム」（明治二己巳年八月二五日、第八〇一）と合わせて考察することを要す。該布告（明治二年第八〇一）は、長雨により農作物に被害が発生したため物価が高騰し、東京・京都の両京で窮民に難渋が発生しつつあるとの認識の下、官員の俸禄を一部返上し、返上分をもって両京の窮民の救恤に充てるとするものであった。*1 本件は、実際に政府が救助米の下付に乗り出したことを示す。*2*3 救助米の下付は一二か月にわたって行なわれた。

〔注〕

＊1　千田稔は、明治二年の凶作による米価の騰貴と都市部の窮民の困苦について次のように書いている。「凶作は、不換紙幣の『濫発』も加わって、物価を騰貴させた。就中、米価は、（中略）他の諸物価の騰貴率をしのいで著しく騰貴している。これは、飯米を他地域に依存している東京など都市部ではさらに顕著であった。／凶作は、この物価騰貴を通して、広汎な下層農民が幕末以来直面していた生活困窮を一層に促進する事になる。『窮民の困苦』は全国的に深刻化したが、深刻な凶作に直面した東北や都市部で飢餓的な状況が発生していた」（千田稔「維新政権の地方財行政策」、四五頁）。指数で言うと、米価は、明治元年を一〇〇として、明治二年にはそれが一五一に跳ね上がった（同上、四八頁）。

＊2　救助米の出所は、『広沢真臣日記』収録の「公用備忘録」によれば、奏任以上の年禄の献納によるもののほか、「薩長並大久保広沢賞典半方献納」分と政府支出分であった。広沢の備忘録に記された明治三年の予算（「来午年会計目的」）における「京都東京窮民救助」米（四四、四〇〇石）の出所内訳は、「薩長並大久保広沢賞典半方献納」分が二六、七〇〇石と半分以上を占め、政府支出分が九、二七九石、奏任以上の年禄の献納による分（この献納については明治三年正月一九日に停止の達が発された）は八、四二〇石に過ぎなかった（日本史籍協会（編）『広沢真臣日記』、四三六－四三七頁）。

＊3　ただし、京都での都市窮民の救助に関しては、長雨・水害等に起因する米価高騰への手当てという側面のほかにもうひとつ、天皇の東京行幸、皇后の東京行啓を不満とする京都府民への対応という側面もあった。これは、前掲の布告「淫雨ニ付節倹ノ詔ヲ発シ官禄ノ内ヲ以テ救恤ニ充テシム」の本文中に「京都ニ於テハ即今御留守ト相成自然職業ヲ失ヒ困窮ニ立至リ候者モ不少全ク時勢之変遷無拠次第トハ申ナカラ必至難渋」とあり、また、『維新史料綱要』明治二年一一月一二日条に「京都府権大参事槇村正直　東京行幸啓後、京都府下疲弊シ、民心不穏ノ状アルヲ大蔵省ニ報ジ、米十万石ヲ備ヘンコトヲ請フ」（東京大学史料編纂所（蔵版）『維新史料綱要　巻十』、二四一頁、引用に際して割注は省略した）とあることからわかる。すなわち、明治二年秋の京都には民心不穏が発生していたが、その要因には、①明治二年の気象異常下の凶作による米価高騰、②明治元年の京都地方水害による窮民の発生、③天皇の東京行幸・皇后の東京行啓に対する不満の三つがあったということである。

三〇、「堤防橋梁道路修繕事務ヲ府藩県ニ委スルヲ以テ土木司出張ノ者ヲ退去セシム」

（明治二己巳年八月、第八三六）

第八百三十六　　八月（土木司）

川々堤防橋梁道路等修繕ノ儀可否詮議ノ上府藩県ヘ委任可施行旨此度御布告[*1]ノ趣ニ随ヒ水配水防トシテ場所場所ヘ出張罷在候附属ノ者為引払候尤見込有之候場所ハ差出置候様可致候此段為御心得及御達候也

【注解】 土木司が、水利や水防のために各地に出張させていた属官を引き揚げる旨、府藩県に伝えた達である。明治二年七月二七日、諸川の堤防や橋梁、道路等の修繕について、「民部省規則」第七条および「府県奉職規則」第六条により、工事実施に至る手続きが定められた。[*2] それにともない各地に出張を命じられていた土木司官員を帰還させるという方針を土木司が宣言したものである。

〔注〕

＊1　「民部省規則」第七条（「民部省規則」、明治二己巳年七月二七日、第六七四（六九－一二三））および「府県奉職規則」第六条（「府県奉職規則」、明治二己巳年七月二七日、第六七五（六九－一二四））、参照。

＊2　①府藩県から民部省土木司へ工事伺いを提出する（絵図および費用概算書添付）。②提出された工事伺いをもとに工事の可否を民部省（土木司）が詮議する。③詮議の結果可とされた工事については府藩県に施行を委任する。

三一、「諸街道駅々ニ附属村々自村継場並水旱損高等ヲ録上セシム」（明治二己巳年九月一四日、第八七五）

第八百七十五　九月十四日（民部省）

東海道筋　府藩県

去辰五月以来諸街道駅々へ附属申付候村々ノ内脇往還自村継場並去辰年水旱損亡高五分以上ハ皆高除五分以下三分以上ハ半高除其余高除可相成課役等相糺支配駅々附属村正高取調至急可差出事[1]

【注解】民部省が東海道筋の府藩県に宛てて発した達である。[2] 達の内容を災害対策に関わる部分に注目してまとめると、①去る辰年（明治元年）の五月以降諸街道の駅々に附属させ、助人馬出役を申し付けた村々のうち脇往還、自村継場、[3]ならびに昨年（去辰）の水害および旱害により五割以上の損毛があった田地については、高掛[4]の全額を免除（「皆高除」）し、また昨年（去辰）の水害および旱害により五割以下三割以上の損毛を受けた田地については、高掛の半額を免除（「半高除」）する、②その他の高掛免除に付すべき諸課役についてもひとつひとつこれを調査し、各管内の駅站に助役する村々の蠲除実数を精計して、すみやかに民部省まで報告すること、となる。①の下線部分は、水害あるいは旱害に遭った田地に対する高掛の減免を定めた規定、すなわち災害時の税の減免規定である。

〔注〕

＊1　参照、「助郷改正并無賃人馬木銭米代ノ休泊ヲ禁ス」（明治元戊辰年五月八日、第三七八）、「助郷組立ニ付宿駅附属村々ヲシテ印章ヲ請ケシム」（明治元戊辰年五月、第四三六）、「宿駅改正仕法書」（明治元戊辰年六月八日、第四五四）。明治元年夏の助郷改正については、さらに、大蔵省記録局（編）『大蔵省沿革志（下巻）』、八、一七七、一八〇－一八一頁も参照のこと。

＊2　本達に関しては、『大蔵省沿革志』駅逓寮の部明治二年九月一四日条（大蔵省記録局（編）『大蔵省沿革志（下巻）』、一九一頁）に関係の項目があるほか、同租税寮の部明治二年九月一四日条にも次のような記事が載せられている（大蔵省記録局（編）『大蔵省沿革志（上巻）』、二四〇頁）。本達の理解の便宜のため以下にこれを全文引用する（尚、引用に際し割注部分は省略した）。

東海沿道府藩県ヲシテ駅站助役ノ村里並ニ客歳水旱災ニ罹ル田地ノ高掛免除額ヲ録申セシム。

民部省東海沿道府藩県ニ申達シテ曰ク、元年戊辰五月以降命シテ官道各駅ニ属シテ助役セシムル村里ノ往還ノ支道及ヒ自村継場並ニ客歳水旱ニ罹リ作毛五分以上ヲ損毛スル者ハ、高掛ナル課賦ノ全額ヲ蠲除シ、五分以下三分以上ヲ損毛スル者ハ其ノ半額ヲ蠲除ス、其ノ他ノ高掛免除ニ付ス可キ諸課役モ亦タ之ヲ査点シ、各管轄内駅站ニ助役スル里村ノ蠲除実数ヲ精計シ速ニ之ヲ上録ス可シ。

＊3　自村継場とは「定置駅站ニ非スシテ郵丁駄馬ヲ接逓スル站場」をいう（同上）。

＊4　「高掛トハ伝馬宿入用、六尺給米、蔵前入用ノ三課及ヒ夫米、夫銭等ヲ石高毎一百石ニ若干ヲ課スル者ニシテ、其ノ村里ノ草高総額ニ派当シテ之ヲ徴収スルヲ言フ」（大蔵省記録局（編）『大蔵省沿革志（上巻）』、二四〇頁）。『大蔵省沿革志』は、伝馬宿入用、六尺給米、蔵前入用についても、それぞれ次のように説明している。すなわち、「伝馬宿入用トハ村高毎一百石ニ米六升ヲ課収シテ石代金納ト為サシム、是レ各官道郵丁駄馬ノ徭役ニ代フル者ニシテ以テ駅站ノ費用ニ充支ス、六尺給米トハ村高毎一百石ニ米二斗ヲ課収シテ石代金納ト為サシム、是レ旧幕府厮養ノ胥役ヲ地方村民ニ徭課セシモ、土人鹵事ニ慣レス且ツ遠役更番ノ煩擾有ルカ為メニ、其ノ徭役ニ代ルニ課米ヲ以テス、蔵前入用トハ関東諸国ハ村高毎一百石ニ永二百五十文、畿内以西ノ諸国ハ銀一十五匁ヲ課収ス、是レ租米ヲ江戸浅草倉廩ニ輸納スル雑費ニ充支ス」（『大蔵省沿革志（上巻）』、二三四－二三五頁）。

三二、「浦高札」（明治二己巳年九月一八日、第八九一）

八年第六十六号布告*[1]ヲ以テ廃止

第八百九十一　九月十八日（太政官）

浦高札

定

一御用船ハ申ニ及ハス諸廻船トモニ遭難風時ハ見付次第速ニ助船ヲ出シ破損セサル様精々力ヲ尽スヘキ事*[2]

一船破損ノ節其所近キ浦方ノ者手伝イタシ可成丈荷物船具等取揚ヘシ其海上ヨリ取揚ル所ノ荷物ノ内浮荷物ハ二十歩一沈荷物ハ拾歩一取揚候者ヘ可遣之事

但川船ハ浮荷物ハ三十歩一沈荷物ハ二十歩一可遣之総テ歩一ハ其品相当ノ代金ヲ以テ可相渡事

一同断ノ節深海ノ沈船又ハ沈船ニモ至ルヘキ程ノ水船或ハ浅キ場所ノ沈船ヨリ荷物陸揚イタシ候モノ共ヘ前々ヨリ歩一渡来候処自今相当ノ賃銭可遣之其余諸働人足幷諸入費等所役々仕来候分是又相当ノ賃銭入費共可渡遣事

附所役人取締イタシ無益ノ人足差出候儀ハ勿論可成丈入費カヽラサル様可心附総テ過当ノ賃銭等貪取アルヒハ子ダリケ間敷儀有之ニオ井テハ可為曲事事

一難風ニ逢沖ニテ荷物ハ子ステ候時ハ着船ノ湊ニオ井テ其所ノ府藩県役人庄屋等出会遂穿鑿船中残リノ荷物船具等取調証文可差出事*[3]

附船頭浦々ノモノト申合荷物ヲ盗ミ取ハ子タリト偽リ後日ニ顕ハルヽニ於テハ船頭ハイフニ及ハス申合セシ輩ニ至ルマテ厳重咎可申付事

七年第九十七号布告*4ヲ以テ改正
一流寄ノ船幷荷物等ハ浦方ノモノ見付次第可揚置六ヶ月ヲ過持主不相知時ハ揚置モノ可取之タトヒ持主相知ル、トイフトモ六ヶ月ヲ過ル後ハ差返スニ及ハス
但其所府藩県役所ノ可請差図事
一湊ニ長ク船ヲ懸ケ置モノアラハ其子細且何方ノ船ト相尋日和次第早々出船イタサスヘシ若出船イタシカタキ次第有之ニオ井テハ其趣篤ト聞紀シ其所府藩県役所へ可申出事
一貢米ハ船具水主不足ノ悪船ニ積ヘカラス且日和能キ節破船セシムル時ハ船主船頭可為曲事総テ船中ニ於テ理不尽成儀申募リ又ハ私曲ヲ工ムモノ有之ニ於テハ申出ヘシ同類タリトモ其科ヲユルシ褒美可遣事
一貢米積船ハ船足定ノ所ニ極印ヲ打船頭水主ノ人数ヲ減少セサル様申付運送セシムル筈ニ候間湊へ懸リ候ハ、船足ハ極印ノ通ニテ船頭水主人数モ送状ノ通無相違哉所役人ニテ相改若極印ヨリ船足深入ノ船ハ積入ノ俵数取調送状ニ無之荷物積入候カ又ハ水主人数令減少候ハ、私ニ積入候荷物ハ取揚置水主人数不足ノ分ハ其所ニテ慥成水主ヲ雇ハセ出船致サスヘシ其上ニテ右ノ趣其所ノ府藩県役所へ可申出事

【注解一】 本件「浦高札」は明治二年九月一八日付で布告された海上警察に関する規則である。発出に至る経緯を見ると、まず大蔵省が草案を作成してそれを民部省と協議し、しかるのちに両省合意の議案を民部省から太政官に稟上して同官の裁可を受けていることが知られる。*5 全部で八条からなり、第一条は遭難船の救助、第二条は遭難船の積荷・船具等の回収等、第三条は沈没船からの積荷の回収、第四条は暴風に遭い荷物を海中に投棄した場合の取調べと遭災証明証書の交付方、第五条は漂着船ならびに漂着貨物の取り扱い、第六条は長期停泊船への対処方、その して第七条は租米廻漕船の仕様および租米廻漕にかかわる「奸曲ノ図謀」への対処方等、第八条は租米廻漕船の査

察についてそれぞれ規定する。これらのうち、遭難船の救助を浦方に義務づけた第一条、同じく浦方に遭難船の積荷および船具等の可及的回収を命じた第二条、「海洋ニシテ暴風ニ遭ヒ搭物ヲ擲捨」した場合の遭災証明証書の交付を規定した第四条が、災害応急対応を規定した条項とみなされる。

【注解二】 上に述べたように規定中に災害応急対応関係の条項を含む「浦高札」（「港浦標榜」）*6であるが、これは海上警察に関する一般法であるけれども、とくに租米廻漕の確実を強く意識して作られた法規である点に特徴がある。それは、「浦高札」の布告の翌日、同じく民部＝大蔵省租税司の立案になり、内容的にも「浦高札」との対応あるいは重複が見られる「貢米廻漕」に関する達が三つ発出されていることから明らかである。*7

この点を、『大蔵省沿革志』租税寮の部明治二年九月一九日条に拠り、少し詳しく見ておきたい。*8『大蔵省沿革志』租税寮の部明治二年九月一九日条は、「租米ヲ漕運スル船舶ヲ提理スル方規」（達でいうと第九〇六と第九〇七がこれに相当する）、全国沿海各港各浦への布達（達では第九〇八がこれに当たる）、廻船用達（廻船差配人）への命達（『法令全書』には掲載なし）、「船舶戒虞条目」六款（同じく『法令全書』には掲載なし）を載せ、租米廻漕の確実を図るための諸取締規定についてこれを詳述している。まず、「租米ヲ漕運スル船舶ヲ提理スル方規」であるが、これは三条からなり、第一条では租米廻漕船の手配方と租米積み込み時の手続きなど、第二条では租米の搭載地および輸納所における俵米の検量手続き、第三条では租米廻漕船の繋泊地でのその地の吏員による検査方、さらに検査の結果犯罪事項が見つかった時に採るべき手続きなどが規定されている。このうち、第一条の後半部分が「浦高札」第八条の規定に対応している。

続いて全国沿海各港各浦への布達であるが、これは、第一条で、「各港各浦ノ吏胥及ヒ住民」に対して、「浦高札」の遵守を厳命し、そのうえで寄港する租米廻漕船の乗員の不粛行為の防止とその摘発に当たるよう督励している。第二条では、寄港した租米廻漕船が航行中暴風激浪に遭い租米が濡湿したことを申告してきた場合の、濡湿米の検査および積載俵中「苞皮ノ緩鬆ナル者」の検査の実施と、その結果疑わしい事例があった場合の府藩県庁への報告を、「地方公署ノ官吏ト村長」に義務づけている。そのうえで、同布達は、「各港各浦ノ吏胥及ヒ住民」に対し、「以上ノ条款ハ善ク之ヲ知悉シ、其ノ他ノ措置ハ浦港《ママ》標榜ノ制規ヲ遵守シ、租米漕運船舶ノ風濤ニ遭フ者有ルヲ見ハ、宜ク迅速ニ救援船ヲ漕発シ之ヲシテ破没ニ至ラシメサルヲ要ス」と、「浦高札」の遵守および暴風激浪に遭った租米廻漕船の救援を指示している。「浦高札」の応急救援規定はこのように租米廻漕船の救助を強く念頭に置いたものであったのである。[*9]

浦方に対して暴風激浪に遭った船舶の救援等を指示した「浦高札」（「港浦標榜」）は、災害応急対応についての規定をもつ法規としては最初期のものである。そして、上に見たように、この法令の規定は、何よりもまず、船に積み込まれている租米の保全、確保をねらったものであった。この意味で、明治初期の災害応急対応に関する法規は財政的視点（田方米納－廻米施行政策）より出ずるものであったと見てよい。[*10]

〔注〕

＊1　「内国船難破及漂流物取扱規則ヲ定メ浦高札ヲ廃ス」（明治八年四月二四日、太政官第六六号布告）。

＊2　本条は、『大蔵省沿革志』租税寮の部明治二年九月一八日条においては、「第一、官運私運ノ船舶暴風激浪ニ遭フヲ見ハ、速ニ舟艇ヲ点漕シ力ヲ竭シテ之ヲ救援ス可シ」と記されている（大蔵省記録局（編）『大蔵省沿革志（上巻）』、二四一頁）。

＊3　本条の本文の部分は、『大蔵省沿革志』では、「海洋ニシテ暴風ニ遭ヒ搭物ヲ擲捨セハ、風ヲ避ケ船ヲ泊スル港津ニ於テ地方公署ノ官吏ト村長ト眼同シテ之ヲ検覈シ、船舶ニ残存スル搭物船具等ヲ査点シ、遭災ヲ証明スル証書ヲ付与ス可シ」となっている（同上、二四一頁）。

＊4　「浦高札第五条改正」（明治七年九月一九日、太政官第九七号布告）。

＊5　大蔵省記録局（編）『大蔵省沿革志（上巻）』、二四一頁、参照。

＊6　「港浦標榜」は、「浦高札」の『大蔵省沿革志』における表記である。

＊7　「貢米廻漕ノ節心得」（明治二己巳年九月一九日、第九〇六）、「貢米廻漕ノ節浦々ヨリ不粛ノ報知アラハ速ニ開申セシム」（明治二己巳年九月一九日、第九〇七）、「貢米廻漕ニ付浦触」（明治二己巳年九月一九日、第九〇八）。

＊8　大蔵省記録局（編）『大蔵省沿革志（上巻）』、二四二―二四四頁、参照。

＊9　そのほか廻船用達（廻船差配人）への命達は全六条からなり、租米廻漕船の適正な運行を確実にするために、租米廻漕船に脆薄なる船舶を用いることの禁止、身元不確実あるいは操船不熟練の船長・水夫を雇うことの禁止、租米搭載港において管掌官吏による船舶および乗組員の検査を必ず受けること、船中日記簿の記録の義務づけ、漕還後同日記簿の民部省への提出の義務づけ、船長および水夫から凛命証書をとることの義務づけなどを規定した（同上、二四三―二四四頁）。また、「船舶戒虞条目」は租米廻漕船の船長に告令したもので、航海中の心得と禁止事項等が六款にまとめられている（同上、二四四頁）。

＊10　貢米廻漕政策の推進は政府の貢租収奪強化の方針に従ったものであった（松尾正人「維新政権の直轄県政――東北県政を中心として――」、一一三頁、千田稔「維新政権の租税政策」、二一一―二二〇頁）。こうして見るならば、明治初期の災害応急対応に関する法規の整備は貢租収奪強化策の推進と表裏の関係にあったことがわかる。

三三、「宮華族中大夫以下社寺領等ニ係ル諸入費割渡ニ付府県管轄高姓名寺号等ヲ録上セシム」（明治二己巳年九月二三日、第九二五）

第千百四三年第九百[*1]、四年太政官第四二[*2]依リ消滅[*3]

第九百二十五　　九月二十三日（民部省）

宮華族中大夫以下知行社寺領等[*4]最寄府県オイテ管轄イタシ支配地ニ準シ取扱候諸入費ノ儀[*5]ハ常備金ノ内別廉ノ分相除其余ハ在来ノ支配地ト合高割合ヲ以御下ケ相成且堤防橋梁営繕等ノ入費老養扶持ハ其地頭ヨリ可相渡儀ト心得右[*6]

管轄高姓名社寺号等廉々巨細取調可申立尤場所場所ノ口米永ハ其年々取立別上納ノ積リ可取計事

【注解一】『大蔵省沿革志』租税寮の部明治二年九月二三日条は、本達に関する次のような記事を載せる。本達を理解する上で便宜なので、これを以下に全文掲げる。*7

府県ヲシテ皇族、公卿、大夫、上士ノ采邑、及ヒ神社仏寺ノ領地ヲ管轄セシムル費用額ノ支付方ヲ規定ス。民部省申達本司［租税司］立案ニ曰ク、皇族、公卿、大夫、士等ノ采邑及ヒ神社仏寺ノ領地ハ近傍ノ府県ニ管轄セシムルニ由リ、之レニ関スル費用ハ常備金額内ノ別項ヲ除キ、其ノ他ハ管轄石額ニ準算シテ以テ交付シ、堤防橋梁ヲ営繕修築スル費金及ヒ養老ノ賜米ハ邑主、領主ヨリ発支セシム、因テ其ノ管轄スル石額、邑主、領主ノ氏名並ニ社号、寺称等ヲ項別ニ録上シ、口米、口永ハ毎年ニ課収シ別項ト為シテ之ヲ納進ス可シ。

【注解二】 本件は、最寄りの府県の支配下に置かれた「宮華族中大夫以下社寺領等」に係る諸入費の支付方を規定した達である。皇族・華族・中大夫以下の知行地や社寺領に関する費用について、①「常備金ノ内別廉ノ分」を除きその他のものは、府県支配地の分と合わせて、高に対する割合でもって下げ渡す（「管轄石額ニ準算シテ以テ交付」）、②堤防や橋梁の営繕修築費用および養老の賜米については、「宮華族中大夫以下社寺領等」の邑主・領主をして支出させる（政府金を交付するのではなく、邑主・領主をして発支せしめる）としている。

災害対策の方面から見るならば、本達は、最寄りの府県の支配下に置かれた「宮華族中大夫以下知行社寺領等」の堤防や橋梁の営繕修築費用について、それを府県の常備金から支出するのではなく、当該の邑主・領主をして支出させる（政府金を交付するのではなく、邑主・領主をして発支せしめる）ことを規定したものと読める。明治二年九月の時点では、最寄りの府県の支配下に置かれた「宮華族中大夫以下知行社寺領等」の堤防修繕費用について、これをその邑主・領主に支出させるというのが政府の方針であった。

〔注〕

*1 「中下大夫士以下ヲ廃シ士族及卒ト称シ禄制ヲ定ム」（明治二己巳年一二月二日、第一一〇四）。

*2 「宮華族元堂上並ニ旧官人以下ノ禄制ヲ定メ地方官貫属タラシム」（明治三庚午年一二月一〇日、第九〇〇）。法令名中の傍線は割注の部分であることを表わす。

*3 「社寺領現在ノ境内ヲ除クノ外上地被仰出土地ハ府藩県ニ管轄セシム」（明治四辛未年正月五日、太政官第四）。

*4 「明治新政府は、早期帰順した知行取旗本（高家、交代寄合、寄合）に対して本領安堵を命じ、『朝臣』に編入して中下大夫士の新たな身分へと再編」した（石川寛「交代寄合高木家主従の明治維新」、名古屋大学『附属図書館研究年報』、第八号、二〇一〇年三月、二四頁）。「元旗下上京帰順之面々先般徳川御処置被　仰付候上ハ出格之　思召ヲ以元旗下都テ本領安堵被　仰付候就テハ高家以下席々旧号ヲ廃シ凡テ中大夫下大夫上士三等之列ニ被　仰付候間為心得申達候事」（「高家以下席々旧号ヲ廃シ三等ニ班列ス」、明治元戊辰年五月二八日、第四二四）。元高家と元交代寄合は中大夫、元寄合・元両番席以下・席々千石以上の者は下大夫、元両番席以下・席々千石以下百石迄の者は上士と称すべきことが命じられた（「元高家元交代寄合以下中下大夫上士ノ称ヲ定メ触頭ヲ置キ参朝願伺ノ順序ヲ定ム」、明治元戊辰年五月二八日、第四二五）。

*5 『大蔵省沿革志』本省の部明治元年五月二四日条は、「一万石以下ノ采邑及ヒ神社仏寺ノ領地ヲ其ノ附近ノ府県ニ管轄セシム」と記す（大蔵省記録局（編）『大蔵省沿革志（上巻）』、一九頁）。また、上で言及した達、「元高家元交代寄合以下中下大夫上士ノ称ヲ定メ触頭ヲ置キ参朝願伺ノ順序ヲ定ム」（明治元戊辰年五月二八日、第四二五）は、「（前略）万石以下ノ領知幷寺社共凡テ地方御政務之儀ハ知行所最寄之府県ニテ支配可致旨可相心得依テハ知行所地方民政ニ係リ候儀ハ右最寄之府県へ可申出候事」と告げている（『法令全書（自慶応三年一〇月至明治元年一二月）』、一七四頁）。

*6 「県官人員幷常備金規則」（明治二己巳年七月二七日、第六七六）（六九－二五）、「府県常備金規則説明」（明治二己巳年一二月二日、第一一一二）（七〇－一）、参照。尚、「別廉ノ分」とは、「支配地ノ堤防橋梁道路等難捨置急破普請所ノ営繕ニ引充遣払」べき第二常備金の分を指す。

*7 大蔵省記録局（編）『大蔵省沿革志（上巻）』、二四五頁。

三四、「関東府県川々急破普請村役差出方及人足賃米相場ヲ定ム」（明治二己巳年九月、第九五三）

第九百五十三　九月（民部省）　関東府県

川々急水留ノ儀ハ是迄七歩築ニテ皆入用下渡相成翌春残三歩ノ処ニ至リ百姓役相勤候仕来ノ処当秋急破普請ノ儀ハ来春普請仕越ニ相当候間定例ノ村役為差出人足ノ儀ハ高役ノ外扶持米賃米ハ最寄市町下米相場ヲ以被下候事

【注解一】 民部省が関東府県に宛てて発した達である。その内容は、諸川の緊急の水止め工事（破堤箇所の補修工事）について、従来は七割ほど修築したところで費用をすべて下付し、翌春工事の残り三割というところに至って百姓役を勤めさせるという仕来りであったが、①この秋の急破普請（破堤箇所の緊急補修工事）は通常であれば来春行なわれるべき普請の分を仕越の扱いで実施するものであるので、[*1]それに定例の村役を差し出させる、②普請実施に当たっては、村役人足（高役）のほか、扶持方人足と雇いの人足も用い、扶持方人足への扶持米と雇人足の賃米は最寄りの市町の下米相場の値で支給する、というものである。[*2]文面から政府が破堤箇所の補修を急いでいたことがわかる。

2. 明治二年七月の「府県奉職規則」（明治二己巳年七月二七日、第六七五）は、堤防橋梁道路等の土木事務に関して次のような規定を置いた（第六条）。

堤防橋梁道路ノ修繕怠ルヘカラス常ニ其得失ヲ検査シ絵図並積リ書ヲ以テ民部省ヘ伺出其決ヲ受ケ於施行ハ府県ノ任トス尤堀割分水新タニ水利ヲ興シ又ハ管轄所交互スル治河等ハ時宜ニヨリ当省ヨリ出張其地方官ト戮力施行スヘキ事

但天災非常ノ破損一日モ遷延シ難キハ此例ニ非ス其以下瑣少ノ修繕等ハ総テ其府県ニ委任ス追テ届出ヘシ

これによると、通常の場合、堤防工事は、「絵図並積リ書ヲ以テ民部省へ伺出其決ヲ受ケ」、そのうえで府県が工事を施行するという手順を踏む。しかしこの第六条には但書が附されており、そこには「天災非常ノ破損一日モ遷延シ難キハ此例ニ非ス」と書かれていた。本達が問題とする明治二年秋の関東府県の「川々急水留」には、達中にそれらの工事を仕越普請の扱いにするとあるので、上記但書の規定が適用されたわけである。

【注解二】 笠谷和比古は、「信濃国松代真田家文書目録（その四）解題」のなかで、「明治四年国役仕越普請」という史料にふれて、国役普請の場合の《仕越普請》について次のような説明を行なっている。「通常、国役普請を行う際には藩側の出願を受けた後、幕府勘定役人なり明治政府の土木司なりが普請出願箇所の見分と普請の見積り（「目論見」）を行い、その復命を待って幕府ないし中央政府においてその国役普請の可否が決せられ、施行の際には先の目論見に準拠してなされるものであった。ところが出水急破の緊急事態の際には、これら出先の役人［この場合は出張土木司］の判断で応急の普請を実行し、その普請費用もその後の本来の国役普請費用の中に組込むことが例外的に認められていた。これが〝仕越普請〟と呼ばれるものである。[*3]」これを一般化して述べると、《仕越》・《仕越普請》とは、出水急破という非常事態に際し、通常の普請請願手続き（ここでは「府県奉職規則」第六条本文）に拠らず、出先の役人（地方官／出張土木司）の判断で応急の普請を行ない、経費あるいは政府への報告（届出）などについては事後的な処理に委ねるという工事形式を指す。

2. 笠谷和比古は、上に引いた説明に続けて、「この事後承認的な普請方式は国役普請の野放図な増大につながるものであるために幕府もその濫用を規制していたが、明治政府は仕越普請を明治二年六月に廃止し」たと指摘している。[*4] ただし『法令全書』には該当する達は見当たらない。[*5]

〔注〕

＊1　《仕越》・《仕越普請》については、本項の【注解二】を参照せよ。

＊2　幕府の行なう御入用御普請に関し、享保一七（一七三二）年に、その実施に当たっての幕府側と農民側の負担区分を定めた規則が出された。そのなかに人足調達の規定があり、それは「［人足調達に］三段階の規定を設け、第一に村高一〇〇石に五〇人までを〝村役〟の無償人足とし、第二にそれ以上の五〇人を扶持方人足として一人米七合五勺の返扶持を与え、第三に更にそれ以上の人足については賃人足として米一升七合の賃米を設け、これを最寄の石代値段で以って賃銀として給するというもの」であった（笠谷和比古「国役普請の実働過程について」、一四七頁）。明治二年時点の関東府県は基本的に旧幕領を引き継いだものであったから、上記の規定そのままではないにせよ、それに倣った人足の調達法が用いられたものと推測される。

『松戸市史』を見ると、この点を確認することができる。すなわち『松戸市史』には下総国葛飾郡七右衛門新田に係る江戸川堤防補修記録が載っている（松戸市誌編さん委員会（編）『松戸市史 下巻（一）明治編』、三八七‐三八八頁）が、その明治七年の欄には、御普請出来形帳からとして、「江戸川通武左衛門地先堤上置長一六間此坪七坪、同所下築長一六間此坪一四・四坪、庄兵衛地先堤表添築長三四間此坪二七・四坪」の普請に対して人足を延べ三〇三人要したこと、その内訳は二〇九人が居村（七右衛門新田）より、他九四人は小金町よりの人足であったこと、居村分につき五二人は村役人足、五二人は御扶持人足、一〇五人は賃米人足であったことが記されている（同上、三八七頁）。ここに見られるのは本件が伝える人足調達の仕法である。尚、七右衛門新田は下総国知県事の支配を経て明治二年正月設置の小菅県に所属した村で、その後明治四年一一月からは印旛県、そして明治六年六月からは千葉県に属した。明治三年時点の戸数が一七戸と小さな集落であった。

＊3　［笠谷和比古］「信濃国松代真田家文書目録（その四）解題」（所収、『史料館所蔵史料目録 第四三集 信濃国松代真田家文書目録（その四）』、国立史料館、一九八六年三月）、一六五‐一六六頁。

＊4　［笠谷和比古］「信濃国松代真田家文書目録（その四）解題」、一六六頁。

＊5　明治三年一月制定の「堤防等目下難閣廉々措置ヲ定ム」（明治三庚午年正月、第六九）（七〇‐六）は、その第二条に、「急破堤切等ノ分ハ目論見帳へ巨細絵図面添可相伺若片時モ難閣場所出来ノ節ハ其府県常備金ヲ以仕越取計其段可届出事」という規定を置いた。これは、急破堤切の場合でも「目論見帳へ巨細絵図面添可相伺」ことを原則として定める一方で、緊急極まりな

い場合（「片時モ難閣場所出来ノ節」）には「其府県常備金ヲ以仕越取計［フ］」ことを認めたものである。さらに、明治四年一二月の「水理堤防条目ヲ改定ス」（明治四辛未年一二月二日、太政官第六三二）においても、第一条に、「従来公費ニ関スル堤防橋梁等ノ修繕一廉千両以下ハ於地方官実地検査ノ上施行致シ府県印ノ出来形清算帳大蔵省へ可差出千両以上ハ同省へ伺出ノ上可取計事／但急水暴漲シ堤防潰崩等ハ大小ヲ問ハス地方官ニ於テ迅速遂検査施行ノ上本文同様清算帳可差出事」という規定が置かれ、《仕越》・《仕越普請》という言葉は用いられていないけれども、事後承認的な工事手続きの存在が確認できる。このように、国役普請においてはともかく、河川工事全体のなかでは、明治三年以降も、緊急の破堤補修工事等における事後承認的な工事手続きが存在し続けた。

三五、「府県幷預所アル諸藩ヲシテ郷帳村鑑帳御林帳高国郡村名帳高反別取米永一村限帳ヲ進致セシム」

（明治二己巳年一〇月二九日、第一〇一九）

第千十九　　十月二十九日（民部省）

府県
預所アル諸藩

一郷　帳
一村鑑帳
一御林帳
一高国郡村名帳*1　但仮名附
一高反別取米永一村限帳*2
　是ハ郷帳其外トモ差出方兼テ相達置候処于今不差出向モ有之候ニ付早々差出候様可致事

是ハ別紙案ノ通取調可成丈早々差出候様可致事

一各府県内去辰年ヨリ前ニ拾ヶ年分厘附帳*3一村限郡訳ニイタシ村毎余紙ニ枚ツヽ差入美濃紙竪帳ニ写取国限ニ取調何レモ一県一冊ニ綴上郡訳国限ノ処青紙見出シヲ付取調出来次第早々差出候様可致事

（別紙）

高反別取米永一村限帳

何国何郡

何　村

村高何程

内　高何程　無地高

高何程　小物成高

此反別何程

此　訳

上田高何程　石盛幾ツ

反米何程*4

此反別何程

此取米何程

荒地有之候ハヽ内書ニ荒地高反別ヲ記シ残高反別ヘ取米ヲ記シ可申候若段免*5等有之候得者残高反別ノ内書ニ記シ分ケ可申余準之

中田高何程　　　幾ツ
反米何程
此反別何程
此取米何程
下田高何程　　　幾ツ
反米何程
此反別何程
此取米何程
此他幾廉有之候トモ石盛限書記シ可申候
小以田高何程
此反別何程
此取米何程
検見村ノ分ハ此取米ノ下へ平均反米ヲ記シ位限ニハ不及候事
上畑高何程　　　幾ツ
反永何程
此反別何程
此取永何程
中畑高何程　　　幾ツ
反永何程

此反別何程
此取永何程
下畑高何程　幾ツ
反永何程
此反別何程
此取永何程
屋敷高何程　幾ツ
反永何程
此反別何程
此取永何程
小以畑高何程
此反別何程
此取永何程
右ハ当府／県管轄所高反別取米永一村限書面ノ通御座候以上
年号　月　各府県
民部省

【注解一】 本件は民部省が府県ならびに預所のある諸藩宛に、徴税・村勢関係の諸帳簿（御料地統治の基本台帳）の提出方を指示した達である（租税司立案）。提出が求められているのは、郷帳、村鑑帳、御林帳、高国郡村名帳、高反別取米永一村限帳、厘附帳である。別紙として、高反別取米永一村限帳の報告書式が付されている。

さて、本件を災害対策関係法令という視角から見ると、提出を求められている高反別取米永一村限帳のなかに、一種の荒地調査の項目が入っていることに目が引かれる。すなわち、「荒地有之候ハヽ内書ニ荒地高反別ヲ記シ」とある部分である。高反別取米永一村限帳は取箇調査（税収調査）の帳簿であるが、そのなかに内容的に荒地調査とみなしうる項目が入っているのである。管見の限りでこれは政府が発した各種調査の指示文書（ただし『法令全書』収載のもの）のなかに「荒地」の語が明示された初めての例である。もっとも「荒地」の語は使われていなくても、実質的に荒地調査の内容を含む（はずの）調査の指示は、本件の前にも行なわれていた。たとえば、「諸国私領寺社領ノ村高帳ヲ進致セシメ諸藩預所幷代官支配所等ヨリ村高帳其他帳簿ヲ進致セシム」（明治元戊辰年四月七日、第二二〇）（六八－三）、「関東諸県ヲシテ村鑑帳ヲ進致セシム」（明治元戊辰年一〇月、第八五八）（六八－一二六）、「定免切替伺其他租税取計及諸帳簿進致ノ方ヲ定ム」（明治元戊辰年一二月二四日、第一一四四）（六九－六）、「郷帳大積明細帳村鑑帳等ヲ進致セシム」（明治二己巳年二月二三日、第一九八）（六九－一〇）などにおいて（そして本件においても）提出を求められている村鑑帳には、当然荒地に関する報告が含まれるものと考えられるからである。[*6] また、「関東諸県ヲシテ取箇目録ヲ進致セシム」（明治元戊辰年一一月九日、第九四四）（六八－一三三）には、「荒地」の語は見られないが、「損地届」、「起返届」についての記載がある。

本達では、「荒地」についての定義は行なわれておらず、その意味内容は確定的なものではない。『法令全書』中「荒地」についての定義の初出は、明治一〇（一八七七）年の「民有荒地処分規則」（明治一〇年一月二〇日、太政官第八号布告）においてであり、それは「荒地トハ山崩川欠押堀石砂入河原成池成川成海成湖水成等ノ天災ニ罹リタル土地ヲ云フ」（第一条）というものである。これは災害に罹り地形を変じた土地という意味である。「民有荒地処分規則」より前においては、「荒地」という語がこの意味に限って使われていたとは言い得ないものの、[*7] 災害に罹り地形を変じた土地というこの意味は常に「荒地」の語意中に含まれていたと考えてよい。その意味で荒地調査は必然的に災害地調査という性格をもった。とくに「荒地」は「起返」と結びついて問題にされることが多く、被災農地の復旧（と復旧農地に対する適正徴租）という観点から注目されたのである。そのような荒地調査の最初期のひとつが本件である。

尚、本達のあと、明治三年三月二五日に「荒地及起返取下場総寄仕訳書様式ヲ頒チ査点録上セシム」（明治三庚午年三月二五日、第二三五）（七〇－一二）が発され、府県および諸藩預所について被災農地とその復旧状況に関する包括的な調査が指示された。明治三年三月二五日の達では荒地（被災農地）の復旧方に関する基本的な考え方が提示され、それとともに荒地総寄仕訳書、起返取下場総寄仕訳書の提出が命じられている。*8

【注解二】本件はまた、この時期に民部大輔兼大蔵大輔大隈重信らによって進められた、府県に対する財政統制の強化の文脈のなかにも位置づけられる。

明治二年八月の民蔵合併により内政に関して強大な権限を手中に収めた大隈らは、「貢租収奪の確保・強化及び収奪貢租の中央集中で財政窮迫打開－財政基礎確立を実現」せんとし、その前提たる府県貢租高の把握に躍起になっていた。*9 この流れのなかで、同年九月以降、徴税・村勢関係の諸帳簿（御料地統治の基本台帳）の提出方が繰り返し指示、また督促され、さらに帳簿の作成様式の整備や提出期限の設定などが行なわれたのである。この関係の達を列挙すると、次のようである。

①「御取箇郷帳ヲ進致セシム」（明治二己巳年九月一八日、第八九七）。

②「府県御取箇帳差出期限ヲ定ム」（明治二己巳年九月二三日、第九二四）。

③「府県収支ノ帳簿及正租目録大積明細帳進致期限ヲ定ム」（明治二己巳年九月、第九五一）。

④「府県并預所アル諸藩ヲシテ郷帳村鑑帳御林帳高国郡村名帳高反別取米永一村限帳ヲ進致セシム」（明治二己巳年

一〇月二九日、第一〇一九）（本件）。
⑤「御取箇帳様式ヲ定ム」（明治二己巳年一一月一七日、第一〇六一）（六九－三八）。
⑥「御取箇帳差出方ヲ督促ス」（明治二己巳年一一月二二日、第一〇七五）。
⑦「当巳租税凡積ヲ進致セシム」（明治二己巳年一二月一三日、第一一五五）。

これらは単なる報告、あるいは帳簿作成上の様式整備にとどまるものではなかった。そこでは、府県で実施されていた災害減租の実態をあぶり出し、それを抑制する効果がねらわれていたのである。*10 この点が留意されなければならない。

〔注〕

*1 高国郡村名帳とは、「端首ニ国郡ノ石額ノ総計ヲ掲記シ而シテ国郡村里ノ名称ヲ列記シ、国字ヲ以テ傍訓ヲ施セル帳簿」のことである（大蔵省記録局（編）『大蔵省沿革志（上巻）』、二五〇頁）。

*2 高反別取米永一村限帳とは、「各村里ヲ限リ水田、陸田ノ石額、地位ノ肥瘠、石盛ノ高下、賦租ノ多少等ヲ詳記スル帳簿」のことである（同上）。

*3 厘附帳とは、「水陸二田ノ正租米金ノ本額ヲ記載スル帳簿」のことである（同上）。

*4 反米（反永）とは、田（畑）一反歩ごとの租額のことである。

*5 段免とは、近世の徴租法の一つで、「劣悪な土地を所持している農民の年貢負担を免の引き下げによって軽減したもの」。「上田・中田・下田の地位よりも格段に地味が悪く年々の収穫が下田よりも極端に低い田地、あるいは自然災害で荒廃した田畑について、下々田という地位を設定せずにそのまま下田の石盛で村高に結ぶが、下田の本免よりも一割ないし二割も低い免を適用した」。（参照、国史大辞典編集委員会（編）『国史大辞典 第九巻』、吉川弘文館、一九八八年九月、三六一頁。佐藤常雄執筆。）

*6 村鑑帳について詳しくは、「諸国私領寺社領ノ村高帳ヲ進致セシメ諸藩預所幷代官支配所等ヨリ村高帳其他帳簿ヲ進致セシ

ム」（明治元戊辰年四月七日、第三二〇）の項（六八－三）を参照せよ。

＊7　大山敷太郎は、幕末期には、「風水害などの自然的災害」によるもののほかに、「社会的事情」による荒地——人口減による労働力不足のため生じた荒地（「手余荒地」）——も多かったことを指摘している（参照、大山敷太郎「荒地起返——特に新仕法〝御手当定免〟と関連させて——」、所収、同『幕末財政史研究』、思文閣、一九七四年三月）。ところで、大山の指摘を踏まえてあらためて「民有荒地処分規則」第一条の「荒地」の定義を見てみると、定義では「手余荒地」が除かれ、「荒地」の範囲がその限りで狭められていることに気づく。この点の考察はのちに譲る。

＊8　詳しくは、後掲の当該達の項を参照せよ。

＊9　大隈らの「府県財政の集権的規制による収奪貢租の中央集中」政策については、参照、千田稔「維新政権の地方財行政政策」、六〇－六一頁。

＊10　災害減租の実施をめぐる民部＝大蔵省と府県（地方官）との対立について詳しくは、「御取箇帳様式ヲ定ム」（明治二己巳年一二月一七日、第一〇六一）（六九－三八）、および「畑方貢米引方ハ稟候処置セシム」（明治三庚午年正月二八日、第六二）（七〇－五）の両項を参照せよ。

三六、「諸県川々普請等自己ノ意見ヲ以テ料理シ或ハ稟候中縦ニ着手スルヲ禁ス」

（明治二己巳年一〇月、第一〇二四）

三年第六十九参看[*1]

第千二十四　十月（民部省）

諸県

其県管轄所川々普請ノ儀従来官普請自普請等其外仕来有之候ニ付先以仍旧慣処置追々土木司ニ於テ検査御規則相立候迄ハ村方ノ申立等ニ任セ自己ノ見込ヲ以取扱或ハ伺中仕越等取掛候儀致間敷事

【注解】民部省が諸県に宛てて発した達である。河川工事について、①従来官普請もあれば、自普請もあり、またそのほかにもいろいろ仕来りがあることであるから、まず当面は旧慣に依って処理すること、②追々土木司において実地検査をし、規則を定立する予定であるので、その規則が立てられるまでの間は、a. 村方の申し立てに従い諸県が自分の考えで案件を処理したり、b. あるいは土木司に伺いを立てている間にその承認を得ずして工事に取り掛かってしまったりするなどのことがないようにすべきこと、と達している。ひとまず、本件は、土木司により河川工事に関する規則が立てられるまでの間の、河川工事の処理方についての注意事項を諸県に布達したもの、と捉えることができる。[*2] 当時地方庁が独断で河川工事を実施することに対して、中央の行政的統制を貫徹させるという点からも、また財政的見地からも、政府（民部＝大蔵省）は神経をとがらせていた。このことが本達からよくわかる。本件は、河川工事の実施を政府の統制下に収めようとする一連の達の流れに属するものである。[*3]

〔注〕

＊1　「堤防等目下難閣廉々措置ヲ定ム」（明治三庚午年正月、第六九）（七〇－六）。

＊2　本件にいう土木司が当時立てようとしていた河川工事に関する規則とは、「堤防等目下難閣廉々措置ヲ定ム」（明治三庚午年正月、第六九）を指す。

＊3　「民部省規則」（明治二己巳年七月二七日、第六七四）（六九－二三）、「府県奉職規則」（明治二己巳年七月二七日、第六七五）（六九－二四）、「県官人員幷常備金規則」（明治二己巳年七月二七日、第六七六）（六九－二五）に始まり、「府県川々官普請ノ箇所ヲ録上セシム」（明治二己巳年八月一三日、第七三一）（六九－二八a）、「川々堤防等官普請自普請ノ区別ヲ録上セシム」（明治二己巳年八月一三日、第七三二）（六九－二八b）がそれらに続いた、この流れである。

三七、「諸国凶歉ニ付酒造免許高ノ三分一ヲ造ラシム」（明治二己巳年一一月三日、第一〇三七）

三年第六百二十九参看[*1]

第千三十七　　十一月三日（民部省）　　府　藩　県

酒造ノ儀ニ付テハ前々モ相触候趣モ有之候処当年ノ儀ハ諸国一般不作米価追々沸騰及ヒ下民難渋タルヘク候間向後及沙汰候迄ハ免許高ノ三分一造ト相心得可申万一心得違ノ者有之過造密造等ノ所業致候者有之ニ於テハ遂吟味醸酒並造道具等取揚当人ハ勿論所役人迄屹度厳重之咎メ可申付候間其旨相心得堅ク可相守者也[*1][*2]

右之趣於府藩県無洩触示取締行届候様可致候事

【注解】明治二年一一月三日に民部省から出された、酒の仕込み高の規制（造石制限）の布告である。これは、長雨、水害、冷夏のため凶作となり、米価が沸騰して人民の難渋が現実化しつつあることを理由に、酒の仕込み高を元高の三分の一に減らす規制を行なうという内容のものである。前年にも同様の規制が行なわれており、[*3]二年続けての造石制限実施となった。

本件は、京都支衙在勤の大蔵大丞兼民部大丞加賀権作（伊忠）の建議（一〇月一三日付）にもとづいて民部省租税司が立案したものである。加賀の建議は『大蔵省沿革志』租税寮の部明治二年一一月三日条に収録されている。[*4]

〔注〕

＊1　「本年酒造免許高皆造ヲ許ス」（明治三庚午年九月二七日、第六二九）。

＊2　「米価騰貴ニ付本年醸酒高三分ノ一ニ減セシム」（明治元戊辰年八月一三日、第六二三）（六八－一七）。
＊3　同上、参照。
＊4　大蔵省記録局（編）『大蔵省沿革志（上巻）』、二五〇－二五一頁。

三八、「御取箇帳様式ヲ定ム」（明治二己巳年一一月一七日、第一〇六一）

五年四月大蔵省達＊1ヲ以テ改ム

第千六十一　　十一月十七日（民部省）

府　県
預所アル諸　藩

御取箇帳ノ儀自今別紙雛形ノ振合ニ取調小以寄総寄共青紙ニテ見出シヲ付可申且添書物ノ儀御取箇附ノ始末並五ヶ年平均書付而已差出候様可致候事

（別紙）

明治二巳年定免／破免／検見御取箇目録

申＊2ヨリ巳迄拾箇年
丑ヨリ戌迄拾箇年
当巳ヨリ亥《ママ》＊3迄拾箇年
戌ヨリ辰迄七箇年
当巳ヨリ亥迄七箇年

【1869年】（明治元年11月19日から明治２年11月29日まで）

定免*4

丑ヨリ巳迄五箇年
当巳ヨリ酉迄五箇年
卯ヨリ巳迄三箇年
当巳ヨリ未迄三箇年
当巳ヨリ午迄二箇年
当巳　一箇年
何ヨリ何迄何箇年御手当
一高何程
　内高何程
　此反別何程
　内高何程
　此反別何程
　高何程
　内　此反別何程
　高何程
　此反別何程
　外高何程
　此反別何程
残高何程

何国何／何／何郡　何百何拾何箇村
無地高並何高
諸引
年々引高相立候分
連々可起返引高之分
当巳起返

此反別何程
此取　米何程
永何程

内米何程　去辰増
米何程　定免切替増
米何程　新規定免増
米何程　本免入増
内
米何程　免上増
米何程　起返増
米何程　破免立戻増
辰年ト差引
米何程　増歟減歟
永　同
卯年ト差引
米何程　同
永　同
寅年ト差引
米何程　同
永何程　同

【1869年】（明治元年11月19日から明治２年11月29日まで）

丑年ト差引

米何程　同

永何程　同

子年ト差引

米何程　同

永何程　同

亥年ト差引

米何程　同

永何程　同

戌年ト差引

米何程　同

永何程　同

酉年ト差引

米何程　同

永何程　同

申年ト差引

米何程　同

永何程　同

未年ト差引

米何程　同
永何程　同
此　訳
田高何程
此反別何程
高何程　年々引高相立候分
此反別何程
内
高何程　連々可起返引高ノ分
此反別何程
外高何程　当巳起返
此反別何程
小以高何程
此反別何程
残高何程
此反別何程
此取米何程
高免何程
毛付免何程
内米何程　去辰増

【1869年】（明治元年11月19日から明治２年11月29日まで）

畑高何程
此反別何程
高何程
此反別何程
内
高何程
此反別何程
小以高何程
此反別何程
残高何程
此反別何程
此取 米何程
永何程

米何程
定免切替増
米何程
新規定免増
内
米何程
本免入増
米何程
免上増
米何程
起返増
米何程
破免立戻増

年々引高相立候分

連々可起返引高之分

去辰同歟

酉ヨリ午迄拾箇年
戌ヨリ未迄拾箇年
亥ヨリ巳迄拾《ママ》箇年＊5
子ヨリ午迄七箇年
丑ヨリ巳迄五箇年
寅ヨリ午迄五箇年
卯ヨリ巳迄三箇年

当巳破免

一高何程
　此反別何程
　　内高何程
　　　此反別何程
　　　　高何程
　　　　　此反別何程
　　内高何程
　　　此反別何程
　外高何程

定免之内

何国何／何郡　何拾何箇村

諸引

年々引高相立候分

連々可起返引高之分

当巳起返

此反別何程
高何程
此反別何程
残高何程
此反別何程
此取
米何程
永何程
内
米何程
永何程
米何程
内
米何程
永何程
永何程
外米何程
差引
米何程
永何程
辰年ト差引
米何程

当巳何々皆無引
増
定免切替増
破免立戻増
屋敷成増
起返増
破免検見減
去辰減歟
去辰増歟
減歟増歟

永何程　減歟増歟
卯年ト差引
米何程　同
永何程　同
寅年ト差引
米何程　同
永何程　同
丑年ト差引
米何程　同
永何程　同
子年ト差引
米何程　同
永何程　同
亥年ト差引
米何程　同
永何程　同
戌年ト差引
米何程　同
永何程　同

酉年ト差引
米何程　同
永何程　同
申年ト差引
米何程　同
永何程　同
未年ト差引
米何程　同
永何程　同
此　訳
田高何程
此反別何程
高何程　年々引高相立候分
此反別何程
内高何程　連々可起返引高之分
此反別何程
高何程　当巳何々皆無引
此反別何程
小以高何程

此反別何程
残高何程
此反別何程
此取米何程
内米何程
内　米何程
米何程
外米何程
差引
米何程
畑高何程
此反別何程
高何程
内　此反別何程
高何程
此反別何程
外高何程
此反別何程

高免何程
毛付免何程
増
定免切替増
破免立戻増
破免検見減
去辰減歟増歟
年々引高相立候分
連々可起返引高之分
当巳起返

【1869年】（明治元年11月19日から明治２年11月29日まで）

検見取

一高何程

内高何程

内高何程

此反別何程

内高何程

此反別何程

高何程

此反別何程

残高何程

此反別何程

此取

米何程

永何程

此反別何程

小以高何程

内永何程

内

永何程

永何程

年々引高相立候分

諸引

反別不知

無地高

何国何／何郡　何拾何ヶ村

去辰増歟

屋敷成増歟

起返増歟

高何程
此反別何程
内
高何程
此反別何程
高何程
此反別何程

連々可起返引高之分

当巳何々引

当巳何々皆無引

残高何程
此反別何程
此取
米何程
永何程

外
米何程
永何程
差引

内
米何程
永何程
米何程
内永何程
米何程

増
免直増
右同断
検見増
検見減
損地減

【1869年】（明治元年11月19日から明治２年11月29日まで）

米何程　去辰増歟
永何程　去辰減歟
辰年ト差引
米何程　増歟
永何程　減歟
卯年ト差引
米何程　同
永何程　同
寅年ト差引
米何程　同
永何程　同
丑年ト差引
米何程　同
永何程　同
子年ト差引
米何程　同
永何程　同
亥年ト差引
米何程　同

永何程　同
戌年ト差引
米何程　同
永何程　同
酉年ト差引
米何程　同
永何程　同
申年ト差引
米何程　同
永何程　同
未年ト差引
米何程　同
永何程　同

此　訳

田高何程
此反別何程
高何程　年々引高相立候分
此反別何程
内高何程　連々可起返引高之分

此反別何程
高何程
此反別何程
小以高何程
此反別何程
残高何程
此反別何程
此取米何程
内米何程
外米何程
差引
米何程
畑高何程
内高何程
此反別何程
高何程
内高何程
此反別何程

反別不知
年々引高相立候分
反別不知

当巳何々皆無引
高免何程
毛付免何程
検見増
検見減
去辰増歟減歟

内高何程　　連々可起返引高之分
此反別何程
高何程　　当巳何々引
此反別何程
小以高何程
此反別何程
残高何程
此反別何程
此取　米何程
　　　永何程
内　米何程　　免直増歟
　　永何程
外永何程　　損地減歟
差引
米何程　　去辰増歟減歟
永何程

当巳御高入新田
検見取

一高何程　　　　　　何国何郡　何ヶ村

此反別何程

内高何程　　諸引

此反別何程

高何程　　年々引高相立候分

此反別何程

内

高何程　　連々可起返引高之分

此反別何程

残高何程

此反別何程

米何程

此取

永何程

此　訳

田高何程

此反別何程

高何程　　年々引高相立候分

此反別何程

内

高何程　　連々可起返引高之分
此反別何程
小以高何程
此反別何程
残高何程
此反別何程
此取米何程　　高免何程
毛付免何程
畑高何程
此反別何程
高何程　　年々引高相立候分
此反別何程
内
高何程　　連々可起返引高之分
此反別何程
小以高何程
此反別何程
残高何程
此反別何程

此取永何程

一反高何程

此　訳

田何程

内何程　　当巳何々皆無引

残何程

此取米何程　　反米何程

外米何程　　検見

去辰減歟

畑

萱畑　芝畑　何程

田畑成　野畑

何程　　年々引方ニ相立候分

内
何程　　連々可起返引方之分

小以何程

残何程

此取永何程　　反永何程

一反別何程
此　訳
田何程
何程
内何程
何程
小以何程
残何程
此取米何程
内米何程
畑　附洲
葭生葭野何程
萱野柳畑
何程
内
何程
小以何程

去辰同歟
見　取
年々引方ニ相立候分
連々可起返引方之分
当巳何々皆無引
反米何程
検見
去辰増歟
年々引方ニ相立候分
連々可起返引方ノ分

【1869年】（明治元年11月19日から明治２年11月29日まで）

残何程
此取 米何程
永何程
内永何程
定取切替歟
去辰増

小以高何程

何　国

内高何程
無地高並何高
内高何程
反別不知
此反別何程
内高何程
当巳御高入新田
此反別何程
内高何程
諸　引
此反別何程
高何程
年々引高ニ相立候分
内高何程
反別不知
此反別何程
高何程
連々可起返引高之分
此反別何程

外高何程
此反別何程
内高何程
此反別何程
高何程
此反別何程
残高何程
此反別何程
此取　米何程
　　　永何程
内　米何程
　　永何程
内　米何程
　　永何程
米何程
米何程
米何程
米何程
米何程

当巳起返
当巳何々引
当巳何々皆無引
当巳御高入新田取米永差引除之
増
定免切替増
新規定免増
本免入増
免上増
起返増

辰年ト差引
米何程
永何程
卯年ト差引
米何程

減歟
増歟
同

内永何程
米何程
永何程
米何程
永何程
米何程
外
米何程
永何程
永何程
内米何程
米何程
差引
米何程
永何程

右同断
破免立戻増
屋敷成増
免直増
右同断
検見増
減
損地減
破免検見減
検見減
去辰減歟
去辰増歟

亥年ト差引
米何程
永何程
戌年ト差引
米何程

減歟
増歟
同

永何程　同
寅年ト差引
米何程　同
永何程　同
丑年ト差引
米何程　同
永何程　同
子年ト差引
米何程　同
永何程　同

永何程　同
酉年ト差引
米何程　同
永何程　同
申年ト差引
米何程　同
永何程　同
未年ト差引
米何程　同
永何程　同

宝暦二申年［一七五二年］ト差引
米何程　増歟
永何程　減歟
延享元子年［一七四四年］ト差引
米何程　増歟
永何程　減歟
前々高免ト差引
米何程　増歟
永何程　減歟

此　訳
田高何程
此反別何程
内高何程　当巳御高入新田
此反別何程
高何程　年々引高相立候分
此反別何程
内高何程　連々可起返引高之分
此反別何程
外高何程　当巳起返
此反別何程
高何程　当巳何々皆無引
此反別何程
小以高何程
此反別何程
残高何程
此反別何程
此取米何程　高免何程
毛付免何程

内米何程　当巳御高入新田取米差引除之
内米何程　増
米何程　定免切替増
米何程　新規定免増
内米何程　本免入増
米何程　起返増
米何程　破免立戻増
米何程　検見増
外米何程　減
米何程　破免検見減
内
米何程　検見減
差引
米何程　去辰減歟増歟
畑高何程
内高何程　反別不知
此反別何程
内高何程　当巳御高入新田
此反別何程
高何程　年々引高相立候分

内高何程　反別不知
此反別何程
内高何程　何々《ママ》可起返引高之分
此反別何程
外高何程　当巳起返
此反別何程
高何程　当巳何々引
此反別何程
小以高何程
此反別何程
残高何程
此反別何程
此取
米何程
永何程
内永何程　当巳御高入新田取永差引除之
内
米何程
永何程　増
永何程　屋敷成増

一反高何程
内何程
内
米何程
永何程
永何程
外永何程
差引
内
米何程
永何程
外
内何程
何程
内何程
何程
残何程
此取
米何程
永何程
外米何程
此訳

免直増
右同断
起返増
損地減
去辰減歟
去辰増歟
諸引
年々引方ニ相立候分
連々可起返引方之分
当巳何々皆無引
検見
去辰減歟

【1869年】（明治元年11月19日から明治２年11月29日まで）

田何程
内何程
残何程
此取米何程
外米何程
畑
芝畑
萱畑
野畑
何程
田畑成
何程
内
何程
小以何程
残何程
此取永何程
一反別何程
内何程
何程

当巳何々皆無引
反米何程
検見
去辰減歟
年々引方ニ相立候分
連々可起返引方之分
反永何程
去辰同歟
見取
諸引
年々引方ニ相立候分

内何程
何程
残何程
米何程
此取
永何程
米何程
内
永何程
此　訳
田何程
何程
内何程
何程
小以何程
残何程
此取米何程
内米何程

連々可起返引方之分
当巳何々皆無引
検見
去辰増歟
定取切替歟
去辰増
年々引方ニ相立候分
連々可起返引方之分
当巳何々皆無引
検見
去辰増歟

畑　附洲
葭生葭野何程
萱野柳畑
何程
内
何程
小以何程
残何程
此取米
永
内永何程

合高何程
内高何程
内高何程
此反別何程
内高何程
此反別何程
内高何程

年々引方ニ相立候分
連々可起返引方之分

何国何
無地高並何高
反別不知
当巳御高入新田
諸引

此反別何程　　年々引高ニ相立候分
高何程
内高何程　　反別不知
此反別何程
高何程　　連々可起返引高之分
此反別何程
内　外高何程　　当巳起返
此反別何程
高何程　　当巳何々引
此反別何程
高何程　　当巳何々皆無引
此反別何程
残高何程
此反別何程
此取　米何程
永何程
当巳御高入新田取米永差引除之
内　米何程
永何程
増
内　米何程

【1869年】（明治元年11月19日から明治２年11月29日まで）

永何程

米何程　定免切替増

米何程　新規定免増

米何程　本免入増

米何程　免上増

米何程　起返増

内永何程　右同断

米何程　破免立戻増

永何程　屋敷成増

米何程　免直増

永何程　右同断

米何程　検見増

減

外

米何程

永何程

永何程　損地減

内米何程　破免検見減

米何程　検見減

差引

米何程　去辰減歟

永何程

辰年ト差引
米何程　減歟
永何程　増歟
卯年ト差引
米何程　同
永何程　同
寅年ト差引
米何程　同
永何程　同
丑年ト差引
米何程　同
永何程　同
子年ト差引
米何程　同
永何程　同

宝暦二申年［一七五二年］ト差引
米何程

去辰増歟

亥年ト差引
米何程　減歟
永何程　増歟
戌年ト差引
米何程　同
永何程　同
酉年ト差引
米何程　同
永何程　同
申年ト差引
米何程　同
永何程　同
未年ト差引
米何程　同
永何程　同

減歟増歟

永何程
延享元子年［一七四四年］ト差引
米何程　　減歟増歟
永何程
前々高免ト差引
米何程
永何程　　減歟増歟
此　訳
田高何程
此反別何程
内高何程　　当巳御高入新田
此反別何程
高何程　　年々引高ニ相立候分
此反別何程
内高何程　　連々可起返引高之分
此反別何程
外高何程　　当巳起返
此反別何程
高何程　　当巳何々皆無引

此反別何程
小以高何程
此反別何程
残高何程
此反別何程
此取米何程

内米何程
内米何程
米何程
米何程
内
米何程
米何程
米何程
米何程
外米何程
内
米何程
米何程
差引

高免何程
毛付免何程
当巳御高入新田取米差引除之
増
定免切替増
新規定免増
免上増
起返増
破免立戻増
検見増
減
破免検見減
検見減

米何程　去辰減歟増歟
畑高何程
内高何程　反別不知
此反別何程
内高何程　当巳御高入新田
此反別何程
高何程　年々引高ニ相立候分
内高何程　反別不知
此反別何程
内高何程　連々可起返引高之分
此反別何程
外高何程　当巳起返
此反別何程
高何程　当巳何々引
此反別何程
小以高何程
此反別何程
残高何程
此反別何程

此取　米何程
　　　永何程

内永何程　　　　当巳御高入新田取永差引除之

内　米何程
　　永何程　　　増
　　　　　　　　屋敷成増
　　米何程　　　免直増

内　永何程　　　右同断
　　永何程　　　起返増

外永何程　　　　損地減

差引
　　米何程　　　去辰増歟
　　永何程　　　去辰減歟

定免之通御取箇附候分

高何程　　内訳
此反別何程
此取　米何程
　　　永何程

【1869年】（明治元年11月19日から明治２年11月29日まで）

高何程　破免検見御取箇附候分
此反別何程
此取
米何程
永何程
外米何程　定免辻減
高何程　検見御取箇附候分
此反別何程
此取
米何程
永何程
外
一反高何程　諸
内何程　引
何程　年々引方ニ相立候分
内何程　連々可起返引方之分
何程　当巳何々皆無引
残何程
此取
米何程
永何程
外米何程　検見

此訳
田何程
内何程
残何程
此取米何程
外米何程
畑
萱畑
何程
芝畑
野畑
田畑成
内
何程
何程
小以何程
残何程
此取永何程
去辰同歟
一反別何程
内何程

去辰減歟
当巳何々皆無引
反米何程
検見
去辰減歟
年々引方ニ相立候分
連々可起返引方之分
反永何程
見取
諸引

【1869年】（明治元年11月19日から明治２年11月29日まで）

何程
内何程
何程
残何程
此取
米何程
永何程
米何程
内
永何程
此訳
田何程
何程
内何程
何程
小以何程
残何程
此取米何程
内米何程

年々引方ニ相立候分
連々可起返引方之分
当巳何々皆無引
検見
去辰増歟
定取切替歟
去辰増
年々引方ニ相立候分
連々可起返引方之分
当巳何々皆無引
反米何程
検見

畑　附洲　　去辰増歟

葭生葭野何程

萱野柳畑　　年々引方ニ相立候分

内　何程

何程　　連々可起返引方ノ分

小以何程

残何程

此取　米何程

永何程

内永何程　　定取切替歟

去辰増

右者何藩御預所何府／県支配所何々国村々当巳定免破免撿見御取箇書面之通候也

明治二巳年十一月　　苗字　官名　印

【注解一】 本件は民部省が府県および寄託地のある各藩に宛てて発した達で、民部省はこれにより取箇帳（取箇目録書）[*6]を録製する体式を関係地方庁に頒示した。[*7] 頒示された帳簿は「明治二巳年定免／破免／検見御取箇目録」と題され、国別に、まず既存の高請地について徴租法の別に従い、定免、定免之内当巳破免、検見取の順で租額を記載し、次いで当巳御高入新田（検見取）、さらに反高場、見取場の順で租額を記していき、そのうえで国の単位で小計を出し、最後に府県及び各藩寄託地全体の徴租額（合高）を集計するという形式をとる。

2．新政府は明治元年八月に「諸国税法之儀其土風ヲ篤ト不相弁新法相立候テハ却テ人情ニ戻リ候間先一両年ハ旧貫ニ仍［ル］」[*8]と宣し、租税の徴収についてはとりあえずこれを旧幕時代の徴租法に依るとした。そのため、結果的に、旧幕時代の徴租法のなかに含まれていた災害時の租税の減免制度をも引き継ぐことになった。これをよく説明するのが本件である。頒示された帳簿には、御手当定免、[*9]破免、高内引[*10]などの災害時（災害後）の租税減免の仕法が項目として組み込まれている。

3．取箇の増分を記載する箇所にある「本免入増」、「免上増」、「起返増」、「破免立戻増」などの項目は、災害時の租税の減免制度の存在とそのあり方を表わしているだけでなく、被災農地の復旧状況（復旧の度合い）を表わすものでもある。さらに、損地（山崩れや出水などにより田畑屋敷が荒亡すること）による取箇の減を記載する項目もあり、これは、一作引（当引）の部分とあわせて、一種の災害（発生状況）調査の役割をも果たす。

【注解二】上に述べたように政府は旧慣に倣うかたちで税制のなかに災害減税制度を置いたが、その運用は決して漫然としたものではなく、減租免租の適用を厳しく限る方向で行なわれた。それをよく示すのが、本達発出の二か月後に民部省より出された達、「田方検見坪刈春法ノ順序御取箇附ノ次第等ヲ録上セシム」である。[*11]民部省は、この達において、己巳年の賦租事務に関しそこにしばしば過多の蠲除が見られると指摘し、府県および預所ある諸藩に対して「検稲幷ニ賦租ノ顛末ヲ具申」することを命じたのであった。これは、地方官の収税事務の処理方（そこに見られる過多の引方）に対する民部（＝大蔵）省の引き締め策のひとつ、と位置づけられよう。[*12]

今、『大蔵省沿革志』に拠って該達を見ておくことにする。[*13]同書租税寮の部明治二年正月二三日条は、「府県管轄地及ヒ諸藩寄託地ノ己巳年額検省減租ノ実蹟ヲ具状セシム」の表題の下、租税司の手になる議案と、それにもとづいて発出された民部省申達[*14]を載せている。

議案ニ曰ク、客歳ハ穀粟実ニ荒歉ニ属セリト雖モ、間マ或ハ過多ノ租税ヲ蠲減シテ貢租取箇帳ヲ録上セル者有リ、是レ地方官其ノ職務ニ慣熟セサル者ノ在ル有ルニ由ル無キヲ得ンヤ、故ニ其ノ検稲幷ニ賦租ノ顛末ヲ具申セシメハ則チ提理ノ一助ト為スニ足ル可シ、請フ府県及ヒ寄託地有ル各藩ニ申達スルヲ。

民部省申達ニ曰ク、各管轄地其ノ検稲及ヒ賦租ノ措置タルヤ地方ノ慣習ニ因リテ異同差等ノ在ル有ル可キモ、客歳地方官員躬親カラ耕地ニ臨ミ坪刈籾磨法[*15]稲田方一歩積内ノ生稲ヲ刈穫シテ粟米ヲ礱磨シ、其ノ収米ヲ計量シ以テ全村田稲ノ豊歉ヲ均算スルノ慣法ヲ施行シ且ツ租額ヲ賦課シタル実跡ヲ具録シ、速カニ之ヲ送上ス可シ。

〔注〕

＊1　「租税帳大積明細帳租税勘定帳等ヲ廃シ諸帳簿式改正」（明治五壬申年四月、大蔵省）。

＊2　申：万延元／明治五、酉：文久元／明治六、戌：文久二／明治七、亥：文久三／明治八、子：元治元／明治九、丑：慶応元／明治一〇、寅：慶応二／明治一一、卯：慶応三、辰：明治元、巳：明治二、午：明治三、未：明治四。

＊3　寅の誤りか。

＊4　帳簿の構成を見やすくするために、区切りとなるところにゴチックを用いた。

＊5　七の誤りか。

＊6　『大蔵省沿革志』は、取箇帳を、「貢租ノ徴収額ヲ記載スル者」と定義している（大蔵省記録局（編）『大蔵省沿革志（上巻）』、二四五頁）。

＊7　本達は、法令の性格という点からいえば、災害対策の実体的活動を命じるものではなく、災害減税の諸仕法についてそれの取箇帳への記載の体式を指示するもの（災害減税という災害対策の実体的活動の、帳簿への記録の仕方を、指示する法令）である。本達により当時の府県および諸藩預地でとられていた災害減税の仕法を一覧することができる。

＊8　「税法ハ姑ク旧貫ニ仍リ且旧幕府旗下采邑没収ノ者ハ隣近府藩県ヲシテ之ヲ管轄セシム」（明治元戊辰年八月七日、第六一二）（六八－一五）。

＊9　御手当定免とは、荒地起返を奨励推進するために、ある期間を定めて「格別低率の、尋常普通のものではな［い］」定免（「格別破格の宥免」）を課したもののことである（大山敷太郎「荒地起返――特に新仕法〝御手当定免〟と関連させて――」、二一頁）。これは財政窮乏に陥った幕府が採った田租増徴策、農村復興策のひとつで、労働力不足や連年の自然災害のために多くの荒地を抱えた村方に対し、年季を決めて破格の低い税率（御手当定免）の適用を認める一方、年季中減税で出た余裕分を用いて荒地の起返や川普請などを行なうよう命じて、中期的には当該村方の衰微を食い止め、田租の増徴を図らんとする仕法であった（同上、二〇－三五頁、参照）。この意味で、御手当定免は、当局側の政策意図から見れば、罹災者救援策というよりも（その側面がないわけではないにせよ）、災害復旧促進策（復旧の先の租税の増徴を期待しての政策）としての位置付けが濃いものであったといえよう。このことをより一般的にまとめれば、それはすなわち、災害時（災害後）の租税減免措置には二つの側面――当面の罹災者救援の側面と中期的な災害復旧促進策としての側面――があるということである。尚、御手当定免については、大山敷太郎「幕末に頻発・敢行の荒地起返とその実績の再検討――特に〝御手当定免〟に関連させて――」（甲南大学『甲南経済学論集』、第一一巻、第二号、一九七〇年一一月）も参照せよ。

＊10　安藤正人は、『日本史大事典』において、〝高内引〟について次のように解説している。「［高内引とは、］江戸時代、田畑が災害によって荒廃したり、道や堤に地目が変更されるなど、年貢を免除または軽減すべき事情が生じた場合、その分を引高として村高の内から控除することをいう。高内引には年々引、連々引、一作引の三種がある。**年々引**は、なんらかの必要があって人為的に地目変更がなされた土地など、もとに戻る見込みがない場合に適用され、永引高として恒常化される。郷蔵屋敷引、田畑成引、堤敷引、溜井敷引、道代引など多くの種類がある。これに対し、山崩れや洪水などの天災によって高内引となった土地は、連年起返とし、原状に復しうるものであるから**連々引**と称し、年々引と区別された。川欠引、永荒場引、石砂入引、池成引などがこれにあたる。また**一作引**とは、風水害、干ばつ、虫害などで作付不能となったり、立毛を損毛して収穫皆無となった場合にその年に限り高内引にするもので、当引とも称する。」（安藤正人「高内引」、所収、『日本史大事典 第四巻』、平凡社、一九九三年八月、六一六頁。引用に際しふりがなは省略した。また引用文中のゴチックは、筆者による。）年々引、連々

引、一作引は、本件では、それぞれ、「年々引高相立候分」、「連々可起返引高之分」、「当巳何々皆無引」あるいは「当巳何々引」と表記されている。

＊11 「田方検見坪刈春法ノ順序御取箇附ノ次第等ヲ録上セシム」（明治三庚午年正月二三日、第四七）。

＊12 地方官の収税事務の処理方（とくに災害減税制度の運用方）に対する民部（＝大蔵）省の引き締め策を表わす達には、もうひとつ「畑方貢米引方ハ稟候処置セシム」（明治三庚午年正月二八日、第六二）（七〇－五）がある。これもこの問題に関する重要な達である。併せて参照されたい。

＊13 大蔵省記録局（編）『大蔵省沿革志（上巻）』、二五六頁。

＊14 この民部省申達が上記「田方検見坪刈春法ノ順序御取箇附ノ次第等ヲ録上セシム」（明治三庚午年正月二三日、第四七）である。当該の達に関して、『法令全書』と『大蔵省沿革志』とでは、題目およびテクストが異なる（内容は同一）。念のため『法令全書』の方のテクストを掲げておくと、それは次のようである。「各支配地／預所田方検見御取箇附ノ取計国々於テ差等ハ可有之候得共銘々耕地ヘ相臨見分坪刈春法ノ手続御取箇附ノ次第等巨細取調至急可申立候事」（『法令全書（明治三年）』、一七頁。／は支配地と預所が並列表記されていることを示すものである）。

＊15 傍線部は「坪刈籾磨法」を説明した割注の部分である。活字も小さくしてある。

三九、「淀川通船規則ヲ定ム」（明治二己巳年一一月二三日、第一〇七八）

九年京都府第四十五号達ヲ以テ改正＊1

第千七十八　十一月二十三日（留守官）

今般淀河筋通船之儀旧来ノ弊習総テ改正別紙之通規則相立候旨京都府ヨリ申出候間是迄御用船ト唱ヘ無賃或ハ聊之賃銭ヲ以テ雇入候儀後向《ママ》一切不相成候此段相達候事

（別紙）

淀川運漕改革

一淀川船総テ土木掛リ管轄申付候事

（以下一一項目、省略。）

法　則

（五項目、省略。）

一淀川筋出水之節淀小橋下丈尺杭九尺相成候得ハ高荷積船上下通船筏下シ禁止之事

（以下四項目、省略。）

諸船雇賃銭定

（省略。）

【注解】 留守官[*2]が発出した達で、京都府が作成した淀川通船規則を布告したものである。別紙掲出の淀川通船規則は「淀川運漕改革」、「法則」、「諸船雇賃銭定」の三部から成る。「淀川運漕改革」では、淀川通船の管轄、税銭の取立方などを定める。「法則」には、通船、荷積み、航行などに関する規制を置く。

規則中災害対策にかかわるものとしては、「法則」第六条（出水時の通船規制）がある。「法則」第六条は、出水の際、淀小橋下の丈尺杭が九尺（約二・七メートル）を指したら、通船、筏下しとも禁止すると定める。これは出水時の河川交通規制を規定したものであり、災害直前予防のための措置とみなしうる。

＊1　「川船規則創定ノ事」（明治九年京都府第四五号達）。

＊2　留守官については、以下の『国史大辞典』の解説を参照せよ。「明治初年の京都に置かれた官庁。天皇の東京行幸の間、太政官を京都から東京に移すが、その間、美濃・飛騨・伊勢以西の社寺に関する伺など、また宮堂上諸官人にかかわる普通の事務などを取り扱うという目的で、明治二年（一八六九）二月二四日の行政官布告で設置された。（中略。）留守長官は［京都出張大蔵省・京都兵部省・留守宮内省など］留守諸省を管轄し留守事務一切を預かり常例小事を裁決する権限を持つとされている。（中略。）当初留守官には太政官権限の一部が分掌されていたと見るべきであるが、次第に京都府行政との間で事務上の混乱が生じてゆき、翌三年一二月二二日、留守宮内省と合併することにより、事実上その機能を失った。」（国史大辞典編集委員会（編）『国史大辞典 第一四巻』、吉川弘文館、一九九三年四月、六八七頁。佐々木克執筆。）

四〇a、「諸県川々国役金ヲ徴収ス」（明治二己巳年一一月、第一〇八六）

第千八十七[*1]第千百十七[*2]参看

第千八十六　　十一月（民部省）

川々普請入費ノ儀旧幕ノ節国役金取立相成候処御一新以来去辰年ノ儀ハ非常ノ水災疲弊ノ折柄ニ付御取立無之候得共常歳ハ国役ニ割合至当ノ筋ニ有之然ル処近年水害甚敷物価騰貴高掛以前ノ通ニテハ不相当ニ付当巳年ノ儀ハ高百石ニ付金一両二分宛取立其県最寄万石以下社寺領ノ分モ取集早々可相納尤委細ノ儀ハ土木司へ打合可有之事

【注解一】達「諸県川々国役金ヲ徴収ス」と国役金徴収の再開

【注解二】国役普請という普請形式を明治政府が引き継いだことの意義

【注解一】明治二巳年の分の国役金の徴収を各県に命じる民部省の達である。[*3]その大意は次のとおりである。すなわち、維新のあと、昨年については、非常の水災があり、人民が疲弊していた折でもあったので、国役金の取立ては行なわなかった。[*1] しかし、平常の年には国役金を割り当てるのが至極当然の筋である。ところで、近年は水害がはなはだしく、加えて物価が騰貴しているため、国役金の賦課準率を以前にならったのでは必要額とのつりあいがとれない。そこで本巳年については石高百石に付き金一両二分宛てを取り立てることにする。各県は、自県の分のほかに、最寄りの一万石以下の大夫士領・社寺領の分をも取り集めて、速やかに上納するように。

2. 本達では、昨辰年（明治元年）に国役金を取り立てなかったのは、「非常ノ水災有リテ人民疲弊セ［ル］」[*4] ためだったとしている。しかし、いったんは関東諸県に向けて国役金の徴収が布達されているし、[*5] また、のちに出された「明治元年一月ヨリ八年六月ニ至ル歳入出決算報告書」[*6] のなかの「第一期［自慶応三年十二月至明治元年十二月］歳入出ノ決算」の「歳入ノ部」第三款を見ると、該期の《川々国役金》について、「［川々国役金］ハ旧幕ノ遺制ニシテ参河已［東］東海沿道及ヒ関東ノ諸州並ニ信越等ニ流通スル諸川ノ堤防費ニ供スル為メ該諸国ニ在ル旧幕及ヒ旗下、社寺ノ領地ニ課賦徴収スルモノナリ而シテ本期該収入ノ僅少ナルハ各地ノ騒擾ニ際シ之ヲ納入スルニ至ラサルヲ以テナリ」と説明されていることからして、[*7] 本達の上記理由付けを鵜呑みにすることはできない。さらに政府は「常歳ハ国役ニ割合至当ノ筋ニ有之」と述べているけれども、これも明治二年が非常の凶年であったことを考えるならばおかしなことである。明治二年は長雨など気象異常が水災と秋実荒歉をもたらし、「諸国一般不作米価追々沸騰」、「下民難渋」、「諸道不実奥羽諸国殆皆無ニ属シ当節歳入総計ニテ百万石余之御不足」、「当年凶荒会計ノ目的不相立」という年であり、とても〝常歳〟と言える年ではなかった。[*8] これらを併せて考えてみると、元年に国役金を徴収しなかったのは、人民の疲弊を慮ってというよりも、実際の問題として徴収の体制が整わなかったためだと知られる。人民の疲弊云々は天皇による仁政を強調していた新政府が出した表向きの理由である（人民の疲弊が真の理由であるのならば明治二年も国役金の派課は見送られたはずである）。また、明治二年に国役金の徴収が再開されたのも、この年が〝常歳〟に戻ったからではなかった。国役金の徴収再開は主に次の二つの要因によると考えられる。ひとつは、明治元年、二年と水害が続発したため政府はもはや堤防修築工事を放置することはできず、何とかして補修費用の調達先の目途を立てる必要に迫られていたことである。もうひとつは、版籍奉還と明治二年七月の官制改革の後、「府県奉職規則」の発布を契機に、ともかくも国役金を課徴する態勢ができたと政府当局者が認識するようになったことである。

3．「自明治二年十月至明治三年九月第三期歳入出決算表」によれば、該期における「川々国役金」の徴収額は一〇一、九八七円七四銭五厘であった。*9 ちなみに、第一期の徴収額は九一八円五九銭一厘、第二期（自明治二年一月至同年九月）は決算表に記載なしである。*10 第三期における「川々国役金」の増加については、『法令全書（明治一三年ノ二）』、七〇二頁に、「〔川々国役金〕ノ増加セシハ前期ニ於テ畿内已東東海東山ノ諸川ニ係ル堤防費ノ巨多ナルカ為メ該諸国ニ在ル府藩県ニ増課徴収スルニ由ルナリ」（〔 〕内は原文）と説明されている。

【注解二】 本件は国役普請という江戸時代以来の普請形式を、明治政府が引き継いだことを示すものである。それでは、そこにいかなる意味が見出せるであろうか。あるいは見出すべきであろうか。以下に、笠谷和比古の所論*11に拠りながら、国役普請という普請形式を明治政府が継受したことの意味について考察を試みる。

笠谷は論文「近世国役普請の政治史的位置」の冒頭で、国役普請制度について次のように説明している。すなわち、「当該制度の内容は、諸国の河川普請、旱害発生箇所の復旧普請に際して、国持大名及び二〇万石以上の大名はこれ迄通りに自［力］普請をなす事とし、それ以下の領主で自［力］普請の困難な場合には幕府が総費用の一〇分の一を負担して普請を遂行し、残余を国役金として幕領私領の区別なく高割りしてその農民より取立てるというものである」、と。*12 そして論文「国役普請の実働過程について」では、上記引用文中の傍点部分について、「当該制度［国役普請制度］に伴う〝国役〟の賦課は当然にも農民への負担転嫁であり、それは疑いもなく領主階級の利害に則ってなされるものであった」と論じている。*13 ここで述べられているのは、国役普請制度は大規模化した河川工事の費用負担を高割りというかたちで農民に転嫁する制度であったということである。そうであれば、明治政府が国役普請制度を引き継いだということは、何よりもまず、大規模な河川工事の費用負担を農民に転嫁する構造を継受したこと、これを意味する。初期の明治政府は農民に負担を押しつけるかたちでの大規模河川工事の実施という仕法を残したのである。これが第一の意味である。

続いてもうひとつの意味を指摘する。笠谷『史林』論文（「近世国役普請の政治史的位置」）は、国役普請制度の成立と展開を、その社会経済的背景、政治的背景と関連させながら、次のように論じている。*14 すなわち、「この頃［元禄期］より深刻になる幕府・諸藩の財政窮乏は年貢増大要求を切迫化し、これが築堤護岸工事技術・堰切技術の高度の発達と結びついて、従来触れ得なかった大河川の支配とその流域の開発が一斉に進行し」た。しかし、大河川流域に新田を開発するために行なわれた長大堤防の建設や河道の固定化は、かえって水害の激甚化、大規模化をもたらした。「地方書『地理細論集』にはこの水害発生のメカニズムが鮮かに説かれている。『普請の仕方を考るに古来は左のみ大破無之事と相見、御損地も只今程は無之事と被存候、享保之始宝永頃よりも普請丈夫に成、夫より新田開発に付水落等も柵も段段丈夫に出来、水行直路堀割等被仰付、次第に水勢強相成、今に至て不得止事、普請丈夫に不仕立候ては不叶様に相成候（中略）水勢悉く強候故、稀に押開候所は大造に地を堀、土砂夥敷押出し、古へ五町歩損候所は拾町歩も弐拾町歩も損候様に相成候』と、氾濫原への新田開発の進行、長大堤防の設定と河道の固定化、そしてまた『当時は川より田の方へ一丈も下り候趣』という〝天井川〟の形成、それらが正に水害激発の全原因をなしているとするのである。」（傍点、中略は笠谷による。以下同様。）新田開発のための長大堅固な堤防と河道の直行化は水流を強め、いったん決壊したならばその被害は激甚で広範囲に及ぶことになった。そして、このような激甚化した、しかも頻発する水害の復旧は、もはや個別領主の手に負えるものではなくなってしまった。「水害激発－普請の大規模化」という過程の進行は一方で個別領主の力の限界を露呈し、他方それへの対応は「個々の洪水発生箇所の問題としてではなく、当該河川全体の問題として、その管理の問題へと発展し」ていくことになった。つまり、「治山、新田開発そのものまで含み込んだ問題として総合的な治水政策の樹立が要請されるに至」ったのである。そしてこの要請への対応は個別領主の力の及ばぬことが明らかになった以上、それは個別領主を超えた「より超越的な権力主体」に求められねばならなかった。ここに国役普請制度成立の歴史的必然性があった。「幕藩制国家にあって幕府の中に観念化されている、その全国統治権能は〝公儀〟として表現されるが、今やこの観念的にのみ存した〝公儀〟は［国役普請を介し、治水問題解決の主体として］具体的・現実的なものとして立ち現われてくる」。国役普請というかたちで行なわれる大規模河川工事の実施は、〝公儀〟という全国統治権能を現実態化させる側面を有したのである。笠谷和比古は、国役普請制度の成立と展開、およびその歴史的意義を、このように論じた。

以上の笠谷の論に注目するならば、国役普請という普請形式を明治政府が継受したことの二つ目の意味は、次の如くになる。すなわち、国役賦課により集めた資金で大規模河川工事を行ない、それによって自らの全国統治権能を現実態化させる――初期の明治政府はこの仕組みを引き継いだということである。幕藩制国家体制を脱し中央集権的国家体制への移行を押し進めつつあった初期明治政府にとって、個別領主も旧幕府も対応できなかった大規模河川工事を実施することは、自身の全国統治権能を現実のものとして人民に認知させる絶好の機会であった。そして廃藩置県、地租改正といった権力の集中、土地制度・租税制度の改革がなされる以前の状況の下では、国役普請制という旧制は、とにもかくにもそのための資金を供給する機能をもつものであったのであり、その意味でこれは初期明治政府にとって自らの全国統治権能を人民の前に顕現させる機会を提供する制度としての意義を有するものであったのである。

さて、ここでしばし国役普請制度から離れるけれども、「治河使ヲ廃シ土木司ヲシテ水利ヲ管轄セシム」（明治二己巳年七月二七日、第六八一）の項（六九－二六）で検討した信濃川大河津分水工事は、まぎれもなく、明治政府がみずからの全国統治権能を眼に見えるかたちで出現させることのできる大治水工事であった。旧幕府も為し得ず、諸領主も手をこまねいて見ているだけであったこの分水工事を実施、完成させることは、とりもなおさず、自らの全国統治権能を実証すること、これを意味した。越後府判事であった前原一誠が、建白書の一節に「右分水之一事、除民害塞民望起地利候、越後民政之第一に而、且思永図是よりも善は無之、猶且王政之民を救に急なる処をも、深可奉感戴候間、速に御評議治河之御沙汰可被仰付下候」*15と書いたとき、彼がそこに込めた意味は、当面の人心慰撫の必要だけではなかった。それは何より、分水工事着工をもって新政府が全国的統治権力としての姿を越後人民の前に現わすことであっただろう。そしてこの考察をさらに一歩進めるならば、大隈重信ら当時の大蔵省による河川工事費の節減政策（信濃川大河津分水工事着工差し止め）は、財政政策としての当否は別にして、当面の論点からは、大規模治水工事の主体（全国的統治権力）として人民の前に立つ機会を政府から奪うものであったと、評せよう。

〔注〕

＊1　「諸県川々国役金上納書式ヲ定ム」（明治二己巳年一一月二八日、第一〇八七）（次掲）。

＊2　「川々国役金ヲ諸藩ニ徴収ス」（明治二己巳年一二月三日、第一一一七）（七〇－二）。

＊3　維新後新政府による国役金の取り扱いについてはすでに述べた。「関東川々堤防国役金ヲ徴集ス」（明治元戊辰年八月、第七〇九）（六八－二〇）、「諸国川々国役金上納ヲ須ヒス既納ノ者ハ之ヲ還付ス」（明治元戊辰年一一月九日、第一〇六一）（六九－三）の二項を順に参照せよ。

＊4　大蔵省記録局（編）『大蔵省沿革志（上巻）』、七四頁。

＊5　「関東川々堤防国役金ヲ徴集ス」（明治元戊辰年八月、第七〇九）。

＊6 明治一三年二月一三日、太政官達。

＊7 『法令全書（明治一三年ノ一）』、六八一頁。〔〕内は原文。

＊8 「気候不順ヲ以テ奉幣使ヲ氷川神社外二社ニ発ス」（明治二己巳年七月朔日、第六〇三）の項（六九－二〇）および「淫雨ニ付節倹ノ詔ヲ発シ官禄ノ内ヲ以テ救恤ニ充テシム」（明治二己巳年八月二五日、第八〇一）の項（六九－二九ａ）を、参照せよ。

＊9 『法令全書（明治二三年ノ一）』、六九七頁。

＊10 同上、六七六、六八七－六九〇頁。

＊11 笠谷和比古「近世国役普請の政治史的位置」、同「国役普請の実働過程について」。

＊12 笠谷和比古「近世国役普請の政治史的位置」、三二頁。引用文中「自〔力〕普請」の〔〕内は、「村方の負担で行う普請」という意味での〝自普請〟と区別する意味で筆者が挿入した。笠谷自身もここでの「自普請」と同じ意味で「自力普請」という言い方を用いている（たとえば、笠谷和比古「近世国役普請の政治史的位置」、三四頁）。

＊13 笠谷和比古「国役普請の実働過程について」、一四九頁。

＊14 笠谷和比古「近世国役普請の政治史的位置」、四六－四八、七四－七六頁。

＊15 妻木忠太『前原一誠伝』、七二九頁。

四〇b、「諸県川々国役金上納書式ヲ定ム」（明治二己巳年一一月二八日、第一〇八七）

第千八十七　十一月二十八日（民部省）

川々国役金取立納方ノ儀別紙案文ノ通美濃紙帳面ニ認メ来正月晦日限土木司へ上納可有之事

（別紙）

覚

何県管轄所

一高何程　何国何郡何ヶ村

此高役金何程　但高百石ニ付金一両二分

但管轄高並改出新田共

一高何程　何国何郡何ヶ村

此高役金何程　但同断

高　何ノ誰知行　何国何郡何ヶ村

高　同断　同断何ヶ村

何社
何寺　領

一高何程　何国何郡何ヶ村

此高役金何程

合高何程

此高役金何程　但三井包*1

右ハ川々堤防御普請高役金当巳年分書面之通取立相納候以上

年号　月　日　　　　　　　　　　　　　　　知県事印

土木司

【注解】川々国役金巳年分の上納書の様式を示した達である。[*2] 上納の期限は明治三年正月晦日（一八七〇年三月一日）、納先は土木司とされている。

〔注〕

＊1　両替商三井の包金銀。

＊2　川々国役金巳年分徴収の委細に関しては、前項（「諸県川々国役金ヲ徴収ス」、明治二己巳年一一月、第一〇八六）を参照のこと。

【一八七〇年】（明治二年一一月三〇日から明治三年一一月一〇日まで）

一、「府県常備金規則説明」（明治二己巳年一二月二日、第一一一二）

四年太政官第六百二十三[*1]ニ依リ消滅

第千百十二　十二月二日（民部省 大蔵省）

府　県

当七月中府県常備金規則御布告有之候処誤解[*2]イタシ候向モ有之哉ニ相聞候間尚又左ニ相達候

常備金ノ内第一

一金六百両ノ廉

是ハ年々貢税ノ内ヲ以県舎ニ備置筆墨紙蝋燭炭薪諸官員巡察諸向へ御用状飛脚賃県掌以下ノ月給等ニ遣払過金有之候トモ不足ノ節ノ補ニ備置都テ流用取計ノ上高当リヨリ過上不相成様取賄年々過不足勘定ハ其県限リニ仕上ケ致シ置別段当省へ申出ニ不及候事

右同断ノ内第二

一金二千両ノ廉

是ハ右同断支配地ノ堤防橋梁道路等難捨置急破普請所ノ営繕ニ引充遣払候ハ、其度々目論見帳ヲ以可相届其他都テ其事ノ緩急ニ従テ遣払其年十月ヨリ翌年九月ヲ限仕訳書差出残金有之候ハ、新帳ノ御勘定元ニ組不足相立候ハ、其節可相伺此余県舎破損修覆畳替等ノ入費ハ管轄ノ石高ニ分課可致候事

右ノ外御布告ノ通可相心得候事

【注解一】 民部省と大蔵省が連名で府県に宛てて発出した達である。この年の七月に布告した（県官人員並常備金規

則中）府県常備金規則の解釈を示す。冒頭に「当七月中府県常備金規則御布告有之候処誤解イタシ候向モ有之哉ニ相聞候間尚又左ニ相達候」と書かれているが、いかなる〝誤解〟が生じていたのかこの点はわからない。『大蔵省沿革志』の本件に関する記事（租税寮の部明治二年一二月二日条）にも誤解の中身については何も記載がない。*3

さて、本達の内容を整理すると次のようである。

府県常備金規則中常備金六〇〇両の廉（第一常備金）

①これは毎年の租税のなかからこの分を取り分けて県舎に備え置くものである。

②筆、墨、紙、蝋燭、炭、薪などの費用、官員巡察費、文書郵送費、県掌以下の月給などに支出する。

③残高が発生してもそれを上納する必要はない。残高は、翌年常備金が不足した場合の補充用として県庁内に留め置くものとする。

④第一常備金の支出に当たっては、かれこれ費目間で流用を行ない、支出額が定額を超過しないように取り計らう。

⑤毎年剰余不足を計算して帳簿を仕上げるべし。ただし、それは民部省、大蔵省に提出する必要はなく、県庁に留め置くものとする。

府県常備金規則中常備金二、〇〇〇両の廉（第二常備金）

①これも第一常備金と同様に、毎年徴収した租税のなかからその分を取り分けて県舎に備え置くものである。

②第二常備金は、まず、洪水などにより府県支配地の堤防、橋梁、道路などが破損しその箇所を放置することができないような場合の応急の修繕工事に充てるためのものである。この目的で常備金を支出したならばその都度目論見帳（工程予図帳）を録製して、これを民部省に提出すべし。

③第二常備金に関するその他の事項については、すべて事の緩急にしたがって支出するものとし、毎年一〇月から翌年の九月までを年度として区切って仕訳書（支出を精細に記注、計算した帳簿）を民部省、大蔵省に提出すべし。

④もし残高が発生したならば、翌年の勘定の元に組み入れるべし。不足が発生したときには、その都度民部省、大蔵省に伺いを立てること。

このほか県舎の破損の修理や畳替えなどの費用は、管轄内の郡村に対し石高に応じて分課すべきものとする。

右の外は、七月の布告のとおりと心得るべし。

2. 本達の内容を明治二年七月の県官人員並常備金規則中府県常備金規則と対照すると、第一常備金については、①、③、④、⑤の説明が付加されていることがわかる。第二常備金については、②と④が新たに加わった説明である。七月の布告では、第二常備金については「県中年々常費」とあるだけで、費途に関して具体的な記載がなかった。それが本達では「支配地ノ堤防橋梁道路等難捨置急破普請所ノ営繕ニ引充」と支出目的が明示されている。これにより第二常備金の主要な費途は災害復旧であることが明らかにされた。[*4]

【注解二】「県官人員幷常備金規則」（明治二年七月二七日）および「府県常備金規則説明」（明治二年一二月二日）から言えること——それは、府県の会計を第一常備金、第二常備金の二つに分け、第一常備金は事務費、庁舎費、巡察費、県掌以下の人件費などの経常的費目の支出に、第二常備金は急破した堤防・橋梁等の修復費や水火災時の緊急の救助費等の臨時的費目の支出に充てるという府県財政の構造が、早くも明治二年七月にその姿を現わしていたということである。[*5] この構造は、県治条例中常備金規則（明治四年一一月）、さらに更定常備金規則（明治五年五月）[*6] へと引き継がれていく。

2. ところで、この府県常備金規則（県官人員並常備金規則）の段階では、第二常備金から出金があった場合に次の非常用支出の発生に備え大蔵省に申請して支出した分を補充しておくという制度は置かれていない。この制度は、次の段階、すなわち県治条例中常備金規則にもない。これを規定した条項が入るのは、明治五年五月公布の更定常備金規則においてである。[*6]

〔注〕

＊1　「県治条例」（明治四辛未年一一月二七日、太政官第六二三）。

＊2　「県官人員幷常備金規則」（明治二己巳年七月二七日、第六七六）（六九－二五）。

＊3　大蔵省記録局（編）『大蔵省沿革志（上巻）』、二五一－二五二頁、参照。

＊4　府県第二常備金の費途に「窮民一時ノ救助等」（災害発生直後の罹災民に対する食糧の提供等）の文言が入るのは、県治条例中常備金規則（明治四年一一月）のときである。

＊5　ただし、明治二年の段階では、水火災の際の緊急の救助費は規定に明示されてはいない。

＊6　「県治条例中常備金規則以下ヲ更定ス」（明治五壬申年五月二二日、太政官）。

二、「川々国役金ヲ諸藩ニ徴収ス」（明治二己巳年一二月三日、第一一一七）

八年第二十五号布告[*1]ヲ以テ国役金廃止

第千百十七　　十二月三日（民部省）

川々普請入費之儀旧幕之節国役金取立相成候処　御一新以来去辰年之儀ハ非常之水災疲弊之折柄ニ付御取立無之候得共常歳ハ国役ニ割合至当之筋ニ有之然ル処近年水害甚敷物価騰貴高掛リ以前之通ニテハ不相当ニ付金壱両弐分宛取立可相納尤委細之儀ハ土木司エ打合可有之事

巳十一月

武蔵　下総　安房　上総　常陸　上野　伊豆　相摸　下野　甲州ノ内郡内領　伊勢　三河

右国々国役金取立相成候事

覚

何藩管轄所

一高何程　　　　　何国何郡何ヶ村

此高役金何程　但高百石ニ付金壱両弐分宛

何社領／何寺領

一高何程　　　　　何国何郡何ヶ村

此高役金何程　但右同断

合高何程

此高役金何程　　　但三井包

右者川々堤防御普請高役金当巳年分書面之通取立之相納候以上

何　藩

年号　月　　　　　　何之誰印

土木司

川々国役金取立納方之儀別紙案文之通美濃紙帳面ニ認来正月晦日限土木司エ上納可有之候事

【注解】民部省が、武蔵、下総、安房、上総、常陸、上野、伊豆、相模、下野、甲州の内郡内領、伊勢、三河の国々に管轄地をもつ諸藩に宛てて発した、巳年分の川々国役金の徴収を告げる達である。本件の本文の部分は「諸県川々国役金ヲ徴収ス」(明治二己巳年一一月、第一〇八六)(六九‐四〇a)と同趣旨で、文章もほぼ同じである。*2

また、上納書の書式の部分は「諸県川々国役金上納書式ヲ定ム」（明治二己巳年一一月二八日、第一〇八七）（六九－四〇ｂ）にあるものと同一である。[*3]

〔注〕

＊1　「川々隄防費ニ取立ル国役金廃止」（明治八年二月二〇日、太政官第二五号布告）。

＊2　川々国役金巳年分徴収の委細に関しては、「諸県川々国役金ヲ徴収ス」（明治二己巳年一一月、第一〇八六）の項（六九－四〇ａ）を参照のこと。

＊3　書式に限らず、上納の期限や上納先についても、「諸県川々国役金上納書式ヲ定ム」（明治二己巳年一一月二八日、第一〇八七）（六九－四〇ｂ）に規定されたものに同じである。

三、「水火災ノ節窮民救助ノ措置ヲ定ム」（明治二己巳年一二月八日、第一一三〇）

四年太政官第六百二十三[*1]ニ依リ消滅

第千百三十　十二月八日（民部省）

府　県

鰥寡孤独ノ窮民御救助筋ノ儀ハ兼テ御布告ノ趣モ有之候処水火[*2]ノ両災ヲ受候者共ハ急夫食等時日ヲ移シ人命ニモ拘リ候様ノ儀有之候テハ不容易儀ニ付得ト遂吟味其急ヲ救ヒ候ハ尤至当ノ所置ニ候処各地方ニテ区々ノ取計モ有之候テハ不都合ニ付譬ハ洪水ニテ堤切入人家押流シ又ハ数日家居床上迄水湛或ハ火災ノ節夫食諸道具可持退猶予無之皆焼失イタシ凍餒目下ニ迫リ難捨置分等凡日数十五日ヲ限一日男ハ米三合女ハ二合ノ当リヲ以速ニ施行イタシ其段相

届可申其上ニモ取続難相成諸拝借等相願候分ハ事宜得ト遂吟味兼テ御布令ノ通心得取調相伺候儀ト心得区々不相成様可取計候事[3][4]

【注解一】「罹災窮民ノ済恤方規」の内容
【注解二】「罹災窮民ノ済恤方規」発布に当たっての民部省租税司の問題意識
【注解三】救助貸（賑貸）に関する省中内規

【注解一】　本件は民部省が府県に宛てて発出した達で、太政官の裁可を得た「罹災窮民ノ済恤方規」（「水火ノ災害ニ罹レル窮民ヲ済恤スル方規」とも呼ばれる）を示したものである。「罹災窮民ノ済恤方規」の内容は、次の三点にまとめられる。

①水災あるいは火災に罹り飢えと凍えに瀕している者たちについて、もし彼らに対する緊急の救助（食糧提供等）に手間取るならば人命にかかわるような事態が発生してしまうことになるので、このようなことにならないよう地方官は適切な処分を行なう必要がある。すなわち、地方官が事情をよく調べたうえで「水火ノ災害ニ罹レル窮民」の急を救うことは至当な処置であること。

②しかるにこの件に関して、府県ごとに異なった取り計らいをしたのでは（救助処分の内容がまちまちでは）不都合である。そこで罹災窮民の済恤に関しては方規に照らしてその処分を行なうこととし、それをここに示す。すなわち、たとえば洪水によって堤防が切れ、水が人家を押し流し、または、数日間居宅の床上まで水に浸かったような場合、あるいは、火災により食糧や農具を焼亡してしまったような場合で、被災した人民が飢えや凍えに苦しむ状況に陥りそれを捨て置くことができないような窮状を呈したときには、まず一五日間と日数を限り、一日男米三合、女二合の割合で速やかに救助し、しかるのちにその事実を民部省に報告する。これが設定された方規であり、今後

罹災窮民の済恤はこの内容と手続きで行なうものとする。
③災害による窮状がさらに続き罹災民が夫食や農具代などの貸し渡しを願い出てきた場合（すなわち一五日間を過ぎても自活の目途が立たず賑貸を申請する者が出た場合）には、その申請の事情が適当であるかをよく吟味したうえで、成規（「夫食種籾農具等貸下ノ措置ヲ定ム」）に則った賑貸方（無利息での貸し渡し、年賦での返納）の実施伺いを民部省に提出するものとする。各府県において対応がまちまちにならないように取り計らうことが肝要である。

①は水災火災発生直後の応急的な罹災民救助を府県の事務として確認したものである。②は応急救助について内容の統一化の必要を指摘するとともに具体的な救助内容を提示し、これにもとづいた救助処分の実施を府県に求めたものである。さらに救助実施後には実施事実について民部省へ報告すべきことを規定してもいる。そして③は緊急の食糧提供の局面が終了したあとの救助、すなわち賑貸の願い出についての対応方を定めたものである。

2.「罹災窮民ノ済恤」というとき、本方規は、それを、災害発生直後の応急救助（応急の糧米提供、日数一五日間）と、罹災後一五日を経過したのちの救助（一五日を過ぎても自活の目途が立たない者に対する賑貸＝救助貸の実施）に分け、それぞれに付き対応方を指示している。応急救助の実施期間の目安は一五日とされている。そして、一五日間経過を境にして、救助内容が応急の糧米提供から賑貸＝救助貸の実施へと変わる。災害対策の局面が応急救助から罹災民の継続的生活支援へと変化するのである。前にも述べたことであるが、*5「罹災窮民ノ済恤」（罹災者に対する食糧、住居、農具等の手当ての方面での災害救援策）は、本件以降、災害直後の緊急の救援（炊出し、仮小屋の提供など）と、それに引き続く時期の食糧や種籾、農具代等の貸し付け（賑貸＝救助貸）（罹災後の生活支援）とに分節されながらそれぞれ展開を見せていくことになる。

また、男米三合、女は二合、一五日間以内の給与という災害発生直後の応急救助の内容は、明治四年の県治条例中窮民一時救助規則（第一条）、明治八年の窮民一時救助規則（第一条）に引き継がれていく。応急の食糧提供の内容に関し、規定上、本件「罹災窮民ノ済恤方規」は、以後の原型となったと見てよい。*[6]

【注解二】『大蔵省沿革志』租税寮の部明治二年一二月八日条には、「罹災窮民ノ済恤方規」の裁可を求めて民部省が太政官に提出した議案が採録されている。*[7] 全文を引用すると次のとおりである。

議案ニ曰ク、窮民済恤ノ方法ハ逐次ニ申達セル所有リ、且ツ本年七月ヲ以テ臨時非常ノ済賑ハ特議ニ付ス可キヲ関東並ニ陸羽諸国ノ府県ニ達示セリ、然ルニ水火ノ災難ニ遭ヒ饑寒ニ迫リ物命ヲ傷スル如キ焼眉ノ急ヲ拯フノ方規ヲ予示セサレハ、則チ必ス各自ニ殊異ナル処分ヲ為スノ弊害有ラントス、請フ之ヲ府県ニ達示セン。

これは、「罹災窮民ノ済恤方規」を発布するに際し、民部省租税司の問題意識がどこにあったかをよく表わす文書である。すなわち、同方規を立案、発布するに当たって、民部省租税司の念頭にあった第一は、地方官をして「水火ノ災難ニ遭ヒ饑寒ニ迫リ物命ヲ傷スル如キ焼眉ノ急［＝a］」に対する処分を行なわしめることそれ自体ではなかった。そうではなく、念頭にあった第一はaに関する処分内容について府県を縛ること（方規を立てることによりaに関する府県の処分が区々にならないようにすること）であった。aに関する処分は、民部省があえて指示をし督励するまでもなく、必要に迫られて各府県が行なっているし、また行なうだろう。問題は、それを各府県がそれぞれのやり方でやることである。そういうやり方には必ず「弊害」（「濫救」）が存するのであって、方規立定によりその「弊害」を除去しなければならない。――これが民部省租税司の問題意識であった。民部省は、罹災窮民（罹災農民）の圧力に押されて独自に手厚い（または広い）処分をする府県が出てくることを恐れ、*[8] それを防ぐために統一基準の設定を急いだのである。*[9] この「罹災窮民ノ済恤方規」の発出もまた、民政部門への財政統制の実効化の流れ*[10]――「民部・大蔵省の急進的な集権的支配の強化」政策*[11]――に属する施策と言わなければならない。*[12]

【注解三】 本達が発出された直後の明治二年一二月一七日、民部省（租税司）は賑貸（救助貸）に関して次のような省中内規（「夫食米、仮庋資、耕具資、種稲麦ヲ済貸スル規例」）を設けた。*[13]

其一、凶荒ノ歳年ニ当タリ貧窮ナル農民ニ貸付スル夫食米ハ、洪水堤防ヲ潰決シ田面ニ立毛ヲ残存セサル村里、或ハ旱澇ノ災ニ遭ヒ田毛十分ノ五以上ヲ荒損スル村里ハ一日男一口ニ米三合、女一口ニ米二合ト定メ日数三十日ニ限ル、

其二、風災ニ罹リ家屋倒壊スル者ニ給貸スル仮庋費ハ、全壊ニハ金二両、半壊ニハ金一両ト為ス、

其三、水火ノ二災ニ罹リ家屋ノ焼失シ若クハ流亡スル者ニ給貸スル仮庋費ハ、毎一戸ニ金五両ト為ス、

其四、火災ニ罹ル者ニ給貸スル耕具資ハ、下風ノ七戸ニ鍬、鎌、鋤、馬把、拖把、舂臼、糞桶七品ノ価金一十四両ト為ス、即チ一戸金二両ニ当タル、

其五、水田白田共ニ立毛ヲ残存セサルノ凶荒ニ遭フ者ニ給貸スル種稲、種麦ノ価直ハ、水田一段ニ種稲七升、白田一段ニ種麦八升ト定メ、段別ニ照シ地方ノ時価ニ換算シテ之ヲ給貸ス、

以上五条ノ規例ヲ設定シ、済貸ヲ申請スル有ラハ則チ村長及ヒ能ク過活ニ堪ユル者ヲ除キ無利子五年賦還納ノ方法ヲ以テ発貸ス。

民部省は、本規例により、夫食米、仮庋資、耕具資、種稲麦代それぞれについて、済貸条件と貸付金額を定め、これを基準に府県からの申請に対応することとしたのである。ただしこの「夫食米、仮庋資、耕具資、種稲麦ヲ済貸スル規例」は民部省の内規にとどまった。吉川秀造は本規例に関説して、「斯の如くにして救助貸附に関する政府の方針は漸次に確立せらるに至った」と述べているが、[*14] 吉川自身も認める通り「右の五ヵ条も未だ内規に止り一般に公布する事はなかった」のであり、賑貸（救助貸）に関する全国的一般的定則の公布は明治四年一一月二七日発布の県治条例中窮民一時救助規則を待たなければならなかった。[*15]

2. この内規（「夫食米、仮庋資、耕具資、種稲麦ヲ済貸スル規例」）を、本件「水火災ノ節窮民救助ノ措置ヲ定ム」との関係で見ると、以下のようなことが言える。すなわち、「水火災ノ節窮民救助ノ措置ヲ定ム」（「罹災窮民ノ済恤

方規」）は、主要には《水火ノ災難ニ遭ヒ饑寒ニ迫リ物命ヲ傷スル如キ焼眉ノ急ヲ拯フノ方規》として立定され、賑貸（救助貸）については「取続難相成諸拝借等相願候分ハ事宜得ト遂吟味兼テ御布令ノ通心得取調相伺候」と一般的に規定するにとどまった。この「水火災ノ節窮民救助ノ措置ヲ定ム」の賑貸（救助貸）についての一般的規定を補うものが、上に掲げた明治二年一二月一七日の民部省内規（「夫食米、仮庄資、耕具資、種稲麦ヲ済貸スル規例」）である。ここに掲げた二つの規則、「罹災窮民ノ済恤方規」と「夫食米、仮庄資、耕具資、種稲麦ヲ済貸スル規例」が、明治四年一一月の県治条例中窮民一時救助規則の基を構成する。

また、災害の捉え方という面から明治二年一二月一七日の民部省内規を見ると、救助の実際に使用する内規という性格からか、対応を立てるに際して、災害を水災（洪水）、旱害、風災、火災と、この当時としては比較的細かく分けている点が注目される。

〔注〕

＊1　「県治条例」（明治四辛未年一一月二七日、太政官第六二三）。

＊2　「府県奉職規則」（明治二己巳年七月二七日、第六七五）（六九－二四）に、「鰥寡孤独廃疾無告ノ窮民ハ常ニ僉議ヲ尽シ速ニ救助スヘシ総テ一時ノ賑恤ニ非ス年月ヲ経ル救助ハ其仕法ヲ記シ民部省へ伺出其決ヲ受クヘシ唯漸次産業ニ基キ貧民減少ナラシムルヲ要ス尤天災禍乱ニテ一日モ遷延シ難キ賑恤ハ此法ニ不拘速ニ施行ノ後民部大蔵両省へ届出ツヘシ」の規定が見られる（第五条）。

＊3　「夫食種籾農具等貸下ノ措置ヲ定ム」（明治二己巳年七月一四日、第六五二）（六九－一二）のこと。これは、夫食・種籾・農具代等の貸し渡し（「賑貸」、「救助貸」）の条件を規定したもので、そこで示された条件は無利息で貸し渡し、年賦をもって返納させるというものであった。

＊4　『大蔵省沿革志』租税寮の部明治二年一二月八日条は、「罹災窮民ノ済恤方規ヲ設定ス」の題目の下、本件に関する記事を載

せる（大蔵省記録局（編）『大蔵省沿革志（上巻）』、二二五三－二二五四頁）。そこには、「罹災窮民ノ済恤方規」の制定を求める民部省稟申の議案（後述）に続いて、同方規を布告する達（本件）も掲げられている（ただしテクストは『法令全書』版のものと同一ではなく、異同がある。もちろん内容は同一である）。『大蔵省沿革志』版の達のテクストは、『法令全書』版のそれより文意が取りやすいものとなっている。そこで、本件の内容理解の便宜のために、以下に、『大蔵省沿革志』版の達のテクスト（同上、二二五四頁）を全文掲載する。

民部省申達ニ曰ク、鰥寡孤独ノ窮民ヲ賑済スル方法タルヤ嘗テ達示セシ所有リト雖モ、水火ノ二災ニ罹リ饑寒ニ瀕スル者ノ如キ若シ賑済ヲ遅緩セハ則チ民命ヲ傷スルニ至ラン、牧民ノ職任ニ居ル者固ヨリ当サニ調護ノ処分ヲ施行スヘシト雖モ、或ハ恐ル其ノ方法ノ各自ニ殊異ナランヲ、其レ宜ク下項ノ旨趣ニ照準シテ之ヲ施行スヘシ、其ノ方規タル例ヘハ洪水堤防ヲ衝決シテ民屋ヲ漂流シ若クハ数日間潦水ノ為メニ屋舎ヲ墊没セラレ、或ハ火災ニ遭フテ食糧農具ヲ焼亡スル等凍餒ノ目下ニ在ル者ハ、先ツ日数十五日間ヲ限リ男ハ口糧米三合、女ハ二合ノ比例ヲ以テ権ニ之ヲ賑済シ而シテ其ノ事実ヲ開申ス可ク、既ニ十五日間ヲ閲過スルモ尚ホ自活スル能ハスシテ賑貸米金ヲ申請スル者ハ、其ノ実情ヲ審査シ而ル後ニ成規ニ準依シ賑貸方ヲ稟候ス可シ。

＊５　「夫食種籾農具等貸下ノ措置ヲ定ム」（明治二己巳年七月一四日、第六五二）の項（六九－一二一）を参照せよ。

＊６　この点についても、「夫食種籾農具等貸下ノ措置ヲ定ム」（明治二己巳年七月一四日、第六五二）の項を見よ。同項所載の表、**《府県支出による罹災者の生活支援策》に関する法令の展開**を、参照されたい。

＊７　大蔵省記録局（編）『大蔵省沿革志（上巻）』、二二五三－二二五四頁。

＊８　『大蔵省沿革志』租税寮の部明治二年一二月一七日条には、府県からの賑貸（救助貸）の実施伺いには被害を誇張したものがしばしば見られるという地方官への不信感をにじませた記述がある。曰く、「夫食米其ノ他ノ諸貸付ヲ府県ヨリ申請スルヤ罹災ノ状況ヲ張大ニシ其ノ言ノ実ニ過ル者往往ニ之レ有リ」（大蔵省記録局（編）『大蔵省沿革志（上巻）』、二二五四頁）。

＊９　明治二、三年の政府の地方財行政政策を分析した千田稔は、「貢租収奪の確保・強化及び貢租収奪の中央集中で財政窮迫打開－財政基礎確立を実現しようとした」民部大輔兼大蔵大輔大隈重信らは、この時期、「凶作なるが故になおさら貢租の減免・流用の厳禁を企図した」として、民部＝大蔵省の救恤費の統制政策について次のように論じた（千田稔「維新政権の地方財行政

政策」、四九－五一頁。尚、引用に際し、原文中の（　）内の記述は省略した）。「大隈らは、第一・二期［慶応三年一二月から明治二年九月まで］では収奪貢租の過半が府県限りで費消されていた事から、この抑制による収奪貢租の中央集中を企図した。両期には、地方官が元年の兵火・洪水などへの対策費を独断で貢租から流用していた。二年の凶作下では放置すれば救恤費・土木費などが急増する事は明らかであったので、大隈らは貢租の独断流用の厳禁を徹底しようとした。」かくして、大隈らの凶作対策は、「凶作対策を能う限り農民負担で行なわしめ、救恤米金下渡を極力抑え」るというものになった。実際に、「藩を含めた救恤米金の下渡・貸与状況は、請願高を厳しく検討した上で、大体五千石・一万両以下の米金を配布するものであった。」つまり、当時、民部＝大蔵省は、「府県租税を凶作対策に費消しない方針」を取っていたのである。誤解を恐れずに言えば、本件「水火災ノ節窮民救助ノ措置ヲ定ム」（明治二己巳年一二月八日、第一一三〇）は、救助を実施するためにではなく、救助を抑制する（救助を極小化する）ために設けられたのである。それゆえ、本件は、機能的には、救助実施法規ではなく、救助抑制法規と言うべきものであった。

民部＝大蔵省の「府県租税を凶作対策に費消しない方針」に関しては、当時日田県知事であった松方正義が大久保利通に宛てた書簡のなかで次のように述べている。「素より支配之日田郡其外は窮民別而多ク殆三万人計ニ及二月中旬より救方ニ而当分最中ニ有之候、追々御届等も申上候通餓莩之憂眼前ニ差迫候為体小生も廻村如樵夫奔走現ニ其屋内ニ踏込見候処実以憫然難忍次第依而官倉ヲ開キ救助ニ取掛候得は無訳事ニ候得共御見聞通大蔵は一点も救助は禁物尤当年は奥羽の方民部大蔵之処格別苦心と存候付成丈官倉ニ手ヲ不掛外ニ救助之道相立度段々配慮之折柄町人共は勿論村々互ニ友救と唱へ其分限ニ応シ凡二千石計積立間ニハ金も有リ惣而代金ニ直シ弐万金余リ之出石ニ而五月初方迄之救米は充分其后は麦作出来上リ可申と此段は先々安心仕候」（「明治三年四月七日付大久保利通宛松方正義書簡」、所収、立教大学日本史研究会（編）『大久保利通関係文書 五』、吉川弘文館、一九七一年三月、二五一頁）。松方は、ここで、大久保に対して、大蔵省が官倉に手をつけさせない（官倉からの救助米供給の禁止）という方針を採っているために官倉を開いて救助に当たることができないこと、それゆえ官倉からの救助米の放出に代わる方法として「友救」と称し町人ならびに村々の出金による救米確保の方策を取っていること、これらを報告している。上引の文章は民部＝大蔵の政策を「民心ヲ不察聚欽《ママ》」と非難する文脈で語られたものである。

さて、上のような救助抑制政策の効果であるが、これについても、千田稔が前掲の論文において指摘を行なっている。千田は言う、すなわち、明治二、三年の府県経費を見ると、「中心が人件費、県庁諸費で、救恤・土木費は例外を除いて大した比重を占めていなかった」（千田稔「維新政権の地方財行政政策」、六一頁）、と。これを救助抑制政策の効果と評せるかどうかはわからないが、該期の救恤費の膨張が抑制されたことだけは確認できるであろう。

＊10 法令でたどれば、「民部省規則」（明治二己巳年七月二七日、第六七四）（六九－二三）、「府県奉職規則」（明治二己巳年七月二七日、第六七五）（六九－二四）、「県官人員幷常備金規則」（明治二己巳年七月二七日、第六七六）（六九－二五）に始まり、「府県川々官普請ノ箇所ヲ録上セシム」（明治二己巳年八月一三日、第七三一）（六九－二八ａ）、「川々堤防等官普請自普請ノ区別ヲ録上セシム」（明治二己巳年八月一三日、第七三二）（六九－二八ｂ）、「諸県川々普請等自己ノ意見ヲ以テ料理シ或ハ稟候中縦ニ着手スルヲ禁ス」（明治二己巳年一〇月、第一〇二四）（六九－三六）へと下ってきたかの流れである。内容については、それぞれの項目を参照せよ。

＊11 松尾正人「維新政権の直轄県政――東北県政を中心として――」（所収、千田稔・松尾正人『明治維新研究序説――維新政権の直轄地――』、開明書院、一九七七年一〇月）、一〇七頁。

＊12 『新潟県史』は、県当局が大蔵省の救助抑制政策と生活に窮した民衆の運動との間で板挟みにあい、結局「専断」で夫食貸を実施せざるを得なくなったことについて次のように記している。「政府は二年七月の『府県職務章程』（ママ）、一二月の『府県常備金規則詳解』（ママ）等で賑恤に関する規定を作り、それまで府県に任せていた賑恤を民部省の許可制にした。しかし民衆の救済要求を直接受ける府県にとって、政府の許可する賑恤だけでは民衆を抑えきれない状況にあった。明治二・三年の新潟県の賑恤［に］（中略）［高山新田他一三か村に対する夫食貸渡など六件の］県の『専断』で貸し渡されたものがあるのはそれを物語っている。」（新潟県（編）『新潟県史 通史編六 近代一』、一五五－一五六頁。引用に際し割注部分は省略した。）

＊13 大蔵省記録局（編）『大蔵省沿革志（上巻）』、二五四頁。引用に際しては、条ごとに行を改めた。

＊14 吉川秀造「明治政府の貸附金(二)」（京都大学『経済論叢』、第二九巻、第五号、一九二九年一一月）、一一七頁。

＊15 上の民部省内規（「夫食米、仮皮資、耕具資、種稲麦ヲ済貸スル規例」）と県治条例中窮民一時救助規則との比較考察については、後掲する「県治条例」(明治四辛未年一一月二七日、太政官第六二三）の項目（本書第二巻掲載予定）にこれを掲げる。

四、「川除悪水路目論見帳ヲ進致セシム」（明治二己巳年一二月、第一二一四）

第千二百十四　　十二月（土木司）

川々堤防来春定式御普請ノ儀管轄限リ目論見帳ヲ以御伺可相成筈ノ処[*1]未タ御差出無之右ハ用水路堰々等ハ組合村々管轄交互高割出金相極不申候テハ御入用取調出来不申殊ニ堰場御普請ノ儀ハ季順相後候テハ来春用水差支候ハ眼前ニ付当司ニ於テ傍観難罷在候間早々取調来ル十七日迄[*2]ニ川除悪水路共都テ目論見帳御差出可有之候事

【注解】民部省土木司が府県に宛てて発出した、来春の定式普請の目論見帳（工事計画書）提出を督促する達である。とくに堰普請については工事が遅れると来春の農事の用水に差支えが生じるとして、早急の手配を求めている。

毎春の定式普請については、大水により堤防や堰、圦樋などに被害を受けた村々から府県に宛てて、当該村に係る復旧工事を来たる年の春の定式普請に組み入れてもらいたい旨歎願する御普請願が提出された。この例を『松戸市史』から引く[*3]。これは、明治三年夏の江戸川の大水によって被害を受けた下総国葛飾郡七右衛門新田が小菅県宛に提出したものである。

下総国葛飾郡七右衛門新田

小菅県御支配所

堤破損所御普請願箇所附帳扣

七郎兵衛地先

一、堤洩所長五間　　壱ヶ所

彦八地先

一、堤洩所長五間　壱ヶ所
伝右衛門地先
一、堤越所長四拾間　壱ヶ所
清右衛門地先
一、堤越所長弐拾弐間　壱ヶ所
武右衛門地先
一、堤洩所長四拾五間　壱ヶ所
鉄五郎地先
一、堤洩所長弐拾弐間　壱ヶ所
宮後
一、用水圦樋戸前破損所　壱ヶ所

右者当午夏江戸川通度々稀成大出水ニ而、私共村方地先堤越所洩所出来仕候、村役人共一同立会之上取調仕候処、書面之通ニ御座候間、来未春御定式御普請御目論見御見分之上、御普請御組入被成下置候様奉願上候、何卒格別之以御慈悲、右願之通御聞済被成下置候様偏ニ奉願上候、以上

明治三庚午年九月

当村
百姓代　伝右衛門
組頭　清右衛門
名主　伊助

小菅県

御役所

〔注〕

＊1　「府県奉職規則」（明治二己巳年七月二七日、第六七五）（六九－二四）には、「堤防橋梁道路ノ修繕怠ルヘカラス常ニ其得失ヲ検査シ絵図並積リ書ヲ以テ民部省ヘ伺出其決ヲ受ケ於施行ハ府県ノ任トス」とある（第六条）。

＊2　明治三年一月一七日を指すと思われるが、達の発出日が失われているため、明治二年一二月一七日を指すのか、翌年の一月一七日を指すのか、厳密には特定できない。

＊3　松戸市誌編さん委員会（編）『松戸市史 下巻（一）明治編』、三八五－三八六頁（読点は原文）。

五、「畑方貢米引方ハ稟候処置セシム」（明治三庚午年正月二八日、第六二）

第六十二　正月二十八日（民部省）

府県

預所アル諸藩

昨巳年畑方貢米ノ内多分ノ引方相立御取箇帳取調差出候向モ有之甚以不都合ノ至候一体畑方ノ儀ハ三毛収納ニ付容易ニ引方可致筋ニ無之候条以後万一非常違作ノ申立ヲ以引方相願候トモ麦作ヲ始夏秋ノ模様等厚ク勘弁致シ篤ト吟味ノ上無余義分ハ歩合等巨細取調前以伺ノ上処置致シ候儀ト可相心得候此段申達候事

第三百二十八[*1]参看

【注解二】 民部省が府県および預所のある諸藩に宛てて発した達である（租税司立案）。その内容は次のとおり。――提出された昨巳年の取箇帳を点検するに、畑方の貢租に関して「過多ノ減斶」を記載しているものがまま見られた。そもそも畑方の収穫は麦作のほかに夏、秋と三季存するのであり、安易に貢租を減斶してはならないはずのものである。ゆえに、今後「非常ノ荒歉」に遭い減租を申請する場合には、以下の手続を踏むことを命じる。すなわち、申請を行なう前に麦だけでなく夏物の作物の収穫の状況はもちろん、秋物の作物の収穫の状況までよく調べ、そのうえで真にやむを得ない場合にのみ減租の歩合を慎重に定めて民部省に伺いを出すこと。減租の処分はその伺いが認められてから行なうこと。

本達は、気象異常（長雨、陰冷、暴風など）や水害に起因する「非常ノ荒歉」の際の畑方に関する租税減免制度の運用方について、民部省が地方官に与えた訓令である。冒頭の文章（「昨巳年畑方貢米ノ内多分ノ引方相立御取箇帳取調差出候向モ有之甚以不都合ノ至候」）から、民部省が本達を発出したそのねらいを知ることができる。すなわち、本達は、荒歉を理由として地方官が〝安易に〟畑方の減租を申請する（もしくは専断で畑方の減租を行なう）ことに対して、これを牽制、抑止せんとして出されたものであった。

2. 維新政府は旧慣に倣うかたちで税制のなかに災害減税制度を置いたけれども、*2 その運用は決して漫然としたものではなく、減租の適用を厳しく限る方向で行なわれた。*3 本達はこのことをよく示すものである。ところで、本達発出の五日前には、巳年の田方の減租事務の検証を目的に掲げて、達「田方検見坪刈春法ノ順序御取箇附ノ次第等ヲ録上セシム」（明治三庚午年正月二三日、第四七）が発されている。これは内容的には本達と対をなすものである。*4 すなわち、本達が荒歉を理由とした畑方の減租申請を牽制・抑止するために発されたのに対し、「田方検見坪刈春法ノ順序御取箇附ノ次第等ヲ録上セシム」の方は田方の減租申請の抑制を意図したものであったからである。この時期、民部＝大蔵省は、賦租の〝適正〟を図ることを標榜し、地方官による過分の引方を牽制して幾分なりとも租税の増収を図らんとする動きを強めていたのである。*5

3. 本件および「田方検見坪刈春法ノ順序御取箇附ノ次第等ヲ録上セシム」から、この当時、引方（災害減税）の適用に関し、地方官の対応と民部＝大蔵省の意向との間にずれがあったことが確認できる。*6 そして、このずれは決して一部に見られた例外的なものというべきではなく、改めてこうした達を発出して減租事務の運用方を指示しなければならないほど深刻なものであった。*7 かくして引方をめぐるずれを解消すべく、民部＝大蔵省は地方官に対して次々と指示を発することになった。減租事務の〝適正〟化を図らんとするこの達の流れは、「凶荒引方並地所変換ノ節稟候ヲ経テ取箇帳ニ編入セシム」（明治三庚午年五月二日、第三二八）（七〇－一二三）、さらには「田方検見規則ヲ定ム」（明治三庚午年七月、第五〇五）（七〇－一二二）へと続いていく。

【注解二】『大蔵省沿革志』租税寮の部明治三年正月二八日条は、本件に関して次の記事を載せる。*8 本件の理解に便宜であるので、以下にこれを引く。

二十八日、白田ノ租額ヲ減蠲スル方法ヲ府県及ヒ諸藩寄託地ニ頒示ス。

民部省申達本司〔租税司〕立案ニ曰ク、去年己巳白田ノ貢租ニ過多ノ減蠲ヲ聴許シ取箇帳ニ記載シテ送上スル者往往ニ之レ有リ、抑モ白田ハ三季ノ収穫有ルヲ以テ、軽易ニ其ノ貢租ヲ減蠲ス可カラサル者トス、故ニ今後若シ非常ノ荒歉ニ遭ヒ減租ヲ申請スル有ルモ、麰麦ノ収季及ヒ夏秋二期ノ植物ノ景況ヲ熟検シ唯タ真ニ已ムヲ得サル者ノミ減租ノ差等ヲ審定シテ稟候取決シ、而ル後ニ之ヲ処分ス可シ。

2. 上引の文中の傍線部をみると、昨巳年について、畑方の貢租に関し「過多ノ減蠲ヲ聴許」してこれを記載した取箇帳が往々提出されたとある。これはすなわち、地方官が専断で畑方の租税の減免処分を行ない、それを事後的に取箇帳に記載して該帳を民部省に提出したということである。以上の手続きを「府県奉職規則」に照らして見れば、第八条違反ということになる。このような地方官の減租事務の取扱方に関して、本達発出の直前に出された

「田方検見坪刈春法ノ順序御取箇附ノ次第等ヲ録上セシム」（明治三庚午年正月二三日、第四七）は、「過多ノ租税ヲ蠲除シテ貢租取箇帳ヲ録上セル」のは「是レ地方官其ノ職務ニ慣熟セサル者ノ在ル有ルニ由ル」と述べ、これを地方官の事務不熟練の問題とした。だが、はたしてそうだろうか。『新潟県史』を読むと、そこには当面の問題に関連して、「夫食米貸与や貢租軽減をめぐる中央政府と地方庁との対立」が「明治三年ころに多く発生していた」との記述があり、さらにこの対立の背景には、「民衆の救済要求を直接受ける府県にとって、政府の許可する賑恤だけでは民衆を抑えきれない状況」があったとの記述がある。[*9] この『新潟県史』の記述は地方官の〝専断〟の根拠をよく説明している。彼ら地方官は事務に不慣れなために手続き上の誤りを為したのではなかった。そうではなく、減租の伺いを出しても民部＝大蔵省には聞き入れられないことを見越して、さらに自らに対する譴責を覚悟のうえで、彼らは〝専断〟したのである。[*10*11*12]

〔注〕

＊1　「凶荒引方並地所変換ノ節稟候ヲ経テ取箇帳ニ編入セシム」（明治三庚午年五月二日、第三三八）（七〇－一三）。

＊2　参照、「御取箇帳様式ヲ定ム」（明治二己巳年一一月一七日、第一〇六一）の項（六九－三八）。また、「府県奉職規則」には、「私ニ租税ノ定額ヲ改革シ又ハ蠲除スル等厳禁トス但シ旧貫不当ノ事或ハ天災禍乱ノ事アラハ詳細事実ヲ記シ大蔵省へ伺出其決ヲ受クヘシ」の規定（第八条）がある（参照、「府県奉職規則」、明治二己巳年七月二七日、第六七五）（六九－二四）。

＊3　これは前にも指摘したところである。「御取箇帳様式ヲ定ム」（明治二己巳年一一月一七日、第一〇六一）の項（六九－三八）を参照せよ。

＊4　「田方検見坪刈春法ノ順序御取箇附ノ次第等ヲ録上セシム」については、「御取箇帳様式ヲ定ム」（明治二己巳年一一月一七日、第一〇六一）の項（六九－三八）で詳しく紹介した。参照されたい。

＊5　千田稔は、この時期の、民部大輔兼大蔵大輔大隈重信らの財政政策を、「貢租収奪の確保・強化及び収奪貢租の中央集中で財

政窮迫打開−財政基礎確立を実現しようとした」ものと捉え、このような財政政策の展開のなかで大隈らは地方官による貢租の減免を厳しく抑制・禁止しようとした、と指摘している（千田稔「維新政権の地方財行政政策」、四八−四九頁）。この指摘の部分を引くと次のようである。すなわち、「大隈らは凶作なるが故になおさら貢租の減免・流用の厳禁を企図した。由利財政下の元年では、各地の総督府・鎮撫府が戦災・水災や官軍への協力如何で貢租皆免・半減を施行していた。二年の凶作下ではこれを上廻る減租が地方官によって施行される可能性が濃厚であった。既に元年八月以降、太政官宣達・鎮将府達・会計局達などで貢租増減の『稟候取決』を府県に命じていたが、大隈らはこの徹底を企図した。」（引用に際し、原文中の（ ）内の記述は省略した。）本件「畑方貢米引方ハ稟候処置セシム」は、この大隈派の財政政策＝地方政策（貢租減免抑制政策）をよく表現した達と言えよう。尚、本達の施行状況については、千田稔「維新政権の租税政策」、二三八−二四〇頁を、参照せよ。

＊6 このずれは、より一般的には、農民層の諸要求・諸運動に直面し地方統治のために彼らの要求を容れようとする（すなわち災害や凶荒を理由として租税減免や賑貸の実施を求める）地方官と、民部＝大蔵省（災害減租や賑貸の実施に否定的で、かつこの見地からの民政への財政的統制を強く指向するグループ）との対立の問題として捉えられる（後者の財政政策の特徴については上述）。このずれの存在については、すでに、「治河使ヲ廃シ土木司ヲシテ水利ヲ管轄セシム」（明治二己巳年七月二七日、第六八一）の項（六九−二六）、および「水火災ノ節窮民救助ノ措置ヲ定ム」（明治二己巳年一二月八日、第一一三〇）の項（七〇−三）において指摘した。上述のずれは、松尾正人が「民部・大蔵省の急進的な集権的支配の強化とそれに対する地方官の批判」と表現したところのものである（参照、松尾正人「維新政権の直轄県政——東北県政を中心として——」、一〇三−一〇九頁。括弧内の文言は一〇七頁）。民部＝大蔵省が進めた急進的な集権的支配の強化策に対する地方官からの批判の実例については、同上、一〇五−一〇六、一三八−一四〇、一四一−一四三頁を、見よ。また、千田稔は、このずれを、大久保派の地方政策と大隈派のそれとの対立という枠組みで説明している（千田稔「維新政権の地方財行政政策」、五二−五五頁。千田の説明については、「租税監督通商鉱山ノ四司ヲ民部省ニ属セシム」、明治二己巳年八月一一日、第七二四の項（六九−二七b）でこれを紹介している）。

＊7 この時期の、災害減租や救助の実施をめぐる地方官と民部＝大蔵省との対立について、具体的事例を取り上げて詳しく分析した論文に、山中永之佑「明治初期官僚制の形成と堺県知事小河一敏」がある。この論文では、明治二年末から三年夏にかけ

ての、救恤、（災害救助策の意味をもたせた）堤防の修築、減租などをめぐっての、堺県知事小河一敏と民部＝大蔵省との対立の様相が、迫真の筆致で描出されている（九二－九八頁）。ぜひ参照されたい。

＊8　大蔵省記録局（編）『大蔵省沿革志（上巻）』、二五七頁。

＊9　新潟県（編）『新潟県史 通史編六 近代一』、一五三－一五七頁。

＊10　このことをよく示す資料として、胆沢県少参事野田豁通（熊本藩出身）が明治三年一二月一六日に安場保和（明治三年九月まで胆沢県大参事、熊本藩出身）に宛てて送った書簡がある（「十二月十六日胆沢県在職野田豁通其県地の事情等を東京より在熊本の同志に報知す」、所収、細川家編纂所（編）『改訂 肥後藩国事史料 第十巻』、七二八－七二九頁。傍点を付した箇所は、民部＝大蔵省に対する野田の憤懣、批判を表わす部分である。また、傍線は割注部分であることを示す。引用文は書簡の一部で、前後は省略した）。この書簡では、民部省、大蔵省が進める貢租増徴政策に対する地方官の反発が率直に表現されている。

今日　朝廷之御政令ヲ窃観仕候ヘハ御維新ノ名目而已其実効一ツトシテ不挙已ニ国本民政之御施行ハ旧幕聚斂ニ越エ管内之儀モ撿見等ノ儀ヨリ大ニ譴責ヲ蒙リ遂ニ小生専断之罪ニ落テ素ヨリ民ノ為ニ斃ル少シモ遺憾ナシ当時進退伺中ニ御座候両度ノ伺ナリ三陸諸管内何方も民情不穏七戸江刺ハ大沸騰ニテ兵隊鎮撫ノ処置漸く平定然カレトモ下ヨリ申立ル処ノ用捨石ヲ無名ニ与エ夫ヨリ下情益上ヲ侮ルノ勢管内モ少々沸騰誠ニ奉恐縮候尤諸方ノ党民起ルハ無理カラス迚モ今日之民政ニテハ民間不立甚タ敷ニ至ツテハ却テ旧貫ヨリ取箇増ニ相成候件々有之余程尽力先ツ追テ税則御改正迄ハ責テ旧貫之儘被閣度トノ趣旨モ及献言ト雖トモ一般ノ法格云々ヲ以一面押ノ扱ニ相成リ勿論夫レト申モ三陸県ノ内ニ旧幕古狐出仕民部大蔵ノ気ニ合ヒ我カ身ヲ計ルノ法アリテ色々名義ヲ設ケ無キモノヲ作リ立聚斂ノ改正抔申出ル処ヨリ益六ケ敷相成胆沢ハ小恵私恩ヲ売ルト申訳ニテ内々民部エモ持出ル哉ノ趣夫レヨリ当県ノ譴責強ク大困窮ニ立至リ上下板ハサミト相成進退一歩ノ運ヒモ目的相立不申候間今般小生出府去ル十日着仕候素ヨリ一県ノ進退ヲ極メ出府之事ニ候ヘハ不及ナカラ概分丈尽力是非聚斂ヲ打破リ清世ニ至ラシメンコトヲ欲ス日々民部大蔵ノ官員エ迫リ表然一昨日大政官《ママ》召出ヲ願ヒ土方中弁面接ニテ聚斂ノ事実ヲ挙ケ迚モ今日ノ民政ニテハ三陸ノ人民皆餓死ニ至ルカ又ハ押テ　皇城迄迫リ来ルカ両条ヲ不出ノ情ヲ委曲陳述今般願立ノ件々御採用無之候ヘハ帰県候テモ十三万ノ生霊安堵ナラシムルノ目的無之候付毎迄モ　闕下ニ伏願罷在可申候一県官員壱人モ目的無之事ニ候ヘハ御裁判延引セハ必ス大参事初一統出府ニモ立至リ可申左候ヘハ不容易時機ニモ成行甚

タ焦慮苦心ノ切情ヲ言上仕候一体官省ノ内ニモ有志輩ハ迚モ今日ノ儘ニテハ相立不申是非大改正ト申情相醸居候処ニ付機会ハ至極ヲ得申候折柄残念ナルハ松方大丞氏ニテ彼人当方ニ被居候ハヽ少シハ下情モ貫キ可申当時差たる人物無之遺憾之至ニ御座候未タ成敗ハ不分ニ候へ共先ツ雲行ハ宜敷相見エ申候然し一県ノ力ニテハ中々大破ト申儀ハ不容易是非御藩力ヲ以御打破　皇国挽回之御実効為国家奉仰候

胆沢県少参事野田豁通は、書簡中、民部＝大蔵省が発した一連の貢租収納の指示を、「旧幕聚斂ニ越エ」と激しく批判している。胆沢県は、明治三年に、「『民情弥切迫』の事態を背景に『三免以下不作用捨』という不作減租措置を独断で実施し、新政府から撤回命令を受け」た。また、同県は、「『伝馬宿入用』『六尺給米』『蔵米入用』の高掛三役についても、府県の徴税を旧幕領と同様とした二年六月の会計官達に対し、その賦課を『不条理』として、徴税を行わ」ず、政府から譴責を受けた。野田は、これら不作減租措置の撤回命令や高掛三役不徴収の件での譴責にも折れることなく、本書状にあるとおり、民部＝大蔵省の聚斂を打ち破るべく、進退伺を提出して、「明治三年貢租の不作減免措置に対する追認を願い出て」いたのである（松尾正人「維新政権の直轄県政――東北県政を中心として――」、一三八、一三九頁）。

＊11　千田稔はこの点にかかわって、次のように書いている。すなわち、「当時［明治元、二年ころ］の知事の大半は王政復古に功績のあった国学者・漢学者等」であった、「大久保らは、こうした仁政を重視する温厚篤学の藩士らを地方官上層に送り込んでいた」のだ、と。民部＝大蔵省の貢租増徴政策と対立していたのはこのような人びとであった。「しかし、大隈らの強硬な貢租収奪推進過程で、彼らは衝突して処分されるか、或はその推進に参画・適合化してゆく」。「他方、大隈系の地方官も漸次進出し始めてゆく」。このように、「集権化の進展・収奪強化の推進にともなって藩士出身の府県知事に処分・交替・適合化などの事態がみられたのである」（千田稔「維新政権の直轄地――研究史の整理・検討を中心に――」、一一三頁）。

上に〝専断〟の問題との関連で、千田稔の言を引きながら、「仁政を重視する温厚篤学の藩士ら」が「地方官上層に送り込まれた――そして民部＝大蔵省の貢租増徴政策に対立したのは主に彼らである――ことを記したが、上級地方官に赴任を命ぜられた「仁政を重視する温厚篤学の藩士ら」の、出立に際しての決意がよく読みとれる史料を、ここでひとつ挙げておきたい。酒田県権知事に任命された熊本藩士津田信弘（山三郎）が赴任に際して同郷の元田八右衛門宛てに送った書簡（明治二年八月二七日付）である（細川家編纂所（編）『改訂 肥後藩国事史料 第十巻』、一三三頁。引用は必要部分のみで、前後は省略してある。また、傍線は割注部分であることを示す）。

酒田行之一条段々延引いたし来ル廿九日爰元出発仕候筈ニ御座候今度奥羽新県御取立之内酒田之儀ハ一旦酒井家転封被
仰付其後七拾万金之献金候而復帰被　仰付候等之儀ニ付民心益不居合之由且春来酒田え出張之役員酒井家と申分も相生候
抔余程混雑之場所ニ而御熟知通之微力ニてハ当惑之儀ハ申迄も無之事ニて迚茂其任ニ堪可申訳も無御座候へ共唯一赤心努
力斃而止之決心而已ニ御座候此節ハ安場同行之含ニ而種々周旋仕候得共酒田県之方ハ以前ニ大参事被　仰付人有之肥前藩
西岡周碩少参事は余程下等ニ而安場ハ名も発居候訳ニ而胆沢県之大参事ニ被命候右様之訳ニて致方も無御座銘々其県々え
尽力可仕と申合邸内残り人数之内より三五輩募り出其外烏合之衆二拾余人一同羽州へ下向平素蘊蓄之経綸を奥羽之二州へ
布施し東北之僻地へ　王化を蒙らしめんと奮発励精罷在申候

文中安場とは胆沢県大参事に任命された安場保和（一平）（前出）である。酒田県も胆沢県も民部＝大蔵省の貢租増徴政策と対立したところである（胆沢県については前掲の胆沢県少参事野田豁通の書簡を見よ）。津田は任地に向かうに当たって、「平素蘊蓄之経綸を奥羽之二州へ布施し東北之僻地へ　王化を蒙らしめんと奮発励精罷在申候」とその決意を語ったのであった。

尚、仁政派の地方官の〝仁政イデオロギー〟を分析したものとして、前掲の山中永之佑「明治初期官僚制の形成と堺県知事小河一敏」の一〇〇－一〇三頁を、参照せよ。

＊12　明治元年から同四年にかけての時期に、知事・権知事の専断でなされた、貢租減免（雑税免除）、府県貢租の救恤費流用については、その一覧が千田稔「維新政権の地方財行政政策」論文に掲載されている（六七頁）。

地方官の専断による税の減免措置の実施に対しては、中央政府（民部＝大蔵省）は、強い姿勢をもって臨んだ。山形県の専断による雑税免除を撤回する旨布告した太政官布告（明治四年二月五日付）のなかに、それはよく現われている。すなわち、「山形県専断ヲ以テ管内雑税免除之布告ニ及候段兼テ之御法則ニモ相悖リ甚以無謂次第ニ付民部大蔵両省官員出張右専断ノ布告引戻シ夫々処置可致旨被　仰付候条此段為心得相達候事」（「山形県雑税免除ノ布告ヲ復シ専断ノ所為ヲ処置ス」、明治四辛未年二月五日、太政官第六三）。政府は、山形県の措置を「兼テ之御法則ニモ相悖リ甚以無謂次第」と非難し、民部大蔵両省の官員を派遣して免除布告の撤回を行なったのである。

六、「堤防等目下難閣廉々措置ヲ定ム」（明治三庚午年正月、第六九）

四年太政官第八十八参看[*1]

第六十九　正月（民部省）

普請筋ノ儀先般御布告[*2]ノ旨モ有之候得共細目未審府藩県ノ申立区々ニテ無益ノ手数相掛御失費モ不少ニ付篤ト取調ノ上更ニ規則可相立候得共先以難閣廉々左ノ通相決候間此段申達候

一定例普請ノ儀管轄限取調其年十月中目論見帳ヲ以可伺出候尤是迄定掛場ト唱候外ハ前々普請出来形帳二箇年分宛且私領上知之村々ハ仕来証書相添可差出候若又期月伺間ニ合兼候儀等有之候節ハ其段可相届候追破損ハ格別無謂延引農時ニ差迫見分ノ間合モ無之分ハ翌春普請相除又ハ自普請申付候事

一急破堤切等ノ分ハ目論見帳ヘ巨細絵図面添可相伺若片時モ難閣場所出来ノ節ハ其府県常備金ヲ以仕越取計其段可届出事

一普請仕立方ノ儀検査ノ上差支無之分ハ其地方官ヘ相任大破ノ箇所及ヒ管轄交互ノ場所等難相任分ハ土木司附切可取扱事

附用水配ノ儀モ管轄交互地方官ニテ取扱差支候分ハ土木司ニ於テ可取計事

一堤防並用悪水路普請組合ノ義前々定掛場ト唱候分ハ組合相立居候得共手限場ト唱候場所並私領上知村々等ハ組合高少ク間ニハ一村受ノ向モ有之不相当相見候ニ付右様ノ場所ハ水下村々吟味イタシ成丈組合村高ヲ増シ人夫課役相減候様取調可申立事

一普請坪掛人足ハ丁数ニ寄割合有之候処不相当ノ目論見モ不少候間是迄ノ仕来ニ不拘以来定則ヲ以積立目論見帳ニ

丁数遠近致書載可差出事

一川々丁場ヲ定堤防取締役ヲ立堤通ヘ諸色小屋ヲ補理高役ヲ以明俵其他蓄置水防ノ予備可致候総テ毎年定式人足遣残有之節ハ洲浚或ハ堤防之腹付等ニ遣立可申事

第四百八参看*3

一諸川魚猟ノ為網代麁朶巻等補理水行ノ妨ヲ成候分ハ早々取払可申事

一堤外水開ノ場所ヘ自儘ニ掻上土手等ヲ設致作付或ハ住宅土蔵等取建候儀堅ク可相禁候尤是迄ノ分ハ土木司ニ於テ取調ノ上更ニ致沙汰候迄ハ其儘差置不苦候事

一水刎土出杭等破損取繕ヒハ格別新規ノ分ハ自普請タリ共村方自己ノ取計致候儀相禁可申事

右廉々何レモ土木司廻村整否可致点検候間申合可取計候也

【注解一】　本件「堤防等目下難閣廉々措置ヲ定ム」（明治三庚午年正月、第六九）は民部省が府藩県に宛てて発出した達で、*4「府藩県ヲシテ堤防ヲ修理セシムル方規」*5を示達する。「府藩県ヲシテ堤防ヲ修理セシムル方規」は全九条で、堤防の修築を始めとする河川工事の管轄ならびに実施手続き・実施細則に関する規定と、水行の妨げとなる網代や麁朶巻などの撤去を命じる河川警察的な規定とから成る。*6　本件は河川工事行政と河川警察行政（これらを広く括れば河川行政）に関する民部省（土木司）の府藩県への指示文書である。

2．　以下、条文に即してその内容を見ていくことにする。*7

まず前文であるが、ここには本達発出の事情が書かれている。その事情とは、堤防修理の件について、①この件については以前に布令するところがあったとはいえ、*8その細目は明らかにされていなかった、②そのため府藩県からの工事の伺書も各種各様で、民部省土木司としてその稽査に困難を極めている、③それのみならずこれが冗費の発生にも繋がっているということである。そこで、民部省としては、「日後一定ノ規程ヲ整備シテ以テ頒示スル有ル可キモ、目下先ツ仮ニ措閣ニ付ス可カラサル件項ノ措置ヲ列示ス［ル］」*[9]こととしたのであり、それが本件により示達された「府藩県ヲシテ堤防ヲ修理セシムル方規」であるというのである。*[10]

第一条は定例の堤防修理（定例普請）に関する規定である。定例の堤防修理（定例普請）については、①各管轄単位でその範囲の定例の堤防修理を査理し、毎年一〇月を期限として目論見帳*[11]をもって民部省に伺い出、その承認を受ける、②その際旧幕時代定掛場*[12]と呼ばれていた箇所を除き、そのほかについては前二年間の普請出来方帳*[13]を添付する、また、これまで私領であって維新後納地された村々に関しては、従前の慣例を記した証書を副上する、③もし定期の修理を待つことのできないものがある場合には、とくにその事由を具申する、④修理伺いの提出以降に損壊した堤防を除き、事故がないにもかかわらずいたずらに工事を引き延ばしそのため農事が接近して工事のための見分の時間が取れないような事態が発生したときには、該地を翌年春季の定例修理箇所から削除するか、あるいは民費をもって修理せしむることとする、と定められた。定例普請に関して民部省への普請伺書の提出期限、同伺の提出に際して必要な帳簿・証書類の指定、定例修理を待つことのできないような案件の取扱方、正当な理由なき工事延引への対処方などがここで規定されている。

第二条は急破堤切の場合に関する規定である。これについては「暴壊卒決等ハ目論見帳ニ詳図ヲ副具シテ稟候取決ス」*[14]と原則が書かれ、もし危急止むを得ない場合には「其府県常備金ヲ以仕越取計其段可届出事」とされた。急破堤切についても詳しい絵図面を添付した目論見帳の提出による民部省への工事申請と、その許可にもとづいた工事実施が原則であることが述べられ、ただし申請し許可を得るいとまがないほど差し迫った場合に限り府県常備金から支出して応急の工事を執り行ない、しかるのちにそのことを民部省に報告するとされた。緊急の場合の申請なしの工事実施とその工事の事後報告の規定がここに置かれたわけである。

第三条は工事の管轄に関する規定である。第三条は「普請仕立方ノ儀検査ノ上差支無之分ハ其地方官ヘ相任」すと規定して、民部省の承認を得られた工事案件についてはその施行を管轄庁に委付した。ただし、「其ノ決潰ノ巨甚ナル場所」もしくは「管轄地ノ互錯セル場所」にかかわる工事で地方官への委任が難しいような場合については、「土木司之ヲ料理ス」とした。*[15]

第四条は堤防並びに用水路排水路の普請組合についての規定である。従来定掛場と称されてきた分については普請組合がつくられているけれども、手限場*[16]と称されてきた場所、並びに前は私領であって今般朝廷に返納された村々などについては、組合があってもその石高が少なかったり、中には一村請の場合もあり、普請組合としてふさわしいものとは言えない状況がまま見られる。そこで右のような場所については、①管轄庁が川下の村々を詳しく調べ、なるたけ普請組合を構成する村の石高を増やすように差配して、村々の間で徭役や雑課の負担の公均を図る方向での普請組合編成案を作成すべきこと、②そして編成案を作成したならばそれを民部省に提出して承認を受けるべきこと、これらのことがらが定められた。

第五条は工事に従事する坪掛人足*[17]の人数の見積り方についての規定である。これについては「役夫ハ堤防ノ町数ニ比例シ以テ之ヲ科発スルノ例習」があるが、この慣行にもとづいて作成された目論見帳には人足の数について当を失したものが少なからず見られる。そこで、今後はこの慣行に拘泥することなく、「定則ニ照シテ工程ヲ按算シ、目論見帳ニ其ノ町歩ノ長短ヲ記載シテ稟候取決ス可シ」とした。*[18]

第六条。第六条には工事実務と水防準備事務に関することがらが規定されている。すなわち、①各河川に「丁場」（「町場」*[19]）を定め、そこに堤防取締役を置くこと。②堤通に小屋を建てて俵などの水防用資材を蓄え置くこと。③堤防修理のために常科する役夫の使用状況に余裕のある年は、これを洲の疏浚や堤腹の填補などの工事に移して作業に当たらせること、などが定められている。*[20]

第七条は河川警察的な規定で、漁撈のために設置した網代や簏朶巻など水流の障碍となる物の撤去を命じている。

第八条も同じく河川警察的な規定で、堤内地に勝手に土手などを作って開墾し、そこに作付を行なったり、あるいは住宅や土蔵を建てたりすることは、これを厳禁する、としている。

第九条は水刎、土出、杭等の水制の設置に関する規定で、破損した分の修繕を除き、たとい民費支弁であってもこれらを新たに設けることは禁止するとしている。本条は、河川管理に関する民部省の管轄権を主張し、村方による水制の独自の設置を否定する内容のものである。

最後に、「以上各款ノ工事ハ土木司其ノ官吏ヲ差発シテ以テ点検セシムル有ルニ因リ、宜ク之ト協議シテ措置スヘシ」[*21]と規則運用上の注意（工事に際しての土木司官員の派遣と、派遣された土木司官員との協議の上で工事案件を処理すべきことの地方官への義務づけ）を示し、本方規は結ばれている。

3. 本「府藩県ヲシテ堤防ヲ修理セシムル方規」は、内容的には、堤防の修築を始めとする河川工事の管轄ならびに実施手続き・実施細則に関する規定（第一、二、三、四、五、六条）と、水行の妨げとなる網代や簏朶巻などの撤去を命じる河川警察的な規定（第七、八、九条）とに分類される。

【注解二】 本件「堤防等目下難閣廉々措置ヲ定ム」は、堤防工事を中心として河川工事全般に対する、民部省土木司の監督権限を規定するものである。すべて河川工事の実施には土木司の認可が必要であるとの強い姿勢が読みとれる。当時土木事務に関しては、「土木費、営繕費等は、その急にすべきもののみを選んで僅にこれを許し、不急のものはすべて後廻しにする方針の下に、大節減を加えた」と『大隈侯八十五年史』に記されているように、[*22]工事費の側面からの統制（財政的統制）が強行されていた。これに対して、本件には、もちろん財政的統制の側面からの規定も含まれるが、そのほかに工事内容や河川管理の側面からの統制が顕著に見られる。急破止むを得ない事例のみを例外として工事に先立ち目論見帳の提出を義務づけ、場合によっては絵図面や過去の普請出来方帳の添付も命じる、あるいは水流の障碍となる物の撤去や水制の独自設置を禁止するなどの規定には、後者の方面での民部省土木司の強い姿勢が見られる。本件は、民部省規則第七条、[*23] 府県奉職規則第六条[*24]の規定を、工事の実施手続き、工事内容および河川管理の統制の側面に重点を置いて、詳細化、具体化したものと捉えられる。[*25]

〔注〕

＊1　「治水条目ヲ定ム」（明治四辛未年二月二二日、太政官第八八）。

＊2　参照、「府県奉職規則」（明治二己巳年七月二七日、第六七五）（六九－二四）、第六条。

＊3　「治河規則ニ違犯ノ者無カラシム」（明治三庚午年六月一五日、第四〇八）（七〇－一八）。

＊4　『大蔵省沿革志』は本達を「府藩県ヲシテ堤防ヲ修理セシムル方規ヲ仮設ス」と記述している（大蔵省記録局（編）『大蔵省沿革志（上巻）』、七九、二五八頁）。ここから、本達の宛先が府藩県であったと知られる。民部省土木司は、政府の直轄支配地である府県のほかに、藩までも含めて、それら地方当局が実施する河川工事等につき内容的な統制を行なおうとしていたわけである。

＊5　大蔵省記録局（編）『大蔵省沿革志（上巻）』、七九頁。本方規を『大蔵省沿革志』は「府藩県ヲシテ堤防ヲ修理セシムル方規」と記しているが、本方規には異称がある。「治河規則ニ違犯ノ者無カラシム」（明治三庚午年六月一五日、第四〇八）は本方規を「治河規則」と呼称している。また、『明治工業史 土木篇』は本方規を「堤防治水仮規則」と呼んでいる（日本工学会・啓明会『明治工業史 土木篇』、一〇六一頁）。

＊6　達本文および方規とも立案者は民部省中土木司である（大蔵省記録局（編）『大蔵省沿革志（上巻）』、二五八頁）。

＊7　以下に本方規の内容を紹介するに当たっては、大蔵省記録局（編）『大蔵省沿革志（上巻）』、二五八－二五九頁の記述を参考にした。

＊8　「府県奉職規則」（明治二己巳年七月二七日、第六七五）（六九－二四）、第六条。

＊9　大蔵省記録局（編）『大蔵省沿革志（上巻）』、二五八頁。

＊10 本件収載の方規部分（「府藩県ヲシテ堤防ヲ修理セシムル方規」）は《河川行政に関し猶予することのできない諸事項について規定を置くとしたもの》、すなわち十全な規程ではなく取り急ぎ定めた規程との位置づけであった。整った規程については明治四年一二月の「改定水理堤防条目」までその成立を待たなければならない（「水理堤防条目ヲ改定ス」、明治四辛未年一二月二日、太政官第六三二、参照）。

＊11 「即チ工程ノ予図ヲ記載スル帳簿」（大蔵省記録局（編）『大蔵省沿革志（上巻）』、二五八頁）。

＊12 「定掛場トハ旧幕府勘定奉行ノ直管スル各大川ノ堤防及ヒ用水ノ渠閘等ヲ言フ」（同上）。

＊13 「修繕成功ノ景況ヲ録記スル帳簿」（同上）。

＊14 同上。

＊15 第三条は伺書の審査を終え工事の実施が承認された案件についてその施工管理をいずれが担うかということに関する規定と理解されるが、この点につき、『明治工業史 土木篇』は、第三条の「土木司附切可取扱」（『法令全書』）、「土木司之ヲ料理ス」（『大蔵省沿革志』）の意味を、工事の設計に関して土木司が立会い決定するということだと解釈して、筆者とやや異なった理解を示している（日本工学会・啓明会『明治工業史 土木篇』、一〇六一頁）。

＊16 「手限場トハ地方代官ノ管理スル各小川ノ堤防及ヒ用水ノ渠閘等ヲ言フ」（大蔵省記録局（編）『大蔵省沿革志（上巻）』、二五八頁）。

＊17 「坪掛トハ修理ス可キ堤防ノ歩間ヲ村里ニ派当シ以テ役夫ヲ科発スルヲ言フ」（同上）。

＊18 括弧内はいずれも、大蔵省記録局（編）『大蔵省沿革志（上巻）』、二五八頁よりの引用である。

＊19 「町場トハ修理ス可キ場所ノ歩間ヲ派定セル者ヲ言フ」（大蔵省記録局（編）『大蔵省沿革志（上巻）』、二五八頁）。

＊20 尚、本条に「明俵其他蓄置水防ノ予備可致候」とあるが、管見の限り、これが『法令全書』における「水防ノ予備」の語の初出である。

＊21 大蔵省記録局（編）『大蔵省沿革志（上巻）』、二五九頁。

＊22 大隈侯八十五年史会（編）『大隈侯八十五年史 第一巻』、三一六頁。

＊23 民部省規則第七条は次の通り。「堤防橋梁道路等土木ノ事怠ル可ラス府藩県管轄地所修繕ノ儀伺出候ハ、可否詮議ノ上府藩県

ニ委任施行ス可シ掘割分水等新ニ水利ヲ起シ又ハ利根澱信濃天竜等ノ大河管轄交互スル治河等ハ時宜ニ因リ役員ヲ遣シ其地方官ト戮力施行スヘキ事」。

*24 府県奉職規則の第六条は次の通り。「堤防橋梁道路ノ修繕怠ルヘカラス常ニ其得失ヲ検査シ絵図並積リ書ヲ以テ民部省ヘ伺出其決ヲ受ケ於施行ハ府県ノ任トス尤堀割分水新タニ水利ヲ興シ又ハ管轄所交互スル治河等ハ時宜ニヨリ当省ヨリ出張其地方官ト戮力施行スヘキ事　／　但天災非常ノ破損一日モ遷延シ難キハ此例ニ非ス其以下瑣少ノ修繕等ハ総テ其府県ニ委任ス追テ届出ヘシ」。尚、／は改行を表わす。

*25 本件に言及した論文には、森実「治水政策と法――法体制準備期乃至確立期――」（法政大学『社会労働研究』、第三四巻、第一号、一九八七年九月）がある（同論文の四八－五一頁に本件の紹介がある）。森は、論文中四七頁で、「明治政府が維新後の混乱期にあって、幼稚ではあるが一応の統一的・体系的と思われる治水法を用意するのは、明治四年（一八七一）の『治水条目』ないし同六年の『河港道路修築規則』である」と述べている。これは、森が明治政府による治水法規の整備の歴史に言及したものであるが、ここで、森が「一応の統一的・体系的と思われる治水法」の最初に位置づけられ得るとする「治水条目」を見てみると、同条目は第一条および第二条の冒頭で河川の区域を定めたのち、第二条以降の条款（第二条、第三条、第五条、第六条、第七条、第八条）において河川境界内で禁止または遵守されるべき事項（河川警察的規定）を列挙し、残りの条款（第四条、第七条、第九条）で堤防工事の実施にかかわる細則等を規定するものであったことを知る（「治水条目ヲ定ム」、明治四辛未年二月二二日、太政官第八八の項（本書第二巻に収録の予定）、参照）。この構成は一見して明らかなように治水行政の全体をカバーせず、断片的で体系性を欠いたものである。とくに「治水条目」には、堤防の修築を始めとする河川工事の管轄ならびに実施手続きに関する規定（治水法規の骨格に当たる部分）が欠けている。それゆえ、「治水条目」を単独で「一応の統一的・体系的と思われる治水法」の最初とするのは適当ではない。もし「一応の統一的・体系的と思われる治水法」という視点から明治四年の「治水条目」に注目するのであれば、内容的に「治水条目」と対の関係にある本件――堤防の修築工事を始めとする河川工事の管轄ならびに実施手続きに関する規定はこちらに存する――にも目を配り、この二つを合わせて《最初の統一的・体系的治水法》と見るべきである。

七、「無水岡田開闢法ヲ配布ス」（明治三庚午年正月、第七一）

四年太政官第六十参看[*1]

第七十一　　正月（民部省）

無水岡田開闢法

右者為救民有益不少ニ付別而其管内荒地開墾殊ニ育民方行届候様有之度依而右二部宛差廻シ候間教示可有之候也

【注解】民部省が発出した達である。宛先は表示されていないが、達の文面から見て府県あるいは府藩県宛と判断される。本達は、救荒作物として馬鈴薯を作付することを奨励する目的で発されたものである。民部省は、馬鈴薯の栽培法を解説した岡田明義の著書[*2]『無水岡田開闢法』を「為救民有益不少」と評価し、これを府（藩）県に対し二部ずつ配布すると達した。そして、同書を参考に管内農民に馬鈴薯の栽培についてこれを宜しく教示すべしとし、救荒作物としての馬鈴薯の栽培の普及に向けて地方官を督励したのである。

救荒作物の栽培の奨励は、江戸時代以来「荒政」（「凶荒即ち饑饉に対する政策」）の代表的手法のひとつであった。[*3] 救荒作物の栽培奨励は、災害対策の観点からすれば、寒冷や長雨など気象異常による農業災害の発生の規模と深刻さを抑制、軽減するために採られる事前的な措置と理解される。すなわち、稲の不作が飢饉に直結することを防ぐねらいをもつ。[*4]『無水岡田開闢法』の配布決定が「巳年の困窮」[*5]の只中に行なわれているところから、本件は明治元、二年と続いた気象異常に起因する農業災害の発生への政府の対応のひとつと位置づけられる。

〔注〕

＊1　「岡田貢馬鈴薯ヲ以テ酒味噌等醸造ノ所為ヲ提理セシム」（明治四辛未年二月三日、太政官第六〇）。

＊2　岡田明義（貢）は出羽国由利郡の人。経世済民家。馬鈴薯の栽培と加工の普及を図る目的で文久元（一八六一）年に、馬鈴薯の有利性と栽培法を解説した『無水岡田開闢法』を著した。今、『無水岡田開闢法』は、『日本農書全集』のなかに収められている（山田龍雄・飯沼二郎・岡光夫（編）『日本農書全集　一八　民間備荒録・北条郷農家寒造之弁・農事常語・無水岡田開闢法・上方農人田畑仕法試・耕作口伝書』、農山漁村文化協会、一八九三年二月）。岡田明義の経世済民思想とその事績については、佐藤常雄「無水岡田開闢法・解題」（所収、山田龍雄・飯沼二郎・岡光夫（編）『日本農書全集　一八　民間備荒録・北条郷農家寒造之弁・農事常語・無水岡田開闢法・上方農人田畑仕法試・耕作口伝書』、農山漁村文化協会、一八九三年二月）に詳しい。

＊3　上田藤十郎『近世の荒政――饑饉及び食糧問題とその対策――』、二八－三〇頁。江戸時代に栽培を奨励された救荒作物の代表的なものは甘薯、馬鈴薯、蕎麦などである。馬鈴薯は江戸時代救荒作物としての意義を評価されてその導入が図られた（高野長英『救荒二物考』）が、岡田明義は馬鈴薯栽培をより殖産興業的な視点――すなわち馬鈴薯は「不毛な原野を開発するに当たって水利を必要としない利点」をもつ、また「耕地開発に投下する資金・労働力の軽減」を可能とするという点――から評価していたという（佐藤常雄「無水岡田開闢法・解題」、四五六－四五七頁）。

＊4　またそれは、気象異常により稲の栽培に被害が出た場合にその被害が社会全体に及ぼす影響（社会的動揺→統治の秩序の動揺）を緩和するための予防的措置でもある。

＊5　「巳年の困窮」については、「気候不順ヲ以テ奉幣使ヲ氷川神社外二社ニ発ス」（明治二己巳年七月朔日、第六〇三）の項（六九－二〇）を参照せよ。

八、「夫食種籾類焼農具代等貸渡方ヲ定ム」（明治三庚午年二月五日、第八九）

第三百七十八＊1四年太政官第六百二十三＊2参看

第八十九　二月五日（民部省）　五畿内其外関西諸国 府　県

夫食種籾類焼農具代等諸拝借ノ儀願出候ハ、都テ無利足ヲ以御貸渡年賦返納ノ積可相成候間右ノ心得ヲ以精々遂吟味相伺候様可致尤臨時非常ノ御救助ハ別段御評議可被　仰付儀モ可有之此段相達候事

【注解】民部省が五畿内（大和・山城・河内・和泉・摂津の五ヵ国）ほか関西諸国（近江・伊賀および山陰・山陽・南海・西海の諸道）の府県に宛てて発した達である。水火災等に罹った農民に対する食糧、種籾、類焼農具代などの貸し渡し（賑貸＝救助貸）の件について、一般的規定を示す。その内容は、拝借の願い出があったならば、すべて無利息で貸し渡し、年賦返納の方式をとるものとするというもので、前年七月に大蔵省が関東伊豆国奥羽七州府県宛に発した達と同一である（文章もほぼ同じ）。[*3]

2.『大蔵省沿革志』租税寮の部明治三年二月五日条には、「夫食、種稲、農具資等ノ貸付法ヲ関西諸国ノ府県ニ頒示ス」と題する記事があり、その冒頭に本件発出の経緯が次のように述べられている。[*4]

議案ニ曰ク、別録即チ元年十二月二十四日[*5]及ヒ二年七月十四日[*6]ノ二条是レナリノ貸付法タル関東諸国及ヒ陸羽諸国ノ府県ハ已ニ頒示セシモ、畿内関西諸国ノ府県ノ如キハ偶マ之ヲ遺漏シタリ、今マ更ニ之ヲ申達セン。

賑貸（救助貸）事務の施行に関して関東・陸羽諸国の府県への対応が優先されていた様子がこの部分から窺い知れる。

3. 賑貸（救助貸）について、民部省は明治二年一二月一七日に、済貸条件と貸付金額を定めた省中内規（「夫食米、仮皮資、耕具資、種稲麦ヲ済貸スル規例」）を設けた。[*7] また、「臨時非常ノ救済」に関しては、それより前の明治二年一二月八日に、「水火災ノ節窮民救助ノ措置ヲ定ム」（明治二己巳年一二月八日、第一一三〇）（七〇－三）を発出している。この「水火災ノ節窮民救助ノ措置ヲ定ム」によって民部省は府県に対し罹災窮民の済恤方を示達したが、そ

の後段は賑貸（救助貸）の取り計らいについての指示に割かれていた。それは次のようなものである（傍線部、参照）。「譬ハ洪水ニテ堤切入人家押流シ又ハ数日家居床上迄水湛或ハ火災ノ節夫食諸道具可持退猶予無之皆焼失イタシ凍餒目下ニ迫リ難捨置分等凡日数十五日ヲ限一日男ハ米三合女ハ二合ノ当リヲ以速ニ施行イタシ其段相届可申其上ニモ取続難相成諸拝借等相願候分ハ事宜得ト遂吟味兼テ御布令ノ通心得取調相伺候儀ト心得区々不相成様可取計候事」[*8]。すなわち「水火災ノ節窮民救助ノ措置ヲ定ム」において、政府は、府県に対し、賑貸（救助貸）についてはすでに布令してある通りの処置を講ぜよと命じたのである。しかし、五畿内ほか関西諸国の府県にはこの布令が発出されていなかった。そこで本達の発出に至ったのである。当時政府が罹災窮民の救助と言ったとき、その眼は他のどこよりも関東・陸羽諸国に注意深く向けられていた。本達発出に至る経緯はこのことを明らかにしている。

〔注〕

＊1　「諸県窮民類焼ノ節諸拝借稟候所分ヲ定ム」（明治三庚午年五月晦日、第三七八）。
＊2　「県治条例」（明治四辛未年一一月二七日、太政官第六二三）。
＊3　参照、「夫食種籾農具等貸下ノ措置ヲ定ム」（明治二己巳年七月一四日、第六五二）の項（六九－一二）。
＊4　大蔵省記録局（編）『大蔵省沿革志（上巻）』、二五九頁。傍線は割注部分である。
＊5　「定免切替伺其他租税取計及諸帳簿進致ノ方ヲ定ム」（明治元戊辰年一二月二四日、第一一四四）（六九－六）。
＊6　「夫食種籾農具等貸下ノ措置ヲ定ム」（明治二己巳年七月一四日、第六五二）（六九－一二）。
＊7　「夫食米、仮皮資、耕具資、種稲麦ヲ済貸スル規例」については、「水火災ノ節窮民救助ノ措置ヲ定ム」（明治二己巳年一二月八日、第一一三〇）の項（七〇－三）で詳しく紹介した。参照されたい。
＊8　『法令全書（明治二年）』、五〇三－五〇四頁。

九、「不開港場規則難破船救助心得方条目」（明治三庚午年二月二九日、第一四八）

第百四十八　二月二十九日（布）（太政官）

不開港場規則難船救助心得方等之条目別紙彫刻之通被　仰出候間此旨相達候事

（別紙）

四年太政官第百九十七参看[*1]

不開港場規則／難船救助心得方条目

外国貿易之儀ハ神奈川港ヲ初大阪兵庫長崎新潟箱館六ヶ所御取開相成候上ハ諸商買トモ右場所オイテ取引可致処不開港場ヲイテ密商イタシ候哉之趣相聞以之外之事ニ候右ニ付而ハ先達而御布令之趣[*2]モ有之御条約面ニモ明細ニ掲載イタシ有之儀ニ付向々ヲイテ厚可相心得筋ニハ候ヘ共津々浦々辺鄙之場所ニ至候而ハ取計方不相弁モノモ可有之或ハ難船救助之筋ト入混シ難船人エ対シ不親切之取扱イタシ候而ハ御交際上ニ差響候儀ニ付夫是以今般猶又廉々別紙之通心得方被　仰出候依而ハ府藩県ヲイテ取締不行届ソノ土民共外国人ヲ引入レ内密ニ売買イタシ候節ハ仮令其事不仕遂候トモ当人幷其支配タル者マテ急度御咎可被　仰付候尤吟味之上其土地管領之モノ同意イタシ居候歟又ハ心得ナカラ見遁シ候儀相知レ候節ハ猶更厳重御処分可有之候ニ付向々ヲイテ取締之儀猶一層行届候様可致候事

太政官

午正月

（副款部分六行省略。）

追而別紙条目之儀ハ外務省ニ摺モノ有之候間不足之向ハ何部ニ而モ同省へ申立可受取候事

（別紙）

条目

九年太政官第百十七号達参看*3

不開港場取締心得方規則

（省略。）

難船救助之事

一難船ニ而困苦之体ニ相違無之節ハ其困苦之軽重ニ随ヒ相当ニ扶助イタシ可遣事

但船ニ乗組居リカタキ程ニ候ハヽ、其海岸最寄寺院也民家也可然場所へ止宿為致食料衣服等マテ仕賄可遣事

一船之修復ニ取掛リ候ハヽ、鍛冶大工職其他人夫ハ勿論器材マテ用意イタシ可遣事

一乗組人之内溺死之戸有之歟或ハ滞留中病死之者埋葬之儀申立候ハヽ、墓所之内都合ヨキ場所へ埋葬可為致事

一洋中ヲイテ大船破摧シ乗組外国人之内猶船具等ニ取付生残リ居候体見当候ハヽ、早々我船へ助ケ載開港場へ送届候歟又ハ其土地支配之者へ引渡其支配之者受取海陸便宜ヲ見計開港場へ可差送事

一難船漂着候ハヽ、早々外務省歟又ハ開港場之内可成里数近キ所へ昼夜ニ不限注進ニ及其掛リ官員之出張ヲ申立差図可受事

一難破イタシ船難用立陸路ヨリ開港場へ罷越度段外国人ヨリ願出候ハヽ、承届附添之者可成余計ニサシ出最寄之開港場へ可送届事

一困難之船隠レ洲等ニ乗懸ケ難引出其儘船主引払候節ハ右船滓又ハ鉄具碇鎖等マテ沈没之マヽ、追追流失候トモ又ハ村方ニ而取捨候トモ向後異存ナキ旨外国人ヨリ横文之書面取置ヘキ事

一難破之船滓其マヽ、差置外国人ハ一旦引払追々右船引出シ方トシテ再可差越候ニ付其間船其外之モノトモ預リ置ク

レ候様外国人ヨリ相頼候トモ容易ニ引受申間敷彼方ヨリ遮而申立候ハ、其筋ヘ伺之上可引受勿論入費可相掛儀ニ付右賃銀受取候儀ハ不及申跡々ニ而異論不差起様何事ニモ書面可取置事

八年第七十号布告ヲ以テ本項改正*4

一困難救助ニ付候入費之立方ハ御国民難船イタシ度々外国人ニ被救候事モ有之双方相互之事ニ而天災之儀ニ付土地之入費ニ相立候事相当ニ有之候乍去船修復又ハ滞留日数長引候節ハ土地難渋ニ及候儀ニ付最初ヨリ之諸勘定巨細ニ相認外国人ヨリ其都度見留印ヲ受一ト句切リ毎ニ受取可申尤当人持合セ無之候ハ、証書取置開港場ヘ送届候節其裁判所ヘ差出可申尤時誼ニ寄総而土地入用ニ相立外国人ヨリ不取立筋ニ相決候ハ、其府藩県之入費ニ可相立勿論イサイ之事ハ類例モ有之儀ニ付外務省又ハ開港場掛リ官員ニ相届仕訳ケヲ可受事*5

（改正）一沿海地方ニ於テ外国船困難ノ節救助方ニ付出費ノ儀ハ総テ其船主ニ属シ相当ニ候得共船主ニ属スヘカラサル部分於有之ハ内訳精細区分致シ其地管轄ノ府県庁ヨリ官費ヲ以テ支払候事ト相心得船主ヘ談判致シ船主ヨリ相当償却高ノ外猶不足ノ残額ハ内訳精細書相添管轄府県ヨリ大蔵省ヘ申出処分ヲ可受候或ハ船主ノ自費ト地方庁ノ官費ト区別判然致サヽル部分ハ暫ク官費ヲ以テ繰替置船主留滞中ナラハ其趣船主ヘ心得置セ若シ船主其他乗組ノ者既ニ困難場引払後ナル時ハ先以テ最寄開港場ノ府県長官ヘ照会シ同所長官ヨリ其旨船主又ハ船主管轄ノ領事ヘ申入置セ而後右区分ノ見込外務省ヘ申出何分ノ指揮ヲ受ヘク若シ船主ヨリ受取ルヘキ分本人持合セ無之候ハ、証書取置是又前文同様開港場ノ府県長官ヘ可相廻事

一難破ノ船具又ハ汐濡之荷物或ハ船滓等売払度旨外国人ヨリ申立候ハ、右ハ相当之価ヲ以買求候儀不苦尤其段可相届事

一難船ニ而永々滞留可相成様子ニ候ハ、府県トモ其筋ヨリ警衛之モノ可差出事

一乗組人無之西洋之難破船海岸ヘ漂着候ハ、其様子イサイニ可相届事

一総而外国人ニ取引イタシ候勘定書或ハ証書之類ニ至マテ和文ニ而ハ難用立候ニ付彼国之文字ニ而為相認書キ判又ハ調印為致置ヘシ和文ニ而ハ後日之証ト難相成候此方ヨリ可差出証文等有之候ハ、和文ニ相認右ヘ調印イタシ可差出彼方ヨリ望候トモ意味不相知西洋文ヘ調印ハ勿論名面認載候儀不相成被欺候儀有之候トモ後ニ其詮無之事ト可相心得候事

一右条目ニ有之伺出候儀又ハ届書トモ其場所ヨリ最近キ開港場歟又ハ東京外務省ヘ差出候事ト可相心得勿論事柄永引キ手軽ニ不相済儀ハ開港場ヘ相届候上猶又外務省ヘ可申立事

右之通

明治三年正月

【注解 一】 密貿易の取り締まりを主眼とする「不開港場規則」と、風浪に遭って難破した外国船の救助を目的とした「難船救助心得方」である。[*6] 一見無関係に思えるこの二つの規則が組になって布告されたところに、わが国の最初期の災害応急救助法令の、とくにそれの導き出され方とその内容上の特質がよく表れている。そこで、まず、この二つの規則がどうして組となって出されたのか、その経緯から見ていくことにしたい。本件布告の経緯は条目の前に置かれた前書にも記されているが、『大蔵省沿革志』本省の部明治三年二月二九日条により詳しく書かれているので、以下これを引く。[*7]

二十九日、港湾提警規則及ヒ遭難船舶救援規則ヲ頒布ス。

布告ニ曰ク、貿易港外ノ港湾ヲ提警スル規則幷ニ遭難船舶ヲ救援スル規則ヲ頒布ス、其レ宜ク之レニ照遵シテ措置スヘシ。

外国ト互市ヲ開クノ場地ハ横浜、大坂、神戸、長崎、新潟、箱館ノ六港ニ限ル、故ニ内国商賈ノ外国商賈

ト貿易売買ヲ為スハ総テ此ノ六港ニ於テ可キ者トス、然ルニ聞ク往々開港場外ノ港湾ニ於テ密商闌市スル有リト、是レ嘗テ二年六月晦厳ニ令禁セシ所ニシテ即チ貿易条約ニ明記スル事犯ニ係ル、然ルモ若シ遐僻浦浜ノ住民等密商闌市ノ嫌疑ヲ避ル為メニ風浪ノ難ニ遭ヘル外国船舶有ルモ坐視シテ之ヲ救援スル無ケレハ則チ亦タ信義ヲ外国ニ失セントス、是ヲ以テ左項ノ条目ヲ頒布シテ港湾ヲ提警シ、及ヒ遭難船舶ヲ救援セシム、各府藩県若シ提警ノ周到セスシテ管轄人民ノ外国商人ニ串通シ密商闌市スル有ラハ、仮令ヒ其ノ事犯ノ半途ニ発覚スルモ尚ホ本犯及ヒ当該官吏ヲ併セテ罪ニ坐セシム、若シ夫レ管轄府藩県或ハ密商闌市ノ事犯ニ干与シ及ヒ情ヲ知テ告ケサル有ラハ、更ニ重罰ヲ加ヘン、其レ宜ク此ノ旨趣ヲ承奉シテ厳密ニ提警スヘシ。

往々開港場外の港湾にて密貿易がなされているとの話を聞く。密貿易は条約にも明記されている事犯であるから、ここに「貿易港外ノ港湾ヲ提警スル規則」を定めてこれを厳しく取り締まるつもりである。もし府藩県において取締に手落ちがあったり、また府藩県の官吏自身が密貿易に関与するようなことがあったら、これを厳罰に処さんとするものである。しかるにこのように密貿易の取り締まりを厳格化すると、こんどは、密貿易の嫌疑をかけられることを恐れて、風浪により難破した外国船があっても救援に立ち向かうことを忌避する姿勢が現われる恐れがある。この懸念が現実のものになると、これはこれで外国に対して信義を失する行為であり、外交上の問題となる。そこで、上の「貿易港外ノ港湾ヲ提警スル規則」と併せて「遭難船舶ヲ救援スル規則」を布告し、遭難外国船の救援に遺憾なきを期したい。——これが「不開港場規則」との組で「難船救助心得方」が布告された事情である。[*8]

規定中に災害応急救助の条項を含む法令として、先に「浦高札」(「港浦標榜」)を挙げた。[*9] この「浦高札」は海上警察に関する一般法であるとはいえ、とくに租米廻漕の確実を意識しており、その目的で作られた法規と言い得るものであった。[*10] それに続く災害応急救助法令が本件「難船救助心得方」である。これもまた、上に述べた如く、その制定は、風浪による難船一般の救助の必要の認識に出るものではなかった。本件の制定動機は、密貿易取締の強化にともない、人民が外国船との接触を忌避するあまり遭難外国船への救助がおろそかになって、それが「信義ヲ外国ニ失セントス」ることを恐れる点にあった（だから「難船救助心得方」に規定された救助対象は、国内船も含めた難船一般ではなく、遭難した外国船であった）。

わが国における災害応急救助法令の第一歩を記す二つの法令のうち、「浦高札」は風浪に窮した租米運送船の救助を念頭に置いたものであり、「難船救助心得方」の方は、外交上の信義の観点から「風浪ノ難ニ遭ヘル外国船船」を救助せずんばあらずという論理で布令されたものであった。わが国における災害応急救助法令の始まりを見ると、上に述べたように、そこでは、法令が必ずしも人命救助の論理（難船救助の必要性）そのものから出てきたというわけではなく、それ以外の事情から応急救助が要請されるのでその限りで関係の法令を発出するという構造になっていたのである。*11

【注解二】 次に、「難船救助心得方」（「遭難船舶救援規則」）の内容を、その条文にしたがって見ていくことにする。

第一条は風浪により難破した外国船（とその乗組員）の救助について規定する。救助後船の破損がひどくそれに乗り居ることができない場合には、乗組員を上陸させて避難所（一時的な宿泊施設）および食料、衣服を給与するとある。*12 第二条は外国人がその遭難船舶を修理しようとする場合の援助について定める。彼らが大工や鍛冶職人、あるいは人夫などを雇用し、また修理用の器具や木材などを購入できるように、しかるべき手配をすべしと規定している。第三条は溺死または滞留中に病死した外国人の埋葬に関する規定である。第四条は、船具などにつかまって漂流している外国人を見つけた場合の救助と、救助したあとの対処方を定める。すなわち、漂流者を発見したら速やかに船を仕立てて救助し、開港場まで送致すべしとしている。

第五条は漂着船があった場合の対処方を定めたものである。これについては、急逓夫を差発して外務省もしくは開港場管轄庁に連絡し、その官員の出張を請い、指揮を受けるべしとする。第六条は難破外国船の乗組員を開港場まで移送するのに陸路を使用する場合の取り計らい方に関するものである。送致に際して、付き添い（領護者）をできるだけ多くつけることが求められている。このうち第七条と第八条は外国船が沿海で座礁した場合の扱いについて規定する。第七条は座礁船の船主が船を残したままその場から立ち去る場合の注意事項を述べる。すなわち、座礁船の船材・船具等が沈没したまま流失しようと、あるいはまたそれらを村方が取り捨てようと、いずれにても異存なき旨の横文字の書面を、外国人船主から取り置くことを指示している。これに対し第八条は、座礁船の船主が当面その場を離れ後日船舶の回収に訪れるとして、船体・船具等の一時的管理を要請してきた時の対処方について定める。この場合の対応の基本は「断然拒絶」すべしであるが、やむを得ない場合には所轄官庁に伺いを立てた上で船体等の監視を引き受け、それに係る費用については後日もめごとが生じないようにあらかじめ取り決め置くべしとした。

第九条は遭難船舶の救援費用についての規定である。これについては、救援それ自体は「彼是互相ノ義務」[*13]であるから外国人に負担を求めることはせず、基本的に救援を行なった地方に派課するとした。ただし、金額が巨多に上った場合には、掛かった費用を詳細に計算記帳しておき、当該遭難外国人からその帳簿への検印を取り置いて、区切りごとに費用を請求し、彼方からそれを受け取るべしとした。第一〇条は外国人船主が遭難船舶の船材や船具あるいは積載貨物の売却を申し出た場合の対処方を規定する。適当な価格での買い取りを認め、事後に所轄庁に報告するものとした。第一一条は遭難船舶の船主および船員がその地に長期滞留する場合の対処方を定める。この場合には管轄府藩県が警護吏を派遣すると定めている。第一二条は無人の外国船が漂着した場合の処置についてで、「其様子イサイニ可相届事」とする。第一三条は遭難船舶の外国人から受け取る／へ渡す証書類の書式・様式と、その作成ならびに受領に際しての注意事項を定める。

2. 「難船救助心得方」はその救助対象を外国船舶に置くものであったが、その条規を見ると、第一条から第四条に難船救助の、その意味で海上における災害応急救助の基本事項が規定されていることがわかる。基本事項とはすなわち、遭難船の救助、救助された人びとへの宿泊所および食料・衣服等の提供、破損船舶の修理に関する援助、死亡者の埋葬、漂流者の救出である。

〔注〕

＊1　「外国船漂着ノ節取扱方規則再定」（明治四辛未年四月二二日、太政官第一九七）。
＊2　「諸藩外国船ヲ雇使シテ開港場外ニ運輸スルヲ禁シ又開港場ニ赴クト称シ窃ニ他所ニ赴ク者ノ処置ヲ定ム」（明治二己巳年六月晦日、第五九六）。さらに、「諸藩外国船ヲ雇使シテ不開港場ニ運輸スルヲ禁シ又開港場ニ赴クト称シ窃ニ他所ニ赴ク者ノ処置ヲ定ル前令ヲ改ム」（明治二己巳年八月二二日、第七二五）も参照のこと。
＊3　「浦役場ヲ設置シ浦役人ヲ命スル条欵」（明治九年一二月二一日、太政官第一一七号達）。
＊4　「難船救助心得方規則条目第二十五項改定」（明治八年五月四日、太政官第七〇号布告）。
＊5　傍点は原文。改正の挿入も原文にあるものである。
＊6　『大蔵省沿革志』は、前者を「港湾提警規則」、後者を「遭難船救援規則」と呼称している（大蔵省記録局（編）『大蔵省沿革志（上巻）』、七九頁）。『大蔵省沿革志』の呼称の方が条目の内容をより的確に表わしているといえよう。
＊7　同上、七九－八〇頁。
＊8　ロジックとしては、密貿易取締を主目的とした、開港場外の港湾における外国船舶取締規則（「不開港場規則」）がまず設けられ、それを前提として、それがもたらす不都合を回避するための措置として、「難船救助心得方」が作られたという構図である。
＊9　「浦高札」（明治二己巳年九月一八日、第八九一）（六九－三二）。
＊10　この点に付き、「浦高札」（明治二己巳年九月一八日、第八九一）の項（六九－三二）を見よ。

＊11　つまり、明治初期に制定されたこれらふたつの災害応急救助法令は人命救助それ自体を独立の価値とする論理構造をもたず、また実際に制定の経緯を見ても、応急救助それ自体が法の目的として独立的に追い求められたわけではなかった、ということである。これに対して、戦後制定された災害救助法（昭和二二年一〇月一八日、法律第一一八号）における救助——災害に罹った者の救出もそこに含まれる——は、災害時において国民の基本的生存の保障を具現化したものであり、応急救助（救出）そのものが目的（価値）として捉えられている（参照、生田長人『防災法』、信山社、二〇一三年一一月、一五五頁）。ところで、しばし明治前期の災害対策法令から離れるが、上に触れた災害救助法における救助について一点のみ議論を付しておきたい。それは、災害救助法第二三条の「救助の種類」にいう救助の中身についてである。同法制定当初、第二三条にいう救助は、救出、救命活動ではなく、被災し避難した人々、救出された人々に対する救援（応急対応）を内容としていた。「救助」の中身に「災害にかかった者の救出」が入れられたのは、一九五三（昭和二八）年改正（昭和二八年水害直後の改正）のときである。このとき、「災害にかかった者の救出」が、「災害にかかった住宅の応急修理」とともに、「救助」のなかに加えられたのである。参照、「災害救助法の一部を改正する法律」（昭和二八年八月三日、法律第一六六号）。災害応急救助には《救出、救命の活動》と《被災し救出されたあるいは避難した人々に対する救援》のふたつがあり、本項目で論じている災害応急救助法令は前者に関するものである。

＊12　『大蔵省沿革志』所載の「遭難船舶救援規則」第一条は、次のように書かれている。「第一、外国船舶ノ風浪ニ遭ヒ困苦スルヲ見ハ其ノ遭難ノ軽重ニ応シ相当ノ救助ヲ与フ可ク、若シ載漕ニ耐ヘサレハ海辺ノ寺院若クハ民屋ヲ択ミテ外国人ヲ憩宿セシメ食料衣服等ヲ給与ス。」（大蔵省記録局（編）『大蔵省沿革志（上巻）』、八一頁。）「遭難船舶」というも、このように、『大蔵省沿革志』所載の「遭難船舶救援規則」の第一条の冒頭にはそれは「外国船舶ノ風浪ニ遭ヒ困苦スル」者のことであると明記されているのである。

＊13　同上、八二頁。

一〇、「勘定帳記載方ヲ定ム」（明治三庚午年三月七日、第一七九）

四年太政官第十七ヲ以テ改ム[*1]

第百七十九　三月七日（民部省／大蔵省）

府　県
預所アル諸　藩

一勘定帳認方別冊之通相定候間去巳年分ヨリ雛形ニ倣ヒ記録可致候事

一昨年相達置候通翌年[*2]九月ヲ限リ致勘定十二月迄ニ可差出候若精算難相成品モ有之候ハ、其趣可伺出事実相違於無之ハ其事件ノミ年送リ勘定ニ致候様相達候条渡合外書ニ認可申事

一諸上納諸払向廉々別紙勘定組書付之通其司限リ宛別帳ニ認可差出取調済調印ノ上可相渡候間右書付並出納司納札へ写相添勘定帳トモ可差出候尤調印書付ノ内年季定等有之後々査合ニモ可用分ハ写相添差出可申其年限リ之印章書付類ハ差出切ニ可致候事

一勘定帳改済之上相達次第清帳可差出為後証民部省印章ヲ加へ可渡事

【注解二】明治三年三月七日、民部＝大蔵省は、府県および寄託地ある諸藩に、租税勘定帳の記載要領（書式の雛形付）を頒示した。[*3]政府はこの時期、取箇帳、郷帳など財務関係の諸帳簿の様式を定めて次々と府県に達示し、[*4]これらを提出させることにより府県の歳入歳出の実態を詳細にわたって把握しようとしていた。本件もこの流れに属する措置である。

（別冊）

用紙西ノ内凡寸法竪壱尺五分／横七寸五分苧縄綴

年号支年

何

何国御勘定目録

何

何 県府

年号支年御勘定目録

高何程

内高何程　去何御高入

内高何程　何々上知

一　何国

反高何程

【1870年】（明治２年11月30日から明治３年11月10日まで）

内高何程　何々上知　　御高入並新規上知之分者其年而已相記翌年ヨリハ認候ニ不及事

米何程

内米何程　反高見取流作場之分

此貢

永何程

内永何程　反高見取流作場之分

一高何程　何国

米何程

内米何程　見取之分

此貢

永何程

内米《ママ》何程　見取之分

一

高何程　何国

反高何程

此貢米何程

内米何程　反高見取之分

高何程

内高何程　去何御高入

合

内高何程　何々上知

反高何程

内高何程　何々上知

此貢

米何程

内米何程

米何程

内

米何程

米何程

内

米何程

此斗立何程

米何程

此斗立何程

此斗立何程

米何程

何

何国

何

御高入並新規上知之分者其年而已相記翌年ヨリハ認候ニ不及事

反高見取流作場之分

但本石何程ニ口米何程掛

但本石何程ニ口米何程掛

但延米不掛

但本石何程ニ何程延

但本石何程ニ何程延

延米不掛国々ハ斗立之廉可除事

米納

内大豆何程　大豆納
米何程　石代金納
此代金何程
内
米何程　何国／何国定石代
此代金何程　但何直段金壱両ニ付米何程
米何程　何国石代
此代金何程
米何程　何石代
此代金何程　但何直段金壱両ニ付米何程
内
米何程　何々石代
此代金何程　但何直段金壱両ニ付米何程
米何程　御廻米難船皆濡米
此代金何程　所御払代
米何程　丸俵之分
此俵何程
内
此代金何程　但壱俵ニ付永何程
米何程　乱俵之分
此俵何程

此代金何程　　但壱俵ニ付永何程

石代納名目又者相場違候分者幾廉ニテモ此振合ニ可認銀納国々者此案文ニ傚ヒ夫々廉限可認此余ノ廉々モ総テ准之

永何程
内永何程　　反高見取流作場之分
何年貢　何々
何運上　何々
何冥加／何役小物成

一米何程
内米何程　　反別附之分　何々　何々　何々　何々
此段別何程
外　米何程　　何役ノ内何ヨリ何迄何ヶ年免除
米何程　　何冥加之内何壱ヶ年免除
米何程　　但延米口米不掛
内米何程　　但本石何程ニ何程延
此斗立何程　　但本石何程ニ口米何程掛
米何程　　但本石何程ニ何程延
此斗立何程
米何程　　但口米不掛

一米何程　　　　何年貢
　此斗立何程　　　但本石何程ニ何程延
是者何々国村々定納小物成証文有之去何年分取立如斯
　此代金何程　　　但何直段金壱両ニ付米何程
米何程　　　　何石代
　此代金何程　　　但何直段金壱両ニ付米何程
内米何程　　　　何石代
　此代金何程
米何程　　　　何国石代
　此代金何程　　　但何直段金壱両ニ付米何程
米何程　　　　何国石代
内
此斗立何程
　此斗立何程
米何程　　　　但本石何程ニ口米何程掛
　此斗立何程
内米何程　　　　但本石何程ニ口米何程掛
　此斗立何程

是者何国村々何年貢米此反別何程但壱反ニ付米何程余ニ当何ヨリ何迄何箇年季証文有之去何年分取立如斯

一米何程　但延米不掛　何々冥加米

外米何程　何ヨリ何迄何ヶ年免除

是者何国村々何々冥加米何ヨリ何迄何箇年季証文有之去何年分取立如斯

何年貢　何々

何運上　何々

何冥加／何役小物成

何々　何々　何々　何々

一金何程

内金何程　口永不掛

内金何程　段別附之分

此反別何程

外反別何程　前々何々引

金何程　前々何々ヨリ何迄何箇年季引

外《ママ》(此カ)反別何程

外永何程　前々何々ヨリ何迄何ヶ年季引

此反別何程

金何程　何年貢何役永何ヨリ何迄何ヶ年免除

是者何々国村々定納小物成永証文有之去何年分取立如斯

一金何程　年々増減何役永

是者何国何郡何村何役永去何年分証文有之取立如斯

一金何程　何運上

金何程　何ヨリ何迄何ヶ年季

内金何程　何ヨリ何迄何ヶ年季

金何程　何ヨリ何迄何ヶ年季

是者何国村々何運上証文有之去何年分取立如斯

一金何程　何冥加

金何程　何ヨリ何迄何ヶ年季

内金何程　何ヨリ何迄何ヶ年季

金何程　何ヨリ何迄何ヶ年季

是者何々々国村々何冥加証文有之去何年分取立如斯

口永不掛

一金何程　年々増減

何分一運上

是者何国何郡村々何分一運上去何年分証文有之取立如斯

一米何程　口　米

米何程　但延米不掛

内米何程　但本石何程ニ何程延

此斗立何程

米何程　但本石何程ニ何程延

此斗立何程

此斗立何程

内
米何程　米納

米何程　石代金納

此代金何程

米何程　何国

此代金何程　但何直段金壱両ニ付米何程

内
米何程　何／何国

此代金何程　但何直段金壱両ニ付米何程

是者何々国村々本途反高見取流作場小物成共合米何程ヱ掛候口米但内米何程者何程ニ口米何程宛此口米何程

米何程者何程ニ口米何程宛此口米何程合書面之通去何年分証文有之取立如斯

一金何程　口　永
是者何々国村々本途反高見取流作場小物成共合永何程之内口永不掛分何程除之残永何程ヱ掛候口永但永何程
ニ付口永何程宛去何年分証文有之取立如斯
一米何程　伝馬宿入用
米何程　但延米不掛
内米何程　但本石何程ニ何程延
此斗立何程
米何程　但本石何程ニ何程延
此斗立何程
此斗立何程
此代金何程
米何程　何国
此代金何程　但何直段金壱両ニ付米何程
内
米何程　何／何国
此代金何程　但何直段金壱両ニ付米何程
是者何々国高合何程ノ内高何程者何沼廻新田不定地ニ付免除高何程者荒所田畑高免除高何程者損毛田高五分以
上何壱ヶ年免除之分引之残高何程ヱ掛候伝馬宿入用米但高百石ニ付米六升宛去何年分証文有之取立如斯

六尺給米
御蔵前入用
右ニ廉伝馬宿入用之廉見合可認尤免除高之内代助郷高等年季極有之分者右年季ヲモ可相認事

一菜種何程　　正　納
此斗立何程　　但本石何程ニ何程延
是者何々国村々定式高掛菜種納但村高何程之内高何程者何々免除高引之残高何程へ掛候分高百石ニ付菜種何程
宛去何年分証文有之取立如斯

一金何程　　何ヨリ何迄何ヶ年賦新開地代永
是者何国何郡何村地内新開地代永何程何ヨリ何迄何ヶ年ニ割合壱ヶ年金何程宛証文有之去何年分取立如斯

一米何程　　宿々御囲穀
内米何程　　何ヨリ何迄何ヶ年賦夫食貸渡詰戻候分
内米何程　　去何詰戻
外米何程　　追々可詰戻年限中之分
但当何ヨリ何迄何ヶ年賦壱ヶ年米何程宛未年者米何程詰戻之積
是者何街道宿々凶年之節夫食並旅人賄米為手当前々伝馬宿入用米之内何宿エ米何程何宿エ米何程何宿エ米何程

囲置候内去ル何年中何々ニ付何宿エ米何程何宿エ米何程年賦ヲ以貸渡残米並去々何年迄詰戻之分共新米ニ引替囲置同年払ニ相立候分並去何詰戻之分共書面之通御囲穀相成証文有之同年元ニ組如斯

此外村々御囲穀或ハ前々囲穀払代貸附元利置金等之類有之ハ夫々廉限其起立ヲモ取摘此振合ニ準可相記事

一籾何程　　貯穀二十分一下穀

是者何々国村々貯夫食天明度出穀高之二十分一旧幕中下穀一村限ニ囲置不更痛以前村々作徳米之内ヲ以新籾ニ引替候積証文有之去々何年払ニ相立候分去何年元ニ組如斯

一金何程　　御林損木払代

是者何々国村々御林損木払代去何年分証文有之取立如斯

並木損木払代等有之ハ此振合ニ準シ別廉ニ可認事右ノ外御廻米納筵菰代或ハ品々払代其外地方ニ付候納物之類夫々廉限可認事

一米何程
金何程　　支置居米金

是者何々国村々去々何置米何程置金何程之内米何程金何程諸渡方之分引之残米金書面之通証文有之同年払ニ相立去何年元ニ組如斯

右寄

米荏大豆何程

内

米何程

金何程

此米荏大豆何程

金何程

金何程

三口

合金何程

大豆何程

菜種何程

米何程

籾何程

籾何程

右渡方

前廉限ニ不拘品々之例

米納

石代金納

本途小物成其外品々金納

貸附元利置金

正納

御囲穀

貯穀ニ十分一下穀

金何程　　　　　　　　　　　　大蔵省納
米何程　　　　　　　　　　　何方御蔵納
菜種何程　　　　　　　　　　右同断
米何程　　　　　　　　　　　菜種代米
是者何々国村々菜種納高何程之内菜種何程石代幷代永渡之分引之残菜種何程本石何程ニ何程延此斗立何程但斗
立壱石ニ付代米何程宛去何年分証文有之相渡如斯
金何程　　　　　　　　　　　　同石代
此米何程
金何程　　　　　　　　　　何国
此米何程　　　　　　　　　但何宿支何月何相場金壱両ニ付米何程
内金何程　　　　　　　　　何国
此米何程　　　　　　　　　但何町右同断金壱両ニ付米何程
金何程　　　　　　　　　　何国
此米何程　　　　　　　　　但何村右同断金壱両ニ付米何程
是者何々国村々菜種納高何程ノ内菜種何程正米並代永渡之分引之残菜種何程本石何程ニ何程迄《ママ》此斗立何程但斗
立壱石ニ付代米何程宛去何年分証文有之石代ヲ以相渡如斯
金何程　　　　　　　　　　　同代永
是者何々国村々菜種納高何程之内菜種何程正米並石代渡之分引之残菜種何程但本石何程ニ付代永何程宛去何年
分証文有之相渡如斯

地役人扶持渡等有之分ハ左之振合ヲ以書載可申事
米何程　　　　　　　　　　　　　　何番御扶持
是者何国何郡何村何番何人壱人ニ付何人扶持宛去何々月幾日ヨリ同何月幾日迄小ヲ引日数幾日此延
日数幾日一日壱人米何程宛証文有之相渡如斯

米何程　　　　　　　　　　　　　　養老扶持
是者何々国村々養老扶持内米何程者何歳以上ノ者何人壱人ニ付米何程宛米何々者何歳以上ノ者何人壱人ニ付米
何程宛合書面之通去何年分相渡証文有之如斯

米何程　　　　　　　　　　　　　　海中捨御失墜米
此俵何程　　　　　　　　　　　　　但何程入
是者何国村々支東京御廻米積船及破船候ニ付吟味伺之上米何程之内米何程皆濡米之分御払代金何程者御勘定元
ニ組仕上米何程海中捨之分者御勘定払ニ可相立旨証文有之去何年払ニ相立如斯

金何程　　　　　　　　　　　　　　御廻米運賃米石代
此米何程
内
金何程　　　　　　　　　　　　　　何国

此米何程　但何宿何村支何月中旬市相場金壱両ニ付下米何程

金何程　何国

此米何程　但何町何村右同断金壱両ニ付下米何程

金何程　何国

此米何程

金何程

此米何程　但何町支何月市相場金壱両ニ付下米何程

内

金何程

此米何程　但何村右同断金壱両ニ付下米何程

是者何々国去何御廻米運賃米石代証文有之相渡如斯

米何程　牢舎人飯米

是者牢舎人飯米去何年分証文有之相渡如斯

此外租税之内ヲ以諸渡物之類廉限可相認事

米何程

金何程　県中官禄

是者去何々月ヨリ同十二月迄知県事以下史生迄官禄之分別紙明細書有之如斯

金何程　　　　県舎諸費
是者県舎諸費官員巡察入費並使部以下之官禄等米渡之分者石代ヲ以仕払候積支配高何万石之定額去何年分如斯

金何程　　　　県中常備
是者県中常備支配高何万石之定額去何年分金何程之内何々其外入用渡方之分別紙明細書有之如斯

米何程　　　　支置米
是者知県事以下史生迄官禄並養老扶持其外引当何正月ヨリ同九月迄ノ分夫々渡方相済残米有之候得者新米ニ引替同年貢米一同御廻米取計候積去何年払ニ相立当何年元ニ組可仕上分証文有之如斯

金何程　　　　支置金
是者内金何程者知県事以下史生迄何正月ヨリ同九月迄之官禄引当金何程者支配高何万石之県舎諸費県中常備何年分定額夫々渡方相済残金有之候得者同年貢金一同大蔵省エ相納候積去何年払ニ相立当何年元ニ組可仕上分証文有之如何《ママ》（斯カ）

米何程　　　　宿々御囲穀
内米何程　　　何ヨリ何迄何ヶ年賦夫食貸渡詰戻候分
内米何程　　　去何詰戻

外米何程

追々可詰戻年限中之分

但当何ヨリ何迄何ヶ年賦一ヶ年米何程宛未年者米何程宛詰戻之積

是者何街道宿々凶年ノ節夫食並旅人賄米為手当前々伝馬宿入用米之内何宿エ米何程何宿エ米何程囲置候内去ル何年中何々ニ付何宿何宿エ米何程年賦ヲ以貸渡残米並去々何年迄詰戻ノ分共新米ニ引替囲置同年払ニ相立候分並去何詰戻之分共合書面之通御囲穀相成証文有之同年払ニ相立当何年元ニ組可仕上分如斯

此外村々御囲穀或ハ漸々囲穀払代貸附元利置金等之類有之分者夫々廉限其起立ヲモ取摘此振合ニ准可相認事

籾何程

貯穀二十分一下穀

是者何何何国村々貯夫食天明度出穀高之二十分一旧幕中下穀一村限ニ囲置不更痛以前村々作徳米之内ヲ以新籾ニ引替候積証文有之去何年払ニ相立当何年元ニ組可仕上分如斯

前廉限ニ不拘品々之例

渡合

米何程

何方御蔵納

内米何程

米何程

何方御詰米

米何程

諸渡方

米何程　置米
金何程
金何程　大蔵省納
内金何程　諸渡方
金何程　置金
金何程　貸附元利置金
大豆何程
菜種何程　何方御蔵納
米何程　御囲穀
籾何程
籾何程　貯穀二十分一下穀
外
米何程　御廻米積船行衛不知
此俵何程

是者何国村々貢米大阪御廻米之分何国何郡何村誰船沖船頭誰乗ヱ何年何月幾日於何方積入同日出帆之儘行衛不相知候ニ付其段何年何月御届申上置此上行方相分候迄年々元払外書ニ可記置旨証文有之如斯

右者何府／県支配所何々々国去何租税其外金米大豆菜種納方渡方御勘定仕上書面之通候也

年号支年　月　　　　　　　苗字官名　印

民部省

用紙美濃紙袋綴

何司掛

何／何／何国租税之内諸渡方支御勘定組書付

何府／県

何国何郡何村

一米何程

何々渡

何国何郡何村

何国何郡村々

一米何程　　　何々渡

一金何程　　　何々渡

一金何程　　　何々渡

余略之

合 米何程
金何程

右者何府／県支配所去何諸渡方書面之通候間右米金同年租税之内ヨリ相渡御勘定払ニ相立可申依之御証印有之度候也

年号支年　月　　　　苗字官名　印

用紙美濃紙袋綴

租税司掛

何／何／何国雑税支御勘定組書付

何府／県

何国何郡何村

年々不同

何々役正納

一米何程

此斗立何程

但何程ニ何程延

何国何郡／何郡
　　　　村々

一米何程　　何国何郡
　此斗立何程　何々米石代
　　　　　　　但何程ニ付何程延
　此代金何程　　但何々金壱両ニ付米何程替

何国何郡何村
　何々

一金何程
　余略ス

合
　米何程
　金何程

右者何府／県支配所去何雑税書面之通候間右米金取立之相納同年御勘定元ニ組仕上可申依之御証印有之度候也

年号支年　月
　苗字官名　印

【注解二】 維新政権は罹災者救援への備えに関わって、「府県施政順序」（明治二年二月五日）中第六款に「凶荒預防ノ事」という項目を立て、そこに「常社倉等ノ制ニ倣ヒ其部内ノ人口ヲ量凶年非常救助ニ備ル様漸次ニ取立ルヲ要ス」と定めた。[*5]また「府県奉職規則」（同年七月二七日）では、「常ニ凶年饑歳ノ慮ヲナシ予メ民患賑済ノ備ヲ設クヘシ」と規定した。[*6]つまり、維新政府は政策として不虞の災変に備える米穀の備蓄を府県に命じたのである。本勘定目録中の「御囲穀」（「宿々御囲穀」、「村々御囲穀」）の項目はこれに対応する。[*7]

災害対策に関する初期の明治政府の活動について、本件「勘定帳記載方ヲ定ム」からは、勘定目録の項目より、次の事が確認できる。すなわち、ひとつは罹災者救援への備えに関して囲穀の制度がとられていたということである。そして、もうひとつは罹災者救援について囲穀からの夫食の貸し渡しが行なわれていたということである。また、本件は、堤防など災害予防施設の応急復旧工事に係る常備金からの支出に関して、その金額と明細の調査の意味ももつ。

〔注〕

＊1　「租税並ニ出納勘定仕上規則改正」（明治四辛未年正月一三日、太政官第一七）。

＊2　「府県収支ノ帳簿及正租目録大積明細帳進致期限ヲ定ム」（明治二己巳年九月、第九五一）。これは、府県奉職規則の発布を踏まえて民部＝大蔵省が財務諸帳簿の取り扱い方につき府県に宛て発した達である。会計年度を定め、諸帳簿類の民部＝大蔵省への提出期限を示す。すなわち、会計年度は期首一〇月、期末翌年九月とすることに決し、これに従って「府県収支ノ帳簿」（諸上納諸払向を記録した帳簿）をつけて毎年九月でそれを締め、決算を仕上げて決算済み帳簿を一二月中旬までに民部＝大蔵省に提出するものとした。さらに、正租目録については検見終了後三〇日以内にこれを提出するものとし、大積明細帳についてはその年の一二月を期限として提出を命じた。

＊3　本達は、災害対策関係法令の分類の観点から見れば、災害対策の実体的活動を命じる法令ではなく、災害対策の実体的活動にかかわる経費についてそれの帳簿記帳の仕方を指示するもの（災害対策の実体的活動に係る経費の、帳簿への記帳の仕方を、指示する法令）である。本達に記されている帳簿上の項目から、当時の府県諸藩預地でとられていた災害対策の仕法を知るこ

とができる。尚、帳簿上の項目から知られる府県の支出に係る災害対策の仕法の一覧については、後掲の「租税並ニ出納勘定仕上規則改正」（明治四辛未年正月一三日、太政官第一七）の項（本書第二巻に収録の予定）で整理した。本項とあわせて参照されたい。

＊4　「御取箇帳様式ヲ定ム」（明治二己巳年一一月一七日、第一〇六一）（六九－三八）。「郷帳案ヲ定ム」（明治三庚午年五月晦日、第三八〇）（七〇－一四）。

＊5　「府県施政順序ヲ定ム」（明治二己巳年二月五日、第一一七）（六九－九）。尚、『大蔵省沿革志』では、「府県施政順序」第六款は次のように書かれている。「第六、凶荒ニ予備ス、常平倉等ノ遺法ニ倣ヒ部内ノ人口ヲ計量シ漸次ニ凶荒ヲ済フノ予備法ヲ立定ス」（大蔵省記録局（編）『大蔵省沿革志（上巻）』、四三頁）。

＊6　「府県奉職規則」（明治二己巳年七月二七日、第六七五）（六九－二四）。

＊7　貯穀（囲穀、囲米）は江戸時代においては代表的な凶荒飢饉対策であった。官府は自ら、あるいは郷村に醵出して貯穀を行ない、凶荒飢饉の際の賑恤に当てた。囲穀（囲米）については、「交通の発達、貨幣経済の普及によって流通経済が進み、貯穀の必要がほとんどなくなった」ため、これは「明治維新以後崩壊した」（上田藤十郎）とされているが、明治三、四年の段階では政府はこの政策を維持していたのである。江戸時代の備荒貯穀制度については、本庄栄治郎『史的研究 天災と対策』（大阪毎日新聞社、一九二四年一月）、八七－九七頁を見よ。同書では江戸時代の備荒貯穀制度について分類と整理が試みられ、あわせてこれに関する概説的記述が付されている。また、上田藤十郎『近世の荒政――饑饉及び食糧問題とその対策――』の一－三七頁は、江戸時代の荒政（「凶荒即ち饑饉に対する政策の謂」）について、それを備荒貯蓄制度と救荒制度に分け概観している。本庄と上田の著作は、明治初年の罹災者救援政策が江戸時代の「荒政」を引き継いだものである点をわれわれによく理解させるものである。

一一、「府藩県川々往来船筏定税ヲ録上セシム」(明治三庚午年三月一四日、第二〇四)

第二百四　　三月十四日(民部省)　　府　藩　県

是迄取立来候川々往来船筏ノ定税巨細取調四国西国ハ五月其他ハ四月限可届出候事

但定税無之分ハ其旨可届出候事

【注解一】 民部省が府藩県に宛てて発した達である。各管轄内の河川を上り下りする船および筏流しに対し従来課してきた定税について、これを取り調べて民部省に報告するよう府藩県に求めている。船筏定税調査の達とでも言うべきものである。文中にはこの達が災害対策にかかわる内容をもつものであることを明示する表現はないけれども、『大蔵省沿革志』租税寮の部明治三年三月一四日条[*1]を見ると、これが堤防修理の財源としての河川税の設定を念頭に置いた調査のために発出されたものであることがわかる。曰く、

十四日、府藩県管轄内各川舟筏ノ課税額ヲ録申セシム。

民部省庶務司議案ニ曰ク、大坂支衙商議スル和歌山藩其ノ管轄内大和国吉野川ヲ流下セシムル木材ニ抽税スルノ事項タルヤ、既ニ河川ノ在ル有レハ則チ必ス堤防ヲ要ス、故ニ其ノ堤防ヲ修理スル経費ノ填償ヲ舟筏ノ課税ニ取リ若クハ川流ニ関シテ相当ノ抽税ヲ為スモ素ト不可ナル無シ、然モ全国諸川其ノ抽税法各自殊異ニシテ一旦ニ改正ス可カラス、因テ吉野川ノ如キハ宜ク姑ラク旧ニ仍ラシメ、而シテ先ツ府藩県ニ申達シテ慣行ノ河川税ヲ録上セシメ、参酌折衷シテ以テ一般ニ河川税ヲ立定スヘキナリ。

河川があれば必ず堤防が必要である。その堤防修理に必要な経費を舟筏に対する課税もしくは川流に関する税に

求めることは、決しておかしなことではない。しかるに全国の河川にはすでに抽税法の異なるさまざまな税が課せられている。これらを一朝にして改正するというわけにはいかない。そこで府藩県に命じる、すでに存在している河川税の実態を報告せんことを。——民部省の達はこう述べている。民部省としては、府藩県からの河川税の実態報告を受けて、既存の各種河川税を比較検討、参酌折衷し、一般税としての河川税を立定を図るというのであった。この河川税の実態調査の背後には、定税としての河川税を設け、堤防修理費の財源（の一部）をそこに求めようとする民部省の思惑があったのである。[*2] かくして、本達は、堤防修理の財源調達問題の文脈に位置づけられることとなる。

【注解二】 河川に関する税を堤防修理費用に充てるという方策については、『大蔵省沿革志』租税寮の部明治三年六月条に、次のような記事が載っている。[*3]

是月、京都府其ノ管轄河川ニ関スル雑税ヲ移用シ山城国内堤防橋梁ノ修繕費ニ供備セント申請シ、民部省大坂支衙之ヲ聴許ス。

本件（明治三年三月一四日の達）ならびに直上に挙げた京都府の事例から窺われるのは、財政不如意の折柄、堤防修理費用をどう工面するか、これが切迫した問題であったということである。

〔注〕

＊1　大蔵省記録局（編）『大蔵省沿革志（上巻）』、二六四頁。

＊2　ただし、このときは、舟筏課税について税則の統一（統一的な河川税の設定）はなされなかった（参照、千田稔「維新政権の租税政策」、一八三頁）。

＊3　大蔵省記録局（編）『大蔵省沿革志（上巻）』、二七四頁。

一二、「荒地及起返取下場総寄仕訳書様式ヲ頒チ査点録上セシム」（明治三庚午年三月二五日、第二三五）

十年第八号布告[*1]同地租改正局第十三号達[*2]参看

第二百三十五　　三月二十五日（民部省）

各府県諸藩御預所去巳御取箇帳追々差出候処同年ノ儀ハ春来不順気ニテ田畑共出来劣貢米永トモ相減候向多候ハ無余儀次第候得共荒地起返ノ有無並取下場地位立直ノ模様等[*3]ハ豊凶ニ不拘年々無油断吟味可取計儀各ノ職掌ニ付農隙見計夫々見分等可致ハ勿論ノ儀尤年柄違作ニテ吟味ニ付起返ニ差出候反別青立等ノ不熟ニ相成候節ハ皆無引ニ相立免上増ノ分モ出来方ニ寄候テハ出来劣減ニモ取計候故荒地取下場等至当ノ吟味致シ候儀ハ聚斂ノ筋ニハ決テ無之候処中ニハ心取違ノ向モ有之候哉数百町歩ノ荒地ノ内起返ノ廉無之数万石ノ支配地ノ内聊モ免上増等無之分相見候ハ如何ノ事ニ付当午年以来一際念入吟味取計候様可致候一体連々可起返荒地ノ内川欠[*4]川成[*5]等容易ニ難起返分ハ格別其余ハ夫々吟味ノ上起返ノ年季ヲ定引方相立可然筋ノ処旧幕府中ハ手余荒地ノ外ハ年季引等ニハ不取計向モ有之趣候得共年季無之候得ハ箇所多ノ儀ニ付自然吟味洩相成候分等モ可有之哉ニ付向後荒地[*6]出来候節ハ其度々年季ヲ定引方申付且是迄引方相成居候荒地ノ分モ夫々見分ノ上容易難起返見込ノ分ハ十ヶ年又ハ十五ヶ年程ニ年季ヲ定置右年限ニ至起返不相成分ハ継年季申付候ハ、下民難渋ノ筋モ有之間敷其余ノ分ハ場所ノ厚薄ニ寄三ヶ年又ハ五ヶ年程ニ年季ヲ定置起返方為取計起返地ノ分モ本免入可相成年季ヲ定取下申付年季中地所手入方厚世話致シ地味ノ立直方ニ応シ追々免上申付年限ニ至候ハ、本免入相成候様吟味可有之候就テハ各支配地荒地総寄仕訳並取下場総寄仕訳共別紙雛形ノ趣ヲ以可成丈早々取調差出置夫々無油断吟味致シ年々起返免上本免入等ニテ増減ノ分ハ内書外書等ニ記シ前年トノ差引明細相分候様取調可差出候事

【注解一】 荒地および起返取下場の実態調査――その動機／目的――

【注解二】 明治政府の荒地政策の大綱

【注解三】 災害対策の方面から見た荒地調査の意義

【注解一】 本件は、民部省が荒地総寄仕訳書及び起返取下場総寄仕訳書の作成、提出を求めて、府県ならびに預所ある諸藩に宛てて発した達である。

本件はその表題を見ると荒地と起返取下場の実態調査の趣のものであるが[*7]、達文全体の調子は荒地および起返取下場からの収税を督励するものとなっている。本件は、いわば、収税を督励するために発された地方官への説諭である。この点を、実際に、『大蔵省沿革志』の文章で見てみよう。曰く、「荒地起返並ニ取下、立直等ハ米穀ノ豊歉ヲ問ハス年年ニ勘査シテ遺漏有ル無カラシムルハ素ヨリ地方官ノ職分ニ属ス、宜ク農時ヲ以テ之ヲ巡検スルヲ怠ラサルヘシ」、「夫レ荒廃地ヲ復耕シタル段畝ト雖モ、若シ青立等ノ凶荒ニ罹レハ、悉皆其ノ納租ヲ蠲免シ、又タ縦令ヒ既ニ増免ヲ賦課シタルモ亦タ田毛ノ歉状ニ応シテ之ヲ減蠲スル者タルニ由リ、荒地及ヒ取下場ヲ検量スルハ決シテ横斂苛征ノ行為ニ非ス」、「然ルニ地方官間マ或ハ此ノ旨趣ヲ誤解スル有ルカ為メニ、数百町歩ノ荒地ニシテ而モ絶エテ復耕セル場所ノ在ル無ク、或ハ数万石ノ管轄地ニシテ而モ絶エテ少許ノ租額ヲ増加セル有ルヲ見サルニ至ル、是レ其ノ検量ノ周到ナラサルヲ徴見スルニ足レリ」[*8]。荒地の起し返し（荒地の復耕）の有無、取下場の地味の復旧状況、さらにその立直の模様について、地方官は、豊凶にかかわらず油断なく吟味すべきである。これは地方官の職分である。よろしく農繁期に巡検して調査方怠ることなきようにすべし。地方官のなかには荒地および取下場の検量を躊躇する向きもあるやに聞くが、もし巡検調査の結果凶荒であることが明らかとなれば租税を減免する訳であるから、それは決して苛斂誅求には当たらないのである。しかしこの点を心得違いしている者たちがいる。たとえば提出された昨巳年の租税取箇帳を見ると、数百町歩もある荒地のうちこれの起返が皆無であったり、また数万石の支配地のうち免上増が全くないといった事例が見られる。これは、荒地および取下場の検量が適切に行なわれていないことを示すものである。――民部省はこのように、地方官の荒地および取下場の見分業務の実態について苦言を呈し、それらからの収税を督励したのであった。

この苦言と督励からわかるように、本達により各府県に命じられた荒地と起返取下場の実態調査の動機／目的は、もっぱら適正課税の実施にあった。災害に罹って引方・取下の対象とされた農地のうち、復旧済みの土地、地味が向上している土地があるにもかかわらず、これらを見逃して適正な徴租を行なえずにいるというのが民部省の認識であり、同省は本達を発出してこのような事態の改善を目指したのである。*9*10 この意味で、本達も、明治三年正月に発された二つの達から*11「凶荒引方並地所変換ノ節稟候ヲ経テ取箇帳ニ編入セシム」（明治三庚午年五月二日、第三二八）（七〇－一三）、「田方検見規則ヲ定ム」（明治三庚午年七月、第五〇五）（七〇－二二）へと繋がる、減租事務の〝適正〟化政策――民政部門への財政統制の強化と租税徴収の確実を図ることによる財政の確立を指向する民部＝大蔵省の政策の一環――、これに属するものと捉えられる。

2. ところで、政府は被災農地の復旧（復耕／起返）を奨励しつつ、逐次復耕された土地を捕捉してそれへの課税を行ないたい考えであったが、復耕（起返）の奨励と復耕された土地の捕捉とは必ずしも相並んで調和的に進むものではなかった。このことをよく示すのが、「私ニ空地ヲ開墾シ或ハ地目ヲ変換スル者ヲ説諭シ漸次定制ニ帰セシム」（明治四辛未年正月一四日、太政官第一八）の宣達に先立って交わされた民部省と大蔵省との間のやりとりである。以下、『大蔵省沿革志』租税寮の部明治四年正月一四日条に拠ってこれを紹介したい。*12

ことの起りは明治三年一〇月一七日付で民部省庶務司が行なった「府藩県管轄内白田ノ水田ト為ル者若クハ水田ノ白田ト為ル者若クハ田地ノ隠占ニ係ル者ヲ点検シテ之ヲ常制ニ帰セシムル方法」に関する立議である。民部省庶務司は次のような布告文案を作成して、これを大蔵省に商議した。

聞ク近来地方所在往往ニ隠田ヲ占有シ及ヒ官府ニ申請セスシテ畑田成ニ耕種スル者有リト、是レ大ヒニ政憲ニ背戻ス、故ニ点検ヲ経テ厳密ニ処断ス可キ者ナルモ、既往ノ罪過ハ特ニ之ヲ宥恕ニ付ス、民庶其レ宜ク自カラ新ニシ、辛未年三月ヲ限リ管轄庁ニ首告シ以テ相当ノ石盛ヲ賦定スヘシ、若シ尚ホ掩匿スル有リテ点検発覚セハ、則チ其ノ田地ヲ収没シ且ツ厳罰ニ処断ス、又タ掩匿セル有ルヲ覚知シテ官府ニ告発スル者ニハ収没スル田地ヲ賞与セン。

ここで民部省庶務司が問題にしているのは隠田であるが、被災農地（廃蕪地）を復耕して官府に申告せざるもの（無申告の復旧農地）も今はここに入る。民部省庶務司は大蔵省に提示した布告文案において、隠田は「大ヒニ政憲ニ背戻ス」るものであるから本来は精確に点検して見つけ次第厳密に処断すべきものであるが、「既往ノ罪過」はとくに宥免するので辛未年（明治四年）三月までに管轄庁に申告すること、もし申告期限を過ぎても申告せず掩匿を続ける者があった場合には点検発覚するやただちにその田地を没収しかつその者を厳罰に処す、また掩匿を官府に告発した者にはその土地を賞与する、と提案した。

これに対して大蔵省はただちには同意せず、民部省庶務司案の問題点を指摘する答議を行なった（租税司立案）（明治三年一一月）。曰く、

告訴者ニ収没ノ田地ヲ賞与スル如キ是レ頗ル提理ニ便スル有ルモ未タ允当ノ措置ト為ス可カラス、従来検丈ノ周密ナラサル地方ニハ見畝歩ノ其ノ表額ニ超過スル者往往ニシテ之レ有リ、然ルニ一旦告発ノ端ヲ啓カハ、則チ彼此摘訐シ随ツテ争闘闘訟ヲ紛起シ、却テ衆民ニ障害ヲ及ホシ、且ツ生地ノ試種幷ニ廃蕪地ノ復耕ノ如キモ亦タ恐クハ措閣ニ委スル有ラン、然リト雖モ、若シ之ヲ不問ニ置クヤ隠占田地漸次ニ増多シ、遂ニ得テ制ス可カラサルニ馴致セントス、故ニ宜ク其ノ弊害ヲ防止スル方法ヲ施設スヘシ（後略）

大蔵省は、厳格な検捜による隠占田地の捕捉の実施は民心を動揺させ、かえって被災農地（廃蕪地）の復耕そのものから手を引かせることになりかねない（復旧意欲を削ぎかねない）と主張したのである（「政府一旦厳令ヲ布キ各地方官或ハ布令ノ旨趣ヲ誤解シテ各自其ノ措置ヲ殊異ニシ若クハ厳刻ニ検捜スル如キ有ラハ、則チ恐クハ民心ヲ動揺スルニ至ラン、是レ尤モ関心スル所ナリ」）。かくして、無申告の復耕地（起返地）を含む隠田の捕捉の方法として厳格な検捜および告発の制度は退けられ、各管轄庁による「懇諭暁戒」により「漸ヲ以テ常制ニ帰セシム」るという方法が宣達されたのであった。*13

【注解二】 本達には明治政府の荒地政策の大綱が示されている。今『大蔵省沿革志』の方のテクストを使ってこれを抜き出す。*14 それは、すなわち、「凡ソ漸ヲ以テ復耕ス可キ荒地ニシテ川欠、川成ノ如キ速カニ復耕ス可カラサル者ハ全ク之ヲ格外ニ置ク可キモ、其ノ他ノ荒地ハ検量ヲ経テ復耕年期ヲ限定シ、而シテ蠲租法ヲ施行スルハ固ヨリ当然ノ事宜ト為ス」、「自今以後新タニ荒地ノ生スル有ラハ則チ其ノ節次ニ復耕年期ヲ限定シ、而ル後ニ其ノ租額ヲ蠲除ス可ク、且ツ既ニ蠲租ニ付シタル荒地ヲ巡視シ、其ノ容易ニ復耕ス可カラサルヲ認定セハ十年若クハ十五年ノ期間ヲ限定シ、其ノ期間既ニ満過スルモ仍ホ復耕スル能ハサル者ニシテ方サニ始メテ復耕年期ノ継展ヲ聴許セハ、則チ決シテ農民ヲ疾苦セシムル無カル可シ、此ノ他ハ地質ノ肥瘠ニ応シテ三年若クハ五年ノ期間ヲ限定シ以テ復耕ニ従事セシ［ム可シ］」というものである。

荒地が発生した場合、①まず検分を行なう、②その結果、荒地を、a「川欠、川成ノ如キ速カニ復耕ス可カラサル者」と、b「其ノ他ノ荒地」に、区分する。そして、

a「川欠川成ノ如キ速カニ復耕ス可カラサル者」の場合には、（イ）「十年若クハ十五年ノ期間ヲ限定」し、復耕に当たらせる（荒地起返の年季の設定［長年季］）（その期間租税は免除する）、（ロ）年季明けにまた検分を行ない、「其ノ期間既ニ満過スルモ仍ホ復耕スル能ハサル者」については、「復耕年期ノ継展」（継年季）を聴許し、復耕が成っ

た場合にはその地味に応じて本免入り、あるいは取下場とする。b「其ノ他ノ荒地」の場合は、(イ)「地質ノ肥瘠ニ応シテ三年若クハ五年ノ期間ヲ限定シ以テ復耕ニ従事セシ[メ]」(復耕年季中は免租)、(ロ)年季明けにまた検分を行ない、その地味に応じて本免入り、あるいは取下場とする。*15

本達において示された、政府の荒地への対応方は、このように整理される。そこに見られる特徴は、荒地の取扱方について、手続きとして「其ノ節次ニ復耕年期ヲ限定シ、而ル後ニ其ノ租額ヲ蠲除［スル］」という点を強調していることである。復耕年季を明確に定めたうえで初めて荒地に関し租税の免除をなすべしというのである。政府は復耕年季を定めずに租税免除地に指定するならば「荒地ノ数多ナル或ハ検量ノ脱漏スル無キヲ保セス」*16の結果になると認識しており、これを踏まえて「其ノ節次ニ復耕年期ヲ限定シ、而ル後ニ其ノ租額ヲ蠲除［スル］」という手順を地方官に指示したのである。

2. 続いて取下場に関する政府の方針を整理する。政府は「荒廃セル田地ヲ復耕スルモ、其ノ貢租ハ之ヲ本額ニ復課シ難キ者ハ幾分ヲ折減シテ之ヲ賦収スル」として、これを「取下場」と称した。取下場についての対応の原則は、「本免入可相成年季ヲ定取下申付年季中地所手入方厚世話致シ地味ノ立直方ニ応シ追々免上申付年限ニ至候ハ、本免入相成候様吟味可有之候」*17というものであった。すなわち政府は、荒地の復耕が成った場合、①それを検分し、「其ノ貢租ハ之ヲ本額ニ復課シ難キ者」については、「本免ヲ復課ス可キ年期ヲ限定シ、而シテ特ニ租額ヲ量減」する、②年季中は「督励シテ以テ工力ヲ耕耘ニ尽サシメ、漸次原初ノ地位ニ復スルヲ検量シテ増免ヲ課」す、そして、③「年期全満スルニ及ヒ始メテ本免ヲ復課」するとしたのである。

3. 以上をまとめると、荒地に関する政府の方針は、復耕年季設定のうえでの荒地扱い（免租）の承認　→年季中の復耕（起返）の督励　→年季明けの見分により、「川欠川成ノ如キ速カニ復耕ス可カラサル者［荒地］」の場合は本免入り、年季設定の上での取下場扱い、継年季の聴許のいずれか、「其ノ他ノ荒地」の場合は本免入り、年季設定の上での取下場扱いのいずれかの処分をなす、というものであった。また、復耕年季明けの検分の結果「其ノ貢租ハ之ヲ本額ニ復課シ難キ者」とされた農地に関しては、政府は、年季設定のうえでの取下場扱い（減租）の承認→耕耘の督励　→増免　→本免入り（立直り）という道筋を描いた。免租・減租（災害減税）を絡めて被災農地の復旧を促すというのがここに見られる政府の基本的仕法である。*18*19

【注解三】すでに述べたところであるが、災害対策の方面から見れば、本達は、農地災害の発生状況調査、そして被災農地の復旧状況調査の実施を、地方官に指示したもの、と捉えられる。また、本達が命じた調査は、被災農地に対する租税の減免状況を調べるものでもあるから、その意味では罹災農民の救援実態に関する調査とも言える。しかし、改めて言うまでもないことであるが、本達の関心は罹災農民の救済状況の把握にはなかった。それは、断然、荒地（被災農地）の復旧とそれにともなう租税の適正徴収の側面に向けられていたのである。*20

［別紙雛形］

六年大蔵省第百八十七号*21ヲ以テ進達期限ヲ定ム

用紙美濃紙

何／何国村々荒地総寄仕訳書

何府　県
何藩御領所

管轄高何程

連々可起返

一荒所反別何程

此高何程

此減 米何程

永何程

何／何国

右ノ通去巳年ノ姿ヲ以書出置当午年ヨリハ左ノ振合ヲ以年々起返高外書ニ相記可申事

但内訳廉々トモ右同断

当午年以後ノ振合

荒所反別何程

此高何程

此減 米何程

永何程

外反別何程　　当支起返

此高何程

此貢 米何程

永何程

外　米何程
　　永何程　　　元米永減
内
反別何程　　　本免入
此高何程
此貢　米何程
　　永何程
反別何程　何ヨリ何迄何ヶ年季
此高何程　　　取下
此貢　米何程
　　永何程
外　米何程
　　永何程　　　元米永減
反別何程　何ヨリ何迄何ヶ年季
此高何程　　　何取下
此貢　米何程
　　永何程
外　米何程
　　永何程　　　元米永減

内訳
明治元辰年以前ノ荒
田反別何程
此高何程
此減米何程
内
反別何程　手余荒地何ヨリ何迄何ヶ年引
此高何程
此減米何程
反別何程　右同断何ヨリ何迄何ヶ年引
此高何程
此減米何程
反別何程　川欠川成荒地何ヨリ何迄何ヶ年引
此高何程
此減米何程
反別何程　右同断何ヨリ何迄何ヶ年引
此高何程
此減米何程
反別何程　山崩押堀石砂入荒地何ヨリ何迄何ヶ年引

此高何程
此減米何程
反別何程　右同断何ヨリ何迄何ヶ年引
此高何程
此減米何程
明治元辰年以来ノ荒*[22]
田反別何程
此高何程
此減米何程
内
反別何程　川欠川成荒地何ヨリ何迄何ヶ年引
此高何程
此減米何程
反別何程　山崩押堀石砂入荒地何ヨリ何迄何ヶ年引
此高何程
此減米何程
明治元辰年以前ノ荒
畑反別何程
此高何程

此減永何程
内
反別何程　手余荒地何ヨリ何迄何ヶ年引
此高何程
此減永何程
反別何程　川欠川成荒地何ヨリ何迄何ヶ年引
此高何程
此減永何程
反別何程　山崩押堀石砂入荒地何ヨリ何迄何ヶ年引
此高何程
此減永何程
反別何程　右同断荒地何ヨリ何迄何ヶ年引
此高何程
此減永何程
明治元辰年以来ノ荒[*22]
畑反別何程
此高何程
此減永何程
内

反別何程　　川欠川成荒地何ヨリ何迄何ヶ年引
　此高何程
　　此減永何程
反別何程　　山崩押堀石砂入荒地何ヨリ何迄何ヶ年引
　此高何程
　　此減永何程

外
連々可起返
一荒所反高何程
　此減　米何程
　　　　永何程
内訳
明治元辰年以前ノ荒
　田何程
　　此減米何程
内
何程　　川欠川成荒地何ヨリ何迄何ヶ年引
　此減米何程

何程　山崩押堀石砂入荒地何ヨリ何迄何ヶ年引

此減米何程

何程　水深未開発何ヨリ何迄何ヶ年引

此減米何程

明治元辰年以来ノ荒

田何程

此減米何程

内

何程　川欠川成荒地何ヨリ何迄何ヶ年引

此減米何程

何程　山崩押堀石砂入荒地何ヨリ何迄何ヶ年引

此減米何程

明治元辰年以前ノ荒

畑何程

此減永何程

内

何程　手余荒地何ヨリ何迄何ヶ年引

此減永何程

何程　何々荒地何ヨリ何迄何ヶ年引

此減永何程
明治元辰年以来ノ荒
畑何程
此減永何程
内
何程　　何々荒地何ヨリ何迄何ヶ年引
此減永何程
何程　　何々荒地何ヨリ何迄何ヶ年引
此減永何程
連々可起返
一荒所反別何程　　見取
此減　米何程
永何程
内訳
明治元辰年以前ノ荒
田何程
此減米何程
内

何程　何々荒地何ヨリ何迄何ヶ年引

　此減米何程

何程　何々荒地何ヨリ何迄何ヶ年引

　此減米何程

明治元辰年以来ノ荒

　田何程

　此減米何程

内

何程　何々荒地何ヨリ何迄何ヶ年引

　此減米何程

何程　何々荒地何ヨリ何迄何ヶ年引

　此減米何程

明治元辰年以前ノ荒

　畑何程

　此減永何程

内

何程　何々荒地何ヨリ何迄何ヶ年引

　此減永何程

何程　何々荒地何ヨリ何迄何ヶ年引

此減永何程
明治元辰年以来ノ荒
畑何程
此減永何程
内
何程　　何々荒地何ヨリ何迄何ヶ年引
此減永何程
何程　　何々荒地何ヨリ何迄何ヶ年引
此減永何程
右ハ何府／県支配所何藩御預所何国村々荒地仕訳書面ノ通候也
明治三午年　月
何府／県　印
何藩　御預所

用紙美濃紙

何／何国村々起返取下場総寄仕訳書

何府／県
何藩御領所

管轄高何程　何／何国
一取下反別何程
此高何程
内訳
明治元辰年以前荒地ヨリ起返
田反別何程
此高何程
此貢米何程
外米何程　元米減

右之通去巳年ノ姿ヲ以書出置当午年ヨリハ左ノ振合ヲ以増減ノ訳内書外書等ニ相記差出可申事
但内訳並畑反別等廉々同断ノ事
当午年以後ノ振合
田反別何程
此高何程
此貢米何程
内米何程　免上去支増
外米何程　元米減
外反別何程　当支本免入

此高何程
此貢米何程
内永《ママ》何程　本免入去支増

一取下反高何程
内訳
明治元辰年以前荒地ヨリ起返
田何程
此貢米何程
外米何程　元米減
内
何程　何ヨリ何迄何ヶ年季　支起返取下
此貢米何程
外米何程　元米減
何程　何ヨリ何迄何ヶ年季　支何起返取下
此貢米何程
外米何程　元米減
明治元辰年以来荒地ヨリ起返
田何程　何ヨリ何迄何ヶ年季　支何起返取下

此貢米何程
外米何程　元米減
明治元辰年以前荒地ヨリ起返
畑何程
此貢永何程
外　米何程
　　永何程　元米永減
内
何程　何ヨリ何迄何ヶ年季　支起返取下
此貢永何程
外永何程　元永減
明治元辰年以来荒地ヨリ起返
田反別何程
此高何程
此貢米何程
外米何程　元米減
内
反別何程　何ヨリ何迄何ヶ年季　支起返取下
此高何程

此貢米何程
外米何程　元米減
反別何程　何ヨリ何迄何ヶ年季　支何起返取下
此高何程
此貢米何程
外米何程　元米減
明治元辰年以前荒地ヨリ起返
畑反別何程
此高何程
此貢永何程
外
米何程
永何程　元米永減
内
反別何程　何ヨリ何迄何ヶ年季　前々起返取下
此高何程
此貢永何程
外永何程　元永減
内
反別何程　何ヨリ何迄何ヶ年季　前々起返取下

此高何程
此貢米何程
外米何程　元米減
反別何程　何ヨリ何迄何ヶ年季　支林成起返取下
此高何程
此貢米何程
外米何程　元米減
反別何程　何ヨリ何迄何ヶ年季　支木立成起返取下
此高何程
此貢米何程
外米何程　元米減
反別何程　何ヨリ何迄何ヶ年季　支葭野成起返取下
此高何程
此貢米何程
外米何程　元米減
反別何程　何ヨリ何迄何ヶ年季　支田畑成起返取下
此高何程
此貢永何程
外米何程　元米減

反別何程　何ヨリ何迄何ヶ年季　支何起返取下
此高何程
此貢永何程
外永何程　元永減

明治元辰年以来荒地ヨリ起返
畑反別何程
此高何程
此貢永何程
外　米何程
　　永何程　元米永減
内
反別何程　何ヨリ何迄何ヶ年季　支起返取下
此高何程
此貢永何程
外永何程　元永減
反別何程　何ヨリ何迄何ヶ年季　支田畑成起返取下
此高何程
此貢永何程
外米何程　元米減

外
何程　何ヨリ何迄何ヶ年季　支田畑成起返取下
此貢永何程
外米何程　元米減
明治元辰年以来荒地ヨリ起返
畑何程　何ヨリ何迄何ヶ年季　支起返取下
此貢永何程
外永何程　元永減

一取下反別何程　見取
内訳
明治元辰年以前荒地ヨリ起返
田何程
此貢米何程
外米何程　元米減
内
何程　何ヨリ何迄何ヶ年季　支起返取下
此貢米何程
外米何程　元米減

何程　何ヨリ何迄何ヶ年季　支何起返取下
此貢米何程
外米何程　元米減
明治元辰年以来荒地ヨリ起返
田何程
此貢米何程
外米何程　元米減
内
何程　何ヨリ何迄何ヶ年季　支起返取下
此貢米何程
外米何程　元米減
何程　何ヨリ何迄何ヶ年季　支何起返取下
此貢米何程
外米何程　元米減
明治元辰年以前荒地ヨリ起返
畑何程
此貢永何程
外　米何程
　　永何程　元米永減

内
何程　　何ヨリ何迄何ヶ年季　支起返取下
此貢永何程
外永何程　　元永減
何程　　何ヨリ何迄何ヶ年季　支田畑成起返取下
此貢永何程
外米何程　　元米減
明治元辰年以来荒地ヨリ起返
畑何程
此貢永何程
外　米何程
　　永何程　　元米永減
内
何程　　何ヨリ何迄何ヶ年季　支起返取下
此貢永何程
外米《ママ》何程　　元永減
何程　　何ヨリ何迄何ヶ年季　支田畑成起返取下
此貢永何程
外米何程　　元米減

右ハ何府／県支配所何藩御預所何々国村々起返取下場仕訳書面ノ通候也

明治三午年　月

何府／県
何藩御預所

〔注〕

＊1 「民有荒地処分規則」（明治一〇年一月二〇日、太政官第八号布告）。

＊2 「民有荒地帳更正雛形及地券渡方規則第三十三条取消」（明治一〇年一〇月一〇日、地租改正事務局乙第一三号達）。

＊3 「荒廃セル田地ヲ復耕スルモ、其ノ貢租ハ之ヲ本額ニ復課シ難キ者ハ幾分ヲ折減シテ之ヲ賦収スルヲ取下ト言ヒ、而シテ其ノ復耕スル地位ノ全ク復初セルヲ立直ト言フ」（大蔵省記録局（編）『大蔵省沿革志（上巻）』、二六五頁）。

＊4 「洪水ノ為メニ河川ノ涯岸ニ在ル田圃ヲ囓壊セラレ見在ノ段畝ヲ亡失スル者」（同上）。

＊5 「田圃潰陥シ変シテ川磧ト為ル者」（同上）。尚、明治一九（一八八六）年に大蔵省主税局から刊行された『地租便覧』には、「『川欠』トハ川端ノ地川ニ欠ケ込ミタルモノ（中略）『川成』『海成』『湖水成』トハ洪水又ハ風潮ノ為メ川トナリ海トナリ湖トナリタルモノヲ謂フ」との説明がある（主税局『地租便覧（明治十九年一月）』、農林省農地課、一九五〇年四月、復刻版、原本の刊行は一八八六年一月、七〇頁）。

＊6 本達では荒地についての定義は行なわれていない。ちなみに荒地についてのちの定義をあげると、明治一〇（一八七七）年の「民有荒地処分規則」（明治一〇年一月二〇日、太政官第八号布告）第一条では、「荒地トハ山崩川欠押堀石砂入河原成池成川成海成湖水成等ノ天災ニ罹リタル土地ヲ云フ」となっている。

＊7 これは、災害対策の見地から言えば、農地災害（荒地）の発生状況と被災農地の復旧状況の調査ということである。政府は、本件により、農地に関する災害の発生と復旧の状況調査を、各府県および預所ある諸藩に命じたのである。

＊8 大蔵省記録局（編）『大蔵省沿革志（上巻）』、二六五頁。割注部分は省略してある。

＊9 「因テ本年以後ハ励精シテ査覈ヲ加フルヲ要ス」（同上）。

＊10　本件に引き続く起返地（復旧農地／農地復旧）の把握／捕捉のための法令に、「私ニ空地ヲ開墾シ或ハ地目ヲ変換スル者ヲ説諭シ漸次定制ニ帰セシム」（明治四辛未年正月一四日、太政官第一八）がある。

＊11　「田方検見坪刈春法ノ順序御取箇附ノ次第等ヲ録上セシム」（明治三庚午年正月二三日、第四七）、「畑方貢米引方ハ稟候処置セシム」（明治三庚午年正月二八日、第六二）（七〇－五）。

＊12　大蔵省記録局（編）『大蔵省沿革志（上巻）』、三〇七－三〇八頁。

＊13　達文では、「府藩県各管庁ニ於テ平常懇篤ニ説諭ヲ加ヘ漸々定制ニ帰シ候様可取計事」という表現になっている。この一件から、被災農地の復旧（復耕／起返）を奨励しつつ、逐次復耕された土地を捕捉してそれへの課税を行なうためには、管轄庁側にそれなりの慎重な配慮が必要であったことがわかる。

このような事例も併せて本件「荒地及起返取下場総寄仕訳書様式ヲ頒チ査点録上セシム」を考察すると、被災農地の復旧（復耕／起返）を奨励するに当たっては、それを誘導するような減税制度の適切な設計が重要であったことが知られる（災害復旧を促すための減税の適切な制度化の必要）。本件の中にみられる政府の荒地政策（後述）もまたこの点での工夫のひとつであったと評せよう。そして以上を一般的に言うと、災害減税には、罹災者の救済という側面のほかに、復旧の誘導という側面があり、これが大きいのである。この点をここで確認しておきたい。

＊14　大蔵省記録局（編）『大蔵省沿革志（上巻）』、二六五－二六六頁。ただし、割注部分は省略してある。

＊15　政府は新たに荒地が発生した場合のほか「既ニ蠲租ニ付シタル荒地」についても、これを巡視し、上に紹介した規定に準じて適切な対応をとるよう地方官に命じている。

＊16　大蔵省記録局（編）『大蔵省沿革志（上巻）』、二六五頁。

＊17　同上、二六六頁。

＊18　参照、「田畑荒地並ニ起返届書様式ヲ定ム」（明治四辛未年九月、大蔵省第六一）。

＊19　上にまとめた荒地および起返取下場に関する明治政府の対処方針は、決して独創的なものではなかった。同様の仕法はすでに江戸時代に各所で見られた。それは本達に付されている荒地総寄仕訳書および起返取下場総寄仕訳書の書式（後掲）に明らかである。明治政府は旧来の仕法を踏まえ、本達においてそれらを整理して提示しなおしたのである。明治政府が本件で示し

たのと同様の仕法がすでに江戸時代に見られたことについては、以下も参照のこと。大石久敬（大石信敬底本補訂、大石慎三郎校訂）『地方凡例録　上巻』（近藤出版社、一九六九年五月）、一九三頁、勝矢倫生「徳川期における耕地水害復旧支援策の展開構造――福山藩起こし鍬下年季仕法の分析を中心に――」（尾道大学『経済情報論集』、第六巻、第二号、二〇〇六年一二月）。

*20　荒地免租を政府側から見れば、災害直後の罹災農民の救済という意味よりも、農地復旧（起返）を促す措置としての意味の方が強いものであった。この観点は、明治一九年に大蔵省主税局が刊行した『地租便覧』において明文として出てくる（主税局『地租便覧（明治十九年一月）』、復刻版、六九頁）。詳しくは、後掲の「民有荒地処分規則」（明治一〇年一月二〇日、太政官第八号布告）の項（第三巻以降に収録の予定）を参照せよ。

*21　「租税ニ関スル諸帳簿進達期限改正」（明治六年一二月二八日、大蔵省第一八七号）。

*22　明治元年以降発生した荒地については手余荒地の廉が無くなり、それが「川欠川成荒地」と「山崩押堀石砂入荒地」の二類型に整理されていることに注意されたい。この荒地の捉え方は、明治一〇年の「民有荒地処分規則」第一条における荒地の定義に引き継がれるものである。明治政府は手余荒地を「荒地」の範疇から除外したのである（参照、主税局『地租便覧（明治十九年一月）』、復刻版、六九頁）。

一三、「凶荒引方並地所変換ノ節稟候ヲ経テ取箇帳ニ編入セシム」（明治三庚午年五月二日、第三二八）

六年太政官第二百七十二号[1]ヲ以テ廃止

第三百二十八　　五月二日（民部省）

府県
預所アル諸藩

第五百五[2]ヲ以テ検見規則ヲ定ム

昨巳年凶歉ト八乍申定免村々検見モ不致荒作手当米或ハ用捨引等ト唱へ御取箇帳へ組入差出候向モ有之甚不都合ノ事ニ候向後凶荒破免検見入願出候節ハ坪刈検査ノ上三分以上ノ損毛ニ候ハ、相当ノ引方可申付候事

一漸々養水ノ注疏ニ由リ田畑成畑田成本免下或ハ下方ノ都合ニ依リ田畑屋敷成等変転願出候節ハ都テ見分ノ上無余儀次第ニ候ハ、絵図面相添伺済ノ上御取箇帳へ組入差出候様可致候事

右規則ニ遵ヒ独裁専決ノ施行無之様可致候事

【注解一】 民部省が府県および預所のある諸藩に宛てて発した達（租税司立案）である。達の前半は凶荒時の破免減租事務の取り計らい方に関する訓令、後半は地目変換にともなう租額変更の手続きに関する指示である。いずれについても、地方官に規則遵守をきつく諭し、その専断独決を禁じている。*3

本達において直接災害対策に関係するのは前半部分である。今、その要旨を記す。すなわち、昨巳年は穀物凶歉であった。しかし、凶歉とはいえ、定免の村里で一回の検見も行なわずして救荒資助米を付与したり、用捨引などと唱えて租額を減蠲しそれを取箇帳に記載するなどは、不適切きわまりない処置であって、実際にこのような処置が見られたことは甚だ遺憾である。今後凶荒に際し村方から破免検見の申請があったときには、必ず坪刈法を実施して収量を検査し、常収穫の三分の一以上の損毛が認められた場合にだけしかるべき減租の処分を行なうものとする。各地方官はこの規則を遵守しなければならない。また、凶荒時の減租免租の処分については、必ず伺いを立てて民部＝大蔵省の承認を得てからこれを施行するものと心得、決して独裁専決してはならない。——これは災害減税事務の取扱方に関する地方官への訓令である。

2. 本達は、田方に関し減租の手続きと基準を明確にして（「凶荒破免検見入願出候節ハ坪刈検査ノ上三分以上ノ損毛ニ候ハ、相当ノ引方可申付」）、気象異常（長雨、陰冷、暴風）や水害などに起因する「非常ノ荒歉」の際の、田方に

関する租税の減免制度の運用方を、地方官に示達したものである。政策の流れという点では、本達は、民部＝大蔵省の賦租の適正化政策、すなわち地方官による過分の引方をチェックして幾分なりとも租税の増収を図らんとする政策に属す。本達は「田方検見坪刈春法ノ順序御取箇附ノ次第等ヲ録上セシム」（明治三庚午年正月二三日、第四七）を踏まえ、「畑方貢米引方ハ稟候処置セシム」（明治三庚午年正月二八日、第六二）（七〇－五）に照応するものと言える。[*4]

3． 上に挙げた一連の達を見ると、この時期の政府の関心が、罹災農民の救済それ自体に対してよりも、地方官の罹災農民救済策へのチェックにより強く向けられていたことがわかる。[*5] 本件では、地方官が専決で実施した「凶荒資助米」の付与や「用捨引」という名目の租額減蠲が問題とされている。

【注解二】『大蔵省沿革志』租税寮の部明治三年五月二日条の記事から、本達中の災害対策に関する部分に対応する箇所を抜粋して、以下に載せる。[*6]

民部省申達本司［租税司］立案ニ曰ク、去年己巳ノ如キ穀粟凶歉ニ属セリト雖モ、定免村里ニシテ一次ノ検稲ヲモ為サス而シテ救荒資助米ヲ付与シ或ハ用捨引ト称シ租額ヲ減蠲シテ取箇帳ニ載記スル者有リ、甚タ其ノ措置ノ宜キヲ失セリ、今後破免検稲ヲ申請スル村里有ラハ則チ坪刈法ヲ行用シテ之ヲ検量シ、常収穫十分ノ三ヨリ以上ニ当レル荒損ニシテ始メテ減租ノ処分ヲ施行ス可シ、（中略）各地方官能ク此ノ規則ニ遵行シ決シテ専断独決ノ処分ヲ施行スルヲ得サレ。

〔注〕

＊1 「地租改正条例」（明治六年七月二八日、太政官第二七二号）。

＊2 「田方検見規則ヲ定ム」（明治三庚午年七月、第五〇五）（七〇－二二）。

＊3　『大蔵省沿革志』租税寮の部明治三年五月二日条の記事では、本件の題名は「府県及ヒ諸藩寄託地ノ破免減租ヲ専断スルヲ申禁ス」となっている（大蔵省記録局（編）『大蔵省沿革志（上巻）』、二六八頁）。

＊4　「御取箇帳様式ヲ定ム」（明治二己巳年一一月一七日、第一〇六一）の項（六九－三八）および「畑方貢米引方ハ稟候処置セシム」（明治三庚午年正月二八日、第六二）の項（七〇－五）を参照のこと。

＊5　この点の考察については、「畑方貢米引方ハ稟候処置セシム」（明治三庚午年正月二八日、第六二）の項（七〇－五）を参照。

＊6　大蔵省記録局（編）『大蔵省沿革志（上巻）』、二六八－二六九頁。

一四、「郷帳案ヲ定ム」（明治三庚午年五月晦日、第三八〇）

五年四月大蔵省布達参看[*1]六年大蔵省第百八十七号ヲ以テ進致ヲ止ム[*2]

第三百八十　　五月三十日（民部省）

郷帳ノ儀別紙案文相渡候間当午年分ヨリ以来右振合ニ倣ヒ取調毎歳翌年七月限可差出事

一村々高反別認振之儀今般相達候郷帳案ノ通以来都テノ諸書物共反別之方初筆ニ認此高何程ト可相認申事

一本田畑ヲ始反高見取場等ヨリ相納候米永ヲ是迄取米取永ト唱諸帳面エモ其通認メ来候処以来貢米貢永ト改検見取ノ称ハ検見且見取場ハ大縄場ト唱替郷帳案ノ通大縄反別何程ト認御取箇帳ハ租税帳ト相改可申事

一元関東ト唱候国々畑方取永之分壱貫文ニ付壱石弐斗五升代ヲ以テ米ニ直シ免割出候儀ハ相廃止ニ石五斗代ノ儀ハ郷帳案ノ通相認メ陸羽七州半石半永石代金納之場所或ハ甲斐国大切小切等ノ如キハ是迄ノ通書載候儀ト可相心得事

一村高ノ内小物成高ト唱候分籠リ居候村々往々有之候処右小物成高之儀起立取調之上前々其村方一旦知行渡相成候

儀有之其節定納雑税之分高ニ結ヒ渡方相成追而上知ノ節差除不相成其儘村高ニ組入有之候分ハ当午年以来相除高掛物等不及為相納候尤小物成高ノ名目ニ候トモ桑高楮高之類ニテ前々検地ノ節高入相成候分ハ其儘据置可申其余難決子細モ候ハヽ巨細取調可相伺事

右之通可相心得事

（別紙）*3

何国何郡　何　村

何ヨリ何迄何ヶ年定免

一反別何程

此高何程

内反別何程　桑楮高

此高何程

内反別何程　新田

此高何程

反別何程　前々何々引　此廉年々引高ニ相立候分銘目巨細可認余引方廉々准之

此高何程

反別何程　前々何々引

内　此高何程

外反別何程　当支起返　此廉連々可起返引高之分前同断

此高何程

反別何程　　当支何々引

此高何程

山崩川欠等ノ類引高相成候初発一ヶ年ハ此振合ニ認翌年ヨリ前書連々可起返引高之内エ可組入余廉々准之

合反別何程

此高何程

残反別何程

此高何程

米何程

此貢　内米何程　　去支増

永何程　　去支同

此米何程　　但永方二石五斗代

何ヨリ何迄五ヶ年平均

米何程

永何程

但郡寄国寄総寄ニハ此廉可除事

検見

一反別何程　　年号　何高入新田

此高何程
内反別何程　当支何々皆無引
此高何程
残反別何程
此高何程
米何程
此貢　外米何程　去支減
永何程
内永何程　去支増
此米何程　但永方二石五斗代
何ヨリ何迄五ヶ年平均
米何程
永何程
但前同断

一反高何程
内何程　前々何々引
残何程
米何程

此貢　外米何程　　去支減
永何程
内永何程　　去支増
一大縄反別何程
何程　　前々何々引
外何程　　当支起返
内
何程　　当支何々皆無引
合何程
残何程
米何程
此貢　内米何程　　去支増
永何程　　去支増
米何程
此斗立何程
米何程　　正納
内
米何程　　石代
貢合

延米不掛国々ハ斗立可除余廉々准之

此代永何程　　但何直段金壱両ニ付米何程

永何程

石代ノ儀場所ニ寄数口有之候ハヽ廉限本文石代之内書ニ巨細可書出且但書直段ノ儀一郡同直段ニ候ハヽ郡寄ヱ而已相認村限認ニ不及一郡ノ内直段違ヒ候ハヽ村毎可認余准之

定納物

一米何程　　何年貢

此斗立何程

一永何程　　何役永

口永不掛

外

一米何程　　年々増減　何役米

此斗立何程

一永何程　　何ヨリ何迄何ヶ年季　何運上

一永何程　　当何ヨリ何迄何ヶ年季　何運上

内永何程　　切替増

一永何程　　何ヨリ何迄何ヶ年季　何冥加永

新規

一永何程　　当何ヨリ何迄何ヶ年季　何冥加永

一米何程　　口米

此斗立何程

掛永何程

外永何程　口永不掛分

一永何程　　口永

掛高何程

高何程　何々

外

高何程　何々当支壱ヶ年　免除

一米何程　　伝馬宿入用

此斗立何程

此代永何程　但前同直段

但免除高無之村方ハ掛高認ニ不及六尺給米御蔵前入用之廉准之

掛高何程

高何程　何々

外高何程　代助郷高何ヨリ何迄何ヶ年　免除

高何程　何々当支壱ヶ年

一米何程　　六尺給米

此斗立何程

掛高
外高　右同断
一永何程
一永何程
一御林反別何程
一並木延長何程
納合　米何程
永何程
何ヨリ何迄何ヶ年定免之内当何破免歟
検見歟
一反別何程
此高何程
反別何程
此高何程
内　反別何程
此高何程
反別何程
此高何程

御蔵米入用
支御廻米納筵菰代
何ヶ所
何ヶ所
何　村
前々何々引
前々何々引
当支何々皆無引

合反別何程
此高何程
残反別何程
此高何程
米何程
外米何程　去支減
此廉破免村方ハ定免辻減ヲモ可認事
此貢
永何程
内永何程　去支増
此米何程　但永方ニ石五斗代
何ヨリ何迄五ヶ年平均
米何程
永何程
但前同断
但反高大縄場定納物其外前一村限雛形ニ見合其村納物廉限巨細可認事
郡寄振合
何国何郡

合反別何程　　何ヶ村
此高何程
内反別何程　　桑楮高
此高何程
内反別何程　　新田
此高何程

但引高其外都而一村限リニ有之候廉々寄立前振合ニ可認尤口米永ハ掛米永何程ニ何程ツヽ伝馬宿入用等ノ類ハ高百石ニ何程ツヽ且斗立有之国々ハ本石何程ニ延米何程ツヽト申儀ヲモ可認事

国寄振合

何郡
合反別何程　　何国何郡
何郡
此高何程
内反別何程　　桑楮高
此高何程
内反別何程　　新田
此高何程

外郡寄同断ニ付略之

何
何国
何

総寄振合

合反別何程

此高何程

内反別何程　桑楮高

此高何程

内反別何程　新田

此高何程

外国寄同断ニ付略之

右者何府／何県支配所何国当支郷帳書面之通候也

年号支　月　何府／県

【注解】 これは明治三年五月晦日に民部省が府県に向けて頒示した郷帳案である。[*4*5] 明治元年八月、新政府は「諸国税法之儀其土風ヲ篤ト不相弁新法相立候テハ却テ人情ニ戻リ候間先一両年ハ旧貫ニ仍［ル］[*6]」と達し、租税の徴収についてはとりあえずこれを旧幕時代の徴租法に依ることを宣明した。このことから新政府は、結果的に、旧幕時代の徴租法のなかに含まれていた災害時の租税の減免制度を引き継ぐことになった。[*7] 本件もこれをよく説明する。[*8]頒示された帳簿には、高内引、破免などの旧幕時代以来の災害時（災害後）の租税減免の仕法が組み込まれている。

郷帳の提出は、災害対策の方面から見れば、その内容からして、災害減税の実施状況調査としての意義をもつ。さらにもう少し視野を広げれば、それは、農業災害／農地災害の発生状況調査および被災農地の復旧状況調査としても位置づけられる。

〔注〕

＊1 「租税帳大積明細帳租税勘定帳等ヲ廃シ諸帳簿式改正」（明治五壬申年四月、大蔵省）。

＊2 「租税ニ関スル諸帳薄《ママ》進達期限改正」（明治六年一二月二八日、大蔵省第一八七号）。

＊3 見やすさを考慮して、途中、項目の切れ目で行を空けた。

＊4 『大蔵省沿革志』租税寮の部明治三年五月晦日条は、郷帳案頒示の事情を次のように説明する。すなわち、「郷帳ヲ録製セル体例ヲ府県ニ頒示ス。／ 議案ニ曰ク、郷帳ハ従前成箇郷帳ト称シ、毎一村ニ正租雑税ノ納額ヲ掲記セル者ニ係ルト雖モ、其ノ体例全ク故套ヲ蹈襲スルニ由リ、為メニ方今ノ時宜ニ乖忤スルノ件項往往ニ之レ有リテ実際ノ対比ニ供用ス可カラス、且ツ雑税ノ如キ唯タ正租ニ準スル者ノミヲ記載シ、而シテ延米、口米、口永ノ類ヲ遺漏ス、故ニ毎一村ノ全納額ヲ見ルニ由シ無シ、宜ク之レカ改正ヲ加フヘキナリ」（大蔵省記録局（編）『大蔵省沿革志（上巻）』、二七〇－二七一頁。改行箇所を／で表示した）。従前の郷帳の様式は、旧套に拠っていたために現在の事情に合わず、また遺漏の項目もあることから、一村の全租税納額を知りえない体のものである。それゆえ、今回改正を行なうこととした、というのが民部省の説明である。

＊5 本件「郷帳案ヲ定ム」は、災害対策関係法令の分類からすると、災害対策の実体的活動を命じる法令ではない。そうではな

く、これは災害減税の諸仕法についてそれの取箇郷帳への記載の体式を指示するもの（災害減税という災害対策の実体的活動の、帳簿への記録の仕方を、指示する法令）である。

＊6　「税法ハ姑ク旧貫ニ仍リ且旧幕府旗下采邑没収ノ者ハ隣近府藩県ヲシテ之ヲ管轄セシム」（明治元戊辰年八月七日、第六一二）（六八－一五）。

＊7　この論点については、すでに「税法ハ姑ク旧貫ニ仍リ且旧幕府旗下采邑没収ノ者ハ隣近府藩県ヲシテ之ヲ管轄セシム」（明治元戊辰年八月七日、第六一二）（六八－一五）および「御取箇帳様式ヲ定ム」（明治二己巳年一一月一七日、第一〇六一）（六九－三八）の二項において考察を行なっている。そちらを参照されたい。

＊8　本件もというのは、この点をよく説明する法令として、すでに「御取箇帳様式ヲ定ム」（明治二己巳年一一月一七日、第一〇六一）（六九－三八）があるからである。「御取箇帳様式ヲ定ム」においてもそうであったが、本達の帳簿式からも当時の府県でとられていた災害減税の仕法を一覧することができる。

一五、「府藩県交互管轄ノ堤防用悪水路修繕費用ノ賦課ヲ公平ナラシム」（明治三庚午年五月、第三八二）

四年太政官第四＊1ニ依リ消滅

第三百八十二　五月（民部省）

府藩県

堤防並用悪水路等府藩県交互管轄ノ場所修繕費用ノ儀ハ総テ石高割ヲ以出金可致筈ノ処社寺領中無謂出金不致向有之候得共用悪水路等ノ設無之テハ難叶候条爾来修繕目論見ノ節ハ右等不公平無之様総テ石高ニ応シ出金取調可伺出候此段相達候事

【注解】 民部省が府藩県に宛てて発した達である。これは民部省が、府藩県の管轄が入り組んでいる場所にある堤防ならびに用水路、排水路などの修繕費用の取り計らい方について達したものである。要旨は次の通り。すなわち、府藩県の管轄が入り組んでいる場所にある堤防ならびに用水路、排水路などの修繕費用については、すべて石高割にて費用を分担することになっているが、社寺領のなかには理由なく出金を拒む向きがある。しかし、用水路や排水路などの施設がなくては全く農事は行ない難いのであるから、今後修繕の計画を立てる時には社寺領を含めて不公平が生じないようすべて石高に応じて出金を割り振り、伺いを提出すること。

2. 本件には、府藩県の管轄が入り組んでいる場所にある堤防ならびに用水路、排水路などの修繕について、これの費用負担の原則（当時）が書かれている。それは、すべて石高割にて費用を分担すべしというものである。本件は堤防等の修繕に際しての費用負担に関する原則的規定のひとつと位置づけられる。

〔注〕

＊1 「社寺領現在ノ境内ヲ除クノ外上地被仰出土地ハ府藩県ニ管轄セシム」（明治四辛未年正月五日、太政官第四）。この布告には冒頭「諸国社寺由緒ノ有無ニ不拘朱印地除地等従前之通被下置候処各藩版籍奉還之末社寺ノミ土地人民私有ノ姿ニ相成不相当ノ事ニ付今度社寺領現在ノ境内ヲ除ノ外一般上知被　仰付」とあり、諸国社寺領の上知が命じられている。

一六a、「信濃川分水路鑿割費用高役出金納方ヲ定ム（新発田以下七藩ニ達）」

（明治三庚午年六月一二日、第三九九）

新発田藩　高崎藩
村上藩　長岡藩
与板藩　三日市藩
三根山藩

第三百九十九　六月十二日（民部省）

信濃川分水路鑿割ニ付課役ノ儀附紙ヲ以及尋問候処民力疲弊ノ折柄ニハ候得共金四十五万両可致弁出段神妙ノ事ニ候就テハ別段ノ御繰合ヲ以差向鑿掛候費用御下渡相成候条其余費ハ越後全国水損高ヲ除ノ外高百石ニ付永五貫七百五十文ツヽ早々取纏彼地出張ノ土木司へ可相納候此段相達候事

八年三月七日内務省ヨリ新潟県ニ達ヲ以テ工事ヲ廃ス

【注解一】達「信濃川分水路鑿割費用高役出金納方ヲ定ム（新発田以下七藩ニ達）」

【注解二】明治二年秋以降の信濃川分水路開削工事問題

【注解三】対抗提案としての外務省新潟局の建議

【注解四】リチャード・ヘンリ・ブラントンによる信濃川河口の測量調査

【注解五】信濃川分水路開削工事の工費調達問題

【注解一】民部省が新発田藩、高崎藩、村上藩、長岡藩、与板藩、三日市藩、三根山藩の越後国水害地計七藩に宛てて発出した達である。この達において、民部省は、信濃川分水路開削工事の費用（国役金）の納付を、上記七藩に命じている。*[1] その負担率は水害による損失高を除いて高百石に付き永五貫七五〇文というものである。

【注解二】 本達が位置する文脈を理解するためには、明治初めの信濃川分水路開削工事の実施問題について、*[2] これを精細に見て行かなくてはならない。*[3] 以下に、明治二年秋以降の該問題の展開を整理して述べる。

2. 明治元年八月に始まった信濃川分水路開削工事（信濃川疏浚工事とも称す）の実施を求める運動は、明治二年春から初夏にかけて越後府を巻き込みながら工事実現へ向けて高まりをみせた。しかし政府は、「官帑匱乏」を理由に工事着工に難色を示し、官制改革後の七月二七日、越後水原県に宛てて令達を発して「信濃川ヲ疏浚スル工事ヲ閣停ス可キ「コト」」を命じた。*[4] 越後側は尚も着工認可を勝ち取るべく政府に対し執拗に働きかけたが、それも叶わず、水原県は九月一七日に、「大河津疏鑿は入費莫大の処、大蔵省に於いて差支えこれ有り、暫く工事を引延す」*[5] との通達を関係者に発するのやむなきに至った。*[6] 約一年にわたって取り組まれてきた信濃川分水路開削工事実現へ向けての運動に区切りが打たれたわけである。だが、信濃川分水路開削工事実現を目指す越後国内の運動がこれをもって終わるということはなかった。工事延期の申達を受け取ったその日から分水工事復活を目指す運動が始まったのである。

3. さて上記申達が下されたのち、分水工事再開（復活）に向けてすぐさま動き出したのは、水原県知事壬生基修その人と治河会議所用弁掛の者たちであった。*[7] 水原県知事壬生基修は、九月一七日、分水工事関係者を集めて工事延期を申し渡したあと、自らさっそく上京し政府に対して越後の実情を説明して分水工事の継続を願い出る所存であることを表明した。一方、治河会議所用弁掛の者たちは、工事延期の申し渡しの同日九月一七日付で治河会議所宛に工事続行の請願書を作成した。*[8] そのなかで彼らは、工事費用は当面用弁掛で請け合うからともかくも工事継続の布令を出してもらいたい旨を、壬生知事に対して懇願している。*[9]

壬生基修は九月一八日に水原を出発して上京した。二四日、壬生は右大臣三条実美に上表を提出し分水工事の継続を懇願したがかなわず、[*10]工事開始専決の責を引いて辞職した。治河会議所用弁掛の者たちも、田沢与左衛門、大矢益之助、高橋健蔵、鷲尾忠吾の四人を代表に立てて知事の後を追わせ（一〇月五日東京着）、田沢ら代表四名は直接民部省土木司に嘆願を行なった。さらに新発田藩も、大参事溝口伊織、小参事富樫万吉らを上京させ、政府に分水工事継続を嘆願した。

一方、政府部内においても動きが見られた。民部省土木司は、治河会議所用弁掛代表の東京到着よりも前の九月末に、権少佑青柳薫平（利兼）を越後に派遣し、信濃川筋の視察に当たらせた。[*11]また、参議広沢真臣は、一〇月四日に治河会議所総括平岡兵部（長派）からの嘆願を受け、信濃川分水堀割一件の書類を内務卿に取り次いでいる。[*12]

３－２．上京した治河会議所用弁掛の代表四人のうち大矢益之助は、民部省土木司より青柳権少佑が信濃川分水工事の件で見分のため越後に派遣されたことを聞きすぐさま帰国したが、残りの者たちは在京して土木司を始め各方面に繰り返し請願を行なった。土木司の側でも、数回にわたり鷲尾忠吾ら用弁掛代表を召喚し、信濃川の実況や分水工事の設計などについて詳細な聞き取りを実施した。また、現地調査に出ていた青柳権少佑が帰京すると、土木司はその見聞にもとづいた質問を用弁掛代表に浴びせた。[*13]

用弁掛代表と土木司とのやりとりの中身をよく表現するのが、一〇月一六日と一二月八日の二回、在京の用弁掛代表三人（鷲尾忠吾、高橋健蔵、田沢与左衛門）の連名により土木司に提出された願書である。[*14]まず一〇月一六日の書面であるが、ここでは大河津分水工事に関わる論点が幅広く採り上げられ、そのひとつひとつに用弁掛代表による詳しい説明が付されている。たとえば、願書の前半では、「大河津より外ニ水害除之場所簡便之諸説も有之由」として、青山、塩ノ入あるいは内野を分水の適地とする意見が問題にされ、これに詳細な反論が加えられている。鷲尾らは、この分水適地の問題について、結論として「大河津之外ニ術策無之義ハ、宝暦以来、古今一轍之決義、越民治安之大基本と奉存候」と述べて、大河津適地論（大河津分水）を主張するのであるが、それを単に「積年懇願」とするのではなく、他説の検討と批判のうえで大河津分水が有利であると論じた。願書のこの部分は、信濃川分水工事に関して用弁掛代表に対し土木司の方からかなり突っ込んだ質問が発せられていたことを窺わせるものである。また、願書の後半では、大河津分水の設計川幅、分水工事の費用に関する各種の見積りの経緯と根拠、*15 分水路工事に付帯する堤防工事の問題、工事にともなう立ち退き村家への補償などについて巨細な説明が行なわれている。とくに、大河津分水をすれば新潟港に泥砂が堆積し、新潟港の港湾としての機能が損なわれるから該工事には反対であるとする新潟市民からの反対論には、次のような力を込めた反論が展開されている。*16

一、新潟港ニて、従来実事之究理不仕より、只一途ニ大河津分水故障之旨、旧幕府之砌、度々申立も有之候へ共、此年港之変易考察仕候処、信濃川洪水毎、泥水押出シ、港口ニ至り海水と拍激し、為泥砂、港浅瀬ニ相成、終ニ入港差支候義、是迄度々有之、平常ハ清水順流、自然深瀬ニ相成候義ハ屢実見仕候、且国内之米穀出津ニ因て、新斥（潟）市民産業罷在候処、歳々流失仕候ハ、、何ヲ以大港之利潤可有之哉、農民之失業ハ則商家之失利、聊たりとも故障等無之筈ニ御座候、乍去心得違之頑商共、数万之民患を不顧、彼是申者有之候ハ、、事実御亮察之上、以　御威徳、御処置御下置度奉願上候

そのうえで最後に、政府において金策がつくまで当面費用は地元で用立てるから、ともかくも工事着工の布令を発してもらいたい旨が請願されている。*17

一二月八日の建白書は、権少佑青柳薫平の実地検分にもとづく土木司からの質問に答えたものである。取り上げられている論点は、「国情一定之有無、金穀繰出し之成否、新川堤防之工夫」の三点である。第一の「国情一定之有無」であるが、これは大河津分水に関して越後国内において根強い反対があることから、*18 彼ら反対派を説得して「国情一定」を遂げ得るかどうかという問題であった。この問いに対して、鷲尾ら三名は、反対派の論には大義がないことを強く訴えつつも、反対派を説得して「国情一定」を遂げることはむずかしいとした。そして反対派には

「朝廷之御威徳」をもって糺問するほか処置はないと述べている。*[19]*[20] しかし今その糺問に時間を費やすべきではなく、糺問はなされるべきであるがそれは後に回すべきであると鷲尾らは論を続け、請願村々と用弁掛が大河津分水工事という一国の大事に向けて金穀等の繰出しに精力を尽くし、さしあたり工事実施に差し支えのないようにする所存であるので、どうか速やかに着工の布令を発してもらいたいと懇請した。次に、「金穀繰出し之成否」については、「専ラ国力を以、飽迄成切仕候決心ニ御座候得共、自然力尽候節ハ、前書金策も有之ニ付、繰出方之儀ハ御差支不相成儀ニ御座候」と答えた。工事費用は国元で工面し切るべく全力を尽くす覚悟である、万一力及ばぬ事態となってもそのときには大坂表の金主との間で融資を受ける内約が交わされているので工事費用の調達には問題がない、と主張したのである。大坂表の金主とは住友吉左衛門のことで、用弁掛は元治河会議所御用掛高岡栄蔵を介して、工事費用に支障が生じた場合には住友から三〇万両の融資を受けるという内約を取り付けていたのである。*[21] 最後に分水路の堤防の件であるが、これについては、鷲尾らは、分水路が完成すればこれまで信濃川筋の堤防修理に充てていた費用が節約される、その節約分を分水路堤防に用いれば十分に堅固な堤防が作れる、具体的な設計はそのときになったら衆議を尽くして決めればよい、という意見を述べた。

4. 明けて明治三年一月一〇日、民部省土木司は在京の用弁掛代表三名を呼び出し、大河津分水工事の着工決定を伝え、至急資金を調達するよう指示した。*[22] さらに、一月一三日には、民部省名で、水原県、新発田藩を始めとする関係の二県八藩に対し、土木司直轄にて大河津分水工事を開始する旨が正式に通達された。*[23] 水原県による工事延期の申し渡しから四か月、工事再開を求めて請願を繰り返した結果、鷲尾忠吾ら在京の用弁掛代表と越後の国元は、大河津分水工事の着工決定を勝ち取ったのである。*[24]

さて、工事着工の決定がなされたことにより、次に問題となったのは、工事費用の工面の件であった。かねて融資について内諾を得ていた住友との交渉がうまくいかなかったため、土木司は二月五日、新発田藩の遠藤勇三郎、水原県の三浦源蔵、用弁掛代表の高橋健蔵の三名を呼び出し、青柳薫平権少佑から「大河津分水堀り割りについては新発田・水原の藩県より各二〇万両ずつ、用弁掛で一〇万両調達致すべし云々」と、資金調達に関し指示を口達した。[*25] しかし新発田藩も用弁掛も申し付けられた金額を即時に用意することはできなかった。そこで、新発田藩、水原県、用弁掛が協議のうえ、「取りあえず工事を開始したうえで、万事新発田藩が支障のないよう取り計らう」という誓約を提出することとし、三月二日、上京した新発田藩小参事富樫万吉がこれを民部省に伝えた。[*26]

三月六日、土木司から権少佑青柳薫平が工事総括として来越した。青柳は、三月二六日に、各藩県の関係者を寺泊に集め、工事予算案を提示した。[*27] その工事予算案は、工事費総額一〇〇万両を、政府御下金四〇万両、国役金一五万両、水害地負担金四五万両でまかなうというものであった。このうち水害地負担金四五万両の割り付け方で会議が紛糾した。青柳が提示した当初案はこれを村高三〇万石に一様に割り付けるというものであったが、「新発田藩を除く諸藩から、分水より受ける利益に差があるのに一様の負担では納得できない」という異議や、「懇願村、堤添い、抱《ママ》りなき村と三段階に分けてほしい」などの要望が出て、議論はまとまらなかった。[*28] 青柳は「この事業は急ぐものでありまたこの機会をのがすべきではないことを力説」し、対立する意見の調停につとめた。[*29] その結果、水害の程度によって負担の異なる四つの等級を定め、それにしたがって出金する方法が採用されることになった。[*30]

越後全国への国役金一五万両については、民部省は高一〇〇石につき永五貫七五〇文とした。越後各藩にこの国役金分の納付を命じたのが、本件および「信濃川分水路鑿割費用高役出金納方ヲ定ム（高田藩以下七藩ニ達）」（明治三庚午年六月一二日、第四〇〇）（次掲）である。工事の実施に関しては、「寺泊に村々総代・各藩県の出張役人らが詰めて土木司がそれを統轄する」という体制が組まれることとなり、五月一七日に一部着工、七月七日に安永弥行土木正ら政府官員を迎えて起工式が行なわれた。[*31][*32]

【注解三】『大蔵省沿革志』検査寮の部明治三年三月一七日条に、「外務省照管スル信濃川疏浚、夷港築埠ノ工事ヲ料理スル方図ニ回答ス」という項目が見える。*33 これは、外務省本省が、信濃川疏浚工事（信濃川河口浚渫工事）を優先的に実施すべしという同省新潟局の建議について、民部＝大蔵省の見解を照会してきたことに対し、民部＝大蔵省の回答を載せたものである（照会の日付は三月一二日）。この外務省新潟局の建議は、本件（「信濃川分水路鑿割費用高役出金納方ヲ定ム（新発田以下七藩ニ達）」）で取り扱っている大河津分水問題と内容的に絡み合っているので、以下にこれを取り上げて検討することにしたい。

外務省から民部＝大蔵省に照会があった明治三年三月一二日、そしてこれに対して民部＝大蔵省が回答した三月一七日というのは、大河津分水工事史のなかで言うと、分水工事の着工が民部省より地元越後に達され（一月一三日）、地元における工事経費の調達問題の協議がちょうど大詰めを迎えようとしていた時に当たる。まさに大河津分水工事の開始直前の時期である。その時期に、信濃川に関する工事として、大河津分水とはまた別の工事、すなわち信濃川河口浚渫工事をもちだしてきて、これの実施を主張したのが外務省新潟局の建議である。この外務省新潟局の建議は、実質的には大河津分水に対する対抗提案（大河津分水への反対提案）と見做される。こうした性格の提案を、新潟港の港湾機能の整備を理由に、外務省が民部＝大蔵省相手に行なったのであった。

まず、外務省新潟局の建議の内容を『大蔵省沿革志』から紹介する。*34

外務省照会ニ曰ク、信濃川ノ疏浚及ヒ夷港ノ築埠ノ工程ヲ新潟局外務省属局ヨリ我省ニ建議セリ、蓋シ佐渡国夷港ノ後面ニ在ル湖水ヲ疏放シテ之ヲ海ニ通スルハ既ニ彼我ノ約定書慶応三年丁卯十一月朔〇西暦一千八百六十七年十一月二十六日ニ掲載スル所ニシテ情勢自ラ措閣ニ付ス可カラス、然リ而モ信濃川ノ水口泥砂淤堆シ海水河水相ヒ衝激シテ為メニ船舶ノ覆没ヲ致ス、（中略）、因テ請フ夷港ノ開通ハ姑ク之ヲ舎キ、専ラ信濃川ノ疏浚ニ著手スルヲ、蓋シ信濃川壅塞セル為メニ上游沿河ノ各村常ニ水害ヲ被フル有リ、故ニ果シテ此ノ疏浚ノ土功ヲ竣成スルヤ水流順注シ、随テ上游ノ水害ヲ防キ一挙シテ両得スル者ト請《ママ》フ可シ、然ルニ是レ大工事ニシテ経費モ亦タ巨万ト為ス、故ニ我省ニ雇用スル英吉利国人「フラントン」等ヲ発遣シテ之ヲ測量シ以テ其ノ経費ヲ予算セシメント欲ス、請フ貴省熟議シテ之ヲ太政官ニ稟申スルヲ、本月十二日。

建議において、外務省新潟局は、河口に堆積した土砂を浚渫するのは、一に港湾機能の改良のためであるが、同時に上流部の水害対策としても有効であるからである、と論じている。水害対策としての有効性を主張しての、大河津分水とは異なるもうひとつの河川工事（信濃川河口浚渫工事）の提案、これが大河津分水工事着工直前に外務省筋から出されたのである。

外務省新潟局の建議に対して民部＝大蔵省の答えは、否であった。すなわち、「貴省来議スル雇用外国工師ヲ新潟港ニ発差シ信濃川疏浚ノ経費ヲ概算セシムルハ即今請求ニ応シ難シ」と答えたのである。[*35] 大河津分水工事については、すでに述べた如く、新潟港の港湾機能の低下を恐れる新潟市民から反対の声が上がっていた。また、『信濃川大河津分水誌』には、明治三年三月一五日、新潟県大参事[*36]の本野盛亨が「新潟港に多大の障害を与えるという理由で大河津分水の反対を外務卿に陳情し」たとある。[*37] 大河津分水工事着工前夜、新潟市民－新潟県からの工事への異議申し立てが外務省を巻き込んで行なわれた様子が窺われる。[*38] 大河津分水工事開始をめぐっては、新潟市民－新潟県－外務省のラインが請願村々－用弁掛－民部省土木司に対抗するという構図があったのであり、[*39] それが『大蔵省沿革志』の記事から浮かび上がる。

【注解四】 上に検討した明治三年三月の外務省新潟局の建議中に出て来る「フラントン」については、大河津分水とかかわって後日譚がある。「フラントン」、すなわち、リチャード・ブラントン Richard Henry Brunton は、大河津分水工事開始の翌年、明治四年に政府（工部省）から信濃川河口の測量調査を命じられた。この調査は新潟港の改修計画策定に向けてのものであったが、その調査復命書のなかで、彼は新潟港の改修のためには大河津分水工事は不都合であると主張し、分水工事の中止を勧告したのである。ブラントンの復命書は、のちに大河津分

水工事の廃止が決定される際、リンドの報告書とともにその有力な論拠のひとつとなった。[*40][*41]

【注解五】 前に述べたように、大河津分水工事は、明治三年三月に民部省土木司が工事費総額一〇〇万両、うち政府御下金四〇万両、その他国役金一五万両、水害地負担金四五万両という予算案を地元関係者に示し、地元側がこれを受け入れることで開始された。ところが、明治四年七月二七日に民部省が廃止され、さらに同一〇月八日に土木寮が大蔵省の管下に入ると、財政緊縮の意図から工事費の見直しが行なわれ、同月、工事費総額七九万両余、うち政府御下金二〇万両、その他国役金五万両、水害地負担金四五万両、調達未定九万両と、工事予算が改定された。[*42] この改定により水害地村々の負担はいっそう重いものとなった。金銭および人足双方の重い負担は、思うように進展しない工事状況とあいまって、分水工事への不満を高める方向に作用した。

ところで、『大蔵省沿革志』出納寮の部明治四年二月一三日条は、信濃川分水工事の工費金の官給分の発給を大蔵省に対して求める民部省の商議を載せている（「越後国信濃川ノ分疏工費金ハ概計ヲ以テ交付ス可キヲ民部省ヨリ本省ニ商議ス」）。その商議の全文を紹介すると、次のようである。[*43]

民部省商議土木司立案ニ曰ク、曩者越後国信濃川支流開鑿ノ工事ヲ刱興セシニ、人民其ノ興利ノ盛挙ニ感激シ、協心戮力シテ業已ニ山脈ヲ截断シ不日ニ平地ノ開鑿ニ着手セントス、因テ田畝ノ潰廃、民家ノ移転ニ関スル費用ヲ概計スルニ金一十二万両ニ超過ス、因テ開鑿総費ハ金一百万両ト予算シ、計内金二十万両ヲ官給ト為シ、自余ハ開鑿ニ関係ヲ有スル藩県ニ賦課シテ其ノ竣功ノ制限ヲ予図セリ、乃チ請フ開鑿工費明注書不録ノ派当額ニ照シ貴省ヨリ月次ニ之ヲ発給スルヲ。

これを見ると、明治四年一〇月の工事予算案改定の半年以上前であるにもかかわらず（しかも工事費総額は一〇〇万両のままであるにもかかわらず）、工費の官給分（政府御下金）が二〇万両とされていることがわかる（傍点部分参照）。工費の官給分の削減（当初提示額より半減）が早くもこの時期（明治四年二月）に民部省土木司と大蔵省との間で合意されていたのか、あるいは民部省土木司が越後の関係者に示した予算案における官給分四〇万両という数字が大蔵省の十分な承認を得ずに出されたものであったのか、それとも何か別の事情に因るのか――理由はわからないけれども、工費の官給分の額が、明治三年三月の土木司提示の予算案における額四〇万両から、ここでは二〇万両に変更されているのである。

変更の理由はいずれにせよ、この明治四年二月一三日付の民部省の商議書は、同一〇月の改定工事予算とともに、工事着工直後の時点から工費の官給分を減らす方向での強い力がはたらいていたことを窺わせるものである。大河津分水工事は、着工にはこぎつけたものの、工費調達の面から見れば、その裏付けをしっかりとはもっておらず、見切り発車と言わざるを得ないものであった。

〔注〕

＊1　明治三年三月二六日に民部省出張土木司が新発田藩、新潟県など各藩県関係者に示した信濃川分水路工事予算案によれば、収入構成（収入総額一〇〇万両）は、政府御下金四〇万両、国役金（水害地を除く越後全域対象）一五万両、水害地負担金四五万両であった（新潟県（編）『新潟県史 通史編六 近代一』、二五二頁）。本達が納付を求めているのは、上にも書いたように、このうちの国役金の分である。

＊2　信濃川分水路（大河津分水路）の開削とは、河口より五五キロメートルほど遡った三島郡大河津から寺泊海岸までの全長約一〇キロメートルを繋ぐ人工水路の建設のことである。以下に述べるように、同工事は、明治三年五月に着工されたが、種々の事情により明治八年三月に廃止された。その後三〇数年の時を挟み、明治四二（一九〇九）年から近代的技術を投入して工事が新たに始められ、大正一一（一九二二）年に放水路が通水した。付帯工事も含めて工事の一応の完成を見たのは昭和二（一九二七）年、最終的完成は昭和六（一九三一）年であった。参照、『信濃川大河津分水誌 第一集』、『信濃川大河津分水誌 第二集』（建設省北陸地方建設局長岡工事事務所、一九六九年三月）、高橋裕『現代日本土木史』（彰国社、一九九〇年五月）。

＊3　明治元年八月から同二年九月半ばまでの信濃川分水路開削問題の経緯については、「治河使ヲ廃シ土木司ヲシテ水利ヲ管轄セシム」（明治二己巳年七月二七日、第六八一）の項（六九－二一六）において詳述した。ぜひそちらを参照されたい。

＊4　大蔵省記録局（編）『大蔵省沿革志（上巻）』、四九三頁。

＊5　『信濃川大河津分水誌 第一集』、八三頁。

＊6　分水工事延期の申し渡しに接した越後国内の状況について、水原県知事壬生基修（九月二四日辞職）は、右大臣三条実美宛書翰（九月二七日付）のなかで、「州民が哀訴渇望の大河津鑿渠、御引延し仰せ出させられ哉の趣き、一同力を落し、農具を放棄し、悲歎愁傷して日夜動揺仕り候、此の時に乗じ会桑の降人は脱走致し、往々山林に嘯聚し、窃に人心を煽動し蟷斧を揮わんと謀る」と述べている（『信濃川大河津分水誌 第一集』、八七頁）。また、『白根郷治水史』も、「農民の落胆は申すまでもなく、人心の動揺頗る常ならざるものがあった」と記している（『白根郷治水史』、四七七頁）。いずれも、分水工事の延期申し渡しが越後国内を落胆させ、そこに民心の動揺が生じたことを伝えている。

＊7　以下の叙述に当たっては、『白根郷治水史』、四七七－四九〇頁、『信濃川大河津分水誌 第一集』、八三－九九頁、建設省北陸地方建設局（編）『信濃川百年史』、五八七－五九一頁、新潟県（編）『新潟県史 通史編六 近代一』、二四九－二七四頁などを参照している。

＊8　「乍恐以書付奉申上候（明治二巳年九月十七日）」（所収、新潟県（編）『新潟県史 資料編一三 近代一 明治維新編Ⅰ』、八六四－八六六頁）。『新潟県史』によれば、この請願書の治河会議所への提出は九月二三日であったという（新潟県（編）『新潟県史 通史編六 近代一』、二四九頁）。

＊9　この請願書は、分水工事を希う農民たちの先頭に立って活動してきた治河会議所用弁掛の落胆と望みを率直に綴ったものである。用弁掛たちは、このなかで、工事費用の請け合いを申し出つつ（傍点部分）、信濃川分水工事の意義を再説強調し（傍線部分）、もし工事継続の布令が出されないならば人心不穏が現実化するであろうとの警告を発している（波線部分）。以下、長くなるが、一部省略の上、採録する（同上、八六四－八六五頁）。

乍恐以書付奉申上候

当国信濃川累年之水害ニテ、上下難立行、就中昨年之水災、流亡数万之諸民絶命之際ニ差臨、困苦之体難忍見ニ付、水災

除之義、去八月以来種々心配、其筋々へ数通之歎願書差上、下々一般昼夜渇望罷在候内、当四月中、右川過水吐として、大河津村より海岸須走村迄、分水路御堀割、即今御手ヲ被為下候趣、御布告ニ相成、積年之懇願一時ニ相開、御仁恤之程深奉感佩、其後私共用弁掛り被仰付、愚昧之銘々、乍不及精心ヲ尽し、一時も早く御普請御手下シ罷成候様、下民仰望之情実は、追々御聞上ケ之次第ニ御座候処、御模様如何不奉伺候得共、何分御手下し御延引心、（ママ）痛罷在候内、八月上旬御登京被遊、下々甚夕生疑惑候得共、御帰越ニさい相成候得共、直様御手始ニ可相成旨申諭し、一日三秋之思ニテ御待受居候処、此度御下向之趣、一同渇仰罷在候処、私共御召し上、東京表段々御尽力、越民之情態子細ニ被仰立被成下候得共、御国事御多端之折柄、迚も大河津事件御入用金御下渡之御場合ニは不至、併御見合切と申ニハ無之、暫御差延被遊候旨趣、厚相心得、下々へ諭方、遂御沙汰之趣奉承知、一同驚愕歎息罷在候、然ル処、被為於知事様、深御心悩、飽迄国民御救助被遊度、猶御登京之上、御手厚被仰立被下置候趣、一同感涙之外無御座、重々難有奉存候、然れとも今度御登京之上、被仰立候義、万々一此機会御採用不相成候ては、往々水患難免、元来重大之事件、上下協同一致之力ニ無之てハ、迚も速ニ成功ニ至り不申、弥以当節柄、御下金御差支之旨体認仕、下々ニ於ても、徒ニ傍観仕居候筋は素より無之ハ勿論、此儘々々打過候ハヽ、又候昨年体蒙水災候は眼前ニ立至り、（中略）、見込之件々、無腹蔵篤ト評議仕候処、越後国内一般永世之懇願ニ候へは、金穀始メ繰出之義、至当之尽力、私共乍恐御請合可仕候間、追て御都合被為在候迄、国内尽力繰出之義、更ニ御布令被下置度、右　御入費高百万両余之内、弐拾万両余ハ後年之入用、残り八拾万両御入用之処、猶場所之工案も可有之、其上八九分通は人夫賃ニ付、小前之者ハ正夫勤メ、身元之族は出金方、倶々御手伝尽力仕、右御入費高よりは減少可致、元来懇願ニ付、大業とハ乍申、忽チ成就可仕義と奉存候、兼テ御賢知被成下候通り、当国は米穀之外、別段之生産も無御座候処、乍恐天朝莫太之御益筋は勿論、既ニ昨年上下之水損凡五百万両余、其他細微算勘ニ至り候ハヽ、尚幾百万両ニ及、実ニ国民之得失存亡、此一挙ニ帰著仕候ニ付、何卒前書之通り御聞済之程、幾重ニも奉願上候、万一御聞済不相成、此儘御差延と相成候ハヽ、如何様申諭し候ても行届申間敷、終ニ人心煽動、自然無辜之良民、被処刑典候場合ニ可至哉と、誠ニ以不便至極歎ヶ敷次第、深御汲察之上、知事様御発賀前、迅速被仰立被成下置候ハヽ、広大之御救と重々難有奉存候、乍恐此段愚評形、以書付奉申上候、以上、

明治二巳年九月十七日

用弁掛　鷲尾忠吾（印）

（以下一九名略。）

治　河

御会議所

＊10　壬生は、上表のなかで、信濃川分水工事の必要性を訴えて、次のように書いた（「明治二年九月　知事壬生基修願書（宮内省寮所蔵　信濃川堀割分水一件）」、所収、新潟県（編）『新潟県史 資料編一三 近代一 明治維新編Ⅰ』、八六七頁。尚、これの書き下し文が『信濃川大河津分水誌 第一集』、八五－八六頁に掲載されており、上表の引用に続けて括弧内に掲げる。上表、書き下し文とも傍点を付した部分は活字が小さくなっている箇所である。書き下し文に付けられている振り仮名は省略した）。

臣基修謹言、（中略）越国旧多水害、徳川氏之執柄、州民嘗乞鑿渠大河津、以殺信川水勢、而因循不果、去年夏、河水暴漲、堤防潰決、数十里内無復青草、於是民不聊生、日夜警々而鑿渠之請益切、臣聴察其情実可哀憫、因請鑿渠之役、其費雖広、扞災之功、其利実大、朝廷既以除民患為、急而臣適承全国之寄、豈可坐視、其流亡而不救哉、故断然戒於国分命、有司措弁其事、乃使判事奏聞取、決而　廷議以用度不給、未蒙　採用、下民微聞之相率煽動、将又有所哀訴強請也、（以下略）

（越国は旧もと水害多し、徳川氏この柄を執るや、州民嘗て大河津に鑿渠し、以って信濃川の水勢を殺がんことを乞う、而して因循果さず、去年の夏河水は暴漲し、堤防の潰決すること数十里、内復た青草無し、是れに於いて民は生を聊さず、日夜警々、鑿渠の請く益切なり、臣其の情を聴察す実に哀し憫れむべし、因って謂うに、鑿渠の役其の費広しと雖も捍災の功、其の利実に大なり、朝廷既に民の患いを除くを以って急と為す、而して臣適たま国を全うするの任を承く、豈其の流亡を視しを救わざるべけん哉、故に断然国を戒め、有司に命じて其の事を措弁せしむ、乃ち判事をして奏聞を取り決め使わしむ、而して廷議は用度の給わざるを以って未だ採用を蒙らす、下民は微にこれを聞き相率いて煽動し、将に又哀訴し強請有らんとするなり）

壬生はさらに、右大臣三条実美に宛てた九月二七日付の書簡のなかで、分水工事着工の布告（四月一七日）が民心の慰撫に効果があったことを、以下の如く主張している（『信濃川大河津分水誌 第一集』、八六頁。傍点を付した部分は活字が小さくなっている箇所である）。すなわち、「臣就任以来日夜憂慮し、朝廷の御趣意を下民に貫徹致し居り候様仕り度く、本府を水原に開き、民政の八局を各所に設け、大河津の鑿渠を許し、糶穀の闌出を禁じ、贋金を止め、物価を減じ、専ら北道の要鎮・奥羽の防禦とならんことを務め候、自ら効験を説くは如何の儀に候え共、国中の人心は次第に折合い、聊か安静の姿に相見候」。前引の、分水工事延期の申し渡しに接した越後国内の落胆と動揺の記述は、これに続く箇所にある。

＊11　「明治二年十月　土木司伺書（内務省所蔵　土木司衆議留）」（所収、新潟県（編）『新潟県史 資料編一三 近代一 明治維新編Ⅰ』、八六六－八六七頁）は、治河会議所用弁掛の者たちが土木司に嘆願に訪れたこととともに、青柳の出張の事情について、次のように記している。

越後信濃川分水路樋割為歎願之、新潟県用弁掛之内両人、御当地へ罷越居候処、右堀割場所之儀、容易之事ニ無之、是迄目論見廉々有之、可否難相決ニ付、当司之者為見分、先般より出張罷在、未タ帰京不致候間、歎願之者は先以帰村申付候方被存候、此段相伺申候、

巳十月

この伺書は結局提出されなかったが、その宛名には、民部＝大蔵卿のほか、財政上の理由から河川工事着工に抑制的な態度をとっていた大隈大輔（重信）、伊藤少輔（博文）、岡本権少丞（健三郎）ら大蔵省内の「急進派官僚」（松尾正人）の名が並んでいる。

＊12　広沢真臣公用備忘録の明治二年一〇月四日条には、「平岡兵吉帰府、越後信濃川分水堀割一件、水害請村中先出金之上、御普請被仰付度との惣歎願之趣言上、諸取調之書類、民部卿え相渡置候事」との記事が見える（日本史籍協会（編）『広沢真臣日記』、四二六頁。尚、引用に当たって句読点を付けた。以下、『広沢真臣日記』からの引用への句読点付けにつき、本項と同様筆者によるものである）。

＊13　「北越信濃川分水大河津堀割之儀ニ付、先般青柳権少佑様外御壱人、御下向御見分之上、此度御帰京被為在、国情一定之有無、金穀繰出し之成否、新川堤防之工夫件々可申立旨、御達之趣奉承知、則左ニ奉申上候」（「明治二年十二月　信濃川分水大河津堀割に関する建白書（土木役所宛）」、所収、新潟県（編）『新潟県史 資料編一三 近代一 明治維新編Ⅰ』、九〇二頁）。『新潟県史』は、民部省土木司が信濃川分水工事の実地見分に動いた背景について、次のように述べている。すなわち、当時、

政府は、財政窮迫（→貢租収奪の強化の必要）に苦しむ一方、農民の生活困窮（→「民情不穏」の発生、貢租増徴の困難）にも直面していた。政府はこの二つの板挟みに遭っていたのである。こうした折りに出された「農民負担による分水工事［の再開］という用弁掛の嘆願は、［政府にとって、］貢租増徴と窮民救済という相対立する矛盾を一挙に解決する格好の嘆願にほかならなかった」（新潟県（編）『新潟県史 通史編六 近代一』、二五〇頁）、と。用弁掛の嘆願は農民負担による分水工事の実施請願ということであり、これは政府には「［財政出動なしで］貢租増徴と窮民救済という相対立する矛盾を一挙に解決する」策と受けとめられた、そしてこのような受けとめがあったからこそ土木司は見分に動いた、――『新潟県史』はこう解釈するのである。『信濃川百年史』に載せられている、広沢真臣の名和緩（水原県大参事）宛ての書簡（明治二年一〇月八日付）は、上の『新潟県史』の解釈を裏づけるもののように思われる。すなわち、そこには、次のように記されている。「信濃川分水一件も平岡［兵部］帰府にて具に承候得ば大蔵省より出金御難渋の情実篤と聞分け、人民一統奮発を以て村々にて調達の上、御手悩を以て御普請の義願出、豪富頭取の者両三人平岡一同出府、素より大蔵省に於ても右は水理相整候上は莫大の水腐（一守詳《ママ》ならず）起し、其外新開等高弐拾四五万石の御有益も必然と申事故、御繰合の目的稍相立候得ば取掛可然との目論見有之、此節土木司より現地出張中と申事旁都合能次第、右願之通可被差免哉に民部省評議中にて、其事相調候得ば余程下民望に叶ひ壬致御一新難有を始て拝承仕候様相見へ候しの事、弥御決候上は猶御尽力有之度奉存候」（建設省北陸地方建設局（編）『信濃川百年史』、五八八頁）。

＊14　「明治二年十月　大河津御普請御用弁掛の堀割開鑿着工願書（土木役所宛）」、「明治二年十二月　信濃川分水大河津堀割に関する建白書（土木役所宛）」（所収、新潟県（編）『新潟県史 資料編一三 近代一 明治維新編Ⅰ』、九〇二－九〇四、九〇五－九〇六頁）。これら一〇月一六日と一二月の願書は、水災による苦難の様子を哀訴し、工事延引の申し渡しにより生じた国内の落胆と不穏を述べ立てるだけでなく、実際に工事を行なうことを念頭に置いて、費用の見積もりや工事の技術的な問題についてまで種々の問題を検討し、大河津分水の妥当性・優位性を微に入り細を穿って主張したものである。この点がそれまでの請願書と異なるところである。

＊15　明治二年一〇月一六日付願書では、分水工事の費用について、五〇万両、七〇万両余、そして一〇〇万両以上の三つの見積りが採り上げられ、それぞれについてその算定の経緯と根拠が説明され、そのうえで、見積りをどのように精緻にしようとも

過不足が出て来ることは避けられないから見積りの精微を求めるよりまず工事を始めることが肝要であるとの主張がなされている。曰く、「春中六藩［新発田・高崎・村松・与板・三日市・池之端六藩］より東京へ申立候入用幷水患村々、惣代京師へ願立候入用共、五拾万両余之図立、其後六藩再図七十万両余、水原県図り立百万両以上、右精粗大小之違有之候へとも、五十万両之図り立ハ、事情不急差添細微取調ニ不至、四ヶ年前、旧幕府御勘定菊名仙太夫之測量ニ基キ、参酌仕候迄ニ御座候、七十万両は実地人夫取掛、不足之節ハ懇願村々ニて無賃ニ相勤候見込ニ付、積立簡易ニ相成、百万両以上之義ハ、全ク他より雇候心得を以、十分精密ニ図立候義ニ御座候、何分大業故、如何様精微測量仕候ても、正場取掛り候ハヽ、人夫之運用場所之工案ニより、過不及も可有之ニ付、御手下シ之上、万端御高案被下置度奉願上候」（新潟県（編）『新潟県史 資料編一三 近代一 明治維新編I』、九〇六頁）。

＊16　同上、九〇六－九〇七頁。（ ）内は原文。この論点は、のちの分水工事中断の理由にもかかわるものであるので、少し長くなるが、ここに願書中の該部分を紹介する。

＊17　「右大略之外、見込之条件は尚追々可奉申上候、素より須臾も不可措之急務ニ候間、兼て奉申上候通、朝廷御融通被為在候迄、下方ニて金穀始屹度尽力可仕、右之内各藩幷下方ニて相当引請被仰付、其余は年割を以、御下金之旨、更ニ御布令被成下置度、偏ニ奉希上候」（同上、九〇七頁）。

＊18　大河津分水に対しては、上に紹介した新潟市民のほか、分水路予定地近郷の西川筋・島崎川筋の村々にも根強い反対があった（参照、新潟県（編）『新潟県史 通史編六 近代一』、二五〇－二五一頁）。

＊19　「国情一定之儀ハ兼々御洞察被為在候得共、当時人情は私より善を悪と嘲り、悪を善と唱ひ、天下之大事さへ順逆を不弁儀も有之、況一国之事件、数万之内ニは、或ハ利欲ニ走り、所謂願人体之者も可有之、又ハ其益地ニ乍在、座視傍観、却て浮説流言等を醸し候族も可有之、此儀ハ　朝廷之御威徳を以、御処置無之てハ、人情遍く一致之儀ニ不至、乍去彼党御糺之ため、事件遅延仕候てハ、民望益不穏ニ付、兼て、昨年来藩県へ願立候村々幷用弁掛之者ニてハ、素より一国之憂ニ先ツて、精力抽し、人夫金穀等屹度引受、当分御差支無之様繰出し可仕候間、速ニ御普請御手下し之上、正邪曲直之儀ハ明ニ御糺問被下度」（「明治二年十二月　信濃川分水大河津堀割に関する建白書（土木役所宛）」、所収、新潟県（編）『新潟県史 資料編一三 近代一 明治維新編I』、九〇二頁）。

＊20　反対派に大義がなく、大義は我方にあることについては、次のように論じた。「御時節柄、其益を受、其私を語り候輩ハ、実ニ可悪之至と奉存候、既ニ藩県水災御救助米、堤防入用、又は近年数十度堤切之損失始、御関考有之候得ハ、其郷村之得失、一国之安危、瞭然分明仕儀ニ御座候、（中略）、仮令一郷之内、数拾里隔り候ても、堤通危難之節ハ、地之高下水害も厚薄を不論、数千之人夫加勢救合、亦は孤独之村方力不届節、其管内村々ニて、相互ニ救来候儀ニ付、小ハ大ニ倚、大は小を救ひ、人情相和候様無之てハ、何事も時論紛々狐疑を生し、自然　御政体ニ相悖候儀も可有之哉」（同上）。

＊21　住友との間で行なわれた工事資金の借り入れをめぐる交渉の経緯はやや複雑である。これについては、『信濃川大河津分水誌 第一集』、八八頁を参照せよ。

＊22　着工決定の伝達と資金調達の指示は、土木司の青柳薫平権少佑から行なわれた。それは、「大河津堀り割りの義、御決定相成り候間、其の段相心得可く、なお金策の義急務に付き用弁掛の中より両人登坂致すべし云々」という口達であったという。参照、『信濃川大河津分水誌 第一集』、八七頁。

＊23　この通達は次のようなものであった（『信濃川大河津分水誌 第一集』、八八頁）。

信濃川分水路掘り割りの義は暫時御差し延べ相成り候処、下民の情実止め得難き次第に相聞え候間、今般土木司へ御委任し不日に役々を出張させ取掛り候条、

午《マ》四《マ》月十三日

民部省

尚、これは『法令全書』には収録されていない。また、通達の日付けであるが、『信濃川大河津分水誌』は一月一三日、『新潟県史』は一月一四日としていて、両者の記述に異なりがある。ここでは達文の日付けに拠り、一月一三日とした。

＊24　明治二年一二月八日の建白書のところで触れた「国情一定」の問題であるが、結局用弁掛らは反対派を説得できず、〃国情不一致〃のまま工事着工に進むことになった。このことは費用や人足の負担問題での紛糾、さらには工事反対の騒動の発生などに繋がり、大河津分水工事の以後の展開に大きな影響を及ぼした。

＊25　『信濃川大河津分水誌 第一集』、八八頁。『信濃川大河津分水誌』は、このときのこととして次の挿話を記している。すなわち、新発田藩、水原県、用弁掛それぞれに資金の調達を命じたあと、土木司は、用弁掛代表の高橋健蔵に対して、「水原県の

二〇万両は用弁掛で調達すること、すなわち合計三〇万両は用弁掛らの才覚で調達するよう水原県に申し伝える」と告げた。高橋健蔵がこれを承諾し席を立とうとしたとき、安永弥行土木正は高橋に「万一金策行き届かぬ場合においては自分は政府に対して相済まず割腹して謝らなければならない、汝の生命もまた安全ではなかろう宜しく決心して努力せよ、それまで汝の首はしばらく預け置く」と励ましの声をかけた。高橋はそれに対して、「信濃川分水は有志一同の生命に換えて懇願していることならば、もし不幸にして貴官に面目を失わせるようなことになれば、健三の首は敢へて貴手を煩わすまでも無い」と答えて立ち去った。このような挿話を『信濃川大河津分水誌』は伝えている（同上、八八−八九頁）。この挿話について同書は出典を記しておらず、真偽のほどは定かではない。しかしこの挿話とその伝承のなかに、工事着工へ向けて土木司と用弁掛双方ともが並々ならぬ決意を示していたことを読みとることは可能であろう。

＊26 『信濃川大河津分水誌 第一集』、八九頁、新潟県（編）『新潟県史 通史編六 近代一』、二五一−二五二頁。

＊27 参照、新潟県（編）『新潟県史 通史編六 近代一』、二五二頁。

＊28 新潟県（編）『新潟県史 通史編六 近代一』、二五二−二五三頁。また、『信濃川大河津分水誌 第一集』、八九頁も、参照せよ。

＊29 『信濃川大河津分水誌 第一集』、八九頁。

＊30 新潟県（編）『新潟県史 通史編六 近代一』、二五二−二五三頁、『信濃川大河津分水誌 第一集』、八九−九〇頁。割り当てられた水害地負担金の額は、新発田藩一六万六七〇両二分二朱、村上藩七万八四五両二分二朱、新潟県一三万七、三五三両三分三朱、三日市藩四、〇三五両一分二朱、長岡藩三、八三五両三分二朱、与板藩六、三二四両一分、高崎藩三万五、一七二両三分、三根山藩九、三五三両三分三朱、柏崎県二万二、五〇〇両であった（合計四五万九二両一分一朱）（新潟県（編）『新潟県史 通史編六 近代一』、二五二頁）。人足については、「水害地からの正人足（負担金一〇〇両につき一・二二人の割当て）と雇い人足が予定され、賃金はともに一人一日米一升七合で、『最寄市町相場平均石代』をもって支給するとされた。」（同上、二五三頁。）

＊31 新潟県（編）『新潟県史 通史編六 近代一』、二五三頁、『信濃川大河津分水誌 第一集』、九一−九二頁。

＊32 大河津分水工事の着工後の成り行きについて以下に簡単にまとめておく（明治八年の工事中断まで）（『白根郷治水史』、四八二−四九〇頁、『信濃川大河津分水誌 第一集』、九三−九九頁、新潟県（編）『新潟県史 通史編六 近代一』、二五三−二七四頁、参照）。明治三年七月に工事が本格的に開始されたが、その進捗は思わしくなかった。それは、第一に、明治元年以

来の兵禍と水災により疲弊を極めていた農民にとって負担金と正人足の割当てが過重であり、これの徴収、徴発が困難を極めたためである。また、第二に、工事の現場には地滑り地帯の山中を深く掘り下げねばならない箇所があって、この山地での工事が難航したからである（「妖怪丁場」の存在）。かくして、負担ばかり多くて工事は一向にはかどらないという状況が出来し、各地で分水工事に対する不満・批判が噴き出るようになった。そのようななか、明治五年四月に、「信濃川・中ノ口川流域の村々を中心に一万数千人もの農民が、分水工事の負担金や人足の徴収反対などを要求して、柏崎県と新潟県に強訴をかけ」るという事件が起こった（「大河津分水騒動」または「悌輔騒動」）（新潟県（編）『新潟県史 通史編六 近代一』、二五八頁）。この騒動により工事は一時中断を余儀なくされた。同年六月に工事は再開されたものの、工事への反発は収まらなかった。明治六年秋、大蔵省土木寮はオランダ人工師リンド Isaac Anne Lindo に、大河津分水の利害得失について実地調査を命じた。リンドは、大河津分水は新潟港の機能低下を招き、また信濃川の通船にも支障を来たすなどとして、その中止を復命した（「大河津放水渠ノ復命」）（一〇月二二日）（リンドについては、島崎武雄・市川幸男「明治五年（一八七二）のオランダ人お雇い技師リンドによる水準測量旅行と堀江Y.P.水準標石設置」、『土木史研究 論文集』、第二六巻、二〇〇七年六月、参照。同論文、八五－九三頁において、リンドの経歴と日本での活動が詳しく紹介されている）。リンドの報告後分水工事反対派の勢いが増し、反対の声に押された新潟県は工事の廃業を政府に上申した。内務省はリンドらの報告に従うかたちで明治七年一二月に大河津分水工事の廃業を太政官に建議した。この建議を受けて政府は明治八年三月に正式に大河津分水工事の廃業を決定した。こうして大河津分水工事は、明治三年七月の起工以来四年有余の月日と七〇万円を超える巨費を費やしながら、その完成を見ずにいったん終了となったのである。

＊33 大蔵省記録局（編）『大蔵省沿革志（上巻）』、三八〇－三八一頁。尚、夷港は現在の両津港のことである。夷港は、明治元年一一月一九日に開港した新潟港の補助港（緊急避難などのための港）と位置づけられていた（新潟県（編）『新潟県史 通史編六 近代一』、一四三－一四四頁）。

＊34 大蔵省記録局（編）『大蔵省沿革志（上巻）』、三八〇－三八一頁。傍線を引いた箇所は、割注の部分である。

＊35 同上、三八一頁。

＊36 明治三年三月七日、水原県に替わって新潟県が置かれた。

＊37 『信濃川大河津分水誌 第一集』、九八－九九頁。

＊38 具体的には、大河津分水による新潟港の港湾機能低下を懸念した新潟市民－新潟県－外務省のラインから、同分水に反対して別の工事提案（信濃川河口浚渫工事の優先実施提案）が提出されたということ。

＊39 この点は、大河津分水工事の爾後の展開を見るならば、尚のこと興味深いところである（上掲＊32参照）。

＊40 ブラントンは、明治元年に燈台建築を推進する目的のもと日本政府によりイギリスから招かれた人物（技師）である（一八六八年八月来日）。ブラントンの経歴と事績については、彼の著作の翻訳（リチャード・H・ブラントン（徳力真太郎訳）『お雇い外人の見た近代日本』、講談社、一九八六年八月）に付された、「訳者 序」と「訳者 あとがき」、および、知野泰明・大熊孝「R・H・ブラントンの活躍の概況――滞在年表――」（『土木史研究』、第一一号、一九九一年六月）を参照されたい。ブラントンの信濃川河口調査については、知野泰明・大熊孝「お雇外国人技師R・H・ブラントンの信濃川河口調査に関する研究」（『土木史研究』、第一一号、一九九一年六月）がこれを詳しく紹介、検討している。

以下、ブラントンの信濃川河口調査の背景について簡単に記す。享保一五（一七三〇）年、当時阿賀野川は信濃川河口に合流していたが、この阿賀野川の洪水を分流し、新田開発を促進するため、阿賀野川最下流の屈曲部（松ヶ崎）に松ヶ崎放水路が開鑿された。ところが、翌年の雪代洪水でこの分流施設が破壊され、松ヶ崎放水路が阿賀野川の本流となってしまった。これにより信濃川河口の河水流量が減少し、信濃川河口が砂州で閉塞するようになってしまった。幕末、日米修好通商条約において新潟港は開港場に指定されたが、当時の新潟港は砂州によって閉塞しており、外航船の入港がきわめて困難な状態であった。このため新潟港の改修は国際問題（外交上の懸案）となっていた。ブラントンの新潟派遣（信濃川河口調査の実施）の背景には、新潟港を貿易港として機能させようとする英国公使パークスの、日本政府に対する働きかけ（新潟港改良要求）があったのである（リチャード・H・ブラントン（徳力真太郎訳）『お雇い外人の見た近代日本』、八九頁）（ブラントンの信濃川河口調査と大河津分水工事中止勧告の関係については、ほかに『白根郷治水史』、四八八、四八九－四九〇頁、『信濃川大河津分水誌 第一集』、九三、九九頁、新潟県（編）『新潟県史 通史編六 近代一』、二五六頁も参照のこと）。

＊41 ブラントンの著書『お雇い外人の見た近代日本』には、明治四年に彼が作成提出した「新潟県信濃河口之改革報告」の要旨が載せられている（リチャード・H・ブラントン（徳力真太郎訳）『お雇い外人の見た近代日本』、九〇－九二頁）。そのなかの

大河津分水工事に言及した部分を引くと、次のようである（とくに、傍線を引いた部分に注意せよ）（この報告書要旨は、報告書提出の翌年一八七二年一月に、ブラントンが日本アジア協会（Asiatic Society of Japan）――在日英国人によって組織された協会――の横浜での会合で読み上げたものである。同上、八九頁。引用に際して、ふりがなは省略した）。

河口から四〇マイル（約六四キロメートル）の間は浸食によって川幅は広くなり、所によっては幅三マイル（約四・八キロメートル）にも及ぶ。この川幅の間にいたるところに浅瀬や砂州が形成されており、これが川の流れを阻むだけでなく、所によっては水深が三フィート（約九二センチメートル）足らずとなって全く水運に利用できなくしている。川岸は大変に低く平坦で、細かい砂で形成されているが、洪水の度に川は氾濫し、一万二〇〇〇エーカー（約四八万アール）の沃地が年に五、六度も冠水すると聞いた。堤防を高くし、あるいは水路を改修するといった方策によらず、日本政府の治水の方針は別に大規模な放水路を造って増水を分流することである。信濃川はある箇所では約八マイル（約一二・八キロメートル）の距離で海岸と並行しているので、そのような箇所、河口から四〇マイル遡った大河津という地点で巨大な分水路（所によっては深さ六〇フィート《約一八・三メートル》にも達する）を掘削して八マイルの距離にある寺泊と呼ぶ場所（新潟より南方二六マイルにある）まで水路を造り、溢水を海に放流するというのである。

この計画は知的な考察から全く逸脱した一つの例と見られる。この方法では増水のときに生じる急流によって、河口の底の泥砂堆積を流し去ることができなくなり、新潟の信濃川の河口は依然として沈泥で塞がれたままになることは疑問の余地がない。

この反対に、砂州を処理するに特別に困難な障害とてなく、適当な措置［増水のときにも十分に流し得る適当な幅をもった水路を造ること］を講じさえすれば、有益な河川の利用法もあり、その改良工事は比較的容易に達成できるのである。

（中略。）

私の計画は、日本流の分水路を掘削するのとは全く反対に、流水路を木造の堤防によって仕切って川の流れを外海に放流するもので、この堤防で仕切られた流水路の幅は増水時に十分に流れを導いて放流し、流砂が外海の十分に深い所まで運ばれる程度とするものであった。

＊42　新潟県（編）『新潟県史 通史編六 近代一』、二五七頁。

＊43　大蔵省記録局（編）『大蔵省沿革志（上巻）』、五三四－五三五頁（傍線を引いた箇所は、割注の部分である）。この民部省からの商議に対する大蔵省側の対応については、『大蔵省沿革志』には何も書かれていない。

一六b、「信濃川分水路鑿割費用高役出金納方ヲ定ム（高田藩以下七藩ニ達）」

（明治三庚午年六月一二日、第四〇〇）

第四百　六月十二日（民部省）

高田藩　椎谷藩
清崎藩　菊間藩
上ノ山藩　黒川藩
村松藩

同上[*1]

信濃川ノ儀ハ累年洪水暴溢田圃ノ破頽最不尠候ニ付其害ヲ免候ニハ分水路鑿割不致候テハ不相成候処許多ノ費用不残御下渡難行届候依テ水難ノ地方ヘ及尋問候処金四十五万両丈弁出可致筈ニ付差向鑿掛御入費ハ御下渡相成候間其余費ハ越後全国高役出金ヲ以裨補可致候条高百石ニ付永五貫七百五十文宛早々取纏彼地出張ノ土木司ヘ可相納候此段相達候事

【注解】民部省が高田藩、椎谷藩、清崎藩、菊間藩、上ノ山藩、黒川藩、村松藩の越後国水害地外計七藩に宛てて発出した達である。この達において、民部省は、信濃川分水路開削工事の費用（国役金）の納付を、上記七藩に求めている。[*2] その負担率は高百石に付き永五貫七五〇文（五両三分）というものである。

2. この達中「信濃川ノ儀ハ累年洪水暴溢田圃ノ破頽最不尠候ニ付其害ヲ免候ニハ分水路鑿割不致候テハ不相成候」という件りは、越後府等の信濃川分水工事推進派が用いた論理そのものである。これを達の文中で政府（民部省）がそのまま使っていることに注目しておきたい。

〔注〕

＊1　「八年三月七日内務省ヨリ新潟県ニ達ヲ以テ工事ヲ廃ス」。

＊2　前項「信濃川分水路鑿割費用高役出金納方ヲ定ム（新発田以下七藩ニ達）」（明治三庚午年六月一二日、第三九九）の対応箇所に付した注を参照せよ。

一七、「農民貯蓄ノ穀物窮民ニ貸付ノ方ヲ定ム」（明治三庚午年六月一四日、第四〇七）

五年大蔵省第百五十八号参看[*1]

第四百七　　六月十四日（民部省）

府県
預所アル諸藩

諸府県／藩御預所[*2]農民ノ内貯蓄ノ穀物窮民へ貸渡方ノ儀一日当ノ員数並日数等区々ニテハ不都合ニ候間爾後日数三十日ヲ限一日分米ハ男一人ニ付三合女一人ニ付二合大麦ハ男一人ニ付六合女一人ニ付四合雑穀ハ男一人ニ付九合女一人ニ付六合宛貸渡年賦ニテ返弁方取調可届出候此段相達候事

但農民貯穀員数取調早々可届出事

【注解一】 達「農民貯蓄ノ穀物窮民ニ貸付ノ方ヲ定ム」の内容

【注解二】 小菅県の報恩社法

【注解一】 民部省が府県ならびに預所のある諸藩に宛てて発した達である（租税司立案）[*3]。大意は次の通り。すなわち、農民が貯蓄している穀物を窮民に貸し渡す件であるが、貸し渡す際の条件（一日当たりの分量ならびに貸し渡しの日数）がまちまちでは不都合であるので、これからは、貸し渡しの期間（日数）は三〇日と限り、貸し渡す分量は一日分として米は男一人当たり三合、女一人当たり二合、大麦は男一人当たり六合、女一人当たり四合、雑穀は男一人当たり九合、女一人当たり六合とし、返済については年賦にて返済ということにする。農民が貯蓄している穀物を窮民に貸し渡す際には、貸し渡す穀物の種類と分量、および年賦返納の期限を査定した上で、該件の申請を本省に提出すべし。また、農民が貯蓄している穀物の量を取り調べて速やかに届け出るべきこと。

2. 民部省は、明治二年一二月八日に、「罹災窮民ノ済恤方規」を発布して、窮民救助措置の統一を図った[*4]。本達はこれに続くもので、農民が貯蓄している穀物を罹災窮民に貸し渡す際の、統一的な貸付条件と貸付手続きを規定している。当時の民部＝大蔵省は、収奪貢租の中央集中を図る立場から、「府県租税を凶作対策に費消しない方針」（千田稔）を採った。このような方針の下で採用された凶作対策（罹災窮民救助策）は、それを「能う限り農民負担で行なわしめ」るというものであった[*5][*6]。本達はこれの具体化にかかわるものである[*7][*8]。本達で問題とされているのは、夫食として貸し付ける穀物を「農民ノ内貯蓄ノ穀物」に求めるという仕法である。罹災窮民の救済に当たって農民が貯蓄している穀物を貸し付けるという方式である。

3. 貸し渡し条件のうち、一日当たりの分量男米三合、女二合というのは、「水火災ノ節窮民救助ノ措置ヲ定ム」

（「罹災窮民ノ済恤方規」）の定型に倣うものである。[*9]

【注解二】 明治三年七月二二日、政府（民部省）は、官倉に手を掛けない罹災窮民の救助の仕法として、小菅県[*10]が同年三月に団立した報恩社法を賞揚し、刊刷された同社法を各府県に頒示してこれの参照を求めた。[*11][*12]『大蔵省沿革志』本省の部明治三年七月二二日条の「小菅県ノ団立セル報恩社法ヲ府県ニ頒示ス」と題する記事に拠り、以下に報恩社法の頒示の経緯を示す。まず、この件での民部省から太政官への稟申の部分を引く。[*13]

民部省ヨリ太政官ニ稟申シテ曰ク、曩キニ小菅県管轄士民協議シテ一社ヲ団結シ名ケテ報恩社ト曰ヒ、金穀ヲ醵集シテ之ヲ蓄積シ以テ、救貧恤窮ノ用ニ充テント欲スルヲ小菅県ヨリ我省ニ開申セリ、是レ全ク撫字賙済ノ意ニ出テ、士民ヲ奨励シ国恩ニ報答スルノ美事ニシテ、他日其ノ地方ニ不虞ノ災厄有ルニ当テハ必ス功効ヲ奏ス可キ者トス、故ニ輒チ之ヲ聴許シ、且ツ其ノ挙ヲ賞揚セシニ、頃日社法ヲ刊刷シテ以テ送上セリ、抑モ此ノ挙タル実ニ奨勧ノ摸範ト為スニ足ル者有ルヲ以テ、我省之ヲ各府県ニ頒付セントス、即チ一本ヲ副進ス。

上は、小菅県で設立された報恩社法について、民部省がこれを「奨勧ノ摸範」として各府県に頒付することを太政官に上申したものである。報恩社法は、小菅県の奨励のもと県下の士民が一社（報恩社）を結び、同社に金穀を醵出して蓄積し、もって災害発生時の窮民の救助に充てるという制度である。この報恩社法は罹災窮民の救助を県下の士民からの醵出金穀でまかなおうとするものであり、[*14]《罹災窮民の救助のために官倉に手を掛けることはしない》という当時の政府の方針に適う施策であった。政府（民部省）はそれを「国恩ニ報答スルノ美事」として賞揚し、刊刷された同法を奨励のために各府県に頒布したのである。その頒布の達は次のようなものであった。[*15]

民部省ヨリ府県ニ申達シテ曰ク、小菅県済貧恤窮ノ官旨ヲ体承シ士民協力シテ報恩ト号スル一社ヲ団結シ、相ヒ奨勧シテ若干ノ金穀ヲ蓄積シ以テ管轄内ノ救恤ノ資本ニ充テ、今マ又タ社法ヲ刊刷シテ之ヲ送上セリ、抑モ此ノ挙タル唯タ小菅県管轄内ノ施設ニ止マルモ、官民協同シ誠意ヲ以テ国恩ニ報答スルノ義務ニ出テ、自カラ他ヲ奨勧スルニ足ル、因テ各一本ヲ頒示ス。

ここでは、次節（【注解二】の2）との関連で、罹災窮民救恤の制度形成に当たって〝国恩への報答〟が強調されている点（「此ノ挙タル（中略）官民協同シ誠意ヲ以テ国恩ニ報答スルノ義務ニ出テ」）に、留意しておきたい。

2. 報恩社法は、明治二年八月二五日に出された「淫雨ニ付節倹ノ詔」[*16]に対する小菅県の応答的行動であった。この点を報恩社法録は次のように語っている。[*17]

報恩社法録

緒言ニ曰ク、夫レ歳ニ豊歉ノ変有リ、家ニ貧富ノ替有リ、故ニ豊ニ当リ歉ヲ慮リ、富ニ居テ貧ヲ虞ルハ即チ人ノ常道ナリ、慶応三年丁卯大政復古シ綱紀将サニ張ラントスルニ際シ、征討軍興リ、継クニ饑饉ヲ以テシ、野ニ青草無ク殆ント道殣ヲ見ルニ至ル、嗚呼牧民ノ責ニ任スル者何ヲ以テ之ニ処セン、恭ク惟レハ聖上倹ヲ以テ下ニ臨ミ、供御ヲ省減シ蒼生ヲ救恤スルノ詔[*18]ヲ布ク、聖恩洪大誰カ感泣セサラン、我カ小菅県ノ管轄内ニ在ル人民此ノ叡旨ヲ奉体シ協同奮励シテ金穀ヲ醵集シ、下ハ窮民ノ凍餓ヲ救ヒ、上ハ優渥ノ聖恩ニ報答セントス、是レ此ノ結社ヲ名ケテ報恩社ト曰フ所以ナリ。

前節（【注解二】の1）でまとめたように、報恩社法は、県官の奨勧のもと士民が醵出した金穀により罹災窮民の救助を行なうという制度である。この報恩社法に似た制度として日田県の「友救」があるが、[*19]「友救」に比べて報恩社法は《天皇の仁政イデオロギー》への組み込まれが深いところにその特徴をもつ。これは上に引いた報恩社法録を見れば明らかである（とくに傍点部に注意せよ）。報恩社法録では、〈士民醵出の金穀による罹災窮民の救助〉が天皇の詔（「聖恩」）に対する応答として位置づけられている（「国恩ニ報答スル美事」）。明治元年の「仁政」がまだ租税減免等の実体をもっていたのに対して、[*20]ここではそのような意味での「仁政」の実体は無い。その実体の無い「仁政」への報答として〈士民醵出の金穀による罹災窮民の救助〉が求められているわけである。この点で、報恩社法では、《仁政のイデオロギー化》が顕著であるといえよう。

さて、こうして報恩社法が出され、それが民部省により賞揚されることによって、政府（民部＝大蔵省）と仁政派の地方官との対抗が、《仁政イデオロギー》をめぐり、（A）《仁政》のイデオロギー化をよりいっそう推し進めることによって《仁政》の実体化を抑止せんとする勢力と（B）《仁政》を実体的な施策として施行せんとする勢力との対抗と描き出せるものになったことが注目されねばならない。政府（民部＝大蔵省）（A）は、報恩社法を模範として賞揚することにより、《仁政》を実体としてでなく、もっぱらイデオロギーとして利用することになったのであり、仁政派の地方官（B）は、これに対抗して、《仁政イデオロギー》を施策として実体化することに意を注いだのである。*[21]

3. 続いて、報恩社法がどのような仕組みであったのか具体的に知るために、同社法を逐条的に検討していく。*[22]

第一、凍餓ノ民ヲ危急ニ済ヒ、窮厄ノ徒ヲ流亡ニ拯フヲ以テ立社ノ本旨ト為ス、蓋シ尋常ノ貧民ヲ賑恤スルニ此ノ蓄積ノ金穀ヲ供用セサル所以ハ、濫支浪給シテ或ハ旧幕府施措ノ覆轍ヲ履ミ、却テ凍餓ヲ拯救スル能ハサルノ弊套ニ陥ルヲ恐ルニ由ル。

第一条は制度の本旨を明らかにする。すなわち、生活に窮している民といってもそれを一概に救済するのが本法の趣旨ではない。そうではなく、窮民を「凍餓ノ民」「窮厄ノ徒」と「尋常ノ貧民」とに分け、本法は前者を救済対象とする制度であると述べる。これは、報恩社法における賑恤対象の限定を宣言した部分である。報恩社法における救済は、危急にある「凍餓ノ民」、流亡に瀕した「窮厄ノ徒」にその対象を限るとしているのである。「尋常ノ貧民」を賑恤の対象に加えない理由について、報恩社法第一条は、そうした場合に「濫支浪給」が生じる恐れがあることを挙げる。ここには、窮民の救済に関する政府（民部＝大蔵省）の側の「濫救」への強い警戒感、これが示されている。

第二、凍餓離散ニ瀕スル者有レハ里正ヨリ県庁ニ具状シ、県庁検按シテ速カニ之ヲ賑恤ス、若シ餓孛流亡セシムル有レハ啻ニ朝旨ニ乖戻スルノミナラス、甚タ義民結社ノ主意ニ負ク、故ニ其ノ罰責ハ里正以下保伍ニ及フ者トス。

第二条は、報恩社法における賑恤の手続きを定める。賑恤の手続きは以下のとおりである。①「凍餓離散ニ瀕スル者」があったならば、里正がその状況を詳しく書いて県庁に上申する（里正から県庁への具状）。②具状を受け取ったら、県庁はそれを検按し、賑恤するが適当と判断したならば速やかに施行する（県庁による里正からの具状の検按と、速やかな賑恤の実施）。ここで注目されるのは、罹災窮民の救済の手続きのなかに県庁（県官）の関与が明記されていることである。県庁は、救済のための金穀は支出しないけれども、救済対象の審査と救済の施行にはかかわる。官倉に手を掛けることはしないが救済手続きには中心的に関与することによって、県庁は罹災窮民救助の制度を統轄する位置に立つのである。また、第二条は餓死流亡が発生した場合の責任についてもふれているが、これは「里正以下保伍ニ及フ」とされた。県庁は、罹災窮民救助の制度を統轄する位置に立ちながら、金穀を出資せず（県官個人としては出金）、餓死流亡が発生した場合の責任も問われないという奇妙な（県庁から見ればきわめて都合のよい）システムとして、報恩社法は立ち上がった。

第三、本社ニ蓄積スル金穀ハ本ト是レ義民ノ醵出セル者ニシテ、初ヨリ県庁ノ有ニ非ラス、故ニ県官擅マニ出納スルヲ得ス。

第三条は、県官の専断での出納を禁じた規定である。報恩社に蓄積した金穀は、義民の醵出によるもので県庁の所有物ではないから、出納は第二条の手続きに依るものとし、「県官擅マニ出納スルヲ得ス」とした。これは、県官による「濫支浪給」を防止するために置かれた規定と解せられる。里正からの上申にもとづかない県官の専断での賑恤実施を否定するために、醵金の出所をもちだしているのである。こうして県官の専断に歯止めをかける一方、報恩社法にもとづく救恤事業は県庁がこれを総轄すると次の第四条で定める。

第四、社法ハ県庁之ヲ総轄ス、故ニ義民私ニ施行スルヲ許サス。

第四条は、報恩社法にもとづく救恤事業は県庁がこれを総轄することの規定である（県庁による事業の総轄、義民が私に報恩社法を施行することの禁止）。この規定から立ち上がるのは、県庁が県下の社会的な（＝士民の醵出資源による）救恤事業――報恩社法にもとづく罹災窮民の救済事業――の全体を統制せんとする姿である。*23

第五、救助方法ハ水火疾疫等ノ非常ノ災害ニ罹リ自立スル能ハサル良民ヲ救助スル為メニ設ケタル者ニシテ、平素遊逸自カラ窮困ニ陥ルノ徒ニ給支スル為メニスルニ非ラス、故ヲ以テ本社ノ事務ニ従フ者ハ宜ク精細ニ鑑別シテ蓄積金穀ヲ濫糜セサルヲ要ス。

第五条では報恩社法が罹災窮民の救助制度であることが明言されている（「救助方法ハ水火疾疫等ノ非常ノ災害ニ罹リ自立スル能ハサル良民ヲ救助スル為メニ設ケタル」）。そのような制度の性格から、「平素遊逸自カラ窮困ニ陥ルノ徒」を排除することが強調され、報恩社の事務担当者は救助申請者を精細に鑑別することが求められた。

第六、凡ソ人タル者懶惰ニシテ自カラ生業ヲ営為セス他人ノ救助ヲ仰ク如キ、屈辱焉ヨリ甚キハ莫シ、故ニ本社ニ加入セル者ハ隣里郷党ヲ督責シ自修ノ道ヲ講シ、務メテ救助ヲ受ル者無カラシムルヲ以テ要旨ト為ス。

第六条には、「尋常ノ貧民」について貧困原因をその者の懶惰に求める、一種の「道徳的貧困観」の見地が述べられている。また、本条では、「本社ニ加入セル者」が「隣里郷党ヲ督責シ自修ノ道ヲ講」ずるという、社員－隣里郷党関係も述べられている。報恩社員が隣里・郷党を戒め、「自修ノ道」を説くことにより、「救助ヲ受ル者無カラシムル」ように努めるというのである。ここに見られるのは、賑恤そのものを抑制、極小化せんとする意志である。報恩社法が濫支浪給を抑止せんとする強い指向性をもつものであったことはすでに指摘したが（第一条、第三条）、それよりも手前で救助の必要の発生自体を極小化せんとする強い意志をもつものでもあったのである。

第七、本社ノ義民ハ、仮令ヒ未タ凍餓離散ノ景況ニハ至ラサルモ、非常ノ災厄ニ罹リ殆ト将サニ活計ノ方図ヲ失ハントスル者ハ、具状ニ随ヒ更ニ事実ヲ検察シ、本社ニ供納セシ米金ヲ還付シテ以テ就業ノ資本ニ供セシム。

第七条は報恩社に加入した義民に対する供納米金の還付措置を規定する。すなわち、報恩社に加入した義民は、凍餓離散の危急に瀕せずとも、非常の災害に罹りまさに活計の方途を失わんとする状況に立ち至ったときには、供納米金の還付を受けてそれを就業の資本となしうるということである。

第八、従前貧民ヲ賑恤スルニ貸付還納ノ方法ヲ設ケテ利子ヲ賦収セル有リト雖モ、是レ適良ノ方法ニ非ス、故ニ之ヲ賑恤スルハ善ク事実ヲ検察シ社法ニ恪準シテ濫支浪給スル無キヲ要シ、復タ還納ヲ責メス、然ルモ若シ還納ヲ申請スル有レハ則チ之ヲ聴許スルモ妨ケ莫シ。

第八条は、賑恤に際し金穀を貸し付けて利子を賦収するという方法をとることの否定を規定する。報恩社法の方式は、厳格な審査を行なった上で社法に恪準して給付をなすというもので、救助の仕法としては貸付でなく給付を採用したものである。この点で、報恩社法による救恤（罹災窮民の救済）は、官倉からの賑恤（給付ではなく貸与という方式を採る）と仕法を異にする。[*24]

第九、本社ノ救助ヲ受ル貧民ハ義民ノ力ニ依テ凍餓離散ノ患ヲ免ルノ恩恵ニ報酬スル志念無カル可カラス、又タ義民ハ貧民ニ対シ毫モ徳色有ルヲ得サレ。

第九条は、救助を受けた貧民および救助のための金穀を提供した義民双方の心得を示す。

第十、年穀ノ豊凶ト貧民ノ衆寡トニ応シ其ノ消用スル米穀ノ数額ハ実ニ予メ計知スルニ難ク、而シテ義民ノ恩恵ニ係ル金穀ハ必ス償報セサル可カラス、是レ官民協力シテ本社ヲ団結シ金穀ヲ醵集スル所以ニシテ、上ハ至仁ノ叡旨ヲ奉体シ、下ハ義民ノ誠意ヲ拡充シ、我カ管轄内ノ民庶ヲシテ永ク凍餓離散ノ憂ヒ無カラシムルヲ期ス。

第十条は報恩社法が〝官民協力〟のもとに運用される制度であることを確認する。報恩社法は義民が醵出した金穀を用いて「非常ノ災害ニ罹リ自立スル能ハサル良民ヲ救助スル」ために設けられたものであるが、ここに「官民協力シテ本社ヲ団結シ金穀ヲ醵集スル」と謳われているように、金穀の醵集に際して県官の勧奨が重要な役割を果たすことが明らかである。この点に注目するならば、報恩社法もまた、実質的には《強制的付加税》としての性格をもつものと捉えねばならない。

4. 『大蔵省沿革志』において報恩社法のあとに付されている「本社蓄積額」には、報恩社法の運用の実際が記されている。[*25] これによると、「各人ノ醵出セル蓄積米金ノ総額」は、米二九四石三斗二升、金六九、八一九両永三七文五分であった。「本社蓄積額」には、蓄積米金の総額中米一〇四石九斗、金二八、五一六両を、明治三年春に、各村に貸し付けたことが記されている。蓄積総額から貸付額を引いた残は、米一八九石四斗二升、金四一、三〇三両永三七文五分となる。一八九石四斗二升は各村より醵出した米であり、これに醵出金を使って買い入れた支那米八一〇石五斗八升（買入価格六、四八四両二分永一四〇文）を合わせて一、〇〇〇石を施行米と名づけ、県下の倉庫に儲蓄して救助に備えた。支那米購入後の残金三四、八一八両一分永一四七文五分は、これを施法金と名づけ、大蔵省に寄託した。寄託した施法金からは利子（年率換算一〇％）を毎月受け取り、それをもって施行米の耗缺を補填することとした。そうすることによって施行米は必ず一、〇〇〇石を保つようにしたのである。施行米の減缺が多額で利子のみをもってしては補填しえない場合には、母金にて不足分を購入し、施行米一、〇〇〇石を確保する方針を採った。また、施行米の減少がなく、利子をもって施行米の補填をする必要のないときは、その利子をも大蔵省に寄託し、母金に加算せしめることとした。こうして一年間を運用し、毎年一二月に、その年の利子の総額と、施行米の消費の総額とを精査し、米金とも原額より減少がなければ、利子の余りを本社の義民に派交することとした。さらに、運用状況の報告として、毎年末の計査の結果を、一方では民部＝大蔵省に報告し、他方ではそれを本社の義民に公告するものとした。万一一年の利子をもって米金の原額からの耗欠を補填するに足らないときには、翌年の利子をもって補填することとした。報恩社法は連年この方法により施行するものとされた。*26 これが、報恩社法のあとに付された「本社蓄積額」に記されている運用法（運用の実際と方法）のあらましである。

5. 上に、小菅県は、報恩社法の施行によって醵集せられた金のうち、各村に貸し付けた分と救助用の支那米購入に当てた額を除く三四、八一八両一分永一四七文五分を、「施法金」と名づけて大蔵省に寄託した、と述べた。これについて、『大蔵省沿革志』出納寮の部明治三年一二月二四日条は、大蔵省が小菅県からの寄託金（小菅県の「施法金」）三四、八〇〇両を為替会社に預けて運用させ、そこから年一割の利子を徴収するという寄託金の取扱方針を決めた、と記している。当該箇所を引くと、以下のようである。*27

二十四日、小菅県納寄セル救荒予備金ヲ為換会社ニ託保ス。

議案ニ曰ク、小菅県創設セル報恩社法ト称スル方法ヲ以テ募集シタル金額三万四千八百一十八両一分永一百四十七文五分ヲ本省ニ寄託シ以テ管轄郡村ノ救荒ニ予備セント申請セリ、省議此ノ金額ハ一年一割十分ノ一ノ利子ヲ賦加シテ為換会社ニ託保スルニ決セリ、請フ速ニ之ヲ為換会社ニ寄託シ以テ利子ヲ徴収セン、且ツ畸零ノ金額ハ算計上ニ於テ甚タ便ナラス、因テ三万四千八百両ヲ為換会社ニ交付シ、残額ハ小菅県ニ還付セン。

本省判可ス。

すなわち、この決定によって、報恩社法という官倉に手を掛けない窮民救助の仕法——県官の奨励により士民が救荒予備のために米金を出し合い、それを使って窮民の救助を行なうという仕法——の実施のなかで集められた金が、大蔵省を介して、為替会社に預け入れられることになったのである。これは、救荒予備の目的で集められた金が殖産興業政策の原資に組み入れられたことを意味する。当時政府が全国に推奨した救荒予備策（報恩社法）は、大蔵省→為替会社という醵集金の運用ルートが開かれることで、殖産興業政策の原資調達の手段のひとつとして機能させられることになったのである。

6. 以上、官倉に手を掛けない罹災窮民救助の仕法として民部省が賞揚した、小菅県団立の報恩社法について、やや詳しく紹介した。最後に、報恩社法の意義を簡単にまとめておく。第一に、報恩社法は《仁政》のイデオロギー化をいっそう推し進めることによって、仁政派の地方官たちによる《仁政》の実体化を抑止せんとするものであった。第二に、報恩社法において、県庁は、官倉に手を掛けることはしないが救済手続きには中心的に関与することで、県下の罹災窮民の救助全体を統轄する位置に立った。第三に、報恩社法は、県→大蔵省→為替会社という醵集金の運用ルートが設けられたことで、殖産興業政策と連結された（救荒予備策の、殖産興業政策の原資調達ための手段化）。

〔注〕

＊1 「各所官民積穀ノ処置ヲ定ム」（明治五壬申年一〇月二五日、大蔵省第一五八号）。

＊2 傍線部は、原文では並列表記されている部分である。

＊3 本件に関しては、大蔵省記録局（編）『大蔵省沿革志（上巻）』、二七二頁も参照せよ。『法令全書』と『大蔵省沿革志』とでは達の文章に若干の異同がある。

＊4 この点については前述した。「水火災ノ節窮民救助ノ措置ヲ定ム」（明治二己巳年一二月八日、第一一三〇）（七〇－三）の項を見よ。

＊5 千田稔「維新政権の地方財行政政策」、五一頁。千田は、農民負担で行なう凶作対策の仕法として、府県が農民から金穀を徴集し、それを政商・豪農商に貸し付け、そこから得た利子で救恤を実施する、というものを紹介している（同上）。これは実質的には「強制的付加税」としての性格をもち、農民に負担増大の作用をもたらした。品川県などでは農民負担での凶作対策に

対して激しい反対が起こったという（同上、五二頁）。

＊6　とはいえ、政府が自ら救助に乗り出した例がなかったわけではない。たとえば、明治二年一一月の、隠岐国に対する救助である。これは、隠岐国が大凶作となったことから、政府（民部省）が大森県に金一万両を貸与し、大森県にその救助を命じたというものである。『改訂 肥後藩国事史料』は、この件に関して、「隠岐国大凶作ニ付救助之儀願出候条無余儀相聞候依之大森県え先金壱万両拝借被仰付置急相救候様民部省より大森県え相達候」と伝えている（細川家編纂所（編）『改訂 肥後藩国事史料 第十巻』、二五〇－二五一頁）。ただし、この隠岐国への救助は、前年の隠岐騒動以来の不穏が考慮されての特別な場合と見た方がよいかもしれない。

＊7　笛木俊一は、本達を、民部省が「農民の備荒貯穀制度の統制を行」なわんとしたものと捉えている。参照、笛木俊一「明治初期救貧立法の構造――備荒儲蓄法研究その二――」（『早稲田法学会誌』、第二四巻、一九七四年三月）、三五一－三五二頁。この点、より正確には、《農民貯穀にもとづく備荒制度からの救助に対する民部省の統制》と表現すべきであろう。

＊8　本文で述べたように、民部＝大蔵省は、罹災民、窮民の救助について、官倉からの救助米の提供を厳しく抑制し、その代わりに余力のある農民や町人の負担でそれを行なわしめるという政策を採った。この農民・町人負担での救助の具体的仕法のひとつが、日田県の「友救」である。「友救」について、当時の日田県知事松方正義は大久保利通に宛てた書簡のなかで、次のように書いている。「成丈官倉ニ手ヲ不掛外ニ救助之道相立度段々配慮之折柄町人共は勿論村々互ニ友救と唱へ其分限ニ応シ凡二千石計積立間ニハ金も有リ物而代金ニ直シ弐万金余リ之出石ニ而五月初方迄之救米は充分」（「明治三年四月七日付大久保利通宛松方正義書簡」、所収、立教大学日本史研究会（編）『大久保利通関係文書 五』、二五一頁）。松方は、この書簡において、大久保に対して、大蔵省が官倉に手をつけさせない（官倉からの救助米提供の禁止）という方針を採っているために官倉を開いて救助に当たることができないこと、それゆえ官倉からの救助米の放出に代わる方法として、「友救」と称し、町人ならびに村々の出金による救米確保の方策を取っていること、これらを報告している。松方は当時民部＝大蔵行政を批判する立場をとっていた。上の一文も民部＝大蔵省の政策を「民心ヲ不察聚欽《ママ》」と非難する文脈で語られている。

この日田県の「友救」については、『公爵松方正義伝』に詳しい（徳富猪一郎（編述）『公爵松方正義伝 乾巻』、三三六－三三九頁）。「友救」は、知事松方正義を始めとする県官がそれぞれ俸給を割いて救米を出したうえで、郡村の富豪有志に寄付を募り、もって窮民――「窮民凡そ三万人。其最も急を告ぐるもの、一万六千余人」――に施米を講ずるというものであった。日田地方は、明治二年六月より「陰霖夏秋を連ね、洪水家屋を漂はし、米価暴騰して、細民困迫を極め」るという状況であったが、「友救」の実施により、「明治三年二月より五月収麦期に至るまで、管下数万の窮民を救恤し、之をして一人も餓死の厄に罹るもの無からしめ、然かも残米二六八石余を存し、更に他日の凶歉に備ふるに至った」という（同上、三三六、三三九頁）。「友救」は、県官が俸給を割き、また町人富農に寄付出金を募り、それらにより救助米を確保し、窮民に施米として配給するという仕法であり、本達が言う「農民が貯蓄している穀物を府県等が罹災窮民に貸し渡す」という方式とは異なっている。「友救」は儒学者広瀬林外の献策に基づくという（同上、三三六頁）。

松方日田県政については、さしあたり、藤村通「明治初年の松方日田県政（一）」（大東文化大学附属東洋研究所『東洋研究』、第四七号、一九七七年一〇月）を参照のこと。藤村論文を読むと、日田では、江戸後期の日田郡代塩谷大四郎の治政期（文化一三（一八一六）年～天保六（一八三五）年）に、「友救」と同様の仕組みの救恤制度（「陰徳倉」）がすでに設けられていたことが知られる（同上、三六頁）。松方は、広瀬林外のほかに、塩谷大四郎の影響も強く受けていたという。尚、松方正義の日田県知事在任は明治元年閏四月二五日から明治三年閏一〇月四日――この日松方は民部大丞に任ぜられた――までである（任免の日付は徳富猪一郎（編述）『公爵松方正義伝 乾巻』に拠った）。

ところで、官倉に手をかけぬ、農民負担で実施する窮民救済の策でありながら、政府によってその承認が拒否された事例もある。明治二年正月に承認を求めて政府に提出された伊那県の窮民救済策である。『維新史料綱要』によってこれを紹介すると、「伊那県、金穀ヲ管下ノ寺院及豪農等ニ募リ、救院ヲ設ケテ窮民ヲ救済センコトヲ請フ。之ヲ聴サズ」というものである（東京大学史料編纂所（蔵版）『維新史料綱要 巻十』、二四頁）。信濃南部は明治元年夏に水害を蒙ったところである（参照、東京大学史料編纂所（蔵版）『維新史料綱要 巻九』、六一六頁）。伊那県が承認を求めて提出した窮民救済策は、寺院や豪農などから金穀を募って「救院」を設置し、窮民を救済するというものであった。この伊那県の提案は、救済のための金穀を官倉に求めず、寺院や豪農に頼るというもので、これは明治二年夏以降大隈重信らの主導で押し進められていった〝農民負担での罹災窮民の救済〟という方式に叶うもの（それの早い時期の提案）であった。加えて、伊那県が立地する天竜川筋では、とくに下流の遠江において、水害罹災民の救恤に対する政府の側の積極的な姿勢が見られてもいたのである（この点については前掲の

「御東幸沿道水害ノ橋梁ヲ再造シ又ハ修復ノ意見ヲ開申セシム」、明治元戊辰年一〇月一三日、第八四二の項（六八－二五）を見よ）。ところが、上に示した伊那県の提案は政府の容れるところとならず、却下された。これはどう理解すべきであろうか。救済のための金穀をどこに求めるかという点では、伊那県の提案には問題がなかったように見える。それでは「救院」の設置という救済方法が問題だったのだろうか。この点でも、政府は、京都府で「流民集所」の設置による救済という策を自ら打ち出していたし（明治元年一一月二八日）、また、「府県施政順序」（明治二年二月五日）において「窮民ヲ救フ事　／　貧民ニ差等アリ救助ノ道随テ一ナラス宜シク三等ヲ分チ以テ救助ノ制ヲ立漸次窮民減少スルニ至ルヲ要スヘシ貧院養院病院等其所費部内設ル所ノ市街郡村ノ戸口ニ割賦シ多ハ公金ヲ費サヽルヘシ其設施ノ法ニ至テハ最審慮熟計スヘシ」（第八款）という規定を設けており、施設の設置による救済という方式自体が否定されていたということはない。以上から、伊那県の事例に関しては、何か該県に独特の事情があり、そのこと故に提案が却下されたというふうに考えられるが、はたしてこの理解でよいだろうか。

＊9　この点についても前述した。「水火災ノ節窮民救助ノ措置ヲ定ム」（明治二己巳年一二月八日、第一一三〇）の項（七〇－三）を見よ。

＊10　武蔵国東部下総国西部を県域として明治二年正月一三日に設置された県。県庁は武蔵国葛飾郡小菅村（現東京都江戸川区）に設けられた。県知事は河瀬秀治。明治四年一一月一三日に、品川県・東京府と統合されて、新たに置かれた東京府の一部となった。

＊11　これは、政府（民部省）が府県に対して、村方（農民）／民間の備荒貯穀を奨励し、そのための制度を立てるよう求めたことを意味する。政府（民部省）は凶荒（農業災害）に対する備えとして村方（農民）／民間の貯穀を奨励し、凶荒に際してはそれを活用するという政策を採ったのである。尚、小菅県の報恩社法については、松戸市誌編さん委員会（編）『松戸市史　下巻（一）明治編』、一三三－一五一頁を見よ。そのほか、寺尾宏二「明治初年の備荒救恤機関の二三に就いて――旧足柄県の義倉と小菅大津両県の報恩社――」（『史林』、第二二巻、第三号、一九三七年七月）、五六一－五六九頁、笛木俊一「明治初期救貧立法の構造――備荒儲蓄法研究その二――」、三五三－三五六頁も参照せよ。報恩社法への出金穀者は県庁官員を除き六、一二六人の多きに及んだ（松戸市誌編さん委員会（編）『松戸市史　下巻（一）明治編』、一三五頁）。

＊12　頒示の効果としては大津県の事例が知られている。すなわち大津県では、明治三年閏一〇月に小菅県の報恩社法と同内容の

「報恩社大意」が管内大津町・八幡町に発せられた（寺尾宏二、前掲論文、五六五頁）。

＊13 大蔵省記録局（編）『大蔵省沿革志（上巻）』、一〇八頁。

＊14 尚、報恩社法を罹災者救援への備えという点から記述すると、災害発生時の救恤に充てるために予め県の奨励のもと県下の士民が一社を結び、そこに金穀を醵集し蓄積しておくという、災害救助用の金穀の備蓄を定めた制度ということになる。

＊15 大蔵省記録局（編）『大蔵省沿革志（上巻）』、一〇八頁。

＊16 ＊18 参照、「淫雨ニ付節倹ノ詔ヲ発シ官禄ノ内ヲ以テ救恤ニ充テシム」（明治二己巳年八月二五日、第八〇一）（六九－二九ａ）。

＊17 大蔵省記録局（編）『大蔵省沿革志（上巻）』、一〇九頁。

＊19 「友救」については、上（＊8）に述べた。

＊20 たとえば、「天災兵害ノ余ニ付府藩県ヲシテ便宜賑恤ヲ施行セシム」（明治元戊辰年六月二二日、第五〇二）の項（六八－一〇）を、見よ。

＊21 この対抗に関しては、「畑方貢米引方ハ稟候処置セシム」（明治三庚午年正月二八日、第六二）の項（七〇－五）を参照せよ。

＊22 報恩社法の全文は、大蔵省記録局（編）『大蔵省沿革志（上巻）』、一〇九頁に収められている。

＊23 すでに府県奉職規則によって民部省は府県が官の資源を用いて行なう救恤事業（罹災窮民の救済事業）を統括下に置いていた。これに加えて報恩社法は、社会的な（＝士民の醵出資源による）救恤事業についてもこれを府県＝民部省の統括下で行なうことを規定したのである。

＊24 救助の方法を給付とするか貸与とするかというこの論点に関しては、「夫食種籾農具等貸下ノ措置ヲ定ム」（明治二己巳年七月一四日、第六五二）の項（六九－二二）で整理した。同所を参照せよ。また、「定免切替伺其他租税取計及諸帳簿進致ノ方ヲ定ム」（明治元戊辰年一二月二四日、第一一四四）の項（六九－六）も参照のこと。

＊25 大蔵省記録局（編）『大蔵省沿革志（上巻）』、一〇九－一一〇頁。

＊26 報恩社は小菅県の解体を越えて存続し（ただし運営方法は変化）、備荒儲蓄法により新しい備荒方式が導入されたのを受けて明治一七（一八八四）年八月に解散した（松戸市誌編さん委員会（編）『松戸市史 下巻（一）明治編』、一四四、一四八頁）。

＊27 大蔵省記録局（編）『大蔵省沿革志（上巻）』、五三〇頁。傍線はそこが割注部分であることを表わす。

一八、「治河規則ニ違犯ノ者無カラシム」（明治三庚午年六月一五日、第四〇八）

四年太政官第八十八*[1]参看

第四百八　　六月十五日（民部省）

先般治河ノ規則*[2]相達置候処今以堤面ヘ猥ニ作付致シ又ハ堤外ヘ掻上小土手ヲ築キ住居シ又ハ漁猟ノタメ竹簀並鹿朶相立水行ヲ妨候類不尠候段甚以心得違ノ事ニ候依之検査ノ為土木司官員出張申付候条諸事商議ノ上違犯ノ者無之様可致取締此段相達候事

【注解】 民部省が発した達である。宛先は明示されていないが、府藩県もしくは府県と判断される。達の内容は次の通り。すなわち、先般「治河ノ規則」*[2]を達し置いたところであるが、未だに勝手に堤面に作付したり、堤外地に土手を築いて居住したり、さらには漁撈のために竹簀や鹿朶を立てて水行を妨げたりするなどのことが少なからず見られる。よって、検分のために土木司官員を出張させることにする。ついては、彼ら出張官員とよく協議した上でこの件に関する取締りを行ない、違反をなからしめるように致すべし。

民部省は、明治三年一月、「治河ノ規則」を発した。これの第七条と第八条が本件に対応する河川警察的な規定であった。すなわち、第七条は網代や鹿朶巻など水流の障碍となる物の撤去を命じ、*[3]第八条は堤外地に勝手に土手などをつくって作付を行なったり、あるいはそこに住宅や土蔵を建てたりすることを禁止したのである。*[4]本達はこの二つの条項に関し違反が目立つので、土木司官員を出張させて調査に当たらせるとしている。あわせて、地方官に対し、出張の土木司官員と協議して違犯の取締りを行なうよう命じている。これは堤防の保全を目的とした措置と捉えられる。

〔注〕

＊1　「治水条目ヲ定ム」（明治四辛未年二月二二日、太政官第八八）。

＊2　「堤防等目下難閣廉々措置ヲ定ム」（明治三庚午年正月、第六九）（七〇－六）。

＊3　「一諸川魚猟ノ為網代篭朶巻等補理水行ノ妨ヲ成候分ハ早々取払可申事」。

＊4　「一堤外水開ノ場所へ自儘ニ掻上土手等ヲ設致作付或ハ住宅土蔵等取建候儀堅ク可相禁候尤是迄ノ分ハ土木司ニ於テ取調ノ上更ニ致沙汰候迄ハ其儘差置不苦候事」。ただし、引用した条文からわかるように、「治河ノ規則」では、既存の耕地、住宅、土蔵に関しては、土木司において取り調べそれについて沙汰があるまではそのままで差し支えないとしていた。今般土木司官員が出張してこの件に関し調査と取締りに乗り出すことになったということである。

一九a、「御国絵図改正ニ付府藩県ヲシテ地図ヲ進致セシム」（明治三庚午年六月、第四三〇）

第四百三十　　六月（民部省）

今般御国絵図新規御改正相成候ニ付各府藩県共別紙下絵図相渡候間得其意尤右下絵図ハ旧幕中天保度出来候地図縮写ニテ年歴モ相立変地ニ及ヒ実地ニ不引当廉モ可有之候間篤ト校合ノ上新田並ニ枝郷村名替或ハ川欠亡所等ニテ相変候場所ハ地形ノ模様ニ至ル迄精細取調可申候尤一国限ノ図面ニ付支配地ノ内府藩県入会ノ場所ハ其国内ノ府県或ハ大藩ノ内ニテ総括致シ早々取調当省へ可差出候事（別紙略ス）

【注解】民部省が府藩県に宛てて発した達である。民部省はこの達で全国の地図を更正するという方針を示し、そのために各府藩県の支配地について、旧図と校合のうえ旧図作成後の変地——新田や枝郷村あるいは河水が氾濫し地形が変異して人が住めなくなってしまった場所など——に関し精細な調査を行なうことを求めている。

本達を見ると文中に「川欠亡所等ニテ相変候場所ハ地形ノ模様ニ至ル迄精細取調可申候」とある。ここから、新図の作製作業は底本が作られた天保年間以後の期間に関する災害発生状況調査の意味をもつことが知られる。

一九b、「御国絵図改正ニ付各藩支配地ノ内飛地ヲモ査点セシム」（明治三庚午年六月、第四三一）

第四百三十一　　六月（民部省）

今般御国絵図一般御改正相成候ニ付各藩ニ於テモ支配地之内飛地有之分ハ同様取調可申所其都度都度相達不申候間其旨兼テ相心得総括之府藩県ヨリ廻達次第早々取調候様可致候事

【注解】民部省が各藩に宛てて発出した達である。今般の全国にわたる地図の更正に際し、支配地に飛地がある藩については、飛地についても、城付きの領地と同様に取り調べるべきことを、申し付けている。

本件は前件「御国絵図改正ニ付府藩県ヲシテ地図ヲ進致セシム」（明治三庚午年六月、第四三〇）示達の指示を補足したものである。災害対策の観点から見た達の意義については、前件を参照せよ。

二〇、「諸藩預所中旧幕府ヨリ夫食種籾農具代等借請未納ノ村々上納ヲ須ヒサラシム」

（明治三庚午年七月五日、第四四七）

四年太政官第二百七十五参看[*1]

第四百四十七　七月五日（民部省）

預所アル諸藩

旧幕府中夫食種籾農具代其外救助筋米金口口借請未納有之村々ハ都テ不及上納尤爾来拝借等願出候ハ、返納ノ義相当ノ期限取極可伺出候事

【注解】民部省が預所のある諸藩に宛てて発した達である。本達は、旧幕府より夫食種籾農具代その他救助筋の米金を借り受け、その返納が未だ済んでいない村々について、これらの借り受け金の返済は必要ないものとする、と告げている。また、併せて、今後夫食種籾農具代その他救助筋の米金の拝借の願い出があった場合には、願い出た村里との間で返納に関してしかるべき期限を取り決めたうえで、その件の伺いを民部省に提出すること、とした。民部省は本達により、諸藩預地について、旧幕府が貸し付けた夫食種籾農具代その他救助筋の米金の棄捐を宣し、[*2]あわせて今後救助筋の米金の拝借の願い出があった場合の対応方について指示を行なったのである。

2．『大蔵省沿革志』租税寮の部明治三年七月五日条は、「諸藩寄託地ノ貧民ニ賑貸セル夫食米金年賦還納ノ残額ヲ蠲捐ス」の表題の下に、本件にかかわる議案と本達（民部省申達）を載せる。まず議案に拠って、本達発出の事情を見ておきたい。[*3]

議案ニ曰ク、旧幕府ヨリ近江国伊香、浅井、愛知、神崎、蒲生ノ五郡内ニ在ル直管地ノ村民ニ貸付セシ夫食米金ハ年賦法ヲ以テ明治二年己巳ニ至ルマテ漸次ニ之ヲ還納シタリシニ、近年連リニ災害ニ遭ヒ穀粟登ラス、農

民貧窮ニ陥リ年賦還納ヲ為スノ資力無キヲ哀訴シ、其ノ情実タル誠ニ憫諒ス可キ者有ルカ為メニ、全ク之ヲ蠲放ニ付スルヲ彦根藩ヨリ稟候セリ、蓋シ旧幕府ノ慣例ニモ亦タ其ノ情実ノ已ムヲ得サル者ニハ還納ヲ棄捐シタリ、況ヤ関東諸国ノ如キハ維新以後元年十二月既ニ嘗テ之ヲ棄捐セル有ルヲヤ、*4宜ク彦根藩ノ申請ヲ聴許シ、併セテ関西諸国ニ在ル寄託地ニ係ル者ヲ査理シテ以テ開申セシムヘキナリ。

議案を読むと、①本達は、近江国伊香、浅井、愛知、神崎、蒲生の五郡内にある預地の村里の旧幕府からの借請金（夫食米金）未返済分の蠲放を求める彦根藩からの稟候に由来するものであったこと（つまりこれは民部省側の発意になる措置ではなかったということ）、また、②彦根藩がこのような稟候を行なった背景には該地域が連年災害に遭い、農民の貧窮が甚だしいという事情があったこと（明治元年、二年の災害の影響の深さ）、これらが知られる。民部省は彦根藩からの稟候に対し、これを聴許する理由として、旧幕府時代の慣例と、すでに元年一二月に関東府県では旧幕府からの借請金の返済未了分が棄捐されていることを挙げている。

議案に続いて、『大蔵省沿革志』は、本達（民部省申達）を掲載している。そこでは、彦根藩に限ることなく、さらに棄捐の適用地域を拡げて、関西諸国の諸藩の預地、さらには関東諸国の諸藩の預地、要するに諸藩預地すべてについて、旧幕府が貸し付けた夫食種籾農具代その他救助筋の米金の棄捐が宣され、あわせて今後救助筋の米金の拝借の願い出があった場合の対応方が達されている。その全文は次のとおりである。*5

民部省ヨリ関西諸国ノ寄託地有ル各藩ニ申達シテ曰ク、旧幕府ヨリ夫食、種稲、農具資及ヒ救助米金ヲ貸付シ見今尚ホ逋債ト為レル者ノ在ル村里ハ、総テ其ノ還納ヲ棄捐ス、今後官借ヲ申請スル有ラハ年賦ノ期限ヲ予定シテ以テ之ヲ稟候ス可シ。

又タ此ノ事旨ヲ関東諸国ノ寄託地有ル各藩ニ申達ス。

〔注〕

＊1 「府県管下救荒夫食種籾等貸渡方ヲ改ム」（明治四辛未年六月五日、太政官第二七五）。

＊2 旧幕府が貸し付けた夫食種籾農具代その他救助筋の米金の、新政府による取り扱いについては、「定免切替伺其他租税取計及諸帳簿進致ノ方ヲ定ム」（明治元戊辰年一二月二四日、第一一四四）の項（六九－六）で詳しく説明した。そちらを参照せよ。

＊3 大蔵省記録局（編）『大蔵省沿革志（上巻）』、二七五頁。傍線を引いた箇所は、割注の部分である。

＊4 「定免切替伺其他租税取計及諸帳簿進致ノ方ヲ定ム」（明治元戊辰年一二月二四日、第一一四四）（六九－六）、参照。

＊5 大蔵省記録局（編）『大蔵省沿革志（上巻）』、二七五頁。

二一、「民部省大蔵省分省セシム」（明治三庚午年七月一〇日、第四五七）

第五百廿参看＊1

第四百五十七　　七月十日（太政官）

民部省大蔵省自今分省被　仰付候条此旨相達候事

【注解一】民部＝大蔵省の分省（民蔵分離）

【注解二】民蔵分離に至る経緯（罹災者に対する救援および災害減税の実施をめぐる政策対立に注目して）

【注解三】分離によって現われた民部省と大蔵省

【注解一】民部省と大蔵省の分省を告げる布告である。この分省措置にもとづき、八月九日に、「民部大蔵両省管轄ノ寮司諸掛及事務条件ヲ区別ス」が発され、それまで民部＝大蔵省の管轄下に置かれていた諸寮司、諸掛が民部省、大蔵省それぞれに分けられた。[*2] 災害対策に関係する部分では、庶務司・土木司は民部省に、災害減税にかかわる租税司は大蔵省に属せしめられた。かくして、災害対策担当の中央機関が民部省、大蔵省と分立することになった。

2. 『大蔵省沿革志』本省の部明治三年七月一〇日条は、本布告について次のように記す。[*3]

十日、令シテ本省ト民部省トヲ分立セシメ、本省更ニ造幣寮、出納司、用度司、営繕司、租税司、監督司及ヒ度量衡改正掛ヲ統管ス。民部卿兼大蔵卿伊達宗城大蔵卿ニ、民部大輔兼大蔵大輔大隈重信大蔵大輔ニ、大蔵省《ママ》輔兼民部少輔伊藤博文大蔵少輔ニ、民部少輔兼大蔵少輔吉井友実民部少輔ニ、民部大丞兼大蔵大丞林友幸民部大丞ニ、民部大丞兼大蔵大丞得能良介、井上馨共ニ大蔵大丞ニ改任シ、馨ノ造幣頭ヲ兼ルハ故ノ如シ。

3. 『大蔵省沿革志』および『法令全書』に拠り、本布告後の民部、大蔵分省にともなう主な組織的、人事的措置について、時系列で示す。[*4]

七月

十三日、民部権大丞兼大蔵権大丞山尾庸三民部権大丞ニ、大蔵権大丞兼民部権大丞中村清行大蔵権大丞ニ、大蔵少丞兼民部少丞坂本政均、郷純造共ニ大蔵少丞ニ、民部少丞兼大蔵少丞玉乃世履民部少丞ニ、民部少丞兼大蔵少丞岡本健三郎大蔵少丞ニ、民部権少丞兼大蔵権少丞島惟精民部権少丞ニ改任ス。

本省［大蔵省］、民部省ノ共管セシ燈明台幷ニ横浜、横須賀ノ製鉄所ヲ民部省ニ専属ス。

十七日、大蔵省中ニ営繕司ヲ置ク。[*5]

二十日、民部省元福岡藩邸ニ移転［決定、達示］（「今般分省被　仰出候ニ付来廿三日元福岡藩邸へ転省候間此段相達候事」）。[*6]

二十二日、令シテ民部省ノ通商司ヲ本省［大蔵省］ニ属ス。[*7]
地理庶務両司ヲ民部省ニ置ク。[*8]

二十五日、本省［大蔵省］ト民部省トニ関渉スル事項ノ処分ヲ合議スル文書ノ体式ヲ議定ス。

八月

九日、本省［大蔵省］ト民部省トノ分管スル寮司課掛ノ区別ヲ府藩県ニ令示ス。[*9]

十四日、本省［大蔵省］、民部省ノ大阪支衙ヲ以テ専ラ本省ノ支衙ト為ス。

二十五日、本省［大蔵省］管轄スル寮司ノ班次ヲ更定ス。

【注解二】 明治二年七月八日、政府は、「従来ノ百官並受領ヲ廃シ位階ヲ称シ神職僧官ハ旧ニ仍ラシム」（明治二己巳年七月八日、第六二二）（六九－二一b）を公布して、「政体」に替わる新しい官制を建てた（二官六省の制）。新官制では、それまで内政担当官庁として災害対策事務にかかわってきた民部官、会計官が廃止され、代わりに民部省と大蔵省が立てられた。ところが、そのひと月後の八月一二日、七月に設けられたばかりの民部省と大蔵省が合併されてしまった（民蔵合併）。[*10]この合併を推進したのは、大隈重信や伊藤博文、井上馨ら大蔵省系の人びと（大隈派）で、その狙いは民政の重視を掲げて凶作下での仁政－救恤を強調した地方官らを抑え、「殖産興業・富国強兵費を中心とする対外経費の確保」の観点から「貢租収奪の確保・強化及び貢租収奪の中央集中で財政窮迫打開－財政基礎確立」を実現することであった[*11][*12]（民政に対する財政統制の強化の路線）。大隈は民部大輔兼大蔵大輔、伊藤博文は大蔵少輔兼民部少輔となり、大隈派はここに民政＝財政の両権をその掌中に収めることとなった。『伊藤博文伝』は、民蔵合併後の大隈・伊藤の権勢を、「民部省と大蔵省とは事実上合同の形にて、長官伊達宗城を始め大輔大隈重信、少輔たる公［伊藤博文］も皆な両省兼任となり、大隈と公は民政と財政との両方面に渉り熾んに積極政策を実行しつゝありしかば、行政の全権は、殆ど両人の掌裏に帰したるが如き観を呈し」たと、伝えている。[*13]

さて、以上の簡単なまとめからもわかるように、《民蔵合併－民蔵分離》問題の背景には、本資料が取り扱っている罹災者に対する救済および災害減税――これらはいわゆる《民政》の中心をなすものであった――の実施をめぐる政策対立があった。[*14] そこで、今、しばらく千田稔および佐々木克の研究にしたがい、[*15] 上記の政策対立に着目して明治二年八月の民蔵合併から同三年七月の民蔵分離に至る経緯を見ていくこととしたい。[*16]

2. 民蔵合併後、大隈らは、連年の風水害発生にもかかわらず土木費の抑制・削減を進め、また深刻な凶作下でありながら災害減税の適用および賑救費を厳しく抑える措置をとった。[*17][*18][*19] この大隈らの地方政策――土木費の削減、災害減税の適用厳格化および賑救費の抑制、さらに貢租収奪の強化――は農民の反発を生み、各地で騒擾が発生した。[*20] 明治初期の農民騒擾の年次的研究を著した青木虹二によれば、明治二年の騒擾件数は前年比三割五分増の一一〇件で明治一〇年までの期間の最大値を示し、また明治三年も六五件と明治元、二年に次ぐ三位の多さであった。[*21] 農民騒擾の発生比率は諸藩領有地に比べて「民蔵行政の担当部分たる」直轄府県において高くなっており、[*22] また、その要求内容は「貢租減免などを含む収奪反対および凶作・米価騰貴等による経済的困窮［の救済］に圧倒的な比重」が置かれていた。明治二、三年期の農民騒擾は、「当時の経済的政治的混乱に伴う民衆の批判・不満が、経済的政治的要求となって爆発し」たものであった。[*23]

このような状況下で、救恤を掲げる地方官たちは大隈ら民蔵首脳の地方政策を厳しく批判し、あるいは減税および救恤の実施を民部＝大蔵省に要請したり、あるいはまた専断をもってそれらを行なうという挙に出た。こうした「仁政派」の地方官らの、民部＝大蔵省の地方政策に対する批判は、当時彼らが交わしたあるいは民蔵幹部に直接送った書簡のなかに、それを見ることができる。

たとえば、明治二年一一月一九日付で胆沢県大参事の安場保和（一平）は同郷の酒田県知事津田山三郎に「当境之事情不及多言只々暴徒を恐ると聚倹［斂歛］スルの二ツニテ此大病根ヲ裁断セスシテハ百方ノ治方渾テ益ニ立申間敷」と書き送っている。[*24] 安場は、民部＝大蔵省の地方政策を収斂と捉えてそれを批判する一方、そのような政策の下での農民の不穏な動きに神経をとがらせていたのである。また、日田県知事松方正義は、明治三年四月七日付で大久保利通に送った書簡のなかで、民蔵行政を「民心ヲ不察聚欽《ママ》」、「苛政」とし、これでは「天下之民政基本相立可申也」と批判した。そして松方は、民情は旧幕府の時代を慕うまでに至っており、政府はまさに民心を失わんとしている、今民心を取り戻すためには増税および新規課税の暫時停止こそ必要である（「願ハ暫時ハ租税増加或ハ新規ニ始ル如キノ税ハ措而可ならん」）と論じた。すなわち、「此知県事職掌は中々小生如キ者相勤兼申候、加之民部大蔵は旧幕ニも無キ税金近日既ニ弐ヶ条発令セリ、如此民心ヲ不察聚欽《ママ》耳ニ気ヲ付天下之民政基本相立可申也、成程士農工商共租税ヲ収ムヘキハ至理至当之事ナガラ事ヲ起スハ第一順序時所モ可有之は必然古之覇者之創業ニサヘ租税ヲ薄クスルハ直ニ着眼セリ況乎民之父母タル恐多モ　至尊御親政之時ニ至リ凶荒之折柄ニ臨醤油屋或は博労如キ之新税ヲ命スル余リ苛政とやいわん鎖々タル事とや云はん、彼之通商司ニ税之全権ヲ御与へ相成候故如此弊カ出テ申候半、彼等皷商人気取ニ而卒然地方官ニ命ス嗚呼長大息之至リ願ハ暫時ハ租税増加或ハ新規ニ始ル如キノ税ハ措而可ならん、先生［大久保利通］之御説之如即今民心ヲ得ルヲ以要とスルヨリ外は決而無之当時之民情旧ヲ慕ヒ候時機ニ推及候而ハ御互ニ苦心此事ニ御座候」[*25]。

さらに、石巻県知事（民部権大丞心得）山中献が民部大輔兼大蔵大輔大隈重信に宛てて送った書簡（明治三年六月七日付）は、民部＝大蔵省の地方政策を批判して激烈を極める。「東北地方における統一・集権的な支配の強化を指向した」民部＝大蔵省は、明治三年正月一二日、民部権少丞兼大蔵権少丞岡本健三郎を石巻県に出張させ[*26]、さらに三月には民部＝大蔵省の急進的な政策の実施拠点として民部省石巻出張所を設置したが[*27][*28]、山中は、この出張官員岡本健三郎および民部省石巻出張所の振る舞いと県政への介入に憤り、民蔵行政の責任者大隈に直接抗議したのであった。曰く、「今春出張岡本（健三郎、民部大蔵少丞）已下御差下し候ニ付、合併ニて岡本ト折合万事取計申候得共、省官県官ハ同局ニ付、小々の事より互ニ隠謗陽ニ合ス、其弊不少。且省官ハ十ニ八九ハ旧幕人、県官ハ烏合ニ付、不合も非無謂候。撫之ハ小生ノ任ニ有之候処、権知事スラ勤兼重荷にて歎思欲倒程微力ニ付中々省官等ヲ撫スル事及ヒも無之、夫々浩大の思召ヲ以権大丞の心得ヲ以可相勤との　／　宣下誠ニ恐縮ナカラ拝戴仕候て、岡本本官ニ付其尾ニ随ヒ今日迄相勤候得とも、前条申上候通疲馬重荷ニ大任の心得抔申ハ何とも無申上様当惑ニ付、何卒心得勤被　／　免候様ニ弁官へ辞表差上申候ニ付、可然御聞置、呉々も被差　／　免様ニ奉願上候。県官も一同ニ心得勤被差免候様ニ小生迄願出候。且県判任已下の願意ハ、登米胆沢江刺同様ニ県の御奉公仕度、此合併同局ニては自然隙を生し恐入候ニ付、別局へ省官員相詰メ其所へ伺ヒ出申度、全体ニ権知事御委任の県政ハ県官ニて奉職当然ニ付、細事至迄省官員ニ伺不及抔之建言小生迄申出、是又至当と奉存候。然かし三陸諸県御廃し出張省にて御管理被成下候ハヽ、当県小生より第一ニ被免候様仕度奉存候。此儘出張被置候儀ニ付ては、県ハ別局ニて諸県と同様ニ被仰付度候。／　省丞已下官員余程御精選被為在度候。小吏等の弊言語絶し申候。且省ハ行法専ニ御施有之度、今日迄立法混雑ニて御不条理事とも不少かと奉存候。此姿ニて省ト県ト別々区々にては千年ヲ経ても大政の挙る儀ハ夢々無之ト奉存候」*29。

山中の書簡から、石巻県に派遣された岡本健三郎や民部省石巻出張所の省官と石巻県の県官との不和、県官が岡本ら省官の指示に当惑する様子などがまざまざと浮かび上がる。県官はもはや省官の管理下では勤務できないとして、山中は民部省権大丞心得の辞任を申し出つつ、細事にまで及ぶ県の職務への省官の介入を拒否し、県官と省官（出張所）との分離を主張したのであった。大隈に直接向けられた「省丞已下官員余程御精選被為在度候小吏等の弊言語絶し申候」という言葉のなかに、県官の憤懣を見ることができる。統一的集権的な支配の強化という民蔵中央の意向を担った派遣省官の振る舞いや出張所の指示に対する、県官側の批判、忌避の態度は明らかであった。*30

2―2. 民蔵行政に対する批判は、地方官からばかりではなく、弾正台からも提起された。弾正台は、明治二年一二月の上申において、民部大蔵合省後の民政を「聚斂ノ多キヲ以テ治法第一ト称シ徳政日ニ廃」するものと非難し、両省の分離を建言した。曰く、「民部大蔵合省ニ相成候テハ、方今上下疲弊ノ折柄会計ノ不足ヨリ自然育民ノ御趣意ヲ失ヒ候様相成、其余弊諸県ニ移リ民間ノ疾苦ヲ厭ハス苟モ聚斂ノ多キヲ以テ治法第一ト称シ徳政日ニ廃シ吏民交唯利是営候様成行、遂ニ民心離畔ヲ来シ天下瓦解ノ基ヲ醸シ可申。既ニ今日其形勢略相顕レ候間、速ニ両省御引分、育民ノ徳政相挙リ、予メ禍源ヲ御塞キ被遊候様致度候事。[31]」

弾正台は、「育民ノ御趣意ヲ失」い、「聚斂」を治法の第一に置く民蔵行政のもとで、民心の離反が進み「天下瓦解」の形勢がすでに顕われていると警告し、速やかに民部大蔵両省を引き分けて、「育民ノ徳政」を進めることを提言した。すなわち、同台は、厳しい貢租収奪を進める民蔵両省の治法が民心離反を導き、維新政府の統治それ自体の危機を招来しているという認識を示したのであった。[32]

3. 大隈らに率いられた民部＝大蔵省の地方政策に対する農民の反発、地方官・弾正台等からの批判――これらが高まりを見せるなかで、参議大久保利通は、反大隈の立場を取っていた広沢真臣[33]らとともに、民部＝大蔵省批判を強め、両省の分離を画策していく。

民蔵合併から四か月後の明治二年一二月、「諸国一般不作米価追々沸騰」、「下民難渋」という状況が顕然化するなかで、大久保利通は、大納言岩倉具視に宛てて書簡を送り、そこで次のように述べた。「当年凶荒ニ就ては、一同困苦不一方趣ニ被聞、実ニ来春頃迄の処必死の御大難と痛心仕候次第御坐候。乍此上非常の節倹被相行、不容易仁慈の　／　思食天下万民え通徹いたし候様、厚御配慮被為在候様祈誠仕候。（中略。）兼て御配慮被為在大蔵省の事、是非都合克御引助ヶ無之ては、以往の大事顕然いたし候。今日にては其令する処、一として人心ニ適シ候事無之意外に背キ候有様に御坐候。実長大息の至ニ御坐候。[34]」このように大久保は、岩倉に対し、凶荒により「来春頃迄の処必死の御大難」がもたらされると警告して特別の救済策の実施を求めるとともに、大蔵省については「今日にては其令する処、一として人心ニ適シ候事無之」と厳しく非難し、民部大蔵両省の分離を提言したのであった。[35]

上に引いた書簡にも表れているとおり、大久保には、凶作の現状についての深い憂慮と、それにもとづく窮民救助を重視する姿勢があった。彼はこの立場から、大蔵省の政策を現実遊離と評し、それに対する強い苛立ちを露わにしていたのである。それは、明治三年正月六日付の副島種臣宛ての書簡中にも見える。すなわち、「当年凶荒ニ就ては畿内は勿論其他別て難渋、只今より飢渇ニ困ミ候処も不少候由、実以当夏迄の処懸念ニ堪不申。兎角廟堂上の坐論とは現場実見と大ニ相違の事而已御坐候間、乍憚其辺能々御熟考被下度奉伏願候。就中大蔵省の号令凡て人心ニ相触迚も居合候丈ニ無御坐候。則大坂府ニおひても御布令ヲ押留候事も有之、実ニ不相済事候へ共、是ハ山口［尚芳］大丞東下の上委事言上の筈ニ御坐候。如此事件屢有之候てハ、迚も民部大蔵の信義を得候ものニ無之、信なくして何ヲ以立可申哉。[*36]」

3−2. 大久保利通は、明治二年一二月一八日、島津久光・西郷隆盛の政府出仕を求めるために、朝命により東京を発った。大久保は翌明治三年一月一九日に藩地鹿児島に戻ったが、結局目的を果たせず、三月一二日に帰京した。[*37]帰京後、大久保は、三月一七日に復命し、その翌日一八日には、三条実美邸で開かれた三職会議に出席して、三条右大臣に促され「政府ノ施政方針」について次のような意見を述べた。

　君徳培養の事

　　人撰斎藤副島

　至尊天職十分を以尽させられ候様　皇国前途のコト此本立従て三職各一層の憤発就右府納言公益尊大固陋の弊を脱却身を以先チ諸省を御率ひ一定一和の基相立候様民蔵両省のコト人撰を以十分相助ケ政府よりも懇談を尽し大ニ一弊を改候云々人撰吉井林（友幸）弾正のコト御変革云々[*38]

これは、民蔵改革問題に関していえば、《人事的な措置を講じることによる改革》論である。すなわち、この日、大久保が提示した意見は、民蔵改革問題について、その解決を、①適切な人撰を行ない、②政府（三職）と民蔵省との意思疎通を緊密にしつつ、政府の政治指導を貫徹させる、という仕法に求めるものであった。大久保のこの意見には異論[*39]があり議決をみなかったが（「右ノ大意建論種々御評議被為在各見込も異同有之不至一定」[*38]）、ここにおいていよいよ民蔵改革問題が政府中枢の議論の焦点に置かれることになったのである。

三職会議の翌日、三月一九日、大久保宅にて、前日に引き続いて会議がもたれた。出席したのは、大久保と広沢真臣・副島種臣・佐々木高行の三参議で、種々議論の後、「昨日御評議の末尚今日及論候処見込異同ありといえとも終ニ愚意の通各折合」という結果になった。[*40] それぞれに意見があり、それは同じではなかったが、とりあえず大久保の提案で折り合ったというのである。この一九日の会議の合意を、「後日の大評議ニ相備」えるために、箇条書きにて書き留めたものが、次の「政府の施設に関する意見書」である。[*41]

一君徳培養の事
一右府納言始職掌十分ヲ尽シ一定の基ヲ立実ヲ表シテ天下人心ヲ信服セシムル事
一兵部省の事
一民蔵人撰分離両様判然決定の事
一諸省脈絡ヲ通シ候義一省一人ツヽニテモ其人ヲ精撰御登庸可相成候事
一昨日モ御評議有之候通君道培養の根軸ヨリシテ御手順相立各其職ヲ必死勉励シテ
叡慮の向処を奉戴シテ
御旨趣一貫、以テ天下ニ推及センコトヲ要スルナリ敢て昨夏以来の政体方向ヲ改ルニ非ス益守之成績ヲ不朽ニ垂レンコトヲ欲ス即今時勢人情ヲ一身ニ体認スルニ威ヲ以難押力ヲ以難治惟已ニ反背シテ過誤ナカランコトヲ鑑誡スルニアルヘシ雖然未曽有の大変革禍乱漸止の時ニ方リ急ニ成功ヲ見ルコト何レノ時トイヘトモ得ヘカラサル必然ナリ故ニ異論物議ノ為一歩ヲ転移スヘカラス只私心ヲ去リ公然至当の道ヲ尽シ勉強実行の体

ヲ急テ其事業ニ於テハ徐々ト心ヲ用ユヘシ

これは、全体としては、政府の施政方針（「宸断ヲ以テ天下ヲ統御セラレ政府諸省亦一体トナリテ政務ニ当ル」[*42]）を提示したものであるが、民蔵改革問題の文脈で読めば、当面の大問題たる窮民救助等凶荒対策について、精撰された人材を民蔵省に登庸しつつ、右大臣大納言始め三職がリーダシップを発揮し、該省の急進策を排して着実な施策を実施し、実を表わして天下の人心を獲得せんという筋のものであった。ここまでのところで合意したというのである。ただし民蔵改革を人撰で行なうのでよしとするか、分離まで踏み込むのかについては未決で、両論併記扱いとされた。[*43]

3－3． 民部＝大蔵省の改革が政府中枢において重要問題化しつつあった三月末、三月二八日に、該省の主要所掌事項のひとつ、窮民救助の問題が三職会議で取り上げられた。大久保利通の日記には、この件が次のように書かれている。[*44]

二十八日十字前参　朝　御前評議被為在候常例の通民部卿民部大輔御呼出出席胆沢県窮民大属某申立の一事御評議相成候且大坂府申立の一事窮民御救助の一条も有之大蔵見込相立可申上との事ニ候。

三職会議の場に民部卿と民部大輔を呼び出して、胆沢県[*45]と大坂府がそれぞれ申し立てた窮民救助の問題を評議したというのである。大久保の日記には民部＝大蔵省側から「見込相立可申上」との返答があったとしか書かれておらず、議論の詳細は不明であるが、[*46]民蔵改革が問題とされている最中に三職会議で民蔵首脳を出席させて窮民救助の問題が議論されたということは重要である。すでに述べてきたように、民蔵行政への批判の焦点のひとつが民蔵省の窮民救助への厳しい対応であったからである。

三月二九日夜、大久保利通の私邸を大隈重信が訪ね、ふたりの間で話し合いが行われた。[*47]この会談において、大隈は大久保に対し民蔵行政について「悔悟の詞」を述べ、大久保はこれを受け入れ「至極懇切に相談」して、「爾後協心戮力為皇国勉励可致」ことを確認した——大久保は翌日付の書状で、この会談について、次のように岩倉に書き送っている。[*48] すなわち、

昨夜も大隈寛々入来段々打明して談論仕候処、よほと宜舗向に御坐候。却て彼より依て懸り候都合にて、誠に安心仕候次第ニ御坐候。段々機密ニとて相談候事も有之。且政府の利害も彼より論し、又民蔵の事も何卒責くれ候様頻に頼ムトノコト、三年五年に目的ヲ立テ、成功ヲ急ひてはならぬト申し、兎角我か宜ひとおもふ事も必誤候事多々有之是非其辺ハ政府より気を付テ呉レネハならぬと申し、一々悔悟の詞相顕れ、利通にも斯ク承り候てハいか計うれしく、至極懇切に相談し、幾重ニも是迄ハ政府の行届かぬ事も不少候間、既往ハすて、爾後協心戮力為　／　皇国勉励可致と相談置申候。先右次第にて是丈ハ御安心被下候ても可然と奉存候。

こうして、大久保と大隈の間で一定の「和解」がなされたのであった。[*49][*50] このあと、民部＝大蔵省にかかわる一連の人事が行なわれていく。《人事的な措置を講じることによる改革》論の実行である。すなわち、これは大久保－大隈会談の前になるが、まず島惟精（大分）が民部権少丞兼大蔵権少丞に（三月八日）、林友幸（長州）が民部大丞兼大蔵大丞に任命され（三月二七日）、それから山尾庸三（長州）が民部権大丞兼大蔵権大丞に（四月九日）、吉井友実（薩摩）が民部少輔兼大蔵少輔に（四月一八日）、井上勝（長州）が民部権大丞、上野景範（薩摩）が民部権少丞に（五月三日）それぞれ任命された。また、得能通生（薩摩）も任命された。このうち、吉井と得能は大久保の側近であり、林も大久保に近い人物であった。[*51]

4． 大久保利通や岩倉具視らの政権強化策のなかでは、木戸孝允の参議への登用が予定されていた。[*52] 木戸は明治二年一二月三日、太政官より「御用有之に付山口藩へ被差向候事」との命を受け、一二月一九日出立、以後藩地にて発生した諸隊反乱の鎮圧・収拾、同藩における藩政改革等に当たっていた。[*53] その木戸は明治三年六月二日に帰京したが、この後民蔵改革問題は混迷、事態は複雑化した。

木戸孝允は帰京当日広沢真臣を通じて参議への就任要請を伝えられるもこれを固辞した。木戸は六日にも、岩倉具視を訪ね、重ねて就任辞退の意思を伝えた。しかし、九日になってようやく「内外百端其責を受け且余宿痾の事は寛宪《ママ》の御沙汰に依り束縛の事なしと依て不得止暫時奉職の事に決す」と参議への就任を承諾した（六月一〇日任命）。[*54] その後のことである。一六日、木戸は三条実美のもとに出向き、民蔵改革問題について次のような意見を述べた（「昨日は条公へも出候に付、段々今日の事態御尋も御坐候間、心事十分陳述仕候」）。[*55]

過日後藤［象二郎］よりもちらと承り候処、実に民部大蔵の悪口不一形、宇内の大勢如此相迫り居候折柄、かくまでも世間の不相開事は可浩歎の至にて、於政府も前途を大事と被思食候へは、益御奮激固陋を御打摧き無之ては不相済候処、却て其固陋の機嫌而已御窺被成候様にては、他年滅亡は申までも無之、累卵の勢に付、今日に屹度御顧慮不被為遊ては、真以御大事と奉存候辺も言上仕、尚是非々々昨年来も建言仕候通大隈を参議にいたし、民部大蔵の処を重々引受け、左候て諸省の弊も相改め、可与の権を与へ、不可譲の権を保ち、各其宜を得候ときは、随て目的も相立、漸々実事も可相挙と奉存候に付、先其辺を必至に相尽し置申候。

木戸は、三条右大臣に対して、民部大蔵批判を撥ね退け、大隈を参議に登用し、その大隈に民部大蔵を担当させることによって、固陋を打ち砕くことを提案した。すなわち、参議として民部大蔵を担当する大隈に、「可与の権を与へ」ることにより、彼をして民部大蔵の民政および財政に関する統制権を駆使せしめ、もって地方当局ばかりか「諸省の弊」をも改めんという意見を述べたのである。これは、大隈統轄下の民蔵省を梃子にして急進的改革路線を推し進める宣言であった。[*56]

前述したごとく、大久保利通は、政府が危機に直面していることを認識し、そこからの脱却を目指して、①大臣納言のリーダシップを確立して、そのもとで参議政府諸省が結束して事に当たる、②民蔵改革問題については人事的な措置を講じることにより対処する、という政権強化策を打ち出していた。木戸の論は、これに「根本的に対立」するものであり、大久保の構想とは逆に「省の独自性の強化」を主張し、「急進論の無限の拡張」さえ潜ませるものであった。*57 大久保が民蔵省によって「大政府も圧せられる」ような状態の改革と、民蔵省の急進的な諸政策の転換を意図したのに対し、木戸は民蔵省に十分な権限と強い政治的な力（大隈の参議就任）とを与えることにより、民蔵省を用いて民蔵省の路線で政府全体を改革しようとしたのであった。

5. このような経緯を経て、すなわち大久保の政府強化構想に対立する木戸の意見が出されることにより、民蔵改革問題は、政府改革の路線と政府の顔ぶれの二者択一を右大臣・大納言に迫る事態に発展した。*58 これは、広沢真臣が内々に右大臣三条実美を訪ね、木戸のほか後藤・大隈が参議に登用されるならば、そのときには自分は参議を辞め、大弁に退く、彼らを登用するかそれとも自分らをとるか断然どちらかに決するべきである、との意見を伝えたことに始まる。*59 広沢の意見は徳大寺実則（大納言）を介して同じく大納言の岩倉具視に伝えられ、岩倉はまたそれを大久保に知らせて（六月一九日）、これに対する大久保の意見を求めたのであった。大久保は、「広沢見込尤の次第」とし、次のように答えた（同日）。「何れ曖昧たる事にて政府可相立ものニ無御坐」、「もはや無致方事御坐候間、一方ニ帰着して木後大等御採用相成候方却て増歟と奉存候」*60。大久保も「両様判然の療治を下シ不申候ては相済不申」*61との立場を岩倉に伝えたのである。*62

大久保のもとには、「民部省を引分ケ城内え御建、御手元より屹と御変革有之候方可然。断然上策ニ出不申ては、中々信を御取返し有之候儀六ケ敷相考申候」、「一ッ胆を御抜き不被成候ては、上下転倒の勢何迄も六ケ敷事と存申候」*63などと、民蔵分離による政策転換を求める意見が寄せられていた。このようななかで、大久保は広沢、副島と協議し、六月二二日、佐々木を合わせて参議四名で右大臣岩倉のもとを訪れ、「行政ノ実権ハ民蔵ニアルヲ以テ臣等ノ職ヲ罷メラレ二省ノ卿輔ヲ以テコレニ代ヘラレタキ旨ヲ言上」したのであった。*64 広沢は翌二三日付の大久保宛書簡において、辞表提出に踏み切った胸中を次のように述懐している。「昨夕巌亜相公え参殿御一同言上仕置候儀ハ、其情実尚徹上仕候様御尽力奉願候。一朝一夕の事ニ非す、随分難堪を堪難忍を忍ひ、戮力同心と申所は相当心配仕候末今日ニ至リ、尚前途の事熟考候ては、是ニて弥勉強可仕との目的不相立、畢竟浅劣の小生猥ニ要路を妨害よりして百事沈滞の基不相済次第、不堪恐懼の至、又々夫か為め有力者を相拒む世間の罪も難免、只々唯今の形ニては実以政府因循の責万々、就ては断然御精選の上進退被　仰出度、勿論安地を求め不平を申候様の儀は誓て無之。[65]」

5－2. 四参議の辞表提出に直面した右大臣三条実美は対応に苦慮した。[66] 二七日になって、三条は、大納言岩倉具視に対して、民部を太政官に収納し、その卿輔は太政官（納言・参議）が兼任するということで辞職を思いとどまるよう四参議を説得する、という方針を示した。曰く、「副島参上候ハ、今朝御談申候通参議辞職或民大御廃し両端何れニ相成候而も至極不容易次第ニ付民部ヲ政府納ニて兼任太政官ヨリ民政ヲ放出候御体裁ニテ参議辞職思止リ候様偏御尽力懇祈此事ニ候」。[67] この説得案には、民部大輔兼大蔵大輔大隈重信の参議登用、大蔵少輔兼民部少輔伊藤博文の外務転出なども含まれていたようである。大久保利通の日記には次のように記されている（明治三年六月二七日条）。「副島氏入来兼て言上いたし候小子等進退のコト右府公岩公御示談ニて大隈参議伊藤を外務云々のコト副島を以テ御示諭有之候」。[69] 大久保は、三条の説得案を受け入れず、改めて二八日に、すでに申し立ててあるところの二者択一についての決断を岩倉に迫った。[70]

そして、二九日、大久保は、三条、岩倉の前で、民部大蔵分離論を強く主張する。これを、大久保の日記より引く。[71]

廿九日今朝七字より参昇、右府公同席中一会、於両公も断然是までの御趣意御貫相成候ニ付、見込申上候様云々御沙汰、種々申上ル。民蔵両省引分、民部は納言参議兼勤、混と御手元より御手を下さるへく是非叡慮不被為得止ヨリ出候

御趣意相貫候様、尤大隈え右御趣意御示諭可被為在云々、立て申上ル。（以下略。）

結局、七月一日に三条と岩倉の会談がもたれ、そこで民蔵分離（「政府の権を以御分割」）という方針が決定された。[*72] そして、この方針が岩倉から大隈と大久保に伝えられた。[*73] 大隈も、大久保もこれを受け入れ、[*74] あとは分割された後の民部、大蔵両省の人事が残るのみとなった。人事については曲折があったが、[*75] 最終的には、民部省御用掛岩倉具視・大久保利通・広沢真臣、民部大輔大木喬任、民部少輔吉井友実、一方大蔵省は大蔵卿伊達宗城、大蔵大輔大隈重信、大蔵少輔伊藤博文という態勢に固まり、一〇日の発表となった。[*76*77*78]

6. 明治二年八月の民部省と大蔵省の合併以後明治三年七月一〇日の民蔵分離に至る過程を以上のように整理してみると、まず、民蔵省による罹災者救援、災害減租、復旧土木工事といった災害対策の取扱方（民蔵省の災害対策）が明治二年冬以降の政府危機の主因のひとつであったことがわかる。その政府危機は政府機構の改革を必然化せしめた。そして政府機構改革が模索されるなかで論争の軸となったのも、民政（災害対策）の取扱方であった。政府機構改革をめぐる争いにおいて民蔵行政批判派の主張は最終的には民蔵分離の主張に結晶し、明治三年七月一〇日の民蔵分離を迎えた。

災害対策は明治初年における民政の中心を構成するものであった。民部省と大蔵省の合併、そして分離は、民政の中心たる災害対策に関する政策対立が政府危機までもたらすことを示した。民蔵分離に至る政治過程は民政の中心たる災害対策の領域での政策対立を軸に推移し、この対立をくっきりと浮かび上がらせるものであった。[*79*80]

【注解三】 職員録[*81]を見ると、明治三年秋には、卿（欠）、大輔大木喬任、少輔吉井徳春（友実）、大丞渡辺清（兼按察判官）・林友幸、権大丞山尾庸三・井上勝（兼鉱山正）・吉井正澄・玉乃世履・菱田重禧（按察権判官）、少丞（欠）、権少丞島惟精・福原俊孝・細川習・土肥通慶（大坂府権少参事）、大録以下一七名の総員三〇名からなる本省に、地理司五八名（権正杉浦譲）、庶務司七九名（正兵頭正懿・北代正臣）、土木司一六二名（正安永弥行・肥田為良）、駅逓

司三五名（権正杉浦譲）、鉱山司三八名（正井上勝）を合わせて四〇二（実員四〇〇）名からなる民部省と、卿伊達宗城、大輔（欠）、少輔伊藤博文、大丞井上馨（兼造幣頭）・得能通生・上野景範、権大丞中村清行・郷濬・岡本義方・坂本政均、少丞安藤就高・渋沢栄一、権少丞（欠）、大録以下一七名の総員二七名からなる本省に、造幣寮一四名（頭井上馨）、監督司二七名（正田中光顕）、租税司二四名（権正前島密・河津祐邦）、営繕司四三名（正平岡正凞）、通商司五三名（正中島信行）、出納司七七名（正林信立）、用度司一六名（正権正欠）を合わせて二八一（実員二八〇）名からなる大蔵省が姿を現わした。*82*83

〔注〕

*1 「民部大蔵両省管轄ノ寮司諸掛及事務条件ヲ区別ス」（明治三庚午年八月九日、第五二〇）（七〇－一二三）。

*2 この点、詳しくは、「民部大蔵両省管轄ノ寮司諸掛及事務条件ヲ区別ス」（明治三庚午年八月九日、第五二〇）の項（七〇－一二三）を見よ。

*3 大蔵省記録局（編）『大蔵省沿革志（上巻）』、一〇八頁。

*4 大蔵省記録局（編）『大蔵省沿革志（上巻）』、一〇八－一一二頁。大蔵省記録局（編）『大蔵省沿革志（下巻）』、三〇七頁。尚、後掲の「民部大蔵両省管轄ノ寮司諸掛及事務条件ヲ区別ス」（明治三庚午年八月九日、第五二〇）の項に、民蔵分離直後（明治三年七月一〇日から九月晦日まで）の両省関係の組織・人事の動きを詳述し（項目は上表と一部重複）、さらに該期における大蔵省の府県への財政（主として収税）面での政策的統制の展開をも書き加えた表を載せた。

*5 「大蔵省中ニ営繕司ヲ置ク」（明治三庚午年七月一七日、第四六五）。一方、『大蔵省沿革志』営繕寮の部明治三年七月一〇日条には、「十日復タ営繕司ヲ置テ本省［大蔵省］ニ隷シ、民部省掌管セル営繕事務ヲ割テ之ニ属ス」との記述がある（大蔵省記録局（編）『大蔵省沿革志（下巻）』、三〇七頁）。このように、『法令全書』にある営繕司設置の達の発出の日付と、『大蔵省沿革志』にある営繕司の再設の日付は異なっている。『大蔵省沿革志』では、「土木司ノ事務ヲ分割シテ再ヒ営繕司ヲ置」いたのは分省当日となっているのである。

＊6 「民部省元福岡藩邸ニ移転」（明治三庚午年七月二〇日、第四七四）。

＊7 「通商司ヲ大蔵省ニ属ス」（明治三庚午年七月二二日、第四七八）。

＊8 「地理庶務両司ヲ民部省ニ置ク」（明治三庚午年七月二二日、第四七九）。

＊9 「民部大蔵両省管轄ノ寮司諸掛及事務条件ヲ区別ス」（明治三庚午年八月九日、第五二〇）（七〇－一二三）。

＊10 「租税監督通商鉱山ノ四司ヲ民部省ニ属セシム」（明治二己巳年八月一一日、第七二四）の項（六九－一二七b）を参照せよ。

＊11 参照、千田稔「維新政権の地方財行政政策」。

＊12 大隈は、明治二年当時、財政上・行政上の観点から、民政重視を唱えて「跋扈跳梁」する地方官たちを統制する必要について強硬な意見をもっていた。そして、これが彼をして民蔵合併へと向かわせた主要な理由であった。後に大隈はこの点に関して次のように語っている（日本史籍協会（編）『大隈伯昔日譚 二』、東京大学出版会、一九八一年四月、覆刻版、原本の刊行は一八九五年六月、四八四－四八五、四八九頁。傍点、丸点、圏点はともに原文。以下、同書よりの引用に付き同様）。

「而して当時の府県知事たりしものは、大概、身心を労して国事に尽瘁し、維新の革命に就きては与て力ありたる人々にして、且其地位と権威との高く且強きこと素より今日の比にあらさりしを以て、其監督官たる民部若くは大蔵の指揮命令と雖も、自ら便なりとすれは之を遵奉するも、否らされは之を執行せさるのみならす、往々に之に反対し、以て内閣に争ふあり、輒もすれは其為めに内閣を動かすものすらありたる程なりし。余は此の事情を見て以為らく『府県知事たる地方官は、民部若くは大蔵の監督の下に属する者なり。然るに其の放縦反抗今日の如くんは行政施治の困難は言を待たす。故に其指揮命令を遵奉せすして反抗するの徒あらは、民部若くは大蔵に於て直ちに之を罷免更迭し、以て行政施設の円満を計らさるへからす。且夫れ、地方官なるものは行務頗る多端なるを以て、指揮命令の出つる所は予しめ一定し、他より随意に之を左右する能はさらしむへきなり。然らされは政緒紛乱其到底する所は必す国家の累と為り、民人の害と為ること少なからさらん』と。蓋し余は自ら直接に其局に当り、殊に民部大蔵の両部に兼官せしを以て、此感想は一層の深きを加へたりき。

然る故を以て余は自ら此の弊風を打破せんと欲し、其方途に向って断々乎として直往敢行敢て避くることを為さゞりき。（後略。）」

「［余は］慨然自ら進んで民部及ひ大蔵の両部に兼官し、右に府県知事の跋扈跳梁を抑制して之に鞭撻を加ふると共に、左に猛断果決を施して財政を整理し、直往敢行毫も顧避する所なかりき。

斯くて余は重に民部及ひ大蔵のことに関係し、内治及ひ財政の整理に向って心力を傾注すること、為りし（以下略）」。

＊13　春畝公追頌会（編）『伊藤博文伝 上巻』、五〇三頁。また、『明治聖上と臣高行』の著者津田茂麿も、民蔵合併後の大隈・伊藤の権勢について、同書のなかで次のように書いている。「明治二年八月十二日民部省と大蔵省と合併して以来、今日に於ける大蔵、内務、農林、商工、逓信、鉄道の六省の事務を一省に集めたるが如き観があり、其の繁雑紛糾名状されぬばかりでなく、権力強盛にて他省を圧するの勢ひがある、長官は伊達宗城であり、其の属僚としては大隈重信が大輔、伊藤博文が少輔で辣腕を揮ひ、其の配下には渡辺清、玉乃世履、郷純造等が大亟《ママ》又少丞として事務を執り、地理、土木、駅逓、租税、監督、通商、鉱山、造幣、出納等の部局に分ち、大に積極政策を施し、民政、財政、交通、貿易、産業、通信、土木等の全権を掌握して居」た（津田茂麿『明治聖上と臣高行』、原書房、一九七〇年一〇月、覆刻版、原本の刊行は一九三五年、一九六頁）。

＊14　災害減税や賑貸（救助貸）等の救済の実施を主張する地方官に対して、大隈はこれを断固として拒絶する態度をとった。以下に、大隈の「仁政派」批判を、『大隈伯昔日譚』から引く（日本史籍協会（編）『大隈伯昔日譚 二』、四九二－四九三頁）。
「是等の人々［保守主義を執るの人々］は、彼支那流の虚文を尚ひ、名を仁政に仮り、或は鰥寡孤独を救恤せんといひ、或は租税を減せんといひ、或は力役を軽ふせんといひ、或は孝子義僕節婦等を褒賞せんといひ、曰く『是維新の革命を機とし王政の徳沢を四疆に及ほすの途なり』と。成程是仁政にてあるへく、又王政の徳沢を四疆に及ほすにてあるへし。然れとも論を立て事を成さんと欲するには、先つ須からく其果して実行せらるへきや否やを察せさるへからす。弾正台員等［保守主義を執るの人々］の謂ゆる仁政は、其名美にして其論是なるも、之を施すには鮮なからさる経費を要し、収入を減すること、為るへし、是果して当時国庫の許す所なる乎。

当時政府の収入は総て之を合するも毎年一千万円に充たす、之を今の収入に比すれは実に七八分の一に過きさるなり。此数を以て文武百官の俸給より軍事及土木等諸般の事業に要する経費を支弁し、以て能く全国の行政施設を完ふせんことは、迚も出来得へきことにあらす。況んや其当時は百般の政務僅に其緒に就きし際なるを以て、殊に多額の経費を要するものありしをや。然るに如何んそ能く鰥寡孤独を救恤し、租税を減し、力役を軽ふし、且孝子義僕節婦を褒賞するの余祐あらん。」

府県知事ら地方官のなかの少なからぬ者たちがこの「仁政派」に属していたのである（「恰も維新革命の後に際し、世情猶ほ恂々として民人頗る困弊したるを以て、鰥寡孤独の貧を救恤し、租税調庸の重きを軽減する、所謂『仁政』を欲望するの情殊に深く、為めに『仁政』てふ呼号は到る処に反響し、而して其呼号する者の勢焔は甚た強盛なるに至れり。是を以て地方官たる府県知事の中にも之に附和して『仁政』の施すへきを唱道するもの多く」（同上、四九三頁）。大隈の「仁政派」批判は主に府県知事を始めとする地方官に向けられていた。

ところで、明治初年には災害救助の目的で発せられた達において、「仁政」を強調する姿勢がみられた（「天災兵害ノ余ニ付府藩県ヲシテ便宜賑恤ヲ施行セシム」、明治元戊辰年六月二二日、第五〇二（六八－一〇）、あるいは、「兵乱ノ余ニ付諸軍ヲシテ流離ノ窮民ヲ撫恤セシム」、明治元戊辰年七月一六日、第五五五など）。しかし、これはほどなくして後景に退いてしまった。その主な理由の一つに、大隈らによる、上記のような「仁政派」批判と「仁政」を排除するような政策の実施があったと考えられる。

＊15　千田稔「維新政権の地方財行政政策」、六六－七一頁。佐々木克「『民・蔵分離問題』についての一考察」、三二－四四頁。

＊16　明治二年八月の民蔵合併から同三年七月の民蔵分離に至る経緯については、そのほかに、松尾正人「明治初年の政情と地方支配――『民蔵分離』問題前後――」、四九－五二頁、同「維新官僚の形成と太政官制」、一四－一三頁も参照のこと。

＊17　大隈はのちにこう語っている。すなわち、「財政の局に当り、自ら会計の全権を握るを得るに至るや、彼保守主義の反動勃然として起り、世人争ふて其渦瀾中に投する時なりしに拘はらす、断然と之に反抗して、急激なる改革を財政の上に向て断行し、其悪貨の鋳造を制し、紙幣の濫発を禁し、以て紛擾乱雑の弊患を匡済するに至りし」。「独り経費を節減して国庫の欠乏を済はんとせしことに至りては、猛断果決、頗る当時の世人を驚かすに足るのみならす、今よりして之を想へは、自らも多少急激の感なくんはあらす。其は奏任以上の官吏の俸給を半減し、其旅費を減し、且土木営繕費等に向って充分の削減を加へしこと是なり。」（日本史籍協会（編）『大隈伯昔日譚 二』、四九六－四九七頁。）

＊18　大隈らによる、土木部門への財政統制の実効化（土木費の抑制・削減）に関しては、「府県川々官普請ノ箇所ヲ録上セシム」（明治二己巳年八月一三日、第七三一）の項（六九－一八ａ）、および「堤防等目下難閣廉々措置ヲ定ム」（明治三庚午年正月、第六九）の項（七〇－六）を参照せよ。また、賑貸（救助貸）を極力抑えるなどのかたちでの救助抑制政策の展開、および、減租事務の〝適正〟化という名目での災害減租の抑制政策の実施については、「御取箇帳様式ヲ定ム」（明治二己巳年一一月

一七日、第一〇六二）（六九－三八）、「水火災ノ節窮民救助ノ措置ヲ定ム」（明治二己巳年一二月八日、第一一三〇）（七〇－三）、「畑方貢米引方ハ稟候処置セシム」（明治三庚午年正月二八日、第六二）（七〇－五）の各項を参照のこと。ところで、大隈らは、この時期、土木行政について、災害土木費の抑制・削減に取り組む一方で、水上交通の便宜増進あるいは土木の殖産興業的側面への応用には積極的な動きを見せていた。たとえば、『維新史料綱要 巻十』には、「土木司吏員ヲ派シテ、琵琶湖ノ船舶取締及水利調査ヲ行ハシム」（明治三年正月八日条）、「民部省、実地測量学及蒸気機関学ヲ土木司ニ於テ教習センコトヲ請フ」（明治三年正月一九日条）の記事がある（東京大学史料編纂所（蔵版）『維新史料綱要 巻十』、二七五、二八〇頁。引用に際しては、割注を省略した。また、「太政官日誌」、明治庚午第一号、自正月元日至十日、所収、石井良助（編）『太政官日誌 第四巻』、東京堂出版、一九八〇年一二月、五－六頁も参照せよ）。

＊19 政府は、府県の賑救費を抑えただけでなく、諸藩からの救済要求に対しても――凶荒の甚だしかった東北諸藩に対しては救済実施を余儀なくされたがその他については――概して厳しい態度を取った（参照、東京大学史料編纂所（蔵版）『維新史料綱要 巻十』、二四六、二五一頁）。

＊20 佐々木克は、この点を次のように述べている。「［明治］二年は、東北・越後地方を頂点として、全国的な凶作であり、農民の不穏な動向がめだった。農民の要求を受とめた地方官からは、度々政府に租税減免の要求が出された。しかし、民蔵省は、租税減収からくる政府財政の破綻を阻止せんとし、これらの要求をすべて拒否し、逆に地方官に対して、統制と監督を強化し、租税収奪を強行しようとした。当然、これらの民蔵省の強硬な主張に対して、反撥が起ってくる。」（佐々木克「『民・蔵分離問題』についての一考察」、三五頁。）明治二年冬から三、四年にかけての時期の農民一揆の具体的様相については、たとえば、井川一良「天狗騒動と酒田県」（『歴史』、第三七輯、一九六八年九月）、佐藤誠朗・井川一良「明治維新と農民闘争――天狗騒動からワッパ一揆へ――」（『歴史学研究』、第三五二号、一九六九年九月）などを見よ。

＊21 青木虹二「明治初期農民一揆年表（明治一～一〇）」、同『明治農民騒擾の年次的研究』。

＊22 佐々木克「『民・蔵分離問題』についての一考察」、三六、三七頁。

＊23 田中彰「明治藩政改革と維新官僚――とくに山口藩をめぐっての覚書――」、一一四－一一五頁。

＊24 「明治二年一一月一九日付津田山三郎宛安場一平書簡」（所収、細川家編纂所（編）『改訂 肥後藩国事史料 第十巻』、二六四頁。

尚、［］内は、資料編纂者（細川家編纂所）によるものである）。

＊25 「明治三年四月七日付大久保利通宛松方正義書簡」（所収、立教大学日本史研究会（編）『大久保利通関係文書 五』、二五一－二五二頁）。松方の民蔵行政批判は強い影響力をもったようである。これについては、木戸孝允が伊藤博文に宛てた手紙のなかでこう述べている。「松方なども大に民大の処致を不同意申事も有之申候。彼は民政もとゞき候趣にて評判よろしき人故、彼などの申事は益世間への響強く有之申候。」（「明治三年七月二日付伊藤博文宛木戸孝允書簡」、所収、日本史籍協会（編）『木戸孝允文書 四』、東京大学出版会、一九七一年三月、覆刻版、原本の刊行は一九三〇年六月、八〇－八一頁。尚、引用に際し句読点を付けた。）

＊26 日本史籍協会（編）『百官履歴 二』、二九一頁。

＊27 「石巻ニ民部省出張所ヲ設置ス」（明治三庚午年三月、第二五六）。石巻出張所開設に当たって民部省が三陸諸県に宛てた当達の文面は次のようなものであった。「従来各県ノ規則未十分ニハ不相立趣随テ諸藩取扱振於県々区々相成自然民心ニモ関係候付今般石巻へ当省出張所取設候間諸事同所へ打合政令一途相成候様可致候事」。

＊28 参照、松尾正人「維新政権の直轄県政――東北県政を中心として――」、一〇三－一〇六頁。

＊29 「明治三年六月七日付大隈重信宛山中献書簡」（所収、日本史籍協会（編）『大隈重信関係文書 一』、東京大学出版会、一九七〇年一月、覆刻版、原本の刊行は一九三四年七月、二四九－二五一頁）。引用文中の（）内は原文に付された注記である。また、傍線は原文ではポイントが落ちている部分であることを示し、さらに／は改行を表わす。尚、引用に際し、句読点を付けた。本書からの引用に付き、この点、以下も同様である。

＊30 地方官による民蔵行政批判として、もうひとつ、酒田県知事大原重実の意見――按察使、民部省監督司による県政への介入、および県官に対する彼らの指示などを批判したもの――を採り上げておきたい（日本史籍協会（編）『岩倉具視関係文書 四』、四一一－四二一頁）。これは大原重実が父大原重徳宛ての書簡（明治三年七月二日認）のなかで述べたものであるが――この書簡は目通しを求めて大原重徳から岩倉具視に回された――、民部＝大蔵省の急進的な諸政策に対する地方官の批判として実に注目すべきものである。長くなるけれども、煩を厭わず、引用する（引用部分は四一一－四一八頁）。

「民政は容易に手を出候て利より害先到り如何共不可致に至り候故唯何となく可もなく不可もなき処より入らすは不相成、特に当所は昨年来民心も屢彼是沸騰動揺致候後の事故特更に持重致し先第一民心を安んするが　朝廷の御趣意に存候。現在御沙汰に民の安と不安とは皇運隆替の所係と被為有候通り、其外は無し。然るに当節民部省よりの達等に甘き事もあり、又辛き事苦き事も有之候。まだ御沙汰には甘苦相半候得共、其実に至ては甘き事は更に無之、只辛と苦き事計、先達按察権判官抔の云処は尚更辛苦の極なり。頃日出張の監督司の下吏は申迄もなく、岩男［俊貞］権正の云処にても、甘辛相半候説のみ、其内甘きは後にて辛き方先に発し候。小生の素々愚考には、先々甘味を取らせ候て、そう甘味計ては毒故又辛物も用ひ苦も用ひねはならぬと云様に次第するに教諭を加え導かすは不相成と存候。右の甘と云は法の寛なる譬え、辛苦と云は法の密なり酷なるの譬に候。先法を寛に粗に立て置、次第々々不知々々に法中御規則え入る丶様に致、左すれは民心も動揺せす、怨叛の憂もなく、其　上の事は有間敷と存候。乍併ヶ様に致せは、民心は動揺せぬ変りに、中々急の事には参りかね候。左すれは次第々々に御規則も致さす正税さへ収れはよいと御覧被下候得は、明年よりは急度次第に手を下し申事も出来可申。左すれは次第々々に御規則にも入り可申、民心動揺の御憂も有之間敷候得共、此節の如く切々と法々御規則々々と土地人情も御察し無之按察府又は監督司より督促せられては迚も小生勤り申さす候。昨年西岡［周碩］の酷薄の政事の跡津田［山三郎］の悠々不断の政事の跡を当三月来受継、乍不及種々苦心仕り、先旧貫に仍て諸事施行仕り、聊民心も安し折合候。下（民情）は只管新規の事を嫌候故、民の安堵致す迄は決て手を出し候ては却て下の為になる事も疑を生して動揺の基と相成候間、小生は深く相慎大事に致し候得共、按察又監督にても今日民心の昨年よりは折合安んし候事は更に見呉不申、只御規則々々と相攻候ては実に致方も無之。何れ情に因て治候事故少しは法に触れる事も有之候得共先民心を安んするか第一と存候得共、按察府の説には民心沸騰したら兵隊を以て押付ると申候。又監督司（岩男）は一改革すれは何れ一遍は路頭に立者も出来可申候得共、終には職業につけ安んする事に至ると申、小生の説とは大に変り、小生の説は先民心を安んし　天朝は有難者と一旦心得させさへすれは後は次第々々に教導すれは決て疑惑不致教に従ものにて万全の策に候得共、纔に年月を争ひ成功を急き終に瓦解の勢に至らしむるは実に残念千万、古来より兵隊を以て民を駆て規則に入れると云事は聞も及はぬ事、又みすみす良民を路頭に立たす様の改革をするを小生は視に不忍候。只今の姿にては只西洋風にのみ流れ、規則々々と法にのみ搦め候得共、　皇国は自ら　皇国の仕来り有て、無法中に法有て、情と法と並行れ、其弊を去て徐々とさへ参れは、自然と民法中に在て法中に在事を不知候。無理に駆て法中に入れは却て沸騰を生するのみにて、決て法に入ものにては無之候。当節の如く御規則々々と規則攻にすれは、民の形は法に搦まれ候とも、民心は決て悦服は致す間敷、譬は衛鞅王安石の新法の如く終に亡国の基と相成候儀、如何にも歎息の至に無之哉。藩々の民心の折合よく治り候は、民の所好に従ひ自然と余地有之故に候。然るを規則々々と少しも余地なく下を酷し候ては、迚も長久は不仕候。（中略。）迚も只今の姿にては民心を安んし候目的無之、みす々々民心を失し人心の沸騰を生し候を承知罷在なから尸位素餐罷在候ては、実以申訳無之。兼て　勅諚の通　皇運隆替の所係云々生を楽業に安の治化と云処の有難思召さへ不被為変候は丶、専ら民心を安んするは是非人情に因て諸事施行不致ては迚も人心の安んする目的は無之。徳川氏の三百年の治を開き保候も、先は人情に因て其際に策術を用候て天下を安んし候。所謂仁を仮者に可有之。当節　天朝の御沙汰は実に堂々堯舜の代も不及様にて、其実は覇者も不忍様の事有之候。何共痛歎の至、仰願は一と先人心を安んするを第一に被遊、教て然後に規則に入れ法度に入る様に致度事に候。如小生は何の才もなく御用に立事もなく候得共、何卒此勅諚に基き人心を安んするを第一に仕り候は丶、必管内の者　天朝の有難事を知り可申。当酒田県は外とは違ひ是迄酒田《ママ》家にて諸事寛大に政事も愚に見えて実は上手に致来候て、人心彼藩に固結し居候故、従来の儘にて寛なる政事を致候も難治処、新規の事計沙汰致して治る日は更に無之候。承候得は若松県には四条知事の事殊の外難有申居候よし。右は旧会人えは夫々御扶持被下、百姓共えは年貢なと更に御取立もなく、剰さえ御手当なとも数々被下候よし。成程ヶ様に結構に御世話被成下、御物を被入候事故、有難も申筈に候。当酒田県は夫に引かへ昨年の違作にても大体五分位は上り、高七万石計にて五拾万両たらずの御払米代上納仕り候。然れは若松は素より外県に比較しても実によく収る処に候。然れはこ丶を以ても、少しく御宥予被成候ても不苦か、惟外に願は無し。只当年の処諸事旧貫に仍てさへ行へは、人心も不動揺、租税も無相違収り候。当年の租税無滞収り候得は自然に民の取米も収り候事故、民心は益居合よろしく自然と上を有難心得候様相成候。然るを切々と纔の事に彼是のと手を着候と、民心は不安、民心か不安と租税も不収、益人心動揺仕り実に県の治る日は無之候。右を承知仕り、案しつ丶一日々と日を送り、終に人心動揺の場に至り候は丶、何と申開き可仕哉。深以痛心仕り、寝食を不安候。今監督司按察の督促する処は、法と形跡を申すなり。小生の致す処は心と情を取候故人心は安候得共形は一向無之故、昨年より今年の人心を見れは治り居合のよき事は分り候得共、今始て参て見候時分一向に分らす、只形の不挙を被晒且被攻、如何にも残念に存候。何卒当年の処大蔵省より何と小生の事申上候共民心を安んするを以第一と被遊候事なれは、明春迄の処御宥免御覧被下候歟、又当地の情実被聞召度に付小生御召上せか、又は即今当職御免被仰付候歟、何れも三の内御内々周旋被下度存候。実に何事も出張監督司の面色を視て諸事施行致さすして不相成儀に候は、知事は決て無用の贅物故に、何そ致すと直に監督司え内訴致候様子、岩男は私宅にては不取合と申事には候得共、民に激幸《マ》の心を生せさせ、政令二途に出るの憂自然生し申すへく、実に痛歎仕候。今度当地の模様申上旁上京仕候島監督少佑なとは、実に旅宿にても誰彼となく出会候て種々の事共探索仕り、微細の事迄探り出し彼是と指手申候。夫え姦民とも付込種々の事共申込、油断すと善悪良姦相反し悪か善となり善か悪と相成候様の事出来可申やと、只管痛心仕候。ヶ様に監督司か主に致す事ならは、実以知事は不用物と存候。小生もヶ様の辺鄙に居候ても楽敷存候は、民心の安んするに有之候。然るを迚も民心を安候事難相成儀に候は丶、当職に居候事は実に恐入且歎ヶ敷、迚も難相勤存候。」（傍線は、原文ではポイントが落ちている部分であることを示す。また、括弧内は原文に付された注記、大括弧内は筆者による補記である。「激幸《マ》」に付したマ、は原文にあるものである。）

上の大原重実の書簡は、仁政派の地方官と民蔵官員との対立が如何様のものであったかをたいへんよく伝える資料である。ここには、民蔵首脳が打ち出す急進的な政策に当惑し、反発する地方官の姿がはっきりと見える。そしてまた、地方官側が民蔵中央に対して批判的に提示した論点が出揃っている。その論点とは、第一に、民蔵中央の方針を担って派遣された按察府・監督司官員が、下情を弁えず、法・規則を細かなことにまで乱暴に押しつけてくることへの不満と抗議である。これは、「何事も御規則々々と出張の監督司申、壱両弐両の事も彼是申候。拾両や弐拾両の事迄も是も伺んならん々々と、実に何の為の知事に候や。御勘定か首に候は丶、知事も不被置候と、年分四百三十石の御益有之候。余り細かに御勘定故申上候」（同上、四二〇頁）という言葉のなかに端的に示されている。第二に、按察府・監督司官員が民心安定への配慮を欠如させていることへの抗議である。これは民蔵中央の貢租増徴政策への批判、非常に厳しい貢租取り立てへの不同意と組になって提出されている。曰く、「重ね々々申上候得共、当年の処は何事も旧貫に仍り処置し可成丈新規の事を不致様致し候得は必人気は折合候故、如何様の御沙汰にても人気に関係候事は施行不致心得に候。仮令如何様御譴責を蒙り候とも　天朝の御為に候故、決て動き不申候」（同上、四二〇－四二一頁）。農民の沸騰を恐れる地方官大原は、人心収攬に最大の注意を払っており、そのために貢租の徴収は旧慣によるべきことを繰り返し強く主張している。さらに、それにとどまらず、この点に関し配慮を欠く民蔵中央からの指示に関しては、譴責を覚悟でそれを無視する意向であることをも表明しているのである。そして、第三には、監督司官員の県政への介入に対する批判である。曰く、「最早頃日は監督司の為に人心三つ四つに分れ、政令一途に出難く、種々と痛心仕候事に候」（同上、四二一頁）。大原重実は酒田県知事として、沸騰する農民と強硬な態度の按察府・監督司官員との間で県政の舵取りに苦慮していた。大原が実際に直面していた農民一揆の力（脅威）について具体的には井川一良「天狗騒動と酒田県」（とくにその一四－一八頁）、佐藤誠朗・井川一良「明治維新と農民闘争――天狗騒動からワッパ一揆へ――」（九－一〇頁）を参照せよ。

＊31 内閣記録局（編）『法規分類大全 第一編 官職門 七至九 官制 神祇省教部省民部省内務省』、三七頁。尚、引用に際し、便宜のために句読点を付けた。

＊32 弾正台は、さらに明治三年二月、上に引いた建言（明治二年一二月の上申）の早期実施を求めて、伺いを太政官に提出している。「民部省大蔵省御引分民育ノ御趣意相立候様仕度（中略）旧臘建言仕置候処未タ何等ノ御沙汰モ無之仍テ御摸様奉伺候也」（同上）。

＊33 民蔵合併問題をめぐる広沢真臣の反大隈的立場については、参照、妻木忠太『前原一誠伝』、七四五頁。さらに、同書の七四五－七四七頁に収録されている「明治二年八月二四日付前原一誠宛広沢真臣書簡」も見よ。この書簡の抜粋を含めて、該論点については、「租税監督通商鉱山ノ四司ヲ民部省ニ属セシム」（明治二己巳年八月一一日、第七二四）の項（六九－二七b）を参照のこと。

＊34 「明治二年一二月二六日付岩倉具視宛大久保利通書簡」（所収、日本史籍協会（編）『大久保利通文書 三』、東京大学出版会、一九六七年一〇月、覆刻版、原本の刊行は一九二八年三月、三六三－三六四頁）。引用に際し句読点を付けた（本書からの引用について、以下同様）。／は改行を表わす。

＊35 ちょうど、この書簡に記されている日付である一二月二六日の前後に、政府は、「諸道不実ニ付務テ節倹セシム」（明治二己巳年一二月二七日、第一一九五）、「官禄一石八両ノ宛ヲ以テ給付セシム」（明治二己巳年一二月二七日、第一一九六）など、一連の節倹策を発出した。この点については、「気候不順ヲ以テ奉幣使ヲ氷川神社外二社ニ発ス」（明治二己巳年七月朔日、第六〇三）の項（六九－二〇）を参照せよ。

＊36 「明治三年正月六日付副島種臣宛大久保利通書簡」（所収、日本史籍協会（編）『大久保利通文書 三』、三七五－三七六頁）。大久保は、この書簡の内容を右大臣三条実美と参議広沢真臣にも伝えてくれと、副島に頼んでいる（同上、三七七頁）。一方、

岩倉具視は、正月二六日付にて大久保に送った書簡のなかで、「民蔵一件」につき「真ニ配心之事ニ候」と返答した。すなわち、「来書内示之通民蔵一件真ニ配心之事ニ候、一昨日山口〔尚芳〕着副島え段々内話同人小生限リ示談誠ニ困入候事ニ候、是非何トカ不致候而ハ不治事と存候」(「明治三年一月二六日付大久保利通宛岩倉具視書簡」、所収、立教大学日本史研究室(編)『大久保利通関係文書 一』、吉川弘文館、一九六五年一月、二四三頁。傍線はポイントが落ちている部分を表わす)。岩倉は、次いで三月二日付の書簡でも「民蔵(民部・大蔵)物議不少是計リハ頗懸念候」と書き送っている(「明治三年三月二日付大久保利通宛岩倉具視書簡」、所収、同上、二四五頁。尚、引用文中、括弧内は原文に付された注記である)。

*37 日本史籍協会(編)『大久保利通日記 二』(東京大学出版会、一九八三年七月、覆刻版、原本の刊行は一九二七年四月)、七八、八三-八七、九四頁。

*38 同上、九五頁。尚、引用文中、括弧内は原文に付された注記である。

*39 異論の中身は、民蔵改革問題については、民蔵分離の主張だったようである。これは、翌一九日に大久保がまとめた「政府の施設に関する意見書」中に、「民蔵人撰分離両様判然決定の事」とあることから知られる(日本史籍協会(編)『大久保利通文書 三』、三九九頁)。大久保はこのとき民蔵分離を主張しなかった。これを主張したのは広沢真臣、副島種臣あたりではないかと、佐々木克は書いている(佐々木克「『民・蔵分離問題』についての一考察」、三八頁)。

*40 日本史籍協会(編)『大久保利通日記 二』、九七頁。

*41 日本史籍協会(編)『大久保利通文書 三』、三九八-四〇〇頁。

*42 同上、四一〇頁。

*43 大久保の日記の明治三年三月二二日条には、「十時参　朝(中略)退出より岩公(岩倉具視)邸え会集種々御評議有之一昨日参議中決定のケ条申上候民蔵一条侍読一条広沢異論相立候尚又云々及論候」との一文がある(日本史籍協会(編)『大久保利通日記 二』、九七-九八頁。引用に際して原文に付された注記は省略した。尚、引用文中、「岩公」のあとの括弧内は原文に付された注記である)。この日(二二日)の会議で、一九日の参議会議の決定の内民蔵一条他一件に、広沢が異論を唱えたというのである。民蔵改革問題について、この時点での大久保は人事上の措置による改革の方向で取りまとめを図っていたのであるから、広沢の異論は民蔵分離を内容とするものであったと考えられる。広沢はいったん大久保のまとめ(「民蔵人撰分離両様判然

決定の事」とするまとめ）を呑んだが、また問題を蒸し返した（すなわち民蔵分離での決定を主張した）わけである。尚、広沢は、この直後三月二四日に、藩政改革に助力し、併せて前藩主毛利敬親の上京を促すという朝命を担って、山口に向けて出立した（日本史籍協会（編）『広沢真臣日記』、三〇三－三〇四頁）。広沢が東京に戻ったのは五月に入ってからである（五月一日）。

＊44　日本史籍協会（編）『大久保利通日記 二』、九九頁。

＊45　胆沢県の事情については、「畑方貢米引方ハ稟候処置セシム」（明治三庚午年正月二八日、第六二）の項（七〇－五）で、これを詳しく紹介している。参照されたい。

＊46　この評議の翌日二九日付で送られた岩倉具視の大久保利通宛て書簡には、前日の窮民救助の議事に触れた部分がある。すなわち、「昨日も卒爾救民愚意申述如何と恐怖候得共、実に不成を頼むなかれにて、万一も麦作いかんと見候へは、　至尊御始め百官非常の御処置被為有、何を起すも建るも悉皆御取留、全国餓死なき所に一途御目的無之ては、御一新の事も画餅に至らんかと、真に雨天にても懸念不安心地候。何卒今より厚く御勘考にて誓て此民を救ふの良策あらまほしく存候」という条りである（「明治三年三月二九日付大久保利通宛岩倉具視書簡」、所収、日本史籍協会（編）『岩倉具視関係文書 四』、三六一頁。引用に際し句読点を付した）。これを見ると、前日の評議における民蔵省よりの返答（「見込相立可申上」）を聞いても岩倉は全く安心せず、飢餓状況発生への懸念が一向に消えなかったことが知られる。大久保利通も窮民救助の重要性と切迫性の認識について岩倉と同意見であった。大久保は、岩倉の二九日付の書簡への返信のなかで、この点を次のように書いている。「一昨日尊翰の御趣逐一奉拝承候。窮民御救助の一条実に御大事にて、不成ヲ頼ヘカラサルハ無申迄、麦作の豊凶ニ不拘当年一張の処真ニ思食の通、乍恐　／　至尊ヲ奉初有司百官非常の覚悟丁卯《マ、》の冬伏水の砲声ヲ耳底ニ聞候心地ニて、各一死ヲ期して尽瘁不仕候てハ前途の事迚も成功六かしく奉存候。」（「明治三年三月三〇日付岩倉具視宛大久保利通書簡」、所収、日本史籍協会（編）『大久保利通文書 三』、四〇五頁。／は改行を表わす。また、マ、は原文である）。大久保と岩倉は凶作対策－窮民救助の重要性と切迫性の問題に関して危機感を共有していた。千田稔は、この点に関して、「大久保派には、民心掌握の凶作対策が、大隈らの政策展開に圧倒されて、一向に進捗しない事への焦慮があった」と述べている（千田稔「維新政権の地方財行政政策」、六七頁）。

*47 日本史籍協会（編）『大久保利通日記 二』、九九―一〇〇頁。

*48 「明治三年三月三〇日付岩倉具視宛大久保利通書簡」（所収、日本史籍協会（編）『大久保利通文書 三』、四〇八頁）。傍線は原文にてポイントが落ちていることを表わす。また／は改行を表わす。

*49 大久保の伝えるところでは、大隈の方から悔悟の詞を口にし、詫びを入れたかたちである。佐々木克は、「大隈と大久保の対立、感情的もつれは、ここで大いにほぐれた」と述べている（佐々木克「『民・蔵分離問題』についての一考察」、三九頁）。しかし、この大久保―大隈会談をもって民蔵省の急進的な地方政策が大きく修正されるということはなかった。この会談以降も、地方官は民蔵行政を批判し続け、また、地方官の専断による減租および救済も止まなかった。これらは、三月二九日の大久保―大隈会談が民蔵省の地方政策の転換をもたらさなかったことを示す。三月二九日より後の日付の、地方官からの民蔵行政批判としては、とりあえず、上掲の酒田県知事大原重実の意見（明治三年七月二日認）、および胆沢県少参事野田豁通（熊本藩出身）が明治三年一二月一六日に安場保和に宛てて送った書簡（「十二月十六日胆沢県在職野田豁通其県地の事情等を東京より在熊本の同志に報知す」、所収、細川家編纂所（編）『改訂 肥後藩国事史料 第十巻』、七二八―七二九頁）のふたつを参照せよ。野田の書簡は、「畑方貢米引方ハ稟候処置セシム」（明治三庚午年正月二八日、第六二）の項（七〇―五）において紹介してある。明治三年春以降の、地方官の専断による減租・救済の実施については、千田稔「維新政権の地方財行政政策」、六七頁を参照のこと。

*50 大久保利通が、この会談での大隈の態度を、「よほと宜舗向に御座候」と評価し、「一々悔悟の詞相顕れ利通にも斯ク承り候てハいか計うれしく」と喜び、岩倉に対して「右次第にて是丈ハ御安心被下候ても可然」と書き送ったこと――大久保の過剰とも思える喜びよう――は、大久保の三月三〇日付岩倉宛て書簡におけるこれの直前の部分との関係で理解されなければならない。その直前の部分とは、次の箇所である。「利通にも此節は遥ニ遠国迄奉　／　命の詮も不相立、益重罪の至ニ候間、断然方向を改、是非一身になり候ても此志ヲ立貫不申候ては死しても余罪ありと髪衝冠候位ニ慷起仕、就ては少々の姑息位は頓着不致、終ニ　／　宸断以テ天下ヲ統御スルト申ヲ大目的とし、今日を更始一新と相心得　／　御輔導の処より始り従て右府公納言公参議諸省其職掌ヲ釐るゝまて尽し、政府諸省手足の如く一身の如ク合体して其実ヲ表し、公然至当の道ヲ以天下ニ推及し、自ら大信ヲ全国ニ宣布スルニ非サレハ、外ニ見込も無之」（「明治三年三月三〇日付岩倉具視宛大久保利通書簡」、所収、日

本史籍協会（編）『大久保利通文書 三』、四〇五－四〇六頁。／は改行を、傍線は原文にてポイントが落ちていることを表わす）。先述したように、大久保は、当面する政府危機打開のために島津久光・西郷隆盛の上京を得んとして薩摩に向かったが、目的を果たすことはできなかった。島津久光・西郷隆盛の政府出仕策の破綻は、雄藩依拠による政府危機打開の道の途絶を意味し、ここに大久保らは別様の打開策への転換を余儀なくされるに至ったのである。その別様の打開策――それは、大臣納言のリーダシップを確立し、そのもとで参議政府諸省が結束して事に当たるという方策であった――を述べたのが、上引の部分である。これは、佐々木克によれば、「天皇を頂点とする三職・諸省一体化した政府機構の樹立＝政府強化」の試みであった（佐々木克「『民・蔵分離問題』についての一考察」、四〇頁）。当面する政府危機の打開を雄藩依拠に求めることができない以上、三職・諸省が一体化となった政府機構の樹立をもって乗り切る以外に手はない。そう腹を決めた大久保にとって、既往の民蔵行政への悔悟を表明し、政府の指導を仰ぎたい旨の大隈の歩み寄りは、三職・諸省の一体化を現実に前に進めるものと受けとめられた。これが大久保に大きな喜びをもたらしたのである。

ところで、上に述べた《明治二年冬から三年春の政府危機》であるが、これについては、佐々木克が次のように整理している。「民部・大蔵省の急進的統一化・集権化政策行政は、次第に、その破綻をあらわにしていったが、その過程は、同時に政府危機を生み出し、深刻化させる過程であった。すでに述べたごとく、太政官札と劣悪貨幣の流通による物価騰貴、農民一揆の頻発、通商司政策に対する諸外国からの抗議があった。また、民蔵省『進歩派』に対する『保守派』部分の攻勢として、弾正台の鉄道建設反対を含めての民蔵省非難と、二年九月の大村益次郎暗殺事件に関しての、保守分子の犯人への同情論による処刑問題の紛糾があった。版籍奉還を画期とする諸藩への政府権力の介入－領有制解体・中央集権化促進を強化しながら、それに対する反撥、即ち薩摩藩における反政府感情の高まり、長州藩における脱退騒動等の危機的情況を派生させた。／こうして、維新政府は、その誕生以来最大の危機に直面した。政府は自らの機構と政策・行政の改革を要求された。それは、まづ民《ママ》部・大蔵両省の紛議という政治問題の形で表面化した。」（佐々木克「『民・蔵分離問題』についての一考察」、三六－三七頁。／は改行を表わす。）

佐々木の論に依拠して以上をまとめれば、①民部＝大蔵省の「急進的統一化・集権化政策行政」は、明治二年冬から三年春にかけて、深刻な政府危機を引き起こした、②岩倉・大久保らを中心とするグループは当初雄藩の力を借りて政府危機から脱出することを企図したがうまくいかず、結局打開の方向を、「天皇を頂点とする三職・諸省一体化した政府機構の樹立＝政府強化」にしぼった、ということである。③こうして民蔵省の改革問題は、政府危機からの脱却のための機構整備の中心課題の位置に上ることになった。地方政策をめぐる大隈ら民部＝大蔵省と地方官および大久保派との対立は、深刻な政府危機をもたらした。そのなかで民蔵省改革は政府危機の打開・克服のための中心課題に位置づけられることになったのである。

最後に、以上を本書の観点から整理し直すと、次のようになる。すなわち、被災者に対する救済および災害減税——これらはいわゆる《民政》の中心をなすものであり、地方政策の柱であったが、これをめぐる政策対立が、明治二年冬から三年春にかけて政府危機を生み出した。そして、そこからの脱却の模索のなかで、政府の権力基盤と政府機構の再編が不可避と認識されることとなった。再編の方向は、「旧藩主、藩士層との提携方策との訣別」、「君徳培養」「御輔導」による天皇権威の構築・強化、その下の「三職・諸省一体化した政府機構の樹立」に採られた。そして民蔵省改革はその政府機構改革の中心に位置づけられた。

＊51 この人事について、佐々木克は、「一見、大久保派を民蔵省に送り込む事によるテコ入れ的様相を示しながら、山尾、井上等の長州閥の新任もあり、依然として派閥的にはバランスが保たれている。従ってこの人事は、大久保派による、民蔵省へゲモニーをめぐっての巻き返しを意味する人事ではなく、従来の民蔵省首脳と大久保路線との妥協による、民蔵省改革案の実施過程であると云えよう」と評している（同上、三九頁）。

＊52 日本史籍協会（編）『大久保利通日記 二』、一〇一頁。佐々木克「『民・蔵分離問題』についての一考察」、四〇頁。

＊53 日本史籍協会（編）『木戸孝允日記 二』、二九八頁以下。参照、日本史籍協会（編）『百官履歴 一』、六一頁、田中彰「明治藩政改革と維新官僚——とくに山口藩をめぐっての覚書——」、一三六頁以下。

＊54 日本史籍協会（編）『木戸孝允日記 一』、三五九－三六一頁。

＊55 「明治三年六月一七日付伊藤博文宛木戸孝允書簡」（所収、日本史籍協会（編）『木戸孝允文書 四』、六七－六八頁）。本書簡は、『伊藤博文伝』、五〇六－五〇七頁にも、掲載されている。句読点は、『伊藤博文伝』掲載のテクストによった。

＊56 この木戸の意見提出には、前段に当たる動きがあった。すなわち、六月一二日の三職会議における、参議佐々木高行の《民蔵を分離すべし、同時に大隈を参議に任ずべし》との提案である（参照、津田茂麿『明治聖上と臣高行』、一九七、一九八頁）。

佐々木はこの提案の意図を、日記中で、次のように説明している。「大蔵省分割論八ヶ釜敷、今日ノ景況、大蔵省ノ権力強盛、大政府も圧セラレ候勢ナリ、然ルニ、大隈方ハ、伊藤ハ勿論木戸モ其傾アリ、其他何分大勢アリテ、甚タ六ヶ敷、寧ロ大隈ヲ参議ニ御登用相成方、却ツテ可然トノ考ナリ、実ハ大政府ニテ大臣・納言ニ御力有之候ハヽ、大隈派ヲ圧シ候事出来候へ共、迚モ夫レ丈ケノ御権力ハナシ、尤モ大隈一人ハ少シモ可恐ニ非ラザレドモ、長州人ニハ木戸初メ大隈ノ肩ヲ持ツ景況ナリ、是ハ畢竟薩ヲ忌ミ悪ムヨリノコトナリ、依ツテ不得止大隈ヲ参議トシタル方、却ツテ権力ヲソグノ策ナラントノ愚考ナリ」（東京大学史料編纂所（編纂）『保古飛呂比 佐々木高行日記 四』、東京大学出版会、一九七三年三月、三七三頁）。「今日ノ景況［八］大蔵省ノ権力強盛、大政府も圧セラレ候勢ナ」るが故に、大隈を参議として政府に入れることにより大隈（民蔵省）の権力を削がんというのである。佐々木の考えを整理すると、政府と民蔵省との間での後者への権力の偏りを是正する（＝大隈の権力を削ぐ）ために、民部省と大蔵省を分離し、同時に大隈を参議として政府に入れるべきであるというのである。参議となった後の大隈と分離された民部省、大蔵省との関係については明示されていないが、上の論の運び（傍点部）からすると、佐々木の考えでは、参議大隈と（少なくとも）民部省とは（あるいは大蔵省ともか）引き離されることが意図されていたようである。

さて、この佐々木の提案にすぐに反応したのは、右大臣三条実美であった。三条は翌一三日、佐々木に宛てて手紙を書き、そのなかで次のように述べた。「昨日も同勤より談話有之候民部大蔵の儀、誠に今日の急務至急の事件に有之候。昨夜にも倩相考候処、小生見込は別に無之候。大隈を参議に登用、民部大蔵の儀も当分掛り被仰付候はゞ、政府と民部の情実も相通じ、有力の人材廟堂来有之候時は、自ら政府の権力も強く相成、偏重の憂無之、旁両方の御為にも可相成候。尤此議小生の独論にも無之、追追他人の説も符合致候間、如此相成候はゞ稍弊害を除き、物議を鎮むるの道に可有之と存候。」（「明治三年六月一三日付佐々木高行宛三条実美書簡」、所収、春畝公追頌会（編）『伊藤博文伝 上巻』、五〇四頁。）三条の意見は、引用の傍点部に記されているように、大隈を参議に登用し、彼をして当分民部大蔵を担当させるというものである。これにより、政府の権力が増し、民部大蔵との関係における後者への権力の偏りも解消できるというのであった。三条は、佐々木に向って、「不図も足下の論小生の見に符合す」と言っているが、三条の意見は佐々木の提案と同じではない。大隈と伊藤を「元来大隈、伊藤両士の義は頗有材有識又有力難得の英物、大いに頼もしき人に有之候」（同上）と評価する三条には、彼らの力を政府に取り込むという発想はあっても、彼らの力を削ぐこと――これこそは佐々木の中心命題であった――は意図の外であった。三条の意見からは、佐々木の提案にあった民蔵分離の主張も、民蔵省の地方政策の内容的転換の必要性の認識も、そのどちらも落ちている。三条の構想は、こうした主張とは反対に、参議大隈に民部大蔵を担当させ（政府の権力を強め）る（「小生の大隈を挙ぐるは（略）衆論に従ひ材力の士を政府に挙、民部大蔵の権力を政府え収攬するにあり」）というものであり、これはむしろ木戸の意見に近い。

ところで、民蔵改革をめぐる大久保、佐々木、三条の所論を見ると、民蔵改革の必要性の捉え方に二つのタイプがあったことがわかる。第一のタイプは大久保に見られるもので、①政府（三職会議）と民蔵省との権力関係において後者に権力が傾いている状態を改善する必要がある（政府のリーダシップを確立し、そのもとで諸省を政府の手足として使う）、②民蔵省の地方政策に見られる収斂、民心の無視を改め、民心収攬を重視する必要がある（民蔵省の地方政策の転換の必要性）という二点を内容とするものである。これに対し、三条の民蔵改革の必要性の把握は、もっぱら①の、政府と民蔵省との権力関係における後者への力の傾きの改善のレベルで、なされている。

＊57 佐々木克「『民・蔵分離問題』についての一考察」、四一頁。

＊58 政府改革の路線という点では、大久保路線をとるか、木戸の考えをとるか、政府の顔ぶれという点では、大久保・広沢・副島・佐々木をとるか、それとも木戸・後藤（象二郎）・大隈をとるかという選択である。

＊59 広沢の意見は、岩倉から大久保への手紙のなかに次のように書かれている。「木戸後藤（大隈モアルカ）抔御登庸ナラハ断然専任御使可被遊、左候ハ、広佐等抔ハ大弁相務可被仰付カ、無左候ハ、木後等外国使節ニても被仰付候カ、只相対に被差置候てハ自然内情不平御為メ不宜」（「明治三年六月一九日付大久保利通宛岩倉具視書簡」、所収、日本史籍協会（編）『大久保利通文書 三』、四六七頁。引用文中の括弧内は原文に付された注記である）。

＊60 「明治三年六月一九日付岩倉具視宛大久保利通書簡」（所収、同上、四六六頁）。

＊61 「明治三年六月二一日付吉井幸輔［友実］宛大久保利通書簡」（所収、同上、四六九頁）。

＊62 大久保は六月二一日付の岩倉宛別便で、この立場を詳述している。すなわち、「一昨日は御書被成下沢子［広沢真臣］より右府公え内談云々の趣拝承仕候処、昨日は同人より段々承候趣有之至極尤の旨趣にて其後ニ段々勘考仕候処、兎角此節ハ両様判然と御確定無御坐候てハ、所詮今形ニてハ前途奏功の見留相立不申。尤昨日も民部卿始参朝段々建議の趣有之、旨趣氷炭相反

シ、何れの筋根本政府の御目的と言者か、確乎不抜是か千載迄も動かぬと申居り相付候て一方ニ御片付無御坐候ては、迚も曖昧ニて此末並行れ候事六か舗、就ては両様の処右府公始え篤と御伺申上、真ニ御安心被為在候て是ならハ愈御貫徹被為出来候処ニ御治定願上候筈ニ御坐候。公平虚心ヲ以何く迄も一和を本とし、ちんと動きの付ぬ様にと折角心配も仕候得共、余り夫のミ拘泥仕候ても、所謂因循ニ陥り、事挙り兼候而已ならす、其害を受るに至ては、終ニ不可救と奉存候。其機会ニ当ツテハ断然裁決もなくて不叶ものニ可有之。副島とも示談仕、今朝同人参昇形行入御内聴候筈、小臣にハ広沢え参候て篤と示談を遂ケ、各異論無之候ハヽ、参議一同の論ヲ以明日は尊館へ御参集願上御決定可奉願候。」（「明治三年六月二一日付岩倉具視宛大久保利通書簡」、所収、同上、四七〇－四七一頁。傍線は原文でポイントが落ちている部分を表わす。）

＊63 「明治三年六月二〇日付大久保利通宛吉井幸輔［友実］書簡」（所収、同上、四六九－四七〇頁）。

＊64 同上、四七二－四七三頁。大久保の当日の日記には、「九字参　朝、昼后三職中岩倉公え参集、吾輩進退相願決然建論いたし候」と書かれている（日本史籍協会（編）『大久保利通日記 二』、一一五頁。引用に際し句読点を付した。本書からの引用に付き、以下も同様。）。また、広沢の日記にも、「夕巌公え出右府公亜相公方え参議中前途見込筋を以歎願言上す」とある（日本史籍協会（編）『広沢真臣日記』、三三七頁）。木戸の伊藤博文宛て書簡（七月二日付）には、六月二二日の、四参議の辞表提出について、次のように書かれている。「廿二日参議連一同岩卿へ罷出、条徳二公も御揃を願ひ、参議一同においては前途の処民部大蔵の処此儘にては決て目的更に無之、乍去大隈始必目途も可有之事に付、同人等を参議に御採用相成候は丶、五年の事は三年にても相運可申、当参議一同の処は是非退職被仰付候様にと切迫に申出候由」（「明治三年七月二日付伊藤博文宛木戸孝允書簡」、所収、日本史籍協会（編）『木戸孝允文書 四』、七八頁。尚、引用に際し句読点を付けた。以下の本書からの引用に付き、この点同様である）。

＊65 「明治三年六月二三日付大久保利通宛広沢真臣書簡」（所収、日本史籍協会（編）『大久保利通文書 三』、四七三－四七四頁）。傍線は、原文でポイントが落ちている部分を表わす。

＊66 木戸孝允は、二六日朝三条邸を訪ねた際の実美の様子を、伊藤博文に宛てて、「余程御苦心の趣有之候哉に被相窺候」と、書き送っている。木戸が四参議の辞表提出を知ったのはこのときである。木戸はその驚きを次のように伊藤に伝えている。「此等の始末粗承知仕居候得は、是非廿三日に御とゝめ可申の処、夢にも存不申、驚愕痛歎の至」（「明治三年七月二日付伊藤博文宛

木戸孝允書簡」、所収、日本史籍協会（編）『木戸孝允文書 四』、七八頁）。三条邸からの帰途、木戸は大久保を訪ねてこの件について談判に及んだが、大久保は立場を変えなかった。翌二七日付の大久保の木戸宛書簡中に次のくだりがある。「昨日ハ態々御来賁被成下、段々御厚意御示諭被仰付、別て難有深感銘仕候。折角御慈悲ニ預リ候ニ、頑固申募候義、甚以恐縮且汗顔の至ニ候得共、実以不得止次第ハ陳述仕候通の形行ニ御坐候間、幾重ニモ御宥恕被成下度奉万祷候。」（「明治三年六月二七日木戸孝允宛大久保利通書簡」、所収、日本史籍協会（編）『大久保利通文書 三』、四七七頁。）こののち、木戸は、上記の二者択一に関して、四参議に任すべしとの態度をとるようになったようである（「明治三年六月二九日付岩倉具視宛三条実美書簡」、所収、日本史籍協会（編）『岩倉具視関係文書 四』、三八二頁）。

また、木戸の日記（六月二六日条）には、四参議の辞表提出の報せにふれて湧き上がった激情がそのままのかたちで記されている。「同廿六日　晴。朝三条公に至る。渡辺清左衛門に面会、近事を語る。条公に謁し、心事を言上し、又朝鮮一条の書面を奉る。于時不図も、参議四名窃に過る廿二日条徳岩公へ言上し、当時の民部大蔵の所為参議等の見と違なり、於参議四名は如此の所為を推し前途目的なしと、故に四名退て当職を民部等の人に譲らら《ママ》んと乞ふと、已に不併立の勢を陰に相生し、実に度此言を聞不堪慨歎也。民部大輔［大隈重信］等激烈の生質と雖も、又難を凌き、従来外国人等と論談するに及て、其功不為少。一の気慨あるものは又一の生質あり。且政府は体なり。諸省は枝葉なり。居体而挙而枝葉と得失を論す。天下目して如何となす。自ら政府の失を外に見し、政府の軽きを外に示す。／　大政一新の所以、非人して天也。故に政府も亦一人の力にして立ものにあらす。我より政府の軽失を外に見す。後来国家を維持するの策、余不知也。条公の顔を仰き、不覚惨然たり。聊愚意を陳述して去。（中略。）帰途大久保を訪ふ。朝鮮支那の一条を談し、又当時の事に及ふ。彼固著の処あり。雖然余亦大に軽重を論し、愚意を陳述す。帰途条公に出、大木を訪ひ、又作間［正之助］を訪ふ。六字過帰家。今日炎熱尤甚。余案するに、前一条の事、自ら元因あり。姦人其間に居謀已欺人国家の大患、去歳来苦痛尽力其情を弁論すると雖も、政府諸人皆不覚、却て彼の術中に陥る、痛歎悲泣の至也。」（日本史籍協会（編）『木戸孝允日記 一』、三六八－三六九頁。引用に当たり、句読点を付した。／は行が改まることを示す。）

＊67　「明治三年六月二七日付岩倉具視宛三条実美書簡」（所収、立教大学日本史研究会（編）『大久保利通関係文書 四』、一五三頁）。

＊68　この説得案にある《民部を太政官に収納し、その卿輔は太政官（納言・参議）が兼任する》という考えは、民蔵分離をその内容に含むものではなかったようである。それは、すぐあとに述べるように、大久保利通が二九日に、「民蔵両省引分」を三条・岩倉に迫ったことからわかる（参照、日本史籍協会（編）『大久保利通日記 二』、一一六頁）。では、二七日の三条の説得案の意味するところはいかなるものであったか。それはよくはわからない。民蔵を分離せず、かつ、《民部を太政官に収納し、その卿輔は太政官が兼任する》という案が大隈の参議登用と組み合わされていた（＊69参照）のだとすれば、三条の説得案は、彼が六月一三日に佐々木高行に示した構想（上述）と、実質的にはあまり違わなかったように見える。

＊69　日本史籍協会（編）『大久保利通日記 二』、一一五－一一六頁。傍線は、原文でポイントが落ちている部分を表わす。『大久保利通文書』の、「明治三年六月二七日付岩倉具視宛大久保利通書簡」の解説には、「民蔵ノ紛議・政府内部ノ軋轢コヽニ高マルヤ、三条公ハ大ニ憂慮シテ岩倉公ト議シ、大隈ヲ参議ニ伊藤ヲ外務少輔ニ転セシメ、二省ニ於ケル卿・大輔ハ納言参議ヲシテ兼勤セシメントノ折衷説ヲ出シ、副島ヲシテ利通ニ告ケシメタリ」とある（日本史籍協会（編）『大久保利通文書 三』、四七六頁）。

＊70　「廿八日今日不参トいえとも岩公え参上申立旨趣判然相立候様云々申候。」（日本史籍協会（編）『大久保利通日記 二』、一一六頁。）三条らの説得案について、大久保は、独断で返答せず、広沢、副島らと評議を行ない、そのうえで対応を行なっている（参照、「明治三年六月二八日付岩倉具視宛大久保利通書簡」、所収、日本史籍協会（編）『大久保利通文書 三』、四七九頁）。

＊71　日本史籍協会（編）『大久保利通日記 二』、一一六頁。大久保による民蔵分離論の提示について、佐々木克は、「［六月末、］大久保の初期試案であった人事による政府－省内改革はすでに挫折が明確となり、代って分離による改革コースが確かなものとなっていた」と述べている（佐々木克「『民・蔵分離問題』についての一考察」、四一頁）。

＊72　「明治三年七月二日付岩倉具視宛三条実美書簡」（二通）（所収、日本史籍協会（編）『岩倉具視関係文書 四』、三八四、三八五頁）。

＊73　日本史籍協会（編）『大久保利通日記 二』、一一六－一一七頁。「明治三年七月二日付伊藤博文宛木戸孝允書簡」（所収、日本史籍協会（編）『木戸孝允文書 四』、八〇頁）。

＊74　「明治三年七月二日付岩倉具視宛大久保利通書簡」（所収、日本史籍協会（編）『大久保利通文書 三』、四八七頁）。七月三日付大隈宛三条実美の書簡には、大隈が事情を呑み込んで民蔵分離を了解したことに対する感謝の意と、大隈の大蔵勤務への期待が、併せ綴られている。すなわち、「過日岩倉大納言より密々申入候事件、元来民部大蔵合併の義昨年改革の折柄段々御評議ニ相成兼務合併被仰出候も実ニ不得止の義ニ出候処、追々得失利害の間議論も不少、彼是の事情も有之、此節民政の義は専於政府取扱可相成の評議ニて、委曲の情実縷々従岩卿陳述有之候通不得止の場合ニ在之、同列共百方苦慮罷在無拠情実吐露及示談候処、於足下も彼是の事情諒察有之、専ら至誠虚心唯命之奉の忠情対答の趣致承知、甚以感心仕候。然上ハ大蔵一途依旧勉励奉職有之度存候。実ニ此際諸官一致同心戮力肝要の義ニて、万一も政府諸省の間協和不仕様の形状有之候ては、第一為　朝廷不安次第ニ御座候間、偏勉強従事尽力有之度企望仕候。」（「明治三年七月三日付大隈重信宛三条実美書簡」、所収、日本史籍協会（編）『大隈重信関係文書 一』、二八三－二八四頁。）

＊75　人事の曲折については、以下の書簡、および日本史籍協会（編）『大久保利通日記 二』、一一六－一一八頁を見よ。尚、書簡の収録書の書誌記述は簡略化してある。

「明治三年七月三日付岩倉具視宛大久保利通書簡」（『大久保利通文書 三』、四八八－四九二頁）
「明治三年七月三日付大久保利通宛岩倉具視書簡」（同上、四九二－四九四頁）
「明治三年七月三日付岩倉具視宛三条実美書簡」（『岩倉具視関係文書 四』、三八九頁）
「明治三年七月四日付大久保利通宛岩倉具視書簡」（『大久保利通文書 三』、四九六－四九七頁）
「明治三年七月四日付岩倉具視宛大久保利通書簡」（同上、四九四－四九六頁）
「明治三年七月四日付大久保利通宛木戸孝允書簡」（『木戸孝允文書 四』、八一－八三頁）
「明治三年七月四日付大久保利通宛広沢真臣書簡」（『大久保利通関係文書 五』、一五九－一六〇頁）
「明治三年七月四日付岩倉具視宛大久保利通書簡」（『大久保利通文書 三』、五〇〇－五〇二頁）
「明治三年七月四日付吉井幸輔［友実］宛大久保利通書簡」（同上、五〇二－五〇三頁）
「明治三年七月四日付大久保利通宛吉井友実書簡」（『大久保利通関係文書 五』、三六〇頁）
「明治三年七月五日付岩倉具視宛大久保利通書簡」（『大久保利通文書 三』、五〇三－五〇七頁）

「明治三年七月五日付木戸孝允宛大久保利通書簡」（同上、五〇七－五〇八頁）
「明治三年七月五日付黒田清隆宛大久保利通書簡」（同上、五〇八－五〇九頁）
「明治三年七月五日付大久保利通宛三条実美書簡」（『大久保利通関係文書 四』、九二頁）
「明治三年七月六日付大久保利通宛岩倉具視書簡」（『大久保利通文書 三』、五一一－五一二頁）
「明治三年七月六日付岩倉具視宛大久保利通書簡」（同上、五〇九－五一一頁）
「明治三年七月六日付大久保利通宛岩倉具視書簡」（同上、五一三－五一四頁）
「明治三年七月六日付岩倉具視宛大久保利通書簡」（同上、五一二－五一三頁）
「明治三年七月八日付岩倉具視宛大久保利通書簡」（同上、五一四－五一五頁）
「明治三年七月八日付三条実美宛大久保利通書簡」（同上、五一六－五一八頁）
「明治三年七月八日付岩倉具視宛三条実美書簡」（同上、五一八－五一九頁）
「明治三年七月八日付大久保利通宛三条実美書簡」（『大久保利通関係文書 四』、九二頁）
「明治三年七月八日付大久保利通宛三条実美書簡」（同上）
「明治三年七月八日付大久保利通宛三条実美書簡」（同上、九二－九三頁）
「明治三年七月八日付吉井幸輔［友実］宛大久保利通書簡」（『大久保利通文書 三』、五二〇－五二二頁）
「明治三年七月八日付大隈重信宛木戸孝允書簡」（『木戸孝允文書 四』、八三－八四頁）
「明治三年七月八日付大木喬任宛木戸孝允書簡」（同上、八五－八六頁）
「明治三年七月八・九日頃岩倉具視宛三条実美書簡」（『岩倉具視関係文書 四』、三九八－三九九頁）
「明治三年七月九日付岩倉具視宛三条実美書簡」（同上、三九九－四〇〇頁）
「明治三年七月九日付岩倉具視宛大木喬任書簡」（同上、四〇〇－四〇一頁）
「明治三年七月九日付岩倉具視宛大久保利通書簡」（『大久保利通文書 三』、五二三－五二四頁）
「明治三年七月一〇日付大久保利通広沢真臣宛岩倉具視書簡」（同上、五二六－五二七頁）
「明治三年七月一〇日付岩倉具視宛広沢真臣大久保利通書簡」（同上、五二五－五二六頁）

＊76　当日の大久保の日記には、「十日八字参　朝　御前評議有之。今朝条公より弥御発表御決の段申来ル。今日民蔵御引分相発。岩倉大納言広沢参議少子え民部御用掛被　仰付。大蔵一扁宇和島公大隈伊藤其外種々御達相成候」とある（日本史籍協会（編）『大久保利通日記 二』、一一八頁、傍線はポイントが落ちている部分であることを示す）。

＊77　民蔵分離後の民部省、大蔵省の人員の一覧については、佐々木克「『民・蔵分離問題』についての一考察」、四二頁掲載の表を参照せよ。この人事は、七月三日に大久保利通と広沢真臣が協議のうえ作成した案にもとづいている（参照、「明治三年七月三日付岩倉具視宛大久保利通書簡」、所収、日本史籍協会（編）『大久保利通文書 三』、四九一－四九二頁）。

＊78　この発表に対し、大隈支持派は、相次いで、岩倉具視に対して抗議の書状を送った。原保太郎（弁官）は、「過日民蔵分省相成、国歩頓に止り、諸有志解体、此末如何相成候哉、眼前諸省の歩法も相成不申候勢、民政の挙り候抔は思も不寄儀に御座候。右の挙は、真に群小の誹毀讒説を以て百方右府公亜相公奉売、斯迄断然被仰出候事不待論、此上は更に御悔悟、前非御改令に相成不申候ては、為天下諸有志連署、奉迫　朝廷、不顧一身一家、公論に帰着仕候様、奉歎願候外無之候」と述べ、民蔵分離の布令の取り消しを求めた（「明治三年七月一三日付三条実美岩倉具視徳大寺実則宛原保太郎書簡」、所収、『岩倉具視関係文書 四』、四〇四－四〇五頁。引用に際し、句読点を付した。以下の本書からの引用に付き、この点同様である）。また、大橋慎（高知藩士・有栖川宮家令）も、「政府過日偏党の勢をなせしより、遂に民蔵分割に至り、物議騒然たり。第一、閣下［岩倉具視］幷大久保副島を怨望し、口を極めて罵る者多きに至る」、「木戸、大隈、大木、後藤、江藤、伊藤等の数人、皆、方今得易きの人にあらず。嗟呼何そ此輩をして欣然奮然喜んで　朝廷の用を成さしむるの道に出でざるや。何そ此輩をして嘆息不平以て　朝廷の用を為す事を楽しまざらしむるや」と大隈支持派の立場から憤懣を打ちまけた（「明治三年七月一四日付岩倉具視宛大橋慎建言書」、同上、四〇六－四〇七頁）。

＊79　佐々木克は、民蔵分離の政治過程を、「民蔵省の開明的新官僚の意志を政策決定機関たる政府－三職会議に反映させ、急進的政策部分の強調を意図するものと、政府直轄府県の行政の実務担当者＝地方官の民蔵省急進論批判を背景に、『議論』に対する『実地の論』を主張する者との対立で」あったと総括している（佐々木克「『民・蔵分離問題』についての一考察」、四六頁）。佐々木が指摘する「議論」に対する「実地の論」は、まさに災害対策を主たるフィールドに展開されたのであった。

＊80　民蔵分離は大隈らの政策展開に対していかなる影響を与えたか。この問いについては、千田稔が、「民蔵分離後も、大久保ら

は民部省に依拠して民心掌握の民政を何ら積極的に展開し得ず、大蔵省の政策が依然として貫徹し」たと答えている（千田稔「維新政権の地方財行政政策」、六九頁）。民蔵分離後の民部行政の有様については、後掲の「民部大蔵両省管轄ノ寮司諸掛及事務条件ヲ区別ス」（明治三庚午年八月九日、第五二〇）の項（七〇一一二三）などを参照せよ。

＊81 『職員録（明治三年九月［二〇日］改）』（国立公文書館デジタルアーカイブ）。

＊82 省内でふたつの職を兼ねている者がいるため、実員は各部門の職員の数を足した数字より小さくなっている。

＊83 民蔵分離直後の職員録の分析から気づくことをいくつか記しておく。①分離された民部省と大蔵省は、職員数という点から見た大きさでは等しくなく、大蔵省は民部省のちょうど七割にとどまった。②民部＝大蔵省時代に筆頭司であった監督司や、中心司であった租税司は大蔵省に振り分けられたが、減員が非常に大きかった。明治三年六月の職員録と比べてみると、監督司は九二名から二七名へ六五名（七〇％）の減、租税司は七五名から二四名へ五一名（六八％）の減である。③民部＝大蔵省時代の租税司の職員を割ってつくられた地理司（民部省の筆頭司）が五八名と、職員数で租税司を大きくしのぐものとなった。地理司は明治三年七月にあらためて設立された（「地理庶務両司ヲ民部省ニ置ク」、明治三庚午年七月二二日、第四七九）ものであるが、その職員の八割（四五名）は租税司の職員からの異動者であった。民蔵分離後、撫恤と救済の地方政策を進めるために民部省側から租税司移管論が唱えられたが、この論には実務組織上の裏づけがあったというべきである。④一方大蔵省側では、人員という点では出納司、通商司、営繕司が大きな司となった。このうち通商・営繕の両司は大令史以下の数の多さが組織を大きくしていたが、出納司は佑官も充実しており職員構成はバランスがとれていた。大久保らは租税司を民部に移して大蔵は出納のみにすべしとの論を張ったが、分離直後の大蔵省の司レベルの職員数、職員構成を見ると、そのような論に対応するかのような組織の在り様になっていた。⑤災害対策事務に関わる土木司を見ると、佑官以上の人員の拡充が顕著であった（民蔵分離の前と後を比較すると司内の佑官以上の職員は三八名から五〇名に増えた）。土木司の職員総数はほとんど変わっていないのでこれは司内の人員構成上の重心が上がったことを意味する。またそれまで土木司内に存在していた出納司との兼任者が、ひとりもいなくなった。

二二、「田方検見規則ヲ定ム」（明治三庚午年七月、第五〇五）

六年太政官第二百七十二号ヲ以テ廃止[*1]

第五百五　七月（大蔵省）

府県
預所アル諸藩

田方検見御取箇附之仕法去巳年ハ旧慣ニ仍取扱候儀之処各地異同モ有之成規難相立ニ付当年ヨリ左ノ通規則相定候条各地方取扱向右規則ニ照準シ不都合無之様可致候事

検見規則

一取箇附之儀ハ其年ノ豊凶ニヨリ可致確定重事ニ付各地方重官屹度吟味之上可相定候事

一村々刈旬申出候ハ、早々致出郷順序ヲ以取扱遷延ノ弊有之間敷事

一検見ハ一村之耕地ヲ熟覧平均シ坪刈登量ノ多寡ニヨリ取箇相定候儀ニ付不平均無之様精密ニ行届候タメ別紙雛形ノ通内見帳並耕地絵図面為差出可申事

一右絵図面ヲ以前後之方嚮相定村役人同道ニテ建札ヲ為読地所字番号等内見帳エ照シ坪刈可取掛候事

一坪刈ハ作方之模様ヲ見分ケ熟穂上中下三等ニ相分チ村役人へ竿入為取扱最モ官員附添可致差図候併右三等ニテ難決候ハ、上中下之内一等二等之増竿入可致坪刈帳ハ別紙雛形ノ通可相心得事

一刈坪古検ハ六尺五寸中検ハ六尺三寸新検ハ六尺壱分何レモ其地方ノ旧法ニヨリ畔際三尺除稲株二方付之法ヲ以無偏頗可致竿入候事[*2]

一右竿入相済候ハヽ、小前之者ヲ選為刈取落穂無之様相改筵ニ包封印致シ村役人宅又ハ社寺等ニテ舂方可致候事
一舂方ノ節升廻シハ重立候村役人ニ為取扱其他村役人小前総代ニ為見届登量穀野帳エ記シ押印可為致候事
一内見帳ノ内皆無ニ書載差出候分相改立毛有之候ハヽ、坪刈之上相当之取箇附可致候事
一干欠ノ儀ハ二割減ヲ以目的ニ可相立取箇附仮仕出ハ別紙可為雛形之通候事
一登量石数ハ可為五公五民候事
一取箇付相済候ハヽ、早々村々へ免状可相渡候事
一検見済帰着ノ日ヨリ凡四十日以内ニ取箇帳可差出候事
一従当午年爾来年々郷村高前年ニ比較致シ増減有之候ハヽ、其訳柄総寄エ下ケ紙ヲ以テ書載可致候事
右之通相定候間可致確守候事

何国何郡　何村

（別紙雛形）

内見帳

高何程
此反別何程
内訳
畑高何程
此反別何程
田高何程

此反別何程
高何程
此反別何程　　　年々引
内高何程
此反別何程　　　連々引
高何程
此反別何程　　　取下定取
此貢米何程
小以高何程
此反別何程
残高何程
此反別何程
此小前
壱番
字何　　　　　田主　誰
一上田何反歩
内見上毛
弐番
字何　　　　　田主　誰

一中田何畝歩
内見中毛
三番
字何　田主　誰
一下田何畝歩
内見下毛
四番
字何　田主　誰
一下々田何畝歩
内見仕付荒*3
五番
字何　田主　誰
一見付田*4何畝歩
内見不作
以下倣之
但作柄ニ応シ下ノ下ト別ヲ可立
右寄
高何程　十五
上田何町何反歩

何反歩
何反歩
内何反歩
何反歩
高何程
中田何町何反歩
何反歩
何反歩
内何反歩
何反歩
高何程
下田何町何反歩
何反歩
内何反歩
何反歩
高何程
下々田何町何反歩
何反歩
内何反歩

上毛
中毛
下毛
仕付荒
十三
上毛
中毛
下毛
不作
十
中毛
下毛
仕付荒
七
上毛
下毛

何反歩　仕付荒

高何程　五

見付田何反歩

内

何反歩　中毛

何反歩　下毛

右毛揃

何町何反歩　上毛

何町何反歩　中毛

何町何反歩　下毛

合毛付反別何町何反歩

外何町何反歩　皆無

内

何反歩　仕付荒

何反歩　不刈

右者当支田方御検見ニ付村役人田主立会内見仕候所書面之通御座候尤田毎字番附内見仕付認候畝札並隣村境へハ葉竹建置紛敷儀無之様仕候以上

支　何月

右村　百姓代　誰　印

組頭歟年寄歟　誰　印

名主歟庄屋歟　誰　印

何御役所

新田反高見取場等倣之

坪刈帳

私共村々当田方為御検見被成御越村役人田主罷出御案内仕一筆限巨細御見分之上坪刈御様被成候処出合左ノ通相違無御座候於然者右出合ヲ以御取箇被　仰付願筋且御改方ニ付御非分之儀無御座候以上

壱番

字何　　田主　誰　印

一上田何畝歩

内見上毛

稲草何

何　株

改何合

弐番

字何　　田主　誰　印

一中田何畝歩

内見仕付荒

稲草何

何　株

改何合

但改方之儀者立毛朝露ヲ請又ハ雨天等ニテ籾搾充分ナラサレハ升廻シ斟酌勘弁可有之事

外傚之
何月幾日
百姓代　誰　印
組頭歟年寄歟　誰　印
名主歟庄屋歟　誰　印
何御役所
何国何郡　何村
（△印ハ朱書）

御取箇仮仕出

反別壱町八反弐畝歩ノ内
△上壱升弐合
一毛附反別壱町三反八畝二十一歩
△中九合　△平均
△下六合
此籾弐拾九石九斗五升九合弐夕　正九合　△干欠弐割引　刈出七合弐夕
△反別四反三畝九歩
引戻シ弐反歩
此籾壱石四斗四升　正三合　△弐割引　刈出弐合四夕
△支米七石八斗三升弐合

合籾三拾壱石三斗九升九合弐夕

此米七石八斗五升　反米四斗九升五合内

内壱升八合　去支増

外米弐斗　取下定取

取合米八石五升

【注解一】田方検見規則とその内容

【注解二】政府の災害減租政策と田方検見の性格変化

【注解一】 これは、大蔵省が制定し、府県および預所のある諸藩に対して頒示した田方検見規則である。田方検見規則は、①取箇付（貢租賦課）の重要性を確認したうえで、②検見の仕法、検見の詳細な手順を規定し、さらに、③収穫量の確定、年貢高の決定、免状の交付、大蔵省への取箇帳の提出までの一連の手続きを定める。本規則は、従来支配所ごとに異同の多かった田方の検見、取箇付の仕法に統一性を導入する目的で発された。*5

2. 以下、『大蔵省沿革志』版のテクスト*6も参照しながら、条文を追って田方検見規則の内容を見ていくことにしたい。

まず、『大蔵省沿革志』版のテクストを掲げる。*7

検見規則

第一、貢租賦課ハ一大重事ニ属ス、宜ク年穀ノ豊凶ニ応シテ量定スヘキ者タリ、故ニ各地方長官精密ニ検省シテ之ヲ量定ス可シ。第二、各村ヨリ田稲刈穫ノ節候ヲ申告セハ速ニ程ニ上リ順次ニ検見法ヲ施行シ、決シテ稽留遷延スル有ル勿レ。第三、検見法ハ全村ノ耕田ヲ審検シテ其ノ熟不ヲ衡均シ坪刈法ヲ施行シ、粟量ノ多少ヲ視テ以テ貢租額ヲ賦課スル者トス、故ニ務メテ精密ナルヲ要スル為メニ、村民ヲシテ内見帳幷ニ耕田図ヲ具上セシム可シ。第四、地方官此ノ耕田図ニ拠リテ方嚮ヲ指定シ、村長ヲシテ標牌ヲ朗読セシメ、耕田ノ名号、番号ヲ内見帳ニ照対シテ以テ坪刈法ヲ施行ス。第五、坪刈法ヲ施行スルニハ田稲ノ豊凶ヲ査点シ熟穂ヲ上中下ノ三等ニ区分シ、村長ニ命シテ歩積ヲ打量セシメ地方官之ヲ監視ス、若シ唯タ此ノ三等ノミヲ以テ判定ス可カラサル者ハ、上中下ノ等内ニ就キテ更ニ一等ニ等ヲ指定シ重テ打量ヲ為サシメ、而シテ坪刈帳ニ登載ス。第六、坪刈ニ使用スル度竿ハ上古ハ六尺五寸、中古ハ六尺三寸、近世ハ六尺零一分ト為スモ、共ニ其ノ地方ノ慣行ニ仍ルヲ妨ケス、而シテ畔際三尺除稲株ニ方附ノ例法坪刈ヲ施行スルニハ畦畔ノ側傍三尺ノ地積ヲ除避シ而シテ度竿ノ方欄ヲ稲田ニ排置ス、然ルニ稲株栽植ノ位置斉整ナラサレハ則チ井然タル四方一歩間ヲ量測スルニ難タシ、故ニ度竿方欄ノ二面ヲ稲株ノ根際ニ緊接シテ以テ量測スルノ慣法ヲ以テ公正ニ打量ス。第七、打量ヲ整完セハ小農ヲシテ田稲ヲ刈穫セシメ、遺穂遺粒無キカヲ検視シ草筵ニ包裹シテ緘印ヲ下タシ、村長ノ家屋或ハ傍近ニ在ル神社、仏寺等ニ就キテ其ノ稲粟ヲ礱舂ス。第八、礱舂セル粟米ハ村長、伍長等ニ命シテ之ヲ計量セシメ、他ノ伍正及ヒ小農総代者ニ眼同セシメ、其ノ穀量ヲ野帳ニ登載シテ之レカ信印ヲ徴取ス。第九、村民ノ上呈セル内見帳ニ皆無ト記載スル田地ニシテ稲毛ノ生存スル者有ラハ、坪刈法ヲ施行シ而シテ相当ノ貢租額ヲ賦課ス。第十、曝乾ノ減量ハ十分ノ二ヲ準率ト為シ以テ仮ニ貢租額ヲ賦課ス。第十一、登量ノ石数ハ五公五民ノ例法例ヘハ田地ノ収穫額ヲ一十石ト為セハ則チ五石ヲ貢租ト為シ五石ヲ民有ト為スノ慣法ニ照拠シテ之ヲ料理ス。第十二、貢租ノ賦課ヲ整完セハ速カニ免状仮ニ賦課セシ貢租額ヲ登記スル単票ヲ各村ニ付与ス。第十三、検見ヲ完了シテ本庁ニ帰到スル本日ヨリ算起シ四十日ヲ限リ取箇帳ヲ送上ス。第十四、本年庚午ヨリ以後毎年管轄郡村ノ石額ヲ前年ニ比較シ若シ増減スル有ラハ則チ其ノ事由ヲ合計ノ項下ニ簽記ス。

次に条文を追う。第一条は、貢租賦課事務の重要性を確認、強調し（「貢租賦課ハ一大重事ニ属ス」）、地方長官に対して貢租賦課の精密な検省量定義務を課す。第二条は、田稲の収穫の時節が到来したら、検見法を迅速に施行すべきことを指示している（「決シテ稽留遷延スル有ル勿レ」）。第三条は、検見法の意義と手続きを述べる。検見法の意義については、「検見法ハ全村ノ耕田ヲ審検シテ其ノ熟不ヲ衡均シ坪刈法ヲ施行シ、粟量ノ多少ヲ視テ以テ貢租額ヲ賦課スル者トス」と規定し、検見法施行の手続きとその結果の精密を、地方官に要請している。そのために、検見に当たっては村方をして内見帳と耕田図を提出せしめるものとしている。第四条以下第一二条までの各条では、検見法の施行の手順を詳述する。坪刈法の施行（第四、五条）、坪刈の際使用する度竿の長さ、および、坪刈すべき区画の測量法（「畔際三尺除稲株ニ方附ノ例法ヲ以テ公正ニ打量ス」）（第六条）、刈り取りと舂方（第七条）、礱舂した粟米の計量と記帳（第八条）、村民が提出した内見帳には収穫皆無と記されているにもかかわらず、稲穂が確認できる場合の取り扱い方（第九条）、干欠割引の準率（第一〇条）、検見法による貢租額賦課に際しての五公五民の例法の適用（第一一条）、取箇附を登記した単票の付与（第一二条）などについてそれぞれ微細に規定が行なわれている。そして、第一三条と第一四条には、検見終了後の大蔵省への取箇帳の提出（第一三条）と、取箇の年々の増減についてその理由の報告（第一四条）について、指示を載せる。

以上からわかる通り、田方検見規則は、検見を執り行なう地方官の動線が具体的なイメージとしてたどれるほどに、坪刈、取箇附等、郷村の現場でなされる事務の執行の仕方について細かな規定を置いている。さらに、現場での事務の終了後に、検見の結果を迅速かつ精密に大蔵省に報告すべきことも、地方官に求めている。総括的に見て、田方検見規則は、一粒でも多くの米を貢租として収納せんとする大蔵省の強い意志を感じさせる規則であると言えよう。

【注解二】 続いて、本件を、明治二年冬以降の、政府の災害減租政策の流れのなかに、位置づける。[*8]

政府（民部省）は、明治三年正月二三日、「田方検見坪刈舂法ノ順序御取箇附ノ次第等ヲ録上セシム」を発し、明治二己巳年の田方検見、坪刈春法、取箇附について、実態調査を行なった。[*9]『大蔵省沿革志』には、この実態調査に乗り出すに当たっての民部省の問題意識が次のように書かれている。「客歳ハ穀粟実ニ荒歉ニ属セリト雖モ、間マ或ハ過多ノ租税ヲ蠲除シテ貢租取箇帳ヲ録上セル者有リ、是レ地方官其ノ職務ニ慣熟セサル者ノ在ル有ルニ由ル無キヲ得ンヤ、故ニ其ノ検稲幷ニ賦租ノ顛末ヲ具申セシメハ則チ提理ノ一助ト為スニ足ル可シ」[*10]。このとき、民部省は、己巳年の賦租事務に関し、しばしば過多の蠲除がみられたと認識していた。そこから、同年の「検稲幷ニ賦租ノ顛末」について調査し、検見に関する統一規則を定立することを思い立ったのである。災害減租の「適正化」（＝抑制）（→貢租収納の増加）こそが、この明治三年正月二三日の達の目的であった。

本件田方検見規則は、上記の実態調査をもとに制定されたものである。つまり、本規則は、政府の意図としては明治三年正月二三日の達の延長線上に置かれたものであるということができる。だから、田方検見規則は、単に検見法の統一を図るという形式上のものにとどまらなかった。田方検見規則の基底には、地方官に対して災害減税制度の〝適正〟な運用を強制する動き、すなわち地方官による過分の引方をチェックし、幾分なりとも租税の増収を図らんとする政府の強い意志があったのである。

以前にも述べたように、[*11]維新政府は旧慣に倣うかたちで税制のなかに災害減税制度を置いたが、その運用は決して漫然としたものではなく、とくに大隈重信指揮下の民部＝大蔵省のもとではそれは減租の適用を厳しく限る方向で行なわれた。それをよく示すのが、明治三年正月二三日の「田方検見坪刈春法ノ順序御取箇附ノ次第等ヲ録上セシム」であり、そして本件「田方検見規則ヲ定ム」である。繰り返すが、田方検見規則は、「田方検見坪刈春法ノ順序御取箇附ノ次第等ヲ録上セシム」にもとづく、己巳年の田方の減租事務の検証のなかから出てきたものである。政府は田方検見規則により、検見法を統一して、過多の蠲除を排し、貢租の増徴を図らんとしたのである。

明治以前、田方検見御取箇附は、破免と結びつけられることで、災害減租の役割を果たしてきた。しかるに、ここに見られる光景は、貢租増徴政策の流れのなかで、田方検見御取箇附の方式が細部にわたって統一されることにより、結果として、田方検見御取箇附が「過多の租税の蠲除」（〝過剰な〟災害減租）を阻止する機能を担わされるに至っている、というものである。制度に込められた意図という点で、田方検見規則は、それまでと一線を画するものであった。田方検見規則は、田方検見御取箇附の性格を実質的に大きく変えるものであったのである（災害減租の一仕法から貢租増徴の手段へ）。*12

〔注〕

*1 「地租改正条例」（明治六年七月二八日、太政官第二七二号）。

*2 古検とは太閤検地（一五八二〜一五九八年に実施）を指し、新検は享保一一（一七二六）年の「新田検地条目」制定後の検地を指す。「稲株ニ方付之法」については、後掲の、《検見規則》の『大蔵省沿革志』版テクスト中の割注を、参照。

*3 仕付荒は、稲が枯死したり腐敗したりして収穫がないことを指す。

*4 見付田とは、生産力の低い悪田を指す。

*5 『大蔵省沿革志』租税寮の部明治三年七月条は、田方検見規則の制定の経緯について、次のように記す。「是月［明治三年七月］、田稲ヲ検省スル条規ヲ制定シテ之ヲ府県ニ頒示ス。／本省申達本司立案ニ曰ク、田毛ヲ検省シテ貢租ヲ賦課スル方法タル二年己巳ハ総テ旧慣ニ仍リテ処分セシメタリ、然ルニ各地方其ノ施為ヲ殊異ニシ例規一定ナラサルニ因リ、特ニ検見規則ヲ制定ス、本年以後之レニ照遵シテ以テ料理ス可シ。」（大蔵省記録局（編）『大蔵省沿革志（上巻）』、二七七頁。／は行が改まることを表わす。また、傍線はそこが割注の部分であることを示す。）

*6 『大蔵省沿革志』版のテクストは、『法令全書』版のテクストに比べて説明的で、わかりやすい。『法令全書』版のテクストを理解するうえでこれの参照は便宜である。

*7 大蔵省記録局（編）『大蔵省沿革志（上巻）』、二七七-二七八頁。

*8 千田稔は、この時期の、民部大輔兼大蔵大輔大隈重信らの財政政策を、「貢租収奪の確保・強化及び収奪貢租の中央集中で財

政窮迫打開－財政基礎確立を実現しようとした」ものとまとめ、このような財政政策の展開のなかで、大隈らは地方官による貢租の減免を厳しく抑制・禁止しようとした、と論じている（千田稔「維新政権の地方財行政政策」、四八頁）。

＊9 「田方検見坪刈春法ノ順序御取箇附ノ次第等ヲ録上セシム」（明治三庚午年正月二三日、第四七）。この達は、民部省が府県および預所のある諸藩に向けて発したもので、その『法令全書』版テクストは次の通りである。「各支配地／預所田方検見御取箇附ノ取計国々於テ差等ハ可有之候得共銘々耕地ヘ相臨見分坪刈春法ノ手続御取箇附ノ次第等巨細取調至急可申立候事」。

＊10 大蔵省記録局（編）『大蔵省沿革志（上巻）』、二五六頁。

＊11 「御取箇帳様式ヲ定ム」（明治二己巳年一一月一七日、第一〇六一）（六九－三八）、および「畑方貢米引方ハ稟候処置セシム」（明治三庚午年正月二八日、第六二）（七〇－五）の二項を参照せよ。

＊12 松尾正人も、その論文「明治初年の政情と地方支配――『民蔵分離』問題前後――」のなかで、田方検見規則について、それは「検地の強行が増租を危惧する農民による騒擾を誘引することに対し、検見を代行することで、可能なかぎりの徴税を企図した方途であった」との理解を示している（松尾正人「明治初年の政情と地方支配――『民蔵分離』問題前後――」、四七頁）。

二三、「民部大蔵両省管轄ノ寮司諸掛及事務条件ヲ区別ス」（明治三庚午年八月九日、第五二〇）

四年太政官第三百七十五[*1]ヲ以テ民部省廃止同第四百二十三[*2]ニ依リ消滅

第五百二十　　八月九日（布）（太政官）

府藩県

今般民部大蔵分省ニ付両省管轄之寮司並諸掛等左之通区別相立候条向後両省ヘ可差出諸願伺届類其外共別紙両省事務条件ニ照準致シ可差出事

但是迄何月限又ハ年々可差出旨ヲ以テ達置候諸帳面類其外諸調物類等モ同様別紙条件ニ照準シ可差出事

（別紙）

民部省

　地理司

　土木司

　駅逓司

　鉱山司

　庶務司

　聴訟掛

　社寺掛

　鉄道掛

　伝信機掛

　燈明台掛

　横須賀製鉄所掛

大蔵省

　造幣寮

　租税司

　出納司

　用度司

【1870年】（明治２年11月30日から明治３年11月10日まで）

営繕司
監督司
度量衡改正掛
通商司当分管轄
民部省事務条件
全国ノ経緯山川江湖海岸島嶼ノ位置ヲ詳明ニスル事
府藩県管轄地ノ経界州郡村市制置ノ事
戸籍人員ノ事
地方石高ノ事
社寺ノ事
物産ノ事
工芸ノ事
駅逓ノ事
道路橋梁ノ事
諸港津ノ事
燈明台及船路標ノ事
水利堤防ノ事
開墾ノ事
種芸牧畜ノ事

諸鉱礦ノ事
聴訟ノ事
府藩県中小学ノ事
済貧恤救ノ事
山林原野ノ事
大蔵省事務条件
歳入歳費ノ事
一切用度ノ事
租税傭ノ事
一切貨幣ノ事
度量衡ノ事
蓄積ノ事
通商ノ事
廻漕ノ事
献納品ヲ領取スル事
諸営繕ノ事
一切倉庫ノ事
金穀ニテ附与スル賞典ノ事
諸官禄秩禄支給スル事

諸費用ヲ供給スル事
国債ノ事
済貧恤救ノ費用ヲ給シ及金穀ヲ貸附ル事

【注解一】民部大蔵分省にともなう寮・司・掛・所掌事務の分割
【注解二】分省後の民部省の政策展開
【注解三】分省後の大蔵省の政策展開と租税司における組織規程の整備
【注解四】殖産興業担当部局の民部省からの奪還（工部省の設立）と民蔵分離後の地方政策の動向
【注解五】大蔵省における省内官僚制の整備
【注解六】政府全体の官僚制的規律化を図ろうとする大蔵省の動き

【注解一】明治三年七月一〇日の民部＝大蔵省の分省にともない、[*3]政府は、両省関係の寮・司・掛および所掌事務の分割を行なった。それを府・藩・県に示達したのが本件である。この分割によって、民部省は、地理司、土木司、駅逓司、鉱山司、庶務司、聴訟掛、社寺掛、鉄道掛、伝信機掛、燈明台掛、横須賀製鉄所掛の五司六掛を、大蔵省は、造幣寮、租税司、出納司、用度司、営繕司、監督司、度量衡改正掛の一寮五司一掛と通商司（当分管轄）を所管することとなった。また、所掌事務については、民部省は、地理（「全国ノ経緯山川江湖海岸島嶼ノ位置ヲ詳明ニスル事」）、地方制度（「府藩県管轄地ノ経界州郡村市制置ノ事」）、戸籍人員、地方石高、社寺、物産、工芸、駅逓、道路橋梁、港津、燈明台および船路標、水利堤防、開墾、種芸牧畜、鉱礦、聴訟、府藩県の中小学校、済貧恤救、山林原野の諸事務を、大蔵省は、歳入歳出、経費用度、租税、貨幣および楮幣、度量衡、蓄積、通商、輸漕、献納物品の領取、営繕、倉庫、金穀の賞賜（「金穀ニテ附与スル賞典ノ事」）、官禄秩禄の支給、諸費用の支出、国債、済貧恤救費用の支給および金穀の貸付を、それぞれ担当することになった。

災害対策関係の事務について見ると、組織としては土木司が民部省に属せしめられた。事務の掌管については、「水利堤防ノ事」と罹災者救援にかかわる「済貧恤救ノ事」が民部省の所掌事務とされ、罹災者救援に関する事務でもある「済貧恤救ノ費用ヲ給シ及金穀ヲ貸附ル事」および災害減租の運用をその内に含む租税事務（「租税傭ノ事」）が大蔵省の所掌とされた。また、民部＝大蔵両省に管属した寮司の班次で筆頭司の地位に置かれ、民政領域への政策的統制および行政監察に力を揮った監督司は、[*4] 大蔵省の所属となった。[*5]

政府は上記のように民部省と大蔵省の所掌事務を区分したが、それでも尚両省の間で権限が交錯する分野が残った。災害対策にかかわる部面では、済貧恤救事務がこれに当たる。罹災者救援をその内に包含するところの同事務は、済貧恤救の届出受理や認可等を担当する民部省と、済貧恤救費用の支給および金穀の貸付事務を受けもつ大蔵省に分けもたれた。

2. 明治三年七月一〇日の民部大蔵両省の分離から同年九月に至る時期の、両省関係の組織・人事に関する動き、および、大蔵省の財政（主に収税）政策面での府県への統制の動き、これらを『法令全書』、『大蔵省沿革志』から拾い出し、時系列で整理して以下に載せる。[*6]

七月

十日、令シテ本省［大蔵省］ト民部省トヲ分立セシメ、本省更ニ造幣寮、出納司、用度司、営繕司、租税司、監督司及ヒ度量衡改正掛ヲ統管ス。民部卿兼大蔵卿伊達宗城大蔵卿ニ、民部大輔兼大蔵大輔大隈重信大蔵大輔ニ、大蔵省《ママ》輔兼民部少輔伊藤博文大蔵少輔ニ、民部少輔兼大蔵少輔吉井友実民部少輔ニ、民部大丞兼大蔵大丞林友幸民部大丞ニ、民部大丞兼大蔵大丞得能良介、井上馨共ニ大蔵大丞ニ改任シ、馨ノ造幣頭ヲ兼ルハ故ノ如シ。

十三日、民部権大丞兼大蔵権大丞山尾庸三民部権大丞ニ、大蔵権大丞兼民部権大丞中村清行大蔵権大丞ニ、大蔵少丞兼民部少丞坂本政均、郷純造共ニ大蔵少丞ニ、民部少丞兼大蔵少丞玉乃世履民部少丞ニ、民部少丞兼大蔵少丞岡本健三郎大蔵少丞ニ、民部権少丞兼大蔵権少丞島惟精民部権少丞ニ改任ス。

十七日、大蔵省中ニ営繕司ヲ置ク。*[7]

本省［大蔵省］、民部省ノ共管セシ燈明台幷ニ横浜、横須賀ノ製鉄所ヲ民部省ニ専属ス。

二十日、民部省元福岡藩邸ニ移転［決定、達示］（「今般分省被　仰出候ニ付来廿三日元福岡藩邸ヘ転省候間此段相達候事」*[8]）。

二十二日、令シテ民部省ノ通商司ヲ本省ニ属ス。*[9]

地理庶務両司ヲ民部省ニ置ク。*[10]

租税権正前島密ノ兼任駅逓権正ヲ解キ、租税権正山下方義、高石和道ヲ罷メ更ニ民部省出仕ニ補シ、租税権正井上如水日光県大参事ニ転任ス。

監督正吉井正澄民部少丞ニ、福原恭輔民部権少丞ニ、平岡煕一営繕正ニ遷任ス。

二十四日、府県及ヒ各藩寄託地ノ白田ノ貢租ニ米豆ヲ実納セル者ヲ金ニ換ヘシム。（租税司立案の大蔵省申達*[11]）

大蔵、民部二省分衙スルニ由リ、鉄道築造経費ハ本省［大蔵省］ニ稟決シテ交付ス可キヲ本司［出納司］横浜支署ニ牒達ス。

二十五日、本省［大蔵省］ト民部省トニ関渉スル事項ノ処分ヲ合議スル文書ノ体式ヲ議定ス。

二十八日、土木権正山口忠良営繕権正ニ任ス。

晦日、出納権正兼士《ママ》木権正阪田源之助ノ兼官ヲ罷ム。

是月、田稲ヲ検省スル条規ヲ制定シテ之ヲ府県ニ頒示ス（田方検見規則）。（前掲*[12]）

八月

二日、造幣権助小森次郎吉後ニ橋本安治ト改ム、三好貞次郎名ハ義敬ニ命シ本司［出納司］大坂支署ノ出納事務ヲ摂理セシム。

八日、造幣権助小森次郎吉、三好貞次郎共ニ出納権正ニ遷任ス。

九日、本省［大蔵省］ト民部省トノ分管スル寮司課掛ノ区別ヲ府藩県ニ令示ス。（本件）

十日、府県及ヒ諸藩寄託地ノ租米ハ蒸気船及ヒ洋製ノ風帆船ヲ以テ輸漕セシム。（租税司立案の大蔵省申達＊[13]）

十四日、本省［大蔵省］、民部省ノ大阪支衙ヲ以テ専ラ本省ノ支衙ト為ス。

十九日、監督権正北代正臣庶務正ニ転任ス。

二十四日、大蔵少丞郷純造、岡本健三郎共ニ大蔵権大丞ニ、監督正安藤就高、租税正渋沢栄一共ニ大蔵少丞ニ遷任ス。

府県管轄地内及ヒ諸藩寄託地内ニ在ル納地ニ租額ヲ賦課スル方法ヲ設定ス。＊[14]

二十八日、監督権正岩男助之允酒田県大参事ニ転任ス。

是月、通商司庶務条規ヲ立定ス。

本省［大蔵省］管轄スル寮司ノ班次ヲ更定ス。（上述）

九月

二日、大蔵大輔大隈重信参議ニ転任ス。

三日、租税司ノ職制及ヒ処務条規ヲ立定ス。（後述）

五日、大蔵少丞坂本政均大蔵権大丞ニ遷任ス。

十二日、府県及ヒ諸藩寄託地ニ係ル歳入歳出加減表ノ模本及ヒ之ヲ編製スル例則ヲ頒示ス。（後掲＊[15]）

十三日、参義《ママ》大隈重信ニ命シ本省［大蔵省］ノ事務ヲ摂理セシム。

十五日、各県ノ租米ハ其ノ地方ノ船舶ヲ雇用シテ以テ之ヲ輸納セシム。（租税司立案の大蔵省申達*16）

十七日、監督大佑岡村義昌監督権正ニ遷任ス。

二十四日、府県及ヒ諸藩寄托地ノ租税簿書ヲ送上スル期月ヲ限定ス。（租税司立案の大蔵省申達*17）

二十七日、外務権大丞馬渡俊邁大蔵権大丞ニ転任シ、造幣権頭ヲ兼ヌ。

山林原野開墾規則ヲ制定シテ之ヲ頒布ス。（後掲*18）

晦日、通商権正吹田四郎兵衛出納権正ニ兼任ス。

【注解二】 すでに詳述したように、民蔵分離は、明治元年、同二年の凶作・災害がもたらした農民困窮と財政窮迫の深化のなかで、「財政窮迫打開、さらには殖産興業・富国強兵費を中心とする対外経費の確保［の視点］から貢租の収奪と集中の地方政策の強硬な推進を企図した」大隈重信ら民蔵省幹部と、「民心掌握［の視点］から凶作対策を最重点課題として減免と救恤の地方政策の展開を企図する」大久保利通・広沢真臣らが地方政策をめぐって対立したことをその背景としていた。*19 明治三年七月一〇日の民蔵分離は、この二つの路線が並立する体制を作ったもので、決して路線の統一がなされたわけではなかった。それゆえ、分離後早くも七月中から、双方が互いに相手方の路線展開に先んじようとして、それぞれの方向に向って走り出していったのである。

まず、「民心掌握」、「減免と救恤の地方政策」を掲げた民部省について、分離直後の活動を見てみることにしよう。分離後の民部省には卿は置かれず、民部行政は御用掛となった岩倉具視・大久保利通・広沢真臣、とくに大久保と広沢が中心となって行なわれることになった。*20*21「今度民部御引離の事、格別の　／　叡慮ヲ以、是非民政ニ御行届ならてハ不相済との御誠意より起候事」*22と捉える大久保らは、さっそく、地方官に対する上京時の民部省への出勤指示や、民政に熟練した者の登用、勧農局の設置、*23地方官会議の招集など、民政を行き届かせる方向での動きを見せた。すなわち、民部省は八月二二日の布告で、京都府、大阪府および諸県の知事と参事に、出京の節の民部省出勤を命じた。*24 さらに、翌二三日には、熊本藩、金沢藩、鹿児島藩など二〇藩に対して、民政に熟練した者を選び、その者を出仕させるよう求めている（「御用有之候間民政熟練之者一人相撰至急可差出候事」）。*25*26 これを受けて熊本藩ではただちに人選に入り、同年一〇月に藩士矢島源助と垣塚文吾の二名が民部省出仕を命じられた。*27

2. 民部省を大蔵省から切り離して、「減免と救恤の地方政策」を布くことにより民心を掌握せんとした大久保利通らは、その方向での政策実施のために、租税司を民部省に帰属させることがぜひとも必要だと考えた。このことから、民蔵分離後、租税司の民部省への移管問題が民蔵間の対立のひとつの焦点となった。大久保らの租税司民部省移管論を、民部少輔吉井友実の書簡（大久保宛、七月一四日付）により見てみることにしよう。*28

　租税司
　右民部省え御付相成度候、左候得は大蔵省出納之権全ク無之様相成民部省之権重ク相成可申、然すれハ紙幣贋金等之難悉ク民部え引受候様可相成候間政府と共ニ其難ニ当り候様致度左候得は自然政府え権も相付可申存候、廟堂之人ケ様之事件は為ス事不能と下より思ひ侮り候様ニ而は何迄も廟堂ニ権之帰する期有之間敷候
　　右如何答候哉猶後刻参上御直ニ可申承候也

租税司の民部省への移管を強く主張する吉井友実の論拠は、二つあった。ひとつは、そうすることで大蔵省の「出納之権」を事実上奪うことができ、これによって民部省の唱える「減免と救恤の地方政策」が実行可能となるというものである（仁政の実施）。「民部省之権重ク相成可申」というのは、民政に関し民部省が実質的な決定権を握るということである。もうひとつは、大蔵省の「出納之権」を形式的なものとし、民部省の権限を重くする、そしてその権限を増した民部省が政府（太政官）とともに民政上の難局に当たることによって、（大蔵省に対しての）

政府の威権を確立することができるというものである（政府の政策的主導性の確立）。このような主張は、明治三年春に、政府危機からの脱却を模索した際の、大久保の論そのもの、であった。[*29]

大久保本人も、九月から一〇月にかけて、民部省御用掛でもあった大納言岩倉具視に対して書簡や意見書を送り、租税司の民部省移管の決定に動くよう強くはたらきかけた（「租税司ノ事当収納済民部省え管轄タルヘク被仰付候事」）。[*30][*31] 大久保は、「租税司を民部省え被附候上」、「大蔵ハ出納のミを職といた」すようにすべきこと、そしてそれにより「量入為出ヲ政府ニ握ル」ことを強く主張した。[*32] ただし、大久保は、この構想に対しては木戸・大隈から強い異論が呈されようから、これを廟堂の評議にかけても決定に至るのはなかなか難しかろうと承知していた。そこで大久保は、大隈らの異論を抑えて租税司の民部省移管を実現すべく、地方官会議のために東京に召集されていた知県事からの意見表出をかませることを提案した。大久保は岩倉宛ての書簡においてこれを次のように述べている。[*33]

民部省一条知県事申立云々の事件、大隈等御談如何の御都合ニ可被為在哉。此事万々六か舗と初発より杞憂仕候。明日も御評議可被為在御旨ニ候得共、愚考ニハいかゝと奉存候。若御評議可被成思食ニ候ハヽ、明日にても知県事惣体被召出、木戸大隈一同論を聞、然る上尚公論を以断然御裁決被為在候外無御坐と奉存候。明日木戸大隈等異議相立、其まゝ（一字欠）而被止候位ニ候得ハ、明日御評議ハ無用に属シ可申。是非知県事等の衆論を御採用、何とか御きめ被成候て安心可為致との思食ニ候得ハ、別条通一同の公論ニ相成度、只曖昧ニて相済候様の事にては、何のため知県事為御待被成候訳も不相立、知県事も不平を懐、益御失体を被示候道理にて無面目次第と奉存候。何事も跡戻り無之様、呉々所祈御坐候。木戸辺の処も内実は是迄の民蔵合併宜しくと申見込ニ候得ハ、必不同意にハ相違無之。尤知県事等の論斯迄に切迫相成居候事ハ決て存不申候付、一同の実地論を聞かしめ候義肝要ニ御坐候。実地を踏たる論を以来り候得ハ、夫を議論のミにて推シ候事ハ出来不申候。

大久保らの租税司民部省移管論は、政府（太政官）が財政政策の決定権を握（り、減租と救恤の地方政策を実施す）る、そして大蔵省は単なる金穀の出納機関の扱いとするという、政府基礎の確立（＝仁政の施行）策の、基幹に据えられるべきもの（その制度的表現）であった。そしてその実現のために、大久保は、地方官の意見表出の場を設け、彼らの実地の論の力によって木戸・大隈らの反対を抑えようとしたのである。しかし、これは実現せず、結局租税司が民部省に移管されることはなかった。

【注解三】 一方、大蔵省は、思うような路線展開を為し得ずにもがいていた民部省とは裏腹に、租税司を中心に、政策的に素早い動きを見せた。*34 まず、「畑方米大豆正納ノ分自今石代金納ト為シ並三分一米十分一大豆金納ノ名称ヲ廃シ田方都テ米納ト為ス」（明治三庚午年七月二四日、第四八四）により田方の租税の米納を指示し、次いで田方検見規則を発出して田方検見の仕法統一を布告した。*35 さらに、「諸国貢米運送方並貢米運送船掟ヲ定ム」（明治三庚午年八月一〇日、第五二五）によって、蒸気船・外国形帆船による貢米の東京・大阪への廻漕を命じた。これらはいずれも、実質的には貢租の増徴と農民負担の増加を意味し、農民からの反発と地方官の困惑をまねいた。*36*37 大蔵省は九月に入ってからも、一二日に「府県歳入歳出差引表編制例則分類略解」を頒布して府県の歳入歳出の統一的把握を目指し、*38 二四日には租税関係の諸帳簿提出の期限を定めた。*39

人事についても上表の如く活発な任命と異動が行なわれた。そのなかでも九月二日に大蔵大輔の大隈重信が参議に転任したことが注目される。*40 しかし参議に転出したといっても、一三日には参議としての大隈に再び大蔵省の事務の摂理が任されたから、結局大隈を中心とする大蔵省の体制が変わることはなかった。*41 また、組織に関してもその整備は着実であった。八月（失日）には大蔵省管轄の寮司の班次が更定され（上述）、また同月中に通商司の庶務条規も定められた。さらに、九月三日には、民部省との間でその帰属に関し争いのあった租税司の職制と処務条規が立てられた。租税司職制の第一条は、「租税司ハ大蔵省ニ属シ租税貢調ノ事務ヲ掌管ス、其ノ事務ヲ執行シ及ヒ処分スルニハ総テ決ヲ本省ニ取ル」*42 と謳い、その大蔵省所属を強調していた。*43 大蔵省は、通商司、租税司といった、民部省との間で管轄に関して争いのあった部門について、いち早く組織規程を整備し、その所属を確固たるものにしようとしたのであった。

2. 次に、民蔵分離後の大蔵省の政策展開においてその中心に位置した租税司について、職制と職員令、および処務条規を見ておきたい。*44 直上で述べたように、これらが立定されたのは明治三年九月三日のことであった。

租税司職制*45は全部で一八条からなり、租税司の大蔵省所属、掌管事務、大蔵本省との関係、掌管事務の執行手続き、およびその権限、さらに事務の細目などを規定する。以下に租税司職制の全文を引き、これに注釈を付す。

租税司職別《ママ》

第一、租税司ハ大蔵省ニ属シ租税貢調ノ事務ヲ掌管ス、其ノ事務ヲ執行シ及ヒ処分スルニハ総テ決ヲ本省ニ取ル。第二、各庁各局ノ掌管スル地方郡村ノ正租、雑税、海関税、或ハ工商ノ職業物品ニ賦征スル諸税其ノ他ノ運上、冥加ト称スル者ノ類ハ、総テ定例成規ニ照ラシ本司稽査シテ其ノ処分方ヲ審定シ、議案ヲ草具シテ決ヲ本省ニ取リ以テ之ヲ確定ス。第三、凡ソ税則ヲ創設シ、或ハ成法ヲ改更スル如キ各庁各局ノ建議ニ係ルト本省ノ立議ニ係ルトヲ問ハス本司悉皆之ヲ審案シ而シテ其ノ処分方ヲ確定ス、但タ各庁各局ノ建議ハ予メ法案ヲ草具シテ本省ニ申明ス。第四、凡ソ収税方法ハ其ノ旧制ヲ改更スルト新則ヲ創立スルト若クハ慣行ノ事項ニ係ルトヲ問ハス本司其ノ議案ヲ草定シ、而シテ決ヲ本省ニ取ルニ方タリ或ハ大ヒニ民情ヲ触動セントスル有ル者ノ如キハ、民部省ニ協議シテ其ノ処分方ヲ決定スル有ル可シ。第五、本司ハ事務ヲ専決スルノ権力無シト雖モ之ヲ稽査スルノ責任有リトス、故ニ凡ソ租税貢調ニ関スル事務ハ、縦令ヒ本省ノ全権ヲ以テスルモ本司ノ審議ヲ経スシテ之レカ処分ヲ為シ、或ハ之レカ条規ヲ立ルヲ得ス。第六、本司管掌事務ヲ区処スルニ方タリ本司ノ意見ト本省ノ意見ト相ヒ合セス、而シテ本司若シ本省ノ意見ノ当ヲ失スト看認スル有レハ、則チ正、権正之ヲ卿輔ニ抗議スルヲ得可シ、若シ正、権正ト大佑以下ノ属官ト意見相ヒ合セサル有ルハ其ノ決ヲ本省ニ取ル。第七、本司ノ属官其ノ本官ヲ帯ヒテ各地ニ行役シ、或ハ他ノ職務ヲ兼摂スル有レハ、則チ命付スル事件ノ大小軽重ニ応シテ其ノ権限ヲ指定ス。第八、凡ソ貢調ノ方法、期限及ヒ租税ニ関スル一切ノ事務ノ其ノ既ニ成規有ル者ハ詳明ニ類別シ、未タ成規有ラサル者ハ為メニ法案ヲ創設シテ之ヲ整理シ以テ各庁各局ノ成績ヲ匡督スルハ即チ本司ノ責任ト為ス。第九、本司中ニ設クル各課ハ分ツテ下項ノ事務ヲ管掌ス。第十、毎年六月ヲ期シ前年ノ徴収ニ係ル全国ノ歳入額ヲ概算シテ予メ総数ヲ計知シ以テ其ノ歳年ノ会計ノ目途ニ供シ、而シテ年尾ニ至リ前年ノ支出額ヲ綜算シ、出納司ニ協議シテ其ノ計算ヲ詳明ニシ以テ歳入歳出総計表ヲ製ス。第十一、租米ハ定則ニ[*46]照シテ輸漕セシム。第十二、租米ノ額内ニシテ石代金納ト為ス者、或ハ臨時ニ申請シテ石代金納ト為ス者、或ハ米ヲ買テ実納スル者ノ如キハ成規ニ照シテ之ヲ処分ス。[*47]第十三、各地方ノ米穀ノ時価ヲ詳知ス。第十四、全国郡村ノ石額ヲ詳計シ、府藩県ノ管轄区域ヲ明知ス。第十五、各地方ノ租税既往五年間ノ平均数額ヲ算明ス。第十六、廃蕪地、取下場ノ租額ノ等則ヲ検計ス。第十七、府県ノ収入額、支出額及ヒ定費金、常備金ヲ検査シ歳歳ニ対較スル総計表ヲ製ル。[*48]第十八、府県ノ準備米金若クハ蓄積米金ノ出納及ヒ計算ヲ照査ス。

第一条は、まず、租税司の大蔵省所属を宣言し、次いで、租税司の掌管事務を「租税貢調ノ事務」と明定する。また、租税司は、その掌管事務の執行および処分に当たってすべて決定を大蔵本省に取るべきことを規定する。前述したように租税司の所属をめぐっては、民部省と大蔵省とのあいだで争いがあったが、租税司職制第一条は、このような状況下で、租税事務が大蔵省の専管であることを強く主張するものとなっていた。第二条は、既存の諸税の処分方に関する規定で、租税に関する一切の処分は租税司が稽査のうえ、処分の議案を作成し、この議案を大蔵本省が決裁することで確定する、と定める。これは、租税に関する処分の決定権の、租税司－大蔵本省による一元的掌握を宣言するものである。第三条は、税則の創設・改更に関する規定である。税則の創設・改更はすべて、租税司の審案を経てからその処分方が確定されなければならないこと、また各庁各局が税則の創設・改更を建議する場合にはあらかじめ法案を作り大蔵省に提出すべきこと、これらを定める。第三条の規定により、租税司－大蔵本省は税則の創設・改更に関する統制権を一元的に掌握することになった。以上、第一条、第二条、第三条によって、租税に関する事務の一切の決定に租税司－大蔵本省がかかわり、その統制が及ぶこと、これがはっきりと定められた。

第四条は、収税方法に関する事案の処理についての規定である。収税方法について旧制の改更・新則の創立、あるいは慣行に依拠する処分いずれの場合であっても、租税司が議案を作り大蔵本省の決裁を取るに当たり、その議案にもとづく処置によって民心の動揺を生じさせる懸念があるときには、該議案を民部省に廻議して処分案を決定するものとする、という内容である。収税方法に関しても、租税司が議案を起草して大蔵本省の決裁を経るという租税司－大蔵本省ラインの基本的な手続きが定められているが、ここでは当該事務の処分にかかわってそれが「民情ヲ触動」する恐れのあるときには民部省に廻議したうえで決定するという民部省との協議の規定が入れられており、この点が第三条までと異なる。これは、民心安定を優先課題に掲げる民部省に対する大蔵省側の配慮を示したものである。と同時に、収税方法の変更・新則定立が「民情ヲ触動」し、農民騒擾を引き起こすことへの懸念を大蔵省側も分けもっていたことを表現している。明治二、三年期の農民騒擾の多発が、租税司－大蔵省をして、収税方法の変更・新則定立に関し、あるいは慣例にもとづく処分の場合であっても、民心への一定の配慮を余儀なくせしめたということである。[*50] 第五条は、租税司の「租税貢調ニ関スル事務」についての稽査責任を定める。すなわち、租税貢調事務にかかわる一切の処分・条規定立は、必ず租税司の稽査、審議を経たうえで行なわれなければならず、大蔵本省といえどもこれを無視、省略することはできないとする。第六条は、租税司の管掌事務の処分に当たり租税司の意見と大蔵本省の意見とが食い違った場合の該事案の取り扱い方、および、租税司内において租税正、同権正と大佑以下の属官との間で意見が相違した場合の該事案の処理方について定める。前者については、租税司側が本省の意見を不当と見做す場合、租税正、同権正が大蔵卿輔に対して反対の意見を主張する権利を規定している。第七条は、租税司の属官が租税司の官職を本官としたまま地方に出張したり、あるいは他の職務を兼摂したりする場合の、権限と任務の取り扱い方（「命付スル事件ノ大小軽重ニ応シテ其ノ権限ヲ指定ス」）を定める。第八条は、租税事務に関する規則の整備と適用を進めつつ、それをもって租税司が租税事務を司掌する地方庁等（各庁各局）の統制（業績の匡督）を行なうべきことを規定する。すなわち、租税司は、貢調の方法・期限、および租税に関する一切の事務について、成規のあるものに関してはそれに照らして事務を詳明に類別し、また未だ成規をもたざるものに関しては規則を創設して事務を整理し、もってこれら各庁各局の事務の処理方を匡督するとする。これは租税司が租税事務の側面から地方庁等に対して監察権をもつことを定めたものである。

第九条は、租税司中に課が置かれ、それぞれに事務を分掌させることを定める。*51 第一〇条以下は、租税司内各課が分掌すべき事務を掲げる。掲げられている事務は、毎年六月を区切りとして当会計年度の徴収に係る歳入額を概算し、次年度（当時会計年度の区切りは九月末日）の会計の目途に供すること（当会計年度の全国の歳入額を六月を区切りに概算することにより次年度の会計に見通しを提供すること）、さらに毎年一二月までに前会計年度中の支出額を集計して歳入歳出総計表を製作し閲覧に供すこと（以上第一〇条）、租米輸漕の管理（第一一条）、石代金納、買納等の取扱い（第一二条）、各地方の米穀の時価の調査、把握（第一三条）、全国の郡村の石額の詳計、府藩県の管轄区域の明知（以上第一四条）、各地方の過去五年間の租税の平均数額の算明（第一五条）、廃蕪地・取下場の租額の等則の検討（第一六条）、府県の収入額・支出額・定費金・常備金の検査と、これらに関する年々の総計表の作製（第一七条）、府県の準備米金もしくは蓄積米金の出納及び計算の照査（第一八条）である。第一〇条以下に列記されている事務から、当時租税司－大蔵本省が政府の歳入歳出額の把握に大きな精力を費やしていたことがわかる。政府財政の現状と規模の把握が喫緊の課題であったのである。

2－2. 続いて租税司の職員規程である租税司職員を見る。*52

租税司職員

正　一員　権正　定員無シ

司中ノ諸務ヲ総判シ各分課ヲ幹理ス。○司中官員ノ能否勤惰ヲ監視ス、其ノ之ヲ褒貶黜陟スルハ本省ノ権ニ帰ス、然リト雖モ職員ヲ進退シ、或ハ之ヲ他方ニ発遣スル如キハ、本職ニ諮詢セスシテ決行スルヲ得ス。○司中ノ事務ノ閑劇ニ応シテ官員ヲ進退シ、或ハ薦録シ、或ハ黜免シ、或ハ功労有リテ等級ヲ陞遷セシムル等本職審鑑シテ本省ニ具状ス。○司中ノ細大ノ事務ヲ処分シ及ヒ執行スルハ本省ニ取決スト雖モ、其ノ法案ヲ草定スルハ本司ノ権任ニシテ、即チ本職ノ専担スル所トス。○既ニ処分ヲ畢リ若クハ唯タ日後ノ参観ニ供スル為メニ保存スル如キ緊要ナラサル文書ハ、本職之ヲ検閲シ復タ本省ニ上呈セサル者有ル可シ。

大佑　権大佑

成規例格ニ照シテ司中ノ細大ノ事務ヲ執理シ及ヒ簿冊、記録、編輯、計算等ノ諸事ニ分任ス。○往復文書等ノ脱漏誤謬ヲ稽検ス。○司中ニ分課有レハ之ヲ担当ス。○大令史以下ノ処務ノ順序ハ本職之ヲ指揮ス。

少佑　権少佑

司中ニ分課有リテ其ノ課ニ大佑若クハ権大佑ヲ置カサレハ、本職其ノ事務ヲ担任ス。

大令史　少令史

案牘、文書、記録、編輯等凡テ回議ニ付スル事務ヲ整理シ、或ハ日後ノ参観ニ供スル文書或ハ他方ニ往復スル文書ヲ浄書シ若クハ之ヲ装綴ス。○簿冊ヲ点検シ計算ヲ照合ス。

大佑以下少令史以上ノ職員ハ司中ノ事務ノ景況ニ従ヒ逐次ニ之ヲ限定ス、以下節略。

租税司職員は、租税正（同権正）の職責を、総轄的に司中諸務の総判、各分課の監理と定める。具体的には、司中官員の勤務状況の監視、司が管掌する事務の処分執行原案の作成、緊要ならざる文書の検閲と処分である。

租税司職員は、また、租税正（同権正）の権限も定める。租税正（同権正）は、司中官員の人事に関して一定の権限をもつ。たとえば、人事権をもつ大蔵本省が租税司職員の進退や他方への発遣を行なう際には、必ず租税正（同権正）に諮詢しなければならないことが定められている。それから、租税正（同権正）は、司中の事務の閑劇に応じた職員の採用・免職、あるいは功労にもとづく職員の昇進等に関し、これを本省に進言することができるものとされている。さらに、租税正（同権正）は、司が管掌する事務の処分執行原案の作成権限をもち、これを専担する。

大佑（権大佑）の職責は、成規例格に照らして司中の事務を執理すること、簿冊・記録・編輯・計算等の諸事を分担すること、往復文書等の稽検、司中分課の担当、大令史以下の官員の職務執行の指揮である。以下、本規程は、少佑（権少佑）、大令史・少令史と、順にその職責を定める。

2−3. 租税司の組織規程の最後は、租税司処務条例*[53]である。租税司処務条例は、司が執り行なうべき事務、事務の種類ごとの処理手続き、司中の文書処理の手続き、司中における文書管理規則、司中官員の勤務規則などをその内容とする全三〇条からなる詳細な規程である。

租税司処務条例

第一、本司ノ庶務ハ職制ニ照準シテ之ヲ処理ス。第二、事務ヲ処理スル順序ハ職員令及ヒ分課科目ニ従ヒ、僭越紛雑スル無ク能ク主務ヲ整理スルヲ要ス、然ルモ各課ノ主務ノ繁閑ニ応シ便宜相ヒ協助スルヲ得可シ。第三、各地方官ノ送上スル申請、稟候、申報ノ文牒其ノ他ノ投回スル書牘及ヒ録上スル簿冊ハ先ツ本省ニ上進シ、大少丞之ヲ正、権正ニ還付シ而ル後ニ主任各課ニ分付ス、又タ各地方官若クハ発差官員ヨリ直チニ書牒ヲ本司ニ送上スル有ルモ、亦タ必ス先ツ之ヲ本省ニ上進シ、本項ノ順序ヲ経テ而ル後ニ之レカ処分ヲ為ス。第四、上申スル文牒、投回スル書牘及ヒ録上スル簿冊ハ主任各課ニ分付シテ之ヲ点検セシメ、其ノ処分ノ法案ヲ草具シテ回議ニ付シ若クハ回覧ニ供ス。第五、回議、回覧ノ文牒、簿冊ハ主任各課ノ号数ト月日トヲ記註シ正、権正司印ヲ鈐捺ス。第六、凡ソ文牒、書牘、簿冊ニシテ各衙庁其ノ事務ヲ処分シ而ル後ニ報明スル者及ヒ唯タ日後ノ参観ニ供スルニ止マル如キ其ノ事件ノ重要ナラサル者ハ、正、権正ヨリ監督司ニ回致スルニ止マリ本省ニ上進セサル有ル可シ。第七、回議、回覧ヲ経了セシ文牒、簿冊ハ正、権正更ニ之ヲ検閲シ其ノ議案ノ判可ヲ得タル者ハ主任各課ニ還付シテ速ニ之レカ処分ヲ為サシメ、若シ他ノ異見異議ヲ来セル者ハ正、権正審考シテ其ノ議案ヲ改正ス、既ニ回議ヲ経了シテ本司ニ還到セハ正、権正司印ノ下端ニ検印シ以テ主任各課ニ分付ス。第八、回議、回覧ヲ経了セシ事件ヲ地方官ニ報達シ若クハ指揮スルハ主任各課ノ大少佑ヨリ大少丞ニ申告シテ省印ヲ請受シ以テ之ヲ証明ス。第九、回議、回覧ヲ経了セシ文牒、簿冊ハ主任各課ニ於テ月次ニ装綴シ、其ノ冊子ニハ目次数号ヲ記注シテ以テ他日ノ検閲ニ便ス。第十、定額ノ租税及ヒ見取場ノ賦租其ノ他ノ雑税ハ、毎年地方官ヨリ送上スル収入簿冊ヲ概算シ、或ハ明細書牒ヲ検査シ且ツ路程ノ遠近ヲ計量シ貢納期限ニ照シテ之ヲ輸納セシメ、若シ或ハ遷延スル有ラハ之ヲ催督ス。第十一、石代金納ノ租税ニシテ其ノ定額有ル者ハ衡価ニ照算シ、其ノ臨時ニ申請スル者ハ適当ナル処分方ヲ案定シ省議ニ取決シテ以テ地方官ニ指揮ス。第十二、継続定免年期或ハ新規定免年期ヲ限定シ、或ハ運上冥加ト称スル雑税ニシテ其ノ新タニ賦課スル者若クハ年期ヲ改換スル者等ハ総テ成規ニ照準シテ之ヲ処分ス。第十三、新ニ税額ヲ賦課シ若クハ之ヲ改定シ、或ハ収税ニ関スル新則ヲ設立シ旧規ヲ変更スル等総テ正、権正審案シ、司中ノ商議ヲ経テ其ノ処分ノ法案ヲ草具シ、本省ニ取決シテ更ニ太政官ニ稟議シ、上裁ヲ経テ以テ之ヲ施行ス。第十四、毎年十月三府及ヒ各要地ノ米価ヲ申報セシメ以テ石代価格其ノ他ノ計算事項ノ対照ニ便ス。第十五、租米ハ成規ニ照ラシ回漕会社ノ船舶ヲ以テ期ヲ逐フテ漕輸セシム、但タ回漕会社船舶ノ便宜ニ因リ或ハ各地方ニ於テ船舶ヲ雇用シ以テ漕輸セシムル有ル可シ。第十六、諸国ノ租米及ヒ三府其ノ他ノ地方ニ賦収スル米穀ノ多寡等ハ、毎年十一月之ヲ予算シ、路程ノ遠近ヲ量リテ船舶航運ノ期月ヲ限リ其ノ船舶ノ名号、石数等ヲ地方官ニ報知ス、但タ各地方ノ船舶ヲ雇用セシムル有ラハ事ニ先タチ之ヲ報命ス。第十七、全国田地ノ石額ヲ詳計シ、地方管轄ノ区域ヲ明画シ、毎歳収入スル租税及ヒ支出スル費用ヲ計算シ、毎一管轄ニ其ノ比例ヲ算出シテ之ヲ湊合シ以テ全国各地方庁ノ歳入歳出ヲ表明ス。第十八、各地方庁収入スル租税五年間ノ数額ヲ平均シ、其ノ石額ト租額トノ差別ヲ明瞭ニス。第十九、地方郡村石額ノ計内ニ在ル荒地高内引ノ類ハ必ス其ノ簿記ヲ詳明ニシ毎年ノ起返高ヲ稽査シ、且ツ取下免ノ如キ年期ヲ逐テ本免ニ復スル者ハ簿記ニ憑拠シテ之ヲ検覈ス。第二十、毎年各地方官ヨリ送上スル各種ノ簿冊ハ件項ヲ逐テ之ヲ点検シ、類分編輯シテ以テ日後ノ覧閲ニ便ス。第二十一、凡ソ収入スル租税ハ何レノ庁署ノ管掌タルヲ論セス本司必ス之ヲ検査シ、毎年全国ノ歳入額ヲ総計シテ之ヲ表明ス。第二十二、新タニ堤防ノ築造、溝澮ノ開通、廃田ノ起耕、荒蕪ノ墾拓及ヒ運上、冥加ト称スル雑税ノ廃興等凡ソ租税ノ増減ニ関スル事項ハ、類別詳記シテ以テ日後ノ覧閲ニ便ス。第二十三、年穀ノ凶歉ニ際シ破免検見ヲ為シ、或ハ田面寸毛ヲ見存セサル荒耗若クハ水田、白田ノ荒耗等凡ソ租税ノ減除ニ関スル事項ハ、地方官ノ開申ニ応シテ周密ニ商量シ而シテ其ノ事由ヲ本省ニ申明ス。第二十四、済貧賑窮ノ事務ハ本司ノ権外ニ在ル者ト雖モ、若シ収入租税ヲ以テ直チニ其ノ地方ニ発付スル如キハ地方官ノ上申ニ応シテ其ノ当否ヲ審考シ、指揮文案ヲ草具シテ本省ニ取決シ、而シテ民部省ニ協議ス。第二十五、凡ソ各地方官ノ送上スル文牒及ヒ諸般ノ文書ニシテ其ノ事項ノ租税ニ関スル者ノ処分ヲ指揮スル文案ヲ草具スルハ本司ノ専任ニ属シ、而シテ之ヲ判決スルハ本省ノ裁断ニ在リ、唯タ尋常ナル推問、知照、督促ノ類ニシテ省議ノ裁断ヲ経ルヲ要セサルハ文書ハ正、権正之ヲ処置ス。第二十六、民部省及ヒ本省各司ヨリ合議ノ文書ヲ送到セハ速ニ之ヲ検閲シ異議無ケレハ則チ之レニ検印シ、若シ其ノ意義ノ了解ス可カラサル者有ラハ主任員ニ審問シ、或ハ異議有ル者ハ其ノ旨趣ヲ詳録シテ本省ニ取決ス、但タ後来ノ規例準格ト為ル可キ文書ハ必ス謄写シテ以テ之ヲ留存ス。第二十七、本司創置以来地方官ニ達示セシ条規及ヒ指揮セシ事務等ハ布達ヲ編輯スル体例ニ依倣シテ之ヲ抄謄シ、逐項綴聯シ以テ司中ノ成規ヲ裒輯ス。第二十八、僚属各員ノ上署退署ノ時限及ヒ休暇等ハ一ニ本省ノ式例ニ照依シ決シテ遅怠スルヲ許サス。第二十九、僚属各員若シ疾病有リテ上署スル能ハサレハ、即チ其ノ事由ヲ同課ノ僚員ニ報知シ、僚員之ヲ正、権正ニ申白シ而シテ本省ノ庶務掛ニ報明ス、若シ正、権正疾病有ラハ互相ニ之ヲ報知シテ本省ニ申明ス。第三十、僚属各員ノ一身上ニ係ル申請、申報等ハ必ス正、権正ノ検印ヲ請受シ而シテ其ノ文書ヲ本省ニ上進ス、正、権正ノ申請、申報等ハ直チニ本省ニ上進ス。

第一条と第二条は概則である。租税司内の庶務は租税司職制に照準して処理するものであること、また、事務処理の手順については職員規程や分課科目に従い、僭越や事務の紛雑を避けるべきことが謳われている。第三条から第八条までは、租税司に関係する文書の処理（回付）手続きを定める。第三条では、租税事務関係の文書の基本的な流れが定められており、それは地方官（あるいは出張官員）→（送上）→大蔵本省（大少丞）→（還付）→租税正（同権正）→（分付）→司内主任各課というものであった。地方官もしくは出張官員が書牒を大蔵本省にではなく直接租税司に送ってしまった場合でも、地方官（あるいは出張官員）→（送上）→租税司→（上進）→大蔵本省（大少丞）→（還付）→租税正（同権正）→（分付）→司内主任各課という回付手続きを経るべきとされ、地方官などから送上された文書を大蔵本省（大少丞）が受け取り、しかるのちにそれを租税司に託すという文書処理の基本的な手続きが維持された。このような文書の流れから、情報と権限の大蔵本省への集中と、大蔵本省の指揮監督下での租税事務の処理という原則が読みとれる。第四条は、申牒の書類や往復の書牘、および簿冊の類が司内各課に分付されたのちの手続きを定める。すなわち、それらは各課において点検され、そこでそれぞれについて処分の案が作成される。作成された処分案は省内で回議、回覧に付される。第五条は省内で回議、回覧に付すべき文書・簿冊の取り扱い方を規定する。すなわち、回達に際し文書に課ごとに番号と月日を記入する。また、担当各課の番号付けとは別に、正権正は回達文書に司印を捺す。これは各課作成の処分案に対する正権正の検印押捺を意味する。第六条は重要性の低い文書・簿冊等の取り扱い方を、第七条は回議、回覧を経了した文書・簿冊の取り扱い方を定める。さらに第八条は、省内の回議、回覧を経了した案件で地方官に対して報達あるいは指揮すべきものの取り扱い方を規定する。また、第九条は、省内の回議、回覧を経了した文書・簿冊の管理（保存）方について定める。*54

第一〇条から第二四条までは、事務の種類ごとの取り扱い手続きを定める。第一〇条は定額の租税及び見取場の賦租、その他の雑税の輸納事務について、第一一条は石代金納の租税の徴収事務について、第一二条は継続定免年期あるいは新規定免年期の設定、運上冥加と称する雑税の新規賦課あるいは年期改換に関する事務について、第一三条は新税の賦課、税額の改定、収税に関する新則の設立もしくは旧規の変更等の事務について、それぞれ処理手続きを規定している。続いて第一四条は米価調査事務、第一五、一六条は租米の回漕事務、第一七条は全国各地方庁の歳入歳出総計の作成事務、第一八条は地方庁ごとに租税収入の五か年間の平均額を算出する事務、第一九条は高内引・取下免等が適用されている免租地・減租地の稽査検覈事務、第二〇条は地方官から提出される簿冊の管理事務、第二一条は歳入総額（全国）の算計事務、第二二条は堤防の新規築造、廃田の起耕、雑税の廃興等租税の増減に関する事項の類別詳記事務、第二三条は破免検見等災害凶作時の租税減除事務、第二四条は収入租税を用いた済貧賑窮事務について処理方を定める。第二五条は、以上を総括するような規定で、租税にかかわる案件の処分方針の策定は租税司が専任することを定め、またその処分方針の決裁権は大蔵本省にあることを宣言する。

第二六条は、合議のために民部省あるいは大蔵省内各司より送付された文書の取り扱いおよび保存管理の手続きを定める。第二七条は、租税司が地方官に示達した規則および指揮した事務について、それらを編集し、もって司中の成規を作成すべきことを規定する。最後の三条、第二八条から第三〇条までは、職員の勤務に関する規則である。第二八条は出退勤の時刻および休暇、第二九条は病気欠勤の連絡、第三〇条は職員の一身上に係わる申請・申報について、それぞれその取り扱い、手続きを定める。

3. 租税司職制および租税司処務条例には、災害対策に直接かかわる規定がいくつかある。今それを挙げると、租税司職制の第一六条、租税司処務条例の第一九、二二、二三、二四条の五つである。

租税司職制第一六条は、廃蕪地・取下場の租額の等則の検討を租税司の事務の一とすることを規定したものである。これは災害減租および災害免租地の租額の調査と集計を租税司の事務に掲げたことを意味する（租税司による一種の災害発生状況調査、また、罹災者救援状況調査の実施）。租税司処務条例の第一九条は、①荒地高内引の帳簿への詳明な記録、②毎年の起返高の稽査、③取下免の本免への復帰状況の、帳簿に依拠しての検覈などを定める。このうち①は被災状況／罹災者救援状況の把握、記録と捉えられ、また、②と③は災害復旧状況調査の意味をもつものと理解される。同様に、堤防の新規築造の記録事務を規定した租税司処務条例第二二条は、災害予防施設の築造記録を租税司がその事務としたものと捉えられる。こうして災害の発生、罹災者の救援、災害からの復旧、そして災害予防施設の築造などを、租税収入の増減の面から調査記録することが、租税司により行なわれたのである。

これに対して、租税司処務条例第二三条と第二四条は災害減租免租事務、罹災者救援事務そのものにかかわる規定である。すなわち、租税司処務条例第二三条は、破免検見等災害時の租税の減除の決定手続きを定める。それは、《地方官→（開申）→租税司（「周密ニ商量」）→（事由ノ申明）→本省（決裁）》というものであった。また、租税司処務条例第二四条は、収入租税を用いた済貧賑窮事務について、《地方官からの上申→租税司による、当該上申の当否の審考と、それに係る指揮文案の起草→租税司が作成した当該案件に係る指揮文案の、大蔵本省による決裁→民部省との協議》という手続きを規定する。これら二つの規定は、災害減租事務と済貧賑窮事務について、租税司－大蔵省こそがその実質的な決定権をもつことを示すものである。前に述べたように、減租と救恤の地方政策を実施せんとする民部省は租税司の大蔵省から民部省への移管を強く主張したが、その理由はここにあったと言うべきである。とくに、済貧賑窮事務については、分省によってその主管は民部省とされたが、実際には租税司－大蔵省側からの財政的統制が強力にかかっており、これを取りはずさないことには、民部省による民心を獲得するための救恤の実現はなしえないのであった。当時災害対策は民政（地方政策）の大きな柱であった。それをどのような方向で行なうかを決めるうえでは、租税司（租税事務）を握ることが決定的に重要であった。租税司の帰属が民部省と大蔵省との間で激しく争われたことには、災害対策事務にかかわって十分な理由があったのである。

【注解四】 すでに述べたところであるが、明治二年七月の民蔵分離は、財政の窮迫を打開し殖産興業および富国強兵費用を捻出するために、貢租の収奪と集中を強硬に推進せんとした大隈重信・伊藤博文ら民蔵省幹部と、この大隈らの地方政策に不満をもつ地方官の意見を背景にした大久保利通・広沢真臣らとの、地方政策上の対立、これに根差すものであった。大久保らは分離を機に、民心獲得のために「減免と救恤の地方政策」の展開を目指した。これに対し、大隈らは、自分たちに向けられた批判に憤懣を抱くとともに、分離によって民蔵省が進めてきた地方政策が頓挫せしめられるのではないかと危機感をもった。[*55] こうした状況のなか、大隈らは反撃に出た。すなわち、租税司の民部省への移管を阻止し、殖産興業担当部局を民部省から奪還することにより、従来の政策の貫徹を図ろうとしたのである。[*56] 民蔵分離後の租税司をめぐる動きについては上に詳述したので、ここでは後者、すなわち殖産興業担当部局の民部省からの奪還について簡単にふれておきたい。

殖産興業担当部局の民部省からの奪還の事例として挙げられるのは、工部省の設置である。明治三年閏一〇月二〇日、殖産興業政策の中枢管理機関として工部省（「掌褒勧百工及管鉱山製鉄燈明台鉄道伝信機等」）が新設された。[*57] 工部省の設置は、木戸・大隈らの推進になるものであり、大久保の反対を抑えて実施された。[*58] 工部省は、組織としては、鉱山司、製鉄所掛、鉄道掛、燈明台局、伝信局の一司二掛二局から構成された。人事においては伊藤博文起用の案があったが、[*59] 結局実現をみなかった。工部卿は任命されず、当面の責任者として工部権大丞に山尾庸三、井上勝が任じられた。参議中の工部省担当は、大隈重信と広沢真臣であった。[*60] この工部省の新設にともない、民部省から鉱山司、鉄道掛、伝信機掛、燈明台掛、横須賀製鉄所掛が工部省に移され、民部省は寺院寮、地理司、駅逓司、土木司、庶務司の一寮四司となった。[*61] これは、民部省から見れば、鉱工業方面での殖産政策の担当部門を失ったことを意味する。[*62][*63]

2． 民部省と大蔵省が分離されたにもかかわらず、大蔵省側からの巻き返しもあり、結局、民蔵省時代から大蔵省が進めてきた地方政策の方向（貢租の収奪と中央集中を強硬に推進する路線）は変わらなかった。[*64] 民蔵分離後の明治三年秋から四年冬にかけて、租税減免を求める農民騒擾が各地で起こったこと、また、専断での賑恤・租税減免の実施を譴責され処分される地方官が相次いだことが、これを物語る。たとえば、新潟県知事三条西公允は、専断での賑貸を咎められて（「新潟県知事在職中不都合之儀有之」）明治三年一〇月一三日付で謹慎を言い渡された。同じく新潟県の大参事名和緩も、政府は諸規則を振りかざし民衆の救済を無視していると批判し（一〇月一七日）、翌月罷免された。[*65] 東京大学史料編纂所（蔵版）『維新史料綱要 巻十』から関連の事項（直轄県に関するもののみ）を抜き出して列挙してみると、次のようである。[*66]

明治三年九月一五日　甲府県知事滋野井公寿正四位ノ救荒処置専断ノ事アルヲ譴メ、之ニ謹慎ヲ命ズ。尋デ、公寿、辞職ヲ請フ。

一〇月一七日　甲府県知事兼甲府城守滋野井公寿正四位ヲ罷ム。

一一月一七日　胆沢県陸中管下胆沢郡ノ農民、凶作ニ因リ、租税軽減ヲ要請シテ騒擾ス。尋デ二十四日同磐井・栗原二郡ニ波及ス。

一二月一五日　登米県管下栗原郡農民騒擾ス。

是年　三河国設楽南北八名・宝飯三郡七十五ヶ村伊那県足助出張所管下村民、風害ノ救助ヲ請願シ、騒擾ス。明治四年二月五日　是ヨリ先正月山形県知事坊城俊章従四位専断ヲ以テ管内ノ雑税ヲ免ズ。是日、民部・大蔵二省、省員ヲ派シテ其令ヲ停メ、便宜処置セシム。

三月一三日　倉敷県知事伊勢氏華従五位○山口藩士ノ、管内貸附金ニ専断アリシヲ譴メテ、謹慎ヲ命ズ。二十八日之ヲ免ズ。

四月　山形県知事坊城俊章従四位ノ職務専断ノ罪ヲ譴メテ、謹慎二十日ニ、同大参事岩田俊貞等ヲ同十五日ニ処ス。

明治四年七月一〇日付の大久保利通宛海江田信義書簡の一節は、大隈派の政策がこの時まで続いていたことを次のように記す。*67

追々御改革御始相成候由大兄も大蔵卿え被為任候段伝承御祝儀申上候、今日ニ相成拙子とも何も可申上儀無之筈安心仕居候而追々之御達向奉待居候て可然事とハ奉存候得共、民政之一大事件是迄頓と御頓着不被為在第一国の基本ニ御坐候処、御一新以来昨今之形勢ニ立至上下一人として安堵之思ひをなし不申候次第愁歎無限事ニ御坐候、今般ハ必言行御一致之御沙汰可被為在事と奉待候事ニ御座候、民心信服と申事ハ大兄兼而之御持論其他ニ何も論する事御座あるましく奉存候、是迄通之大蔵ニ而ハ発明者か出て新税を開キ御一新後ハ取立来候ものニ而も御差免相成候而こそ、御仁恤之御実行被為貫可申処旧幕府之苛政より又甚敷ニ相成候次第御洞察と奉存候

このとき海江田は奈良県知事であった。海江田は、六月二七日付で大久保が大蔵卿に就任したことを喜び、大隈のリーダシップのもと大蔵省がそれまで進めてきた地方政策の方向（貢租の収奪と中央集中を強硬に推進する路線）が大久保新大蔵卿により転換されることを期待したのであった。

【注解五】 先に、民蔵分離直後の大蔵省において、通商司、租税司の組織規程が整備されたことを指摘した。すなわち、明治三年八月（失日）に通商司処務条規が立定され、九月三日には租税司職制、租税司職員、租税司処務条例が定められたのである。このうち災害減租等の災害対策事務を担当する租税司については、整備された組織規程を詳しく紹介した。*[68] 以下、本注解においては、明治三年秋から明治四年春にかけて行なわれた、大蔵省内の組織規程の整備全体に触れる。大蔵省では、上述の通商司、租税司を皮切りに、この時期、大蔵本省および同省管下の諸寮司双方において、内部組織を官僚制的に編成するための規程整備が進められた。*[69] また、大蔵省は、内部において組織を官僚制的に整備するのと同時に、同省を含む政府全体の官僚制的規律化を図ろうとする動きも見せた。民蔵分離の直後から翌年の廃藩置県にかけての時期、大蔵省は率先して部局機構の官僚制的整備に乗り出し、さらにそれを政府全体に及ぼそうとしたのである。*[70]

本注解では、まず、明治三年秋から明治四年春にかけての大蔵省内の組織規程整備全体の流れを見るために時系列表を掲げ、次いで本省、監督司、出納司の順に、災害対策事務との関連に留意しながら、規程整備の内容を精細に紹介する。*[71]

大蔵省における省内官僚制の整備（明治三年八月〜明治四年三月）

明治三年

七月一〇日　民部＝大蔵省分省。大蔵省には、造幣寮、出納司、用度司、租税司、監督司、営繕司（七月一七日設置）、通商司（七月二二日民部省より転属）および度量衡改正掛の一寮六司一掛が置かれる。

八月失日　通商司処務条規、立定。通商司大坂支署、「処務ヲ釐整スル事宜」を議決。

八月失日　大蔵省が管轄する寮司の班次を更定（前述）。

九月三日　租税司職制、租税司職員、租税司処務条例、立定（前述）。
一一月二七日　大蔵本省、丞官分課、[72]分課事務処理方規、設定。公文措置方規、改定。
一二月九日　監督司職制、監督司職員、稟定。
一二月一九日　大蔵省、「太政官衙ヲ建造シ各官省ヲ其ノ衙内ニ併合ス可キヲ太政官ニ建議ス」。
一二月失日　大蔵省京都支衙、「公文書ヲ授受スル順序」を定める。
一二月失日　大蔵省、「画一ノ政体ヲ立定シテ之ヲ全国ニ施行ス可キヲ太政官ニ建議ス」。

明治四年

三月失日　出納司処務順序、出納司分課事務規程、草案。

2. 明治三年秋から明治四年春にかけての大蔵省における組織規程整備について、まず、大蔵本省（大蔵省京都支衙を含む）のそれを取り上げる。大蔵本省では、明治三年一一月二七日に丞官分課と分課事務処理方規が設けられ、また同日公文措置方規が改定された。さらに、一二月には、大蔵省京都支衙で「公文書ヲ授受スル順序」が定められた。以下、これらを順に紹介、検討する。

2―2. 明治三年一一月二七日、大蔵省は、本省の丞官（権大丞二名、少丞二名、計四名）に管掌事務を分課するとともに、その処理方規を定めた。[73]

丞官分課

租税ハ少丞安藤就高、少丞渋沢栄一ニ、出納ハ権大丞得能良介、権大丞中村清行ニ、営繕ハ良介、就高ニ、用度ハ良介、清行ニ、通商ハ清行、栄一ニ、度量衡ハ栄一ニ、省中ノ庶務ハ清行、就高ニ、職務進退ハ各丞官ニ僉議セシム、以上ノ分課事務ハ主任丞官意見ヲ立定シ、各員通閲審議シ、而シテ卿、輔ニ取決ス。

分課事務処理方規

第一、凡ソ重要ノ事件ヲ処分シ、若クハ新法ヲ設立シ、若クハ旧制ヲ更正スル等其ノ事ノ卿、輔ニ取決ス可キ者ハ分課ノ科目ニ拘局セスシテ衆議ヲ竭ス有ル可シ。第二、定例事務若クハ尋常事項ニ関シテ推問シ諮詢スル等ハ主任丞官便宜ニ判決ス。第三、臥病若クハ旅行等ニ因テ主任丞官ノ闕班スル有レハ臨時他課ヨリ之ヲ摂行ス。第四、監督司ハ純ハラ監視督察ヲ以テ主務ト為シ、別ニ専担スル科目有ル無シ、故ニ丞官モ亦タ特ニ分課スルヲ須ヒス。第五、本省ト他省ト相ヒ協議スル文書ハ其ノ主任ヲ区分シ、細大ヲ審定シ、而シテ卿、輔ニ取決ス。第六、分課事務ノ閑劇ニ応シ或ハ相ヒ摂行スル有ル可キモ務メテ主任丞官ノ其ノ事件ヲ完結スルヲ要ス。

丞官分課は、得能良介（権大丞）、中村清行（権大丞）、安藤就高（少丞）、渋沢栄一（少丞）の四名の丞官に、大蔵省管下の五司一掛に対応する租税、出納、営繕、用度、通商、度量衡と、省中庶務の計七科目を、担当主任事務として、割り当てたものである（ひとり当たり三ないし四科目の受け持ちである）。*74 大蔵省管下六司中監督司のみは担当が置かれなかった（分課事務処理方規第四款）。それは、監督司がもっぱら他課の職務の監視、督察を主務とするところであって、自ら専担する科目をもたないからであった。また、職務進退については丞官全員の関与（僉議）が定められた。分課された事務の処理手続きであるが、これは、①主任の丞官が事案に関する意見を立定する、②それを丞官各員が通閲して審議する、③そのうえで処理案を卿、輔に提出して決を取る、とされた。

次に分課事務処理方規について述べる。これは六款からなり、上の丞官分課の一般的規定を踏まえて、分課された事務の処理手続きをより精細かつ補足的に定めたものである。第一款は重要案件の処理手続き、第二款は通常案件のそれを定める。すなわち、重要事件の処分、新法の設立、もしくは旧制の更正等、卿、輔の決定を仰ぐべき案件は、分課科目にこだわらず、衆議を尽すものとする（第一款）、定例事務もしくは通常の事項に関して推問したり、諮詢したりする等のことについては、主任の丞官が適宜に判断するものとする（第二款）、とした。第三款は、病気もしくは旅行等の理由により主任の丞官が欠席の場合の代行措置について、第四款は監督司について（上述）

の規定である。第五款は大蔵省と他省との協議文書についての処理手続きを定める（大蔵省と他省との協議文書につ

いては、それに関する主任を区分し、その主任の丞官が当該協議文書に関し一部始終を調べ処理案を定め、もって卿、輔に

提出して決を仰ぐものとする）。第六款は担当の丞官による事務の完結について定める（分課事務の閑劇に応じて場合

によっては他課担当の丞官が事務を代行することがありうるが、つとめて主任の丞官がその担当事務を全うするようにする

ものとする）。

2－3． 丞官分課と分課事務処理方規が設けられたその日（明治三年一一月二七日）に、公文措置方規（「各省府藩県ヨリ本省ニ投致スル公文書牒ヲ措置スル方規」）もまた改定された。これは各省または府藩県から大蔵省に寄せられる公文書牒（照会・申請・稟候・開報等の文書）の取り扱いについて定めたもので、上記公文書牒は担当の各司に派付するものとするとし、派付された各司の主任員がその公文書牒について「処分措置スル意見ト指揮回答スル文案トヲ草具スル」際に照依すべき例則を示した。

公文措置方規＊75

第一、凡ソ成規定例有ル事項ハ議案ヲ起草スルヲ要セス、各司主任大少佑指揮若クハ回答ノ文案ヲ作リ、主任員ノ氏名ヲ記載シテ小戳ヲ捺シ、司正検印シ、主任員其ノ文案ヲ監督司ニ送付シ、監督正若クハ監督大少佑ノ検印ヲ徴シ而ル後ニ分課丞官ニ呈致ス、番号月日ヲ記注スルハ旧ニ仍ル、毎事毎件終始共ニ同一ノ主任員之ヲ料理シ、若シ推問ヲ要スル事項有ラハ其ノ旨趣ト例拠トヲ明瞭ニ演説ス。第二、文案ヲ分課丞官ニ呈致シ、其ノ登時ニ判決ス可キ者ハ丞官検印シテ速カニ主任員ニ還付シ、登時ニ判決ス可カラサル者ハ丞官ヨリ卿、輔ニ取決ス。第三、重要ノ事項ヲ処分シ、若クハ新則ヲ設立シ、若クハ旧制ヲ更正スル等ハ一ニ旧ニ仍リテ各司ノ主任員議案ヲ起草シ指揮回答ノ文案ヲ具シ、司正ノ検印ヲ徴シテ監督司ニ送付シ、監督正若クハ監督大少佑ノ検印ヲ徴シ、而ル後ニ本省ニ呈致シ、卿、輔、丞官輪閲シテ之ヲ判決ス、凡ソ議案ノ行文ハ務メテ簡易平直ナ

ラシメ指揮回答ノ文意ヲ明暢ナラシムルヲ要ス。第四、他省ヨリ送致スル協議文書ハ其ノ事項ニ応シ主任課ニ分付シ、事項ノ細大ニ随ヒ上款ニ照シテ之ヲ料理ス。第五、秩禄賞典ノ賜与其ノ他ノ臨時事務ニシテ従前監督司ノ処分方案ヲ草具セシ者ハ今後便宜ニ各司ニ分付シ、監督司ハ専ラ監視督察ヲ周到セシムルニ任ス。

以下、公文措置方規の内容を整理して述べる。公文措置方規は全五款から成る。第一款と第二款は成規や定例のある事項について、第三款は重要事項の処分、新則の設立、もしくは旧制の更正などの事案について、また第四款は他省から送られてくる協議文書について、それぞれその処理方を定める。第五款は、監督司の監視・督察機能への特化（監督司を処分案の起草事務からはずすこと）について規定する。

第一款：成規や定例のある事項について。

一般に成規や定例のある事項については、議案を起草する必要はない。成規や定例のある事項についての事務（文書）処理手続は次のようなものとする。すなわち、①各司における主任の大少佑（主任員）は、当該事項に関する指揮もしくは回答の文案を作り、そこに主任員の氏名を記載して小印を捺す、②それを司正に上げ、検印を乞う（司正検印）、③司正の検印が済んだら、主任員はその文案を監督司に送付する、④文案を受け取った監督司では監督正もしくは監督大少佑がそれに検印し、文案を作成した各司の主任員に戻す、⑤しかるのちに主任員は文案を、当該科目を担当する丞官（分課丞官）に提出する。

成規や定例のある事項についての文書の流れは、整理すると次のようになる。**[各司]** 主任の大少佑（主任員）（当該事項に関する指揮もしくは回答の文案の作成、記名捺印）→ 司正（検印押捺）→ 主任員 → **監督司**（監督正もしくは監督大少佑検印押捺）→ 主任員 → 当該科目を担当する丞官（分課丞官）**[本省]**。

付帯的な注意事項として、①文書番号や月日の記入は旧例によること、②事案ごとに同一の主任員が初めから終わりまでその処理を担当すること、③推問を要する事項がある場合には、その内容と根拠を明瞭な形で説明することの三点が記されている。

第二款：成規や定例のある事項について（続）。

提出された文案を受け取った分課丞官は、即座に判断、決定できるものについては、当該文案に検印を捺してただちにそれを提出した司の主任員に還付するものとする。もし即座に判決できない場合には、その文案を卿、輔に出して決を仰ぐものとする。

文書の流れは次のようである。(a)【本省】当該科目を担当する丞官（分課丞官）（即座に判断、決定できる場合）（検印）→（還付）→主任員【各司】。(b)【本省】当該科目を担当する丞官（分課丞官）（即座に判断、決定できない場合）→（提出）→卿、輔（決定）［→分課丞官→主任員【各司】］。

第三款：重要事項の処分、新則の設立、もしくは旧制の更正などの事案について。

重要事項の処分、新則の設立、もしくは旧制の更正などの事案について、その事務（文書）処理手続は次のようなものとする。すなわち、①各司の主任員が旧例に従い議案を起草し、指揮回答の文案を用意する、②主任員は作成した議案と指揮回答の文案を司正に上げ、検印を乞う（司正検印）、③司正の検印が済んだら、主任員はそれらを監督司に送付する、④文案を受け取った監督司では監督正もしくは監督大少佑がそれに検印する［そして検印済みの文書を、作成した各司の主任員に戻す］、⑤しかるのちに主任員は文案を大蔵本省に提出する、⑥本省では卿、輔、丞官がその議案および指揮回答の文案を輪閲して判決する。

重要事項の処分、新則の設立、もしくは旧制の更正などの事案についての文書の流れは、次のように整理される。【各司】主任員（当該事項に関し、旧例に従い議案を起草し、指揮もしくは回答の文案を作成する）→司正（検印押捺）→主任員→**監督司**（監督正もしくは監督大少佑検印押捺）→主任員→【本省】（卿、輔、丞官による議案および指揮回答の文案の輪閲、判決）。

付帯的な注意事項として、①議案の文章は簡潔でわかりやすいものとすること、②指揮回答の文書は明かで達意のものとすることの二点が挙げられている。

第四款：他省から送られてくる協議文書について。

他省から送られてくる協議文書については、その主題・内容に従い主任の司に派付するものとし、その事案が細事であるか大事であるかによって処理手続きを決する。すなわち、細事の場合には第一款の手続きに拠り、大事の場合には第三款の手続きに拠る。

第五款：監督司の監視・督察機能への特化について（監督司を処分案の起草事務からはずす）。

秩禄や賞典の賜与その他臨時の事務であってこれまで監督司がその処分案を起草していたものについては、今後はそれらの事務は適宜各司に分付することとし、監督司には専ら監視、督察の機能を担わしめる。

2－4． 丞官分課、分課事務処理方規、公文措置方規の三点は、一体となって、大蔵省組織内部における文書処理手続きを定め（これは同省内における意思決定手続きを定めたということである）、卿、輔を頂点とした部局の階統制的編成を確立した。[*76] これはまた、公文書牒（照会・申請・稟候・開報等の文書）を介して、大蔵本省と府藩県、各省、大蔵本省と管下各司とが結びつけられ、その処理の中心に座る本省の卿、輔が全体を統制するシステムの実現でもあった。明治二年七月の「職員令」は、大蔵省について、卿（一人、掌総判金穀出納。秩禄。造幣。営繕。用度等事。）、大輔（一人）、少輔（一人）、大丞（二人）、権大丞、少丞（三人）、権少丞、大録、権大録、少録、権少録、史生、省掌、使部という官制を定め、[*77] また本件「民部大蔵両省管轄ノ寮司諸掛及事務条件ヲ区別ス」（明治三庚午年八月九日、第五二〇）は、大蔵省について、造幣寮、租税司、出納司、用度司、営繕司、監督司、通商司、度量衡改正掛の一寮六司一掛の管轄と、歳入歳費ノ事、一切用度ノ事、租税備ノ事、一切貨幣ノ事、度量衡ノ事等の所掌事務を定めたが、[*78] 部局組織の階統制的編成（作動）の実現にはこれら整備だけでは十分ではなかったのである。部局組織を階統制的統制のもとに作動させるためには、文書処理を通ずる部局内外の指揮－応答の関係（指揮命令系統）を明確に定めることが必要であった。丞官分課、分課事務処理方規、公文措置方規をその内に含む明治三年後半から四年春にかけての大蔵省における規程整備は、まさにこれを実現するものであった。

以上の一般的意義の確認を踏まえたうえで、より細かな点について、いくつか評言を付す。第一。丞官分課は、本省内の丞官のレベルに、各司に対応する担当を決めたものである。これは、本省内に各司と接合する部分を用意したということである。かくして、本省内での卿・輔－丞官というタテの編成と、本省の外にあって大蔵省の所管事務についてその実務を担う各司が、担当の丞官を介して統合されることになった。この統合を、大蔵省は、丞官中の管掌事務分課と、本省－各司を通ずる文書処理手続の規定（分課事務処理方規、公文措置方規）によって成し遂げたのである。第二。丞官分課は、一般的な規則としては不完全な体裁のものである。例を租税事務（租税司）担当にとれば、丞官分課における租税事務（租税司）の担当は、これを少丞二名とまず決めたうえでそこに安藤就高と渋沢栄一を当てるという形式ではなく、直に少丞安藤就高と少丞渋沢栄一に割り振る仕方で定められている。担当者の職位と数について一般的な規則を立てたうえでそこに特定の人物を当てるというかたちをとっていないのである。丞官分課は規則というよりもむしろ事務処理に関する規定付きの業務分担表というべきものであった（丞官への担当課割り当ての一般的規則の未定立）[*79]。そのため丞官の任免がなされるたびにアド・ホックなやり方で割り当てをし直さなければならないことになっていた。第三。丞官分課、分課事務処理方規が、監督司については、これを特定の丞官の担当のもとに置かなかったことが注目される。つまり、大蔵省管下の各司中監督司（これは筆頭司でもあった）は特別の位置づけを与えられているということである。監督司が特定の実体的事務部門を担当せず、政策および会計管理・組織管理といった中枢的管理機能に関する卿、輔の補佐機関であること、これが意識されていたことが窺われる。第四。第三点とも関係する論点であるが、重要案件については、監督司と、本省の卿、輔、丞官の、二重のチェック体制が敷かれていたことが注目される（公文措置方規第三款）。

2－5． 大蔵本省関係では、以上のほかに、明治三年一二月（失日）に京都支衙において公文書牒授受順序が設けられた。これは、大蔵省京都支衙における公文書の授受、処理の規則を定めたもので、全部で五款からなる。

公文書牒授受順序[*80]

第一、申請、稟候、申候等ノ文書ハ仕丁之ヲ前庁ニ接受シテ受付掛員ニ致付シ、回答指揮ノ文書ハ各司ヨリ直チニ之ヲ逓達ス、受付掛ハ監督司中ニ置ク。第二、受付掛員ハ文書ヲ接領シ捺印シテ監督佑ニ転致シ、監督佑点検シテ各司ニ分付ス。第三、諸般ノ事務ニ関シ面話ヲ乞フ者及ヒ推問ノ事故有リテ召喚スル者ハ各司ノ当該員之レニ応接ス。第四、重要ノ事項ニ係ルモ受付掛員ヨリ各司ニ分付セル以後ノ三日ヲ限リ其ノ議案ヲ属草シテ監督佑ニ送致ス、但タ事情盤錯シテ速カニ議案ヲ草定シ難キ者ハ此ノ限ニ在ラス、然リ而モ務メテ渋滞遅緩セサルヲ要ス、投回スル文書ヲ区処スルモ亦タ之ニ準ス。第五、各司諸掛ノ官員若シ疾病或ハ他ノ事故有リテ参衙ヲ闕カハ必ス其ノ担当セル事務ヲ同僚ニ通知ス。

大蔵省京都支衙の公文書牒授受順序は以上のようである。ここでは、監督司が公文書処理手続きにおける要の位置に据えられていることが注目される。すなわち、公文書牒授受順序第一款および第二款では、申請、稟候、申候等の文書は、監督司中に置かれた受付掛が受領し、それらは受付掛から監督佑に回されてその点検を受け、しかるのちに各司に派付されると規定されている（監督司中に置かれた受付掛での文書受領と、監督佑による受領文書の点検の実施）。また第三款では、文書処理にかかわり各司において起草された議案は監督佑に送られその点検を受けることが決められている（監督佑による各司作成の議案の点検）。卿、輔のいない京都支衙では、監督司が卿、輔に代って政策管理機能を担うものとされたのである。

3． 続いて監督司における組織規程の整備を見る。監督司は、政府全体に係る政策および会計の管理と、大蔵省内の組織管理機能を担った管理行政部門である。監督司は、明治二年初夏以降、大隈重信（会計官副知事、のち大蔵大輔）の指揮のもと、貢租増徴、災害土木・災害救援費用節減を目指す政策の立案、実施においてその中枢に位置した。

大蔵省は、明治三年一二月九日、同省起草の監督司の組織規程（監督司職制および監督司職員）を太政官に稟上し、その裁定を受けた。[*81] 以下にその全文を掲げ、[*82] 若干の評言を付す。

監督司職制

第一、本司ハ猶ホ本省ノ耳目ノコトク、他ノ各司ハ猶ホ手足ノコトシ、耳目能ク聡明ニシテ而ル後ニ手足各其ノ用ヲ為ス、故ニ本司ハ平常専担スル主務ヲ定メトスト雖モ本省ニ関スル一切ノ事務ヲ監督ス。第二、府県其ノ他ノ庁局ヨリ牒申セル請願、稟候、申報等ニ指揮シ、或ハ新則ヲ設立シ若クハ旧規ヲ更正スル法案ニシテ卿、輔ニ取決ス可キ者ハ主任各司其ノ法案ヲ立草シテ先ツ本司ニ質正シ、而ル後ニ本省ノ判議ヲ請フ。第三、各司ノ法案ニシテ事理ノ当ヲ得サル有レハ則チ之ヲ推問シテ更ニ更ニ《ママ》審議セシム、若シ両司ノ意見岐分シテ決セサル有レハ則チ本司ノ意見ヲ副具シテ省議ニ質正ス。第四、済貧恤窮ノ資費ヲ支給シ、或ハ金穀ヲ貸付シ、或ハ営繕ヲ挙行シ、或ハ土木ヲ創興シ、或ハ外国人ヲ雇用シ、或ハ器械ヲ購買スル等ヲ処理スルハ各司ノ権内ニ属スト雖モ、定規成例ノ在ル無キ費用ハ総テ本司ニ協議シテ其ノ法案ヲ立草セシム。第五、新タニ賞典ヲ挙行シ若クハ家禄ヲ支給スルニ当リ其ノ当否ヲ審案シ及ヒ多寡ヲ酌量スルハ本司ノ任務ニ属ス。第六、凡ソ各司ノ処務ヲ監督スルハ前章ニ記載スル如シト雖モ、実地ニ当否ヲ検査ス可キ事項有レハ則チ各司ニ就キテ実地ニ問尋ス。第七、理財計会ハ本省ノ主務ニ属ス、故ニ其ノ耳目ニ備ル本司ハ固ヨリ詳明ニ之ヲ知悉セサル可カラス、是ヲ以テ時時各司ニ就キテ其ノ計簿ヲ点検ス。第八、金庫ノ管鑰ヲ掌リ、且ツ米廩ノ盈虚ヲ知リ常ニ之ヲ監督シテ廩庭ノ宿弊ヲ防制ス。第九、宮城、官邸等凡ソ官費ヲ以テ挙行スル営繕土木ノ工事ハ実地ニ臨ミテ之ヲ監督シ、若シ修理経営ノ其ノ宜ヲ得ス、或ハ方図ニ照依セサル者有レハ則チ主務官吏ニ詰問シテ之ヲ本省ニ報聞ス、例ヘハ大学或ハ東京府ノ如キ他ノ衙庁ノ掌管スル工事ト雖モ亦タ本省ニ取決シテ其ノ違程ノ事情ヲ太政官ニ申明ス。第十、用度若クハ営繕ニ供備スル諸般ノ物件ハ其ノ価直ノ当否ト品質ノ佳悪トヲ検査ス。第十一、本省ノ指命ニ応シ本司ノ属官ヲ府県ニ派遣シテ金穀ノ出納、租税ノ厚薄、官庁支費ノ当否、貨幣流用ノ通塞、真贋貨幣ノ交換及ヒ土地ノ沃瘠、物産ノ多寡、通商ノ盛衰ヲ視察セシム。第十二、省中官員ノ非違不正ヲ監察ス、若シ事犯ノ実証ヲ得ハ勅奏判任ヲ論セス直チニ罪状ヲ具シテ卿、輔ニ封上ス。第十三、判任以下ノ官吏ヲ選挙推薦シ及ヒ之ヲ褒貶黜陟スルハ各司正銓選擬注シ、本司ノ検印ヲ得テ本省ニ進達ス。第十四、省中官吏ノ上衙ノ遅速幷ニ宿直交番、病告闕参等本司常ニ之ヲ点検シ、若シ定規ニ違背セル有レハ則チ直チニ之ヲ糾正ス。第十五、勅奏任ヲ除キ、省中官吏ノ進退黜陟ハ卿、輔ノ判銓ニ出ル者ト雖モ特ニ本司ノ審勘ヲ経テ之ヲ決行ス。第十六、本司ハ他ノ職官ヲ監督スルヲ専務ト為ス、故ニ一切ニ他官ヲ兼摂スル無シ、本司職員ノ定限ハ事務ノ閑劇ニ応シテ増減スル有ルモ、権官ノ外ニ濫増スルヲ許サス。

監督司職員

正一員　司中職員ノ処務ヲ総判シ兼テ省中ノ庶事ヲ監察ス。

権正　職掌正ニ同シ、但タ地方ニ派出シテ府県ノ施治ヲ監督スルハ本職ノ任務ト為ス、他ノ権官モ亦タ之ニ準ス。

大佑二員　司中各課ノ事務ヲ糾判ス。

権大佑　職掌大佑ニ同シ、但タ少佑以下分課ノ定員ヲ欠ク有レハ則チ其ノ課務ヲ分担ス。

少佑六員　分課科目ニ従テ司中ノ庶務ヲ整理ス。

権少佑　職掌少佑ニ同シ。

大令史　回議回覧ノ法案文書ヲ受付シ、事ヲ承ケテ謄抄シ、及ヒ司中ノ記録編輯、簿書計算等ノ各事ヲ執掌ス。

少令史　職掌大令史ニ同シ。

監督司職制は全部で一六款から成る。前もってその構成を大づかみに示せば、第一款は総則、第二款から第五款までは政策管理に関する規定、第六款から第一一款までは会計検査および行政監察に関する規定、第一二款以降は大蔵省内の組織管理に関わる規定である。

監督司職制第一款は、「本司ハ猶ホ本省ノ耳目ノコトク、他ノ各司ハ猶ホ手足ノコトシ、耳目能ク聡明ニシテ而ル後ニ手足各其ノ用ヲ為ス」との表現で、監督司が大蔵省管下にあって政府全体に係る政策および会計の管理と大蔵省内の組織管理を担う部門である旨を宣明する。監督司は平常専担する主務（実体的な科目）をもたないが、大蔵省がかかわる一切の事務を監督するのである。大蔵省はそれ自体が租税事務と出納事務を柱とする管理行政機関であって、政府全体の政策および会計の管理を担当するものである。監督司は、その大蔵省という管理行政機関中の中枢に位置づけられ、政府全体の政策および会計の管理に権限を揮うものとされた。

監督司職制第一款は上に述べたように監督司が大蔵省に関する一切の事務を監督すると宣言したが、第二款から第五款まではその政策管理の具体的な手続きを定める。第二款は、各司がそれぞれ担当する科目につき法案を作成して、それを卿、輔に提出して決を取るに際し、監督司が法案の事前審査（卿輔への提出前の審査）を行なうことを規定する。第三款は、各司起草の法案の事前審査手続きをより詳細に定める。それは、すなわち、①各司起草の法案を監督司が審査し、その内容に妥当性を欠く点があると認めたときには、監督司はその問題点について当該法案を起草した司に問い糺し、当該司に改めて審議しなおすよう求める、②それでも監督司と当該法案を起草した司の意見が分かれ、一に決することができない場合には、監督司は当該法案にそれ自身の意見を添付し、質正を求めてそれらを省議に提出する、というものであった。第四款は、済貧恤窮の資費の支給、金穀の貸付、営繕の挙行、土木の創興、外国人の雇用、器械の購買等各司の権限内に属する案件であっても、その費用支出に関する定規成例がない場合には、すべて監督司と協議したうえで法案を起草するものとすることを定める（定規成例がない費用支出について監督司との協議の義務づけ）。第五款は、新規賞典の実施、同じく新規の家禄の支給について、その当否の審案および額の多寡の酌量を監督司の任務とした。これらは直接に財政支出の増加を意味する案件であり、監督司の審査を噛ませることで安易な支出増に歯止めをかけようとしたのである。

監督司職制第六款から第一一款までは会計（および供備品の）検査および行政監察に関する規定である。うち、第六、九、一〇、一一の各款は、検査（監察）方法として実地検査（実地の監督）を定める。また、第七款と第八款は検査（監督）方法として帳簿の検査（会計検査）と金庫米廩の監督を定める。以下これら諸款を順次説明する。まず、第六款は実地検査に関する一般的規定である（「実地ニ当否ヲ検査ス可キ事項有レハ則チ各司ニ就キテ実地ニ問尋ス」）。第七款は、「理財計会ハ本省ノ主務ニ属ス、故ニ其ノ耳目ニ備ル本司ハ固ヨリ詳明ニ之ヲ知悉セサル可カラス」と記し、会計の検査管理が監督司の本来の職能であることを宣明する。そのうえで、第七款は、監督司による各司の各種帳簿の随時点検を規定した。第八款は、金庫米廩の監督を通じて監督司が国庫の匱乏を防制することを謳い、第四、五、九、一〇、一一の各款とともに、監督司の任務（達成すべき政策目標）が経費の節減と財政の確立であることを知らせる。第九款は、監督司が官費営繕土木工事の実地監督を行なう旨の規定である。第一〇款は、監督司による、用度および営繕に供備する物品の価格と品質の検査を定める。第一一款は、府県に対する行政監察の実施に関する規定である。大蔵本省の指示に応じて監督司がその属官を府県に派遣し、府県行政を視察すると定める。

監督司職制の第一二款から最終の第一六款までは、大蔵省中の組織管理に関する規定が置かれている。第一二款は、監督司が大蔵省中官員の非違不正の監察に当たることを定める。監督司が法令に違反し処罰されるべき行為の実証を得た場合には、問題の者が勅任であれ奏任であれ判任であれ、ただちに罪状を詳しく記した文書を卿、輔に封上するものとされた。第一三款は、各司正が判任以下の官吏の選挙推薦および褒貶黜陟を行なう際に、監督司が検印し、本省に進達することを規定する。これはすなわち、各司における下級官吏の任用、黜陟に関する検査機能を監督司が担うということである。監督司は大蔵省内の下級官吏の人事に、検査権をもつというかたちで関与したのである（第一五款も参照）。第一四款は、省中官員の勤務状況管理に関するもので、監督司が官吏の勤務状況を常に点検し、そこに違背があればただちに糾正すべきことを定める。第一五款は、第一三款同様、監督司が下級官吏の人事に関与することを定めたもので、勅任、奏任を除く省中官吏の進退黜陟を卿、輔が判銓するにあたっては、監督司が事前にこれを審査するとした。第一六款は、監督司官員が他官を兼摂することを禁止し、あわせて監督司官員の濫増を戒める。これは監督司自身の組織管理の規定である。

監督司職員は、司中諸職位の職掌を定める。

3―2. 監督司職制中災害対策に明示的にかかわる項目は、第四款、第九款、第一一款の三つである。

第四款は、各司の権限内に属する案件であっても、その費用支出に関する定規成例がない場合には、すべて監督司と協議したうえで法案を起草するものとすることを定めたものであるが、ここに案件として列挙されているもののうち済貧恤窮の資費の支給、金穀の貸付、土木の創興は災害対策に（も）関係する事務である。かくして、第四款は、災害対策関係の支出について監督司による法案起草前の審査を規定したものと見ることができ、災害対策関係の政策管理の機能をもつ。第九款は監督司が官費営繕土木工事の実地監督を行なう旨の規定であるが、これは監督司による災害対策関係の官費土木工事の実地監督の実施を意味する。災害対策関係の官費土木工事の実地監督は、明治二年二月の「治河及諸普請等ニ刑法官監察ヲシテ出張セシム」（明治二己巳年二月二日、第九七）（六九―八）

――これは会計官営繕司が行なう治水工事に対する、刑法官による工事監察（行政監察）の実施を定めたものである――以来、政府機関中の行政監察部門にとって中心的な課題であった。*83 第一一款は、府県に対する行政監察の実施に関する規定で、「本省ノ指命ニ応シ本司ノ属官ヲ府県ニ派遣シテ金穀ノ出納、租税ノ厚薄、（中略）ヲ視察セシム」とするが、これは府県が行なう被災者への金穀の貸付や災害減租等の災害対策事務に対する監察の実施規定とみなされる。

4. 明治三年秋から同四年春にかけて行なわれた大蔵省内の組織規程整備に関し最後に紹介するのは、出納司における出納司処務順序と出納司内の分課事務規程である。『大蔵省沿革志』出納寮の部明治四年三月条によれば、この月、出納司は、出納司処務順序*85を起草している。*84 出納司処務順序は、全部で四款から成り、出納司の職務、金穀の支出手続き、公納金の納致手続きなどを定める。

出納司処務順序

第一、本司ハ金穀ノ出納ヲ管理スルヲ専務ト為ス、故ニ官省ノ定費金幷ニ官禄米、秩禄米、賞典米、旅費金、月当資等凡ソ成規定例ノ在ル有ル者及ヒ定額無キ諸般ノ経費金、月給金、飯食銭ノ類ト雖モ其ノ月次ニ交付ス可クシテ事理ノ允当ナル者ハ、本省ニ取決セスシテ之ヲ交付ス、若シ夫レ臨時ノ度支ニシテ例格ノ在ル無キ者ハ回議ヲ経テ之ヲ処分ス、臨時ノ度支ト雖モ其ノ金額巨多ニ上ホラスシテ事理ノ允当ナル者ハ、取決ヲ経スシテ之ヲ処分シ且ツ其ノ事件ノ景況ニ応シテ監督正ニ商議シ、若クハ特ニ分課大小丞《ママ》ノ検印ヲ請徴シテ之ヲ交付シ、或ハ交付ヲ完了セシ以後ニ其ノ顛末ヲ具録シテ以テ卿、輔ノ閲覧ニ供ス。第二、異例ノ度支ニシテ日後ノ例規ト為ル可キ者ハ、設使ヒ瑣末ノ事項ニ係ルモ総テ回議ノ判決ヲ竢テ之ヲ処分ス。第三、金銭ノ収入支出ハ総テ為換方ニ命シテ之ヲ幹理セシム、故ニ諸般ノ公納金ハ為換方ニ寄託シ其ノ保管証票ヲ以テ納致セシメ、為換方ノ積貯金額ヲ計度シテ之ヲ金庫ニ納入ス、若シ夫レ貨幣改所ノ検鑑包裹セル金貨若クハ楮幣ヲ各自ニ携帯シテ納致スル者モ、亦タ一旦之ヲ為換方ニ寄託シ日後ニ之ヲ金庫ニ納入ス。第四、為換方ノ保管スル積貯金額ヲ徴収シテ以テ諸項ノ度支ニ供充シ、若シ贍給セサル有レハ則チ金庫ノ見有額内ヨリ之ヲ支弁ス、凡ソ為換方ニ寄託スル金額ハ諸項ノ度支ヲ酌量シ務メテ過多ニ渉ラシメス、常ニ一十万両内外ヲ以テ準的ト為ス。以上各款ノ事務ヲ処理スルハ各属僚ニ分担セシム。

出納司処務順序第一款は、「本司ハ金穀ノ出納ヲ管理スルヲ専務ト為ス」と、出納司の職務を規定する。そのうえで、支出金の性格の違いに応じた支出手続きを定める。すなわち、成規定例にもとづく金穀の支出、および、定額の定めはないけれども月ごとに交付すべき道理のある費金の支出、これらについては、本省に取決せずして出納司の専決でその交付をなしうるとする。また、臨時の支出にして例格にもとづかないものは、回議（稟議）を経てからこれを処分するとし、さらに、臨時の支出であるが金額も大きくなく事理が允当であるものについては、本省の取決を経ずして処分しかつその事案の状況に応じて必要ならば監督正に商議するか、もしくは分課大少丞に当該事案に関し検印を求め受けそのうえで交付処分するか、あるいは交付を完了したのちにその顛末をつぶさに記録した文書を作成しこれを卿、輔の閲覧に供するかする、とした。第二款は、異例の支出にして日後の例規となるべき事案の取り扱いについての規定である。第三款は、金銭の収入支出はすべて為替方（為換方）[*86]に委任すると宣明したうえで、公納金の納致手続きを定める。第四款は、「諸項ノ度支ニ供充」するに際しての出金の順序を定める。それは、まず「為換方ノ保管スル積貯金額」から出金し、もしそれで足りない場合には出納司の金庫から出金するというものであった。また、同款は、「為換方ニ寄託スル金額」の目安についても規定した。

4―2. 出納司内の分課事務規程は金課定式掛、金課金庫掛、臨時掛、計算掛、廩米掛、倉廩掛、分析掛についてそれぞれ設けられており、それらが各課の事務手続きを精細に定める。[*87] 以下では、その事務手続きの一端を見るために金課定式掛の事務規程をやや詳しく紹介し、あとについては災害と災害対策に関係する事務の部分のみを取り上げる。

金課

定式掛

第一、凡ソ経費ヲ度支スルニハ定費額ニ関スル判決原議若クハ判決回議ヲ把リ逐項ニ照覈シテ之ヲ日計簿ニ登記シ、其ノ数額ヲ記載セル行下ニ大少佑ノ検印ヲ捺シテ交付証票ヲ交付シ、此ノ交付証票ヲ以テ為換方ヨリ見貨ヲ領受セシメ、其ノ領受簿ハ予メ二冊ヲ作ラシメ共ニ司印ヲ鈐シ、其ノ一ハ本司ニ留存シテ日計簿ト対照シ正之ニ検印シ、其ノ一ハ領収主ニ還付ス、（以下、省略）。第二、諸般ノ納致金ノ項中其ノ貢租ニ属スル者ハ租税司金額ヲ精査シテ本司ニ送致ス、其ノ他ノ臨時納致金及ヒ還納金ハ本司之ヲ領収シ、査算シテ上納帳ニ登記シ以テ収入証票ヲ交付ス、（以下、省略）。第三、官省定額金ノ増減ニ関シ、或ハ定例外ニ属スル臨時ノ度支ニ関スル申請文書、稟候文書等凡テ本省ヨリ下付スル者ハ、検覈ヲ経テ回議文書ヲ立草ス、各司ノ立案セル回議文書ト雖モ苟モ金穀ノ度支ニ関渉スル者ハ本司ノ意見ヲ簽記シ、其ノ議旨ニ同スル者ハ本司ノ署銜下ニ検印シテ他司ニ送付ス、各司ノ立案セル回議文書ニシテ金穀ノ数額ヲ記載セル者ハ総テ回議件名簿ニ其ノ事旨ヲ摘録シテ立案主員ニ照管シ、正検印シテ大少丞ノ検印ヲ請徴シ、其ノ計内ノ金穀ヲ交付スルニハ回議件名簿ノ本項ノ行下ニ其ノ交付ノ既了、未了、有余、不足ヲ明細ニ填記シテ以テ将来ノ確証ニ供ス。（以下第四、五、六款、省略。）*88

金課定式掛事務規程第一款は、経費の支出手続き、および支出金の領受簿、領受証票の取扱方を定める。第二款は、貢租を始めとする諸般の納致金の収納手続きを定める。第三款は、官省定額金の増減あるいは定例外の臨時の支出に関する申請文書、稟候文書等大蔵本省より下付された書類の取り扱い方、各司の立案せる回議（稟議）文書で金穀の支出に係わる案件の処理方を定める。さらに、第四款は旅費金の発給についての事務処理手続きを、第五款は司内の帳簿（日計簿）の管理方（日々の出納に関する日計簿と為換方の帳簿との照合、ひと月ごとの、日計簿の合計額と為換方交付の合計額との対算など）を、第六款は京都・大坂・横浜の各支署および他の衙庁に照管投回する文書で、金穀出納にかかわる内容を含むものの取り扱い方を、それぞれ定める。

4-3. 続いて、出納司内の分課事務規程のうち、金課金庫掛、臨時掛、計算掛、廩米掛、倉廩掛の規程中に含まれる災害と災害対策に関係する部分を紹介する。

金課金庫掛は、金庫における現金の管理および現金の出納を担当する部門である。その金課金庫掛事務規程の第二款に災害対策にかかわる規定が見られる。すなわち、「第二、日計簿及ヒ上納帳ハ共ニ百事ヲ雑載スル者ナルヲ以テ、一月ニ満レハ則チ定額ノ経費、臨時ノ支出、官禄米、旅費金、飯食銭若クハ貸付、移用ノ金額、土木営繕ノ経費、金銀料塊ヲ収買スル価直等凡ソ支出ニ属スル者ハ排次部分シテ摘録簿ニ登記ス、又タ租税金、軍資金、国役金、還納金等凡ソ収入ニ属スル者モ亦タ排次部分シテ摘録簿ニ登記スル一ニ上項ニ準ス、此ノ摘録簿ハ以テ当下ニ収入シ及ヒ支出スル金額ヲ総計シ、翌月ニ跨過スル数額ヲ扣算シ、月計清算簿ヲ作リテ輪覧ニ供シ、且ツ金庫ノ見有額ト為換方ノ収支額トヲ分テ両簿ニ登録ス。[*89]」金課金庫掛事務規程第二款は、ひと月ごとに収入支出金額を上納帳および日計簿から摘録簿に区分排列して記録するとするが、そのさいの摘録簿上の項目に、災害対策に関係するものとして、収入においては「国役金」、「還納金」が、支出においては「貸付」、「土木営繕ノ経費」が設けられている。[*90]

臨時掛は、府藩県に石高貸しした楮幣の還納に関する事務、各藩から徴収する海軍資金に関する事務、元年戊辰戦役時の軍資借用の償還に関する事務などを担当したが、その事務規程中第二款と第六款に災害対策にかかわる規定をもつ。第二款は「第二、府藩県ノ諸般ノ貸付金、或ハ官省ヨリ各地ニ派遣スル官員ニ携齎セシムル予備金、或ハ一時ノ貸付金等ヲ交付スルニハ帳簿ニ登記シテ領受証票ヲ徴取ス、若シ其ノ還納ス可キ期限ヲ遅延スル者ハ之ヲ督促シ、其ノ還納セル金額ハ金課ニ交付シ、還納ノ完清セル事旨ヲ原簿ニ証記シテ大少佑之レニ検印シ、更ニ正ノ検印ヲ請徴シ、最初ニ徴取セル領受証票ヲ還付ス」[*91]というものであるが、これは災害対策の面からは賑貸（救助貸）の交付、還納の手続きを定めたものと認識される。[*92]また、臨時掛事務規程第六款は、堤防国役金の徴収事務についてその手続きを規定する。すなわち、「第六、堤防国役金ヲ徴収スルニハ府藩県共ニ村高帳ヲ副添セシメ、納致セル節次ニ土木司ニ送付シ、土木司鈐印簿ニ証徴シテ大少佑検覈シ、大少令史査算シテ之ヲ簿記ス、収入証票ヲ交付スル順序ハ自余ノ納致ト同一ニ料理シ、其ノ金額ハ金課ニ交付ス、且ツ其ノ各項ノ未納額ヲ督催シ、及ヒ其ノ延期申請哀訴ニ関スル文牒ハ其ノ事情ヲ検按シ其ノ期限若クハ規則ニ照シテ指揮文案ヲ草具シ以テ本省ニ取決ス。」[*93]

計算掛事務規程は官省府県の経費勘定帳（会計簿）の検査事務や月額出納明細帳の編製事務などを規定するものであるが、そのすべての款において内容的に堤防工事等土木費もしくは罹災者救援費に関係している。とくに第二款では土木の工費等すでに判可を経た金額内より支出する経費の勘定帳の取り扱い方を、第三款では月額出納明細帳編製に際しての「土木営繕等ノ工費ニシテ本額内ヨリ分支スル者」の記載方の指示を、第五款では堤防工事を始めとして金穀の発給を請求するすべての開申文書の処理方を定める。[*94]

計算掛

第一、官省府県ノ経費勘定帳ハ大少佑検覈シ、大少令史査算シ、若シ差誤有レハ則チ還付シテ以テ訂正セシメ、更ニ稽査シテ輪覧ニ供ス、凡ソ事項ノ規例ニ関スル者若クハ規例ニ供ス可キ者ハ、毎次ニ本省ニ取決シ、或ハ監督正、出納正合議専決シテ之ヲ更正セシム。第二、官省ノ経費及ヒ土木営繕ノ工費等既ニ判可ヲ経タル金額内ヨリ弁給スル者及ヒ定額無シト雖モ月次ニ支消シテ事理ノ允当ナル勘定帳ハ、監督正、出納正以下之ヲ輪覧スルニ止メ、且ツ此等ノ事項ニ関スル稟候、商議、指揮、回答等ノ文案ヲ起草ス。第三、官省ノ経費清算帳其ノ輪覧既ニ畢レハ毎一月ヲ限リ装釘シテ月額出納明細帳ヲ編製シ以テ将来ノ参観ニ供ス、此ノ月額出納明細帳ハ定額費ニ属スル者ト雖モ必ス逐項ニ区分シ、前月ノ残額ヲ本月ノ発給額内ヨリ扣除シ、及ヒ翌月ニ交跨ス可キ余額ヲ登記シ以テ全ク一月間実際ニ支消セル数額ヲ計算シ、土木営繕等ノ工費ニシテ本額内ヨリ分支スル者ニ係リ若クハ清算ノ未結ニ係ル者ハ、朱字ヲ以テ之ヲ標誌シ、決算ノ期ニ至リ墨字ニ改書ス、但タ本額内ヨリ分支スル者ハ本項ノ行旁ニ嵌記ス、（以下、省略）。第四、官省府県及ヒ其ノ他ノ支出収入ヲ計算シテ以テ歳入歳出総計表ヲ作ル、是レ月額出納明細帳ニ記載セル正租、雑税、官禄米、旅費金、金銀銅収買価金、内外国債金、諸般貸付金、諸般還納金等ヲ類分シテ之ヲ掲載スル者トス。第五、堤防営繕ノ工費ヲ首メ総テ金穀ノ発給ヲ請求スル開申文書ハ分類移謄シテ以テ後来ノ証徴ニ供ス。

廩米掛の事務規程は、廩米の交付、賞典米の発給、官禄米の交付などに関する事務手続きを定めるが、その第八款において、貸付米の発支事務手続きを、「貸付米ハ其ノ還納期限等臨時掛之ヲ整査シ、本省ニ取決シテ還納証票ニ対算シ、而シテ倉廩掛ニ報送ス」と規定している。*95 ここから、救助米の貸付を行なう際、大蔵省内において大蔵本省、出納司臨時掛、同廩米掛、同倉廩掛といった諸掛がその事務にかかわることが確認される。

倉廩掛は倉廩からの現米の発支事務、廩米の売却事務、租米の受入事務などを担うが、その事務規程第一七款で、水害旱災を原因とする品質粗悪な租米の取り扱い方を規定している。すなわち、「第十七、水害旱災ニ罹リ租米ノ品質甚タ粗悪ナル者ハ本省ニ取決シテ其ノ廩納ノ許否ヲ定ム、故ニ未タ裁決ヲ経サルノ間ニ漕到スル租米ニシテ官用ニ堪ユ可シト認取スル者ハ先ツ仮納ト為シ、日後其ノ裁允ヲ得ルヲ待チ始メテ本納ト為サシム。」*96

【注解六】 以上、大蔵本省および同省管下の各司における組織規程と文書処理規程の整備の流れを追うことにより、明治三年秋から翌四年春にかけての時期の、大蔵省における内部組織の官僚制的編成の動きを見てきた。ところで、この時期、大蔵省は、その内部において官僚制的組織化を進めただけでなく、同省を含む政府全体の官僚制的規律化を図ろうとする動きも見せた。民蔵分離直後から翌年の廃藩置県にかけての時期に、大蔵省は率先して官僚制的機構整備の方向に動き、さらにそれを政府全体に及ぼそうとしたのである。以下では、この動き、すなわち政府全体の官僚制的規律化を図ろうとする大蔵省の動きについて見る。取り上げるのは、明治三年一二月一九日の「太政官衙ヲ建造シ各官省ヲ其ノ衙内ニ併合ス可キ」の建議と、同じく一二月（失日）の「画一ノ政体ヲ立定シテ之ヲ全国ニ施行ス可キ」の建議である（ともに太政官宛）。*97

2. 最初に取り上げるのは、明治三年一二月一九日の「太政官衙ヲ建造シ各官省ヲ其ノ衙内ニ併合ス可キ」とする建議である。以下に建議の全文を載せる。*98

本省建議改正掛立案ニ曰ク、夫レ官ヲ設ケ職ヲ分ツハ政府ノ以テ国家ヲ統理スル枢機ナリ、然リ而モ其ノ衙庁ヲ分設スル位置ノ当否ニ因テ政治ノ廃挙ニ関スル甚タ大ナリ、今ヤ大政更新ノ日ニ際ス、広ク古今ニ稽徴シテ以テ確乎不抜ノ経制ヲ立テサル可ラス、蓋シ国家ノ官職ヲ設ルハ猶ホ人身ノ四体ヲ具ルカコトシ、四体ノ位置宜キヲ得テ動容周旋悉ク其ノ度ニ適スル始メテ斯ニ全人ト為ス、若シ四体ノ位置宜キヲ得サレハ動容周旋皆ナ其ノ度ヲ失フ、此ノ如キハ之ヲ不具ノ人ト謂フ、国家ノ官職ニ於ルモ亦タ然リ、分設ノ位置宜キヲ得テ始メテ全国ト為ス、若シ分設ノ位置宜キヲ得サレハ則チ不具ノ国ト謂フ可シ、何ヲ以テ能ク国家ヲ統理シ人民ヲ保護セン、然リ而シテ官職ノ分設ヲシテ宜キヲ得セシムルノ道ハ、国体政制ニ随ヒ自カラ少小ノ異同有リト雖モ、之ヲ要スルニ首尾相ヒ応シ脈絡相ヒ貫キ分設制ニ称ヒ位置度ニ中リ、偏重ノ患無ク又タ阻隔ノ害無カラシムルニ在リ、若シ能ク此ノ如クナレハ本体確立シテ首尾整挙シ、省寮局司連貫接続シ、相ヒ率ヰ相ヒ統ル猶ホ四体ノ行走把持シテ以テ其ノ心ノ用ニ供スルカコトクナラン、今マ若シ手ノ把持スル者ヲシテ行走セシメ、足ノ行走スル者ヲシテ把持セシメントセハ、啻ニ其ノ心ノ用ニ供セサルノミナラス、必ス顛躓墜落セントス、豈ニ能ク身体ヲ保護スルヲ得ンヤ、戊辰ノ歳鋭意ニ陋習ヲ洗革シ、閥閲ヲ蕩除シテ賢才ヲ擢抜シ、新タニ三職八局ヲ置キテ事務ヲ分課シ内外ノ庶政ヲ総理セルモ、未タ倉卒苟且ノ制タルヲ免レス、厥後稍ヤ其ノ制ヲ改メ、太政官ヲ分チテ七官ト為シ、議政官ニ上下ノ両局ヲ設ケテ立法ノ事務ヲ掌リ、行政官ヲ置テ庶政ヲ理メ、且ツ神祇、会計、軍務、外国、刑法ノ諸官ニ専管ノ事務ヲ分課シ、府藩県ヲシテ承奉施行セシメ、而シテ官等ヲ立ル者九以テ職任ノ制限ヲ定メ、公論ヲ会議ニ採リ知識ヲ世界ニ求メテ国権ヲ確立シ大ヒニ皇基ヲ振興ス、是ニ於テ制度規律燦然トシテ観ル可キニ似タリ、然リ而モ尚ホ未タ全ク妥当ナルヲ得サル者有リ、故ニ二年秋月又タ其ノ制ヲ変シ、遠ク大宝ノ古典ニ法リ損益折衷シテ以テ今日ノ政体ヲ成立セシメタリ、爾後茲ニ一年、啻ニ未タ成績ヲ見ルニ及ハサルノミナラス、紀綱却テ統理セス庶政却テ振興セス、官省其ノ制度ヲ一ニセス府県其ノ規程ヲ同フセス、或ハ濫ニ新規ヲ創立スルモ之ヲ制限セス、或ハ仍ホ旧制ニ因循スルモ之ヲ督励セス、其ノ甚キハ掌管スル一庁一局ヲ以テ各自ニ一種ノ政体ヲ施設セント欲スル有リ、是ニ於テカ気脈阻隔シテ政令紛淆シ、人人方向ニ惑ヒ支離滅裂シテ遂ニ統一斡旋ノ術無キニ至ラントス、是レ豈ニ官職ノ分設其ノ宜キヲ得サルニ由ルニ非スヤ、夫レ方今ノ政体タル太政官各官省ノ上ニ居テ専ラ庶政ヲ総判スト雖モ、官省其ノ他ノ署局モ亦タ各自ニ長官ヲ置キテ事務ヲ管理セシム、既ニ已ニ各自ニ職掌ヲ分チ事務ヲ課ス、若シ随テ之レカ制限ヲ定メ章程ヲ立ルニ非サレハ、則チ勢ヒ必ス紛雑稽延ノ弊患ヲ来ス無キ能ハス、況ヤ即今日新ノ時運ニ会シ凡百ノ事物宜ク務メテ変通ヲ要スヘキノ時ナルヲヤ、是ノ故ニ事ヲ処スル日ニ月ニ其ノ趣向ヲ新タニセサル可ラス、仮令ヒ予メ章程ヲ明ニシ以テ之レニ事務ヲ委任スルモ、亦タ尚ホ実際ニ挙措スルニハ権宜ノ方ヲ以テセサレハ則チ能ハサル可シ、苟モ此ノ如クナレハ太政官ノ権力ハ遂ニ分殺セラレ政柄必ス多岐ニ渉リ、各衙庁ニ仮スニ裁決ノ権力ヲ以テスルニ非サルヨリハ百事稽滞スルヲ免レサラントス、抑モ各衙庁ニ委任スルモ之ニ委任セサルモ均ク弊害ヲ受ル所以ノ者ハ他無シ、蓋シ是レ分設位置ノ制ノ其ノ宜ヲ得サルニ坐スルノミ、然ラハ則チ之ヲ如何ス可キカ、新タニ一大政庁ヲ建設シ、各官省局ヲ此ニ併合シテ其ノ域内ニ並置シ以テ事務ヲ分課シ、無用ノ官、不急ノ職ヲ沙汰シ、輯睦和同シテ各其ノ管理スル事務ヲ整理セシメ、而シテ太政官之レカ首領ニ位シテ万機ヲ総裁ス可シ、果シテ然ルカ庶政親ク審判スルヲ得テ百事速カニ理弁シ、政権一ニ帰シテ威柄分レス、之ヲ各職ニ任シテ分岐ノ患無ク、之ヲ宸裁ニ決シテ紛錯ノ弊無ク、且ツ垂問ノ文書ヲ下スノ煩ヲ省キ奏請ノ牒剳ヲ上ルノ労ヲ減ス、此ノ如クニシテ始メテ国体ノ確立シ庶政ノ振興スルヲ期ス可キナリ、若シ本議ヲ採納セハ、大政庁ヲ建造スル規画、官省ヲ布置スル体裁及ヒ其ノ経営ノ費用ヲ弁給スル計算ハ更ニ審議シテ稟申スル有ル可シ。

２−２． 明治三年一二月一九日、大蔵省は、「太政官衙ヲ建造シ各官省ヲ其ノ衙内ニ併合ス可キ」ことを、太政官に建議した。*99 これは、直接的には太政官衙すなわち太政官庁舎の建設の提案であるが、ただ単に庁舎建築を目的とするものではなかった。建議を解説しつつ、この点について述べる。

第一建議は、まず、《政府が国家を統理するうえで最も大切なことは、どのように役所（官）を設け職務を分担させるかという点である》と述べる（「官ヲ設ケ職ヲ分ツハ政府ノ以テ国家ヲ統理スル枢機ナリ」）。役所（官）を設け職務を分担させるという点での適切さ（適切に役所を設け職務を分担させること）が「国家ヲ統理スル枢機」であるというのである。そして、第一建議は、もう一点、役所（衙庁）をどう空間的に分設するか、その位置の当否も政治の興廃に大きく関係する、と述べる（「其ノ衙庁ヲ分設スル位置ノ当否ニ因テ政治ノ廃挙ニ関スル甚タ大ナリ」）。政府による国家の統理の善し悪し、すなわち「政治ノ廃挙」は、役所（官）を設け職務を分担させるという点での適切さと、役所（衙庁）をどう空間的に分設するか、その位置の当否という二つの事柄にかかわっている――大蔵省は第一建議の冒頭においてこのような認識を示した。

そして第一建議は、この二つの事柄を関連させて次のように続ける。「然リ而シテ官職ノ分設ヲシテ宜キヲ得セシムルノ道ハ、（中略）、之ヲ要スルニ首尾相ヒ応シ脈絡相ヒ貫キ分設制ニ称ヒ位置度ニ中リ、偏重ノ患無ク又タ阻隔ノ害無カラシムルニ在リ、若シ能ク此ノ如クナレハ本体確立シテ首尾整挙シ、省寮局司連貫接続シ、相ヒ率キ相ヒ統ル猶ホ四体ノ行走把持シテ以テ其ノ心ノ用ニ供スルカコトクナラン」。すなわち、《政府が国家を統理するうえで最も大切なことは、どのように役所（官）を設け、職務を分担させるかという点、言い換えれば適切に役所

（官）を設け、職務を分担させることであるが、それを行なう要点（道／方法）は、官職を分設するに当たり「首尾相ヒ応シ脈絡相ヒ貫キ分設制ニ称ヒ位置度ニ中リ、偏重ノ患無ク又タ阻隔ノ害無カラシムル」こと――官職を設け、職務を分担させるに当たっては、首尾一貫した方針に依って分設された官職相互の脈絡を通じるようにし、また官衙の設置についても偏重の弊も阻隔の害もないように適切に配置すること――である。もしこれがなされるならば、政府の本体が確立し、物事の処理が整えられて成果があがり、省・寮・局・司が一貫した指揮系統のもとに繋がって、統率の宜しきを得、心（政府＝太政官）の意のままに四体（省寮局司）を動かすことができるであろう》――このように大蔵省は主張した。ここで述べられているのは、ひとつは省寮局司といった政府諸機関の官僚制的な統合であり、もうひとつは官衙の適切な設置である。この二つを満足なかたちで行なうことにより、「始メテ国体ノ確立シ庶政ノ振興スルヲ期ス」ことができるというのが大蔵省の立場であった。

以上のような基本的な主張点を提示したうえで、第一建議は、戊辰以来の政府の創出の経緯について総括を試みる。大蔵省は、明治三年一二月時点での政府の現状をはなはだ問題の多いものと認識しているが、ここでその問題の多い現状の歴史的分析を行なうのである。さて、政府設立の初めに置かれたのは元年二月三日の三職八局の制である。これについて、大蔵省は、「鋭意ニ陋習ヲ洗革シ、閥閲ヲ蕩除シテ賢才ヲ擢抜シ、新タニ三職八局ヲ置キテ事務ヲ分課シ内外ノ庶政ヲ総理セルモ、未タ倉卒苟且ノ制タルヲ免レス」とした。悪弊を改めようと賢才を抜擢して三職八局を置き、事務を分課したが、これは未だ急ごしらえの間に合わせの制度にとどまっていたというのである。続いて取り上げられたのは、元年閏四月二一日の「政体書官制」である。これは「太政官ヲ分チテ七官ト為シ、議政官ニ上下ノ両局ヲ設ケテ立法ノ事務ヲ掌リ、行政官ヲ置テ庶政ヲ理メ、且ツ神祇、会計、軍務、外国、刑法ノ諸官ニ専管ノ事務ヲ分課シ、府藩県ヲシテ承奉施行セシメ、而シテ官等ヲ立ル者九以テ職任ノ制限ヲ定メ、公論ヲ会議ニ採リ知識ヲ世界ニ求メ」たもので、これにより「国権ヲ確立シ大ヒニ皇基ヲ振興」したとする（「是ニ於テ制度規律燐然トシテ観ル可キニ似タリ」）。だが、それでも尚、わが官制には妥当ならざる点が残った。そこで、第一建議は明治二年七月の「職員令官制」に筆を移す。

明治二年七月八日定立の「職員令官制」は明治三年一二月時点の官制であったが、これについて大蔵省はきわめて厳しい評価を投じた。「爾後茲ニ一年、啻ニ未タ成績ヲ見ルニ及ハサルノミナラス、紀綱却テ統理セス庶政却テ振興セス、官省其ノ制度ヲ一ニセス府県其ノ規程ヲ同フセス、或ハ濫ニ新規ヲ創立スルモ之ヲ制限セス、或ハ仍ホ旧制ニ因循スルモ之ヲ督励セス、其ノ甚キハ掌管スル一庁一局ヲ以テ各自ニ一種ノ政体ヲ施設セント欲スル有リ、是ニ於テカ気脈阻隔シテ政令紛淆シ、人人方向ニ惑ヒ支離滅裂シテ遂ニ統一斡旋ノ術無キニ至ラントス」。――「職員令官制」定立から一年がたった。現状はどうであるか。未だに成績が挙がっていない。けれども、ただそれだけではない。期待とは反対に、国家を治めるうえで根本となる制度や規則は統一されず、もろもろの政治は成果を挙げていない。官省の制度も、府県の規程も、統一性がなく、ばらばらである。秩序を無視して新しい規則を立てる者があってもこれを制限せず、依然として旧制に因循する者があってもこれの改革を督励しない。その甚だしきに至っては、一庁、一局ごとにそれぞれ一種の政体を設けようとする者まで存在する。ここにおいて、諸官省相互に気脈を通じることが無くなり、政府内部に隔たりができ、政令は乱れている。人々は方向に惑い、政府は支離滅裂な状態で、ついに統一斡旋の方策は無くなってしまった。――このように、大蔵省は、第一建議において、「職員令官制」に対する、ほぼ全否定とさえ受け取れるような、驚くべき低い評価を提示したのである。成績が挙がらないばかりか、官省の制度にも府県の規程にも統一性がなく、まったく支離滅裂な状態で、ついに統一斡旋の方策も尽きようとしている、というのが大蔵省の現状認識であった。

かくの如き現状は何に由るか。大蔵省はその原因を「是レ豈ニ官職ノ分設其ノ宜キヲ得サルニ由ルニ非スヤ」と述べた。そして、現在の政体において官職の分設が適切でないことを、次のように描写、指摘した。「夫レ方今ノ政体タル太政官各官省ノ上ニ居テ専ラ庶政ヲ総判スト雖モ、官省其ノ他ノ署局モ亦タ各自ニ長官ヲ置キテ事務ヲ管理セシム、既ニ已ニ各自ニ職掌ヲ分チ事務ヲ課ス、若シ随テ之レカ制限ヲ定メ章程ヲ立ルニ非サレハ、則チ勢ヒ必ス紛雑稽延ノ弊患ヲ来ス無キ能ハス」。――ただ今の政体（「職員令官制」）では、太政官が各官省の上に置かれ、これが百般の政務を総判することになっているが、実際には官省を始めとしてその他の署局もまたそれぞれ長官を置き、長官に事務を管理させている。すでに各官省等においては、各自に職掌を分け、事務を課している（各省における独自の事務分課の実施）。だから、もし官省その他の署局における独自の事務分課の実施について、その制限を定め、章程を立てるのでなければ、必ず事務が紛雑し、遅滞を来すことになるであろう。太政官が各官省を統御できず、各官省が統一性を欠いたままに独自に事務を分課して執行しているさまを、大蔵省はこう描いたのである。

一方、大蔵省は、次の事も知っていた。すなわち、《今は日々新しくなっていくそういう時のめぐり合わせである。もろもろのものが適切に変化して行くことが求められている。このため、事務の処理、事態への対処も、日々その趣向を新たにしていかねばならない。だから、たといあらかじめ明確な章程を定めて事務を委任したとしても、実際に行動するには臨機のはからいをもって対処しなければ何もできない。各衙庁に裁決の権力を委任するのでなければ政務はすべて停滞するを免れぬことになる。そうすると結局は太政官の権力は分殺せられ、政治を行なううえでの権力は各方面に分れてしまう》。つまり、章程を作って各衙庁（各官省）に事務を委任しても、現状のようにそれをしなくても、どちらの場合もひとしく弊害を受けることになってしまう、大蔵省はこのように考えていた。

それでは、章程を作って各衙庁（各官省）に事務を委任しても、それをしなくても、どちらの場合もひとしく弊害を受けることになるのは、どうしてか。この問いに対して大蔵省はこう答えた。その理由はほかでもない、役所（衙庁）をどう空間的に分設するか、その位置が適当でないことに由来する、と（「抑モ各衙庁ニ委任スルモ之ニ委任セサルモ均ク弊害ヲ受ル所以ノ者ハ他無シ、蓋シ是レ分設位置ノ制ノ其ノ宜ヲ得サルニ坐スルノミ」）。ここで論が、太政官衙すなわち太政官庁舎の建設の提案に辿り着くのである。役所（衙庁）を分設するに当たり、その適当な位置（空間的配置）とはどのようなものか。その答えが、本建議の具体的提案である。すなわち、「新タニ一大政庁ヲ建設シ、各官省局ヲ此ニ併合シテ其ノ域内ニ並置シ以テ事務ヲ分課シ、無用ノ官、不急ノ職ヲ沙汰シ、輯睦和同シテ各其ノ管理スル事務ヲ整理セシメ、而シテ太政官之レカ首領ニ位シテ万機ヲ総裁ス可シ」。――政務を執り行なうための一大庁舎を新たに建設し、各官省、各局をここに統合してその域内に並置し、そのうえで事務を各官省に分課し、無用の官、不急の職を選び分けて処置し、各官省局には輯睦和同して各々その管理する事務を処理せしめ、しかして太政官はこれら各官省局の首領として万機を総裁する、かくの如く致すべし。――そうすれば、太政官が百般の政務を審判することが可能となり、すべての事務がすみやかに処理され、政治の権力は一に帰して分れず、権限を各官省に委任しても分岐の患無く、親裁するに紛錯の弊無し。かつ、また、垂問の文書を下す煩が省かれ、奏請の牒箚を上す労が減ぜられる。かくの如くにして初めて国家の根本体制を確立し、庶政の振興を期することができるであろう。

太政官は、この建議を採納して、東京城の本丸跡に太政官を建造するよう、大蔵省に下令した。*100 ただしこのときは着工されなかった。

2-3. 第一建議において、大蔵省は、①官職の分設の適否（官職を適切に分設する）という問題と、②衙庁の分設の位置（空間的配置）の適否の問題という、関連はあるけれども区別される二つの問題を出した。そして、①の問題の解決のためには、その前提としてまず②を適切に処理しなければならないと述べた。これが第一決議の主旨である。①の問題とは中央政府の官省を官僚制的に編成することである。それを実現し、実効あるものとするには、②の問題の解決がともなわなければならないというのである。明治三年一二月、内部組織の官僚制的編成を進めつつあった大蔵省は、中央政府全体の官僚制的組織化も提案したのである。その提案の最初に太政官衙すなわち太政官庁舎の建設の提案が置かれた。太政官衙の建設の提案は、文脈的には、単なる庁舎建築を意味するのではなく、中央政府の官省を官僚制的に編成するための不可欠の前提として出されたものと理解されなければならない。

繰り返しになるが、明治三年一二月、大蔵省は、自らの内部組織の官僚制的編成を進めるだけでなく、中央政府全体の官僚制的組織化をも提案した。威権を集中した政府（太政官）の確立とその下での官僚制の整備を主張したのである。一体的で有効な政府（機構）の創出、これこそが第一決議で目指されたものであった。[101][102]

3. 次に明治三年一二月（失日）の「画一ノ政体ヲ立定シテ之ヲ全国ニ施行ス可キ」の建議を取り上げる。これは上に検討した「太政官衙ヲ建造シ各官省ヲ其ノ衙内ニ併合ス可キ」の建議と対をなすものである。二つをあわせて、大蔵省は、一体的で有効な政府（機構）と画一的かつ集権的な中央－地方関係の創出を目指した。まず、「画一ノ政体ヲ立定シテ之ヲ全国ニ施行ス可キ」の建議の全文を載せる。[103]

本省建議改正掛立案ニ曰ク、夫レ建国立政ノ体制タル邦土ノ風習人情ニ因テ各相ヒ同シカラスト雖モ、国ヲ守リ民ヲ護シ、自主ノ権力ヲ執テ独立ノ威柄ヲ持シ、万邦ト並峙シテ匹敵ノ交際ヲ為ス所以ノ者ハ乃チ其ノ国体政治ノ一致スルニ在リ、蓋シ国土ハ斯ノ民ノ共ニ居ル所ニシテ政府ハ其ノ守衛保護ヲ以テ任ト為ス、故ニ全国ノ租税ヲ収入シテ以テ政府ノ凡百ノ費用ニ供充スルハ即チ宇内ノ公理ニシテ、国権一ニ帰シ国力一ニ合シ、国威随テ伸張スルヲ得ル是レ邦国ノ邦国タル所以ナリ、政府能ク専擅圧抑ノ陋弊ヲ去リ公明正大ノ条理ヲ履ム、是ニ於テ自由ノ権人民ニ足リ自衛ノ威邦国ニ加ハル、是レ政府ノ政府タル所以ナリ、然リ而シテ邦国ノ邦国タル所以ト政府ノ政府タル所以トハ唯タ其ノ専擅圧抑ノ陋弊ヲ去リ、公明正大ノ条理ヲ履ミ、而シテ忠厚惻怛ノ意ト愛国奉上ノ心ト相ヒ協同シテ以テ成立スル所トス、豈ニ専断圧制ノ政治ノ以テ能ク然カスルヲ得可ケンヤ、本邦中古王権下ニ移リ政柄悉ク武門ニ帰シ、郡県ノ制ハ変シテ封建ノ勢ヲ成シ、威力相ヒ軋リ兵馬相ヒ争ヒ、復タ倫理綱常ノ存スル無ク、覇府迭ニ興リテ専擅圧抑ヲ主トシ、武断以テ政治ヲ為シ、其ノ名ハ王命ヲ奉シテ諸侯ヲ匡スト云フト雖モ其ノ実ハ大義名分全ク壊乱シ、沿襲ノ久シキ藩屏ノ侯伯各自ニ政刑ヲ異ニシ、遂ニ隣封接壌相ヒ凌轢シテ全国ノ気脈殆ント阻絶ス、徳川氏ノ晩季ニ方タリ適マ海外諸国ト交通互市ノ道ヲ開キタルヤ是レ実ニ世運時態ノ已ム可カラサルニ出テタルモ、人心悦ハス国是定マラス、紛紜嗷囂トシテ物論鼎沸シ、為メニ許多ノ損害ヲ招ケリ、是レ皆ナ覇府其ノ専擅圧抑ノ積弊ニ沿リ自主ノ国権ヲ確立スル能ハサリシニ坐セルノミ、幸ニ天其ノ衷ヲ誘シ、皇威再ヒ振ヒ百度維レ新タナルノ今日ヲ見ルヲ得タリ、是ニ於テカ侯伯モ亦タ時運ノ興隆ニ感激シ久シク私有セシ土地人民ヲ朝廷ニ還納シ、全国漸ク郡県ノ体制ニ帰シ国家ノ守衛人民ノ保護一ニ皆ナ政府ノ担掌スル所ト為リ、前日渙散セシ国権ヲ統轄シ、分離セシ国力ヲ収合シ以テ海内一致ノ政体ヲ確立ス、是ニ於テ国家ヲ守衛シ人民ヲ保護スルノ責任始メテ全ク朝廷ニ帰シ、随テ列藩モ亦タ名ヲ正シ実ヲ明ニシ勉メテ一致ノ政体ヲ賛シ、愛国ノ誠忠ヲ表シ相ヒ共ニ協同シテ国家ヲ維持セサル可カラス、否ラサレハ則チ何ヲ以テ其ノ責ニ任シ其ノ事ヲ挙ケ、其ノ義ニ当リ其ノ実ヲ践ムト言ハンヤ、宜ク今日ノ情勢ヲ観テ以テ審カニ前途ノ方図ヲ立ツヘキナリ、夫レ海陸警備ノ制更張セス、教令率育ノ道統制セス、審理刑罰ノ法整粛ナラス、理財会計ノ方周密ナラサルヤ決シテ一致ノ政体ヲ立ツ可カラス、凡ソ此ノ数者ハ皆是レ建国ノ大体政治ノ綱領ナリ、故ニ海陸警備ノ制若シ更張セサレハ則チ一国ノ独立ヲ守ルニ足ラス、教令率育ノ道若シ統制セサレハ則チ人民ノ自由ヲ全フスルニ足ラス、審理刑罰ノ法若シ整粛ナラサレハ則チ兇人ノ罪逆ヲ懲ラスニ足ラス、理財会計ノ方若シ周密ナラサレハ則チ国帑ノ度支ニ当ルニ足ラス、今ヤ政府ノ宜ク急ニスヘキ所ハ一致ノ政体ヲ定メ、列藩之ヲ承奉シ、相ヒ与ニ国家ヲ維持シ人民ヲ保護スルニ在リ、故ニ若シ此ノ四者ヲ欠ケハ豈ニ能ク其ノ事ヲ挙ケ其ノ実ヲ践ムト言フヲ得ンヤ、計ルニ全国田地ノ石額ハ三千万石ニシテ、府県ノ管轄スル所ハ僅ニ八百万石ト為ス、其ノ他ノ二千二百万石ハ悉ク列藩ノ管轄ニ属ス、此ノ大数ヲ通算シテ警備、教育、懲罰、会計ノ標準ト為シ、精思詳計シテ以テ按算画策スルニ非サレハ、則チ海陸警備ノ制何ニ由テ更張スルヲ得ン、教令率育ノ道何ニ由テ統制スルヲ得ン、審理刑罰ノ法何ニ由テ整粛ナルヲ得ン、理財会計ノ方何ニ由テ周密ナルヲ得ン、苟モ国権ヲ立テ国威ヲ張リ、独立ノ威柄ヲ持シ万邦ト並峙シテ匹敵ノ交際ヲ為スノ方策ハ唯タ此ノ四者ヲ確定スルニ在リ、然ルニ政府宜ク速カニ其ノ振正挙行ノ責ニ任スヘクシテ而モ之ヲ振正挙行セス、列藩宜ク速カニ承順賛成ノ義ニ当ルヘクシテ而モ之ヲ承順賛成セス、相ヒ倶ニ顧望依違シテ斯ノ一大有為ノ機会ヲ誤ラハ、所謂ル国権ノ確立シ政体ノ一致スルハ将サニ何ノ時ヲ待チ何ノ日ヲ期セントスルカ、宜ク当サニ内治維新ノ隆運ニ際シテ外国政略ノ劫制ヲ遏絶シ、鋭意淬励シテ須臾モ遑暇スル無カルヘク、実ニ政府振正挙行ノ責ニ任シ、列藩承順賛成ノ義ニ当ル可キ時会ト為ス、然リ而シテ今日ノ国是此ニ出テス、僅カニ八百万石ノ租税ヲ以テ全国一切ノ費途ヲ度支セント欲シ、営営孜孜トシテ故套ヲ襲蹈ス、吁嗟政府ノ国家ヲ維持シ人民ヲ保護スルノ責任ニ於ル果シテ何如ソヤ、是レ即チ朝廷速カニ全国経済ノ要会ヲ定メ、三治一致ノ政令ヲ制シ以テ自立自衛ノ国権ヲ確守セサル可カラサル所以ナリ、謹テ爰ニ具上取裁ス。

3-2. 第二建議は、第一建議（中央における一体的で有効な政府機構の創出の提案）と対をなすもので、内容的には画一的かつ集権的な中央－地方関係の創出を主旨とする。そしてこれに沿った具体的提案として、第二建議は「三治一致ノ政令」の制定（廃藩置県）を求めた。

第二建議における大蔵省の論理は、独立の維持――「自主ノ権力ヲ執テ独立ノ威柄ヲ持シ、万邦ト並峙シテ匹敵ノ交際ヲ為ス」こと――を中心的な価値（確守すべき目標）とし、そのためには、海陸警備の制を引き締めて盛んにし、教令率育の道を統制し、審理刑罰の法を整備し、理財会計の方を周密にすることが必要であると主張して、これらの実施財源の確保のために「三治一致ノ政令」の制定を求めるというものであった。*104 独立の確守のために、集権的画一的な中央－地方関係を創出し、もって財政を確立する――これがここでの大蔵省の主張であった。*105

4. 以上紹介した二つの建議から、明治三年秋大蔵省が政府組織および政体の急進的改革の先鋒的存在であったことが知られる。大蔵省は、当時、内部的には、丞官分課の設定、分課事務処理方規の設定、公文措置方規の改定、監督司職制の制定などをつぎつぎに行なって、自らの組織を官僚制的に編成することを強力に推し進めていた。そして、その一方、外部に対しては、二つの建議を太政官に提出することにより、政府組織および政体の急進的改革を訴えたのである。これは、また、租税司民部省移管論をそのうちに含む大久保利通らの漸進的政府改革論[*106]に対抗するものでもあった。

最後に【注解五】および【注解六】で述べたことを災害対策問題と関連づけて小括し、本項を終える。明治三年秋から翌四年にかけては、災害減租や賑貸（救助貸）にかかわり大蔵省の抑制政策が前面に出、これに反発した地方官の一部が専断で上記措置を行なって処分を受けた。大蔵省の災害救助抑制政策の徹底の背後には、【注解五】で見たように、部局事務の属人的処理を排し、機構的統一的処理を貫徹せんとする、省内組織の官僚制的編成への動きがあった。そしてこの大蔵省組織の官僚制化は、政府組織全体の官僚制的組織化と画一的かつ集権的な中央－地方関係の創出を求める動き（【注解六】）に、密接に結びついていたのである。

〔注〕

＊1　「民部省ヲ廃ス」（明治四辛未年七月二七日、太政官第三七五）。

＊2　「大蔵省職制事務章程ヲ定ム」（明治四辛未年八月一九日、太政官第四二三）。

＊3　民部大蔵両省の分省については、「民部省大蔵省分省セシム」（明治三庚午年七月一〇日、第四五七）の項（七〇－二一）を参照せよ。

＊4　会計監査の専務機関として出発した監督司が、徐々にその権限を拡張し、民政領域への政策的統制をも担うようになっていった点については、「租税監督通商鉱山ノ四司ヲ民部省ニ管セシム」（明治二己巳年八月一一日、第七二三）の項（六九－二七ａ）を参照のこと。

＊5　民蔵分離後大蔵省の所属となった監督司は、大蔵省内の寮司の班次において、また筆頭司となった。八月（失日）に決定された大蔵省内の寮司の班次は次の通りである。造幣寮、監督司、租税司、出納司、用度司、営繕司、通商司、度量衡改正掛。参照、大蔵省記録局（編）『大蔵省沿革志（上巻）』、一一二頁。

＊6　大蔵省記録局（編）『大蔵省沿革志（上巻）』、一〇八、一一〇－一一三、二七七－二七八、二八九－二九〇、三九一－三九三、五一八、五二一頁、および、大蔵省記録局（編）『大蔵省沿革志（下巻）』、二八七－二八九、三〇七頁。尚、以下の時系列表には、民部大蔵両省関係の組織・人事方面の動きに加えて、該期における大蔵省の府県への収税面・財政面での統制を示す案件（傍線部分）も挙げてある。

＊7　「大蔵省中ニ営繕司ヲ置ク」（明治三庚午年七月一七日、第四六五）。

＊8　「民部省元福岡藩邸ニ移転」（明治三庚午年七月二〇日、第四七四）。

＊9　「通商司ヲ大蔵省ニ属ス」（明治三庚午年七月二二日、第四七八）。

＊10　「地理庶務両司ヲ民部省ニ置ク」（明治三庚午年七月二二日、第四七九）。

＊11　「畑方米大豆正納ノ分自今石代金納ト為シ並三分一米十分一大豆金納ノ名称ヲ廃シ田方都テ米納ト為ス」（明治三庚午年七月二四日、第四八四）。

＊12　「田方検見規則ヲ定ム」（明治三庚午年七月、第五〇五）（七〇－一二二）。

＊13　「諸国貢米運送方並貢米運送船掟ヲ定ム」（明治三庚午年八月一〇日、第五二五）。

＊14　「諸藩及旧幕旗下上地村々四五年検見ノ上豊凶平均ヲ見テ定免辻ヲ稟候セシム」（明治三庚午年八月二四日、第五四四）。

＊15　「府県歳入歳出差引表編制例則分類略解ヲ頒ツ」（明治三庚午年九月一二日、第五八七）（七〇－一二五）。

＊16　「諸国貢米外国形船廻漕ヲ止メ地雇船ヲ以テ廻漕セシム」（明治三庚午年九月一五日、第五九六）。

＊17　「租税ニ属スル諸帳簿並ニ伺届書進致期限ヲ定ム」（明治三庚午年九月二四日、第六二四）。

＊18　「府藩県管内開墾地規則ヲ定ム」（明治三庚午年九月二七日、第六三〇）（七〇－一二六）。

＊19　千田稔「維新政権の地方財行政政策」、七〇頁。民部大蔵両省の分省に至る経緯については、「民部省大蔵省分省セシム」（明治三庚午年七月一〇日、第四五七）の項（七〇－一二一）で詳述した。

＊20　広沢の日記から分省直後の活動（民部省、民政関係のそれ）を書き抜いてみると、以下のようである（前後は省略し、関係箇所のみの書き抜きである。書き抜きに当たって句読点を付けた。以下、広沢の日記からの引用への句読点付けにつき、本項と同様筆者によるものである）（日本史籍協会（編）『広沢真臣日記』、三四一－三四二、三四二、三四三、三四五、三四六、三四七、三五一、三五三、三五五頁）。尚、括弧内は大久保利通の日記中の該当部分である（日本史籍協会（編）『大久保利通日記　二』、一一八、一一九、一二〇、一二二頁）。

七月十日　民部大蔵分割被　仰出岩倉大納言大久保参議一同御用掛拝命す。其他卿輔丞迄御引分被　仰出候事。

七月十一日　朝八字岩亜相公え御用談罷出、右府公及大久保参議一同相済十二字出る。（十一日、八字参　朝。岩公え広沢子同道参殿、民部のコト種々御示談有之。）

七月十四日　休暇に候得共御用有之朝七時参　内。十二字帰宅。（十四日、民部のコトニ付参　朝。）

（七月十七日、八字参　朝。民部省の評議有之。）

七月廿三日　民部省引移相済候付岩倉亜相大久保参議一同夕一字出仕。二字退出。

七月廿六日　巌亜相公え朝八字行、大久保大木吉井等集会。御用相済正午退出帰宅。（二十六日、今朝岩倉家え参、大木吉井子入来ニて民部一条示談。）

七月三十日　夜山尾民部権大丞来話。

八月朔日　夕井上［勝］鉱山正来話。

八月三日　朝八字民部省え出勤。夕二字退出。巌倉亜相大久保参議一同出仕す。（三日、九字民部省出仕、二字退出。）

八月十三日　夜井上鉱山正檜了介来話す。

八月廿一日　朝山中［献］石巻知県事来話。

八月廿七日　朝八字参　内。夕一字退出。夫より民部省出勤、七字帰宅す。

上に見られる名前について若干の注記を付す。鉱山正の井上勝は山口藩士、民部権大丞。明治三年八月八日に「鉱山盛業」を図るため佐渡県と江刺県への出張を命じられている（「太政官日誌」、明治庚午第三〇号、自八月二日至九日、所収、石井良助（編）『太政官日誌 第四巻』、一五九頁、日本史籍協会（編）『百官履歴　二』、二三五頁）。石巻知県事の山中献は、明治三年六月に、民部大輔兼大蔵大輔大隈重信に宛てて、民部＝大蔵省の地方政策を強い調子で批判する書簡を送った人物である（「明治三年六月七日付大隈重信宛山中献書簡」、所収、日本史籍協会（編）『大隈重信関係文書 一』、二四九－二五二頁）（山中の書簡については、前掲の「民部省大蔵省分省セシム」（明治三庚午年七月一〇日、第四五七）の項（七〇－二一）を見よ）。

日記中にある示談・評議・来話の中身については、詳しく記載されていないため不明であるが、上の記事から、民蔵分離後、広沢と大久保、そして岩倉が民部関係の事務について協議を重ねている様子が窺われる。

＊21　民部省御用掛となった広沢真臣は、明治三年九月七日付で右大臣三条実美に提出した意見書、「庚午九月七日民部大輔并諸県知参事気附に答ふ草按右府公に呈す」において、民部省が行なうべき地方政策についてその要点を語っている。これは、政府にあって民政畑の中心に位置してきた広沢の地方政策の中身、また彼が考える中央－地方関係を知るうえで重要な資料であるとともに、民蔵分離直後の民部省の政策展開の方向性を理解するうえでも貴重なものである。よって、この文書の重要部分を抜粋して以下に示す（日本史籍協会（編）『広沢真臣日記』、四五二、四五三頁。尚、上記本資料の表題中の傍線部は原文では活字のポイントが落ちた部分であることを表わす）。

一建国の体裁は天下の権力総て之を太政官に統理し諸省及ひ地方官等は則ち政府の手足にして其本末を明にし立法司法の三権常に其分界を定立し其制すへきは之を制し其任すへきは之を任し同心戮力其基本たる政府を輔翼し以て万機混雑の患なく又尾大の弊なきを要す（以下省略。）

一知県事は各管轄地に親しく其職掌を尽さしめ各県土俗風習の異る有と雖とも民政の大体に於ては全国同一なるへきを要す故に民部其大体を握り勧農理財等開国の良法を誘導し或は一県美事を挙れは之を他県に施行なさしめ其他土木駅逓等民部分司の事務と雖とも総て其大体を指揮し其施行すると及ひ瑣末の事に至ては専ら地方官に委任し其実効如何を督責するを要す

一牧民の大目的は農工商をして各智識を尽さしめ其職業を勧め以て盛に地力を興し大に百工を開き財路を通せしめ自主自由天理当然の権を失わさらしむるに在り此則人知を開く所以にして教育の基本とす

（後略。）

松尾正人は、上の資料への参照を促しつつ、広沢真臣の地方政策について、その要点を、「集権化と同時に啓蒙的な施政による府県政の確立」を図らんとするものとまとめている（松尾正人「明治初年の政情と地方支配――『民蔵分離』問題前後――」、五〇頁）。松尾によれば、広沢はこの立場から、「合併後の民部・大蔵省による府県の実態を無視した強権を、［広沢らが主導した］民部官以来の地方支配政策を破綻させるものと危惧し」、それに反対して民蔵分離へ動いたのであった。「明治三年七月六日付岩倉具視宛大久保利通書簡」（所収、日本史籍協会（編）『大久保利通文書 三』、五一〇頁）。／はそこで行が改まっていることを示す。

＊22 勧農局が設置された日付については、『明治職官沿革表 官廨部』では九月七日、『農林行政史』では九月二七日となっており、記述が異なっている（内閣記録局（編）『明治職官沿革表 官廨部』、一七頁、農林大臣官房総務課（編）『農林行政史 第一巻』、一一頁）。『農林行政史』によれば、設置された勧農局には開墾、種芸、養蚕、編輯、雑務の五課が立てられた（同上）。

＊23 「自今知事並参事東京へ罷出候節民部省へ出勤可致事」（「府県知事参事出京ノ節ハ民部省ニ出勤セシム」、明治三庚午年八月二二日、第五三九）。

＊24 民政熟練者を選んで出仕させるよう求められたのは、熊本藩、金沢藩、鹿児島藩のほか、静岡藩、和歌山藩、山口藩、水戸藩、津藩、岡山藩、高知藩、彦根藩、大泉藩、名古屋藩、佐賀藩、鳥取藩、福井藩、仙台藩、久保田藩、米沢藩、新発田藩である（「太政官日誌」、明治庚午第三六号、自八月二二日至二九日、所収、石井良助（編）『太政官日誌 第四巻』、一九六頁）。

＊25 この件での熊本藩への沙汰書の交付に関しては、参照、「八月廿三日民政に熟練せる者を推薦すへき旨我藩に達せらる」（所収、細川家編纂所（編）『改訂 肥後藩国事史料 第十巻』、六〇五頁）。熊本藩への沙汰書の交付に際して、弁官は、受け取りに出向いた熊本藩士後藤太郎八に対し、口頭で、「人撰之儀は帳面前等手数向ニのミ亘候小吏ニ而は都合あしく乍然尊卑之無差別民政熟練大体ヲ弁候人ニ有之候得は可然」と伝えている（同上）。政府（民部省）は、単に帳簿付けの事務に精通しているといった実務上の熟練を求めたのではなかった。そうではなく、「民心掌握」、「減免と救恤の地方政策」を担える、弁えをもった人材を欲したのである。ちなみに、熊本藩と言えば、当時、安場保和（胆沢県大参事）、野田豁通（胆沢県少参事）、津田山三郎（酒田県権知事）ら「仁政」派の地方官を多く輩出していたところである（この点については、「畑方貢米引方ハ稟候処置セシム」、明治三庚午年正月二八日、第六二の項（七〇－五）を参照せよ）。

＊26 推薦要請を受けた熊本藩はさっそく人選に入り、八月二九日には在東京の熊本藩権大参事米田虎雄が、矢島源助をもって要

請に応じたい旨を国許に書き送っている（「八月廿九日在東京本藩権大参事米田虎雄等は民政熟練者推薦の達に対し矢島源助を以て応すへしとの意を藩政府に通報す」、所収、細川家編纂所（編）『改訂 肥後藩国事史料 第十巻』、六〇九頁）。

*27 「十月某日日本藩矢島源助垣塚文吾民部省出仕を命せらる」（同上、六五五頁）。矢島は准一一等出仕、垣塚は准一三等出仕であった。熊本藩からはこれ以前に、小橋恒蔵が民部省出仕（准一二等出仕）を命ぜられている（明治三年八月八日）（「八月八日本藩小橋恒蔵民部省出仕を命せらる」、同上、五九九頁）。

*28 「明治三年七月一四日付大久保利通宛吉井友実書簡」（所収、立教大学日本史研究会（編）『大久保利通関係文書 五』、三六〇頁）。

*29 これについては、「民部省大蔵省分省セシム」（明治三庚午年七月一〇日、第四五七）の項（七〇-二一）を参照せよ。

*30 「明治三年九月二四日付岩倉具視宛大久保利通書簡」（所収、日本史籍協会（編）『大久保利通文書 四』、東京大学出版会、一九六八年三月、覆刻版、原本の刊行は一九二八年五月、三六-三九頁）、「明治三年一〇月朔日付岩倉具視宛大久保利通書簡」（所収、同上、四一-四四頁）、「明治三年一〇月二一日付岩倉具視宛大久保利通意見書」（所収、同上、八三-八五頁）。尚、本文中括弧内の引用は一〇月二一日付の意見書（同上、八四頁）からのものである。

*31 はたらきかけを受けた岩倉自身も、明治三年九月に太政官に対して提出した建国の体裁に関する建議（一四綱目）のなかで、「民治ノ規制ヲ一定シテ民部省ノ総轄ニ帰セシムヘシ」と主張しており（同上、一九頁）、大久保と同様に民部省を内政専管省として確立することを唱える立場であった。

*32 参照、「明治三年九月二四日付岩倉具視宛大久保利通書簡」、「明治三年一〇月二一日付岩倉具視宛大久保利通意見書」。『大久保利通日記』明治三年一〇月一〇日条には、大久保が二一日付で岩倉に提出した意見書の草案（要綱）が載せられている（日本史籍協会（編）『大久保利通日記 二』、一二九-一三一頁）。そこでは、この点に関し、「民蔵の権断然政府ニ御握リの事」と書かれている。

*33 「明治三年一〇月朔日付岩倉具視宛大久保利通書簡」（所収、日本史籍協会（編）『大久保利通文書 四』、四二-四三頁。引用に際し、句読点を付けた。本書からの引用に付き、この点、以下も同様である）。大久保は、同様の提案を一〇月二一日付の意見書（岩倉宛）においても繰り返している（同上、八四頁）。

*34 ここで述べる大蔵省の一連の措置（政策展開および人事の発令等）については、これを上掲の表に時系列でまとめてある。

参照のこと。

＊35　田方検見の仕法統一については、「田方検見規則ヲ定ム」（明治三庚午年七月、第五〇五）の項（七〇－一二二）を参照せよ。

＊36　参照、難波信雄「解体期の藩政と維新政権――仙台藩政と三陸会議を中心に――」（『歴史』、第三七輯、一九六八年九月）、五二－五三、五九－六一頁、佐藤誠朗・井川一良「明治維新と農民闘争――天狗騒動からワッパ一揆へ――」、一二頁、横山昭男「維新政府の東京廻米策と『山形県』」（『歴史』、第三九輯、一九六九年一二月）、一五－一七頁。政府（大蔵省）の貢米廻漕政策に対する地方官の困惑を表明したものとして、三陸会議（明治三年一一月一三日～一七日）の決議録がある（「第三　貢米廻漕之事。／　此議東京御蔵へ収穫ニ相成候得、旧慣ニヨリ不少ノ増収ト相成、当方困窮ノ民必至ト差迫リ候訳ニ付、出格ノ御僉議ヲ以テ石巻港ニ於テ御収穫ニ相成度、別途本省［民部省］へ歎願ニモ及ヘク候」。岩手県『岩手県史 第六巻 近代篇一』、杜陵印刷、一九六二年五月、六〇五頁）。大蔵省も貢米廻漕政策に対して「農民ノ苦情」がありうることを認識していた（大蔵省記録局（編）『大蔵省沿革志（上巻）』、三〇九頁）。つまり大蔵省は、農民からの苦情の発生を想定したうえで尚、その貢米廻漕政策を強制したのである。尚、田方租税米納および貢米廻漕に関する農民の苦情の中身については、ひとまず、徳富猪一郎（編述）『公爵松方正義伝 乾巻』、四〇三－四〇四頁、渋谷隆一「原蓄期農村における徴税請負的制度の性格――宮城県登米郡の貢租米流通機構の変化を中心に――」（農林省農業総合研究所『農業総合研究』、第一二巻、第四号、一九五八年九月）、一二八頁、藤村通「民部省時代の松方正義の財政政策」（大東文化大学東洋研究所『東洋研究』、第五〇号、一九七八年六月）、八－九頁などを参照せよ。明治四年二月に福島県に出張した民部大丞松方正義は、同地で発生した農民一揆の原因にふれて、田方租税米納および貢米廻漕に対する農民の苦情を取り上げ、これらの措置がもたらす「欠米」負担の増加を指摘して、民部少輔吉井友実宛に「欠米」それ自体の廃止を提言している。

＊37　大蔵省が進める貢租増徴政策に対する反発としては、農民や地方官からのもののほかに、民部省から提起されたものもあった。すなわち、大蔵省は、八月二四日に、達「諸藩及旧幕旗下上地村々四五年検見ノ上豊凶平均ヲ見テ定免辻ヲ稟候セシム」（明治三庚午年八月二四日、第五四四）を発出したが、これについて「苛刻ナル収斂法」の施行だとする批判が民部省から出、両省間で激しい議論が交わされたのである。この論争は、貢租増徴を最優先課題とする大蔵省と、民情への配慮を重視する民部省の、地方政策についての考え方の違いを、よく表わしている。そこで、該論争について、以下にやや詳しく紹介したい。

まず、当該達の全文を掲げる（『法令全書（明治三年）』、三二二頁）。

諸県支配地之内諸藩及旧幕旗下上地村々去巳年検見之上取箇取極又ハ私領引付等依申立取計候分モ有之候得共畢竟是迄収租ノ法不一定所ヨリ村民狐疑ヲ抱不都合之場合ニ立至候間当午年ヨリ両三年乃至四五ケ年致検見豊凶平均地味厚薄熟知無偏頗定免辻取極右ヲ目的ニ相立伺出可申候事

但府県調方一定不相成候テハ不都合ニ候間隣接地方官エ申合取計可申候事

引用からわかるように、この達は、大蔵省（租税司）が府県に対して、その支配地内にある諸藩あるいは旧幕臣の上地村々について、旧慣にもとづく徴租には不公平がありその是正が必要であるとの理由で、当午年より四、五年間にわたって検見を施行し、その間の豊凶を平均して定免辻を定めてそれを伺い出るよう命じたものである。この達にかかわり、民部権大丞玉乃世履が「検見法沿革議」を著して、達の内容を「苛刻ナル収斂法」と断じ、大蔵省の布達措置を「輓近ノ失措」と痛烈に非難した（玉乃世履の「検見法沿革議」は『大蔵省沿革志』に収録されている。参照、大蔵省記録局（編）『大蔵省沿革志（上巻）』、二九七－三〇〇頁。本件については、また、同上、二八三頁も見よ）。

玉乃の論を整理して紹介する。玉乃の論は、その大筋を捉えるならば、「年穀ノ凶歉ニ遭ヒ根取［収稲］額ヲ耗損シ為メニ取箇額ニ欠減ヲ生スレハ、則チ農民ヨリ官府ニ申請シ耕田稲粟ノ実況ヲ検省シ以テ貢租額ヲ量定ス、是レ之ヲ検見法ト謂フ」（同上、二九七頁）という検見法理解のもと、検見は村里より破免を申請する有るに際して施行せしものにして、決して申請せざる村里を併せて施行せしには非ざるなりと論じ、検見法の沿革をたどれば「高入地租額ヲ賦定シタル田地ニ検見法ヲ施行スルヤ、本来官府之ヲ人民ニ命スルノ理由無シ」、「而シテ官府ノ之ヲ命スルハ輓近ノ失措ニ出」ずと断じて（同上）、府県に対してその支配地内にある諸藩あるいは旧幕臣の上地村々について検見を命じた大蔵省を批判したものである（引用文中の傍線は割注部分であることを示す）。玉乃は検見法施行の本質を凶荒時の救済と捉え、大蔵省の達はこの点を無視し、農民を過酷な収奪に晒すものであるとした。玉乃は、大蔵省の狙いが「農民ノ申請スル無キニ遽カニ定免田地ニ検見賦租ヲ命シ、而シテ其ノ賦租額ヲシテ定免額ヨリモ超増セシムル」ことにあることを見抜き（同上、二九八頁）、この措置について、「諸藩及ヒ幕府臣僚等ノ封地采邑ヲ還納スル有ルヲ機会ト為シ納地ハ一般ニ検見ヲ施行スルノ俑ヲ作リシ者ナル可シ、果シテ然ラハ農民ハ偶マ一歳ノ豊稔ニ頼リテ前年ニ係レル三分以内ノ凶荒ノ損失ヲ補填シテ以テ逋債ヲ償還シ、更ニ後年ノ準備ヲ為サント図レルニ方タリ、俄カニ官府ヨリ検見収租ノ命ヲ下タス如キ是レ之ヲ苛刻ナル処置ト言フモ豈ニ誣ヒタリト為ン邪」と抗議したのである（同上、三〇〇頁）。

これに対し、大蔵省（租税司）は全面的に反論したが、その反論の骨子は次の一節に集約されている。すなわち、「即今旧幕府臣僚ノ還納セル采地内ノ村里ノ如キハ享保以前ノ定免田地ニ係ル者ニ非スシテ、数回ノ変遷ヲ経過シ全ク地頭ト農民トノ私約ニ成レル者ト為ス、故ニ其ノ公平ヲ得サルハ素ト当然ノ事理ニ属ス、然リト雖モ其ノ田地ニ検地法ヲ施行スル如キハ、郡国全体ニ関渉シ頗ル重大ノ事業タルニ由リ、更ニ検見法ヲ施行シテ実地ノ収穫ヲ検量シ以テ定免額ヲ賦定スルノ慣法ハ頗ル便宜ノ捷法ト謂フ可シ」（同上、三〇一頁）、「旧地頭ノ私法ヲ以テ賦定セシ不衡均ナル定免額ノ如キ納地以後ニ於テ一時之ヲ検見田地ニ改換スルハ最モ時弊ヲ拯済スルノ良法ト謂フ可シ」（同上、三〇二頁）。諸藩あるいは旧幕臣の上地村々では旧領主と農民との間に結ばれた「私約」によって徴租が行なわれており、これははなはだ不公平なものである。それゆえ一時検見法を施行して適正な定免額を確定することは公平の理に適っている。これが大蔵省の立場であった。玉乃は検見法の沿革を論じる形を借りて大蔵省の貢租増徴策を批判したのであるが、大蔵省はこれを「地方租税ニ関スル制度ヲ設定スルハ唯タ偏頗無キヲ要スルノミ、決シテ一時ノ景況ト民情ノ好悪トニ拘泥ス可カラス」（同上）と突っぱねた。ここに見られる大蔵省の立場は、一年半前広沢真臣により起草された「府県施政順序」（明治二年二月五日）において表明されていた見地、すなわち「施政ノ始切ニ戒ム可キハ聚歛《ママ》ナリ民心未定ニ租税ヲ議スレハ忽チ疑惑ヲ生ス故ニ租税ノ事ハ最モ後ニ手ヲ下スヘシ」からは遠く隔たったもの、と言うべきである。

ところで、この論争中、大蔵省は、「免」の字義を繰り返し次のように論じている。曰く、「元来免トハ即チ収穫実額十分ノ五ヲ蠲免シテ之ヲ農民ニ付与スルノ意義ニシテ（中略）、然ルニ後世免ノ字義ヲ誤会シテ貢租額ヲ言フ者ト為シ」、あるいは「免トハ田地収穫米ノ幾分ヲ蠲免シテ之ヲ農民ニ付与スルノ意義ニ出テタル」、と（いずれも、大蔵省記録局（編）『大蔵省沿革志（上巻）』、三〇二頁）。田地収穫米は本来すべて官府に属する性質のもので、それを免というかたちで農民に付与しているのだ、という姿勢がここで語られている。これは、玉乃世履の、農民が収穫したものを剖分して官府に貢納するとする租税観（「夫レ田畝ヲ耕耘シテ以テ稲粟ヲ収穫シ其ノ収穫セル稲粟ヲ剖分シテ官府ニ貢納ス、是レ之ヲ農民ノ常分ト謂フ」）とは異なるものである。上に引いた一節は、大蔵省が「免」の字義の解説を借りて自らが行わんとしている貢租収奪の正当化を図ったものと見るべきである。

＊38 「府県歳入歳出差引表編制例則分類略解ヲ頒ツ」（明治三庚午年九月一二日、第五八七）（七〇－二五）。

＊39 「租税ニ属スル諸帳簿並ニ伺届書進致期限ヲ定ム」（明治三庚午年九月二四日、第六二四）。たとえば、「定免切替新規定免諸運上冥加同断伺届」は、関東八ヶ国伊豆甲斐国は三月晦日限、その余の遠国は四月一五日限とされた。正租帳の提出期限は「検見帰着ヨリ四十日限」、今年大積明細帳は翌年正月晦日限、昨年勘定帳は今年一二月一五日限、租税に関してその年内に提出すべき伺届類は一二月一五日限であった。

大蔵省は、府県に対して、租税関係の諸帳簿提出の期限を定めてそれらの速やかなる提出を指示したばかりでなく、一〇月に入ると、「租税米金ハ取立ノ度々上納セシメ其納入期月ニ後ル、者ハ其事由ヲ録上セシム」（明治三庚午年一〇月九日、第六六一）を発して、租税米金の遅納を戒め、期限内納入を督励した。この一〇月九日の達について、『大蔵省沿革志』は次のように記している。「府県及ヒ諸藩寄托地ノ租税米金ヲ納完スル期限ヲ督告ス。（中略）各地方租税米金ノ公納ヲ遅滞スル者往往ニ之レ有リ、客歳ノ如キハ穀粟凶歉ナリシヲ以テ稍ヤ諒恕ス可キ者有ルモ、今後ハ必ス稽怠スル有ル勿レ、（中略）若シ米金公納ノ期限ニ納完スル能ハサル有ラハ、則チ其ノ遅延スル事由ヲ具陳シ且ツ明注書ヲ副上ス可シ。」（大蔵省記録局（編）『大蔵省沿革志（上巻）』、二九一頁。）

＊40 大蔵大輔職は、明治四年六月二七日に再び大隈が任命されるまで空席とされた（大蔵省百年史編集室（編）『大蔵省百年史上巻』、一八頁）。大隈の参議転出後の大蔵省頂点部の構成は、大蔵卿伊達宗城、大蔵少輔伊藤博文、吉井友実（明治三年九月一〇日まで）、井上馨（明治三年一一月一二日より）というものであった（大蔵省百年史編集室（編）『大蔵省百年史 別巻』、大蔵財務協会、一九六九年一〇月、三四頁）。

＊41 明治三年閏一〇月五日、参議の分課が定められ、大隈は改めて大蔵省を任されることになった。閏一〇月五日の参議分課において、大久保利通は民部省担当からはずれ、民部省担当は広沢真臣ひとりとなった（この日、大久保、広沢とも、民部省御用掛を免ぜられている。広沢はいったん民部省御用掛を免ぜられたうえで、参議として民部省担当とされたのである）。ちなみに参議六名の分課は次の通りであった（日本史籍協会（編）『広沢真臣日記』、三七六－三七七頁）。

神祇官　兵部省　宮内省　集議院……大久保利通・木戸孝允

民部省　開拓使……広沢真臣
大蔵省　……大隈重信
刑部省　弾正台……佐々木高行
外務省　大学……副島種臣

＊42　大蔵省記録局（編）『大蔵省沿革志（上巻）』、二八三頁。

＊43　『大蔵省百年史』も、この時期、「大蔵省の機構整備の方向が徴税機能の拡充へと向かってい」たことを指摘している（大蔵省百年史編集室（編）『大蔵省百年史 上巻』、一七頁）。

＊44　『大蔵省沿革志』租税寮の部明治三年九月三日条は、租税司の職制、職員規程、および処務条規の立定の目的について、次のように述べる。「本司［租税司］ノ職制、職員及ヒ処務条例ヲ確定シ以テ所属官吏ノ職務ヲ分課セハ、則チ庶幾クハ官ニ曠職無ク責専ラ帰スル所有ラン。」（大蔵省記録局（編）『大蔵省沿革志（上巻）』、二八三頁。）租税司の職制、職員規程、庶務条規を立定することにより、所属官吏の職務の分担と権限を明確にし、もって司内の冗職を一掃し、責任の所在を明らかなものにするというのであった。

＊45　同上、二八三－二八四頁。

＊46　「諸国貢米運送方並貢米運送船掟ヲ定ム」（明治三庚午年八月一〇日、第五二五）。

＊47　「畑方米大豆正納ノ分自今石代金納ト為シ並三分一米十分一大豆金納ノ名称ヲ廃シ田方都テ米納ト為ス」（明治三庚午年七月二四日、第四八四）、参照。

＊48　「府県歳入歳出差引表編制例則分類略解ヲ頒ツ」（明治三庚午年九月一二日、第五八七）の項（七〇－二五）を参照せよ。

＊49　ただしそれも収税方法についてであって、税則の改更・創設それ自体が民部省との協議事項とされているわけではない。

＊50　明治二、三年期の農民騒擾の多発については、青木虹二「明治初期農民一揆年表（明治一～一〇）」、同『明治農民騒擾の年次的研究』を参照のこと。また、この問題は、「民部省大蔵省分省セシム」（明治三庚午年七月一〇日、第四五七）の項（七〇－二一）において触れられている。こちらも参照されたい。

租税司職制第四条は、収税方法について、旧制の改更・新則の創立等が「民情ヲ触動」する恐れのある場合の措置を定めるが、この部分は、収税方法における旧制の改更・新則の創立等が「民情ヲ触動」する恐れのあることを、大蔵省自身が認めたところのものである。この点がまず注目されねばならない。さらにまた第四条の上記の規定は、当時の大蔵省の租税政策（地方政策）がいかなる性格のものであったか（すなわち農民騒擾を引き起こすほどの租税収奪の強行であったこと）を示す資料としても捉えられる。

＊51 『大蔵省百年史』は、明治三年八月二〇日租税司中に三課が置かれたことを記している（大蔵省百年史編集室（編）『大蔵省百年史 上巻』、一七頁）。

＊52 大蔵省記録局（編）『大蔵省沿革志（上巻）』、二八四－二八五頁。

＊53 大蔵省記録局（編）『大蔵省沿革志（上巻）』、二八五－二八七頁。

＊54 ここで第四条、第五条、そして第七条に依り、司内各課に分付されたのちの文書の処理手続き――これは事案の処理手続きを意味する――を整理しておくと、それは次のようになる。①【司内各課（主任各課）】分付された文書簿冊を点検し、処分案を起草する。↓②【租税正権正】司内各課で作成された処分案に司印を捺し（各課作成の処分案の検認）、それを省中の回議回覧に供する。↓③【大蔵本省】省中回議　回覧。↓④【租税正権正】回議回覧を経了し還到した文書を検閲する。（A）原案どおり決議が得られた場合には、該文書を主任課に下ろして決議内容での処分を実施させる。（B）回達中異議が提出された場合には、正権正が異議を審聴し、処分案を改訂する（↓それから再び改訂された案を回議に付す。回議が経了し改定案が決議されていれば、正権正は司印の下に検印を押してこれを主任課に下ろし、処分を執行させる）。

＊55 民蔵分離に対しての大隈派の憤懣と危機感をよく表現しているのが、当時特別弁務使として英国に派遣されていた大蔵大丞上野景範の大隈宛書簡中の次の一節である。すなわち、上野は、明治三年九月二五日付で、大隈に宛てて「此度大蔵民部の両局分省ニ相成候由伝聞仕候。何故の御沿革ニ候や。兄等是迄御尽力為有之件々も当時の姿ニては稍水泡ニ属し不堪遺憾」と書き送った（「明治三年九月二五日付大隈重信宛上野景範書簡」、所収、日本史籍協会（編）『大隈重信関係文書 一』、三一二頁）。

＊56 千田稔「維新政権の地方財行政政策」、六八頁。また、同「初期殖産興業政策論――廃藩置県以前の通商司と工部省――」（『一橋論叢』、第六八巻、第四号、一九七二年一〇月）、四三〇頁も参照のこと。

＊57 「工部省ヲ置ク」（明治三庚午年閏一〇月二〇日、第七五五）。

＊58　明治三年一〇月一五日付の岩倉具視宛三条実美書簡は、工部省設置の件がどの筋から出た案件か、またこの件にかかわって当時の政府内部の意見の分布がどうであったかをよく示すものである。「彼工部院の事、木戸大隈広沢よりも頻に申立居候。尤副島にも異論は無之候。唯人撰の上に於て、大隈木戸等は当時伊藤にても大蔵省より兼勤候方可然見込、副島は兼勤は不同意、大久保は当分唯今の儘民部に附置との説に御座候。此義いか、可然哉。何分工部は急務、殊に外国引合の燈明侍従鉄路等尤大事に御坐候間、速に御治定纏り相付候様有之可然存候。」（日本史籍協会（編）『岩倉具視関係文書 四』、四四五頁）。

＊59　参照、上掲「明治三年一〇月一五日付岩倉具視宛三条実美書簡」。

＊60　『広沢真臣日記』の明治三年閏一〇月二〇日条には、「大隈参議身柄両人工部分課の段、府公申渡有之候」との記事がある（日本史籍協会（編）『広沢真臣日記』、三八二頁）。

＊61　「民部省中寮司ヲ定ム」（明治三庚午年閏一〇月二〇日、第七五四）（七〇一二八）、「民部省中鉱山司以下諸掛ヲ廃ス」（明治三庚午年閏一〇月二〇日、第七五七）、大霞会（編）『内務省史 第一巻』、四四頁。

＊62　工部省設置にともなう民部省中寮司の分割の際土木司は民部省に残置されたが、これをも工部省に移管すべきであるとの論が、工部省設置後まもなく、工部省内から提起された。明治三年一一月に参議（大蔵省・工部省担当）大隈重信に提出された工部少丞肥田浜五郎の意見書がそれである（「明治三年一一月大隈重信宛肥田浜五郎意見書」、所収、日本史籍協会（編）『大隈重信関係文書 一』、三三九－三四二頁）。肥田は、意見書のなかで、この点を、「工部省の儀は掌褒勧百工及管鉱山製鉄燈明台鉄道伝信機等の章程被　仰出候得共、右は全当分の儀ニて、追ては土木営繕等の職掌モ必然工部ニ属シ至当の筋ニ可有之歟」と書いた（同上、三三九頁。肥田の意見書中〝土木〟の語は具体的には治水堤防を指して使われている）。肥田浜五郎の意見書は、土木（主に治水堤防事務）は工部省に所属するのが当然の筋であるとの論を立てたうえで、治水堤防事務を従来の姿のままにしておくのではなく、治水堤防に関する西洋（具体的にはオランダ）の学術を取り入れてその内容を一新すべきであると主張するものであった（肥田浜五郎は「長崎で伝習を受けた幕府機関将校」で、オランダへの留学経験をもっていた。肥田は明治四年八月の工部省の組織整備の際造船頭兼制作頭となったが、工部省の歴史を概説した鈴木淳は肥田を「［工部］省内では主流ではない人物」と評している。鈴木淳「工部省の一五年」、所収、同（編）『工部省とその時代』、山川出版社、二〇〇二年一一月、一一、一二頁）。具体的に肥田が建言したのは、すなわち、①治水堤防に関する学術習得のためオランダに留学生を派遣す

ること（肥田本人も派遣を希望）、②①を行なったうえで、留学生の帰国を待ち、それからオランダ人技術者を招聘すること（現時点でのオランダ人技術者の招聘は、然るべき受け入れの体制が整っていないため、時期尚早であること）の二点であった。

ところで、肥田の意見書には、治水技術（治水堤防事務）の近代化を見ていくうえで、いくつかの興味深い記述がある。それを、以下に二点、記す。第一点、治水堤防事務を見るに、災害対策の視点（被害の抑止の意義）よりも、殖産興業的視点（「地力ヲ興起致シ候一大基本」）が前に出ていること（もっともこれらは截然と区別されるものではないが）（「一体治水法の義は、地力ヲ興起致シ候一大基本ニシテ、御国の如キハ実ニ一日片時モ不被捨置義と奉存候」）。二点目は上に紹介した肥田の建言そのものである。すなわち、当時出されていたオランダ人技師雇入れの論に対し、然るべき受け入れの用意なくしては雇入れの意味はなく、順序としてはまず受け入れ態勢（オランダへの留学生派遣によるオランダの治水堤防の学術の習得と、民部省測量局による国内河川の測量の実施）を調えることが先で、然るのちにオランダ人技師を雇入れるべきであるとの論を置いたことである。肥田の議論は単純なあるいは拙速な外国人技師の雇入れではなく、留学生の派遣により政府部内に治水堤防の学術を理解する人材を用意したうえで外国人技師を招聘するというものであった。肥田自身の言葉では次のようである。「御国ニおゐてハ未タ治水隄防の学術不相開（中略）実ニ可歎の甚敷事と奉存候。就ては私儀（中略）治水隄防修繕等の諸書籍ヲ求メ乍不及夫是研究罷在候得共、何分文書上而巳ニては其意不尽義等件々有之、加之近世追々新発明モ可有之候間、自今二ヶ年の間私並外両三名御人撰の上右学術為修行和蘭国へ被差遣候様仕度、左候ハ、年限中其学科伝習帰国後は必ス御用立候様精々勉強可仕候。」「近頃隄防の義ニ付蘭人御雇の義御評議被為在候趣略伝承仕候得共、縦令目今蘭人御雇相成候共川々水源ヨリ流末ニ至迄能其地理水勢高低ヲ始洪水の尺度等測量致シ候上ナラデハ直ニ治水の術挙ガルヘキ理万々有之間敷、左スレハ右等の順序ヲ可施為メ余程の歳月ヲ経候義ニ可有之。然ルニ当時幸全国測量のため民部省中一局御設相成居候間、私共彼ノ地留学中御国ニ於テハ右測量局の官員ヲ以関東関西川々の内其先ンズヘキヲ測量致シ置、又彼ノ地ニおいては私共滞在中和蘭治水隄防家ノ功拙並隄防ニ可相用諸物品諸機械等都て御国ニ取利害得失一ニ研究仕、帰国後彼我の所長等篤と取調可申上候間、弥蘭人御雇の時宜ニ運候ハ、其節可否共御評決相成候方自然彼の籠絡ヲ招キ候患モ無之、旁御都合可宜御義と奉存候。」（同上、三四〇－三四一頁。傍線は原文においてポイントが落ちた部分であることを示す。）

土木司は、肥田の建言からおよそ半年後、明治四年七月二七日の民部省廃止にともなって、翌二八日工部省に移管された

（「旧民部省土木司ノ事務ヲ工部省ニ属ス」、明治四辛未年七月二八日、太政官第三八二）。工部省土木司は、同年八月一四日、土木寮となり（「工部省中寮司ヲ置キ等級ヲ定ム」、明治四辛未年八月一四日、太政官第四〇七）、そして程なく大蔵省の所属に移された（「工部省中土木寮ヲ大蔵省ニ管セシム」、明治四辛未年一〇月八日、太政官第五二八）。

オランダからの技師来日は明治五年二月のことである。このとき、ファン・ドールンとI・A・リンドが招聘されて来日した。明治初年におけるオランダの治水技術導入の経緯については、栗原東洋『治山治水行政史研究の一試論』のはしがき、第一章および第二章、とくに四五－五二頁を、参照せよ。

＊63 上注の議論（土木司の民部省から工部省への移管の議論）を念頭に置きつつ、『大蔵省沿革志』から土木事務に関する記事をひとつ紹介し、これについて少し検討しておきたい。それは、『大蔵省沿革志』本省の部明治三年一一月一五日条に載せられた「大坂安治河ノ壅淤ヲ疏浚シ、税銭ヲ課抽ス」という記事である（大蔵省記録局（編）『大蔵省沿革志（上巻）』、一一六頁）。この記事は、大蔵省大坂支衙からの申報を記録したもので、安治川河口の浚渫工事実施についてのものである。すなわち、安治川の河口に土砂が堆積して舟運に不便を来しているので、同川に入泊する船舶に税銭を課し、これをもって疏浚の工費に充てることとし、すでにこの事業に着手したというのである。これをこのまま読めば、民部省土木司ではなく大蔵省大坂支衙が、安治川河口の浚渫という土木工事の実施を決定し、すでにそれに着手している、ということになる。当時大蔵省は地方官が実施を要望した治水工事などについて財政上の困難を理由に厳しい態度をとっていた。また、本件（「民部大蔵両省管轄ノ寮司諸掛及事務条件ヲ区別ス」、明治三庚午年八月九日、第五二〇）による所掌事務の分割でも、「諸港津ノ事」、「水利堤防ノ事」とともに民部省の担当となっているところである。こうした事情を踏まえて、安治川の件を見ると、大蔵省は、民部省土木司を通じて要請される各地方の治水工事には厳しく臨む一方で、権限の踰越とも見られる工事実施を自らの支衙が決定したことを許容しているということになる。事の詳細は不明であるが、この事例が示唆しているところは、課税を含む租税事務を所管する大蔵省が多大の費用を要する土木工事実施の実質的そして実際の決定権を握っていたということであろう。

以下に、この記事の全文を載せる（傍線は割注の部分である）。

十五日、大坂安治河ノ壅淤ヲ疏浚シ、税銭ヲ課抽ス。

大坂支衙申報ニ曰ク、本府安治河口近来漸ク土砂壅堆シ、巨船ト小舟トヲ問ハス潮汐ノ退落スルニ遭ヘハ上下スル能ハス、為メニ府下ノ商業ノ衰微ヲ致サントシ、市民往往ニ之ヲ哀訴ス、因テ今回安治河ニ入泊スル船舶ニ帆別銭帆布ノ広狭ヲ数ヘテ課抽スルヲ言フヲ課抽シ、此ノ課銭ヲ移シテ疏浚ノ工費ニ供シ以テ船舶ノ上下スルニ阻碍スル無ラシメントス、目下試ニ已ニ其ノ事ニ着手セリ、乃チ爰ニ申明ス。

安治川河口の浚渫という治水工事を、大蔵省大坂支衙は、災害の発生を防ぐという面からではなく、専ら舟運の改善という殖産興業的視点で捉えているところも、押さえておきたい。

一方、「諸港津ノ事」、「水利堤防ノ事」をその所掌事務とした民部省土木司は、この時期、信濃川大河津分水工事に取り組んでいたほか、関東地方の河川治水調査も行なっている（「関東筋川々近年水害不少庶民難渋之趣ニ付今般水行之順逆其外点撿トシテ島民部権少丞被差遣候」）。信濃川大河津分水工事については、「信濃川分水路鑿割費用高役出金納方ヲ定ム（新発田以下七藩ニ達）」（明治三庚午年六月一二日、第三九九）の項（七〇－一六a）を、参照せよ。また、関東地方の河川治水調査については、「太政官日誌」、明治庚午第五五号（自一一月一五日至一八日）（所収、石井良助（編）『太政官日誌 第四巻』、三〇三頁）を、参照のこと。

＊64　この点について、千田稔も次のように言っている。「民蔵分離後も、大久保らは民部省に依拠して民心掌握の民政を何ら積極的に展開し得ず、大蔵省の政策が依然として貫徹していた。」（千田稔「維新政権の地方財行政政策」、六九頁。）民蔵分離後も基本的に大隈ら大蔵省の路線での地方政策が貫かれていったことについては、松尾正人「明治初年の政情と地方支配――『民蔵分離』問題前後――」、五二一－五三三頁も参照。

＊65　三条西については、新潟県（編）『新潟県史 通史編六 近代一』、一五六頁、および、日本史籍協会（編）『百官履歴 一』、三〇四頁を参照のこと。名和については、新潟県（編）『新潟県史 通史編六 近代一』、一五六頁、参照。

＊66　東京大学史料編纂所（蔵版）『維新史料綱要 巻十』、三九四、四一〇、四三九、四六〇、四七一、四八七、五〇六、五二九頁。傍線部は割注部分であることを示す。

＊67　「明治四年七月一〇日付大久保利通宛海江田信義書簡」（所収、立教大学日本史研究室（編）『大久保利通関係文書 二』、吉川弘文館、一九六六年一二月、二三四頁）。前後を省略して必要部分のみ掲げた。

＊68　本項【注解三】の2、2－2、2－3、3を参照。

＊69 大蔵省内における官僚制の整備（組織、職員、文書を中心とする事務処理手続きなどに関する規程の整備）であるが、これに関してまず注目されるのは、通商司、租税司という民部省との間で所管に争いがあった部門の整備が先行していることである。

＊70 官僚および官僚制の概念、さらには日本における近代官僚制の形成の概略については、山中永之佑「明治初期官僚制の形成と堺県知事小河一敏」、七五–七八頁を参照のこと。山中は、この論文のなかで、「明治初期官僚制」という概念を打ちだし、それを次のように、日本における近代官僚制の形成史中に位置づけている。「日本の近代官僚制（それは絶対主義的性格を有するものではあるが）というべきものは、明治二〇年（一八八七）七月二三日『文官試験試補［及］見習規則』及び続く明治二六年一〇月三〇日、文官任用令（勅令第一八三号）、文官試験規則によって、その整備、確立への展望があたえられたものと考えられる。従って、それ以前の官僚制とは区別して観念されなければならない。従って明治初期官僚制は、日本近代官僚制成立以前の、いわば過渡的なものというべきであろう。」（同上、七八頁。）本注解で取り上げる明治三年秋から明治四年春にかけての時期の大蔵省と政府における官僚制的機構整備——すなわち大蔵本省および管下諸寮司における一連の組織規程整備と、政府全体の官僚制的規律化を目指す建議の提出——は、山中の言葉を借りれば「明治初期官僚制」の形成の動きと捉えられる。

＊71 本時系列表に掲載されていない寮司についても、ここで、それらにおける組織規程の整備状況を簡単にまとめておく。用度司では、明治二年六月に処務規則が剏定され、明治四年五月に同規則が更定された。営繕司では、明治四年八月一九日に営繕寮職制および営繕寮事務章程が制定された。造幣寮でも、明治四年八月一九日に造幣寮職制および造幣寮事務章程が制定された。

＊72 明治二年七月八日の職員令では、大蔵省には大丞二人、権大丞、少丞三人、権少丞が置かれるとされていた。参照、「職員令並官位相当表」（明治二己巳年七月八日、第六二二）（六九–二一b）。

＊73 大蔵省記録局（編）『大蔵省沿革志（上巻）』、一二一頁。

＊74 『職員録（明治三年一一月改）』を見ると、そこには大蔵省の丞官として九名の名前が掲載されている。すなわち、大丞として得能通生（良介）と上野景範の二名、権大丞として中村清行、郷濬（純造）、岡本義方（健三郎）、坂本正均、馬渡俊邁の五名、少丞として安藤就高、渋沢栄一の二名である（『職員録（明治三年一一月改）』、国立公文書館デジタルアーカイブ）。このうち、権大丞馬渡俊邁は一一月一二日に造幣頭に遷任し、同じく権大丞郷濬は一一月二〇日に太政官権大史に、また同じく権大丞坂本正均も一一月二〇日に刑部大解部にそれぞれ転任している（大蔵省記録局（編）『大蔵省沿革志（上巻）』、

一一九、一二〇頁)。丞官分課は転出せずに大蔵本省の丞官に残った六名のうちの四名になされたのである。課をまかされなかった二名を見てみると、大丞上野景範は英国出張中、岡本義方は丞官分課の約二か月後の明治四年二月に大坂造幣寮に出張を命じられている(日本史籍協会(編)『百官履歴 一』、四四五−四四六頁、日本史籍協会(編)『百官履歴 二』、二九一頁)。ということで、出張中もしくは出張が見越されていたと推定される者を除く四名全員に三ないし四の科目が派課されたのである(尚、得能は本人の願い出により一一月二七日に大丞から権大丞に降任している)。

＊75 大蔵省記録局(編)『大蔵省沿革志(上巻)』、一二二頁。

＊76 筆者は、以前、イギリスにおける部省(ministerial department)の形成過程の研究を行なったことがあるが、文書処理手続きを定めることによって部局の階統制的編成を実現するという組織手法はかの地でも見られた(参照、井上洋「イギリスにおける近代的行政機構の確立過程に関する一試論 ── ministerial department の形成過程を中心に ──」、名古屋大学『法政論集』、第一〇一号、一九八四年九月)。上記の論文において、筆者は、一九世紀前半の植民地省(the Colonial Office)を例に、部局の階統制的編成を実現するために、文書処理手続きを定めるという組織手法がとられたことを指摘した(同上、二〇一−二一五頁)。ただし、部局の階統制的編成を実現するための組織手法という点でかの地の植民地省と明治初年の日本の大蔵省に同一性が見られるといっても、同一性はそこまでである。かの地では、階統制的に編成された部局は、部局の政治的長である大臣を介して庶民院(the House of Commons)の統制のもとに置かれた。いわゆる「立憲的官僚制」(constitutional bureaucracy)(ヘンリ・パリス)である(参照、Henry Parris, *Constitutional Bureaucracy : The Development of British Central Administration since the Eighteenth Century*, London: Allen & Unwin, 1969)。これに対して明治初年の大蔵省の場合は、まず国民代表機関自体が存在せず、専ら中央集権的な政府機構の実現を目指すなかでそれがなされた。階統制的に編成された部局の活動をその頂点に立つ大臣を統制することにより国民代表機関(議会下院)の下に置く、否むしろ部局の活動について大臣に実効的に責任を負わせるためにその下の部局の階統制的編成が試みられていくという点で、イギリスにおける官僚制の形成は議会政のシステムとの接合が強く意識されていた。それに対して明治初期の日本では官僚制の形成は議会の政治的統制とはまったく関係のない世界でそれ自体を目的として行なわれたのである。

＊77 「職員令並官位相当表」(明治二己巳年七月八日、第六二二)(六九−二一一b)。

＊78　「民部大蔵両省管轄ノ寮司諸掛及事務条件ヲ区別ス」（明治三庚午年八月九日、第五二〇）（本件）。

＊79　もっとも、この規則制定時点での丞官の人事の出入りを見ると（＊74参照）、その激しさゆえに、管掌事務分課を一定の数・位の丞官職に行なうのは難しく、実在する特定の丞官に当てる形式を採らざるを得なかったとも評せよう。

＊80　大蔵省記録局（編）『大蔵省沿革志（上巻）』、一二六頁。

＊81　同上、一二四、四〇一頁。

＊82　同上、四〇二－四〇三頁。

＊83　「治河及諸普請等ニ刑法官監察ヲシテ出張セシム」（明治二己巳年二月二日、第九七）の項（六九－八）を参照せよ。

＊84　大蔵省記録局（編）『大蔵省沿革志（上巻）』、五三六頁。『大蔵省沿革志』を見る限り、出納司処務順序と出納司内の分課事務規程は「草案ス」であり、立定の記録が無い。出納司の組織規程の立定の記録を追うと、明治四年八月一九日に至りつく。この日、出納寮職制と出納寮事務章程が制定された（同上、五七〇頁）。このような次第であるので、以下に紹介、検討する出納司処務順序と出納司内の分課事務規程はすべて草案である。この点、留意されたい。尚、出納寮職制ならびに事務章程が制定された明治四年八月一九日は、大蔵本省および管下の各寮司でそろって職制と事務章程が制定された日である（参照、同上、一六八、三三四、四一四頁、大蔵省記録局（編）『大蔵省沿革志（下巻）』、四五、五六、一二七、二一七、三一一、三三〇、三八七頁）（「大蔵省職制事務章程ヲ定ム」、明治四辛未年八月一九日、太政官第四二三の項（本書第二巻に収録の予定）を見よ）。

＊85　大蔵省記録局（編）『大蔵省沿革志（上巻）』、五三六－五三七頁。

＊86　為替方（為換方）については、『国史大辞典』に次のような説明がある。「明治前期の国庫出納機関。国庫に収納する金銭の鑑定・収入・逓送もしくは支出事務を取り扱う。制度的に為替方・為替御用掛・各庁為替方・税金預所および大蔵省為替方に大別される。まず明治元年（一八六八）二月一三日会計事務局は三井八郎右衛門・島田八郎左衛門および小野善助の建議を認め、官金の為替取扱いを委任し、ついで同年一二月東京府下の両替商五〇余名に官金為替用達を命じた。当初からかれらが官金出納事務を取扱ったかどうか、明確ではないが、三年にはその任にあたっている。」（国史大辞典編集委員会（編）『国史大辞典 第三巻』、吉川弘文館、一九八二年一二月、七二三頁。）

＊87　大蔵省記録局（編）『大蔵省沿革志（上巻）』、五三七－五四四頁。

＊88 同上、五三七頁。

＊89 同上、五三八頁。

＊90 傍点部。尚、国役金については、「関東川々堤防国役金ヲ徴集ス」（明治元戊辰年八月、第七〇九）（六八－一二〇）および「諸県川々国役金ヲ徴収ス」（明治二己巳年一一月、第一〇八六）（六九－四〇ａ）の二項を参照せよ。

＊91 大蔵省記録局（編）『大蔵省沿革志（上巻）』、五三九頁。

＊92 賑貸（救助貸）については、「夫食種籾農具等貸下ノ措置ヲ定ム」（明治二己巳年七月一四日、第六五二）の項（六九－二二）を見よ。

＊93 大蔵省記録局（編）『大蔵省沿革志（上巻）』、五三九頁。

＊94 同上、五三九－五四〇頁。傍点部に注目。

＊95 同上、五四一頁。

＊96 同上、五四三頁。

＊97 以下に述べるように、政府全体の官僚制的規律化（各省を実効的に統制する威権ある政府の確立）を図ろうとする大蔵省の動き（「太政官衙ヲ建造シ各官省ヲ其ノ衙内ニ併合ス可キ」の建議）は、「画一ノ政体」の立定（＝「三治一致ノ政令」の制定）、すなわち廃藩置県の実施およびそれによる中央集権的全国統治の実現の主張（「画一ノ政体ヲ立定シテ之ヲ全国ニ施行ス可キ」の建議）と、対をなしていた。そこで、ここでは、「太政官衙ヲ建造シ各官省ヲ其ノ衙内ニ併合ス可キ」の建議、「画一ノ政体ヲ立定シテ之ヲ全国ニ施行ス可キ」の建議の順に紹介し、これら二つの建議の関連性を念頭に置きつつ、それぞれについて検討を試みる。

＊98 大蔵省記録局（編）『大蔵省沿革志（上巻）』、一二二四－一二二六頁。

＊99 以下、これを第一建議と表記する。

＊100 「大蔵省ヲシテ本丸跡ヘ政庁ヲ建造セシム」（明治三庚午年一二月一九日、第九四三）。

＊101 太政官衙の建設、そこへの各官省の統合・並置は、太政官のもとに各官省を物理的空間的に集約し、もって太政官の各官省への統制を実質化し、「政権一ニ帰シテ威柄分レ」ぬようにする、つまり一体的な政治権力を創出するための策であった。

＊102　この提案が余裕ある財政状況の下でではなく、財政匱乏下であるにもかかわらずなされたことに注目しておく必要がある。大蔵省は、一方で地方政策として災害減租や罹災者救援を抑圧しながら、他方で多額の費用を要する太政官衙の建設を建議したのである。このことは、集権的で一体的な政府の形成が大蔵省にとっていかに差し迫った課題として意識されていたかを、よく示す。

＊103　大蔵省記録局（編）『大蔵省沿革志（上巻）』、一二六－一二七頁。以下においてはこれを第二建議と表記する。『大蔵省沿革志』によれば第二建議が太政官に提出されたことは明らかであるが、同書にはそこで裁可されたとの記載はない。

＊104　「計ルニ全国田地ノ石額ハ三千万石ニシテ、府県ノ管轄スル所ハ僅ニ八百万石ト為ス、其ノ他ノ二千二百万石ハ悉ク列藩ノ管轄ニ属ス、此ノ大数ヲ通算シテ警備、教育、懲罰、会計ノ標準ト為シ、精思詳計シテ以テ按算画策スルニ非サレハ、則チ海陸警備ノ制何ニ由テ更張スルヲ得ン、教令率育ノ道何ニ由テ統制スルヲ得ン、審理刑罰ノ法何ニ由テ整粛ナルヲ得ン、理財会計ノ方何ニ由テ周密ナルヲ得ン、苟モ国権ヲ立テ国威ヲ張リ、独立ノ威柄ヲ持シ万邦ト並峙シテ匹敵ノ交際ヲ為スノ方策ハ唯タ此ノ四者ヲ確定スルニ在リ」（大蔵省記録局（編）『大蔵省沿革志（上巻）』、一二七頁）。

＊105　第二建議（「画一ノ政体ヲ立定シテ之ヲ全国ニ施行ス可キ」の建議）は、大隈重信ら大蔵省に拠る「開明派」官僚の情勢認識と問題意識を、よく表わした文書である。第二建議は、災害減租や罹災民救済貸付の抑制など当時の大蔵省が採っていた災害対策が、どのような情勢認識と課題意識から出たものかを我々に理解させる。

＊106　参照、「明治三年一〇月二一日付岩倉具視宛大久保利通意見書」（所収、日本史籍協会（編）『大久保利通文書 四』、八三－八五頁）。

二四、「東京府下ノ家税ヲ徴ス」（明治三庚午年九月三日、第五五七）

第五百五十七　　九月三日（太政官）

四年九月四日東京府達ヲ以テ廃ス

別紙ノ通家税被相定候条此旨相達候事

（別紙）

従前当府下火災之節町入用ニテ取立候鳶人足ヲ以消防之用ニ備ヘ来候処今般相改上諸官省ヨリ下商店ニ至迄一般家税ヲ収メ火盗消防之費ニ充候条当九月分ヨリ税則之通可差出事

但税則書ハ追テ可相廻候条難解儀候ハヽ当府ヘ可承合事

庚午九月　　　　東京府

明治三庚午年八月

家作一坪之積	柿二階	瓦二階	柿平屋	瓦平屋
税法之定				
遊処	二分六リ三毛	二分二リ一毛	一分八リ二毛	一分五リ五毛
上町	二分一リ九毛	一分八リ七毛	一分五リ四毛	一分三リ一毛
中町	一分八リ七毛	一分五リ九毛	一分三リ一毛	一分一リ一毛
下町	一分三リ七毛	一分一リ七毛	九リ七毛	八リ二毛
御庁 士地 社寺	一分一リ七毛	一分	八リ二毛	七リ
東京府	坪数 此銀	同 同	同 同	同 同

○三階ハ二階ニ七分ノ一ヲ加フ
○葺門鎮守馬屋雪隠物置ニ準ス
　但シ居宅ニ作リ付候分居宅ニ準ス
○寺ノ湯棺屋ハ物置ニ準ス

○腰掛鐘堂納屋ニ準ス
○社及神楽堂向都テ物置ニ準ス
○土蔵ハ無税
○消防道具小屋ハ無税
○冠木門ノ如キ濡レ門或ハ塀等都テ無税

○類焼ハ其日ヨリ十三ケ月休税
○居宅類焼六坪以下ノ仮普請ハ廿四ケ月休税

○銅葺及石葺等ハ瓦ニ準ス
○艸葺及木皮葺等ハ柿ニ準ス

柿二階物置	一分五リ五毛	一分三リ一毛	一分一リ一毛	八リ二毛	七リ	同
瓦二階物置 柿二階納屋	一分三リ二毛	一分一リ一毛	九リ五毛	七リ	五リ九毛	同
柿平物置 瓦二階納屋	一分八毛	九リ一毛	七リ八毛	五リ七毛	四リ九毛	同
瓦平物置 柿平納屋 塗二階家	九リ二毛	七リ八毛	六リ六毛	四リ九毛	四リ二毛	同
瓦平納屋 塗平屋 住居二階土蔵	七リ六毛	六リ四毛	五リ五毛	四リ	三リ四毛	同
住居土蔵	五リ七毛	四リ八毛	四リ一毛	三リ	二リ六毛	同
納税之期限	市中毎月二日ヨリ十日迄 社寺　十二日ヨリ廿日迄 御庁○士地廿二日ヨリ廿八日迄				右之割ヲ以テ各其々之管轄処エ無相違月々差出可申事	
総〆高		居所			姓名	

【注解二】 達「東京府下ノ家税ヲ徴ス」発出の経緯と東京における消防改革

【注解三】 災害応急対応組織としての消防組織（付：災害概念についての考察）

【注解一】 本件は、消防費用調達のため東京府下に家税の制度を布く旨を伝えた太政官の達である。

『大蔵省沿革志』検査寮の部明治三年八月一七日条は、①八月八日に東京府が「東京市街ノ防火費金ヲ家屋ニ派課スル」件を太政官に稟議したこと、②東京府からの稟議を受け取った太政官は該件への対応方について大蔵省に意見を求めたこと、③この太政官からの垂問に対して大蔵省（監督司）は、討議のうえ、八月一七日に、「消防費用ヲ市街ノ家屋ニ課賦スル東京府ノ稟議ハ宜ク之ヲ准充《ママ》（允カ）スヘキナリ」との対議を行なったこと、これらを記している。*1 本達はこのような経緯を踏まえて発されたものである。

2. 本達を考察するに当たり、まず八月八日太政官宛て提出の東京府の稟議書から見ていくことにしたい。『大蔵省沿革志』はこれを次のように伝えている。*2

東京府稟議ニ曰ク、旧来編伍セル防火隊ヲ解廃シ、更ニ其ノ編伍方法ヲ改革シテ之ヲ市街各区ノ提警兵隊ニ隷属セシメ、火災有ルニ会ヘハ風威ノ軟猛ヲ視テ防火夫ヲ駆役スル員数ヲ増減シ、又タ之ヲシテ徹夜市街ヲ巡邏シテ以テ盗火ヲ警防セシメ、此等ノ費用ハ府下市街ノ其ノ地位ノ盛衰ト火災ノ多少トニ応シテ之ヲ家屋ニ課賦セン、因テ其ノ課賦ノ予算ヲ下項ニ具列ス、若シ准充《ママ》（允カ）ヲ得ハ則チ本月ヨリ之ヲ施行セントス、本月八日。

消防及ヒ巡警ニ関スル諸般ノ費用歳額金五万両、平均月額金四千一百六十六両二分余ト為ス。

（税則部分は省略。）

本達の別紙部分に東京府の言として「従前当府下火災之節町入用ニテ取立候鳶人足ヲ以消防之用ニ備へ来候処今般相改」とあるが、上引の稟議書に書かれているのはその今般の改革（「今般相改」）の内容である。それは以下の四点にまとめられる。まず、①「旧来編伍セル防火隊ヲ解廃」すること。「旧来編伍セル防火隊」とは「町入用ニテ取立候鳶人足」（＝町火消）のことである。江戸消防に起源を発する町火消を改廃する――「旧来編伍セル防火隊」の編成方法を改める――というのである。②編成替えされた防火隊を「市街各区ノ提警兵隊ニ隷属セシメ」ること。③火災発生の折にはその防火隊を指揮する「市街各区ノ提警兵隊」が「風威ノ軟猛」を判断して防火夫の動員数を決定すること。また、④編成替えされた防火隊には、通常勤務として「徹夜市街ヲ巡邏シテ以テ盗火ヲ警防セシ」むること。――これは既存の消防組織（町火消）の編成とそれの指揮・運用のあり方を変革しようとするものであり、近世的な消防の近代化を意図した東京府による消防改革の提案であった。そして、この消防改革に掛かる費用を「府下市街ノ其ノ地位ノ盛衰ト火災ノ多少トニ応シテ之ヲ家屋ニ課賦セン」としたのが本達「東京府下ノ家税ヲ徴ス」であったのである。

3. さて、上に述べたごとく、本達は明治三年に東京府が試みた消防改革の一環として発出されたものであるが、この消防改革の狙いを明らかにするために、以下において、東京の消防制度を江戸期にまで遡って概述し、近世から維新期にかけての消防制度の継受および変容について検討してみたい。*3

近世江戸の消防組織には、武家方の火消として大名火消と定火消が、町方の火消として町火消があった。大名火消（所々火消、方角火消なども含む）は幕府が大名に命じて江戸城の防火と江戸の枢要地（上野寛永寺、芝増上寺、浅草御米蔵など）の消防に当たらせたものである。定火消は幕府が旗本に命じた火消役で、江戸城の防火を目的としていた。その始まりは明暦の大火の翌年の万治元（一六五八）年で、この年、幕府は、四名（のちに一〇名となる）の旗本にそれぞれ火消屋敷を構えさせ、火消人足を抱えるための役料三〇〇人扶持を給し、それぞれ与力六名、同心三〇名を付属させた。定火消は「機動性に富む幕府直属の消防組織」であった。これらに対して町火消は、享保三（一七一八）年に町奉行大岡忠相の命で町方につくられた消防組織であり、隅田川以西の町々をおよそ二〇町ごとに四七の小組に分け、いろは四七文字を組の名としたものである。*4 また本所・深川には別の一六組がつくられた。町火消の火消人足は「大店の奉公人や裏店借が人足として駆り出されるのが本来であった」が、「破壊消防を主とする当時の消火では、鳶人足のような専門家以外は余り役［に］立たず、町方の負担の増加という問題はありながらも、次第に各町は鳶人足を雇って、いわゆる店人足に代えて使うようになった。*5」町火消の主力となった各町抱えの鳶人足は、*6 町鳶と呼ばれて、組ごとに頭取・纏持・梯子持・平人足に分けられていた。「［町火消が］消防に出動する際には、鳶人足以外に町の名主・家主が付き添い、町火消を管轄する町奉行所役人との連絡、火事場に至るまでの進退や水の手の世話にあたり、奉行所の役人が直接に鳶人足に指図することはなかった。[*7]」各町に抱えられた鳶人足のうち、定抱えの鳶人足は各町から決まった額の給金を受け、駆付鳶人足は「低額の足留め銭と火事場への出場の際の手当て」を受けた。彼らは町内からの賃銭だけでは生活できなかったので、平素は鳶口を持って道路の補修など土木工事や雑業に従事し、これらの仕事の請負について町内から独占権を認められていた。頭取を中心とする各組の団結は固かった。時代が下るにつれて、江戸の消防における町火消の存在感は、その消防技術の高さもあり、徐々に大きくなっていった。[*8] 特にペリー来航後には洋式軍備拡大のため定火消が大幅に削減され、また大名火消も文久二（一八六二）年の参勤交代制度の緩和により各藩とも江戸藩邸の人員を減らしたことで制度の根幹が揺らいでしまったから、この頃には江戸の消防はほぼ一元的に町火消によって担われるようになっていた。[*9]

新政府成立後、明治元年五月一九日に大名火消が廃止された。定火消は、同日、火災防御隊という名称に改められ、軍務官に属したが、これも明治二年七月に廃止された。一方町火消は、明治元年五月一九日に市政裁判所の下に置かれ、ついで東京府の設置とともにその管轄下に置かれた。明治初年の東京では実質的な消防組織としては町火消があるのみであった。[*10]

3−2. 明治三年の消防改革において改革の俎上に載せられたのは、上に述べたような町火消（火消組）のあり方であった。すなわち、町火消に関して、それに関する負担の不公平[*11]と、火消組が特定の町内から普請等の仕事の独占権を与えられているという彼らの権益（「鳶人足共従来之悪弊」）が問題にされたのである。東京府は、これらの問題の解決をその内に含む包括的な改革を企図し、火事場への出場に当たってそれまで奉行所の役人が直接指図することのなかった町火消の鳶人足を、「市街各区ノ提警兵隊」の指揮下に置き（火消組の運用における府の指揮・統制の確立）、家税制度の導入により人足に対する手当を府から一括給与することで「負担の公平化を実現すると同時に、火消組と特定の地域との繋りを断ち、その［火消組の地域における］権益を否定しよう」[*12]とした。明治三年九月の東京府による消防改革は、総括的に見れば、町火消（火消組）を、各町によって抱えられた存在から府の指揮・統制下に置かれた組織へ改編しようとするものであった。家税制度はその改編を財政面から進める（支える）役割を担っていた。[*13]

しかし明治三年の消防改革は、所期の目的を満足に達成することなく終わった。まず、改革の財政的基礎を提供するはずの家税制度が実情にそぐわず、「各官庁や町民などから不平や苦情が殺到したため」[*14]、明治四年九月四日に廃止された。[*15]また、消防組織の運用面では器械力の導入が改革の柱の一つとされ、蒸気ポンプ一台と腕用ポンプ四台が輸入されたが、蒸気ポンプは、大型で東京の狭隘な道路事情に合わず、また運用技術も未熟であったために、明治四年にその運用を中止されてしまった。腕用ポンプも、旧来からの消火方法に固執する鳶人足たちにその利用を拒絶された。こうして器械力の導入も挫折に終わった。消防夫たちの組織化の点で東京府は火消組を画一的な編成の消防組へと改組した（明治五年四月）ものの、消防組に編成替えされた鳶人足たちは必ずしも府当局の意の通りには動かず、規律の徹底には程遠い状態であった。[*16]消防組の鳶人足たちは旧来の消防技術にこだわり、行動様式や気質の点でも彼ら独自の文化を持ち続けた。[*17]

4. 以上が明治三年九月に始められた東京府による消防改革の顛末である。東京における消防体制については以後も種々の改革が試みられたが、その安定を見るには明治二〇年代初頭までの時間が必要であった。以下において、該期間の東京における消防行政・消防組織の変遷を辿っておくことにしたい。[*18]

明治三年の消防改革が所期の目的を果たし切れずに終わったあと、次に消防の近代化（国家による「人民保護」の一環としての消防の確立）を目指す試みが出たのは明治七年であった。この年、大警視川路利良は消防を『警保』の一環として国家が管掌すべき」ものと捉える立場から「消防章程」を制定し（一月二〇日）[*19]、「消防組織から町役人を完全に排除し、警察官吏が直接鳶人足を指揮・補助する体制を築いた」。*[20] ここに「鳶人足は町々が差し出す人足という色彩を完全に失い、国家の警保活動の一端を担う専門家集団として、東京警視庁の組織に組み込まれたのである。*[21]」しかし、東京警視庁の指揮下に組み込まれた消防組の鳶人足たちは、猶も「自律的な強い統制力を持つ組織」を維持した。彼らはまた、待遇が十分ではなかったこともあり各町内において既得していた営業の独占から切れず、さらに器械の運用に熟達しようとしなかったほか、規律という点でも淫酒、博奕に浸るなど警視庁の側から見ると相変らず問題が多い状態であった。

明治一三（一八八〇）年、今度は、東京警視庁から消防事務を引き継いだ内務省警視局東京警視本署が消防制度の抜本的な改革に乗り出した。すなわち、消防組とは別に、器械を運用するにふさわしい消防職員の集団である「消防隊」（完全な常備消防隊）を組織することとし、同年三月三〇日「消火卒採用規則」制定して消火卒三〇〇人を採用したのである。東京警視本署はいずれ消防隊をもって消防組に替えることを構想していたが、消防隊は実際の火事場において機能せず、消火の実力において消防組の後塵を拝した。その結果、消防隊はわずか一年で府会決議により廃止されてしまった（明治一四年五月）。とはいえ、消防隊の廃止の同日、新たに消防分署制が採用され、ここに、東京市内に消防分署を六署設けて、それぞれの消防分署長（大司令）が消防組を指揮監督して消防活動を行なう態勢（実際に消防組を指揮するのは分署配属の中司令・少司令）がつくられることとなった。

このの ち機械力の導入が進み、明治一七（一八八四）年六月三〇日には「消防水防規則」が制定されて、腕用ポンプの国産化、消防機械の整備強化が図られた。また同時に消防組の勤務方法も変更され、常備消防体制の創出と、夜詰の改良が行なわれた。すなわち、「常備消防体制は消防本署に二〇名、各分署に一二名ずつの消防組員が輪番で常備消防夫として勤務し、交代で櫓で火の見をし」、管轄区域内の火災に出動する、という体制がとられたのである。*[22] さらに、機械力すなわち蒸気ポンプ導入が進むにつれて、それの運用にあたる消防職員の採用が始められた（明治二〇年消防機関士付属（のちの消防機関手）、明治二二年消防機関士）。こうして、明治二〇年代の初めには、約三〇名の分署詰消防士（司令・司令補）が指揮する四〇組一、六四〇名の消防組員と、一〇数名の消防機関士が指揮し一五〇名の消防機関手・調馬手が運用する八台の蒸気ポンプとからなる消防体制ができ、以後これが明治期を通して安定した。*23

表：東京における消防行政の変遷（明治二〇年代前半まで）

元年	五月一九日	大名火消廃止。
		定火消を火災防御隊と改めて軍務官の管轄下に置き、東京城の消防にあたらせる（明治二年七月廃止）。
		町火消を市政裁判所の下に置き、東京市中の消防にあたらせる。
	七月一七日	東京府の設置にともない市政裁判所が廃止される。町火消は東京府の管轄下に置かれる（明治六年一二月二八日まで）。
二年	二月二九日	東京府において消防事務を担当する部局として、消防方が設置される。
	九月二四日	消防方廃止。常務局中に消防掛を置く。
三年	九月　三日	東京府下の消防費に充てるために家税を課す（明治四年九月四日廃止）。
	一〇月	東京府、蒸気ポンプ一台、腕用ポンプ四台を輸入（蒸気ポンプは翌年運用中止）。
四年	二月　五日	消防掛廃止。消防局を置く。
	五月三〇日	消防局を府兵局に統合。府兵局が消防事務を所管する。
五年	三月　二日	銀座の大火（二月）を受けて、東京府知事「煉瓦家屋建築御趣旨告諭」を発出（明治六年六月銀座通り一帯に煉瓦街完成）。
	四月	町火消を消防組に改組。消防組を三九組編成。
	九月　八日	東京府において局制の廃止。これにともない消防事務の担当としてふたたび消防掛を置く。
六年	一一月一〇日	内務省設置。*24
	一二月二五日	東京府所管の消防事務、司法省警保寮に移管される。*25

七年　一月　九日　司法省警保寮が新設の内務省に移管されたことにともない、[*26] 東京の消防事務は内務省警保寮の所管となる。

　　　一月一五日　東京警視庁設置。[*27]

　　　一月二七日　内務省警保寮に属していた東京の消防事務が東京警視庁安寧課消防掛の所管となる。

　　　一月二八日　「消防章程」制定。

八年　五月　イギリス製腕用ポンプを輸入（→消防組員にフランス式消防操典によるポンプ操作を教養）。

　　　九月　八日　東京警視庁・東京府、「五大橋水防規則」を創定。

　　　一〇月　四日　新式ポンプを運用する新ポンプ組一九組を編成。

　　　一二月　二日　東京警視庁組織改正。安寧課が第二局と改称される。それにともない消防事務の担当課は第二局消防課となる。

一〇年　一月一一日　東京警視庁廃止。東京府下の警察事務は内務省警視局の下に設けられた東京警視本署が担当することになった。これにともない消防事務は内務省警視局東京警視本署第二課消防掛の所管するところとなる。

一一年　四月一二日　東京警視本署第二課消防掛が第一課に移される（消防事務の担当組織が内務省警視局東京警視本署第一課消防掛となる）。

一三年　三月三〇日　消防業務に専従する消防職員を採用するため「消火卒採用規則」を制定する。消火卒三〇〇人を採用。消防組とは別に消火卒からなる消防隊を組織化。

　　　六月　一日　内務省警視局の下に消防本部が設置される。東京の消防事務は内務省警視局消防本部の専管事務となる。

一四年　一月一四日　内務省警視局消防本部は消防本署と改称される。

　　　　　　　　　同日警視庁が再設置され、消防本署は警視庁に属することになった（警視庁消防本署）。[*28]

　　　二月二八日　太政官第一六号布告により警察費の四割が地方税から支出されることになる。[*29] これにより、以後は消防に関する支出事項はすべて東京府会区部会での審議にかけられることになった。

　　　五月三一日　消防隊廃止。新たに消防分署制を採用して東京市内に消防分署を六署設け、消防分署長（大司令）が消防組を指揮監督して消防活動を行なう態勢となった（実際に消防組を指揮するのは分署配属の中司令・少司令）。

一七年	六月三〇日	「消防水防規則」制定。腕用ポンプの国産化、消防組織の整備ならびに消防器械の強化を図る。
二〇年	三月三〇日	「消防水防事務細則」を制定（「消防水防規則」は廃止）。蒸気ポンプの運用にあたる消防機関士付属（のち消防機関手）を置く。
二二年	三月　六日	蒸気ポンプの運用にあたる消防職員として消防機関士の採用を始める。約三〇名の分署詰消防士（司令・司令補）が指揮する四〇組一、六四〇名の消防組員と、一〇数名の消防機関士が指揮し一五〇名の消防機関手・調馬手が運用する八台の蒸気ポンプとからなる消防体制ができる（以後安定）。

（内務省警保局（編）『庁府県警察沿革史 其ノ一 警視庁史稿 上巻』、原書房、一九七三年一二月（復刻版、原本の刊行は一九二七年三月）、東京の消防百年記念行事推進委員会（編）『東京の消防百年の歩み』、東京消防庁、一九八〇年六月、鈴木淳「東京の消防における『近代化』」、『日本歴史』、第五一七号、一九九一年六月をもとに作成。）

表：明治期の東京における火災・水災・震災

元年	五月一五日	火災	上野山内（彰義隊事件）。全焼一、二三〇戸。
二年	一二月一二日	火災	神田区相生町二〇（塗師業）より出火。全焼、一、一〇〇戸。死者一人。
	一二月二八日	火災	京橋区元数寄屋町二丁目（米屋）より出火。全焼三、四〇二戸。死者二二人。
三年	一二月二二日	火災	日本橋区難波町一九（米屋）より出火。全焼一、一八〇戸。焼損面積六〇、二九一㎡。
四年	五月二九日	火災	浅草区新吉原江戸町二丁目（豆腐屋）より出火。全焼六七三戸。
五年	二月二六日	火災	麹町区祝田町（旧会津藩邸）より出火。全焼四、八七九戸。死者八人。**（銀座の大火）**
六年	五月　五日	火災	皇居炎上。表宮殿、奥宮殿、太政官、宮内省などを焼失。
	一二月　九日	火災	神田区東福田町四（古紙卸業）より出火。全焼四、九五二戸。
七年	一月　一日	火災	芝増上寺（芝区芝公園二号－一）本堂焼失。
八年	一二月一二日	火災	浅草区新吉原江戸町一－二五（貸座敷業）より出火。全焼四〇六戸。焼損面積二〇、三五八㎡。
九年	一〇月　三日	火災	神田区神田三河町三－三（風呂屋）より出火。全焼六八七戸。焼損面積二六、〇七〇㎡。
	一一月二九日	火災	日本橋区数寄屋町二（秣営業）より出火。全焼八、五五〇戸。焼損面積二三二、八六五㎡。
一〇年	四月二九日	火災	神田区神田花岡町一（火除地操人形興行場）より出火。全焼四九〇戸。焼損面積一六、七六一㎡。

一一年　三月一七日	火災	神田区神田黒門町五（住宅）より出火。全焼五、一二〇戸。焼損面積一五三、八一六㎡。死者二人。
九月一四日	水災	暴風雨により多摩川、荒川、綾瀬川が増水し、氾濫。荏原、南葛飾、南足立、北豊島の四郡および下谷、浅草、山谷など下町一帯が浸水。
一二年一二月二六日	火災	日本橋区箔屋町一六（左官職）より出火。全焼一〇、六一三戸。焼損面積二四四、九七二㎡。死者二四人。傷者八四人。
一三年　二月　三日	火災	日本橋区橘町四-五（住宅）より出火。全焼一、七七六戸。焼損面積五〇、六〇〇㎡。
一二月三〇日	火災	神田区鍛冶町三五（住宅）より出火。全焼二、一八八戸。焼損面積八二、八三〇㎡。
一四年　一月二六日	火災	神田区松枝町二二（住宅）より出火。全焼一〇、六三七戸。焼損面積四二一、四〇〇㎡。
二月一一日	火災	神田区柳町一（髪結業）より出火。全焼七、七五一戸。焼損面積二九一、四八二㎡。
二月二一日	火災	四谷区箪笥町二二（住宅）より出火。全焼一、四九九戸。焼損面積六七、二一八㎡。
一五年　五月　八日	火災	神田区美土代町四二（住宅）より出火。全焼四四一戸。焼損面積一〇、三四二㎡。
一七年　九月一五日～九月一八日	水災	台風の連続襲来により、荒川、隅田川などで護岸が決壊し浸水が発生。また、家屋の倒壊も発生。日本橋、芝、麻布、深川、豊島などで全半壊家屋一、七〇〇戸。死者一九人。
一八年　三月一三日	火災	日本橋区坂本町一七（湯屋）より出火。全焼一、二二〇戸。焼損面積五一、一八三㎡。傷者二五人。
七月　一日～七月　三日	水災	台風により千住大橋、吾妻橋、六郷橋などが流失。浅草、下谷、本郷などで一、一三九戸が浸水。
二〇年一二月一九日	火災	日本橋区蛎殻町二-一五（中島座）より出火。全焼一、六九〇戸。焼損面積四〇、二七〇㎡。
二一年　五月二二日	火災	神田区鍋町二九（住宅）より出火。全焼八八六戸。焼損面積一八、八五六㎡。傷者一八人。
一二月一三日	火災	東京府議事堂（麹町区内幸町一）火災。焼損面積六〇四㎡。傷者五人。
二二年　九月一一日～九月一二日	水災	台風により多摩川、荒川が氾濫。床上浸水家屋四〇〇戸、全壊家屋一六二戸、半壊家屋一二六戸（以上郡部）。床上浸水家屋一二八戸、全壊家屋一六六戸、半壊家屋八九戸、道路破損一九一か所、橋梁破損一六か所（以上市内）。
二三年　二月二七日	火災	浅草区三軒町二四（薪炭商）より出火。全焼一、四六九戸。焼損面積四二、三三二㎡。死者一人。傷者七人。

二四年	六月二三日	火災	本郷区春木町二－九（焼豆商）より出火。全焼九一四戸。焼損面積三四、二〇五㎡。傷者一六人。
	一月二〇日	火災	帝国議事堂火災。焼損面積一二、七六八㎡。
二五年	一月二三日	火災	浅草区新吉原京町二－九（住宅）より出火。全焼七七戸。焼損面積一三、九三九㎡。傷者八人。
	四月一〇日	火災	神田区猿楽町一（飲食店）より出火。全焼四、六二〇戸。焼損面積一四九、二〇六㎡。死者二四人。傷者三六人。
二六年	九月　七日	火災	築地本願寺（京橋区築地三－一六）火災。焼損面積約三、〇〇〇㎡。傷者二〇人。
二七年	六月二〇日	震災	明治二七年の地震。震源は東京湾北部。M七・〇。東京府下では低地に被害が大きく、市部郡部あわせて、死者二四人、傷者一五七人。家屋の全半壊九〇戸、家屋の破損四、九二二戸、道路堤防破壊五か所、崖または石垣の崩れ七一か所。構造別にみた家屋破損の百分率は石造三・五％、煉瓦造一〇・二％、土蔵造八・五％、木造〇・五％であった。**（明治東京地震）**
二八年	一二月一二日	火災	芝区金杉三－一〇（薬種商）より出火。全焼八六七戸。焼損面積二一、七五七㎡。傷者六人。
二九年	四月一〇日	火災	浅草区浅草公園地第六区四－一（観物小屋）より出火。全焼一八六戸。焼損面積三三、七九七㎡。傷者一五人。
	九月一一日～九月二七日	水災	二度の台風により多摩川、荒川、中川などで護岸が決壊。東京府下の浸水家屋約九、三〇〇戸。被災人員約四四、〇〇〇人。
三〇年	五月二〇日	火災	築地本願寺火災。焼損面積二、二一八㎡。
三一年	三月二三日	火災	本郷区春木町二－五五（漬物商）より出火。全焼一、四七八戸。焼損面積四三、五六七㎡。死者二人。傷者四二人。
三三年	六月　四日	火災	麻布区六本木町四（住宅）より出火。全焼一九八戸。焼損面積二一、六九七㎡。傷者一人。
三四年	一月二九日	火災	東京帝国大学附属第二病院（神田区和泉町一）火災。焼損面積四、三五六㎡。死者一九人。傷者二人。
三五年	八月　七日～八月一二日	水災	台風により荒川、隅田川などが氾濫。浅草、本所、下谷、牛込の各区で床上浸水家屋二、〇〇九戸、床下浸水家屋八、五四三戸。

三八年	五月二九日	火災	砲兵工廠雷汞場（小石川区小石川町一）火災。焼損面積七一〇㎡。死者二〇人。傷者一〇一人。
三九年	一月一一日	水災	低気圧にともなう異常降雨により隅田川などが氾濫。東京府下で浸水家屋約一、八〇〇戸。
	五月　六日	火災	本郷区根津藍染町（栄座）より出火。全焼一一二戸。焼損面積一三、一三四㎡。
	七月二六日～七月二九日	水災	台風により赤坂、本所、小石川、浅草などで浸水被害発生。浸水家屋約五、八〇〇戸。
	八月二四日～八月二五日	水災	大雨による下水の氾濫などにより麹町、本所、芝、赤坂、小石川で浸水被害発生。浸水家屋約五、五〇〇戸。
四〇年	八月二二日～八月二八日	水災	三つの台風の影響を連続して受け、荒川、多摩川などの護岸が決壊。東京府下における浸水家屋五八、三一五戸。
四二年	四月　一日	火災	芝増上寺火災。焼損面積二、一五二㎡。
四三年	八月　八日～八月一五日	水災	連続した二つの台風により荒川、綾瀬川、江戸川などの護岸が決壊。東京府下における浸水家屋一九四、八八九戸。死者・行方不明者五二人。傷者一一七人。
四四年	四月　九日	火災	浅草区新吉原江戸町二－二〇（貸座敷業）より出火。全焼六、一八九戸。焼損面積二一九、四七九㎡。死者五人。傷者一〇九人。
四五年	二月一一日	火災	学習院女子部（麹町区永田町二丁目）火災。焼損面積三、八七八㎡。傷者三人。
	三月　五日	火災	明治大学（神田区駿河台南伊賀町）火災。焼損面積四、九七六㎡。
	三月二一日	火災	深川区洲崎弁天町一－五（貸座敷業）火災。全焼一、一四九戸。焼損面積五九、三一七㎡。

（東京の消防百年記念行事推進委員会（編）『東京の消防百年の歩み』、東京消防庁、一九八〇年六月、宇佐美龍夫・石井寿・今村隆正・武村雅之・松浦律子『日本被害地震総覧 五九九－二〇一二』、東京大学出版会、二〇一三年九月などをもとに作成。火災の火元の住所表記は東京の消防百年記念行事推進委員会（編）『東京の消防百年の歩み』に依る。東京市中に区を設け皇城を中心として右回りに麹町・神田・日本橋・京橋・芝・麻布・赤坂・四谷・牛込・小石川・本郷・下谷・浅草・本所・深川区としたのは明治一一（一八七八）年一一月二日の郡区町村編制法の施行時のことである。）

【注解二】 本書では「災害」を、自然災害を念頭に置いて、「異常な自然現象に因る被害《アンユージュアル》」と捉えている。災害概念をこのように採るとき、火災は、震火災（地震動による家屋等の倒壊にともなって発生する火災）のように「異常な自然現象《アンユージュアル》に因る被害」と捉えられる場合もあるが、その多くは人為的な原因により発生するので、それらの場合には本書における「災害」の範疇からはずれることになる。[*30] 消防組織はもともとは〝火消〟であり、その意味で「異常な自然現象《アンユージュアル》に因る被害」へ対応するというよりも、多くは人為的な原因により発生する火災に対応することを第一の目的として運用されてきた。しかし、もちろんこれは「異常な自然現象《アンユージュアル》に因る被害」の発生の際にも活動し、さらに時代が下るにつれ、消防組織はより汎用的な（本資料でいう「災害」をも明確に活動対象と規定する）災害応急対応組織として整備されてくるようになる。たとえば、明治一三（一八八〇）年六月一四日には、東京の水防事務が、当時同地の消防事務の担当機関であった内務省警視局消防本部の所管となった。[*31] また、第二次世界大戦後の昭和二二（一九四七）年に制定された消防組織法（昭和二二年法律第二二六号）は、その総則規定（第一条）において、消防の任務を次のように謳っている。すなわち、「消防は、その施設及び人員を活用して、国民の生命、身体及び財産を火災から保護するとともに、水火災又は地震等の災害に因る被害を軽減することを以て、その任務とする。」このような次第であるので、本書においては、消防組織を、災害応急対応組織（本書における意味での「災害」に対しても応急的に対応する組織）と捉え、逐次それに関する法令を収録していく方針を採る。[*32]

〔注〕

＊1　大蔵省記録局（編）『大蔵省沿革志（上巻）』、三九二頁。

＊2　同上。

＊3　以下の叙述については、池上彰彦「江戸火消制度の成立と展開」（所収、西山松之助（編）『江戸町人の研究 第五巻』、吉川弘文館、一九七八年一一月）、東京の消防百年記念行事推進委員会（編）『東京の消防百年の歩み』（東京消防庁、一九八〇年六

月）と鈴木淳の研究（鈴木淳「東京の消防における『近代化』」、『日本歴史』、第五一七号、一九九一年六月、同『町火消たちの近代――東京の消防史――』、吉川弘文館、一九九九年一一月）に多くを負っている。

＊4　一八世紀に入ると、「江戸の町の火災が単に江戸城防火という面にとどまらず、市民生活の安定という面から［も］問題とされる」ようになった（池上彰彦、前掲論文、一一三頁）。このようななかで、幕府は、「町火消を防火の中心に置こうとする」政策を強力に推進していき、享保一五（一七三〇）年頃には江戸の町火消組合がほぼ完成をみた（同上、一二六－一二九頁）。

＊5　同上、一二九－一三〇頁。

＊6　各町抱えの鳶人足は、「一町一人ずつの定抱えの鳶人足と、平常からさまざまな手当てをして置く駆付鳶人足」とからなっていた（同上、一三〇頁）。

＊7　鈴木淳、「東京の消防における『近代化』」、一九頁。

＊8　参照、池上彰彦、前掲論文、一四二－一四八頁。

＊9　鈴木淳「東京の消防における『近代化』」、一九頁、同『町火消たちの近代』、四二－四三頁。幕府の財政難もあって定火消は縮減され、慶応三（一八六七）年にはわずか一組一二八名を残すのみとなっていた（池上彰彦、前掲論文、一〇一－一〇二頁）。

＊10　天皇の東京城入場の直前の明治元年一〇月三日、政府は筑前・高松両藩に西城消防方を命じた。これは御殿の場所となった東京城西の丸の消防を担当するもので、とにもかくにも、皇居に関してだけは、政府は、町火消に頼ることなく、〝自力で〟消防体制を整えた（鈴木淳『町火消たちの近代』、四八－四九頁）。一方、市街地の消防については、「明治三年（一八七〇）五月の段階まで、町火消によって『旧政府にて申渡し置き候通り』に実施されていた。」（同上、四九頁。）

＊11　負担の不公平というのは、当時町火消が唯一の消防の担い手であったことから生じたものである。すなわち、「町火消の費用は旧来の町の負担であり、新開の町・武家地・公共施設等は消防活動の対象ではあるものの、負担はしなかった」（鈴木淳「東京の消防における『近代化』」、二〇頁）のである。江戸時代から存続している旧来の町々は面積では東京のわずか二割を占めるにすぎなかった。当時はそこの住民だけで東京の公共消防費用を負担していたのであり、これを改革して「東京全体で消防費用を負担する制度の創出」が求められたのであった（鈴木淳『町火消たちの近代』、五六頁）。

＊12　鈴木淳「東京の消防における『近代化』」、二一頁。

＊13　家税の制度自体は、娼家から一般の民家、社寺、官庁に至るまでの建物に、家屋の構造や市街地の等級を考慮して税額を定めそれを賦課するというものであった。立地（市街地の等級）および建物の用途の点では官庁・社寺等、下町、中町、上町、娼家の順で税額が高くなり、建物の構造という点では「火災危険や延焼危険などを考慮し、火災危険の高い柿葺（板葺）は瓦葺よりも税額が高く、延焼危険の低い土蔵や瓦葺の家屋は比較的安く」設定されていた（東京の消防百年記念行事推進委員会（編）『東京の消防百年の歩み』、三頁）。

＊14　同上、四頁。

＊15　徴収された金額を見ると、家税制度が導入された明治三年九月の徴収額は金四、〇八四両一分一朱、銭四一〇貫八三六文、明治三年中の徴収総額は金一八、四九七両一分三朱、銭一、五〇〇貫六一四文であった（同上）。

＊16　東京府は、明治五年四月に、火消組を、三九組二、四七七人の消防組に再編した。再編にあたっては、「従来の人足頭取を廃止し、組頭、梯子持、ポンプ掛等の消防活動に即した役職が画一的に設定された。……消防組は消防の機能を重視した画一的な編成とされ」た（鈴木淳「東京の消防における『近代化』」、二一頁）。

＊17　東京の消防百年記念行事推進委員会（編）『東京の消防百年の歩み』、五頁、および、鈴木淳「東京の消防における『近代化』」、二一一－二二頁、同『町火消たちの近代』、六六－六八頁。

＊18　ここでもまた、東京の消防百年記念行事推進委員会（編）『東京の消防百年の歩み』と鈴木淳の研究（前掲の論文と著書）に多くを負っている。さらに、後掲の二つの表、すなわち《東京における消防行政の変遷（明治二〇年代前半まで）》と《明治期の東京における火災・水災・震災》も、注解の本文とあわせて参照せよ。

＊19　川路利良は、明治五年九月警察制度取調べのため欧州に出張を命ぜられて渡欧（川路は当時司法省警保助兼大警視）、約一年間欧州各国の警察制度を調査した。川路は明治六年九月に帰国し、政府に警察制度に関する建議書を提出したが、そのなかで消防について「人民ノ損害火災ヨリ大ナルナシ故ニ消防ハ警保ノ要務願クハ各国ノ例ニ遵ヒ消防事務ヲ警保寮ニ委任セハ府庁ニ於テ別ニ消防掛ヲ置クニ及ハス是亦府費ヲ省クノ一ナリ」（大霞会（編）『内務省史 第二巻』、地方財務協会、一九七〇年一一月、五七六頁）と述べた。川路は消防事務を自治的な活動としてではなく、「警保ノ要務」として国家が管掌すべきものとしたのである。

＊20　鈴木淳「東京の消防における『近代化』」、二三頁。

＊21　同上。

＊22　鈴木淳『町火消たちの近代』、一〇六頁。

＊23　ここに整理した過程を鈴木淳は、《理念先行の改革が当時の実情と乖離していたために破綻を繰り返し、その結果妥協的な形態が模索されていったもの》とまとめている（鈴木淳「東京の消防における『近代化』」、三一頁）。すなわち、「二〇年代初頭に実現した消防体制は、装備面で蒸気ポンプと腕用ポンプを併用する西洋的な体制であったが、人員面では、新たな担い手である汽力機械（蒸気ポンプ）を運用する常備消防員と共に、旧来の鳶人足という伝統的な担い手が、腕用ポンプという新たな器械を運用」（同上、三二－三三頁）するという体制であった。鈴木はこれを、「地位・役割を低下させ、また一定の変容を遂げつつも根強く残る近世的なものと、西洋近代から移入された制度・装備が巧妙に組み合わされたもの」と捉え、東京における近代的消防制度はこのような特徴をもつものと理解されねばならないと論じた。

＊24　「内務省ヲ置ク」（明治六年一一月一〇日、太政官第三七五号）。

＊25　「東京府下火災消防ヲ警保寮ニ委任ス」（明治六年一二月二五日、太政官）、「東京府下火災消防事務ヲ警保寮へ引渡サシム」（明治六年一二月二五日、太政官）。

＊26　「司法省中警保寮ヲ内務省ニ交割セシム」（明治七年一月九日、太政官達）。「大蔵教部工部司法中ノ事務交割ヲ内務省ニ知会セシム」（明治七年一月九日、太政官達）。

＊27　「東京警視庁ヲ置キ警視長以下官等ヲ定ム」（明治七年一月一五日、太政官第六号達）。

＊28　「東京府下ニ警視庁設置及官等俸給表」（明治一四年一月一四日、太政官第一号達）。同日、「警視庁職制並事務章程」（明治一四年一月一四日、太政官第三号達）が発布され、警視庁の管掌事務が「東京府下警察事務ヲ総理シ消防隊及ヒ監獄ヲ管轄シ左ノ諸局及ヒ部署ヲ設ケ各其事務ヲ幹理ス」と規定された。警視庁のもとに消防本署が置かれ、消防本署には消防指令長、消防指令副長（以上奏任）、消防大司令、消防中司令、消防少司令（以上判任）の諸職が置かれた。消防指令長の職掌は、「「警視」総監ノ命ヲ受ケ本署諸属員ヲ監督指揮シ火災消防ノ事ヲ幹ス」と規定された。以下消防大司令は「司令長ノ命ヲ受ケ消防隊ヲ監督指揮ス」、消防中司令は「大司令ノ命ヲ受ケ消防分隊ヲ監督指揮ス」、消防少司令は「中司令ノ命ヲ受ケ消防手ノ部伍

ヲ監督指揮ス」と職掌規定され、組織規定上一元的・階統制的な指揮命令系統が樹立された。

＊29 「府県警察費ニ対シ国庫下渡金割合」（明治一四年二月二八日、太政官第一六号布告）。この布告は、府県警察費の国庫負担に関し、「府県警察費ニ対シ国庫ヨリ下渡シ金ノ割合来ル十四年度ヨリ左ノ通相定候」として、第一条に「東京府ハ警察費総高ノ拾分ノ六トス」と定めた。

＊30 「災害」の概念を考えるときには、佐藤武夫、奥田穣、高橋裕の共著『災害論』（一九六四年）における災害の定義と考察がぜひとも参照されるべきである。佐藤らがこの本で定義する「災害」概念は、本資料のそれとは厳密には異なる――本資料の定義より広い――けれども、災害現象の広がりを理解し、またそれについて考察を行なううえで、たいへん示唆に富み、有用である。少し長くなるが、以下に、「災害」の概念に関する彼らの総括的議論を紹介する（佐藤武夫・奥田穣・高橋裕『災害論』、勁草書房、一九六四年五月、二一七―二一九頁）。

人間とその労働の生産物である土地、動植物、施設、生産物が、なんらかの自然的あるいは人為的要因（破壊力）によって、その機能を喪失し、または低下する現象が災害である。

概念を構成する表象をまず表示してみよう。

災害を受けるもの、すなわち被害主体は人間である。人間自体が死亡または負傷を受けることが災害であることはもちろん、人間の労働生産物が災害を受けることは、結局、人間にとって経済的にまた文化的に損害だからである。土地、動植物、各種施設や生産物が機能障害を受けること自体が災害ではなく、それらの機能障害が人間の生活に障害を与えるから災害なのである。

台風で沢山の野鳥が墜死しても、干ばつで野の草が枯れても、山火事で多数の野獣が焼死しても、人はそれらの現象を災害とは呼ばない。ただ可愛そうにと同情するだけである。しかし、自然に繁殖する魚貝類が、河川の汚濁で斃死した場合には、人はそれを漁業災害と呼んでいる。それは、その河川の普通の状態では一定の魚貝類が繁殖し、その魚貝類は漁業の対象となり、漁民の生活を支えてきたが、なんらかの原因によって河川が汚濁し、そのため魚貝類が斃死し、漁民の生活がおびやかされるに至ったから漁業災害と呼ぶのである。

またこれは、収穫を予想して栽培した稲が、冷温のため結実せず、収穫できなかった場合に農業災害とか、冷害と呼ぶのと本質的に同じである。

災害現象は、人間とその労働生産物の機能障害と総称できるが、これを有機物と無機物に区分すると、有機物の機能障害には死と傷が、無機物の機能障害には破壊と損傷がある。

有機物は死によってまったくその機能を喪失し、人間はもはや人間でなくなり、動物ももはや動物でなくなる。無機物は破壊によってその機能を喪失し、道路はもはや道路ではなくなり、熔鉱炉ももはや熔鉱炉ではなくなる。

有機物は負傷によって一時的に機能を低下し、あるいは一生涯機能を低下するが、依然として有機物である。右手を失った人間は一生涯人間としての労働機能を低下させるが、依然人間であり、左手で労働することができる。干ばつで一時的に生長障害を受けた稲も、雨によって再び生長を回復すれば、依然としてそれは稲である。一時的障害の強弱によって、こうむる災害に軽重があるだけである。

無機物は損傷によって機能を低下するが、それを修繕することによって、もとの機能と同等にか、あるいは何割かの機能に戻ることができる。

以上のように、災害現象のうち機能を喪失する生物での死、無機物での破壊には軽重の差はないが、一時的に機能障害を起す生物での負傷、無機物での損傷には重い災害と軽い災害がある。

災害発生の要因となった現象は、異常な自然現象と異常な社会現象とである。それらの異常な自然現象が単独で災害の要因となった場合と、一つの現象が他の現象を誘発して要因が二つ以上重合して災害を起した場合、一つの現象は他の現象を誘発してその現象が災害を起すが、最初の現象は災害現象と無関係の場合等、きわめて複雑である。

本書の「災害」の定義――異常《アンユージュアル》な自然現象に因る被害――は、佐藤らの用語を借りれば、《人間とその労働の生産物（土地、動植物、施設など）が、なんらかの自然的要因（破壊力）によって、その機能を喪失し、または低下する現象》と表現できる。

＊31　東京の消防百年記念行事推進委員会（編）『東京の消防百年の歩み』、三八頁。また、明治二七（一八九四）年二月九日発布の消防組規則は、その第一条で消防組を「水火災警戒防禦ノ為メ」に府県知事が設置する組織と規定している（「消防組規則」、明治二七年二月九日、勅令第一五号）。

＊32　災害をどのような性質／特徴を有するものとして認識するか、これは本書の編集・叙述全体にかかわる重要な問題である。

そこで、「災害」の概念を取り上げた本注解において、この基底的な問題についても、簡単にではあるが、考察を行なっておくことにしたい。ここでは、問題を考える手掛かりとして、財政学者で日本における代表的な公害・災害研究者である宮本憲一の所説を取り上げる。以下、彼の著書『都市と経済』（日本放送出版協会、一九八〇年一〇月）を引きながら、災害を認識する際に踏まえるべき三つの点を確認する。その三つとは、①災害は社会的現象であるということ（社会的現象としての災害という視点）、②災害の被害者には貧困者が多く、また災害は絶対的損失をともなうということ、③現代の都市の自然災害は社会的災害と複合しているということ（無計画で自然の摂理に反する都市開発に対する《自然の復讐》としての災害という視点）である。

第一。災害は社会的現象であるということ（社会的現象としての災害という視点）について。この点について、宮本は次のように論じている。「資本主義の大量生産・流通・消費の商品経済がすすみ、都市化にともなって、資本・財産や人口の集中・集積がすすんで、無計画な自然利用が全国土におよぶと、汚染物がふえ、環境破壊がおこなわれ、公害や災害の危険性が大きくなった。この都市化の時代に、企業が安全のため《ママ》設備投資をせず、国家や自治体が基本的な都市施設を整備せず、防災対策や公害対策をおこたると、人命、健康や公私財産に大きな社会的損失が生ずる。このような被害のうち、台風・大水・地震、大雪のような自然の異常現象を第一次的原因としておこるのが自然災害であり、社会経済的原因を第一次的原因としておこるのが公害のような社会的災害である。いずれも、『天災』ではなく、社会的現象であるが、一次的原因を社会的原因とするか、自然的原因とするかでは区別される」（宮本憲一、前掲書、六二頁）。自然災害であってもそれは「天災」ではなく社会的現象であると捉えることによって、これに対して諦観に陥ることなく、国家や自治体、社会の側の責任と政策的対応とを問題にするという発想が出てくる。この点で宮本が指摘する第一の視点は重要である。（同じく災害を社会的現象と捉える視点に関しては、石橋克彦『阪神・淡路大震災の教訓』、岩波書店、一九九七年一月、六頁も、参照せよ。）

第二。災害の被害者には貧困者が多く、また災害は絶対的損失をともなうという、災害の特徴について。宮本は言う。「災害の社会経済的特徴の第一は、被害者は貧困者が大部分であることである。大規模な災害になれば、全市民になんらかの被害がでるが、一般的にいって、環境がわるく、防災対策の不十分な住居に被害が発生する。（中略）しかも、一旦、災害にあうと、誰も補償するものはなく、これらの低所得者は自力で復興できず、場合によっては貧窮のどん底におちて一家離散をする。このように都市災害は原因が経済的であり、結果も必ず社会的不公平がおこる」（宮本憲一、前掲書、六三頁）。「都市災害の第二の特徴は絶対的損失をともなうことである。わが国では一九六三年から七四年までに、年平均三七五人の死者をだしている」（同上）。自然災害であっても被害の現われ方には経済的要因が絡み、その結果に必ず社会的不公平が刻まれるということを認識しておくことはとても重要である。それは、この認識により、災害対策はより広く貧困対策、社会政策と結びつく、その視点を得ることができるからである。また、災害は絶対的損失（死者の発生）をともなうということを確認するのもたいせつである。これは、災害対策に当たっての予防（防災）の重要性を理解させる。（「災害の階層性」という論点については、村松郁栄・藤井陽一郎『日本の震災』、三省堂、一九七〇年五月、一五六－一五七頁の記述も興味深い。村松と藤井は、ここで、「同じ自然条件にさらされながらも震災が社会の各階層に応じてどのように異なって現われてくるか」を、一九六五年に始まった松代群発地震の際に行なわれた震災調査の結果を引きつつ、具体的に説明している。そのなかで、彼らは、「震災の階層性」つまり「災害の根本に実は貧困という問題があること」を指摘した。）

第三。現代の都市の自然災害は社会的災害と複合している（無計画で自然の摂理に反する都市開発に対する《自然の復讐》としての災害）という視点について。「自然の改造は都市をつくる前提であるが、この改造が無計画に、かつ自然法則に著しく反するものであれば、それは必ず、『自然の復讐』として、都市の経済活動に影響をあたえ市民の健康に障害をあたえる」（宮本憲一、前掲書、六一－六二頁）。「都市の自然災害は社会的災害と複合している。たとえば臨海部において海岸が埋めたてられ、地下水の過度のくみ上げによって、地盤が沈下し、ゼロメートル地帯がひろがると、台風、高潮や地震の被害が大きくなる。内陸部においては宅地や道路がつくられ、丘陵部の森林が伐採され、池や谷が埋めたてられ、人の住まなかった小河川の周辺や埋立地に住宅がつくられると、崖くずれや『異常出水』がおこる。つまり、無計画な企業立地や宅地造成のような都市開発が、災害のひきがねになっている。」（同上、六二頁。）これは、とくに、高度成長期に形成された東京・大阪・名古屋の大都市圏の構造の対大地震脆弱性の問題（より一般的には都市と大地震という問題）を考える際に留意しなければならない視点である。この視点に立つことにより、防災（より広くは災害対策）における都市政策・国土政策の重要性が認識できる。（第三の視点に関しては、石橋克彦『大地動乱の時代——地震学者は警告する——』、一九八－二〇九頁も、参照せよ。また、本注の記述全体に関し、宮本憲一「現代資本主義と公害・災害」、所収、伊東光晴・篠原一・松下圭一・宮本憲一（編集）、小林陽太郎・高橋裕（編集協力）『岩波講座 現代都市政策 Ⅵ 都市と公害・災害』、岩波書店、一九七三年五月、一六、一九、二二頁、同「災害問題の政治経済学――都市災害を中心に――」、『法律時報』、第四九巻、第四号、一九七七年三月、二八－三一頁も、あわせて参照されるべきである。）

第二次世界大戦後、とくに高度経済成長期以降、日本の人口と産業は三大都市圏とそれを繋ぐ太平洋ベルト地帯に集中し、防災上の考慮を欠いた巨大都市群が、周辺に石油化学・鉄鋼などの重化学コンビナートをともないつつ、繰り返し規則的に地震に見舞われる、太平洋側の地盤の軟弱な沖積平野に姿を現わした。宮本憲一の議論はこの状況を念頭に置いたものである。明治前期の災害対策法令を収集、検討している本書からこれをみると、時代状況の相違に目が眩む。しかし、宮本の指摘する三つの点は、災害現象の理解に際して留意すべき普遍的な視点であり、いずれも程度や現われ方に違いはあれど明治前期の災害現象にも看取できるものである。本書の執筆を進めていくうえで、筆者は、「災害」の概念や災害を見る視点について、以上に紹介したような佐藤らおよび宮本らの研究を踏まえていることを、ここに記しておきたい。

二五、「府県歳入歳出差引表編制例則分類略解ヲ頒ツ」（明治三庚午年九月一二日、第五八七）

五年五月二十二日諸県出納勘定帳様式改定以後廃止*1

第五百八十七

九月十二日（大蔵省）

府県
預所アル諸藩

歳入歳出差引表之儀別紙雛形ノ通去巳年分ヨリ以来租税勘定帳差出改済相違次第早々取調可差出依之右表界紙並編製例則分類略解相副此旨相達候事

但自今界紙入用之節ハ当省ヘ申立請取可申候事

【注解一】 府県および諸藩寄託地に対して、歳入歳出差引表の作製と提出を求めた大蔵省の達である。本達により、大蔵省は、昨巳年（明治二年）の分から租税勘定帳の検了の達知があり次第、歳入歳出差引表を別紙雛形のとおりに作製して提出すべきことを、府県および寄託地のある諸藩に対して命じ、表作成用の罫紙ならびに編製例則と分類略解を頒示した。

政府は、この時期、取箇帳、租税勘定帳、郷帳など財務関係の諸帳簿の様式を定めて府県に頒示し、これらを提出させることにより府県の歳入歳出の実態を詳細に把握しようとしていた。[*2] 本件もこの流れに沿った措置で、租税勘定帳（大蔵省による検査が済んだもの）にもとづき歳入歳出差引表を作製し、それを提出することを、府県および寄託地のある諸藩に求めたのである。歳入歳出差引総計第一表は、府県の租税収入とそこからの支出の内訳、および租税米金のうちの大蔵省への上納額を明瞭かつ一覧的に把握できるように構成されている。歳入歳出差引総計第二表は、予備元払欄において府県における貯蓄米穀の高、ならびにその売却代金を原資とする貸付金の額などが、額外歳費元払欄では府県が堤防費用等に充てるために民部省あるいは大蔵省より領受した米金の額とその支出額などが、これまた一覧的にわかるようにつくられている。大蔵省からすると、これら二つの表を見れば、府県から大蔵省宛にいくら租税米金の上納があるか、いくら公納（臨時貸付金の返却など）があるか、一目でわかることになった。

また、本達発出と同日、太政官は、大蔵省に対して、「各藩ニ頒示スル歳入歳出計表ノ式様ヲ制定ス可キ」ことを下令している。[*3] この下令に応えて大蔵省は各藩用の歳入歳出明細書および歳入歳出差引総計表の編制例則と分類略解を作り、これが一〇月九日太政官から諸藩に対して頒布された。[*4] 政府は、直轄の府県だけでなく、諸藩に対しても歳入歳出明細書および歳入歳出差引総計表の作製と提出を命じ、国全体の歳入歳出の実態把握に乗り出したのである。本件は、こうした国全体の歳入歳出の実態把握のための諸措置の一環を構成する。また、本件は各藩用の歳入歳出差引総計表の原型ともなった。

（別紙）

編製例則＊5

一表面員数ハ一ヨリ九迄ノ数字ノミヲ以テ之ヲ記シ万千百十及ヒ石貫町其他総テ数位ノ文字ハ認ムルニ及ハス零位アラハ○印ヲ以テ之ヲ分ツヘシ

一上段ニ出セル廉々員数認メ方ハ数位ヲ量ル目的ノタメ石高ハ石貫高ハ貫反高ハ町ヲ以テ各一位ト定メ其一位ニ当レル数字カ零印前ニ出セル零位ノ印ヲ云以下之ニ同シノ下右ノ方ヘ・点ヲ標シ若シ員数一位ニ満サルカ或ハ十位以上ノ全数ナルトキハ一位迄ノ空位ヘ零印ヲ記シ一位ノ点ヲ加フヘク郡宿村町家数人口モ之ニ傚フヘシ則書法左ノ如シ但シ員数長キハ幾行ニモ認ムヘシ

郡　数　一○、
　十郡ハ
村　数　一二○五、
　千二百五ヶ村ハ
　但シ宿町数モ之ニ傚フヘシ
石　高　五一○三四五、六七○八九
　五十一万三百四十五石六斗七升八夕九才ハ
高入新田　○、九六
　九斗六升ハ

十一万二千三百四十貫文ハ

貫高　一一二三四〇、

二千百町二十七歩ハ

反高　二一〇〇、〇〇二七

五万千二百軒ハ

家数　五一二〇〇、

五十二万三千人ハ

人口　五二三〇〇〇、

一本年高入ノ新田アラハコレヲ記シ翌年ヨリハ認ムルニ及ハス

一管轄地ノ中地子免除ノ場所ハ左ノ体裁ニ倣ヒ記スヘシ

西京洛中　　　東京市中

数字 町　　　数字 町

此市街ノ数認メ方ハ一位ノ標点ニ及ハス末ニ　　認方同上

町ノ字ヲ加ヘ其他総テ前ノ書法ニ倣フヘシ

何海道　何国何郡

何宿　何町

何宿

一家数人口ノ廉ハ神職寺院及ヒ穢多非人等ニ至ルマテ加ヘタル数ヲ記スヘシ

一入出並元払ノ廉々認メ方ハ表面ニ挙クル数位ニ従ヒ数字及ヒ零印等ヲ横ニ記入シ且縦線ヨリ縦線迄ノ一区中ニ全

計セル員数左右ノ線何レヘモ添ハサルトキハ米永共ニ万位及ヒ米ハ石永ハ貫ヨリ以上ハ何レモ縦線左側ヨリ又米ハ斗永ハ百文ヨリ以下ハ縦線右側ヨリ各数字迄ノ間ヘ零印ヲ記スヘシ則米数ヲ以テ左ニ書法ヲ挙ク永モ之ニ傚フヘシ但シ永ノ数普通分限リナレトモ厘毛迄コレアラハ厘ヲ限リトシ記入スヘシ

	米											
	百	十	万	千	百	十	石	斗	升	合	夕	才
初段	一	○	二	三	○	○	四	五	○	○	○	六
二段		三	○	○	四	五	六	七				
三段		一	○									
四段					二	三	○					
五段								○	○	四	五	
六段	二											
七段			三									
八段				四								
九段							五					
十段								六				
末段												七

初段　百二万三千四石五斗六才

二段　三十万四百五十六石七斗

此両段ハ員数中零印ヲ記ス例トス

三段　十万石
四段　二百三十石
五段　四合五夕

此三段ハ縦線ヨリ数字迄ノ空位ヘ零印ヲ記ス例トス

六段　二百万石
七段　三万石
八段　四千石
九段　五石
十段　六斗
末段　七才

此六段ハ数字何レモ縦線ヘ添ヘルニヨリ零印ニ及ハサル例トス

一此表ハ米永両品ヲ以テ歳入出等ノ概略ヲ見ルヘキ為ナレハ総テ金ハ永ニ直シ其他租税ノ中米永外ノ品ヲ以テ取立又ハ渡方ノ分ハ管轄市町本年十月中旬其品上中下平均直段或ハ定相場等コレアル品ハ其相場ヲ以テ仮ニ永ニ積リ永方ヘ組ミ且予備ノ中籾並殻大麦ハ二合ニ米一合其余ノ雑穀ハ三合ニ米一合替ノ割合ヲ以テ仮ニ米ニ積リ米方ヘ組ミ此外ノ品ニテ囲ヘル分ハ前ニ同シク夫々ノ相場ヲ以テ仮ニ永ニ積リ永方ヘ組ミ入レ額外歳費モ之ニ准スヘシ但シ仮ニ米永ニ積リタル品ハ本品並仮米永ノ員数及ヒ永ニ積リタルハ其直段等ヲモ巨細各庁常用ノ界紙ヘ前ノ書法ニ傚フニ及ハス普通ノ体裁ニ認メ相添ヘ出スヘシ

一歳入出並予備元払ハ租税勘定帳額外歳費ハ租税外入出月々清算帳又ハ総計仕上帳等ヲ以テ堤防営繕入用ノ廉一同末ニ出セル略解ニ基キ類ヲ分チ各計之ヲ記スヘシ

一府県並諸藩御預所トモ表ノ体裁ヲ一ニセシナレハ各所ニコレナキ名目ハ其儘差置キ若シ分類ヘ組入レ難キ品アラハ空界中ヘ簡略ニ其目ヲ作リ員数トモ記載シ其訳巨細各庁常用ノ界紙ヘ認メ相添ヘ出スヘシ但シ空界不足ナラハ不用ノ目ヲ張消シ之ヲ用フヘシ

分類略解

第一表

歳入

正租

本途反高見取米永但シ延米掛リノ国々ハ斗立員数ヲ以テ之ヲ記シ石代納ノ分ハ永方ヘ組入レヘシ余廉々之ニ準ス

雑税

小物成並諸運上冥加ノ類

諸掛物

口米永並高掛物ノ類

雑入

官林損竹木其他品々払代及ヒ納筵菰代過料銭等ノ類

返納

租税ノ中夫食等貸渡返納ノ分

置居

前年置米金ノ内諸渡済残リノ分
前年未定入高
前年ヨリ以前入出未定ニ出セル米永ノ内納払相決シ勘定帳元ニ組メル分
総計
前ニ出セル各計ノ合数ナリ余総計ノ廉々之ニ准ス
前年比較
前年員数トノ差数ナリ増減ノ別ハ此廉界中ノ小囲ヘ右両字ノ中ヲ記入スヘク差ヒナクハ同ノ字認メ入レヘシ
余前年比較ノ廉々之ニ准ス

歳出
官禄
各県官禄ノ分
庁中諸費
各県ハ常備金規則第一定額御預所ハ口米永ノ分但シ各府規則ハ追テ達スヘシ
庁中常備遣払
各県常備金規則第二定額ノ内遣払ノ分但シ各府規則ハ追テ達スヘシ
扶持給分
養老並救助扶持其他用水関枠見守及ヒ諸給分牢舎人扶持米等ノ類
雑出

堰料米並廻米運賃五里外駄賃等ノ類

貸渡

租税ノ中夫食等貸渡ノ分

置

諸渡物引当米金ノ内渡済残翌年へ置居ノ分

差引

大蔵省納

大蔵省へ納辻

歳入出未定

租税其外納或ハ払方差支筋コレアリ勘定帳外書ニ組メル初年ノミノ分但シ前年ヨリ以前引続キ右外書ニ組来ル分ハ記スニ及ハス

第二表

予備元

備高

囲穀並同払代貸附元利金勘定仕上仕来レル分但シ貯穀二十分一下ヶ穀ハ組入ル、ニ及ハス

返納

囲穀並同払代貸附元利金ノ中夫食其外貸渡返納ノ分

予備払
　貸渡
　　夫食其外貸渡ノ分
減失
　流失焼失及ヒ扇立減*6ノ分
差引
　有高
　　囲蔵並庁中有高

額外歳費元
　従民部省請取
　　堤防入用ノ分
　従大蔵省請取
　　営繕入用並臨時諸貸渡米金及ヒ各府官禄ノ類
返納
　臨時諸貸渡米金返納大蔵省へ納ムへキ分
額外歳費払
　官禄
　　各府官禄ノ分

堤防
　堤防入用ノ分
営繕
　営繕入用ノ分
貸渡
　臨時諸貸渡米金ノ分
差引
　大蔵省納
　　大蔵省へ納辻

【歳入歳出差引総計第一表】

歳入歳出差引總計第一表

管轄國名	郡數	宿數	村數	町數	宿村町數内 地子免除	管轄高 石高	管轄高 石高内 新田入高	管轄高 貫高	管轄高 反高	家數	人口

	種類	米 才	米 夕	米 合	米 升	米 斗	米 石	米 十	米 百	米 千	米 万	米 十	米 百	永 厘	永 分	永 文	永 十	永 百	永 貫	永 十	永 百	永 千	永 万	永 十	永 百
歳入	正租																								
	雑税																								
	諸掛物																								
	雑入																								
	返納																								
	居置																								
	前年未定入高																								
	總計																								
	前年比較																								
歳出	官禄																								
	廳中諸費																								
	廳中常備諸拂																								
	扶持給分																								
	雑出																								
	貸渡																								
	置																								
	總計																								
	前年比較																								
大藏省納																									
前年比較																									
歳入出未定																									

【1870年】（明治２年11月30日から明治３年11月10日まで）

歲入歲出差引總計第二表

種類		米 才	夕	合	升	斗	石	十	百	千	万	十	百	永 厘	分	文	百	十	貫	十	百	千	万	十	百
豫備元	備高																								
	返納																								
	總計																								
	前年比較																								
豫備拂	貸渡																								
	減失																								
	總計																								
	前年比較																								
差引有高																									
前年比較																									
額外歲費元	従民部省請取																								
	従大蔵省請取																								
	返納																								
	總計																								
	前年比較																								
額外歲費拂	官祿																								
	堤防																								
	營繕																								
	貸渡																								
	總計																								
	前年比較																								
差引大蔵省納																									
前年比較																									

【注解二】 災害対策の観点から本件が注目されるのは、本達中の歳入歳出差引表と分類略解より、当時の府県が災害対策としてどのような活動を行なっていたのか、またその活動をめぐる米金の動きはどうなっていたのか、これらが明らかになるからである。*7

災害対策関係の活動として、①府県は、まず、租税から罹災民（窮民）に対する「救助ノ口糧」の支給、および「夫食等ノ貸渡」を行なっていた。*8 ②また、災害・凶荒への備えとして囲穀をしていた。*9 ③そして、囲穀および囲穀の売却代金のなかから米金を罹災民（窮民）に対して貸し渡していた（「夫食其外貸渡」）。④以上の租税（囲穀）を原資とする活動のほかに、堤防費用を民部省から、臨時の貸渡米金に充てる費用を大蔵省から領受し、*10 それぞれその目的に支出していた。*11*12

かくして、本達中の歳入歳出差引表と分類略解とから、明治三年九月当時の直轄府県の災害対策関係の活動のカタログを編み、またそれらの活動に関係する米金の流れを把握することができる。すなわち、災害対策にかかわる当時の府県の活動として、堤防の修築、非常災害時における罹災者への食糧の支給、ならびに災害後の困窮に対する夫食・夫食代等の貸し渡し、その貸し渡しに備えた囲穀などが確認できるのである。

〔注〕

＊1 「諸県出納勘定帳様式」（明治五壬申年五月二二日、太政官）。

＊2 「御取箇帳様式ヲ定ム」（明治二己巳年一一月一七日、第一〇六一）（六九－三八）、「勘定帳記載方ヲ定ム」（明治三庚午年三月七日、第一七九）（七〇－一〇）、「郷帳案ヲ定ム」（明治三庚午年五月晦日、第三八〇）（七〇－一四）。

＊3 大蔵省記録局（編）『大蔵省沿革志（上巻）』、一一三頁。

＊4 「諸藩ニ歳入歳出明細書及歳入歳出差引総計表編制例則分類略解ヲ頒ツ」（明治三庚午年一〇月九日、第六五九）（七〇－

二七)。

＊5　ポイントを落とし、傍線を引いた部分は、原文において割注の部分であることを示す。

＊6　日置弥三郎「美濃国における御膳籾について」(岐阜大学『教養部研究報告』、第二号、一九六七年三月)に紹介されている江戸時代の史料「御膳籾作方人足掛大積り書上帳」(寛政二(一七九〇)年)には、「籾四〇〇石唐箕にて扇立」、「籾摺扇立減石　此籾四〇石　是は荒籾八〇〇俵摺扇一割程減候積」の記載がある(同上、二〇頁)。これを参照すると、扇立減とは籾摺りによる減石のことであることがわかる。

＊7　この点につき、「勘定帳記載方ヲ定ム」(明治三庚午年三月七日、第一七九)の項(七〇－一〇)も参照せよ。

＊8　参照、「水火災ノ節窮民救助ノ措置ヲ定ム」(明治二己巳年一二月八日、第一一三〇)(七〇－三)。

＊9　参照、「府県奉職規則」(明治二己巳年七月二七日、第六七五)(六九－二四)第五条。

＊10　参照、会計官処務条規第五条(「会計官職制章程ヲ定ム」、明治二己巳年五月八日、第四二五(六九－一六))。

＊11　参照、「府県奉職規則」(明治二己巳年七月二七日、第六七五)(六九－二四)第六条、「堤防等目下難閣廉々措置ヲ定ム」(明治三庚午年正月、第六九)(七〇－六)第一条。ただし、「府県奉職規則」第六条、「堤防等目下難閣廉々措置ヲ定ム」第一条とともに堤防(修繕)工事実施に至る手続きを定めたもので、修繕を実施する際には絵図ならびに費用概算書等を取り揃えて民部省に伺いを出しその承認を得べしとしている(堤防工事に関する民部省の認可権限を規定した)が、承認された工事の費用負担についてはこれを明示していない。そのようななか、本達に附載されている歳入歳出差引表と分類略解により、堤防工事に際してその費用が民部省から府県に交付される仕組みが存在していたことを確認することができる。

＊12　堤防費用に関しては、洪水などにより府県の支配地の堤防、橋梁、道路などが急破し、放置できないような場合には、第二常備金からの支出をもってその急破箇所の修繕に充てるとされているので、「庁中常備遣払」の項にはこの種の支出が記入されることもあろう。参照、「府県常備金規則説明」(明治二己巳年一二月二日、第一一一二)(七〇－一)、「堤防等目下難閣廉々措置ヲ定ム」(明治三庚午年正月、第六九)(七〇－六)第二条。

二六、「府藩県管内開墾地規則ヲ定ム」（明治三庚午年九月二七日、第六三〇）

五年大蔵省第一号[*1]ヲ以テ取消

第六百三十　　九月二十七日（布）（太政官）

府藩県管内開墾地之儀是迄御布令ニ遵ヒ都テ伺出指図相受候処[*2]左候テハ時日相後レ自然機会ヲ失ヒ開業難行届儀モ有之候間向後別紙之通規則被相定候条右ニ照準シ取計可致事

（別紙）

規則

一府藩県支配地之内山林野沼及ヒ海岸附寄洲等之場所自費ヲ以テ開墾致度段願出候節ハ村内ハ勿論近傍村々故障之有無相糺屹度有益無害ニ候ハヽ反別五町歩ヲ限リ其管庁ニ於テ差許鍬下年季地代永等至当之所分可致事

但些少タリトモ故障之次第有之ハ利害得失ヲ明弁シ民部省へ相伺可否之決ヲ可請事

一試作ハ地所之種類反別之多少ニ不拘全ク故障無之節ハ管庁限可聞届置事

但御林陣屋敷地其他御用地ニ属スル場所ハ試作タリトモ都テ絵図面相添民部省へ伺ノ上可取計事

一五町歩以上之開墾ハ土地之種類ニ不拘反別其他故障之有無利害之原由ヲ記載致シ且絵図面ヲ副総テ民部省へ伺之上諸般之施行可致事

一府藩県入会之地或ハ他之管轄ニ関係致シ候用水ヲ分流シ一管内ト雖トモ田畑ヲ潰シテ溝渠ヲ疏シ又ハ従前之養水溜池等ヲ埋堤防ヲ毀或ハ川中附寄洲等水利ニ関渉致候地ヲ開墾願出候節ハ地之広狭ニ不拘土地之模様故障之有無

尤精密ニ取調絵図面相添民部省へ相伺指図ニ依テ可取計事

一高入之儀ハ反別之多少ニ不拘土地之品位ヲ検査致シ至当之免附取調民部省へ可伺出事

　但一区百町歩以上之土地並管轄入リ交候場所ヲ検候節ハ民部省役員之立会可請事

一官費ヲ以テ開墾致シ候節ハ五町歩以下ト雖トモ故障之有無利害得失ハ不及申経費之数ヲ精算シ土地之品類反別等明細ニ書記シ絵図面相添民部省へ伺出許可之上功ヲ可起事

四年民部省第七参看[*3]

一管庁ニ於テ差許候開墾地ハ反別其他鍬下等之取極振並絵図面ヲ詳明ニシ且又伺之上免許之分ハ只反別而已相記毎年十二月限リ民部省へ可届出事

右之通確守可致候事

【注解二】 政府は、明治三年九月二七日、本布告「府藩県管内開墾地規則ヲ定ム」により、土地開墾規則（山林原野開墾規則）を公布した。本布告以前、開墾に関しては、明治二年七月の「府県奉職規則」第四条附則の定めがあった（「土地ヲ開墾シ水理ヲ変更スル等総テ地形ノ変スルコトハ絵図幷入費積リ書ヲ以テ民部省へ伺出其決ヲ受クヘシ」）。すなわち、開墾を企図した場合には、民部省に申請してその許可をとることが必要とされていたのである。ところが、この手続きは煩雑で時間がかかるため、開墾それ自体をためらったり、時機を失して計画を取りやめたり、また煩瑣を逃れて無許可で開墾に着手したりという弊害が生じていた。[*4] そこで、政府は、新たに開墾規則（本規則）を定めることにより、一定の条件下で手続きを簡略化し、[*5] 開墾事業の促進を図ったのである。[*6]

2. 土地開墾規則（山林原野開墾規則）は、その性格から見れば殖産興業策であり、開墾を奨励する趣旨のものであった。それがどうして災害対策法令として取り上げられるのか。それは第四条の規定のゆえである。第四条は、

「府藩県入会之地或ハ他之管轄ニ関係致シ候用水ヲ分流シ一管内ト雖トモ田畑ヲ潰シテ溝渠ヲ疏シ又ハ従前之養水溜池等ヲ埋堤防ヲ毀或ハ川中附寄洲等水利ニ関渉致候地ヲ開墾願出候節ハ地之広狭ニ不拘土地之模様故障之有無尤精密ニ取調絵図面相添民部省へ相伺指図ニ依テ可取計事」と定める。このうち注目されるのは後半の部分である。『大蔵省沿革志』の文章でそれを紹介すると、次のようである。「一管轄内ニ属スルモ田圃ヲ廃潰シテ溝渠ヲ疏通シ若クハ用水溜池ヲ埋塡シ若クハ堤防ヲ毀壊シ若クハ水中ノ贅洲等凡テ水利ニ関スル地所ヲ開墾スルノ申請ハ、其ノ地所ノ広狭ヲ問ハス其ノ形状ト障碍ノ有無トヲ精査シ地図ヲ副具シテ民部省ニ稟候取決ス。」*7 これは、つまり、《堤防を毀すなどのことをともなう開墾の願い出、あるいは川中の附洲、寄洲など水利に関渉する土地を開墾するなどの願い出、これらが提出されたときには、土地の広狭にかかわらず、土地の状況、開墾への異議の有無を精密を尽くして取り調べ、絵図面を添付して民部省に伺いを立て、その指示にもとづいて処分を行なうべし》ということであり、開墾（開発）が災害の発生可能性を高める恐れをもつような場合（堤防の毀壊をともなう開墾、あるいは河川の水流に影響を与える贅洲の開墾など）には、その恐れが現実のものとなりはしないか詳しく調べ、そのうえで慎重に処理すべしと謳ったものである。たとえ第一条の条件を満たすような申請であっても、それが堤防の毀壊をともなう開墾、あるいは河川の水流に影響を与える贅洲の開墾の場合には、その許否を管轄庁にまかせず、民部省への稟候が必要とされたのである。

ここに、すなわち第四条の上引の部分に、開発（この場合は開墾）が災害の発生可能性を高める場合があることの認識と、それへの対策（この場合には事前の精密な調査と上位機関による開発計画の許否の認定）の規定の存在が認められる。産業化が進むにつれて開発にともなう災害の発生可能性の増大は大きな問題となってくるが、本件にはこの問題への気付きと対応の早い段階での現われを見ることができる。上にも述べたように、土地開墾規則（山林原野開墾規則）は勧業のための一種の規制緩和措置であるが、それを導入した政府には、すでに無規制／無秩序な開発が災害の発生可能性を高めることへの認識が（まがりなりにも／その災害への関心が災害がもたらす租税収入の減少への危惧に発するものであったとしても）存在したのである。

【注解二】 開墾、および荒蕪地や官林の払い下げをめぐっては、明治二年から六年にかけてベクトルの向きの異なる法令が次々に出され、目まぐるしい動きがあった。これらの法令の内容については追々触れることにするが、今題目のみ掲げて簡単に整理すると次のようである。

一八六九・六・一二
「開墾局ヲ置キ民部官ニ属ス」（明治二己巳年五月三日、第四一六）

民部官開墾局設置

一八七〇・一〇・二一
「府藩県管内開墾地規則ヲ定ム」（明治三庚午年九月二七日、第六三〇）（本件）

土地開墾規則（山林原野開墾規則）制定

一八七一・二一‐三
開墾施行に関する正院稟定書（明治四年正月）*8

一八七一・八‐九
「官林規則ヲ設ク」（明治四辛未年七月、民部省第三三一）

官林規則制定

一八七一・九・一

民部省開墾局を廃止し、勧業局中に開墾掛を置く*[9]

一八七一・九－一〇

「荒蕪不毛地払下ニ付一般ニ入札セシム」（明治四辛未年八月、大蔵省第三九）

荒蕪不毛地入札払下

一八七二・二・二二

「荒蕪地入札払可相成ニ付午年布告開墾規則取消」（明治五壬申年正月一三日、大蔵省第一号）

六年太政官第二百五十七号*[10]ヲ以テ払下差止

荒蕪不毛ノ地開墾致シ度者ハ入札ノ上地所御払下可相成筈昨未九月中相達候*[11]ニ付テハ一昨午年九月中布告相成居候開墾規則ノ儀ハ取消候儀ト可心得候事

土地開墾規則（山林原野開墾規則）取消

一八七二・七・二〇

「伐木ヲ留ル官林総テ入札ヲ以テ払下規則ヲ定ム」（明治五壬申年六月一五日、大蔵省第七六号）

官林入札払下　官林規則消滅

一八七三・七・二〇

「荒蕪不毛地並ニ官林等入札払差止」（明治六年七月二〇日、太政官第二五七号）

荒蕪地、不毛地ならびに官林の入札払い下げの禁止

〔注〕

＊1　「荒蕪地入札払可相成ニ付午年布告開墾規則取消」（明治五壬申年正月一三日、大蔵省第一号）。

＊2　参照、「府県奉職規則」（明治二己巳年七月二七日、第六七五）（六九一―二四）第四条附則（「土地ヲ開墾シ水理ヲ変更スル等総テ地形ノ変スルコトハ絵図幷入費積リ書ヲ以テ民部省へ伺出其決ヲ受クヘシ」）。

＊3　「開墾地ノ段別其他鍬下等諸成規開申ヲ督促ス」（明治四辛未年三月、民部省第七）。

＊4　「従来土地ノ墾闢ハ官令ニ準依シ節次ニ稟議取裁シ而シテ之ヲ許否シタリ、然ルニ此ノ如クスレハ則チ或ハ時機ヲ失シ、是カ為メニ畝歩ノ狭少ナル地所ハ舍テ其ノ事業ヲ果タササル者有リ、或ハ稟請取准ノ煩擾ヲ厭苦シ自私ニ其ノ事業ヲ創ムル者有リ、（中略）、其ノ弊害タル少小ナラス」（大蔵省記録局（編）『大蔵省沿革志（上巻）』、二九〇頁）。

＊5　たとえば、府藩県の支配地の内、山、林野、沼、および海岸、附洲、寄洲などの場所を、自費をもって開墾したい旨の願い出があった場合には、村内はもちろんのこと、近傍の村々にも異議がないかどうか糺し、有益無害であることが判明したならば、五町歩を限度として当該管轄庁において申請を許可するとした（第一条）。

＊6　本規則を立案したのは、分省以前の民部＝大蔵省租税司である（本件は明治三年七月八日に民部省から太政官に稟議された）（大蔵省記録局（編）『大蔵省沿革志（上巻）』、二九〇頁）。この点から、本件は租税増徴策のひとつとして提起されたものであることが知られる。『農林行政史』によれば、本規則により、京都、盛岡、新潟などで開墾事業が行なわれた（農林大臣官房総務課（編）『農林行政史 第一巻』、六五〇頁）。

＊7　大蔵省記録局（編）『大蔵省沿革志（上巻）』、二九一頁。

*8 本稟定書は、「開墾局ヲ設ケ開墾施行ノ順序正院稟定書ヲ頒ツ」（明治四辛未年二月、民部省第三）に、別紙として収録されている（『法令全書（明治四年）』、四六五－四六七頁）。明治四年正月、民部省は正院に開墾施行に関する伺いを提出し、それの裁可を得た。この開墾施行に関する正院稟定書を、民部省は二月に達をもって頒布したのである。以下、正院稟定書の論旨を抜粋文にて示す。本稟定書は、開墾をめぐる当時の論のありようをよく表わすものである。稟定書は、開墾施行の背後にある事情／開墾施行のねらいを次のように述べている。「維新以来封建割拠ノ習ヲ革メ土地人民私有ス可カラサルノ理ニ由リ□朝廷ヲ始メ奉リ列藩悉ク禄制ノ変革等ニ取掛リ是迄ノ士族卒其家禄ヲ減シ或ハ帰農商等ノ事ヲ以テ誘導スト雖モ之［士族卒］カ生業ヲ営マシムルノ方法無之ニ於テハ其極生活ス可カラサルニ至リ而シテ其事［禄制ノ変革］モ遂ニハ之カ為メニ行レサル様可相成候仍テ考フルニ天下ノ中荒蕪不毛ノ地少ナカラス就中東北ノ諸州ニハ多分有之右等ノ地ヲ以テ前段遊手ノ輩ニ相授ケ耕耘種芸ノ術ニ従事セシメ其恒産ヲ以テ無用ノ廩禄ニ替リ候様其方法ヲ開導致候得ハ啻ニ土着者ノ永久ノ産ニ安ンスルノミナラス自ラ全国ノ力増益シ一挙両便ニ可有之候」（□は1字分空白であることを示す）。ここに見られるように、開墾は禄制変革を促す手段として位置づけられていた。すなわち、禄制の変革を促すためには、変革により禄を減じられる士族への手当て（彼らが生活していくための生業の提供策）を講じておく必要があるというのである。そこで「荒蕪不毛ノ地」の開墾がもちだされた。士族卒をして「荒蕪不毛ノ地」を開墾せしめそこで「耕耘種芸ノ術」に従事させるというのである。かくして、士族授産のための開墾施行という方針が提示されるに至った（「旁々彼是考慮仕候得ハ利害得失判然ニ付以後天下荒蕪未開ノ地ハ後来士族卒等士着為致候場所へ目的相立テ速ニ之カ法ヲ相立テ夫々取掛リ申度奉存候」）。

*9 参照、「開墾局ヲ設ケ開墾施行ノ順序正院稟定書ヲ頒ツ」（明治四辛未年二月、民部省第三）の頭注。一八七一年九月一日は、明治四年七月一七日。ただし、「開墾局ヲ置キ民部官ニ属ス」（明治二己巳年五月三日、第四一六）の頭注では、開墾局廃止の日付けが明治四年七月七日（一八七一年八月二二日）となっている。

*10 「荒蕪不毛地並ニ官林等入札払差止」（明治六年七月二〇日、太政官第二五七号）。

*11 「荒蕪不毛地払下ニ付一般ニ入札セシム」（明治四辛未年八月、大蔵省第三九）のことである。本文中には「昨未九月」とあるが、八月が正しい。

二七、「諸藩ニ歳入歳出明細書及歳入歳出差引総計表編制例則分類略解ヲ頒ツ」

（明治三庚午年一〇月九日、第六五九）

四年太政官第三百五十三[*1]ニ依リ消滅

第六百五十九　十月九日（布）（太政官）

諸藩へ

歳入歳出表別冊ニ御渡相成候条夫々書記シ来未年ヨリ年々十二月中大蔵省へ差出可申事

（別冊）

表紙

年号干支年

何

何国歳入歳出明細書

何

何藩

同上裏

斗立有無其外総テ国々仕来ノ通相心得此案文ニ傚ヒ認ムヘシ

高何程
一　内高何程　　去支高入　　何国
反高何程
本年高入ノ新田アラハ之ヲ記シ翌年ヨリハ認ムルニ及ハス
米何程
此貢　内米何程　反高見取流作場之分
永何程
内永何程　反高見取流作場之分
一高何程　何国
米何程
此貢　内米何程　見取之分
永何程
内永何程　見取之分
高何程
一　何国
反高何程

此貢米何程
内米何程　　反高見取之分
高　何程　　　　　　　　何
合
内高何程　　去支高入　　何国
反高何程　　　　　　　　何
新田高入ノ廉前ニ同シ
此貢
米何程
内米何程　　反高見取流作場之分
米何程　　但延米不掛
内
米何程　　但本石何程ニ何程延
此斗立何程
米何程　　米納
内
米何程　　石代
此代金何程
内
米何程
何国
何国

此代金何程　但米一石ニ付金何程

米何程

何国

此代金何程　但米一石ニ付金何程

永何程

内永何程

反高見取流作場之分

何年貢　何々

何運上　何々

一米何程

何冥加／何役小物成米石代

何々　何々

何々　何々

内米何程

反別附之分

此反別何程

米何程

何役之内支ヨリ支マテ何ヶ年免除

外

米何程

何冥加之内支一ヶ年免除

此斗立何程

但本石何程ニ何程延

此代金何程

内

【1870年】（明治２年11月30日から明治３年11月10日まで）

何　国

米何程

何　国

此代金何程　但米一石ニ付金何程

米何程　何　国

此代金何程　但米一石ニ付金何程

支ヨリ支迄何ヶ年季

一米何程　何年貢

此斗立何程　但本石何程ニ何程延

支ヨリ支迄何ヶ年季

一米何程　何冥加

此斗立何程　但本石何程ニ何程延

外米何程　支ヨリ支迄何ヶ年免除

何年貢　何々

何運上　何々

一金何程　何冥加／何役小物成

何々　何々

何々　何々
内金何程　　反別附ノ分
　此反別何程
金何程　　何々支ヨリ支迄何ヶ年季引
外　此反別何程
金何程　　何年貢／何役支ヨリ支迄何ヶ年免除
　　年々増減
一金何程　　何　役
一金何程　　何運上
　金何程　　支ヨリ支迄何ヶ年季
内金何程　　支ヨリ支迄何ヶ年季
　金何程　　支ヨリ支迄何ヶ年季
一金何程　　何冥加
内
　金何程　　支ヨリ支迄何ヶ年季
　金何程　　支ヨリ支迄何ヶ年季

口永不掛　年々増減

一金何程　何運上

掛米何程　但本石何程ニ口米何程宛

一米何程　口米

米何程　但延米不掛

内

米何程　但本石何程ニ何程延

此斗立何程

米何程　米納

内

米何程　石代

此代金何程

内

米何程　何国

何国

此代金何程　但米一石ニ付金何程

米何程　何国

此代金何程　但米一石ニ付金何程

掛永何程　　但本永一貫文ニ口永何程宛
　外永何程　　口永不掛分
一金何程　　　　　　　　口永

掛高何程　　但高何程ニ米何程宛
外　高何程　　何々高　免除
　　高何程　　何々高
一米何程　　　　　　　　何々
内　米何程　　但延米不掛
　　米何程　　但本石何程ニ何程延
此斗立何程
此代金何程
内
米何程　　　　　　　　何国
此代金何程　　但米一石ニ付金何程　　何国
米何程　　　　　　　　何国
此代金何程　　但米一石ニ付金何程

高掛物ノ類之レアラハ此振合ニ効ヒ其名目限リ認ムヘシ

一金何程　官林損木払代

並木損木払代之レアラハ別廉ニ記スヘシ此外品々払代及ヒ総テ納物ノ類夫々廉限認ムヘシ

一米何程　支ヨリ支迄何ヶ年賦
夫食拝借返納

右　寄

米何程　米納
内
米何程
金何程　石代金納
此米何程

金何程　正租雑税其外品々金納

二口
合金何程

右　払

金何程　庁中諸費
金何程　陸軍費
金何程　海軍資金大蔵省納
米何程／金何程　官員俸給
米何程　養老扶持
金何程　堤防入用
金何程　営繕入用
米何程　夫食貸渡
但当支一ヶ年延来支ヨリ支迄何ヶ年賦一ヶ年米何程宛未年*2ハ米何程返納ノ積
米何程／金何程　知事家禄
米何程／金何程　士族卒家禄

此外諸渡方ノ品々之レアラハ右振合ニ倣ヒ認ムヘシ

払合　諸渡方
米何程
金何程
内
金何程　海軍資金／大蔵省納
金何程　諸渡方

残 米何程 金何程　　支歳入歳出差引残

歳入歳出差引不足ノ節ハ左ノ通リ認ムヘシ

内 米何程 金何程　　支歳入歳出差引不足

外

米何程／籾何程　　囲　穀

内米何程　　夫食貸渡ノ内去支詰戻候分

外米何程　　右同断追々可詰戻年限中ノ分

但当支ヨリ支迄何ヶ年賦一ヶ年米何程宛未年[*2]ハ米何程詰戻之積

金何程　　囲穀払代金

百姓貯穀ノ分ハ認ムルニ及ハス

右払

米何程　　夫食貸渡

但当支一ヶ年延来支ヨリ支迄何ヶ年賦一ヶ年米何程宛詰戻ノ積

米何程

残　籾何程　　　元払差引残
　金何程

右ハ当藩支配地何何国去支歳入歳出明細仕訳書面ノ通ニ候也
　年号干支年月　　何藩　印

【注解一】「府県歳入歳出差引表編制例則分類略解ヲ頒ツ」（明治三庚午年九月一二日、第五八七）の項（七〇一―一二五）でも記したように、明治三年九月一二日、太政官は、大蔵省に対して、「各藩ニ頒示スル歳入歳出計表ノ式様ヲ制定ス可キ」ことを下令した。[*3] この下令に応えて大蔵省は、各藩用の歳入歳出明細書および歳入歳出差引総計表の編制例則と分類略解を作り、これが一〇月九日太政官から諸藩に対して頒布された（本件）。政府は、本布達により、直轄の府県だけでなく、諸藩に対しても歳入歳出明細書および歳入歳出差引総計表の作製と提出を命じ、国全体の歳入歳出の実態把握に乗り出したのである。[*4]

2．上に掲げたのが政府が各藩に作製提出を命じた歳入歳出明細書の摸本である。これを災害対策の観点から見ると、歳出項目に、災害対策に関係する項目として（あるいはまた災害対策に関係すると見られる項目として）「堤防入用」と「夫食貸渡」、「囲穀」があることが確認できる。さらに、夫食貸渡について詳しく見ると、夫食貸渡には貢租収入からの貸渡と囲穀からの貸渡の二通りがあったことが分かる。ここから言えることは、すなわち、藩の一般的な行政活動としても、府県の場合と同様に、[*5] 堤防等災害防除施設の建設・修築、罹災者救援のための「夫食貸渡」、そして罹災者救援への備えとしての「囲穀」があったということである。[*6]

表紙

歳入歳出差引総計表
編制例則
分類略解[7]

編制例則

一表面員数ハ一ヨリ九迄ノ数字ノミヲ以テ之ヲ記シ万千百十及ヒ石貫町其他総テ数位ノ文字ハ認ムルニ及ハス零位アラハ〔○〕印ヲ以テ之ヲ分ツヘシ[8]

一歳入出並予備元払ノ廉々員数認メ方ハ表面ニ挙クル数位ニ従ヒ数字及ヒ零印前ニ出セル零位ノ印ヲ云フ以下之ニ同シ等ヲ横ニ記入シ且縦線ヨリ縦線迄ノ一区中ニ全計セル員数左右ノ線何レヘモ添ハサルトキハ米永共ニ万位及ヒ米ハ石永ハ貫ヨリ以上ハ何レモ縦線左側ヨリ又米ハ斗永ハ百文ヨリ以下ハ縦線右側ヨリ各数字迄ノ間ヘ零印ヲ記スヘシ則米数ヲ以テ左ニ書法ヲ挙ク永モ之ニ倣フヘシ但シ永ノ数普通分限リナレトモ厘毛迄コレアラハ厘ヲ限トシ記入スヘシ[9]

米												
	百	十	万	千	百	十	石	斗	升	合	夕	才
初段	一	○	二	三	○	○	四	五	○	○	○	六

二段		三	○	○	四	五	六	七				
三段		一	○									
四段					二	三	○					
五段								○	○	四	五	
六段	二											
七段			三									
八段				四								
九段							五					
十段								六				
末段												七

初段　百二万三千四石五斗六才
二段　三十万四百五十六石七斗
　此両段ハ員数中零印ヲ記ス例トス
三段　十万石
四段　二百三十石
五段　四合五夕
　此三段ハ縦線ヨリ数字迄ノ空位ヘ零印ヲ記ス例トス
六段　二百万石
七段　三万石

八段　四千石
九段　五石
十段　六斗
末段　七才
此六段ハ数字何レモ縦線ヘ添ヘルヨリ零印ニ及サル例トス

一此表ハ米永両品ヲ以テ歳入出等ノ概略ヲ見ルヘキ為ナレハ総テ金ハ永ニ直シ其他租税ノ中米永外ノ品ヲ以テ取立又ハ渡方ノ分ハ管轄市町本年十月中旬其品上中下平均直段或ハ定相場等コレアル品ハ其相場ヲ以テ仮ニ永ニ積リ永方ヘ組ミ且予備ノ中籾並殻大麦ハ二合ニ米一合其余ノ雑穀ハ三合ニ米一合替ノ割合ヲ以テ仮ニ米ニ積リ米方ヘ組ミ此外ノ品ニテ囲ヘル分ハ前ニ同シク夫々ノ相場ヲ以テ仮ニ永ニ積リ永方ヘ組ミ入ルヘシ但シ仮ニ米永ニ積リタル品ハ本品並仮米永ノ員数及ヒ永ニ積リタルハ其直段等ヲモ巨細各藩常用ノ界紙ヘ前ノ書法ニ倣フニ及ハス普通ノ体裁ニ認メ相添ヘ出スヘシ

一諸藩トモ表ノ体裁ヲ一ニセシナレハ各所ニコレナキ名目ハ其儘差置キ若シ分類ヘ組入レ難キ品アラハ空界中ヘ簡略ニ其目ヲ作リ員数トモ記載シ其訳巨細各藩常用ノ界紙ヘ認メ相添ヘ出スヘシ但シ空界不足ナラハ不用ノ目ヲ張消シ之ヲ用フヘシ

一副表上段ニ出セル廉々員数認メ方ハ数位ヲ量ル目的ノタメ石高ハ石貫高ハ貫反高ハ町ヲ以テ各一位ト定メ其一位ニ当レル数字カ零印ノ下右ノ方ヘ〔，〕点ヲ標シ若シ員数一位ニ満サルカ或ハ十位以上ノ全数ナルトキハ一位迄ノ空位ヘ零印ヲ記シ一位ノ点ヲ加フヘク郡宿村町家数人口モ之ニ倣フヘシ則書法左ノ如シ但シ員数長キハ幾行ニモ認ムヘシ

十郡ハ

郡　数　一〇，

千二百五ヶ村ハ

村　数　一二〇五，

但宿町数モ之ニ倣フヘシ

石　高　五十一万三百四十五石六斗七升八夕九才ハ

五一〇三四五，六七〇八九

九斗六升ハ

高入新田　〇，九六

十一万二千三百四十貫文ハ

貫　高　一一二三四〇，

二千百町二十七歩ハ

反　高　二一〇〇，〇〇二七

五万千二百軒ハ

家　数　五一二〇〇，

五十二万三千人ハ

人　口　五二三〇〇〇，

一国名其外廉々左ノ体裁ニ倣ヒ記スヘシ

国名ハ

何何

何何　国

地子免除ハ

何国

地名

数字町

此市街ノ数認メ方ハ一位ノ標点ニ及ハス末ニ町ノ字ヲ加ヘ其他総テ前ノ書法ニ倣フヘシ

何国何郡

何町

何海道

何宿

何宿

鉱礦ハ

金　銀　銅　鉄　鉛　亜鉛

明礬　硫黄　石炭

此外出ル所ニ従ヒ其品名ヲ挙クヘシ

官普請所堤防ハ堤川除道路並用悪水堰圦樋関枠等ノ類ナリ橋梁トモ夫々普請所ノ箇所ヲ総計シ記スヘシ

数字，

城郭陣屋ハ

何国
地名
何国
地名
軍艦ハ
蒸気　数字，
帆前　数字，
物産ハ
紙　茶　蠟　漆
蠶種　生糸
何　何

一本年高入ノ新田アラハ之ヲ記シ翌年ヨリハ認ムルニ及ハス尤石高ヘハ本年モ合計シテ記スヘシ
一家数人口ノ内華族以下平民ニ至ル迄官員及ヒ兵員トモ籠リタル数ヲ記シ官員兵員ノ廉々ヘハ猶各其数ヲ挙クヘシ
但シ官員ハ其藩務ニ関スルモノニシテ二官六省以下他ヘ奉職ノモノハ認ムルニ及ハス尤家数人口ノ廉ヘハ組入ルヘシ

【注解二】 編制例則中歳入歳出差引総計副表の官普請の項目のなかの堤防についての解説には、「官普請所堤防ハ堤川除道路並用悪水堰圦樋関枠等ノ類ナリ橋梁トモ夫々普請所ノ箇所ヲ総計シ記スヘシ」と書かれている。ここから分かることは、歳入歳出差引総計副表の《堤防》の項目（見出し）が単に堤防のみならず、川除など広義の治水施設、さらには用悪水や堰、圦樋など利水施設、さらに広がって道路まで含むものであったということである。要するに、この調査表の《堤防》の項目（見出し）は、橋梁を除くほぼすべての公共土木施設を包含するものであった。歳出費目にある「堤防入用」の具体的中身がここに表示されている。歳入歳出差引総計副表中の官普請の項目は、藩の管轄内における公共土木工事の件数調査となっており、そのなかの《堤防》の項目（見出し）は、上記の意味での災害対策関係を主とした公共土木工事の件数調査である。

分類略解

歳入

正租

本途反高見取米永但シ延米掛リノ国々ハ斗立員数ヲ以テ之ヲ記シ石代納ノ分ハ永方ヘ組入ルヘシ余廉々之ニ准ス

雑税

小物成並諸運上冥加ノ類

諸掛物

口米永並高掛物ノ類

雑入

官林損竹木其他品々払代及ヒ過料銭等ノ類

返納

租税ノ中夫食等貸渡返納ノ分

総計
前ニ出セル各計ノ合数ナリ余総計ノ廉々之ニ准ス
前年比較
前年員数トノ差数ナリ増減ノ別ハ此廉界中ノ小囲ヘ右両字ノ中ヲ記入スヘク差ヒナクハ同ノ字認メ入ルヘシ
余前年比較ノ廉々之ニ准ス

歳出

庁中諸費
庁中諸費並官員巡察入費等ノ類
陸軍費
練兵及ヒ総テ軍務ニ関スル入費ノ類
海軍資金
定額ノ分
官員俸給
藩中官員俸給ノ分
扶持給分
養老並救助扶持其他用水関枠見守及ヒ諸給分牢舎人飯米等ノ類
堤防
堤川除道路並用悪水堰圦樋関枠等修営入用ノ分

営繕

城郭陣屋及ヒ橋梁其他営繕入用ノ分

雑出

堰圦米並廻米運賃等ノ類

貸渡

租税ノ中夫食等貸渡ノ分

知事家禄

賜ル所ノ額員ヲ記スヘシ

士族卒家禄

前ニ同シ

差引

残高

歳入出差引残高ノ分ナリ若シ不足ノトキハ残高ノ両字ヲ張消シ不足ト直スヘシ

副表下段

予備元

備高

囲穀並同払代金ノ類但シ百姓貯穀ノ分ハ組入ル、ニ及ハス

返納
囲穀並同払代金ノ中夫食其外貸渡返納ノ分
予備払
貸渡
夫食其外貸渡ノ分
減失
流失焼失及ヒ扇立減ノ分
差引
有高
囲蔵並庁中有高

【1870年】（明治２年11月30日から明治３年11月10日まで）

【歳入歳出差引総計表】

（何藩ノ二字ハ掛紙）

明治三年庚午十月

何藩		米												永											
	種類	才	夕	合	升	斗	石	十	百	千	万	十	百	厘	分	文	十	百	貫	十	百	千	万	十	百
歳入	正租																								
	雑税																								
	諸掛物																								
	雑入																								
	返納																								
	総計																								
	前年比較																								
歳出	藩中公費																								
	陸軍費																								
	海軍資金																								
	官員俸給																								
	扶持給分																								
	堤防																								
	営繕																								
	雑出																								
	貸渡																								
	知事家禄																								
	士族卒家禄																								
	総計																								
	前年比較																								
差引残高																									
前年比較																									

右等ノ處ヘハ増或ハ減ノ字ヲ書入ヘシ

【歳入歳出差引総計副表】

歳入歳出差引總計副表

國名	郡數	宿數	村數	町數	宿村町數内	種類	家數	人口	官員			兵員		鎭臺	官普請	
					地子免除	華族			勅任	奏任	判任	士族	卒		堤防	橋梁
						士族										
						卒			城郭			陣屋		軍艦		
石高	石高内		貫高		反高	社寺										
	高入新田					平民										
						穢多非人			産物							
						總計										

	種類	米												永											
		才	夕	合	升	斗	石	十	百	千	万	十	百	厘	分	文	十	百	貫	十	百	千	万	十	百
預備元	備高																								
	返納																								
	總計																								
	前年比較																								
預備拂	貸渡																								
	減失																								
	總計																								
	前年比較																								
差引有高																									
前年比較																									

【注解三】 本件と「府県歳入歳出差引表編制例則分類略解ヲ頒ツ」（明治三庚午年九月一二日、第五八七）（七〇一二五）とを対照し、明治三年一〇月の時点での、府県と諸藩とにおける、堤防ならびに夫食等貸渡の費用の出所を図式化して示す。

〔堤防費〕

府県　第二常備金
　　額外歳費 従民部省請取

諸藩　藩の歳入から支出

〔夫食等貸渡費用〕

府県の租税収入（そこには以前の貸渡分の返納金も含まれる）からの支出
予備元（囲穀等からの支出）
従大蔵省請取（臨時諸貸渡米金）

藩の租税収入（そこには以前の貸渡分の返納金も含まれる）からの支出
予備元（囲穀等からの支出）

〔注〕

＊1 「藩ヲ廃シ県ヲ置ク」（明治四辛未年七月一四日、太政官第三五三）。

＊2 来明治四年。

＊3 大蔵省記録局（編）『大蔵省沿革志（上巻）』、一一三頁。

＊4 本布達は、九月一〇日に布告された藩制の第一一条に対応するものである（参照、「藩制」、明治三庚午年九月一〇日、第五七九）。藩制の第一一条は、「歳入歳出年々十月ヨリ九月迄ヲ限リ分界ヲ立別紙雛形之通明細書ヲ以テ年末ニ可差出事」と規定したうえで、但書で「但雛形ハ追テ可相達事」とした。藩制は、藩を府県と並ぶ一地方行政単位と位置づける方向の布告で、各藩の組織を定めるとともに、各藩財政の把握と統制を行なう内容のものであった。藩制第一一条を受けた本布達により、政

府は、各藩に歳入歳出明細書および歳入歳出差引総計表の作製と提出を命じ、各藩の歳入歳出の実態把握に着手したのである。

＊5 「府県歳入歳出差引表編制例則分類略解ヲ頒ツ」（明治三庚午年九月一二日、第五八七）の項（七〇－二五）、参照。

＊6 後掲の《分類略解》も参照せよ。それぞれの歳出項目についてより詳しい説明が付されている。また、《分類略解》には、〈扶持給分〉の項目のなかに「救助扶持」の文字が見られ、災害発生時において罹災者への緊急救助が藩の行政活動として行なわれていたことが知られる。

＊7 『大蔵省沿革志』租税寮の部明治三年一〇月九日条の、「諸藩歳入歳出加減表ノ摸本并ニ編製例則、分類略解ヲ頒布ス」の項目には、「編製例則及ヒ分類略解ハ府県ニ頒示セル者ニ小異有ルノミ」と記されている（大蔵省記録局（編）『大蔵省沿革志（上巻）』、二九二頁）。「府県歳入歳出差引表編制例則分類略解ヲ頒ツ」（明治三庚午年九月一二日、第五八七）の項（七〇－二五）も参照せよ。

＊8 〔〕は原文。本項に関し、以下も同様。

＊9 傍線は割注の部分であることを示す。

二八、「民部省中寮司ヲ定ム」（明治三庚午年閏一〇月二〇日、第七五四）

第七百五十四　閏十月二十日（布）（太政官

四年太政官第三百七十五[＊1]ヲ以テ民部省廃止

民部省中

寺院寮

地理司

駅逓司

土木司
庶務司
右之通寮司更ニ被定候事

【注解一】 布告「民部省中寮司ヲ定ム」の内容
【注解二】 土木司の活動態様
【注解三】 工部省設置の経緯

【注解一】 民部省中の寮司を改定する旨の太政官の布告である。明治三年七月一〇日の「民部省大蔵省分省セシム」（明治三庚午年七月一〇日、第四五七）（七〇－二二）により民部省と大蔵省が分けられ、その後八月九日の「民部大蔵両省管轄ノ寮司諸掛及事務条件ヲ区別ス」（明治三庚午年八月九日、第五二〇）（七〇－二三）によって、民部省には、地理司、土木司、駅逓司、鉱山司、庶務司、聴訟掛、社寺掛、鉄道掛、伝信機掛、燈明台掛、横須賀製鉄所掛の五司六掛が配属された。本布告は、これを改定し、民部省管轄下の寮司を、寺院寮、地理司、駅逓司、土木司、庶務司の一寮四司とするとしたものである。[*2] この組織改定において災害対策（堤防等の建設・補修）を担当する土木司は引き続き民部省に置かれることとされたが、[*3] 鉱山司、鉄道掛、伝信機掛、燈明台掛、横須賀製鉄所掛の一司四掛は同日設置の工部省に移されることになった。[*4] 民部省は、閏一〇月二〇日の組織改定で、鉱工業方面での殖産政策の担当部門を失ったのである。[*5]

【注解二】 上に述べたように明治三年閏一〇月二〇日の民部省の寮司改定において、公共土木工事――そこには堤防工事等災害対策土木工事が含まれる――の担当部局である土木司は民部省残置とされた。その土木司の当時の活動態様を知らせる記事が『大蔵省沿革志』に載っているので、以下に紹介する。その記事とは、『大蔵省沿革志』

出納寮の部明治三年一一月一三日条にある「巡回官吏ニ旅費金ヲ支給スル方規ヲ民部省及ヒ本省大坂支衙ヨリ商議シ、乃チ之レニ回答ス」という項目である。この項目のうち、民部省の商議にかかわる部分のみを引く。[*6]

民部省商議ニ曰ク、土木司属官堤防ヲ検査スル為メニ各地ニ派出シ日日ニ川路ヲ巡行スル者ニハ定額ノ巡回旅費金ヲ支給シタリシモ、公務ヲ幹理スル為メニ滞留シ、或ハ甲村ヲ発シテ終日各村ヲ巡回シ而シテ又タ甲村ニ帰到スル如キハ、日当資及ヒ郵丁雇銭ヲ扣除シテ以テ支給セリ、然リト雖モ公務ノ景況ニ応シテ一二日間一所ニ滞留シ、或ハ一日間各地ニ奔走シ尚ホ夜ヲ冒シテ公事ヲ幹理スル者ニハ宜ク定額ノ日当資及ヒ郵丁雇銭ヲ支給スヘキ者ノ如シ、但タ疾病ノ為メニ滞留スル者ハ支給セスシテ可ナラン、閏十月四日。

民部省が大蔵省に提出したこの商議書は、土木司属官への旅費の支給方の改善を求めたものであるが、このなかに当時の土木司の官員（属官）の活動態様が書き込まれている。[*7] すなわち、この資料から、土木司の属官が堤防を検査するために日常的に各地に派遣されていたこと、彼らは派遣された先で川筋に沿って巡行し、あるいは村々を回って検査の任に当たったこと、また必要に応じて村々に滞在し堤防事務の処理に携わったことなどが知られるのである。[*8]

【注解三】 前述したように、明治三年閏一〇月二〇日の民部省の組織改定は工部省の新設と連結されていた。そこで、以下に、工部省の設置の経緯について記すことにする。

まず、『工部省沿革報告』に拠り、工部省の設置時およびその直後の、組織、人事に関する動きを、時系列で示す。[*9]

明治三年閏十月

廿日、工部省ヲ創置セラレ、百工ヲ勧奨スルコトヲ掌リ、嘗テ民部省所管ノ鉱山、鉄道、製鉄、燈明台、伝信機等ノ事ヲ統轄ス。

廿二日、横須賀横浜ノ両製鉄所ヲ民部省ヨリ継承シ、之ヲ掌管シテ製鉄所掛ヲ置ク。○民部権大丞山尾庸三[*10]工部権大丞ニ［民部省］土木正肥田為良工部少丞ニ各転任ス。○民部権大丞兼鉱山正井上勝ヲ工部権大丞ニ任ス。兼鉱山正元ノ如シ。

十一月

二日、［民部省］庶務権正河口淳工部省出仕ヲ命セラル。

十日、［民部省］庶務大佑橋本小一郎工部省出仕ヲ命セラル。

十二月

十三日、築地鉄道事務局ヲ工部省中ニ移シ、鉄道掛ヲ置ク。

十九日、鉱山司ヲ廃シ、鉱山掛ヲ置ク。工部権大丞兼鉱山正井上勝ノ兼官ヲ免ス。○民部省准十等出仕竹田庸次郎ニ工部省出仕ヲ命ス。

廿日、鉱山権正大島高任工部権少丞ニ転任シ、鉱山掛吏員数名ヲ置キ僅カニ其事務ヲ処理セシム。各鉱山支庁ヲ工部省出張所トス。○本省中ニ文書会計ノ弐掛ヲ置ク。

是月、工部七等出仕土山藤次郎ヲ英国ニ航遣シ、百工褒勧及商社ノ規律ヲ質問セシム。○本省所管ノ現金取扱ヲ為替方ニ命ス。

明治四年二月

是月、横須賀製鉄所ニ黌舎ヲ設ケ、仮規則ヲ定メテ伝習生徒ヲ養成ス。

四月

七日、工部権大丞山尾庸三、長崎ニ至リ同所製鉄所及ヒ其所管小菅修船架ヲ同県庁ヨリ受領ス。

九日、横須賀及ヒ長崎製鉄所ヲ造船所、横浜製鉄所ヲ製作所ト改称ノ旨ヲ布告セラル。

是月、横須賀造船所ノ修船規則ヲ定ム。○電信事務ヲ民部省ヨリ継承シ、伝信機掛ヲ置キ、工部権大丞井上勝其事ヲ摂理ス。○本省中ニ庶務掛ヲ置ク。

五月

十日、燈台事務ヲ民部省ヨリ継承シ、燈明台掛ト称シ、工部権少丞佐野常民ヲ以テ之ヲ掌理セシム。

六月

廿八日、後藤元燁工部大輔ニ任ス。

2. 次に鈴木淳らの研究[*11]に拠り、工部省設置の経緯を整理して示す。

明治三年初夏の頃より、政府内部において、灯台、電信、鉄道などの分野での欧米からの技術の導入と、導入した技術にもとづく官営事業の経営とを統轄する機関の必要性が認識されるようになり、工部院の設置が議論され始めた。[*12] 明治三年初夏は、前述したとおり、[*13] 政局において民部＝大蔵省の分離問題が焦点化した時期であり、七月一〇日には民部大蔵両省が分けられて、灯台、電信、鉄道を含む殖産興業事務はひとまず民部省の所管とされた。しかし、民蔵分離後も地方政策をめぐる民部省－大蔵省間の対抗は収まらず、殖産興業部門は両省間での争奪の対象となった。こうして官営事業全体を統括する機関の設置は、大隈ら大蔵省による殖産興業担当部局の民部省からの奪還の文脈に置かれることになった。すなわち、官営事業全体を統括する機関の設置の必要性の認識では一致が存したものの、それをどのような形で具体化するかでは、民部省内に工部寮として設置すべきであるとする大久保利通と、民部省の外に工部院として創設すべきとする大隈重信・木戸孝允・広沢真臣らが対立したのである。[*14] この対立のなかで、工部省の設置が閏一〇月二〇日に布告されたのだが、それを尖兵として推進したのは、民部権大丞で横須賀・横浜製鉄所の事務を総管していた山尾庸三である。[*15] 山尾は、長州藩留学生としてイギリスに留学し、工学の知識を得て帰国した人物で、当時「民部省内で外国人との交渉のある官営事業の実際の担当者」[*16]であった。

3. 最後に発足当初の工部省の人事と組織の特徴について述べる。[*17]

人事においては設置に至るやり取りのなかで工部の責任者として伊藤博文を起用する案が出たが、[*18]これは結局実現をみなかった。工部卿は任命されず、当面の責任者として工部権大丞に山尾庸三、井上勝が任じられた。参議中の工部省担当には大隈重信と広沢真臣が就いた。[*19]これは省としては異例の編成で、この点を鈴木淳は次のように書いている。「工部省の発足当時の職員令では、各省の省務を『総判』するのは正三位相当の卿と従三位相当の大輔、そして正四位相当の少輔で以上が各一人、その下に省事を『糾判』する役職として大丞二人、少丞三人というのが発足当初に最も地位が高かったのは、閏一〇月二〇日付で発令された権大丞の山尾庸三と井上勝であった。[*20]権大丞他の省の幹部の定員であった。（一文略。改行。）しかし発足当初の工部省は、卿はもちろん、大輔、少輔も欠き、は大丞に準じる地位であるが、このときの大丞が従四位で勅任官だったのに対し、正五位の権大丞は奏任官で省内の寮の頭と同格であった。このような構成は他の省に類例がなく、省の名称はあっても人事上の内実はなかった。[*21]」

組織の点では、工部省は、閏一〇月二〇日に、「掌褒勧百工及管鉱山製鉄燈明台鉄道伝信機等」として立てられたが、実際に発足時に民部省から工部省へ移管されたのは山尾庸三が管轄していた製鉄所掛だけだった（閏一〇月二二日）。鉄道事務が移管され工部省内に鉄道掛が設けられたのは一二月一二日、鉱山司は一二月に移管されたが一二月一九日に廃止され、鉱山掛に格下げされた。さらに、工部省が電信事務を民部省より継承し伝信機掛を置いたのは明治四年四月、同じく燈台事務を継承し燈明台掛を置いたのは五月一〇日であった。工部省内の各部局はいずれも掛という位置づけのまま（あるいは掛に格下げ）であり、寮司を置く他省と比べて極めて変則的な状態であった。鈴木淳は工部省のこのさまを、「掛だけというのは組織的にも省の形ではな」く、「これは強引な省としての発足の代償であった」と評している。[*22]

人事の点でも、組織の面でも、いずれにおいても異例のかたちでの発足であった。

〔注〕

＊1　「民部省ヲ廃ス」（明治四辛未年七月二七日、太政官第三七五）。

＊2　参照、「民部省中鉱山司以下諸掛ヲ廃ス」（明治三庚午年閏一〇月二〇日、第七五七）。本件と同日に発されたこの沙汰書（民部省宛）により、民部省中の鉱山司ならびに社寺掛以下の諸掛が廃止された。ただし聴訟掛は庶務司中に置かれることとされた。

＊3　明治三年閏一〇月の民部省の組織改定（工部省設置にともなう民部省寮司の分割）の際土木司は民部省に残置されたが、これをも工部省に移管すべきであるとの論が、工部省設置後まもなく、工部省内から提起された（前述）。明治三年一一月に参議（大蔵省・工部省担当）大隈重信に提出された工部少丞肥田浜五郎（為良）の意見書がそれである（肥田は民部省土木正から工部少丞に転任した人物である）（「明治三年一一月大隈重信宛肥田浜五郎意見書」、所収、日本史籍協会（編）『大隈重信関係文書　一』、三三九－三四二頁）。肥田は、意見書のなかで、この点を、「工部省の儀は掌褒勧百工及管鉱山製鉄燈明台鉄道伝信機等の章程被　仰出候得共、右は全当分の儀ニて、追ては土木営繕等の職掌モ必然工部ニ属シ至当の筋ニ可有之歟」と書いた（同上、三三九頁。肥田の意見書中〝土木〟の語は具体的には治水堤防を指して使われている）（肥田の土木司工部省移管論について詳しくは、「民部大蔵両省管轄ノ寮司諸掛及事務条件ヲ区別ス」、明治三庚午年八月九日、第五二〇の項（七〇－二三）を見よ）。土木司は、肥田の建言からおよそ半年後、明治四年七月二七日の民部省廃止にともなって翌二八日に工部省へ移管された（「旧民部省土木司ノ事務ヲ工部省ニ属ス」、明治四辛未年七月二八日、太政官第三八二）。工部省土木司は、翌月土木寮となり（「工部省中寮司ヲ置キ等級ヲ定ム」、明治四辛未年八月一四日、太政官第四〇七）、そして二か月後には大蔵省の所属に移された（「工部省中土木寮ヲ大蔵省ニ管セシム」、明治四辛未年一〇月八日、太政官第五二八）。

＊4　「明治三年閏十月廿日工部省ヲ創置皇城内セラレ、百工ヲ勧奨スルコトヲ掌リ、嘗テ民部省所管ノ鉱山、鉄道、製鉄、燈明台、伝信機等ノ事ヲ統轄ス。」（大蔵省（編）『工部省沿革報告』（一八八九年四月刊）、所収、大内兵衛・土屋喬雄（編）『明治前期財政経済史料集成　第十七巻』、原書房、一九七九年八月、復刻版、原版の史料集成改造社版は一九三一年九月刊、五頁。傍線

は原文においてそれが割注部分であることを示す。）また、「工部省ヲ置ク」（明治三庚午年閏一〇月二〇日、第七五五）も参照せよ。

＊5　閏一〇月二〇日の政府組織の改定（民部省の寮司の改定、工部省の設置）は、民蔵分離後の地方政策をめぐる民部省－大蔵省間の対抗と、また両省間での殖産政策部門の争奪に関係する。これらに関しては、前掲の「民部大蔵両省管轄ノ寮司諸掛及事務条件ヲ区別ス」（明治三庚午年八月九日、第五二〇）の項（七〇－二三）を参照せよ。

＊6　大蔵省記録局（編）『大蔵省沿革志（上巻）』、五二七頁。

＊7　この商議書提出の約一年前、明治二年一二月時点の土木司の陣容は、正（安永弥行）、大佑一名、権大佑四名、少佑二名、権少佑五名、大令史一九名、少令史四二名の七四名であった（『職員録（明治二年一二月改）』、御用官板所和泉屋市兵衛、須原屋茂兵衛（国立公文書館デジタルアーカイブ）による。この『職員録』（和泉屋市兵衛、須原屋茂兵衛版）は、朝倉治彦（編）『明治初期官員録・職員録集成 第二巻（明治二年一月～明治二年十二月）』、四七五－四七八頁にも収められている）。上記商議書の提出の翌月、明治三年一一月の土木司の陣容は、『職員録（明治三年一一月改）』によれば、正（安永弥行／宮川房之）、権正（山口忠良）、大佑五名、権大佑六名、少佑一三名、権少佑二五名、大令史四四名、少令史七三名の総計一六九名である（『職員録（明治三年一一月改）』（国立公文書館デジタルアーカイブ）。ここから土木司人員の大幅増を見てとることができる。

明治二年一二月時点で総計七四名であったものが、一年後の明治三年一一月には一六九名と倍増しているのである。この人員増が何に因るのか、今審らかにはしないけれども、この時期大久保利通らが政府官省の人員の削減を主張していたことの背景が上の数字に表れている。すなわち、大久保は明治三年一一月八日付の民部少輔吉井友実宛の書簡中、次のように書いていた。

「民部省人員減少の事、如何の御運ニ候や。過日宮川土木正より咄承候得は、司正一同合議、一時断然御廃止ニて極少人数ニ御精撰有之度旨、大輔［大木喬任］えも建論致候由、誠ニ無上の機会と被存候。就ては大木え篤ト御示談速ニ御運有之度、如此御変革ハ機ヲ失候と終ニ事行ハレサル様相成申候間、一省丈ケ実行挙り候得ハ自ら他ニ相及候勢に可立至。大蔵省も随分大隈もやり立候含の由ニ候間、直ニ響応可致。民蔵右の運ニ相成候得は、其外ハ不待論と存候。減員の事も艸卒ニやり立候ては、人の正邪能否の別なく却て混雑相生候而已にて、めつたに手を出ぬかよいと申論も有之、成程老練の詞ニハ可有之候へ共、右様顧念致候位にては迚も大改革出来候ものに無之、大輔なとも矢張右の見込共ニてハ無之やと案申候。何卒松方［正義］御談合精々御尽力有之度、伏て奉願候」（「明治三年一一月八日付吉井友実宛大久保利通書簡」、所収、日本史籍協会（編）『大久保利通文書 四』、一〇九頁）。明治三年一〇月と翌四年二月の官員数を比べてみると、官員の削減は、民部省においては実施された（四五八名→三〇二名、とくに土木司においては八八名へと半減している）。だが、大蔵省は減らず（三三二名→三三一名）、政府全体では二、一六五名から二、三一二名へと増加した（松尾正人「維新官僚の形成と太政官制」、二五、二六頁）。ところで、『職員録（明治三年一一月改）』には土木正として安永弥行と宮川房之の名が見られる。規程上から見ると「職員令」は司の正を一人とはっきり定めているから（参照、「職員令並官位相当表」、明治二己巳年七月八日、第六二二（六九－二一b））土木正が同時に二人というのは異例のことである（ただし当時正が複数員いるという事態は「職員令」の規定にもかかわらず時折見られた）。

＊8 尚、上記商議に対する大蔵省（出納司）の回答であるが、これは、一般に派遣先村々に滞留する土木司属官に対する日当および旅宿費の支給は行なわないけれども、滞留中「終日巡行シテ旅舎ニ帰到スル者ノ如キ」はそれらの支給の対象とするというものであった（大蔵省記録局（編）『大蔵省沿革志（上巻）』、五二七頁）。

＊9 大蔵省（編）『工部省沿革報告』、五－六、五一、一五〇、二一三－二一四、二六一－二六二、二九九－三〇〇頁。時系列の一覧表への掲載にあたって原文の割注部分は省略した。また、同一の事柄について工部本省の部の記述と各部局の部のそれとが異なる場合には、各部局の部の記述に従った。人名の初出および掛の設置に傍線を引いた。

＊10 山尾庸三はのちに初代伊藤博文内閣で内閣法制局長官の職に就いた人物である。山尾は、民部兼大蔵権大丞であった明治三年五月三日から製鉄所の事務を総理していた。彼は工部権大丞転任後も引き続き製鉄所事務を掌理した。参照、同上、二九九頁。

＊11 鈴木淳「工部省の一五年」、西川誠「佐佐木高行と工部省」（所収、鈴木淳（編）『工部省とその時代』、山川出版社、二〇〇二年一一月）。

＊12 「[明治三年五月]十八日、八字参　朝。民部大輔[大隈重信]少輔[伊藤博文・吉井友実]参　朝。工部院の議有之」（日本史籍協会（編）『大久保利通日記 二』、一〇九頁）。

＊13 「民部省大蔵省分省セシム」（明治三庚午年七月一〇日、第四五七）（七〇－二一）、および、「民部大蔵両省管轄ノ寮司諸掛及

事務条件ヲ区別ス」（明治三庚午年八月九日、第五二〇）（七〇－一二三）の両項を参照せよ。

＊14 「明治三年一〇月一五日付岩倉具視宛三条実美書簡」（所収、日本史籍協会（編）『岩倉具視関係文書 四』、四四五頁）。

＊15 鈴木淳「工部省の一五年」、六頁。参照、「明治三年一一月四日付岩倉具視宛大久保利通書簡」（所収、日本史籍協会（編）『大久保利通文書 四』、一〇三－一〇七頁。とくに、一〇四－一〇五頁を見よ）。

＊16 同上、七頁。民部権大丞山尾庸三は「木戸派・長派」であり、大蔵少輔伊藤博文と近しい関係にあった。こうした、設置をめぐる一連の経緯と事情を総括して、西川誠は、「工部省は明治三年民蔵分離後の閏一〇月に、開明化事業を、開明化政策を抑制しようとする民部省から守るために設置された」と述べている（西川誠、前掲論文、二三二頁）。

＊17 上掲の、工部省の人事と組織に関する時系列表を、参照せよ。

＊18 参照、上掲「明治三年一〇月一五日付岩倉具視宛三条実美書簡」。

＊19 『広沢真臣日記』の明治三年閏一〇月二〇日条には、「工部院寺院寮等新に被設置候段被　仰出候事」、「大隈参議身柄両人工部分課の段府公申渡有之候」との記事がある（日本史籍協会（編）『広沢真臣日記』、三八二頁）。

＊20 山尾庸三と井上勝はともに長州藩出身のイギリス留学組であり、彼らが中心となって工部省が発足したことは、工部省のイギリス色を強めた（鈴木淳「工部省の一五年」、七頁）。西川誠は、彼らの就任を含めて明治一二年三月の吉井友実の工部少輔就任あるいは同一四年一〇月の佐々木高行の工部卿就任までの工部省の人事の性格について、「[工部省は]要するに木戸派・長派主導の官庁であり、首脳部には西欧事情・言語に通じ、技術・事業に理解があり、開明化政策を支持することが求められた」と指摘している（西川誠、前掲論文、二三一頁）。少し広い視野からの評言になるが、鈴木淳は、工部省の存在意義を、欧米からの技術の導入と官営事業の経営全体を統括する機関としての面においてだけでなく、政治的に長州藩留学組の拠点となった点においても捉えている（鈴木淳「工部省の一五年」、一二－一八頁）。

＊21 同上、八－九頁。

＊22 同上、九頁。

小括

以下に本書の終章として小括を置く。小括では一八六八年から一八七〇年にかけての災害対策法令を、まず維新政権の性格との関連で整理し、次いで災害対策の局面（ラベル）ごとに解説する。[*1]

＊1　小括においても、引用文（句）中の傍点と傍線は、とくに断り書きのない限り、筆者によるものである。

一、近代国家形成のなかの災害対策

周知のように、維新政府は近代化政権とクーデター政権という二つの性格をもつ。[*1] 近代化政権であることから、維新政府は、①国家形成（近代的な統治機構の形成）、②国民形成、③産業化《インダストリアライゼイション》という課題を有した。また、維新政府はクーデターによって成立したから、①早急な権力基盤の構築と、②政権の正統性の可及的に速やかな調達を課題に抱えた。[*2] 以下では、維新政府のこの二つの性格に由来する諸課題との関連で、明治元年から同三年にかけての災害対策法令を総括する。

総括に先立ち上記の諸課題を整理して、a 国家形成（クーデター政権であることに由来する早急な権力基盤の確立をここに重ねる）、b 国民形成、c 産業化《インダストリアライゼイション》、d 政権の正統性の可及的に速やかな調達の四つとする。このうち、災害対策と深くかかわったのは、aとdである。そして、cも災害対策に関係した。

＊1　松尾正人『維新政権』。とくに、同書、一一三九、二五二一二八七頁。

＊2　『政治学事典』では、正統性を、「被支配者が……、積極的に、あるいはすくなくとも消極的に、統治関係すなわち政治権力支配を承認し許容する」ことと説明している（『政治学事典』、平凡社、一九五四年五月、七六八頁）。本書では、この定義を踏まえて、〝正統性の調達〟の語を、人民がその政権をしかるべき筋の通った存在であると認めること（そのような意識を調達すること）の意味で用いる。

（一）国家形成と災害対策法令

(1) 災害対策と、財政の確立および官僚制の創出

近代化政権にとって国家形成とは具体的に何を意味するか。それは第一に財政の確立であり官僚制の創出である。明治初年災害対策は財政の確立という課題に深くかかわっていた。それは、ひとつには、維新政府が租税の徴収についてこれをとりあえず旧幕時代の徴租法に依るとしたため、結果的に旧幕時代の徴租法のなかに含まれていた災害時の租税の減免制度を引き継いだからである。また、もうひとつ、罹災者の救援は必然的に財政の出動を意味したからである。歳入のほとんどを政府直轄地からの貢租収入に頼っていた維新政府にとって、打ち続く災害、凶荒のなかで減租免租制度をどう運用するかは財政の確立問題に直結した。また府県収入からの賑恤の実施は中央政府の取り分の減少を意味したから、これもまた財政の確立問題に影響した。このような問題状況の下、政府部内は、財政確立を優先して凶荒下でも貢租収奪を強行しようとした者たち（大隈重信ら大蔵省）と、貢租収奪の強行は民心の離反を導き、維新政府の統治それ自体の危機を招来するとして民心収攬の地方政策を主張する人びと（地方官

の多くと中央では大久保利通・広沢真臣ら）とに分かれた。両派の争いは、具体的には、民政部門を所管する民部省と財政を専管する大蔵省との合併・分離問題として現われた。そしてこの争いを触媒として明治三年秋以降大蔵省内で一連の組織規程の整備が行なわれ、それを起点として中央官庁における官僚制の初期的形成がもたらされたのである。[*3]

＊3　以上の、災害対策と財政の確立および官僚制の創出という論点については、序説の第二節「官僚制の創出を媒介した災害対策を巡る明治初年の政治的闘争」において詳述した。それゆえ、ここではこれ以上深入りしない。この論点に関係する災害対策法令についても、序説の第二節を見よ。

(2) 災害対策と集権化

近代化政権にとって国家形成上の第二の課題は集権化された中央－地方関係の構築である。これについてもまた災害対策事務の統制問題が大きく関係している。

維新政府は当初、災害発生後の罹災者救援事務について、これの実施を全面的に地方官に委任する態度をとった。すなわち、明治元年六月二二日、維新政府は、各地で発生していた水害に対処するための措置として、「天災兵害ノ余ニ付府藩県ヲシテ便宜賑恤ヲ施行セシム」（明治元戊辰年六月二二日、第五〇二）（六八－一〇）を発出し、直轄府県に対して救助の実施（救助の内容は金や食糧の支給である）を命じたが、この布告では救助に関し詳細な調査を行なったうえで適切に実施すべきであるとの一般的な指示はしたものの（「兵燹之厄洪水之害窮民流離路頭ニ立者一村ニ幾人且其破産蕩家等一々細詳ニ査点シ救助其宜ヲ得ヘシ」）、実施については上奏し裁可を待つ必要はなくこれを府県に任せるとした（「厄害ノ等ヲ弁シ救恤ノ道ヲ立ツ今日ノ事ハ奏可ヲ待タス府県ヘ専任ス宜ク可得其道事」）。また、被災田畑の租賦の免除に関しても、「没田之民ハ全ク其租賦ヲ免シ其他漲溢ノ田畑ハ荒敗ノ軽重ヲ量リ蠲免其宜ヲ得ヘキ事」と、その実施を府県官に委任している。

ところが明治二年に入ると、政府は賑恤の実施についても、被災田畑の租賦の減免に関しても、府県官への委任を撤回し、原則としてそれぞれ民部省、大蔵省に申請のうえ、その許可を得てから行なうよう達した（六九－一六）（六九－二四）。[*4] それは、府県官——彼らは罹災（農）民の圧力に直面していた——が実施する救助および被災田畑の租賦の減免は、中央の財政当局からは〝濫救〟、〝過多ノ減蠲〟と見做されたためである。まず、五月八日の会計官処務条規が、「各官府県共例外金穀ニ係ル事件ハ会計官承諾ノ上ナラテハ施行スルコトヲ許サス」（第五条）、「各官幷府県ヘ不時ニ属吏ヲ遣シ以テ出納ヲ監視シ簿書ヲ点検セシムヘシ」（第六条）と書き、会計官の、府県に対する財政的統制を定めた。この統制は、当然のことながら、府県が罹災者救援策として実施していた夫食・種籾・農具代等の貸渡しに及んだ。また会計官処務条規は第九条に凶荒災害時の租税の減免に関する規定を置いた（「府県ヨリ達出ル租税ノ休免石高等宜ク年ノ豊凶ヲ察シ免除ノ事ヲ決スルヲ得ヘシ」）。これにより、凶作時・災害時の租税の減免に関する決定は会計官が行なうことが定められた（府県からの減免申請にもとづき会計官が決定する）。この規定は凶作時・災害時に府県官が独自の判断で租税の減免を行なうことを禁じたものである。さらに、七月二七日発出の府県奉職規則では、第五条の附則で、天災や戦乱のために窮民が発生し、彼らへの救助が一日たりとも先送りできないような深刻な場合には、まず速やかに賑恤を施行し、そのうえでそれを後日民部、大蔵両省へ届け出ることと定めた。これは災害応急救助に関する届出を府県に命じたものである。同規則第五条はそのほかに、「一時ノ賑恤ニ非ス年月ヲ経ル救助」を実施する場合や「救荒ノ制」を立てる場合には、民部省に伺い出てその決を取るべきことを府県官に指示している。こうして、府県奉職規則第五条は、窮民への賑済および天災発生時の緊急の救助を府県の事務と定める一方で、それらの事務の施行に対し民部、大蔵両省の統制を規定したのである。[*5] 前述したように、災害対策は財政の確立問題と密接に絡んでいた。そのような構図のなかで、財政の確立を急ぐ維新政府は、災害対策の分野を府県官への委任のままに置くことができず、支出の抑制と貢租収奪の強化のために中央機関による地方当局の統制の構築を図ったのである。災害対策の分野は集権化に推進要因を提供したといえよう。

＊4 「会計官職制章程ヲ定ム」(明治二己巳年五月八日、第四二五)(六九－一六)、「府県奉職規則」(明治二己巳年七月二七日、第六七五)(六九－二四)。

＊5 このほか当期において集権化(民部、大蔵両省による府県官に対する行政的・財政的統制)を規定した法令(とくに災害対策にかかわるもの)としては、「県官人員幷常備金規則」(明治二己巳年七月二七日、第六七六)(六九－二五)、「府県常備金規則説明」(明治二己巳年一二月二日、第一一一二)(七〇－一)、「堤防等目下難閣廉々措置ヲ定ム」(明治三庚午年正月、第六九)(七〇－六)がある。もっとも集権化は当期の災害対策法令を貫く基本的な特徴であり、ここに挙げた法令は主なものとして掲げたのである。この点は注解を見れば容易に理解されよう。

(3) 属人的な行政から法規にもとづく統一化された行政へ

すぐ上に述べたことは別の面から見れば、属人的な行政から法規にもとづく統一化された行政への移行ということである。この点を「水火災ノ節窮民救助ノ措置ヲ定ム」(明治二己巳年一二月八日、第一一三〇)(七〇－三)を例に見ていく。

「水火災ノ節窮民救助ノ措置ヲ定ム」は明治二年一二月八日に民部省が府県に宛てて発出した達で、太政官の裁可を得た「罹災窮民ノ済恤方規」を示したものである。「罹災窮民ノ済恤方規」は、その内容を次の三点にまとめることができる。①水災あるいは火災に罹り飢えと凍えに瀕している者たちについては、もし彼らに対する緊急の救助（食糧提供等）に手間取るならば、人命にかかわるような事態が発生してしまうことになりかねないから、このようなことにならないよう、地方官は適切な処分を行なわなければならないこと。すなわち、地方官が事情をよく調べたうえで「水火ノ災害ニ罹レル窮民」の急を救うことは至当な処置であることを確認したのである。②しかるにこの件に関して、府県ごとに異なった取り計らいをしたのでは（救助処分の内容がまちまちでは）不都合である。そこで罹災窮民の済恤に関しては方規に照らしてその処分を行なうこととし、その基準をここに示す。すなわち、たとえば洪水によって堤防が切れ、水が人家を押し流し、または、数日間居宅の床上まで水に浸かったような場合、あるいは、火災により食糧や農具を焼亡してしまったような場合で、被災した人民が飢えや凍えに苦しむ状況に陥りそれを捨て置くことができないような窮状を呈したときには、まず一五日間と日数を限り、一日男米三合、女二合の割合で速やかに救助し、しかるのちにその事実を民部省に報告すること。これが設定された方規であり、今後罹災窮民の済恤はこの内容と手続きで行なうものとされた。③災害による窮状がさらに続き罹災民が夫食や農具代などの貸し渡しを願い出てきた場合（すなわち一五日間を過ぎても自活の目途が立たず賑貸を申請する者が出た場合）には、その申請の事情が適当であるかどうかをよく吟味したうえで、成規（「夫食種籾農具等貸下ノ措置ヲ定ム」[*6]）に則った賑貸方（無利息での貸し渡し、年賦での返納）の実施伺いを民部省に提出するものとする。各府県において対応がまちまちにならないように取り計らうことが肝要であること。

『大蔵省沿革志』租税寮の部明治二年一二月八日条には、「罹災窮民ノ済恤方規」の裁可を求めて民部省が太政官に提出した議案が採録されている。[*7] これは、「罹災窮民ノ済恤方規」を発布するに際し民部省租税司の問題意識がどこにあったかをよく表わす文書である。すなわち、同方規を立案、発布するに当たって、民部省租税司の念頭にあった第一は、地方官をして「水火ノ災難ニ遭ヒ饑寒ニ迫リ物命ヲ傷スル如キ焼眉ノ急［＝a］」に対する処分を行なわしめることそれ自体ではなかった。そうではなく、彼らの念頭にあった第一はaに関する処分内容について府県を縛ること（方規を立てることによりaに関する府県の処分が区々にならないようにすること）であった。aに関する処分それ自体は民部省があえて指示をし、督励するまでもなく、必要に迫られて各府県が行なっている。問題は、それを各府県がそれぞれのやり方でやっていることである。そのような仕方には必ず「弊害」（「濫救」）が存するのであって、方規立定によりその「弊害」を除去しなければならない。――これが法規定立にあたっての民部省租税司の問題意識であった。民部省は、罹災窮民（罹災農民）の圧力に押されて独自に手厚い（または広い）処分をする府県が続出することを恐れ、それを防ぐために統一基準の設定を急いだのである。

災害対策分野において属人的な処分を排し、統一化された処分の導入のために法規を定立すると言った場合、「罹災窮民ノ済恤方規」の例に見られるように、それはしばしば処分の充実のためにではなく、すでになされている処分を抑制するために行なわれた。法規の定立は施策の充実を自動的には意味しないのである。すでになされていた処分が法規による統一性の導入のもとで低く切りそろえられることもあるのである。

＊6　「夫食種籾農具等貸下ノ措置ヲ定ム」（明治二己巳年七月一四日、第六五二）（六九―一二）。

＊7　大蔵省記録局（編）『大蔵省沿革志（上巻）』、一二五三―一二五四頁。

近代化政権が有する国家形成の課題と関連させて災害対策法令を見ると、災害対策は、財政の確立と深くかかわっていたがゆえに官僚制創出の触媒としての役割を果たし、また同じ理由から集権化された中央―地方関係の構築を促進し、かつ法規の定立を迫ることにより属人的な行政から統一化された行政への橋渡し役を担った、と総括される。＊8

＊8　ほかに記録されなければならない点としては、行政監察制度の成立への関与がある。政府部内の行政監察制度は、堤防工事など災害対策事業への監察を焦点としつつ進行した。参照、「治河及諸普請等ニ刑法官監察ヲシテ出張セシム」（明治二己巳年二月二日、第九七）（六九－八）、「甲州川々普請ニ付刑法官監察司ヲシテ出張セシム」（明治二己巳年二月二五日、第二一〇）（六九－一一b）。

（二）正統性の調達と災害対策法令

クーデターにより成立した維新政府にとって、正統性の調達はすぐさま直面した重大問題であった。[＊9] 維新政府の官僚には自分たちの政権が人民から正統性を十分には調達しえていないことが自覚されていた。それは、たとえば、明治二年二月五日付で行政官が発出した府県施政順序のなかに見られる。[＊10] すなわち府県施政順序には、「従前ノ規則ヲ改正シ又ハ新ニ法制ヲ造作スル等（中略）宜シク衆庶ノ情ニ悖戻セス民心ヲシテ安堵セシムルヲ要ス」（第三款）、「令ヲ布クハ易ク事ヲ挙ルハ難シ着実手ヲ下スヲ要ス故ニ一件施行シ稍其事ノ挙ルヲ見テ又次件ニ及ヘシ一時卒易ニ施行スルヲ禁ス最其土地風俗ニ因リ各其宜ヲ異ニス必ス順序ニ拘泥ス可カラス終ニ全備スルヲ要ス」（施政大綱末文）、「施政ノ始切ニ戒ム可キハ聚歛《ママ》（斂）ナリ民心未定ニ租税ヲ議スレハ忽チ疑惑ヲ生ス故ニ租税ノ事ハ最モ後ニ手ヲ下スヘシ」（追補第一項）などと、政府の、人民に対する慎重な姿勢が書き込まれていたのである。府県施政順序は、この時点での、施政に臨んでの政府の態度、考え方がよく現われた文書であるが、そこでは「民心未定」が強く意識されていた。[＊11]

ところで、災害は財政の確立という点から見ると維新政府にとって負の要素であったが、政権の正統化という点から見ればそれは二通りの仕方で政府に正統性の調達機会を与えるものであった。災害は、政府に、救助（賑恤、被災田畑の租税の減免）実施の機会を提供し、また、災害回避のための大土木工事の実施の機会をもたらしたからである。

＊9　正統性の調達問題には、いかにすみやかに調達するか、そしてどのような仕方で調達するか、という二つの側面があった。

＊10　「府県施政順序ヲ定ム」（明治二己巳年二月五日、第一一七）（六九―九）。

＊11　同様の認識は半年後に出された府県奉職規則においても確認できる。府県奉職規則第一条は、「民政ハ経国ノ大本最モ至重ノ事トス謹テ　御誓文ノ旨ヲ奉体シ追々ノ　御沙汰筋ヲ確守シ常ニ下情ヲ詳察シ教化ヲ広クシ風俗ヲ敦クシ以テ万民安堵ニ至ラシムルニ在リ総テ下ニ臨着実ヲ旨トシ民心不失ヲ緊要トスヘシ」と訓示し、人民に対するに慎重な姿勢で臨む必要があることを府県官に諭している。参照、「府県奉職規則」（明治二己巳年七月二七日、第六七五）（六九―一二四）。ところで、府県施政順序、府県奉職規則ともにその策定には広沢真臣が深くかかわったことが指摘されている。彼は、財政確立を優先して凶荒下でも貢租収奪を強行しようとした者たち（大隈重信ら）に対抗して、民心収攬の地方政策を強く主張した人物である。彼のその主張の背景には、上に述べたような政権の正統性の欠如についての意識があったのである。

（1）救助の実施と仁政イデオロギー

①王政御一新と「窮民撫育ノ朝旨」

罹災者の救援を、〝王政御一新後の仁政〟、これを強調する文脈に位置づけて提示する、という仕法は、早くも明治元年二月に発出された「徳川氏ノ采地及賊徒ノ所領ヲ検覈シ窮民撫育ノ朝旨ヲ告諭セシム」（明治元戊辰年二月、第一二五）（六八―一二）のなかに見られる。＊12　すなわち、これは、「今般　王政御一新ニ付是迄天領ト称シ来候徳川之采地及賊徒之所領等念入取調可致右ハ従前苛政ニ苦ミ居候哉之趣モ相聞患難疾病相救之道モ相立兼候ニ付先無告之貧民天災ニ罹リ困難之者へハ夫々御取糺之上御救助モ可有之候間右之旨申諭億兆人民　王化ニ服シ候様精々尽力可仕　御沙汰候事」と達したものであるが、罹災者の救援を〝徳川の苛政〟と〝王政御一新後の仁政〟の対比の文脈に入れて語っているところに目が引かれる。罹災者の救援を王化の文脈に位置づけて提示するというこの路線は、このあと、実際に発生した災害に対する救助の局面でも貫かれた。この点は、「洪水暴溢ニ付会計官出張賑恤ヲ施行セシム」（明治元戊辰年五月二四日、第四一九）（六八－八）や「天災兵害ノ余ニ付府藩県ヲシテ便宜賑恤ヲ施行セシム」（明治元戊辰年六月二二日、第五〇二）（六八－一〇）などを見れば明らかである（すぐ下を参照）。この路線は政府が災害対策を語る際の姿勢として明治最初年の特徴であるが、財政確立優先が強調され、救助（賑恤、被災田畑の租税の減免）の実施が抑制されていくなかで、数年を待たずして後景に退いていく。

＊12　〝仁政〟とは、「治者と被治者との間に恩恵と恭順の関係を成立させて治政を行う」という統治のあり方を意味する（山中永之佑「明治初期官僚制の形成と堺県知事小河一敏」、一〇一頁、参照）。

②明治元年夏の水害と仁政イデオロギー

罹災者の救援を〝王政御一新後の仁政〟の強調の文脈に位置づけて提示するという仕法が、実際に発生した災害に対する救助を指示した法令において現われた最初の例は、明治元年五月二四日発出の「洪水暴溢ニ付会計官出張賑恤ヲ施行セシム」である（六八－八）。これは、同月近畿地方で発生した洪水被害について出張して特別に賑救を行ないたいとする会計官の申し立てを伝えつつ、申し立て通りに会計官の出張が命じられたので、被災者の救助に関しては出張した同官に相談せよと命じる、弁事官から京都府など二府三県に宛てられた達である。達に掲載されている救恤実施の申請文中、会計官は、急いで救助を行なわなければならない理由を、そうしなければ政府の

〝民を慈しみ憐れむ〟という施政の趣旨が貫徹されないことになってしまうからだ、と述べている（「今般洪水暴溢ニ付処々人家漂流庶民之困厄不一形急速御救助不被為在候テハ　御仁恤之御趣意貫徹難仕候」）。これは、災害救助が「御仁恤之御趣意」を体現するものとして扱われていたことを示す（仁政の顕現としての救助）。

続いて六月二二日には「天災兵害ノ余ニ付府藩県ヲシテ便宜賑恤ヲ施行セシム」（六八―一〇）が発された。これは太政官が諸道の府県に宛てた災害救助および災害復旧に関する布告で、それまでに発された災害対策を指示する達、すなわち前掲の「洪水暴溢ニ付会計官出張賑恤ヲ施行セシム」や「洪水ニ付秧苗ノ埋没十三日ニ過ル者ハ本年ノ田租ヲ蠲ク」（明治元戊辰年六月八日、第四五〇）（六八―九）に比べて、より一般性の高い内容のものであった。このなかでもやはり、災害救助に当たって天皇の徳や慈しみの情（「王化」、「至仁之聖意」）が強調されている。天災により生じた窮民の救済は仁政の顕現として位置づけられていたのである（「方今　王化天下ニ洽カラント欲ス此時ニ当リ無辜之生民兵燹之災ニ罹リ加之洪水暴漲惨毒之至近畿最甚シ且東北諸路賊徒平定ニ至ラス生民之塗炭一端ニアラス皇上深ク難被為忍救恤阜財之道被為尽度　勅旨痛切ニ被　仰出候付テハ至仁之　聖意ヲ体認シ其民ヲシテ安堵セシムルハ今日府県之責ナリ」）。[*13]

*13　窮民の救済を仁政の顕現として位置づけるという論立てのなかで、本件のあとに出された布告「兵乱ノ余ニ付諸軍ヲシテ流離ノ窮民ヲ撫恤セシム」（明治元戊辰年七月一六日、第五五五）が、「忝クモ　至尊新ニ万民ノ父母ト被為成普天率土一夫其所ヲ不得モ尚難被為忍」、「世乱流離ノ窮民深ク御不便ニ被　思召候」、「出先ニ於テモ御主意奉体認小民ヲ憫ミ附順之志ヲ安堵セシメ候様厚ク可心得」と述べたことは注目に値する。こちらでは、窮民の撫恤が天皇の家父長としての温情の発現であるとはっきり述べられているのである。家父長たる天皇の温情としての窮民の撫恤という図式がここに確認できる。この図式は「春来気候不順ニ付賑恤ノ予図ヲ為サシム」（明治元戊辰年七月一八日、第五六三）（六八―一三）においても見られる。「春来気候不順ニ付賑恤ノ予図ヲ為サシム」は、太政官が、春来の天候不順と水害発生を踏まえて、飢饉、および米穀不足による都市

部における社会的混乱を予期し、こうした事態の発生に備えてあらかじめ為しうる対応を行なっておくよう、府県に求めた達である。

③北越と東北における〝撫恤〟の強調と災害減免租

戊辰戦争は北越と東北を主な戦場とした。激戦地の越後では、戦闘終結地域の民心掌握のため、明治元年六月一日に北陸道鎮撫総督府会議所より越後府を通じて年貢半減令が出された。次いで八月二四日には越後口総督（仁和寺宮嘉彰親王）より越後各地の民政局に宛てて達が発され、越後国内で兵火に罹った者、水害に遭った者の今秋の年貢をすべて免除すると令された（年貢全免令）（六八－一八）。[*14] このような年貢減免令の発布について、北陸道鎮撫総督府の副総督で越後府知事代行でもあった四条隆平は、それは、民心の不穏が治まらない状況の下、征服地が再び「賊軍」に奪還されないよう越後の民心を安定させるための手段であると、政府に対して説明した。そしてこの際にも天皇（の政府）による「人民撫育」の論理がもちだされている（「抑越後国風ハ人気悪敷土情ニ御座候間、今般戦争跡之地方、手広之ケ所多、右人民撫育之儀ハ金穀ニ無之候テハ行届兼候」）。「朝敵藩」領を含む戦地の人民を王化に服させるためには「金穀ニ無之候テハ行届兼」ねる、つまり征服地の安定と同地の人民の戦争協力を目的として、天皇の徳（仁政）を体現するものである「兵燹水災ニ罹ル者」の租税の減免を打ち出す、という構図が示されたのである。越後では災害減免租が仁政の観念を纏って正統性調達の手段として用いられた。

戊辰戦争後の東北統治においても同様の論理が使用された。

明治元年一二月七日政府は「奥羽両国ヲ七国ニ分チ国郡石高ヲ定ム」（明治元戊辰年一二月七日、第一〇三八）を発して、陸奥国を磐城、岩代、陸前、陸中、陸奥の五国に分割し、また出羽国を羽前、羽後の二国に分国すると達した。その際政府は、奥羽両国について、状況調査を行なったうえでそこに府県を設置するという東北統治の方針を示した。また、政府は同日、戊辰東北戦争を最後まで敵として戦った諸藩（「朝敵藩」）の藩主、すなわち仙台藩主伊達慶邦、盛岡藩主南部利剛、庄内藩主酒井忠篤、長岡藩主牧野忠訓、棚倉藩主阿部正静、二本松藩主丹羽長国を東京謹慎とし、その藩領地を没収した。そして秋田藩主佐竹義尭ら一一名を奥羽民政取締に任じ、暫定的に没収地の統治に当たらせるとした。任命の沙汰書は、朝廷の御政体にもとづいて人民の撫育に厚く心を用い、御一新の趣意をあまねく貫き通すよう取り計らうべしと任務遂行上の注意を述べ、かねてより民政に心得のある家来を選りすぐって奥羽御領に出張させよと各藩主に申し付けている。奥羽両国の「朝敵藩」藩領地の民心の掌握と、その地における安定的統治の構築へ向けての地ならしが、奥羽民政取締に期待された役割であった。奥羽民政取締に任命されたのは、戊辰戦争において政府側に付いた関東・信越・陸奥の諸藩であった。

明治元年一二月二三日、政府は、奥羽民政取締諸藩に提理を任せた「陸羽地方ノ官領地」（旧「朝敵藩」領地）に新県を設置するとし、取締諸藩に対して「治務ノ規程」を頒示した。この「治務ノ規程」が「諸藩取締奥羽各県当分規則」である（六九－五）[*15]。「諸藩取締奥羽各県当分規則」は、施政の基本方針と組織および人事に関する規定から成る。全四則のうち、第一則と第二則が施政の基本方針である。第一則は租税徴収の基本方針を述べたもので、第二則は石高貸により交付される紙幣を用いた人民の撫恤の指示である。この第一則、すなわち租税徴収の基本方針のなかに、水害地の租税収納について半納あるいは無納という減免方針（災害減免租）が打ち出されている。また、第二則では金札を使った撫恤が指示された。租税の減免と紙幣（太政官札）を用いた賑恤——これが陸羽地方の戦火および水害の罹災者に対する救済の基本方針であった（六九－五）。

ところで、奥羽民政取締に関連する諸達[*16]においては「人民撫育ニ厚ク心ヲ用ヒ［ル］」ことが繰り返し強調されており、ここから民政取締の基本方針にある水害地の租税の減免は、新政府による「撫恤之道」の具体化と位置づけられていたことが理解される。そして、「撫恤之道」の実行は、「岩代国巡察使へ委任状」の第一条末尾に「撫育、ノ道懇切ニ其力ヲ尽シ能ク民心ヲ得上下ノ情ヲ貫徹セシムヘキ事」[17]と書かれているように、民心獲得の手段としての意味が大きいものであった。水害罹災者の救済は戊辰戦争の敵方であった奥羽諸藩領の王化の文脈に位置づけられ、そこでは水害と兵災が（あたかも双方ともに天災であるかのように）「水害兵災」、「兵燹水災」と並べられて、それらに罹って苦しんでいる人民をひとくくりに天皇（の政府）が撫恤するという論法で語られた。東北でも罹災者の救援が仁政の観念を纏って正統性調達の手段として用いられたのである。

＊14　「越後国兵燹水災ニ罹ル者今年ノ租税ヲ蠲ク」（明治元戊辰年八月二四日、第六六三）（六八－一八）。ただしこの年貢全免令は九月二六日に撤回された。

＊15　「諸藩取締奥羽各県当分規則」（明治元戊辰年一二月二三日、第一一二五）（六九－五）。

＊16　すなわち、「奥羽両国ヲ七国ニ分チ国郡石高ヲ定ム」（明治元戊辰年一二月七日、第一〇三八）、「佐竹右京大夫以下十一名ニ奥羽御領民政取締ヲ命ス」（明治元戊辰年一二月七日、第一〇四五）、「戸沢中務大輔以下四名ニ奥羽民政取締ヲ命ス」（明治元戊辰年一二月二三日、第一一二九）。

＊17　「岩代国巡察使ヲ置ク」（明治二己巳年五月一八日、第四六三）。

④東幸と〝賑恤〟の実施

明治元年秋東幸が敢行された（九月二〇日京都発、一〇月一三日東京着）。東幸にあたっては、奉幣・旌賞・養老・賑恤の典が実施されるなど、「天皇を万民の前に明らかにし、『億兆の父母』とする崇高な演出が進められ」た（松尾正人）。東幸の道筋で七〇歳以上の者ならびに孝子、義僕、あるいはその職業に精励している者、水害や火災に遭った者などが詳しく調べ置かれ、通輦の際に賑恤が施されたのである（六八－一九）（六八－二四）。[18]賑恤を受けた罹災者は一万一、八〇七人であったという。まさに東幸は「維新官僚に掌握された絶対君主を作りあげるために

［行なわれた］、二四日間にわたる恰好の一大デモンストレーションだった」[19]（六八－二五）。[20][21]

水害罹災者への賑恤は、金額から見ると、救済というよりは、見舞とでもいうべきものであったが、賑恤の形式においてそれまでのものとは異なるところがあった。これ以前にも水害罹災者に対する賑恤にあたって天皇の仁政（慈しみの情、徳）が強調されていたが、実際の賑恤の行為は会計官や府藩県に委任されていた。しかるに東幸時の賑恤方式は、東幸に際し天皇の一行が到着するごとにその地でそれを実施するというものであった。水害罹災者への天皇の賑恤が天皇と賑恤を受ける者との関係においてより近く直接的なものとなっている点に、この方式の特徴がある。災害被害者への賑恤の実施を天皇の巡幸と結びつけ、その地で天皇が直にそれを施すというこの方式は、賑恤が実質よりもその象徴的機能、すなわち正統性の調達に重きを置いたものであったことをはっきりと示すものである。そして、東幸の道筋で行なわれた水害罹災者らに対する賑恤金の下賜は、天皇一行の東京到着後に発された次の達、「御東幸褒賞養老賑恤ノ典ヲ府藩県一般ニ施行セシム」（明治元戊辰年一〇月二五日、第八九二）（六八－二九）、「褒賞賑恤ノ典御挙行ノ趣旨ヲ体シ府藩県ヲシテ窮民ヲ撫育セシム」（明治元戊辰年一一月二五日、第九八九）（六九－一）、「御賑恤金下賜ノ例則ヲ定メ府県ヲシテ準依施行セシム」（明治元戊辰年一二月、第一一六三）（六九－七）によって全国に拡大されていくことになった。

＊18　「東京　行幸ニ付沿道府藩県心得方ヲ定ム」（明治元戊辰年八月二八日、第六八五）（六八－一九）、「御東幸沿道七十歳以上ノ者并孝子義僕等ヲ査点録上セシム」（明治元戊辰年九月、第七九九）（六八－二四）。

＊19　松尾正人『維新政権』、七五頁。

＊20　「御東幸沿道水害ノ橋梁ヲ再造シ又ハ修復ノ意見ヲ開申セシム」（明治元戊辰年一〇月一三日、第八四二）（六八－二五）。

＊21　東幸の様子は「東巡日誌」（明治元年九月二〇日に発輦し、一〇月一三日に東京城に到着するまでの間の日誌）として刊行され、頒布された。「東巡日誌」第一号の冒頭には、東幸に際し、沿道の「水火災害ニ罹ルモノ」に賑恤を施し、同じく「年老及

ヒ孝子義僕ノ類家業出精等ノ者」には褒賞を与える旨の布告が掲げられている（「東巡日誌 第二」、明治紀元戊辰秋九月、所収、朝倉治彦（編）『太政官日誌 別巻四』、五五頁）。以後「東巡日誌」の各号に賑恤の実際についての記事が掲載された。水害罹災者への賑恤は天皇の仁政の強調／仁政の顕現の文脈に置かれたものであったが、その賑恤の行為は日誌という媒体を通じて広く市中に伝えられたのであった。つまり、天皇の賑恤は政府によって宣伝（広報）されたのである。本文で述べたように、東幸時の水害被災者への賑恤は、賑恤の実質よりもその象徴的機能に重きを置くものであった。この象徴的機能が有効に発揮されるためには、日誌の刊行による市中への伝達が欠かせなかったのである。

(2) 災害回避のための大土木工事の実施と全国的統治権力の顕現

災害の発生は、再度災害回避のための大土木工事を求める声を呼び起こし、政府にそれをなしうる全国的統治権力としての姿を現わす機会を与える（六九－四〇a）[*22]。明治初年政府は財政未確立の状態であったため、進んでこの種の大土木工事を行なうことはできなかったが、それでも地元からの強い要望に押されるかたちで信濃川の大河津分水工事に着手した（六九－一二六）（七〇－一一六a）（七〇－一一六b）[*23]。

大河津分水は、信濃川の水害解消策として享保年間以来企画が繰り返されて来たものである。徳川幕府はこれをよく成し得なかったが、ちょうど新政が鼓吹されていた明治元年五月に発生した信濃川大洪水は分水工事の実施を求める声を呼び起こした。明治元年八月に北越戊辰戦争が終結すると、「人民塗炭ノ苦ヲ救フ」ことを標榜する維新政府に対して信濃川分水工事の実施を求める運動が起こり、それが瞬く間に広がった。越後の人びとは「御新路之御手始メ、数百万之人民為御救」、大河津から寺泊まで分水路を掘削するよう政府に求めたのであった。彼らは、王政御一新を掲げ「数万之生霊塗炭ヲ相救」うことを強調した政府に対して、その論理を下から利用するかたちで運動を起こした。運動に押された越後府は、明治二年四月一七日、大河津分水工事を全額官費で着工する旨を関係者に達示した。しかし、越後府から分水工事費用として七〇万両の支出を要請された政府は、財政上の理由を挙げて同府に対し工事着工の見合わせを指示し、結局工事着工は一時見合わされることになった。ところが、水原県知事壬生基修や地元治河会議所の用弁掛の者たちは尚も大河津分水工事実施を政府に対してはたらきかけ、明治三年一月に民部省土木司から工事着工の決定をかちとった。こうして大河津分水工事は明治三年七月に起工されたが、諸般の事情により明治八年三月に中途で廃業された。

越後府判事を務めた前原一誠は大河津分水工事着工の決定を政府に求めた建白書（原稿）のなかで次のように書いた。「右分水之一事、除民害塞民望起地利候、越後民政之第一に而、且思永図是よりも善は無之、猶且王政之民を救に急なる処をも、深可奉感戴候間、速に御評議治河之御沙汰可被　仰付下候」。民害を除き、民望をみたし、地利を興す、かくして王政之民を救うことのできる政権としての姿を分水工事によって示す――前原は工事の意義をこのように捉えて政府に善処を求めたのであった。この前原一誠の意見は、大河津分水工事に政府が取り組むことによって、民害を除き、民望を塞ぐことのできる全国的統治権力としての姿を顕現させ、民心を掌握せんと主張するものであった。大河津分水工事は事業としては中途で潰えてしまったが、それは、維新政府を、それまでの個別領主（藩）の力ではなしえなかった大土木工事をなしうる全国的統治権力として、越後人民の前に提示するものであったのであり、そのようなかたちでの正統性調達の試みにほかならなかった。

＊22　「諸県川々国役金ヲ徴収ス」（明治二己巳年一一月、第一〇八六）（六九－四〇a）。

＊23　「治河使ヲ廃シ土木司ヲシテ水利ヲ管轄セシム」（明治二己巳年七月二七日、第六八一）（六九－二六）、「信濃川分水路鑿割費用高役出金納方ヲ定ム（新発田以下七藩ニ達）」（明治三庚午年六月一二日、第三九九）（七〇－一六a）、「信濃川分水路鑿割費用高役出金納方ヲ定ム（高田藩以下七藩ニ達）」（明治三庚午年六月一二日、第四〇〇）（七〇－一六b）。

(3) 〝自粛〟による慈悲ある家長イメージの演出

災害発生時の罹災者の救援も、災害回避のための大土木工事の実施も、財政未確立の状況の下では十分に展開することはできなかった。明治初年、正統性調達の手段としてのこれら二つは、部分的にしかその機能を発揮することができなかったのである。その点、〝自粛〟による慈悲ある家長イメージの演出は、金のかからない正統性調達の手法であった。この手法が用いられたのは、明治二年、巳年の困窮のときである（六九－二九a）（六九－二九b）[*24]。

明治二年八月二五日、維新政府は、「淫雨ニ付節倹ノ詔ヲ発シ官禄ノ内ヲ以テ救恤ニ充テシム」（明治二己巳年八月二五日、第八〇一）（六九－二九a）を発した。これは、節倹の詔書と、窮民の救恤のために官吏が俸禄の一部を返納することを勅許した旨を宣する部分とから、構成されたものである。当時は、長雨による不作（農業災害の発生）で物価が高騰し、東京、京都の両京で窮民の難渋が発生しつつあったときである。そのようなときに、節倹の詔書において天皇は、「朕登祚以降海内多難億兆未タ綏寧セス加之今歳淫雨農ヲ害シ民将ニ生ヲ遂ル所ナカラントス朕深ク怵惕ス依而躬カラ節倹スル所有テ以テ救恤ニ充ントス」と告げ、すでに自ら節倹の範を示して食事の量を減らし、その分を窮民の扶助に当てていると公表したのである。また、布告の本文部分では、天皇の範に倣い、官に在る者たちが官禄の一部を献納して救助に充てる旨、宣言されている。天皇が節倹による救恤の手本を示し、官に在る者たちがそれに倣うという論理である。八月二八日、窮民救助用として大蔵省より月々米三、〇〇〇石を東京府に、米七〇〇石を京都府に下付すると沙汰された。救助米は、奏任以上の年禄の献納によるもののほか、「薩長並大久保広沢賞典半方献納」分と政府支出分によって調達された。救助米の下付は一二か月にわたって行なわれた[*25]。

八月二五日の詔書では、天災が因で発生しつつある都市窮民の難渋を憐れみ、自ら節制し救助に向かわんとする天皇の姿勢が強調されている。災害の発生に際して天皇が日常の生活を慎む姿勢を示し、また催事も簡素化し、それらを公表することで仁君たることが告げられている。明治二年秋には、天皇（と天皇の政府）の〝自粛〟を宣伝することにより、慈悲ある家長イメージの演出が行なわれたのである。[*26]

＊24 「淫雨ニ付節倹ノ詔ヲ発シ官禄ノ内ヲ以テ救恤ニ充テシム」（明治二己巳年八月二五日、第八〇二）（六九－二九ａ）、「東京京都二府ニ救助米ヲ下付ス」（明治二己巳年八月二八日、第八一五）（六九－二九ｂ）。

＊25 また目に見える〝自粛〟として催事の簡素化も行なわれた。天長節にふるまわれる酒饌が「一人ニ付鯣一枚切昆布一枚冷酒弐合」に減らされたのである。参照、「節朔参賀ノ祝酒ヲ廃ス」（明治二己巳年九月四日、第八四六）。明治二年には、『法令全書』で見る限り、災害に際しての最初の〝自粛〟である。〝自粛〟は詔書や布告のかたちで公

＊26 ここに紹介した例は、初めて正統性の調達に寄与する。〝自粛〟とは、〝自粛〟すること自体に意味があるのではなく、〝自粛〟表、宣伝することで、初めて正統性の調達に寄与する。することを広報して初めて意味が生じる類の行為である。

（4）仁政イデオロギーをめぐる二つの道

災害の発生は維新政府に正統性の調達機会を与えた。すなわち、維新政府は、災害を機に〝仁政イデオロギー〟をもちだし、天皇（とそれを戴く政府）の恩恵を強調して人民から恭順を引き出そうしたのである。この〝仁政イデオロギー〟については、政府部内で、これを災害減免租や賑恤の実施などのかたちで政策として実体化していこうとする者たちと、イデオロギーのままで（実体化を抑制しイデオロギーとしてはそれを昂進させて）利用しようとする者たちとに分かれた（七〇－五）（七〇－一七）（七〇－二二）。[*27] 前者は〝仁政派〟と呼ばれた地方官たちで、たとえば胆沢県大参事安場保和、酒田県知事大原重実、日田県知事松方正義といった人びとである。後者は報恩社法を

団立した小菅県の県官やこれを推奨した民部＝大蔵省の官吏たちである。

前者の〝仁政派〟の地方官たちは、文字通り天皇（とそれを戴く政府）の恩恵を施さんとして任地に赴いた人たちであった。酒田県権知事に任命された熊本藩士津田山三郎は、任地に向かうに当たって、「平素蘊蓄之経綸を奥羽之二州へ布施し東北之僻地へ　王化を蒙らしめんと奮発励精罷在申候」とその決意を語っている。その彼らは任地で凶荒にあえぐ農民の窮状を見、また農民がその困窮から一揆を結んで地方当局に救助と貢租の減免を求める動きを起こすのに直面した。*28 他方、彼ら地方官に対しては、民部＝大蔵省から、貢租の増徴を求める容赦のない指示が次々と届いた。このような状況下、彼ら〝仁政派〟の地方官たちは、民部＝大蔵省の貢租増徴政策に反発し、*29 専断で賑恤を実施するなど《仁政イデオロギー》を施策（災害救助政策）として実体化することに意を注いだ。彼らはそうすることで地方統治の危機を乗り切ろうとしたのである。しかし、結局、「大隈らの強硬な貢租収奪推進過程で、彼らは衝突して処分されるか、或はその推進に参画・適合化してゆ」かざるをえなかった。*30

一方、天皇の恩寵を強調し、仁君観念を操作することで官倉に手を掛けない災害救助政策を打ちたてようとした人びともいた（七〇－一七）。*31 それは小菅県の県官たちである。小菅県の県官たちは、明治二年八月二五日に出された「淫雨ニ付節倹ノ詔」に対する応答的行動を標榜して報恩社法を定立した。この事情を報恩社法録は次のように語っている。*32

緒言ニ曰ク、夫レ歳ニ豊歉ノ変有リ、家ニ貧富ノ替有リ、故ニ豊ニ当リ歉ヲ慮リ、富ニ居テ貧ヲ虞ルハ即チ人ノ常道ナリ、慶応三年丁卯大政復古シ綱紀将サニ張ラントスルニ際シ、征討軍興リ、継クニ饑饉ヲ以テシ、野ニ青草無ク殆ント道殣ヲ見ルニ至ル、嗚呼牧民ノ責ニ任スル者何ヲ以テ之ニ処セン、恭ク惟レハ聖上倹ヲ以テ下ニ臨ミ、供御ヲ省減シ蒼生ヲ救恤スルノ詔ヲ布ク、聖恩洪大誰カ感泣セサラン、我カ小菅県ノ管轄内ニ在ル人民此ノ叡旨ヲ奉体シ協同奮励シテ金穀ヲ醵集シ、下ハ窮民ノ凍餓ヲ救ヒ、上ハ優渥ノ聖恩ニ報答セントス、是レ此ノ結社ヲ名ケテ報恩社ト曰フ所以ナリ。

報恩社法は、小菅県の奨励のもと県下の士民が一社（報恩社）を結び、同社に金穀を醵出して蓄積し、もって災害発生時の窮民の救助に充てるという制度であった。これは当時民部＝大蔵省が進めていた災害救助に官倉を用いないという政策に適合するものである。災害が発生し、罹災者が出たときに、官倉から金穀をもちだして救助を行なうのではなく、あらかじめそれ用に士民から醵出金を募っておきそれをもって救助に充てるというのである。この報恩社法を設けるに当たって、小菅県の県官は「淫雨ニ付節倹ノ詔」をもちだし、天皇の詔（「聖恩」）に対する応答という論理を用いた。明治元年の「仁政」がまだ租税減免等の実体をもっていたのに対して（六八―八）（六八―九）、[33]ここではそのような意味での「仁政」の実体は無い。その実体の無い「仁政」への報答として〈士民醵出の金穀による罹災窮民の救助〉が置かれているわけである。この点で、報恩社法では、《仁政のイデオロギー化》がより進んでいるといえよう。

政府（民部省）は報恩社法を「国恩ニ報答スルノ美事」として賞揚し、刊刷された同法を奨励のために各府県に頒布した。こうして報恩社法が立てられ、それが民部省により賞揚されることによって、政府（民部＝大蔵省）と仁政派の地方官との対抗が、《仁政イデオロギー》をめぐり、（A）《仁政》のイデオロギー化をよりいっそう推し進めることによって《仁政》の実体化を抑止せんとする勢力と（B）《仁政》を実体的な施策として施行せんとする勢力との対抗と描き出せるものになった。（A）すなわち民部＝大蔵省は、報恩社法を模範として賞揚することにより、《仁政》を実体として追求するのではなく、もっぱらイデオロギーとして利用しようとした。それに対して、（B）すなわち仁政派の地方官は、《仁政イデオロギー》を施策として実体化することに意を注いだのである。

＊27　「畑方貢米引方ハ稟候処置セシム」（明治三庚午年正月二八日、第六二）（七〇―五）、「農民貯蓄ノ穀物窮民ニ貸付ノ方ヲ定

ム」（明治三庚午年六月一四日、第四〇七）（七〇－一七）、「民部省大蔵省分省セシム」（明治三庚午年七月一〇日、第四五七）（七〇－二一）。

＊28 〝仁政派〟の地方官たちは農民がその困窮から一揆を結んで地方当局に救助と貢租の減免を求める動きを起こすのに直面したと書いたが、これは当時災害対策を求める人民の活動（直接行動）が広範に存在したということである（たとえば、胆沢県の農民一揆や越後の「関屋掘割騒動」など）。このことは、社会のなかに政治権力対人民という対抗の構図が存在し、災害対策にかかわってそれが顕現したことを意味する。政治権力対人民という対抗の構図の顕現は、政府による威圧的な権力行使への抑制要因になったり、直接行動により人民が自らの力に気づいたりすることで、社会にとって一種の健全性の発露として機能する。そこには、被災者である人民が、被災者としてひたすら救助を待つという受け身の姿勢ではなく、救助や対策を求める存在として在ることが確認される。被災者が適切な救済を行なわない政治権力に抗議し、自らを救援と対策を求めて直接行動し得る存在として意識する——これは二〇一六年の今の被災者イメージと比べるならば二〇一六年に大きく欠けているところのものである。

＊29 たとえば、胆沢県少参事野田豁通は、民部＝大蔵省が発した一連の貢租収納の指示を、「旧幕聚斂ニ越エ」と激しく批判している（「今日　朝廷之御政令ヲ窃観仕候へハ御維新ノ名目而已其実効一ツトシテ不挙已ニ国本民政之御施行ハ旧幕聚斂ニ越エ」）（「十二月十六日胆沢県在職野田豁通其県地の事情等を東京より在熊本の同志に報知す」、所収、細川家編纂所（編）『改訂肥後藩国事史料 第十巻』、七二八頁）。

＊30 千田稔「維新政権の直轄地——研究史の整理・検討を中心に——」、二三頁。

＊31 「農民貯蓄ノ穀物窮民ニ貸付ノ方ヲ定ム」（明治三庚午年六月一四日、第四〇七）（七〇－一七）。

＊32 大蔵省記録局（編）『大蔵省沿革志（上巻）』、一〇九頁。

＊33 「洪水暴溢ニ付会計官出張賑恤ヲ施行セシム」（明治元戊辰年五月二四日、第四一九）（六八－八）、「洪水ニ付秧苗ノ埋没十三日ニ過ル者ハ本年ノ田租ヲ蠲ク」（明治元戊辰年六月八日、第四五〇）（六八－九）。

(三) 産業化《インダストリアライゼイション》と災害対策法令

そもそも災害対策は産業政策の側面をもつものである。たとえば水害防禦を目的として行なわれる堤防の築造は新田の開発を促し、堤防の補修は（開かれた）農地を保護する機能をもつ。明治初年には治河使が設けられ、天保山新港の開鑿および淀川筋の堤防修理に当たったが、これも水害の防除だけでなく、舟運の便の改善の意味を強くもつものであった（六八－三〇）（六八－三二）（六八－三四）[*34]。また被災農地の租税の減免も、罹災農民の救援の意義のほかに、農地の復旧を促す産業政策の意味合いを有した。このような、災害対策が一般的にもつ産業政策的側面とは区別されるものとしての、近代的産業化《インダストリアライゼイション》と関連する（と見做しうる）側面を有する災害対策法令（あるいは災害対策の動き）を当期に探すと、前出の報恩社法、[*35]明治三年九月の土地開墾規則（山林原野開墾規則）[*36]、そして同一一月の治水に関する土木司の建策[*37]の三つを挙げることができる。[*38]

最初に、小菅県で団立された報恩社法が殖産興業政策といかに関連づけられたかについて述べる。報恩社法は、先にも述べたように、県の奨励のもと県下の士民が一社（報恩社）を結び、同社に金穀を醵出して蓄積し、もって災害発生時の窮民の救助に充てるという制度であった。『大蔵省沿革志』に記載されている報恩社法の運用実績によれば、同社は「各人ノ醵出セル蓄積米金ノ総額」として米二九四石三斗二升、金六九、八一九両永三七文五分を集め、うち米一〇四石九斗、金二八、五一六両を明治三年春に県内各村に貸し付けた。蓄積総額から貸付額を引いた残は米一八九石四斗二升、金四一、三〇三両永三七文五分であるが、報恩社は、残米一八九石四斗二升に醵出金を使って買い入れた支那米八一〇石五斗八升を合わせて一、〇〇〇石を施行米と名づけ、県下の倉庫に儲蓄して救助に備えた。そして、支那米購入後の残金三四、八一八両一分永一四七文五分を施法金と名づけ、これを大蔵省に寄託した施法金から利子（年率換算一〇％）を毎月受け取り、それをもって施行米の耗缺を補填するとしたのである。かくして救助用に小菅県内の士民から集められた金三四、八〇〇余両が大蔵省に寄託されたわけであるが、大蔵省は小菅県からの寄託金（小菅県の「施法金」）三四、八〇〇両について、これを為替会社に預けて運用させ、そこから年一割の利子を徴収するという寄託金取扱方針を決めた。この決定によって、報恩社法という官倉に手を掛けない窮民救助の仕法——県官の奨励により士民が救荒予備のために米金を出し合い、それを使って窮民の救助を行なうという仕法——の実施のなかで集められた金が、大蔵省を介して、為替会社に預け入れられることになったのである。これは、救荒予備の目的で集められた金が殖産興業政策の原資に組み入れられたことを意味する。当時政府が全国に推奨した救荒予備策（報恩社法）は、大蔵省→為替会社という醵集金の運用ルートが開かれることで、殖産興業政策の原資調達の手段のひとつとして機能させられることになったのである。

次に土地開墾規則（「府藩県管内開墾地規則ヲ定ム」、明治三庚午年九月二七日、第六三〇）を取り上げる（七〇－二六）。政府は、明治三年九月二七日、布告「府藩県管内開墾地規則ヲ定ム」により、土地開墾規則（山林原野開墾規則）を公布した。この布告以前、開墾に関しては、明治二年七月の府県奉職規則第四条附則の定めがあり、そこでは開墾を企図した場合にはこれを民部省に申請し、その許可をとることが必要とされていた。ところが、この手続きは煩雑で時間がかかるため、開墾それ自体をためらったり、時機を失して計画を取りやめたり、また煩瑣を逃れて無許可で開墾に着手したりという弊害が生じていた。そこで政府は、新たに開墾規則を定めることにより、一定の条件下で手続きを簡略化し、開墾事業の促進を図ったのである。

土地開墾規則は、その性格から見れば殖産興業策であり、開墾を奨励する趣旨のものであった。これが災害対策の観点から注目されるのは、第四条の規定のゆえである。[*39] 土地開墾規則第四条を『大蔵省沿革志』の文章で紹介すると、「一管轄内ニ属スルモ田圃ヲ廃潰シテ溝渠ヲ疏通シ若クハ用水溜池ヲ埋填シ若クハ堤防ヲ毀壊シ若クハ水中ノ贅洲等凡テ水利ニ関スル地所ヲ開墾スルノ申請ハ、其ノ地所ノ広狭ヲ問ハス其ノ形状ト障碍ノ有無トヲ精査シ地図ヲ副具シテ民部省ニ稟候取決ス」である。これは、つまり、《堤防を毀すなどのことをともなう開墾の願い出、あるいは川中の附洲、寄洲など水利に関渉する土地を開墾するなどの願い出、これらが提出されたときには、土地の広狭にかかわらず、土地の状況、開墾への異議の有無を精密を尽くして取り調べ、絵図面を添付して民部省に伺いを立て、その指示にもとづいて処分を行なうべし》ということであり、開墾（開発）が災害の発生可能性を高める恐れをもつような場合（堤防の毀壊をともなう開墾、あるいは河川の水流に影響を与える贅洲の開墾など）には、その恐れが現実のものとなりはしないか詳しく調べ、そのうえで慎重に処理すべしとしたものである。土地開墾規則はその第一条において、自費をもって開墾する場合、開墾予定面積五町歩までの申請については、村内や近隣村々に異論がなければ、その許可処分を地方庁に委任すると定めた。しかし、たとえ第一条の条件を満たすような申請であっても、それが堤防の毀壊をともなう開墾、あるいは河川の水流に影響を与える贅洲の開墾の場合には、その許否を管轄庁にまかせず、民部省への稟候が必要とされたのである。ここに、開発（この場合は開墾）が災害の発生可能性を高める場合があることの認識と、それへの対策の規定（この場合には事前の精密な調査と上位機関による開発計画の許否の認定の規定）の存在が認められる。

　産業化《インダストリアライゼイション》が進むにつれて開発にともなう災害の発生可能性の増大が大きな問題となってくるが、土地開墾規則にはこの問題への気付きと対応の早い段階での現われを見ることができる。土地開墾規則は勧業のための一種の規制緩和措置であるが、それを導入した政府には、すでに無規制／無秩序な開発が災害の発生可能性を高めることへの認識が（まがりなりにも／その災害への関心が災害がもたらす租税収入の減少への危惧に発するものであったとしても）存在したのである。

＊34 「治河使ヲ置ク」（明治元戊辰年一〇月二八日、第九〇四）（六八－三〇）、「治河使被設ニ付府藩県ヲシテ水利ノ道ヲ起サシム」（明治元戊辰年一一月六日、第九三九）（六八－三二）、「治河使ヲ置カレ府藩県水利興起ノ布告ヲ改ム」（明治元戊辰年一一月一五日、第九六〇）（六八－三四）。

＊35 参照、「農民貯蓄ノ穀物窮民ニ貸付ノ方ヲ定ム」（明治三庚午年六月一四日、第四〇七）（七〇－一七）。

＊36 「府藩県管内開墾地規則ヲ定ム」（明治三庚午年九月二七日、第六三〇）（七〇－二六）。

＊37 明治三年一一月の治水に関する土木司の建策は、「治水策要領」と六本の建議（「治水費用ヲ区定スルノ議」、「地勢水理ヲ経画スルノ議」、「土木工事ヲ挙行スルノ議」、「検査官員ヲ設置スルノ議」、「看守職員ヲ設置スルノ議」、「地形、水勢ヲ審知スルノ議」）とからなる。これは産業化（殖産興業）を視野に入れた民部省土木司の総合的体系的な治水政策立定の試みと捉えられるが、後掲（本書第二巻）の「治水条目ヲ定ム」（明治四辛未年二月二二日、太政官第八八）（一八七一年四月一一日）の項において詳細に検討する予定であるので、ここでは取り上げない。

＊38 すでに述べたことを言い換えるかたちのものになるが、災害対策法令と近代的産業化《インダストリアライゼイション》との関連という点では、政府の殖産興業政策の原資となるべき租税の収納額が災害減免租の運用および賑恤（罹災者救援）の実施に影響されるという関係にあったことが注意されねばならない。

＊39 第四条の条文は次の通り。「府藩県入会之地或ハ他之管轄ニ関係致シ候用水ヲ分流シ一管内ト雖トモ田畑ヲ潰シテ溝渠ヲ疏シ又ハ従前之養水溜池等ヲ埋堤防ヲ毀或ハ川中附寄洲等水利ニ関渉致候地ヲ開墾願出候節ハ地之広狭ニ不拘土地之模様故障之有無尤精密ニ取調絵図面相添民部省へ相伺指図ニ依テ可取計事」。

以上、近代化政権とクーデター政権という二つの性格をもった維新政府が直面した諸課題のうちの三つ、すなわち国家形成、正統性の調達、産業化《インダストリアライゼイション》との関連において、一八六八年から一八七〇年にかけての災害対策法令を総括した。二においては、災害対策の局面（ラベル）ごとに該期の災害対策法令を解説する。

二、一八六八年から一八七〇年にかけての時期の災害対策法令――分野ごとの総括――

（一）災害予防に関係する法令

一八六八年から一八七〇年にかけての時期において《災害予防に関係する法令》に挙げたのは、一八六八年一一三件、一八六九年二二六件、一八七〇年一九件の計五八件である（参照、災害予防に関係する法令一覧表）。五八件を分類すると、

①災害予防事務（堤防事務等）の所管、を定める／に関係する、法令（六八－一、六八－五、六八－七、六八－一二、六八－一六、六八－二七、六八－三〇、六九－一三a、六九－一三b、六九－一八、六九－二一b、六九－二三、六九－二四、六九－二六、七〇－二一、七〇－二三、七〇－二八）

②堤防や川除など災害予防施設の建設および補修工事の実施状況（実施箇所と実施主体、および／あるいは、支出額その他）の調査としての意味をもつ法令（六八－三、六八－二六、六九－四、六九－六、六九－一〇、六九－一四、六九－二八b、六九－三五、七〇－二五、七〇－二七）

③砂防事務に関係する法令（六八－四）

④堤防普請のための国役金の徴収（あるいは徴収の停止）を命じる法令（六八－二〇、六九－三、六九－四〇a、七〇－

二、七〇－一六a、七〇－一六b）

⑤治河使の設置および廃止に関係する法令（六八－三〇、六八－三二、六八－三四、六九－二、六九－二六）

⑥治水工事の工事監察の実施に関する法令（六九－八、六九－一一b）

⑦河川工事（堤防修繕工事等）の実施（あるいは見合わせ）を、命じる／に関係する、法令（六九－一一a、六九－一二、六九－二八a、六九－三〇、六九－三六、七〇－四、七〇－六、七〇－一六a、七〇－一六b）

⑧災害予防目的の河川警察的な法令（六九－一五、七〇－六、七〇－一八）

⑨堤防等災害予防目的の公共土木施設の工事の決定と執行の手続き、および費用の負担区分等について規定した法令（六九－二三、六九－二四、六九－二五、六九－三三、七〇－一、七〇－一五）

⑩農業災害の予防／軽減を図る目的で発された法令（七〇－七）

⑪災害（農地災害を含む）発生状況調査の意味をもつ法令（七〇－一二、七〇－一四、七〇－一九a、七〇－一九b）

⑫災害予防の観点から開発行為（開墾）を規制する規定を含む法令（七〇－二六）

となる。

【災害予防】のラベルを貼った五八件の法令を全体として眺め渡して見ると、まず「三職分課職制ヲ定ム」（明治元戊辰年正月一七日、第三六）（六八－一）以下で、中央政府内での堤防等災害予防施設の建設・補修に関する事務（災害予防事務と略す）の所管が定められ、次いで「民部省規則」（明治二己巳年七月二七日、第六七四）（六九－二三）、「府県奉職規則」（明治二己巳年七月二七日、第六七五）（六九－二四）などにより同事務の処理手続きが規定されたことが知られる。所管に関しては、中央では明治元年正月一七日設置の会計事務総督（－会計事務掛）に始まり、それが会計事務局→会計官（営繕司）→民部官（土木司）→民部省（土木司）と引き継がれた。*1 地方（政府直轄地）では府県がその任に当たった。*2 堤防等災害予防施設の建設・補修事務の決定と執行の手続きについては、定例の堤防修理（定例普請）の場合は、府県より民部省への工事実施伺いの提出（目論見帳、普請出来方帳添付）（毎年一〇月期限）→ 民部省による承認 → 府県による工事の実施（工事は府県に委任）という手続きが定められた（六九－二三、六九－二四、七〇－六）。[*3] また、「堀割分水新タニ水利ヲ興シ又ハ管轄所交互スル治河等」の場合には、民部省の承認・決定後時機を見計らって同省から担当官を現地に派遣する → 地方官は民部省より派遣された出張官員と協力して当該工事を実施する、とされた（六九－二三、六九－二四）。[*4]

災害予防事務の所管とそれに関する行政手続きを定めた法令を除くと、数の上で多いのは《堤防や川除など災害予防施設の建設および補修工事の実施状況（実施箇所と実施主体、および／あるいは、支出額その他）の調査としての意味をもつ法令》②である。今問題にしているのは明治の最初期の三年間であるが、その短い期間中にも調査項目に変化が見られる。明治元年の早い時点から明治二年秋にかけては、工事の実施箇所と実施主体の調査が繰返し行なわれた（六八－三、六八－二六、六九－四、六九－六、六九－一〇、六九－二八b、六九－三五）。ところが、明治二年初夏になるとしだいに調査の重心が堤防費用の支出額に移ってくる（六九－一四、七〇－二五、七〇－二七）。工事履歴から工事費用へと調査の関心が移行してきたように見えるのである。また、明治三年に入ると、荒地調査や地図作成のための調査、あるいは郷帳の提出のかたちで、災害（農地災害を含む）の発生状況の把握が試みられている（七〇－一二、七〇－一四、七〇－一九a、七〇－一九b）。

明治元年初夏から明治三年秋にかけて、政府は種々の調査のなかで、府県の堤防治水費額、普請箇所、官普請自普請の別などを把握しようと試みた。これらの調査は、全国を網羅するものでもなく、調査様式に統一性があったわけでもない。しかし、府県の出納調査、普請状況調査、村方の村勢調査など種々の調査のなかに折り重なるように災害対策（災害予防事務）に関する調査項目が組み込まれていた。一見ばらばらに見える調査の積み重ねのなかで堤防工事、治水工事の状況把握が目指されたのである。そして、これらの調査の背景には、民政部門への財政統制の実効化（土木部門への財政統制の強化、土木費の抑制・削減）の意図があった。*5

当期において《災害予防に関係する法令》としてほかに目立つのは、災害予防目的の河川警察的な法令である（六九－一五、七〇－六、七〇－一八）。これは明治四年の「治水条目」に繋がっていくものである。*6

ところで、災害予防目的の具体的な行為（工事）を命じたり、あるいはその目的での規制を敷いたりすることに関係する法令は、さほど多くはない。実際に災害予防の河川工事を命じる、あるいは具体的な河川工事とかかわる法令は、甲州河川の工事を会計官に命じた「甲州川々普請ヲ会計官ニ委任ス」（明治二己巳年二月二五日、第二〇九）（六九－一一a）、淀川・木津川の河川工事との関係での「治河使ヲ置ク」（明治元戊辰年一〇月二八日、第九〇四）（六八－三〇）、信濃川大河津分水との関連での「信濃川分水路鑿割費用高役出金納方ヲ定ム（新発田以下七藩ニ達）」（明治三庚午年六月一二日、第三九九）（七〇－一六a）、「信濃川分水路鑿割費用高役出金納方ヲ定ム（高田藩以下七藩ニ達）」（明治三庚午年六月一二日、第四〇〇）（七〇－一六b）などを見るのみである。このほか災害予防目的の具体的な行為にかかわるものとしては、農業災害の予防と軽減をねらって救荒作物の普及を図った「無水岡田開闢法ヲ配布ス」（明治三庚午年正月、第七一）（七〇－七）がある。また、災害予防目的での規制措置を置いた法令として、「府藩県管内開墾地規則ヲ定ム」（明治三庚午年九月二七日、第六三〇）（七〇－二六）が挙げられる。*7

*1　政体書官制より前の時期については、本文に挙げたもののほかに、まず三職七科の制（明治元年正月一七日）の下で、少なくとも京畿に関しては内国事務総督（－内国事務掛）が災害予防事務に関与した。続く三職八局の制（二月三日）においては、会計事務局のほかに内国事務局（－民政掛→民政役所）も災害予防事務に当たった。参照、六八－一、六八－三、六八－四。

*2　東国の堤防等災害予防施設の建設・補修事務は、明治元年五月一九日江戸鎮台府が設置された際その下に民政裁判所が置かれ、これが担当した（六八－七）。以後同事務は鎮将府会計局に引き継がれ、同年一〇月一八日鎮将府廃止にともなって会計局が会計官出張所と改められるに及んで会計官の所管に吸収された（六八－一二、六八－一六、六八－二七）。また、以上とは別に、明

治元年一〇月二八日に、近畿地方（主に淀川）における水運の便の増進、および堤防の修築による水害の防除を担当する主任の官として、治河使が置かれた（同使は明治二年七月二七日に廃止され、その所管事務は民部省土木司に移された）（六八－三〇、六九－二六）。治河使は、治河使という名称からもわかるように、官制のなかに、ある領域の事務を安定的かつ一般的に担当する官（会計官、民部官のごとく官制中の基本の組織として位置づけられた官）として置かれたものではなく、特定の職務（淀川等畿内諸川の水利の増進と水害の防除）を処理するための臨時的な官として設けられた。治河使設置に係る組織法令が欠けているので（『法令全書』は、岡本健三郎の治河使への任命辞令をもって治河使の設置法令に代えている。曰く「治河使ヲ置クノ令他ニ見ル所ナシ姑ク之ヲ存ス」）、治河使の設置に際しての正式の職掌規定は不明であるが、治河使関係の他の法令からみてそれは上記のようであったと推定される（参照、「治河使被設ニ付府藩県ヲシテ水利ノ道ヲ起サシム」、明治元戊辰年一一月六日、第九三九、「治河使ヲ置カレ府藩県水利興起ノ布告ヲ改ム」、明治元戊辰年一一月一五日、第九六〇、「治河使旗章ヲ定ム」、明治元戊辰年一二月二日、第一〇二一）（六八－三二、六八－三四、六九－一一）。

＊3　「民部省規則」第七条（六九－一二三）、「府県奉職規則」第六条（六九－一二四）、「堤防等目下難閣廉々措置ヲ定ム」第一条（七〇－一六）。

＊4　「民部省規則」第七条（六九－一二三）、「府県奉職規則」第六条（六九－一二四）。

＊5　水害予防策策定（水害予防工事実施）の前提となる統一的な水害調査は、もう少しあと、明治五年まで待たなければならない。すなわち、明治四年一二月布告の「改定水理堤防条目」において、水利と水害についての調査と、その集計表の提出とが、府県に義務づけられた（「水理堤防条目ヲ改定ス」、明治四辛未年一二月二日、太政官第六三二）。これが統一的な水害調査の始まりである。翌五年四月には集計表の記載方法を示した例則が達された（「水害及堤防官舎総計表査点様式」、明治五壬申年四月一四日、大蔵省第五七号）。さらに、明治七年には、水害調査の方法と集計表（増補版）の雛形が府県に提示された（「水害表差出方」、明治七年五月三〇日、内務省乙第三九号達）。

＊6　「治水条目ヲ定ム」（明治四辛未年二月二二日、太政官第八八）。

＊7　この問題は前章第三節で取り上げた。そちらを今一度参照されたい。

災害予防に関係する法令一覧表（発布順）

【一八六八年】

一、「三職分課職制ヲ定ム」（明治元戊辰年正月一七日、第三六）

三、「諸国私領寺社領ノ村高帳ヲ進致セシメ諸藩預所幷代官支配所等ヨリ村高帳其他帳簿ヲ進致セシム」（明治元戊辰年四月七日、第二二〇）

四、「土砂留役人廻村廃止」（明治元戊辰年四月二七日、第二六八）

五、「政体ヲ定ム」（明治元戊辰年閏四月二一日、第三三一）

七、「江戸鎮台ヲ置キ三奉行ヲ廃シ社寺市政民政ノ三裁判所ヲ設ケ職員ヲ定ム」（明治元戊辰年五月一九日、第四〇二）

一二、「鎮将府及東京府ヲ置キ職制ヲ定ム」（明治元戊辰年七月一七日、第五五八）

一六、「江戸ヲ改テ東京ト称シ鎮将府ヲ置キ民政裁判所ヲ会計局ト改称ヲ布告ス」（明治元戊辰年八月八日、第六一四）

二〇、「関東川々堤防国役金ヲ徴集ス」（明治元戊辰年八月、第七〇九）

二六、「関東諸県ヲシテ村鑑帳ヲ進致セシム」（明治元戊辰年一〇月、第八五八）

二七、「会計局ヲ会計官出張所ト改定ス」（明治元戊辰年一〇月一八日、第八六一）

三〇、「治河使ヲ置ク」（明治元戊辰年一〇月二八日、第九〇四）

三二、「治河使被設ニ付府藩県ヲシテ水利ノ道ヲ起サシム」（明治元戊辰年一一月六日、第九三九）

三四、「治河使ヲ置カレ府藩県水利興起ノ布告ヲ改ム」（明治元戊辰年一一月一五日、第九六〇）

【一八六九年】

二、「治河使旗章ヲ定ム」（明治元戊辰年一二月二日、第一〇二一）

三、「諸国川々国役金上納ヲ須ヒス既納ノ者ハ之ヲ還付ス」（明治元戊辰年一二月九日、第一〇六一）

四、「取箇帳幷村方渡米金取調帳様式ヲ定ム」（明治元戊辰年一二月一八日、第一一〇〇）

六、「定免切替伺其他租税取計及諸帳簿進致ノ方ヲ定ム」（明治元戊辰年一二月二四日、第一一四四）

八、「治河及諸普請等ニ刑法官監察ヲシテ出張セシム」（明治二己巳年二月二日、第九七）

一〇、「郷帳大積明細帳村鑑帳等ヲ進致セシム」（明治二己巳年二月二三日、第一九八）

一一a、「甲州川々普請ヲ会計官ニ委任ス」（明治二己巳年二月二五日、第二〇九）

一一b、「甲州川々普請ニ付刑法官監察司ヲシテ出張セシム」（明治二己巳年二月二五日、第二一〇）

一二、「葛飾県以下七県新ニ工事ヲ興ス者ハ姑ク他日ヲ待タシム」（明治二己巳年三月一七日、第二九二）

一三a、「民部官ヲ置キ神祇官以下六官ニ定メ従来弁事ヘ差出ノ願伺等六官ニ進致セシム」（明治二己巳年四月八日、第三四六）

一三b、「民部官職掌ヲ定ム」（明治二己巳年四月八日、第三四八）

一四、「府県及預所アル諸藩ヲシテ平均租税額並諸費用等ヲ録上セシム」（明治二己巳年四月二七日、第三九八）

一五、「諸川通船筏下ノ節堤防ヲ衝突スルヲ戒ム」（明治二己巳年四月、第四一〇）

一八、「民部官職制ヲ定ム」（明治二己巳年六月四日、第五〇三）

二一b、「職員令並官位相当表」（明治二己巳年七月八日、第六二二）

二三、「民部省規則」（明治二己巳年七月二七日、第六七四）

二四、「府県奉職規則」（明治二己巳年七月二七日、第六七五）

二五、「県官人員幷常備金規則」（明治二己巳年七月二七日、第六七六）

二六、「治河使ヲ廃シ土木司ヲシテ水利ヲ管轄セシム」（明治二己巳年七月二七日、第六八一）

二八a、「府県川々官普請ノ箇所ヲ録上セシム」（明治二己巳年八月一三日、第七三一）

二八b、「川々堤防等官普請自普請ノ区別ヲ録上セシム」（明治二己巳年八月一三日、第七三二）

三〇、「堤防橋梁道路修繕事務ヲ府藩県ニ委スルヲ以テ土木司出張ノ者ヲ退去セシム」（明治二己巳年八月、第八三六）

三三、「宮華族中大夫以下社寺領等ニ係ル諸入費割渡ニ付府県管轄高姓名寺号等ヲ録上セシム」（明治二己巳年九月二三日、第九二五）

三五、「府県幷預所アル諸藩ヲシテ郷帳村鑑帳御林帳高国郡村名帳高反別取米永一村限帳ヲ進致セシム」（明治二己巳年一〇月二九日、第一〇一九）

三六、「諸県川々普請等自己ノ意見ヲ以テ料理シ或ハ稟候中縦ニ着手スルヲ禁ス」（明治二己巳年一〇月、第一〇二四）

四〇a、「諸県川々国役金ヲ徴収ス」（明治二己巳年一一月、第一〇八六）

【一八七〇年】

一、「府県常備金規則説明」（明治二己巳年一二月二日、第一一一二）

二、「川々国役金ヲ諸藩ニ徴収ス」（明治二己巳年一二月三日、第一一一七）

四、「川除悪水路目論見帳ヲ進致セシム」（明治二己巳年一二月、第一二一四）

六、「堤防等目下難閣廉々措置ヲ定ム」（明治三庚午年正月、第六九）

七、「無水岡田開闢法ヲ配布ス」（明治三庚午年正月、第七一）

一二、「荒地及起返取下場総寄仕訳書様式ヲ頒チ査点録上セシム」（明治三庚午年三月二五日、第二三五）

一四、「郷帳案ヲ定ム」（明治三庚午年五月晦日、第三八〇）

一五、「府藩県交互管轄ノ堤防用悪水路修繕費用ノ賦課ヲ公平ナラシム」（明治三庚午年五月、第三八二）

一六ａ、「信濃川分水路鑿割費用高役出金納方ヲ定ム（新発田以下七藩ニ達）」（明治三庚午年六月一二日、第三九九）

一六ｂ、「信濃川分水路鑿割費用高役出金納方ヲ定ム（高田藩以下七藩ニ達）」（明治三庚午年六月一二日、第四〇〇）

一八、「治河規則ニ違犯ノ者無カラシム」（明治三庚午年六月一五日、第四〇八）

一九ａ、「御国絵図改正ニ付府藩県ヲシテ地図ヲ進致セシム」（明治三庚午年六月、第四三〇）

一九ｂ、「御国絵図改正ニ付各藩支配地ノ内飛地ヲモ査点セシム」（明治三庚午年六月、第四三一）

二一、「民部省大蔵省分省セシム」（明治三庚午年七月一〇日、第四五七）

二三、「民部大蔵両省管轄ノ寮司諸掛及事務条件ヲ区別ス」（明治三庚午年八月九日、第五二〇）

二五、「府県歳入歳出差引表編制例則分類略解ヲ頒ツ」（明治三庚午年九月一二日、第五八七）

二六、「府藩県管内開墾地規則ヲ定ム」（明治三庚午年九月二七日、第六三〇）

二七、「諸藩ニ歳入歳出明細書及歳入歳出差引総計表編制例則分類略解ヲ頒ツ」（明治三庚午年一〇月九日、第六五九）

二八、「民部省中寮司ヲ定ム」（明治三庚午年閏一〇月二〇日、第七五四）

（二）災害応急対応または罹災者救援への備えに関係する法令

当期において【災害応急対応への備え】もしくは【罹災者救援への備え】のラベルを貼った法令は全部で一〇である（参照、災害応急対応および／または罹災者救援への備えに関係する法令一覧表）。年次でいうと一八六八年が一件、一八六九年が四件、一八七〇年が五件である。一〇件のうち《災害応急対応への備え（災害直前予防／応急対応準備事務）に関係する法令》は二件、《罹災者救援への備え（罹災者救援準備事務）に関係する法令》が八件である。《罹災者救援への備えに関係する法令》も決して多いとは言えないが、《災害応急対応への備えに関係する法令》が二件と顕著に少ないのは、この時期には、災害直前予防／応急対応準備事務、とくに水防に関する準備事務が、「堤防等目下難閣廉々措置ヲ定ム」第六条の規定を除き、多くは未だ国家の法的統制の外にある活動として、旧慣にもとづき村落において自治的に行なわれていたからである。[*8] 以下、《罹災者救援への備えに関係する法令》、《災害応急対応への備えに関係する法令》の順で解説する。

当期における《罹災者救援への備え》の基本的な仕法は府県による貯穀、および村方（農民）への備荒貯穀の奨励である（後者、すなわち府県による村方（農民）に対する備荒貯穀の奨励については、（七〇―一七）を参照せよ）。政府（行政官）は明治二年二月に府県施政順序を出して知府県事（地方官）が差し当たって取り組むべき課題を示したが、その第六款に「凶荒預防ノ事」を置き、「常社倉等ノ制ニ倣ヒ其部内ノ人口ヲ量凶年非常救助ニ備ル様漸次ニ取立ルヲ要ス」と訓示した（六九―九）。次いで同年七月に発出した府県奉職規則の第五条において、政府は、「常ニ凶年饑歳ノ慮ヲナシ予メ民患賑済ノ備ヲ設クヘシ」と規定し、災害（農業災害）の発生を想定して《罹災者救援への備え》を設けることを府県の事務とした（六九―一二四）。[*9] 府県奉職規則には《罹災者救援への備え》の具体的な中身（具体的な仕法）は記されなかったが、会計関係の帳簿の記載方を指示する法令などを見るとそれは貯穀（囲穀）であったと知られる（七〇－一〇、七〇－二五）。

当期において《災害応急対応への備え（災害直前予防／応急対応準備事務）に関係する法令》として収録したのは、「堤防等目下難閣廉々措置ヲ定ム」（明治三庚午年正月、第六九）（七〇－六）と「東京府下ノ家税ヲ徴ス」（明治三庚午年九月三日、第五五七）（七〇－二四）の二つである。「堤防等目下難閣廉々措置ヲ定ム」は、その第六条において、堤防取締役を立てること、堤通に小屋を建ててそこへ俵などの水防用資材を蓄え置くべきことなどを、府藩県に命じている（「堤防取締役ヲ立堤通ヘ諸色小屋ヲ補理高役ヲ以明俵其他蓄置水防ノ予備可致候」）。これは堤防の管理と水防の準備について定めたものと捉えられる。「東京府下ノ家税ヲ徴ス」は、近世的な消防の近代化を意図した東京府が明治三年に消防改革を提案した際、その改革にともなう費用の調達のために東京府下に家税の制度を布くとしたものである。「東京府下ノ家税ヲ徴ス」は災害応急対応に当たる組織（消防組織）の整備に関係する法令と位置づけられる。*10

*8　国家が水防準備事務（災害直前予防／応急対応準備事務）に対して本格的に法的介入を始めるのは、明治二三（一八九〇）年の水利組合条例の制定および明治二九（一八九六）年の河川法制定以降である（「水利組合条例」、明治二三年六月二〇日、法律第四六号、「河川法」、明治二九年四月七日、法律第七一号）。水利組合条例は水防の準備組織としての水害予防組合の設置に関する規定を有し（第一四条～第一七条）、また河川法は第二三条第三項に、「地方行政庁ハ其ノ管内ノ下級公共団体ニ命シテ予メ洪水防禦ノ為必要ナル準備ヲナサシムルコトヲ得」と、洪水防禦準備事務について規定している。ところで、水防準備事務は連続性のある活動であり、組織的にも水防の準備組織は同時に水防の実行組織であった。かくして《水防準備事務（災害直前予防／応急対応準備事務）に対する国家の本格的な法的介入》という論点は、《災害直前予防（水防）事務に対する国家の本格的な法的介入》、《発災後の応急対応事務に対する国家の本格的な法的介入》という論点と重なる。それゆえ、本節

の議論と併せて次節と次々節、すなわち《災害直前予防（水防）に関係する法令》の節と《発災後の応急対応／応急救助に関係する法令》の節が参照されなければならない。

＊9 中央における当該事務の所管官庁は民部省であった。府県奉職規則と同日発出の民部省規則は、第一条において、「民政ハ治国ノ大本最モ至重ノ事トス謹而　御誓文ニ基キ至仁ノ　御趣意ヲ奉体シ府藩県ト戮力協心教化ヲ広クシ風俗ヲ敦クシ生業ヲ奨勧シ撫育ノ術ヲ尽シ賑済ノ備ヲ設ケ上下ノ情ヲ貫通シ以テ衆庶ヲシテ可令安堵事」と定める（六九－一二三）。ところで、《罹災者救援への備え》の基本的な仕法は府県による貯穀および村方（農民）への備荒貯穀の奨励であり、民部官は府県事務を総判したから、民部省の設置以前においては民部官が《罹災者救援への備え》に関する事務（救援準備事務）の中央における所管官庁であったと言える。しかし、該事務が中央省庁の職掌規定に「賑済ノ備ヲ設ケ」とはっきりと書き込まれたのは、上に記した明治二年七月の民部省規則が最初である。

＊10 明治前期、東京以外の府県では、公設私設区々の消防組が設けられていた。明治二七（一八九四）年二月、これらを統一するために消防組規則が発布された（「消防組規則」、明治二七年二月九日、勅令第一五号）。消防組規則は、消防組を「水火災警戒防禦ノ為メ」に府県知事が設置する組織と規定し（第一条）、その費用は市町村（または町村組合）が負担するとした（第一三条）。消防組の構成員（組頭・小頭・消防手）の命免は組頭と小頭については警部長もしくはその委任を受けた警察署長が、また消防手については警察署長が行ない（第三条）、消防組の指揮監督権は、府県知事が指定した警察署長に置かれた（第六条）。さらに、水火災の現場での進退についても、消防組は警察官の指揮に従うものとされた（第六条）。こうして、それまで村落や市町村において自治的な活動として行なわれてきた消防が、警察の管理下に置かれることとなったのである。従来の消防組については、その編成区域が消防組規則の規定（市町村）に一致するものはこれを府県知事が同規則による組織に改置することとし、それ以外の消防組は「官ノ許可ヲ得タルト否トニ拘ラス此ノ規則施行ノ日ヨリ総テ廃止ス」とされた（第一四条、第一五条）。消防組規則に拠らない消防組織（警察の統制下に置かれない消防組織）はその存在を否定されたのである。本書は、消防組規則をもって消防（消防事務、消防組織）に対する国家の法的統制の嚆矢とするものである（消防組規則は東京市・沖縄県を除く全国に適用された）（尚、上引の条文中にある警部長は「事を府知事県令に承け其府県警察上一切の事務を調理す」とされた「府県警察官の指揮者」である。参照、高橋雄豺『明治年代の警察部長――明治警察史研究――』、良書普及会、

一九七六年七月、七一一一頁)。

消防(消防事務、消防組織)に対する国家の厳格な法的統制を定めた消防組規則の条文の裏側には、消防組や水防組に人民が集合し、消防・水防以外にも自律的に活動を展開することへの、政府側の強い恐れがあった。消防組規則第八条、第一〇条および第一九条の規定がそれをよく表わしている。第八条は「消防組ハ水火災警防ノ為メニアラサレハ集合若クハ運動スルコトヲ得ス」と規定し、また第一〇条は「消防組ノ挙動治安ニ妨害アリト認ムルトキハ府県知事ハ之ヲ解クコトヲ得」としたのである。消防組規則は従来の消防組を国家(府県知事・警察)により厳格に統制された組織に組み替え、それが村落・市町村における〝横〟つながり(人民の連帯)を表現する組織となることを拒絶したのであった。

災害応急対応および/または罹災者救援への備えに関係する法令一覧表(発布順)

【一八六八年】

一三、「春来気候不順ニ付賑恤ノ予図ヲ為サシム」(明治元戊辰年七月一八日、第五六三)【罹災者救援への備え】

【一八六九年】

九、「府県施政順序ヲ定ム」(明治二己巳年二月五日、第一一七)【罹災者救援への備え】

一七、「外国交際及理財ノ儀御下問書」(明治二己巳年五月二四日、第四七四)【罹災者救援への備え】

二三、「民部省規則」(明治二己巳年七月二七日、第六七四)【罹災者救援への備え】

二四、「府県奉職規則」(明治二己巳年七月二七日、第六七五)【罹災者救援への備え】

【一八七〇年】

六、「堤防等目下難閣廉々措置ヲ定ム」(明治三庚午年正月、第六九)【災害応急対応への備え】

一〇、「勘定帳記載方ヲ定ム」(明治三庚午年三月七日、第一七九)【罹災者救援への備え】

二四、「東京府下ノ家税ヲ徴ス」(明治三庚午年九月三日、第五五七)【災害応急対応への備え】

二五、「府県歳入歳出差引表編制例則分類略解ヲ頒ツ」（明治三庚午年九月一二日、第五八七）【罹災者救援への備え】
二七、「諸藩ニ歳入歳出明細書及歳入歳出差引総計表編制例則分類略解ヲ頒ツ」（明治三庚午年一〇月九日、第六五九）【罹災者救援への備え】

(三) 災害直前予防（水防）に関係する法令

災害直前予防とは、異常《アンユージュアル》な自然現象が発生するおそれがあり、または発生して、災害が予期される場合に、その災害を防ぐあるいは極小化するために採られる行動・措置のことである。水防がその代表的なものである。*11 しかし、当期において一覧表上に水防に関する法令は見られない。それは、この時期には、水防事務のほとんどが、国家の法的統制の外にある活動として、多くは旧慣にもとづき、村落において自治的に行なわれていたからである。*12*13 国家が水防（災害直前予防）事務に対して本格的に法的介入を始めるのは、明治二〇年代に入ってからである。その画期となったのは、明治二三年制定の水利組合条例、明治二七年発令の消防組規則および明治二九年制定の河川法である。

まず、当期において本項目のもとに収載した二件の法令について述べる。一件目の「気候不順ヲ以テ奉幣使ヲ氷川神社外二社ニ発ス」（明治二己巳年七月朔日、第六〇三）であるが、これは、行政官が明治二年七月に発出した達で、同年四、五月来の霖雨、気候不順のため凶作が強く懸念されるため、武蔵国一宮氷川神社ならびに府内芝神明宮、山王日枝神社の三社に一七日間の風雨順時五穀成熟の祈祷を命じ、祈祷中政府から三社に奉幣使を遣わすとしたものである（六九一二〇）。本件を災害直前予防の項目に収めるのは、その近代的観念からすると奇異に感じられるかもしれない。しかし、現に異常《アンユージュアル》な自然現象が発生し、継続し（本件の場合は霖雨・気候不順）、それが被害をもたらす蓋然性が高いと認識されたときに、その被害の発生を食い止めるため採られた行動という点では、三社における風雨順時五穀成熟の祈祷の実施命令の発出と奉幣使の派遣はまぎれもなく災害直前予防の行動である。本件は、神に祈るという伝統的な災害直前予防の行動が明治政府によって公式に採用されていたことを示す。[*14] 二件目は、「淀川通船規則ヲ定ム」（明治二己巳年一一月二三日、第一〇七八）である（六九－三九）。「淀川通船規則ヲ定ム」は留守官が発した達で、京都府が作成した淀川通船規則を布告したものである。規則中「法則」の第六条に出水時の通船規制があり、それは、出水の際、淀小橋下の丈尺杭が九尺を指したら、通船、筏下しとも禁止すると定める。この条項は出水時の河川交通規制を規定したものであり、災害直前予防のための措置と見做しうるものである。

次に当期の水防の実態について述べたい。上にも記したように、当期は国家が水防事務に対して本格的に法的介入を始める前であり、水防は村落において旧慣にもとづきほぼ自治的に行なわれていた。[*15] それでは水防に関する旧慣とはいかなるものであったろうか。この点について『明治工業史 土木篇』から二、三の記述を引く。[*16] すなわち、「洪水防禦施設に関し、維新以前に在りては、木曽川、揖斐川、阿部《ママ》川、天竜川、大井川、富士川、吉野川等数河川を除くの外、記録の徴すべきもの無く、之を知るに由なきも、概ね河川沿岸の住民は出水の際は、太鼓、法螺貝、梵鐘等の警報に依りて出動し、代官、庄屋、組頭等指揮の下に水防に従事し、而して材料器具は多く各自携帯するか、若しくは関係部落より徴発し、人夫賃に就いては支給せられざりしが如し。然れども河川中、往々にして藩庁に於いて器具材料費を支弁し、或は人夫賃の一部を補給するものあり」（総説）。「一朝出水あるときは太鼓、法螺貝、梵鐘等に依り村内の男子全部出役し、代官、庄屋、組頭等の指揮監督の下に水防事務に従事し、所要器具材料は或地方にては貯蔵に係るものを使用せしも、概ね随時村内より徴発せり」（京都府）。「本県は信濃、阿賀野の二大川を始めとし、大小約五百五十有余の河川を包有し、古来水害に苦しむこと甚大なり。惜むらくは維新以前にありては記録の徴すべきものなし、僅に口碑に拠り、之を綜合すれば、水防庫を組（二十箇村又は三十箇村を一組とす）内又は村内便宜の地に設置し、水害防禦に必要なる器具材料を常備し、一朝急報に接するや、大庄屋（組の長）庄屋（村の長）等村民を召集し、協力防禦の任に当ること猶ほ他府県に同じ。而して其の緩急に依り竹、木、俵、器具等、臨時必要なる材料を徴発することあるも、此等の費用は組内又は村内の負担として之を弁償す」（新潟県）。以上の記述からわかるように、旧慣では、ひとたび出水があったときには太鼓や法螺貝の合図で村民が出動し、村落指導者の指揮の下自前の器具材料を用いて水防事務に従事するというのが一般的なあり方であり、これがまた当期の水防の基本形でもあった。

このような水防のあり方に対して国家が法的統制を加えるようになるのは明治二〇年代に入ってからのことであり、明治二三年の水利組合条例をもってその嚆矢とする。*17 *18 水利組合条例は水利組合として普通水利組合と水害予防組合を挙げ、このうち水害予防組合は「水害防禦ノ為ニスル堤防浚渫沙防等ノ工事ニシテ普通水利組合ノ事業ニ属セサルモノ、為」に府県知事において設置するものとされた（第二条、第四条、第一四条）。水利組合条例は第五三条に水防事務に関する規定を置き、「監督官庁ハ出水ノ為危険アルトキ水利組合ニ対シ防禦ニ必要ナル命令ヲ発スルコトヲ得」と定めた。この条文により、水利組合は、法的に水防に当たる組織として位置づけられた。*19 また、水利組合については第四五条において郡長、府県知事、内務大臣の監督に服することが規定されており、これを第五三条と併せてみるとここに水防事務を国家の監督下に置く仕組みが立てられたことが知られる。水利組合条例制定以降各地に同条例にもとづいて水害予防組合が設立され、これが水防の任に当たったのである。*20 明治二七年発令の消防組規則は、知事と警察の監督・指揮のもとに「水火災ノ警戒防禦」に当たる組織として消防組を市町村単位で設置することを規定したものである。*21 消防組規則は、消防のほか水防をも担う消防組の組織と活動について国家が厳しく統制を加える内容のものであり、消防と水防を国家によって包摂、管理された活動に置き換えようとする試みを一段進めたものと捉えられる。*22 明治二九年制定の河川法は、第二三条に水防事務および水防準備事務についての規定をもつ。これは水利組合条例第五三条の規定を拡充、整備したものである。*23

＊11 ただし水防には、災害直前予防の側面と災害応急対応の側面がある。この二つは、破堤した場合などでは災害対応過程において連続している。

＊12 これは、上に水防活動に関する準備事務（災害直前予防／応急対応準備事務）に関して述べたところと同じである。

＊13 とはいえ、水防準備および水防に関する法的規定がまったくなかったわけではない。本書においては《災害直前予防（水防）に関係する法令》として採り上げていないけれども、「堤防等目下難閣廉々措置ヲ定ム」（明治三庚午年正月、第六九（七〇－六））には、「川々丁場ヲ定堤防取締役ヲ立堤通へ諸色小屋ヲ補理高役ヲ以明俵其他蓄置水防ノ予備可致候」との規定があった（第六条）。これは府藩県に対して、堤防取締役を任命すること、また堤通に小屋を建ててそこに水防用資材を蓄え置くべきことを指示したものである。

＊14 「気候不順ヲ以テ奉幣使ヲ氷川神社外二社ニ発ス」（六九－二〇）は、維新によって成立した国家が祭政一致の宗教国家としての一面をもっていたことを災害対策の側面から明らかにするものである。また、これは、呪術をもって、災害をもたらすことが懸念される異常《アンユージュアル》な自然現象それ自体を制御せんとしたもの、というふうにも捉えられる。この点、すなわち災害対策として異常《アンユージュアル》な自然現象それ自体の制御を指向するという点に注目するならば、「気候不順ヲ以テ奉幣使ヲ氷川神社外二社ニ発ス」は、戦後一九五〇年代から六〇年代にかけて行なわれた、《原爆を用いた台風の進路の制御》論や《台風の発生海域への油の投下による台風の発生の抑制》論に、そしてさらに災害対策基本法第八条第二項第七号の規定（台風の人為的調節のための研究に努めるべきとの規定）に繋がる側面を有する。

＊15 日本工学会・啓明会『明治工業史 土木篇』、二三一、二三九、二五〇、二五六、二六〇、二七七、二九六、三一四頁などを参照。

＊16 同上、二二五、二二九、二三七頁。

＊17 「水利組合条例」（明治二三年六月二〇日、法律第四六号）。

＊18 これより前、明治一七（一八八四）年に、区町村会法が改正されて（「区町村会法改正」、明治一七年五月七日、太政官第

一四号布告)、そこに「水利土功会」の設置規定が設けられた(第一四条「府知事県令ハ水利土功ニ関スル事項ニシテ区町村会若クハ聯合区町村会ニ於テ評決スルヲ得サルモノアルトキ特ニ其区域ヲ定メテ水利土功会ヲ開設スルコトヲ得」)。地方によっては、この水利土功会を設立し、それを機に水防組織の確立を試みる動きが見られた。たとえば淀川左岸では、明治一九年、茨田、讃良両郡のうち関係八〇箇町村が連合して水利土功会を設け、また「八十個水害予防組合」を組織して、これが同地の水防準備と水防に当たった(日本工学会・啓明会『明治工業史 土木篇』、一二三二頁)。区町村会法改正以降水利土功会の設置に関わって上のような動きがあったとはいえ、水防事務に関する明示的な規定を含む法令としては水利組合条例が初めてのものである。

＊19 第五三条を全文掲げると、次の通りである。「監督官庁ハ出水ノ為危険アルトキ水利組合ニ対シ防禦ニ必要ナル命令ヲ発スルコトヲ得　／　前項ノ場合ニ於テ郡長市町村長又ハ警察官ハ組合区域内ニ住居スル一般ノ人民ヲ指揮シテ防禦ニ従事セシメ及必要ナル現品ヲ収用スルコトヲ得但現品ハ追テ組合ノ費用ヲ以テ相当ノ賠償ヲ為サシムヘシ」(／は行が改まっていることを表わす)。第二項は災害がまさに発生しようとしている時の人的公用負担と応急公用負担を示す規定であり、災害対策基本法の第六四条、第六五条に連なるものである。

＊20 日本工学会・啓明会『明治工業史 土木篇』、一二二五－三二一六頁参照。

＊21 「消防組規則」(明治二七年二月九日、勅令第一五号)。

＊22 消防組規則については前節に付した＊10で詳しく述べた。そちらを参照せよ。

＊23 「河川法」(明治二九年四月七日、法律第七一号)。第二三条の条文は次の通り。「洪水ノ危険切迫ナルトキハ地方行政庁又ハ其ノ委任ヲ受ケタル官吏ハ其ノ現場ニ於テ直ニ防禦ノ為ニ必要ナル土地ヲ使用シ土砂、竹木其ノ他ノ材料、車馬其ノ他ノ運搬具及器具等ヲ使用若ハ徴収シ又ハ其ノ現場ニ在ル者ヲ使役シ又ハ家屋其ノ他ノ障害物ヲ破毀スルコトヲ得　／　前項ノ場合ニ於テ地方行政庁又ハ其ノ委任ヲ受ケタル官吏ハ其ノ管内ニ於テ夫役ヲ命シ又ハ下級公共団体ニ命シテ土地、材料、運搬具、器具及夫役ヲ供セシメ又ハ市町村長其ノ他ノ市町村吏員等ヲ指揮シテ必要ナル処分ヲナサシムルコトヲ得　／　地方行政庁ハ其ノ管内ノ下級公共団体ニ命シテ予メ洪水防禦ノ為必要ナル準備ヲナサシムルコトヲ得」(／は行が改まっていることを表わす)。

災害直前予防（水防）に関係する法令一覧表（発布順）

【一八六八年】

【一八六九年】

二〇、「気候不順ヲ以テ奉幣使ヲ氷川神社外二社ニ発ス」（明治二己巳年七月朔日、第六〇三）【直前予防】

三九、「淀川通船規則ヲ定ム」（明治二己巳年一一月二三日、第一〇七八）【直前予防】

【一八七〇年】

（四）発災後の応急対応／応急救助に関係する法令

当期において【応急対応】【応急対応（応急救助）】のラベルを貼った法令は全部で一〇件である（参照、発災後の応急対応／応急救助に関係する法令一覧表）。年次でいうと一八六八年が三件、一八六九年が三件、一八七〇年が四件である。ところで、《発災後の応急対応／応急救助に関係する法令》はもう少し細かく分類することができ、それを試みると、①水防（水災の拡大防止のための活動）に関する法令、②応急救助に関する法令（②a：遭難船・遭難者の応急救助に関する法令、②b：罹災者への緊急の食糧提供などに関係する法令）、③被災公共土木施設の応急復旧に関する法令、④発災を受けての行政機関の対応方を定めた法令の五つとなる。このうち、水防（水災の拡大防止のための活動）に関する法令（①）は、当期においては採録がない。この点の事情は前節において述べたところであるのでここでは繰り返さない。*24 当期の一覧表に収載されている一〇件の法令を上記の下位区分に当てはめてみるならば、遭難船・遭難者の応急救助に関する法令（②a）が二件（六九－三二、七〇－九）、罹災者への緊急の食糧提供などに関係する法令（②b）が六件（六八－八、六八－一〇、六九－二四、六九－二五、七〇－一、七〇－三）、被災公共土木施設の応急復旧に関する法令（③）が五件（六八－一〇、六九－二四、六九－二五、七〇－一、七〇－六）、そして、発災を受けての行政機関の対応方を定めた法令（④）が一件（六八－二二）となる。ここからわかるように、《発災後の応急対応／応急救助に関係する法令》の整備は、主に罹災者への緊急の食糧提供などの分野と、被災公共土木施設の応急復旧の分野とから開始された。

以下、法令の収載のある四つの下位分類について順に見ていくことにする。まず、遭難船・遭難者の応急救助に関する法令（②a）であるが、これに該当する法令として「浦高札」（明治二己巳年九月一八日、第八九一）（六九－三二）と「不開港場規則難破船救助心得方条目」（明治三庚午年二月二九日、第一四八）（七〇－九）の二つを載せた。「浦高札」は明治二年九月一八日付で布告された海上警察に関する規則である。これは全部で八条からなり、そのうち遭難船の救助を浦方に義務づけた第一条、同じく浦方に遭難船の積荷および船具等の可及的回収を命じた第二条などが、災害応急対応（遭難船・遭難者の応急救助）に関する条項と見做される。「不開港場規則難破船救助心得方条目」は、その後半部分「難船救助心得方」が風浪に遭って難破した外国船の救助を規定する。ところで、上に挙げた「浦高札」は遭難船の応急救助についてこれを一般的に規定した法令であるけれども、その制定に際して念頭に置かれていた主たる救助対象は租米廻漕船であった。「浦高札」は海上警察に関する一般法であるとは言っても、とくに租米廻漕の確実を強く意識して作られた法規であったのである。この意味で、明治期最初の災害応急対応（遭難船・遭難者の応急救助）に関する法規は、財政的観点（田方米納－廻米施行政策）より出たものと見てよい。また、「難船救助心得方」であるが、こちらは風浪に遭って難破した外国船の救助を目的としたものである。この「難船救助心得方」の制定動機は、密貿易の取締強化（「不開港場規則」の制定）にともない、人民が外国船との接触を忌避するあまり遭難外国船への救助がおろそかになり、それが「信義ヲ外国ニ失セントス」ることを恐れる点にあった。だから「難船救助心得方」に規定された救助対象は、国内船も含めた難船一般ではなく、遭難した外国船であったのである。わが国における災害応急救助（遭難船・遭難者の応急救助）法令の第一歩を記す二つの法令のうち、「浦高札」は風浪に窮した租米廻漕船の救助を関心の中心に置き、「難船救助心得方」の方は、叙上の事情のもとに外交上の信義の観点から「風浪ノ難ニ遭ヘル外国船舶」を救助せずんばあらずという論理で布令された。これらはともに、風浪による難船一般の救助の必要性の認識から出たものではなかったのである。

次に、罹災者への緊急の食糧提供などに関係する法令（②b）について見る。これに当たるのは、「洪水暴溢ニ付会計官出張賑恤ヲ施行セシム」（明治元戊辰年五月二四日、第四一九）（六八－八）、「天災兵害ノ余ニ付府藩県ヲシテ便宜賑恤ヲ施行セシム」（明治元戊辰年六月二二日、第五〇二）（六八－一〇）、「府県奉職規則」（明治二己巳年七月二七日、第六七五）（六九－二四）、「県官人員幷常備金規則」（明治二己巳年七月二七日、第六七六）（六九－二五）、「府県常備金規則説明」（明治二己巳年一二月二日、第一一一二）（七〇－一）、「水火災ノ節窮民救助ノ措置ヲ定ム」（明治二己巳年一二月八日、第一一三〇）（七〇－三）の六件である。最初の「洪水暴溢ニ付会計官出張賑恤ヲ施行セシム」は、明治元年五月に近畿地方で発生した洪水被害について会計官が出張して賑恤を行なうとしたものである。次の「天災兵害ノ余ニ付府藩県ヲシテ便宜賑恤ヲ施行セシム」は、明治元年六月に太政官が諸道の府県に宛てて発出した布告で、地方官に災害の応急救助を命じた。これら二件は災害応急救助（緊急の食糧提供など）に関する制度的な定型化がなされる前のもので、前者は明治元年五月の近畿地方の水害という個別事例に関する法令であり、後者は応急救助事務の実施に当たって地方官の裁量権を大きく認めたところに特徴があった。

災害応急救助（緊急の食糧提供など）に関する制度的な定型化の動きは、明治二年七月の「府県奉職規則」に始まる。すなわち、府県奉職規則第五条において、罹災民への応急の食糧提供事務が府県の事務としてはっきり規定された。[*25] また「府県奉職規則」（第五条）、「県官人員幷常備金規則」、「府県常備金規則説明」により、同事務の執行手続き（経費の支出手続き）が定められた。それは、「天災禍乱ニテ一日モ遷延シ難キ賑恤」は、府県にて第二常備金をもって「速ニ施行ノ後民部大蔵両省へ届出」というものであった。さらに明治二年一二月の「水火災ノ節窮民救助ノ措置ヲ定ム」は、罹災民への応急の食料提供事務について、この時点でこれを総括した法令で、水災火災発生直後の応急的な罹災民救助を府県の事務として確認し、応急救助について内容の統一化の必要を指摘するとともに具体的な救助内容を提示し（応急の糧米提供、日数一五日間、一日男米三合、女米二合）、これにもとづいた救助処分の実施と報告を府県に求めた。

第三に、被災公共土木施設の応急復旧に関する法令（③）であるが、これについては、「天災兵害ノ余ニ付府藩県ヲシテ便宜賑恤ヲ施行セシム」、「府県奉職規則」、「県官人員幷常備金規則」、「府県常備金規則説明」、「堤防等目下難閣廉々措置ヲ定ム」（明治三庚午年正月、第六九）（七〇－六）の五件を収めた。一番目の「天災兵害ノ余ニ付府藩県ヲシテ便宜賑恤ヲ施行セシム」は、明治元年夏の水災に関して「堤防橋梁之破壊急々修理可致事」と地方官に命じ、被災施設の応急の復旧を図ったものである。応急救助の場合と同様に、被災公共土木施設の応急復旧についても、制度的定型化が進められたのは明治二年七月の「府県奉職規則」以降である。すなわち、「府県奉職規則」、「県官人員幷常備金規則」、「府県常備金規則説明」、「堤防等目下難閣廉々措置ヲ定ム」などにより、公共土木施設の応急復旧事務の実施手続き（経費の支出手続き）が定められたのである。そこでできあがったのは、急破堤切の場合で、民部省に工事申請しその許可を得るいとまがないほど事態が差し迫っているときには、府県が常備金（第二常備金）からの支出によって当該工事を実施し、しかるのちに民部省へ報告し（支出した事案について目論見帳を録製し、これを民部省に提出する）、また大蔵省へも該件について報告するという仕組みであった。

罹災者への緊急の食糧提供などに関する応急救助事務および被災公共土木施設の応急復旧事務——これらに関する制度的定型化は、財政部局による府県統制の仕組みの構築の流れのなかで足並みをそろえるようにして進められた。その進行は次のようである。まず明治二年七月の民部省規則が災害関係の土木事務および災害救助事務を民政の柱に据えたうえで（両事務の重要性の確認）、これらの事務の実施を府県に委任した。それを受けて府県奉職規則が、災害関係の土木事務および災害救助事務の執行を府県の役割として確認し、民部省・大蔵省との関係を中心に両事務の具体的な執行手続きを定めた。そして県官人員並常備金規則以下においてこれら災害対策事務に関する支出の手続きが定められたのである。このような流れを受けて、明治二年末から三年初頭にかけて、災害関係土木事務の領域では「堤防等目下難閣廉々措置ヲ定ム」が、災害応急救助事務の領域では「水火災ノ節窮民救助ノ措置ヲ定ム」が発され、これらがこの時期におけるそれぞれの分野での手続きを総括するものとなった。

最後に、発災を受けての行政機関の対応方を定めた法令（④）であるが、これに当たるものには「駅逓規則」（明治元戊辰年九月一二日、第七三五）がある（六八一-二一二）。

＊24　第三節「災害直前予防（水防）に関係する法令」を参照せよ。法令の採録はないけれども、事実の問題として地方機関（府・県）は水防（水災の拡大防止のための活動）に関与していた。たとえば葛飾県は明治三年七月、八月の江戸川での水災の発生に際して、被害の拡大防止と救援のために台地の村々に対して人足の動員をかけている。これを示す資料を『松戸市史』より引く（松戸市誌編さん委員会（編）『松戸市史 下巻（一）明治編』、三八三-三八四頁。読点、中黒は原文）。

鋤鍬もっこ持参之事

今般非常之大水ニ而、江戸川通水防として川添村々においては先般より昼夜人足差出有之候処、数日之義いづれも相労居候間、其村々江高百石ニ付人足拾人宛才領附添、根本村江罷越可申候、且から竹・雑縄持参可致候也、

七月廿二日

葛飾県

斉藤権大属

中和倉村

千駄堀村

金ヶ作村
右村役人

＊25　罹災民への応急の食糧提供事務は、府県奉職規則第五条の規定以前にも、一般的なかたちでは、民部官の職掌および職制を定めた「民部官職掌ヲ定ム」（明治二己巳年四月八日、第三四八）（六九‐一三b）、「民部官職制ヲ定ム」（明治二己巳年六月四日、第五〇三）（六九‐一八）のなかに、民部官が総判する府県の事務として規定されていた、と解せられる。しかし、法規上、同事務が具体的な文言（「天災禍乱ニテ一日モ遷延シ難キ賑恤」）をもって示されたのは、府県奉職規則を最初の例とする。

発災後の応急対応／応急救助に関係する法令一覧表（発布順）

【一八六八年】

八、「洪水暴溢ニ付会計官出張賑恤ヲ施行セシム」（明治元戊辰年五月二四日、第四一九）【応急対応】
一〇、「天災兵害ノ余ニ付府藩県ヲシテ便宜賑恤ヲ施行セシム」（明治元戊辰年六月二二日、第五〇二）【応急対応】
二一、「駅逓規則」（明治元戊辰年九月一二日、第七三五）【応急対応】

【一八六九年】

二四、「府県奉職規則」（明治二己巳年七月二七日、第六七五）【応急対応】
二五、「県官人員并常備金規則」（明治二己巳年七月二七日、第六七六）【応急対応】
三二、「浦高札」（明治二己巳年九月一八日、第八九一）【応急対応（応急救助）】

【一八七〇年】

一、「府県常備金規則説明」（明治二己巳年一二月二日、第一一一二）【応急対応】
三、「水火災ノ節窮民救助ノ措置ヲ定ム」（明治二己巳年一二月八日、第一一三〇）【応急対応】
六、「堤防等目下難閣廉々措置ヲ定ム」（明治三庚午年正月、第六九）【応急対応】

九、「不開港場規則難破船救助心得方条目」（明治三庚午年二月二九日、第一四八）【応急対応（応急救助）】

（五）罹災者の救援に関係する法令

1.【罹災者救援】のラベルを貼って本書に収録した法令は、全部で五三件である（参照、罹災者の救援に関係する法令一覧表）。その年次別の内訳は、一八六八年一三件、一八六九年二四件、そして一八七〇年が一六件である。これらの法令を性質ごとに下位分類し、それぞれの種類に属する最初の法令の発布年月日順に配列してみると、次のようになる。

——（第一期）——

①罹災者救援の朝旨を宣明した法令……六八－二
②罹災者救援事務の中央政府内での所管、を定める／に関係する、法令……六八－五（会計官設置）、六九－一三a（民部官設置）、六九－一三b、六九－一六（会計官職制章程）、六九－一八（民部官庶務司済貧養老賞典掛）、六九－二一b（民部省、大蔵省設置。民部省庶務司、大蔵省租税司、大蔵省監督司）、六九－二三、六九－二七a（民部省租税司、民部省監督司）、六九－二七b、七〇－二一（民部省大蔵省分省）、七〇－二三（民部省庶務司、大蔵省租税司、大蔵省監督司）、七〇－二八（民部省中の寮司の改定：民部省庶務司
③罹災者救援（賑恤）の実施を命じる法令……六八－八、六八－一〇
④災害減税（災害減租・災害免租）の実施を定める／命じる法令……六八－九、六八－一〇、六八－一八
⑤罹災者救援の実施責任とその手続きを定めた法令（明治元年）……六八－一〇

⑥東幸に際しての水害罹災者への賑恤の実施に関する法令、および東幸時の天皇による賑恤を範として府藩県に同様の賑恤の実施を指示した法令……六八－一九、六八－二四、六八－二九、六九－一、六九－七

――（第二期）――

⑦災害減税（災害減租・災害免租）の取り計らい方についての指示法令……六八－二二、六八－二三、六九－三一、七〇－五、七〇－一二、七〇－一三、七〇－二二（「田方検見規則」）

⑧戦災・水災の罹災民に対する救済方針を示した法令……六八－二八、六九－五（奥羽地方の諸藩取締地対象）

⑨罹災者調査に関する法令……六八－三一

⑩府県（あるいは諸藩）を対象とした罹災者救援費の調査に関する／同調査の意義をもつ法令……六九－四、六九－一〇、七〇－一〇、七〇－二五、七〇－二七

⑪罹災者に対する食糧・住居・農具等の手当ての方面での一般的な方針（罹災者救援の方針）を示した法令……六九－六、六九－二二、七〇－三、七〇－八、七〇－一七（「農民貯蓄ノ穀物窮民ニ貸付ノ方」）、七〇－二〇

⑫水旱災による被害高の調査に関する法令……六九－六、六九－三一

⑬災害減税の実施状況調査の意義をもつ法令……六九－六、六九－一〇、六九－三五、六九－三八、七〇－一二、七〇－一四

⑭罹災者の救援を府県の施政の課題として確認した法令……六九－九

⑮災害時の租税の減免の決定権限および決定手続きを定めた法令……六九－一六、七〇－五、七〇－一三

⑯府県が行なう罹災者救援（賑恤）事務に対する財政的統制を規定する法令……六九－一六、六九－二五、七〇－一

⑰採るべき罹災者救援策についての下問……六九－一七

⑱罹災者救援事務に関する府県の実施責任、および／あるいは、その執行に際しての手続きを定めた法令（明治二

年七月以降）……六九－二四（府県奉職規則）、七〇－三、七〇－一七、七〇－二〇

⑲罹災者救援費（府県が行なう罹災者救援事務の費用）の支出手続きを定めた法令……六九－二五、七〇－一

⑳凶荒発生に付き、官禄の一部を返上し、返上分を以て二都の窮民の救済に充てるという施策（明治二年秋）に関する法令……六九－二九a、六九－二九b

これを一覧すると、まず、〈罹災者救援事務の中央政府内での所管、を定める／に関係する、法令〉（②）が、当期全体にわたる項目として、注目される。そして②を除けば、当期の《罹災者の救援に関係する法令》は二つの時期に区分けすることができる。その区分線は、⑥と⑦の間、時期で言えば明治元年の秋、ちょうど東北での戦争に決着がつき、天皇の東巡が挙行されたころに引かれる。このころから、罹災者救援に関して政府が発する法令の性格が変わり始めたのである。すなわち、それまで実効性はともかくとして救援を実施する姿勢を強調していたものが、明治元年秋以降救援実施の抑制を基調とするもの（救援の実施に対して慎重な姿勢のもの）に変わっていく。今、前の方の時期を便宜的に第一期、後を第二期と呼ぶことにすると、第一期の法令は罹災者救援の実施（あるいはその強調）により人心の収攬を図らんとするものであった。それに対して第二期の法令は、法令の形式を具体的な実施命令から指針や一般原則の提示へと変えつつ、救済実施（「濫救」）を可及的に抑えようとするものになった。以下、この論点を敷衍する。

最初に罹災者救援事務の中央政府内での所管の遷移（②）について述べる。明治元年閏四月二一日定立の政体書官制において、罹災者救援事務は、賑恤事務の面でも、災害減免税事務の面でも、その所管は会計官であった（六八－五）。*26 明治二年四月八日の民部官設置にともない、罹災者救援事務中の賑恤事務の所管が会計官から新設の民部官に移った（六九－一三a、六九－一三b）。こののち、賑恤事務については、明治二年六月四日の民部省設置後は民部官職制によりその民部官内での担当が庶務司済貧養老賞典掛であるとされ（六九－一八）、同年七月八日の民部省設置後は

民部省庶務司の所管となった（六九－二一b）。一方、災害減免税事務の方は、明治二年五月八日の会計官職制章程により災害発生時の租税の減免の決定権限は会計官にあると明定され（六九－一六）、明治二年七月八日からは民部（＝大蔵）省租税司（六九－二一b、六九－二七a、六九－二七b）、明治三年七月からは民蔵分離を経て大蔵省租税司がこれを所管した（七〇－二一、七〇－二三）。

次に、第一期の法令について説明する。維新政権成立後、早くも明治元年二月には「徳川氏ノ采地及賊徒ノ所領ヲ検覈シ窮民撫育ノ朝旨ヲ告諭セシム」（明治元戊辰年二月、第一二五）が発され、罹災者救援の朝旨が宣明された（六八－二）。ここでは罹災者の救援が〝徳川の苛政〟との対比で語られ、〝王政御一新後の仁政〟を強調するための道具立てとして利用されていた。続いて、発生した災害について、罹災者の賑恤を命じる法令や罹災農地に租税の減免を講ずべきことを命じる法令が、出された。明治元年夏のことである。たとえば、「洪水暴溢ニ付会計官出張賑恤ヲ施行セシム」（明治元戊辰年五月二四日、第四一九）（六八－八）は、明治元年五月の近畿地方の水害について会計官に賑恤ための出張が命じられたことを伝えている。「洪水ニ付秧苗ノ埋没十三日ニ過ル者ハ本年ノ田租ヲ蠲ク」（明治元戊辰年六月八日、第四五〇）（六八－九）は、被災農地の田租の免除を告げている。また、「天災兵害ノ余ニ付府藩県ヲシテ便宜賑恤ヲ施行セシム」（明治元戊辰年六月二二日、第五〇二）（六八－一〇）は、諸道府県に宛てたより一般性に富む内容の布告で、府県に対し賑救と租税の減免双方の実施を命じた。さらに、「東京　行幸ニ付沿道府藩県心得方ヲ定ム」（明治元戊辰年八月二八日、第六八五）（六八－一九）と「御東幸沿道七十歳以上ノ者幷孝子義僕等ヲ査点録上セシム」（明治元戊辰年九月、第七九九）（六八－二四）は東幸に際しての水害罹災者への賑恤実施に関する法令であり、「御東幸褒賞養老賑恤ノ典ヲ府藩県一般ニ施行セシム」（明治元戊辰年一〇月二五日、第八九二）以下三つ（六八－二九、六九－一、六九－七）は東幸時の天皇による賑恤を範として府藩県に同様の賑恤の実施を指示した法令である。第一期の法令は、その実効性はともかく総じて救済の実施を命じる（宣する）ものであった。

第二期になると、救済の実施を命じる法令は影を潜め、法令の内容が、救済の指針や手続きの提示、府県が行なう救済に対する主に財政面からの統制、さらには被害高や救援の実施状況についての調査に関するものに変わった。救済の指針の提示という点では、まず、災害減税（災害減租・災害免租）の取り計らい方についての指示法令⑦が注目される（六八－一二一、六八－一二三、六九－三一、七〇－五、七〇－一一、七〇－一三、七〇－一二二）。これは当一覧表では明治元年九月の「関東諸県租税ノ徴収旧政府引付ヲ以テ査点セシム」（明治元戊辰年九月二八日、第七九六）に始まるもので、この段階ではまだ、政府側の農民を恐れる姿勢も見られ、「定免村ニテモ水旱損等天災ニテ取米三分以上ノ損毛ニ相当候得ハ破免引方相立候儀ニ有之」と、旧政府以来の災害時の租税減免法が提示されていた（六八－一二二）。ところが、「官軍ニ臨時金穀ヲ調達セシ藩々ハ査点書ヲ会計官ニ進致セシム」（明治元戊辰年一〇月二二日、第八八一）になると、租米の蠲除に慎重な姿勢が顔を出す。そして、罹災者救済の方針として、〈兵火・水害罹災者の救済は紙幣（太政官札）をもってこれを処理すべし〉という方向が打ち出されてくる（六八－一一八）。明治二年の凶荒を挟んで明治三年正月の「畑方貢米引方ハ稟候処置セシム」（明治三庚午年正月二八日、第六二）以降では、災害減免租の抑制的運用、地方官による専断での減免の厳禁、および厳格な手続きにもとづく検見の実施などを内容とする賦租の〝適正〟化政策が前面に出て来る（七〇－五、七〇－一三、七〇－一二二）。一方、賑恤の方面⑪では、明治元年一二月の「定免切替伺其他租税取計及諸帳簿進致ノ方ヲ定ム」（明治元戊辰年一二月二四日、第一一四四）において、夫食・種籾・農具代について実質的には給付（「被下切」）の方針が出されるが（六九－六）、半年後にはこれが撤回され、貸し渡し（「賑貸」、「救助貸」）に方針が変更される（六九－一二二）。そして、明治二年冬以降、地方官の専断による賑恤の実施が厳しく禁じられるとともに、賑恤に際して官倉を開くことの抑制の方針が強調されていくことになる（七〇－一七）。

上に述べた災害減免租および賑恤の抑制については、貢租収奪の強化による財政の確立を優先させる（会計官↓）大蔵省の姿勢が強く影響していた（既述）。明治二年五月の「会計官職制章程ヲ定ム」（明治二己巳年五月八日、第四二五）以降、（会計官↓）大蔵省による府県に対する厳格な財政的統制の制度が確立されていく（六九－一六）。すなわち、会計官職制章程では、各官府県の例外支出に関する会計官の認可の制度（第五条）、会計官による各官府県の出納帳簿の随時検査（第六条）、さらに、府県より申請される凶作時・災害時の租税免除の決定権限は会計官がもつこと（第九条）などが定められた。これらを原則として、明治二年七月の府県奉職規則以後、罹災者救援事務に関する府県の実施責任、および／あるいは、その執行に際しての手続きを定めた法令⑱が整備されていく（六九－二四、七〇－三、七〇－一七、七〇－二〇）。また、罹災状況や被害高、さらには救援の実施状況などについて調査を命じる法令、あるいはこの種の調査の意義を含みもつ法令がつぎつぎと発出された（六八－三一、六九－四、六九－六、六九－一〇、六九－三一、六九－三五、六九－三八、七〇－一〇、七〇－一二、七〇－一四、七〇－二五、七〇－二七）。これも第二期の特徴である

2.《罹災者の救援に関係する法令》は、救援の内容（方法）によって、大きく災害減免租に関係する法令（六八－九、六八－一〇、六八－一八、六八－二二、六八－二三、六九－六、六九－一〇、六九－一六、六九－二四、六九－三一、六九－三五、六九－三八、七〇－五、七〇－一二、七〇－一三、七〇－一四、七〇－二二など）と、賑恤に関する法令（六八－八、六八－一〇、六八－一九、六八－二四、六八－二九、六九－一、六九－六、六九－七、六九－九、六九－一六、六九－二二、六九－二四、六九－二五、七〇－一、七〇－三、七〇－八、七〇－一七、七〇－二〇など）とに分けられる。

＊26　政体書官制より前の時期についても記すと、罹災者救援事務の中央における所管官庁は、三職七科の制（明治元年正月一七日）の下では会計事務総督（－会計事務掛）（および少なくとも京畿に関しては内国事務総督－内国事務掛）、三職八局の制

（二月三日）では会計事務局と内国事務局（－民政掛→民政役所）であった（参照、六八－一、六八－三、六八－四）。

罹災者の救援に関係する法令一覧表（発布順）

【一八六八年】

二、「徳川氏ノ采地及賊徒ノ所領ヲ検覈シ窮民撫育ノ朝旨ヲ告諭セシム」（明治元戊辰年二月、第一二五）

五、「政体ヲ定ム」（明治元戊辰年閏四月二一日、第三三一）

八、「洪水暴溢ニ付会計官出張賑恤ヲ施行セシム」（明治元戊辰年五月二四日、第四一九）

九、「洪水ニ付秧苗ノ埋没十三日ニ過ル者ハ本年ノ田租ヲ蠲ク」（明治元戊辰年六月八日、第四五〇）

一〇、「天災兵害ノ余ニ付府藩県ヲシテ便宜賑恤ヲ施行セシム」（明治元戊辰年六月二二日、第五〇二）

一八、「越後国兵燹水災ニ罹ル者今年ノ租税ヲ蠲ク」（明治元戊辰年八月二四日、第六六三）

一九、「東京　行幸ニ付沿道府藩県心得方ヲ定ム」（明治元戊辰年八月二八日、第六八五）

二二、「関東諸県租税ノ徴収旧政府引付ヲ以テ査点セシム」（明治元戊辰年九月二八日、第七九六）

二三、「韮山県及関東諸県ヲシテ旧旗下上知村々本年貢租ヲ徴収セシム」（明治元戊辰年九月二九日、第七九八）

二四、「御東幸沿道七十歳以上ノ者幷孝子義僕等ヲ査点録上セシム」（明治元戊辰年九月、第七九九）

二八、「官軍ニ臨時金穀ヲ調達セシ藩々ハ査点書ヲ会計官ニ進致セシム」（明治元戊辰年一〇月二二日、第八八一）

二九、「御東幸褒賞養老賑恤ノ典ヲ府藩県一般ニ施行セシム」（明治元戊辰年一〇月二五日、第八九二）

三一、「兵燹水災ニ罹リ難渋ノ者ヲ査点録上区々ナカラシム」（明治元戊辰年一〇月、第九二三）

【一八六九年】

一、「褒賞賑恤ノ典御挙行ノ趣旨ヲ体シ府藩県ヲシテ窮民ヲ撫育セシム」（明治元戊辰年一一月二五日、第九八九）

四、「取箇帳幷村方渡米金取調帳様式ヲ定ム」（明治元戊辰年一二月一八日、第一一〇〇）

五、「諸藩取締奥羽各県当分規則」（明治元戊辰年一二月二三日、第一一二五）

六、「定免切替伺其他租税取計及諸帳簿進致ノ方ヲ定ム」（明治元戊辰年一二月二四日、第一一四四）

七、「御賑恤金下賜ノ例則ヲ定メ府県ヲシテ準依施行セシム」（明治元戊辰年一二月、第一一六三）

九、「府県施政順序ヲ定ム」（明治二己巳年二月五日、第一一七）

一〇、「郷帳大積明細帳村鑑帳等ヲ進致セシム」（明治二己巳年二月二三日、第一九八）

一三a、「民部官ヲ置キ神祇官以下六官ニ定メ従来弁事ヘ差出ノ願伺等六官ニ進致セシム」（明治二己巳年四月八日、第三四六）

一三b、「民部官職掌ヲ定ム」（明治二己巳年四月八日、第三四八）

一六、「会計官職制章程ヲ定ム」（明治二己巳年五月八日、第四二五）

一七、「外国交際及理財ノ儀御下問書」（明治二己巳年五月二四日、第四七四）

一八、「民部官職制ヲ定ム」（明治二己巳年六月四日、第五〇三）

二一b、「職員令並官位相当表」（明治二己巳年七月八日、第六二二）

二二、「夫食種籾農具等貸下ノ措置ヲ定ム」（明治二己巳年七月一四日、第六五二）

二三、「民部省規則」（明治二己巳年七月二七日、第六七四）

二四、「府県奉職規則」（明治二己巳年七月二七日、第六七五）

二五、「県官人員幷常備金規則」（明治二己巳年七月二七日、第六七六）

二七a、「租税監督通商鉱山ノ四司ヲ民部省ニ管セシム」（明治二己巳年八月一一日、第七二三）

二七b、「租税監督通商鉱山ノ四司ヲ民部省ニ属セシム」（明治二己巳年八月一一日、第七二四）

二九a、「淫雨ニ付節倹ノ詔ヲ発シ官禄ノ内ヲ以テ救恤ニ充テシム」（明治二己巳年八月二五日、第八〇一）
二九b、「東京京都二府ニ救助米ヲ下付ス」（明治二己巳年八月二八日、第八一五）
三一、「諸街道駅々ニ附属村々自村継場並水旱損高等ヲ録上セシム」（明治二己巳年九月一四日、第八七五）
三五、「府県幷預所アル諸藩ヲシテ郷帳村鑑帳御林帳高国郡村名帳高反別取米永一村限帳ヲ進致セシム」（明治二己巳年一〇月二九日、第一〇一九）
三八、「御取箇帳様式ヲ定ム」（明治二己巳年一一月一七日、第一〇六一）

【一八七〇年】

一、「府県常備金規則説明」（明治二己巳年一二月二日、第一一一二）
三、「水火災ノ節窮民救助ノ措置ヲ定ム」（明治二己巳年一二月八日、第一一三〇）
五、「畑方貢米引方ハ稟候処置セシム」（明治三庚午年正月二八日、第六二）
八、「夫食種籾類焼農具代等貸渡方ヲ定ム」（明治三庚午年二月五日、第八九）
一〇、「勘定帳記載方ヲ定ム」（明治三庚午年三月七日、第一七九）
一二、「荒地及起返取下場総寄仕訳書様式ヲ頒チ査点録上セシム」（明治三庚午年三月二五日、第二三五）
一三、「凶荒引方並地所変換ノ節稟候ヲ経テ取箇帳ニ編入セシム」（明治三庚午年五月二日、第三一八）
一四、「郷帳案ヲ定ム」（明治三庚午年五月晦日、第三八〇）
一七、「農民貯蓄ノ穀物窮民ニ貸付ノ方ヲ定ム」（明治三庚午年六月一四日、第四〇七）
二〇、「諸藩預所中旧幕府ヨリ夫食種籾農具代等借請未納ノ村々上納ヲ須ヒサラシム」（明治三庚午年七月五日、第四四七）
二一、「民部省大蔵省分省セシム」（明治三庚午年七月一〇日、第四五七）

二二、「田方検見規則ヲ定ム」（明治三庚午年七月、第五〇五）
二三、「民部大蔵両省管轄ノ寮司諸掛及事務条件ヲ区別ス」（明治三庚午年八月九日、第五二〇）
二五、「府県歳入歳出差引表編制例則分類略解ヲ頒ツ」（明治三庚午年九月一二日、第五八七）
二七、「諸藩ニ歳入歳出明細書及歳入歳出差引総計表編制例則分類略解ヲ頒ツ」（明治三庚午年一〇月九日、第六五九）
二八、「民部省中寮司ヲ定ム」（明治三庚午年閏一〇月二〇日、第七五四）

(六)　災害復旧に関係する法令

1．当期の《災害復旧に関係する法令》は、全部で五六件である（参照、災害復旧に関係する法令一覧表）。その年次別の内訳は、一八六八年一五件、一八六九年二八件、そして一八七〇年が一三件である。《災害復旧に関係する法令》についても、《罹災者の救援に関係する法令》のところで行なったのと同様に、法令の性質ごとに下位分類し、それぞれの種類に属する最初の法令の発布年月日の順で配列してみる。するとそれは以下のようになる。

①災害復旧事務の（中央および東国、畿内での）所管、を定める／に関係する、法令……六八－一、六八－五、六八－七、六八－一二、六八－一六、六八－二七（東国における災害復旧事務の所管が会計官に吸収される）、六八－三〇（治河使設置）、六九－一三a（民部官設置）、六九－一三b、六九－一八（土木司の職制が定められる）、六九－二一b（民部省設置：民部省土木司）、六九－二三、六九－二六（治河使廃止）（畿内における災害復旧事務の所管が民部省土木司に吸収される）、七〇－二一（民部省大蔵省分省）、七〇－二三（民部省土木司）、七〇－二八（民部省中の寮司の改定：民

部省土木司）

②災害復旧公共土木工事の実施状況（実施主体や費用の負担区分など）の報告や調査に関する法令……六八－三、六九－六、六九－一〇、六九－二八 a、六九－二八 b、六九－三五

③砂防事務に関する法令……六八－四

④堤防等公共土木施設の災害復旧の実施責任とその手続きを定めた法令（明治元年）……六八－一〇

⑤災害復旧の実施を命じる法令（堤防・橋梁等公共土木施設に関して）……六八－一〇、六九－一一 a（甲斐国諸川）

⑥堤防普請のための国役金の徴収（国役金というかたちでの災害復旧費用の徴集）に関わる法令……六八－二〇、六九－一三、六九－四〇 a、七〇－一一

⑦天皇が東幸中に目撃した、洪水による橋梁の破損について、その再建または修復に関しての意見を広く求める旨の達……六八－二五

⑧治河使に関する法令……六八－三〇、六八－三一、六八－三四、六九－一、六九－二六

⑨被災した農地の復旧（起返）に関する法令……六八－三三、七〇－一二

⑩府県（諸藩）を対象とした公共土木施設災害の復旧費用についての調査（災害復旧土木費の調査）に関する／同調査の意義をもつ法令……六九－四、六九－一四、七〇－一〇、七〇－二五、七〇－二七

⑪災害復旧工事の具体的な工事手続きに関係する法令……六九－八、六九－一一 b、六九－三〇、六九－三四、六九－三六、七〇－四、七〇－六

⑫災害（復旧）土木工事の工事方針に関係する法令……六九－一二

⑬府県が行なう災害復旧事務に対する財政的統制を規定する法令……六九－一六（会計官職制章程）

⑭災害復旧事務の行政手続き（事業の決定とその執行の一般的な手続き）を定めた法令……六九－二三、六九－

二四、七〇－六
⑮災害復旧事務に関する府県の実施責任を定めた法令（明治二年七月以降）……六九－二四（府県奉職規則）、六九－三〇
⑯災害復旧事業費（府県が行なう災害復旧事務の費用）の支出手続きを定めた法令……六九－二五、七〇－一
⑰府県管轄下の宮華族中大夫以下社寺領等における災害復旧事業の費用負担について規定した法令……六九－三三
⑱災害復旧に関する工事実施の細目を定めた法令……六九－三四、七〇－六
⑲荒地調査（被災農地の実態調査）を命じた／に関する法令……六九－三五、七〇－一二
⑳被災農地の復旧状況調査の意義をもつ法令……六九－三八、七〇－一二、七〇－一四
㉑被災農地の復旧政策の大綱を示す法令……七〇－一二
㉒府藩県の管轄が入り組んでいる場所にある堤防ならびに用水路、排水路などの修繕についての費用負担の原則を定めた法令……七〇－一五

まず、当期における災害復旧事務の所管官庁であるが、これは災害予防事務の所管官庁と同じで、会計事務総督－会計事務局－会計官－民部官（土木司）－民部省（土木司）である。*27 また、《災害復旧に関係する法令》についても、《罹災者の救援に関係する法令》のところで述べたのと同様の時期区分がなされる。すなわち、維新政権成立の初期において「天災兵害ノ余ニ付府藩県ヲシテ便宜賑恤ヲ施行セシム」（明治元戊辰年六月二二日、第五〇二）（六八－一〇）に見られた災害復旧事業の実施を府県に委任する姿勢とは反対の向きのベクトルをもつものの出現である。明治元年秋より始まる中央による統制は、災害復旧事業を抑制する方向でなされた。これを制度として厳格に定めたのが明治二年五月の「会計官職制章程ヲ定ム」（明治二己巳年五月八日、第四二五）である（六九－一六）。

災害復旧事務の行政手続き（事業の決定とその執行の一般的な手続き）⑭、災害復旧事務に関する府県の実施責

任⑮、災害復旧事業費の支出手続き⑯など、災害復旧事務の制度の根幹をなす部分は、明治二年七月の「民部省規則」、「府県奉職規則」、「県官人員幷常備金規則」、さらに明治三年正月の「堤防等目下難閣廉々措置ヲ定ム」（明治三庚午年正月、第六九）により定められた（六九‐一二三、六九‐一二四、六九‐一二五、七〇‐一六）。

災害復旧事務の領域でも明治二年以降調査が活発化し、公共土木施設災害の復旧費用や、同復旧工事の主体ならびに費用の負担区分などについて、調査が繰り返された②⑩。

2. 災害復旧事務は、復旧の対象によって二つに区分される。ひとつは公共土木施設（堤防・橋梁・道路・水制など）の復旧で、上で述べたのはこれである。もうひとつは災害を受けた農地の復旧であり、こちらについては、荒地調査（被災農地の実態調査）を命じた／に関する法令として、「府県幷預所アル諸藩ヲシテ郷帳村鑑帳御林帳高国郡村名帳高反別取米永一村限帳ヲ進致セシム」（明治二己巳年一〇月二九日、第一〇一九）（六九‐一三五）、「荒地及起返取下場総寄仕訳書様式ヲ頒チ査点録上セシム」（明治三庚午年三月二五日、第二三五）（七〇‐一二）が、また被災農地の復旧状況調査の意義をもつ法令として「御取箇帳様式ヲ定ム」（明治二己巳年一一月一七日、第一〇六一）（六九‐一三八）、「荒地及起返取下場総寄仕訳書様式ヲ頒チ査点録上セシム」、「郷帳案ヲ定ム」（明治三庚午年五月晦日、第三八〇）（七〇‐一四）が発出され、そして「荒地及起返取下場総寄仕訳書様式ヲ頒チ査点録上セシム」では被災農地復旧政策の大綱が示された。荒地と起返取下場の実態調査の動機／目的は、もっぱら適正課税の実施にあった。この意味で、当期の荒地政策（被災農地復旧政策）は、減租事務の〝適正〟化政策——民政部門への財政統制の強化と租税徴収の確実を図ることによる財政の確立を指向する民部＝大蔵省の政策の一環——に属するものと捉えられる。被災農地復旧に関して政府が示した基本的仕法は、免租・減租（災害減税）を絡めて復旧を促すというものであった。

＊27　これについては、《災害予防に関係する法令》のところですでに述べた。本章第一節の本文および＊1、＊2を参照せよ。

災害復旧に関係する法令一覧表（発布順）

【一八六八年】

一、「三職分課職制ヲ定ム」（明治元戊辰年正月一七日、第三六）

三、「諸国私領寺社領ノ村高帳ヲ進致セシメ諸藩預所并代官支配所等ヨリ村高帳其他帳簿ヲ進致セシム」（明治元戊辰年四月七日、第二二〇）

四、「土砂留役人廻村廃止」（明治元戊辰年四月二七日、第二六八）

五、「政体ヲ定ム」（明治元戊辰年閏四月二一日、第三三一）

七、「江戸鎮台ヲ置キ三奉行ヲ廃シ社寺市政民政ノ三裁判所ヲ設ケ職員ヲ定ム」（明治元戊辰年五月一九日、第四〇二）

一〇、「天災兵害ノ余ニ付府藩県ヲシテ便宜賑恤ヲ施行セシム」（明治元戊辰年六月二二日、第五〇二）

一二、「鎮将府及東京府ヲ置キ職制ヲ定ム」（明治元戊辰年七月一七日、第五五八）

一六、「江戸ヲ改テ東京ト称シ鎮将府ヲ置キ民政裁判所ヲ会計局ト改称ヲ布告ス」（明治元戊辰年八月八日、第六一四）

二〇、「関東川々堤防国役金ヲ徴集ス」（明治元戊辰年八月、第七〇九）

二五、「御東幸沿道水害ノ橋梁ヲ再造シ又ハ修復ノ意見ヲ開申セシム」（明治元戊辰年一〇月一三日、第八四二）

二七、「会計局ヲ会計官出張所ト改定ス」（明治元戊辰年一〇月一八日、第八六一）

三〇、「治河使ヲ置ク」（明治元戊辰年一〇月二八日、第九〇四）

三二、「治河使被設ニ付府藩県ヲシテ水利ノ道ヲ起サシム」（明治元戊辰年一一月六日、第九三九）
三三、「関東諸県ヲシテ取箇目録ヲ進致セシム」（明治元戊辰年一一月九日、第九四四）
三四、「治河使ヲ置カレ府藩県水利興起ノ布告ヲ改ム」（明治元戊辰年一一月一五日、第九六〇）

【一八六九年】

二、「治河使旗章ヲ定ム」（明治元戊辰年一二月二日、第一〇二一）
三、「諸国川々国役金上納ヲ須ヒス既納ノ者ハ之ヲ還付ス」（明治元戊辰年一二月九日、第一〇六一）
四、「取箇帳幷村方渡米金取調帳様式ヲ定ム」（明治元戊辰年一二月一八日、第一一〇〇）
六、「定免切替伺其他租税取計及諸帳簿進致ノ方ヲ定ム」（明治元戊辰年一二月二四日、第一一四四）
八、「治河及諸普請等ニ刑法官監察ヲシテ出張セシム」（明治二己巳年二月二日、第九七）
一〇、「郷帳大積明細帳村鑑帳等ヲ進致セシム」（明治二己巳年二月二三日、第一九八）
一一a、「甲州川々普請ヲ会計官ニ委任ス」（明治二己巳年二月二五日、第二〇九）
一一b、「甲州川々普請ニ付刑法官監察司ヲシテ出張セシム」（明治二己巳年二月二五日、第二一〇）
一二、「葛飾県以下七県新ニ工事ヲ興ス者ハ姑ク他日ヲ待タシム」（明治二己巳年三月一七日、第二九二）
一三a、「民部官ヲ置キ神祇官以下六官ニ定メ従来弁事へ差出ノ願伺等六官ニ進致セシム」（明治二己巳年四月八日、第三四六）
一三b、「民部官職掌ヲ定ム」（明治二己巳年四月八日、第三四八）
一四、「府県及預所アル諸藩ヲシテ平均租税額並諸費用等ヲ録上セシム」（明治二己巳年四月二七日、第三九八）
一六、「会計官職制章程ヲ定ム」（明治二己巳年五月八日、第四二五）
一八、「民部官職制ヲ定ム」（明治二己巳年六月四日、第五〇三）

二一b、「職員令並官位相当表」（明治二己巳年七月八日、第六二二）
二三、「民部省規則」（明治二己巳年七月二七日、第六七四）
二四、「府県奉職規則」（明治二己巳年七月二七日、第六七五）
二五、「県官人員幷常備金規則」（明治二己巳年七月二七日、第六七六）
二六、「治河使ヲ廃シ土木司ヲシテ水利ヲ管轄セシム」（明治二己巳年七月二七日、第六八一）
二八a、「府県川々官普請ノ箇所ヲ録上セシム」（明治二己巳年八月一三日、第七三一）
二八b、「川々堤防等官普請自普請ノ区別ヲ録上セシム」（明治二己巳年八月一三日、第七三二）
三〇、「堤防橋梁道路修繕事務ヲ府藩県ニ委スルヲ以テ土木司出張ノ者ヲ退去セシム」（明治二己巳年八月、第八三六）
三三、「宮華族中大夫以下社寺領等ニ係ル諸入費割渡ニ付府県管轄高姓名寺号等ヲ録上セシム」（明治二己巳年九月二三日、第九二五）
三四、「関東府県川々急破普請村役差出方及人足賃米相場ヲ定ム」（明治二己巳年九月、第九五三）
三五、「府県幷預所アル諸藩ヲシテ郷帳村鑑帳御林帳高国郡村名帳高反別取米永一村限帳ヲ進致セシム」（明治二己巳年一〇月二九日、第一〇一九）
三六、「諸県川々普請等自己ノ意見ヲ以テ料理シ或ハ稟候中縦ニ着手スルヲ禁ス」（明治二己巳年一〇月、第一〇二四）
三八、「御取箇帳様式ヲ定ム」（明治二己巳年一一月一七日、第一〇六一）
四〇a、「諸県川々国役金ヲ徴収ス」（明治二己巳年一一月、第一〇八六）

【一八七〇年】

一、「府県常備金規則説明」（明治二己巳年一二月二日、第一一一二）

二、「川々国役金ヲ諸藩ニ徴収ス」（明治二己巳年一二月三日、第一一一七）

四、「川除悪水路目論見帳ヲ進致セシム」（明治二己巳年一二月、第一一二四）

六、「堤防等目下難閣廉々措置ヲ定ム」（明治三庚午年正月、第六九）

一〇、「勘定帳記載方ヲ定ム」（明治三庚午年三月七日、第一七九）

一二、「荒地及起返取下場総寄仕訳書様式ヲ頒チ査点録上セシム」（明治三庚午年三月二五日、第二三五）

一四、「郷帳案ヲ定ム」（明治三庚午年五月晦日、第三八〇）

一五、「府藩県交互管轄ノ堤防用悪水路修繕費用ノ賦課ヲ公平ナラシム」（明治三庚午年五月、第三八二）

二一、「民部省大蔵省分省セシム」（明治三庚午年七月一〇日、第四五七）

二三、「民部大蔵両省管轄ノ寮司諸掛及事務条件ヲ区別ス」（明治三庚午年八月九日、第五二〇）

二五、「府県歳入歳出差引表編制例則分類略解ヲ頒ツ」（明治三庚午年九月一二日、第五八七）

二七、「諸藩ニ歳入歳出明細書及歳入歳出差引総計表編制例則分類略解ヲ頒ツ」（明治三庚午年一〇月九日、第六五九）

二八、「民部省中寮司ヲ定ム」（明治三庚午年閏一〇月二〇日、第七五四）

（七）災害対策の実施に大きな影響をもつ法令

災害対策の実施に大きな影響をもつ法令（【その他①】）として当期に収録したのは、「軍資以下費用莫大ニ付土木其他諸事ヲ省略セシム」（明治元戊辰年五月一七日、第三九五）（六八－六）と、「税法ハ姑ク旧貫ニ仍リ且旧幕府旗下采邑没収ノ者ハ隣近府藩県ヲシテ之ヲ管轄セシム」（明治元戊辰年八月七日、第六一二）（六八－一五）の二件である。前者、「軍資以下費用莫大ニ付土木其他諸事ヲ省略セシム」は、戊辰戦争が戦われている状況下において、軍資を始めとして出費が莫大であることから、土木工事など諸事を省略し、経費の節減を図るよう命じた布告である。財政の基礎が未確立であることを背景に、堤防の建設や補修など多額の費用を要する公共土木工事の抑制が求められている。ここで示された方針は、たとえば、明治元年秋に越後国で勃興した信濃川大河津分水工事着工を求める運動にとって逆風となった（六九－二六）。また、後者、すなわち明治元年八月に発された布告、「税法ハ姑ク旧貫ニ仍リ且旧幕府旗下采邑没収ノ者ハ隣近府藩県ヲシテ之ヲ管轄セシム」は、その第一条で「諸国税法之儀其土風ヲ篤ト不相弁新法相立候テハ却テ人情ニ戻リ候間先一両年ハ旧貫ニ仍［ル］」と規定した。これは旧幕時代の徴租法のなかに含まれていた災害時の租税の減免制度を維新政権が引き継ぐことを意味し、明治初期の災害対策行政に大きな影響を与えた。[*28]

＊28　「御取箇帳様式ヲ定ム」（明治二己巳年一一月一七日、第一〇六一）の項（六九－三八）を参照せよ。

災害対策の実施に大きな影響をもつ法令（その他①）の一覧表（発布順）

【一八六八年】

六、「軍資以下費用莫大ニ付土木其他諸事ヲ省略セシム」（明治元戊辰年五月一七日、第三九五）

一五、「税法ハ姑ク旧貫ニ仍リ且旧幕府旗下采邑没収ノ者ハ隣近府藩県ヲシテ之ヲ管轄セシム」（明治元戊辰年八月七日、第六一二）

(八) 災害による社会的混乱の防止を目的とする法令

災害による社会的混乱の防止を目的とする法令(【その他②】)の当期における収録は、一八六八年三件、一八六九年四件の計七件である。*29 すべて、天候不順と水害による凶荒(農業災害)の発生を予期し、またはその発生を受けて、米穀不足がもたらす都市窮民の生活難渋を緩和せんとして発されたものである。*30 具体的には、米穀の輸出の当分禁止(六八－一一)、米穀の津止めや買占めの禁止(六八－一三)、酒の造石制限(六八－一七、六九－三七)、都市窮民への緊急の救助米の提供(六九－二九a、六九－二九b)などが打ち出された。維新政府は米穀不足が都市部における社会的混乱の発生に繋がることを強く恐れており、本項目に収録されている諸法令の発出はそれを裏付けるものである。

*29《災害による社会的混乱の防止を目的とする法令》は、災害(異常《アンユージュアル》な自然現象に因る被害)そのものではなく、災害を受けての社会の動揺を対象とする法令群である。この観点から当期においては七件にラベルを貼った。しかし、災害対策過程の諸段階にかかわる法令はいずれも大なり小なり、とくに罹災者救援の準備、応急救助、罹災者救援、災害復旧などに関する法令は、災害の社会的影響を緩和する機能をもつ。それらは災害そのものを対象とするという点において【その他②】のラベルを貼った法令から区別されるが、それらの整備と作動の良し悪しは災害を受けた社会の動揺を抑えもするし、拡大させもするのである。

＊30　ただし、「越後国ニ領地アル者外国船ヲ以テ囲米廻漕ノ節ハ越後府ノ免許ヲ請ケシム」（明治二己巳年六月二三日、第五六〇）（六九－一九）を除く。これは都市窮民対策ではなく、洪水による被害の大きかった越後国内の食糧不足対策として打ち出された。

災害による社会的混乱の防止を目的とする法令（その他②）の一覧表（発布順）

【一八六八年】

一一、「当分米穀輸出ヲ止ム」（明治元戊辰年六月、第五二一）

一三、「春来気候不順ニ付賑恤ノ予図ヲ為サシム」（明治元戊辰年七月一八日、第五六三）

一七、「米価騰貴ニ付本年醸酒高三分ノ一ニ減セシム」（明治元戊辰年八月一三日、第六二三）

【一八六九年】

一九、「越後国ニ領地アル者外国船ヲ以テ囲米廻漕ノ節ハ越後府ノ免許ヲ請ケシム」（明治二己巳年六月二三日、第五六〇）

二九ａ、「淫雨ニ付節倹ノ詔ヲ発シ官禄ノ内ヲ以テ救恤ニ充テシム」（明治二己巳年八月二五日、第八〇一）

二九ｂ、「東京京都二府ニ救助米ヲ下付ス」（明治二己巳年八月二八日、第八一五）

三七、「諸国凶歉ニ付酒造免許高ノ三分一ヲ造ラシム」（明治二己巳年一一月三日、第一〇三七）

【一八七〇年】

（九）災害対策を所掌する組織に関係する法令

1. 当期において、《災害対策を所掌する組織に関係する法令》を意味する【組織職掌】のラベルは、全部で二七件の法令に貼った（参照、災害対策を所掌する組織に関係する法令一覧表）。年次別では、一八六八年が八件、一八六九年が一五件、一八七〇年が四件である。

この分野の法令を概観し分類すると、それは大きく三つに分けられる。ひとつは災害対策事務の中央政府内における所管に関する法令群である。これの亜種として、東国における災害対策事務の所管を定める／に関する法令群と、淀川を中心に畿内諸川に係る災害対策事務を所管した治河使の設置と廃止に関する法令がある。第二は、災害対策事務の地方における所掌を定める／に関する法令群である。そして第三は、災害対策事務の実施機関である府県に対する中央政府の統制を定める／に関する法令群である。

2. まず、災害対策事務の中央政府内における所管に関する法令群であるが、それを発布順に並べてみると次のようになる。

〈災害対策事務の中央政府内における所管に関する法令〉……六八－一（三職七科の制）、六八－五（政体書官制）、六九－一三a（民部官設置）、六九－一三b（民部官職掌）、六九－一六（会計官職制章程）、六九－一八（民部官職制）、六九－二一ab（職員令官制）、六九－二三（民部省規則）、六九－二七ab（民蔵合併）、七〇－一二（民部省大蔵省分省）、七〇－二三（民部大蔵両省管轄の寮司および事務条件の区分）、七〇－二八（民部省寮司改定）

基本的な流れは、災害土木事務については、（明治元年正月一七日）会計事務総督（会計事務掛）／内国事務総督（内国事務掛）→（元年二月三日）会計事務局／内国事務局（民政掛→民政役所）→（元年閏四月二一日）会計官

（営繕司）→（二年四月八日）民部官（土木司）→（二年七月八日）民部省（土木司）である。

第一の法令群の亜種の、東国における災害対策事務の所管を定める／に関する法令群であるが、これについても発布順に並べてみる。

〈東国における災害対策事務の所管を定める／に関する法令〉……六八－七（江戸鎮台府－民政裁判所）、六八－一二（鎮将府－民政裁判所）、六八－一一六（鎮将府－会計局）、六八－二一七（会計官出張所）

東国の災害対策事務を所管する機関は、明治元年五月一九日の江戸鎮台設置にともなって置かれた民政裁判所に始まり、鎮将府会計局を経て、元年一〇月一八日に中央の会計官に吸収された（会計官出張所）。

第一の法令群のもうひとつの亜種の、畿内諸川に係る災害対策事務を所管した治河使であるが、これの設置は明治元年一〇月二八日（六八－三〇）、廃止は明治二年七月二七日で（六九－二六）、同使廃止にともないその職務は民部省土木司に移管された。

罹災者救援（賑恤）事務については、（明治元年正月一七日）会計事務総督（会計事務掛）／内国事務総督（内国事務掛）→（元年二月三日）会計事務局／内国事務局（民政掛）→（元年閏四月二一日）会計官→（二年四月八日）民部官（庶務司）→（二年七月八日）民部省（庶務司）である。

罹災者救援（災害減免税）事務については、（明治元年正月一七日）会計事務総督（会計事務掛）／内国事務総督（内国事務掛）→（元年二月三日）会計事務局／内国事務局（民政掛→民政役所）→（元年閏四月二一日）会計官（民政掛→民政役所）→（二年五月八日）会計官（租税司／監督司）→（二年七月八日）大蔵省（租税司／監督司）→（二年八月一一日）民部省（租税司／監督司）→（三年七月一〇日）大蔵省（租税司／監督司）である。

3. 次に、災害対策事務の地方における所掌を定める／に関する法令群であるが、これを発布順に並べると次のようである。

〈災害対策事務の地方における所掌を定める／に関する法令〉……六八－五（政体書官制）、六八－一四、六九－九（府県施政順序）、六九－二一b（職員令官制）、六九－二四（府県奉職規則）、六九－二五（県官人員並常備金規則）、六九－三〇、七〇－一（府県常備金規則説明）

地方当局は実地で災害対策事務を担う存在であるが、これは政体書官制において府・藩・県とされた。このうち政府直轄地に置かれた府県は新政府にとって主要な財政基盤であり、新政府の地方政策の基軸であった。明治二年二月五日の「府県施政順序」、同年七月二七日の「府県奉職規則」によって、賑恤の実施や堤防の修築など災害対策事務が府県の事務として規程中に明示された。とくに府県奉職規則は、災害発生時の救助、および賑済事務、災害対策関係の土木事務、災害発生時の租税の減免事務のそれぞれについて、詳細な規定を置いており、これら災害対策事務が府県事務（民政）の中心に位置したことを明らかにしている。

4. 災害対策の実施機関としての府県の地位は明治二年七月には規程上に明記されたが、同時にこれら府県の活動に対しては大蔵省・民部省による詳細かつ厳しい統制が敷かれた。明治二年四月八日に置かれた民部官はその職掌を「掌総判府県事務」とするものであったし、同年五月八日の会計官職制章程第六条は「各官幷府県へ不時ニ属吏ヲ遣シ以テ出納ヲ監視シ簿書ヲ点検セシムヘシ」と謳い、会計官の府県に対する財政的統制を定めた。また、会計官職制章程第九条は、「府県ヨリ達出ル租税ノ休免石高等宜ク年ノ豊凶ヲ察シ免除ノ事ヲ決スルヲ得ヘシ」とし、凶荒災害時の租税の減免の決定権は会計官にあることを示した。この規定により、凶作時、災害時に、府県が独自の判断で租税の減免を行なうことが禁じられた。明治二年四月の民部官職掌から、会計官職制章程を経て、同年七月の府県奉職規則、県官人員並常備金規則に至る規程整備の過程で、災害対策事務に関する事務処理及び会計処理の手続きがひととおり定められたが、これはまた該事務に関する府県と中央官庁との関係（統制の制度）の定立をも意味するものであった。

災害対策を所掌する組織に関係する法令一覧表（発布順）

【一八六八年】

一、「三職分課職制ヲ定ム」（明治元戊辰年正月一七日、第三六）

五、「政体ヲ定ム」（明治元戊辰年閏四月二一日、第三三一）

七、「江戸鎮台ヲ置キ三奉行ヲ廃シ社寺市政民政ノ三裁判所ヲ設ケ職員ヲ定ム」（明治元戊辰年五月一九日、第四〇二）

一二、「鎮将府及東京府ヲ置キ職制ヲ定ム」（明治元戊辰年七月一七日、第五五八）

一四、「京都府規則ヲ府藩県ニ頒示シ意見ヲ上陳セシム」（明治元戊辰年八月五日、第六一〇）

一六、「江戸ヲ改テ東京ト称シ鎮将府ヲ置キ民政裁判所ヲ会計局ト改称ヲ布告ス」（明治元戊辰年八月八日、第六一四）

二七、「会計局ヲ会計官出張所ト改定ス」（明治元戊辰年一〇月一八日、第八六一）

三〇、「治河使ヲ置ク」（明治元戊辰年一〇月二八日、第九〇四）

【一八六九年】

八、「治河及諸普請等ニ刑法官監察ヲシテ出張セシム」（明治二己巳年二月二日、第九七）

九、「府県施政順序ヲ定ム」（明治二己巳年二月五日、第一一七）

一三a、「民部官ヲ置キ神祇官以下六官ニ定メ従来弁事ヘ差出ノ願伺等六官ニ進致セシム」（明治二己巳年四月八日、第三四六）
一三b、「民部官職掌ヲ定ム」（明治二己巳年四月八日、第三四八）
一六、「会計官職制章程ヲ定ム」（明治二己巳年五月八日、第四二五）
一八、「民部官職制ヲ定ム」（明治二己巳年六月四日、第五〇三）
二一a、「従来ノ百官並受領ヲ廃シ位階ヲ称シ神職僧官ハ旧ニ仍ラシム」（明治二己巳年七月八日、第六二〇）
二一b、「職員令並官位相当表」（明治二己巳年七月八日、第六二二）
二三、「民部省規則」（明治二己巳年七月二七日、第六七四）
二四、「府県奉職規則」（明治二己巳年七月二七日、第六七五）
二五、「県官人員幷常備金規則」（明治二己巳年七月二七日、第六七六）
二六、「治河使ヲ廃シ土木司ヲシテ水利ヲ管轄セシム」（明治二己巳年七月二七日、第六八一）
二七a、「租税監督通商鉱山ノ四司ヲ民部省ニ管セシム」（明治二己巳年八月一一日、第七二三）
二七b、「租税監督通商鉱山ノ四司ヲ民部省ニ属セシム」（明治二己巳年八月一一日、第七二四）
三〇、「堤防橋梁道路修繕事務ヲ府藩県ニ委スルヲ以テ土木司出張ノ者ヲ退去セシム」（明治二己巳年八月、第八三六）

【一八七〇年】

一、「府県常備金規則説明」（明治二己巳年一二月二日、第一一一二）
二一、「民部省大蔵省分省セシム」（明治三庚午年七月一〇日、第四五七）
二三、「民部大蔵両省管轄ノ寮司諸掛及事務条件ヲ区別ス」（明治三庚午年八月九日、第五二〇）

二八、「民部省中寮司ヲ定ム」（明治三庚午年閏一〇月二〇日、第七五四）

（一〇）災害対策に関係する経費の調達、負担区分、租税・会計事務の処理手続きについての法令

1. 最後に、《災害対策に関係する経費の調達、負担区分、租税・会計事務の処理手続きについての法令》について整理し、小括を閉じることにしたい。当期において《災害対策に関係する経費の調達、負担区分、租税・会計事務の処理手続きについての法令》を意味する【経費事務】のラベルを貼ったのは、一八六八年が三件、一八六九年が一三件、一八七〇年が一一件の合計二七件である（参照、災害対策に関係する経費の調達、負担区分、租税・会計事務の処理手続きについての法令一覧表）。二七件の法令をその性質に注目して下位分類すると、次のようである。

①災害対策関係の経費の調達に関する法令……六八－二〇、六九－三、六九－四〇a、六九－四〇b、七〇－一二、七〇－一一、七〇－一六a、七〇－一六b、七〇－二四（「東京府下ノ家税」）

②災害対策に関する経費の負担区分／負担原則に関する法令……六九－二八b、六九－三三、七〇－一五

③災害対策工事費用の支出事務の細目、を定める／に関する、法令……六九－三四

④災害対策に関する経費の会計事務処理手続きを定める法令……六九－一六（会計官職制章程）、六九－二五（県官人員並常備金規則）、七〇－一（府県常備金規則説明）

⑤災害対策関係事務を内容（項目）に含む財務関係の諸帳簿の作成あるいは提出指示に関する法令……六八－三、六八－三三、六九－四、六九－六、六九－一〇、六九－三五、六九－三八、七〇－一〇、七〇－一四、七〇－二五、七〇－二七

2. 災害対策関係の経費の調達に関する法令（①）はそのほとんどが堤防国役金に関するものである（六八−二〇、六九−三、六九−四〇a、六九−四〇b、七〇−一二、七〇−一六a、七〇−一六b）。それ以外は、堤防修理の財源としての河川税の設定を念頭に置いた調査のために発された「府藩県川々往来船筏定税ヲ録上セシム」（明治三庚午年三月一四日、第二〇四）（七〇−一一）と、消防費用調達のため東京府下に家税の制度を布く旨を伝えた「東京府下ノ家税ヲ徴ス」（明治三庚午年九月三日、第五五七）（七〇−二四）のみである。

3. 明治三年一一月民部省土木司は「治水策要領」をその冒頭に置く「水利堤防ノ方策」を建明し、総合的体系的な治水政策の立定を試みた。[*31] その際、「治水策要領」に続く建議六本の第一に置かれたのが「治水費用ヲ区定スルノ議」である。当期においては「治水策要領」に見られるような一般方針の提示はないけれども、一般方針提示の前提を構成する種々の実態調査のための法令が発出された。「川々堤防等官普請自普請ノ区別ヲ録上セシム」（明治二己巳年八月一三日、第七三二）（六九−二八b）はその代表的なものである。明治政府は、元年秋から治水工事の実態調査を指示する（あるいは治水工事の実態調査を指示項目に含む）種々の達を発し、府県の堤防治水費額、普請箇所、官普請自普請の別などの把握を試みた。政府にとって治水工事費用の官民負担区分の現状把握とそれの更定は、まずもって取り組まなければならない急ぎの、そして治水政策のあり方にかかわる大きな問題であったのである。

4. 災害対策関係経費の会計事務処理手続きについて。これについては、まず、会計官の職掌と処務条規を定めた「会計官職制章程ヲ定ム」（明治二己巳年五月八日、第四二五）（六九−一六）が会計事務に関する一般原則（歳入歳出計簿の作成・印刷・公示、会計官による府県帳簿の随時検査）を提示し、その後「県官人員幷常備金規則」（明治二己巳年七月二七日、第六七六）（六九−二五）と「府県常備金規則説明」（明治二己巳年一二月二日、第一一一二）（七〇−一）によって詳細な規定が行なわれた。

5．災害対策関係事務を内容（項目）に含む財務関係諸帳簿の作成あるいは提出指示に関する法令⑤は、一一件と数が多い。とくに明治二年の年末以降、財務関係諸帳簿の作成様式を定める法令が次々に発出されていったことが注目される（六九－四、六九－三五、六九－三八（「御取箇帳様式ヲ定ム」）、七〇－一〇（「勘定帳記載方ヲ定ム」）、七〇－一四（「郷帳案ヲ定ム」）、七〇－二五、七〇－二七）。財務関係諸帳簿の作成様式の統一化の意義については既述したところであるが、それはこの時期に強力に推し進められた大蔵省による府県に対する財政的統制の一環を構成する措置と位置づけられる。

＊31　「治水条目ヲ定ム」（明治四辛未年二月二二日、太政官第八八）の項（本書第二巻に収録の予定）を参照せよ。

災害対策に関係する経費の調達、負担区分、租税・会計事務の処理手続きについての法令一覧表（発布順）

【一八六八年】

三、「諸国私領寺社領ノ村高帳ヲ進致セシメ諸藩預所幷代官支配所等ヨリ村高帳其他帳簿ヲ進致セシム」（明治元戊辰年四月七日、第二二〇）

二〇、「関東川々堤防国役金ヲ徴集ス」（明治元戊辰年八月、第七〇九）

三三、「関東諸県ヲシテ取箇目録ヲ進致セシム」（明治元戊辰年一一月九日、第九四四）

【一八六九年】

三、「諸国川々国役金上納ヲ須ヒス既納ノ者ハ之ヲ還付ス」（明治元戊辰年一二月九日、第一〇六一）

四、「取箇帳幷村方渡米金取調帳様式ヲ定ム」（明治元戊辰年一二月一八日、第一一〇〇）

六、「定免切替伺其他租税取計及諸帳簿進致ノ方ヲ定ム」（明治元戊辰年一二月二四日、第一一四四）

一〇、「郷帳大積明細帳村鑑帳等ヲ進致セシム」（明治二己巳年二月二三日、第一九八）

一六、「会計官職制章程ヲ定ム」（明治二己巳年五月八日、第四二五）

二五、「県官人員幷常備金規則」（明治二己巳年七月二七日、第六七六）

二八b、「川々堤防等官普請自普請ノ区別ヲ録上セシム」（明治二己巳年八月一三日、第七三二）

三三、「宮華族中大夫以下社寺領等ニ係ル諸入費割渡ニ付府県管轄高姓名寺号等ヲ録上セシム」（明治二己巳年九月二三日、第九二五）

三四、「関東府県川々急破普請村役差出方及人足賃米相場ヲ定ム」（明治二己巳年九月、第九五三）

三五、「府県幷預所アル諸藩ヲシテ郷帳村鑑帳御林帳高国郡村名帳高反別取米永一村限帳ヲ進致セシム」（明治二己巳年一〇月二九日、第一〇一九）

三八、「御取箇帳様式ヲ定ム」（明治二己巳年一一月一七日、第一〇六一）

四〇a、「諸県川々国役金ヲ徴収ス」（明治二己巳年一一月、第一〇八六）

四〇b、「諸県川々国役金上納書式ヲ定ム」（明治二己巳年一一月二八日、第一〇八七）

【一八七〇年】

一、「府県常備金規則説明」（明治二己巳年一二月二日、第一一一二）

二、「川々国役金ヲ諸藩ニ徴収ス」（明治二己巳年一二月三日、第一一一七）

一〇、「勘定帳記載方ヲ定ム」（明治三庚午年三月七日、第一七九）

一一、「府藩県川々往来船筏定税ヲ録上セシム」（明治三庚午年三月一四日、第二〇四）

一四、「郷帳案ヲ定ム」（明治三庚午年五月晦日、第三八〇）

一五、「府藩県交互管轄ノ堤防用悪水路修繕費用ノ賦課ヲ公平ナラシム」（明治三庚午年五月、第三八二）

一六a、「信濃川分水路鑿割費用高役出金納方ヲ定ム（新発田以下七藩ニ達）」（明治三庚午年六月一二日、第三九九）

一六b、「信濃川分水路鑿割費用高役出金納方ヲ定ム（高田藩以下七藩ニ達）」（明治三庚午年六月一二日、第四〇〇）

二四、「東京府下ノ家税ヲ徴ス」（明治三庚午年九月三日、第五五七）

二五、「府県歳入歳出差引表編制例則分類略解ヲ頒ツ」（明治三庚午年九月一二日、第五八七）

二七、「諸藩ニ歳入歳出明細書及歳入歳出差引総計表編制例則分類略解ヲ頒ツ」（明治三庚午年一〇月九日、第六五九）

文献目録

※【】内は本書中その文献の初出箇所

《論文》（著者名のアイウエオ順。対談、インタビューも含む）

青木虹二「明治初期農民一揆年表（明治一〜一〇）」（『歴史学研究』、第三一八号、一九六六年一一月）。【明治二年第六〇三（六九―二〇）】

青木虹二「明治維新期の農民一揆」（『思想』、第五一一号、一九六七年一月）。【明治元年第五〇二（六八―一〇）】

青山佾「セミナー・自治体計画論 第一六章 防災計画」（『地方自治職員研修』、第五一四号、二〇〇四年七月）。【序説―一】

安芸皎一「災害と科学」（『思想』、第三三四号、一九五二年四月）。【序説―一】

浅田敏「《インタヴュー》この人と一時間：地震予知に予算をケチるな」（『エコノミスト』、第六六巻、第三八号、一九八八年八月三〇日）。【序説―三】

安藤哲郎「災害対策基本法の施行について」（『地方自治』、第一七八号、一九六二年一〇月）。【序説―一】

安藤正人「高内引」（所収、『日本史大事典 第四巻』、平凡社、一九九三年八月）。【明治二年第一〇六一（六九―三八）】

井川一良「天狗騒動と酒田県」（『歴史』、第三七輯、一九六八年九月）。【明治三年第四五七（七〇―一二）】

池上彰彦「江戸火消制度の成立と展開」（所収、西山松之助（編）『江戸町人の研究 第五巻』、吉川弘文館、一九七八年一一月）。【明治三年第五五七（七〇―二四）】

石井素介「戦後初期の資源調査会における〈資源論〉確立への模索――当時の一事務局スタッフの眼からみた回想――」（寺尾忠能（編）『経済開発過程における環境資源保全政策の形成』、アジア経済研究所、二〇〇九年三月、所収）。【序説―一】

石川寛「交代寄合高木家主従の明治維新」（名古屋大学『附属図書館研究年報』、第八号、二〇一〇年三月）。【明治二年第九二五（六九

－三三）】
石橋克彦「首都圏直下の大地震活動の消長と東海・関東巨大地震」（『地質ニュース』、第四三二号、一九九〇年八月）。【序説－三】
石橋克彦「原発震災――破滅を避けるために――」（『科学』、第六七巻、第一〇号、一九九七年一〇月）。【序説－三】
石橋克彦「まさに『原発震災』だ――『根拠なき自己過信』の果てに――」（『世界』、第八一七号、二〇一一年五月）。【序説－三】
石橋克彦「首都圏直下地震、東海・東南海・南海巨大地震の促進も否定できない」（『中央公論』、第一二六年、第五号、二〇一一年五月）。【序説－三】
石橋克彦・村田光平「《対談》迫り来る原発震災の恐怖」（『世界』、第七四一号、二〇〇五年七月）。【序説－三】
板垣哲夫「弾正台（明治二・五～四・七）における政治動向」（『日本歴史』、第三五六号、一九七八年一月）。【明治二年第九七（六九－八）】
伊藤彊自「人工雨では解消できない　水キキン対策――間に合わせでなく」（『朝日新聞』、一九六二年六月五日付夕刊）。【序説－三】
井上洋「イギリスにおける近代的行政機構の確立過程に関する一試論――ministerial department の形成過程を中心に――」（名古屋大学『法政論集』、第一〇一号、一九八四年九月）。【明治三年第五二〇（七〇－一二三）】
井上洋「地震防災政策形成のための視点――戦後の災害対策行政を振り返って――」（所収、総合政策研究フォーラム（編）『総合政策論のフロンティア』、南山大学総合政策学部、二〇〇六年三月）。【序説－一】
井上義光「治水対策について」（『地方自治』、第一四九号、一九六〇年五月）。【序説－一】
井上義光「防災基本法（仮称）について」（『季刊「防災」』、第二〇号、一九六一年四月）。【序説－一】
今井実「災害対策基本法について（一）」（『自治研究』、第三七巻、第一二号、一九六一年一二月）。【序説－一】
今井実「災害対策基本法と地方公共団体」（『地方自治』、第一七〇号、一九六二年二月）。【序説－一】
大来佐武郎「現代日本の行政と科学」（『思想』、第三三四号、一九五二年四月）。【序説－一】
大貫浩良「東京都震災予防条例と震災対策上の諸問題」（所収、日本土地法学会（編）『土地問題双書 五 住宅政策・防災と法理論』、有斐閣、一九七六年四月）。【序説－一】
大山敷太郎「幕末に頻発・敢行の荒地起返とその実績の再検討――特に〝御手当定免〟に関連させて――」（甲南大学『甲南経済学論

集』、第一一巻、第二号、一九七〇年一一月)。【明治二年第一〇六一（六九－三八）】
大山敷太郎「荒地起返――特に新仕法〝御手当定免〟と関連させて――」（所収、同『幕末財政史研究』、思文閣、一九七四年三月)。【明治二年第一〇一九（六九－三五）】
小川政亮「恤救規則の成立――明治絶対主義救貧法の形成過程――」（所収、福島正夫（編）『戸籍制度と「家」制度――「家」制度の研究――』、東京大学出版会、一九五九年六月)。【明治元年第五〇二（六八－一〇）】
小川政亮「郷倉制から備荒儲蓄法へ」（所収、東畑精一・安田誠三（監修）／農林省農業経済局農業災害補償制度史編纂室（編）『農業災害補償制度史 第一巻 本編（上）』、農林省、一九六三年二月)。【明治二年第六七五（六九－二四）】
織田薫「南関東地域地震と日本経済」（東海銀行『調査月報』、第四九八号、一九八九年一月)。【序説－三】
笠谷和比古「近世国役普請の政治史的位置」（『史林』、第五九巻、第四号、一九七六年七月)。【明治元年第七〇九（六八－二〇）】
笠谷和比古「国役普請の実働過程について」（所収、京大近世史研究会『論集 近世史研究』、京都大学近世史研究会、一九七六年一一月)。【明治元年第七〇九（六八－二〇）】
[笠谷和比古]「信濃国松代真田家文書目録（その四）解題」（所収、『史料館所蔵史料目録 第四三集 信濃国松代真田家文書目録（その四)』、国立史料館、一九八六年三月)。【明治二年第九五三（六九－三四）】
笠谷和比古「国役」（所収、『世界大百科事典 第八巻』、平凡社、一九八八年三月)。【明治元年第七〇九（六八－二〇）】
笠谷和比古「国役普請」（所収、『世界大百科事典 第八巻』、平凡社、一九八八年三月)。【明治元年第七〇九（六八－二〇）】
勝矢倫生「徳川期における耕地水害復旧支援策の展開構造――福山藩起こし鍬下年季仕法の分析を中心に――」（尾道大学『経済情報論集』、第六巻、第二号、二〇〇六年一二月)。【明治三年第二三五（七〇－一二）】
川合武「災害対策基本法案について」（『地方自治』、第一六二号、一九六一年六月)。【序説－一】
川合武「災害対策基本法案の要点」（『自治時報』、第一四巻、第九号、一九六一年九月)。【序説－一】
川合武「災害対策基本法について」（『都市問題研究』、第一四巻、第五号、一九六二年五月)。【序説－一】
菊山正明「明治初年の司法改革――司法省創設前史――」（早稲田大学『早稲田法学』、第六二巻、第二号、一九八六年一〇月)。【明治元年第三六（六八－一）】

小出博「治山治水の盲点」（『グリーン・エージ』、第三巻、第九号、一九五三年九月）。【序説－一】
小出博「国土の保全と水害防備林（その1）」（総理府資源調査会『資源』、第一六号、一九五四年四月）【序説－一】
小出博「国土の保全と水害防備林（2）」（総理府資源調査会『資源』、第一七号、一九五四年五月）【序説－一】
小出博「北九州水害の語るもの（Ⅰ）――水害問題をめぐる科学と政治――」（『自然』、第九巻、第六号、一九五四年六月）。【序説－一】
小出博「北九州水害の語るもの（Ⅱ）――水害問題をめぐる科学と政治（2）――」（『自然』、第九巻、第七号、一九五四年七月）。【序説－一】
小出博「水害防備林（Ⅰ）――水害問題をめぐる科学と政治（3）――」（『自然』、第九巻、第九号、一九五四年九月）。【序説－一】
小出博「水害防備林（Ⅱ）――水害問題をめぐる科学と政治（3）――」（『自然』、第九巻、第一〇号、一九五四年一〇月）。【序説－一】
小出博「水害問題の核心――水害をめぐる科学と政治（4）――」（『自然』、第九巻、第一一号、一九五四年一一月）。【序説－一】
小出博（報告）・新沢嘉芽統・佐藤武夫・栗原東洋・鈴木尚夫・甲斐原一朗「治山・治水の盲点を衝く」（『グリーン・エージ』、第三巻、第一二号、一九五三年一二月）。【序説－一】
小滝晃「災害対策基本法、激甚災害法等の災害復旧制度の歴史」（『河川』、第六七巻、第一二号、二〇一一年一二月）。【序説－一】
佐々木克「『民・蔵分離問題』についての一考察」（『史苑』、第二九巻、第三号、一九六九年三月）。【明治二年第三四六（六九－一三a）】
佐々木克「維新政権の官僚と政治――広沢真臣について――」（京都大学人文科学研究所『人文学報』、第四七号、一九七九年三月）。【明治元年第六一〇（六八－一四）】
佐々木克「版籍奉還の思想――広沢真臣を中心に――」（所収、小西四郎・遠山茂樹（編）『明治国家の権力と思想』、吉川弘文館、一九七九年一一月）。【明治二年第一一七（六九－九）】
佐藤誠朗・井川一良「明治維新と農民闘争――天狗騒動からワッパ一揆へ――」（『歴史学研究』、第三五二号、一九六九年九月）。【明治三年第四五七（七〇－一二）】
佐藤常雄「無水岡田開闢法・解題」（所収、山田龍雄・飯沼二郎・岡光夫（編）『日本農書全集 一八 民間備荒録・北条郷農家寒造之弁・農事常語・無水岡田開闢法・上方農人田畑仕法試・耕作口伝書』、農山漁村文化協会、一九八三年二月）。【明治三年第七一（七〇－七）】
渋谷隆一「原蓄期農村における徴税請負的制度の性格――宮城県登米郡の貢租米流通機構の変化を中心に――」（農林省農業総合研究所『農業総合研究』、第一二巻、第四号、一九五八年九月）。【明治三年第五二〇（七〇－一二三）】
島崎武雄・市川幸男「明治五年（一八七二）のオランダ人お雇い技師リンドによる水準測量旅行と堀江Y.P.水準標石設置」（『土木史研究 論文集』、第二六巻、二〇〇七年六月）。【明治三年第三九九（七〇－一六a）】
杉山隆夫「〝救農〟災害予算」（『世界』、第九六号、一九五三年一二月）。【序説－一】
鈴木淳「東京の消防における『近代化』」（『日本歴史』、第五一七号、一九九一年六月）。【明治三年第五五七（七〇－一二四）】
鈴木淳「工部省の一五年」（所収、同（編）『工部省とその時代』、山川出版社、二〇〇二年一一月）。【明治三年第五二〇（七〇－一二三）】
千田稔「初期殖産興業政策論――廃藩置県以前の通商司と工部省――」（『一橋論叢』、第六八巻、第四号、一九七二年一〇月）。【明治三年第五二〇（七〇－一二三）】
千田稔「廃藩置県の必然性（一）――廃藩置県以前の財政窮迫――」（『一橋論叢』、第六九巻、第三号、一九七三年三月）。【明治二年第四二五（六九－一六）】
千田稔「維新政権の地方財行政政策」（『史学雑誌』、第八五編、第九号、一九七六年九月）。【明治元年第五二二（六八－一一）】
千田稔「維新政権の直轄地――研究史の整理・検討を中心に――」（所収、千田稔・松尾正人『明治維新研究序説――維新政権の直轄地――』、開明書院、一九七七年一〇月）。【明治二年第六七六（六九－二五）】
千田稔「維新政権の租税政策」（所収、千田稔・松尾正人『明治維新研究序説――維新政権の直轄地――』、開明書院、一九七七年一〇月）。【明治元年第六一二（六八－一五）】
高辻正巳「行政機構の改革」（『時の法令』、第三九九号、一九六一年九月）。【序説－一】
高橋裕「資源調査会の歩みと水資源の展望」（『資源テクノロジー』、第二七〇号、一九九八年七月）。【序説－一】
高橋裕「資源調査会水資源部会、治山治水部会における論争話」（社団法人資源協会五〇年史編集委員会（編）『社団法人資源協会五〇

年史』、社団法人資源協会、二〇〇四年一一月、所収)。【序説－一】
高橋裕「水資源からの資源調査会」(『資源テクノロジー』、第二九六号、二〇〇五年一月)。【序説－一】
滝沢繁「越後における民政局の成立と解体」(『新潟県史研究』、第五号、一九七九年三月)。【明治元年第六六三(六八－一八)】
滝沢繁「民政局支配の成立――小千谷民政局を中心として――」(『新潟史学』、第一二号、一九七九年一一月)。【明治元年第六六三(六八－一八)】
田中彰「明治藩政改革と維新官僚――とくに山口藩をめぐっての覚書――」(所収、稲田正次(編)『明治国家成立の政治過程』、御茶の水書房、一九六六年三月)。【明治二年第三四六(六九－一三a)】
田中三彦「原発で何が起きたのか」(所収、石橋克彦(編)『原発を終わらせる』、岩波書店、二〇一一年七月)。【序説－三】
田村秀「南関東地域地震被害想定調査について」(『都市問題』、第八〇巻、第五号、一九八九年五月)。【序説－三】
知野泰明・大熊孝「お雇外国人技師R・H・ブラントンの信濃川河口調査に関する研究」(『土木史研究』、第一一号、一九九一年六月)。【明治三年第三九九(七〇－一六a)】
知野泰明・大熊孝「R・H・ブラントンの活躍の概況――滞在年表――」(『土木史研究』、第一一号、一九九一年六月)。【明治三年第三九九(七〇－一六a)】
寺尾宏二「明治初年の備荒救恤機関の二三に就いて――旧足柄県の義倉と小菅大津両県の報恩社――」(『史林』、第二二巻、第三号、一九三七年七月)。【明治三年第四〇七(七〇－一七)】
寺田一彦・成田頼明・我妻栄・鈴木竹雄「《ジュリストの目》災害と法律(一)」(『ジュリスト』、第四三七号、一九六九年一一月)。【序説－一】
永島寛一「九州水害その後」(『世界』、第九六号、一九五三年一二月)。【序説－一】
中野尊正「大都市の震災の特徴」(所収、日本土地法学会(編)『土地問題双書 五 住宅政策・防災と法理論』、有斐閣、一九七六年四月)。【序説－一】
中野好夫・大宅壮一・臼井吉見「政災日本に蔓延す」(『改造』、第三四巻、第一一号、一九五三年九月)。【序説－一】
難波信雄「解体期の藩政と維新政権――仙台藩政と三陸会議を中心に――」(『歴史』、第三七輯、一九六八年九月)。【明治三年第

五二〇（七〇－一二三）】
西川誠「佐佐木高行と工部省」（所収、鈴木淳（編）『工部省とその時代』、山川出版社、二〇〇二年一一月）。【明治三年第七五四（七〇－二八）】
西田猛「災害対策基本法と関連防災体制」（所収、今井実・長谷川義明・楢崎泰道（編）『都市防災（新時代の都市政策 第八巻）』、ぎょうせい、一九八三年二月）。【序説－一】
橋本誠一「明治初年における聴訟事務――民部官・民部省を中心に――」（静岡大学『法政研究』、第一五巻、第二・三・四号、二〇一一年二月）。【明治二年第三四六（六九－一三ａ）】
林修三「災害立法整備の問題点」（『ジュリスト』、第一九二号、一九五九年一二月）。【序説－一】
原田昇左右・浅田敏・四柳修・末廣重二・柴田鉄治「《座談会》地震は完全に予知できる」（『月刊 自由民主』、第二六七号、一九七八年四月）。【序説－一】
日置弥三郎「美濃国における御膳籾について」（岐阜大学『教養部研究報告』、第二号、一九六七年三月）。【明治三年第五八七（七〇－一二五）】
笛木俊一「明治初期救貧立法の構造――備荒儲蓄法研究その二――」（『早稲田法学会誌』、第二四巻、一九七四年三月）。【明治三年第四〇七（七〇－一七）】
藤村通「明治初年の松方日田県政（一）」（大東文化大学附属東洋研究所『東洋研究』、第四七号、一九七七年一〇月）。【明治三年第四〇七（七〇－一七）】
藤村通「民部省時代の松方正義の財政政策」（大東文化大学東洋研究所『東洋研究』、第五〇号、一九七八年六月）。【明治三年第五二〇（七〇－一二三）】
藤原明久「明治初年における東京府裁判法の展開――民事裁判をめぐって――」（『神戸法学雑誌』、第三五巻、第四号、一九八六年三月）【明治二年第三四六（六九－一三ａ）】
防災局震災対策課（椋周二）「南関東地域地震被害想定調査」（『人と国土』、第八八号、一九八九年三月）。【序説－三】
星為蔵「明治気象災害年表」（『測候時報』、第四二巻、第一一号、一九七五年一一月）。【明治元年第四一九（六八－八）】

星野安三郎「災害対策基本法」（『法律時報』、第四五巻、第七号、一九七三年六月）。【序説－一】
松浦茂樹・藤井三樹夫「明治初頭の河川行政」（『土木史研究』、第一三号、一九九三年六月）。【明治元年第三六（六八－一）】
松尾正人「明治二年の東北地方凶作と新政権」（『日本歴史』、第三四五号、一九七七年二月）。【明治元年第一一二五（六九－五）】
松尾正人「維新政権の直轄県政―東北県政を中心として―」（所収、千田稔・松尾正人『明治維新研究序説―維新政権の直轄地―』、開明書院、一九七七年一〇月）。【明治元年第三三一（六八－五）】
松尾正人「明治初年の政情と地方支配―『民蔵分離』問題前後―」（『土地制度史学』、第九一号、一九八一年四月）。【明治元年第一一二五（六九－五）】
松尾正人「直轄府県政と維新政権」（所収、歴史学研究会（編）『民衆の生活・文化と変革主体―一九八二年度歴史学研究会大会報告―（歴史学研究 別冊特集）』、青木書店、一九八二年一一月）。【明治二年第三四六（六九－一三b）】
松尾正人「維新官僚の形成と太政官制」（所収、近代日本研究会（編）『年報・近代日本研究－八―官僚制の形成と展開―』、山川出版社、一九八六年一一月）。【明治元年第三六（六八－一）】
松尾正人「倒幕と統一国家の形成」（所収、田中彰（編）『近代日本の軌跡 一 明治維新』、吉川弘文館、一九九四年四月）。【明治元年第七九九（六八－二四）】
松下俊夫「明治初期財政制度雑考」（兵庫農科大学『研究報告（人文科学編）』、第二巻、第二号、一九五六年一二月）。【明治元年第一一四四（六九－六）】
松本博一「台風に便乗した治水会計」（『エコノミスト』、第三七年、第四九号、一九五九年一二月八日）。【序説－一】
三浦忠司「奥羽諸藩の動向と没収地取締藩の考察」（『青森県立三本木高等学校誌』、一九七七年三月）。【明治元年第一一二五（六九－五）】
三浦忠司「弘前藩の南部領取締の経緯」（弘前大学『国史研究』、第六七号、一九七八年四月）。【明治元年第一一二五（六九－五）】
水本邦彦「土砂留役人と農民―淀川・大和川流域における―」（『史林』、第六四巻、第五号、一九八一年九月）。【明治元年第二六八（六八－四）】
水本邦彦「近世の奉行と領主―畿内・近国土砂留制度における―」（所収、同『近世の郷村自治と行政』、東京大学出版会、

一九九三年一一月）。【明治元年第二六八（六八－四）】
水本邦彦「土砂災害と土砂留」（所収、同『草山の語る近世』、山川出版社、二〇〇三年七月）。【明治元年第二六八（六八－四）】
宮本憲一「現代資本主義と公害・災害」（所収、伊東光晴・篠原一・松下圭一・宮本憲一（編集）、小林陽太郎・高橋裕（編集協力）『岩波講座 現代都市政策 Ⅵ 都市と公害・災害』、岩波書店、一九七三年五月）。【明治三年第五五七（七〇－二四）】
宮本憲一「災害問題の政治経済学——都市災害を中心に——」（『法律時報』、第四九巻、第四号、一九七七年三月）。【明治三年第五五七（七〇－二四）】
森実「治水政策と法——法体制準備期乃至確立期——」（法政大学『社会労働研究』、第三四巻、第一号、一九八七年九月）。【明治三年第六九（七〇－六）】
森田武「直轄県における明治政府の経済政策——福島・白河地方の場合——」（『歴史学研究』、第三五九号、一九七〇年四月、松尾正人（編）『幕末維新論集 六 維新政権の成立』、吉川弘文館、二〇〇一年四月に再録）。【明治元年第六六三（六八－一八）】
山中永之佑「明治初期官僚制の形成と堺県知事小河一敏」（所収、宮本又次（編）『大阪の研究——機関研究「近代大阪の歴史的研究」報告——』、清文堂出版、一九六七年六月）。【明治元年第一二五（六八－一二）】
横山昭男「維新政府の東京廻米策と『山形県』」（『歴史』、第三九輯、一九六九年一二月）。【明治三年第五二〇（七〇－一二三）】
吉川秀造「明治政府の貸附金(二)」（京都大学『経済論叢』、第二九巻、第五号、一九二九年一一月）。【明治元年第八四二（六八－二五）】

（以下は著者名のアルファベット順）
ＫＯＴ「『危機管理』論の危うさ」（『世界』、第六〇七号、一九九五年四月）。【序説－三】
ＰＱＲ「伊勢湾台風による災害立法と災害法制」（『時の法令』、第三三五号、一九五九年一二月）。【序説－一】

（以下は題名のアイウエオ順）

「『災害対策基本法』はどんな法律か?」（『科学読売』、第一三巻、第一〇号、一九六一年九月）。【序説－一】

「災害復旧を返上した村」（『世界』、第一九一号、一九六一年一一月）。【序説－一】

「《政局みどころ》臨時国会の気圧配置」（『エコノミスト』、第三七年、第四五号、一九五九年一一月一〇日）。【序説－一】

《書籍》（著者名のアイウエオ順）

青木虹二『明治農民騒擾の年次的研究』（新生社、一九六七年二月）。【明治二年第六〇三（六九－二〇）】

朝倉治彦（編）『太政官日誌 別巻二』（東京堂出版、一九八四年五月）。（「東京城日誌」を収載。）【明治元年第八九二（六八－二九）】

朝倉治彦（編）『太政官日誌 別巻三』（東京堂出版、一九八五年九月）。（「大阪府日誌」を収載。）【明治元年第九〇四（六八－三〇）】

朝倉治彦（編）『太政官日誌 別巻四』（東京堂出版、一九八五年一二月）。（「東巡日誌」を収載。）【明治元年第七九九（六八－二四）】

朝日新聞特別報道部『プロメテウスの罠――明かされなかった福島原発事故の真実――』（学研パブリッシング、二〇一二年三月）。【序説－三】

生田長人『防災法』（信山社、二〇一三年一一月）。【明治三年第一四八（七〇－九）】

石井良助（編）『太政官日誌 第一巻』（東京堂出版、一九八〇年三月）。【明治元年第七九九（六八－二四）】

石井良助（編）『太政官日誌 第二巻』（東京堂出版、一九八〇年六月）。【明治元年第七九九（六八－二四）】

石井良助（編）『太政官日誌 第三巻』（東京堂出版、一九八〇年九月）。【明治二年第九七（六九－八）】

石井良助（編）『太政官日誌 第四巻』（東京堂出版、一九八〇年一二月）。【明治三年第四五七（七〇－二一）】

石橋克彦『大地動乱の時代――地震学者は警告する――』（岩波書店、一九九四年八月）。【序説－三】

石橋克彦『阪神・淡路大震災の教訓』（岩波書店、一九九七年一月）。【明治三年第五五七（七〇－二四）】

石橋克彦（編）『原発を終わらせる』（岩波書店、二〇一一年七月）。【序説－三】

伊東光晴・篠原一・松下圭一・宮本憲一（編集）、小林陽太郎・高橋裕（編集協力）『岩波講座 現代都市政策 Ⅵ 都市と公害・災害』（岩波書店、一九七三年五月）。【明治三年第五五七（七〇－二四）】

稲田正次『明治憲法成立史 上巻』（有斐閣、一九六〇年四月）。【明治二年第六二二（六九－二一 b）】

稲田正次（編）『明治国家成立の政治過程』（御茶の水書房、一九六六年三月）。【明治三年第四五七（七〇－二一）】

井上馨侯伝記編纂会（編）『世外井上公伝 第一巻』（マツノ書店、二〇一三年七月、復刻版、原本の内外書籍版は一九三三年一一月刊）。【明治二年第六八一（六九－二六）】
今井実・長谷川義明・楢崎泰道（編）『都市防災（新時代の都市政策 第八巻）』（ぎょうせい、一九八三年二月）。【序説－一】
岩手県『岩手県史 第六巻 近代篇一』（杜陵印刷、一九六二年五月）。【明治三年第五二〇（七〇－一三）】
上田藤十郎『近世の荒政――饑饉及び食糧問題とその対策――』（大雅堂、一九四七年一〇月）。【明治元年第五〇二（六八－一〇）】
宇佐美龍夫・石井寿・今村隆正・武村雅之・松浦律子『日本被害地震総覧 五九九－二〇一二』（東京大学出版会、二〇一三年九月）。【明治三年第五五七（七〇－二四）】
大石久敬（大石信敬底本補訂、大石慎三郎校訂）『地方凡例録 上巻』（近藤出版社、一九六九年五月）。【明治三年第二三五（七〇－一二）】
大隈侯八十五年史会（編）『大隈侯八十五年史 第一巻』（原書房、一九七〇年六月、復刻版、原本の発行は一九二六年）。【明治二年第四二五（六九－一六）】
大蔵省（編）『工部省沿革報告』（一八八九年四月刊）（所収、大内兵衛・土屋喬雄（編）『明治前期財政経済史料集成 第十七巻』、原書房、一九七九年八月、復刻版、原版の史料集成改造社版は一九三一年九月刊）。【明治三年第七五四（七〇－二八）】
大蔵省記録局（編）『大蔵省沿革志（上巻）』（所収、大内兵衛・土屋喬雄（編）『明治前期財政経済史料集成 第二巻』、原書房、一九七八年一二月、復刻版、原版の史料集成改造社版は一九三二年六月刊）。【明治元年第三六（六八－一）】
大蔵省記録局（編）『大蔵省沿革志（下巻）』（所収、大内兵衛・土屋喬雄（編）『明治前期財政経済史料集成 第三巻』、原書房、一九七八年一二月、復刻版、原版の史料集成改造社版は一九三四年五月刊）。【明治元年第七三五（六八－二一）】
大蔵省百年史編集室（編）『大蔵省百年史 上巻』（大蔵財務協会、一九六九年一〇月）。【明治元年第一一四四（六九－六）】
大蔵省百年史編集室（編）『大蔵省百年史 別巻』（大蔵財務協会、一九六九年一〇月）。【明治三年第五二〇（七〇－一三）】
大谷貞夫『近世日本治水史の研究』（雄山閣出版、一九八六年九月）。【明治元年第七〇九（六八－二〇）】
大山敷太郎『幕末財政史研究』（思文閣、一九七四年三月）。【明治二年第一〇一九（六九－三五）】
会計検査院（編）『会計検査院史』（一八九六年三月刊）（所収、大内兵衛・土屋喬雄（編）『明治前期財政経済史料集成 第十七巻』、

原書房、一九七九年八月、復刻版、原版の史料集成改造社版は一九三一年九月刊)。【明治二年第七二三(六九-二七a)】

科学技術庁資源調査会三十年史編集委員会(編)『資源調査会三十年史』(資源協会、一九七八年六月)。【序説-一】

菅直人『東電福島原発事故 総理大臣として考えたこと』(幻冬舎、二〇一二年一〇月)。【序説-三】

気象庁(編)『気象百年史』(日本気象学会、一九七五年三月、再版、一九七五年一〇月)。【明治二年第六〇三(六九-一二〇)】

木村耕三『災害は進化する——あすの危険の総点検——』(講談社、一九七一年五月)。【明治二年第六〇三(六九-一二〇)】

木村英昭『検証 福島原発事故 官邸の一〇〇時間』(岩波書店、二〇一二年八月)。【序説-三】

行政管理庁行政監察局『大都市における震災対策に関する行政監察結果報告書』(行政管理庁行政監察局、一九七四年八月)。【序説-一】

京大近世史研究会『論集 近世史研究』(京都大学近世史研究会、一九七六年一一月)。【明治元年第七〇九(六八-一二〇)】

近代日本研究会(編)『年報・近代日本研究-八——官僚制の形成と展開——』(山川出版社、一九八六年一一月)。【明治元年第三六(六八-一一)】

栗原東洋『治山治水行政史研究の一試論』(総理府資源調査会地域計画部会、一九五五年二月)。【明治元年第九三九(六八-三二一)】

警視庁警備部・陸上自衛隊東部方面総監部(編)『大震災対策研究資料』(警視庁警備部・陸上自衛隊東部方面総監部、一九六二年三月)。【序説-一】

建設省北陸地方建設局(編)『信濃川百年史』(北陸建設弘済会、一九七九年三月)。【明治二年第六八一(六九-一二六)】

小出博(編)『日本の水害——天災か人災か——』(東洋経済新報社、一九五四年九月)。【序説-一】

国土庁(編)『国土庁二十年史』(ぎょうせい、一九九四年六月)。【序説-一】

小西四郎・遠山茂樹(編)『明治国家の権力と思想』(吉川弘文館、一九七九年一一月)。【明治二年第六七五(六九-一二四)】

災害対策制度研究会(編)『新 日本の災害対策』(ぎょうせい、二〇〇二年四月)。【明治元年第一一四四(六九-六)】

佐藤武夫・奥田穣・高橋裕『災害論』(勁草書房、一九六四年五月)。【明治三年第五五七(七〇-一二四)】

鹿野義夫(編)『公共事業——戦後の予算と事業の全貌——』(港出版合作社、一九五五年三月)。【序説-一】

柴垣和夫『昭和の歴史 第九巻 講和から高度成長へ』(小学館、一九八三年六月)。【序説-一】

社団法人資源協会五〇年史編集委員会（編）『社団法人資源協会五〇年史』（社団法人資源協会、二〇〇四年一一月）。【序説－一】
主税局『地租便覧（明治十九年一月）』（農林省農地課、一九五〇年四月、復刻版、原本の刊行は一八八六年一月）。【明治三年第二三五（七〇－一二）】
春畝公追頌会（編）『伊藤博文伝 上巻』（原書房、一九七〇年九月、復刻版、原本の刊行は一九四三年）。【明治二年第七二四（六九－二七b）】
消防庁総務課（編）『災害対策基本法の解説――激甚災害特別援助法詳解付――』（全国加除法令出版、一九六三年一月）。【序説－一】
消防庁防災課（監修）・防災法研究会（編）『災害対策基本法解説』（全国加除法令出版、一九七七年六月）。【序説－一】
新修大阪市史編纂委員会（編）『新修 大阪市史 第五巻』（大阪市、一九九一年三月）。【明治元年第四一九（六八－八）】
鈴木淳『町火消たちの近代――東京の消防史――』（吉川弘文館、一九九九年一一月）。【明治三年第五五七（七〇－二四）】
鈴木淳（編）『工部省とその時代』（山川出版社、二〇〇二年一一月）。【明治三年第五二〇（七〇－二三）】
千田稔・松尾正人『明治維新研究序説――維新政権の直轄地――』（開明書院、一九七七年一〇月）。【明治元年第三三一（六八－五）】
大霞会（編）『内務省史 第一巻』（地方財務協会、一九七一年三月）。【明治元年第三六（六八－一）】
大霞会（編）『内務省史 第二巻』（地方財務協会、一九七〇年一一月）。【明治三年第五五七（七〇－二四）】
大霞会（編）『内務省史 第三巻』（地方財務協会、一九七一年六月）。【明治二年第三四六（六九－一三a）】
高橋雄豺『明治年代の警察部長――明治警察史研究――』（良書普及会、一九七六年七月）。【小括－二】
高橋裕『国土の変貌と水害』（岩波書店、一九七一年七月）。【序説－四】
高橋裕『現代日本土木史』（彰国社、一九九〇年五月）。【明治三年第三九九（七〇－一六a）】
多田好問（編）『岩倉公実記（中巻）』（原書房、一九六八年一一月）。【明治元年第五〇二（六八－一〇）】
田中彰（編）『近代日本の軌跡 一 明治維新』（吉川弘文館、一九九四年四月）。【明治元年第七九九（六八－二四）】
津田茂麿『明治聖上と臣高行』（原書房、一九七〇年一〇月、覆刻版、原本の刊行は一九三五年）。【明治三年第四五七（七〇－二一）】
土屋喬雄（編集代表）『杉浦讓全集 第三巻』（杉浦讓全集刊行会、一九七八年一〇月）。【明治二年第四二五（六九－一六）】
妻木忠太『前原一誠伝』（マツノ書店、一九八五年六月、復刻版、原版の積文館版は一九三四年一〇月刊）。【明治二年第六八一（六九

－二六）】

寺尾忠能（編）『経済開発過程における環境資源保全政策の形成』（アジア経済研究所、二〇〇九年三月）。【序説－一】

東京新聞原発事故取材班『レベル七　福島原発事故、隠された真実』（幻冬舎、二〇一二年三月）。【序説－三】

東京大学史料編纂所（蔵版）『維新史料綱要 巻八』（東京大学出版会、一九六六年一二月、覆刻版、原本の刊行は一九三八年二月）。【明治元年第二六八八（六八－四）】

東京大学史料編纂所（蔵版）『維新史料綱要 巻九』（東京大学出版会、一九六七年一月、覆刻版、原本の刊行は一九三八年八月）。【明治元年第四一九（六八－八）】

東京大学史料編纂所（蔵版）『維新史料綱要 巻十』（東京大学出版会、一九六七年二月、覆刻版、原本の刊行は一九三九年二月）。【明治元年第九〇四（六八－三〇）】

東京大学史料編纂所（編纂）『保古飛呂比 佐々木高行日記 四』（東京大学出版会、一九七三年三月）。【明治三年第四五七（七〇－二一）】

東京都公文書館（編）『都史紀要一　江戸から東京への展開——東京奠都の経済史的意義——』（東京都情報連絡室都政情報センター管理部センター管理室、一九九一年一二月、初版は一九五三年三月刊）。【明治元年第四〇二（六八－七）】

東京都公文書館（編）『都史紀要六　東京府の前身 市政裁判所始末』（東京都情報連絡室都政情報センター管理部センター管理室、一九九一年一二月、初版は一九五九年三月刊）【明治元年第四〇二（六八－七）】

東京の消防百年記念行事推進委員会（編）『東京の消防百年の歩み』（東京消防庁、一九八〇年六月）。【明治三年第五五七（七〇－二四）】

東畑精一・安田誠三（監修）／農林省農業経済局農業災害補償制度史編纂室（編）『農業災害補償制度史 第一巻 本編（上）』（農林省、一九六三年二月）。【明治二年第六七五（六九－一二四）】

徳富猪一郎（編述）『公爵松方正義伝 乾巻』（明治文献、一九七六年三月、原本の公爵松方正義伝記発行所版の刊行は一九三五年七月）。【明治二年第七三二（六九－一二八b）】

内閣記録局（編）『法規分類大全 第一編 官職門 七至九 官制 神祇省教部省民部省内務省』（［内閣記録局］、一八八九年一二月）。【明治

元年第二二〇（六八－三）】
内務省警保局（編）『庁府県警察沿革史 其ノ一 警視庁史稿 上巻』（原書房、一九七三年一二月、復刻版、原本の刊行は一九二七年三月）。【明治三年第五五七（七〇－二四）】
名古屋市総務局調査課（編）『伊勢湾台風災害誌』（名古屋市、一九六一年三月）。【序説－一】
新潟県（編）『新潟県史 通史編六 近代一』（新潟県、一九八七年三月）。【明治元年第六六三（六八－一八）】
新潟県（編）『新潟県史 資料編一三 近代一 明治維新編Ⅰ』（新潟県、一九八〇年三月）。【明治元年第六六三（六八－一八）】
西川喬『治水長期計画の歴史』（水利科学研究所、一九六九年一一月）。【序説－一】
西山松之助（編）『江戸町人の研究 第五巻』（吉川弘文館、一九七八年一一月）。【明治三年第五五七（七〇－二四）】
日本工学会・啓明会『明治工業史 土木篇』（日本工学会明治工業史発行所、再版、一九三一年四月、初版は一九二九年七月刊）。【明治元年第二六八（六八－四）】
日本史籍協会（編）『岩倉具視関係文書 四』（東京大学出版会、一九六八年二月、覆刻版、原本の刊行は一九三〇年一二月）。【明治元年第一一二五（六九－五）】
日本史籍協会（編）『大久保利通日記 二』（東京大学出版会、一九八三年七月、覆刻版、原本の刊行は一九二七年四月）。【明治三年第四五七（七〇－二一）】
日本史籍協会（編）『大久保利通文書 二』（東京大学出版会、一九六七年一〇月、覆刻版、原本の刊行は一九二七年一二月）。【明治二年第三四六（六九－一三a）】
日本史籍協会（編）『大久保利通文書 三』（東京大学出版会、一九六七年一〇月、覆刻版、原本の刊行は一九二八年三月）。【明治三年第四五七（七〇－二一）】
日本史籍協会（編）『大久保利通文書 四』（東京大学出版会、一九六八年三月、覆刻版、原本の刊行は一九二八年五月）。【明治三年第五二〇（七〇－二三）】
日本史籍協会（編）『大隈重信関係文書 一』（東京大学出版会、一九七〇年一月、覆刻版、原本の刊行は一九三四年七月）。【明治二年第六七五（六九－二四）】

日本史籍協会（編）『大隈伯昔日譚 二』（東京大学出版会、一九八一年四月、覆刻版、原本の刊行は一八九五年六月）。【明治三年第四五七（七〇－二一）】
日本史籍協会（編）『木戸孝允日記 一』（東京大学出版会、一九六七年一月、覆刻版、原本の刊行は一九三二年一二月）。【明治元年第八四二（六八－二五）】
日本史籍協会（編）『木戸孝允文書 三』（東京大学出版会、一九七一年二月、覆刻版、原本の刊行は一九三〇年四月）。【明治二年第六八一（六九－二六）】
日本史籍協会（編）『木戸孝允文書 四』（東京大学出版会、一九七一年三月、覆刻版、原本の刊行は一九三〇年六月）。【明治三年第四五七（七〇－二一）】
日本史籍協会（編）『広沢真臣日記』（東京大学出版会、一九七三年一一月、覆刻版、原本の刊行は一九三一年一一月）。【明治元年第五〇二（六八－一〇）】
日本土地法学会（編）『土地問題双書 五 住宅政策・防災と法理論』（有斐閣、一九七六年四月）。【序説－一】
農林大臣官房総務課（編）『農林行政史 第一巻』（農林協会、一九五七年三月）。【明治二年第三四六（六九－一三a）】
野田卯一『災害対策基本法：沿革と解説――付・激甚災害特別財政援助法――』（全国防災協会、一九六三年九月）。【序説－一】
福島正夫（編）『戸籍制度と「家」制度――「家」制度の研究――』（東京大学出版会、一九五九年六月）。【明治元年第五〇二（六八－一〇）】
福田信之『原爆・水爆とビキニ死の灰まで――図解原子物理学――』（ラジオ科学社、一九五四年八月）。【序説－三】
ブラントン、リチャード・H（徳力真太郎訳）『お雇い外人の見た近代日本』（講談社、一九八六年八月）。【明治三年第三九九（七〇－一六a）】
細川家編纂所（編）『改訂 肥後藩国事史料 第十巻』（国書刊行会、一九七四年四月）。【明治元年第九〇四（六八－三〇）】
本庄栄治郎『史的研究 天災と対策』（大阪毎日新聞社、一九二四年一月）。【明治三年第一七九（七〇－一〇）】
松尾正人『維新政権』（吉川弘文館、一九九五年九月）。【明治元年第三六（六八－一）】
松尾正人『廃藩置県の研究』（吉川弘文館、二〇〇一年一月）。【明治元年第三三一（六八－五）】

松尾正人（編）『幕末維新論集 六 維新政権の成立』（吉川弘文館、二〇〇一年四月）。【明治元年第六六三（六八－一八）】
松戸市誌編さん委員会（編）『松戸市史 下巻（一）明治編』（松戸市役所、一九六四年五月）。【明治元年第一〇六一（六九－一三）】
水本邦彦『近世の郷村自治と行政』（東京大学出版会、一九九三年一一月）。【明治元年第二六八（六八－四）】
水本邦彦『草山の語る近世』（山川出版社、二〇〇三年七月）。【明治元年第二六八（六八－四）】
宮本憲一『都市と経済』（日本放送出版協会、一九八〇年一〇月）。【明治三年第五五七（七〇－一四）】
宮本又次（編）『大阪の研究――機関研究「近代大阪の歴史的研究」報告――』（清文堂出版、一九六七年六月）。【明治元年第一一五（六八－一二）】
村松郁栄・藤井陽一郎『日本の震災』（三省堂、一九七〇年五月）。【明治三年第五五七（七〇－一四）】
明治文化研究会（編）『明治文化全集 第一巻 憲政篇』（日本評論社、第三版、一九六七年一二月、初版は一九二八年七月刊）。【明治二年第六八一（六九－一二六）】
安丸良夫『神々の明治維新――神仏分離と廃仏毀釈――』（岩波書店、一九七九年一一月）。【明治元年第九八九（六九－一）】
山田龍雄・飯沼二郎・岡光夫（編）『日本農書全集 一八 民間備荒録・北条郷農家寒造之弁・農事常語・無水岡田開闢法・上方農人田畑仕法試・耕作口伝書』（農山漁村文化協会、一九八三年二月）。【明治三年第七一（七〇－七）】
山本義隆『福島の原発事故をめぐって――いくつか学び考えたこと――』（みすず書房、二〇一一年八月）。【序説－三】
立教大学日本史研究室（編）『大久保利通関係文書 一』（吉川弘文館、一九六五年一月）。【明治三年第四五七（七〇－一一）】
立教大学日本史研究室（編）『大久保利通関係文書 二』（吉川弘文館、一九六六年一二月）。【明治三年第五二〇（七〇－一三）】
立教大学日本史研究会（編）『大久保利通関係文書 四』（吉川弘文館、一九七〇年三月）。【明治二年第一一七（六九－九）】
立教大学日本史研究会（編）『大久保利通関係文書 五』（吉川弘文館、一九七一年三月）。【明治二年第一一三〇（七〇－三）】
臨調・行革審ＯＢ会（監修）『臨調 行革審――行政改革二〇〇〇日の記録――』（行政管理研究センター、一九八七年一月）【序説－三】
歴史学研究会（編）『民衆の生活・文化と変革主体――一九八二年度歴史学研究会大会報告――（歴史学研究 別冊特集）』（青木書店、一九八二年一一月）。【明治二年第三四六（六九－一三ａ）】
早稲田大学社会科学研究所（編）『中御門家文書 上巻』（早稲田大学社会科学研究所、一九六四年七月）。【明治元年第九〇四（六八－

三〇）】
早稲田大学社会科学研究所（編）『中御門家文書 下巻』（早稲田大学社会科学研究所、一九六五年七月）。【明治元年第九〇四（六八－三〇）】

（以下は書名のアイウエオ順）
『石川県史 第弐編』（石川県、一九二八年三月）。【明治元年第六六三（六八－一八）】
『伊勢湾台風災害誌』（建設省、一九六二年三月）。【序説－一】
『官員録 全（明治二年七月改）』（御用官板所和泉屋市兵衛、須原屋茂兵衛）。（国立公文書館デジタルアーカイブ）【明治元年第九〇四（六八－三〇）】
『気象庁技術報告 第七号 伊勢湾台風調査報告』（気象庁、一九六一年三月）。【序説－一】
『行政機構改革に関する各種審議会の答申及び閣議決定』（行政管理庁行政管理局、一九五九年一二月）。【序説－一】
『国会事故調 東京電力福島原子力発電所事故調査委員会 報告書【本編】』（国会、二〇一二年六月）。【序説－三】
『信濃川大河津分水誌 第一集』（建設省北陸地方建設局長岡工事事務所、一九六八年三月）。【明治二年第六八一（六九－一二六）】
『信濃川大河津分水誌 第二集』（建設省北陸地方建設局長岡工事事務所、一九六九年三月）。【明治三年第三九九（七〇－一六a）】
『職員録（明治二年九月［四日］改）』。（国立公文書館デジタルアーカイブ）【明治二年第七二四（六九・一二七b）】
『職員録（明治二年一〇月［一三日］改）』（御用御書物所村上勘兵衛）。（国立公文書館デジタルアーカイブ）【明治二年第七二四（六九－一二七b）】
『職員録（明治二年一二月改）』（御用官板所和泉屋市兵衛、須原屋茂兵衛）。（国立公文書館デジタルアーカイブ）【明治二年第四二五（六九－一六）】
『職員録（明治三年三月［三日］改）』（官板、御用書物師和泉屋市兵衛、須原屋茂兵衛）。（国立公文書館デジタルアーカイブ）【明治二年第五〇三（六九－一八）】
『職員録（明治三年四月［一五日］改）』（官板、御用御書物師村上勘兵衛、井上治兵衛）。（国立公文書館デジタルアーカイブ）【明治二

年第七二四（六九－二七b）】
『職員録（明治三年六月［一五日］改）』。（国立公文書館デジタルアーカイブ）【明治二年第四二五（六九－一六）】
『職員録（明治三年九月［二〇日］改）』。（国立公文書館デジタルアーカイブ）【明治三年第四五七（七〇－二一）】
『職員録（明治三年一一月改）』。（国立公文書館デジタルアーカイブ）【明治三年第五二〇（七〇－二三）】
『白根郷治水史』（白根郷普通水利組合、一九四五年七月）。【明治二年第六八一（六九－二六）】
『史料館所蔵史料目録 第四三集 信濃国松代真田家文書目録（その四）』（国立史料館、一九八六年三月）。【明治二年第九五三（六九－三四）】
『税制の改革 シャウプ勧告全文』（日本経済新聞社、一九四九年九月）。【序説－一】
『太政類典』、第一編（慶応三年～明治四年）、第一八巻（官制・文官職制四）。（国立公文書館デジタルアーカイブ）【明治元年第九〇四（六八－三〇）】
『太政類典』、第一編（慶応三年～明治四年）、第二三巻（官制・官庁制置一）。（国立公文書館デジタルアーカイブ）【明治元年第二二〇（六八－三）】
『日本砂防史』（全国治水砂防協会、一九八一年六月）。【明治元年第二六八（六八－四）】

（洋書）
Parris, Henry ; *Constitutional Bureaucracy : The Development of British Central Administration since the Eighteenth Century*, London : Allen & Unwin, 1969.【明治三年第五二〇（七〇－二三）】

《新聞記事（見出しのあるもの）》（発行年月日順）
「応急対策に全力をあげよ」（『中部日本新聞』、一九五九年九月二八日付社説）。【序説－一】
「抜本的な風水害対策を進めよ」（『中部日本新聞』、一九五九年一〇月三日付社説）。【序説－一】
「あとの祭り台風禍／災害立法をたてなおせ」（『中部日本新聞』、一九五九年一〇月四日付）。【序説－一】

「天災時における自衛隊の任務」（『中部日本新聞』、一九五九年一〇月九日付）。【序説－一】
「《主張》災害から人民を守るために」（『アカハタ』、一九六三年七月一一日付）。【序説－一】
「『十年後』地震予告と遷都論」（『東京新聞』、一九八八年五月二七日付）。【序説－三】
「東電、国会事故調に虚偽／福島第一入り阻む」（『朝日新聞』、二〇一三年二月七日付）。【序説－三】
「東電、危険強調一時間／『真っ暗』『道に迷えば高線量地域』／国会事故調に虚偽説明」（『朝日新聞』、二〇一三年二月七日付）。【序説－三】
「プロメテウスの罠 原発維持せよ一／シナリオを書いた男」（『朝日新聞』、二〇一三年四月一三日付）。【序説－三】
「プロメテウスの罠 原発維持せよ二／「対外秘」のペーパー」（『朝日新聞』、二〇一三年四月一四日付）。【序説－三】
「プロメテウスの罠 原発維持せよ三／ムードで止めるな」（『朝日新聞』、二〇一三年四月一六日付）。【序説－三】
「プロメテウスの罠 医師、前線へ 七／涙流し抱きつかれる」（『朝日新聞』、二〇一三年一〇月二五日付）。【序説－三】

《新聞記事（見出しのないもの）》（発行年月日順）

『中部日本新聞』（一九五九年九月二七日付夕刊）。【序説－一】
『朝日新聞』（一九五九年九月二八日付）。【序説－一】
『中部日本新聞』（一九五九年九月二八日付）。【序説－一】
『中部日本新聞』（一九五九年九月二八日付夕刊）。【序説－一】
『朝日新聞』（一九五九年九月二九日付）。【序説－一】
『中部日本新聞』（一九五九年九月二九日付）。【序説－一】
『朝日新聞』（一九五九年九月二九日付夕刊）。【序説－一】
『中部日本新聞』（一九五九年九月三〇日付）。【序説－一】
『中部日本新聞』（一九五九年九月三〇日付夕刊）。【序説－一】
『中部日本新聞』（一九五九年一〇月一日付）。【序説－一】

『中部日本新聞』(一九五九年一〇月一日付夕刊)。【序説－一】
『中部日本新聞』(一九五九年一〇月三日付夕刊)。【序説－一】
『朝日新聞』(一九五九年一〇月八日付)。【序説－一】
『中部日本新聞』(一九五九年一〇月一〇日付夕刊)。【序説－一】
『中部日本新聞』(一九五九年一〇月一一日付夕刊)。【序説－一】
『中部日本新聞』(一九五九年一〇月一二日付)。【序説－一】
『中部日本新聞』(一九五九年一〇月一三日付夕刊)。【序説－一】
『中部日本新聞』(一九五九年一〇月一四日付夕刊)。【序説－一】
『中部日本新聞』(一九五九年一〇月一五日付)。【序説－一】
『朝日新聞』(一九五九年一〇月一七日付)。【序説－一】
『中部日本新聞』(一九五九年一〇月一七日付)。【序説－一】
『中部日本新聞』(一九五九年一〇月一八日付)。【序説－一】
『中部日本新聞』(一九五九年一〇月二〇日付)。【序説－一】
『中部日本新聞』(一九五九年一〇月二一日付夕刊)。【序説－一】
『中部日本新聞』(一九五九年一〇月二六日付)。【序説－一】
『中部日本新聞』(一九五九年一〇月二九日付夕刊)。【序説－一】
『朝日新聞』(一九五九年一〇月三一日付)。【序説－一】
『中部日本新聞』(一九五九年一一月三日付)。【序説－一】
『中部日本新聞』(一九五九年一一月五日付)。【序説－一】
『中部日本新聞』(一九五九年一一月一一日付)。【序説－一】
『中部日本新聞』(一九五九年一一月一一日付夕刊)。【序説－一】
『中部日本新聞』(一九五九年一一月一二日付)。【序説－一】

『中部日本新聞』（一九五九年一一月一二日付夕刊）。【序説－一】
『朝日新聞』（一九五九年一一月一三日付）。【序説－一】
『朝日新聞』（一九五九年一一月一五日付）。【序説－一】
『中部日本新聞』（一九五九年一一月一六日付）。【序説－一】
『朝日新聞』（一九六〇年七月一二日付）。【序説－一】
『朝日新聞』（一九六二年六月五日付）。【序説－三】
『朝日新聞』（一九六二年六月五日付夕刊）。【序説－三】
『読売新聞（電子版）』（二〇一三年三月一一日八時五分）。【序説－三】
『中日新聞』（二〇一六年二月二〇日付）。【序説－三】

《新聞縮刷版》（書名のアイウエオ順）
『朝日新聞縮刷版』（自昭和三四年九月至昭和三七年九月）（第四五九号～第四九五号）（朝日新聞社、一九五九年一〇月－一九六二年一〇月）。【序説－一】
『伊勢湾台風記録 中部日本新聞縮刷版 上（自昭和三四年九月二六日至昭和三四年一〇月二六日）』（中部日本新聞社、一九五九年一一月）。【序説－一】
『伊勢湾台風記録 中部日本新聞縮刷版 下（自昭和三四年一〇月二六日至昭和三四年一一月二六日）』（中部日本新聞社、一九五九年一二月）。【序説－一】

《国会会議録》（年月日順）
『第六回国会衆議院会議録 第一三号』（『官報号外』、一九四九年一一月二〇日）。【序説－一】
『第七回国会衆議院災害地対策特別委員会議録 第七号（一九五〇年五月一日）』。【序説－一】
『第八回国会衆議院災害地対策特別委員会議録 第一〇号（一九五〇年一一月一八日）』。【序説－一】

『第一六回国会衆議院水害地緊急対策特別委員会議録 第六号（一九五三年七月八日）』。【序説－一】
『第三二回国会衆議院建設委員会議録 第八号（閉会中審査）（一九五九年一〇月八日）』。【序説－一】
『第三三回国会衆議院予算委員会議録 第二号（一九五九年一一月四日）』。【序説－三】
『第三三回国会衆議院災害地対策特別委員会議録 第六号（一九五九年一一月七日）』。【序説－一】
『第三三回国会衆議院予算委員会議録 第五号（一九五九年一一月九日）』。【序説－一】

《質問主意書》
「大規模災害時における情報収集衛星の活用に関する質問主意書」（吉井英勝）（質問提出二〇一一年六月三〇日、答弁受領七月八日、内閣衆質一七七第二八六号）。【序説－三】

《閣議決定》
「内政省設置法案（昭和三一年四月一九日閣議決定）」（所収、『行政機構改革に関する各種審議会の答申及び閣議決定』、行政管理庁行政管理局、一九五九年一二月）。【序説－一】

《答申》（答申年月日順）
「行政機構の全面的改革に関する答申（行政制度審議会）（昭和二五年四月二一日）」（所収、『行政機構改革に関する各種審議会の答申及び閣議決定』、行政管理庁行政管理局、一九五九年一二月）。【序説－一】
「政令改正諮問のための委員会報告書（行政制度の改革に関する答申）（昭和二六年八月一一日）」（所収、『行政機構改革に関する各種審議会の答申及び閣議決定』、行政管理庁行政管理局、一九五九年一二月）。【序説－一】
「防災関係行政の改善について（答申）」（行政審議会、昭和三五年一一月三〇日）（所収、『行政管理年報』、第九巻、一九六一年七月）。【序説－一】
「行政改革に関する第三次答申――基本答申――（昭和五七年七月三〇日）」（所収、臨調・行革審ОＢ会（監修）『臨調 行革審――行

政改革二〇〇〇日の記録』、行政管理研究センター、一九八七年一月）。【序説－三】

「行政改革に関する第五次答申――最終答申――（昭和五八年三月一四日）」（所収、臨調・行革審OB会（監修）『臨調 行革審――行政改革二〇〇〇日の記録』、行政管理研究センター、一九八七年一月）。【序説－三】

《参考図書》（刊行開始年月日順）

『政治学事典』（平凡社、一九五四年五月）。

日本史籍協会（編）『百官履歴 一』（東京大学出版会、一九七三年七月、覆刻版、原本の刊行は一九二七年一〇月）。

日本史籍協会（編）『百官履歴 二』（東京大学出版会、一九七三年七月、復刻版、原本の刊行は一九二八年二月）。

内閣記録局（編）『明治職官沿革表 職官部』（国書刊行会、一九七四年五月、複製版、原版の刊行は一八八六年）。

内閣記録局（編）『明治職官沿革表 官廨部』（国書刊行会、一九七四年六月、複製版、原版の刊行は一八八六年）。

国史大辞典編集委員会（編）『国史大辞典』（全一五巻）（吉川弘文館、一九七九年三月－一九九七年四月）。

朝倉治彦（編）『明治初期官員録・職員録集成 第一期全二巻（第一巻：慶応四年五月～明治元年十二月、第二巻：明治二年一月～明治二年十二月）』（柏書房、一九八一年九月）。

日本歴史学会（編）『明治維新人名辞典』（吉川弘文館、一九八一年九月）。

大久保利謙（監修）『明治大正日本国勢沿革資料総覧』（全四巻）（柏書房、一九八三年一〇月）。

岩波書店編集部（編）『近代日本総合年表』（第二版）（岩波書店、一九八四年五月）。

木村礎・藤野保・村上直（編）『藩史大事典』（全八巻）（雄山閣出版、一九八八年七月－一九九〇年六月）。

『日本史大事典』（全七巻）（平凡社、一九九二年一一月－一九九四年五月）。

あとがき

災害には不条理を感じる。災害に不条理を感じるというとき、そこにはふたつのことがある。ひとつは、それが無ければ明日も健やかに営まれていたであろう命や生活が災害により絶たれたり、大きく傷つけられたりする、ということである。もうひとつ。それは、広く災害をめぐっては、社会のなかに、災害によって損失を被る者と利益を得る者とがあり、その両者の間の隔たりは大きく、また両者の間に入れ替わりがない、ということである。災害という言葉を聞くと、まず被害の局面が注目されるが、見落としてならないのは、災害にかかわり、より正確には災害の発生にともなう対応により、受益する人びとがいるということである。その受益の金額は途方もなく、そして被害者と受益者はほぼ固定されていて社会的な入れ替わりがない。

災害により損失を被る者には社会的に抑圧された貧困な人びとが多く、一方富の点でまた権力的に優位にある者たちは災害発生のなかでも——災害発生の中でこそというべきか——多くの致富の機会を得、そのことにより既存の権力的優位を一段と強固なものにする。これは、東京電力福島第一原子力発電所から生じた原発震災（フクシマ原発震災）の前と途中と現在とにおける総合土木建設会社のありようを見れば明らかである。彼らはそもそも原子力発電所の建設により致富し、原子力発電所事故ののちには「除染」で致富し、「汚染水対策」でも致富している。彼らはフクシマに通じる高速道路や港湾設備の建設で致富し、自らが建設したそれら施設が地震動のために壊れたことにともなう応急修理で致富し、さらには巨大防潮堤や防災名目の道路その他の施設の建設によっても致富の機会を得ている。災害から受益している人びとの立ち位置は、今なお仮設住宅での生活を強いられ——東日本大震災発生六年目の新聞が伝える岩手・宮城・福島三県におけるプレハブ仮設住宅入居者数は三万三、八五四人である（『中日新聞』、二〇一七年三月一一日付夕刊）——、あるいはまた放射線被曝を避けて遠隔の地に移り住んで難儀している人びと——新聞が伝える二〇一六年一二月現在での原発事故の避難者は約八万一千人である（『中日新聞』、二〇一七年二月六日付）——の境遇とは対照的である。繰り返すが社会的に見てそこに立場の逆転はないのである。

災害により損失を被った者は次もまた被災者の位置に立ち、利益を受けた者はまた受益の機会をつかむ。災害をめぐる被害と受益の固定された関係からは、ほぼ確実なこととして、社会のなかに、表面的な言葉のレベルではともかく、本音のレベルでは災害の発生を待ち望んでいる人びとがいる、ということが見える。〝災害待ち〟という言葉があり、それがときに臆面もなく使われてきた歴史がこの推測を裏付けていよう。災害がもたらす悲惨の大きな部分は、実はここにかかわっていると思う。すなわち、災害を機会として既存の権力関係が再編強化され、災害をめぐる被害と受益の関係がより強固に固定されていくということに、である。〝復旧〟という言葉には既存の権力関係の再編強化という意味が潜ませられていることに注意しなければならない。

だが、災害はそうであるばかりではないだろう——災害の発生が既存の権力関係にひびを入れ、そこから社会をより人間的な友愛と信頼の関係性の方向へ変えていく動きが生まれる、そういう契機にもなり得るだろう——そう考えながら近代日本における災害に関する法令や制度を掘り起こす仕事を続けているが、展望が見えたわけではない。

近代日本における災害に関する法令や制度を掘り起こすという主題に取り組むことになった経緯やこの仕事の意

味についてはは《序説》と《小括》に書きました。ここではこの仕事へとわたしを導いてくださった、そしてこの仕事を支えてくださった方々への謝意を、個人の研究史をたどる形式で記したいと思います。

わたしは一九七三年四月に栃木県立宇都宮高等学校に入学しました。入学直後の教室で出会い、最初に本の話を交わす相手になってくれたのが青柳平人さんです。青柳さんはわたしに『橋のない川』全編を読んだ感想や、その著者の住井すゑさんのことを、繰り返し繰り返し語ってくれました。ひとつの作品を読んでそれについてこれだけ熱を込めて話をする青柳さんにまず驚きました。青柳さんとわたしは掃除当番の場所が図書室でしたが、そこで司書をなさっていたのが田代（川村）良子さんです。田代さんとわたしは通勤（通学）電車が同じでした。あるとき帰りの車中で、田代さんに、田代三良さんと戸石泰一さんの『現代の高校生』（新日本新書）を読んだ興奮を話しました。そのとき「田代はわたしの伯父なんです」と言葉を返されびっくりしたことを覚えています。青柳さんと田代さんがわたしを本を読む生活の方に導いてくれました。

わたしは一九七六年の四月に名古屋大学（法学部）に進学し、嚶鳴寮（名古屋大学の学生寮）に入りました。嚶鳴寮では数多くの先輩・同輩・後輩と交際し、言い尽くすことのできないほど多様かつ新鮮な刺激を受けました。なかでも、長江正景さん、石際尚子さん、藤田明良さんの三人に感謝しています。長江さんはわたしより一学年上の経済学部の学生で、平田清明先生のゼミに所属していました。わたしは長江さんから平田先生の名著『市民社会と社会主義』（岩波書店）を教えられ、さらに森有正氏の著作の手ほどきを受けました。長江さんの手引きで平田先生のゼミにもぐりこませていただいたこともありました。そのときの緊張と興奮は今も忘れられません。石際尚子さんには辻邦生を教えていただきました。わたしは若いときに辻邦生の散文と出会えたことを幸せと感じています。辻の処女長編『廻廊にて』（新潮文庫）は主題の深みもさることながら、その表現において日本語散文の音楽性を極限まで引き出した稀有の作品です。大学生の時代に辻の初期の小説（『安土往還記』、『夏の砦』など）や、加藤周一の著作集（平凡社版）、『資本論の世界』（岩波新書）や『社会認識の歩み』（岩波新書）といった内田義彦氏の作品、藤田省三氏の著作（『精神史的考察』や『維新の精神』など）、井上ひさしの戯曲と小説（『表裏源内蛙合戦』、『手鎖心中』ほか）、そして大野晋さんの日本語論（とくに『日本語の文法を考える』と『岩波古語辞典』の「序にかえて」）に親しんだことはたいへん大きなことでした。わたしは今も文章を書くときには必ずこの六人の先達を思い浮かべます。藤田明良さんには網野善彦先生を紹介していただきました。藤田さんは文学部の国史の学生であり、わたしより一級下でした。当時網野先生は「日本中世社会論」という題目の講義を開いておられて、それを藤田さんに教えられ一年間出席したのです。網野先生はこの頃『無縁・公界・楽』（平凡社）を発表されたばかりで、この講義では鋳物師や木地屋など芸能民の存在形態を取り上げ丁寧に解説されました。史料の細部にとことんこだわりながら、そこに居着くことなく飛翔して歴史の見方を大きく変えていく——網野先生の落ち着いた低い声が今も耳に残っています。

法学部の学生時代には学部の先生方のほか、集中講義において他大学より出講して来られた先生方からも教えを受けました。このうちとくに印象に残っているのは、宮本憲一先生、池上惇先生の「地方行財政論」の講義、芝原拓自先生の「日本政治史」の講義、木原正雄先生の「社会主義経済論」の講義です。集中講義は受講生が少数であることが多く（芝原先生の講義は確か四人、木原先生の講義はわたしひとり）、それぞれの先生のお人柄もよく感じられ、思い出が深いです。

その後わたしは、一九八〇年に大学院（名古屋大学大学院法学研究科）に進みました。田口富久治先生が指導教官で、田口先生にはそこから四〇年ずっとご指導をいただいています。全くもって不肖の弟子で何のお返しも出来ていないにもかかわらず、これまでずっと暖かい目で見守ってくださり、ありがたく感謝を言い表わす言葉がみつかりません。それから、大学院生の時代には、これも集中講義の形式で、丸山真男先生、足立忠夫先生、赤木須留喜先生の授業を受けました。丸山先生の集中講義では、先生の「闇斎学と闇斎学派」論文を書評するという役目を与えられました。足立忠夫先生の集中講義は、先生が名著『地域と大学』（公務職員研修協会）を刊行された直後に行なわれました。先生からご本をいただいたのでよく覚えています。足立先生は行政を、効率化という観点からよりも、民主化という観点により大きな比重を置いて考え続けてこられた方です。行政の効率化指向が民主主義を圧倒してしまっている感のある今の時代にこそ、先生のお仕事は顧みられるべきであると強く思います。足立先生はリベラル・アーツの大学が市民と地域の形成にとってもつ重要な意義に着目されましたが、これは災害の問題を社会のなかで考えていくときに重要な視点を提供するものです。二〇一一年三月一一日の原子力発電所事故は、科学・技術が市民の手を離れ、市民に対してよそよそしい力として蔽いかぶさってくる不条理をまざまざと見せつけましたけれども、そうした科学・技術の権力性を社会の側から制御しようとするときのヒントを先生の論は与えてくれています。わたしは足立先生の議論の射程の長さをいつも意識していますが、未だそれを自分の仕事のなかに取り込めないでいます。まことに恥じ入るばかりです。赤木須留喜先生には集中講義の二〇年後、先生の晩年に、ご自宅にまで呼んでいただき、親しく教えを受けました。赤木先生はわたしの「ヘンリ・テイラー『政治家』（一八三六年）と一九世紀イギリス行政史研究」（群馬大学『教育学部紀要（人文・社会科学編）』、第四一、四二巻）という論文を読んで丁寧にご批評くださいました。先生はそのころすでに病気のために筆をとるのもたいへんな状況でいらっしゃいましたが、そのようななか口述筆記でいただいたお手紙の文面は四〇代、五〇代に遭遇した学者としての困難な時期にわたしの心の支えとなりました。

大学院を修了してのち最初に赴任したのは群馬大学でした。当時、群馬大学には、高田利武先生、山西哲郎先生を中心とした「若手教官の会」という学科横断的な会があり、わたしはここに集っていた先生方から実に多くのことを学ばせていただきました。今振り返ってみると、群馬大学の「若手教官の会」は、御仕着せの大学改革とは正反対の方向性をもった、下からの実地の改革をめざす営みであったと思います。会の中心におられた高田利武先生にはとりわけお世話になりました。わたしは、先生の研究室に毎日のように出かけていって諸般のことがらについて話し込み、先生の貴重なお時間を占領してしまっていました。さぞかし迷惑なことであったと思いますが、先生は嫌な顔ひとつみせずわたしの相手をしてくださいました。思い返すと冷や汗が出てきます。申し訳なく存じています。高田先生はインディペンデントであるという徳と自発性（spontaneity）という徳を併せもたれた方で、わたしは大学教員としての立ち居振る舞いを高田先生から教えていただきました。いろいろな局面局面で判断に迷うときにはいつも、先生が示されたふたつの徳を思い浮かべます。

群馬大学では、森田悌先生、井上健治先生にもお世話になりました。両先生からは、年長の教員の居住いを教わりました。年長の教員は年若の教員にどう接するべきか、両先生の普段の何気ないひとことひとことがわたしには強い印象として残っています。また森田先生には、原典に注釈を付すという仕事が学問の伝統的な柱のひとつであることも教えていただきました。森田先生は文献史料の読解から邪馬台国纏向（奈良県桜井市）説を立証された方ですが（『邪馬台国とヤマト政権』）、その立証過程のお話を伺ったときに受けた衝撃を今も忘れることができません。わたしはそのときの先生のお話から、〝心頭滅却すれば火もまた涼し〟がほんとうかどうかはわからないけれども、〝読書百遍義自ら見る〟はほんとうのことだと確信しました。以後これは資（史）料を読む際の心得になっています。

群馬大学時代の同僚の早川由紀夫さんには、わたしはことばでは表わしきれないほど多くを負っています。「明治前期の災害対策法令」というテーマも、もともとのきっかけは早川さんが開いてくださったものでした。群馬大学時代わたしは同僚や卒業生と《二か月に一冊新書本を読む会》という会を開いていました。その会で早川さんが石橋克彦さんの『大地動乱の時代』を取り上げて話題提供してくださったのが、わたしがこの方面に関心をもつ始まりでした。一九九四年秋のことでした。以後早川さんを通じて石橋さんからも教えをいただくようになり、現在に至っています。石橋克彦さんは理学者であると同時にロマン主義者でもあり、ぎりぎりのところまで理で推(押)していき、最後にある地点で現実に向かって自分のすべてを投げる——そういう議論をなさいます。これはご自身に深い倫理性がそなわっていなければ説得力をもたず、容易にはなしえないものです。わたしの敬意が石橋さんに向かう所以です。

これ以上詳しくは述べられませんけれども、松村祥子先生、藤崎真知代先生、村上隆夫先生、瀬山士郎さんにたいへんお世話になりました。また、小野塚知二さん、松塚俊三さん、河合康夫さん、國方敬司さんは、わたしが四〇代後半に学者としてはほとんど成り立たなくなっていたときにもそれまでと変わらずご著作をお送りくださり、学者としてあることの範を示してくださいました。何のお返しもできずにきましたが、その恩義を忘れることはありません。

本書の執筆の過程では資料の収集に関して多くの図書館のお世話になりました。近年の図書資料および図書館運営のデジタル化の流れのなかで、またそれと関係した図書資料の複写や貸し出しの規則・手続きの厳格化のなかで、アナログ的資料収集者である筆者への対応は図書館ごとにさまざまでした。ほとんどの図書館は丁寧に対応してくださいましたが、ただ一館、今思い返しても腹の底から強い憤り——ケン・ローチ監督の映画『わたしは、ダニエル・ブレイク』の主人公、ダニエルの怒りと落胆に通じる感情——がこみあげてくるようなそういう対応の図書館がありました。図書館に尊厳を踏みつけられるとは思ってもみなかったことでした。ここでは、それとは正反対の対応、今でもその資料を見るたびに頂戴したご厚意に胸があつくなるような対応をしてくださった図書館の名前をとくに三つ挙げ、謝意を表わしたいと思います。それは青森県立図書館、岩手大学附属図書館、群馬大学附属図書館です。ありがとうございました。

最後に、高校時代から現在までお付き合いくださり、支えてくださった方々のお名前を記して謝辞を閉じたいと思います。上野英二、西岡芳彦、斎藤明彦、菊池稔、増渕徹、江口豊、川崎信文、穴見明、牧野雅彦、岩本美砂子、森邊成一、前原清隆、山崎有恒、関戸明子、所澤潤、力久昌幸、福島求馬、坂野晶子、根岸政彦、大沼義彦、上原慎一、羽鳥ゆきみ、李秀澈、木船久雄、山田希、賈銀彬、豊島明子の皆さんに感謝申し上げます。この仕事は以上の皆さんと、菊池涼介、中崎翔太、新井貴浩さんたち、劇団名芸の栗木英章さん、そして家族である井上靖子、井上良、井上朗、大森三郎、土屋知子の支えの上に存在していると心に刻んでいます。

本書収録の明治前期の災害対策法令のうち、一八六八年分の三四件、一八六九年八月までの分二五件の注解は、南山大学『アカデミア（人文・自然科学編）』、第一〇号から第一三号（二〇一五年六月－二〇一七年一月）に掲載されました。それを大幅に改稿し、さらに一八六九年九月から一八七〇年一二月までの分五二件を加えたものが、本書の《注解》の部分です。《序説》と《小括》は出版に当たって書き下ろしました。読者の方々には、まず《序説》と《小括》をお読みいただき、それからそれぞれの興味に従って《注解》の森へ入って行ってくださったらと念願しています。

本書の出版にあたっては小野塚知二さん、論創社社長の森下紀夫さんと編集部長の松永裕衣子さん、山縣浩己さん、塩田敦士さんにお世話になりました。ここにお名前を記した五人の方々のご助力、ご厚意がなければ本書が日の目を見ることはありませんでした。深く感謝いたします。とくに、小野塚知二さんと松永裕衣子さんには本書の編集にかかわって的確なアドバイスをいただきました。おふたりのアドバイスにより、それまで膨大な量の注解原稿の束にすぎなかったものの面貌を一新させることができました。ありがとうございます。

二〇一七年一一月七日

井上　洋

【た行】

【な行】

【は行】

【ま行】

【や行】

【わ行】